ENZYKLOPÄDIE DER NATUR

ENZYKLOPÄDIE DER NATUR

DIE GEHEIMNISSE DER NATUR ENTDECKEN, ENTSCHLÜSSELN, ERKLÄREN

Faktum
LEXIKON INSTITUT

Titel der Originalausgabe: Geheimnisse der Natur - Entdecken, Entschlüsseln, Erklären. Konzipiert und hergestellt vom Bertelsmann Lexikon Verlag GmbH, Gütersloh/München, Bundesrepublik Deutschland, 1992 und von Mitchell Beazley Publishers, London, Großbritannien 1992.

Entwicklung der englischen Originalfassung
Mitchell Beazley Publishers, London

Chefredakteur: Robin Rees
Leitender Redakteur: Clifford Bishop
Redaktion: Steve Luck
Gavin Sweet
John Morton
Marek Waliesewicz
Mike Darton
Clint Twist

Mitarbeit: Jill Bailey
Jonathan Elphick
Dr. Derek Elsom
Linda Gamlin
Dr. Tony Hare
Dr. Eleanor Lawrence
Dr. Rebecca Renner
Dr. Sarah Oldfield
Chris Pellant
Dr. Brenda Walpole
Martin Walters

Beratung: Dr. Gisela Benecke
Dr. Paul Browning
Dr. Mike Cheadle
Dr. Malcolm Coe
Dr. Bill Dolling
Thomas Heppel
Dr. Manfred Hoffmeister
Dr. Charles Jarvis
Dr. Henning Kahle
Prof. Dr. Franz-Dieter Miotke
Sabine Müller
Ursula Rzepka
Penny Tranter

Künstlerische Leitung: Ted McCausland
Chef-Layouterin: Iona McGlashan
Layout: Jean Jottrand
Bildbeschaffung: Ann-Marie Erlich
Korrektorat: Fred und Kathy Gill
Register: Marie Lorimer
Schriftsetzer: Kerri Hinchon
Herstellung: Sarah Schuman

Deutsche Ausgabe
Bertelsmann Lexikon Verlag, Gütersloh/München

Chefredakteur: Wolf-Eckhard Gudemann

Projektleitung: Dr. Gisela Benecke

Redaktion: Thomas Heppel
Dr. Sabine Krome

Übersetzung: Dr. Gisela Benecke
Annemarie Bohnemeyer
Ulrich Dreikandt
Dr. Henning Kahle
Susanne Lücking
Prof. Dr. Franz-Dieter Miotke
Eva-Maria Schmitz

Texterfassung: Ingelore Christoph
Register: Birgit Willmann

Satztechnische Datenaufbereitung: Ernst-Jürgen Bischoff
Raimund Post

Herstellung: Günter Hauptmann

ISBN 3-572-01284-8

Aktualisierte Sonderausgabe für Orbis Verlag in der Verlagsgruppe FALKEN/Mosaik,
einem Unternehmen der Verlagsgruppe Random House GmbH, 65527 Niedernhausen/Ts.

817 2635 4453 6271
02 03 04 01

Einleitung

Enzyklopädie der Natur - Die Geheimnisse der Natur entdecken, entschlüsseln, erklären soll dem Leser ein grundlegendes Verständnis des Aufbaus und der Wirkungszusammenhänge unseres Planeten sowie der auf der Erde lebenden Organismen vermitteln. Der Band bietet in allgemeinverständlicher Darstellung fundierte Antworten auf Fragen, die uns im täglichen Leben immer wieder begegnen. Diese Antworten versuchen, die Geheimnisse der Natur zu entschlüsseln und die grundlegenden Lebensvorgänge und - zusammenhänge durchsichtig zu machen, wobei die neusten wissenschaftlichen Erkenntnisse Berücksichtigung finden. Das Werk weicht dabei auch komplexen Problemstellungen und umstrittenen Themen nicht aus.

Ausgehend von einer umfassenden Darstellung der Erde und ihrer Atmosphäre über die Evolutionsgeschichte bis zu den verschiedensten Lebensformen und Lebensweisen der gegenwärtigen Tier- und Pflanzenwelt umfaßt die vorliegende Enzyklopädie das breite Spektrum sowohl der unbelebten als auch der belebten Natur. Mit Hilfe von zahlreichen farbigen Illustrationen werden die Sachzusammenhänge dem Leser anschaulich präsentiert. Geprägt wird das Werk durch großangelegte Graphiken, die spezifische Abläufe in der Natur als Gesamtabbildung wie auch im Detail darbieten, ergänzt durch realistische Farbaufnahmen. Kästchentexte - ebenfalls durch Farbfotos illustriert - bieten prägnante Informationen über interessante, z.T. auch kuriose Einzelphänomene der Tier- und Pflanzenwelt, aber auch des physikalischen Umfeldes.

Enzyklopädie der Natur - Die Geheimnisse der Natur entdecken, entschlüsseln, erklären ist moderner Methodik entsprechend in weitgespannte Themenkomplexe gegliedert. Hauptanliegen des Buches ist weniger eine strenge Kategorienbildung und Klassifizierung als vielmehr die Darstellung grundlegender Strukturen und Wirkungszusammenhänge. Das unbelebte Umfeld der Erde (Boden, Wasser, Luft), ihre Entstehung, ihr Aufbau und die dabei zugrundeliegenden Prozesse werden in zwei Kapiteln, die belebte Umwelt in den darauffolgenden sieben Kapiteln behandelt, es werden jedoch auch immer wieder Verbindungslinien zwischen beiden Bereichen gezogen. Die Kapitel sind in Doppelseiten unterteilt, die jeweils wiederum in sich geschlossene thematische Einheiten bilden. Diese Einheiten behandeln zum einen Themen von aktuellem Interesse, zum anderen vermitteln sie notwendige Grundinformationen, so dass die populärwissenschaftliche Enzyklopädie ein in sich abgerundetes und ausgewogenes Werk darstellt. Querverweise auf weiterführende oder ergänzende Themen, die sich als Leitfaden durch das gesamte Werk ziehen, ermöglichen es dem Leser, sich einen umfassenden Überblick über ein spezielles Sachgebiet zu verschaffen.

Das Buch **Enzyklopädie der Natur** kann auf unterschiedliche Weise genutzt werden. Die Illustrationen mit den detaillierten Bildlegenden vermitteln einen ersten Eindruck von einem Sachverhalt. Der Haupttext bietet allgemeinere Informationen und stellt das Thema in einen größeren Zusammenhang. Das Werk enthält darüber hinaus ein ausführliches Register, in dem die in der Enzyklopädie vorkommenden Sachbegriffe sowie Tier- und Pflanzenarten aufgeführt sind. Ein Verzeichnis gängiger Fachbegriffe (Glossar) bietet zusätzliche Hilfestellung.

Fragestellungen zu Aufbau und Entwicklung der Erde beschäftigten den Menschen von jeher. So behandelt Kapitel 1 *Die Erde* Themen wie Geologie, Geophysik, Paläontologie und Mineralogie, während Kapitel 2 *Die Atmosphäre* die vielfältigen Vorgänge, die sich in dieser Schutzhülle abspielen, aufgreift und eingehend erläutert.

Hinsichtlich der belebten Umwelt haben neben Evolutionsprozessen in den letzten Jahrzehnten Verhaltensforschung und Ökologie eine immer größere Bedeutung erlangt. Kapitel 3 *Evolution und Anpassung* behandelt die Entwicklung des Lebens von den ersten Anfängen bis zu den gegenwärtigen Tier- und Pflanzenarten sowie ihre vielfältigen Anpassungsformen. In Kapitel 4 *Fortpflanzung* wird das Fortpflanzungsverhalten von Pflanzen und Tieren dargestellt, was auch die z.T. ausführlichen zeremoniellen Werbungsrituale verschiedener Tierarten einschließt. Kapitel 5 *Stoffwechsel und Ernährung* geht auf die Nahrungssuche und die Verarbeitung von Nahrung bei Tieren und Pflanzen im Hinblick auf Nahrungskette und Stoffkreislauf ein, während Kapitel 6 *Fortbewegung und Nestbau* unterschiedliche Bewegungsarten bei Tieren sowie Konstruktionstechniken ihrer Baue und Nester vorstellt - mit besonderer Berücksichtigung von in Sozialverbänden lebenden Arten. Kapitel 7 *Angriff und Verteidigung* präsentiert das von Tieren eingesetzte Waffenarsenal und die Strategien, die im Kampf zwischen Räuber und Beute entwickelt werden. Kapitel 8 *Sinne und Kommunikation* analysiert die außergewöhnlichen sensorischen Fähigkeiten zahlreicher Tierarten - Fähigkeiten, die über die menschlichen Sinne hinausreichen - und beschreibt das breite Spektrum tierischer Kommunikationstechniken. Kapitel 9 *Ökosysteme* stellt die unterschiedlichen Lebensräume der Erde vor und zeigt, wie die verschiedenen Pflanzen- und Tierarten innerhalb eines Habitats miteinander leben und sich den jeweiligen Bedingungen angepaßt haben. Die Eingriffe des Menschen in die natürliche Umwelt stellen ein ständig wachsendes Problem dar, die Auswirkungen werden anhand von Land-, Wasser- und Luftverschmutzung erläutert. Es werden jedoch auch Möglichkeiten aufgezeigt, die Umwelt zu erhalten.

Inhalt

5. Stoffwechsel und Ernährung *178*

6. Fortbewegung und Nestbau *208*

7. Angriff und Verteidigung *242*

8. Sinne und Kommunikation *268*

9. Ökosysteme *296*

Glossar *342*

Register *346*

Quellenverzeichnis *352*

Einheiten

Physikalische Größen	SI - Einheiten
Zeit	Sekunde (s)
Länge	Meter (m)
Fläche	Quadratmeter (m^2)
Volumen	Kubikmeter (m^3)
Masse	Kilogramm (kg)
Dichte	Kilogramm/Kubikmeter (kg/m^3)
Beschleunigung	Meter/Sekunde · Sekunde (m/s^2)
Geschwindigkeit	Meter/Sekunde (m/s)
Kraft	Newton ($N = kg \cdot m/s^2$)
Druck	Pascal (Pa = Kraft/Fläche = N/m^2)
Energie	Joule ($J = N \cdot m$)
Elektrische Spannung	Volt (V)
Temperatur	Grad Celsius (°C)

Umrechnungen

1 min = 1 Minute = 60 s
1 h = 1 Stunde = 60 min

1 km = 1 Kilometer = 1 000 m
1 m = 100 Zentimeter (cm)
1 cm = 10 Millimeter (mm)
1 µm = 1 Mikrometer = 1 Micron = 10^{-6} m
1 nm = 1 Nanometer = 10^{-9} m

1 t = 1 Tonne = 1000 kg
1 kg = 1000 Gramm (g)

1 km^2 = 1 000 000 m^2
1 m^2 = 10 000 cm^2
1 km^3 = 1 000 000 000 m^3
1 m^3 = 1 000 000 cm^3 = 1000 Liter (l)

1 kg/m^3 = 0,001 g/cm^3

1 m/s = 3,6 km/h

1 at = 1 Atmosphäre = 101 325 Pa
1 bar = 1000 millibar = 100 000 Pa = 1000 Hektopascal = 10 N/cm^2

1 Hz = 1 Hertz = 1 Schwingung/s

Symbole und Abkürzungen

α = Alpha-Teilchen
β = Beta-Teilchen
γ = Gamma-Teilchen
DNS (englisch DNA) = Desoxyribonucleinsäure
% = Prozent = Teile pro Hundert
‰ = Promille = Teile pro Tausend
RNS (englisch RNA) = Ribonucleinsäure
IR = Infrarotes Licht
UV = Ultraviolettes Licht

Nomenklatur in der Systematik

Tiere (Beispiel: Tiger)

Stamm:	Chordata	(Chordatiere)
Unterstamm:	Vertebrata	(Wirbeltiere)
Klasse:	Mammalia	(Säugetiere)
Ordnung:	Carnivora	(Raubtiere)
Familie:	Felidae	(Katzen)
Gattung:	Panthera	(Großkatzen)
Art:	Panthera tigris	(Tiger)

Pflanzen (Beispiel: Wiesen-Platterbse)
(von den in Klammern stehenden Endungen gibt es Ausnahmen)

Abteilung:	(-phyta)	Spermatophyta bzw. Magnoliophyta	(Samenpflanzen)
Unterabteilung:	(-phytina)	Angiospermae bzw. Magnoliophytina	(Bedecktsamer)
Klasse:	(-atae)	Dicotyledonae bzw. Magnoliatae	(Zweikeimblättrige)
Unterklasse:	(-idae)	Rosidae	(Rosenähnliche)
Ordnung:	(-ales)	Fabales	(früher: Leguminosae)
Familie:	(-ceae)	Fabaceae	(Schmetterlingsblütengewächse)
Gattung:		Lathyrus	(Platterbsen)
Art:		Lathyrus pratensis	(Wiesen-Platterbse)

Zeittafel der Geologie und Biologie

Vor Millionen Jahren	Erdzeitalter	Periode	Dauer	Erdgeschichte	Lebensgeschichte
2 bis heute	Kanozoikum	Quartär	2	Vereisungen der Nordhalbkugel, Hebung der zentraleuropäischen Mittelgebirge, postglazialer Meeresspiegelanstieg	Verschiebung der Floren- und Faunengürtel der Erde; Aussterben zahlreicher Großsäugerarten; erste Haustiere; Ausbreitung des Menschen
65		Tertiär	63	alpidische Gebirgsbildungen, Einbruch des Mittelmeers, Vulkanismus	Ausbreitung der Säugetiere, Blütenpflanzen und Koniferen; im Meer: Muscheln, Schnecken, Seeigel, Knochenfische; erste Hominiden (Australopithecus)
135	Mesozoikum	Kreide	70	Beginn der alpidischen Gebirgsbildung, Ablagerungen des Kreidemeeres	erste Plazentasäugetiere, Höhepunkt der Reptilienentwicklung; Bedecktsamige Blütenpflanzen setzen sich weltweit durch; Aussterben der Saurier
190		Jura	55	weite Meeresüberflutungen	kleine Säuger; Nacktsamige Blütenpflanzen; reiche Meeresfauna, rasche Reptilienentwicklung mit Großformen (Saurier), Urvogel Archaeopteryx
220		Trias	30		erste kleinwüchsige Säuger, erste Saurier, Krokodile, Schildkröten; Schachtelhalme und Farne, Nacktsamige Blütenpflanzen, Korallen und Kalkschwämme als Riffbildner
280	Paläozoikum	Perm	60	Vereisung auf der Südhalbkugel, Ende der variskischen Gebirgsbildung	Gefäßsporenpflanzen werden durch Nacktsamige Blütenpflanzen abgelöst; Aussterben der Trilobiten, rasche Entwicklung der Reptilien
350		Karbon	70	Vereisung der Südhalbkugel und Rückgang der Meeresüberflutungen, variskische Gebirgsbildung mit starkem Vulkanismus, Sumpfwälder als Grundlage späterer Steinkohlenbildung	erste Nacktsamige Blütenpflanzen, Farne, Schachtelhalme bilden riesige Wälder; Amphibien, Brachiopoden, Insekten
400		Devon	50	Meeresüberflutungen, nach der kaledonischen folgt die variskische Gebirgsbildung	Psilophyten als erste höhere Pflanzen, später folgen Pteridophyten (Farne, Bärlappe, Schachtelhalme)
440		Silur	40	Vulkanismus, kaledonische Gebirgsbildung	älteste Tausendfüßer und Skorpione, erste kiefertragende Panzerfische, älteste Knochenfische; Nacktpflanzen und Bärlappe als erste Landpflanzen
500		Ordovizium	60	Beginn der kaledonischen Gebirgsbildung (vor allem in Nordeuropa)	erste Kieferlose Panzerfische, Seewalzen, Runzelkorallen, See- und Schlangensterne, älteste Riesenskorpione; marine Thallophyten
580		Kambrium	80	erste fossilführende Sedimente werden abgelagert	Schwammtiere, Weichtiere, Stachelhäuter, Gliederfüßer, Trilobiten, Graptolithen, Kopffüßer, noch keine Wirbeltiere
2600	Erdfrühzeit	Präkambrium	2020	erste gebirgsbildende und vulkanische Vorgänge, Vereisungen	erste Metazoen, Medusen, Anneliden, Bakterien, Cyanobakterien
4500	Archaikum		1900	Bildung der Urkontinente und Urmeere	Beginn des Thallophytikums; riffbildende Stromatolithen; Beginn der Photosynthese
	Erdurzeit			Erde im Zustand eines glühenden Planeten	

1 Die Erde

Unser Planet Erde kreist seit über vier Milliarden Jahren um die Sonne. Immer noch brodeln die glutheißen Gesteinsschmelzen nicht allzutief unter unseren Füßen. Die dünne Erdkruste, auf der wir leben, ist nicht überall sicherer Grund. An vielen Orten bebt die Erde, tiefe Spalten reißen auf, und rotglühende Lava fließt an die Erdoberfläche. Riesengroße Platten der Erdkruste entstehen, verdriften, prallen wie Packeisschollen aufeinander und schaffen hohe Gebirge. Doch Regen und Wind, Flüsse und Gletscher nagen an den steilen Gebirgen und flachen sie allmählich wieder ab. Die abgetragenen Gesteine werden außerhalb der Gebirge abgelagert. Viele Millionen Jahre dauert es, bis die Hochgebirge wieder zu Hügelländern und diese schließlich zu Ebenen werden. Wasser bedeckt heute fast drei Viertel der Erdoberfläche. Aber die Bewegungen der Erde setzen sich auch unter Wasser fort – die höchsten Berge und die tiefsten Gräben finden sich in den Ozeanen.

Eine Reise zum Mittelpunkt der Erde

Hochdruck in der Gluthölle des Erdinneren

Wenn man senkrecht durch die Erdkruste reisen könnte, fände man eine fremde und äußerst lebensfeindliche Welt vor. Schon nach wenigen Kilometern beginnt ein Inferno von Hitze und Druck. Darunter liegt aufgeschmolzenes Gesteinsmaterial. Abrupte Sprünge in der Dichte und in der chemischen Zusammensetzung der inneren Erde zeigen einen schalenförmigen Aufbau durch sehr unterschiedliche Materialien. Das tiefste Bohrloch in die Erdkruste reicht nur bis zu einer Tiefe von 12 km, aber vulkanische Auswürfe aus der Tiefe, seismische Untersuchungen und Meteorite haben uns weiterreichende Informationen geliefert.

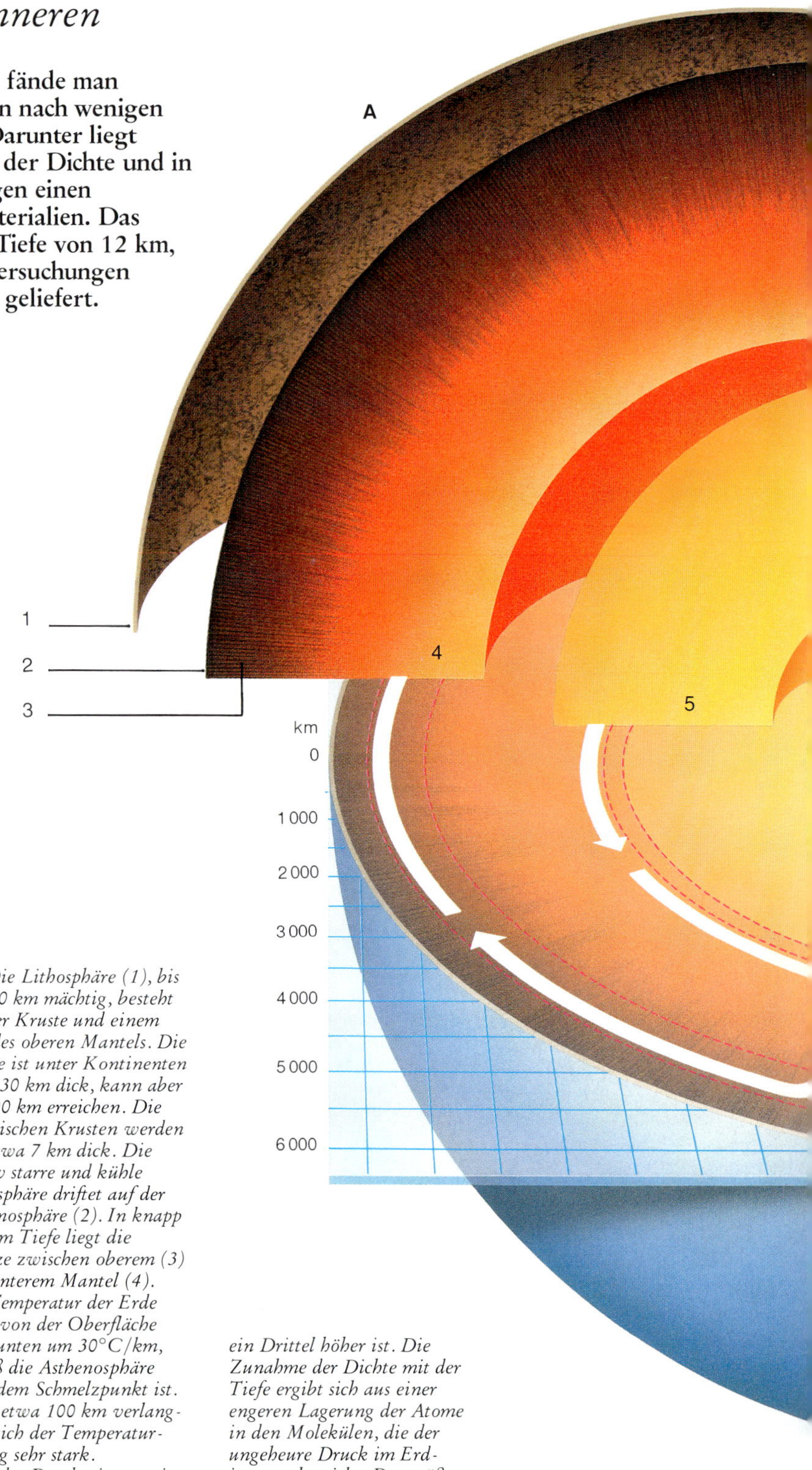

Vor etwa 17 Milliarden Jahren entstand in einer Superexplosion (Urknall) das Universum. Aber erst vor 4,57 Milliarden Jahren bildete sich aus einem scheibenförmigen Sonnennebel die Sonne mit unserem Planetensystem. Staub- und Gaspartikel im Umfeld der Sonne vereinigten sich und formten schließlich einzelne Planeten. Materialproben, die uns aus dem Sonnensystem erreichten, geben Auskunft, wie es im Inneren der Erde aussieht.

Man nimmt an, daß Meteoriten Reststücke von kleinen, planetenähnlichen Himmelskörpern mit einem Durchmesser von weniger als 100 km sind. Die unterschiedlichen Meteoritentypen entsprächen dann den verschiedenen Schalen der zerbrochenen Planetoiden. Eisenmeteorite bestehen zu 97 % aus Metall, meist Nickel-Eisen. Sie sind so dicht, weil sie vermutlich aus dem Kern eines Planetoiden stammen. Steinmeteorite mit silicatischem Aufbau repräsentieren den unteren Mantel, Achondrite, ebenfalls Silicate, aber mit anderer Zusammensetzung, sind Fragmente des oberen Mantels und der Kruste.

Was die Lava aussagt, ist zu wenig

Vulkanische Auswürfe geben uns zwar Informationen über den verborgenen Untergrund, aber tief reichen diese Auskünfte nicht, denn obwohl die Lava weit unter der Oberfläche entsteht, sind diese Tiefen sehr gering, vergleicht man sie mit dem Erdradius von rd. 6 370 km. Die basaltischen Laven, die im Bereich der ozeanischen Rücken ausfließen, werden im oberen Mantel durch sogenannte Differentation in der Gesteinsschmelze erzeugt, bei der aus einer Schmelze unterschiedliche Gesteine gebildet werden. Der Mantel selbst hat eine höhere Dichte, die leichteren Laven steigen daher zur Oberfläche auf.

Erdbebenwellen berichten aus dem Erdinneren

Die wichtigste Informationsquelle über den inneren Aufbau unseres Planeten sind die durch Erdbeben ausgelösten Schockwellen. Da transversale Wellen sich nicht durch Flüssigkeiten fortbewegen können, ist zu erkennen, daß ab etwa 2 900 km Tiefe die Zone flüssiger Metalle des äußeren Erdkerns mit einer Dichte von 10 bis 12,3 g/cm^3 beginnt, ab 5 150 km der feste metallische Kern mit einer Dichte zwischen 13,3 bis 13,6 g/cm^3. Aus dem Verhalten seismischer Wellen und aus Untersuchungen von Meteoriten kann man schließen, daß der innere Kern aus festem Eisen und Nickel besteht, obwohl die Temperatur mehr als 4 000°C erreicht. Die Grenze, die den unteren Mantel vom äußeren Kern trennt, wird Gutenberg-Diskon-

[A] Die Lithosphäre (1), bis zu 100 km mächtig, besteht aus der Kruste und einem Teil des oberen Mantels. Die Kruste ist unter Kontinenten meist 30 km dick, kann aber bis 100 km erreichen. Die ozeanischen Krusten werden nur etwa 7 km dick. Die relativ starre und kühle Lithosphäre driftet auf der Asthenosphäre (2). In knapp 700 km Tiefe liegt die Grenze zwischen oberem (3) und unterem Mantel (4). Die Temperatur der Erde steigt von der Oberfläche nach unten um 30°C/km, so daß die Asthenosphäre nahe dem Schmelzpunkt ist. Nach etwa 100 km verlangsamt sich der Temperaturanstieg sehr stark. Auch der Druck nimmt mit der Tiefe schnell zu. Bereits in der Asthenosphäre könnten es 250 Millionen, im Erdkern bis zu 4 Milliarden Hektopascal sein. Da die Dichte der Kontinente nur bei 2,9 g/cm^3 liegt, schwimmen die kontinentalen Platten auf dem dichteren und damit schwereren Mantel, dessen Dichte maximal um ein Drittel höher ist. Die Zunahme der Dichte mit der Tiefe ergibt sich aus einer engeren Lagerung der Atome in den Molekülen, die der ungeheure Druck im Erdinneren bewirkt. Der größte Dichtesprung von 5,5 nach 10,0 g/cm^3 an der Grenze des Mantels zum Kern zeigt den Übergang von den Silicaten und Metalloxiden zur Schmelze der Metalle. Der Unterschied vom äußeren Kern (5) (10,0 bis 12,3 g/cm^3) zum inneren Kern (6) (13,3 bis zu 13,6 g/cm^3) ist viel geringer. Die mittlere Dichte der Erde beträgt 5,5 g/cm^3. Im oberen Mantel bilden sich große Konvektionsströme (7).
[B] Ein Blockdiagramm der Kontinentkruste zeigt stark deformierte und zum Teil metamorphisierte Sedimente nahe der Oberfläche (1), die

Siehe auch: **Erdmagnetismus,** *S. 14/15* **Gebirgsbildung,** *S. 18/19* **Erdbeben,** *S. 20/21* **Vulkane,** *S. 22/23* **Vulkangestein,** *S. 24/25* **Mineralbildung,** *S. 32/33*

tinuität genannt. Hier sinkt die Materialdichte schlagartig auf 5,5 g/cm³.

Auch der Mantel wurde seismisch untersucht. Die Dichte im unteren Mantel nimmt nach oben hin langsam ab. Wo sie nur noch 4,3 g/cm³ beträgt, beginnt der obere Mantel. Unter der Kruste werden die Erdbebenwellen mit dem Eintritt in die dichteren Schichten des oberen Mantels abrupt schneller. Dieser Grenzbereich zwischen Kruste und oberem Mantel wird Mohorovičić-Diskontinuität, kurz Moho, genannt. Die untere Kruste besitzt eine durchschnittliche Dichte von 3,3 g/cm³, die obere von etwa 2,9 g/cm³.

Seismische Tomographie des Erdmantels

In jüngster Zeit wurde der Mantel mit einer neuen Untersuchungsmethode erforscht, der seismischen Tomographie, einem der Computer-Tomographie ähnlichen Verfahren. Mehr als 10 000 Erdbeben werden dafür jedes Jahr ausgewertet. Aus der Geschwindigkeit der Erdbebenwellen können die unterschiedlichen Dichten und Temperaturen bestimmt werden. In den heißen Bereichen bewegen sich die Wellen langsamer, in den dichten, schweren Zonen schneller. Aus den Grenzflächen des unteren Mantels zum äußeren Kern lösen sich heiße Schmelzen (Plumes), steigen auf und bilden sogenannte Hot-Spot-Vulkane auf der Erdkruste. Die Mantel-Plumes bilden sich dort, wo die Wärmekonvektionen in der Metallschmelze des äußeren Kerns nach oben gerichtet sind.

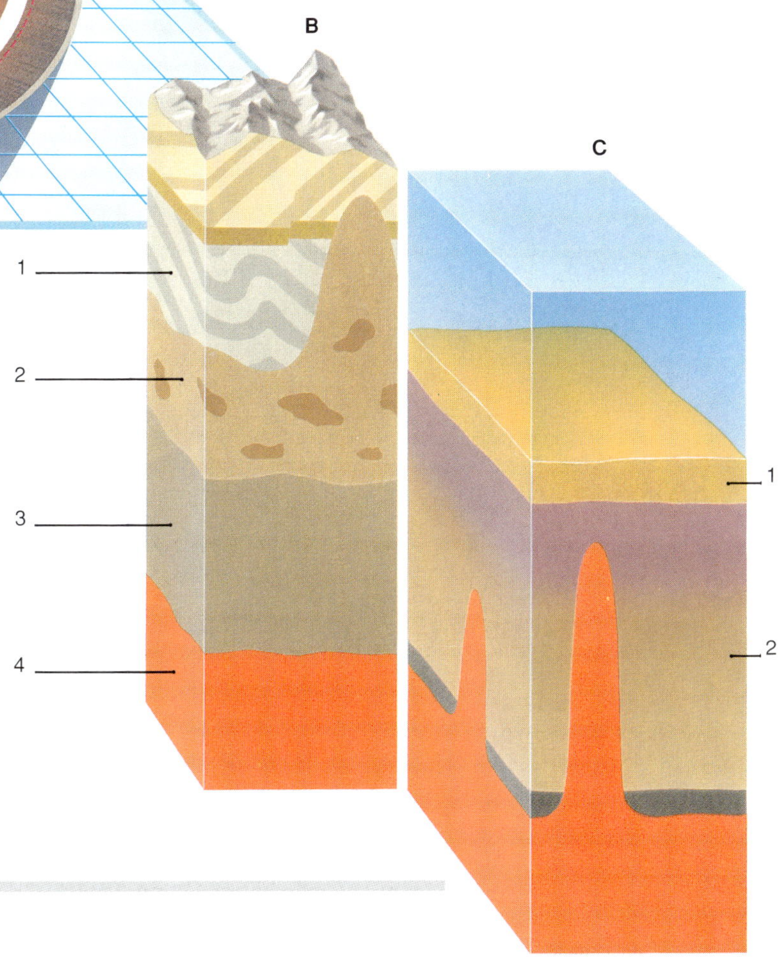

von eingedrungenem Granit unterlagert werden (2). Die tiefere Kruste besteht aus metamorphisierten Schichtgesteinen und kristallinen Gesteinen (3), die bis zum Mantel (4) reichen.
[C] In der ozeanischen Kruste werden vom Meerwasser chemisch veränderte Basalte (1) von dünnen, hier nicht dargestellten Sedimenten der Tiefsee überlagert. Die sehr verschachtelten Basalte bestehen aus gangartigen Intrusionen (2). Darunter liegen den Basalten chemisch ähnliche, grobkörnige Gabbros.

Die Erde, ein großer Magnet

Wie Gesteine magnetisch werden

Das Magnetfeld der Erde hat sich in den letzten 2000 Jahren immer mehr abgeschwächt, und es könnte sein, daß es innerhalb der nächsten 2000 Jahre für kurze Zeit ganz verschwindet. Aber das wäre eine Erscheinung, die sich in der Erdgeschichte schon häufig wiederholt hat. Immer wieder kehrte sich das Magnetfeld um: Nord wurde Süd, und Süd wurde Nord. Doch diese langzeitigen Veränderungen beeinflussen die Navigation mit dem Kompaß nicht. Viele Tiere, wie Tauben, Bienen und Lachse, mit kleinen magnetischen Körnern im Körper benutzen das Magnetfeld zur Orientierung.

[A] Das Magnetfeld der Erde dehnt sich als Magnetosphäre weit in den Weltraum aus (1). Ein Strom geladener Partikel von der Sonne, der sogenannte Sonnenwind (2), verbiegt die eigentlich kugelige Magnetosphäre eines Dipolmagneten in einen stromlinienförmigen Tropfen. Das Magnetfeld der Erde hält den gefährlichen Sonnenwind aus Protonen, Elektronen und Alphastrahlung von der Erdoberfläche fern und ermöglicht so erst Leben auf der Erde. Nur in den Polarregionen (3), zwischen 65° und 75°, gelangen zahlreiche Sonnenwindpartikel tiefer in die Atmosphäre hinein. Die dort zu beobachtenden Polarlichter sind etwa 3 Jahre nach maximaler Sonnenaktivität am stärksten.

A

Das Magnetfeld der Erde kann mit einem einfachen Stabmagneten verglichen werden. Wegen seiner beiden entgegengesetzten Pole, dem Nord- und dem Südpol, wird es als Dipolfeld bezeichnet. Aber natürlich gibt es keinen gigantischen Magnetstab im Inneren der Erde. Ein Dipolfeld kann aber auch durch eine Drahtspule erzeugt werden, in der ein elektrischer Strom fließt. Der Nordpol liegt am Ende der Spule, wo der elektrische Strom entgegen dem Uhrzeigersinn fließt. Daher spekulieren die Wissenschaftler, daß das Erdfeld von geladenen Partikeln aufgebaut wird, die sich – ähnlich wie die Elektronen des elektrischen Stromes – im flüssigen äußeren Kern der Erde bewegen, der aus Eisen und Nickel besteht. Im äußeren Kern entwickeln sich bei Temperaturen um 5 000°C und unter hohem Druck Wärmeströme im geschmolzenen Metall. Diese Ströme, so nimmt man an, werden so lange magnetische Felder erzeugen, wie die Erde noch heiß ist und rotiert.

Die Sonne magnetisierte die Erde

Als die Erde vor mehreren Milliarden Jahren noch ein wirbelnder Staub- und Gasball war, passierte sie das starke Magnetfeld der Sonne und wurde magnetisiert. Der Sonnenmagnetismus erfaßte die elektrisch leitfähige Materie und setzte ihre Elektronen in Bewegung. Der durch die wandernden Elektronen erzeugte Strom hatte zur Folge, daß ein eigenes Magnetfeld aufgebaut wurde. So entstand das erste Erdfeld.

Basalte als Geschichtsbuch der Erde

Aus verschiedenen Gründen schwankt die Stärke des Erdfeldes. Störungen in der Atmosphäre verursachen tägliche Veränderungen im Magnetfeld. Gesteine mit unterschiedlichen Gehalten an magnetisierten Mineralien erzeugen lokale Veränderungen des Magnetfeldes, die nur mit empfindlichen elektronischen Geräten zu erkennen sind. Es gibt drei Materialarten mit magnetischen Eigenschaften: Ferromagnetische Substanzen wie Nickel oder Eisen werden in einem magnetischen Feld magnetisiert und behalten diesen Zustand bei, auch wenn das Feld verschwunden ist. Paramagnetische Materialien wie Kupfer oder Sauerstoff werden in einem magnetischen Feld zwar magnetisch, bleiben es aber nicht, wenn kein magnetisches Feld mehr wirkt. Diamagnetische Materie wird mit umgekehrter Feldrichtung magnetisiert wie das aktivierende Feld.

Gesteine mit eisenhaltigen Mineralien wie Magnetit oder Titanmagnetit werden am stärksten von magnetischen Feldern beeinflußt. Wenn sich in der noch flüssigen Lava Magnetitkristalle bilden, werden sie vom Magnetfeld der Erde zum Nordpol bzw. zum Südpol orientiert. Nach dem Erstarren der Schmelze sind die kleinen Magnete im Basalt fixiert und zeigen uns später, wie zur Bildungszeit das Magnetfeld gepolt war und wo sich die gebildete Kruste damals auf der Erdoberfläche befand.

Geologen können selbst vom Flugzeug aus messen, wo magnetische Felder unter der Oberfläche auf Lagerstätten wie Erzvorkommen oder Ölfelder hindeuten. Mit dieser Methode wurden auch die Ölfelder der Nordsee erkundet. Für die Bestimmung der Himmelsrichtung wird das Magnetfeld von Menschen und Tieren benutzt. Der Mensch braucht dazu ein technisches Hilfsmittel, den Magnet-Kompaß. Ein kleiner magnetisierter Metallstab, auf einer feinen Spitze gelagert, zeigt die Richtung zum Magnetpol, aber nicht zum Erdpol. Diese Mißweisung oder Deklination muß für jeden Ort korrigiert werden.

Über dem arktischen und antarktischen Himmel glühen und flackern eindrucksvolle Lichtspiele in ungewöhnlichen Farben, die als Polarlicht bekannt sind (oben). Sie werden von energiereichen Teilchen aus dem Sonnenwind verursacht, die vom magnetischen Erdfeld in die Polregionen gezogen werden. Mit hoher Geschwindigkeit (2000 km/s) durchschießen die solaren Elektronen und Protonen die obere Atmosphärenschicht (Ionosphäre) und prallen auf Sauerstoff- und Stickstoffmoleküle. Aus den getroffenen Atomen werden Elektronen herausgeschlagen oder energetisch angeregt. Beim Rückfall in den Normalzustand senden die Moleküle Licht aus.

Siehe auch: Aufbau der Erde, *S. 12/13* Plattentektonik, *S. 16/17* Gebirgsbildung, *S. 18/19* Vulkane, *S. 22/23*

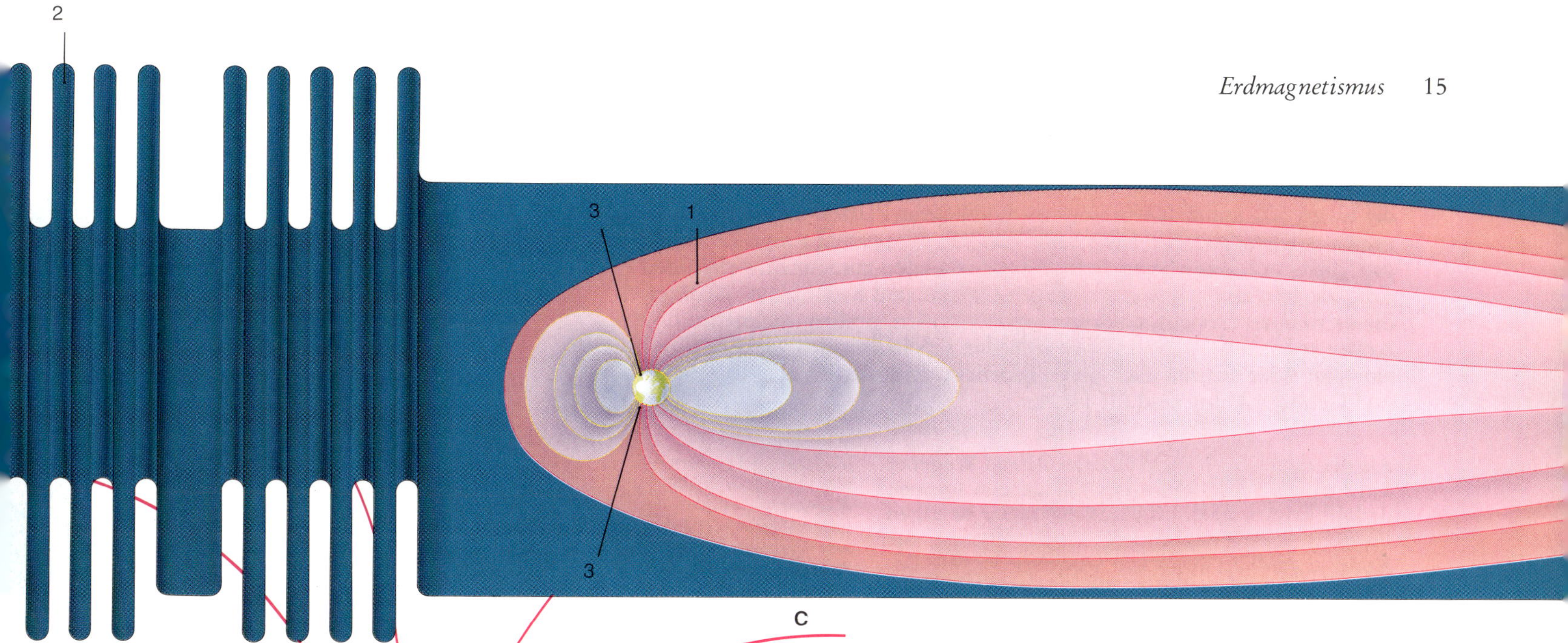

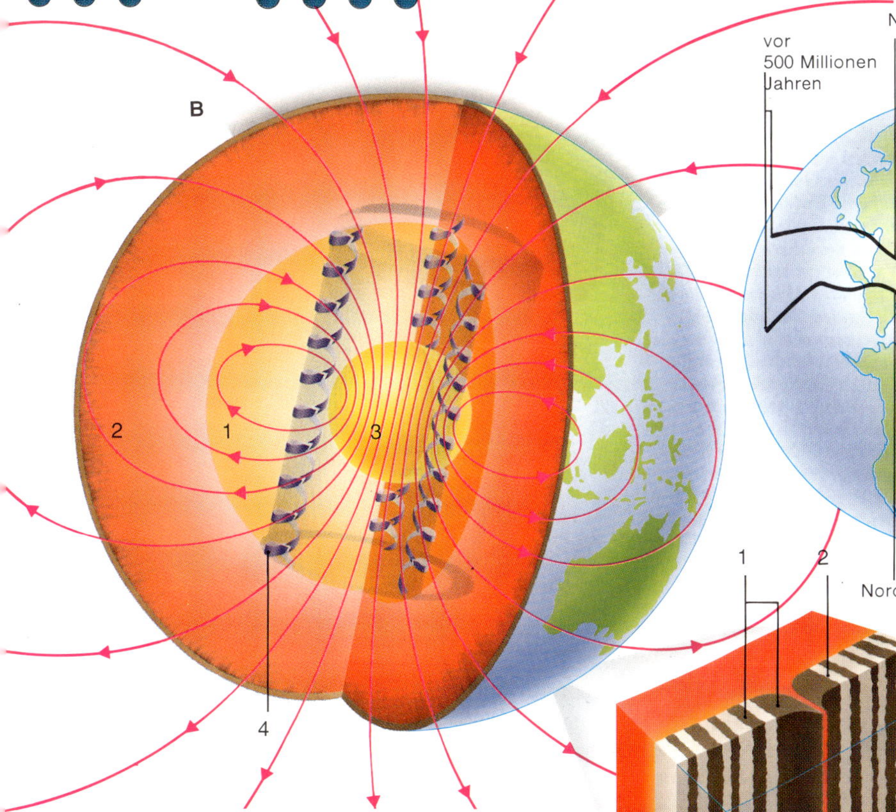

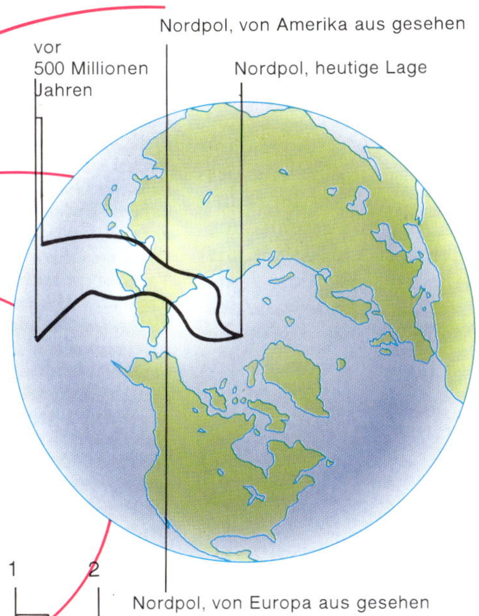

[B] Der flüssige äußere Kern (1) der Erde ist 2200 km dick und befindet sich zwischen dem Erdmantel (2) und dem festen Erdkern (3). Obwohl der äußere Kern aus einer zirkulierenden Legierung aus Nickel und Eisen besteht, ist er nicht wirklich magnetisch. Bei den dort herrschenden hohen Temperaturen kann Magnetismus nicht erhalten bleiben. Der Erdmagnetismus wird durch die Zirkulation elektrisch geladener Masse in der Metallschmelze erzeugt. Motor der Umwälzungen ist der enorme Temperaturunterschied von 2500°C, der zwischen innerem und äußerem Kern herrscht. Mit Hilfe des Coriolis-Effektes werden die flüssigen Massen im äußeren Erdkern zu spiralförmigen Drehbewegungen gezwungen (4). Die Spiralen sind parallel zur Drehachse der Erde angeordnet und wirken wie die Drahtspulen der Dynamos: sie erzeugen ein Dipolmagnetfeld. Aus den einzelnen Magnetfeldern entsteht das Magnetfeld der Erde. Diese Theorie ist allerdings noch nicht bewiesen.

[C] Die Magnetpole liegen zur Zeit etwa 1400 km (Arktis) bzw. 2700 km (Antarktis) von den geographischen Polen entfernt. Der arktische Magnetpol wandert zur Zeit jährlich um etwa 7,5 km nach Norden, der antarktische um etwa 10 km in nordwestlicher Richtung. Wenn aus den magnetischen Mineralien zurückliegender Erdzeitalter die jeweilige Lage der damaligen Magnetpolpositionen rekonstruiert wird, ergibt sich ein falsches Bild. Da die Kontinente inzwischen viele tausend Kilometer verdriftet sind und sich dabei auch gedreht haben, sind die damaligen Koordinaten der Magnetpole nicht einfach zu rekonstruieren.

[D] Bevor die Lava, die im Bereich der Mittelozeanischen Rücken aufsteigt, erstarrt, werden magnetische Mineralien wie Magnetit im existierenden Magnetfeld der Erde orientiert und verbleiben nach dem Auskristallisieren der Lava in dieser Lage. Wenn im Laufe der Zeit das Magnetfeld umgepolt wird, verbleiben Streifen mit dieser Magnetisierung (1) neben Basaltstreifen mit umgekehrter Magnetisierung (2). So geben diese Basaltstreifen Auskunft über die magnetische Vergangenheit der Erde. Leider gibt es zahlreiche Irregularitäten und Unterbrechungen (3). Kristallingesteine aus größerer Erdtiefe zeigen Mischformen der Magnetisierung.

Die Gipfel der Erde

Vom Werden und Vergehen eines Gebirges

Wenn man auf dem Gipfel des Ben Lomond im schottischen Hochland steht, kann man sich kaum vorstellen, daß diese Gebirgsstrukturen und Gesteine sich auf der anderen Seite des Atlantiks in den nordamerikanischen Appalachen fortsetzen. Die etwa 500 Millionen Jahre alten geologischen Strukturen sind Zeugnis einer Gebirgskette, die während der kaledonischen Gebirgsbildung entstand und sich über viele tausend Kilometer von Spitzbergen bis zu den Appalachen erstreckt. Schon vor langer Zeit ist diese Kette abgetragen worden, in dem Gebiet bildeten sich jedoch immer wieder neue Gebirge.

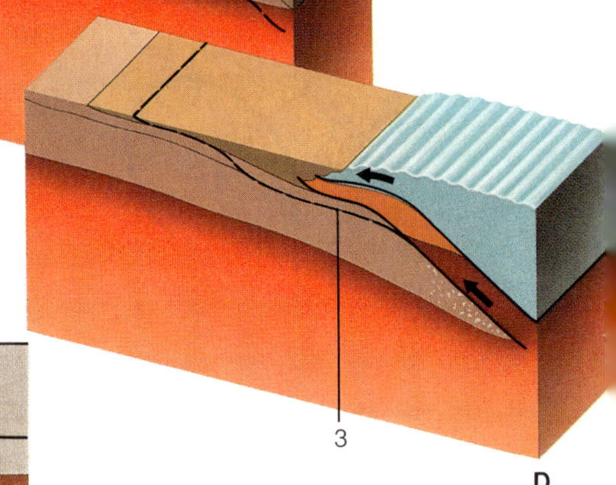

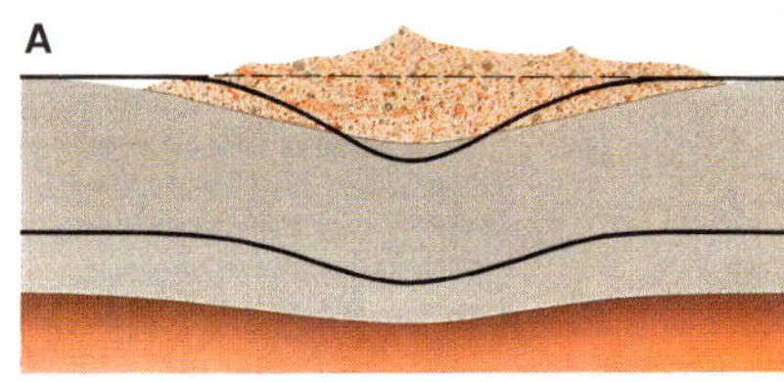

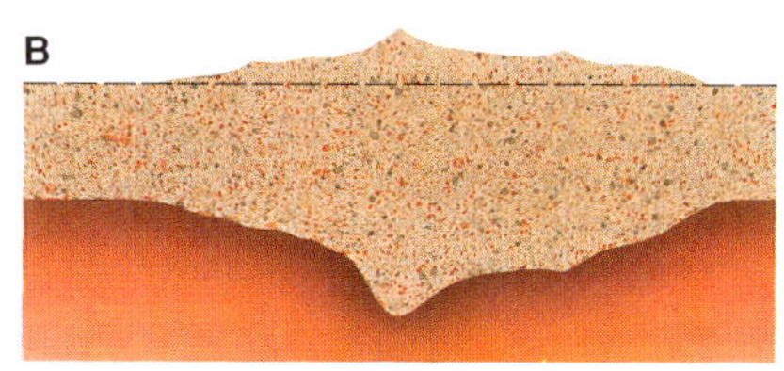

Alle großen Gebirgsketten werden an den Rändern der beweglichen Kontinentalplatten gefaltet und gehoben. Der horizontal gerichtete Druck beim Zusammenpressen der Platten verformt die Kruste und das darunterliegende Gesteinsmaterial des oberen Mantels. Während die obere, starre Kruste von den tektonischen Kräften in Bruchschollen zerlegt wird, kann das Gestein im tieferen Untergrund unter hohem Druck und bei hohen Temperaturen beweglicher reagieren. Hier können die ursprünglich horizontal abgelagerten Sedimente nicht nur weiträumig verbogen, sondern auch wie ein Tischtuch in enge Falten gelegt werden. Wenn nach dem Herausheben der Erdkruste die Faltenstrukturen durch Abtragung freigelegt worden sind, werden die Falten aus härterem Gestein als Höhenrücken herauspräpariert. Die weicheren Gesteine werden schneller ausgeräumt, dort bilden sich weite Täler. So sind etwa die Berg- und Talregion der Appalachen und der Schweizer Jura entstanden.

Im zentralen Bereich von Hochgebirgen, wie in den Alpen oder im Himalaya, ist die Krustenverformung besonders intensiv. Hier sind Gesteinsfalten flach zusammengepreßt, abgeschert und dann über mehrere Kilometer weit übereinandergeschoben worden. Diese komplizierten Strukturen werden Decken genannt. Die Alpen und der Himalaya sind durch den Aufprall zweier Kontinentalplatten hoch aufgepreßt worden. Unter dem gewaltigen Druck sind tiefreichende Risse bis in den kristallinen Sockel der Kruste vorgedrungen. An diesen Schwächelinien wurden große Gesteinspakete bewegt und schließlich übereinandergestapelt. Innerhalb von Kontinentalplatten können sich ausgedehnte Bruchschollenstrukturen wie beispielsweise in Norddeutschland und den Rocky Mountains entwickeln.

Das Auf und Ab der zerbrechlichen Kurste

Gebirge unterliegen einem stetigen Wandel. Bereits mit dem Beginn der Hebung nagt die Abtragung an Form und Höhe der Hochländer. Sobald die horizontalen Kräfte, die bei der Kollision von Krustenplatten auftreten, nachlassen, beginnen die verdickten Platten auseinanderzudriften. Dabei zerbrechen sie in kleinere Schollen. Entlang der Bruchlinien können die Schichten kippen, so daß sich Höhenrücken und Becken wie im Südwesten der USA aneinanderreihen. Mit dem weiteren Auseinanderdriften sinken einzelne Schollen in die Tiefe. Das heute 86 m unter den Meeresspiegel reichende Death Valley ist so entstanden. Einige Geologen vermuten, daß sowohl das Hochland von Tibet als auch der Altoplano der Anden eines Tages in ähnlicher Weise einbrechen werden. Beide Gebirge besitzen eine mächtige Basis aus leichtem, beweglichem Gesteinsmaterial, das auseinanderquellen könnte, wenn es nicht mehr durch seitliche Pressung zusammengehalten würde. Wo Plattenteile voneinander wegdriften, reißen Spalten auf, entlang denen durch absinkende Krustenblöcke Gräben einbrechen, wie am Rhein oder in der ostafrikanischen Riffzone.

Gewaltige Feuerberge im Meer

Die höchsten und größten Berge werden durch vulkanische Ausbrüche, nicht durch tektonische Kräfte aufgebaut. Der Mauna Kea (4 205 m) und der Mauna Loa (4 169 m) auf Hawaii haben an ihrer Basis einen Durchmesser von über 140 km. Um ihre wahre Höhe zu erfassen, müssen noch 6 000 m Meerestiefe hinzugerechnet werden, so daß sie mit einer Gesamthöhe von über 10 000 m höher sind als der Mount Everest.

[A – B] Der Himalaya ist fast doppelt so hoch wie die Alpen, obwohl beide durch die Kollision zweier Kontinentalplatten entstanden sind. Zum Teil liegt dies wohl daran, daß die europäische Platte nur etwa halb so dick und damit halb so widerstandsfähig wie die indische Platte ist. Die schweren Gebirge würden sehr viel tiefer in den Mantel einsinken, wenn sie nur von der Kruste unter den Gebirgen selbst getragen würden. Wie die weiträumige Verbiegung der benachbarten Kruste anzeigt, verteilt sich die Belastung auf eine größere Basisfläche [A]. Nach einer älteren Theorie werden die Gebirge von leichteren, dicken Gesteinsmassen im Basisbereich getragen,

Siehe auch: **Aufbau der Erde,** *S. 12/13* **Plattentektonik,** *S. 16/17* **Erdbeben,** *S. 20/21* **Vulkane,** *S. 22/23* **Vulkangestein,** *S. 24/25* **Kalkgestein,** *S. 26/27*

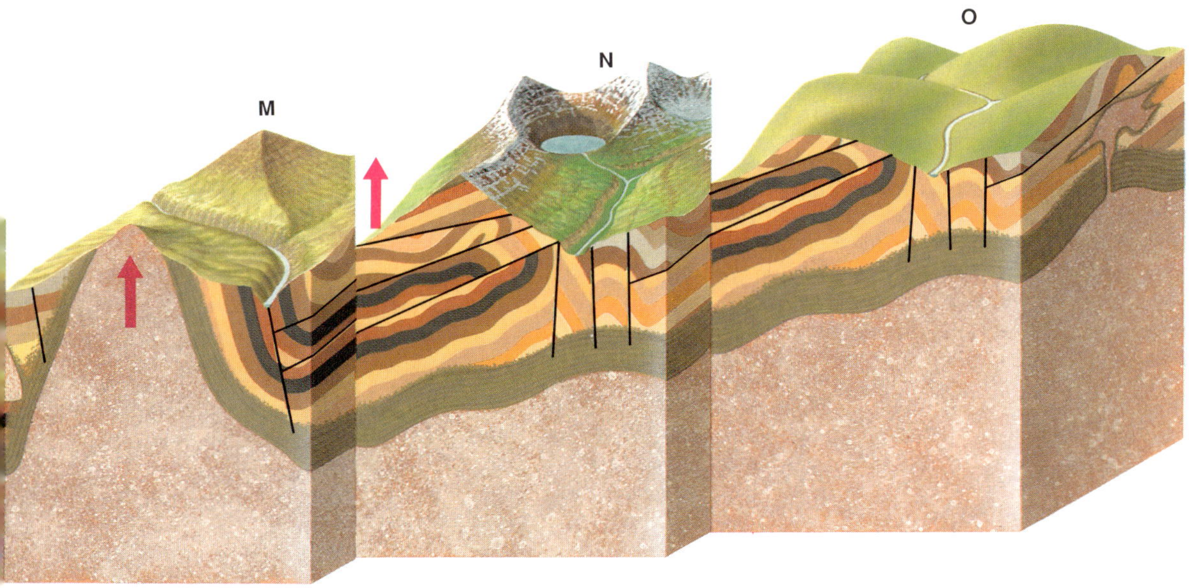

[H – K] Gesteinsschichten können durch seitlichen Schub aufgebogen werden, Antiklinale [H], oder nach unten gekrümmt werden, Synklinale [I]. Eine flache, S-förmige Verbiegung bezeichnet man als Flexur [J]. Wenn ganze Schichtpakete abscheren und übereinanderrutschen, spricht man von Decken [K]. Derartige Überschiebungen sind in den Alpen an vielen Stellen zu finden. Allerdings sind Deckenüberschiebungen in Wirklichkeit sehr viel komplizierter als es im vereinfachenden Blockbild dargestellt wurde. All diese Strukturen werden von der Abtragung eingeebnet.

[L – O] Horizontal abgelagerte Sedimente werden in der Tiefe gefaltet, zerbrochen und übereinandergeschoben [L]. Temperatur, Druck und die Geschwindigkeit der Gesteinsverformung entscheiden, ob das Gestein gefaltet oder zerbrochen wird. In der oberen Erdkruste, wo der Druck und die Temperatur gering sind, reagiert das Gestein auf tektonisch erzeugte Spannungen durch Risse (Klüfte). Die in der Tiefe gefalteten Gesteinsschichten und die darüber sedimentierten Ablagerungen werden am Ende der Gebirgsbildung (Orogenese) schließlich gehoben [M]. Sobald Gesteine über das allgemeine Meeresniveau hinausragen, werden sie durch verschiedene Verwitterungsprozesse zerkleinert und für Wasser, Eis und Wind transportfähig gemacht. Flüsse und Gletscher erodieren das Gestein und schneiden tiefe Täler in den gehobenen Gebirgskomplex [N]. Erst diese Zertalung macht aus einem Hochplateau das Hoch und Tief eines »geographischen« Gebirges. Es gibt flache Hügelländer, die in über 3000 m Höhe liegen und nur randlich tiefe Schluchten aufweisen. Die aus dem Hebungszentrum heraustransportierten Schotter lagern sich am Fuße des Gebirges (Piedmont) als ausgedehnte Schwemmfächer ab oder werden bis ins Meer verfrachtet. Die Vorlandablagerungen (Molasse) können später im Zuge der Gebirgserweiterung sogar gefaltet werden (Flysch). Die unaufhaltsam fortschreitende Abtragung verwandelt das hohe Gebirge in ein Hügelland [O] und schließlich in eine soganannte Fastebene.

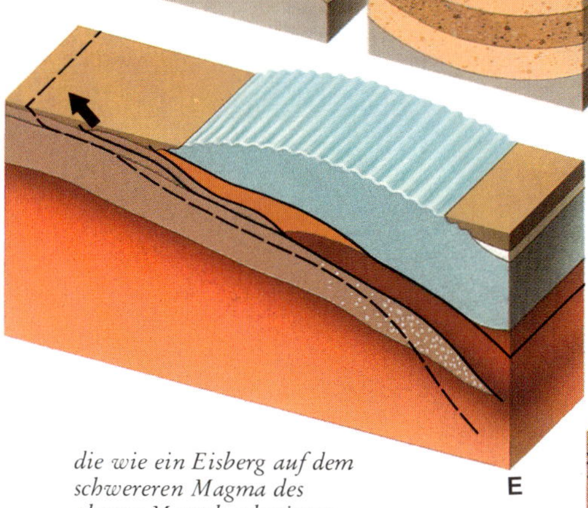

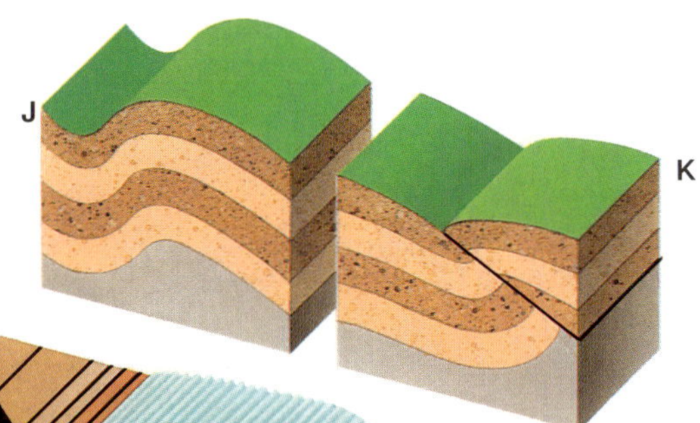

die wie ein Eisberg auf dem schwereren Magma des oberen Mantels schwimmen. Wenn die Kruste mit mächtigen Sedimentschichten beladen wird, sinkt sie wie ein Schiff tiefer ein [B].

[C-G] In den Alpen sind fast alle Formen tektonischer Aktivitäten zu beobachten. Obwohl sich die geologische Geschichte der Alpen über 250 Millionen Jahre zurückverfolgen läßt, beginnen die jüngeren gebirgsbildenden Phasen erst im Mesozoikum. Die heutigen Hochgebirgsformen entstanden durch jungtertiäre Hebungen und quartäre Überformungen.

Die alpide Gebirgsbildung ist das Resultat der Kollision der eurasischen (1) mit der afrikanischen (2) Kontinentalplatte. In den Gebirgskörper sind abgeschuppte Schichten aus dem afrikanischen Kontinent eingearbeitet worden. Die durch den Aufprall der Kontinentmassen verursachten Falten (3) und viele Kilometer breiten Deckenüberschiebungen verengten die Alpen erheblich (siehe x – y bei C und G). Die nun sehr kompliziert aufgebaute Erdkruste wird in der Folge immer weiter über das Meeresniveau gehoben und durch Abtragung wieder erniedrigt.

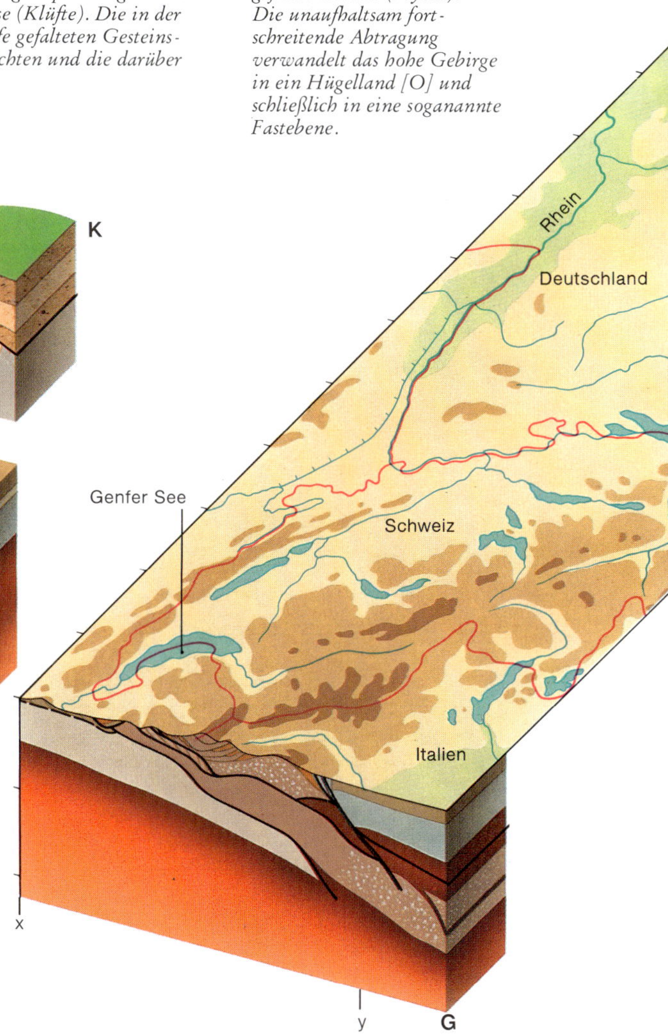

Wenn der Seismograph ausschlägt

Wie Erdbeben entstehen

Bei einem Erdbeben können selbst massive Gebäude wie Kartenhäuser in sich zusammenfallen, Küstenstädte von 30 m hohen Brandungswellen hinweggespült werden und Erdbebenwellen tagelang um den Globus laufen. Die dünne Erdkruste, auf der wir leben, ist nicht sehr stabil. Gewaltige Gesteinspressungen lösen ruckartige Bewegungen in der von Rissen durchzogenen Kruste aus, die die Erde erbeben lassen. Die Zahl der Todesopfer ist immer wieder erschütternd, doch gibt es weder sichere Methoden der Vorhersage, noch ist es möglich, für die vielen Millionen gefährdeter Menschen erdbebensichere Häuser zu bauen.

[A] Die Erdkruste ist elastisch. Lange Zeit können Spannungen aufgebaut werden, ohne daß etwas passiert. [B] Wird ein Schwellenwert überschritten, kommt es an Schwächelinien zu ruckartigen Bewegungen. Je länger sich die Spannung zwischen zwei Beben aufbauen kann, um so heftiger wird der Erdstoß sein. Das Erdbebenzentrum (1) kann nahe der Oberfläche oder bis über 700 km tief im Erdreich liegen. Das Epizentrum des Bebens befindet sich senkrecht darüber an der Oberfläche (2). Die größten Schäden verursachen Erdstöße in bis zu 10 km Tiefe. Das San-Andreas-Lineament bezeichnet

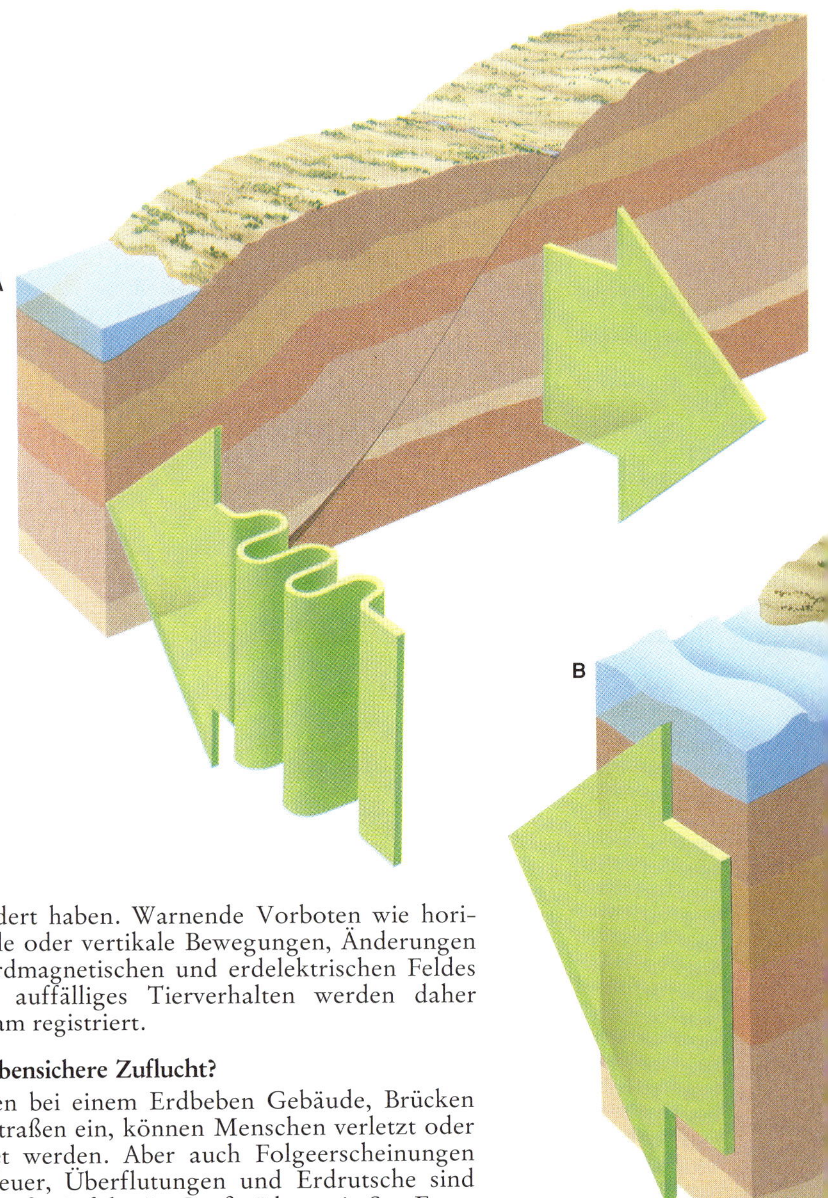

Erdbeben können an sehr unterschiedlichen Bruchstellen in der Erdkruste ausgelöst werden. Das Erdbeben in Mexiko City, das 1985 über 10 000 Menschenleben forderte, ereignete sich im Bereich einer Subduktionszone, wo eine Erdplatte unter eine andere geschoben wird. Dabei entstehen Pressungen und Spannungen, die sich ruckartig lösen. Das San-Andreas-Lineament ist das berühmteste Beispiel für die horizontale Verschiebung zweier Platten. Aber die wohl häufigste Erdbebenursache sind Überschiebungen zweier Platten an einer vertikal gerichteten Bruchlinie. Das katastrophale armenische Erdbeben von 1988 gehörte zu diesem Typ. Wenn Krustenteile sich ohne aufgestaute Spannungen aufeinander zubewegen können, kommt es nicht zu plötzlichen Erdstößen. Das Rutschen oder Kriechen entlang von Bruchlinien kann durch mineralische »Schmiermittel«, wie zum Beispiel Serpentin, erleichtert werden.

Erschütterungswellen queren die Erde

Die Energie eines Erdbebens breitet sich in drei Wellenformen aus: Am schnellsten sind die longitudinalen Druckwellen (5,5 – 13 km/s). Sie erreichen eine Meßstation zuerst, daher wurden sie P-Wellen (von »primär«) genannt. Die langsameren S-Wellen (von »sekundär«) erreichen nur 3 – 7,5 km/s Geschwindigkeit. Als Transversalwellen können sie sich nur in der festen Kruste fortpflanzen. Am energiereichsten, aber auch sehr langsam (3,8 km/s) sind die Oberflächen- oder L-Wellen (von »longitudinal«). Nach sehr starken Erdbeben laufen sie tagelang um die Erde.

Die Stärke von Erdbeben wird in zwei Größen angegeben: meßbare Magnitude oder geschätzte Intensität. Zur Messung der Magnitude werden die Ausschläge der Seismographen ausgewertet. Auf der Richter-Skala liegen die stärksten Erdbeben im Bereich 8 – 9. Von der jährlich nachgewiesenen 1 Million Erdstößen erreichen nur zwei diese katastrophale Stärke. Jeder folgende Wert auf der nach oben offenen Richter-Skala repräsentiert eine zehnmal größere Stärke und einen dreißigfachen Anstieg der freigesetzten Energie. Die Intensität eines Erdbebens kann von geübten Beobachtern auch nach der Mercalli-Skala geschätzt werden. Die Stufe I kennzeichnet nicht fühlbare Erdstöße. Die stärksten Erdbeben, bei denen Gebäude total zerstört werden, Menschen durch die Luft geschleudert werden und der Erdboden in Schollen zerbricht, erhalten den Maximalwert XII. Erdbeben fordern rund 10 000 Tote jährlich. In China soll das berüchtigte Erdbeben von 1556 allein 830 000 Menschenleben gefordert haben. Warnende Vorboten wie horizontale oder vertikale Bewegungen, Änderungen des erdmagnetischen und erdelektrischen Feldes sowie auffälliges Tierverhalten werden daher sorgsam registriert.

Erdbebensichere Zuflucht?

Stürzen bei einem Erdbeben Gebäude, Brücken und Straßen ein, können Menschen verletzt oder getötet werden. Aber auch Folgeerscheinungen wie Feuer, Überflutungen und Erdrutsche sind eine große Gefahr. In Großstädten wie San Francisco oder Tokio, die in erdbebenreichen Gebieten liegen, werden Hochhäuser nach staatlichen Vorschriften »sicher« konstruiert. Als lebenswichtige Grundregel gilt die einfache und symmetrische Bauweise. Die Fundamente lagern auf Wechselschichten aus Gummi und Stahl, die seitliche Gebäudebewegungen erlauben. Dennoch, »sicher« sind sie nicht!

Siehe auch: **Aufbau der Erde,** *S. 12/13* **Plattentektonik,** *S. 16/17* **Vulkane,** *S. 22/23* **Küsten,** *S. 56/57*

die 1200 km lange Grenze zwischen der pazifischen (3) und der nordamerikanischen Platte (4). Letztere bewegt sich in kleinen Sprüngen pro Jahr um 6 cm nach Nordwesten. Die Erdbebenwissenschaftler können jedoch nicht genau vorhersagen, wann der nächste Ruck in der Erdkruste auftreten wird.
Beim Loma-Prieta-Erdbeben lag das Zentrum 18 km unter der Landoberfläche. Obwohl die pazifische Platte zwei Meter nach Nordwesten und an der nordamerikanischen Platte einen Meter nach oben rutschte, wurde der größte Teil der Schockenergie im Untergrund absorbiert.
An der Oberfläche wurden relativ wenige Risse beobachtet (5). Neben den tektonischen Beben (90 %) gibt es auch vulkanische (7 %) und Einbruchbeben (3 %).

Tsunamis - so schnell wie Düsenjets

Ausgelöst durch untermeerische Erdbeben, Vulkaneruptionen oder plötzliche Erdrutsche auf dem Meeresboden, laufen lange Meereswellen (Tsunami) mit ungeheurer Geschwindigkeit (bis zu 800 km/h) über die Ozeane. Da ihre Höhe nur wenige Dezimeter beträgt, können sie auf See nicht bemerkt werden. Erst beim Aufstau in seichten Küstengewässern bilden sich die vernichtenden Brandungswellen, die mit über 30 m Höhe und immer noch 60 – 100 km/h Geschwindigkeit in die Küstenstädte einbrechen und alles wegspülen. Im Abstand von 15 bis 30 Minuten erreichen mehrere Wellen die Küste. Selbst große Schiffe werden weit ins Inland geworfen. Nur wenn die Seebeben sehr weit entfernt Tsunamis in Gang setzen und damit die Laufzeiten sehr lang sind, können gefährdete Küstenbewohner rechtzeitig gewarnt werden. Am 22.5.1960 löste ein starkes Erdbeben in Südchile übernormal ansteigende Wellen aus: 40 m in Japan, 11 m in Hilo, Hawaii und 3,3 m in Neuseeland.

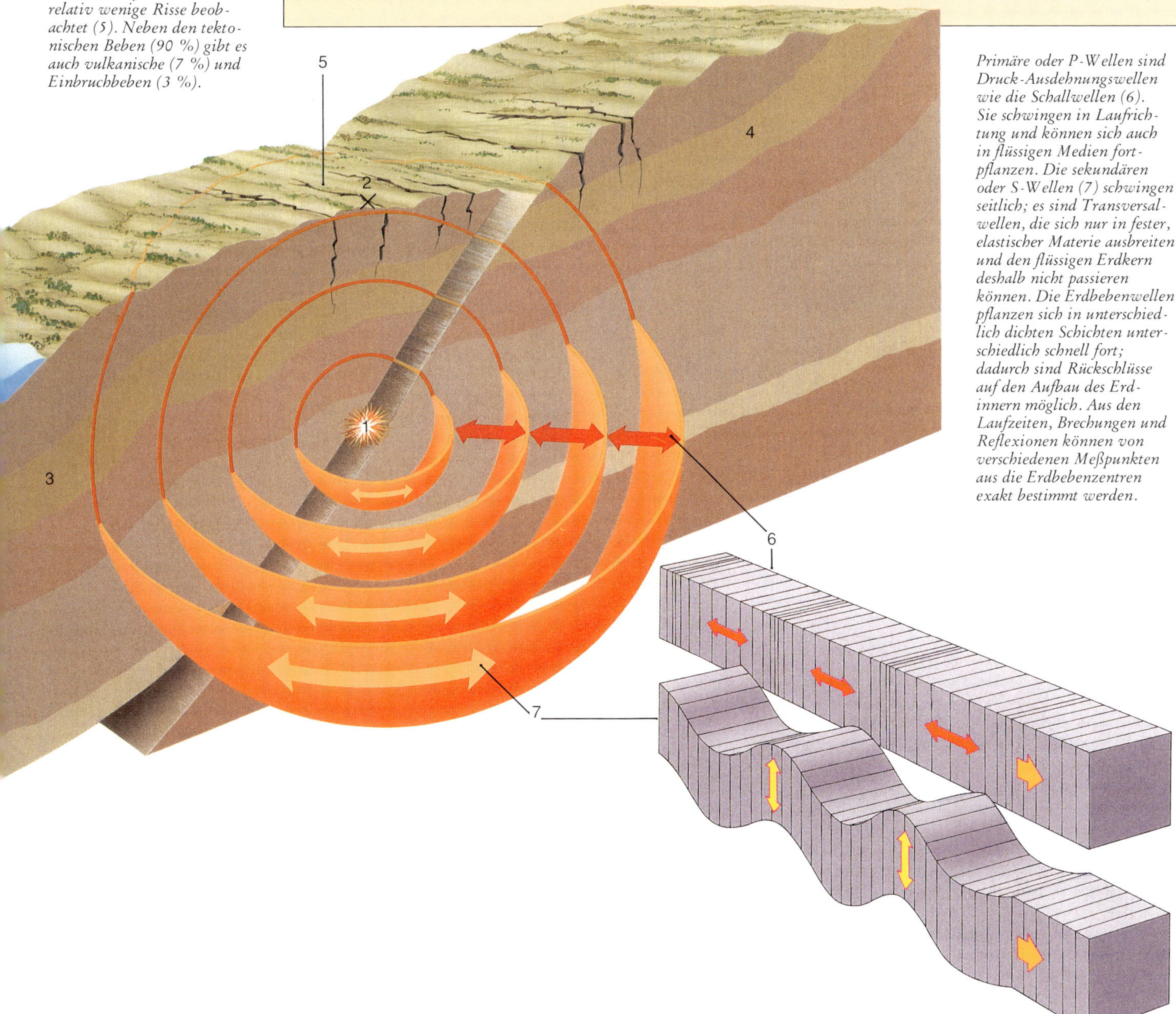

Primäre oder P-Wellen sind Druck-Ausdehnungswellen wie die Schallwellen (6). Sie schwingen in Laufrichtung und können sich auch in flüssigen Medien fortpflanzen. Die sekundären oder S-Wellen (7) schwingen seitlich; es sind Transversalwellen, die sich nur in fester, elastischer Materie ausbreiten und den flüssigen Erdkern deshalb nicht passieren können. Die Erdbebenwellen pflanzen sich in unterschiedlich dichten Schichten unterschiedlich schnell fort; dadurch sind Rückschlüsse auf den Aufbau des Erdinnern möglich. Aus den Laufzeiten, Brechungen und Reflexionen können von verschiedenen Meßpunkten aus die Erdbebenzentren exakt bestimmt werden.

Feuerspeiende Riesenberge

Wie Vulkane Lava, Aschen und heiße Gase fördern

In einer gewaltigen Explosion schleuderte der Krakatau-Vulkan 1883 innerhalb von 24 Stunden 18 km³ Gestein in die Luft und verursachte riesige Flutwellen. Auf Java und Sumatra starben 36 000 Menschen. Wo vorher ein hoher Vulkan gestanden hatte, befand sich ein riesiges Loch. In der Atmosphäre breitete sich eine dichte Staubwolke aus, trübte die Sonne und verringerte für lange Zeit die Lufttemperaturen der nördlichen Halbkugel. Aber vulkanische Aktivitäten zerstören nicht nur, sie können auch aufbauen, wie die kleine Vulkaninsel Surtsey zeigt, die 1963 südwestlich von Island entstand.

Wenn sich entlang von Brüchen in der Kruste die Erde auftut, fließt ein Strom rotglühender Lava heraus. Dünnflüssige basaltische Lava bildet ausgedehnte Lavadecken. Die dickflüssigen Magmen mit hohen Gehalten an Kieselsäure, aus denen die komprimierten Gase schlecht entweichen können, werden in heftigen Eruptionen herausgeschleudert. Der ungeheure Gasdruck kann den Gipfel eines Vulkans völlig wegsprengen. Das Magma wird in kleinen Partikeln hoch in die Luft gewirbelt und als Asche verdriftet. Schicht um Schicht baut sich aus Lava und Aschen ein Vulkankegel auf. Die Viskosität oder Fließfähigkeit und der Gasreichtum werden von der chemischen Zusammensetzung der Magmen bestimmt. Basaltisches Magma des friedlichen Kilauea auf Hawaii enthält 50 % SiO_2, das andesitische Magma des explosiven Mount St. Helens hat 60 % Kieselsäure.

Fontänen aus geschmolzenem Gestein

Aus dünnflüssigen, basaltischen Magmen entweichen die wenigen Gase beim Aufstieg der Schmelze sehr langsam und ruhig. Erst wenige Meter unterhalb der Erdoberfläche beginnt die Lava (Magma, das die Oberfläche erreicht hat) zu schäumen. Explosionsartige Eruptionen sind nicht zu erwarten. Dennoch schießen aus Lavaseen zeitweise hohe Lavafontänen heraus. Der ruhige Lavaausfluß bildet Schildvulkane mit sehr flachen Hängen oder sogar nur weitflächige Basaltdecken. Abhängig vom Hanggefälle fließt die Lava unterschiedlich schnell, häufig nur im Schrittempo. Auf steilen Hängen hingegen kann die Geschwindigkeit eines Kleinwagens (70 km/h) noch überboten werden. An steilen Stufen bilden sich sogar kaskadenartige Lavafälle.

Vulkane unter Gasdruck

Gasreiche Magmen reagieren beim schnellen Aufstieg wie Sekt in einer plötzlich geöffneten Flasche: Die gelösten Gase werden explosiv und schleudern die Flüssigkeit in hohem Bogen in die Luft. Da die zähflüssigen Magmen die Gase kaum entweichen lassen, staut sich der innere Gasdruck bis zu einigen hunderttausend Atmosphären auf. Je mehr Blasen sich bilden und je mehr der Außendruck nahe der Erdoberfläche abnimmt, um so mehr wächst die Sprengkraft im Vulkan an. Schließlich explodiert das Magma, und der Gasdruck zerreißt das benachbarte Gestein. Heftige pyroklastische Eruptionen schleudern Lava, Staub und Gesteinsstücke heraus. Zwischen den Eruptionen kommt es immer wieder zu Lavaausflüssen. Die Wechsellagerung von Lava und Tuffen bildet kegelförmige Schicht- oder Stratovulkane mit einem Hanggefälle um 30°. Ein typisches Beispiel dafür bildet der Fuji in Japan. Der Feuerring aus zahlreichen tätigen Vulkanen um den Pazifischen Ozean herum bildet sich an Subduktionszonen des Pazifiks.

Ist die Erdatmosphäre vulkanischen Ursprungs?

Die vulkanischen Gase bestehen zum größten Teil aus Wasserdampf. Hinzu kommen vor allem Kohlendioxid, Schwefeldioxid, Salzsäure und Stickstoff. Die Anteile von Wasser, Kohlenstoff, Chlor und Stickstoff in der Luft, in den Ozeanen und in den Oberflächengesteinen der Erde entsprechen in etwa dem Zusammensetzungsverhältnis in den vulkanischen Gasen. Nur der Schwefelgehalt der vulkanischen Exhalationen (Gasausstöße) ist wesentlich höher. Vermutlich sind Erdatmosphäre und Ozeane über die vielen hundert Millionen Jahre der geologischen Entwicklung aus den vulkanischen Gasen gebildet worden.

Schon kleine Unterschiede in der Fließfähigkeit von Laven verursachen verschiedene Formen erstarrter Schmelze. Aus dünnflüssiger Lava kann sich Stricklava oder Pahoehoe (unten Mitte), wie diese auf Hawaii genannt wird, bilden. Verdrehte Formen entstehen, wenn die oben schon abgekühlte Lava zu hartem Basalt wird, aber der heiße, flüssige Kern sich noch bewegt. Bei schnellerer Bewegung bleiben die Pahoehoe-Basaltdecken dünn und haben eine relativ glatte Oberfläche. Ein anderer Basalt-Typ wird Aa-Basalt genannt. Die Lava ist zähflüssiger und erstarrt zu großen Blöcken (unten links).

Siehe auch: Aufbau der Erde, *S. 12/13* Gebirgsbildung, *S. 18/19* Erdbeben, *S. 20/21* Mineralbildung, *S. 32/33* Inseln, *S. 52/53* Atmosphäre, *S. 64/65*

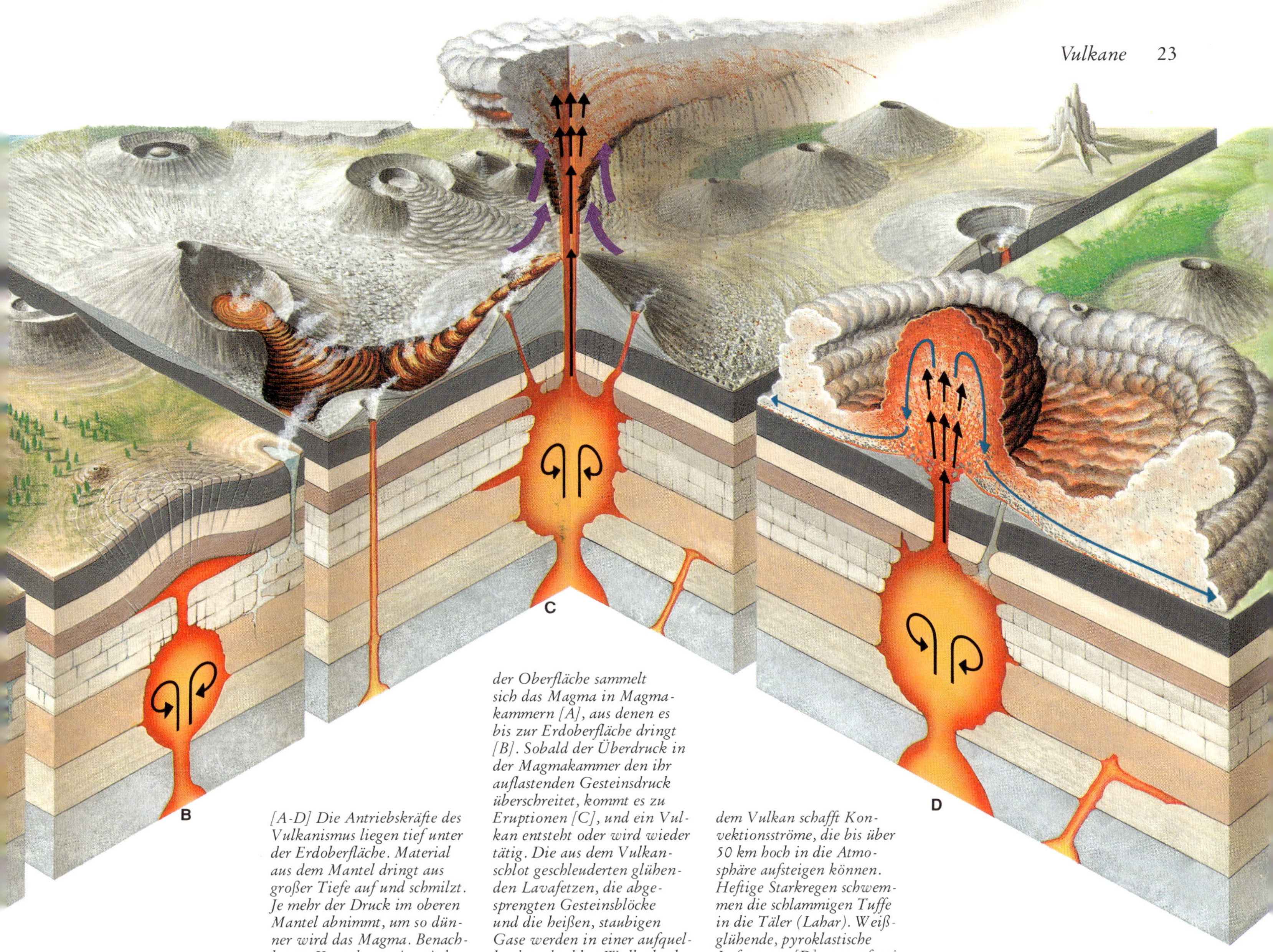

[A-D] Die Antriebskräfte des Vulkanismus liegen tief unter der Erdoberfläche. Material aus dem Mantel dringt aus großer Tiefe auf und schmilzt. Je mehr der Druck im oberen Mantel abnimmt, um so dünner wird das Magma. Benachbartes Kontaktgestein wird erhitzt und angeschmolzen. Etwa einen Kilometer unter der Oberfläche sammelt sich das Magma in Magmakammern [A], aus denen es bis zur Erdoberfläche dringt [B]. Sobald der Überdruck in der Magmakammer den ihr auflastenden Gesteinsdruck überschreitet, kommt es zu Eruptionen [C], und ein Vulkan entsteht oder wird wieder tätig. Die aus dem Vulkanschlot geschleuderten glühenden Lavafetzen, die abgesprengten Gesteinsblöcke und die heißen, staubigen Gase werden in einer aufquellenden, dunklen Wolke hoch in den Himmel geschossen. Die stark erhitzte Luft über dem Vulkan schafft Konvektionsströme, die bis über 50 km hoch in die Atmosphäre aufsteigen können. Heftige Starkregen schwemmen die schlammigen Tuffe in die Täler (Lahar). Weißglühende, pyroklastische Luftmassen [D] rasen oft mit über 360 km/h in das nahe Umland der Vulkane.

Paricutin - ein Vulkan entsteht

Ein mexikanischer Bauer erlebte am 20. Februar 1943 eine böse Überraschung. Als er seinen Acker bestellte, sah er, wie sich plötzlich eine Erdspalte quer über seinem Feld öffnete, die Rauch und Feuer ausspuckte. Die Neugier des Farmers wurde schnell zur Verzweiflung, denn die nahen Bäume fingen blitzartig Feuer, und innerhalb weniger Stunden floß rotglühende Lava über seinen Acker. Um Mitternacht flogen die ersten heißen Gesteine (Lapilli) und Aschen in die Luft. Schon bis zum Mittag des nächstenTages hatte sich ein 50 m hoher Aschekegel gebildet. Noch einen Tag später war seine Farm vollständig verschüttet. Nach einer Woche wurde der nun bereits 140 m hohe Vulkan von heftigen Eruptionen geschüttelt, die mehr als 350 km weit zu hören waren. Mitte April 1943 flossen Laven an der südwestlichen Basis des Vulkans aus, und am 10. Juni 1943 brach ein Teil des oberen Kraters ein. Erst 1952 kam der bis dahin auf über 400 m Höhe angewachsene Vulkan endlich zur Ruhe.

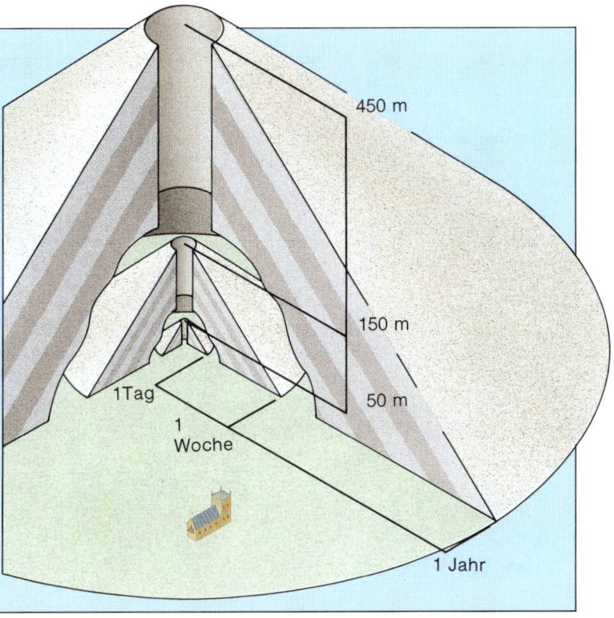

Gluthölle unter dünner Kruste

Die kristallinen und metamorphen Gesteine in der Tiefe

Der größte Teil der Erdkruste besteht aus magmatischen kristallinen Gesteinen. Nur eine dünne Decke aus Sedimentgesteinen überlagert die Erstarrungsgesteine, die aus glutheißen Schmelzen des oberen Erdmantels auskristallisiert wurden. Die gesamte ozeanische Kruste besteht aus Basalten, die aus aufgequollenen Laven entstanden. In der Tiefe werden auch die Kontinentplatten von eindringenden Gesteinsschmelzen durchsetzt. Jedes Jahr wachsen die Kontinente um 0,1 – 1 km³. Im Kontakthof der eingepreßten Magmen und an der Basis wird das benachbarte Gestein durch Hitze und Druck metamorphisiert.

Die große Palette der unterschiedlichsten Kristallingesteine beruht auf den verschiedenen chemischen Zusammensetzungen und Kristallgrößen im inneren Gesteinsgefüge. Eine fast 1000°C heiße Schmelze erlaubt anfänglich nur ganz wenigen Kristallen, sich zu bilden. Mit der weiteren Abkühlung können entsprechend ihrer Schmelzpunkte weitere Kristalle wachsen. Je langsamer das Magma auskühlt, um so mehr Zeit ist gegeben, daß die Kristalle größer werden. Wenn die Laven (Magmen an der Oberfläche) in Vulkanen oder am Meeresboden sehr schnell erstarren, bleibt nur Zeit für kleine Kristalle. In den mikrokristallinen Basalten kann man die Kristalle meist nicht mit bloßem Auge erkennen. Nur die wenigen Schwermineralien, die schon bei höherer Temperatur auskristallisieren, wie Olivin und Pyroxene, »schwimmen« dann als einige Millimeter große Kristalle in der homogen aussehenden Gesteinsmasse, deren Kristalle nur unter dem Mikroskop zu sehen sind. In der Tiefe lassen langsam abkühlende Magmen sehr große Kristalle entstehen. So sind die Kristalle des Granits – Feldspat, Quarz und Glimmer - sowie weitere Mineralien in Ausnahmefällen mehrere Zentimeter groß.

Veränderungen in der tiefen Erdkruste

Wenn die Erdkruste nach unten in den heißen oberen Mantel gelangt, kann sie großräumig verändert, angeschmolzen oder gar aufgeschmolzen werden (Regionalmetamorphose). Dies geschieht besonders während großer Gebirgsbildungen (Orogenesen). Unter außerordentlich starkem Druck und hohen Temperaturen wandern chemisch sehr aktive Schmelzen in das Gestein der Kontinente und bewirken oft so gravierende Veränderungen, daß die ursprünglichen Gesteine nicht wiederzuerkennen sind.

In der Umrahmung von Gebirgsgürteln und in Gesteinen, die weniger tief in die Kruste abgesunken sind, sind die Veränderungen nicht so ausgeprägt. Besonders Lockersedimente wie Schieferton, Ton oder feinkörnige Vulkanaschen werden dort noch umgeformt. Bei geringeren Drucken und Temperaturen bilden sich z.B. plattige Schiefer, die als Dachplatten Verwendung finden. Die leichte Spaltbarkeit in einer Richtung resultiert aus der Ausrichtung der im Gestein enthaltenen Schichtmineralien, Glimmer und Chlorit, senkrecht zur Druckrichtung.

Näher zum Zentrum der Gebirgsgürtel, wo Druck und Temperatur ansteigen, wird eine Vielzahl von Gesteinen, unter anderem auch Kalke, Sandsteine und Kristallingesteine, stärker meta-

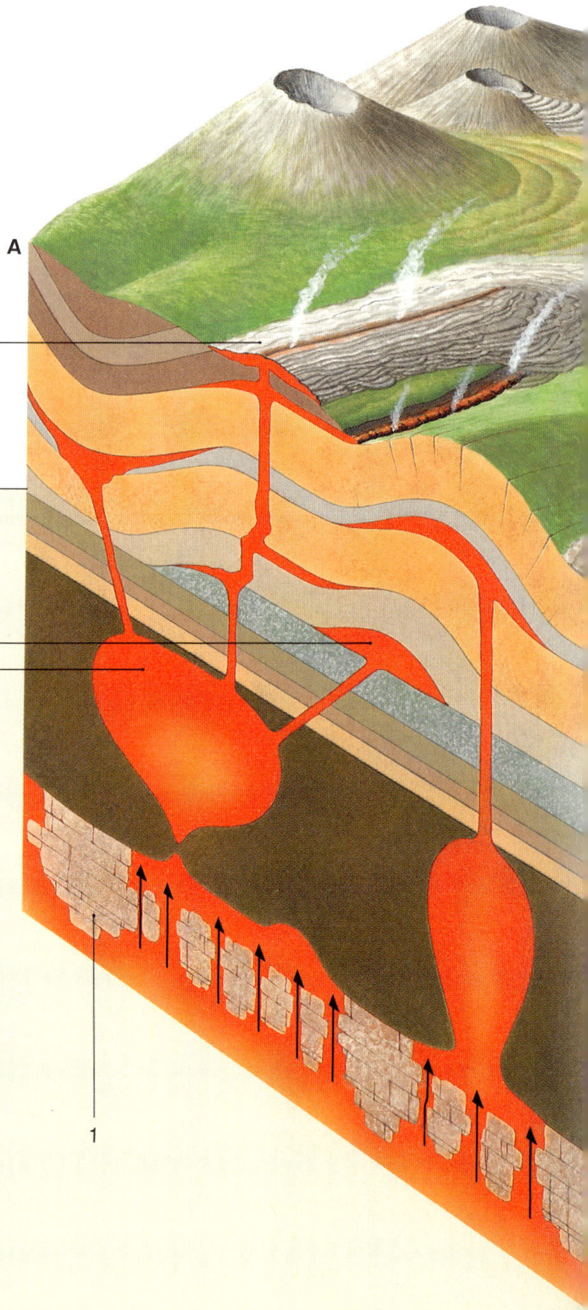

[A] Granit gehört zu den weit verbreiteten Kristallingesteinen. Granitschmelzen entstehen, wenn alte, tief nach unten gelangte Gesteine partiell aufschmelzen (1). Diese Schmelzen steigen durch verbliebene, schon angeschmolzene Gesteinsmassen nach oben. Da sie unter höherem Druck stehen als die Durchgangsgesteine, preßt sich die Flüssigkeit durch die Schwächezonen oder breitet sich darin aus. Wenn Magmen in Sedimente eindringen, kühlen sie sich ab und bilden Gänge. Wenn die Schichten steil gequert werden, spricht man von saigeren (senkrechten) Gängen (2). Horizontale Intrusionen zwischen den Gesteinsschichten heißen Lagergänge (3). Domartige Lakkolithe (4) wölben die Schichten nach oben auf. Lopolithe sind schüsselförmig (5). Die im Gestein erstarrten Schmelzen können nur 4 – 5 m dick sein. Sie enthalten Kristalle mittlerer Korngrößen (Durchmesser etwa 0,5 – 5 mm). Die nahe der Oberfläche schneller erstarrten Kristalle sind kleiner als die der tieferen Plutongesteine, aber größer als die der Basalte an der Erdoberfläche. Dolorit und Mikrogranit sind typische Ganggesteine. Die tiefen, bis zu 500 km langen Batholithe oder Plutone (6) erstarren in größerer Tiefe und haben eine grobe Kristallstruktur. Kristalldurchmesser reichen hier von 5 mm bis zu einigen Zentimetern. Gesteine im Umfeld der Magmaintrusionen werden durch Kontaktmetamorphose (thermische Metamorphose) verändert (7).

Siehe auch: Aufbau der Erde, *S. 12/13* Plattentektonik, *S. 16/17* Gebirgsbildung, *S. 18/19* Vulkane, *S. 22/23* Mineralbildung, *S. 32/33* Meeresboden, *S. 50/51*

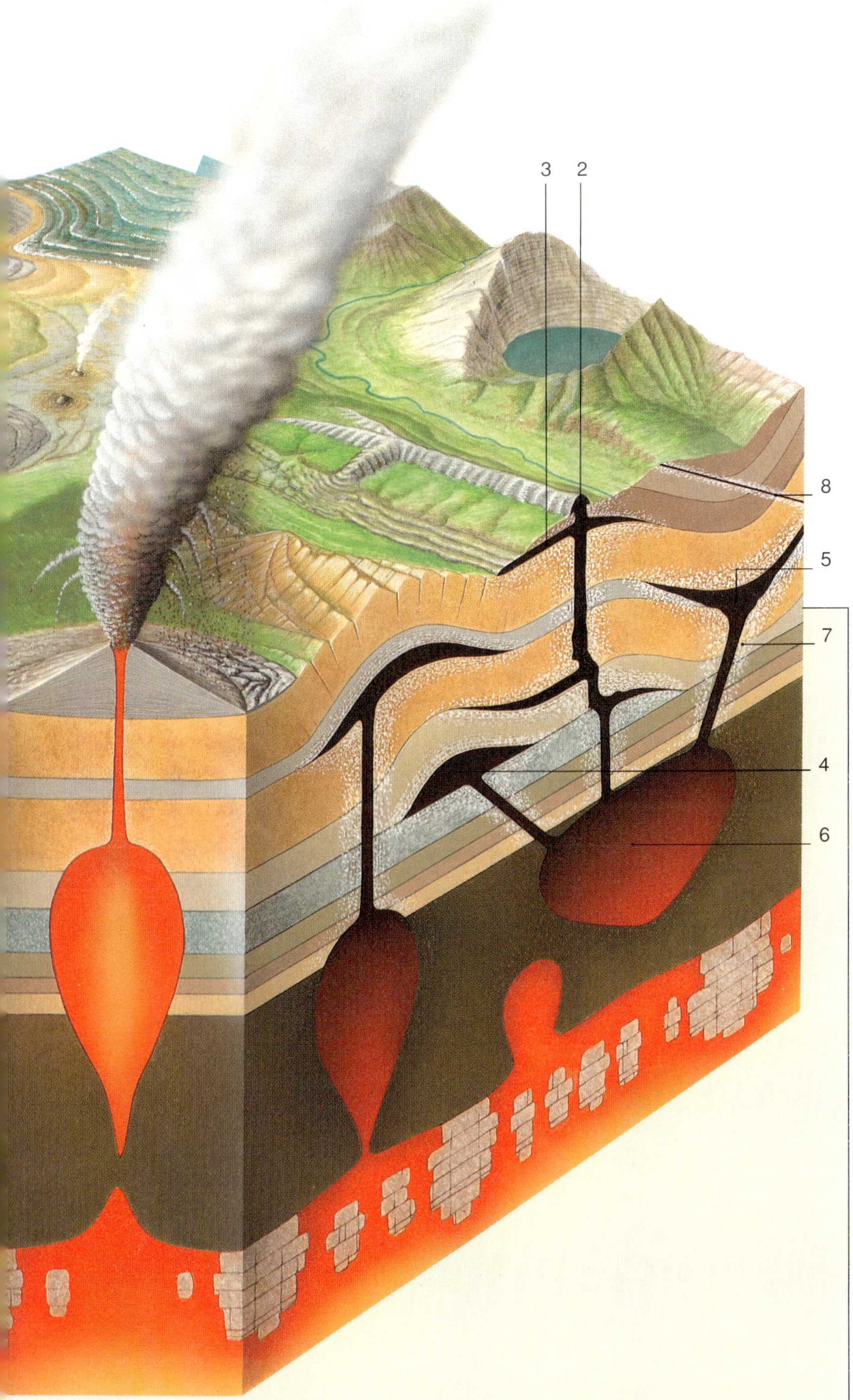

Die Berührung der Gesteine mit heißem Magma und den heißen Lösungen (hydrothermale Lösungen) in der weiteren Umrahmung der Plutonite oder der Kontakt mit Lava an der Oberfläche kann vielfältige Veränderungen bewirken.

Wenn granitisches Magma mit einer Temperatur von etwa 1 000°C in Tone oder Schiefertone eindringt, werden die Minerale des Muttergesteins umkristallisiert. Die Fossilien und Schichtgrenzen in den Gesteinen verschwinden dann.

Neuentstandene Minerallien, wie Chiastolith oder Cordierit, können dem Gestein ein geflecktes Aussehen geben. Im direkten Kontakt mit dem Magma bildet sich Hornfels, ein hartes, kieseliges Gestein.

morphisiert. Hier bilden sich kristalline Schiefer mit den typischen welligen Bändern. Diese Gesteinstypen enthalten größere Kristalle als die feinkörnigen Schiefertone. Sie können sogar Granate in der glimmerreichen Gesteinsmasse beinhalten. Der hochmetamorphe Gneis entsteht in den größten Tiefen des zentralen Gebirgsbereichs, wo die Temperaturen bei extrem hohem Druck beinahe den Schmelzpunkt der Gesteine erreichen. Die ursprüngliche Erdkruste ist größtenteils aus diesem Gestein aufgebaut. Gneise erkennt man an den gefalteten, dunklen Bändern, die Schwermineralien wie Hornblende und Biotite enthalten, sowie an den quarz- und feldspatreichen hellen Bändern.

Tektonische Kräfte können Teile der Erdkruste bis zu 700 km unter die Erdoberfläche pressen. Schließlich schmelzen die Krustenteile aus Sediment- und Kristallingestein im oberen Erdmantel, und der Kreislauf der magmatischen Gesteine schließt sich.

B

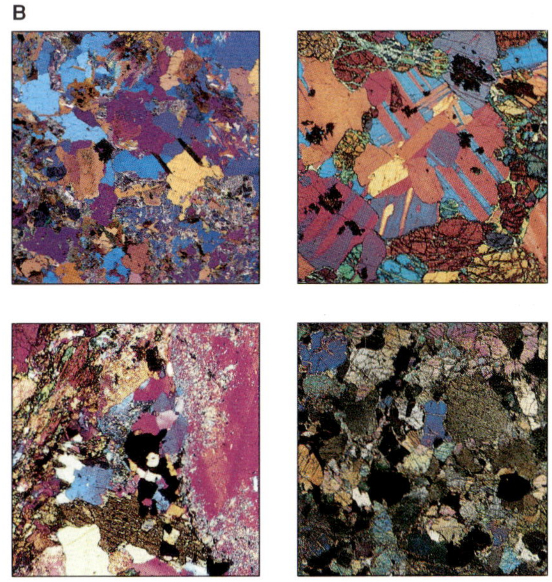

[A] Wenn an Verwerfungsflächen von Bruchlinien große Bewegungen stattfinden, kann das Gestein vollkommen verändert und zerrieben werden (8). Verwerfungsmetamorphosen (dynamische Metamorphosen) können das Gestein durch die entstehende Reibungswärme sogar anschmelzen. Starker Druck und außerordentlich hohe Temperaturen strecken die Gesteinskörner in die Richtung der Verwerfung. Auf diese Weise umgeformte Gesteine werden Mylonite genannt. Sie sind bisher nur an wenigen Orten gefunden worden. Eine bekannte Fundstelle liegt im südwestlichen Cornwall, England.

[B] Kristalline Gesteine mit einem Siliciumdioxidgehalt (SiO_2) von über 65% nennt man »saure« Gesteine. Intermediäre erreichen bis zu 52%, basische unter 52%, und ultrabasische haben einen Siliciumdioxidgehalt von weniger als 45%. Die sauren magmatischen Gesteine haben einen Quarz (SiO_2)-gehalt von 10%. Zu ihnen gehört der Granit (oben links) mit Feldspat, Quarz und Glimmer. Diorit (unten links) gehört zu den intermediären Gesteinen. Die basischen Gesteine wie Basalt und Gabbro (oben rechts) und die ultrabasischen wie Dunit (unten rechts) sind reich an Calciumfeldspaten und Pyroxenen, enthalten aber nur wenig Quarz.

Schicht auf Schicht

Wie Sedimentgesteine gebildet werden

Die eindrucksvollen weißen Kreidekliffs an der südenglischen und der nordfranzösischen Kanalküste sind aus unzähligen mikroskopisch kleinen, kalkigen Überbleibseln aus Meeresplankton aufgebaut. Jedes der Kalkstückchen ist nur einige Tausendstel Millimeter groß. Die ersten Sedimentgesteine der Erde stammen von vulkanischen Auswürfen und den Verwitterungsrückständen der magmatischen Erstarrungsgesteine, später kamen Pflanzenreste und tote Tierorganismen hinzu. Immer mehr wurden Sedimentgesteine selbst wieder zersetzt und lieferten Material für neue Schichtgesteine, die von Wasser, Eis und Wind abgelagert werden.

Schichtgesteine sind das Ergebnis von Verwitterung, Transport und Ablagerung an anderer Stelle. Nahe der Erdoberfläche anstehende Gesteine werden durch chemische Reaktionen, z.B. durch sauren Regen, zersetzt oder durch mechanische Kräfte, wie durch Frostsprengung, Eisausdehnung in Gesteinsklüften, zerbrochen. Die Form und Schnelligkeit der Verwitterung und der Verlagerung durch Wasser, Eis und Wind oder einfach durch die Schwerkraft allein hängt vom Klima und von der Steilheit des Reliefs ab. Die einzelnen Gesteinsbruchstücke oder Quarzkörner, aus denen Sedimentgesteine zusammengesetzt sein können, sind häufig durch Kalke, Silicate oder Oxide zementiert und verhärtet.

Flüsse verfrachten die abgetragenen Gesteine vom Gebirge zur Küste. Je nach Größe werden die Schotter und Sande sortiert abgelagert, wenn das Relief flacher wird und die Fließgeschwindigkeit des Wassers abnimmt – zuerst die größeren, zuletzt am Meer die feinen Schluffe und Tone. Auf dem langen Weg werden die ehemals eckigen Schuttstücke zu immer stärker zerkleinerten rundlichen Schottern. Verfestigte Schotter heißen Konglomerat, zementierter Schutt Breccie. Eis kann selbst hausgroße Felsen schleppen oder sie in Eisbergen eingefroren weit in die Ozeane hinaus verdriften. Wind kann nur die kleineren Körner, hauptsächlich Sand und Staub, ausblasen und z.B. als Löß weiträumig wieder sedimentieren. Sand vor allem aus Flüssen, von Meeresküsten und aus Wüsten wird durch Zementierung zu Sandstein. Mit Kieselsäuren verkittete Quarzkörner entwickeln sich zum harten Quarzit.

Gesteine verraten ihren Entstehungsort

Die Flußfracht ist um so feinkörniger, je langsamer die Fließgeschwindigkeit ist. Wenn die Fließbewegung des Wassers an der Mündung zum Meer abrupt gestoppt wird, werden auch die feinsten Sedimente abgelagert. Weit entfernt von den Küsten, in der Tiefsee, werden nur noch ganz geringe Tonmengen sedimentiert. Hinzu kommen unter bestimmten Umständen vulkanische Aschen und von Eisbergen verdriftete Moränen.

Die Schichtgesteine zeigen oft noch nach Millionen Jahren, wie sie einmal entstanden sind. Wind und Wasser formen wellige Oberflächen (Rippel), Trockenrißmuster oder sogar Einschlagkrater von großen Regentropfen im Sand lassen auf Wüstensand schließen. Dünensande sind kreuzgeschichtet: die Sandschichten verändern hier dauernd ihre Richtung des Einfallens und kreuzen sich.

[A] Sedimentgesteine werden hauptsächlich durch drei Prozesse gebildet. Gesteine organischer Herkunft entstanden aus ehemaliger Tier- oder auch Pflanzensubstanz. Korallen entziehen dem Meerwasser Kalk, um ihre Bauten zu errichten. Unter einem absinkenden Atoll (1) liegen Hunderte von Metern abgestorbener Korallenbauten (2). Am Rande des Atolls sammeln sich von der Brandung abgebrochene Korallenstücke sowie die Kalkschalen vieler anderer Tiere. Durch Zementierung wird daraus später Riffkalk (3).

[B] Andere Sedimente werden eher durch chemische Prozesse gebildet. Die wirtschaftlich bedeutenden Steinsalze, Gipse und Kalisalze werden auch Evaporite genannt, weil sie in warmen, trockenen Klimaten durch Verdunstung entstehen. In flachen tropischen Buchten (1) verdunstet das Meerwasser (2), und die Salze scheiden sich entsprechend ihrer Löslichkeit der Reihe nach aus (3). Über sandigen Tonen liegen die Carbonate, darüber die Sulfate und Chloride (4). In stark bewegten Küstengewässern wachsen um kleinste Fossilien und die Gesteinsbruchstücke herum zahlreiche dünne Kalkschalen. Obwohl nur bis 1 mm groß, werden die runden Gebilde wegen ihrer Form Oolithe (Eier) genannt.

[C] Gesteine, die aus Bruchstücken anderer Gesteine gebildet werden, heißen klastische Gesteine. Die mechanischen Verwitterungsprozesse bilden kantige Gesteinsstücke, die sich unter den Gebirgswänden als große, steile Schuttkegel ansammeln. Vom Wasser erodiert und durch Flüsse in Richtung Meer transportiert, werden die Steine immer kleiner und runder. Nicht alle erreichen das Meer, ein Teil wird bereits unterwegs in den Talniederungen abgesetzt. Besonders an den Rändern der Gebirge, wo das Gefälle schnell abnimmt, werden größere Schotter in Schwemmfächern abgelagert. Je weiter entfernt vom Gebirge, um so kleinere Korngrößen werden im Tal abgelagert. Hat der Fluß mit seiner Fracht das Meer erreicht, werden die Sedimente mit starkem Gefälle ins Flachmeer geschüttet (1). Oberflächlich bilden sich die Finger eines breiten Flußdeltas (2). Aus den Tonen wird durch die Last der darüberliegenden Schichten schließlich Tonstein.

Vom Lockersediment zum harten Festgestein

Die Verfestigung der Gesteine (Diagenese) erfolgt durch verschiedene Prozesse. Schicht um Schicht erhöht sich der Druck auf die tiefer liegenden Gesteine (das Liegende) und preßt diese mehr und mehr zusammen. Gleichzeitig geraten die Sedimente in tiefere, heiße Krustenbereiche, wo das Gestein von Hitze und Druck verdichtet und umgeformt wird (Metamorphose). Aus Kalkstein wird auf diese Weise Marmor, dessen Schichtstruktur häufig durch horizontal wirkende Kräfte verfaltet wird. Ton wird zu durch Silicate zementiertem Tonschiefer umgewandelt.

Die in vielen Gegenden der Welt vorkommenden fossilen Korallenriffe mit ihren zahlreichen aus Kalk aufgebauten Fossilien sind durch verhärteten Kalkschlamm zementiert worden. Fossilien in den Gesteinen geben Auskunft über das Alter und den Entstehungsraum der Gesteine. Auch die Zersetzungsreste von Pflanzen und Tieren, Kohle, Öl und Gas, sind Bestandteile der Erdkruste.

Siehe auch: Versteinerung und Einschluß, *S. 28/29* Kohle, Öl und Gas, *S. 34/35* Gletscher, *S. 40/41* Küsten, *S. 56/57* Flüsse, *S. 58/59*

Lagerstätten für Erze und Gold

Viele küstennahe Sedimente enthalten wichtige Bodenschätze und sind damit von großer wirtschaftlicher Bedeutung. Im Flachwasser der kontinentalen Schelfgebiete haben sich beispielsweise entlang der ostamerikanischen Küste von Florida bis New Jersey Titanerze angereichert. Im schwarzen Sand der Strände im Westen Neuseelands sind hohe Eisengehalte nachgewiesen worden. Auch die in warmen Meeren entstandenen Kalksteine und die Sande und Kiese an den Stränden sind als Baumaterial von außerordentlich hohem Wert. Kies und Sand wird aber auch auf dem Festland abgebaut. Flußtäler und Gletscherablagerungen bieten in vielen Regionen reiche Lagerstätten. In den Flüssen werden schwerere Mineralien wie Gold schneller abgesetzt als die normalen Gesteine. Besonders in Flußkrümmungen können unter günstigen geologischen Verhältnissen wertvolle Schwermineralien und Erze gefunden werden. Eine derartige Goldlagerstätte löste 1886 das Klondike-Goldfieber aus.

Ein Kliff (oben) läßt Schichten unterschiedlicher Gesteine erkennen. Unten liegt grobkörniger Sandstein aus der unteren Kreidezeit, der 144 Millionen Jahre alt ist. Der rote, massige Kalkstein darüber enthält Eisenoxide und Kiese. Oben schließen weiche Kreidekalke, die vor etwa 70 Millionen Jahren in der oberen Kreidezeit entstanden, das Profil ab.

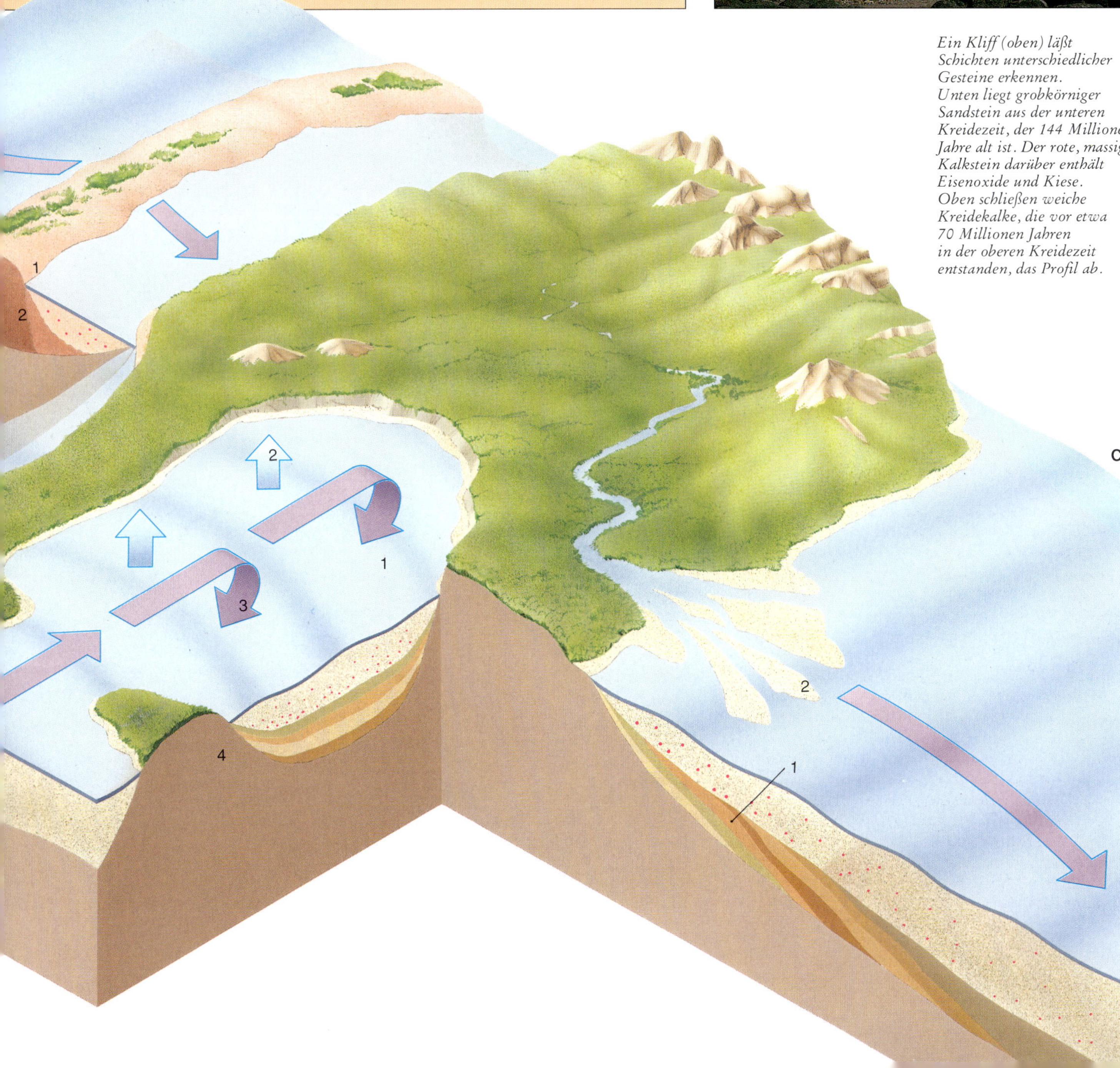

Dokumente der Erdgeschichte

Versteinerte Spuren vergangenen Lebens

Nur ein winziger Bruchteil der Milliarden von Pflanzen und Tieren, die jemals auf der Erde gelebt haben, ist fossil erhalten. Diese uralten Überreste geben uns einzigartige Einblicke in Evolutionsprozesse. Die Größe der Fossilien reicht von den riesigen Dinosaurierskeletten bis zu den nur mikroskopisch sichtbaren Abdrücken winziger Bakterien. Die stoffliche Zusammensetzung eines Fossils hängt von seiner Bildungsart ab: es kann ein ganzer Organismus sein, der in Stein, Bernstein oder Eis eingeschlossen wurde, oder der filigrane Abdruck eines Libellenflügels in weichem Schlamm, der später zu Sandstein zusammengepreßt wurde.

Der Vorgang der Fossilisation beginnt, wenn nach dem Tode eines Lebewesens Überreste oder Lebensspuren von ihm (z.B. Fußabdrücke) von Schlamm oder Sand bedeckt werden. Unter bestimmten Bedingungen werden Schlamm und Sand zu Stein gepreßt, und das eingebettete Tier oder das Pflanzenstück unterliegt einer Reihe von Umwandlungsprozessen. Ein Fragment entsteht, das so widerstandsfähig ist wie das es umgebende Gestein – es ist damit als Fossil konserviert.

Gesteinsbildung und Fossilisation

Sedimentgesteine, die aus Sand-, Schlamm- oder Lehmablagerungen entstanden sind, die sich auf oder nahe der Erdoberfläche abgesetzt haben, bieten die besten Voraussetzungen für eine Fossilisation. In Kalkgesteinen finden sich die meisten Fossilien; sie enthalten oft eine Vielzahl von Muscheln und anderen hartschaligen Organismen (z.B. Schnecken) sowie Korallen.

In Schiefern oder Lehmen werden die Fossilien häufig durch hohe Drucke, die sich bei der Gesteinsbildung aufbauen, zerbrochen, wenn sie nicht in besondere Mineralbildungen eingeschlossen und damit geschützt sind. Fossilien aus diesen Gesteinen sind von besonderem Wert, weil die feinkörnigen Sedimente auch Organismen ohne Skelett, die ganz aus empfindlichen Weichteilen bestehen, außerordentlich gut konservieren können. Der Burgess Shale in den kanadischen Rocky Mountains ist ein schon klassischer Fundort für solche Fossilien.

Bei der Fossilisation ist eine möglichst schnelle Bedeckung des toten Organismus durch Sediment von großer Bedeutung. So wird Verwesung, Zerstörung durch Räuber und Aasfresser sowie physikalische Zersetzung verhindert. Die meisten Fossilien sind ehemalige Meereslebewesen, da im Wasser Sedimente sehr schnell und kontinuierlich abgelagert werden. Die Überreste landlebender Organismen hingegen werden nur selten schnell genug von Sediment bedeckt, um einen guten Erhaltungsgrad zu gewährleisten. Dies bedeutet jedoch nicht, daß Landpflanzen und landlebende Tiere in der fossilen Dokumentation der Erde gänzlich fehlen. Tritt z.B. ein Fluß über die Ufer, der viele Organismen unter Schlammassen begräbt, können guterhaltene Fossilien entstehen.

Mikrofossilien als geologische Hilfsmittel

Lebewesen ohne Schalen, Gehäuse oder Knochenstrukturen fossilisieren meist sehr schlecht. Dennoch sind ihre Spuren noch erkennbar, da sie häufig einen charakteristischen schwarzen Koh-

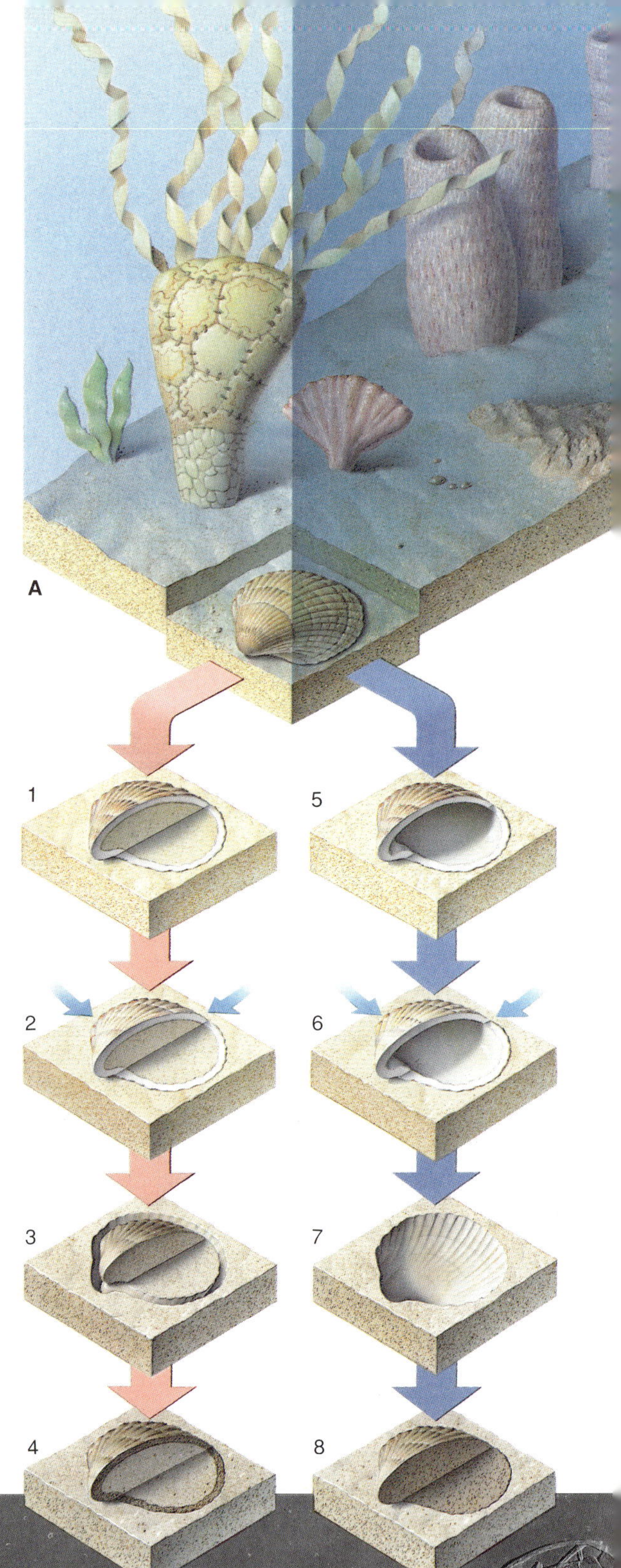

[A] Fossilien werden durch Versteinerungsprozesse konserviert: Viele Substanzen, aus denen die Organismen bestehen, werden zu anderen Materialien umgewandelt. Aus vergleichsweise weichen Stoffen, wie Holz, Knochen- oder Kalkschalen, werden während der Fossilisation sehr harte, widerstandsfähige Mineralien. Eine ehemals aus Kalk bestehende Koralle wird als Hämatitfossil konserviert. Ist der organische Anteil eines beschalten Lebewesens verwest, bleibt ein freier Raum zwischen den Schalenklappen (z.B. bei Muscheln) oder im Inneren von Schneckengehäusen, der dann oft von Sediment (1) aufgefüllt wird. Die wasserlösliche Kalkschale wird nach und nach aufgelöst (2) und hinterläßt dabei im Sediment einen Abdruck der Innenseite der Schale (3). Das Schalenmaterial kann nun durch eine andere Substanz – häufig eine Silicatverbindung – ersetzt werden, die um den inneren Kern ein Modell des ursprünglichen Schalenäußeren bildet (4). Manchmal bleibt eine Muschelschale oder ein Gehäuse leer (5). Die sauren wäßrigen Lösungen,

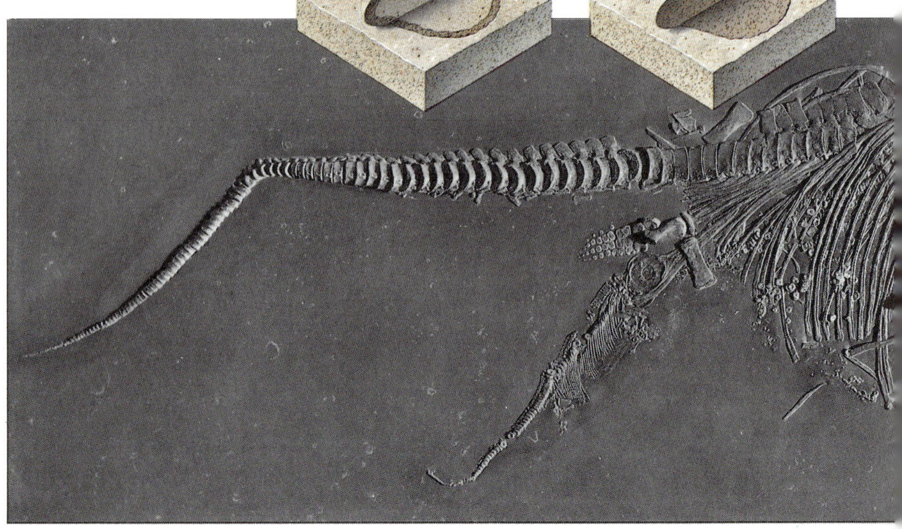

Siehe auch: Kalkgestein, *S. 26/27* Mineralbildung, *S. 32/33* Kohle, Öl und Gas, *S. 34/35*

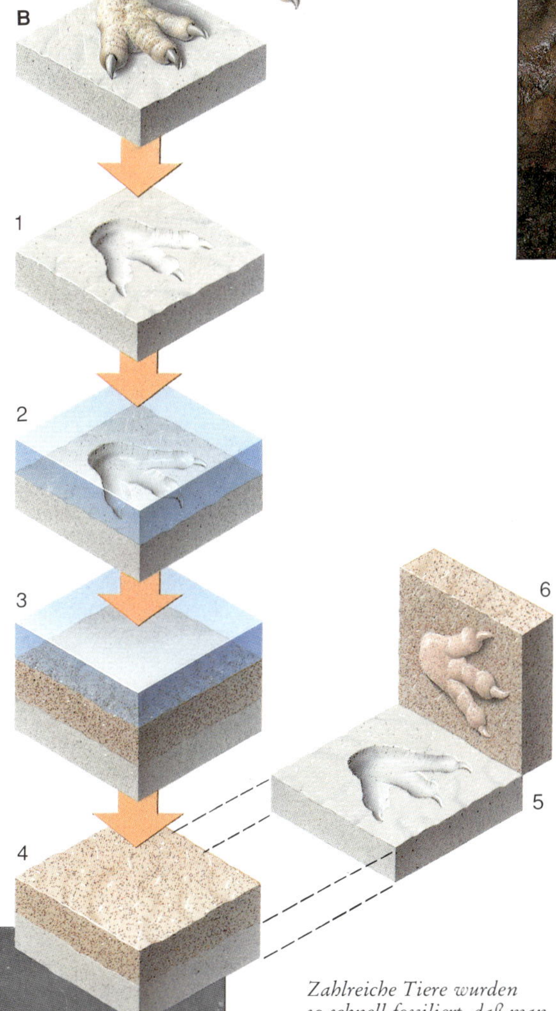

die die Gesteinsschichten durchdringen (6), können diese Schale vollständig auflösen. Sie hinterlassen dabei einen Hohlraum, eine »Gußform«, im Gestein (7). Später entsteht eine Replik dieser Schale als Steinkern, wenn sich ein anderes Material in der Form ablagert (8).

[B] Auch Lebensspuren von Organismen sind häufig fossil erhalten. Oft handelt es sich um Fußabdrücke (1), die im Schlamm zurückbleiben. Dieser erhärtet teilweise und bildet eine »Abdruckform«. Wenn der Schlamm von Wasser überschwemmt wird (2), lagert sich besonders schnell Sediment ab (3), was die Konservierung des Fußabdrucks beschleunigt. Der Schlamm und das darüberliegende Sediment werden unter Druck verdichtet und zu Stein gepreßt (4). In dem ursprünglich aus Schlamm gebildeten Gestein entsteht eine Negativ-Form des Fußabdrucks (5), im Sedimentgestein das Positiv (6).

Zahlreiche Tiere wurden so schnell fossiliert, daß man aus ihren Überresten wertvolle Erkenntnisse über Lebensweise und Physiologie ableiten kann. So geben erstaunlich gut erhaltene Versteinerungen aus dem Mesozoikum Auskunft über das Fortpflanzungsverhalten von Sauriern. Ablagerungen des Skeletts eines Ichthyosaurus (links) zeigen z.B., daß diese laufunfähigen Fischsaurier nicht zur Eiablage an Land kommen mußten – wie viele andere Saurierarten –, sondern daß sie bereits lebendgebärend waren.

Moormenschen und Gletscherleichen

Durch Torfstechen und Trockenlegen zahlreicher Moorgebiete in Westeuropa wurden Hunderte menschlicher »Fossilien« zutage gefördert. Diese Moormenschen erwiesen sich auch nach 2000 Jahren noch als außerordentlich gut erhalten, weil das sauerstoffarme Milieu des Torfmoores die Zersetzung durch Bakterien verhindert. Darüber hinaus wird im sauren Milieu des Torfmoores die Haut des Leichnams regelrecht gegerbt. Die außergewöhnlichen Fossilien erlauben detaillierte Studien, so daß Wissenschaftler z.T. sogar die Zusammensetzung des letzten Mahls der Leiche anhand ihres Mageninhalts bestimmen konnten. Der vermutlich bekannteste Moormensch, der den Spitznamen Pete Marsh trägt, wurde in Cheshire in England gefunden und ist heute im Britischen Museum ausgestellt. Für Aufsehen sorgte jüngst der Fund einer etwa 5000 Jahre alten Gletscherleiche in den Ötztaler Alpen. Der »gefriergetrocknete« Leichnam ist noch besser erhalten als die Moormenschen.

lenstoffilm in der fossilienhaltigen Schicht (Stratum) zurücklassen. Selbst winzigste Mikrofossilien (Bakterien, Foraminiferen u.a., die nur bei starker mikroskopischer Vergrößerung sichtbar werden) kommen in fossilienhaltigen Schichten recht häufig vor. Gerade in letzter Zeit stehen diese kleinen Fossilien im Mittelpunkt des Interesses: Geologen ermitteln mit ihrer Hilfe das Alter und die jeweilige Lage bestimmter Gesteinsschichten, so werden Mikrofossilien als Indikatoren bei der Suche nach Erdöl und Erdgas benutzt.

Gelegentlich wird auch ein ganzer Organismus oder ein Teil seiner Gewebe unverändert konserviert, etwa wenn ein Insekt in einen duftenden Harztropfen kriecht, der es einschließt und später zu Bernstein wird, oder wenn ein Tier in einem natürlichen Asphaltsee versinkt. Diese verhältnismäßig seltenen Fossilien werden besonders gut konserviert, weil sie in einer sauerstofffreien Umgebung eingeschlossen werden, in der keine Zersetzung stattfindet.

Eroberung des Landes, *S. 92/93* Evolution der Warmblüter, *S. 94/95* Bakterien, S. *106/107* Zersetzer, *S. 204/205*

Bodenbildung durch Verwitterung

Die Entwicklung verschiedener Bodentypen

Auf Böden entstehen unsere Nahrungsmittel. Die Höhe der Erträge landwirtschaftlichen Anbaus wird von der Bodengüte bestimmt. Nur etwa 20 % der Böden bringen hohe Erträge, ohne daß der Mensch durch kostspielige Düngung, Be- oder Entwässerung nachhelfen muß. In Wüsten, Tundren und in hohen Gebirgen, die 40 % der Festlandsfläche einnehmen, ist kein Anbau möglich, 40 % der Böden sind nur mäßig fruchtbar. Vergiftung der Böden durch Chemikalien, Abwässer und Überdüngung sowie Bodenerosion aufgrund von Raubbau drohen diese wichtige Lebensgrundlage für immer zu zerstören.

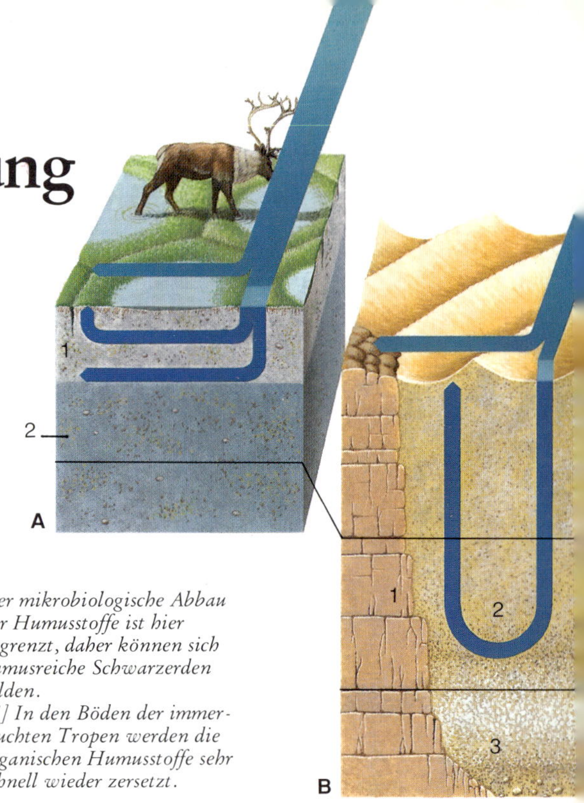

Wenn Schrebergärtner von Boden sprechen, meinen sie nur die obersten Zentimeter unter der Erdoberfläche, in denen die Gartenpflanzen wurzeln und die sie umgraben. Aber die Böden reichen viel tiefer, häufig bis zum anstehenden Gestein. Die Bodendecke ist eine Übergangszone, in der wichtige chemische und physikalische Prozesse ablaufen und durch die das Sickerwasser seinen Weg zum Grundwasser findet. Die meisten Pflanzen brauchen den Boden zum Wachsen. Böden zu schützen, gehört daher zu den wichtigsten Aufgaben einer modernen Umweltökologie.

Junge Böden sind meist am fruchtbarsten

Je länger die Bodenentwicklung fortschreitet, um so mehr Mineralstoffe werden dem Boden durch das Sickerwasser und die Pflanzen entzogen. Zwar werden zu Anfang der Bodenentwicklung immer wieder Pflanzennährstoffe durch die Verwitterung von Mineralien im Boden freigesetzt, aber schließlich versiegen diese Nachlieferungsquellen, und die Bodenfruchtbarkeit nimmt ab. Auf den steilen Hängen der Gebirge werden die obersten Bodenhorizonte laufend erodiert, so daß hier dauernd frisches Gestein in die Verwitterungsprozesse im Boden einbezogen wird und die ausgewaschenen Mineralstoffe ergänzt werden können.

Junge, fruchtbare Böden findet man auf den Moränenablagerungen der letzten Eiszeit, die noch nicht entkalkt sind. Besonders wertvolle Ackerböden entwickeln sich auf Löß, einem feinkörnigen Substrat, das der Wind aus den Flußtälern und den waldlosen Hängen der periglazialen Gebiete während der Kaltzeiten ausgeblasen hat. Neben diesen Lößvorkommen aus der Kaltzeit in Europa und Nordamerika gibt es u.a. in China mächtige Lösse, die aus Wüstentälern und Steppen ausgeweht wurden. Da Löß sehr gute Luftdurchlässigkeit, hohes Wasserspeicherungsvermögen und gute Durchwurzelbarkeit besitzt, werden hohe Erträge erzielt. Zu den fruchtbaren Böden gehören auch die Aueböden in den Überschwemmungsgebieten der Flußtäler, wo jedes Hochwasser, wie etwa im Niltal, mineralhaltige Lehme ablagert.

Wie das Gestein zerbricht und verwittert

Die Gesteine der Erdkruste sind durch tektonische Beanspruchung, durch Spannungen beim Abkühlen und durch Gezeitenbewegungen bereits mit Rissen (Klüften) durchzogen, bevor sie an die Oberfläche gelangen. Dort brechen Temperaturunterschiede (Insolationsverwitterung) weitere Klüfte auf, in die Wasser gelangt, was chemische

Welcher Bodentyp entsteht, hängt von der Gesteinsart, dem Klima, der Pflanzendecke und der Steilheit des Reliefs ab. Ein Teil des Niederschlags (blaue Pfeile) wird von den Pflanzen abgefangen oder verdunstet, bevor er den Boden erreicht hat, ein weiterer Teil fließt oberflächlich ab, und nur ein geringer Teil kann in den Boden versickern. Davon nehmen Pflanzen größere Mengen auf und verdunsten es teilweise wieder. Nur der Rest erreicht das Grundwasser.
[A] Tundraböden sind typische Gleye mit einem dunklen, anmoorigen A-Horizont und einem grauen B-Horizont (1). Der darunter liegende, tief gefrorene Boden (2) stoppt das Sickerwasser, so daß der Boden meist wassergesättigt bleibt.
[B] In Wüsten ist die Verwitterung flachgründig, die nackten Gesteine (1) ragen bis an die Erdoberfläche. Wüstenböden in Sedimenten (2) sind mangels größerer Anteile von dunklem Humus sehr hell. Hier fehlt das Sickerwasser, um aus Kalke (3) Calcium und Magnesium zu lösen.
[C] Braunerden unter Laubwald in gemäßigten Breiten zeigen einen dunkelbraunen A-Horizont über braunem B-Horizont. Die reichlichen Sickerwässer in Verbindung mit Huminsäuren haben den unteren A-Horizont oftmals hell ausgewaschen. Die von dort in den tieferen B-Horizont verlagerten Humusstoffe, die Tonmineralien und Eisen- und Aluminiumoxide, bilden braune Anreicherungshorizonte.
[D] Die Savannenböden sind vom Wechsel der Regen- und Trockenzeiten geprägt. Da die Niederschläge meist nicht ausreichen, die Böden tief zu entkalken, können selbst die Wurzeln der Gräser an den Calciumvorrat heranreichen.
Der mikrobiologische Abbau der Humusstoffe ist hier begrenzt, daher können sich humusreiche Schwarzerden bilden.
[E] In den Böden der immerfeuchten Tropen werden die organischen Humusstoffe sehr schnell wieder zersetzt.

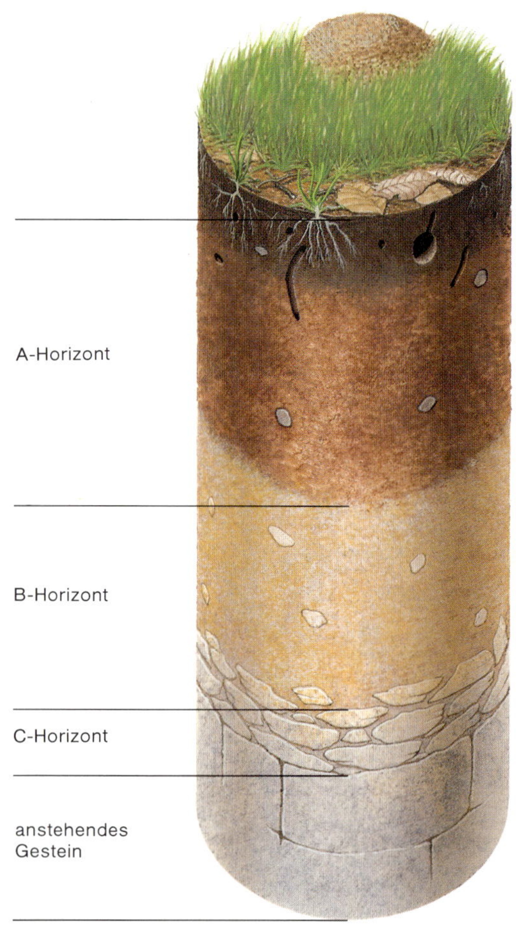

Ein typisches Bodenprofil (oben) baut sich aus verschiedenen Bodenhorizonten auf, deren Abfolge von oben nach unten mit A, B und C bezeichnet wird. Der A-Horizont ist meist reich an Huminstoffen und daher oft dunkelbraun gefärbt. Der B- oder Verwitterungshorizont ist häufig reich an Mineralien, die von Pflanzen aufgenommen werden können. Der C-Horizont bildet den Übergang zum anstehenden Gestein (D-Horizont), das bereits erste Anfänge der Bodenbildung zeigt. Böden auf Sedimenten oder anderen Lockermaterialien bilden sich sehr schnell.

Siehe auch: **Kalkgestein**, *S. 26/27* **Gletscher**, *S. 40/41* **Flüsse**, *S. 58/59* **Zersetzer**, *S. 204/205* **Stoffkreisläufe**, *S. 206/207* **Luftverschmutzung**, *S. 336/337*

Veränderungen des Gesteins verursacht. Gefriert das Wasser in den feinen Spalten, wird das Gestein mit 2.10^8 Pascal Druck zerbrochen (Frostsprengung). Auch die Wurzeln der Bäume und grabende Tiere tragen zur Zerrüttung und Gesteinszerkleinerung bei. In feuchten Tropengebieten, wo dichte Regenwälder wuchern und bei hohen Temperaturen große Mengen Wasser das Gestein chemisch verwittern, sind die Verwitterungsdecken am mächtigsten ausgebildet. In den kalten und den trockenen Klimaten kann die chemische Verwitterung aufgrund von Wassermangel nur wenig bewirken. Chemische und physikalische Verwitterungen arbeiten meist gemeinsam an der Bodenbildung. Beispiel dafür ist ein Salzkristall, der Gestein absprengt.

Bodenminerale werden verlagert und ausgespült

Bei der chemischen Gesteinsverwitterung werden große silicatische Moleküle in kleinere Minerale zerlegt, die vom Wasser gelöst und ausgespült werden können. Auch einzelne Metallionen, die von den Pflanzen als Nährstoffe benötigt werden, verschwinden ins Grundwasser oder werden in tieferen Bodenhorizonten wieder abgelagert. In den tropischen Regenwäldern kann das durch Huminsäuren angereicherte Wasser sogar Silicatverbindungen lösen und wegführen. Es bleiben zum Schluß fast nur noch Eisen- und Aluminiumoxide in den rotgefärbten, lateritischen Tropenböden übrig. All die Pflanzennährstoffe wie Calcium, Kalium und Nitrate fehlen den Pflanzen in diesen unfruchtbaren Böden.

Pflanzen als lebendes Lackmuspapier

Was die Bodenchemie angeht, sind Pflanzen sehr wählerisch. Rhododendron etwa würde nie auf kalkigen, sogenannten alkalischen Böden wachsen. In den Appalachen der östlichen USA ist leicht zu erkennen, wo Kalksteine unter der Oberfläche anstehen, denn dort wird man vergeblich nach Rhododendronbüschen suchen. Die buschigen Hortensien, die man häufig in englischen Seebädern findet, sind eine Art lebendiges Lackmuspapier, mit dem man den Säuregrad von Flüssigkeiten bestimmen kann. Die Blüten dieser Pflanzen ändern ihre Farbe je nachdem, wie stark der Boden sauer oder alkalisch reagiert. Die Blütenfarbe variiert von dunkelrot über rosa bis weiß, auf sauren Böden jedoch erscheint sie zunehmend blaustichig.

Wie sauer oder alkalisch ein Boden ist, wird nach der pH-Wertskala gemessen. Der pH-Wert gibt an, wie viele Wasserstoffionen (H^+) in einer Flüssigkeit oder im Boden vorhanden sind. Je mehr Wasserstoffionen, desto saurer ist der Boden, je alkalischer die Böden sind, um so geringer ist die Wasserstoffionenkonzentration. Eine völlig neutrale Lösung hat den pH-Wert 7. Saure Moorböden können sehr niedrige pH-Werte bis zu 2,5 aufweisen, in kalkigen Böden dagegen kann der pH-Wert bis auf 8,2 ansteigen. Vom pH-Wert hängt es ab, ob eine bestimmte Pflanzenart die positiv geladenen Metallionen, sogenannte Kationen, aufnehmen kann, die sie als Nährstoffe braucht. Wenn der Boden versauert, müssen die Pflanzen verhungern. Bei niedrigen pH-Werten gelangen giftige Schwermetalle in Lösung und vergiften empfindliche Bodenorganismen.

Schillernde Vielfalt mit System

Wie aus Atomen Kristalle werden

Auf der Erde gibt es 93 natürliche Elemente, aber nur acht von ihnen – Sauerstoff, Silicium, Aluminium, Eisen, Calcium, Natrium, Kalium und Magnesium – machen bereits 98 Gewichtsprozent der Erdkruste aus. Sauerstoff (50%) und Silicium (28%) sind zusammen mit 78% beteiligt. Die Silicate, die aus diesen beiden Elementen aufgebaut werden, sind die größte Gruppe innerhalb der 2 000 bekannten Mineralien. Stellt man sich die Sauerstoffatome als dicht gepackte Tennisbälle vor, so liegen die Siliciumatome wie Erbsen in den Zwischenräumen. So gesehen besteht die Erdkruste aus einer Kugelpackung von Sauerstoffatomen.

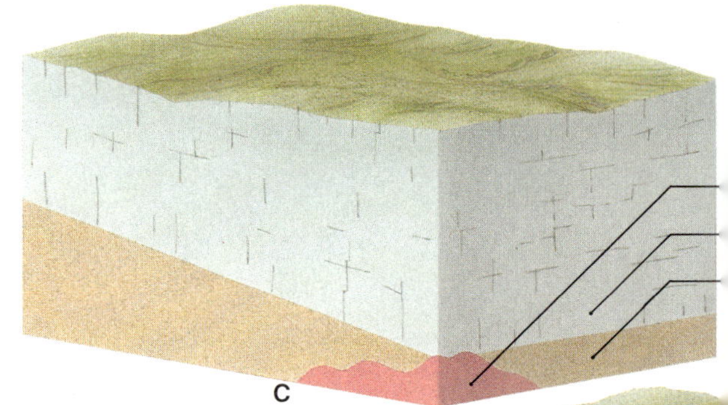

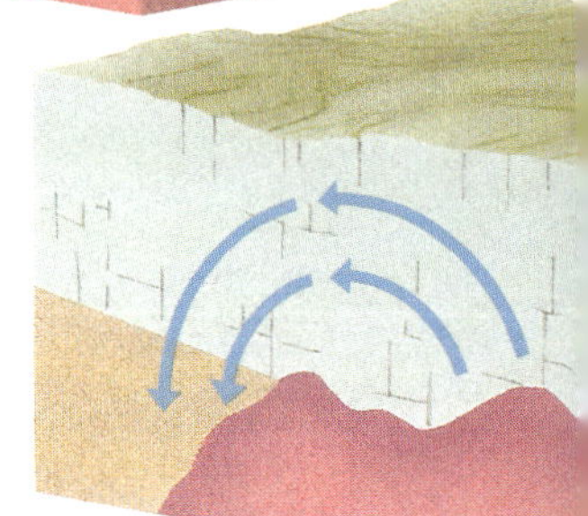

Silicate entstehen wie die meisten anderen Mineralien durch Auskristallisieren aus einer Flüssigkeit. Salze, die an einem heißen Tag aus flachen Meerwasserpfützen ausgeschieden werden, Quarzkristalle, die einige hundert Meter tief unter der Erde langsam kleine Hohlräume ausfüllen, Feldspat, Quarz und Glimmer, die viele Kilometer unter der Erdoberfläche aus der erstarrenden Magmaschmelze wachsen und Granit bilden – sie alle entstehen in gleicher Weise. Die äußere Form kann je nach den Bildungsbedingungen unterschiedlich sein. Die milchig-weißen Quarzgänge in den Gesteinsklüften bestehen wie die sechseckigen Quarzprismen aus dem gleichen Siliciumdioxid. Aber die wohlgeformten Bergkristalle hatten im Gegensatz zu den Gangfüllungen ideale Bildungsbedingungen: richtige Temperatur, Lösungskonzentration und freien Raum zur Entfaltung.

Kristalle: Mosaike der Natur

Kristalle gibt es in einer verwirrenden Formen- und Farbenvielfalt, von den Pyritwürfeln, auch Katzengold genannt, bis zum silberroten Molybdänglanz. Je nach Anordnung der aufbauenden Atome können Kristalle in bestimmte Klassen eingeteilt werden. Der schmierige Talk wie das härteste Mineral, der Diamant, verdanken ihre Eigenschaften dem Baumuster ihrer Atome.

Auch eine andere charakteristische Eigenschaft der Minerale, die Spaltbarkeit, hängt von den Atomstrukturen ab. Entlang struktureller Schwächeebenen lassen sich viele Mineralien leichter aufbrechen. Natürliche Gläser wie der vulkanische Obsidian besitzen keinen regelmäßigen Kristallbau. Diese amorphen Festkörper zerbrechen daher mit unregelmäßigen, gekrümmten Bruchflächen, die an Meeresmuscheln erinnern. Daher spricht man von Muschelbruch. In manchen Mineralen, so bei Calcit, sind bestimmte Bruchrichtungen so ausgeprägt, daß die Kristalle vorherrschend in dieser Richtung gespalten werden.

Da die physikalischen Eigenschaften der Mineralien von der Kristallstruktur festgelegt werden, sind u.a. Härte, Spaltbarkeit und Lichtdurchlässigkeit in verschiedenen Richtungen unterschiedlich. Dieses Phänomen, die Anisotropie, erklärt auch, warum Wärme, Licht und Schall die verschiedenen Minerale richtungsgebunden unterschiedlich schnell durchdringen. Aus dem weißen Licht absorbieren oder reflektieren die Minerale jeweils nur einige Wellenlängen und bestimmen damit ihre Farbe. Häufig entscheidet auch die chemische Zusammensetzung über die Mineralfarbe. Kupferverbindungen sind oft blau oder grün.

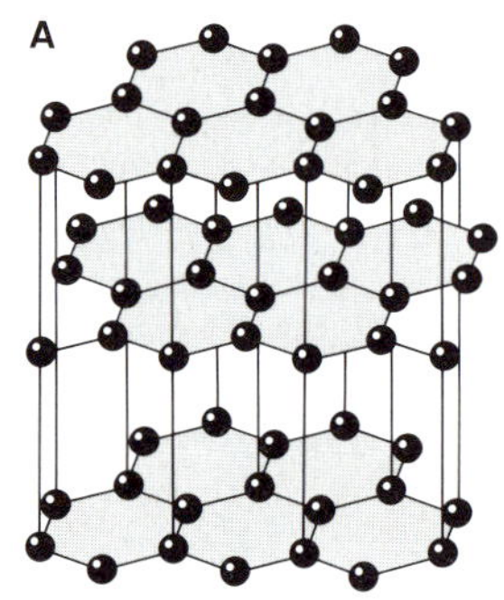

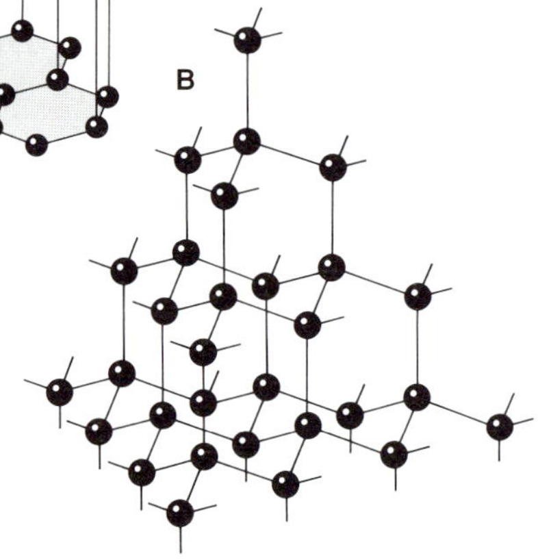

[A-B] Ein Mineral erlangt seine physikalischen Eigenschaften nicht nur durch den chemischen Aufbau, sondern auch durch die Art und Weise, wie die Atome miteinander verbunden sind. So besteht das härteste natürlich vorkommende Mineral, der Diamant, aus dem gleichen Kohlenstoff wie der sehr weiche Graphit [A]. In dessen Schichten mit den sechseckig angeordneten Atomen sind die Bindungen sehr stark, die Verbindungen zwischen den gleitfähigen Schichten sind jedoch nur wenig stabil. Dieses Schichtmineral ist für die Herstellung von Bleistiften und Industrieschmierstoffen sehr gut geeignet. Im Diamanten [B] sind alle Kohlenstoffatome durch starke Bindungskräfte zu einem einzigen, kompakten Körper verschweißt. Jedes Atom ist mit vier anderen fest verbunden, sie alle sind sich gleich nahe. Diese tetraedrische Atompackung ist außerordentlich dicht und erreicht mit Härte 10 die höchste Stufe auf der Härteskala von Mohs. Geschliffene Diamanten sind begehrte Schmucksteine.

Auch Verunreinigungen im Mineral können den Farbton verändern. So wird der an sich farblose Quarz durch chemische Beimengungen zum violetten Amethyst, zum rosa Rosenquarz oder zum braunen Rauchquarz. Beim Diamanten wird die Farbe durch unterschiedliche Kristallstrukturen verursacht.

Dennoch ist die charakteristische Grundfarbe der Mineralien in den meisten Fällen beherrschend. Hämatit und Magnetit, zwei aus Eisenoxiden bestehende Mineralien, kann man mit bloßem Auge kaum voneinander trennen. Es gibt jedoch eine einfache Bestimmungsmethode, den Strichtest: Reibt man ein Stück des Minerals über eine rauhe, unglasierte Porzellanplatte, so erzeugt Hämatit einen rötlichen Strich, während Magnetit einen schwarzen Abrieb hinterläßt. Die Mineralogen bedienen sich sehr genauer, allerdings auch aufwendiger Bestimmungsmethoden, u.a. chemischer, röntgenographischer und elektronenmikroskopischer Analysen.

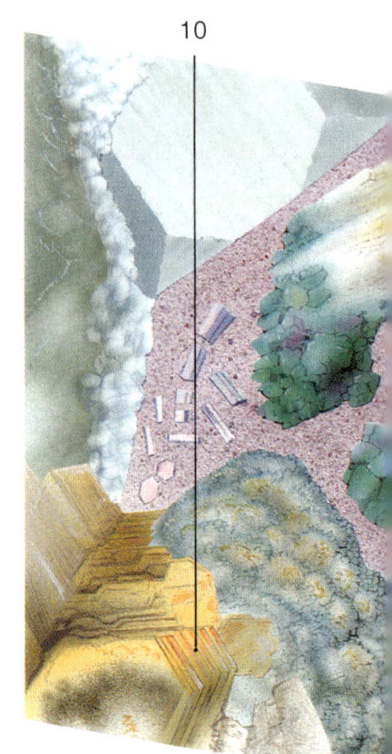

Siehe auch: **Aufbau der Erde**, *S. 12/13* **Vulkangestein**, *S. 24/25* **Kalkgestein**, *S. 26/27* **Kohle, Öl und Gas**, *S. 34/35*

[C] Erze – Gesteine, reich an wertvollen Mineralien – werden innerhalb der Erdkruste häufig in der Nähe von erstarrten Magmakörpern gebildet. In der Bildfolge dringt granitische Schmelze (1) in Sandstein (3) ein und erreicht darüberliegende Kalksteine (2). Das heiße Magma verursacht Wasserzirkulationen im Kalk. Dieses heiße (hydrothermale) Tiefenwasser (4) löst viele Elemente (Ionen) und Moleküle aus dem durchflossenen Gestein und scheidet diese an anderer Stelle wieder ab. Dort können Lagerstätten von Metallerzen entstehen. Mit dem Abkühlen der Schmelze wird der angrenzende Kalk verändert (metamorphisiert) und bildet eine Skarnzone (5), in der sich oft große Eisenerzlager (6) ausbilden. Sobald der darüber liegende Kalkstein erodiert worden ist, werden die Erze freigelegt (7) und vom oberflächennahen Grundwasser verändert, angelöst und in sekundären Lagerstätten wieder abgelagert. Dabei werden die langsam wachsenden Kristalle häufig besonders groß (8). Wenn das Magma kälter wird, scheiden sich die schweren Mineralien als Kristalle ab, und der Gehalt an Wasser nimmt immer mehr zu. Dadurch wird das Magma leichter und wandert als Restschmelze in die Umgebung des Hauptkörpers. Hier bilden sich beim weiteren Abkühlen, Erzgänge (9) mit besonders großen Kristallen (Pegmatite). Oft reichern sich hier auch seltene Mineralien an. Das in der Schmelze enthaltene Wasser läßt die Kristalle im Erzgang wachsen. Auch zahlreiche farbenprächtige Kristallformen entstehen. Erztaschen in einem Pegmatitgang können Kristalle von Muskovit (10), Quarz (11), Turmalin (12) und von anderen Mineralien enthalten.

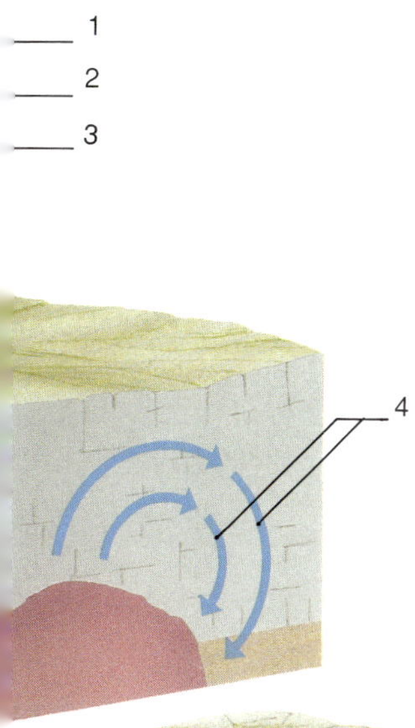

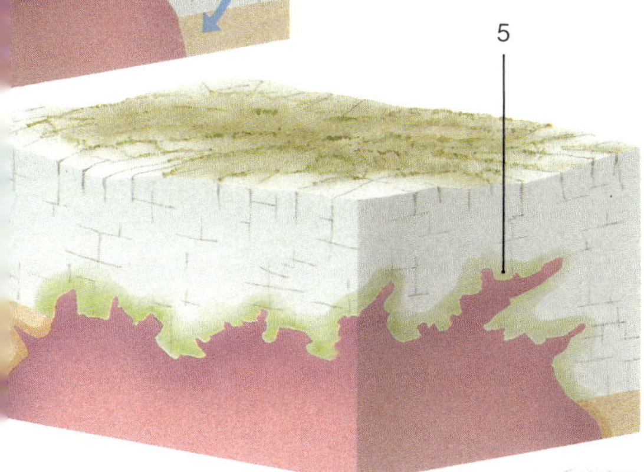

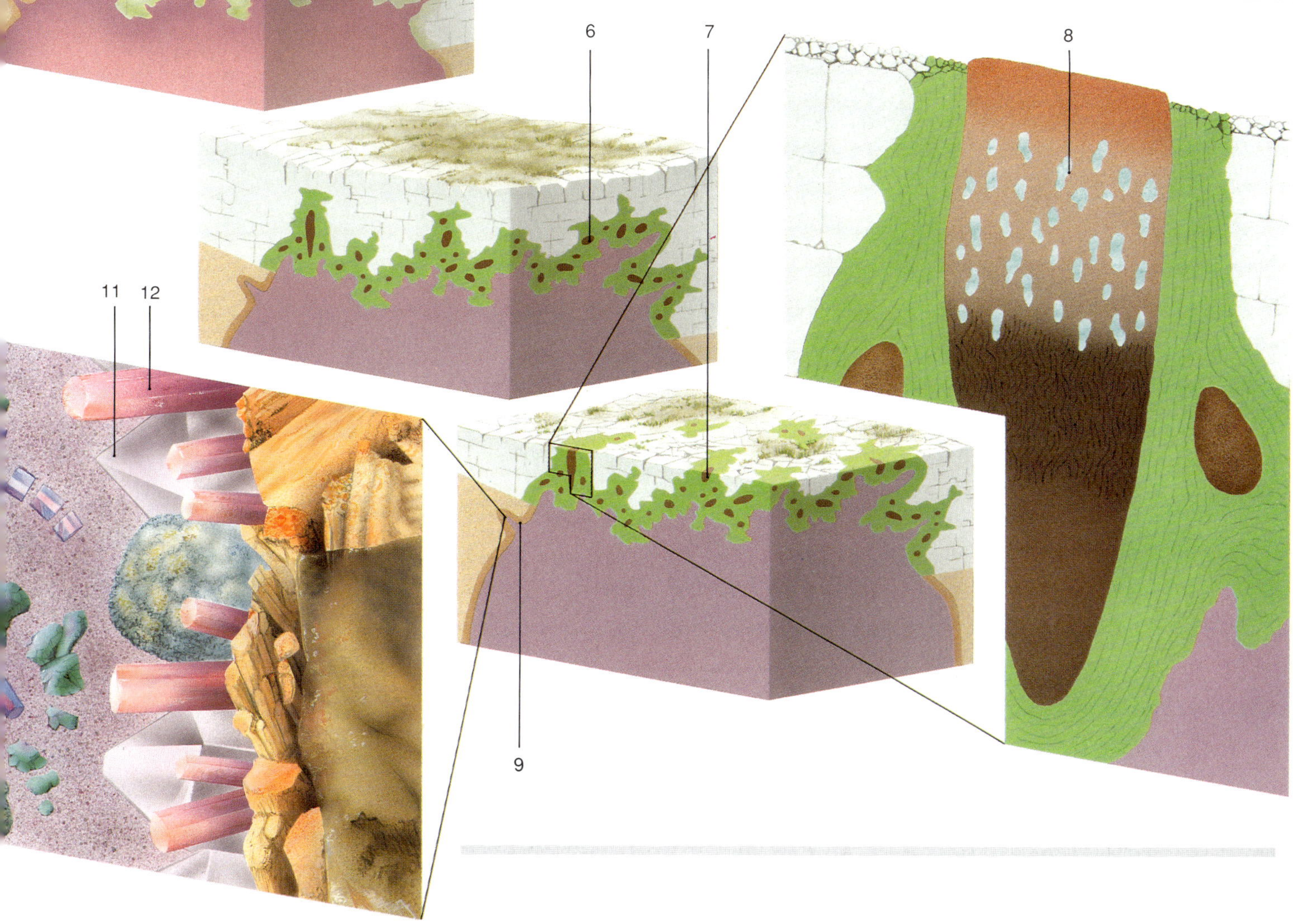

Kohlen in Diamanten verwandeln

Die meisten Versuche, Diamanten herzustellen, basierten darauf, die sehr hohen Drucke und Temperaturen der Erdtiefe zu rekonstruieren. So wurde Kohlenstoff in den Kern einer Eisenkugel eingeschlossen. Durch plötzliches starkes Abkühlen sollte das Eisen sich zusammenziehen und den geschmolzenen Kohlenstoff zusammenpressen. Mit Sprengstoff erreichte man zwar hohe Temperaturen und Drucke, aber da der Druck schnell wieder abfiel, verwandelten sich die entstandenen Diamanten sofort wieder in Graphit. Setzt man präparierten Kohlenstoff bei einer Temperatur bis zu 1775 °C extrem hohem Druck von $30 \cdot 10^9$ Pascal mittels Explosionstechniken aus, bilden sich kleine Diamanten, die sich aber nur für industrielle Zwecke eignen.

Von der Vergangenheit leben

Fossile Brennstoffe – Entwicklung und Nutzung

Unsere heutige Welt ist von Pflanzen und Tieren abhängig, die vor vielen Millionen Jahren gelebt haben. Die damals von den Pflanzen genutzten Sonnenstrahlen sind bis heute in Rückständen gespeichert. Auch die tierischen Rückstände wie Erdöl basieren auf damaligen Pflanzen und damit auf ehemaliger Sonnenenergie, die wir heute beim Verbrennen nutzen. Über 40% der Energie, die in Westeuropa verbraucht wird, stammt aus der Kohle. Was in über 300 Millionen Jahren entstanden ist, wird innerhalb einiger hundert Jahre verbrannt und verpestet die Atmosphäre mit Schwefelsäure, Stickoxiden und Kohlendioxid.

Kohle, Erdöl und Erdgas bilden sich aus den Zersetzungsprodukten pflanzlicher und tierischer Organismen unter hohem Druck und hoher Temperatur. Über 80 % der zur Zeit geförderten Öl- und Gasmengen stammen aus dem Erdmittelalter oder dem Tertiär, sind also zwischen 180 bis 30 Millionen Jahre alt. Entstanden sind die Energievorräte aus Mikroorganismen, die nach dem Absterben auf dem damaligen Meeresboden sedimentiert wurden. Das Meerwasser bewahrte die organische Substanz vor völliger Oxidation, so daß die Hauptbestandteile des Erdöls, die ringförmigen und kettenförmigen Kohlenwasserstoffe, erhalten blieben. Mit der immer stärker anwachsenden Bedeckung durch andere Sedimente erhöhten sich Druck und Temperatur, und die flüssigen Kohlenwasserstoffe wurden in die Gesteinsporen benachbarter Gesteine gepreßt.

Kohlelager nahmen ihren Ursprung in unterschiedlichen Erdzeitaltern, aber die beste und am häufigsten vorkommende Kohle stammt aus den sumpfigen Flußdeltas des Karbons (der Zeit vor 360-280 Millionen Jahren). Schon im Entstehungssumpf wurden die Pflanzenreste von Bakterien und Pilzen teilweise zersetzt. Gase, wie Methan (CH_4) und Kohlendioxid (CO_2), wurden freigesetzt, und die Kohle reicherte sich mit Schwefel an. Überlagernde Schichten preßten das Wasser aus der Kohle und drückten sie nach unten in heißere Bereiche der Erdkruste.

Höhere Entstehungshitze, höhere Heizkraft

Mit zunehmender Tiefe steigt die Temperatur in der oberen Erdkruste, alle 30 m um 1°C. Dadurch werden chemische Reaktionen in Gang gesetzt, die Torf in Kohle verwandeln. Mindestens 200°C, entsprechend einer Tiefe von über 5 000 m, sind nötig, um eine hochwertige Kohle zu bilden. Je nach der Bildungstemperatur und den Druckverhältnissen ergibt sich ein unterschiedlicher Kohlenstoffgehalt. Braunkohlen haben etwa 60 %, bituminöse Steinkohlen erreichen bis zu 92 % und Anthrazit mit dem höchsten Heizwert sogar über 92 % Kohlenstoffgehalt.

Öl und Gas bleiben nicht am Entstehungsort

Die Bildung von Erdöl und Erdgas ist temperaturabhängig. Aber auch die Schnelligkeit, mit der die Schichten in größere Tiefen absinken, spielt eine Rolle. Ideal für die Ölbildung sind Tiefen um 3 km. Wenn das ölhaltige Gestein von den Deckschichten zu schnell hinuntergepreßt wird, läßt die zu rapide ansteigende Temperatur Öle und Gase nach oben entweichen. Tiefer als 6 km wird nur

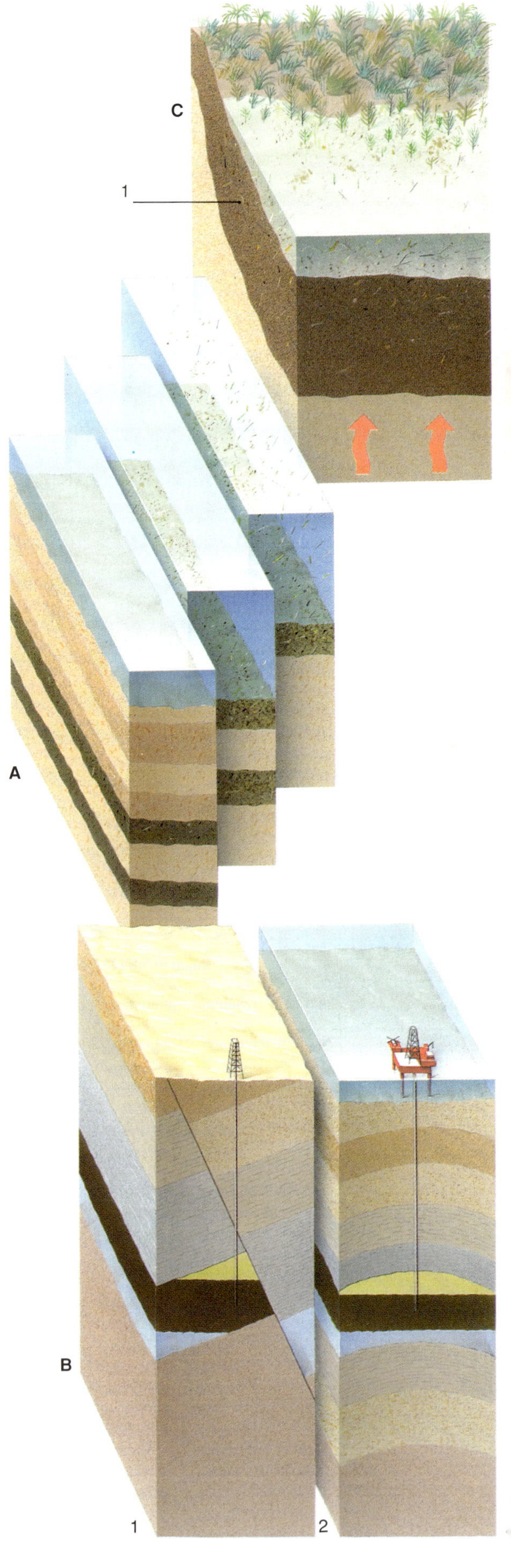

[A – B] Erdöl und Erdgas entstehen aus marinem Plankton, das sedimentiert und von anderen Sedimenten überlagert wurde [A]. Mit der Zunahme von Druck und Hitze werden die Fette und Öle aus den Organismen zu einer dicken Masse (Kerogen) vereinigt. Die Kohlenwasserstoffe werden aufgespalten, und zähflüssiges Schweröl wird gebildet. Bei noch größerer Hitze entstehen immer leichtere Fraktionen, wie Leichtöle und Erdgas. Die Öle sammeln sich in porösen Speichergesteinen, die durch dichte, undurchlässige Deckschichten versiegelt sind.
[B] Tektonische Verschiebungen der Schichtpakete (1) oder Aufwölbungen der Gesteinsschichten (2) können zu Öl- und Gasfallen werden.

[C – G] Der Entstehungsbeginn der meisten Kohlelager liegt im mittleren Karbon. Äquatornahe kontinentale Platten wurden in Küstennähe bei hohem Grundwasserstand stark versumpft [C]. Die großen Bäume der feuchtheißen Sumpfwälder versanken nach dem Absterben im Schlamm und wurden so vor Sauerstoff und schneller mikrobiologischer Zersetzung geschützt. Mächtiger Torf (1) wurde zwischen Tonschichten (2), die sich bei zeitweiligem Rückzug des Meeres bildeten, abgelagert. Am Anfang des Perms fielen die tropischen Tiefländer trocken und wurden zu Wüsten [D]. Nun lagerten sich Sandsteine (3) und weitere Sedimentgesteine über den Ton- und Sumpfschichten ab. Mit zunehmender Temperatur und steigendem Druck bildete sich aus Torf Steinkohle.
[E] Weitere 150 Millionen Jahre später kam das Meer zurück und überschwemmte die ehemaligen Wüsten. Im oberen Perm wuchsen im heutigen Mitteleuropa Korallenriffe (4), und 500 m mächtige Salzlager entstanden.

Siehe auch: Aufbau der Erde, *S. 12/13* Kalkstein, *S. 26/27* Versteinerung und Einschluß, *S. 28/29* Mineralbildung, *S. 32/33*

[F] Spätere Gebirgsbildungen begruben die Steinkohlenlager noch tiefer.
[G] Weitere Verkohlungsprozesse machten aus der Steinkohle Anthrazit (5). Die Flöze können bis zu 30 m dick sein.

noch wenig Öl gefunden. Im Laufe der Zeit wandern Erdöl und Erdgase meist in andere poröse Gesteine, oft weit entfernt von ihrer ursprünglichen Lage. Vor allem das Erdgas und die leichten Öle sind sehr beweglich, während zähflüssige Bitumen und Teere eher in der Nähe der primären Lagerstätte verbleiben.

Von der Petrochemie zu den Petrodollars

Das flüssige Erdöl besteht aus einer Mischung von verschiedenen Kohlenwasserstoffen mit unterschiedlichen Gewichten und Siedepunkten. In den Raffinerien werden die einzelnen Fraktionen in Benzin, Leicht- und Schweröle getrennt: Benzin für Autos, Dieselöl für Lastwagen, Kerosin für Flugzeuge und Schweröle für Kraftwerke und Schiffe. Ein Teil der Schweröle wird in leichtere, kürzere Kohlenwasserstoffe zerbrochen. Die Treibstoffe entwickeln allerdings bei der Verbrennung schädliche Gase, die die Luft zunehmend vergiften und das Klima verändern.

Begrenzte Energievorräte

Pessimistische Schätzungen gingen lange davon aus, daß die Kohlevorräte der Welt in einigen Dekaden erschöpft sein würden. Inzwischen weiß man, daß die noch nicht erschlossenen Kohlereserven mindestens noch für 300 Jahre reichen. Die Erdölvorräte werden in 40 Jahren verbraucht sein. In Rußland und in den USA liegen die größten Kohlelager. Aber auch in Westeuropa, Indien, China, Brasilien, Südafrika und Australien gibt es große Vorräte an hochwertiger Kohle aus dem Karbon und Perm. Hinzu kommen Braunkohlenlager, die nahe der Oberfläche gelegen, leicht und billig abgebaut werden können. Die in der Antarktis entdeckten Steinkohlen sind von minderer Qualität. Wichtig ist heute vor allem, daß beim Verbrennen möglichst wenige Schadstoffe entstehen.

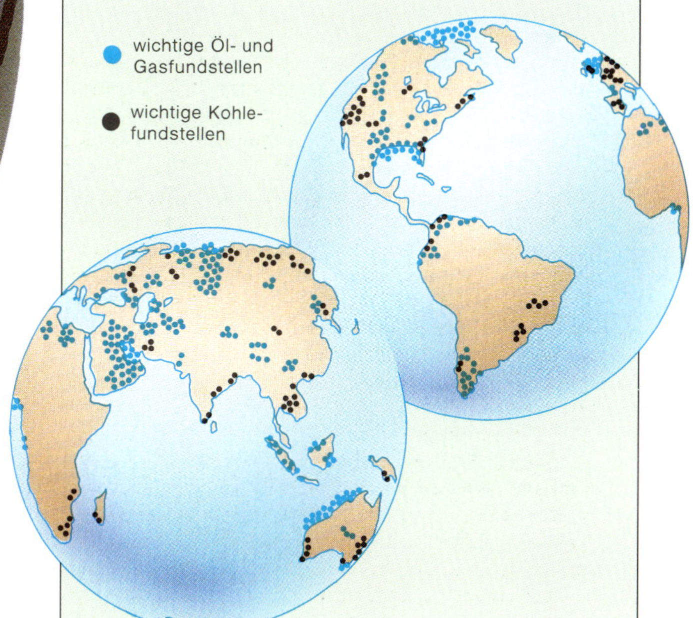

Meeresboden, *S. 50/51* Stoffkreisläufe, *S. 206/207*

Labyrinthe in der Tiefe

Wie Karstgrundwasser Höhlen bildet

Ein 550 m langer und 30 m hoher Raum wäre für ein Gebäude überaus groß. Er wäre noch bemerkenswerter, läge er wie die Hauptkammer der Carlsbad Caverns in 220 m Tiefe unter der Erdoberfläche. Diese Höhle in New Mexico, USA, wurde 1901 von einem Cowboy entdeckt, als er einen Schwarm Fledermäuse wie eine dunkle Wolke aus einem Höhleneingang aufsteigen sah. Die Glückshöhle in Sarawak, Borneo, ist mit 700 m Länge, 400 m Breite und 280 m Höhe sogar noch größer. Die längste Höhle der Welt schließlich ist die Mammuth-Höhle in Kentucky, USA. Mehr als 550 km Gänge sind bis heute erforscht worden.

Die unendliche Formenvielfalt der Stalaktiten (hängende Kalkgebilde) und Stalagmiten (Kalkausscheidungen auf dem Boden) in den Carlsbad Caverns begeistert jedes Jahr Millionen Höhlenbesucher. Die aus Calcit, dem häufigsten Kalkmineral, aufgebauten Höhlendekorationen bilden sich, wenn das in die Hohlräume eingedrungene Tropfwasser Kohlendioxid an die Höhlenluft verliert. Kohlendioxid, das mit Wasser Kohlensäure bildet, ist ein wesentlicher Bestandteil der Carbonatlösung. Kalksteine bestehen aus Calciumcarbonat, das von Säuren leicht gelöst wird. Gießt man Salzsäure auf Kalkstein, so braust es auf, weil Kohlendioxid, CO_2, freigesetzt wird. Mit diesem Test prüfen Geologen Gesteine auf Kalke.

Komplizierte Lösungsprozesse schaffen Höhlen

Gelangt Niederschlagswasser, Schmelz- oder Flußwasser auf Kalkgesteine, $CaCO_3$, oder Dolomite, $CaMg(CO_3)_2$, so wird das Gestein gelöst. Reines Wasser, ohne CO_2, löst nur etwa 10 mg $CaCO_3$/l. Kommt aber CO_2 hinzu, erhöht sich die Löslichkeit auf maximal einige hundert mg, weil sich dann Hydrogencarbonat, $Ca(HCO_3)_2$ bilden kann. In der Luft gibt es nur 0,03 % Kohlendioxid, aber in der Bodenluft, durch die das Sickerwasser fließt, können mehrere Prozent CO_2 angereichert sein. Das lösungsfähige Wasser erweitert im Untergrund alle durchflossenen Klüfte. Schließlich sind die unterirdischen Wasserwege so aufnahmefähig, daß sämtliches Niederschlagswasser in den Untergrund abgeleitet wird. Die Täler verlieren ihre Oberflächengewässer und werden zu Trockentälern. Es ist sehr schwer für den Menschen, in diesen Karstgebieten Wasser zu erschließen. Früher mußten Trink- und Brauchwasser mit Tankwagen auf die Schwäbische Alb, Deutschlands größtes Karstgebiet, gebracht werden. Heute versorgen Wasserleitungen die dortigen Städte und Dörfer. Das unterirdische Karstwasser konzentriert sich unter der Erde auf wenige Hauptkanäle, die immer größer werden. Sobald ein Mensch hindurch paßt, sprechen wir von Höhlen. Man weiß nie genau, wo verschwundenes Karstwasser in Höhlen unter der Erde fließt.

Nur in dickbankigen Kalken gibt es Höhlen

Lösungsfähiges Wasser und Kalkgesteine allein reichen noch nicht aus, um große Höhlen zu bilden. Mindestens 50 % Kalk müssen die Karstgesteine aufweisen, auch müssen sie hart und standfest sein, sonst brechen schon kleine Hohlräume leicht ein. Kalkgesteine mit niedrigem Carbonatgehalt und höheren Sand- und Tongehalten

Stalaktiten und Stalagmiten (rechts) können sich nur in Höhlen bilden, die weit oberhalb des Grundwasserspiegels liegen. Jeder mit Kalk gesättigte Wassertropfen, der an der Höhlendecke austritt, scheidet Calcit ab und läßt Kalkröhren entstehen. Schicht um Schicht wachsen die anfänglich zarten Gebilde zu größeren Stalaktiten heran. Die auf den Boden fallenden Wassertropfen können noch immer Calcit ausscheiden und bilden dort Stalagmiten. Im Laufe der Zeit wachsen die beiden Kalksinterformen zu Säulen zusammen. Manche Stalaktiten wachsen in 10 Jahren um 7,6 cm. In den meist durch Lehm rot- oder braungefärbten Sintern kann mit modernsten Methoden das Alter der einzelnen Schichten bestimmt werden. Daraus ergibt sich auch das Alter der Höhle selbst.

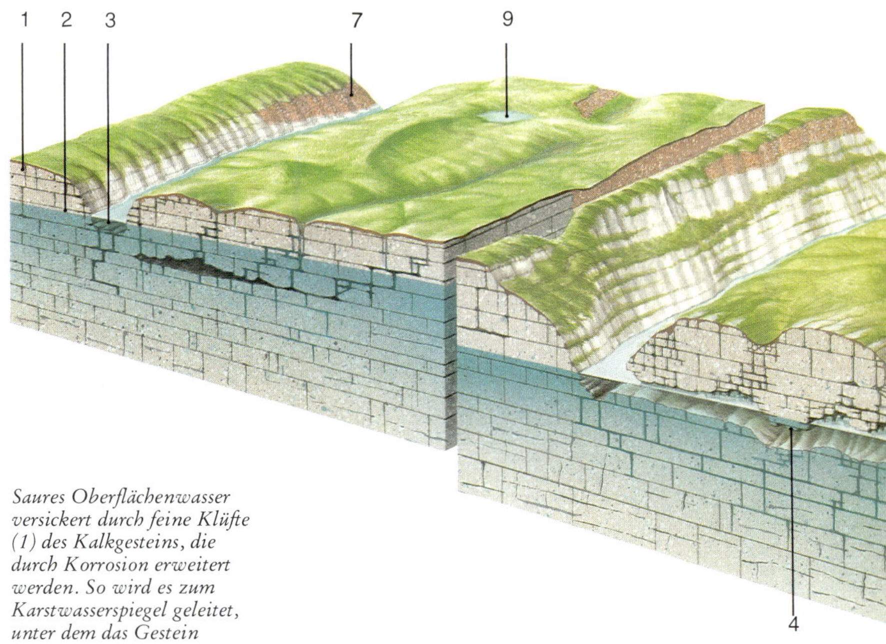

Saures Oberflächenwasser versickert durch feine Klüfte (1) des Kalkgesteins, die durch Korrosion erweitert werden. So wird es zum Karstwasserspiegel geleitet, unter dem das Gestein wassergesättigt ist (2). Das Grundwasser fließt mit flachem Gefälle zum nahen, tiefen Taleinschnitt und mündet hier in den Fluß (3).

Spektakuläre Karstlandschaften

Die in löslichen Gesteinen ausgebildeten Reliefformen werden nach dem Namen einer westslowenischen Landschaft, die derartige Geländeformen sehr typisch aufweist, als Karstlandschaft bezeichnet. Karstgebiete sind durch Hohlformen geprägt. Die unterirdischen Hohlräume sacken langsam nach oder brechen plötzlich ein. Die an der Oberfläche entstehenden kraterförmigen Dolinen können zu den großen Uvalas zusammenwachsen. Lange Täler können zu karstgeprägten Poljen umgeformt werden. Es ist nicht sehr beruhigend, auf einsturzgefährdetem Gestein zu wohnen. Jederzeit kann der Boden nachgeben, und niemand kann vorhersagen, wann und wo das nächste Unglück passieren wird. Die eindrucksvollsten Karstformen bietet der tropische Turmkarst in China, Vietnam, auf den Philippinen und in der Karibik. Eine Vielzahl von steilen Kalktürmen, bis über 300 m hoch, überragt Ebenen oder das Meer. In der Wüste gibt es millimetergroße Lösungsformen.

Siehe auch: **Gebirgsbildung,** *S. 18/19* **Vulkane,** *S. 22/23* **Vulkangestein,** *S. 24/25* **Küsten,** *S. 56/57*

sind sehr brüchig und lassen das Sickerwasser nicht durch. Größere unterirdische Wasserwege, und damit Höhlen, können sich in diesem Material kaum ausbilden. Dagegen kann es an der Oberfläche Flüsse geben. Noch stärker löslich als Kalkgesteine sind Gips (Calciumsulfat) mit 2,4g/l und Steinsalz (Natriumchlorid) mit 365 g/l Wasser. Auch in diesen Mineralen können Höhlen und Schächte entstehen.

Höhlen in wenig löslichen Gesteinen

Höhlen, Hohlräume im Untergrund, gibt es in Lavafeldern, im Eis der Gletscher und als Brandungshöhlen in meerumspülten Kliffs. Heiße Lava kühlt sich an der Oberfläche ab, erstarrt und überbrückt den Schmelzfluß. Wenn zuletzt die flüssige Lava ausfließt, bleiben unterirdische Gangsysteme zurück, die wie Karsthöhlen aussehen. Im Eis bilden sich Spalten- und Schmelzwasserhöhlen, Brandungshöhlen sind nur sehr klein und kurz.

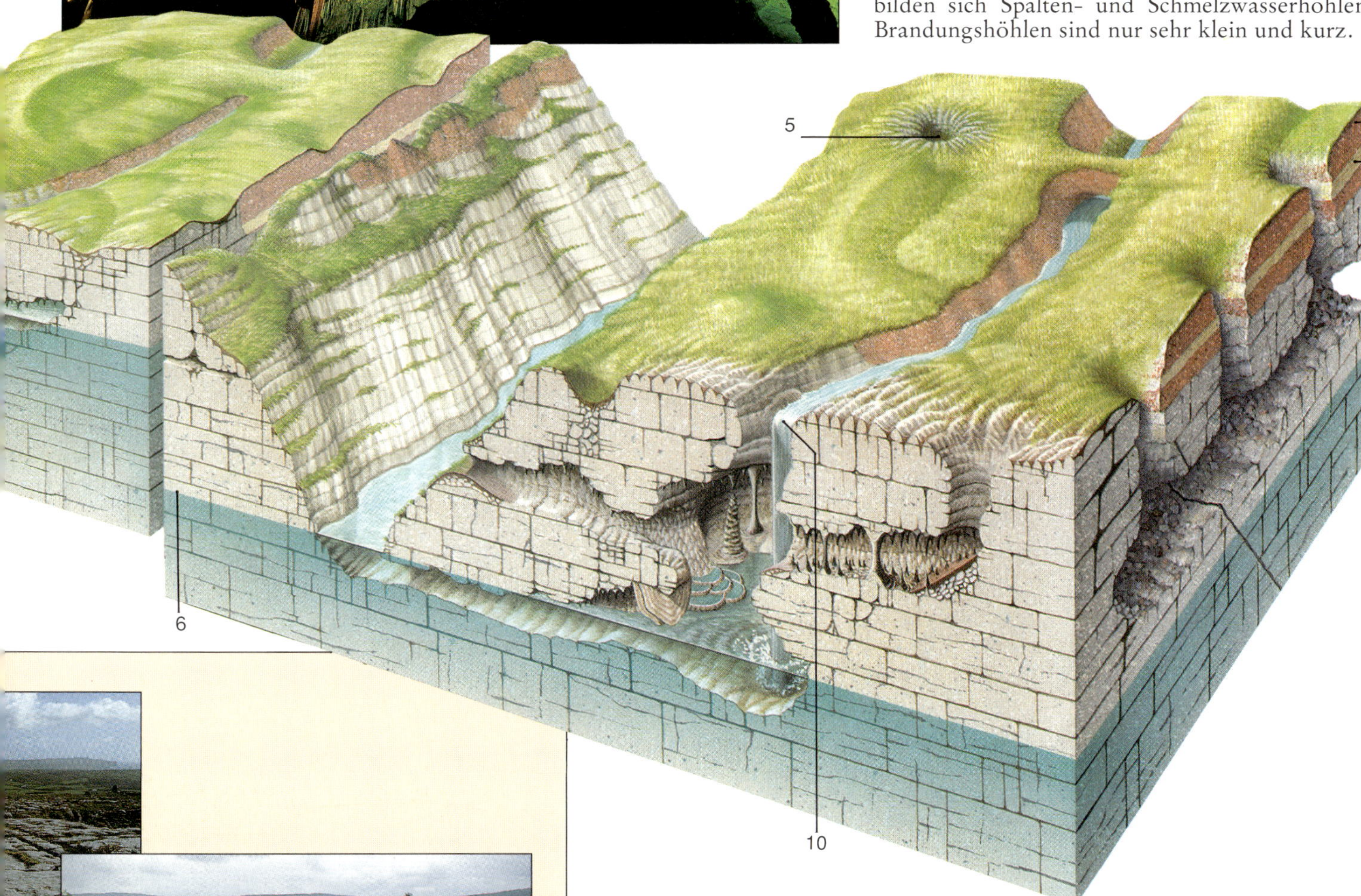

Die meisten Höhlen entstehen im oberen Grundwasserbereich, wo das noch lösungsfähige Wasser am schnellsten fließt. Hier bilden sich horizontale Höhlengänge (4). Kleinere Schächte (5) sind an durch Auswaschung entstandenen trichterartigen Vertiefungen, den Dolinen, zu erkennen. Wasserreiche, starke Flüsse schneiden sich schneller ein, als die Bildung von Höhlen unter dem Fluß vor sich geht. Mit dem Absinken des Grundwassers (6) fallen Höhlen trocken, und neue bilden sich auf tieferem Niveau. Wo die Kalke von Sandsteinen (7) und undurchlässigen Tonen (8) bedeckt sind, füllen sich Depressionen und Dolinen mit Wasser (9). An der Grenze von nichtlöslichen Gesteinen mit oberflächlichem Abfluß zum verkarsteten Kalk verschwinden Flüsse im offenen Untergrund und bilden tiefe, senkrechte Schächte mit hohen Wasserfällen (10).

Stoffkreisläufe, *S. 206/207* **Ökosystem Höhle,** *S. 304/305*

Zyklen von Schnee und Eis

Wie das Eis der Kaltzeiten die Erde veränderte

Noch vor 20 000 Jahren war Nordwesteuropa unter einem mächtigen Eispanzer begraben. In Nordamerika reichte das Inlandeis bis nach St. Louis, das auf der geographischen Breite von Sizilien liegt. Nur in Grönland und in der Antarktis gibt es noch derartige Eisschilde. Vor 10 000 Jahren begann es auf der Erde wärmer zu werden. Nur noch 15 Millionen km² des heutigen Festlandes sind von Eis bedeckt, etwa ein Drittel der damaligen Eisfläche. Da sich bisher Kalt- und Warmzeiten in bestimmten Zyklen ablösten, könnte jedoch trotz der momentanen Erwärmung der Erde schon bald eine neue Eiszeit bevorstehen.

Die Warmzeiten zwischen den einzelnen Kaltzeiten, den Glazialen, waren wärmer als das heutige Klima. Während der Kaltzeiten sanken die Jahresmitteltemperaturen dann um 4 bis 12°C. Die Frage nach den komplexen Ursachen der periodischen Klimaveränderungen läßt sich bis heute nicht eindeutig beantworten.

In den 20er Jahren berechnete der jugoslawische Wissenschaftler Milutin Milanković aus den langperiodischen Schwankungen der Erdbahnelemente eine Strahlungskurve der Sonne. Als entscheidend wurde die Strahlungsmenge angesehen, die mittlere Breiten der landreichen Nordhemisphäre empfangen. Wenn dort die Sonnenwärme nicht ausreicht, um den Winterschnee rechtzeitig zu schmelzen, bilden sich auf den Landflächen Eisbedeckungen, die zu großen Eisschilden werden. In der letzten Eiszeit schob sich das Inlandeis in Norddeutschland pro Jahr um 200 m vor. Die starke Sonnenreflektion auf den Schnee- und Eisflächen kühlte die Erde weiter ab. Auch der in Polposition gedriftete antarktische Kontinent, der seit über 7 Millionen Jahren vereist ist, wirkt auskühlend auf das Klima der Erde.

Theorien zur Eiszeitentstehung

Neben der Hypothese von Milanković gibt es eine ganze Reihe weiterer Deutungsversuche. Eine Folge von gleichzeitigen, starken Vulkaneruptionen könnte soviel verdunkelnden Staub in die Atmosphäre schleudern, daß die Sonneneinstrahlung drastisch verringert würde. Auch unterschiedlich große Gasmengen von Wasserstoff und Kohlendioxid in der Atmosphäre oder kosmische Staubwolken, die sich zeitweise zwischen Sonne und Erde plazieren und die Sonnenstrahlen abfangen, sind als klimaverändernde Faktoren denkbar. Schließlich könnte die Sonnenstrahlung selbst vorübergehend abgenommen haben oder der Wärmefluß vom Erdinneren sich verändern. Auch ist bis heute nicht geklärt, ob alle Eiszeiten gleiche Entstehungsbedingungen hatten.

Moränenlandschaft, geschaffen vom Inlandeis

Unter ungeheurem Druck schürfte das 3 000 m mächtige, langsam fließende Inlandeis Boden und Gestein aus, transportierte das Moränenmaterial über Tausende von Kilometern weit und lagerte es als flache Hügel wieder ab. Am Eisrand wurden im Sommer riesige Mengen von Schmelzwasser frei, das in breiten Urstromtälern zum Meer abfloß. Endmoränen und Seen blieben zurück, als das Eis völlig abschmolz. Ausgeblasenes Feinmaterial bildete fruchtbare Böden.

Die von Milanković 1920 errechneten Strahlungskurven basieren auf drei periodisch veränderlichen astronomischen Elementen [A – C]: der Exzentrität der Erdbahn, also der Abweichung von der Kreisbahn [A], der veränderlichen Neigung der Erdachse (Schiefe der Ekliptik) [B] und schließlich der Präzession der Tag- und Nachtgleiche (Umlauf des Perihels) [C]. Durch diese veränderlichen Größen wird die Strahlung der Sonne auf die Erde und die verschiedenen Erdregionen dauernd verändert [D]. Die Schwankungen der Strahlung sind für jeden Breitengrad verschieden, für jeden gilt eine eigene Strahlungskurve. Die Bahn der Erde um die Sonne [A] variiert von einem nahezu perfekten Kreis (1) bis zu einer Elipse (2) und zurück zum Kreis (3). Die Periode dauert 95 000 Jahre. Zur Zeit wird die Umlaufbahn kreisförmig, und die Sonnenwärme wird gleichmäßiger über die Erde verteilt.
Auf einer Elipsenbahn ist die Erde zeitweise weiter von der Sonne entfernt und wird dann kühler. Die Achse der Erde [B] ist im Augenblick 23,5° gegenüber der Bahnebene geneigt. Daraus ergibt sich, daß das zur Sonne geneigte Polgebiet im Sommer mehr Strahlung erhält als die andere Polarregion. So entstehen die ausgeprägten Jahreszeiten. Eine geringere Neigung der Erdachse läßt die Jahreszeiten weniger deutlich werden. Innerhalb von 40 000 Jahren ändert sich die Neigung von 21,8° nach 24,4° und wieder zurück.

Die Präzession der Tag- und Nachtgleiche oder der Umlauf des Perihels (Sonnennähe) [C] ist die dritte Veränderliche, die Einfluß auf die Menge der eingestrahlten Sonnenenergie besitzt. Die Dauer der Periode beträgt 22 000 Jahre. Zur Zeit wird das Perihel im Winter der Nordhalbkugel, Anfang Januar, durchlaufen.

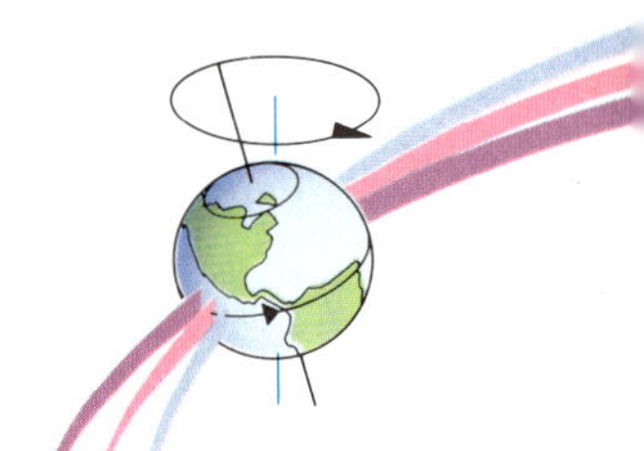

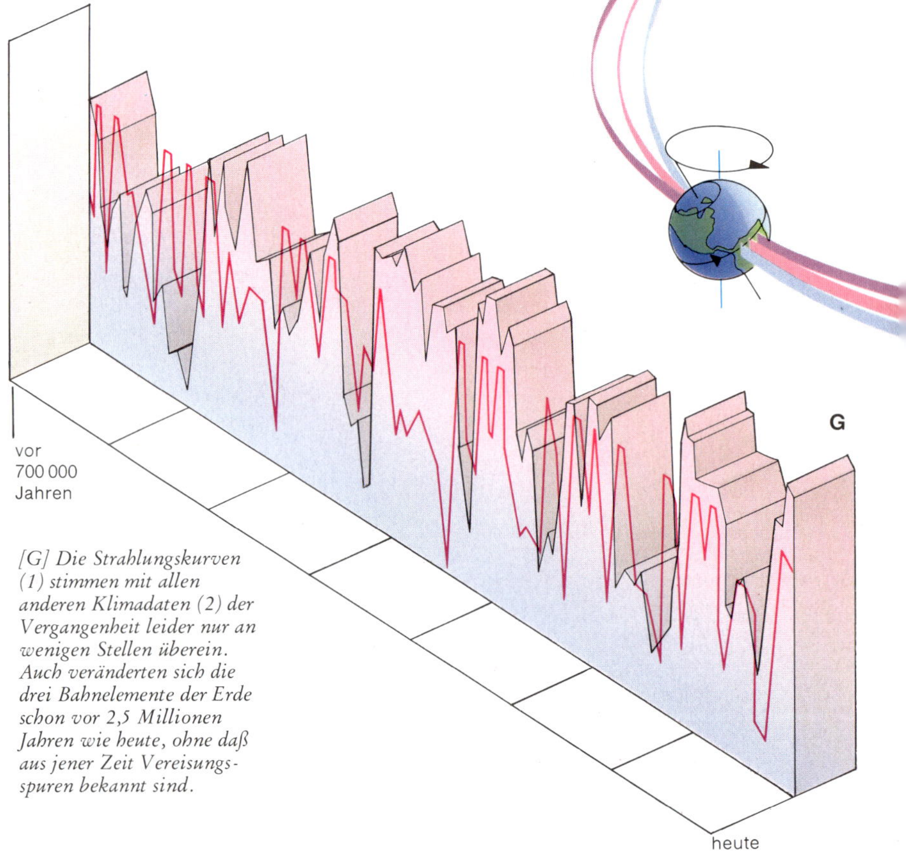

[G] Die Strahlungskurven (1) stimmen mit allen anderen Klimadaten (2) der Vergangenheit leider nur an wenigen Stellen überein. Auch veränderten sich die drei Bahnelemente der Erde schon vor 2,5 Millionen Jahren wie heute, ohne daß aus jener Zeit Vereisungsspuren bekannt sind.

Siehe auch: **Gebirgsbildung,** *S. 18/19* **Gletscher,** *S. 40/41* **Polargebiete,** *S. 42/43* **Wetter,** *S. 70/71* **Jahreszeiten,** *S. 82/83* **Klimaveränderungen,** *S. 84/85*

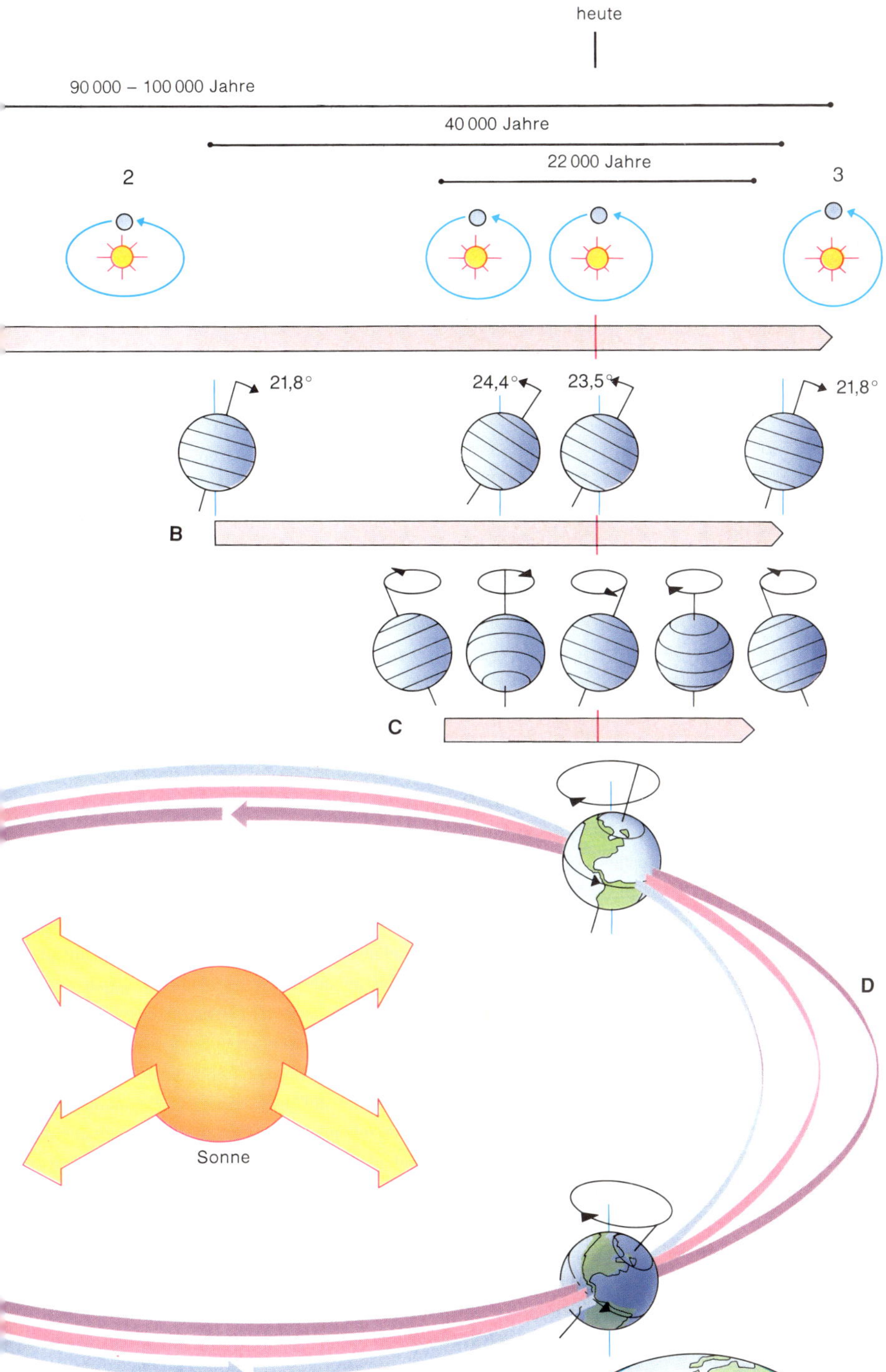

Zeugnisse früherer Kaltzeiten

Die Ablagerungen der verschiedenen Eiszeiten an der Erdoberfläche wie Moränen werden abgetragen, und die Eisschrammen auf Gesteinsoberflächen verwittern im Laufe der Zeit. Weit zurückliegende Kaltzeiten können damit nicht mehr nachgewiesen werden. Inzwischen haben vor allem die Untersuchungen vom Eis nicht veränderter Meeressedimente große Bedeutung gewonnen. Die Fossilien wärme- oder kälteliebender Tierarten, besonders von Foraminiferen, kleinsten Planktonorganismen, zeugen von kaltem oder warmem Meerwasser. Durch die Sauerstoffisotopenmethode, mit der man das Verhältnis von leichtem Sauerstoff (O_{16}) zu schwerem (O_{18}) in den Foraminiferen bestimmt, wird sogar die damalige Wassertemperatur ermittelt. Bei höherem O_{18}-Anteil war das Wasser wärmer. Für die letzten 1 000 000 Jahre wurden so allein 13 Kaltzeiten nachgewiesen. Außerdem werden Korallenriffe, Stalaktiten in Höhlen und Moore untersucht, in denen Pollen und Insekten erhalten sind.

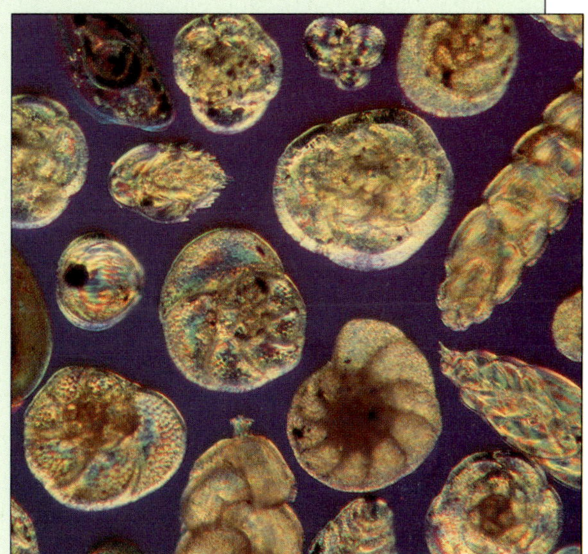

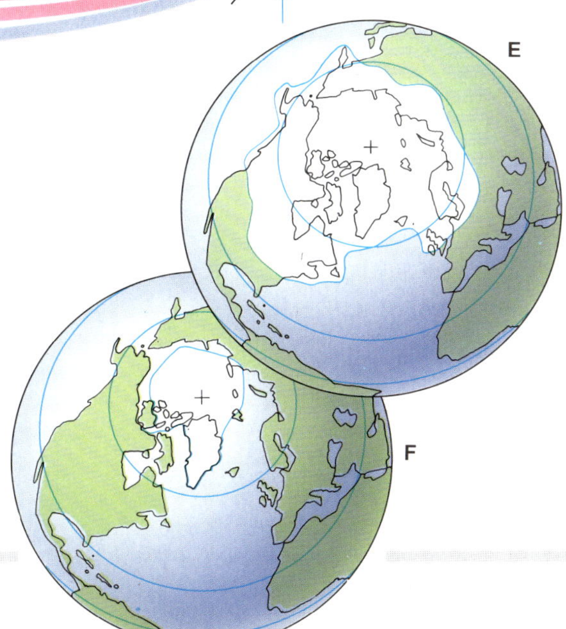

Vor etwa 20 000 Jahren waren 42 Millionen km² der Erde unter einem Eispanzer begraben [E], heute sind noch immer 15 Millionen km² oder 11% des Festlandes eisbedeckt [F]. Sollte das Eis bei einer Erwärmung des Klimas schmelzen, so könnte der Meeresspiegel um 70 m ansteigen.

Eisfreie Gebiete als Refugien und Wanderwege

In kalten, trockenen Regionen reichte der Schnee nicht aus, um Inlandeis zu bilden. So blieben weite Bereiche von Sibirien und Alaska eisfrei. Da während der Eiszeiten in den höheren Breiten der Schnee nicht schmolz, gelangte weniger Wasser in die Meere zurück, und der Meeresspiegel sank bis zu 150 m. Viele Kontinentränder tauchten wie die Bering-Straße aus dem Meer auf und fielen trokken. So konnten Tiere und Menschen aus Sibirien östlich der Rocky Mountains entlang bis in den Süden Nordamerikas vordringen. Als sich das kanadische Inlandeis mit dem Eis der Rockies vereinigte, wurde dieser Weg versperrt. Die eisfreien Gebiete dienten als Rückzugsgebiete für Tier und Mensch. Nach der Kaltzeit wurden die ehemals vergletscherten Gebiete wieder besiedelt. Die von der Eislast in Schweden und Kanada mehrere 100 m hinuntergedrückte Erdkruste steigt seit der Befreiung vom Eis langsam wieder auf.

Treibhauseffekt, *S. 86/87*

Gewaltige Ströme aus Eis

Reliefformung durch Gebirgsgletscher und Inlandeis

Die erosive Kraft und das Transportvermögen von Gletschern ist ungeheuer groß. Hochgebirgsgletscher unterschneiden hohe Felswände, lösen Bergstürze aus, formen U-förmige Täler und transportieren hausgroße Felsen über Tausende von Kilometern. Unter dem gewaltigen Druck des bewegten Eises werden die härtesten Gesteine zerkleinert und zu Staub zermahlen. Während der vergangenen Eiszeiten lagen große Teile Nordamerikas und Europas unter einem Eispanzer wie heute noch Grönland und die Antarktis. Mächtige Moränen und nackte, blankgeschliffene Gesteine zeugen von diesem Inlandeis.

Gletschereis kann nur entstehen, wenn die Temperaturen unter 0°C bleiben und genügend Schnee fällt. Ausreichend kalt ist es in den Polargebieten und in den hohen Gebirgen der Erde. Pro 100 m Höhe nimmt die Lufttemperatur um etwa 0,7°C ab. In Höhen über 5 000 m fällt selbst auf Tropengipfeln mehr Schnee als abtauen kann.

Große Schneeflocken bilden einen leichten, luftgefüllten Lockerschnee (0,01g/cm³). Mit zunehmender Schneeauflage zerdrückt das Gewicht die Eiskristalle, und die Luft wird herausgepreßt. Durch Antauen und Wiedergefrieren wachsen immer größere Eiskörner. Schnee mit grobkörniger Struktur wird auch Firn (0,55 g/cm³) genannt. Zuletzt werden die Eiskörner so eng aneinandergedrückt, daß die restliche Luft in Blasen gefangen wird und nicht mehr entweichen kann. Von nun an ist das gebildete Gletschereis luft- und wasserundurchlässig. Die Entwicklung vom Schnee zum Eis (0,9 g/cm³) dauert in den Alpen wenige Jahre, in der kalten Antarktis bis zu 200 Jahren.

Gletscher überformen das Relief

Ein typischer Alpengletscher hat eine Länge von mehreren Kilometern, ist einige hundert Meter breit und etliche hundert Meter dick. Druck und Bewegung verschaffen dem Eis eine außerordentlich hohe Erosionskraft. Die Gletschertäler zeigen im Querprofil eine charakteristische U-Form und sind im Längsprofil in eine Reihe von ausgeschürften Becken und Stufen gegliedert. Die Talvertiefungen, die sich nach dem Ausschmelzen der Gletscher mit Wasser füllen, bilden Bergseen. An den Küsten werden die vom Meer überfluteten Gletschertäler zu Fjorden.

Das Gletschereis besitzt im mitgeführten Gesteinsmaterial (Moränen) scharfe Erosionswaffen. Die Moränen stammen von angefrorenen und abgebrochenen Gesteinsoberflächen (Grundmoräne) und vom Gesteinsschutt, der von den steilen Wänden auf das Eis gefallen ist (Seitenmoräne). Im Gegensatz zum flüssigen Wasser können Gletscher unbegrenzt große Gesteinsblöcke transportieren. Wie ein Förderband bringt das Eis die beim Transport gegeneinander geriebenen Steine (gekratzte Geschiebe) fortlaufend an das Ende der Gletscher, wo sie ausschmelzen und vom Schmelzwasser sortiert abgelagert werden. Am Eisrand schmelzen die Alpengletscher auf breiter Front, das sommerliche Schmelzwasser fließt über und unter dem Eis. Aus den durchflossenen Eishöhlen strömt das vom Gesteinsstaub milchige Wasser (Gletschertrübe) durch das Gletschertor ins Freie. Dagegen gibt es im sehr kalten Eis der Antarktis kein Wasser unter den Gletschern. Im Sommer sind die Alpengletscher wärmer und damit fließfähiger. Bei bis zu 25 % höherer Fließgeschwindigkeit stoßen die Gletscher dann ein paar Meter weiter vor. Die Eisbewegung wird durch die einige Zentimeter großen Eiskörner ermöglicht, die unter großem Druck an den Kanten vorübergehend anschmelzen.

Gletscher bewegen sich nur sehr langsam

Eine Reihe Stangen, quer über dem Gletscher aufgestellt, zeigt schon nach einigen Tagen, daß sich die weniger gebremste Eismitte schneller voranbewegt. Für genaue Eisvermessungen benutzt man heute Satelliten. Große Alpengletscher schaffen 30 – 200 m/Jahr, an Steilstrecken auch 2 000 m. In der Antarktis braucht das kältere, starre Eis vom Südpol bis zur Küste (5 m/Jahr) über 100 000 Jahre. Manche Gletscher in Alaska und im Himalaya schießen in bestimmten Zeitabständen plötzlich mit großer Geschwindigkeit (100 m/Tag) vor.

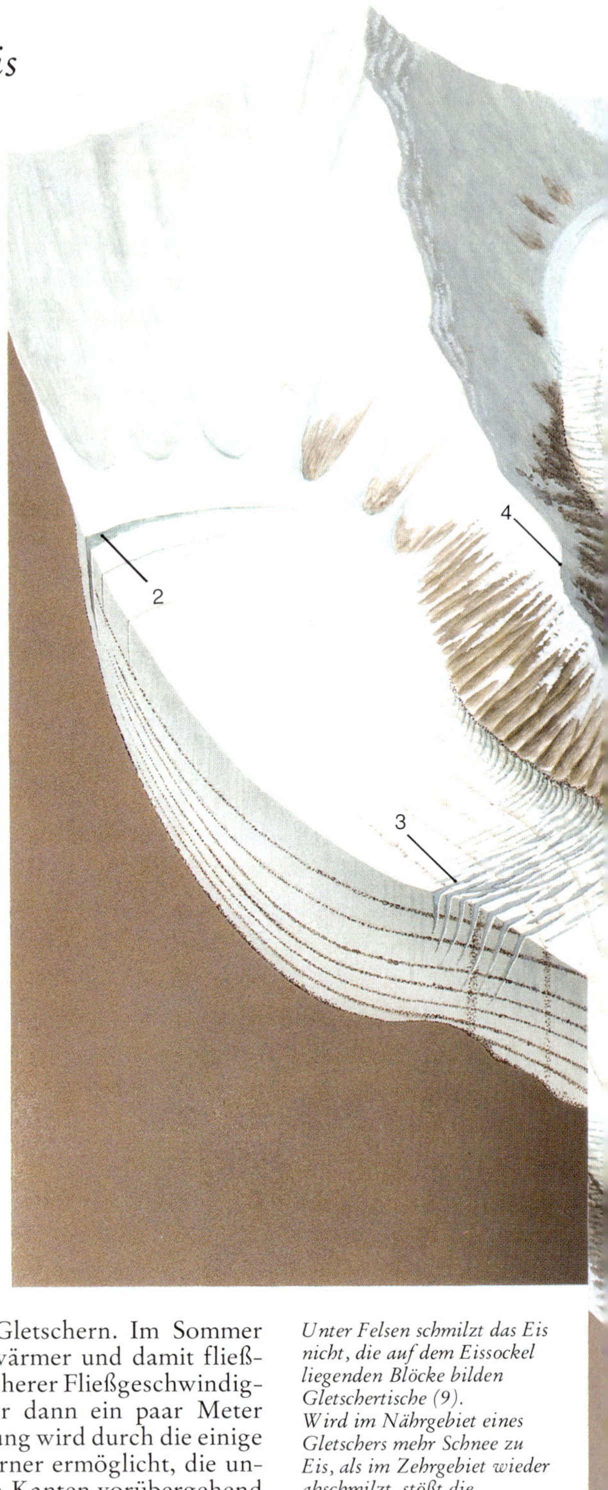

Der Schnee, der sich am oberen Talende in den Karen (1) ansammelt (Nährgebiet), wird erst Firn, dann Gletschereis. Wenn das festgefrorene Eis sich von den unteren Karwänden losreißt, bilden sich tiefe Eisspalten (Bergschrund, 2), die schon vielen Bergsteigern zum Verhängnis geworden sind. Unterschiedliche Fließgeschwindigkeiten des Eises verursachen an steilen Stellen Querspalten (3), am Rande Randspalten und am Ende des Gletschers große Radialspalten. Gletscherschliff und Frostverwitterung lassen steile Grate (4) und spitze Gipfel (Karlinge) entstehen. Herausgebrochenes und aus den Wänden hinuntergefallenes Gestein sammelt sich an der Seite der Gletscher als dunkle Seitenmoräne (5). Wo Gletscher zusammenlaufen, bilden sie Mittelmoränen (6). Kleinere Nebentäler sind nicht so tief erodiert worden (7). Der steile Übergang dieser Hängetäler zum Haupttal ist durch enge Schluchten mit Wasserfällen (Klamm) gekennzeichnet (8).

Unter Felsen schmilzt das Eis nicht, die auf dem Eissockel liegenden Blöcke bilden Gletschertische (9). Wird im Nährgebiet eines Gletschers mehr Schnee zu Eis, als im Zehrgebiet wieder abschmilzt, stößt die Gletscherzunge (10) vor. Sind Fließgeschwindigkeit und Abschmelzen im Gleichgewicht, bleibt der untere Eisrand stationär, die Endmoräne baut sich höher auf. Schmilzt das Eis zurück, kann die Endmoräne (11) einen Gletschersee (12) aufstauen. Im unteren Abschmelzbereich läuft das Schmelzwasser nur solange auf dem Eis, bis eine Spalte den Weg nach unten öffnet. Die Tunnel im Eis enden im Gletschertor (13).

Siehe auch: Eiszeiten, *S. 38/39* Polargebiete, *S. 42/43* Küsten, *S. 56/57* Seen: Bildung und Entwicklung, *S. 60/61* Regen, Schnee und Hagel, *S. 76/77*

Rundhöcker (rechts und 14) werden vom Eisschliff aus den härteren Gesteinen geformt. Auf der talaufwärts gerichteten, flachen Seite kann man die Richtung des Eises mittels der eingekratzten Riefen bestimmen. Auf der steilen Rückseite führt Anfrieren und Losreißen des Eises zu einer brüchigen Gesteinsoberfläche. In lockeren Eisablagerungen bilden sich die Drumlins. Der Name bezeichnet stromlinienförmige, bis zu mehrere Kilometer lange Rücken, die vom nordamerikanischen Inlandeis in großer Zahl geschaffen wurden. Die Steilseite der Moränenrücken liegt hier auf der Vorderseite.

Die kalten Enden der Erde

Warum sind die Polargebiete so kalt?

Sechs lange Monate dauert die Polarnacht – ein bitterkaltes, dunkles Halbjahr ohne wärmende Sonne. Um den Winter vergessen zu machen, scheint die Sonne im Hochsommer bis zu 24 Stunden am Tag, aber sie steigt höchstens 23,5° über den Horizont. Nicht nur, daß die flachen Strahlen sich auf eine große Fläche verteilen, Eis und Schnee reflektieren bis über 85 % der so dringend benötigten Energie in den Weltraum zurück. Und es wäre noch kälter am südlichen und nördlichen Ende der Erde, wenn nicht warme Luftmassen und Warmwasserströmungen ausgleichende Wärme in die benachteiligten Polgebiete transportierten.

A
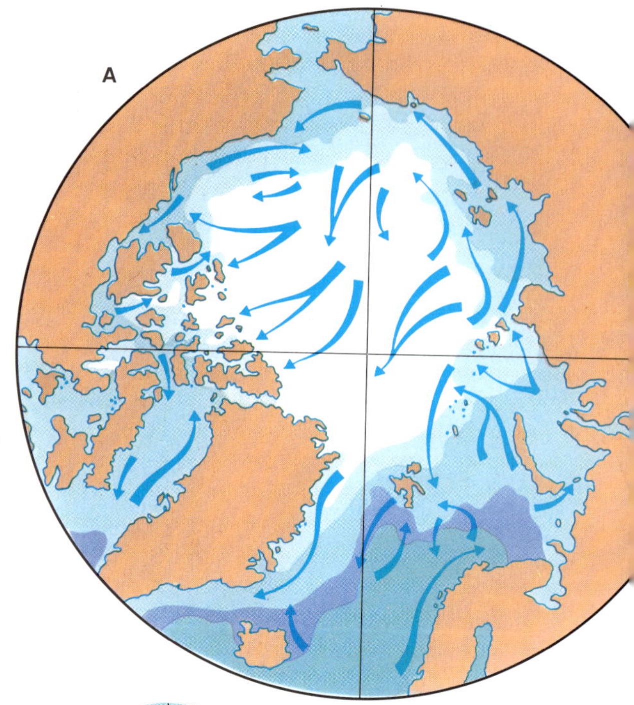

Nord- und Südpol sind voller Gegensätze. Wer auf dem Nordpol steht, hat nur drei Meter Meereis unter den Füßen, dagegen mußten Amundsen und Scott auf fast 3000 m Höhe steigen, um den Südpol zu erreichen. Das mächtige Inlandeis der Ostantarktis wächst sogar bis auf Höhen um 4 500 m an. Da die Lufttemperatur mit der Höhe abnimmt, ist es um den Südpol generell 30 bis 40°C kälter als am Nordpol (-50°C). Unvorstellbare -89,2°C hat man in der Antarktis gemessen.

Auch im polaren Sommer gibt es große Temperaturunterschiede. Während es im Juli am Nordpol bei Temperaturen um den Gefrierpunkt keineswegs ungemütlich ist, muß man am Südpol selbst im Hochsommer noch mit Temperaturen zwischen -15 und -40°C rechnen.

In Sibirien ist es kälter als am Nordpol

Die arktischen Landmassen, die das Nordpolarmeer umrahmen, haben ein extremeres Klima als der Nordpol. Im Winter fallen die Temperaturen dort bis auf -77,8°C (Ojmjakon, Sibirien), im Sommer kann es über 30°C heiß werden.

Dort, wo die Sonne einen Tag im Jahr nicht auf und nicht unter geht, verlaufen auf 66°33'03" nördlicher und südlicher Breite die Polarkreise. Sie begrenzen die Polargebiete nur mathematisch, erfassen aber die Gebiete mit polarem Klima nicht richtig, denn von der jeweiligen Höhenlage einer Region, der Meer/Land-Verteilung, Existenz warmer oder kalter Meeresströmungen oder einfach, ob die Oberflächen eisfrei oder unter Eis und Schnee begraben sind, wird das polare Klima ganz erheblich beeinflußt. Daher eignet sich für die Abgrenzung der Arktis am besten die polare Baumgrenze. Danach hat das Nordpolargebiet eine Fläche von 26 Millionen km² (18 Millionen Meer und 8 Millionen Land).

Die Antarktis, Inlandeis und Packeis

Auch die Abgrenzung der Antarktis ist nicht einfach. Der eisbedeckte Kontinent wird von sturmgepeitschten, kalten Ozeanen umbrandet. Wo soll man hier die Grenze ziehen? Einigt man sich auf das Meeresgebiet zwischen 55° und 62° südlicher Breite, wo die Oberflächentemperaturen plötzlich absinken und das kalte Antarktiswasser unter die wärmeren Wasser des Nordens verschwindet (Antarktische Konvergenz), so ergibt sich ein riesiges Gebiet mit polarem Charakter (52 Millionen km²), viel größer als der eigentliche Kontinent, der nur 14 Millionen km² einnimmt.

Im Winter gefrieren in den Polargebieten ungeheuer große Meeresflächen. In der Arktis erwei-

B
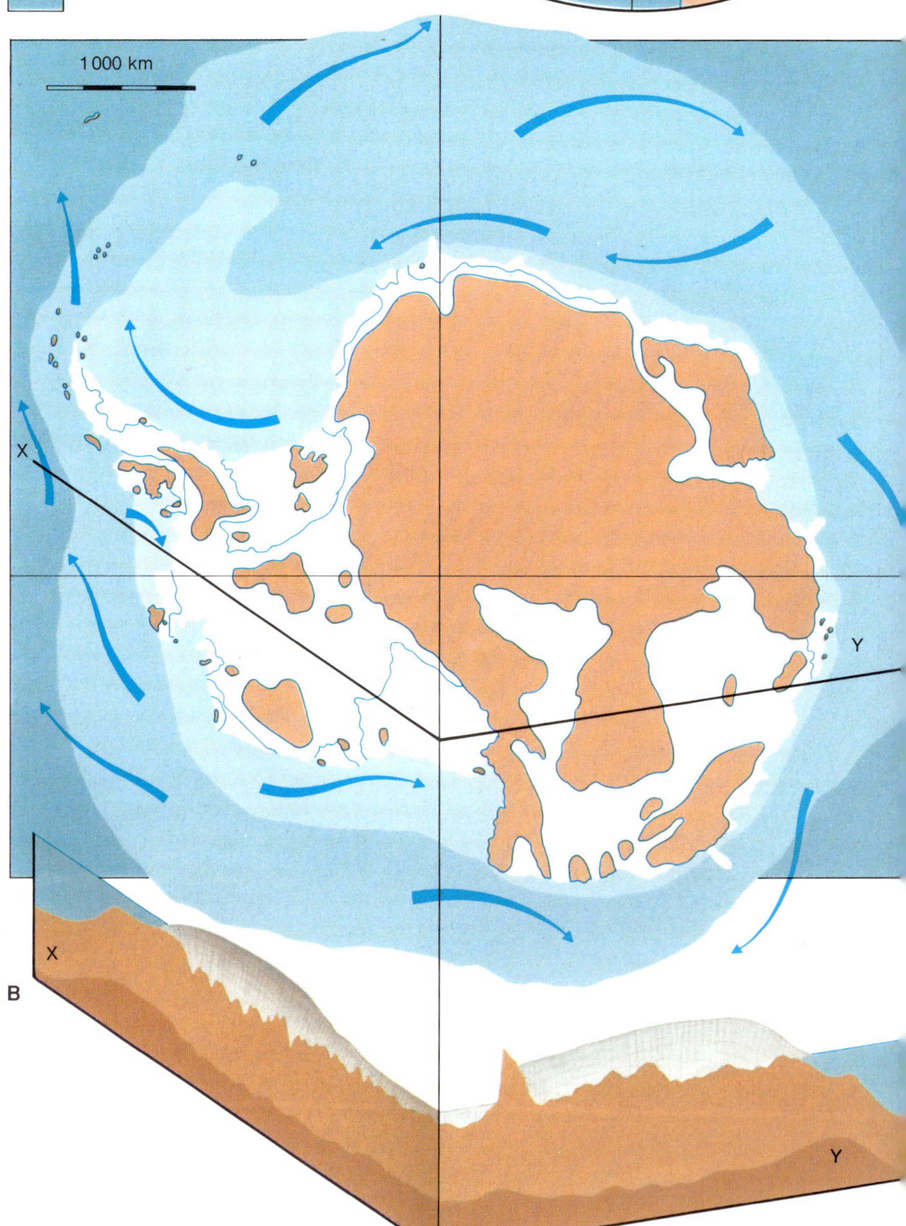

Siehe auch: Gletscher, *S. 40/41* Jahreszeiten, *S. 82/83* Treibhauseffekt, *S. 86/87*

[A] Das über 3 000 m hohe Inlandeis Grönlands beinhaltet 90% des Eises der Nordhalbkugel und produziert 90% der Eisberge aus der Arktis. Der nordpolare Eisgürtel wird stark von kalten und warmen Meeresströmungen beeinflußt.

Von unregelmäßig geformten Gezeitengletschern kalben große Eisberge (rechts oben) ins Meer, die durch Satellitenbeobachtung verfolgt werden.

Vom Rande des Schelfeises brechen bis zu 160 km lange und 40 km breite Tafeleisberge (rechts) ab. Nur 1/5 bis 1/8 der Eisplatten (30 m) ragt über die Meeresoberfläche heraus.

tert sich die Packeiszone von 5 bis 9 Millionen km² im Sommer auf etwa 12 Millionen km² am Ende des Winters. In der Antarktis sind im Spätsommer noch 3 bis 4 Millionen km² vom Packeis bedeckt, im Winter sind es dagegen 20 Millionen km². Die Inlandeismassen sind sehr beständig. Bereits seit etwa 2 bis 5 Millionen Jahren ist die Antarktis unter einem Eispanzer begraben.

Ein Viertel des Festlandes ist gefroren

Vom Festland der Erde sind 21 Millionen km² (14 %) oberflächlich dauernd gefroren und 16,2 km² (11 % des Festlandes) eisbedeckt. In der Tundra kann der Dauerfrostboden bis über 1 000 m Tiefe reichen.

Nebel und tiefhängende Wolken verhüllen in den feuchtkalten polaren Meeresbereichen häufig die Sonne. In den extrem kalten und dadurch auch sehr trockenen kontinentalen Polargebieten sind die Wolken oft so dünn, daß sie nicht mehr zu erkennen sind.

[C] Polynias sind offene Seegebiete (1) oder Küstenstreifen (2), die von Packeis umschlossen werden. Infolge der fehlenden Eisbedeckung wird hier viel Wärme vom wärmeren Ozeanwasser an die Luft abgegeben. Das Oberflächenwasser der Polynias kühlt sich ab und wird schwerer, außerdem nimmt die Dichte zu, weil die Salzkonzentration ansteigt, wenn das Süßwasser ausfriert. Die Konvektionsströmungen des Bodenwassers, die durch die Schwereunterschiede in Gang gesetzt werden, beeinflussen die ozeanischen Zirkulationsmuster. Im Sommer gibt das Packeis breite Küstenstreifen frei.

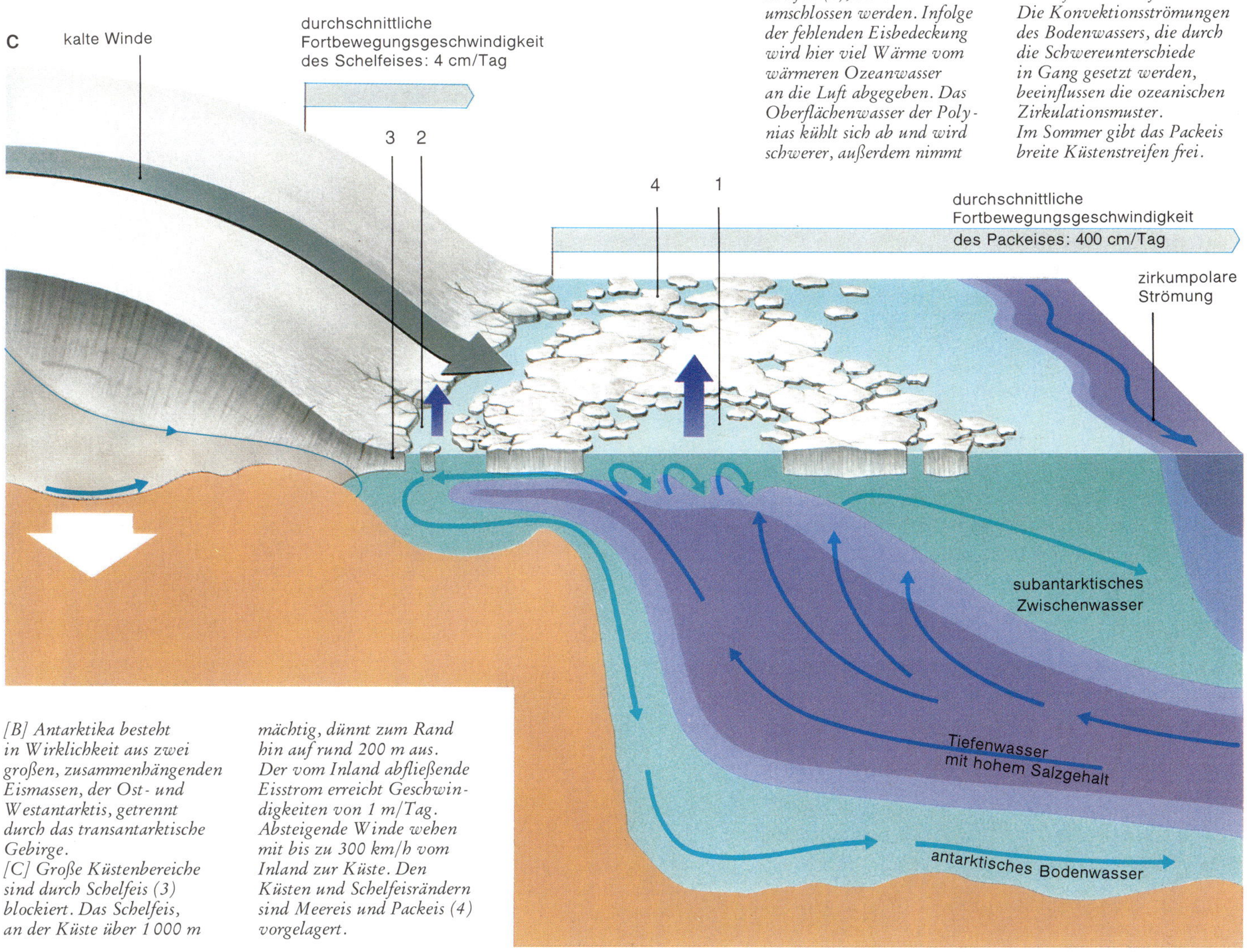

[B] Antarktika besteht in Wirklichkeit aus zwei großen, zusammenhängenden Eismassen, der Ost- und Westantarktis, getrennt durch das transantarktische Gebirge.
[C] Große Küstenbereiche sind durch Schelfeis (3) blockiert. Das Schelfeis, an der Küste über 1 000 m mächtig, dünnt zum Rand hin auf rund 200 m aus. Der vom Inland abfließende Eisstrom erreicht Geschwindigkeiten von 1 m/Tag. Absteigende Winde wehen mit bis zu 300 km/h vom Inland zur Küste. Den Küsten und Schelfeisrändern sind Meereis und Packeis (4) vorgelagert.

Anpassung der Tiere an Kälte, *S. 144/145* **Ökosystem Arktis (Winter),** *S. 306/307* **Ökosystem Antarktis,** *S. 308/309*

Geheimnisse der Tiefsee

Komplexer Aufbau der Ozeane

Wenn es kein Leben mehr in den Ozeanen gäbe, würde sich der Kohlendioxidgehalt (CO_2-Gehalt) der Erdatmosphäre verdreifachen. Eine riesige Anzahl von Meerespflanzen entzieht dem oberflächennahen Meerwasser CO_2, um Körpersubstanz aufzubauen. Nachschub für das verbrauchte CO_2 kommt aus der Luft. Aber dennoch ist das Meer die Hauptquelle für das atmosphärische CO_2. Das Meer enthält 45mal soviel gelöstes CO_2 wie in der gesamten Atmosphäre vorkommt. Die Erdoberfläche ist zu 71 % meerbedeckt. Noch immer ist die unglaubliche Wassermenge von 1,3 Milliarden km³ wenig erforscht.

Die Ozeane sind in zwei scharf voneinander getrennte Tiefenbereiche gegliedert. Die obere Zone wird von der Sonne erwärmt und vom Wind durchmischt. Von der Meeresoberfläche verdunsten große Wassermengen, von denen ein Teil über Land kondensiert und als Regen oder Schnee niederfällt. Das Niederschlagswasser transportiert auf seinem Rückweg ins Meer große Mengen gelöster Salze. Vulkane, auf dem Land wie auch auf dem Meeresboden, sind ebenfalls eine Quelle für Meersalze. Nahe der Meeresoberfläche verwandelt das kleine Phytoplankton - mikroskopisch kleine Pflanzen - die Sonnenenergie unter Verwendung von Wasser und Kohlendioxid in organische Materie. Auf dieser pflanzlichen Grundsubstanz basiert eine komplex aufgebaute Nahrungskette in den Ozeanen, die von den Bakterien bis zu den riesigen Walen und den Menschen reicht.

Dieses biologische System, das auch das Gleichgewicht zwischen marinem und atmosphärischem Kohlendioxid kontrolliert, braucht darüber hinaus aber noch einige weitere Elemente und Verbindungen aus dem Meer: Sauerstoff zur Atmung, Calcium, Phosphate sowie drei Kohlenstoffverbindungen, nämlich Kohlendioxid, Carbonat und Hydrogencarbonat. Muscheln und Korallen entziehen dem Meerwasser zur Bildung ihrer Schalen bzw. Stöcke große Mengen Kalk. Andere Tiere verwenden Silicate als Bausubstanz. Alle diese miteinander verknüpften biologischen Vorgänge stehen untereinander in einem empfindlichen Gleichgewicht, das vom Menschen jedoch in zunehmendem Maße gestört wird.

Extremer Temperatursprung

Die relativ warme, obere Meereszone, die nur 2 % des Gesamtvolumens ausmacht, wird von den darunterliegenden, wesentlich kälteren Meeresschichten durch einen abrupten Temperatursprung getrennt. In einer Tiefe von 100 bis 300 m sinken die Temperaturen nach unten rapide ab. Innerhalb von wenigen 100 m fallen sie auf Werte nahe dem Gefrierpunkt. Da kaltes Wasser schwerer ist als warmes Wasser, verhindert der Temperatursprung eine Durchmischung der beiden Meeresetagen. Diese Temperaturbarriere ist so wirkungsvoll, daß ein Wassermolekül aus dem unteren, kalten Stockwerk, statistisch gesehen, 1 000 Jahre benötigt, um in die obere, warme Meeresschicht zu gelangen. Nur dort, wo diese Temperaturgrenze durch senkrechten Wasserauftrieb durchbrochen wird, kann das nährstoffreiche Tiefenwasser von den Lebewesen nahe der Meeresoberfläche genutzt werden.

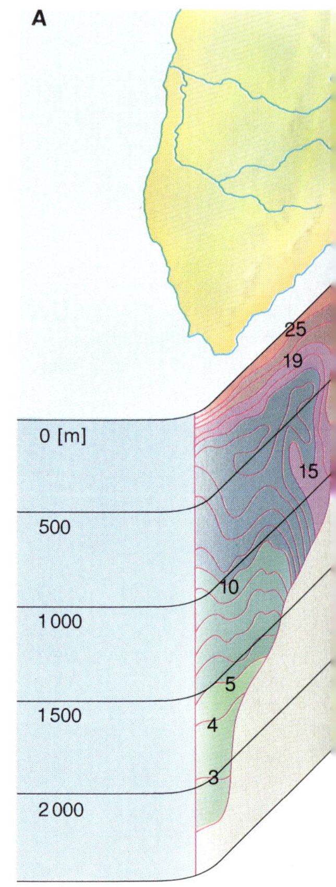

Die Schwelle in der Meerenge von Bab-el-Mandeb trennt das Rote Meer vom offenen Ozean im Golf von Aden. Das aufgeklappte Modell [A, B] zeigt deutlich das ungewöhnlich uniforme Temperaturprofil [A] ohne Temperatursprung. Das Rote Meer ist ein schmales Randmeer, das entstand, als die afrikanische Platte von Asien abbrach und nach Westen abdriftete. Die Meeresschwelle ist auch verantwortlich für die gleichförmigen Salzgehalte [B] des Roten Meeres. Die mit rund 4 % um ein halbes Prozent höheren Salzgehalte des Roten Meeres gegenüber den Weltmeeren werden durch die hohen Verdunstungsraten, die extrem niedrigen Niederschläge und die örtliche Lösung von Salzen aus dem Meeresboden verursacht. Andererseits entnehmen Korallen und andere riffbauende Tiere dem Wasser Kalke, wodurch der Gesamtsalzgehalt gesenkt wird. Der Salzgehalt in anderen Nebenmeeren der Erde kann erheblich niedriger sein als die Salinität der Weltmeere.

Das Meer als Salzlager

Das Tiefenwasser der Meere, das 98 % des Wasservolumens ausmacht, hat Temperaturen um -1 bis 5°C. Es hat seinen Ursprung in den Polargebieten, wo das sehr kalte und salzreiche Wasser absinkt, weil es schwerer ist. Dieses Wasser weist einen konstant hohen Salzgehalt auf. Von über 90 Elementen sind 62 im Meer in nennenswerter Menge enthalten, aber nur 13 Hauptkomponenten erreichen bereits einen Anteil von 99,8 % an der Gesamtmenge von über 40 000 Billionen t Salzen, die im Meer gelöst sind. Unter den Meersalzen befinden sich neben den 75 % Kochsalz auch die für den Menschen lebenswichtigen Jodide, die nur aus Meersalzen gewonnen werden können. Im Laufe der Erdgeschichte haben die Flüsse und Vulkane immer mehr Salze in die Meere gebracht, so daß der Salzgehalt auf 3,5 % anstieg. Während der Eiszeiten, als das Wasser im Inlandeis festgehalten wurde, fiel der Meeresspiegel bis zu 200 m und der Salzgehalt stieg entsprechend an.

Farbspektrum des Meeres

Wenn man die sogenannte Wasserhalbkugel der Erde (Pol bei Neuseeland) als Atlaskarte sieht, erhält man den Eindruck eines blauen Planeten. Reines Meerwasser erscheint tiefblau, weil die rotgelben Farben aus dem Sonnenlicht vom Ozeanwasser stärker geschluckt (absorbiert) werden.

Licht, ganz gleich welcher Wellenlänge, dringt maximal einige hundert Meter tief ins Meerwasser ein. Am tiefsten gelangen die blauen Strahlen. Selbst bei klaren Wasserverhältnissen dringt nur noch 1 % des Sonnenlichtes bis zu einer Tiefe von 150 m vor.

In manchen Ozeanbereichen färbt die hohe Konzentration von Phytoplankton das Ozeanwasser grün und macht das trübe Wasser wenig lichtdurchlässig. Blaues, klares Meerwasser hat sehr wenig Plankton und gilt als Meereswüste. Hier sind die Fischfangerträge nur minimal. In Küstennähe, wo das Wasser von der Brandung aufgewirbelt wird und Flüsse ihre Fracht an Schwebstoffen einbringen, ist das Meer gelbbraun gefärbt.

Siehe auch: Meeresströmungen, *S. 46/47* Meeresboden, *S. 50/51* Küsten, *S. 56/57* Anpassung der Tiere an Höhen und Tiefen, *S. 146/147*

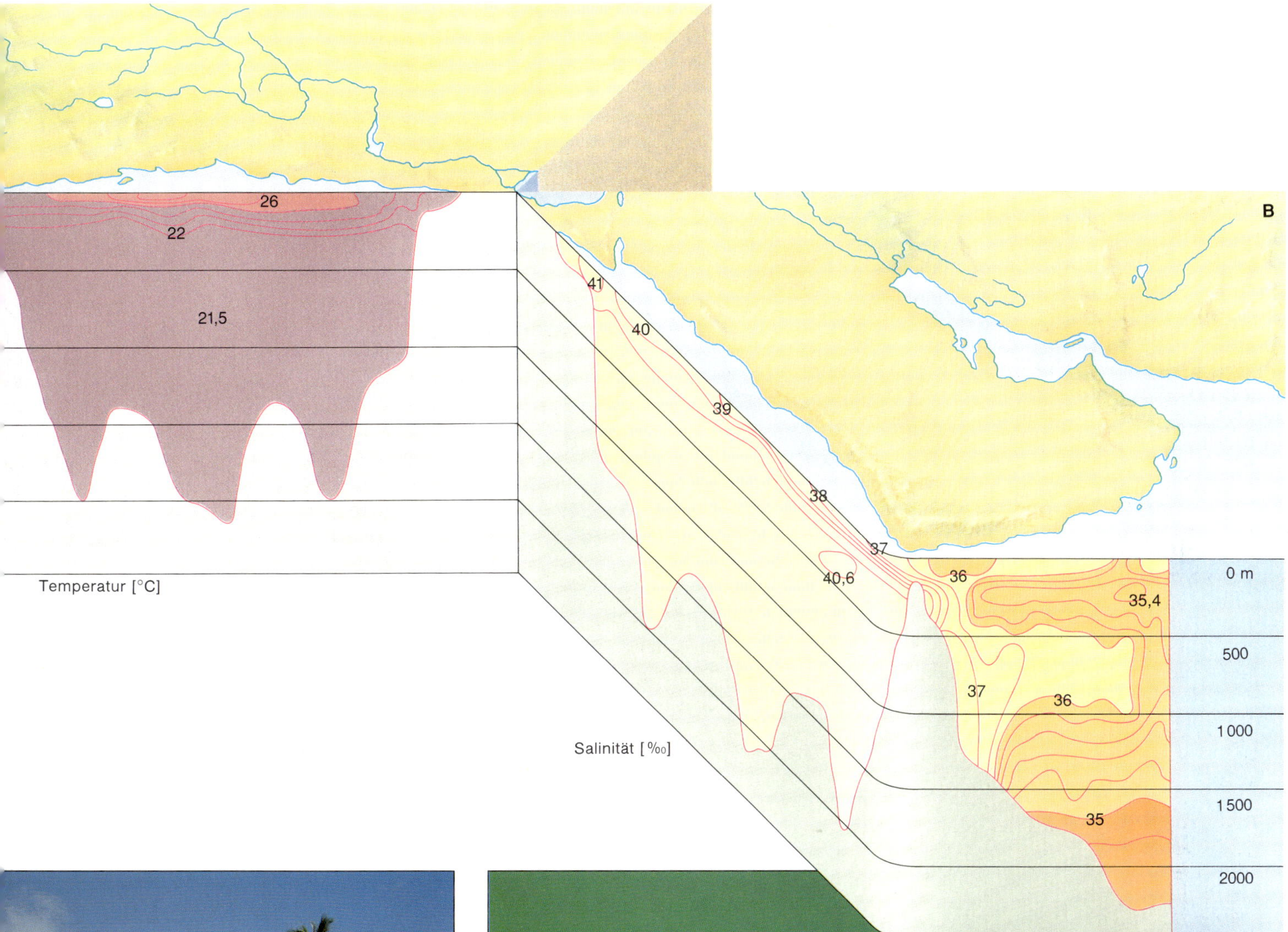

Stoffkreisläufe, *S. 206/207* **Ökosystem Meer,** *S. 326/327*

Die größten Ströme der Erde

Wie Meeresströmungen entstehen

Riesige Wassermassen bewegen sich auf der Erdoberfläche. Am Angel-Wasserfall in Venezuela stürzt das Wasser über eine 1 000 m hohe Steilwand in die Tiefe, und der Amazonas ergießt jede Sekunde 200 000 m³ Wasser ins Meer. Doch verglichen mit den Katarakten der Tiefsee sind die Landströme zwergenhaft. In der Dänemarkstraße zwischen Grönland und Island strömen pro Sekunde 5 Millionen m³ Arktiswasser in das 3 500 m tiefere Nordatlantikbecken. Die mit Abstand größte Wassermenge fließt jedoch im antarktischen Zirkumpolarstrom – bis zu 240 Millionen m³ pro Sekunde!

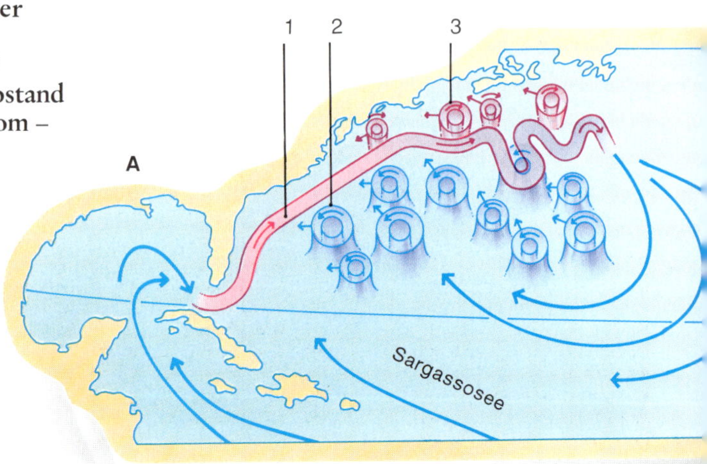

Die Tiefseeströmungen werden vom kalten, schweren Wasser der Polarregionen gespeist, das unter das wärmere, leichtere Wasser der niedrigen Breiten sinkt und dann am Meeresboden entlangfließt. Weil Temperatur und Salzgehalte die Dichteunterschiede verursachen, die diese Tiefenströmungen antreiben, spricht man auch von thermohalinen Strömungen. Das kalte Bodenwasser, das schließlich durch die Dänemarkstraße schießt, hat eine lange Reise hinter sich. Auf seinem Weg vom Nordatlantik nach Norden kühlt es sich nahe der Oberfläche immer mehr ab. Im europäischen Nordmeer wird dem Meerwasser durch Eisbildung »Süßwasser« entzogen. Der ansteigende Salzgehalt senkt den Gefrierpunkt des Meerwassers auf Werte um –2°C. Die tiefen Temperaturen und die hohen Salzgehalte erhöhen die Dichte so sehr, daß das Wasser absinkt und seine Rückreise in den Atlantik antritt, diesmal als Tiefenwasserströmung. Auf dem Weg in Richtung Äquator stürzt es in das tiefe Atlantikbecken. Das wärmere atlantische Oberflächenwasser wird dabei nach oben verdrängt.

Kreisförmige Wasserströme der Ozeane

Die ozeanische wird wie die atmosphärische Zirkulation letztlich durch die Sonneneinstrahlung, die Kugelform der Erde und die Erdrotation verursacht. Während die Meeresströmungen der Tiefsee durch Dichteunterschiede in Gang gesetzt werden, sind die Oberflächenströmungen windgetrieben. So treiben westliche Winde das warme Golfstromwasser von der Südspitze Floridas die amerikanische Ostküste entlang, dann quer über den Atlantik bis nach Westeuropa. In gleicher Weise drücken die Nordost- und Südostpassate das äquatoriale Meerwasser nach Westen. Diese windgetriebenen Oberflächenströmungen würden die Erde endlos umkreisen, wären die Kontinente nicht im Wege. So entwickeln sich große, kreisförmige Strömungen im Bereich der subtropischen Hochdruckzonen . In der nördlichen Hemisphäre zirkuliert das Wasser im Uhrzeigersinn, auf der Südhalbkugel in umgekehrter Richtung. Das Wasser fließt in das Zentrum der großräumigen Stromwirbel, wo es sich aufstaut und einen Überdruck erzeugt, der dem Coriolis-Effekt entgegenwirkt. Das Gleichgewicht dieser Kräfte ergibt die geostrophischen Strömungen, die das warme, schnellströmende Wasser in einem schmalen Band an der Westseite der Ozeane entlangführen, während das kalte Wasser als langsamer, breiter Strom durch östliche Ozeanregionen in Richtung Äquator fließt.

[A] Die Wasserwirbel, die sich entlang des Golfstroms (1) bilden, können im Kern warmes oder kaltes Wasser beinhalten. Die Kaltwasserwirbel (2) der Sargassosee erreichen bis zu 300 km Durchmesser und erstrecken sich bis zum Meeresboden in 5 000 m Tiefe. Dagegen sind die Warmwasserringe (3) flacher entwickelt. Der Golfstrom ist mit 200 km/Tag die schnellste Strömung innerhalb des nordatlantischen Stromwirbels. Riesige Wärmemengen werden so von der nordamerikanischen Küste in Richtung Europa transportiert. Die beim Verdunsten des warmen Golfstromwassers abgegebene Wärme wird beim Kondensieren über dem europäischen Festland wieder frei und wirkt dort wie eine Heizung. Tief unter dem Golfstrom fließt kaltes Wasser in die entgegengesetzte Richtung.

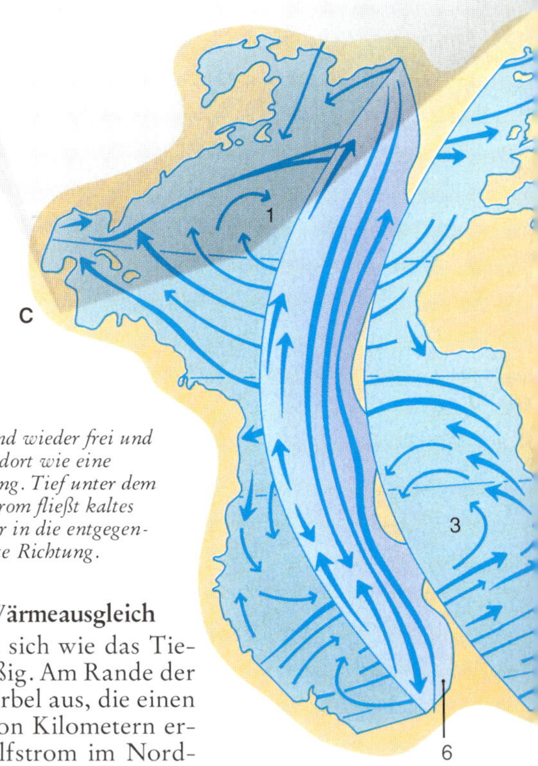

Meeresströmungen sorgen für Wärmeausgleich

Das Oberflächenwasser bewegt sich wie das Tiefenwasser keineswegs gleichmäßig. Am Rande der großen Strömungen scheren Wirbel aus, die einen Durchmesser von Hunderten von Kilometern erreichen können. Wenn der Golfstrom im Nordatlantik zu pendeln beginnt, können sich die Stromschlingen vom Hauptstrom lösen und ringförmige, separate Wirbel bilden. Diese Randwirbel transportieren unterschiedliche Wassermassen aus verschiedenen Ozeanbereichen auch über die Frontgrenzen zwischen wärmerem und kälterem Meerwasser. So kann warmes mit kaltem Wasser durchwirbelt und durchmischt werden. Der Wind peitscht hohe Wellen auf und treibt das Oberflächenwasser. Unterstützt von Dichteunterschieden und der Erdrotation werden Strömungen und Wirbel erzeugt, die riesige Wärmemengen um den Globus verteilen. Dieser ausgleichende Wärmetransport ist für die Klimate von fundamentaler Bedeutung.

Die Oberflächenströmungen im Januar ([C] und die blauen Pfeile in der Detailkarte [D]) verlaufen ganz anders als die Strömungen im Juli ([D], rote Pfeile). Richtung und Tempo variieren mit den vorherrschenden Winden, aber in der Regel fließen die breiten, kalten Ströme zum Äquator langsamer als die polwärts strömenden warmen Wassermassen. Diese sind, wie auch die Tiefenströmungen, nahe den westlichen Ozeanrändern am kräftigsten ausgebildet.

Siehe auch: Polargebiete, *S. 42/43* Weltmeere, *S. 44/45* Ebbe und Flut, *S. 48/49* Meeresboden, *S. 50/51* Atmosphäre, *S. 64/65* Wetter, *S. 70/71*

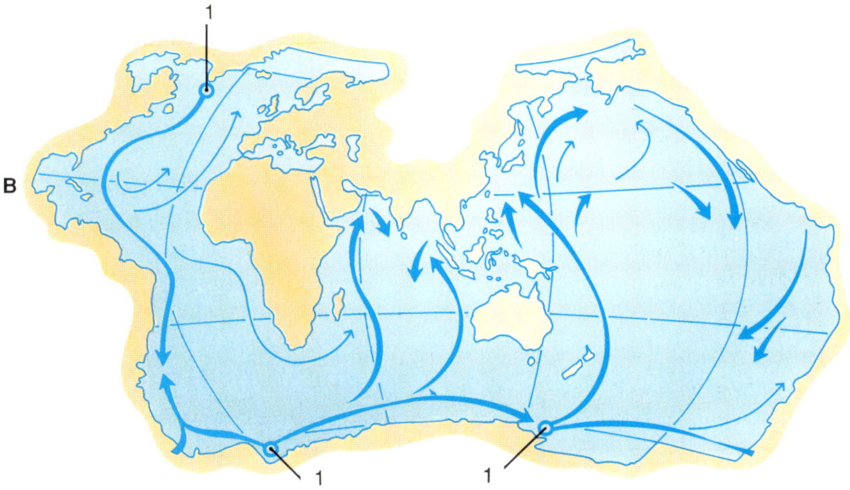

[B] Die polaren Tiefenströmungen werden auf ihrem Weg zum Äquator vom Coriolis-Effekt nach Westen abgedrängt. Die Strömungen am Meeresboden stauen sich daher an den westlich angrenzenden Kontinenten, wo kaltes Tiefenwasser hochgepreßt wird. Hier sind auch die Strömungsgeschwindigkeiten mit 0,8 km/h 80fach größer als anderswo. Die wichtigsten Entstehungsgebiete für Tiefenwasser auf der Südhalbkugel (1) liegen im Bereich des Weddelmeeres und des Rossmeeres. Auf der Nordhalbkugel bildet sich das Tiefenwasser im Nordpolarmeer und um Grönland herum.

[C] In der Nordhemisphäre sind zwei großräumige Stromwirbel ausgebildet – einer im Nordatlantik (1) und einer im Nordpazifik (2). Beide rotieren im Uhrzeigersinn. In der Südhemisphäre befinden sich drei große Stromwirbel: im Atlantik (3), im Pazifik (4) und im Indischen Ozean (5). Sie alle rotieren entgegen dem Uhrzeigersinn. Die vom Wind in Bewegung gesetzten Oberflächenströmungen haben oft völlig andere Richtungen als die Tiefenwasserströmungen. Ein Querprofil des Ozeans (6) zeigt in den übereinanderliegenden Meeresschichten jeweils andere Strömungsrichtungen. Wenn Oberflächenströmungen aufeinandertreffen (7), staut sich das Wasser auf und wird nach unten gedrückt. Dort, wo Strömungen voneinander wegdriften (8), steigt Tiefenwasser an die Oberfläche. Dieses aufsteigende, kalte Wasser ist sehr nährstoffreich und ermöglicht ein üppiges Planktonleben in den oberen Meeresbereichen. Hier befinden sich die reichsten Fischgründe der Erde.

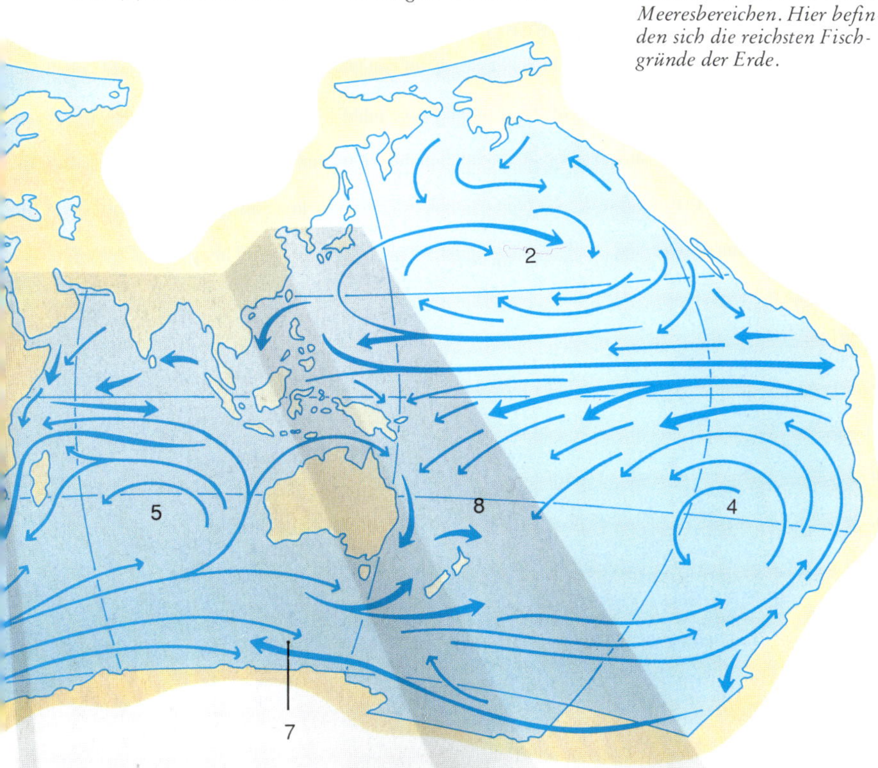

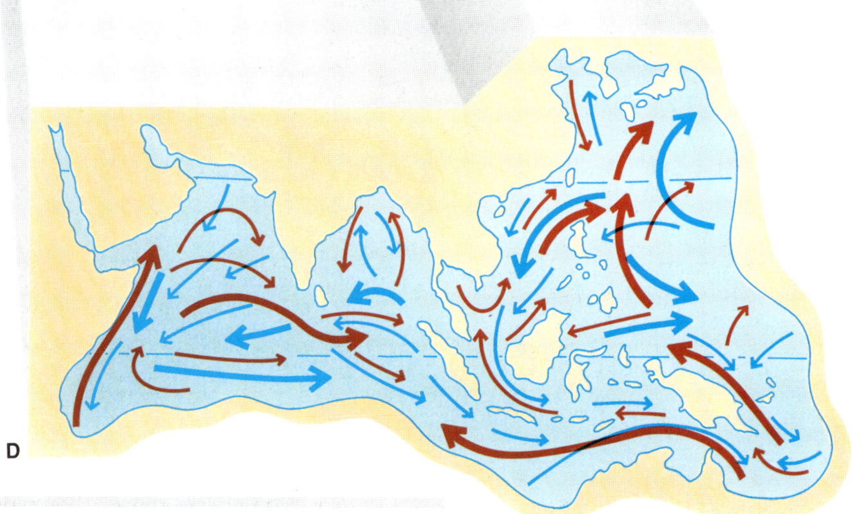

Die Korkenzieherströmung

Bildlich gesehen zieht der Wind das Ozeanwasser hinter sich her. Aber sobald das Wasser sich in Bewegung setzt, lenkt es der Coriolis-Effekt auf der Nordhalbkugel nach rechts ab. Jede folgende Schicht Wasser unter der Oberfläche wird durch die Reibung mitbewegt, und der Coriolis-Effekt verschiebt die Bewegungsrichtung immer weiter nach rechts. Die Oberflächenströmung ist um etwa 45° zur Windrichtung gedreht und erreicht nur 2-3 % der Windgeschwindigkeit. Tiefere Wasserschichten bewegen sich immer langsamer, und die Bewegungsrichtung weicht immer stärker von der Windrichtung ab. Schließlich fließt das Wasser in der sogenannten Ekman-Tiefe sogar entgegengesetzt zur Windrichtung. Die Geschwindigkeit des Tiefenwassers ist hier auf 43 % der Windgeschwindigkeit gesunken. Dieses vertikale Geschwindigkeitsprofil bezeichnet man als Ekman-Spirale.

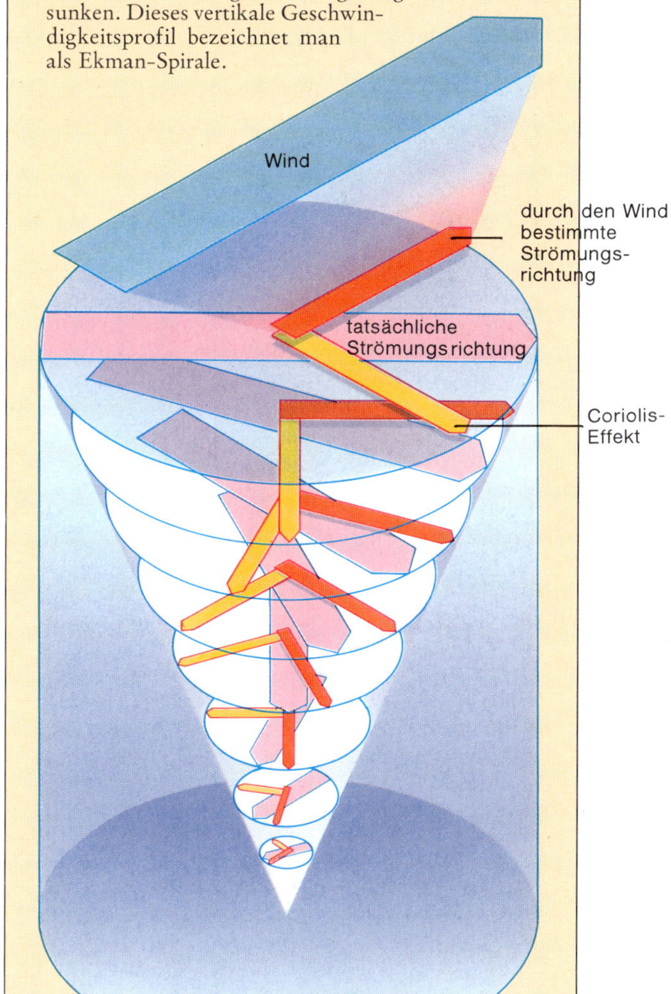

Rhythmus der Gezeiten

Wie Sonne und Mond Ebbe und Flut bewirken

An manchen Küsten steigt die Flut bis zu 16 m hoch, bei Sturm noch höher. An anderen Küsten gibt es überhaupt keine Gezeiten. Die Energie der Gezeiten und Meereswellen ist nahezu unerschöpflich. Doch leider ist es technisch schwierig, äußerst kostspielig und umweltgefährdend, diese natürliche Kraftreserve einzufangen. Theoretisch würde sie in manchen Küstenländern ausreichen, den gesamten Bedarf an Elektrizität zu decken. Aber die Gezeiten wirken nicht nur auf das Meer, die Anziehungskräfte der Sonne und des Mondes heben und senken die Erdkruste bis zu 60 cm und zerklüften so das Gestein.

Die Gezeiten sind das Ergebnis der kombinierten Anziehungskräfte der Sonne und des Mondes im Zusammenhang mit den Fliehkräften, die sich aus der Rotation des Erde-Mond-Systems ergeben. Der Gezeitenhub ändert sich monatlich mit der Umlaufbahn des Mondes um die Erde. Im Jahresrhythmus ergeben sich Veränderungen durch die ungleiche Bewegung der Erde um die Sonne. Im Ablauf der Gezeiten hebt und senkt sich die gesamte Wassermasse der Ozeane um 1 m, aber sichtbar wird der Tidenhub nur an den Küsten.

Unterschiedlicher Gezeitenrhythmus

Sowohl die Form der Ozeanbecken wie der Verlauf der Küstenlinie beeinflussen den Gezeitenrhythmus und die Fluthöhe entscheidend. In Vietnam und in der Karibik gibt es Ebbe und Flut nur einmal innerhalb eines Mondtages, der allerdings 50 Minuten länger dauert als der normale Tag. Im Gegensatz zu diesen Tagesgezeiten kommen in anderen Gebieten, so im Nordseeraum, zwei Hoch- und zwei Niedrigwasser pro Mondtag vor, die jeweils mit ähnlicher Höhe zu erwarten sind. Da der Winkel zwischen dem Mond und dem Äquator zwischen 28° N und 28° S pendelt, wird der Meeresanstieg gegenüber der Erdrotation gekippt und verursacht so unterschiedliche Fluthöhen. Wenn eine der beiden Tiden regelmäßig sehr niedrig bleibt, spricht man von Tagesgezeiten.

Einige Regionen der Erde, unter anderem der Pazifik und der Indische Ozean, haben sowohl Tages- wie Halbtagesgezeiten. Viele der dortigen Küsten zeigen Mischformen beider Typen. In fast völlig abgeschlossenen Binnenmeeren wie im Mittelmeer (0,4 m) und in der Ostsee bleibt der Tidenhub ganz flach. In trichterförmigen Flußmündungen können bis zu 8 m hohe, steile Flutwellen (Boren) mit 25 km/h Geschwindigkeit flußaufwärts schießen. In großen Flüssen machen sich die Gezeiten noch weit landeinwärts bemerkbar, an der Elbe bis 148 km, am Amazonas sogar bis 1000 km.

Wind und Wetter verändern die Gezeiten

Die Gezeitenwellen setzen sich aus vielen lokal unterschiedlichen Wellen zusammen, so daß es nicht einfach ist, zuverlässige Voraussagen über die jeweiligen Fluthöhen zu machen. Vor allem atmosphärische und klimatische Einflüsse können den Tidenhub erhöhen oder erniedrigen. Starke, langandauernde Winde aus einer Richtung und extreme Luftdruckverhältnisse können die Fluthöhe bis über 3 m verändern. Bei Sturmfluten staut der

[A] Mond und Erde rotieren um eine gemeinsame Achse (1), die wegen der großen Masse der Erde 1 700 km innerhalb des Planeten liegt. Die Anziehung zwischen Erde und Mond wird durch Fliehkräfte, die bei der Rotation entstehen, ausgeglichen. Der Mond würde sonst entweder auf die Erde stürzen oder von ihr wegdriften. Auf der mondzugewandten Seite der Erde ist der Mond der Erde näher, damit ist die Anziehung größer als die in allen Punkten der Erde gleichgroße Fliehkraft in der entgegengesetzten Richtung. Es bleiben daher gezeitenerzeugende Kräfte, die das Wasser von der Erde weg-

A

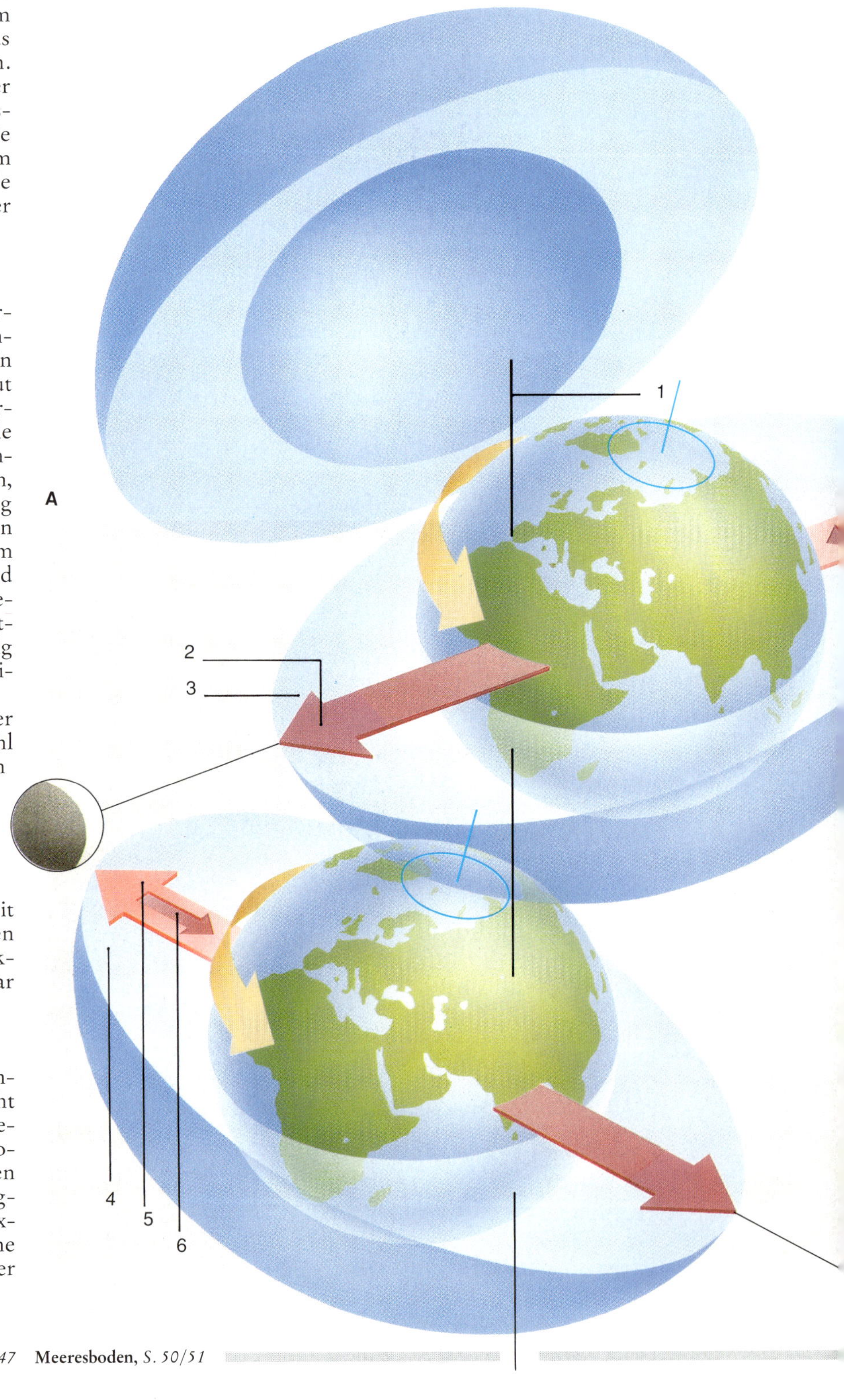

Siehe auch: **Weltmeere**, *S. 44/45* **Meeresströmungen**, *S. 46/47* **Meeresboden**, *S. 50/51*

ziehen, so daß ein »Wasserberg« entsteht (Zenitflut) (2, 3). Auf der mondabgewandten Seite der Erde ist die Anziehung des hier weiter entfernten Mondes um einen bestimmten Betrag (6) geringer als die Fliehkraft. Die nicht kompensierte Fliehkraft zieht daher von der Erde weg (Nadirflut) (4, 5). Damit wird erklärt, warum auf beiden Seiten der Erde in der Verbindungslinie Erde – Mond gleichzeitig Flut eintritt (3, 4). Da der Mondtag 50 Minuten länger als ein Erdtag dauert, verschieben sich die Gezeiten täglich. Hinzu kommen lokal bedingte Verzögerungen und durch den Sonnenstand verursachte Verspätungen.

Wind das Wasser an der Küste, bei ablandigen Winden wird das Wasser von der Küste weggedrückt. Hoher Luftdruck preßt das Meerwasser hinunter und verhindert hohen Tidenhub, niedriger Luftdruck erlaubt höhere Fluthöhen als normal. Der Druckunterschied von 1 Hectopascal entspricht einem Fallen oder Steigen des Meeresspiegels um etwa 1 cm. Daraus können atmosphärische Fluktuationen des Wasserstandes von 50 cm resultieren. Wind und Gezeiten bewirken Küstenströmungen, die in Meerengen bis zu 29 km/h erreichen. An der Flachküste fallen bei Ebbe große Flächen zeitweise trocken (Watt).

Wellen vom Kap Horn erreichen Westeuropa

Meereswellen werden von Winden erzeugt, die über freie Wasserflächen wehen. Einmal in Gang gesetzt, wandern die Wellen quer über die Ozeane, selbst wenn der Wind längst abgeflaut ist. Wellen aus unterschiedlichen Gebieten und verschiedenen Richtungen überlappen sich und bilden die Dünung. Veränderliches Wetter, lokale Winde mit vorherrschender Richtung und Meeresströmungen beeinflussen das komplizierte System der Meereswellen noch zusätzlich. Die Dünung, die an der kalifornischen Küste aufläuft, kann ihren Ursprung in einem neuseeländischen Sturmgebiet haben. Wellenbrecher an den Küsten Westeuropas können durch Wellen verursacht werden, die vom stürmischen Kap Horn 10 000 km über den Atlantik gelaufen sind. Ozeanwellen transportieren große Energiemengen rund um die Welt.

Stromerzeugung durch Gezeiten

Im Gezeitenkraftwerk La Rance im nordwestlichen Frankreich treiben 1 000 t Meerwasser pro Sekunde vier Turbinen mit einer Leistung von 240 Megawatt an. Um Ebbe und Flut in nutzbare Energie umzusetzen, muß der Tidenhub groß genug sein. In La Rance beträgt der Höhenunterschied zwischen Hoch- und Niedrigwasser 12 – 14 m. Während starker Gezeitenströme wird ein Teil der gewonnenen Stromenergie benutzt, um Wasser in ein höhergelegenes Becken zu pumpen. Von dort fließt es bei Ebbe durch die Turbinen und hält auf diese Weise die Stromproduktion konstant.

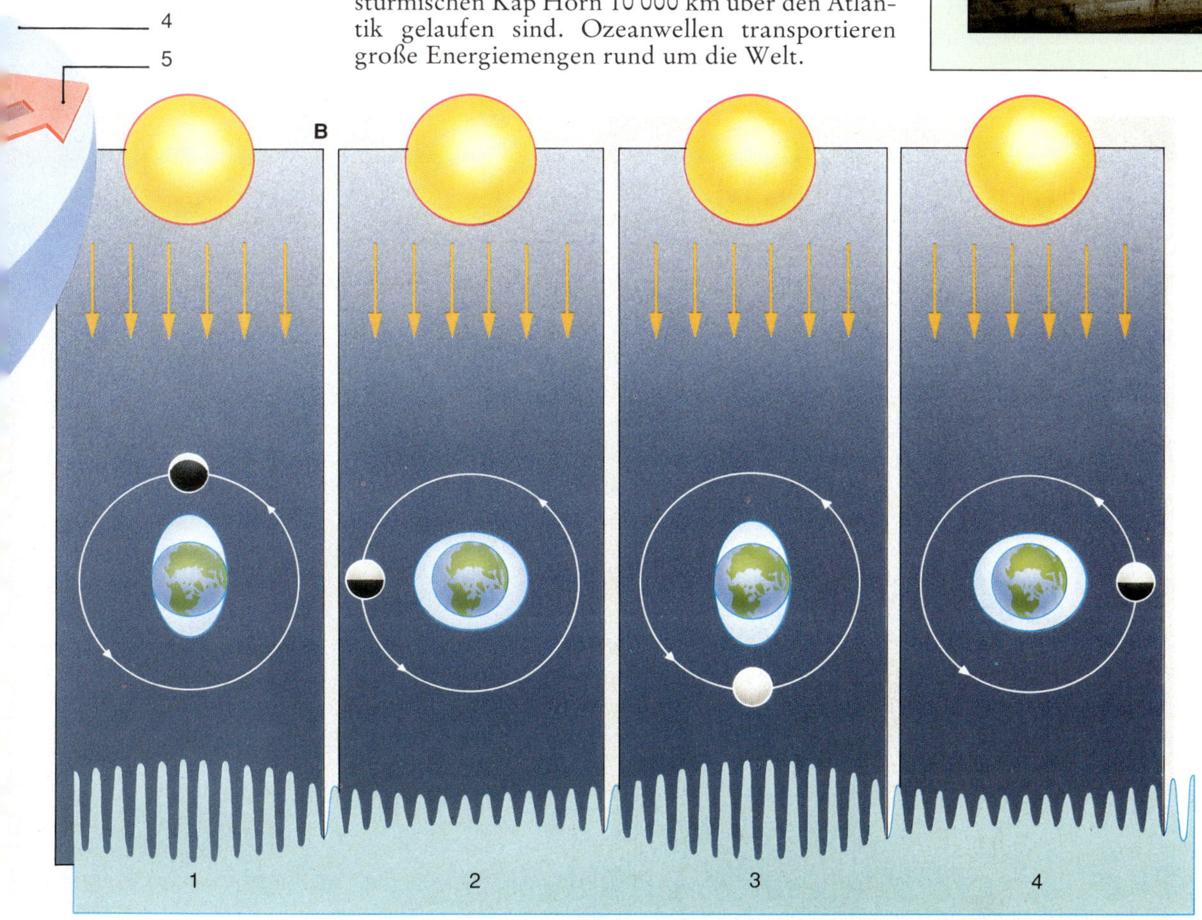

[B] Die Anziehungskraft der Sonne auf die Erde erreicht nur 48% der des Mondes, aber dennoch hat sie Einfluß auf die Gezeiten. Bei Springflut stehen Sonne, Mond und Erde in einer geraden Linie, so daß sich die Anziehungskräfte addieren (1) und (3). Wenn Sonne und Mond in einem rechten Winkel zueinander stehen (2) und (4), sind die kombinierten Kräfte weniger effektiv - es entsteht eine niedrige Nippflut. Die Gezeiten stimmen nicht genau mit den Mondphasen überein, sondern treten ungefähr um ein bis zwei Tage verspätet ein. Auch die Winkel zwischen Sonne, Mond und Erde sind nicht immer gleich. Am 21. September und am 21. März, während der Tag- und Nachtgleiche, stehen die drei Gestirne in fast gerader Linie und bewirken dann die höchsten Flutberge. Am 21. Juni und am 21. Dezember steht die Sonne besonders weit außerhalb der direkten Verbindungslinie zwischen Erde und Mond, dann sind die Springtiden am niedrigsten.

Küsten, *S. 56/57* Treibhauseffekt, *S. 86/87* Ökosystem: Küste, *S. 324/325*

Auf dem Grunde des Meeres

Bodenschätze in einer untermeerischen Vulkanlandschaft

Die größten Gebirgsketten der Erde liegen unter der Meeresoberfläche in den Ozeanbecken, einige dehnen sich von Pol zu Pol aus. In den Ozeanen befinden sich die höchsten Vulkane und die tiefsten Gräben – ein spektakuläres Relief, vom Challenger-Tief (-10 899 m) bis zum etwa 9 100 m über den umliegenden Meeresgrund aufsteigenden Mauna Kea (davon nur 4 214 m oberhalb des Meeresspiegels). Die basaltische Ozeankruste ist höchstens 200 Millionen Jahre alt – jung gegenüber den bis zu 4 Milliarden Jahre alten Kontinentkernen. Auf den Meeresböden liegen reiche Bodenschätze, doch sind die Erze schwer zu gewinnen.

Die Lithosphäre, etwa 100 km dick, besteht aus der Kruste und dem starren Bereich des oberen Erdmantels. Sie schwimmt auf dem plastischen Magma des oberen Mantels. Eine dickere Gebirgsregion taucht tiefer in das Mantelmagma ein als die dünneren Schelfe.

Ausgedehnte vulkanische Gebirgsketten erheben sich über die Tiefseeböden zwischen den kontinentalen Schelfbereichen. Von einigen fließen Lavaströme und schaffen fantastische Formen. Nur wenige der unterirdischen Rücken, wie Island (2 119 m) oder die Azoren, ragen bis über die Wasseroberfläche und sind teilweise abgetragen. Die Flanken dieser zum mittelatlantischen Rücken gehörenden, fast 1 000 km breiten Erhebungen fallen bis zum Meeresboden über 5 000 m ab.

In einigen Ozeanen bilden sich über »hot spots« (heißen Flecken) Vulkane. Hier durchbrechen heiße Magmen die Kruste, die ihren Ursprung an der Grenze des unteren Mantels zum äußeren Erdkern haben. Die sehr heißen Schmelzen durchqueren als schlauchartige Ströme (Mantel-Plumes) den Mantel und verursachen ortsfeste »hot spots«. Auf der driftenden Kruste bilden sich dort, wie die Inselgruppe Hawaii zeigt, immer wieder neue Vulkane. Die inaktiven Vulkane liegen im Nordwesten Hawaiis.

Sedimente der Tiefsee

Die wenigen feinkörnigen Sedimente der Tiefsee erreichen die weit von den Kontinenten entfernten Ozeanbereiche als windverblasener Staub, häufig sind es vulkanische Aschen. Im Umfeld der Polargebiete sedimentieren abschmelzende Eisberge auch größere Gesteine und Sand. Hinzu kommen außerirdischer Staub und die Kieselschalenreste von Plankton. Außerhalb der Moränenablagerungen bestehen die Korngrößen der Tiefseesedimente aus feinem Ton. Oberhalb von Wassertiefen um etwa -4 500 m enthalten die roten Tiefseetone Kalk, in größerer Tiefe kommen nur noch silicatische Sedimente vor, weil CO_2-reiches Wasser das Calciumcarbonat löst. Diese Grenze heißt Kompensations-Tiefe für Kalk (C.C.D.), sie liegt zwischen -4 300 bis -5 200 m Wassertiefe. Die von Eisenverbindungen rotgefärbten Tiefseetone bilden nur äußerst dünne Schichten, pro 1 000 Jahre sedimentieren nur 1 bis 2 mm. Noch tiefer als die Tiefseeböden reichen mit mehr als 10 km die Tiefseegräben. Einer der am besten erforschten ist der Atacama-Graben westlich von Südamerika, der wie die anderen Tiefseegräben an einer Subduktionslinie der ozeanischen Platte gebildet wurde -

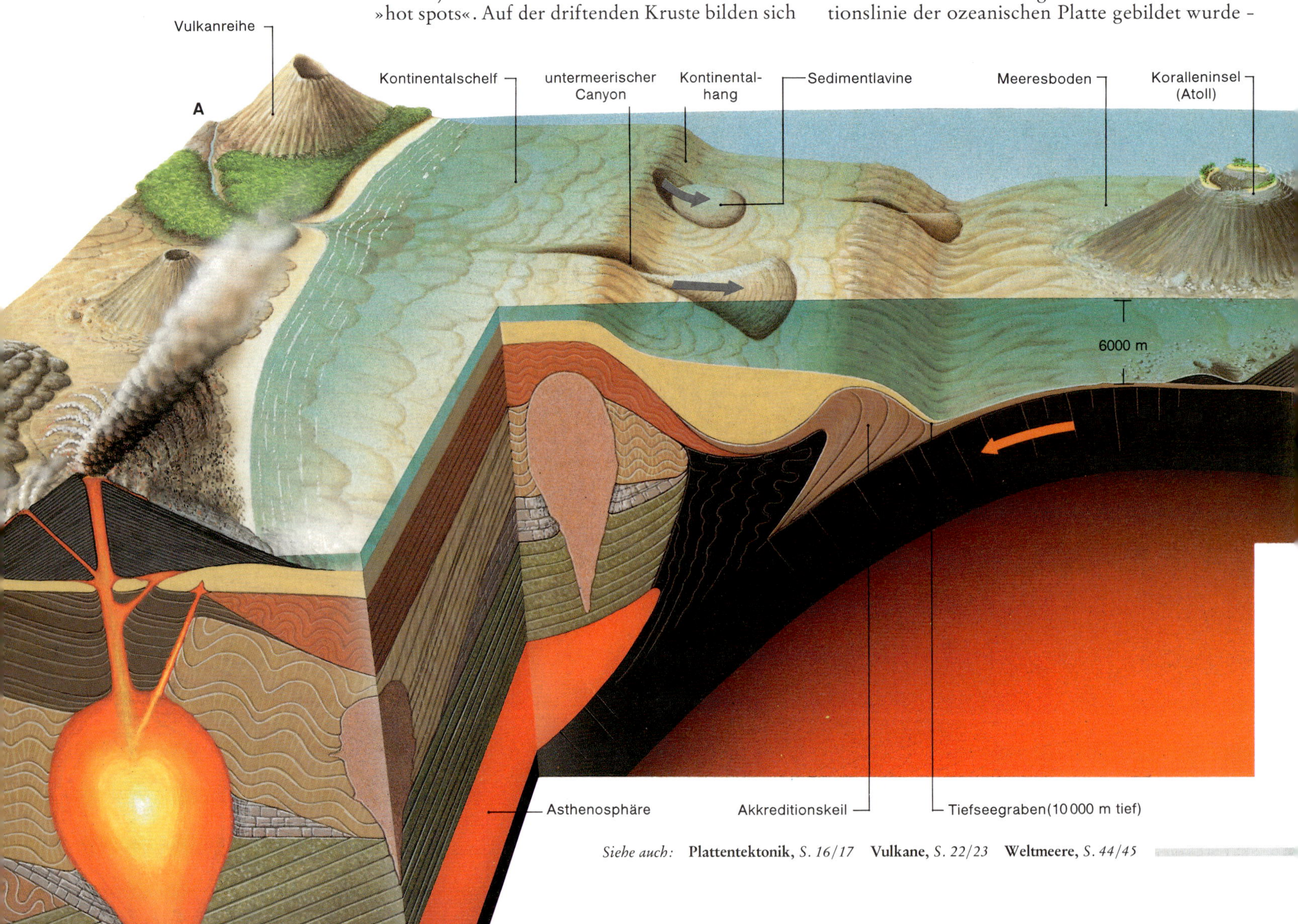

Siehe auch: **Plattentektonik,** *S. 16/17* **Vulkane,** *S. 22/23* **Weltmeere,** *S. 44/45*

dort, wo die Platte unter den Kontinent gedrückt wird. Die Tiefseegräben können 1 000 km breit und Tausende von Kilometern lang sein. In ihnen sammeln sich mächtige Sedimente, die aus verwitterten Gesteinen der tief erodierten Kontinente stammen und von den Flüssen an die Küste transportiert wurden.

Die längsten und höchsten Hänge der Erde

Zwischen den Tiefseeböden und der Küstenlinie breiten sich zwei weitere wichtige Regionen aus. Vom Flachmeer des Schelfs mit 200 m Wassertiefe fällt der Kontinentalhang bis zum Tiefseeboden in 3 500 m unter dem Meeresniveau ab. Gründliche Untersuchungen der Schelftypen haben gezeigt, daß der feste Untergrund immer aus gleichen Gesteinsformationen wie die Kontinente besteht und vollkommen anders aufgebaut ist als die basaltischen Ozeanplatten. Es gibt zwei unterschiedliche Typen. Der atlantische oder passive Schelf erstreckt sich mit einer maximalen Breite von 1 500 km flach abgedacht zum Schelfrand. Über dem Untergrundgestein liegen Sande und Schlamm. Der aktive pazifische Schelftyp ist schmaler und wird häufig von Erdbeben erschüttert. Den atlantischen Typ findet man am Rande der Ozeane, wo sich die Platten voneinander wegbewegen, der pazifische Typ kommt dort vor, wo Ozeanplatten unter die Kontinente abtauchen.

Der Grand Canyon [B] des Colorado und der untermeerische Monterey-Canyon [C] vor der kalifornischen Küste haben etwa gleiche Querprofile. Beide sind vermutlich durch sehr ähnliche Prozesse gebildet worden.

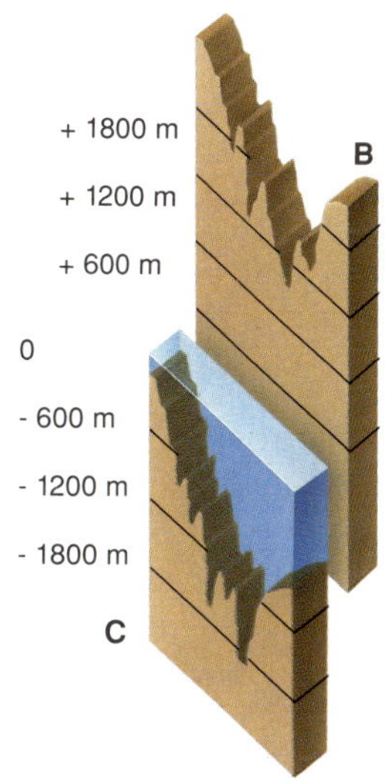

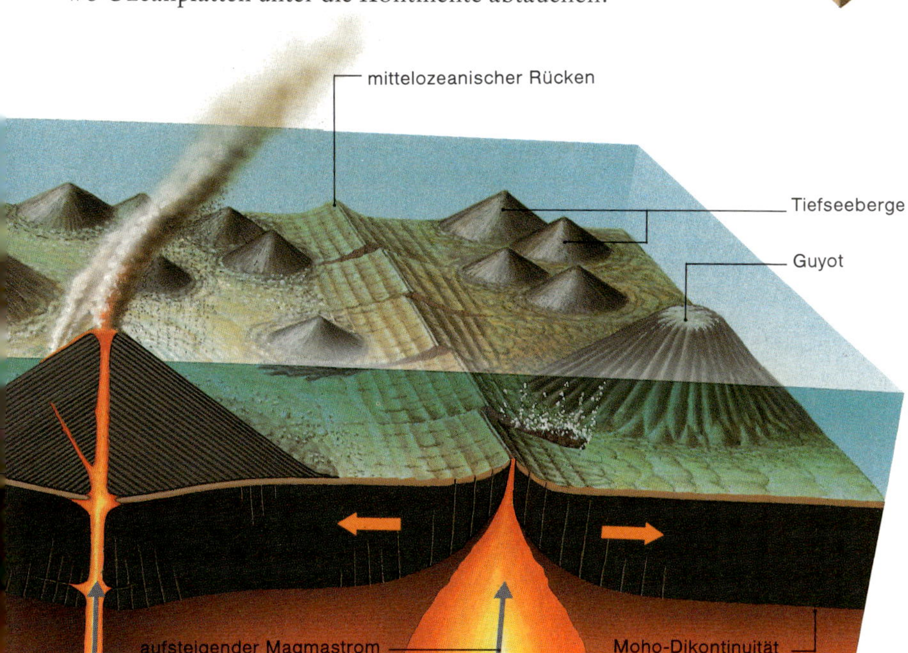

[A] Vulkanreihen und Inselketten sind typisch für aktive Ränder der Platten. Wenn die ozeanischen Platten (schwarz) unter die Platten der Kontinente geschoben werden, bilden sich Akkreditionskeile aus zusammengeschobenen Tiefseesedimenten. Untermeerische Canyons findet man zwar häufiger an passiven Plattenrändern, sie können aber auch am Rande der Kontinente entstehen. Vermutlich wurden sie durch oberflächliche Erosion eingetieft, als der Meeresspiegel während der Eiszeiten um 150 m tiefer lag. Die Ozeanböden sind besonders im Bereich der mittelozeanischen Rücken von komplexen Spaltensystemen durchzogen, die zahlreiche Magmaausflüsse verursachen. Es gibt Vulkane, die unter Wasser bleiben (Tiefseeberge), von Brandungswellen geköpfte Kegel (Guyots) und durch ihr Eigengewicht in die Kruste absinkende Vulkane (Atolle).

Schätze am Meeresboden

Heiße mineralische Quellen am Meeresboden schaffen lokale Heißwasserzonen. Die hochschießenden mineralreichen Wassersäulen enthalten Eisen-, Zink- und Kupfersulfide sowie Calciumsulfate. Diese pechschwarzen »black smokers« erreichen Temperaturen bis zu 350°C. An den Austrittsstellen bilden sich 10 m hohe Schlote. Kartoffelgroße Manganknollen (unten) sind besonders im Pazifik verbreitet. Neben 30 % Mangangehalt enthalten sie noch Eisen-, Zink-, Kupfer-, Cobalt- und Nickelverbindungen. Die dünnen Schalen der zwiebelartigen Gebilde wachsen langsam (1 – 9 mm / 1 Million Jahre) um einen Kristallisationskern, z.B. um ein Sandkorn oder um einen Fischzahn.

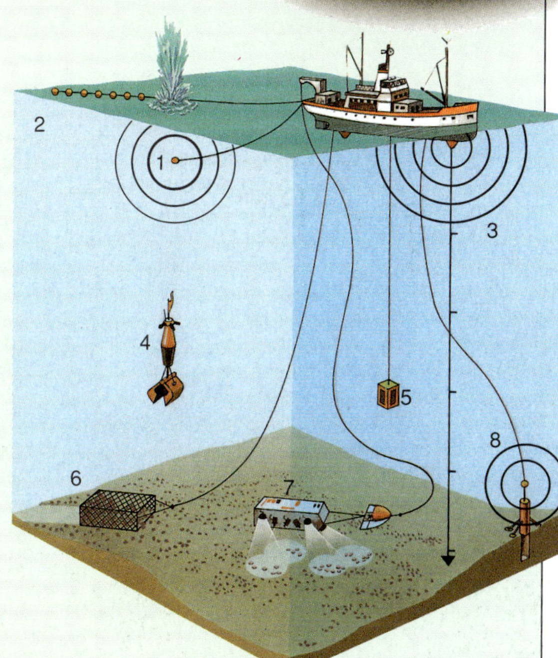

Der kommerzielle Abbau von Manganknollen bleibt noch der Zukunft vorbehalten. Die Versuche konzentrieren sich auf zwei Systeme: hydraulische Absaugvorrichtungen und Besammlung mit Dredschen. Biologen haben große Bedenken, daß dadurch das Leben der Tiefsee weitgehend zerstört würde. Es gibt verschiedene Methoden, Erze aufzufinden: seismische Untersuchungen mit Druckluftkanonen (1) und Hydrophonen (2), Echolote (3), Greifer mit Kameras (4), Tiefensonden (5), Dredschen (6), Tiefseekameras (7) und kabelgezogene Kastenbohrer (8).

Vom Meer umgeben

Wie Inseln entstehen

Nicht ein einziges der 1300 Korallenatolle, aus denen die Malediven bestehen, ragt mehr als 9 Meter über den Meeresspiegel hinaus. Wenn er auch nur um wenige Meter ansteigen würde, wären sie alle verschwunden. Ein steigender Meeresspiegel oder sinkende Kontinente haben bewirkt, daß ehemalige festländische Gebiete überflutet wurden, dies erklärt z.B. die Insellage von Großbritannien oder Madagaskar. Die langen, schmalen Inseln vor der ostadriatischen Küste sind die Gipfel überfluteter Gebirge, und die tausend Inseln im Sankt-Lorenz-Strom Kanadas stellen die Überreste eines überfluteten Flußtals dar.

Inselketten, wie Japan und Hawaii, und isolierte Landmassen wie Australien, der »Inselkontinent«, sind das Ergebnis bedeutender geologischer Prozesse. Durch das Auftreten von Magma (Gesteinsschmelze) an Vulkanherden und sogenannten Subduktionszonen, wo eine Erdkrustenplatte unter eine andere geschoben wird, werden vulkanische Inseln, einzeln oder auch in kettenartiger Anordnung, gebildet. Dadurch daß sich die Erdkrustenplatten bewegen, können auch Teile eines großen Kontinents abgespalten werden, die anschließend abdriften und dadurch Inseln bilden. Dieses Phänomen ist im Westen Nordamerikas zu beobachten, wo die Sankt-Andreas-Spalte eine beginnende Abtrennung anzeigt.

Bezogen auf größere Dimensionen, hatten Plattenbewegungen die endgültige Abtrennung Australiens von der Antarktis während des Eozäns zur Folge, was vor zwischen 55 und 38 Millionen Jahren geschah.

Vulkanische Inselbögen

Vulkanische Inselketten bilden sich, wenn eine ozeanische Platte unter eine andere abtaucht. Da sie über Tausende von Kilometern einen kurvenartigen Verlauf nehmen, werden sie Inselbögen genannt. Inselbögen treten ungefähr 100 - 200 km vom Tiefseegraben entfernt auf, wo sich eine ozeanische Platte unter eine ozeanische Kruste schiebt. Auf der gesamten Länge besteht ein Bogen gewöhnlich aus separaten Gruppen von fünf oder zehn Vulkanen, die jeweils über einige hundert Kilometer Länge eine verhältnismäßig gerade Linie bilden. Die Biegungen liegen zwischen den geraden Teilstücken. Die Vulkane des Inselbogens sind in den meisten Fällen etwa 50 - 70 km voneinander entfernt.

Der Vulkan bricht aus, wenn heiße Gesteinsschmelze unter sehr hohen Druck gerät. Da die Schmelze leichter ist als das umgebende Gestein, steigt sie in tiefreichenden Verwerfungen und Brüchen der Kruste empor. Dabei schafft sich das aufsteigende Magma durch Schmelzen des Nebengesteins seine Bahn. Durch freiwerdende Gase wird der Druck schließlich so stark erhöht, daß ein Ausbruch erfolgt.

Marine Vulkantätigkeit kann zu überraschenden Inselneubildungen führen, wie das Beispiel von Surtsey zeigt, das im Jahre 1963 33 km vor der Südwestküste Islands aus 130 m Meerestiefe auftauchte. Andererseits sind vulkanische Inseln der unerbittlichen Erosion durch die Brandung ausgesetzt. Es gibt mehr als 2 000 versunkene und erloschene Vulkane (Tiefseeberge).

[B] Die Kette der Hawaii-Inseln und die Gipfel des Imperatorrückens erstrecken sich über mehr als 6 000 km. Sie bestehen aus über 100 Vulkanen, deren Alter vom Südosten zum Nordwesten hin ansteigt. Die nordwestlichen Inseln sind niedriger und stark erodiert. Das Gestein auf Hawaii (1) ist jünger als 1 Million Jahre, auf Oahu (2) beträgt das Alter 2 – 3 Millionen Jahre, und die Lavaströme von Kauai (3) flossen vor 5 Millionen Jahren. Die Inseln des Aleuten-Inselbogens sind dagegen alle gleich alt. Sie wurden alle gleichzeitig durch Subduktionsvorgänge gebildet [C].

Koralleninseln

Die Entstehung von Koralleninseln ist an die Lebensbedingungen der Korallen gebunden. Riffkorallen bauen oft an Felsküsten von Inseln, in der Brandungszone, ihre Kolonien auf. Im Pazifischen und Indischen Ozean, die ihnen die günstigsten Bedingungen bieten, sind diese Inseln meist vulkanischen Ursprungs. Ein lebendes Riff liegt als Plateau knapp unter der Wasseroberfläche in unmittelbarer Nähe der Küste. Sinkt der Meeresboden durch Subduktion der zugehörigen Krustenplatte, dann entfernt sich das weiterwachsende Riff von der Küste. Läßt der Senkungsprozeß schließlich die ganze Insel unter die Wasseroberfläche abtauchen, so wächst das ehemalige Riff als ringförmiger Wall weiter und tritt als Atoll in Erscheinung. Sinkt das Atoll schneller, als die Korallen wachsen, so geraten die Korallentiere bald in Wassertiefen (50 – 100 m), in denen sie nicht mehr überleben können. Das Riff stirbt ab, und die Inseln verschwinden in der Tiefe.

Das unterschiedliche Alter der Inseln ist dadurch bedingt, daß sie auf einer Art plattentektonischem Fließband sitzen. Hawaii sitzt einer besonders heißen Zone (hot spot) des Erdmantels auf (1). Es wurde von den Lavaströmen der Vulkane Mauna Kea, Mauna Loa und Kilauea gebildet. Die »hot spots« sind stationär. Die Pazifische Platte (2) bewegt sich jedoch durch die Ausdehnung des Meeresbodens (3) nach Nordwesten. Mit der driftenden Platte wandern auch die Vulkaninseln vom »hot spot« weg, und die vulkanische Aktivität erlischt. Über dem standfesten »hot spot« bildet sich ein neuer Vulkan, so daß im Laufe der Zeit eine Kette erloschener Vulkane zurück-

Siehe auch: Aufbau der Erde, *S. 12/13* Plattentektonik, *S. 16/17* Vulkane, *S. 22/23* Weltmeere, *S. 44/45* Ökosystem Korallenriff, *S. 330/331*

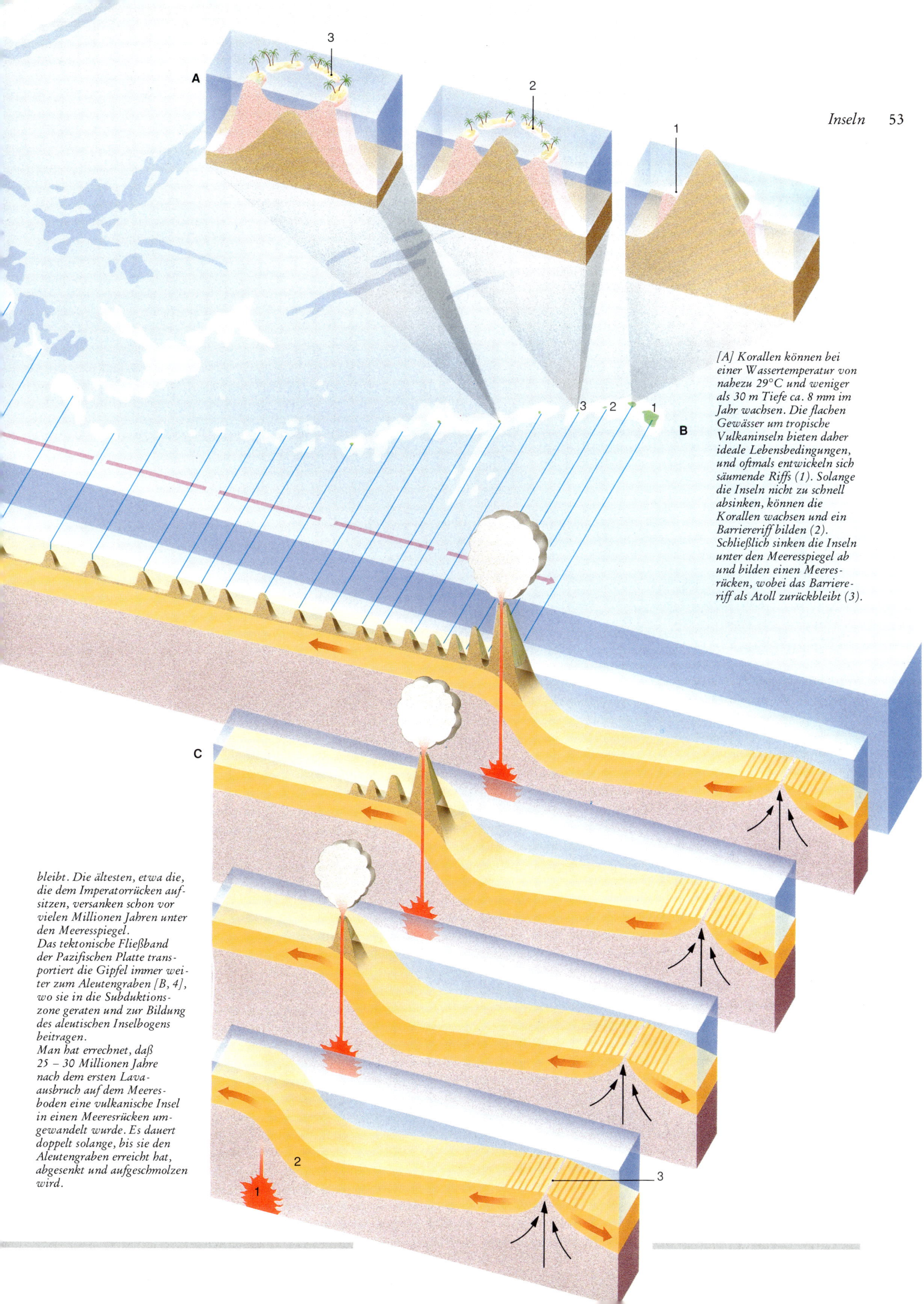

[A] Korallen können bei einer Wassertemperatur von nahezu 29°C und weniger als 30 m Tiefe ca. 8 mm im Jahr wachsen. Die flachen Gewässer um tropische Vulkaninseln bieten daher ideale Lebensbedingungen, und oftmals entwickeln sich säumende Riffs (1). Solange die Inseln nicht zu schnell absinken, können die Korallen wachsen und ein Barriereriff bilden (2). Schließlich sinken die Inseln unter den Meeresspiegel ab und bilden einen Meeresrücken, wobei das Barriereriff als Atoll zurückbleibt (3).

bleibt. Die ältesten, etwa die, die dem Imperatorrücken aufsitzen, versanken schon vor vielen Millionen Jahren unter den Meeresspiegel.
Das tektonische Fließband der Pazifischen Platte transportiert die Gipfel immer weiter zum Aleutengraben [B, 4], wo sie in die Subduktionszone geraten und zur Bildung des aleutischen Inselbogens beitragen.
Man hat errechnet, daß 25 – 30 Millionen Jahre nach dem ersten Lavaausbruch auf dem Meeresboden eine vulkanische Insel in einen Meeresrücken umgewandelt wurde. Es dauert doppelt solange, bis sie den Aleutengraben erreicht hat, abgesenkt und aufgeschmolzen wird.

Tödliche Trockenheit

Die Wüstenformen der Erde

Die meisten stellen sich Wüsten als endlose, vegetationsleere Sandmeere vor, über denen eine glutheiße Sonne flimmert. Aber die größten Wüstengebiete sind extrem kalt, und die Sandgebiete in den Wüsten nehmen nur einen geringen Flächenanteil ein. Die größte, trockenste und kälteste Wüste ist die unwirtliche Antarktis, mit 15 Millionen km² fast doppelt so groß wie die heiße Sahara. Wassermangel überleben Pflanzen, Tiere und Menschen nicht allzu lange. Auch hohe Salzgehalte können lebensfeindliche Wüsten schaffen. Hinzu kommt heute der Mensch, der die Natur zerstört und die Wüsten Jahr um Jahr erweitert.

Die Natur der heißen und kalten Wüsten der Erde ist außerordentlich vielschichtig und abwechslungsreich gestaltet. Die größten Wüstengebiete sind eis- und schneebedeckt (Eiswüste) oder besitzen nackte Fels- und Schuttoberflächen (Hamada). Entlang von Tälern (Wadis) sind vom Wind ausgeblasene Steinpflaster aus Geröllen (Serir) zu beobachten. Nur geringe Anteile der Wüsten sind mit Dünen überwandert (Erg). In extrem trockenen Vulkanlandschaften sind auch vegetationsarme Lavafelder und Aschenhänge verbreitet. In abflußlosen Senken, die für Trockengebiete typisch sind, reichern sich Salze an und bilden Salzseen und -sümpfe.

Die Wüste ist nicht ohne Leben

Pflanzen und Tiere haben gelernt, unter den unwirtlichen Bedingungen der Wüste zu überleben, sie haben dazu die verschiedensten Anpassungsmechanismen entwickelt. Bei den äußerst geringen Niederschlägen unter 250 mm/Jahr und Verdunstungsraten, die noch wesentlich über diesem Wert liegen, haben die Pflanzen in heißen Wüsten sehr lange Wurzeln, oder sie speichern das Wasser wie die hervorragend angepaßten Kakteen. Flechten, Algen und Pilze ziehen sich unter helle Gesteinsoberflächen zurück.

Nicht alle Trockengebiete (15 – 30 % der Landoberfläche) sind extreme Wüsten mit statistischen Jahresregenmengen bis unter 20 mm. Je nach Definition werden z.T. bereits vegetationsarme Gebiete mit einer Pflanzenbedeckung unter 50 % zu den Wüsten gezählt. Hinzu kommen große semiaride Klimaregionen mit Trocken- und Regenzeiten. Die Biomasse (das Gewicht aller lebenden Pflanzen und Tiere) einer Wüstendüne ist, verglichen mit anderen Lebensräumen, sehr gering. Sie erreicht nur 250 kg/ha, also äußerst wenig im Vergleich mit den 10 000 kg/ha der Savannen oder den 250 000 kg/ha in den tropischen Regenwäldern.

Das Klima entscheidet über den Wüstentyp

Dauernder oder zumindest zeitweiliger Wassermangel in der jährlichen Trockenzeit hat vorrangig klimatische Ursachen, die allerdings in den verschiedenen Trockengebieten der Erde höchst unterschiedlich sein können. In den wolkenarmen Hochdruckzellen der Passatregionen, die sich etwa 30° beiderseits des Äquators anordnen, entstehen Wüsten des Saharatyps. Vorherrschende Winde aus warmen und trockenen Landmassen verstärken die lokale Trockenheit. Hinter hohen Gebirgen wird das Land durch warme Föhnwinde

[A] Seltene, aber starke Regengüsse reißen tiefe Wadis (1) in die Gebirge. Zwischen den steilwandigen Tälern bleiben isolierte Türme (2) und Höhen mit flachen Oberflächen, die Mesas (3), stehen. Der vom Wasser erodierte Verwitterungsschutt wird am Fuße des Berglandes, wo das Wasser langsamer fließt, wieder abgelagert. Die durch Überschwemmungen verursachte Seitenerosion hält die Wadisränder steil. So entstehen die für kalte und warme Trockengebiete typischen Kastentäler. Nicht verdunstetes Regenwasser kann durch Risse in den Gesteinen des Gebirges bis zu einer wasserleitenden Schicht gelangen (4), die sich unterirdisch kilometerweit ins Vorland erstreckt. Wo diese Schicht im Tal angeschnitten wird, kann eine Oasenquelle (5) entspringen. Wasseradern werden am Hang mit einem Schacht (7) geöffnet. Das Wasser wird in einem Tunnel (9) mit Luftschächten (8) talwärts geleitet. An der Austrittsstelle des Stollens (10) fließt das Wasser in einen oberflächlichen Kanal (6), aus dem die Bewässerung der Felder (11) erfolgt und Wasser für die kleine Oasensiedlung entnommen wird.

Siehe auch: Polargebiete, *S. 42/43* Anpassung der Pflanzen an Hitze und Dürre, *S. 138/139* Anpassung der Tiere an Hitze und Dürre, *S. 142/143*

Der Mensch erweitert die Wüsten

Seit Tausenden von Jahren lebt der Mensch in den Trockengebieten im Einklang mit der Natur, aber in den letzten Jahrhunderten wurde die Vegetation zunehmend zerstört. Die Überbevölkerung führt zur Vernichtung der letzten Bäume. Zuviel Feuerholz wurde geschlagen, und die Überweidung läßt keine neuen Bäume mehr wachsen. Ohne schattenspendende Bäume trocknen die Böden noch stärker aus, und der Wind kann die fruchtbaren oberen Bodenhorizonte ungebremst erodieren. Das ungeschützte Land wird in der Regenzeit durch tiefe Erosionseinschnitte weiter zerstört. Treibsand und Dünen überlagern noch erhaltene Ackerflächen; die mit falschen Techniken bewässerten Kulturen wurden durch Versalzung unbrauchbar. Die Desertifikation, oder Ausdehnung der Wüste, wurde lange Zeit als Folge von Klimaveränderungen angesehen, die Hauptursache dürfte jedoch in der vom Menschen verursachten Überforderung der Natur liegen.

ausgetrocknet. Seewinde, die über kalte Meeresströmungen wehen, enthalten meist nur wenig Wasser. Beim Erwärmen über heißen Küsten nimmt ihre relative Luftfeuchtigkeit so stark ab, daß sich keine Wolken und Niederschläge mehr bilden können. Auf diese Weise haben sich die südafrikanischen und die südamerikanischen Küstenwüsten entwickelt.

Dünensand, durch Wasser und Wind verlagert

Die kleinen Sandkörner der Dünen werden aus den vegetationsarmen Felsoberflächen durch Temperaturverwitterung und Salzsprengung herausgebrochen. Wasserfluten spülen den Sand von den Hängen durch die Wadis in die Fußregion der Gebirge. Fast ungebremst durch Vegetation kann der Wüstenwind dort die Sandkörner entlang der Wadis und vor dem Gebirge zusammenwehen. Die Arabische Halbinsel ist zu 30 % mit Dünen bedeckt, die Sahara zu 11 %, die nordamerikanischen Trockengebiete aber nur zu 2 %.

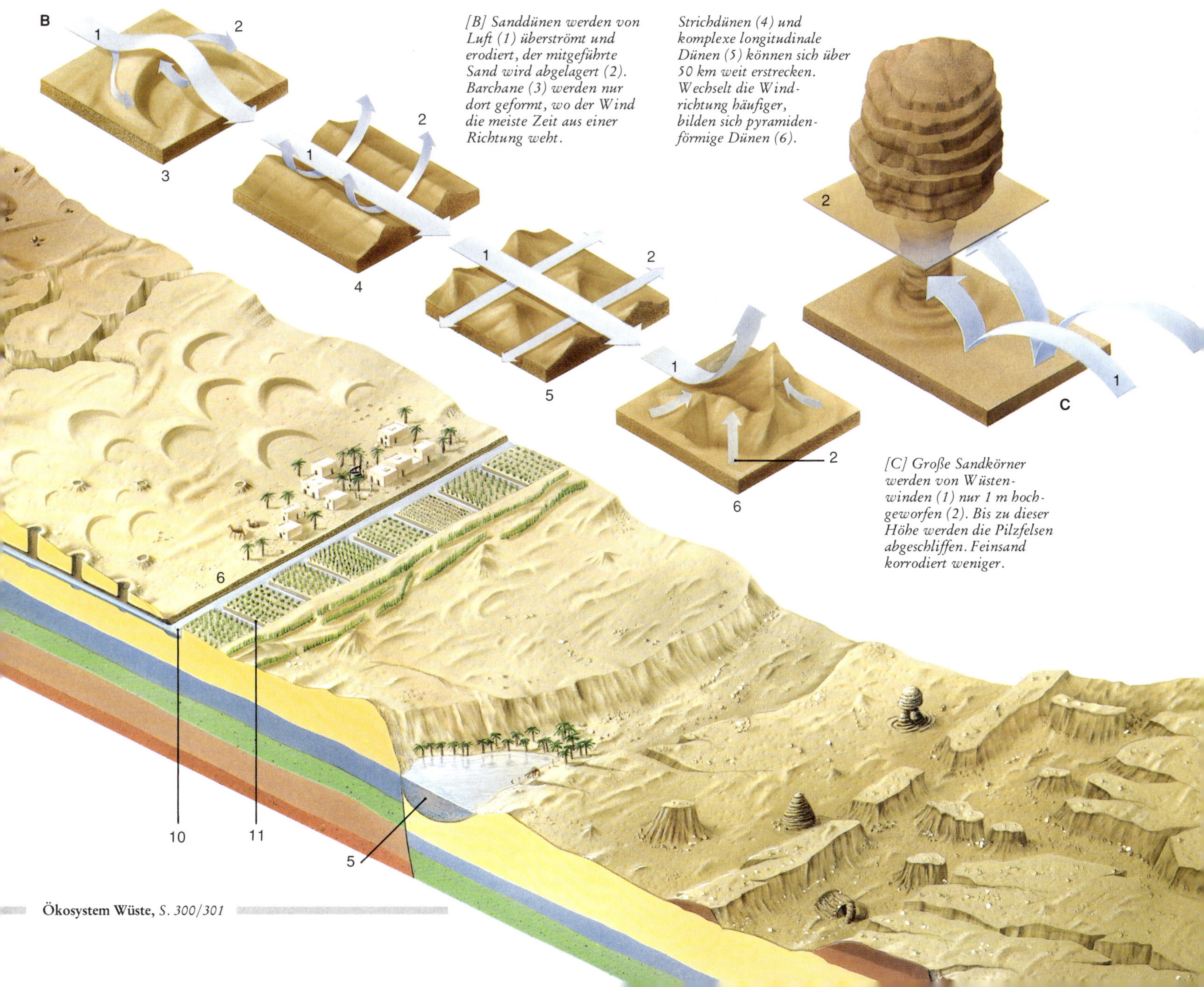

[B] Sanddünen werden von Luft (1) überströmt und erodiert, der mitgeführte Sand wird abgelagert (2). Barchane (3) werden nur dort geformt, wo der Wind die meiste Zeit aus einer Richtung weht.

Strichdünen (4) und komplexe longitudinale Dünen (5) können sich über 50 km weit erstrecken. Wechselt die Windrichtung häufiger, bilden sich pyramidenförmige Dünen (6).

[C] Große Sandkörner werden von Wüstenwinden (1) nur 1 m hochgeworfen (2). Bis zu dieser Höhe werden die Pilzfelsen abgeschliffen. Feinsand korrodiert weniger.

Ökosystem Wüste, *S. 300/301*

Wo das Festland endet

Wie Küsten aufgebaut und zerstört werden

Der Mensch an der Küste lebt unsicher. Küsten sind schnell veränderliche Augenblicksgrenzen zwischen Meer und Land. Landhebung oder Landsenkung, Meeresspiegelschwankungen oder Erosion des höheren, trockenen Landes durch die Meeresbrandung können die Küstenlinie langsam oder auch sehr plötzlich verschieben. Deiche und andere Küstenschutzmaßnahmen halten dem Ansturm des Meeres nur in begrenztem Maße stand. Katastrophale Meereseinbrüche wie im Mittelalter an den Nordseeküsten sind bei weiter ansteigendem Meeresspiegel bereits vorprogrammiert.

An manchen Düneninseln vor der amerikanischen Ostküste von Florida bis New Jersey reißt das Meer pro Jahr bis zu sieben Meter Strand hinweg. Aber solange die Wogen mehr Sand anspülen als erodieren, besteht keine Gefahr für die Inseln. Nicht alle Strände der Erde werden jedoch von Sand gebildet. Woher auch immer die Küstensedimente stammen, von Flüssen, erodierten Kliffen oder glazialen Ablagerungen, von zerschmetterten Korallenriffen oder Muschelbänken, das Meer wäscht sie an den Strand. Die schwarzen Strände Hawaiis verdanken ihre Schönheit den Basalten. In Westschottland frißt sich die Brandung in die Fußflächen des alten Hochlandes. Granatführende metamorphe Gesteine färben dort einige Strände rosarot.

Wind und Wellen formen die Küste

Obwohl starke Stürme die Strände schnell verändern können, sind auch die niedrigen Wellen, die Tag und Nacht auf den Strand rollen, nicht zu unterschätzen. Jeder Brecher wirbelt Sand auf und wirft ihn auf den oft breiten Strand. Das ablaufende Wasser trägt aber nur einen Teil des transportierten Materials ins Meer zurück. Da sich die Wellen meist schräg auf die Küste zu bewegen, das angestiegene Wasser aber senkrecht, dem Gefälle folgend, ins Meer zurückfließt, werden die marinen Gerölle an der Küste entlang verlagert. Entsprechend der vorherrschenden Windrichtung werden die immer runder werdenden Gerölle über große Entfernungen versetzt. Neben der Brandung wirken Küstenströmungen in die gleiche Richtung. Wenn die Wellen senkrecht zur Küste auftreffen, staut sich das Meerwasser höher auf. Dadurch entstehen starke Unterströmungen, die erhebliche Sandmengen ins tiefere Meer zurückspülen können. Oft verliert die tückische Unterströmung erst mehrere hundert Meter von der Küste entfernt ihre Kraft.

Deltaablagerungen vom Fluß ins Meer

Flüsse sind die größten Sandtransporteure. Bevor der Sand aus den Flußmündungen an die umliegenden Strände gespült wird, bildet sich an manchen Flachküsten ein Delta. Wenn das fließende Süßwasser in das stehende Meerwasser einmündet, endet die Transportkraft, und die Flußfracht wird sedimentiert. Feinste Schwebstoffpartikel klumpen im Salzwasser zusammen und sinken zu Boden. Die entstehenden Deltaschichten im wenig bewegten Meerwasser fallen steil von der Küste in das Meeresbecken ab. Das leichtere Süßwasser überlagert oft auf längere Strecken das schwerere Salzwasser. Nur Flüssen mit sehr hoher Schwebstoff-Fracht gelingt es, ihr schweres, trübes Wasser gegen das Salzwasser direkt ins tiefere Meer zu leiten.

Die Formen eines Deltas hängen davon ab, ob das Meer relativ ruhig ist oder von Strömungen und Gezeiten bewegt wird. Das Mississippi-Delta wird von zerstörerischen Meereskräften verschont. Hier konnte sich ein verzweigtes, fingerartiges Delta herausbilden, das weit ins Flachmeer reicht. Dort, wo die Festlandkruste steil unter das Meer abtaucht, kann sich kein Delta bilden. Auch dort, wo Flüsse in einen untermeerischen Canyon münden oder starke Meeresströmungen die Sedimente sofort verdriften, wird man vergeblich nach Deltas suchen. Im Gegensatz zu Nil und Niger haben Kongo und Amazonas einen untermeerischen Canyon und daher kein Delta. An der Mündung des Amazonas bildet sich jedoch ein Unterwasserdelta.

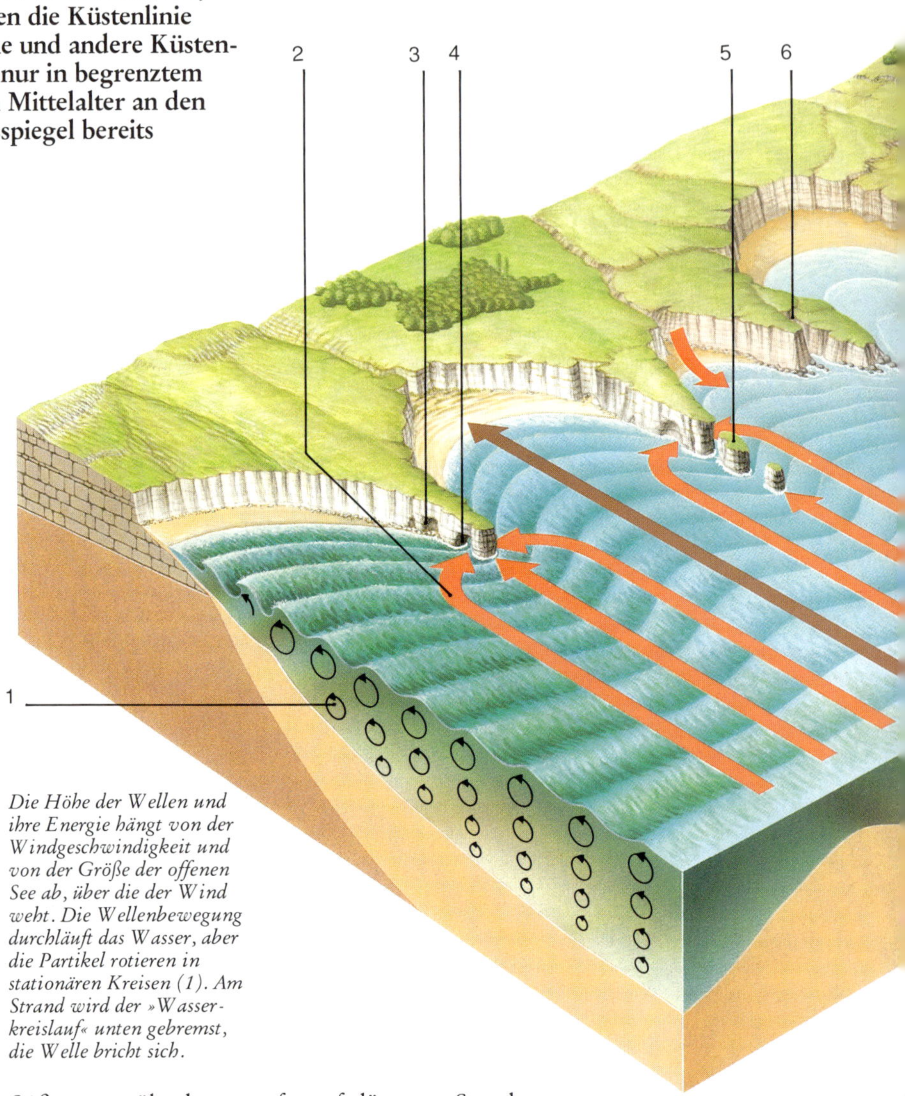

Die Höhe der Wellen und ihre Energie hängt von der Windgeschwindigkeit und von der Größe der offenen See ab, über die der Wind weht. Die Wellenbewegung durchläuft das Wasser, aber die Partikel rotieren in stationären Kreisen (1). Am Strand wird der »Wasserkreislauf« unten gebremst, die Welle bricht sich.

Siehe auch: **Vulkangestein,** *S. 24/25* **Kalkgestein,** *S. 26/27* **Höhlenbildung,** *S. 36/37* **Ebbe und Flut,** *S. 48/49* **Inseln,** *S. 52/53*

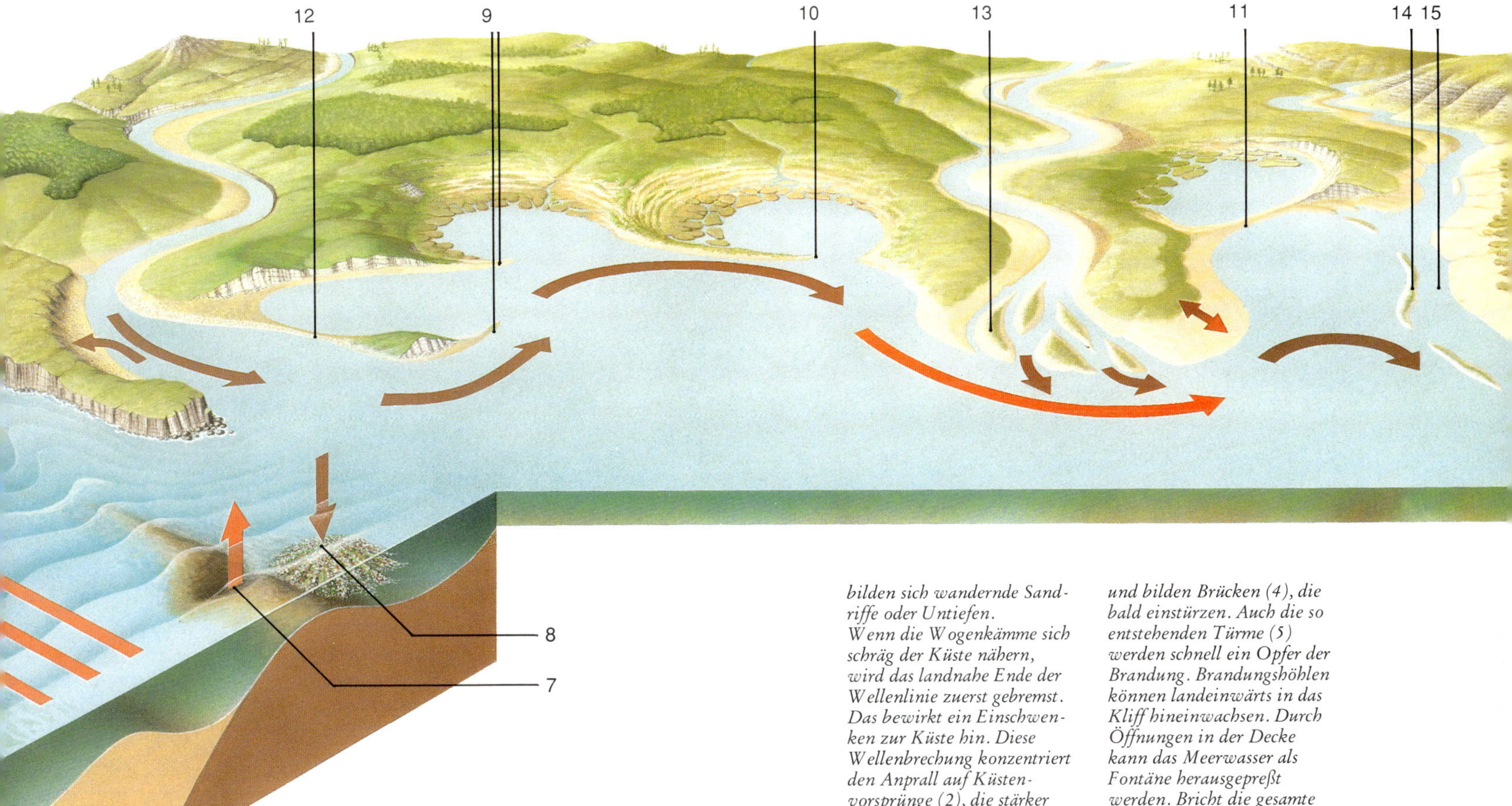

Wenn die Wellenbewegung im flacheren Wasser gebremst wird, versteilt sich die Wellenfront, und die Wellenberge rücken näher zusammen. Die ungebremsten Wellenkämme »überholen« den unteren Wellenbereich und schießen als wirbelnde Brecher auf den Strand. Am landseitigen Ende des Spülsaumes sammeln sich Seetang, hübsche Muschelschalen, aber leider auch häßliche Plastikbehälter und klebrige Ölklumpen.
Bei Sturm rollt und schleudert der Schwall auch größere Gerölle hoch auf den Strand und türmt sie zu Strandwällen auf. Feinere Sande spült der Sog des ablaufenden Wassers zurück ins Meer. Draußen vor der Küste bilden sich wandernde Sandriffe oder Untiefen.
Wenn die Wogenkämme sich schräg der Küste nähern, wird das landnahe Ende der Wellenlinie zuerst gebremst. Das bewirkt ein Einschwenken zur Küste hin. Diese Wellenbrechung konzentriert den Anprall auf Küstenvorsprünge (2), die stärker erodiert werden. Die Verteilung der Wellenenergie in Buchten führt dort eher zur Sedimentation, insgesamt wird die Küstenlinie begradigt, sie wird zur Ausgleichsküste. Ausgehend von Bruchzonen im Gestein werden Brandungshohlkehlen und -höhlen (3) ausgespült. Beidseitige Höhlen an Vorsprüngen wachsen zusammen und bilden Brücken (4), die bald einstürzen. Auch die so entstehenden Türme (5) werden schnell ein Opfer der Brandung. Brandungshöhlen können landeinwärts in das Kliff hineinwachsen. Durch Öffnungen in der Decke kann das Meerwasser als Fontäne herausgepreßt werden. Bricht die gesamte Höhlendecke ein, entsteht ein schmaler Kanal (6).
Eingriffe des Menschen wie Baggerlöcher (7) und Deponien (8) beeinflussen Wellenformen und Küstenlinie.
In trichterförmigen Flußmündungen bilden sich oft Wattflächen.
In Richtung der vorherrschenden Windrichtung entstehen Meeresströmungen, die Sande verlagern. Wo die Strömung abreißt, werden Haken (9) gebildet.
Strandversetzung und küstenparallele Meeresströmungen können selbst größere Buchten durch Nehrungen (10) fast oder sogar völlig abschnüren. Das entstehende Haff (11) verlandet mit der Zeit.
Inseln können durch Strandwälle oder Nehrungen mit dem Festland verbunden werden (12).
Sandbänke und Strandwälle können zu Düneninseln (13) werden, die sich vor der eigentlichen Küste aufreihen und das dahinter liegende Watt schützen.
Zusammengewachsen bilden die Inselketten (14) vor dem Festland langgestreckte Lagunen (15).

Fjorde

Fjorde sind vom Meer überflutete Trogtäler. Die steilwandigen, vom Gletschereis in den Kaltzeiten stark übertieften Gebirgstäler gehören zu den eindrucksvollsten Küstenformen der Erde. Sie kommen überall dort vor, wo Gletscher steil zum Meer hin absteigen. Die Eismassen übertieften den Talboden besonders stark in den Talenden. Meerwärts ist meist eine flache, untermeerische Schwelle ausgebildet, oft nur 100 bis 200 m unter der Wasseroberfläche gelegen. Die wenig geneigten, hochliegenden Hangverflachungen, die Trogschultern, stammen wie der gewundene Fjordverlauf noch aus einer Zeit, bevor das Gebiet stark gehoben wurde. Nach dem Einschneiden der Flüsse in das vorherige Flachrelief wurden die tiefen Einschnitte durch Gletscher zu steilwandigen, U-förmigen Tälern. Unter der schweren Eisbedeckung sank das Land um viele hundert Meter. Nach dem Abschmelzen des Eises stieg es langsam wieder auf. Hinweise auf diese Vorgänge geben z.B. Strandterrassen.

Ökosystem Küste, *S. 324/325*

Wettlauf zum Meer

Flüsse formen das Relief der Erdoberfläche

Wie an jeder Fensterscheibe zu sehen ist, fließt Regenwasser nach dem Aufprall sofort linienhaft ab. In ähnlicher Weise fließen auch die Niederschläge und das Schmelzwasser über die geneigten Oberflächen der Erde zum Meer. Je nach Gefälle und Fließgeschwindigkeit transportiert das Flußwasser Gesteinsmaterial unterschiedlicher Korngröße und lagert es auf seinem Weg vom Gebirge zum Meer z.T. bereits in den Tälern ab. Flüsse und Gletscher zerschneiden die gehobenen Erdkrusten und schaffen dadurch das Hoch und Tief, das ein Hochplateau erst zum eigentlichen Gebirge macht.

Wie groß Flüsse sind, hängt von zahlreichen verschiedenen Faktoren ab, unter anderem von der Menge und Intensität (Menge pro Zeit) des Niederschlags, der Größe des Einzugsgebietes und seiner Vegetationsbedeckung, dem Gefälle wie auch der Verdunstung. Ein Fluß hat seine Quelle meist im hohen Gebirge, oder er entspringt einem See. Verstärkt wird er zunächst durch einige Nebenflüsse des oberen Einzugsgebietes. Im vereisten Hochgebirge schwillt der Fluß zur Zeit der Schneeschmelze sowie in den Sommermonaten durch trübes Schmelzwasser stark an. Gradlinig läuft das schnellfließende Flußwasser mit hohem Gefälle durch das Gebirge. An steilen Laufstrecken bilden sich Stromschnellen, an harten Gesteinsbänken, die nicht so leicht erodiert werden können, schießt das Wasser als gewaltiger Wasserfall herab. Die große Transportkraft der Gebirgsflüsse wird durch ihr steiniges Flußbett angezeigt, in dem nur wenige Pflanzen und Tiere überleben können.

Vom Hochgebirge durchs Tiefland zum Meer

Das sprudelnde Wasser der Gebirgsflüsse hat gleichmäßig kühle Temperaturen und hohe Sauerstoffgehalte – ein Paradies für Forellen und Lachse. Am Gebirgsrand, wo das Gefälle und damit die Fließgeschwindigkeit abrupt abnimmt, bilden sich große Schwemmfächer aus Flußschottern. Im weiteren Verlauf erhält der Hauptfluß immer mehr Wasser von seinen Nebenflüssen und wird zum ruhig fließenden Strom. Das im Gebirge noch enge Tal weitet sich aus, und der Fluß beginnt im Tiefland in weiten Bögen zu mäandrieren. Die Geröllfracht des Flusses ist geringer geworden, nur die gelösten Schwebstoffe werden bei Hochwasser noch in größerer Menge in Richtung Meer transportiert. Während die steilen Prallhänge der Flußschleifen noch unterschnitten (erodiert) werden, wird auf den gegenüberliegenden Gleithängen bereits Feinmaterial abgelagert.

An der Küste bildet der inzwischen träge dahinfließende Strom eine große, trichterförmige Mündung (Ästuar) oder schüttet im seichten Wasser ein Flußdelta auf. In den Ästuaren – ertrunkenen Tälern – können die Gezeitenwellen weit ins Hinterland vordringen. Große Deltas wie am Nil oder am Mississippi können nur in ruhiger Flachsee ausgebildet werden. Die beiden längsten Flüsse der Erde, der Nil und der Amazonas, sind länger als 6 400 km, aber während der Amazonas etwa 15 000 Nebenflüsse hat, bringt es der Nil nur auf einige wenige Zuflüsse, bevor sein weiter Weg durch die Wüste beginnt. Auf seiner Laufstrecke weist der Amazonas ein Gefälle von 5 400 m auf, der Nil dagegen von lediglich 400 m. In Karstgebieten versickern Flüsse und fließen streckenweise unter der Oberfläche.

[A] Die meisten Flußsysteme werden durch Niederschläge aus dem Gebirge gespeist. Wieviel Wasser den Fluß erreicht, hängt vom Gesteinsuntergrund ab. In steilen Gebirgen mit undurchlässigen Gesteinen fließen 75% der Niederschläge in die Flüsse, aus porösen Gesteinsschichten im Flachland gelangen nur 15% ins Flußsystem. Einige Flüsse haben in der Regenzeit Hochwasser, aber in der Trockenzeit können sie völlig versiegen. Selbst ganzjährig wasserführende Flüsse können durch saisonale Schwankungen des Abflusses im Oberlauf den Unterlauf stark beeinflussen. Ein verwildertes Abflußsystem (unten) entsteht, wenn bei großem Wasseranfall, z.B. während der sommerlichen Eisschmelze, der Fluß über sein Bett ansteigt und in vielen Gerinnen durch die Aue fließt. Die hohe Fracht an Geröllen führt zu starker Akkumulation und dadurch zu ständiger Verlegung der Arme.

Gefährdung der Flüsse

Nur wenige Flüsse sind von weitreichenden Eingriffen und einschneidenden Veränderungen durch den Menschen verschont geblieben. Wasser wurde umgeleitet, Staumauern wurden gebaut, Flußmündungen wurden ausgebaggert und damit übertieft. In Trockengebieten wurde so viel Bewässerungswasser entnommen, daß Flüsse versiegten. In den Industriegebieten sind die Flüsse durch giftige Abwässer zu stinkenden Kloaken geworden. Überdüngung der Ackerflächen mit Nitraten und Phosphaten hat die Flüsse eutrophiert. Das Überangebot an Nährstoffen läßt Algen so stark wachsen, daß sie nicht mehr normal abgebaut werden können und faulen.

[A] Im flachen Tiefland fließen die Flüsse sehr langsam. Selbst die kleinste Krümmung veranlaßt das träge Wasser, an der Außenseite etwas schneller zu fließen, den Prallhang zu erodieren und auf der Gegenseite Material abzulagern (1). Im Laufe der Zeit wird der Flußbogen immer weiter und wandert nach außen (2). Am unteren Ende des Mäanders schließlich wird die Flußschlinge abgeschnitten (3), der Totarm verlandet langsam. Viele Flußschlingen wurden künstlich durchschnitten, um den Flußlauf zu begradigen und die Flußschiffahrt zu erleichtern. Das Grundwasser wird dadurch abgesenkt.

Siehe auch: **Kalkgestein,** *S. 26/27* **Höhlenbildung,** *S. 36/37* **Küsten,** *S. 56/57* **Seen: Bildung und Entwicklung,** *S. 60/61*

Schnell fließendes Wasser erzeugt Turbulenzen, in denen Schotter mit großer Geschwindigkeit herumgewirbelt werden, wodurch Strudellöcher [B] ausgeschliffen werden. An der Übergangsstelle zwischen härteren und stärker durchlässigen Gesteinen entstehen häufig Wasserfälle [C].

[D] Gesteinsstrukturen können die Form des Flußnetzes verändern. Bei homogenen Gesteinen fließen Nebenflüsse mit spitzem Winkel in den Hauptfluß (1). Wo Brüche oder Schichtfalten weichere und härtere Gesteine nebeneinander ausstreichen lassen, kann der Zufluß in eine rechtwinklige Form gezwungen werden (2). Bei domartig aufgewölbten Schichten drainieren die Flüsse radial nach außen (3). Die längsten und größten Flüsse, die im höchsten Teil des Gebirges entspringen, haben ein Einzugsgebiet, das durch Wasserscheiden begrenzt wird.

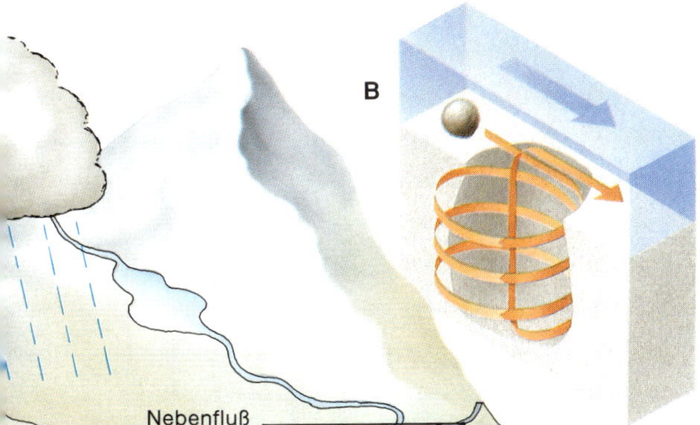

Wasserinseln im Landesinneren

Bildung und Entwicklung von Binnengewässern

Fast ein Fünftel der Süßwasservorräte der Erde sind in einem See allein gespeichert – im Baikalsee Ostsibiriens, der stellenweise 1 620 m tief ist. Er ist nicht nur der tiefste See, sondern auch der älteste der Erde. Die riesige, 636 km lange Grabensenke, die der See füllt, begann sich vor 80 Millionen Jahren zu bilden, als noch Dinosaurier die Erde bevölkerten. Seit etwa 25 Millionen Jahren ist die asiatische Tiefenrinne mit Wasser gefüllt. Die meisten Seen der Erde sind, geologisch gesehen, kurzlebige Gebilde, die höchstens einige hunderttausend Jahre alt werden oder wie ein Biberstausee schon nach wenigen Tagen ausgelaufen sind.

Die Lebenszeit von Seen ist begrenzt, weil sie durch Flußsedimente und Pflanzenreste schnell aufgefüllt werden. Wie alt ein See wird, hängt auch vom Entstehungstyp, von Form und Größe, vom Klima sowie besonders von der Art und Größe des Einzugsgebietes ab. Der natürliche biologische Alterungsprozeß wird von der Eutrophierung, von der Anreicherung mit Pflanzennährstoffen, gesteuert. Junge Seen bieten den Pflanzen nur wenige Nährstoffe, das Wasser ist oligotroph. Später, wenn die nötigen Pflanzennährstoffe zunehmen, wird das Gewässer mesotroph, und zum Schluß ist ein schädliches Nahrungsüberangebot für Tiere und Pflanzen zu verzeichnen.

Wasseraustausch verlangsamt Eutrophierung

In den gemäßigten Breiten haben die jungen Seen in allen Tiefen klares, sauerstoffreiches Wasser, das arm an Stickstoff- und Phosphorverbindungen ist. Das Wachstum von Phytoplankton (pflanzliche Mikroorganismen), das am unteren Ende der Nahrungskette steht, wird dadurch stark beschränkt, nur verhältnismäßig wenige Pflanzen und Tiere können die Seen bevölkern. Ein schneller Wasseraustausch im See verlangsamt die Eutrophierung, Phytoplankton und überschüssige Salze werden durch Ausflüsse abgeführt. In manchen kanadischen Seen sind die Zufluß- und Abflußraten so hoch, daß das gesamte Wasservolumen innerhalb von nur einer Woche ausgetauscht wird. Das andere Extrem bildet der Lake Tahoe in Kalifornien, dessen Wasser erst nach 700 Jahren vollständig ersetzt ist.

Spurenelemente aus der Gesteinsverwitterung

Obwohl das Wasser des Lake Tahoe so langsam ausgetauscht wird, bleibt es sauber und nährstoffarm, weil der See in einem Gebiet mit wenig löslichen Kristallingesteinen liegt. Aus Sedimentgesteinen und glazialen Ablagerungen werden wesentlich mehr Nährstoffe herangetragen, so daß die Seen schneller zuwachsen und altern. Algen und andere Wasserpflanzen brauchen 21 verschiedene Elemente, um zu gedeihen. In der Regel bringen bereits Schnee und Regen kleinste Mengen dieser mineralischen Nährstoffe in die Seen. Vom Sickerwasser aus Böden und Gesteinen ausgelaugt, gelangen die meisten Spurenelemente jedoch über das Grundwasser und die Flüsse in die Seen. Je älter stehende Gewässer werden, um so schneller nimmt die Fruchtbarkeit zu. In alten Seen sind die Uferregionen üppig bewachsen, Algen und andere Schwimmpflanzen bedecken die Wasseroberfläche. In größerer Tiefe ist das Wasser

[A] Mit Ausnahme von Seen, die sich in Meteoritenkratern bilden, unterliegen stehende Gewässer einer Vielzahl von Bildungsprozessen, die sich oberhalb und unterhalb der Erdoberfläche abspielen. Die meisten Seen liegen in Gebieten, die ehemals vom Inlandeis vergletschert waren. Die Karseen (1) am oberen Talende füllen ausgeschürfte Senken. Am unteren Gletscherende stauen Endmoränen das Schmelzwasser und bilden Moränenseen (2). Auch Seitenmoränen können das Eiswasser abdämmen (3). Große Eisblöcke, die von Schmelzwassersedimenten verschüttet wurden, schmelzen aus und bilden Sölle – vom Grundwasser gefüllte Hohlformen (4). Viele Seen sind vulkanischen Ursprungs. Lavaströme füllen den Talboden aus und bilden natürliche Stauseen (5). In erloschenen Vulkanen finden sich oft Seen (Maare) in Kratern und Calderen. Durch Sedimentanhäufung abgeschnittene Flußschlingen bilden Altwasser (6). Im Karst können tiefe Dolinenseen (7) über Höhleneinbrüchen (8) oder Talseen hinter Sinterdämmen entstehen. Großräumige tektonische Absenkungen werden vom Grundwasser gefüllt. Grabenbrüche (9) lassen tiefe Seen entstehen. Auf schüsselförmigen Durchbiegungen (10) sind sie hingegen flacher.

Salzseen

Die meisten Salzseen, wie das Tote Meer oder der Große Salzsee in Utah (USA), waren ursprünglich einmal Süßwasserseen, die erst im Laufe der Zeit immer salziger wurden. Das Kaspische Meer, der Salzsee mit der größten Fläche (360 700 km²), süßt jedoch langsam aus. Seitdem vor etwa 290 Millionen Jahren das Kaspische Meer vom Mittelmeer abgeschnitten wurde, haben Flüsse wie die Wolga den Salzgehalt auf 1,4 % gesenkt. Maximale Salzgehalte im Toten Meer betragen 26 %, im Großen Salzsee 27 – 37 %. Salzseen, -sümpfe oder -lager entstehen meist in trockenen Klimaten, wo in abflußlosen Becken das eingeflossene Flußwasser verdunstet, die mitgeführten Salze jedoch zurückbleiben und sich anreichern. Hauptsächlich wird Kochsalz ausgeschieden, aber auch andere Natrium- oder Magnesiumsalze sind vertreten. Lake Natron im ostafrikanischen Graben erhält sein Natriumcarbonat aus vulkanischen Quellen. Am Rande von Boraxseen (Iran, Tibet, Kalifornien) lagert sich Borax ab.

Siehe auch: Gletscher, *S. 40/41* Weltmeere, *S. 44/45* Flüsse, *S. 58/59* Algen, *S. 112/113*

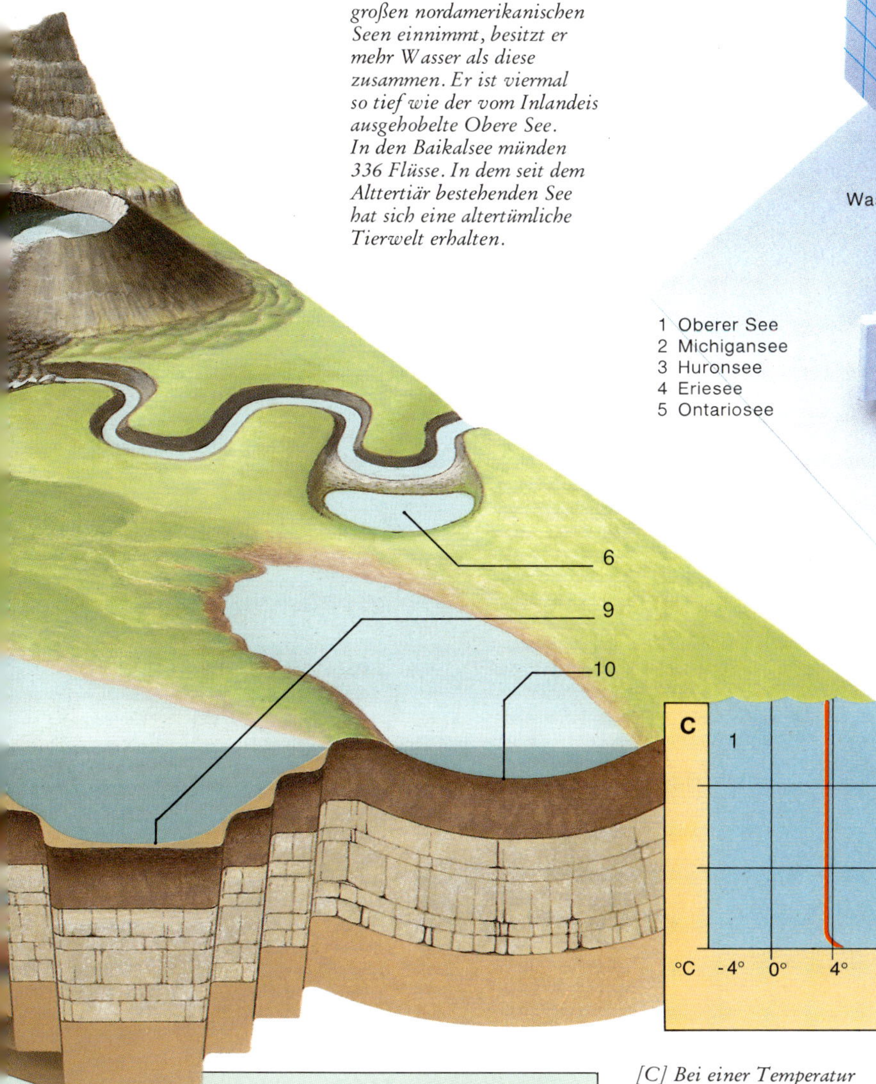

[B] Sechs Seen enthalten etwa 40% der Süßwassermenge auf der Erde. Obwohl der Baikalsee in Sibirien nur ein Achtel der Fläche der großen nordamerikanischen Seen einnimmt, besitzt er mehr Wasser als diese zusammen. Er ist viermal so tief wie der vom Inlandeis ausgehobelte Obere See. In den Baikalsee münden 336 Flüsse. In dem seit dem Alttertiär bestehenden See hat sich eine altertümliche Tierwelt erhalten.

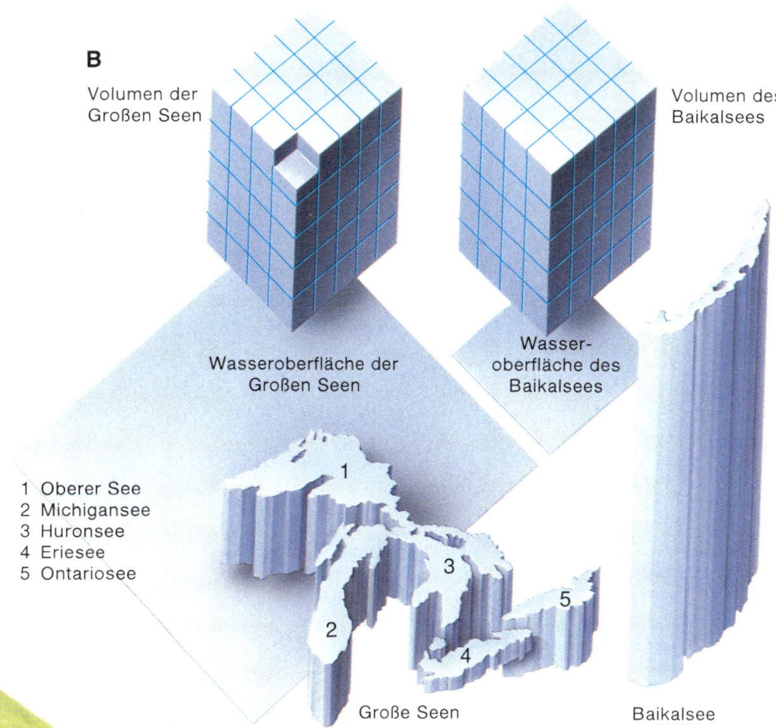

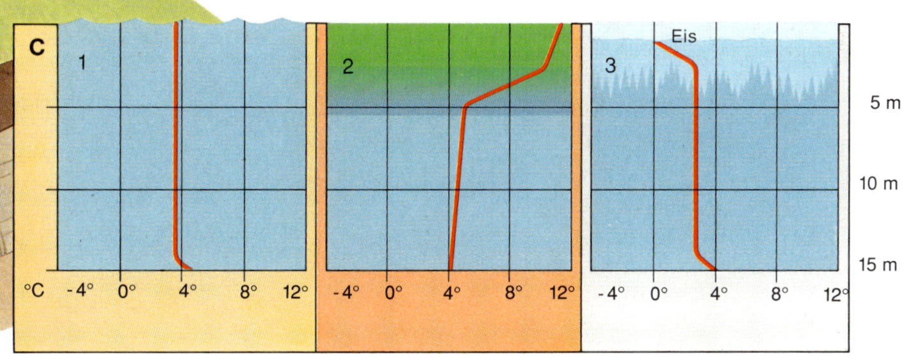

[C] Bei einer Temperatur von 4 °C hat Wasser seine größte Dichte und sinkt zum Seeboden ab. Kühlt es sich weiter ab, wird es leichter und steigt wieder auf. So gefrieren die Seen von der Oberfläche aus, Tiere können im Tiefenwasser überleben. In gemäßigten Breiten zeigen Seen mit über 10 m Tiefe eine jahreszeitliche Wärmeschichtung. Zu Beginn des Frühlings (1) hat das Seewasser mit Ausnahme der Bodenbereiche überall gleichhohe Temperatur. Im Sommer (2) schafft die starke oberflächliche Erwärmung drei ausgeprägte Wärmeniveaus. Im Winter (3) verhütet die Wärmeisolation der Eisschicht meist das völlige Gefrieren des Seewassers.

eutropher Seen von halbzersetzten organischen Stoffen getrübt. Durch die biologische Zersetzung der Pflanzenreste wird der im Wasser gelöste Sauerstoff sehr schnell verbraucht. Der Sauerstoffnachschub aus der Luft in das unbewegte Seewasser ist ein zu langsamer Vorgang, um den permanenten Sauerstoffmangel des Tiefenwassers beheben zu können. Dies gilt in besonderem Maße für tiefe Seen, in denen ausgeprägte Wärmeschichtungen im Sommer die Mischung von Tiefenwasser mit Oberflächenwasser weitgehend verhindern. So zersetzen anaerobe Bakterien die organischen Stoffe und entwickeln giftige Substanzen und übelriechenden Schwefelwasserstoff.

Seen verlanden in verhältnismäßig kurzer Zeit und werden zu Mooren und Marschland. Die meisten Seen findet man in den jungglazialen Grundmoränenlandschaften, stehende Gewässer der älteren Eiszeiten sind vermoort. Seen finden sich auf der Erde in riesiger Zahl, viele ehemalige Seen sind heute verlandet.

Ökosystem See, *S. 322/323* **Ökosystem Meer,** *S. 326/327* **Ökosystem Flußmündung,** *S. 328/329*

2
Die Atmosphäre

Das Bombardement von geladenen Partikeln, die die Sonne zur Erde schleudert, und ihre energiereiche Strahlung würden alles Leben auf der Erde zerstören, gäbe es nicht eine schützende Lufthülle um unseren Planeten. In der Erdatmosphäre verglühen selbst Meteoriten, bevor sie größeres Unheil anrichten können. Ursprünglich hatte die Erde noch keine Gashülle. Erst langsam bildete sich eine Uratmosphäre aus Wasserdampf, Kohlendioxid und Stickstoff. Der heutige Sauerstoffgehalt, den auch wir Menschen zum Atmen brauchen, wurde erst vor 320 Millionen Jahren erreicht. Ohne die Erdatmosphäre gäbe es keinen blauen Himmel, keine Wolken, Blitze und Donner, keinen Wind, Regen und Schnee und auch keinen Regenbogen. Wirksam muß die Atmosphäre vor Luftverschmutzungen geschützt werden, etwa solchen, die das Klima ungünstig verändern oder die dünne Ozonschicht zerstören, die die tödliche UV-Strahlung abhält.

Ein Schutzschirm umhüllt die Erde

Wie die Atmosphäre gebildet wurde

Die Erdatmosphäre erstreckt sich über Hunderte von Kilometern in den Weltraum. Doch schon in 20 km Höhe würde beim Sperbergeier, der von allen Vögeln die größte Flughöhe erreicht, die Atmung aufgrund des niedrigen Luftdrucks von unter 100 Hektopascal nicht mehr funktionieren, und das Blut in seinen Adern würde kochen. Dennoch ist die Erde in unserem Sonnensystem einzigartig, da ihre Atmosphäre überhaupt Leben ermöglicht. Die Entwicklung des Lebens und der Atmosphäre waren eng verknüpft, wobei die Freisetzung von Sauerstoff durch Pflanzen vor 2 Milliarden Jahren entscheidend war.

Als die Erde vor 4,6 Milliarden Jahren aus einer Wolke von Staub und Gasen kondensierte, bestand die sie umgebende Atmosphäre hauptsächlich aus Wasserstoff, Kohlendioxid und Kohlenmonoxid. Diese Uratmosphäre wurde jedoch schon bald in einer Phase erhöhter Sonnenaktivität vom Sonnenwind weggefegt. Im Zuge der Erstarrung der Erdoberfläche bildete sich eine neue Atmosphäre aus den Gasen, die dem heißen Erdinneren aus gigantischen Vulkanen entwichen. Ihre Hauptbestandteile waren Kohlendioxid, Stickoxide, Wasserstoff, Schwefeldioxid und Wasserdampf. Letzterer kondensierte mit zunehmender Abkühlung zu hochgradig saurem Regen, der sich in Geländevertiefungen sammelte und schließlich zur Bildung von Seen und Ozeanen führte.

Die Bildung der Ozonschicht

In der ersten Hälfte der Erdgeschichte war freier Sauerstoff nur als Spurengas vorhanden. Dann entwickelten sich in den Meeren in Tiefen von mehr als 10 m - weiter kann die zerstörerische ultraviolette Strahlung nicht vordringen - die ersten Pflanzen, die der Atmosphäre Sauerstoff als Abfallprodukt ihres Stoffwechsels zuführten. Die UV-Strahlung spaltete einen Teil der zweiatomigen Sauerstoffmoleküle in Sauerstoffatome auf, die sich in chemischen Reaktionen mit Molekülen des Sauerstoffs zum dreiatomigen Sauerstoff, dem Ozon, verbanden. Ozon absorbiert UV-Strahlung sehr effektiv und zerfällt dabei wieder in atomaren und molekularen Sauerstoff. Es durchläuft einen ständigen Kreislauf von Neubildung und Zerfall. In der Folge verminderte sich die Intensität der UV-Strahlung am Erdboden.

Als der Sauerstoffgehalt schließlich auf 1 % der Atmosphäre anwuchs, betrug die zum Schutz notwendige Wassertiefe nur noch 30 cm, und vielzellige marine Lebensformen konnten sich ausbilden, die die Produktionsrate für Sauerstoff weiter steigerten.

Der Sauerstoffgehalt begann vor 2 Milliarden Jahren anzuwachsen, was sich in der Ausbildung ausgedehnter Rotsedimente zeigt, die von oxidiertem Eisen gefärbt sind. Zunächst waren eisenhaltige Formationen abgelagert worden, die keine Oxidation aufwiesen. Schon vor 3,5 Milliarden Jahren begann die Ablagerung des Kohlendioxids der Atmosphäre in den Sedimenten. Die riesigen Mengen von Kohlenstoff, die in Kalkstein, Kohle und Erdöl lagern, beweisen, daß die Kohlendioxidkonzentration einst um vieles größer gewesen sein muß als heute, wo sie nur bei 0,04 % liegt. Die ersten Carbonatablagerungen erschienen vor ca. 1,7 Milliarden Jahren, die ersten Sulfatablagerungen vor ca. 1 Milliarde Jahren. Das zurückgehende Kohlendioxid wurde durch einen Anstieg des Stickstoffgehalts in der Luft ausgeglichen. Die »Atmung« entwickelte sich von der Gärung vor 4 Milliarden Jahren zur anaeroben Photosynthese vor 3 Milliarden Jahren, weiter zur aeroben Photosynthese vor 1,5 Milliarden Jahren, bis hin zur aeroben Atmung vor ca. 500 Millionen Jahren.

Auch die Sonne besitzt eine Atmosphäre

In der riesigen Gashülle der Sonne ist die Konzentration der Edelgase Neon, Krypton und Xenon deutlich höher als in der Erdatmosphäre. Unser Wissen über die Zusammensetzung der Sonnenatmosphäre konnten wir mit Hilfe der Spektroskopie erlangen. Zerlegt man das Sonnenlicht mit einem Prisma in die einzelnen Wellenlängen, wird ein Spektrum erzeugt. Es besteht aus bandenförmig nebeneinanderliegenden Regenbogenfarben. Durchstrahlt das Licht ein Gas, regt es die Elektronen der Gasatome und -moleküle an, wodurch Teile des Lichtes absorbiert werden. An diesen Stellen entstehen dunkle Linien im Spektrum. Da jedes Atom oder Molekül eine bestimmte Elektronenstruktur hat, sind die Linien stoffspezifisch. Vergleicht man die Linienmuster des Sonnenlichtes mit denen bekannter Gase, läßt sich die Zusammensetzung der Sonnenatmosphäre ermitteln.

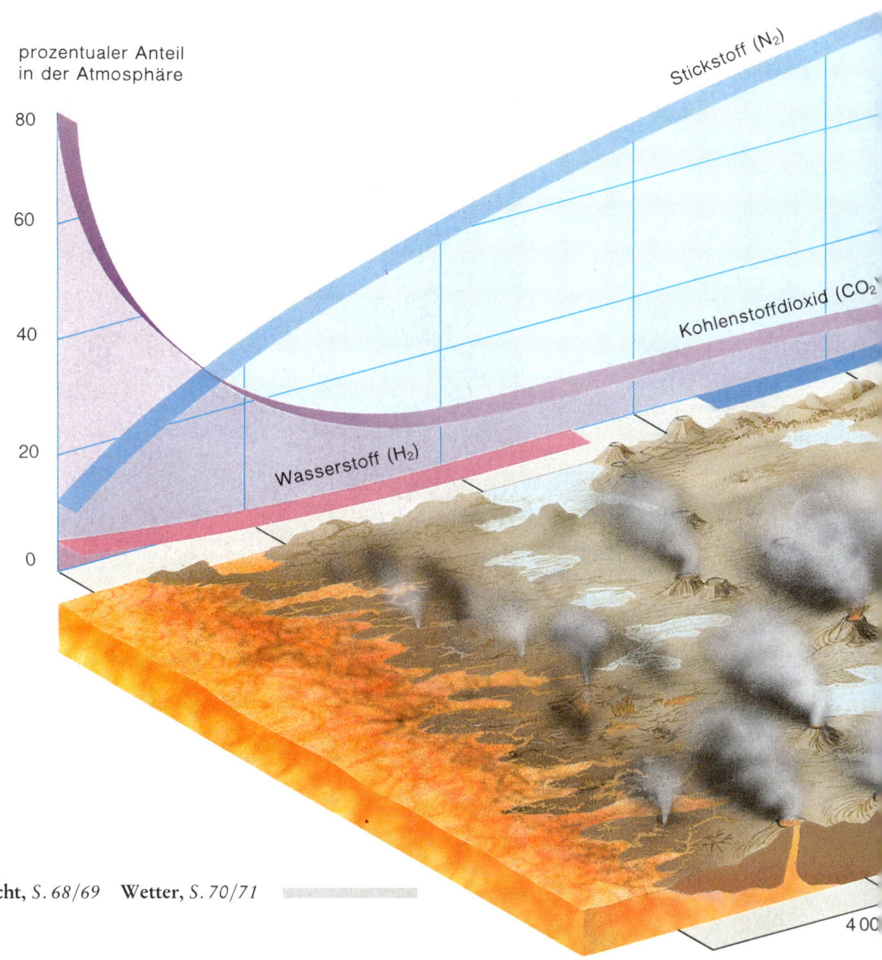

Siehe auch: Regenbogen, Halo, Fata Morgana, *S. 66/67* Ozonschicht, *S. 68/69* Wetter, *S. 70/71*

Unsichtbare Grenzen

Bei der Absorption der ultravioletten Sonnenstrahlung in der Ozonschicht der Stratosphäre wird diese erwärmt. Als Folge davon entsteht eine Inversionsschicht, die wie ein Deckel den Luftaustausch zwischen Troposphäre und Stratosphäre behindert. Dementsprechend wird faktisch die gesamte Feuchtigkeit im Bereich unter 8 – 16 km festgehalten, was wiederum die Höhengrenze für Wolken und Niederschlag bestimmt.

Allerdings treten spezielle Wolken auch in den sehr trockenen Schichten oberhalb der Troposphäre auf. Bei Sonnenaufgang und -untergang kann man manchmal in ungefähr 20 – 30 km Höhe perlmuttartige Wolken beobachten. Sie bestehen aus kugelförmigen Tröpfchen, die entweder zu klein sind, um bei den extrem niedrigen Temperaturen zu gefrieren, oder durch Schwefelsäure aus Vulkanausbrüchen vor dem Gefrieren geschützt sind.

Das atmosphärische Thermometer

Von einer durchschnittlichen Oberflächentemperatur von 15°C fällt die Lufttemperatur bis zur Obergrenze der Troposphäre auf ca. –60°C ab und erwärmt sich bis zur Obergrenze der Stratosphäre auf –10°C. In der Mesosphäre kühlt sie dann auf –120°C ab und steigt in der Thermosphäre wieder an.

Die unterschiedlichen atmosphärischen Phänomene treten jeweils in ganz charakteristischen Höhen auf. Polarlichter (1) werden am häufigsten in der Thermosphäre (2) zwischen 80 und 120 km beobachtet. Leuchtende Nachtwolken treten nur bei der Mesopause auf – der Grenze zwischen Thermosphäre und Mesosphäre. Einige Meteore (3) erreichen die Erde, die meisten verglühen jedoch in der Mesosphäre. Kosmische Strahlen (4) dringen bis zur Stratosphäre durch. Die meisten Aktivitäten des Menschen und das Wetter spielen sich in der Troposphäre (5) ab.

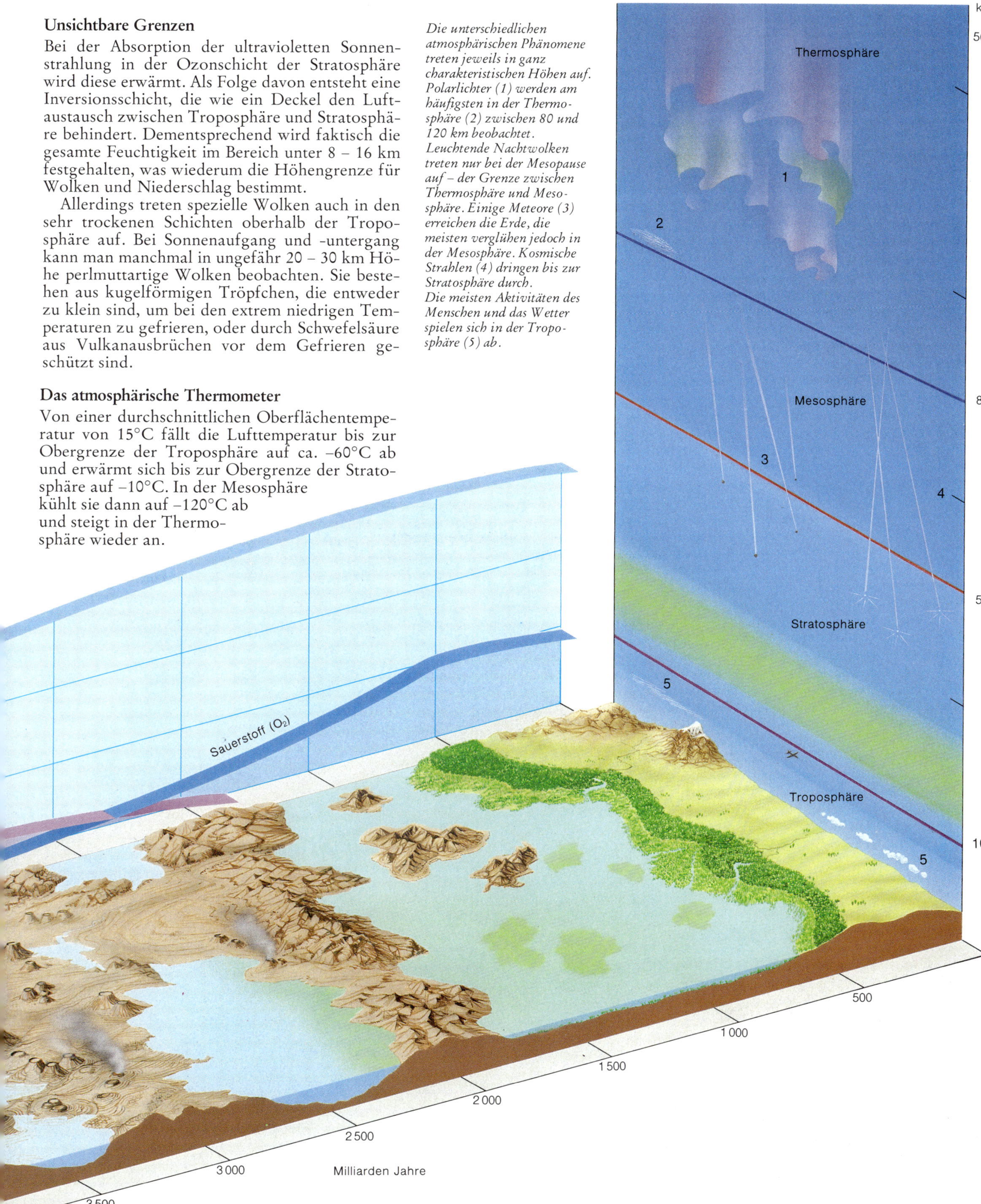

Wolkenbildung, *S. 74/75* **Klimaveränderungen,** *S. 84/85* **Treibhauseffekt,** *S. 86/87* **Entstehung des Lebens,** *S. 90/91*

Lichter und Zeichen am Himmel

Wie atmosphärische Phänomene entstehen

Ein Arktisforscher berichtete einst, er habe neun Sonnen am Himmel gesehen. Er war einer der vielen optischen Täuschungen zum Opfer gefallen, die durch Lichtbrechungen und -reflektionen in der Atmosphäre zustandekommen. Die spektakulären Fata Morganas haben schon manchen Seefahrer glauben lassen, über dem Meer hohe Gebirge schwimmen zu sehen. Die Atmosphäre bietet ein ständig wechselndes Kaleidoskop an Formen und Farben; das wohl unheimlichste Phänomen ist ein plötzlich aufscheinender Albino-Regenbogen im Nebel. Zeichen am Himmel haben bei vielen Völkern mythologische Bedeutung.

Die Luftmoleküle streuen die kürzeren Wellenlängen des Lichtes, die am blauen Ende des Farbspektrums liegen, stärker als die längeren Wellenlängen am roten Ende – aus diesem Grund erscheint uns auch der Himmel blau. Nach einem Regenschauer, wenn die Luft reingewaschen ist, erscheint das tiefste Himmelsblau. Wenn die Sonne am frühen Morgen oder am späten Abend nahe dem Horizont steht, müssen die Lichtstrahlen einen wesentlich längeren Weg durch die wasserhaltige und mit Staubpartikeln verschmutzte Atmosphäre zurücklegen, bevor sie uns erreichen. Dadurch wird blaues Licht herausgefiltert, und es entsteht ein roter Morgenhimmel oder ein tief rot gefärbter Sonnenuntergang.

Im letzten Augenblick, bevor die Sonnenscheibe vollends hinter dem Horizont verschwindet, scheint manchmal plötzlich ein grüner Lichtblitz auf. Grünes Licht wird von allen Wellenlängen des Sonnenlichtes in der Atmosphäre am stärksten gebrochen. Die grünen Strahlen gelangen noch über den Horizont, wenn alle anderen Farben schon dahinter verschwunden sind. Die blauen Farben wurden bereits vorher durch den flachen Lichteinfall in die Atmosphäre herausgefiltert.

Farbenspektrum des Regenbogens

Wenn das weiße Sonnenlicht in einen Regentropfen gelangt, wird es gebrochen (Refraktion) und reflektiert. Dabei werden die im Sonnenlicht enthaltenen Spektralfarben von Rot bis Blauviolett aufgespalten und erscheinen als Regenbogenfarben. Rot befindet sich auf der Außenseite des Hauptregenbogens, Violett innen. Beim Nebenregenbogen ist die Anordnung umgekehrt. Zwischen den Regenbogen wird wenig Licht reflektiert, es entsteht ein dunklerer Streifen. Auf der Innenseite des Hauptregenbogens sind manchmal bis zu vier schwache rote, grüne und violette Streifen zu beobachten, die zu sekundären Regenbögen gehören. Sie entstehen durch optische Vorgänge in unserem Auge, wo eine Überlappung von Wellen verschiedener Farben (Interferenz) zur Intensivierung oder Abschwächung der Farben führen kann.

Glorienschein der Natur

Die gegenseitige Beeinflussung von Lichtwellen kann einen »Glorienschein« erzeugen. Bergsteiger, die mit der Sonne im Rücken auf einem Gipfel stehen, werfen häufig einen Schatten auf Talnebel, der einen gefärbten Hof hat. In ähnlicher Weise können Flugzeugschatten auf Wolken von gefärbtem Licht umrahmt sein. Diese optischen Erschei-

Halos oder Höfe sind weiße oder farbige Lichtringe [A] um Sonne oder Mond. Der kleine Halo hat einen Öffnungswinkel von 22°. Der große Halo mit 46° ist selten zu sehen. Die meisten Halos werden durch Lichtbrechung an sechseckigen Eisplatten oder säulenförmigen Eiskristallen [B] gebildet. Seltener können Eiskristalle mit dreieckiger Oberfläche Halos erzeugen. In der Regel sind Halos weiß. Wenn die Refraktion ganz klar ist, können auch Spektralfarben beobachtet werden. Halos erscheinen zwischen dem Betrachter und Sonne und Mond, während Regenbögen [C] immer gegenüber der Sonne stehen. Es sind Bögen eines großen Kreises, dessen Mittelpunkt sich so weit unterhalb des Horizontes befindet, wie die Sonne darüber steht. Die violette Farbe des Hauptregenbogens (1) liegt immer bei 40,4°, die rote bei 42,2°. Das Rot des Nebenregenbogens (2) liegt bei 50,2°, das Violett bei 53,2°. Die Intensität der Farben eines Regenbogens hängt von der Größe der Tropfen ab. Kleine Wassertropfen produzieren überlappende Farben, so daß an den Außenrändern statt Rot und Violett orange und rosa Farbtöne vorkommen.

Siehe auch: Erdmagnetismus, *S. 14/15* Atmosphäre, *S. 64/65* Wolkenbildung, *S. 74/75* Regen, Schnee und Hagel, *S. 76/77*

[D]Hauptregenbögen entstehen durch Sonnenlicht, das nach der Lichtbrechung von der Rückseite der Tropfen nur einmal reflektiert wird (1). Das schwächere Licht des Nebenregenbogens wird im Regentropfen zweimal reflektiert, was die umgekehrte Abfolge der Spektralfarben erklärt (2).

Koronas (links) entstehen durch die Lichtbeugung um kleine Tropfen herum – ein Vorgang, der auch Diffraktion genannt wird. Das gebeugte Licht interferiert mit den nicht gebeugten Lichtstrahlen und verursacht abwechselnd helle und dunkle Ringe. Da die verschiedenen Wellenlängen auch unterschiedliche Farben des Spektrums repräsentieren, kann in der dunklen Zone zwischen blauen Ringen ein roter Ring entstehen. Die Größe der Lichtringe ergibt sich aus dem Durchmesser der Wassertropfen. Je kleiner die Tröpfchen, um so größer die Ringe. Bei einer Größe der Tröpfchen von 4 – 10^{-6} m besitzen die Koronas einen Radius von 4 – 10°.

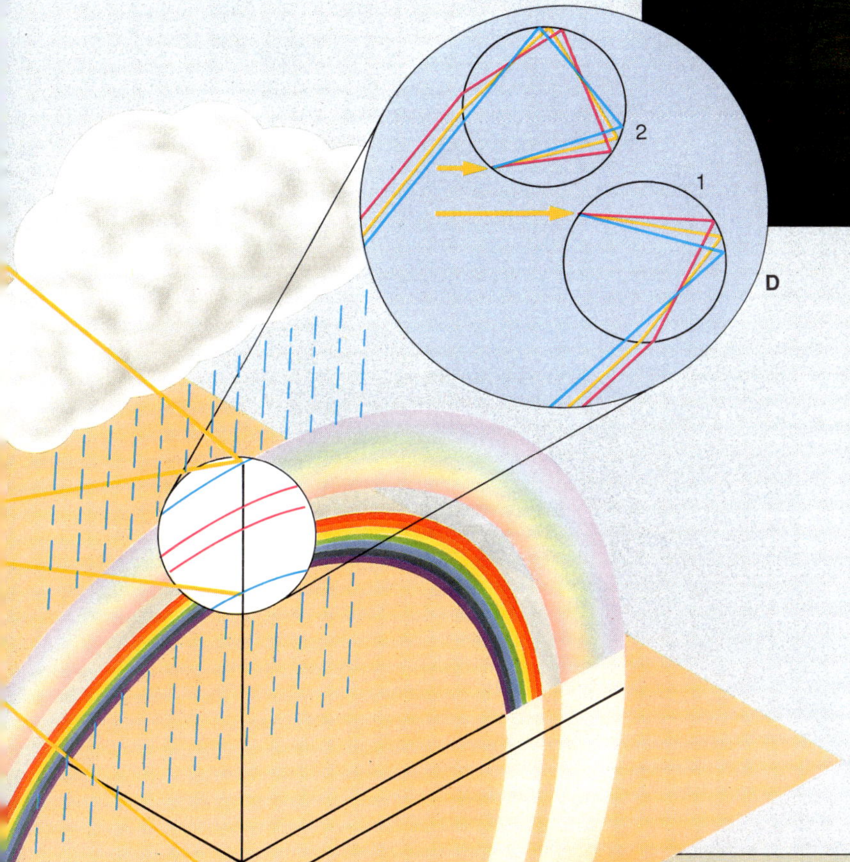

nungen entstehen, wenn Licht in kleinste Tröpfchen eintritt und in der gleichen Richtung, aus der es kam, reflektiert wird. Dabei können die Lichtwellen interferieren, d.h. Wellental und Wellenberg können sich überlappen und sich gegenseitig auslöschen, oder Wellenberg kann mit Wellenberg zusammenfallen und das Licht verstärken. Ein Glorienschein ist besonders eindrucksvoll, wenn der Schatten des Beobachters vergrößert wird.

Die Sonne – von Nebensonnen umringt

Reflektion und Refraktion des Lichtes finden auch in kleinen Eiskristallen statt, wodurch helle Halos in verschiedensten Formen, von Ringen über Bögen bis zu Lichtsäulen, entstehen. Nebensonnen erscheinen als helle Lichtflecken 22° oder 46° rechts oder links der Sonne. Sonnen- und Mondsäulen bilden sich, wenn die Eiskristalle als Spiegel wirken. Die strahlend hellen Lichtsäulen direkt über der Sonne bleiben noch sichtbar, nachdem die Sonne bereits untergegangen ist.

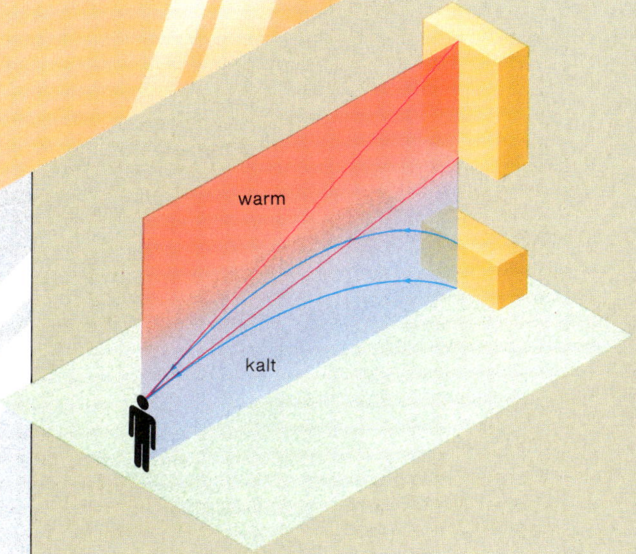

Fata Morgana - nicht nur in der Wüste

Luftspiegelungen sind vorgetäuschte Naturerscheinungen und haben schon manchem verdurstenden Wüstenwanderer spiegelnde Seen vorgegaukelt. Diese optischen Täuschungen werden von erwärmten Luftschichten mit verschiedener Dichte erzeugt, die Lichtstrahlen umlenken (Refraktion). Wenn die gebeugten Strahlen den Beobachter erreichen, erscheinen sie ihm als geradlinig. Dadurch werden ferne Objekte an falscher Stelle gesehen. Wird die Luft über dem Boden stark erwärmt, verrutschen die Objekte in der Ferne nach unten. Die Spiegelung des blauen Himmels an einem Sommertag kann so über dem flimmernden Asphalt der Straße den Anblick von Wasser vortäuschen. Wenn die Lufttemperatur mit der Höhe ansteigt, wie im Sommer über einem kühlen See, erscheinen entfernt liegende Objekte nach oben verschoben. Manchmal werden die Lichtstrahlen sowohl nach oben wie nach unten gebeugt, so daß ferne Gegenstände vom Beobachter gestaucht und gleichzeitig vergrößert gesehen werden.

Blitz und Donner, *S. 78/79* **Sehen**, *S. 274/275*

Bedrohter Schutzschirm

Die Ursachen und Gefahren des Ozonlochs

Gäbe es über uns in 14 – 35 km Höhe nicht ein abschirmendes Gas, so wäre kein Leben auf der Erde möglich. Eine leichte und empfindliche Ozonschicht schützt uns wie ein großer Sonnenschirm vor den gefährlichen, energiereichen ultravioletten Strahlen der Sonne. Doch seit einigen Jahrzehnten verunreinigen wir die Atmosphäre mit Stoffen, die das lebenswichtige Ozon immer mehr vernichten. Besonders die Fluorchlorkohlenwasserstoffe (FCKW) ließen über der Antarktis ein riesiges Ozonloch entstehen. Seit 1992 weiß man, daß die Nordhalbkugel ebenfalls durch ein immer weiter aufreißendes Ozonloch bedroht ist.

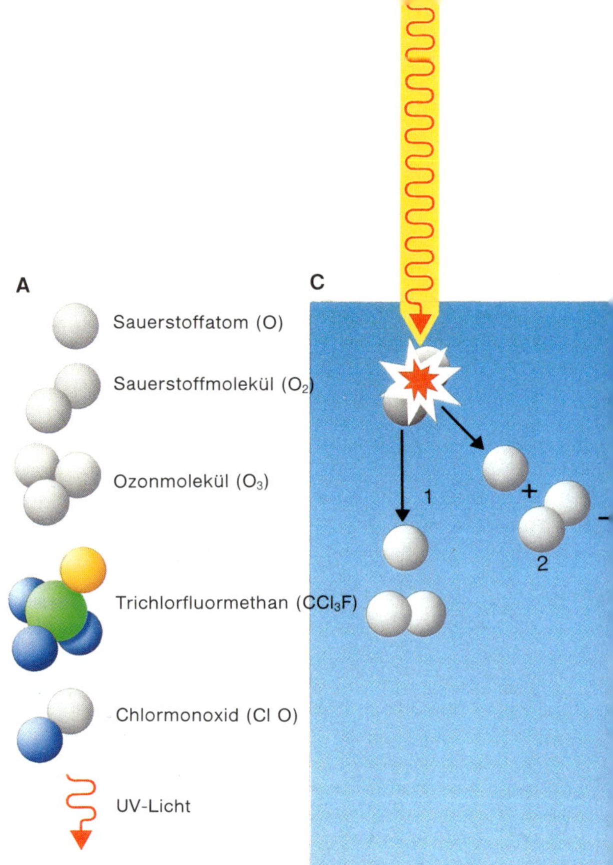

Ohne Sonnenlicht wäre die Erde ein lebloser Planet. Die Sonnenstrahlen wärmen die Erdoberfläche und werden bei der Photosynthese der Pflanzen gebraucht. Doch einige Wellenlängen im Spektrum des Sonnenlichts sind nicht so lebensfreundlich; ultraviolettes Licht tötet Mikroorganismen und wird daher in Krankenhäusern als Desinfektionsmittel eingesetzt. Dank einer bisher konstant dichten Ozonschicht in der Atmosphäre wurde ein Großteil des schädlichen UVB-Lichts ausgefiltert, bevor es Pflanzen und Tiere gefährden konnte.

[A] Sauerstoffmoleküle haben zwei Sauerstoffatome, Ozon hat drei (O_3). Ozon kann in O_2-Moleküle und O-Atome gespalten werden. Diese Reaktion ist auch umkehrbar. Die einfachste Form der FCKW ist CCl_3F, das Trichlorfluormethan, bei dem die 4 Wasserstoffatome durch 3 Chlor- und ein Fluoratom ersetzt sind.

In der Atmosphäre tickt eine Zeitbombe

In den 70er und 80er Jahren zeigten Forschungsergebnisse, daß die ständig zunehmende Umweltverschmutzung das empfindliche Gleichgewicht in der Atmosphäre zerstörte. Vor allem das FCKW, das u.a. als Kühlmittel in Kühlschränken und als Treibgas für Schaumstoffe und Spraydosen verwendet wird, wirkt durch freigesetzte Chloratome zerstörerisch auf die Ozonmoleküle (O_3).

Erst nach mehr als zehn Jahren wird das gegenwärtig ausgestoßene FCKW-Gas schließlich die Atmosphäre erreichen. In dieser Höhe ist die UV-Strahlung intensiv genug, die FCKW zu zerschlagen und das enthaltene Chlor freizusetzen. Ein Chloratom kann in einer Kettenreaktion viele tausend Ozonmoleküle aufbrechen, bevor es zuletzt aus der Atmosphäre verschwindet. Schon eine geringe Zunahme der Chlorgehalte in der Atmosphäre hat daher enorme zerstörerische Wirkungen auf die chemische Zusammensetzung der oberen Atmosphäre.

In den letzten Jahren ist die FCKW-Emission rapide angestiegen, auf dem Höhepunkt 1987 wurden 800 000 Tonnen produziert. Die FCKW sind außerhalb der Atmosphäre völlig harmlos, ungiftig, farb- und geruchlos sowie sehr reaktionsträge. Deshalb bleiben sie sehr lange unzersetzt in den unteren Luftschichten erhalten und gelangen so vollständig in die höhere Atmosphäre, wo sie 65 bis 130 Jahre lang ihr für uns verheerendes Werk fortsetzen.

Erst 1985 begannen die Wissenschaftler, die schon länger bekannten niedrigen Ozonwerte über der Antarktis ernst zu nehmen und sprachen vom »Ozonloch«. Seit 1992 sind auch die Menschen der dichtbevölkerten Nordhalbkugel alarmiert, denn hier bildet sich im Frühjahr ebenfalls ein Ozonloch, das weit nach Süden reicht. In der dünnen, kalten Luft, bei Temperaturen unter -80°C, bilden sich im Polarwinter Wolken aus Eis- und Stickoxidkristallen. So können die Stickoxide nicht mehr die aus den FCKW gebildeten Chlormonoxidmoleküle (ClO) neutralisieren. Die sich anreichernden ClO-Moleküle beginnen mit der Zerstörung der Ozonmoleküle, wenn die Frühjahrssonne über den Polen zurückkehrt. Erst wenn die Sonne die in der Stratosphäre gebildeten Stickoxidkristalle wieder freischmilzt, werden die zerstörerischen ClO-Moleküle teilweise abgefangen, und die rapide Ozonzerstörung wird verlangsamt.

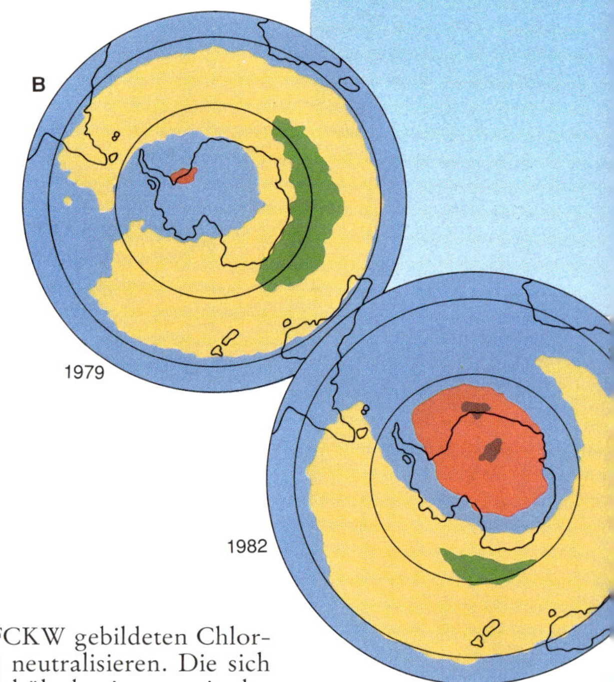

[B] Seit 1979 war die Stärke der Ozonschicht über der Antarktis jeden Oktober um 50% verringert. Das Ozonloch hat sich dementsprechend konstant erweitert. Die Stärke der Ozonschicht mißt man in Dobson-Einheiten (DE). 100 DE entsprechen 1 mm Ozonschichtdicke bei Normaldruck. Im Südsommer ist die Ozonschicht in der Regel 350 DE stark. Das Ozonloch schließt sich, sobald sich die polaren Stratosphärenwolken mit den Sonnenstrahlen im Südfrühling auflösen und ozonhaltige Luft aus polaren Randgebieten in die Antarktis verfrachtet wird. Im Frühjahr allerdings nimmt die Anzahl der DE - wie inzwischen auch auf der Nordhalbkugel - immer mehr ab.

Damoklesschwert - Krebs und Hunger

Die beschleunigte Zunahme energiereicher UVB-Strahlung mit der Wellenlänge unter 242 Nanometer (= 10^{-9}m) wird unsere Haut und die Augen angreifen. Die Abnahme der Ozongehalte um 1 % wird die Anzahl der Hautkrebsfälle um 5 % ansteigen lassen. Darüber hinaus ist zu befürchten, daß die Schädigung der Pflanzen die Ernteerträge bei verdoppelter Strahlungsintensität um 25 % verringern wird.

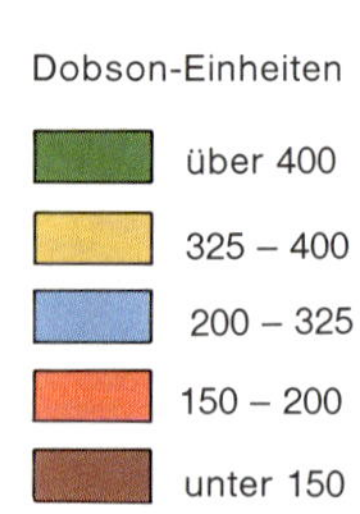

Siehe auch: **Polargebiete**, *S. 42/43* **Atmosphäre**, *S. 64/65* **Regenbogen, Halo, Fata Morgana**, *S. 66/67* **Treibhauseffekt**, *S. 86/87* **Photosynthese**, *S. 180/181*

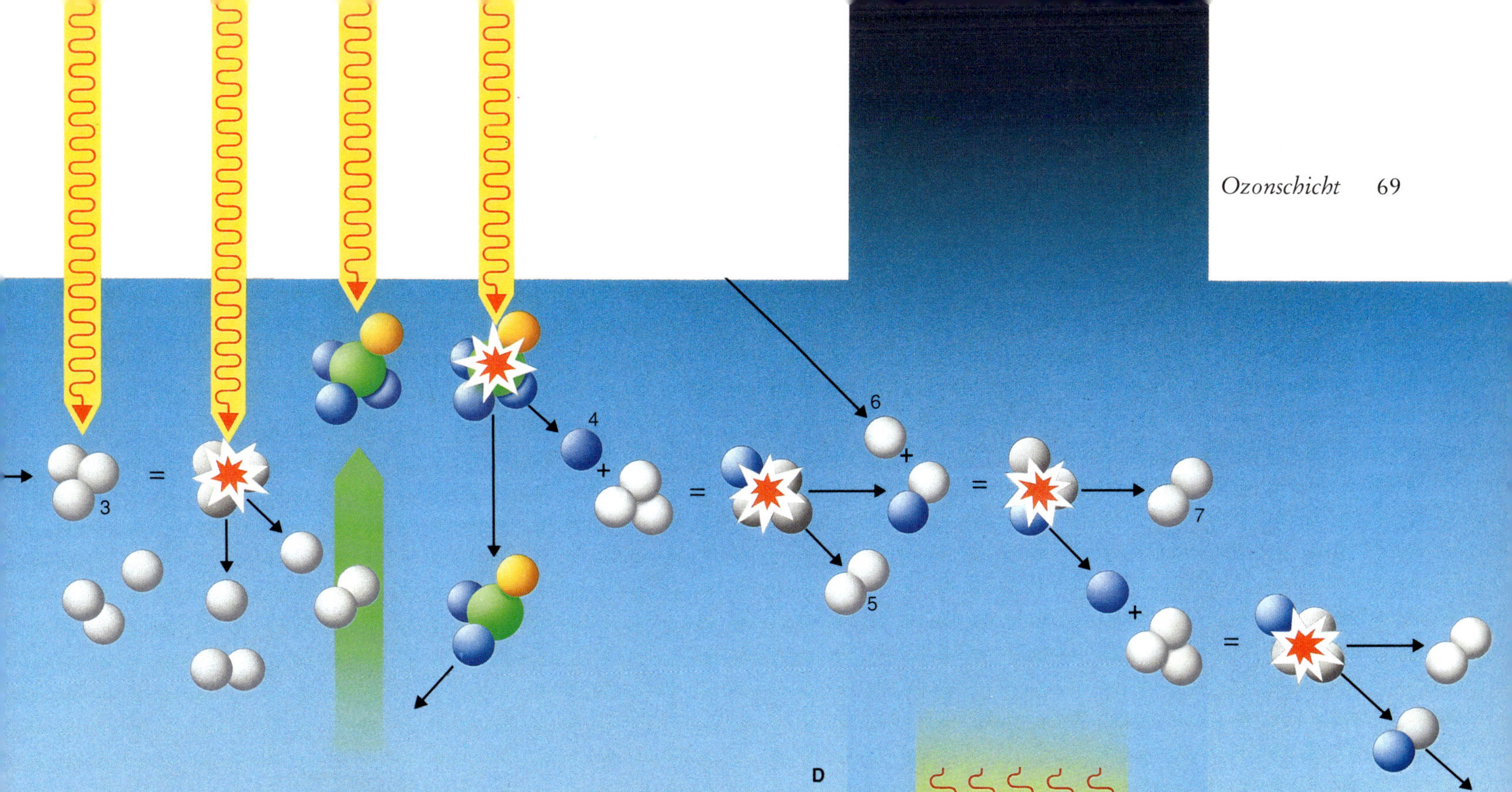

[C] Das von den Sauerstoffmolekülen aufgefangene UVB-Licht leitet chemische Reaktionen ein. Wenn UV-Strahlen auf ein O_2-Molekül auftreffen, entstehen zwei freie Sauerstoffatome (1), die sich jeweils mit einem O_2-Molekül vereinigen (2) und so Ozon (O_3) bilden (3). Das gebildete Ozon kann wiederum UVB-Licht absorbieren und in O_2 und ein aktives O-Atom zerfallen. Das freigesetzte Sauerstoffatom kann mit einem anderen freien Sauerstoffatom zusammenprallen und ein O_2-Molekül bilden oder auf ein O_2-Molekül treffen, um mit ihm Ozon (O_3) zu formen. Danach kann der abgelaufene Prozeß von neuem beginnen.

Auf diese Weise kommt eine Kettenreaktion in Gang. Es entsteht ein natürliches Gleichgewicht, Ozonneubildung und Ozonzerfall halten sich die Waage. Das schützende Ozonfilter, das auch Leben außerhalb der Ozeane gedeihen ließ, entstand vor einigen hundert Millionen Jahren.

[C] Wenn ein CCl_3F-Molekül von UVB-Licht getroffen wird, spaltet sich ein Chloratom ab (4). Das freie Choratom entreißt einem Ozonmolekül ein Sauerstoffmolekül und bildet Chlormonoxid (ClO). Zurück bleibt ein O_2-Molekül (5). Wenn das ClO mit einem freien Sauerstoffatom zusammentrifft (6), vereinigen sich die beiden Sauerstoffatome zu einem Molekül O_2 (7), sie lassen ein aktives, einzelnes Chloratom zurück, das ein weiteres Ozonmolekül zerstören kann. Diese Reaktion kann sich unbegrenzt oft wiederholen.

D

[D] Je mehr Ozon zerstört wird, um so mehr kann die Sonne die Erdoberfläche mit Strahlung bombardieren. Das UVB-Licht tötet immer mehr Phytoplankton in den obersten Meeresschichten. Da das pflanzliche Plankton große Mengen Kohlendioxid (CO_2) aus dem Meer aufnimmt, das aus der Luft ersetzt wird, besteht ein Zusammenhang zum Treibhauseffekt.

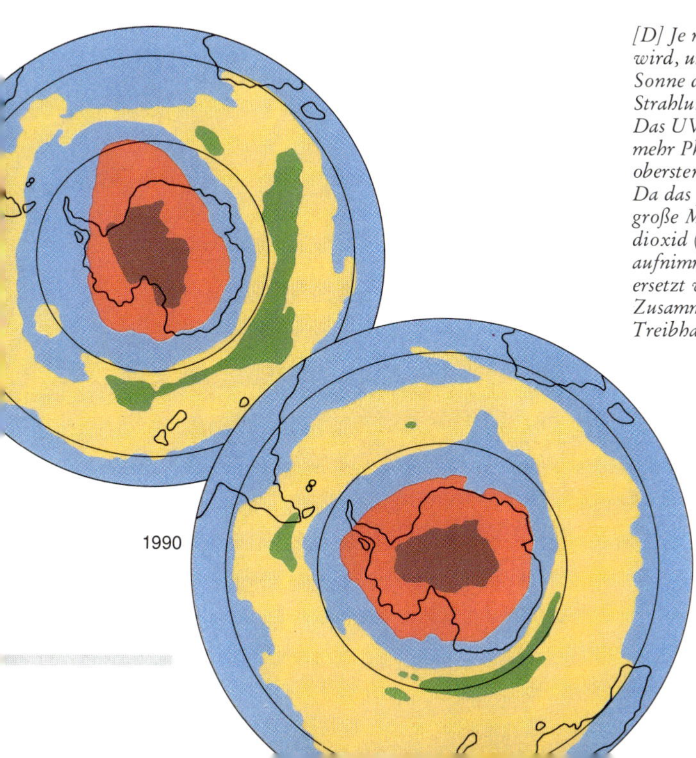

Bei Wind und Wetter

Wie Sonnenenergie die Großwetterlage bestimmt

Eine sichere Wettervorhersage für den nächsten Tag ist nur selten möglich. Landwirten, Seeleuten oder Reisenden gar verläßliche längerfristige Voraussagen zu geben, ist noch schwieriger. Zu viele unberechenbare Einflüsse entscheiden über Regen, Sturm oder Sonnenschein. Selbst kleinste Ursachen können weitreichende Folgen haben: »Der Flügelschlag eines Schmetterlings im brasilianischen Urwald kann sechs Monate später in Texas einen Tornado auslösen.« Dieses erstaunliche Ergebnis erbrachten 1960 Computerberechnungen des amerikanischen Meteorologen Edward Lorenz.

[A] Das regionale Klima kann sich schon bei kleineren Veränderungen der globalen Temperatur erheblich ändern. Besonders die höheren Breiten reagieren sehr empfindlich auf globale Abkühlungen. Wenn die Jahresmitteltemperatur unter einen Schwellenwert fällt, dehnen sich die Eis- und Schneegebiete auf der Nordhalbkugel aus, und die Sonnenstrahlen werden stärker in den Weltraum reflektiert. Wenn die tropischen Jahresmitteltemperaturen um 10 °C absinken, sind die Folgen geringer. In den Kaltzeiten verschob sich weltweit die atmosphärische Zirkulation.

Das Wettergeschehen der Erde wird allein von der Sonne in Gang gesetzt. Besonders in der Äquatorregion werden aufgeheizte, feuchte Luftmassen hoch in die Atmosphäre gewirbelt. Die aufsteigende Luft kühlt sich ab, und der Wasserdampf kondensiert zu kleinen Tröpfchen, aus denen sich am Nachmittag gewaltige Wolkentürme bilden. Heftige Regenschauer sind typisch in den Tropengebieten in Afrika, Asien und Amerika.

Aber die tropischen Luftmassen werden auch polwärts verdriftet. In der Passatregion, in etwa 30° Breite, sinken sie ab und erwärmen sich dabei so stark, daß die Luft extrem trocken wird. Vom wolkenlosen Himmel glüht hier die Sonne herab und läßt das Land zu Wüsten verdorren. So entstanden die Sahara und die australischen Trockengebiete.

Ein Teil der absteigenden tropischen Höhenluft fließt auf der Nordhalbkugel als Nordostpassat zum Äquator zurück (in der Südhemisphäre als Südostpassat). Die ständige Zirkulation zwischen dem 30. Breitengrad und dem Äquator wird als Hadley-Zelle bezeichnet.

Tiefdruckgebiete in den gemäßigten Breiten

Der Rest der absinkenden Luftmassen fließt als warmer Wind nach Norden in die mittleren Breiten. Wo er übers Meer weht, nimmt er viel Feuchtigkeit auf. In Breiten von 50 – 70° prallt die feuchtwarme subtropische Luft auf eisige, trockene Polarluft. An dieser Polarfront entstehen immer neue Tiefdruckzellen, die in den mittleren Breiten das feuchtgemäßigte Klima bewirken. Die regenbringenden Zyklonen dringen mit den Westwinden weit in die Kontinente vor.

Vom täglichen Wetter zum Klima

Die sich in vielen Gebieten der Erde ständig wiederholenden Wetterabfolgen – so die Starkregen in Äquatornähe, die stetigen Passatwinde und die Windstille der Roßbreiten in den Subtropen, die durchziehenden Tiefdruckgebiete in den gemäßigten Breiten oder die eisigen Polarwinde – bestimmen das Wetter Jahr für Jahr in gleicher Weise. Diese typischen Wetterereignisse in einer bestimmten Region bezeichnet man als Klima. Am deutlichsten werden unterschiedliche Klimate durch die Vegetation angezeigt. Die großräumigen Klimaeinteilungen erfassen allerdings die häufig starken lokalen Klimaunterschiede nur ungenügend. Höhe, Luv- oder Leelage sowie Exposition zur Sonne verändern das allgemeine Klima erheblich. Die Klimate überlappen einander und verändern sich im Laufe der Zeit.

A

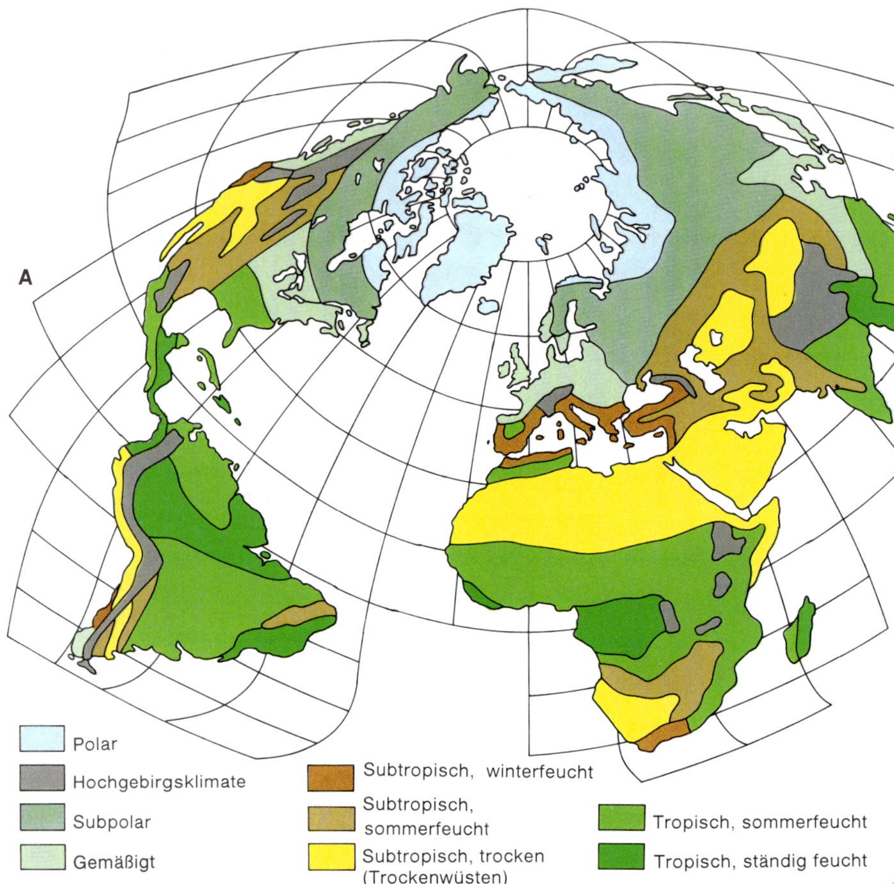

Die Albedo – zurückgestrahlte Sonnenenergie

Astronauten bietet sich ein farblich spektakuläres Mosaik von Wolkenmustern, Ozeanen und Landformen. Dies ist nur möglich, weil die Sonnenstrahlen von der Erdoberfläche nicht völlig absorbiert werden, ein erheblicher Anteil wird in den Weltraum zurückgeworfen. Dieser Anteil, die Albedo, beträgt im Mittel für die gesamte Erde 30 %. Die Albedo von Wäldern liegt je nach Blattdichte und Baumart zwischen 5 – 18 %, Grasländer haben 25 %, Wüsten 25 – 37 %. Städte werden mit der geringen Albedo von 14 – 18 % zu Wärmeinseln. Neuschnee kann bis über 85 % der Sonnenstrahlen reflektieren, je mehr Schnee und Eis das Festland bedecken, um so kälter wird daher die Erde. Wenn die Sonne noch am Himmel steht, schlucken die Ozeane 97 – 98 % der eintreffenden Sonnenenergie, wenn aber die Sonne nur noch 15° über dem Horizont steht, werden die Sonnenstrahlen zur Hälfte zurückgespiegelt.

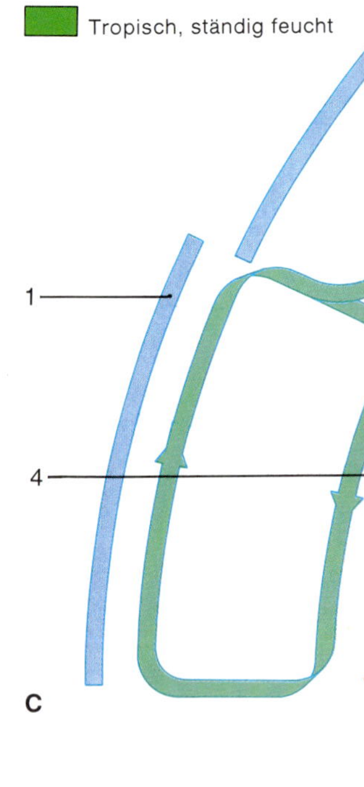

C

Siehe auch: Winde, *S. 72/73* Regen, Schnee und Hagel, *S. 76/77* Wirbelstürme, *S. 80/81* Jahreszeiten, *S. 82/83* Klimaveränderungen, *S. 84/85*

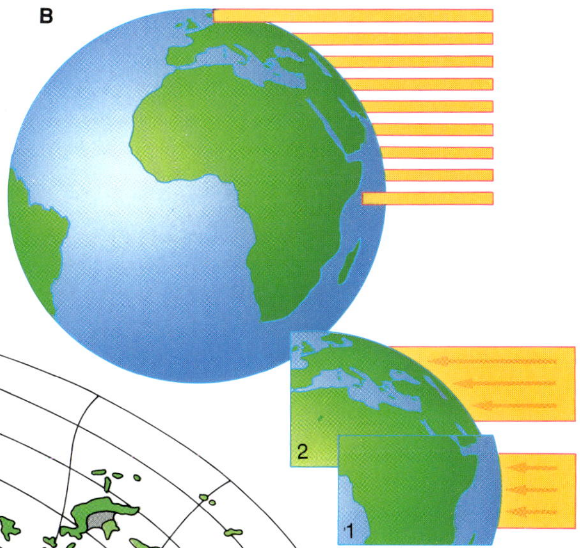

[B] *Die Erde hat die Form einer Kugel. Die Äquatorbreiten (1) werden daher durch eine höhere Dichte der Sonnenstrahlen stärker erwärmt als die Pole (2). In den Polargebieten geht zusätzlich Wärme dadurch verloren, daß die Strahlen einen längeren Weg durch die absorbierende Atmosphäre zurücklegen müssen, bevor sie den Boden erreichen. Da jedoch die Polargebiete nicht immer weiter auskühlen und die niedrigen Breiten nicht noch heißer werden, muß es einen weltweiten Wärmeausgleich geben. Diesen Wärmetransport übernehmen die warmen Meeresströmungen sowie die atmosphärische Zirkulation der Luftmassen.*

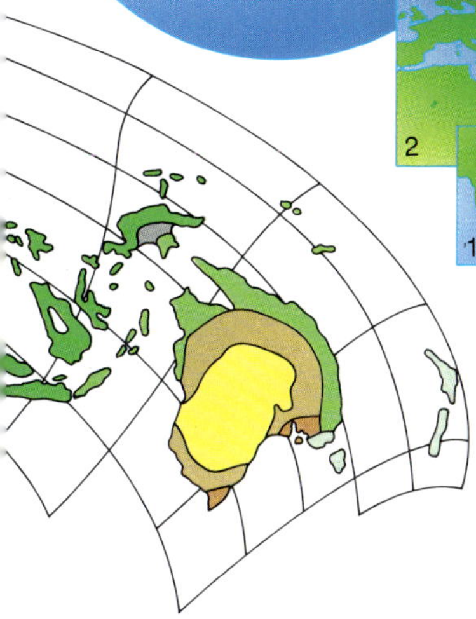

Jetstreams

Windgeschwindigkeiten von 500 km/h überraschten im Zweiten Weltkrieg amerikanische Piloten, die in den Westpazifik flogen. Ihre Flugzeuge kamen kaum vorwärts. Die Piloten gehörten zu den ersten Menschen, die einen Jetstream erlebten. Diese Strahlströme umrunden die Erde in 1 – 4 km Höhe. Der lagebeständige Subtropenstrahlstrom pendelt um 35° Breite, der Polarfrontstrom zwischen 60° und 40° Breite. Jetstreams sind oft durch Cirruswolken zu erkennen. Sie bestehen aus Eiskristallen und können einige hundert Kilometer lang werden.

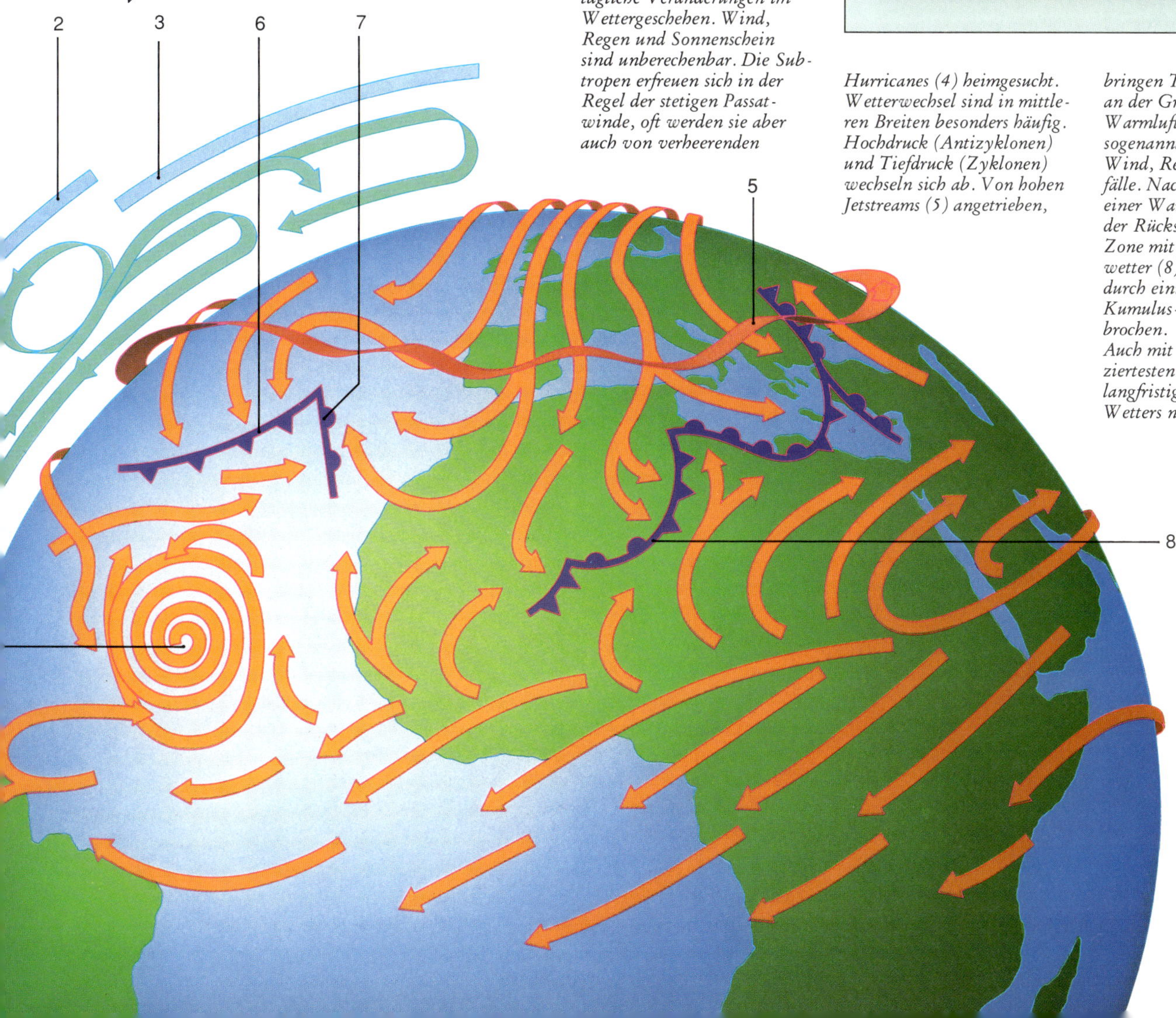

[C] *Die Luftmassenzirkulation der nördlichen Halbkugel verändert sich im Verlauf der Jahreszeiten nur wenig, denn Hadley- (1), Ferrel- (2) und Polar-Zelle (3) verlagern sich nur geringfügig. Dennoch gibt es in vielen Gebieten der Erde große tägliche Veränderungen im Wettergeschehen. Wind, Regen und Sonnenschein sind unberechenbar. Die Subtropen erfreuen sich in der Regel der stetigen Passatwinde, oft werden sie aber auch von verheerenden Hurricanes (4) heimgesucht. Wetterwechsel sind in mittleren Breiten besonders häufig. Hochdruck (Antizyklonen) und Tiefdruck (Zyklonen) wechseln sich ab. Von hohen Jetstreams (5) angetrieben, bringen Tiefdruckwirbel an der Grenze zwischen Warmluft und Polarluft, der sogenannten Polarfront (6), Wind, Regen- und Schneefälle. Nach dem Durchzug einer Warmfront (7) folgt auf der Rückseite zumeist eine Zone mit klarem Hochdruckwetter (8), anfänglich noch durch einige Schauer aus Kumulus-Wolken unterbrochen.*
Auch mit Hilfe der kompliziertesten Computer sind langfristige Vorhersagen des Wetters nicht zuverlässig.

Auf den Flügeln des Windes

Der Wind als Wettermacher

Wenn am Ende der sengenden Trockenzeit der indische Monsun endlich den lebenspendenden Regen bringt, atmen die Menschen auf. Wenn Alpenföhn, nordamerikanischer Chinook oder der afrikanische Schirokko warme, trockene Luft ins Gebirgsvorland bringen, haben es wetterfühlige Menschen schwer, Körper und Seele leiden, die Selbstmordrate steigt. Zu den eindrucksvollsten Luftmassenbewegungen der Erde gehört der polare Jetstream der mittleren Breiten, der Tiefdruckzellen nach Osten mitreißt und so dauernde Wetterwechsel, mal angenehme Sonne, mal nötigen Regen bringt.

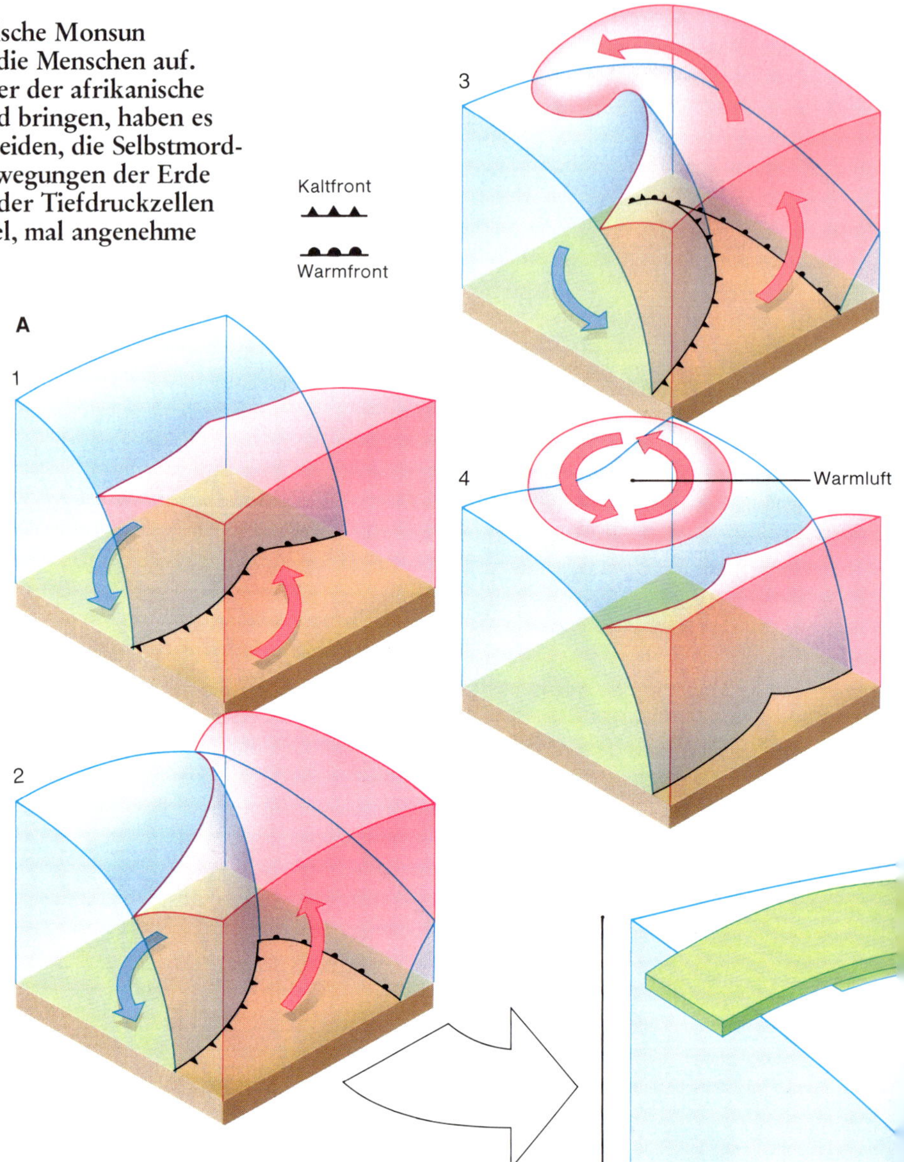

Winde entstehen durch den unterschiedlichen Druck zweier benachbarter Luftmassen. Die dichtere und damit schwerere Luft eines Hochdruckgebietes fließt in das Tiefdruckgebiet mit dünnerer, leichterer Luft. Je größer der Druckunterschied, um so heftiger werden die Winde. Durch den sogenannten Coriolis-Effekt werden die Luftbewegungen auf der Nordhalbkugel nach rechts abgelenkt. Daraus ergibt sich beim Durchzug von Tiefdruckzellen eine regelmäßige Wetterabfolge: Vor dem Tief, also auf seiner Ostseite, strömt warme, feuchte Luft aus dem Süden heran, hinter dem Tief, auf seiner Westseite, bringen kalte Nordwestwinde polare Luft zu uns. Der warme Landregen vor dem Tief wird daher schließlich durch kühles Schauerwetter abgelöst. Wenn Kaltluft auf Warmluft stößt, entsteht eine sogenannte Kaltfront. Hier schiebt sich die kalte Luft steil unter die leichte Warmluft und drückt diese nach oben. Die instabile Aufwärtsbewegung führt zu Quellwolken, aus denen kurze, aber heftige Schauer niederprasseln. Nach dem Durchzug einer Warm- oder Kaltfront stabilisiert sich das Wetter. Solch ein Wetterablauf dauert in der Regel 4-7 Tage.

Winde – so schnell wie ein Düsenflugzeug

Flugzeuge, die von Amerika nach Europa in einer Höhe von 9-12 km fliegen, sparen eine Menge Treibstoff. Der Polarfront-Jet ist mit Geschwindigkeiten von 100 bis über 600 km/h ein hilfreicher Rückenwind. Verursacht durch große horizontale Temperatur- und Druckunterschiede können diese Starkwindbänder in der oberen Troposphäre einige 1 000 km Länge und einige 100 km Breite erreichen. Die vertikale Ausdehnung der Strahlströme beträgt einige Kilometer. Sie sind wetterbestimmend für die höheren Mittelbreiten der Nordhalbkugel. Ähnliche Jetstreams gibt es auch in den Subtropen, den Tropen sowie in der Arktis und Antarktis.

Regelmäßige regionale Winde

Am Tage steigt die warme Luft über dem Festland auf, und kühle Meeresluft strömt nach. Nachts ist es umgekehrt: dann weht der Wind zum Meer. Fischer wissen das, sie fahren vor Tagesanbruch mit ihren Segelbooten hinaus und kommen später am Tag zurück, immer mit dem Wind von achtern. Der französische Mistral, ein kalter, heftiger Wind, der im Frühling Obst und Gemüse erfrieren läßt und im späten Sommer mit kühler, trockener Luft Waldbrände anfacht, kann mit über 200 km/h Windgeschwindigkeit das Rhônetal hinunterfegen. Angesogen vom stationären Tief bei Genua wird zentraleuropäische Luft durch den Rhônegraben kanalisiert. Ähnlich entstehen die trockenen Fallwinde der Bora, die von den nahen Bergen zur Adriaküste wehen. An den antarktischen Küsten erreichen solche Winde, die vom extrem kalten Inlandeis zur Küste brausen, Windgeschwindigkeiten von über 200 km/h.

Tödliche Hitze

Wenn der glutheiße, ausdörrende Schirokko, der heiße Atem der Sahara, an der Vorderseite von Mittelmeertiefs nach Norden weht, leiden Nordafrika und Spanien unter trockener Hitze. Nach Überqueren des Mittelmeeres erreicht die afrikanische Luft Italien und den Balkan feuchtheiß. Die böigen Winde transportieren rotgefärbten Wüstenstaub nicht selten bis über die hohen Alpen nach Süddeutschland, wo er manchmal als erschreckender »Blutregen« niedergeht.

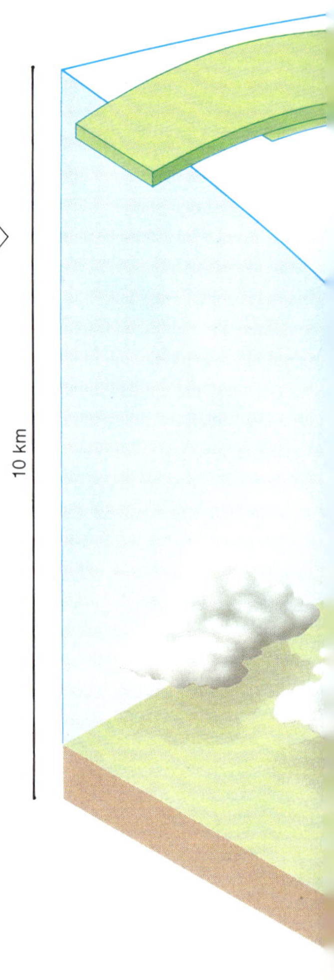

Siehe auch: **Atmosphäre**, *S. 64/65* **Wetter**, *S. 70/71* **Wolkenbildung**, *S. 74/75* **Regen, Schnee und Hagel**, *S. 76/77* **Blitz und Donner**, *S. 78/79* **Wirbelstürme**, *S. 80/81*

Die Tiefdruckgebiete der mittleren Breiten, die außertropischen Zyklonen, sind längst nicht so energiegeladen wie die tropischen, aber sie sind viel häufiger, leben länger und beeinflussen das Wetter größerer Gebiete. Die Entwicklung einer frontalen Tiefdruckzelle [A] beginnt (1), wenn polare Kaltluft auf eine tropische Warmluftmasse stößt. Innerhalb dieser Front bildet sich das offene Stadium der Zyklone (2). Um die entstehende Welle drehen sich die nun gut ausgebildeten Fronten. Zuletzt »überholt« die Kaltfront die Warmfront, die Kaltluft schiebt sich unter die Warmluft und preßt sie nach oben, weg vom Boden - eine Okklusion (3) entsteht. Schließlich vereinigen sich die Kaltluftgebiete, zwischen denen der Warmluftkeil lag, und die Warmluft liegt abgehoben über der Kaltluft (4) - in der Wetterkarte wachsen die Signaturen für die Warm- und Kaltfront zusammen.

Der Monsun

In Cherrapunji, im Stau des Himalayas gelegen, fielen einmal 897 mm Regen innerhalb von 24 Stunden. Der Monsun brachte 1899 die unvorstellbare Wassermenge von 16305 mm. Cherrapunji gilt mit dem höchsten südwestmonsunalen Niederschlag des Indisch-Pakistanischen Subkontinents als regenreichster Ort der Erde. Kein Wunder, daß die Täler in den Fluten katastrophaler Überschwemmungen ertrinken. Im Monsun-Sommer zieht das über dem erhitzten Land liegende Wärmetief feuchtwarme Meeresluft an, die ab März den Küsten regenspendende Gewitter bringt. Erst von Juni bis Oktober erreichen die Monsunregen auch das Landesinnere. Verspätet sich der wasserspendende Monsun oder trifft gar nicht ein, bedeutet das für die betroffene Region eine Katastrophe: Mißernten und Hungersnöte sind die Folge. Die Regenzeit wird im Oktober von der Trockenzeit abgelöst, wenn der Wind umschlägt.

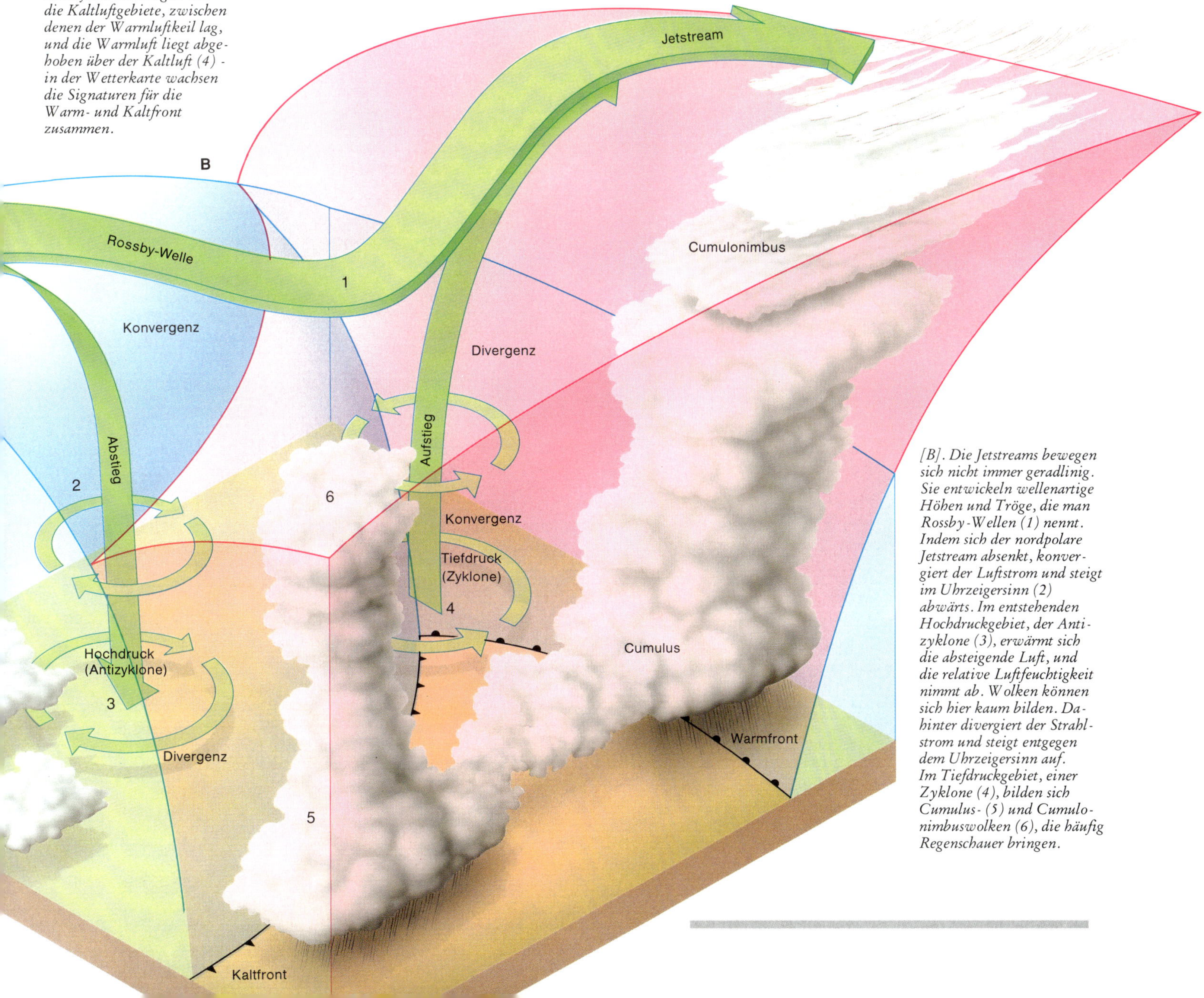

[B]. Die Jetstreams bewegen sich nicht immer geradlinig. Sie entwickeln wellenartige Höhen und Tröge, die man Rossby-Wellen (1) nennt. Indem sich der nordpolare Jetstream absenkt, konvergiert der Luftstrom und steigt im Uhrzeigersinn (2) abwärts. Im entstehenden Hochdruckgebiet, der Antizyklone (3), erwärmt sich die absteigende Luft, und die relative Luftfeuchtigkeit nimmt ab. Wolken können sich hier kaum bilden. Dahinter divergiert der Strahlstrom und steigt entgegen dem Uhrzeigersinn auf. Im Tiefdruckgebiet, einer Zyklone (4), bilden sich Cumulus- (5) und Cumulonimbuswolken (6), die häufig Regenschauer bringen.

Bedeckter Himmel

Wie aus Wasser und Eis Wolken gebildet werden

Die Erdatmosphäre enthält Billionen Tonnen Wasser. Selbst in der trockensten Wüste hat die Luft noch bis zu 0,1 % Wasser, so daß über Nacht Tau oder sogar Wolken entstehen können. Verdunstung und Tröpfchenbildung bei der Abkühlung der Luft, wenn weniger Wasserdampf gehalten werden kann, stehen im steten Wechselspiel. Wolken entstehen hoch am Himmel oder nahe über dem Boden, am Boden spricht man von Nebel. Wolken bilden sich an Bergen und hinter Flugzeugen oder steigen aus Schornsteinen in die Höhe. Ihre Formen und Bewegungen kündigen uns das Wetter der nächsten 48 Stunden an.

[A] Wolken der verschiedensten Formtypen entwickeln sich in allen Höhenbereichen der Troposphäre. Stratus (1) ist eine graue, strukturlose Schichtwolke unter 2 000 m, die höhere Gipfel verdeckt und oft sogar bis zum Boden reicht. Wegen der geringen Höhe scheint sie an windigen Tagen sehr schnell vorüberzuziehen. Die Stratus-Wolke kann sich über viele tausend Quadratkilometer ausdehnen, sie bringt Schnee oder Sprühregen. Cumulus (2) sind kleine Quellwolken, die in Höhen unter 20 m über den Himmel rasen. Sie quellen schnell empor, können sich aber auch bereits innerhalb einer Viertelstunde wieder auflösen. Es sind Schönwetterwolken, die sich über warmem Boden, über Kraftwerken oder sogar über abbrennenden Stoppelfeldern bilden können.
Sie können sich zu Stratocumulus vereinigen (3) oder zu gigantischen, 7 000 m hohen und an der Basis bis zu 10 km breiten Cumulonimbus anwachsen (4). Diese eindrucksvollen Wolkentürme entstehen in unseren Breiten besonders oft an schwülen Sommernachmittagen. In feuchten Tropengebieten erreichen die Gewitterwolken die höchsten Formen. Heftige Regenschauer, Hagel, Blitz und Donner bringen diese Wolken, die genauso schnell wieder verschwinden, wie sie gekommen sind. Mittlere Höhen um 3 000 bis 4 000 m erreichen Altostratus (5) und Altocumulus (6). Durch die größeren Höhen, in denen sie sich bewegen, sehen sie für uns relativ langsam aus. Langanhaltende, ergiebige Landregen bringen uns die bis 5 000 m mächtigen Nimbostratus, die den Himmel schwarz verfärben. Cirrus-Wolken (7) geraten durch ihre Höhenlage zwischen 8 000 und 12 000 m in Nordeuropa häufig in den Jetstream. Die in Höhen von 6 000 – 7 000 m gebildeten Cirrocumulus (8) treten häufig mit Cirrostratus (9), die 1 000 m höher liegen, zusammen auf. Cirrostratus allein sind oft nur an einem Hof um Sonne oder Mond zu erkennen.

Wolken bilden sich, wo die Luft über den Tau- oder Sättigungspunkt hinweg abgekühlt wird – bei Temperaturen, bei denen die Wasseraufnahmefähigkeit der Luft überschritten wird. Dies geschieht, wenn sich Luftmassen unterschiedlicher Temperatur mischen oder wenn die Luft in kältere Höhen aufsteigt. Mit der Druckabnahme in der Höhe dehnt sich die Luft aus, verteilt auf diese Weise die Wärmeenergie und kühlt sich ab. Wenn der Taupunkt erreicht ist, bilden sich an kleinsten Staubpartikeln, den sogenannten Kondensationskernen, die ersten Wassertröpfchen. An kleinen Meersalzkristallen in der Luft, die Wasser stark anziehen, können sich sogar schon Wassertropfen entwickeln, bevor die Wassersättigung erreicht ist. In kalten Zonen werden die Wolken aus kleinsten Eiskristallen gebildet.

Phantastische Wolkentürme

Die Wolkenform und -größe hängt von den Kräften ab, die feuchte Luft nach oben wirbeln. Auch das Temperaturgefälle und die Höhe sind von Bedeutung. Wenn große Luftmassen in der unteren Atmosphäre aufsteigen, bilden sich ausgedehnte Schichtwolken ohne Strukturen. Wenn die Luft jedoch unstabil ist, wenn kleine Blasen erwärmter, feuchter Luft abheben und in kühle Höhen gelangen, bilden Quellwolken einzeln stehende, spektakuläre Wolkenformationen am Himmel. Wie hoch sich diese Wolken auftürmen, entscheidet der Temperaturunterschied zur umgebenden, kälteren Luft. Ähnlich wie ein Heißluftballon steigt die Luft solange auf, bis sie die gleiche Temperatur erreicht und damit die gleiche Dichte wie die umgebende Luft hat. In den Tropen, wo die hochstehende Sonne die Luft am Boden stark aufheizt, wachsen die Quellwolken bis über 15 km hoch in den blauen Himmel. In den kalten Polargebieten läßt die niedrige Luftschichtung meist nur flache Wolken zu.

Unterschiedliche Wolkentypen

Wolken werden nach Form, Größe, Höhe und nach der Entstehungsart unterschieden. Es gibt Schicht- und Quellwolken in verschiedener Höhe. Stratus- oder Schichtwolken bedecken den Himmel wie eine große Bettdecke. Sie können tagelangen Landregen verursachen. In mittleren und großen Höhen werden sie dünner, so daß die Sonne fahl hindurchscheint. Die Cumulus- oder Quellwolken sind Einzelwolken, die sehr hoch werden (Cumulonimbus) und aus denen furchterregende Gewitter, Starkregen und Hagelschauer niedergehen. Cumuluswolken bilden und lösen sich schnell auf. Hochstehende, durchsichtige, dünne Eiswolken (Cirrostratus) zeigen uns, oft auch streifig angeordnet, daß eine Wetterverschlechterung bevorsteht. Aber auch kleine Cumuluswolken können in großen Höhen als Schäfchenwolken den Himmel dekorieren.

Wolkenumhüllte Gipfel und sonnige Täler

Gebirgsbarrieren zwingen heranrückende Luftmassen zum Aufstieg in kalte Höhen. In der abgekühlten Luft bilden sich mächtige Schichtwolken, die alle Gipfel in dichten Nebel hüllen. Beim Kondensieren des Wasserdampfes wird die Verdunstungswärme frei und läßt die hinter dem Gebirge wieder absteigende, ausgetrocknete Luft wärmer ankommen, als sie vor dem Gebirge aufgestiegen ist. Im Lee, hinter dem Gebirge, lösen sich die Wolken mit typischen Formen auf (Föhnwolken). Im Sommer heizt sich die Luft über den sonnennahen Gipfeln stark auf, und in Windeseile bilden sich aufquellende Gewitterwolken.

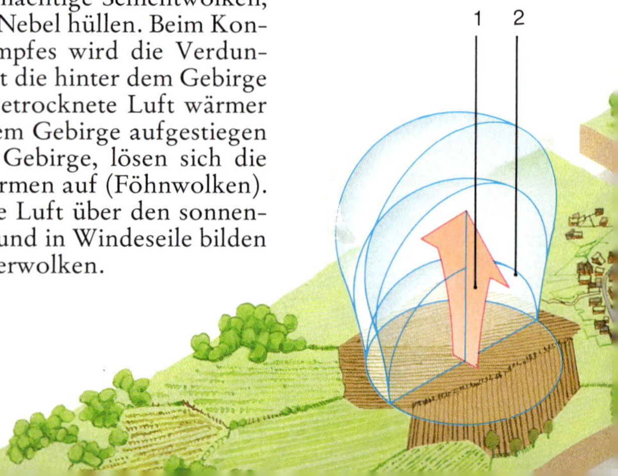

Siehe auch: **Atmosphäre**, *S. 64/65* **Regenbogen, Halo, Fata Morgana**, *S. 66/67* **Winde**, *S. 72/73*

A

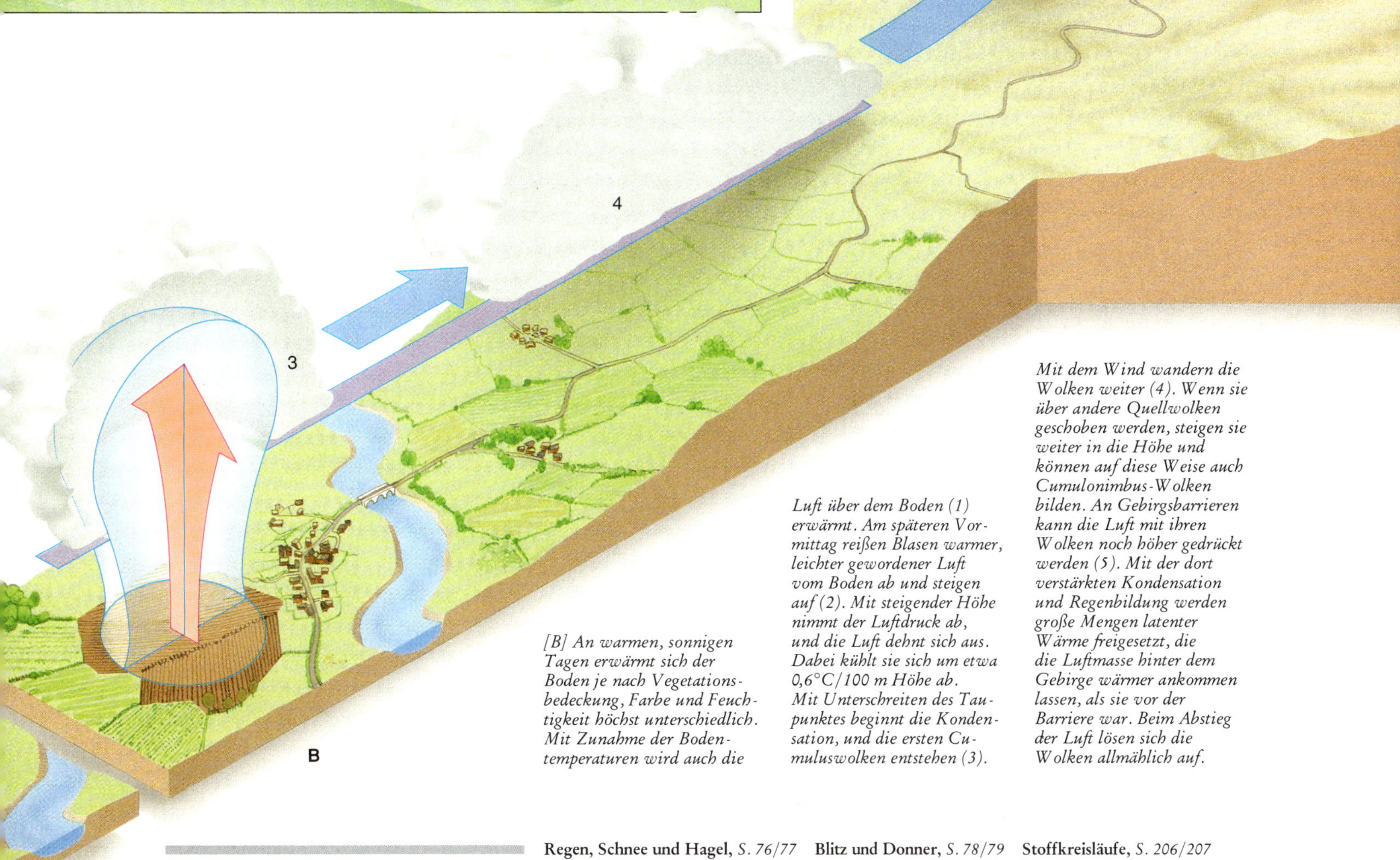

B

[B] An warmen, sonnigen Tagen erwärmt sich der Boden je nach Vegetationsbedeckung, Farbe und Feuchtigkeit höchst unterschiedlich. Mit Zunahme der Bodentemperaturen wird auch die Luft über dem Boden (1) erwärmt. Am späteren Vormittag reißen Blasen warmer, leichter gewordener Luft vom Boden ab und steigen auf (2). Mit steigender Höhe nimmt der Luftdruck ab, und die Luft dehnt sich aus. Dabei kühlt sie sich um etwa 0,6°C/100 m Höhe ab. Mit Unterschreiten des Taupunktes beginnt die Kondensation, und die ersten Cumuluswolken entstehen (3).

Mit dem Wind wandern die Wolken weiter (4). Wenn sie über andere Quellwolken geschoben werden, steigen sie weiter in die Höhe und können auf diese Weise auch Cumulonimbus-Wolken bilden. An Gebirgsbarrieren kann die Luft mit ihren Wolken noch höher gedrückt werden (5). Mit der dort verstärkten Kondensation und Regenbildung werden große Mengen latenter Wärme freigesetzt, die die Luftmasse hinter dem Gebirge wärmer ankommen lassen, als sie vor der Barriere war. Beim Abstieg der Luft lösen sich die Wolken allmählich auf.

Regen, Schnee und Hagel, *S. 76/77* **Blitz und Donner,** *S. 78/79* **Stoffkreisläufe,** *S. 206/207*

Die Himmelsschleusen öffnen sich

Wie Nebel, Regen und Schnee entstehen

Am Mount Waialeale auf Kauai (Hawaii) regnet es 350 Tage im Jahr. Mit 15 000 mm Regen jährlich ist dies das feuchteste Gebiet der Erde. Das andere Extrem sind die Wüsten - aber selbst die trockenste Wüste erhält auch einmal ein wenig Niederschlag. Die Erde kann durch Schnee oder Graupel abgekühlt, durch Nebel und Wolken unsichtbar gemacht oder mit Hagel und faustgroßen Eisstücken bombardiert werden. Vom Wasser lebt die Natur und mit ihr der Mensch. Ohne ausreichend Wasser verdursten Mensch und Tier und vertrocknen die Pflanzen. Die Niederschläge spenden uns dieses nötige Lebenselixier.

Die Basis einer Wolke wird gekennzeichnet durch das Kondensationsniveau, wo sich aus Wasserdampf kleine Tropfen bilden. Große Wolken steigen hoch hinauf bis in das Frostniveau mit Temperaturen weit unter 0°C. Diese Wolken bestehen aus einer Mischung von Eiskristallen, unterkühlten Wassertropfen, die, obwohl unter dem Gefrierpunkt, noch nicht zu Eis kristallisiert sind, und Wasserdampf. Gasförmiges Wasser kann sich direkt an die Eiskristalle anlagern (Sublimation). Nachschub bieten die langsam verdunstenden Eiswassertropfen. Die sehr kleinen Eiskristalle wachsen zu Schneeflocken, die zur Erde herabschweben, wenn sie nicht auf dem Wege schmelzen oder gar verdunsten.

Schnee-Konfetti

Fallende Schneeflocken können Staubpartikel mitreißen. Durch Eisenverbindungen gefärbter Staub kann gelben, rosafarbenen, selbst roten Schnee zaubern. Der französische Alpenort Isola wurde im Dezember 1975 von hellrosa Schnee überrascht, und in Wien fiel im Februar 1979 gelber Schnee. Wenn Regentropfen durch kalte Luftschichten mit Temperaturen unter 0°C fallen, gefriert das Wasser zu transparenten Eiskörnern mit einer Größe von 1 bis 5 mm. Frostgraupeln sind unregelmäßige oder runde Eiskörner, 2 bis über 5 mm im Durchmesser groß. Sie entstehen, wenn winzige, unterkühlte Wassertropfen schalenförmige Eisschichten um Eiskristalle aufbauen. Durch Anlagerung immer neuer Eisschichten können in den Tropen Hagelkörner von 120 mm Durchmesser gebildet werden. Hagelschauer richten die größten Schäden von allen Niederschlagsarten an. Obwohl die meisten Hagelunwetter kürzer als eine Viertelstunde sind, können sie bis zu 10 km lange und 2 km breite Streifen der Zerstörung hinterlassen. Selbst bei kleineren Hagelstürmen werden Feldfrüchte unter Umständen völlig vernichtet und sogar Fensterscheiben zersplittert.

Gefährliche Rutschpartie

Nieselregen, der auf gefrorenen Boden fällt, erstarrt augenblicklich zu Eis. Dieser »Eisregen«, dessen Wirkung noch verstärkt werden kann, wenn es sich um unterkühltes Regenwasser handelt, überzieht Straßen, Bäume, Gebäude und Autos mit einer dünnen Eisschicht. Das durchsichtige, klare Eis wird von Autofahrern auch »schwarzes Eis« genannt, weil es auf den dunklen Straßen nur schlecht und häufig zu spät erkannt wird. Selbst leichte Steigungen werden dadurch

Schneeflocken (rechts) zeigen die charakteristische sechsseitige Symmetrie, die die Bindung der Wassermoleküle im Eis widerspiegelt. Die Abweichungen von diesem Grundmuster ergeben sich aus der unterschiedlichen Wachstumsgeschwindigkeit der einzelnen Kristallenden. Dadurch ist keine Schneeflocke wie die andere. In sehr großen Höhen, bei sehr tiefen Temperaturen und geringen Wasserdampfgehalten wachsen die Eiskristalle in einfacheren Formen wie kleinen Säulen, Nadeln oder platten Sechsecken. Aber näher zur Erde, in den wärmeren Luftschichten mit vergleichsweise hoher Luftfeuchtigkeit, können sich die vielgestaltig gefiederten sechsarmigen Sterne ausbilden.

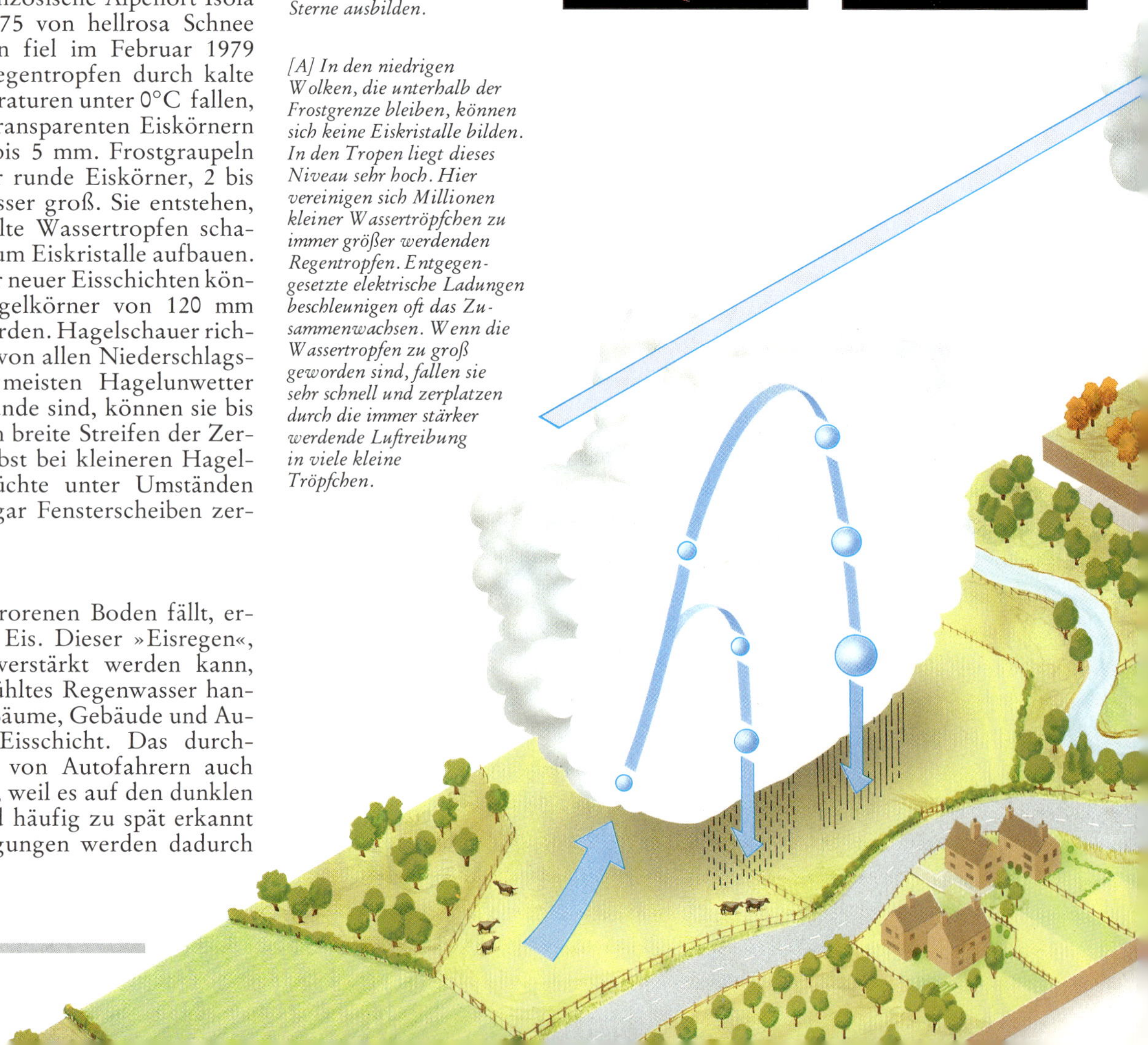

[A] In den niedrigen Wolken, die unterhalb der Frostgrenze bleiben, können sich keine Eiskristalle bilden. In den Tropen liegt dieses Niveau sehr hoch. Hier vereinigen sich Millionen kleiner Wassertröpfchen zu immer größer werdenden Regentropfen. Entgegengesetzte elektrische Ladungen beschleunigen oft das Zusammenwachsen. Wenn die Wassertropfen zu groß geworden sind, fallen sie sehr schnell und zerplatzen durch die immer stärker werdende Luftreibung in viele kleine Tröpfchen.

unpassierbar. »Wolken in Bodennähe« sind verschiedene Nebelarten. Kleinste Wassertropfen oder Eiskristalle (Eisnebel) schweben in der Luft und erlauben nur noch wenige Meter Sicht, der Straßen- und Luftverkehr bricht oft völlig zusammen.

Künstliche Niederschläge

Seit einiger Zeit versucht man, aus Wolken durch Einbringen von Silberjodid oder Trockeneis die Bildung von Regentropfen zu beschleunigen. Diese Stoffe wirken wie Eiskristalle. Die Niederschläge können dadurch um 10-20 % zunehmen. Bei einem solchen »Regenklau« ist allerdings mit Protesten der Nachbarländer zu rechnen.

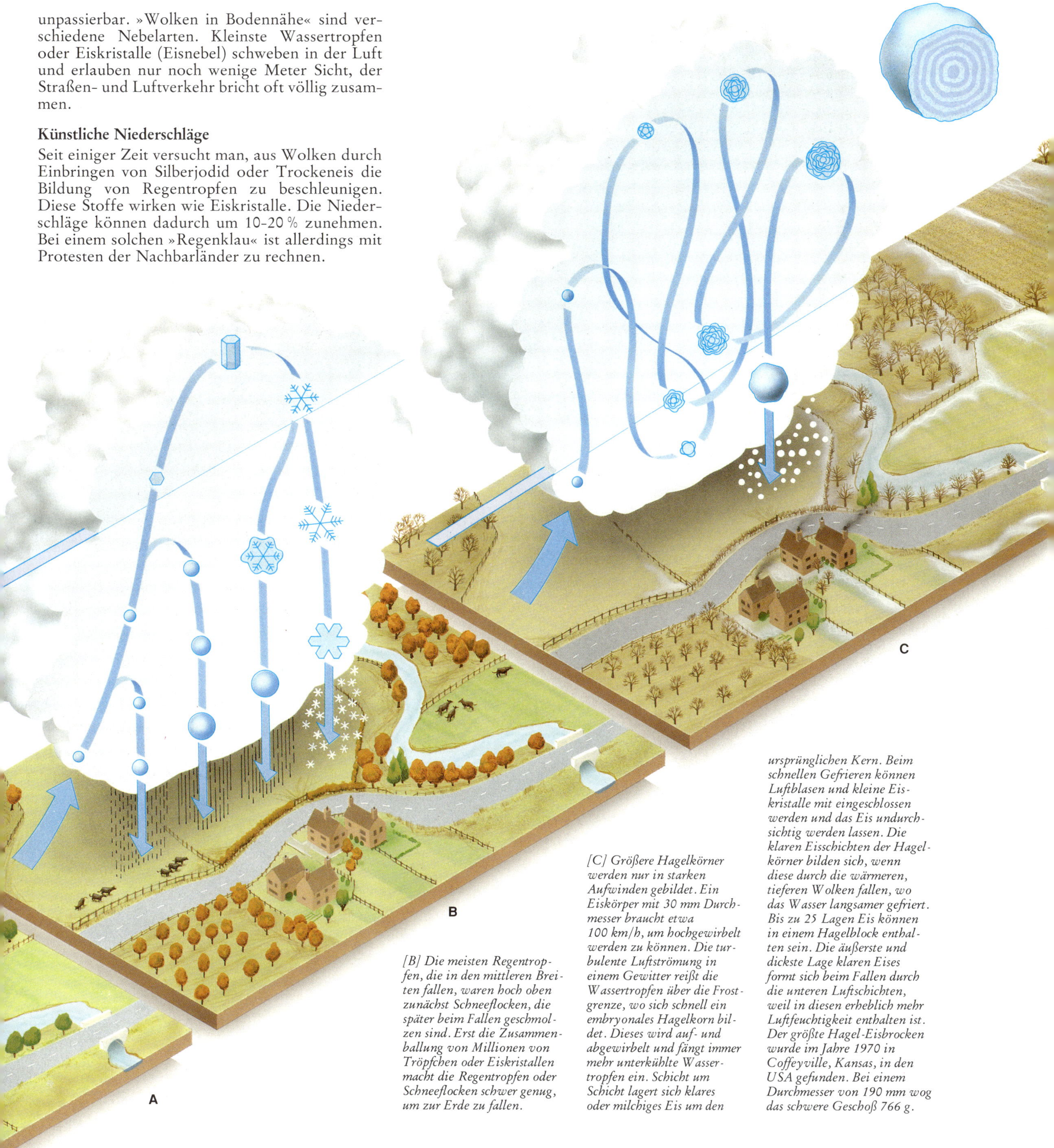

[B] Die meisten Regentropfen, die in den mittleren Breiten fallen, waren hoch oben zunächst Schneeflocken, die später beim Fallen geschmolzen sind. Erst die Zusammenballung von Millionen von Tröpfchen oder Eiskristallen macht die Regentropfen oder Schneeflocken schwer genug, um zur Erde zu fallen.

[C] Größere Hagelkörner werden nur in starken Aufwinden gebildet. Ein Eiskörper mit 30 mm Durchmesser braucht etwa 100 km/h, um hochgewirbelt werden zu können. Die turbulente Luftströmung in einem Gewitter reißt die Wassertropfen über die Frostgrenze, wo sich schnell ein embryonales Hagelkorn bildet. Dieses wird auf- und abgewirbelt und fängt immer mehr unterkühlte Wassertropfen ein. Schicht um Schicht lagert sich klares oder milchiges Eis um den ursprünglichen Kern. Beim schnellen Gefrieren können Luftblasen und kleine Eiskristalle mit eingeschlossen werden und das Eis undurchsichtig werden lassen. Die klaren Eisschichten der Hagelkörner bilden sich, wenn diese durch die wärmeren, tieferen Wolken fallen, wo das Wasser langsamer gefriert. Bis zu 25 Lagen Eis können in einem Hagelblock enthalten sein. Die äußerste und dickste Lage klaren Eises formt sich beim Fallen durch die unteren Luftschichten, weil in diesen erheblich mehr Luftfeuchtigkeit enthalten ist. Der größte Hagel-Eisbrocken wurde im Jahre 1970 in Coffeyville, Kansas, in den USA gefunden. Bei einem Durchmesser von 190 mm wog das schwere Geschoß 766 g.

Siehe auch: **Atmosphäre**, *S. 64/65* **Regenbogen, Halo, Fata Morgana**, *S. 66/67* **Wetter**, *S. 70/71* **Wolkenbildung**, *S. 74/75*

Himmlische Gewalten

Was passiert bei einem Gewitter?

Die Gewalt eines Blitzschlages ist furchterregend. Mit einer Stromstärke zwischen 10 000 und 40 000 Ampere fährt er durch einen engen Luftkanal, der bis zu 30 000°C aufgeheizt wird, auf die Erde. Das ist etwa die fünffache Temperatur, die auf der Sonnenoberfläche herrscht. Blitze sind nicht immer direkt nach unten gerichtet, sondern können ihre Richtung wechseln. Unter bestimmten Bedingungen kann ein Blitz über 30 km lang sein. Obwohl etwa drei Viertel der von Blitzen getroffenen Menschen überleben, sterben allein in den Vereinigten Staaten jährlich rund 100 Personen.

Ein Blitzschlag ist eine massive elektrische Entladung, durch die entgegengesetzte elektrische Ladungen in der Luft neutralisiert werden. Als Flächenblitz erscheint die Entladung innerhalb einer Wolke oder zwischen zwei Wolken, während die Entladung zwischen Wolke und Erde als verästelter Linienblitz sichtbar wird. Das unterschiedliche Erscheinungsbild ist dadurch bedingt, daß sich beim Flächenblitz Wolkenteile zwischen Blitz und Beobachter befinden. Rund um die Erde sind zu jeder Zeit etwa 1 500 bis 2 000 Gewitterstürme aktiv, die pro Minute rund 6 000 Blitze auslösen, überwiegend in Form von Wolkenblitzen. Obwohl fast 250 Jahre vergangen sind, seitdem der amerikanische Forscher und Staatsmann Benjamin Franklin nachwies, daß Blitze eine Form von Elektrizität sind, sehen sich Wissenschaftler immer noch nicht in der Lage, dieses Phänomen vollständig zu erklären.

Zum Auslösen eines Blitzes ist innerhalb der Gewitterwolke eine elektrische Feldstärke von etwa 1 000 000 Volt pro Meter nötig. Dieses Spannungspotential wird in der Wolke in nur einer halben Stunde durch starke, aneinandergrenzende steigende und fallende Luftströme aufgebaut. Durch die ständige wechselweise Reibung großer fallender Regentropfen, Hagelkörner und Eiskügelchen mit aufwirbelnden kleineren Wassertröpfchen und Eiskristallen wird elektrische Ladung ausgetauscht und getrennt. Die fallende Strömung erhält eine negative Ladung, während die aufsteigende positiv geladen wird, so daß sich am unteren Ende der Wolke negative, am oberen Ende positive Ladungen ballen.

Zuckt ein Blitz zur Erde, so durchläuft er einen Luftkanal von 1 bis 5 cm Durchmesser. Sichtbare Beweise für diesen Vorgang findet man in Form von Röhrchen aus Quarzglas, auch als Fulgurite bekannt. Sie entstehen, wenn beim Einschlag eines Blitzes im Sand die Körnchen schmelzen. Trifft ein Blitz eine feuchte Oberfläche - etwa die eines Baumes -, verdampft die Feuchtigkeit explosionsartig, so daß der Gegenstand in Stücke gerissen werden kann.

Wo ist es beim Gewitter gefährlich?

Die abwärtsfließende Vorentladung, die dem Hauptblitz vorausgeht, sucht sich stets den Weg zur Erde, der am besten leitet. Hohe Gebäude und Bäume werden am häufigsten getroffen. Doch auch Menschen, die sich während eines Gewitters im Freien aufhalten, setzen sich großen Gefahren aus. Das Risiko, von einem Blitz getroffen zu werden, wird noch höher, wenn man einen metallenen

[A] Sobald sich in einer Gewitterwolke die nötige elektrische Feldstärke gebildet hat, fließt der Strom von Elektronen aus einer Höhe von 5 bis 6 km nieder, stößt mit Luftmolekülen zusammen und setzt dabei weitere Elektronen frei, so daß diese Luftmoleküle eine positive Ladung erhalten (1). Diese Vorentladung schafft einen stark verzweigten Kanal für den Hauptblitz. Nähern sich die Hauptzweige, die eine große negative Ladung mit sich führen, der Erde, so bewirken sie kurze aufsteigende Ströme positiver elektrischer Ladung (2), die von gut leitenden Punkten auf der Erde ausgehen. Berührt ein Hauptzweig der aus der Gewitterwolke kommenden Vorentladung eine von einem gut leitenden Punkt der Erde aufwärtssteigende positive Strömung, dann entsteht ein durchgehender Kanal elektrisch geladener Luft. Der elektrische Widerstand im Kanal ist sehr gering und erlaubt in Form eines hellen Blitzes den Rückschlag (3) eines gewaltigen positiven elektrischen Stroms nach oben in die Wolke. Dabei entsteht die erste Schallwelle, die wir als Donner wahrnehmen. Sie breitet sich mit einer Geschwindigkeit von 330 m/s aus. Zählt man die Sekunden zwischen dem Erscheinen des Blitzes und dem Hören des Donners und multipliziert sie mit 330, so läßt sich die Entfernung eines Gewitters verhältnismäßig genau abschätzen.

Siehe auch: **Atmosphäre,** *S. 64/65* **Wetter,** *S. 70/71* **Wolkenbildung,** *S. 74/75*

Gegenstand, wie einen Regenschirm, in den Händen hält. Am sichersten vor Blitzen ist man noch im Auto, denn dort fließt die Blitzenergie um die Insassen herum durch die metallene Karosserie, bevor sie über die feuchten Reifen in die Erde gelangt.

Manchmal läßt sich schon im voraus erkennen, daß sich ein Blitz anbahnt. Positive elektrische Ladungen sammeln sich an hoch aufragenden Gegenständen, wie Bäumen und Kirchtürmen, und können dann als schwaches Leuchten, als sogenanntes Elmsfeuer, sichtbar werden und einen Summton erzeugen. Neben den hier dargestellten Wärmegewittern, die bei uns im Sommer auftreten und in den Tropen vorherrschend sind, gibt es noch andere Gewittertypen. Beim Zusammentreffen von warmen und kalten Luftmassen (Fronten) und beim Aufstieg der Luft an Gebirgsbarrieren kann es auch Nacht- und Wintergewitter geben.

[A] Bruchteile einer Tausendstelsekunde nach dem Rückschlag schießt ein negativ geladener Blitz den ionisierten Kanal hinab (4) und löst den nächsten Rückschlag aus. Dieser Vorgang wiederholt sich innerhalb von Bruchteilen einer Sekunde so lange, bis die Ladung der Wolke neutralisiert ist.

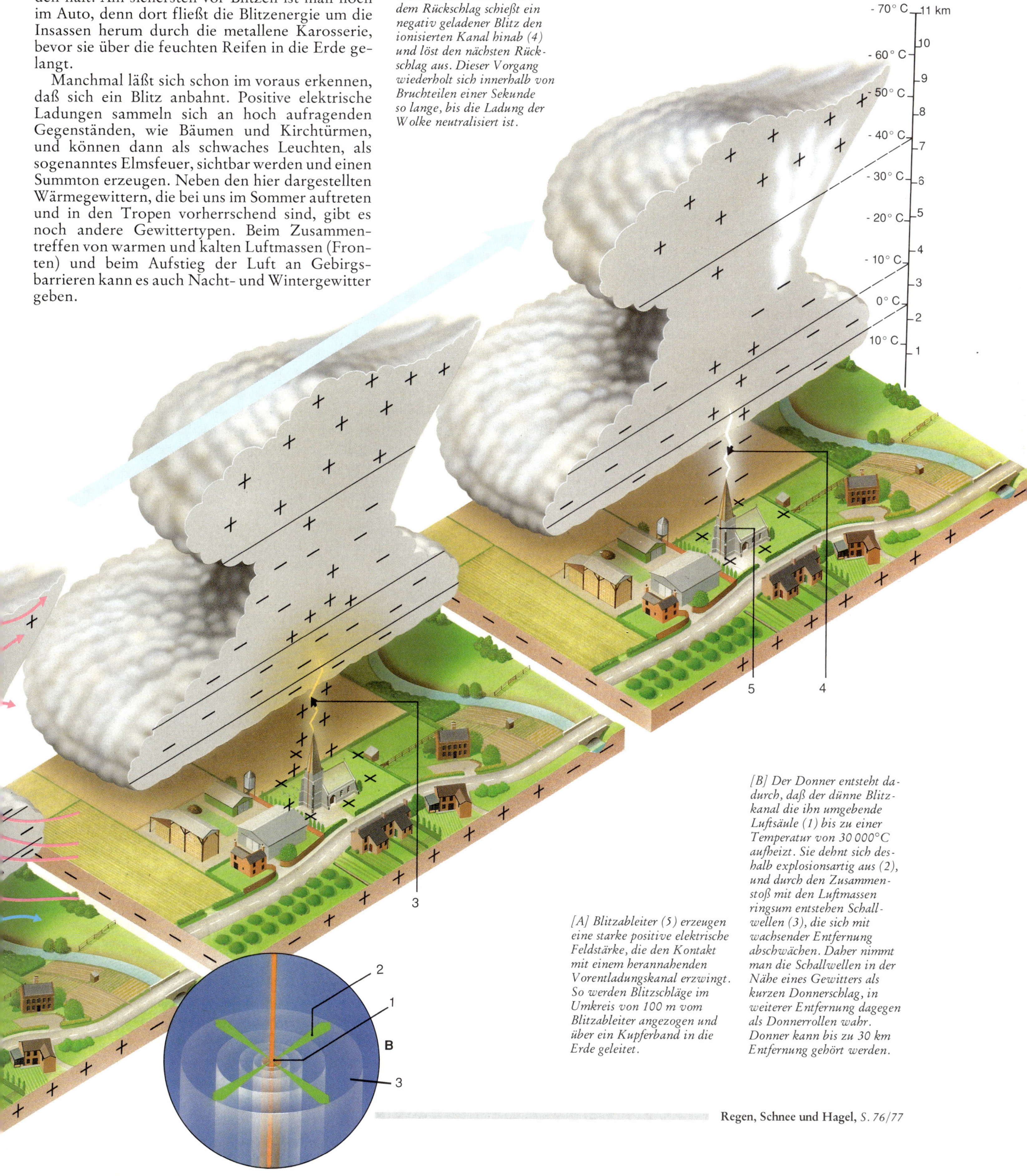

[A] Blitzableiter (5) erzeugen eine starke positive elektrische Feldstärke, die den Kontakt mit einem herannahenden Vorentladungskanal erzwingt. So werden Blitzschläge im Umkreis von 100 m vom Blitzableiter angezogen und über ein Kupferband in die Erde geleitet.

[B] Der Donner entsteht dadurch, daß der dünne Blitzkanal die ihn umgebende Luftsäule (1) bis zu einer Temperatur von 30 000°C aufheizt. Sie dehnt sich deshalb explosionsartig aus (2), und durch den Zusammenstoß mit den Luftmassen ringsum entstehen Schallwellen (3), die sich mit wachsender Entfernung abschwächen. Daher nimmt man die Schallwellen in der Nähe eines Gewitters als kurzen Donnerschlag, in weiterer Entfernung dagegen als Donnerrollen wahr. Donner kann bis zu 30 km Entfernung gehört werden.

Regen, Schnee und Hagel, *S. 76/77*

Tödliche Wirbel

Wie sich Hurrikane und Tornados bilden

Ein tropischer Zyklon, der 1970 Bangladesch heimsuchte, forderte eine halbe Million Todesopfer. Zyklone, auch Hurrikane genannt, sind die weitaus zerstörerischsten Orkane der Erde. Aber Tornados, obwohl nur ein Hundertstel so groß wie ein Hurrikan und von höchstens drei Minuten Dauer, erreichen noch vernichtendere Sturmgeschwindigkeiten. Zwar sind nur zwei Prozent wirkliche Todestornados, doch lassen sie einen Streifen der Vernichtung zurück, der einige 100 Meter breit und bis zu 160 km lang sein kann. Mit Abstand die meisten verheerenden Tornados suchen die USA heim.

Die meisten Tornados (rechts) erreichen eine Windgeschwindigkeit von 180 km/h – genug, um Dächer abzudecken, Bäume zu entwurzeln und gefährliche »Geschosse« durch die Luft zu jagen. Tornados mit bis zu 800 km/h Wirbelgeschwindigkeit zerfetzen Gebäude und schleudern Autos in die Luft.

Tropische Stürme werden nur dann als Wirbelstürme bezeichnet, wenn sie wenigstens eine Windgeschwindigkeit von 120 km/h erreichen. Jede tropische Region hat ihre eigenen Lokalnamen für diese gefährlichen Orkane. Im atlantischen und östlichen pazifischen Ozeanbereich werden sie Hurrikane genannt, im westlichen Pazifik heißen sie Taifune, auf den Philippinen spricht man von Baguios und an den Küsten des Indischen Ozeans einfach von Zyklonen.

Energiegeladene Hurrikane

Hurrikane können sich nur über tropischen Ozeanen mit einer Mindesttemperatur von 27°C entwickeln. Die erwärmte Luft steigt in Form einer großen Spirale auf. Um das windstille, wolkenfreie Zentrum, auch Auge genannt, wirbeln riesige Cumuluswolken, aus denen die Blitze zucken und wolkenbruchartig ein heftiger Schauer nach dem anderen niederprasselt. Rings um das normalerweise 30 – 40 km breite Auge heulen die alles mitreißenden Orkane. Je enger das Auge und je größer der Luftdruckunterschied zwischen dem Auge und der Umgebung ist, um so extremer sind die Windstärken. Die Intensität der Hurrikane kann sehr unterschiedlich sein. Die Meteorologen benutzen eine Skala, auf der das Zerstörungspotential von 1 (minimal) bis 5 (katastrophal) klassifiziert wird. Ein Hurrikan mit der Stärke 5 wird durch einen Druck im Auge von unter 920 Hektopascal bestimmt. Bei Windgeschwindigkeiten von über 250 km/h und einer Höhe der Meereswellen von mindestens 5,5 m über dem Normalstand sind die Küstenschäden in der Regel gewaltig. Glücklicherweise fallen weniger als 1% aller Hurrikane in diese Kategorie.

Zu den wenigen gehörte Hurrikan Gilbert, der im September 1988 über den Golf von Mexiko raste und schwere Verwüstungen anrichtete. Als dieser Wirbelsturm, der einen Durchmesser von 1 500 km erreichte, über Jamaika zog, entwickelte er eine Energie, die umgerechnet den Strombedarf der Insel für die nächsten 1 000 Jahre hätte decken können. Gilbert bewegte sich nur mit einer Geschwindigkeit von etwa 18 – 25 km/h vorwärts, aber die Windgeschwindigkeiten am Rande des Auges erreichten über 320 km/h, angetrieben durch einen bis dahin noch nie gemessenen tiefen Luftdruck im Auge von 885 Hektopascal!

Die Sturmflut erreichte 6 m Höhe, und 250 – 380 mm Starkregen in wenigen Stunden verursachten verheerende Hochwasser. Hinzu kamen noch 24 vernichtende Tornados. Das traurige Ergebnis waren 318 Tote, 100 000 aus ihren Wohnorten an der mexikanischen Küste evakuierte Bewohner und in Jamaica 500 000 obdachlose Menschen.

Es ist nach wie vor schwierig, die Stärke und die Zugstraße eines Hurrikans vorherzubestimmen. Obwohl seit den 70er Jahren mit Hilfe der Satellitenüberwachung den betroffenen Gebieten meist noch rechtzeitig eine Warnung gegeben werden kann, können häufig nicht alle Bewohner in Sicherheit gebracht werden.

Ein Hurrikan läßt sich nicht zähmen

Während ein Hurrikan sich auf seinem Weg über das Meer noch verstärken kann, wird er beim Erreichen der Küste stark gebremst und gleichzeitig von seiner Energiezufuhr über dem warmen Ozean abgeschnitten. Landeinwärts verlangsamt die Oberflächenreibung die Wirbel immer mehr, so daß auch der »starke Gilbert« schließlich erlahmen mußte. Häufig gelangen Ausläufer von karibischen Hurrikanen über das Meer bis nach Westeuropa. Versuche amerikanischer Experten, durch den gezielten Abwurf von Silberjodid oder Trokkeneis außerhalb des Hurrikanauges künstlich Regen zu erzeugen, um damit Wärmeenergie zu entziehen, brachten nur wenig Erfolg. Anstatt die extremen Winde in der Umgebung des Auges zu bremsen, schaffte das Projekt »Stormfury« nur einen zweiten Wolkenring mit geringeren Windgeschwindigkeiten weiter entfernt vom Auge.

Tornados [A] werden hauptsächlich in den mittleren Breiten beobachtet. Sie entwickeln sich aus Gewitterwolken und gehen häufig mit Hurrikanen einher. Besonders der Mittlere Westen und der Süden der USA, wo kalte Polarluft aus dem Norden und warmfeuchte subtropische Luftmassen vom mexikanischen Golf aufeinandertreffen, werden von Tornados geplagt. Die in der Gewitterwolke aufsteigende Luft (1) wird durch den sogenannten Coriolis-Effekt zum spiralförmig aufsteigenden Wirbel, der in der Wolke entsteht und danach erst einen zweiten, engen, kräftig rotierenden Wirbel in seiner Mitte entwickelt (2), der zum Boden reicht. Innerhalb und in der Umgebung des Tornados bilden sich komplexe Luftströmungen.

[B] Tropische Zyklone werden durch die beim Kondensieren von immensen Wassermengen freigesetzte latente Wärme angetrieben. Der Wasserdampf in den sich auftürmenden Gewitterwolken kondensiert, weil die Luft sich beim Aufsteigen abkühlt. Die latente Wärme wird beim Verdunsten des Meerwassers dem warmen Ozean entzogen. Dies bedingt ihr verstärktes Auftreten in bestimmten Regionen (s. Karte). Nur bei sehr hohem sommerlichen Sonnenstand können die tropischen Ozeane Hurrikane entwickeln. In den kühleren südatlantischen Gewässern gibt es keine Zyklone, auch nahe dem Äquator nicht. Dort ist der Coriolis-Effekt, der sich aus der Kugelform der Erde und der Erdrotation ergibt, zu gering entwickelt.

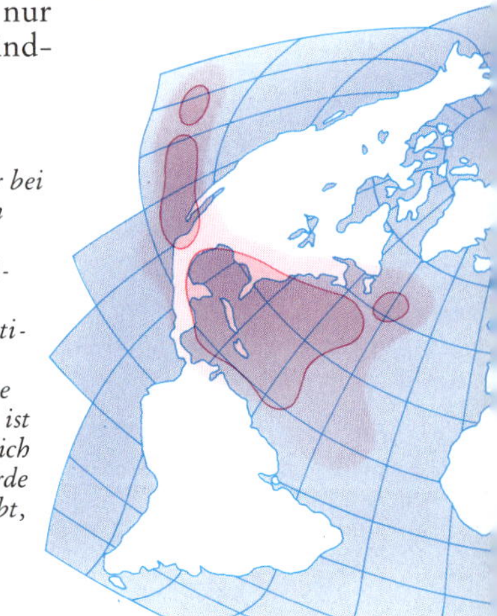

Siehe auch: **Weltmeere**, *S. 44/45* **Ebbe und Flut**, *S. 48/49* **Atmosphäre**, *S. 64/65* **Wetter**, *S. 70/71* **Winde**, *S. 72/73*

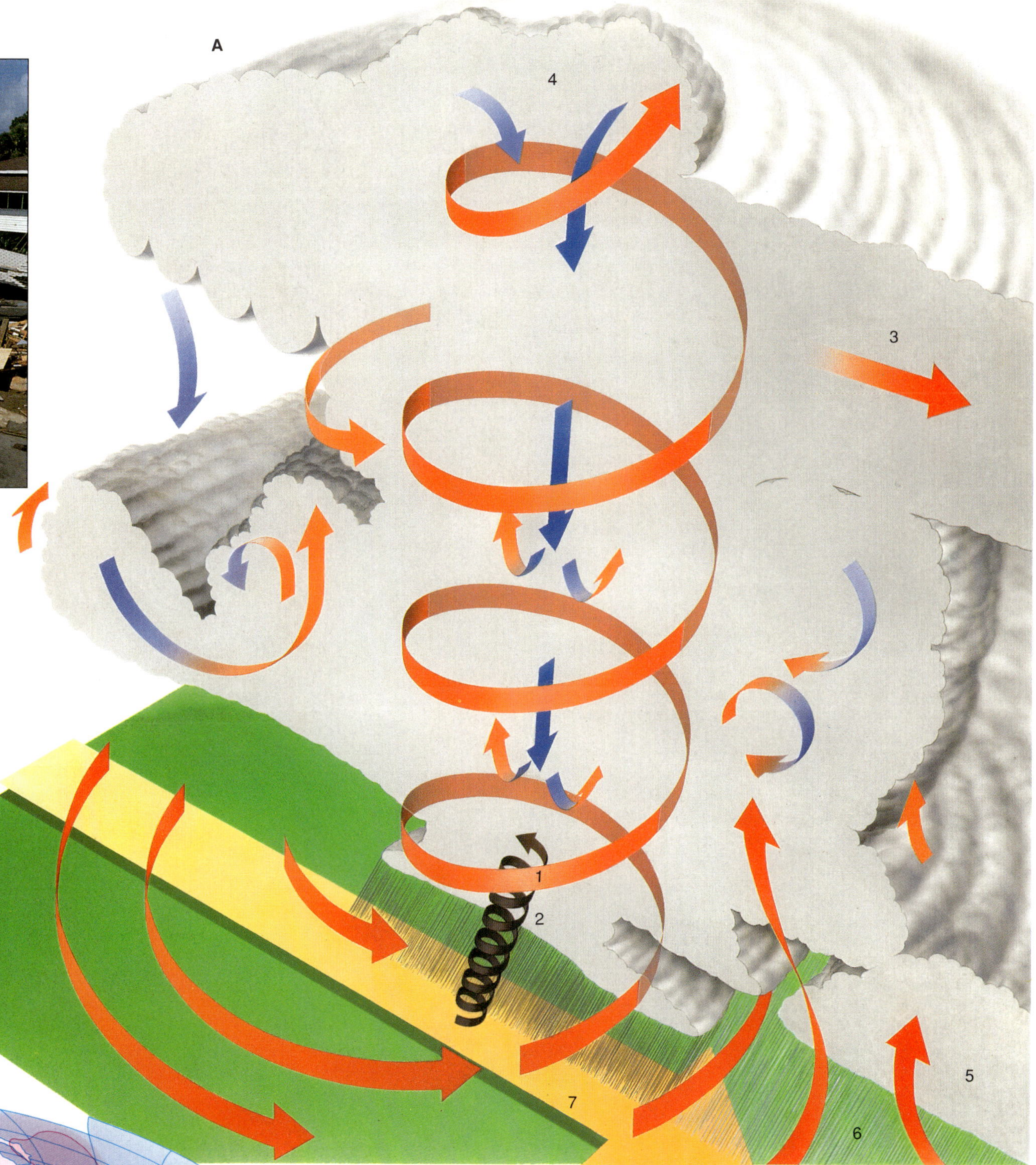

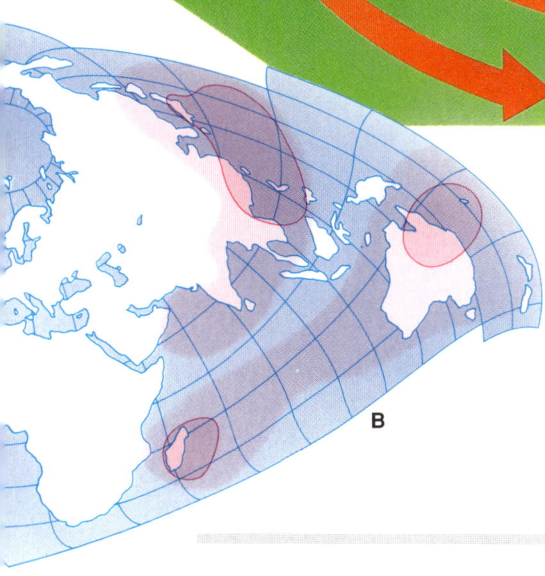

[A] Das flache obere Ende der Wolke, aus der sich ein Tornado entwickelt, erreicht das Gleichgewichtsniveau (3) bei 0°C. Aber der thermische Auftrieb der Luft ist so groß, daß sie darüber hinausschießt (4) und erst danach wieder in die Wolke zurücksinkt. Die Randwolke (5) wird durch kühle, absteigende Luft verursacht. Diese von Regen abgekühlte Luft (6) schiebt sich unter wärmere Luft vor dem Tornado (7). Große Tornados können am Rande zusätzliche kleine Wirbel mit noch höheren Windgeschwindigkeiten bilden. Diese Miniwirbel verursachen oft kuriose Schäden. Manchmal wird eine Haushälfte vollkommen zerstört, während die andere völlig unversehrt bleibt. Den Tornados verwandt, aber schwächer ausgeprägt, ist eine Vielzahl weiterer Wirbel (Tromben) wie Sand- und Staubwirbel (Windhosen) oder die Wasserhosen über dem Meer.

Wolkenbildung, *S. 74/75* **Regen, Schnee und Hagel,** *S. 76/77* **Treibhauseffekt,** *S. 86/87*

Frühling, Sommer, Herbst und Winter

Die Natur im Rhythmus der Jahreszeiten

In Sibirien herrscht im Winter der strengste Frost. Bis auf –77,8°C kann die Temperatur fallen, im Sommer kann es über 36°C heiß werden. Die größte jährliche Temperaturdifferenz auf der Erde! Aber darauf hat sich die Natur eingestellt. Fortpflanzung und Aufzucht von Jungen finden in der warmen Jahreszeit statt. Den Winter überstehen viele Tiere durch ihren dichten, weißen Winterpelz. Andere fressen sich Fettpolster an, verkriechen sich zum Winterschlaf in Erdhöhlen, wandern in weniger unwirtliche Gegenden oder fliegen bis ans andere Ende der Erde. All diese Probleme kennen Tiere der Tropenregionen nicht.

Alles Leben – Pflanzen, Tiere und auch wir Menschen – muß sich dem Rhythmus der Natur unterwerfen. Der Lebensrhythmus wird durch den dauernden Wechsel von Tag und Nacht bestimmt. Die Abfolge von hell und warm, kalt und dunkel wird zur Biouhr. Im Jahresgang orientiert sich das Leben an den Jahreszeiten. An den eisigen Enden der Erde gibt es nur zwei Jahreszeiten: Ein halbes Jahr die dunkle Polarnacht fast ohne Sonne, das andere Halbjahr den Polartag ohne Dunkelheit. Die inneren Tropen erfreuen sich dagegen eines immerwährenden, sehr warmen Sommers. Nur in den mittleren Breiten sind die vier Jahreszeiten deutlich ausgeprägt.

Frühling, Sommer, Herbst und Winter entstehen hauptsächlich dadurch, daß die Rotationsachse der Erde um 23,5° gegenüber der Senkrechten zur Erdbahnebene gekippt ist. Da dieser Winkel beim Umlauf der Erde um die Sonne unveränderlich ist, verändert sich der Winkel, mit dem die Sonnenstrahlen einen bestimmten Bereich der Erdoberfläche erreichen. Im Winter fallen die Sonnenstrahlen flacher ein. Folglich verteilt sich die Wärme auf eine erheblich größere Oberfläche, und dadurch ist es kälter als im Sommer. Jahreszeiten können allerdings auch durch Trocken- und Regenzeiten geprägt werden.

Mit der Kälte leben

Saisonale extreme Kälte oder Trockenheit zu ertragen, stellt hohe Ansprüche an die Anpassungsfähigkeit von Tieren und Pflanzen. Vögel haben es leicht, sie können die unwirtlichen Wintergebiete verlassen. Manche fliegen 20 000 km weit, von der Arktis in die Antarktis und zurück, um

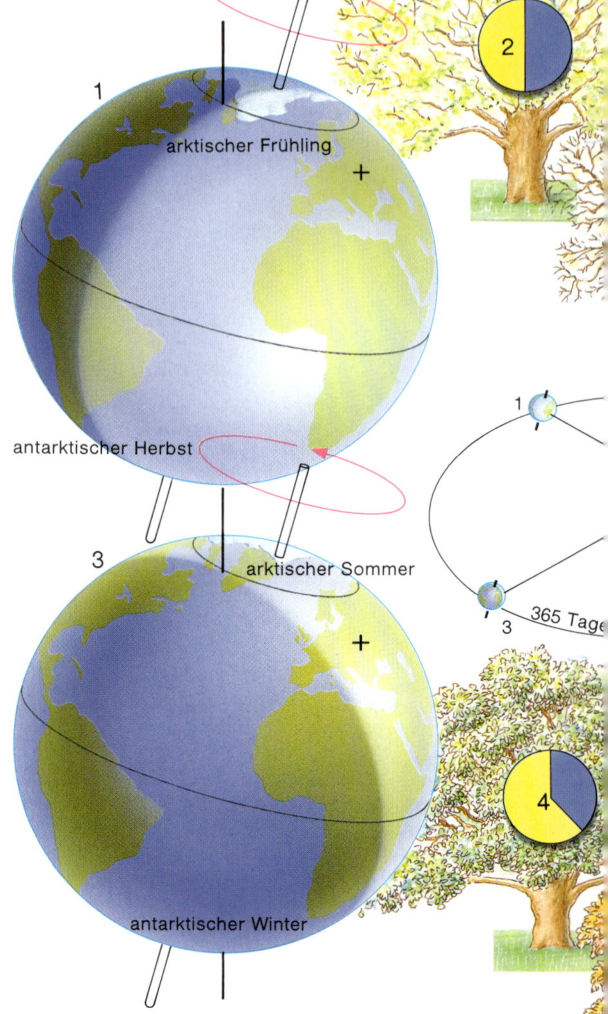

Jede der vier Jahreszeiten beginnt oder endet entweder mit einer Tagundnachtgleiche (Äquinoktium) oder mit einer Sonnenwende (Solstitium). Der Frühling (1) beginnt am 21. März, wenn Tag und Nacht gleich lang sind (2). Zu diesem Zeitpunkt sind beide Pole von der Sonne gleich weit entfernt. Es folgt der Sommer (3), wenn der Nordpol die kürzeste Entfernung zur Sonne hat (21. Juni). Die Sommersonnenwende kennzeichnet gleichzeitig den längsten Tag (4). Der Herbst beginnt am 23. September (5). Tag und Nacht haben wieder die gleiche Länge (6). Schließlich, am 21. Dezember, haben wir Winter (7). Die Wintersonnenwende ist durch den kürzesten Tag und die längste Nacht (8) charakterisiert. Die genannten Daten beziehen sich auf die Nordhalbkugel. Da die Erde beim Durchlaufen ihrer elliptischen Bahn um die Sonne sich im Sommer der Nordhalbkugel in Sonnenferne, im Aphel, befindet, braucht sie ein wenig mehr Zeit. Dadurch ist das warme Halbjahr hier 7 3/4 Tage länger als das Winterhalbjahr. Im Winter des Nordens befindet sich die Erde in Sonnennähe (Perihel), diese Strecke der Umlaufbahn ist kürzer. Frühling und Sommer dauern auf der Nordhalbkugel 180 Tage und 10 Stunden, Herbst und Winter zusammen nur 178 Tage und 20 Stunden. Die Präzession der Tagundnachtgleiche verändert sich im Laufe der Zeit. Der Umlauf des Perihels und gleichzeitig des Aphels dauert 21 000 Jahre, für uns Menschen also ohne Belang. Wichtig für das Klimageschehen auf der Erde ist das jährliche Wandern des Zenitalstandes (senkrechter Stand) der Sonne zwischen den Wendekreisen.

Siehe auch: **Eiszeiten,** *S. 38/39* **Atmosphäre,** *S. 64/65* **Klimaveränderungen,** *S. 84/85* **Treibhauseffekt,** *S. 86/87*

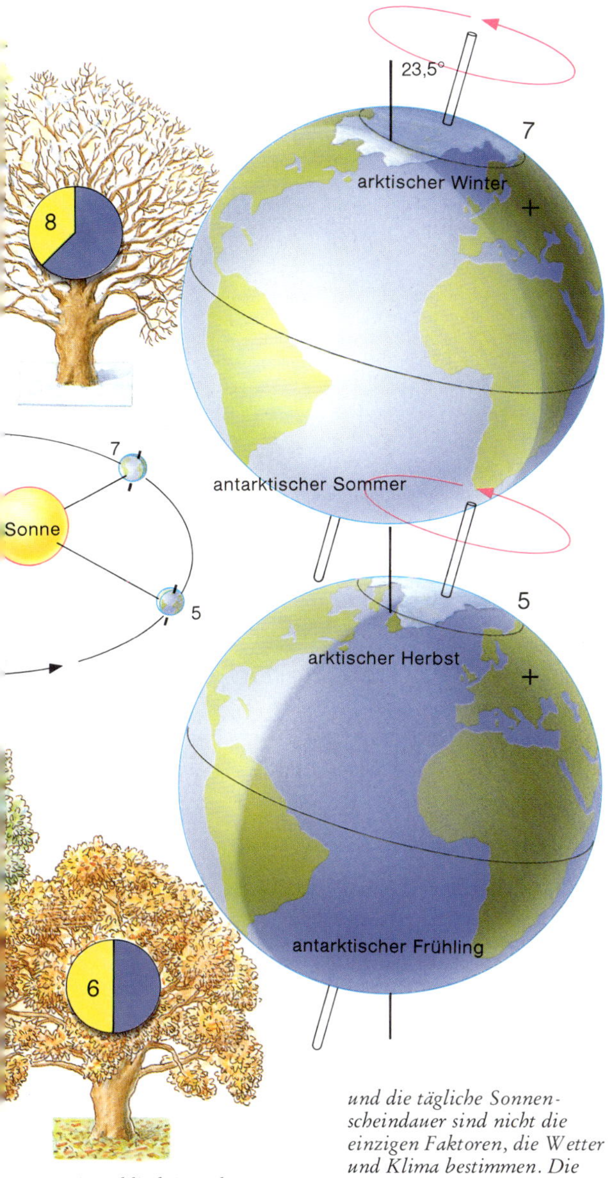

Die zyklisch im Jahresgang zu beobachtenden Wetterabläufe sind aber nicht genau im Einklang mit den astronomisch festgelegten Terminen. Der Sonnenstand (der Winkel, unter dem die Strahlen die Erdoberfläche erreichen) und die tägliche Sonnenscheindauer sind nicht die einzigen Faktoren, die Wetter und Klima bestimmen. Die unterschiedlichen jahreszeitlichen Klimabedingungen wechseln nicht abrupt an einem bestimmten Tag, die Übergänge sind fließend. Außerdem wirken warme Meeresströmungen, Luftmassenbewegungen, Höhenunterschiede und reliefbedingte Faktoren sehr stark klimaverändernd. So bringen die warmen Meeresströmungen des Pazifik und des Atlantik den Westseiten der Nordkontinente ein milderes, feuchtes Klima. Eine pragmatische Methode, den Beginn der Jahreszeiten für einen bestimmten Ort in einem bestimmten Jahr zu erkennen, bietet die Phänologie, die den jahreszeitlichen Ablauf der Lebensvorgänge von Tieren und Pflanzen untersucht. Blütenbeginn, Fruchtreife, Laubfall und Zeitpunkte der Wanderungen von Tieren sind häufig sichere Anzeichen für die Jahreszeitenwechsel in einer bestimmten Region.

Im Land der Mitternachtssonne (unten: Zeitrafferfoto des stündlichen Sonnenstandes an einem Sommertag auf den Lofoten) gibt es im Sommer Tage, an denen die Sonne nicht untergeht, und im Winter Tage, an denen sie nicht aufgeht. Genau am Polarkreis, auf 66°33' n.Br., trifft dies jeweils für einen Tag zu.
An den Polen verschwindet die Sonne im Winter für ein halbes Jahr, dafür bleibt sie im Sommer für sechs Monate über dem Horizont. Selbst wenn die polare Sonne bis über 6° unter den Horizont gesunken ist, bleibt das Licht der Dämmerung noch sehr hell. Im Winter scheint am Pol nur der Mond.

immer ausreichend Nahrung zu finden. Große Säugetiere, wie Ren oder Karibu, Elch und Eisbär, wandern in benachbarte Regionen. Die weniger mobilen, kleinen Tiere müssen die grimmige Kälte und den Nahrungsmangel am Ort überleben. Einige Insekten legen ihre Eier vor Winterbeginn. Die Nachkommen schlüpfen im Frühjahr, wenn die Eltern längst gestorben sind. Kleine Säugetiere wie Mäuse fressen sich ein Winterpolster an, so daß sie mit dem wenigen Futter auskommen, das sie unter der Schneedecke finden, wo es 10°C wärmer ist als an der Luft.

Den Winter einfach verschlafen

Viele Säugetiere überstehen die lebensfeindliche Jahreszeit, indem sie an geschützten Plätzen Winterschlaf halten und so kaum Energie verbrauchen. Größere Säuger wie der Dachs schlafen die meiste Zeit, wachen aber sofort auf, wenn sie gestört werden. Dieses Winterdösen verbraucht eine beträchtliche Menge Energie. Während des echten Winterschlafs werden Kreislauf und Stoffwechsel so stark gedrosselt, daß die Körpertemperatur von 32°C auf 4°C zurückgeht. Puls und Atmung sind dann kaum noch wahrnehmbar. Im Winterschlaf atmet ein Igel nur noch alle sechs Minuten. Obwohl damit der Energieverbrauch drastisch eingeschränkt wird, müssen die Langschläfer sich gehörige Körperfettreserven anfressen, bevor der kräftezehrende Winter beginnt. Haselmäuse sehen dann wie Fellkugeln aus. Manche Schafe deponieren ihre Körpervorräte im fettangereicherten Schwanz. Fast sieht es so aus, als ob nicht die beginnende Winterkälte, sondern die angefressenen Fettpolster den Winterschlaf auslösen. Denn Tiere in warmen Räumen beginnen mit ihrem Winterschlaf zur gleichen Zeit wie ihre Artgenossen in der eisigen Natur. Ein Winterschläfer kann weggetragen werden, ohne daß er aufwacht, doch wenn seine Körpertemperatur so weit absinkt, daß er erfrieren würde, beginnt automatisch ein heftiges Zittern; notfalls muß er durch Bewegung die nötige Mindestwärme aktivieren. Wenn der Frühling naht, räkelt sich der Winterschläfer und geht heißhungrig auf Nahrungssuche, um seinen enormen Gewichtsverlust wieder auszugleichen.

Tierwanderungen als Instinktverhalten, *S. 228/229* **Ökosystem Arktis (Winter),** *S. 306/307* **Ökosystem Antarktis,** *S. 308/309*

Eiszeit oder Warmzeit

Klimaveränderungen und ihre Ursachen

Im Laufe der Erdgeschichte hat sich das Klima immer wieder drastisch verändert. Es wurde wärmer oder kälter und damit oft auch feuchter oder trockener. Diese weltweiten Klimaveränderungen auf unserem Globus dürfen nicht mit kleinräumigen Verschiebungen des Klimas verwechselt werden. Das Klima wird von so vielen Faktoren beeinflußt, daß es meist nicht möglich ist, selbst für die Gegenwart klar zu erkennen, wie es letztlich entsteht und sich weiter verändern wird. Wir Menschen sind abhängig von der Sonnenwärme, zuviel oder zuwenig wäre katastrophal für unseren Planeten.

Entscheidend für das globale Klima sind Veränderungen in der Intensität der Sonnenstrahlung. Auch die veränderliche Entfernung zwischen Sonne und Erde ist von Bedeutung. Doch was geschieht mit der Sonnenenergie, die unseren Planeten erreicht?

Ein großer Anteil wird sofort in den Weltraum zurückgestrahlt, sonst würde die Erde stark überhitzt. Regional wird das Klima durch eine Vielzahl von erdgebundenen Faktoren modifiziert: Je höher und wolkenreicher, um so kühler, aber auch feuchter wird es. Im Lee hinter den Gebirgen kann es wüstenhaft trocken sein. Warme oder kalte Meeresströmungen, stetige Winde und durch Vulkane verursachte Verunreinigungen können Wetter und Klima gravierend beeinflussen. Nicht erst seit dem 20. Jahrhundert verändert auch der Mensch das Klima.

Das Klima der Vergangenheit

Während der letzten 2 Millionen Jahre pendelte das globale Klima zwischen Eiszeiten und Warmzeiten, in denen die Jahresmitteltemperaturen sogar um einige Grade höher lagen als heute. Dieser Zeitraum, Pleistozän genannt, bescherte der Erde ein halbes Dutzend Eiszeiten, in denen große Gebiete Eurasiens und Nordamerikas unter einem über 2 000 m hohen Eispanzer begraben wurden. Tiere und Pflanzen mußten jeweils einige zehntausend Jahre warten, bis das Inlandeis wieder abgeschmolzen war und diese Gebiete erneut zugänglich wurden. Während der Kaltzeiten sanken die Jahresmitteltemperaturen um 10 – 14°C. Erst vor etwa 10 000 Jahren endete die letzte Kälteperiode, und die wärmere Jetztzeit, das Holozän, begann. Der Wärmeanstieg vollzog sich aber keineswegs kontinuierlich, vielmehr gab es ein Wechselbad von Wärme- und Kälteperioden. So waren die Sommertemperaturen vor 3 000 bis 5 000 Jahren um 2 - 3°C höher als heute.

Dagegen waren die Winter vom Ende des 15. Jahrhunderts bis etwa 1850 grimmig kalt, und erhöhte Schneefälle ließen die Gletscher in der sogenannten »Kleinen Eiszeit« anwachsen. Die Temperaturen in Europa fielen um 1 – 2°C. Noch immer sind die eigentlichen Ursachen für Klimaschwankungen umstritten. Unterschiedliche Sonnenaktivität, zyklische Veränderungen der Erdbahn um die Sonne, kosmische Staubwolken oder vulkanische Verunreinigungen der Atmosphäre wären mögliche Auslöser. Momentan scheint die Erde sich zu erwärmen. Die Gletscher schmelzen zurück, der Meeresspiegel steigt – eine natürliche Entwicklung, die der Mensch unterstützt.

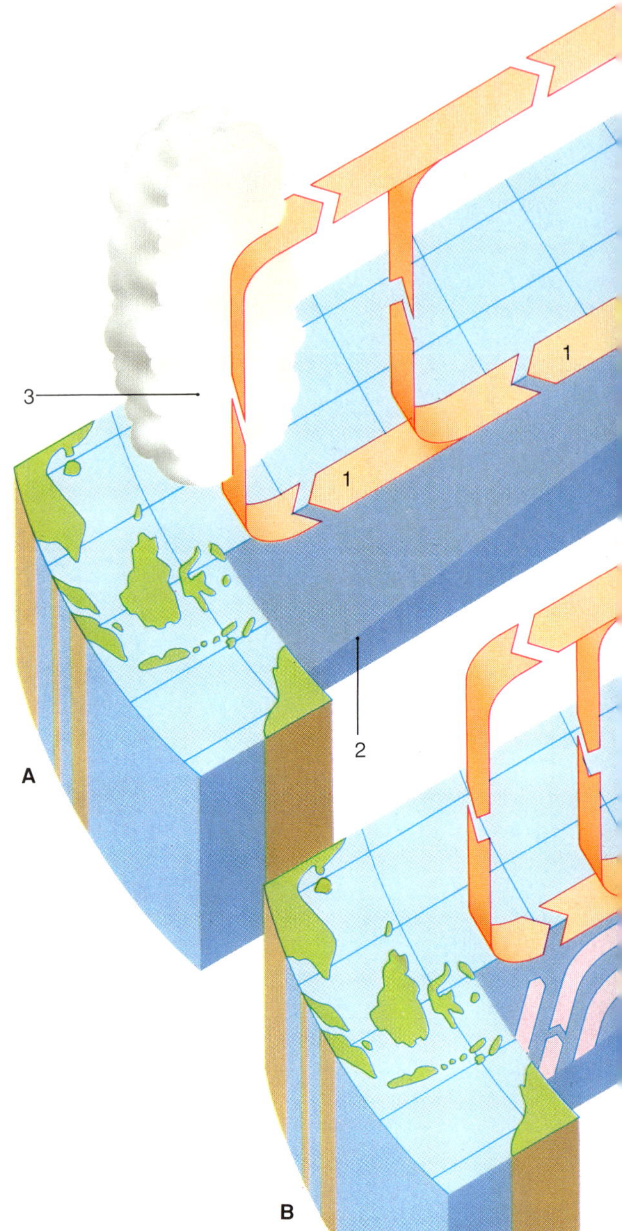

Die jeweilige Land-Meer-Verteilung kann zusammen mit den vorherrschenden Winden das globale Klimamuster lokal stark abwandeln. [A] Die Passatwinde des Pazifischen Ozeans wehen in Äquatornähe normalerweise von Ost nach West (1). Sie treiben sonnenerwärmtes Oberflächenwasser in das nördlich Australiens gelegene Meeresbecken. Dadurch wird hier die Temperaturgrenze zwischen dem wärmeren Oberflächenwasser und dem kälteren Tiefenwasser nach unten verlagert (2). In der über dem warmen Wasser aufsteigenden Luft bilden sich Cumuluswolken (3), aus denen während der sommerlichen Regenzeit heftige Schauer niederprasseln. An der Westküste Südamerikas dagegen gelangt kaltes, nährstoffreiches Tiefenwasser an die Oberfläche (4).

Alle 3 – 5 Jahre wird dieses klimatische Muster etwa in der Weihnachtszeit umgekehrt [B]. Dieses Ereignis wird daher El Niño (span. »Junge«) genannt.

Klimainseln

Innerhalb der globalen Klimaregionen gibt es zahlreiche kleingekammerte Klimainseln. Wälder und Felder, Seen und Flüsse, Parks und Gärten, Städte und Industriegebiete haben ihre besonderen Klimaeigenarten, die stark vom sogenannten Makroklima abweichen können. In den Städten gibt es viele künstliche Wärmequellen wie Schornsteine und Klimaanlagen. Die Steinwände der Gebäude saugen die Sonnenwärme auf und wirken wie eine Wärmflasche. In den Straßenschluchten werden die reflektierten Sonnenstrahlen hin und her geworfen. Kein Wunder, daß die Zentren von Großstädten (1) mehrere Grad wärmer sind als das besser durchlüftete Umland (2). Kühle Luft, die von dort ins Stadtzentrum strömt (3), läßt die erhitzte Stadtluft aufsteigen (4). Sie reißt Staubpartikel mit, die sich in einer Dunstglocke über der Stadt konzentrieren. Vorbeiziehende Regenwolken werden von der wärmeren Luft abgelenkt (5) und können in bestimmter Höhe lokale Schauer zur Folge haben.

Siehe auch: **Eiszeiten,** *S. 38/39* **Regenbogen, Halo, Fata Morgana,** *S. 66/67* **Ozonschicht,** *S. 68/69* **Wetter,** *S. 70/71* **Regen, Schnee und Hagel,** *S. 76/77*

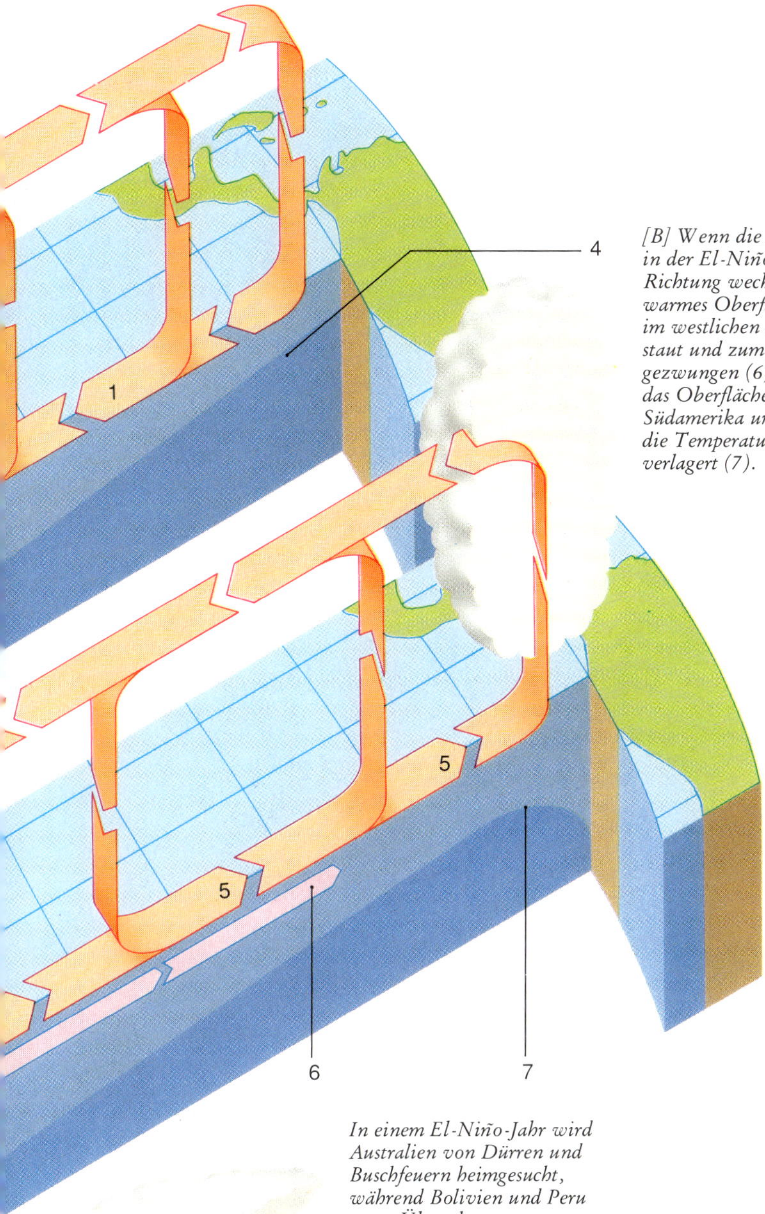

[B] Wenn die Passatwinde in der El-Niño-Zeit ihre Richtung wechseln (5), wird warmes Oberflächenwasser im westlichen Pazifik aufgestaut und zum Zurückfließen gezwungen (6). So heizt sich das Oberflächenwasser vor Südamerika um 2 – 3°C auf, die Temperaturgrenze wird verlagert (7).

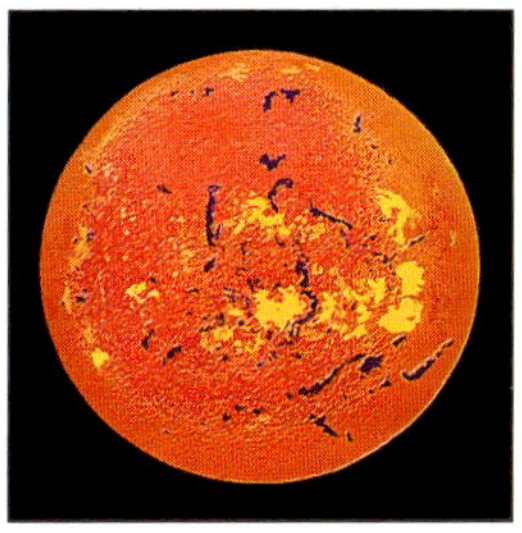

Die Sonnenaktivität (links) ändert sich in einem 11jährigen Zyklus, was durch eine Zunahme der Sonnenflecken angezeigt wird. In solchen Zeiten schleudert die Sonne geladene Partikel in den Weltraum, die die obere Erdatmosphäre bombardieren und großen Einfluß auf das Wetter haben.

Der Mensch verändert das Klima

Schon vor 8 000 Jahren, als die Ackerkulturen sich entwickelten, wurde der Mensch zum Klimafaktor. Die Helligkeit der Ackerflächen erhöhte die Sonnenreflektion der Erdoberfläche bis heute um ca. 10 % und verringerte so die nacheiszeitliche Erwärmung um 1°C. Seit dem 19. Jahrhundert haben Treibhausgase die Temperatur global um gut 0,5°C erhöht. Die Zunahme dieser Gase, hauptsächlich Kohlendioxid und Methan, verringert die Wärmeabstrahlung in den Weltraum und erhöht so die Oberflächentemperaturen der Erde. Das Kohlendioxidgas entsteht bei der Verbrennung fossiler Brennstoffe wie Kohle, Öl und Erdgas. Methan wird von der großen Anzahl der Haustiere, aber auch von der explosionsartig zunehmenden Menschheit freigesetzt. Zudem werden immer mehr kühlende Waldflächen in wärmespeichernde Städte, Straßen und sonstige versiegelte Areale verwandelt. Aus tropischem Regenwald wird ausgedörrtes Ödland.

In einem El-Niño-Jahr wird Australien von Dürren und Buschfeuern heimgesucht, während Bolivien und Peru unter Überschwemmungen leiden. Das warme Wasser vor Südamerika unterdrückt das nährstoffreiche kalte Wasser, was für die heimische Fischindustrie katastrophale Folgen hat.

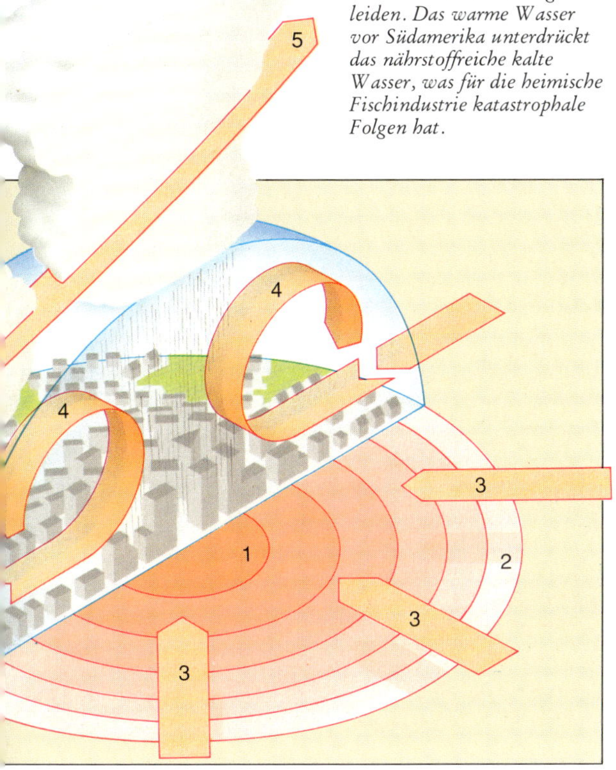

[C] Das globale Klimasystem wird von vielen Prozessen beeinflußt. Sonnenwärme wird von Land, Meer und Eis reflektiert oder in die Atmosphäre zurückgestrahlt (rosa Pfeile). Die Ozeane transportieren Wärme über große Distanzen (lila Pfeile). Kohlendioxid wird von den Pflanzen aufgenommen und als Kalkstein abgelagert. Es wird mit der Luft ausgeatmet und entsteht beim Verbrennen fossiler Brennstoffe (grüne Pfeile). Wasser verdunstet und fällt als Niederschlag herab (blaue Pfeile). Klimavorhersagen sind bis heute fast unmöglich.

Treibhauseffekt, *S. 86/87* **Luftverschmutzung,** *S. 336/337*

Gefährliches Glashaus

Ursachen und Wirkungen des Treibhauseffekts

Gäbe es in der Atmosphäre keinen Wasserdampf und kein Kohlendioxid (CO_2), würde die Erde bei einer Jahresmitteltemperatur von –18°C zur Eiskugel erstarren. Wie eine isolierende Decke halten diese Gase die Sonnenwärme zurück und sichern uns so die angenehme Mitteltemperatur von +15°C, die das Leben auf der Erde braucht. Wenn wir den CO_2-Gehalt allerdings durch die Verbrennung fossiler Brennstoffe immer weiter ansteigen lassen und zusätzlich noch andere Gase mit ähnlicher Wirkung in der Atmosphäre anreichern, könnten katastrophale Klima- und Umweltveränderungen die Folge sein.

Wenn die schlimmsten Vorhersagen eintreffen, kann die globale Mitteltemperatur in den nächsten Dekaden um 2 – 3°C ansteigen. So warm war es nur in den Warmzeiten des Pleistozäns. Aber bis heute kann niemand eindeutig sagen, ob die augenblicklichen Erwärmungstendenzen wirklich den Beginn eines anderen Klimas bedeuten. Wir können nur hoffen, daß die 80er und 90er Jahre mit ihrem ungewöhnlich warmen Wetter eine normale, zyklische Klimaperiode von kurzer Dauer repräsentieren. Die warnenden Stimmen vieler Wissenschaftler sollten jedoch nicht ungehört bleiben.

Erderwärmende Gase

Zu den sogenannten Treibhausgasen, die das kurzwellige Sonnenlicht durchlassen, die Wärmestrahlen aber zur Erde reflektieren, ähnlich wie die Glasscheiben eines Gewächshauses, gehört inzwischen auch eine Reihe vom Menschen produzierter Gase, etwa das Methan, das Mensch und Haustiere abgeben. Industrieanlagen und Kraftfahrzeuge sind für zunehmende Gehalte an Stickoxiden in der Luft verantwortlich. Auch die an der Zerstörung der Ozonschicht beteiligten Fluorchlorkohlenwasserstoffe, kurz FCKW genannt, zählen dazu. Es ist schwer abzuschätzen, wie stark diese Schadstoffe bis zur Mitte des nächsten Jahrhunderts zunehmen werden. Aber eines scheint sicher: Wenn nicht per Gesetz eingegriffen wird, dürfte der Gehalt an atmosphärischen Stickoxiden um 50 % anwachsen und das atmosphärische

[A] Die Sonnenenergie gelangt als Infrarotstrahlung, sichtbares Licht und UV-Licht auf die Erde (1). Etwa ein Drittel wird wieder in den Weltraum zurückgeworfen: von der Atmosphäre rd. 25 % (2) und von der Erdoberfläche rd. 5 % (4). Die Atmosphäre und die Wolken schlucken rd. 25 % (3), so daß nur 45 % die Erdoberfläche erreichen (5). Mit aufsteigender Luft (6) und mitgeführtem Wasserdampf (7) gibt die Erde Energie wieder ab.

[C] Da die natürlichen Vegetationszonen eng mit den Klimazonen verknüpft sind, könnten sie sich auf der Nordhalbkugel bis zu 1 100 km nordwärts verlagern. Nadelwälder würden dann von Laubwäldern verdrängt. In Süddeutschland wäre mit mediterranen Sommern zu rechnen. Die allgemeine Erwärmung würde sich regional unterschiedlich auswirken. Temperaturerhöhungen für das Jahr 2050 wurden mit Computermodellen errechnet.

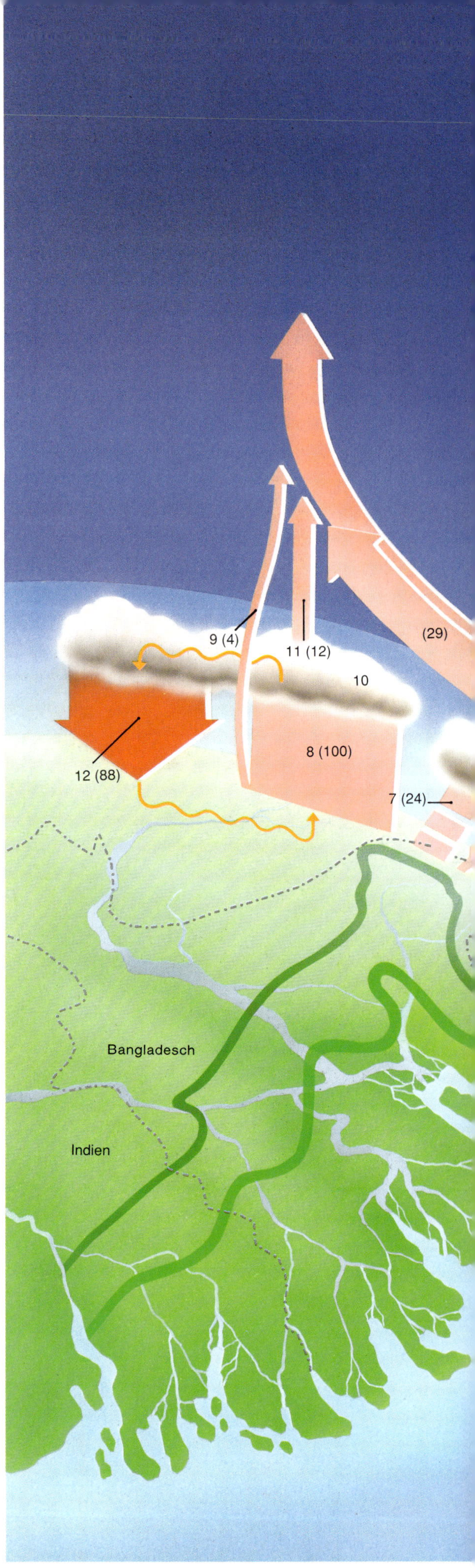

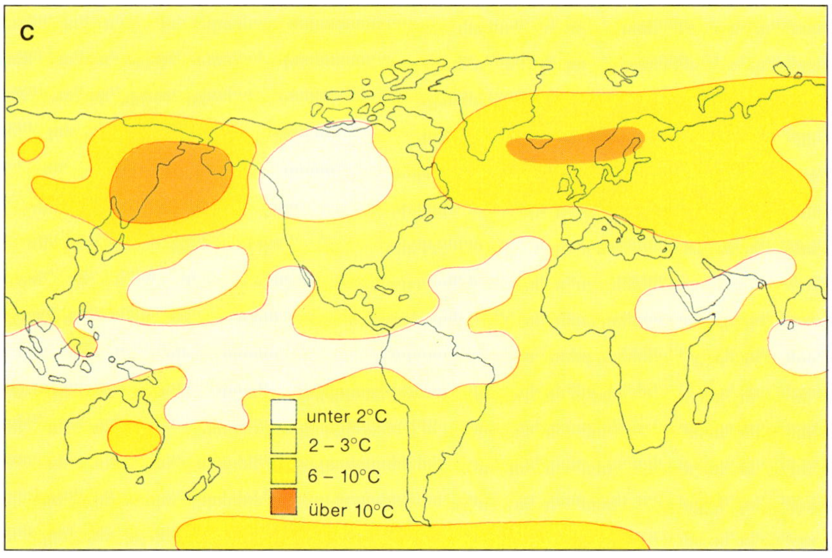

Siehe auch: **Eiszeiten,** *S. 38/39* **Atmosphäre,** *S. 64/65* **Ozonschicht,** *S. 68/69* **Wetter,** *S. 70/71* **Klimaveränderungen,** *S. 84/85*

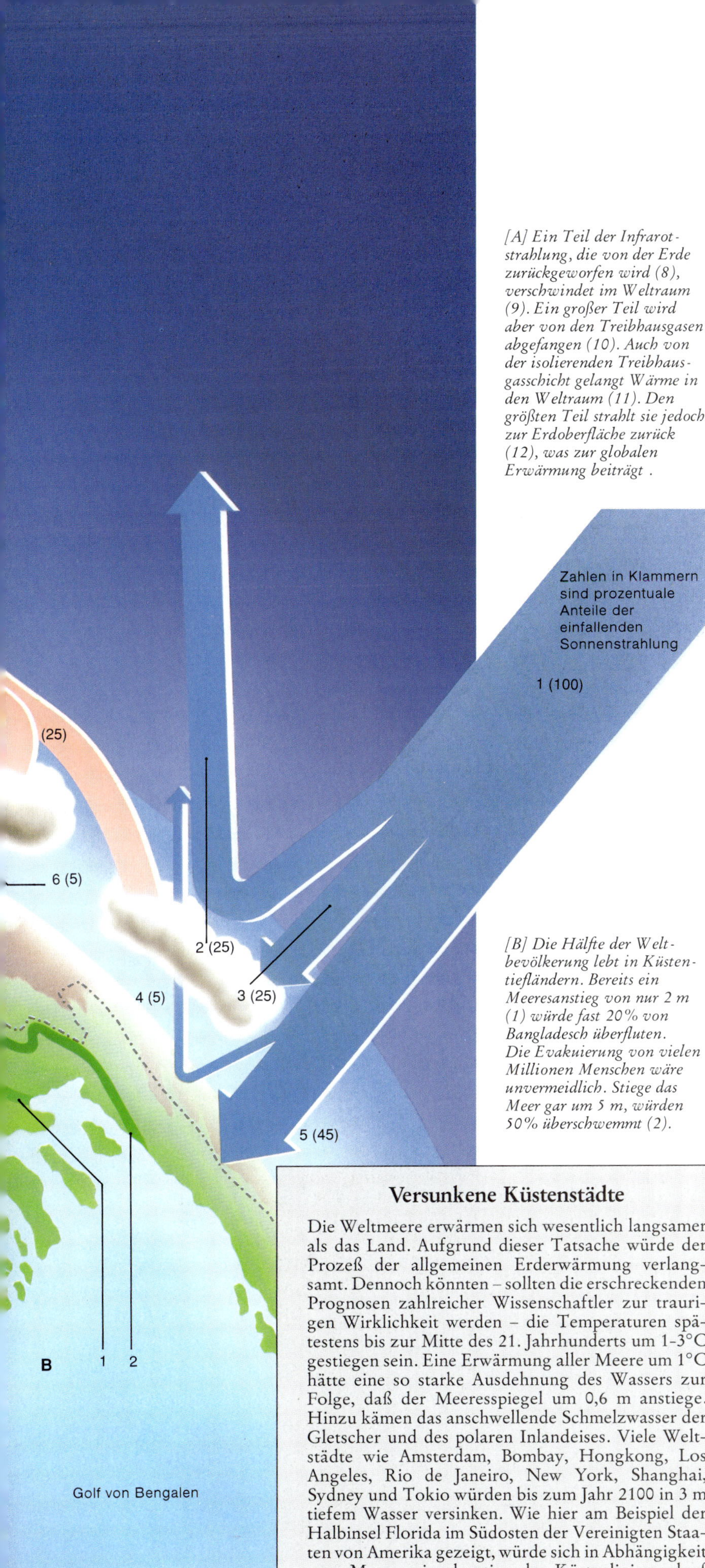

[A] Ein Teil der Infrarotstrahlung, die von der Erde zurückgeworfen wird (8), verschwindet im Weltraum (9). Ein großer Teil wird aber von den Treibhausgasen abgefangen (10). Auch von der isolierenden Treibhausgasschicht gelangt Wärme in den Weltraum (11). Den größten Teil strahlt sie jedoch zur Erdoberfläche zurück (12), was zur globalen Erwärmung beiträgt .

[B] Die Hälfte der Weltbevölkerung lebt in Küstentiefländern. Bereits ein Meeresanstieg von nur 2 m (1) würde fast 20% von Bangladesch überfluten. Die Evakuierung von vielen Millionen Menschen wäre unvermeidlich. Stiege das Meer gar um 5 m, würden 50% überschwemmt (2).

Methan sich verdoppeln. Neben dem Wasserdampf, der zu 67 % am Treibhauseffekt beteiligt ist, kommt dem Kohlendioxid mit 25 % besondere Bedeutung zu. Allein durch die Verbrennung fossiler Brennstoffe werden 40 000 t CO_2 pro Minute freigesetzt. Hinzu kommt die Brandrodung tropischer Wälder. Jeder Hektar verbrennenden Tropenwaldes erzeugt 700 t CO_2. Außerdem können die vernichteten Pflanzen kein CO_2 aus der Luft mehr binden. Bohrproben aus über 100 000 Jahre altem Polareis zeigten eine drastische Zunahme der CO_2-Gehalte. Fast 100 000 Jahre lang lagen die Werte zwischen 180 und 280 ppm (1 ppm = 10^{-4} %), heute erreichen sie fast 350 ppm, und für das Jahr 2030 hat man 560 ppm errechnet. Sollte diese Prognose wahr werden, würde die Jahresmitteltemperatur unseres Planeten um 2 – 5°C ansteigen.

Warmer Regen statt Schnee und Eis

Wenn die Erdtemperatur wirklich erheblich stiege, würden die Polargebiete stärker erwärmt als die Tropen. Am deutlichsten dürften sich die Veränderungen in den Übergangsjahreszeiten Frühling und Herbst auswirken. Die Erwärmung der tropischen Ozeane würde die Intensität, die Häufigkeit und räumliche Verbreitung der tropischen Wirbelstürme stark verändern. Die Verlagerung der Luftmassengrenzen würde regenbringende Zyklone polwärts verschieben. Die Ernten in den USA, Europa und den Ländern der ehemaligen Sowjetunion würden geringer. Das günstigere Klima in Alaska, Kanada, Skandinavien und Sibirien würde dort bessere Anbaumöglichkeiten schaffen. Allerdings würden die ärmeren Böden die Erträge dennoch niedrig halten. Vielleicht wäre das arktische Polarmeer im Sommer eisfrei. Die Gebirgsgletscher und das grönländische und antarktische Inlandeis könnten teilweise abschmelzen und so den Meeresspiegel ansteigen lassen. Diese schweren Auswirkungen des Treibhauseffekts, verstärkt durch das in jüngster Zeit schneller als erwartet wachsende Ozonloch, geben Anlaß zur Besorgnis.

Versunkene Küstenstädte

Die Weltmeere erwärmen sich wesentlich langsamer als das Land. Aufgrund dieser Tatsache würde der Prozeß der allgemeinen Erderwärmung verlangsamt. Dennoch könnten – sollten die erschreckenden Prognosen zahlreicher Wissenschaftler zur traurigen Wirklichkeit werden – die Temperaturen spätestens bis zur Mitte des 21. Jahrhunderts um 1-3°C gestiegen sein. Eine Erwärmung aller Meere um 1°C hätte eine so starke Ausdehnung des Wassers zur Folge, daß der Meeresspiegel um 0,6 m anstiege. Hinzu kämen das anschwellende Schmelzwasser der Gletscher und des polaren Inlandeises. Viele Weltstädte wie Amsterdam, Bombay, Hongkong, Los Angeles, Rio de Janeiro, New York, Shanghai, Sydney und Tokio würden bis zum Jahr 2100 in 3 m tiefem Wasser versinken. Wie hier am Beispiel der Halbinsel Florida im Südosten der Vereinigten Staaten von Amerika gezeigt, würde sich in Abhängigkeit vom Meeresspiegelanstieg der Küstenlinienverlauf stark verändern.

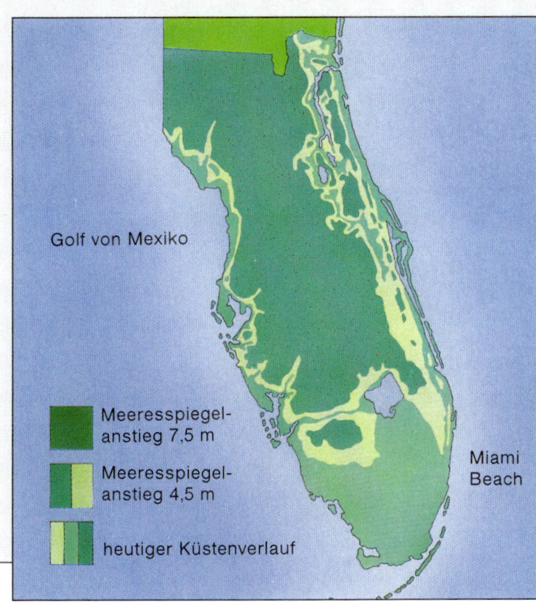

3
Evolution und Anpassung

Die Geschichte des Lebens auf der Erde ist lang. Viele Millionen Jahre hat es gedauert, bis den ersten primitiven Lebensformen immer größere und weiter entwickelte folgten. Die Evolution vollzog sich langsam mit vielen Rückschlägen. Pflanzen- und Tierarten entstanden, setzen sich erfolgreich durch oder mußten besser angepaßten Arten weichen. Im Laufe der Zeit vergrößerte sich die Zahl und die Formenvielfalt immer mehr. Jeder Lebensraum mit seinen speziellen Bedingungen wurde von daran angepaßten Lebewesen bevölkert. Trotz ihrer so unterschiedlichen Ausgestaltung, ob Alge oder Baum, Biene oder Elefant, basieren die Lebewesen auf einer gleichen Grundstruktur: der Zelle mit ihren Organellen und vor allem dem Zellkern, der alle entscheidenden Informationen enthält. Hier werden die Eigenschaften, die dem Organismus ein Überleben sichern, gespeichert und an die Nachkommen weitergegeben.

Das größte Experiment aller Zeiten

Wie das Leben begann

Niemand weiß, was die ersten Anfänge dessen, was wir »Leben« nennen, vor etwa 4 Milliarden Jahren im Urozean auslöste. Bis heute ist rätselhaft geblieben, wie aus anorganischer Materie die Vorstufen einzelliger Organismen enstehen konnten. Das erste Leben kam jedenfalls unter äußerst unwirtlichen Bedingungen zustande. Die Urerde war durch hohe UV-Einstrahlung, ständige Vulkanausbrüche, heftige Stürme und eine lebensfeindliche Atmosphäre aus Wasserstoff, Methan, Ammoniak und Wasserdampf gekennzeichnet. Daher mußten noch 2 Milliarden Jahre vergehen, bis sich komplexere Zellen entwickeln konnten.

[A] Die ersten einfachen Zellen entstanden vor etwa 3,5 Milliarden Jahren. Sie dürften das Ergebnis spontaner Molekülaggregation gewesen sein. Ein entscheidender weiterer Schritt zur komplexen Zelle war die Entwicklung einer begrenzenden äußeren Membran, weil sie den ersten »selbst-replizierenden« Molekülen dazu verhalf, Umwelteinflüsse zu kontrollieren. Bei der künstlichen Erhitzung von Aminosäure-Gemischen bilden sich kleine Proteinkügelchen (Mikrosphären). Dies deutet darauf hin, daß sie an den ersten Schritten zum Leben beteiligt waren.

Für alle Lebewesen ist kennzeichnend, daß sie aus kohlenstoffhaltigen organischen Molekülen bestehen und fähig sind, sich fortzupflanzen. Diese typischen Merkmale des Lebens müssen sich zuerst in einfachen »molekularen Systemen« im Urozean etwa 600 Millionen Jahre nach der Entstehung der Erde entwickelt haben.

Gewisse Anhaltspunkte, wie die ersten organischen Moleküle entstanden sein könnten, liefern uns Laborversuche. Doch bis heute konnten nur wenige der einfacheren Bausteine des Lebens, wie z.B. Aminosäuren als Grundeinheiten aller Eiweißketten, in solchen Versuchen hergestellt werden. Man geht davon aus, daß sich einfache organische Moleküle im Urozean anreicherten und eine »Ursuppe« bildeten, in der unter dem Einfluß der Sonnenwärme langkettige Moleküle wie Nucleinsäuren, Proteine, Fette oder Kohlehydrate entstanden. Schließlich müssen hochkomplexe Moleküle die »Fähigkeit« entwickelt haben, Informationen über ihre eigene Struktur zu speichern

[C] In den 50er Jahren führten S. Miller und H. Urey Experimente durch, in denen die Atmosphäre der Urerde vor etwa 4 Milliarden Jahren simuliert wurde. Dies sollte klären, ob unter solchen Bedingungen einfache organische Moleküle als Vorläufer des Lebens entstehen konnten. Aus kochendem Wasser (1) wurde heißer Wasserdampf erzeugt, dieser wurde in einem Reaktionsgefäß mit Wasserstoff, Methan und Ammoniak gemischt (2) und (mit Blitzen vergleichbaren) elektrischen Entladungen ausgesetzt (3). Nach Abkühlung kondensiert (4) und sammelt sich um das U-Rohr der Apparatur eine Flüssigkeit, die schon Grundbausteine aller lebenden Zellen enthält: einfach gebaute Aminosäuren, Nucleotide, Zucker und Fettsäuren. Sie könnten sich durch Polymerisation zu größeren langkettigen Molekülen vereinigt haben. Allerdings wird bei der Verbindung zweier Aminosäuren jeweils ein Wassermolekül abgespalten, so daß diese Reaktion nicht spontan im Urozean abgelaufen sein kann, sondern nur unter hoher Wärmeenergiezufuhr. Sind Polymere aber erst einmal vorhanden, können weitere Polymere entstehen. Vielleicht wurden in Millionen von Jahren einige Polymere schließlich selbst-replizierende Moleküle, die Urstoffe des Lebens.

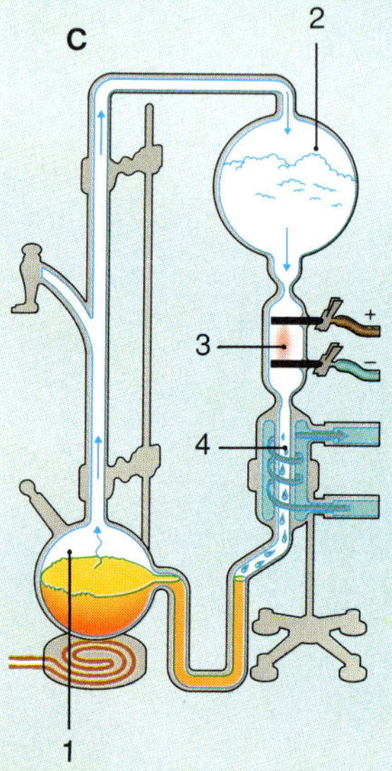

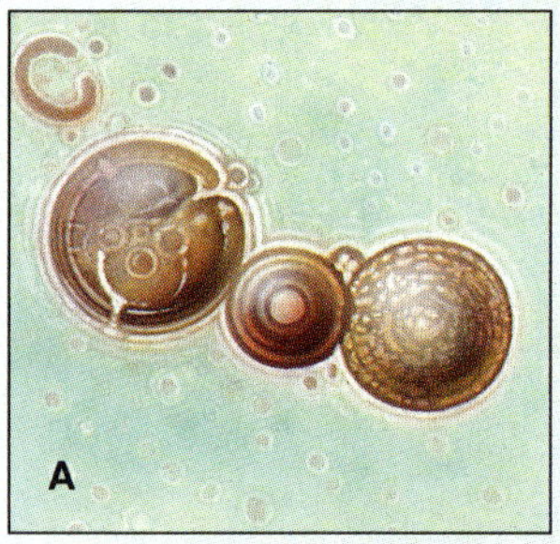

[B] Vor 4,6 Milliarden Jahren verdichtete sich eine Wolke kosmischen Staubs zum Planeten Erde. Für jegliches Leben jedoch wäre die Erde damals noch völlig ungeeignet gewesen, denn die Uratmosphäre enthielt noch keinen Sauerstoff, sondern hauptsächlich Wasserstoff, Ammoniak, Methan und Wasserdampf, und sie bot noch keinen Schutz gegen die lebensfeindliche UV-Strahlung der Sonne. Gewitterstürme, Vulkanausbrüche und Meteoriteneinschläge waren an der Tagesordnung. Aber gerade diese Vorgänge lieferten die Energie, die für die Evolution des Lebens nötig war.

Siehe auch: Versteinerung und Einschluß, *S.28/29* Pflanzliche Zellen, *S. 100/101* Tierische Zellen, *S. 102/103* Bakterien, *S.106/107*

und identisch zu reproduzieren. Welcher Art allerdings diese ersten sich selbst »fortpflanzenden« Molekülsysteme waren, weiß man nicht.

Die ersten Einzeller

Erste zellähnliche Formen könnten entstanden sein, indem sich wasserdichte fetthaltige Membranen zu Hohlkugeln formierten, sich um Gruppen sich selbst reproduzierender Moleküle legten und schließlich mit ihnen verschmolzen.

Fast zwei Milliarden Jahre lang stellten einzellige Organismen das einzige Leben auf der Erde dar. Überreste davon findet man heute manchmal als Spurenfossilien, Stromatolithen genannt – flach geschichtete Strukturen in Lagerstätten aus Kalk oder Dolomitgestein. Einige dieser frühen Zellen entwickelten die Fähigkeit zur Photosynthese, wobei sie Sauerstoff als Abfallprodukt ausschieden. So konnte mit der Zeit eine sauerstoffhaltige Atmosphäre entstehen.

Der nächste Meilenstein der biologischen Evolution vor 1,5 Milliarden Jahren war die Entstehung hochentwickelter eukaryotischer Zellen, die bereits einen Kern und komplexe »Organzellen« im Cytoplasma besaßen. Daraus entwickelten sich dann die einzelligen Protozoen und Algen sowie alle vielzelligen Lebewesen.

Die Explosion des Lebens im Kambrium

Die ersten Spuren vielzelliger Lebewesen sind Abdrücke von wirbellosen Weichtieren wie Quallen oder Ringelwürmern. Sie finden sich in Gesteinen, die gegen Ende des Präkambrium vor 600 Millionen Jahren entstanden. Manche Wissenschaftler meinen, die präkambrische Fauna mit ihrer außergewöhnlichen Bauplanorganisation stelle ein fehlgeschlagenes Experiment der Evolution dar.

In der Regel bleiben nur Hartteile von Organismen fossil erhalten, also Muschelschalen, Flügeldecken, nadelartige Fortsätze oder in späteren Zeiten schließlich Knochen. Daher ist der Fossilbericht sehr lücken- und bruchstückhaft und enthält selten Überreste der vielen Weichtiere oder auch Algen, die existiert haben müssen. Wirbellose Tiere mit Hartteilen tauchten dann massenhaft zu Beginn des Kambrium auf – jenem Erdzeitalter, in dem in den Ozeanen explosionsartig tierisches Leben entstand.

[D] Die Fossilien des Burgess-Schiefer-Gesteins aus Britisch Kolumbien (Kanada) bieten einen faszinierenden Einblick in die Welt uralter mariner Organismen. Sie lebten während der explosiven Entfaltung von Lebewesen im Zeitalter des Kambrium vor 570 Millionen Jahren. In Gesteinsformationen dieses Erdzeitalters tauchen schon Vorfahren fast aller heutigen Tiergruppen auf. Etwa 90% der damaligen Organismen starben allerdings wieder aus, wodurch viele Bauplanmerkmale verlorengingen.

Anomalocaris (1) war mit über einem halben Meter Länge der größte Vertreter der Burgess-Schiefer-Fauna und ernährte sich mit seinen mächtigen, ringförmigen Kiefern von Trilobiten. Opabinia (2) war ein fremdartig anmutendes Tier mit einem bizarren Rüssel am Kopf. Marella (3) wurde als erster und häufigster Vertreter der Arthropoden im Burgess-Schiefer-Gestein gefunden. Besonders bemerkenswert ist das wurmähnliche Wesen Pikaia (4), der früheste bekannte Vertreter des Stammes der Chordata (Wirbeltiere), zu dem auch der Mensch gerechnet wird. Wiwaxia (5) war gepanzert und mit Stacheln bewehrt, die zum Schutz gegen Freßfeinde dienten. Hallucigenia (6) war vermutlich ein nicht-festsitzender Bodenbewohner und ernährte sich mit Hilfe seiner zahlreichen Tentakeln. Aysheaia (7) lebte wahrscheinlich als Parasit auf urtümlichen Schwämmen am Meeresgrund.

Beherrscher der Erde

Die Entwicklung der Tiere zum Leben auf dem Land

Vor 440 Millionen Jahren krochen die ersten Gliederfüßer aus dem Wasser an Land und begannen ein neues Kapitel in der Evolution der Tierwelt. Millionen Jahre später entstanden die mächtigen Dinosaurier. Bis zu ihrem mysteriösen Aussterben beherrschten sie 140 Millionen Jahre lang die Erde. Sie entwickelten eine große Vielfalt – enorm schwerfällige Pflanzenfresser wie den Brachiosaurus, 30 Meter lang und 80 Tonnen schwer, agile rattenartige Reptilien, aus denen später die Säugetiere hervorgingen, oder Tiere wie den fliegenden Pterodactylus und den furchteinflößenden Tyrannosaurus.

Vor rund 520 Millionen Jahren zu Beginn des Kambrium waren innerhalb von 50 Millionen Jahren die Vertreter der wichtigsten Tiergruppen erschienen. Diese explosionsartige Ausbreitung tierischen Lebens blieb jedoch bis zum Ende des Kambrium (vor rund 500 Millionen Jahren) an das Wasser gebunden. Die ersten Lebensformen an Land waren Algen, Flechten und Bakterien, die sich an den Rändern flacher Tümpel ausbreiteten. Diese einfache Vegetation wurde von den ersten luftatmenden Landtieren besiedelt – kleine, den Tausendfüßern ähnliche Gliederfüßer, die ein hartes äußeres Skelett vor dem Austrocknen bewahrte.

Das erste Tier mit einer Wirbelsäule, ein Fisch, entstand in den Ozeanen des Ordovizium (vor 470 Millionen Jahren). Eine Linie dieses Fisches mit einem knochenartigen Skelett entwickelte Lungen und »Beine«, die stark genug waren, ihn an Land zu tragen. Sie waren der Ursprung der ersten vierbeinigen Wirbeltiere – der Amphibien, von denen sich alle späteren Wirbeltiere ableiten.

Die ersten Amphibien, die sich aus ihrer Süßwasser-Umgebung lösten, fanden tiefliegende, sumpfige und offene Wälder aus baumgroßem Schachtelhalm und Bärlapp, Lebermoos und anderen kleinen Pflanzen vor. Reptilien entstanden aus einer dieser Amphibiengruppen. Auf dem Land entwickelten sie sich weiter, verbreiteten sich in jeden verfügbaren Lebensraum und nutzten jede ökologische Nische. Sie paßten sich an unterschiedliche Lebensweisen an, gingen als Pterodactylus in die Lüfte und beherrschten eine Zeit lang sogar das Meer, wie Plesiosaurus, Ichthyosaurus und andere Formen.

Das Mesozoikum, das vom Ende des Perm (vor 250 Millionen Jahren) bis zum Ende der Kreidezeit (vor 65 Millionen Jahren) reicht, wird oft das Zeitalter der Reptilien genannt. Als die reptilartigen Dinosaurier in den Vordergrund traten, erschienen auch die ersten Säugetiere, sie blieben jedoch für Millionen von Jahren klein und unscheinbar.

Entstanden, um auszusterben

In der Geschichte der Evolution sind viele Arten neu entstanden, und zahlreiche Tiere und Pflanzen sind verschwunden und ausgestorben, so daß die vielen Millionen heutiger Arten lediglich einen kleinen Teil aller Lebewesen repräsentieren, die jemals existiert haben. Der Prozeß des Aussterbens verläuft jedoch nicht immer gleichförmig. In der Evolution hat es zahlreiche Perioden des verstärkten Aussterbens gegeben – eine große Zahl von Arten wurde während eines in geologischer Rechnung kurzen Zeitraums ausgelöscht. Eines dieser Massensterben vollzog sich am Ende des Perm, als schätzungsweise 96 % aller wasserlebenden Arten ausstarben. Das bekannteste Beispiel für ein Massensterben findet sich jedoch gegen Ende der Kreidezeit, als die Dinosaurier und viele andere Arten aus den Annalen verschwanden.

Die naheliegendste Erklärung für den Untergang der Dinosaurier ist, daß sich die Klimaverhältnisse auf der Erde dramatisch veränderten und es zu einer starken Abkühlung kam. Man vermutet, daß durch den Aufprall eines Meteoriten große Staubwolken in die Atmosphäre gelangten, die die Sonneneinstrahlung erheblich abschwächten. Dinosaurier verfügten nicht, wie etwa die Säugetiere, über ein ausgeklügeltes System, die Körpertemperatur konstant zu halten, und konnten deshalb einem solchen Klimawechsel nicht standhalten. Auch andere Massenaussterben sind vermutlich auf Klimaveränderungen zurückzuführen.

Darwins Theorie der »natürlichen Selektion« geht davon aus, daß sich Mitglieder derselben Art genetisch voneinander unterscheiden können. Diese Unterschiede können manchen Individuen im Überlebenskampf einen Vorteil bringen, so daß sie besser angepaßt sind und sich dann auch besser fortpflanzen können. Wenn sie ihre besondere Anpassung weitervererben, wird diese immer weiter verbreitet. Geschieht dies nacheinander mit mehreren Merkmalen, bilden und addieren sich neue Charakteristika einer Population über zahlreiche Generationen. Sind Individuen nicht mehr in der Lage, sich mit den anderen, nicht angepaßten fortzupflanzen, dann hat sich eine neue Art gebildet. Unterschiedliche Abstammungslinien entwickeln sich von einem gemeinsamen Vorfahren, wenn die Nachkommen sich sowohl voneinander als auch von ihrem Urahn unterscheiden. Für die Ausbildung neuer Merkmale sind vor allem Mutationen (Veränderungen der Erbsubstanz DNS) verantwortlich. Die DNS mutiert entweder auf natürlichem Wege, weil sie sich selbst falsch kopiert, oder durch Strahlung oder chemische Einwirkung. Die meisten Mutationen sind nicht vorteilhaft und rufen Krankheiten und Mißbildungen hervor (rechts).

1 Drepanaspis (kieferloser Fisch)
2 Platysomus (Strahlenflosser, Fisch)
3 Eusthenopteron (Amphibien-Vorstufe)
4 Ichtyostega (frühes Amphib)
5 Diadectes (frühes Amphib)
6 Meganeura (prähistorisches Insekt)
7 Pareiasaurus (primitives Reptil)
8 Icarosaurus (flugfähiges Reptil)
9 Thrinaxodon (säugetierähnliches Reptil)
10 Archaeopteryx (flugfähiges Reptil)
11 Tyrannosaurus (größter fleischfressender Dinosaurier)

Siehe auch: Entstehung des Lebens, *S. 90/91* Evolution der Warmblüter, *S. 94/95*

Im Devon brachten Knochenfische mehrere unterschiedliche Gruppen hervor. Ausgestorbene Plattenhäuter (Placodermi) schwammen neben strahlenflossigen Fischen wie Platysomus, die bis heute überlebt haben. Fische mit lappenartigen Flossenformen, beispielsweise Eusthenopteron, bildeten den Übergang zu luftatmenden Amphibien wie Ichthyostega. Die üppige Vegetation der Sümpfe im Karbon ernährte eine überwältigende Menge tierischen Lebens. Amphibien erkundeten die neue Umgebung, und einige von ihnen wurden zu Landbewohnern. Eine dieser Gruppen entwickelte die Fähigkeit, sich außerhalb des Wassers fortzupflanzen, indem sie Eier mit sehr harter Schale produzierte. Diese Gruppe wurde zu den Reptilien (das Suffix »saurus« deutet darauf hin). Die Tiere nahmen an Größe zu, und gewaltige Fleischfresser wie Diadectes ernährten sich von Pflanzenfressern wie Pareiasaurus. Insekten erhoben sich in die Lüfte und entwickelten sich zu Räubern wie den Riesenlibellen Meganeura. Im Trias begann das Zeitalter der Dinosaurier, Reptiliengruppen entstanden zu dieser Zeit, aus denen sich wiederum eine Gruppe zu warmblütigen Säugetieren entwickelte. Als die Dinosaurier größer wurden, setzten einige wie Kentrurosaurus Stacheln zur Verteidigung gegen Räuber ein; andere, darunter Compsognathus, verließen sich auf ihre Geschwindigkeit und entwickelten einen Gang auf zwei Füßen. Archaeopteryx war ein früher gefiederter Vogel aus dem Jura mit primitivem Flugvermögen. Er teilte sich den Himmel mit Pterodactylus. Zu Beginn der Kreidezeit lebten pflanzenfressende Saurier wie der Iguanodon. Sie ernährten sich von den gleichzeitig aufkommenden Höheren Pflanzen. In der späten Kreidezeit hatten die Dinosaurier dann ein breites Spektrum unterschiedlicher Formen ausgebildet.

Vererbung, *S. 96/97* **Genetische Information**, *S. 98/99* **Evolution der Fische**, *S. 124/125* **Evolution der Reptilien**, *S. 130/131*

Die Welt der Warmblüter

Die Entwicklungsgeschichte der Vögel und Säugetiere

In der Entwicklungsgeschichte der Lebewesen ist der Erfolg einer Tiergruppe häufig an den Mißerfolg einer anderen Gruppe gekoppelt. So war es auch vor 65 Millionen Jahren gegen Ende der Kreidezeit. Viele Millionen Jahre hatten die Dinosaurier die Welt beherrscht, ihr plötzliches Aussterben machte anderen Tieren den Weg frei, die über eine neue Eigenschaft verfügten: Vögel und Säugetiere waren in der Lage, sich durch die Aufrechterhaltung einer konstant warmen Körpertemperatur den unterschiedlichsten Lebensbedingungen anzupassen, und verbreiteten sich über die gesamte Erde.

Gegen Ende der Kreidezeit hatten sich eine Flora und Fauna auf der Erde herausgebildet, die dem jetzigen Zustand schon sehr ähnelten. Blühende Pflanzen, so auch große Bäume, hatten sich gut entwickelt, die Insekten hatten ihre heutige Vielfalt erreicht. Vögel zogen ihre Kreise, und kleine Säugetiere kletterten, rannten oder hüpften über die Erde. In der folgenden Periode des Tertiär (zwischen 65 Millionen und 2,5 Millionen Jahren vor unserer Zeit) bildeten Regenwälder, Mischwälder in gemäßigten Zonen und später auch große Grasländer Lebensräume, in denen sich diese neuen Tierformen ausbreiten konnten.

Kleine Säuger wurden Beute von Räubern, etwa von großen Laufvögeln wie dem »Riesenkranich« Diatryma (während des frühen Eozän) und dem südamerikanischen Phorusrhacos (im Miozän). Auch andere Vögel hatten sich im Tertiär entwickelt und ausgebreitet. Flamingos, Pelikane und Papageien waren zu jener Zeit auch in Europa heimisch.

Gleichzeitig verbreiteten sich die Säugetiere über den ganzen Erdball und entwickelten viele unterschiedliche Formen. Große, schnellfüßige Huftiere wanderten über die Grasländer und waren Beute für flinke Raubsäuger. Fledermäuse bevölkerten die Luft. Die Vorfahren von Delphinen und Walen kehrten ins Meer zurück, aus dem ihre Ururahnen mehrere Millionen Jahre zuvor gekommen waren. Die frühen Primaten eroberten sich die Bäume. Die Gefahren und Risiken, die dieser Lebensraum barg, führten zur Entwicklung eines besonders ausgeprägten Sehsinns, zum kontrollierten Einsatz der Hände und Füße sowie zu einer Vergrößerung des Gehirns. Von ihren Nachkommen leitet sich die Linie ab, die direkt zu Menschenaffen und Menschen führt.

Kloaken- und Beuteltiere

Die ersten Säugetiere legten vermutlich Eier, ebenso wie ihre reptilienähnlichen Vorfahren und die primitiven Kloakentiere, die bis heute überlebt haben - das Schnabeltier und der Ameisenigel. Diese frühen Säuger führten schließlich zur Entwicklung der Beuteltiere, die einst vornehmlich Südamerika bevölkerten, wo jetzt noch 70 Arten existieren. Die größte Zahl von Beuteltierarten ist heute jedoch in Australien beheimatet. Dieser Kontinent wurde durch die Kontinentaldrift isoliert, bevor ihn fleischfressende Säuger erreicht hatten und mit den Beuteltieren konkurrieren konnten.

Mit zunehmender Artenvielfalt gab es immer größere Säugetiere. Gut erhaltene Fossilfunde

Säugetiere erschienen zum ersten Mal im Trias (vor etwa 200 Millionen Jahren), blieben aber bis zum Tertiär klein und unscheinbar. Zalambdalestes ist ein typisches Säugetier der späten Kreidezeit. Von da an erreichten die Säuger im Hinblick auf Größe und Körperform eine enorme Vielfalt, einige Säugetierordnungen sind hier abgebildet. Elefant, Dugong (Seekuh) und Klippschiefer sind verwandt, denn sie haben einen gemeinsamen Vorfahren, vermutlich in Form des primitiven Paenungulat. Die Klippschiefer haben ihre Körperform weitgehend bewahrt, die heutigen Exemplare ähneln ihren Vorfahren. Elefanten und Dugongs haben sich relativ früh in verschiedene Linien aufgetrennt, die sich möglicherweise auf einen Tethyther zu Beginn des Oligozän zurückführen lassen. Durch unterschiedliche Anpassungen trennten sich ihre Linien. Der Dugong-Zweig nahm zunehmend eine aquatische Lebensweise an und wanderte während des Miozän gänzlich ins Wasser: Rytiodus hatte anstelle der Beine bereits Flossen. Auf dem Land verzweigte sich die Linie des Elefanten: Zwei Äste führten zu den ausgestorbenen Arten Mammut und Platybelodon, der dritte zum heutigen Elefanten. Katzen entwickelten sich zu einem sehr viel früheren Zeitpunkt aus einem Zalambdalestes ähnlichen Vorfahren zu einer eigenen Gruppe. Ihre Körperform hat sich in den vergangenen 25 Millionen Jahren nur wenig verändert. Nimravus ähnelte stark dem modernen Leoparden. Die Gestalt der Vögel hat sich viel weniger verändert als die der Säuger, da die Grundkonstruktion kaum Änderungen zuläßt. Osteodontornis des Oligozän ist den modernen Formen bereits sehr ähnlich.

Siehe auch: Evolution der Reptilien, *S. 130/131* Evolution der Vögel, *S. 132/133* Evolution der Säugetiere, *S. 136/137*

Die Entwicklung des Menschen

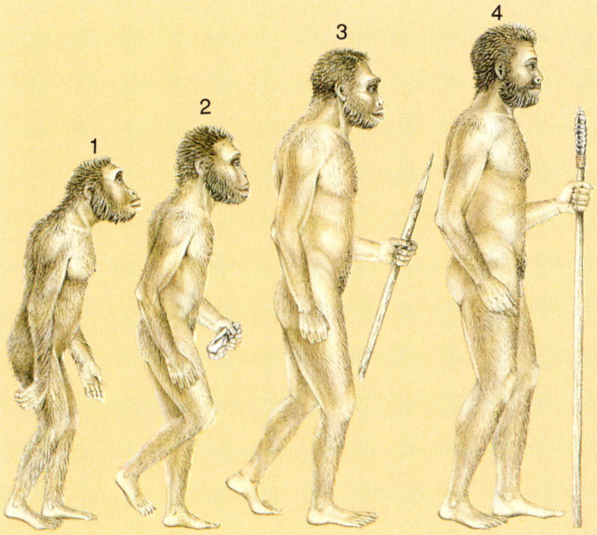

Der Mensch entwickelte sich in Afrika aus hominiden Vorfahren, den Australophithecen, die zwar aufrecht gingen, aber noch viele Merkmale ihrer affenähnlichen Vorfahren bewahrt hatten. Neueste Forschungen haben ergeben, daß sich die Linie der Hominiden wahrscheinlich vor ca. 7 Millionen Jahren von der der Menschenaffen abspaltete. Ältere Hypothesen hatten diesen Tier-Mensch-Übergang viel früher, vor 12 bis 30 Millionen Jahren, angesetzt. Australopithecus afarensis (1) lebte vor rund 3,5 bis 2,5 Millionen Jahren in Westafrika und gilt als einer der direkten Vorfahren des Menschen. Die Gattung Homo, zu der der Mensch gehört, erschien zum ersten Mal im frühen Pleistozän in Afrika in Form von Hominiden wie dem Homo habilis (2) und dem Homo erectus (3). Der heutige Mensch - Homo sapiens sapiens (4) - wanderte vermutlich vor 35 000 Jahren aus Afrika aus, verbreitete sich über die Erde, verdrängte den Neandertaler und überlebte das Ende der Eiszeit im Pleistozän.

zeigen, wie sich das Pferd von einem verhältnismäßig kleinen, der heutigen Form sehr unähnlichen Tier entwickelt hat. In einigen Ordnungen, beispielsweise bei Elefanten und Nashörnern, hatten sich riesenhafte Formen herausgebildet, die später ausstarben.

Ähnlich, aber nicht verwandt

Konvergent wird eine Entwicklung genannt, wenn zwei nichtverwandte Organismengruppen sich unter ähnlichen Bedingungen gleich entwickeln und sich oberflächlich betrachtet sehr ähnlich sind. Die Herausbildung außerordentlich langer, säbelartiger Raubtierzähne bei den säbelzahntragenden Katzen (beispielsweise dem Smilodon) findet eine Parallele im Gebiß des Beuteljägers Thylacosmilus in Südamerika. Die Zähne wurden bei beiden Tierarten vermutlich dazu entwickelt, um die dicke Haut grasender Beutetiere besser durchbohren zu können.

Von Generation zu Generation

Wie Merkmale bei der Vererbung weitergegeben werden

Nur eines von 20 000 Babies wird als Albino geboren, obwohl jeder 70. Mensch diese Erbanlage in sich trägt. Zur Ausbildung bestimmter Merkmale bedarf es nämlich eines äußerst komplexen Zusammenspiels unterschiedlicher Gene. Trotz seiner Individualität verfügt jedes Kind über alle Organe, Gewebe und biochemischen Reaktionsmöglichkeiten, die zum Leben notwendig sind. Dieses schwierige Gleichgewicht zwischen Konstanz und Variation wird durch das kontrollierte »Mischen« der elterlichen Eigenschaften erreicht, wenn die Gameten – Spermien und Eier – zusammentreffen und eine Befruchtung stattfindet.

Das Wachstum eines Organismus, seine Gestalt und sein reibungsloses Funktionieren werden letztlich von den Genen, den kodierten biologischen Instruktionen in jeder Zelle eines Körpers, kontrolliert. Dies geschieht durch eine genaue Überwachung der Proteintypen und -mengen in jeder Körperzelle; denn es sind die Proteinmoleküle, die die Struktur eines Körpers bestimmen.

Wächst ein Organismus oder ersetzt er altes oder beschädigtes Gewebe durch neues, können durch Zellteilung neue Zellen entstehen: Die Chromosomen verdoppeln sich, und ein vollständiger Gensatz geht unverändert an die Tochterzelle. Dieser Vorgang wird Mitose genannt. Einige einzellige Mikroorganismen, Pflanzen und niedere Tiere pflanzen sich ungeschlechtlich durch einfache Zellteilung fort. Ihre gesamte Nachkommenschaft ist genetisch sowohl mit dem Elter als auch untereinander identisch. Die meisten mehrzelligen Pflanzen und Tiere pflanzen sich geschlechtlich fort. Hochentwickelte Geschlechtszellen (Gameten) - bei Tieren in Form von Spermien des Männchens und Eiern des Weibchens, bei Pflanzen als Pollen und Eizelle - kommen zusammen und bilden die Zygote, die Ausgangszelle, aus der sich der Embryo entwickelt.

Evolution durch genetische Varianten

Geschlechtszellen entstehen durch eine ganz spezielle Art der Teilung, die Meiose. Eine gewöhnliche, durch Mitose entstandene Zelle ist diploid, d.h., sie enthält zwei Kopien jedes Chromosoms und damit jedes Gens, eine geerbt vom Vater, die andere von der Mutter. Eine durch Meiose entstandene Geschlechtszelle jedoch ist haploid, sie enthält nur einen einfachen Chromosomensatz. Durch Meiose wird auf diese Weise die Anzahl der Chromosomensätze in jeder Generation konstant gehalten, wenn haploide Geschlechtszellen zu einer diploiden Zygote verschmelzen.

Meiose dient noch einem weiteren wichtigen Zweck: Die beiden elterlichen Gensätze können »umgebildet« werden. Dies geschieht allerdings geordnet und führt schließlich zu sich genetisch unterscheidenden Nachkommen. Geschlechtliche Fortpflanzung bewirkt also genetische Varianten, die gekoppelt mit willkürlicher Mutation die Grundlage für die Evolution bilden.

Ein Merkmal setzt sich durch

In einer Gesamtpopulation kommen unterschiedliche Ausprägungen von Genen (Allele) vor, die dasselbe Merkmal betreffen. Charakterisiert ein Gen beispielsweise die Augenfarbe, können dessen

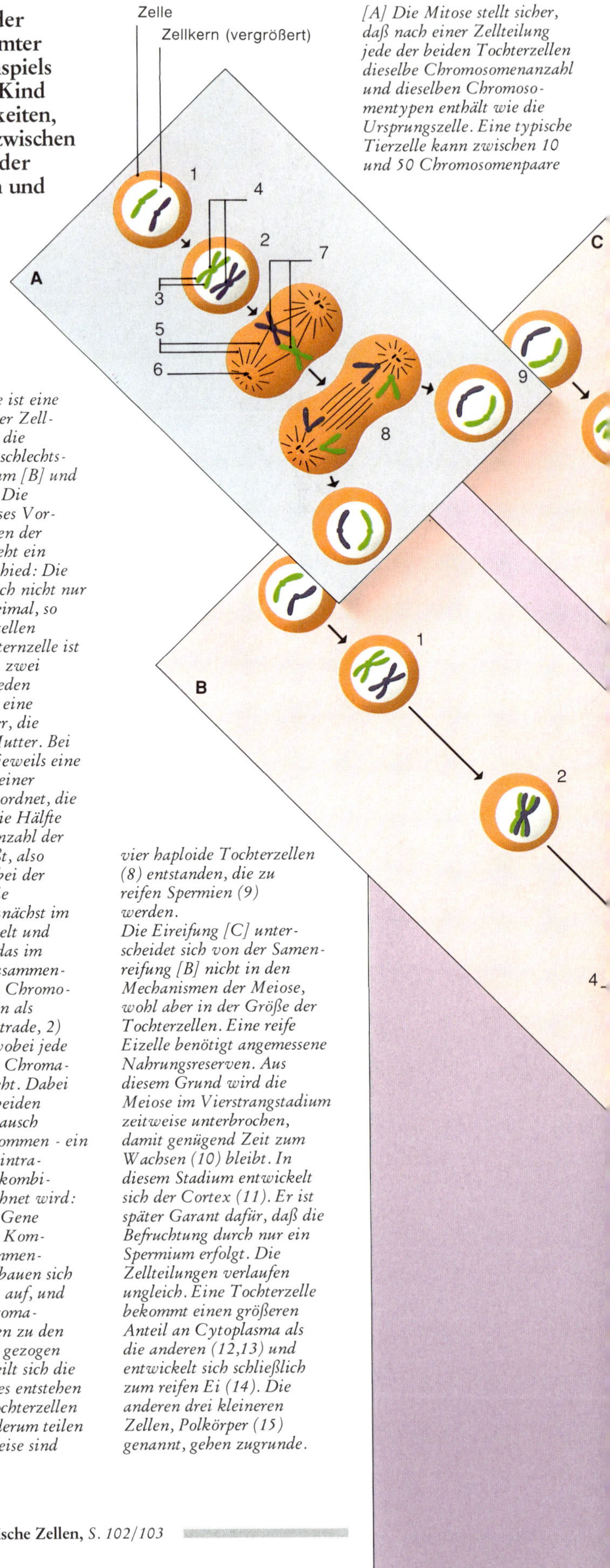

[A] Die Mitose stellt sicher, daß nach einer Zellteilung jede der beiden Tochterzellen dieselbe Chromosomenanzahl und dieselben Chromosomentypen enthält wie die Ursprungszelle. Eine typische Tierzelle kann zwischen 10 und 50 Chromosomenpaare

[B-C] Die Meiose ist eine besondere Form der Zellteilung, durch die die Gameten oder Geschlechtszellen als Spermium [B] und Ei [C] entstehen. Die Mechanismen dieses Vorgangs ähneln denen der Mitose, doch besteht ein wichtiger Unterschied: Die Elternzelle teilt sich nicht nur ein-, sondern zweimal, so daß vier Tochterzellen entstehen. Die Elternzelle ist diploid, trägt also zwei Versionen eines jeden Chromosoms, die eine vererbt vom Vater, die andere von der Mutter. Bei der Meiose wird jeweils eine dieser Versionen einer Tochterzelle zugeordnet, die damit nur noch die Hälfte der Chromosomenzahl der Elternzelle umfaßt, also haploid ist. Wie bei der Mitose werden die Chromosomen zunächst im Zellkern verdoppelt und bilden ein Paar, das im Centromer (1) zusammenhängt. Homologe Chromosomen liegen dann als Vierergruppe (Tetrade, 2) eng zusammen, wobei jede Tetrade aus zwei Chromatidenpaaren besteht. Dabei kann es bei den beiden Paaren zum Austausch gleicher Stücke kommen - ein Vorgang, der als intrachromosonale Rekombination (3) bezeichnet wird: Unterschiedliche Gene werden in neuen Kombinationen zusammengeführt. Danach bauen sich Spindelfasern (4) auf, und jeweils zwei Chromatidenpaare werden zu den beiden Zellpolen gezogen (5). Daraufhin teilt sich die Elternzelle, und es entstehen zwei diploide Tochterzellen (6), die sich wiederum teilen (7). Auf diese Weise sind vier haploide Tochterzellen (8) entstanden, die zu reifen Spermien (9) werden.

Die Eireifung [C] unterscheidet sich von der Samenreifung [B] nicht in den Mechanismen der Meiose, wohl aber in der Größe der Tochterzellen. Eine reife Eizelle benötigt angemessene Nahrungsreserven. Aus diesem Grund wird die Meiose im Vierstrangstadium zeitweise unterbrochen, damit genügend Zeit zum Wachsen (10) bleibt. In diesem Stadium entwickelt sich der Cortex (11). Er ist später Garant dafür, daß die Befruchtung durch nur ein Spermium erfolgt. Die Zellteilungen verlaufen ungleich. Eine Tochterzelle bekommt einen größeren Anteil an Cytoplasma als die anderen (12,13) und entwickelt sich schließlich zum reifen Ei (14). Die anderen drei kleineren Zellen, Polkörper (15) genannt, gehen zugrunde.

Siehe auch: **Genetische Information,** *S. 98/99* **Pflanzliche Zellen,** *S. 100/101* **Tierische Zellen,** *S. 102/103*

enthalten, aus Gründen der Übersichtlichkeit werden hier nur zwei Paare dargestellt (1). Bevor die Mitose einsetzt, werden die Chromosomen mit Hilfe bestimmter Enzyme im Zellkern verdoppelt (2). Sie werden anschließend zusammengerollt, wodurch verhindert wird, daß sie sich ineinander verwickeln. Jedes Chromosom besteht aus zwei identischen Strängen, den Chromatiden (3), die an einer Stelle, dem Centromer (4), zusammenhängen. Die Kernmembran löst sich auf, und ein Netz aus Mikrotubuli (5) beginnt sich zu entwickeln: Die Mikrotubuli dehnen sich von den sogenannten Centriolen (6) ausgehend aus, die an den beiden entgegengesetzten Polen der Zellen sitzen. In der Region des Centromers (7) heften sich dann die Mikrotubuli an die Chromatiden an. Zunächst sind die Doppelchromosomen in der Mitte zwischen den beiden entgegengesetzten Polen der Zelle (7) angeordnet. Dann trennen sie sich an den Centromeren, und ein Chromatid eines jeden Paares wird mit Hilfe der Mikrotubuli zu einem Zellpol, das zweite Chromatid zum anderen gezogen. Jedes Ende der Elternzelle verfügt nun über einen kompletten Chromosomensatz, der später wieder von einer Kernmembran umschlossen wird. Die Elternzelle schnürt sich an ihrer zentralen Achse (8) durch, und zwei Tochterzellen (9) entstehen, indem zwischen ihnen eine neue Zellmembran wächst.

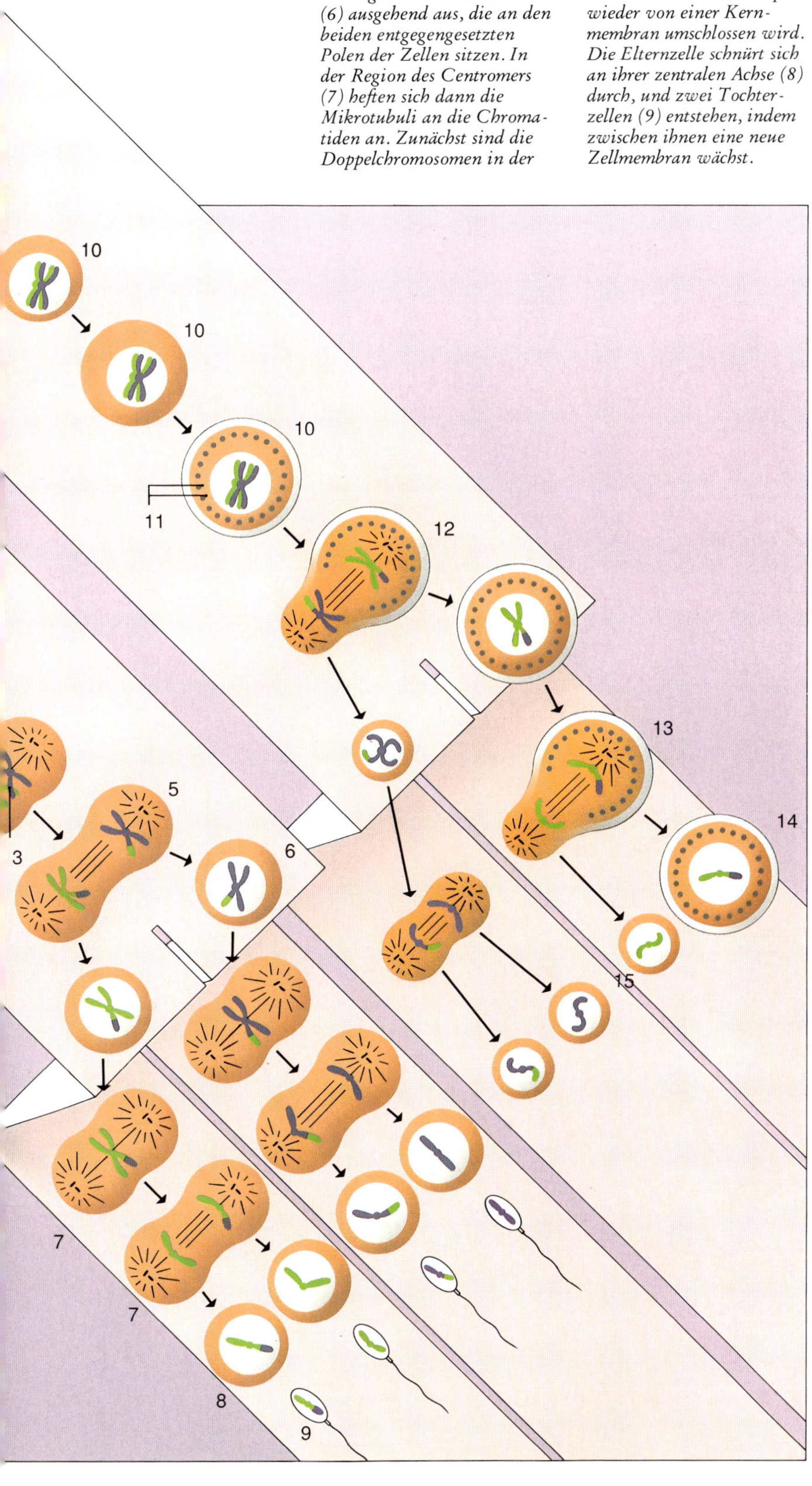

Den Regeln auf der Spur

Lange bevor die Struktur der Erbsubstanz aufgeklärt wurde, ergaben einfache Zuchtversuche Aufschlüsse über die Vorgänge bei der Vererbung, z.B. über die Dominanz bestimmter Allele (Genformen). Bei einigen Mausarten dominiert das Allel, das den Code für eine schwarze Gesichtsfarbe (B) enthält, dasjenige mit dem Code »weiße Gesichtsfarbe« (b). Werden schwarzgesichtige Mäuse, die lediglich das Allel B besitzen, mit weißgesichtigen Mäusen, die über zwei b-Allele verfügen müssen, gekreuzt, haben sämtliche Nachkommen schwarze Gesichter, da alle ein B-Allel haben. Werden die Bb-Mäuse dann wiederum untereinander gekreuzt, haben 25 % der Nachkommen zwei b-Allele und somit weiße Gesichter. Der österreichische Abt Gregor Mendel entdeckte im 19. Jahrhundert mit solchen Experimenten die grundlegenden Gesetze der Vererbung.

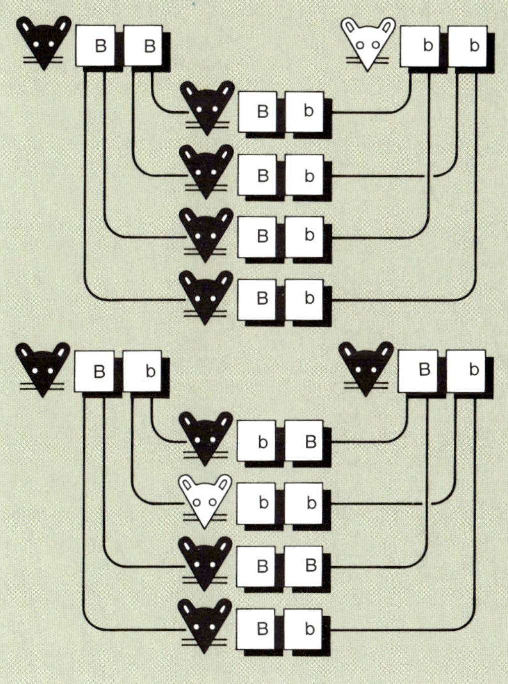

Allele die Farben »blau«, »braun« oder »grün« kodieren. Besitzt ein Individuum nur zwei Kopien eines Gens, wie z.B. der Mensch, so hängt seine Augenfarbe von dem Allelpaar ab, das es geerbt hat. Bekommt ein Junge von seiner Mutter das Allel für blaue Augen und von seinem Vater das für braune, ist seine Augenfarbe braun. Das »braune« Allel überdeckt das »blaue«, ersteres ist dominant, letzteres rezessiv. So kann die Eigenschaft »blaue Augen« eine Generation überspringen. Das »blaue« Gen ist versteckt bei den braunäugigen Eltern angelegt und wird erst dann wieder auftreten, wenn beide Eltern ihre rezessiven »blauen« Gene an ein Kind weitergeben.

Äußere Erscheinung und Verhalten eines Organismus werden sowohl von den Genen als auch von äußeren Einflüssen wie Nahrungsvorkommen, klimatischen Bedingungen, Krankheiten oder Verletzungen in der Wachstumsphase bestimmt. Aber nur die von den Genen bestimmten Merkmale können vererbt werden.

Fortpflanzung der Höheren Säugetiere, *S. 174/175*

Der Bauplan des Lebens

Wie die Information der Chromosomen umgesetzt wird

Eine einzige menschliche Zelle enthält 4 m Desoxyribonucleinsäure (DNS), die in einem nur fünf Tausendstel Millimeter großen Kern verstaut ist. Wie in einer umfangreichen Bibliothek liegen hier die gesamten Informationen vor, die das Wachstum und die Entwicklung des Menschen lenken. Die Informationen sind verschlüsselt in den Chromosomen verpackt, auf denen die Gene perlschnurartig angeordnet sind. Jedes Gen enthält, von einigen Ausnahmen abgesehen, die Syntheseanleitung für Eiweißstoffe, die entweder den Zellstoffwechsel lenken (Enzyme) oder am Zellaufbau beteiligt sind (Strukturproteine).

Unter dem Lichtmikroskop betrachtet, hat das teilungsbereite Chromosom einer sich teilenden Zelle eine einfache kreuzartige Form [B].
Die Vergrößerung eines kleinen Abschnitts [C] enthüllt einen dicht aufgerollten Strang von Chromatin-DNS, die eng mit Proteinen verknüpft ist.
Eine weitere Vergrößerung des Chromatinsegments [D] zeigt ein dichtes Knäuel von Nucleosomen, perlenähnliche Untereinheiten aus Eiweißen (Histone), um die herum das DNS-Molekül gewickelt ist [E].
Die Histone sind positiv aufgeladen und ermöglichen eine Anbindung an das negativ geladene DNS-Molekül [F] mit der Form einer Doppelspirale [G].
Wäre die DNS nicht so kompakt verpackt, würde sie erheblich mehr Raum beanspruchen. Zudem wäre es kaum möglich, eine Verteilung auf Tochterzellen, wie bei der Zellteilung nötig, geordnet zu vollziehen.

Jedes Chromosom in der Zelle eines Tieres oder einer Pflanze besteht aus einem einzigen langen DNS-Molekül, das sich viele Male um sich selbst windet und um einen Protein-Überbau gewickelt ist. Wenn die Zellen sich nicht teilen, bilden die Chromosomen ein Fadengewirr, das den gesamten Kern durchzieht. Ist die Zelle jedoch im Begriff, sich zu teilen, verdichten sie sich und werden als kurze Stäbchen unter dem Mikroskop sichtbar. Jedes Chromosom trägt einige hunderttausend verschiedene Gene, von denen jedes eine der Anweisungen darstellt, deren Gesamtheit notwendig ist, um ein Lebewesen zu erzeugen und zu erhalten. Der komplette Satz der Gene, die für jeden lebenden Organismus charakteristisch sind, heißt Genom, und jede Zelle dieses Organismus trägt mindestens eine Kopie dieses Basissatzes in sich.

Die Bibliothek der Zelle

Alle Informationen - ob geschrieben, gesprochen oder im Computer festgehalten - sind in irgendeiner Form von Sprache codiert. Die Sprache, in der die DNS Anweisungen zur Herstellung von Proteinen chiffriert, ist denkbar einfach. Jeder Strang der DNS-Doppelspirale ist eine Kette chemischer Untereinheiten, die miteinander verbunden sind. Die Anordnung dieser Untereinheiten auf dem DNS-Strang ist der genetische Code. Es gibt nur vier verschiedene Untereinheiten (oder Basen), und daher hat das genetische Alphabet auch nur vier Buchstaben: Adenin (A), Thymin (T), Guanin (G) und Cytosin (C). Drei aufeinanderfolgende Buchstaben auf dem DNS-Strang bilden ein »Wort«, den Code für eine Aminosäure, ein Bestandteil eines Eiweißmoleküls. Die Basenfolge GUC spezifiziert zum Beispiel die Aminosäure Valin. Eine Abfolge von Wörtern auf dem DNS-Molekül läßt sich also in eine Sequenz von Aminosäuren übersetzen, die dann zusammen ein Protein bilden. Jede der 20 verschiedenen Aminosäuren, die in Proteinen vorkommen, wird durch eines der 64 möglichen, aus drei Buchstaben bestehenden Wörtern bestimmt. Jedes Gen besteht aus einem DNS-Stück, das Tausende von Buchstaben lang ist und eine Eiweißkette bestimmt, die eine Länge von mehreren hundert Aminosäuren aufweist. Die Erbinformationen, die selbst in der kleinsten Bakterie gespeichert sind, reichen über Millionen von Buchstaben. Die Anzahl der Basenkombinationen, also auch der Proteine, die sie bestimmen können, ist nahezu unbegrenzt.

Die DNS ist der permanente Informationsspeicher einer Zelle und verläßt den Zellkern nie. Der Zellkern hat die Aufgabe, den genetischen Bauplan sicher zu speichern und unverändert von einer Zelle an die nächste und von Generation zu Generation weiterzugeben.

Den Code knacken

Biochemiker können die Abfolge der Basen einer DNS entziffern. Die komplette DNS-Abfolge vieler Viren, die Tausende von Basen lang ist, wurde bereits bestimmt, genauso wie die Sequenz einiger menschlicher Gene. Weltweit wird zur Zeit an einem Projekt mit dem Ziel gearbeitet, die gesamte Sequenz der menschlichen DNS mit ihren 3 Milliarden Basen zu lesen. Aber selbst angesichts der großen Fortschritte in der Analysetechnik wird ein solches Projekt voraussichtlich bis zu 20 Jahre in Anspruch nehmen. Während die Genforscher hoffen, neue Erkenntnisse zur Diagnose und Therapie von erblich bedingten Krankheiten zu gewinnen, fürchten Kritiker eine Benachteiligung von Menschen mit ungünstiger genetischer Konstitution.

Siehe auch: Evolution der Warmblüter, *S. 94/95* Vererbung, *S. 96/97* Pflanzliche Zellen, *S. 100/101* Tierische Zellen, *S. 102/103*

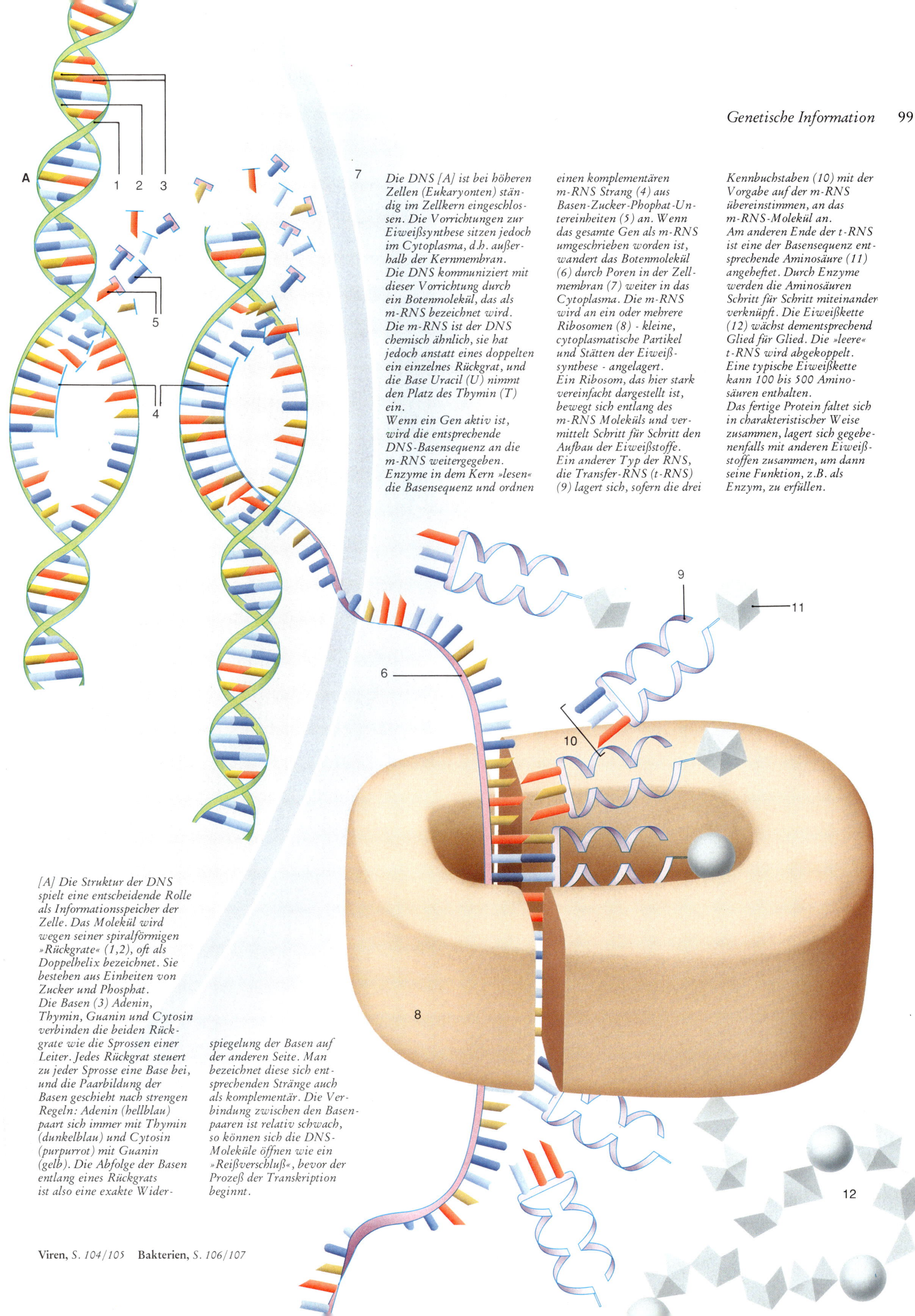

Die DNS [A] ist bei höheren Zellen (Eukaryonten) ständig im Zellkern eingeschlossen. Die Vorrichtungen zur Eiweißsynthese sitzen jedoch im Cytoplasma, d.h. außerhalb der Kernmembran.
Die DNS kommuniziert mit dieser Vorrichtung durch ein Botenmolekül, das als m-RNS bezeichnet wird.
Die m-RNS ist der DNS chemisch ähnlich, sie hat jedoch anstatt eines doppelten ein einzelnes Rückgrat, und die Base Uracil (U) nimmt den Platz des Thymin (T) ein.
Wenn ein Gen aktiv ist, wird die entsprechende DNS-Basensequenz an die m-RNS weitergegeben. Enzyme in dem Kern »lesen« die Basensequenz und ordnen einen komplementären m-RNS Strang (4) aus Basen-Zucker-Phophat-Untereinheiten (5) an. Wenn das gesamte Gen als m-RNS umgeschrieben worden ist, wandert das Botenmolekül (6) durch Poren in der Zellmembran (7) weiter in das Cytoplasma. Die m-RNS wird an ein oder mehrere Ribosomen (8) - kleine, cytoplasmatische Partikel und Stätten der Eiweißsynthese - angelagert.
Ein Ribosom, das hier stark vereinfacht dargestellt ist, bewegt sich entlang des m-RNS Moleküls und vermittelt Schritt für Schritt den Aufbau der Eiweißstoffe.
Ein anderer Typ der RNS, die Transfer-RNS (t-RNS) (9) lagert sich, sofern die drei Kennbuchstaben (10) mit der Vorgabe auf der m-RNS übereinstimmen, an das m-RNS-Molekül an.
Am anderen Ende der t-RNS ist eine der Basensequenz entsprechende Aminosäure (11) angeheftet. Durch Enzyme werden die Aminosäuren Schritt für Schritt miteinander verknüpft. Die Eiweißkette (12) wächst dementsprechend Glied für Glied. Die »leere« t-RNS wird abgekoppelt.
Eine typische Eiweißkette kann 100 bis 500 Aminosäuren enthalten.
Das fertige Protein faltet sich in charakteristischer Weise zusammen, lagert sich gegebenenfalls mit anderen Eiweißstoffen zusammen, um dann seine Funktion, z.B. als Enzym, zu erfüllen.

[A] Die Struktur der DNS spielt eine entscheidende Rolle als Informationsspeicher der Zelle. Das Molekül wird wegen seiner spiralförmigen »Rückgrate« (1,2), oft als Doppelhelix bezeichnet. Sie bestehen aus Einheiten von Zucker und Phosphat.
Die Basen (3) Adenin, Thymin, Guanin und Cytosin verbinden die beiden Rückgrate wie die Sprossen einer Leiter. Jedes Rückgrat steuert zu jeder Sprosse eine Base bei, und die Paarbildung der Basen geschieht nach strengen Regeln: Adenin (hellblau) paart sich immer mit Thymin (dunkelblau) und Cytosin (purpurrot) mit Guanin (gelb). Die Abfolge der Basen entlang eines Rückgrats ist also eine exakte Widerspiegelung der Basen auf der anderen Seite. Man bezeichnet diese sich entsprechenden Stränge auch als komplementär. Die Verbindung zwischen den Basenpaaren ist relativ schwach, so können sich die DNS-Moleküle öffnen wie ein »Reißverschluß«, bevor der Prozeß der Transkription beginnt.

Viren, *S. 104/105* **Bakterien**, *S. 106/107*

Grundbausteine der Pflanzen

Funktionen einer pflanzlichen Zelle

Hoch in den Kronen des Waldes, z.T. bis zu 100 m über dem Erdboden, fangen pflanzliche Zellen die Energie des Sonnenlichtes ein und erzeugen dabei Zucker. Unterstützt werden diese Zellen durch zahlreiche andere lebende und tote Zellen, die den Baumstamm und das Astwerk bilden. Dort befinden sich lange Gefäße, die die besonders aktiven Zellen in der Krone mit Wasser und Mineralien versorgen. Doch die Eigenschaften von pflanzlichen Zellen, die einerseits die Bildung solcher Bäume und die Besiedlung unterschiedlichster Lebensräume ermöglichen, haben andererseits der pflanzlichen Entwicklung auch Grenzen gesetzt.

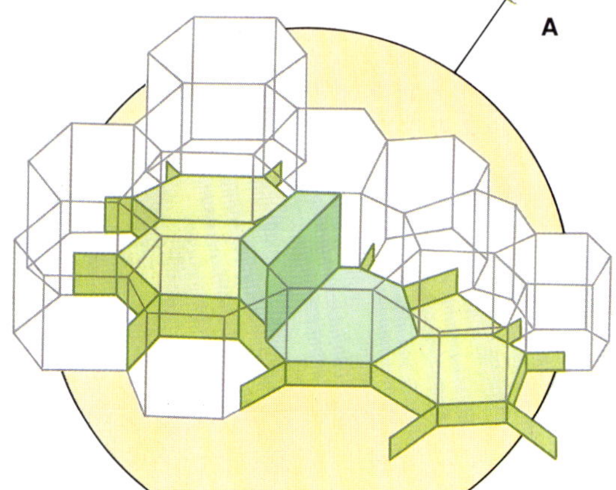

Man nimmt an, daß die frühen pflanzlichen Zellen vor über 1 Millarde Jahren gebildet wurden, als Zellen in den Urseen mit der Nahrung Bakterien aufnahmen, die Photosynthese betreiben konnten. Die Photosynthese ist ein Prozeß, der es ermöglicht, die Sonnenenergie mit einem grünen Pigment, dem Chlorophyll, einzufangen und aus Wasser und Kohlendioxid energiereiche Zucker zu bilden. Im Laufe der Zeit büßten die Bakterien vermutlich ihre Eigenständigkeit ein und wurden als Chloroplasten - Struktureinheiten einer pflanzlichen Zelle, die die Photosynthese betreiben - in die Zelle integriert. Die bei der Photosynthese gebildeten energiereichen Zucker können in den Mitochondrien wieder abgebaut werden, die dabei freigesetzte Energie wird für die energieverbrauchenden Lebensprozesse benötigt. Sie dienen aber auch als Kohlenstoffquelle für den Aufbau anderer Zellbausteine. Der Besitz von Chloroplasten, die in der Lage sind, organische Stoffe aus anorganischen Grundbausteinen zu bilden und gegebenenfalls auch zu speichern, ist ein wesentliches Merkmal, das pflanzliche von tierischen Zellen unterscheidet.

Skelett oder Korsett?

Pflanzliche Zellen gibt es in einer großen Formen- und Größenvielfalt. Es gibt isolierte einzellige Algen und hochspezialisierte Zellen im vielzelligen Verband einer Landpflanze. Alle pflanzlichen Zellen haben eine wichtige Eigenschaft gemein: eine Cellulosewand, die die Zellmembran umschließt. Die Zellwände benachbarter Zellen sind durch eine Mittellamelle miteinander verkittet. Die Zellwände bestimmen Form und Festigkeit des pflanzlichen Gewebes. Die starren Wände schränken aber auch die Beweglichkeit der Zellen ein, zudem können sie den Stoffaustausch zwischen benachbarten Zellen behindern. So konnten Pflanzen nie die Beweglichkeit entwickeln, die den tierischen Organismen eigen ist.

Druck und Festigkeit

Die Organisation einer pflanzlichen Zelle ist in weiten Teilen mit der Organisation anderer höherer Zellen, wie der einer tierischen oder einer pilzlichen Zelle, vergleichbar. Sie alle besitzen einen Zellkern und bestimmte Zellstrukturen, die Zellorganellen, die, wie die Organe eines menschlichen Körpers, jeweils für bestimmte Funktionen zuständig sind. Die Zellorganellen sind von einer einfachen oder doppelten Membran umgeben. Die Membranen lassen nur bestimmte Stoffe in die Organellen hinein bzw. wieder heraus. Ein wichtiges Element der pflanzlichen Zelle ist die Vakuole. In der Vakuole befindet sich der aus verschiedensten Stoffen zusammengesetzte Zellsaft, der dafür sorgt, daß auf die Zellwände ein bestimmter Druck ausgeübt wird. Besonders bei krautigen Pflanzen, bei denen eine mechanische Festigkeit durch die verholzten, dicken Zellwände fehlt, zeigt sich die Abnahme des Druckes der Vakuole durch mangelnden Wassereinstrom schnell: die Pflanze welkt.

[A] In einem jungen Sproß finden sich Zellen des Grundgewebes, die die typischen Eigenschaften einer unspezialisierten embryonalen pflanzlichen Zelle aufweisen, wie die sechseckige Form. Innen- und Außendruck sowie die Elastizität der Zellwände bestimmen die Packungsdichte eines Zellverbandes und die Form der Zellen.

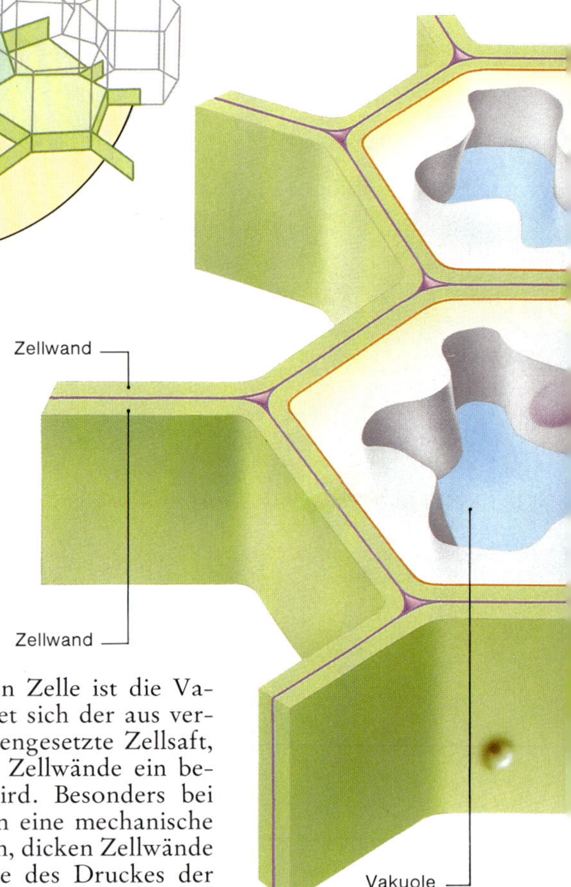

[B] Weitere Membranen durchziehen netzartig das Grundcytoplasma (8). Benachbarte Zellen stehen über Plasmodesmen (9) in Verbindung. Weitere Organisationsstrukturen des Cytoplasmas sind Mitochondrien (10), Lysosomen (11) und Golgi-Apparat (12). Mikrotubuli (13) und andere Mikrofilamente bilden das »Zellskelett«.

Zellatmung

Pflanzliche Zellen benötigen für die Atmung Sauerstoff. Auf Zellebene vollzieht sich die Atmung in den Mitochondrien. Der Sauerstoff wird für die Verbrennung der »Treibstoffmoleküle«, z.B. Glucose, benötigt. Die freigesetzte Energie wird besonders zur Synthese von ATP (Adenosintriphosphat) verwendet, eine universelle energiereiche Verbindung. Bei der Atmung wird Kohlendioxid als Abfallprodukt entwickelt.

Siehe auch: **Vererbung,** *S. 96/97* **Tierische Zellen,** *S. 102/103* **Bakterien,** *S. 106/107* **Algen,** *S. 112/113* **Pflanzenarchitektur,** *S. 114/115*

[B] Die wichtigste Struktur einer Zelle ist der Zellkern, der die genetische Information oder DNS enthält. Zwischen den Zellteilungen ist der Inhalt des Zellkerns nach Anfärbung als Chromatin (1) sichtbar. Botenmoleküle mit Abschnittskopien der DNS können den Zellkern durch Poren in der Kernmembran (2) verlassen. Sie verbinden sich mit den Ribosomen (3), um die Synthese neuer Eiweißmoleküle einzuleiten. Die Ribosomen sind mit parallel angeordneten Membransystemen verbunden, dem rauhen endoplasmatischen Retikulum (4).

Spezialisierte Zellen

Nicht alle pflanzlichen Zellen sind photosynthetisch aktiv. Weiträumige, langgestreckte Xylemzellen (1) haben dicke, steife Zellwände. Aneinandergereiht bilden sie Gefäße, die von den Wurzeln bis zu den Sproßspitzen Wasser und Mineralstoffe transportieren. Im Gegensatz zu den Gefäßzellen, die im ausgereiften Zustand leblos sind, sind die Phloem- oder Siebzellen (2) vital. Diese hochspezialisierten Zellen bilden Strukturen aus, die als Siebplatten bezeichnet werden. Die Siebzellen sind stets mit anderen, kleineren Zellen vergesellschaftet, die sie mit den nötigen Nährstoffen versorgen. Während viele Zellen des Grundgewebes (3) nur eine dünne Zellwand besitzen und je nach Lage im Pflanzenkörper unterschiedliche Aufgaben, wie Photosynthese oder Nährstoffspeicherung, wahrnehmen, weisen die Zellen des Kollenchyms (4) und des Sklerenchyms (5), entsprechend ihrer Stützfunktion, besonders starke Zellwandverdickungen auf.

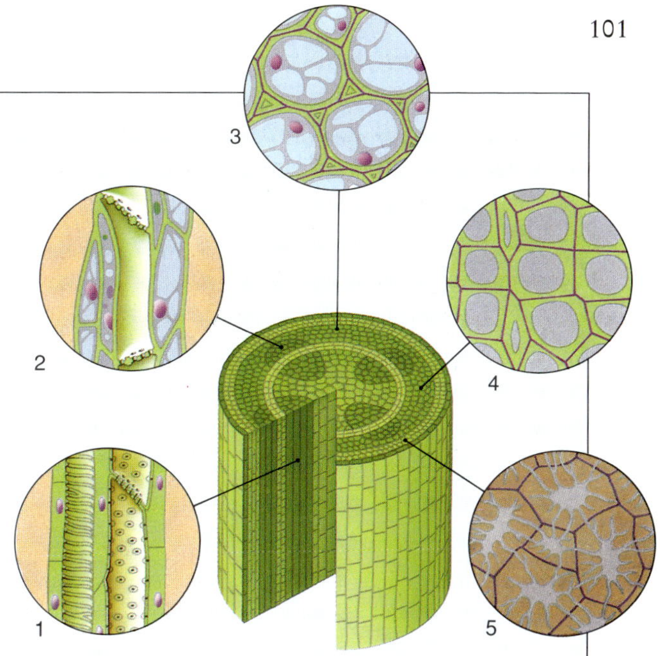

B

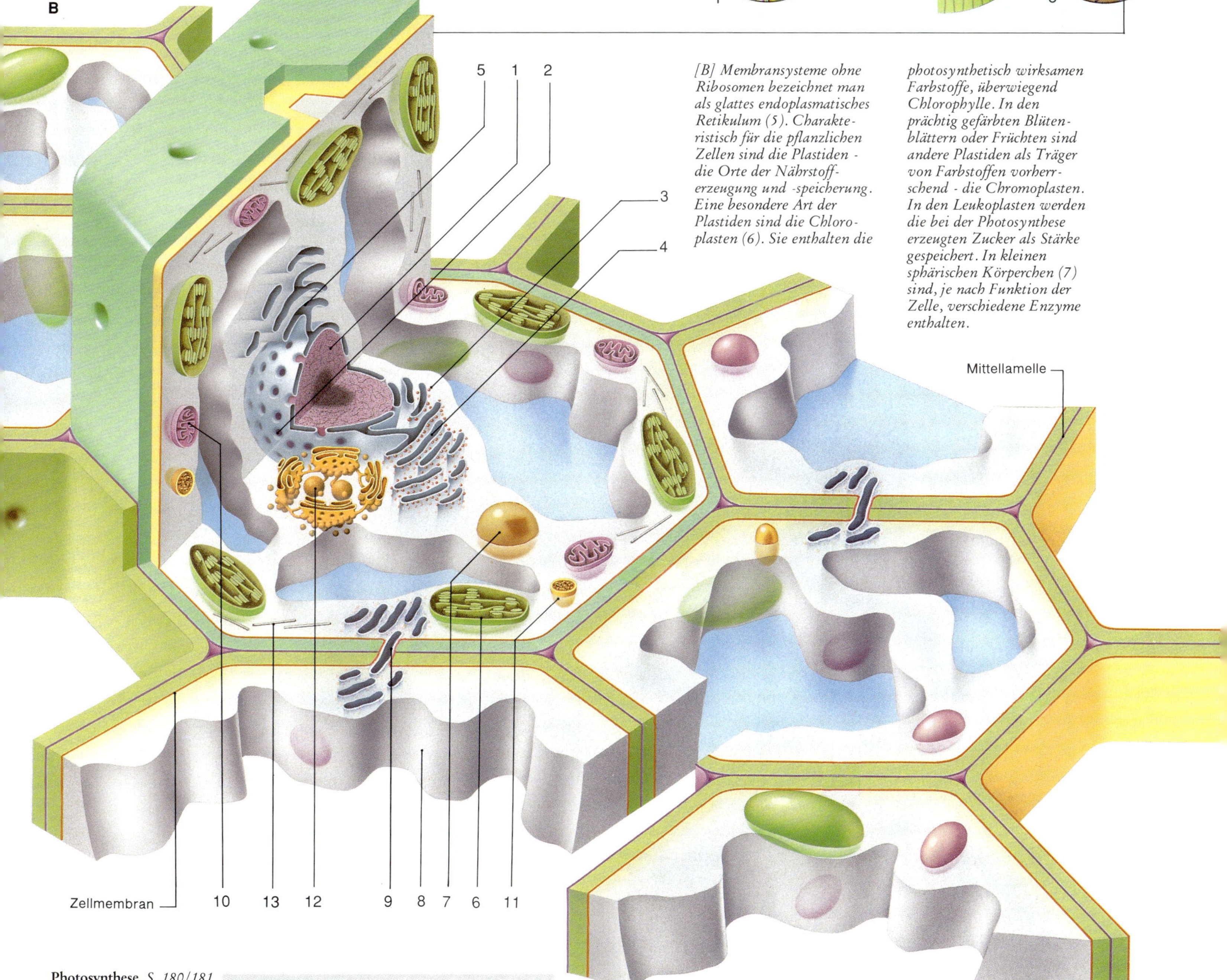

[B] Membransysteme ohne Ribosomen bezeichnet man als glattes endoplasmatisches Retikulum (5). Charakteristisch für die pflanzlichen Zellen sind die Plastiden - die Orte der Nährstofferzeugung und -speicherung. Eine besondere Art der Plastiden sind die Chloroplasten (6). Sie enthalten die photosynthetisch wirksamen Farbstoffe, überwiegend Chlorophylle. In den prächtig gefärbten Blütenblättern oder Früchten sind andere Plastiden als Träger von Farbstoffen vorherrschend - die Chromoplasten. In den Leukoplasten werden die bei der Photosynthese erzeugten Zucker als Stärke gespeichert. In kleinen sphärischen Körperchen (7) sind, je nach Funktion der Zelle, verschiedene Enzyme enthalten.

Photosynthese, *S. 180/181*

Grundbausteine der Tiere

Funktionen einer tierischen Zelle

10 Billionen Zellen machen einen Menschen aus. Aus dieser gewaltigen Anzahl von Untereinheiten setzen sich alle Strukturen, Gewebe und Organe unseres Körpers zusammen. Ob Haut, Blutgefäße, Gehirn oder Muskelgewebe – überall erfüllen spezialisierte Zellen ihre unterschiedlichen Aufgaben. Aber ob die Zellen nun elektrische Impulse weitergeben oder der Nahrungsaufnahme dienen, ob sie Hormone produzieren oder als Eizellen für die Arterhaltung sorgen, ihre Grundstruktur ist immer gleich und entspricht der so einfacher Tiere wie den Schwämmen.

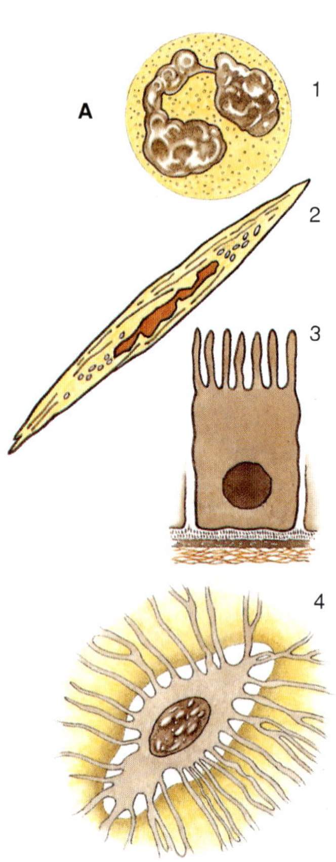

Noch vor 200 Jahren stellten sich Wissenschaftler die Zellen als nichts anderes als eine formlose gallertartige Masse vor; heute wissen wir, daß sie einen höchst komplizierten Aufbau haben. Moderne Mikroskope haben die inneren Strukturen enthüllt, die für den Zusammenhalt der Zellformen und für den Aufbau und Transport komplexer Moleküle sowie die Steuerung der Zellteilung verantwortlich sind. Im Inneren jeder Zelle herrscht eine klare Arbeitsteilung: Unterschiedliche Zellvorgänge laufen in verschiedenen Organellen ab, die zusammengenommen mehr als die Hälfte der Zelle einnehmen können. Viele dieser Organellen sind allen Pflanzen- und Tierzellen gemeinsam, aber bezeichnenderweise fehlen den Tierzellen Chloroplasten, daher sind sie auch nicht zur Photosynthese fähig. Auch sind sie nicht in der Lage, ihre Nahrung aus anorganischen Stoffen zu beziehen, und bauen auf einen ständigen Nachschub von fertigen organischen Verbindungen wie Zukker als Energiespender, Aminosäuren, um Proteine aufzubauen, und Fettsäuren, um Lipide zu erzeugen (einen Bestandteil der Zellmembranen).

Die durchlässige Grenze

Um am Leben zu bleiben, müssen alle Zellen ein inneres Milieu schaffen. Dazu muß sich eine Zelle physikalisch und chemisch von ihrer Umgebung isolieren. Dies wird durch die Zellmembran erreicht, eine dünne Schicht von Lipiden und Proteinen an der Oberfläche des Zellkörpers (Cytoplasma). Alle Zellen, ob von Pflanzen oder Tieren, besitzen eine Zellmembran; ähnliche Membranen umschließen die Organellen. Jeder Austausch durch diese Membranen, einschließlich des Stromes wichtiger Nährstoffe und Ionen (wie Natrium und Calcium), wird durch besondere Transportproteine und proteinumgebene Kanäle in der Membran geregelt. Nur Wasser dringt relativ ungehindert hindurch. Die zusätzliche Sperre der Pflanzen gegen die Außenwelt, die Zellwand, fehlt. Die Zellmembran der tierischen Zelle ist übersät mit Rezeptorproteinen, die den Zellen ermöglichen, chemische »Botschaften« ihrer Umgebung aufzunehmen und darauf zu antworten. Daher sind Tierzellen zur Kommunikation fähig und tauschen ständig untereinander Signale aus.

Die dünne Zellmembran erlaubt tierischen Zellen sowohl mehr Mobilität als auch eine größere Formenvielfalt als Pflanzenzellen. Sie können komplizierte und feinstgegliederte Formen annehmen, wie z.B. Nervenzellen, sowie ihre Form schnell verändern, wie Muskelzellen beim Zusammenziehen und Ausdehnen.

[A] Zellen gibt es in vielen Formen und Größen. Weiße Blutkörperchen (1) spielen eine entscheidende Rolle im Immunsystem des Körpers. Verschiedene Arten von Muskelzellen bei Wirbeltieren können mechanische Kräfte ausüben. Dünne, lange Zellen (2) sind in glatten Muskeln vorhanden, die sich im Verdauungstrakt und in Blutgefäßen befinden. Epithelzellen bilden die inneren und äußeren Oberflächen des Körpers. Zellen, die in den Eingeweiden Nährstoffe absorbieren, haben Ausstülpungen (3), Micovilli genannt, um die Oberfläche für die Aufnahme zu vergrößern. Osteozyten (4) entstammen den Osteoblasten, Zellen, die für den Aufbau von Knochengewebe verantwortlich sind.

[B] Der von einer Membran umgebene Zellkern (Nucleus, 1) ist das Informationszentrum der eukaryontischen Zelle, das das genetische Material in den langen, fadenförmigen Chromosomen enthält. Die Kernmembran (2) hat viele Poren (3), um die Kommunikation zu den anderen Teilen der Zelle zu ermöglichen. Im Inneren des Zellkerns befindet sich das Kernkörperchen (Nucleolus, 4), das für die Erzeugung der Ribosomen (5) verantwortlich ist. Die Ribosomen sind die Proteinfabriken der Zellen und finden sich verstreut an der äußeren Oberfläche des rauhen endoplasmatischen Retikulums (6). Dieses besteht aus flachen Membranbeuteln und Röhren, die mit der Kernmembran verbunden sind. In diesen gelangen die RNA-Boten-Moleküle (sie steuern die Protein-Synthese) zu den Ribosomen. Auch Lipide werden hier produziert. Das glatte endoplasmatische Retikulum (7) ist mit dem rauhen verbunden. Hier werden kleine Membran-Vesikel (8) erzeugt. Diese transportieren Proteine zum Golgi-Apparat (9). Dort werden in verschiedenen Arbeitsgängen große Moleküle verändert und in andere Vesikel verpackt, die von dem Apparat abgeschnürt werden (10). So gelangen sie zu anderen Organellen oder werden durch Exocytose (11-13) von der Zelle ausgeschieden. Die Vesikel verschmelzen dabei mit der Zellmembran und geben den Inhalt nach außen ab. Der umgekehrte Vorgang wird Endocytose (14-17) genannt. Moleküle, die in die Zelle eindringen, können durch Enzyme in den Lysosomen (18) aufgespalten werden.

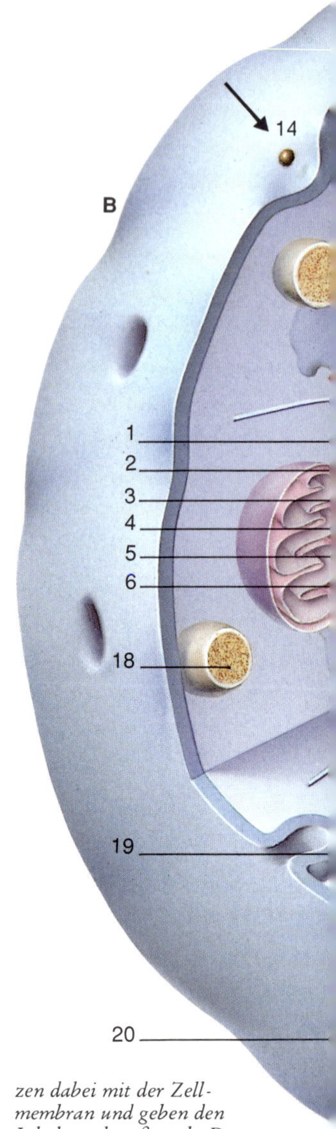

Das Protonen-Kraftwerk

Die meisten Stoffwechselprozesse in den Zellen brauchen Energie, die hauptsächlich durch ein besonderes Molekül übertragen wird. Adenosindiphosphat (ADP) wird eine dritte Phosphatgruppe angehängt, so daß es zu Adenosintriphosphat (ATP) wird. ATP ist sehr energiereich. Um die im Zucker steckende Energie in ATP zu speichern, bedarf es einer komplizierten Abfolge von Reaktionen, die in den Kraftwerken der Zellen, den Mitochondrien (1), stattfinden. Der Zucker kommt als Pyruvat (2) in die Mitochondrien und durchläuft den Citratcyclus. Dabei wird die Energie des Zuckers mittels Elektronen und Protonen in die Atmungskette übertragen (3). Hier werden Protonen von der einen Membranseite auf die andere transportiert (4). Diese Protonenpumpe erzeugt ein Druckgefälle, das sich auszugleichen sucht (5). In einem besonderen Proteinkomplex (6) fließen die Protonen wieder zurück und führen dabei ADP mit einem Phosphatrest zu ATP zusammen (7).

Siehe auch: Entstehung des Lebens, *S. 90/91* Genetische Information, *S. 98/99* Pflanzliche Zellen, *S. 100/101* Bakterien, *S. 106/107* Protozoen, *S. 108/109*

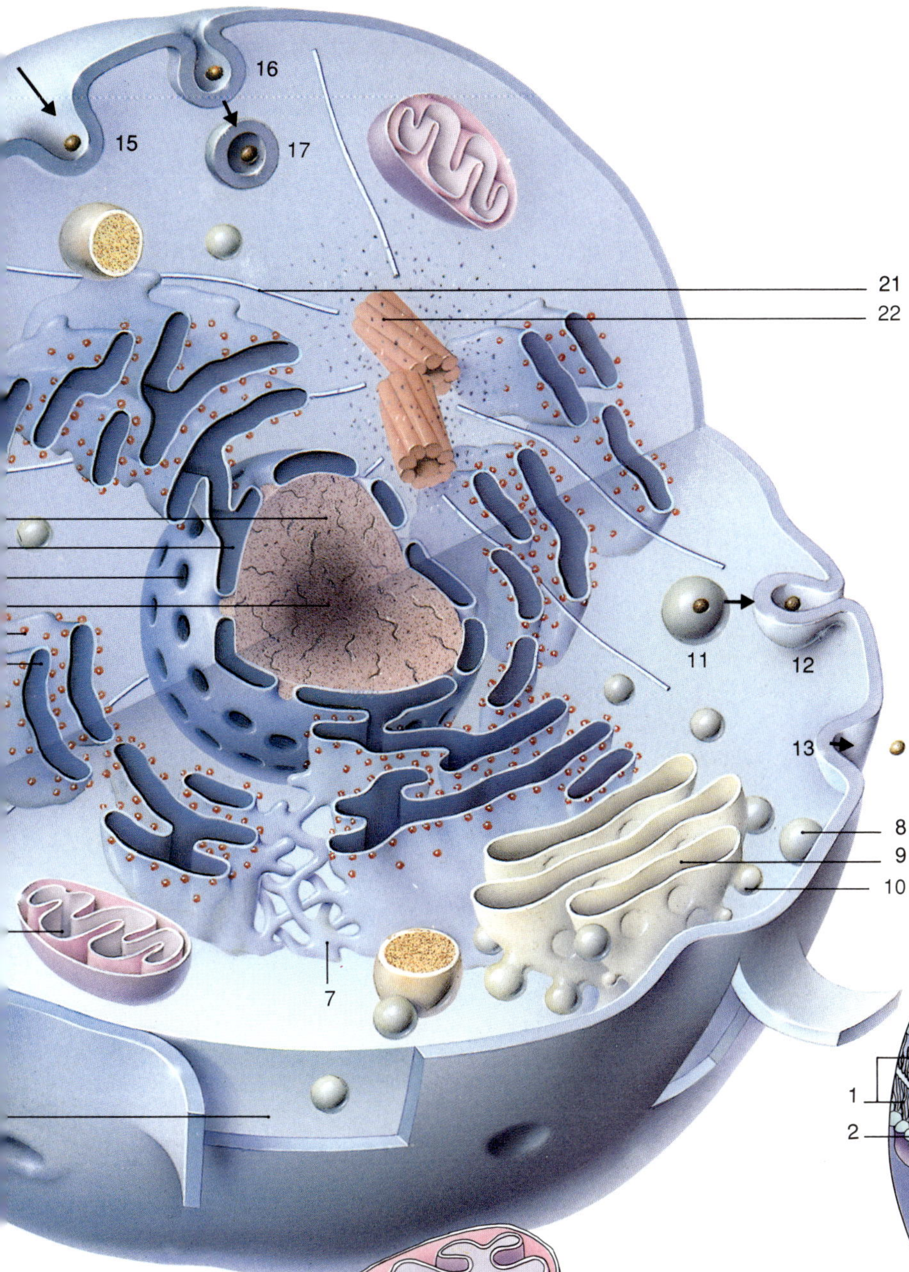

[B] Die Mitochondrien (19) sind die Kraftwerke der Zelle. Sie erzeugen Energieträgermoleküle (ATP). Diese Moleküle werden in vielen Stoffwechselprozessen genutzt. Die meisten davon finden im wäßrigen Medium des Cytoplasmas (20) statt. Im Cytoplasma selbst gibt es eine Matrix von Proteinfäden (Mikrotubuli, 21), die an den Centriolen (22) entstehen. Die Microtubuli bilden das Cytoskelett, das als Formgerüst dient und ein Transport- und Bewegungssystem bietet. Die Centriolen spielen auch bei der Zellteilung eine Rolle, da sie die verdoppelten Chromosomen auseinanderziehen.

[C] Die Zellmembran ist eine dünne Doppelschicht aus Phospholipiden (1), die das Cytoplasma umgeben. Nur wenige Moleküle können ohne Hilfe die Zellmembran durchdringen. Besondere Transport-Proteine und mit Proteinen ausgekleidete Kanäle (2) in der Membran erlauben Zuckern, Aminosäuren und Ionen wie Natrium das Eindringen und Verlassen der Zelle. Andere Proteine (3) in der Membran wirken als Rezeptoren für chemische Kommunikationssignale und liefern eine Signatur, die die Erkennung durch andere Zellen ermöglicht, vor allem im Immunsystem. Cholesterin-Moleküle (4) sind wichtig für die Stabilität der Zellmembran.

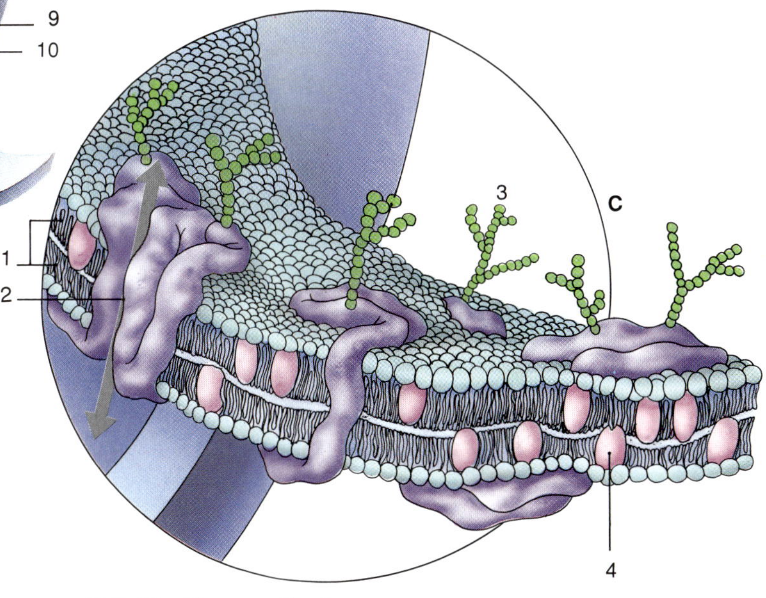

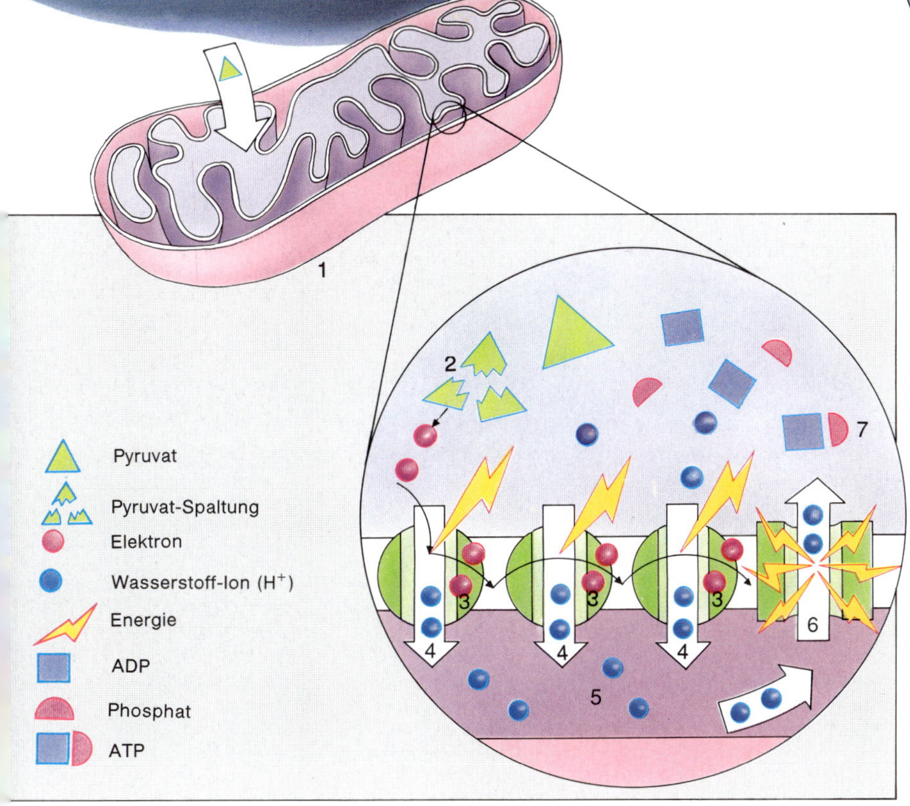

Zelluläre Kommunikation

Alle Zellen empfangen Signale von der Außenwelt an ihrer Zellmembran. Tierische Zellen sind in dieser Hinsicht besonders spezialisiert. Die Fähigkeit einer Nervenzelle, ein Signal mit Hilfe eines elektrischen Feldes in ihrer Längsrichtung weiterzuleiten, wird durch besondere Eigenschaften der Zellmembran ermöglicht, an der ein elektrisches Potential aufgebaut wird. Von Zelle zu Zelle wird die Botschaft an der Synapse durch ein chemisches Signal weitergeleitet, das vom Ende der Nervenzelle ausgeht und von den Rezeptoren in der Zellmembran der Nachbarzelle empfangen wird.

Wie entscheidend das Zusammenspiel von Zellen in Geweben und Organen ist, zeigt das Beispiel der Nervenzellen. Die einzelne Nervenzelle bei einer Schabe und einem Menschen ist fast gleichartig, aber die Milliarden von Nervenzellen in einer bestimmten Anordnung im Gehirn gibt dem Menschen Fähigkeiten, die der Schabe mit ihrem kleinen Gehirn versagt sind.

Nervensystem, *S. 284/285*

Heimtückische Invasoren

Verbreitung der Viren

An der mysteriösen Grenze zwischen lebender und nichtlebender Materie finden sich die Viren. Außerhalb einer lebenden Zelle scheinen sie nichts weiter als ein lebloser Molekülverband zu sein. Doch innerhalb einer Zelle entfalten sie ungeahnte Aktivitäten, indem sie den gesamten Zellstoffwechsel im Dienste ihrer Vermehrung umstellen. Unter dem normalen Lichtmikroskop sind sie nicht zu erkennen. Erst unter dem Elektronenmikroskop kann man sie entdecken. Sie bestehen aus genetischem Material, DNS oder RNS, das von einer schützenden Kapsel aus Proteinen umgeben ist.

Viren sind uns als Krankheitserreger bei Pflanzen, Tieren und Menschen vertraut. Pocken (bereits ausgerottet), Tollwut und Kinderlähmung sind altbekannte virale Erkrankungen. Andere Viren sind erst in jüngster Zeit endeckt worden, so das AIDS (Aquired Immune Deficiency Syndrome)-Virus, welches das menschliche Immunsystem schädigt. Als bekannte virale Kinderkrankheiten gelten Masern, Mumps und Windpocken. Schließlich sind unter den humanpathogenen Viren die krebserzeugenden und die harmloseren Schnupfenviren zu nennen.

Viren sind, im Gegensatz zu allen lebenden Zellen, ausschließlich aus genetischem Material aufgebaut, das von spezifischen Proteinen umhüllt ist. Viele Forscher nehmen an, daß dieses genetische Material sich irgendwann einmal aus einer lebenden Zelle isolierte und eine gewisse unabhängige Existenzfähigkeit beibehielt.

Die meisten Viren haben eine regelmäßige äußere Struktur, weil identische Eiweißstoffe sich zusammenlagern, um das genetische Material zu umkapseln. Wegen ihrer symmetrischen Struktur lassen sich Viren relativ leicht auskristallisieren und wie eine chemische Substanz aufbewahren.

Die Zellinfektion

Oft gelingt es Viren, eine Zelle zu befallen, indem sie sich an einen Eiweißstoff auf der Zelloberfläche heften, der sonst als Antenne für andere Kommunikationszwecke zwischen den Zellen genutzt wird. Das AIDS-Virus z.B. heftet sich nur an besondere weiße Blutkörperchen, die T-Lymphocyten. Sie besitzen auf der Zelloberfläche ein Protein mit genau der Raumstruktur, die vom Virus erkannt wird. Sobald das Virus auf dem »Rezeptorprotein« sitzt, wird es von der Zelle aufgenommen.

Bei diesem Prozeß verliert es seine Proteinkapsel. Die befallene Zelle, die normalerweise ihr eigenes genetisches Material transportiert und kopiert, beginnt mit der Kopie bzw. dem Transport der viralen Nucleinsäuren. Gleichzeitig werden die Eiweißstoffe der Viruskapsel synthetisiert. Die Zelle steht voll im Dienst der Virenvermehrung. Die neugebildeten Nucleinsäuren und Hüllproteine lagern sich zusammen und werden von der Zelle ausgeschieden. In einigen Fällen wird dabei die Zelle völlig zerstört. Viren haben in der Regel nur wenige Gene. Sie alle steuern die Virenvervielfältigung.

Die virale Nucleinsäure besteht entweder aus DNS oder RNS. Fast alle pflanzlichen Viren sind RNS-Viren, so z. B. das Tabakmosaikvirus, das erstentdeckte Virus. Tierpathogene Viren können

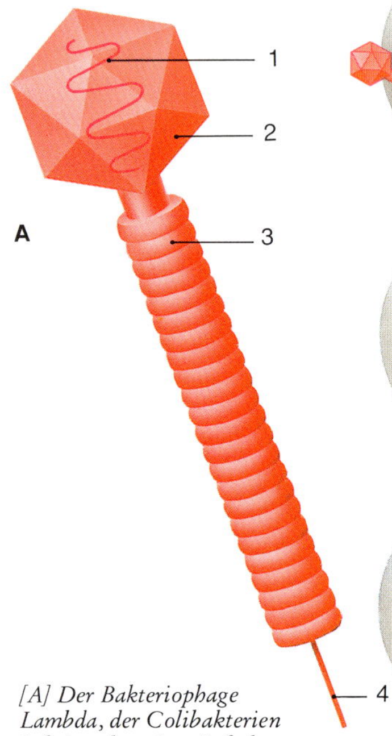

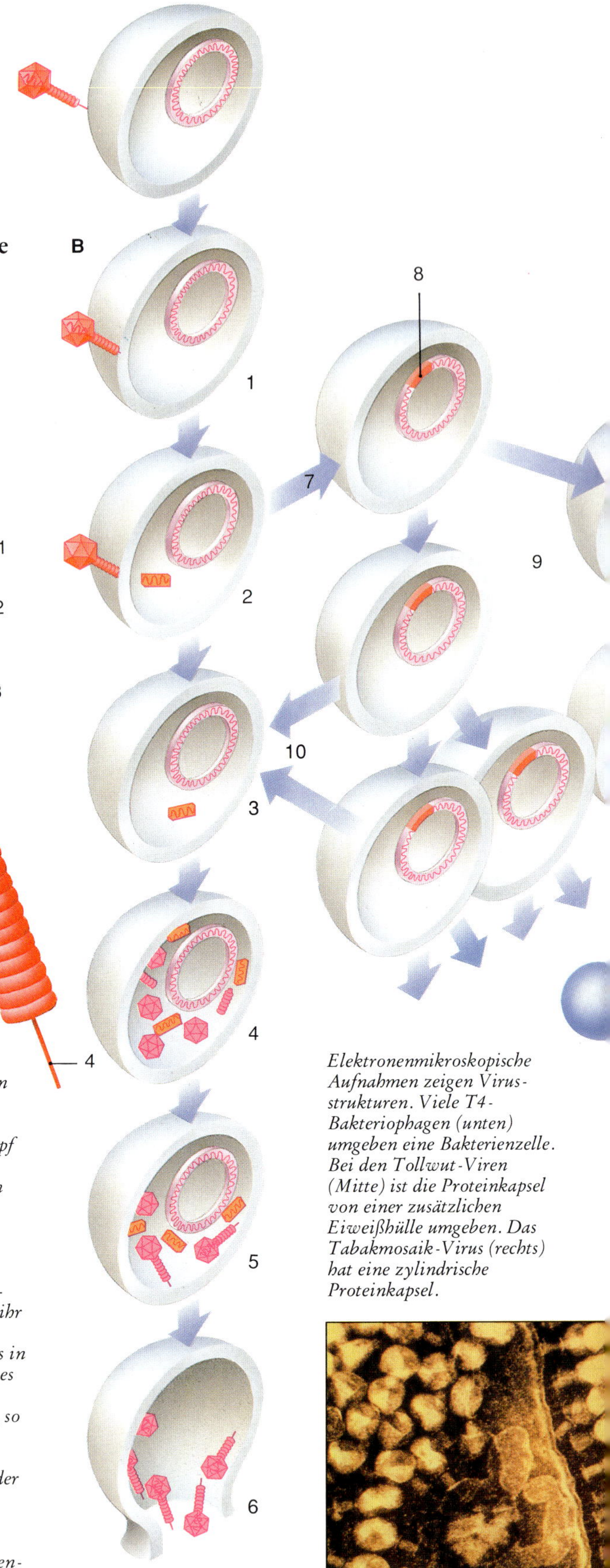

[A] Der Bakteriophage Lambda, der Colibakterien infiziert, hat eine einfache Struktur. Die DNS (1) befindet sich im Phagenkopf (2). Dieser sitzt auf dem Phagenschwanz (3), einem Hohlkörper mit spitzem Injektionsstift (4).
[B] Die Bakteriophagen heften sich mit ihrem Schwanz an eine Colibakterienzelle (1) und führen ihr genetisches Material mit Hilfe ihres Injektionsstiftes in die Zelle ein (2). Handelt es sich um einen virulenten Vermehrungszyklus (3-6), so endet er mit dem Zelltod, wobei die neugebildeten Phagen beim Aufbrechen der Zelle (Lyse) freigesetzt werden. Beim virulenten Zyklus wird die Phagen-DNS nicht an die Bakterien-DNS angehängt (3). Die Phagen-DNS manipuliert den Zellstoffwechsel derart, daß es zur Synthese von Phagenbausteinen kommt (4), die sich zu neuen Phagen zusammenlagern (5) und durch Zell-Lyse (6) neue Bakterienzellen befallen können. Beim lysogenen Vermehrungszyklus (7) integriert sich die Phagen-DNS in die Bakterien-DNS (8) und wird als Prophage bei den folgenden Bakterienteilungen (9) synchron vermehrt. Außenfaktoren können bewirken, daß der Prophage aus der Bakterien-DNS wieder ausgegliedert wird. Dabei geht der lysogene in einen virulenten Vermehrungszyklus über (10).

Elektronenmikroskopische Aufnahmen zeigen Virusstrukturen. Viele T4-Bakteriophagen (unten) umgeben eine Bakterienzelle. Bei den Tollwut-Viren (Mitte) ist die Proteinkapsel von einer zusätzlichen Eiweißhülle umgeben. Das Tabakmosaik-Virus (rechts) hat eine zylindrische Proteinkapsel.

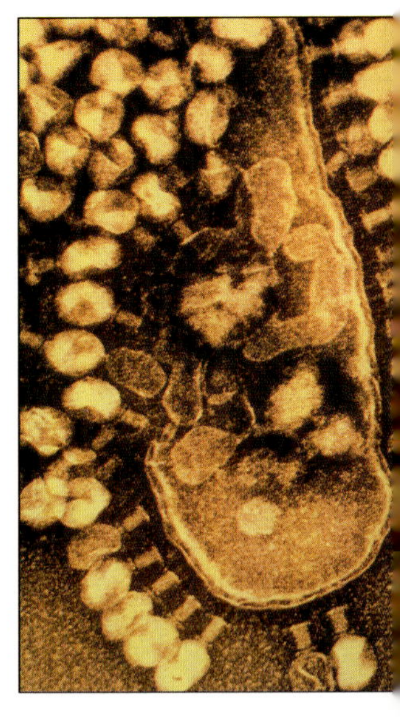

Siehe auch: Entstehung des Lebens, *S. 90/91* Vererbung, *S. 96/97* Genetische Information, *S. 98/99* Pflanzliche Zellen, *S. 100/101* Tierische Zellen, *S. 102/103*

[C] Adenoviren erzeugen Erkältungen und Halsentzündungen. Das hier farbig dargestellte Virus besteht aus 252 Proteinmolekülen (Kapsomeren), die einen symmetrischen Körper mit 20 gleichförmigen Flächen (Ikosaeder) bilden. Viele Viren haben diese Struktur angenommen, um die innenliegende DNS einzuschließen. An den 12 Eckpunkten des Ikosaeders findet sich jeweils ein fünfseitiges Kapsomer (gelb). Die anderen 240 Kapsomere haben sechs Seiten (grün). Jeweils fünf dieser Proteine (gelb-grün) umgeben ein fünfseitiges Eckprotein. Daraus ragt eine einfache Faser (rot) mit einem Endstück (blau), das für das Eindringen in eine Zelle wichtig ist.

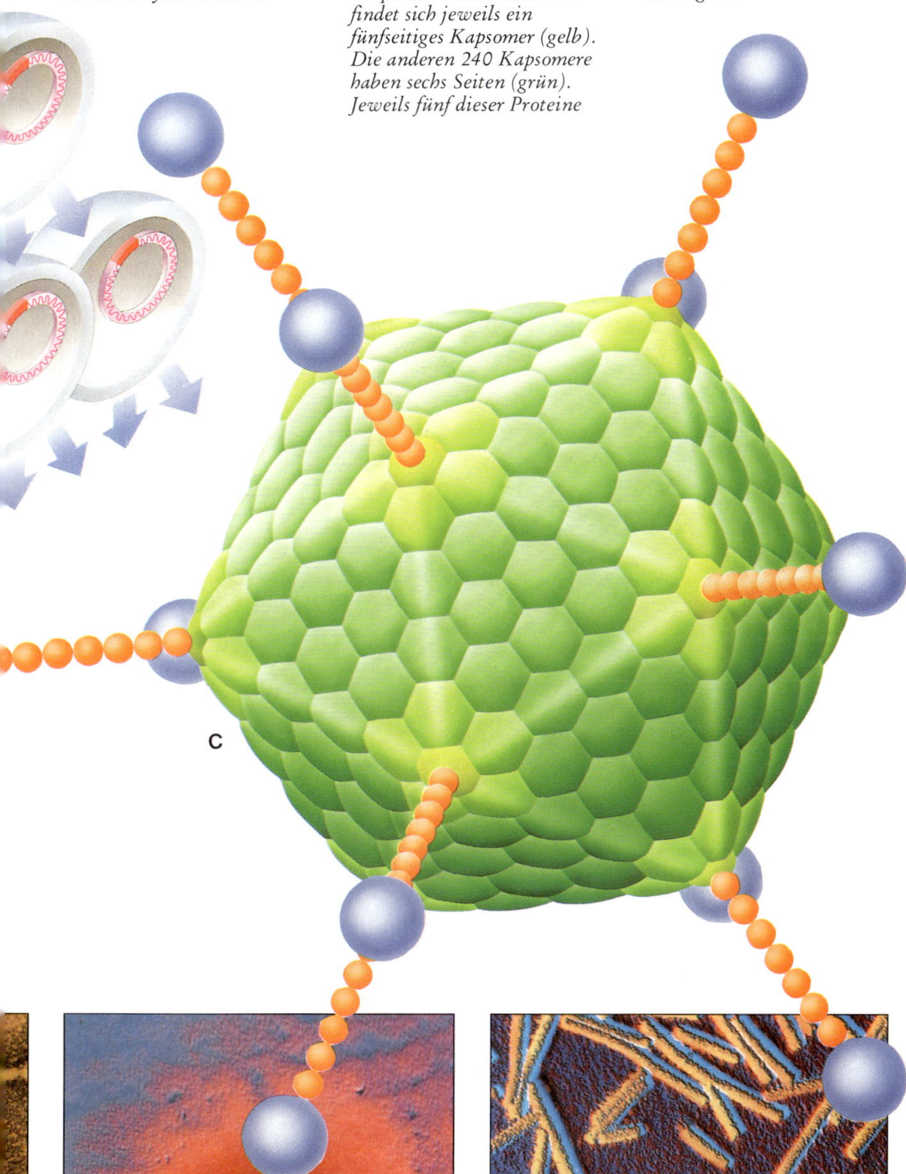

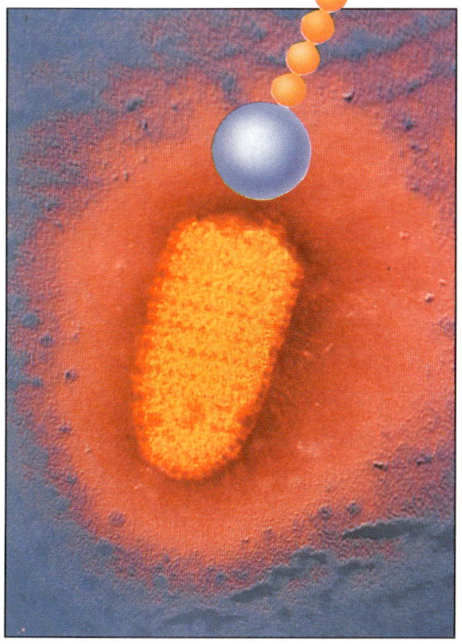

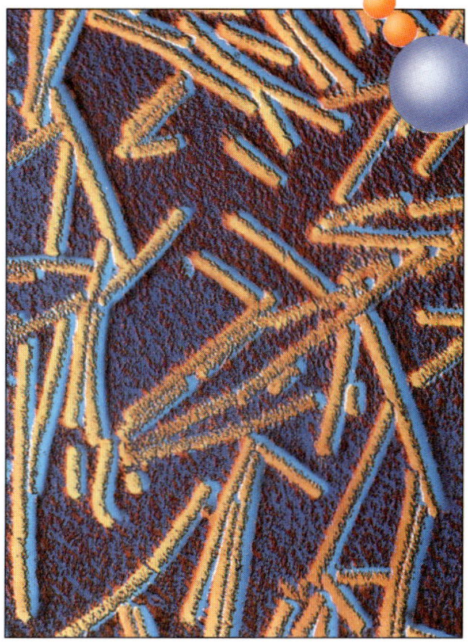

Bekämpfung der Viren

Im Gegensatz zu bakteriellen Krankheiten sind die viralen nur schwer mit Hilfe von Arzneien zu bekämpfen. Dies ist dadurch bedingt, daß Viren zu ihrer Vermehrung den Zellstoffwechsel der befallenen Zelle nutzen. Versucht man, dieses zu unterbinden, schädigt man auch gesunde Zellen. Den besten Schutz gegen virale Erkrankungen bei Mensch und Tier bietet eine vorbeugende Impfung, womit das Immunsystem aktiviert wird. Immunzellen werden dadurch in die Lage versetzt, die Viren frühzeitig zu erkennen und sie zu zerstören, bevor sie in eine Körperzelle eindringen. Im Falle der AIDS-Viren, die die Immunzellen selbst befallen (unten), ist die Entwicklung einer Impfung besonders problematisch. Auch die Bekämpfung von Viren, die leicht ihre äußere Struktur verändern, wie das Grippe-Virus, ist schwierig. Eine vorbeugende Impfung kann unwirksam sein, wenn das Virus sich inzwischen verändert hat.

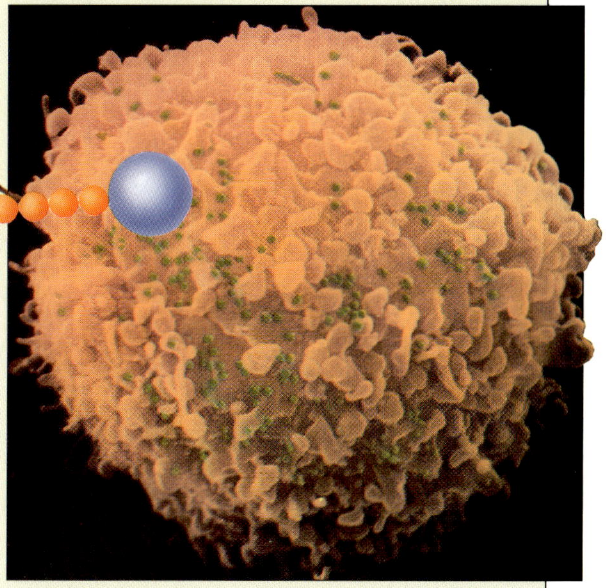

entweder RNS- oder DNS-Viren sein. Bakterien werden von eigenen Viren befallen, die man Bakteriophagen oder schlicht Phagen nennt. Diese können, wie die tierischen Viren, entweder DNS oder RNS enthalten.

Genetische Tarnung

Die sogenannten Retroviren, zu denen auch das AIDS-Virus gehört, sind RNS-Viren. Doch anstatt gleich ihre RNS zu vermehren, kopieren sie die RNS in ein komplementäres DNS-Molekül um. Dies ist möglich, weil sie ein besonderes Enzym mit sich führen, die Reverse-Transkriptase. Das als DNS getarnte Virus-Molekül wird nun an das normale genetische Zellmaterial angehängt und bei der Zellteilung von Zelle zu Zelle weitergegeben. Einige Retroviren können in dieser Form lange inaktiv bleiben und als harmlose blinde Passagiere betrachtet werden. Andere sind nicht so gutartig. Viele krebserzeugende Viren sind der Gruppe der Retroviren zuzurechnen.

Bakterien, *S. 106/107*

Unsichtbares Leben

Strukturen und Fähigkeiten der Bakterien

Die zahlenmäßig erfolgreichste Lebensform unseres Planeten ist für das menschliche Auge unsichtbar. Bakterien begegnen uns überall, sie wachsen in allen lebenden Organismen sowie im Boden, in Flüssen und Seen, in heißen Quellen und in der lichtlosen Tiefsee. Bakterien waren vermutlich die ersten Lebensformen auf der Erde, und sie werden möglicherweise auch die letzten sein. Sie bauen organisches Material ab und bewirken dadurch die Mineralisierung, d.h. die gebundenen chemischen Elemente werden in eine für andere Organismen wieder verfügbare Form gebracht. Manche Bakterien sind Krankheitserreger.

Der Grundbaustein aller Lebewesen ist die Zelle. Lebewesen können entweder einzellig, wie Bakterien, Protozoen und einige Algen, oder mehrzellig wie fast alle Pflanzen und Tiere sein. Bakterien werden als Prokaryonten bezeichnet, um zu verdeutlichen, daß sie einen einfachen Zellaufbau ohne Kernmembran besitzen. Ihnen werden die Eukaryonten, zu denen alle übrigen Lebewesen gehören, gegenübergestellt.

Die Größe der Bakterien schwankt zwischen einem Tausendstel Millimeter bis etwa einem halben Millimeter. Trotz ihrer Formenvielfalt lassen sich stets drei Grundformen wiedererkennen: sphärisch, stab- oder schraubenförmig. Obwohl alle Bakterien einzellig sind, können sie zeitweise sehr komplexe Zellverbände bilden. Alle Bakterien vermehren sich durch einfache Zellteilung: Entweder wächst eine Zelle zu doppelter Größe an und bildet teilende Querwände aus, oder es bildet sich eine kleine Knospe, die auswächst und sich schließlich abteilt.

Ernährungsgrundlagen

Jedes Lebewesen braucht zum Überleben nicht nur eine Energiequelle, sondern auch Stoffe, aus denen es die für den Aufbau der Körpersubstanz notwendigen Bausteine beziehen kann. Wichtige Bausteine sind Kohlenstoff, Stickstoff, Phosphor, Wasserstoff und Sauerstoff. Bakterien sind, im Gegensatz zu Tieren und Pflanzen, allerdings nicht sehr anspruchsvoll bei der Wahl ihrer Stoffquelle - sie können fast jeden organischen Stoff für ihre Bedürfnisse zerlegen. Sogar Pestizide und andere in der Natur nicht vorkommende Chemikalien können von einigen Bakterien als Nährstoffquelle genutzt werden.

Cyanobakterien, früher Blaualgen genannt, haben einen eigenen Photosyntheseapparat, der mit dem der Höheren Pflanzen vergleichbar ist. Diese Bakterien nennt man auch autotroph, weil sie selbst ihre energiespendenden Stoffe herstellen können. Hingegen benötigen die heterotrophen Bakterien, so z.B. Escherichia coli - ein Darmbakterium -, organische Substanzen, aus denen sie die Energie und die Grundbausteine zum Überleben gewinnen. Dabei werden die organischen Stoffe abgebaut. Manche Bakterien benötigen bei diesem Prozeß Sauerstoff, ähnlich wie atmende Pflanzen und Tiere. Andere sind in der Lage, den Abbauvorgang auch ohne Sauerstoff zu vollziehen. Man spricht dann von einer Gärung. Gärungsprodukte wie Milchsäure, Citronensäure und Buttersäure werden wirtschaftlich genutzt.

[A] Bakterien haben statt eines Zellkerns einen Zellbereich, in dem verstärkt Kernsubstanz vorkommt: das Karyoplasma, in dem sich ein einziges, ringförmiges Chromosom (1) befindet. Es enthält die Erbsubstanz DNS. Durchschnittlich sind auf dem Chromosom 3000 Gene. Der Mensch besitzt zum Vergleich rund 100 000. Das Cytoplasma (2) enthält Strukturen, die den Reservestoff Glykogen speichern (3), sowie die Ribosomen (4), die Orte der Proteinbiosynthese. Viele Bakterien besitzen zusätzlich kleine DNS-Ringe, die man als Plasmide bezeichnet.

[B] Bakterien können nach dem Typ ihrer Zellwand in zwei große Gruppen eingeteilt werden. Die einen haben eine einfache, 10-50 Nanometer (= 10^{-9}m) dicke Hülle. Bakterien dieses Typs nennt man Gram-Positiv, weil sie sich mit der Gramfärbung purpurn färben. Gram-Negative Bakterien, wie hier gezeigt, haben eine dünne Zellwand (1) mit einer zusätzlichen äußeren Ummantelung aus Proteinen und Lipiden (2). Zellen mit diesem Zellwandtyp lassen sich nicht anfärben. Schließlich umgibt die doppelschichtige Zellmembran (3) das Cytoplasma. Sie kontrolliert den Stoffaustausch der Zelle mit dem Außenmedium.

[C] Einige Bakterien besitzen eine oder mehrere Geißeln (Flagellen, 1). Von einem Geiselhaken (2) aus wird das Filament peitschenartig bewegt. Ein Protonenfluß in der Zellmembran (3) läßt eine Scheibe aus Proteinmolekülen (4) in der Zellmembran kreisen. Eine Achse (5) verbindet das »Rotorprotein« mit dem Geißelhaken. Eine weitere Scheibe (6) dient als Führung durch die Zellwand.

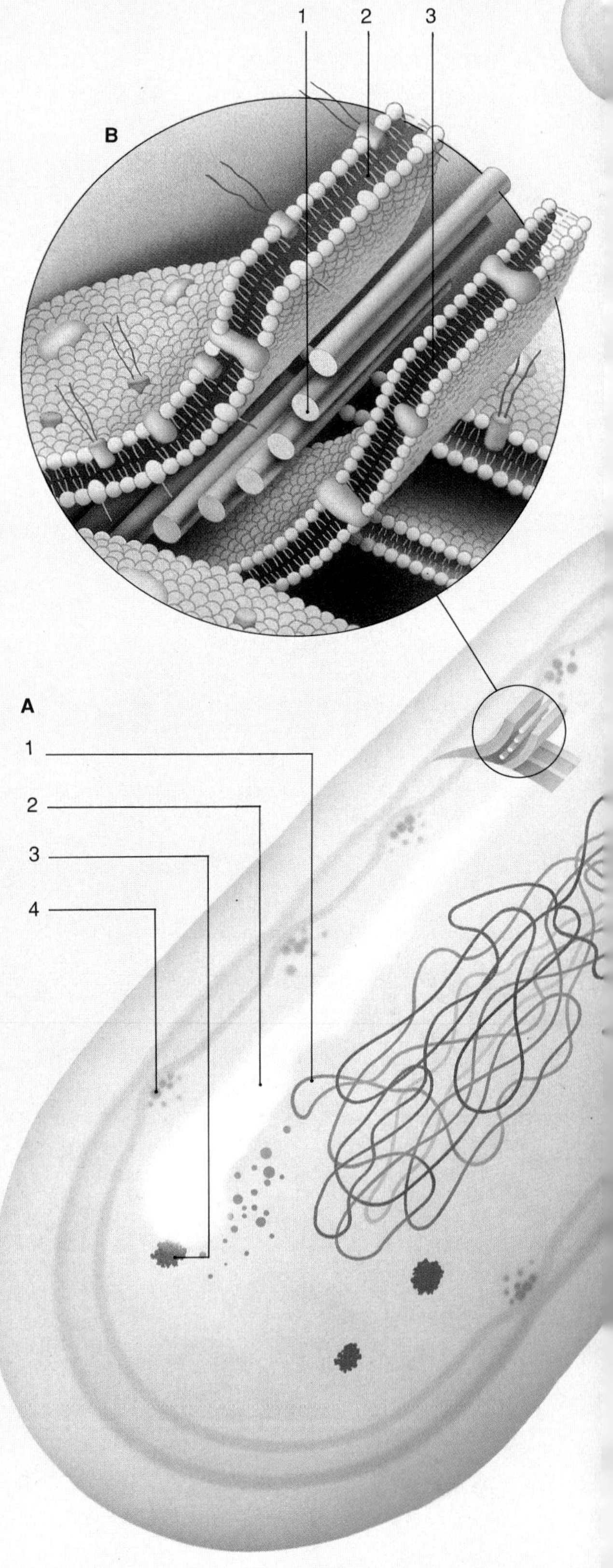

Siehe auch: Entstehung des Lebens, *S. 90/91* Genetische Information, *S. 98/99* Pflanzliche Zellen, *S. 100/101* Tierische Zellen, *S. 102/103* Viren, *S. 104/105*

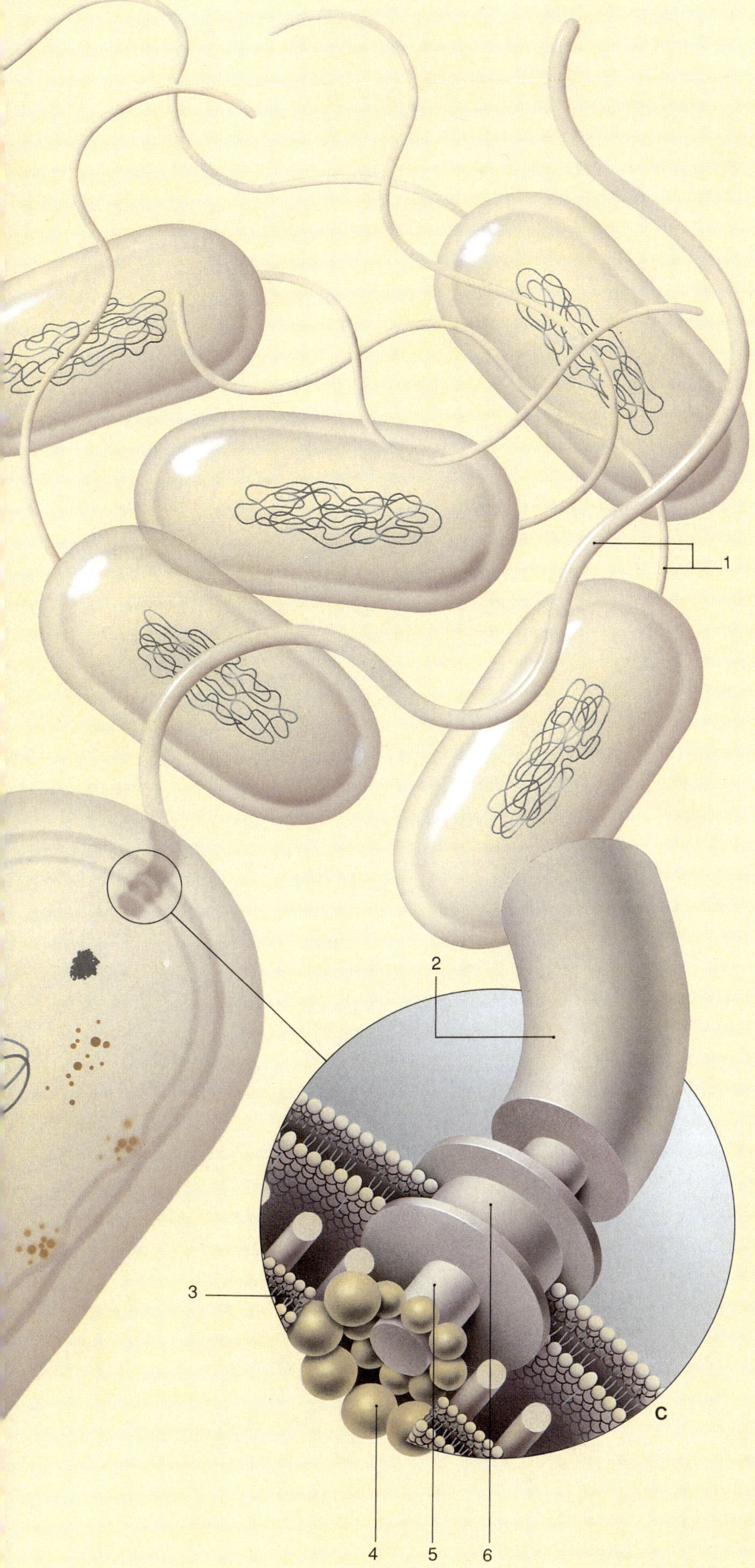

Der Abbau

Bakterien nehmen kleine Nährstoffmoleküle wie Zucker, Aminosäuren und Fettsäuren direkt über ihre Zellmembran auf. Größere Moleküle, wie Proteine, Stärke und Cellulose, werden zunächst in Bruchstücke außerhalb der Zelle zerlegt. Diese Zerlegungsarbeit wird von Verdauungsenzymen geleistet, die von den Bakterien in das Außenmedium abgegeben werden. Verderb und Zersetzung von Fleisch, Früchten und Gemüse ist vor allem auf die Bakterienaktivität zurückzuführen.

Stickstoff-Fixierung

Einige Bakterien sind in der Lage, den molekularen Stickstoff aus der Luft zu binden, d.h. zu fixieren. Dabei werden Stickstoffverbindungen gebildet, die von Höheren Pflanzen genutzt werden können. Diese Leistung, die die stickstoffbindenden Bakterien vollziehen, kann der Chemiker nur unter extremem Energieaufwand, d.h. bei hohen Temperaturen und Drucken, nachvollziehen.

Bakterielle Krankheitserreger

Schwerwiegende Einzelerkrankungen und Epidemien bakteriellen Ursprungs waren vor der Entdeckung der Antibiotika auch in Europa noch weit verbreitet. Die Symptome von vielen bakteriellen Erkrankungen werden von den toxischen Eiweißstoffen, die die Bakterien erzeugen, hervorgerufen. Das Botulinum-Toxin des Bakteriums Clostridium botulinum, das auf Lebensmitteln vorkommt, ist eines der stärksten Gifte. Das Tetanus-Toxin, das von dem nah verwandten Wundbakterium Clostridium tetani (1) gebildet wird, erzeugt Wundstarrkrampf. Wenn sich durch einen Nervenreiz (2) eine Muskelzelle zusammenzieht, blockiert das Tetanus-Toxin die folgende Muskelentspannung. Daher bleiben die Muskeln verkrampft.

In den entwickelten Ländern sind die meisten schwerwiegenden bakteriellen Erkrankungen weitgehend unter Kontrolle, so z.B. die Tuberkulose und die Diphtherie. Anders ist die Lage in der Dritten Welt, wo noch viele Opfer zu vermelden sind.

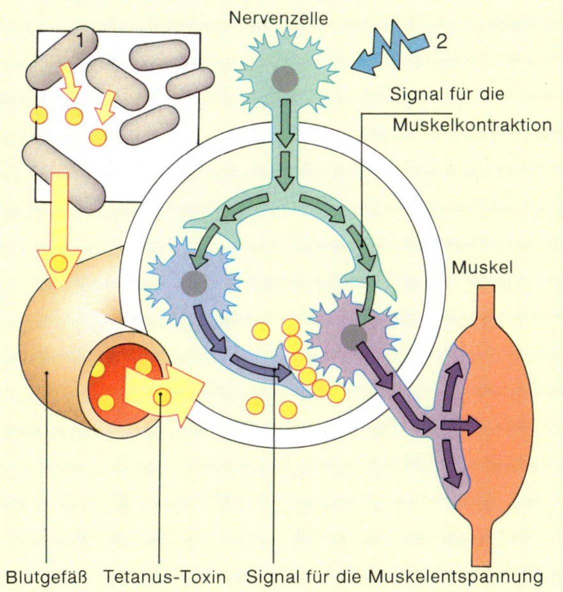

Protozoen, *S. 108/109* Algen, *S. 112/113* Endoparasiten, *S. 188/189* Zersetzer, *S. 204/205*

Einzeller zwischen Pflanze und Tier

Das Leben der Protozoen

Es gibt fast 30 000 Arten von Protozoen, einzellige Mikroorganismen, die meist in wässriger Umgebung leben. Sie sind über die ganze Erdkugel verteilt. Protozoen lassen sich entweder in ihrer flüssigen Umwelt treiben, oder sie schwimmen und kriechen aktiv; manche leben auch als Parasiten in Tieren. Nur die größten sind mit dem bloßen Auge erkennbar. Protozoen zeigen eine erstaunliche Vielfalt in der Formgebung - von der tropfenförmigen Amöbe bis hin zu jenen, die mit komplizierten Gebilden zum Beutefang, zur Ernährung und zur Fortbewegung ausgestattet sind.

[A] Amöben bewegen sich durch Ausstülpen sogenannter Scheinfüßchen aus ihrem Körper fort. Das Cytoplasma – der flüssige Inhalt der Zelle – strömt in das Scheinfüßchen und vergrößert es dabei ständig. Wenn das gesamte Cytoplasma nachgeströmt ist, hat sich die ganze Amöbe fortbewegt. Die Scheinfüßchen dienen auch der Ernährung: Sie umfließen den Nahrungspartikel (1), der von einem Nahrungsbläschen umgeben wird (2). Verdauungsenzyme dringen in die Nahrungsbläschen ein, die mit dem Zersetzen der Nahrung schrumpfen (3). Unverdautes Material wird auf umgekehrtem Wege (4) ausgeschieden.

A

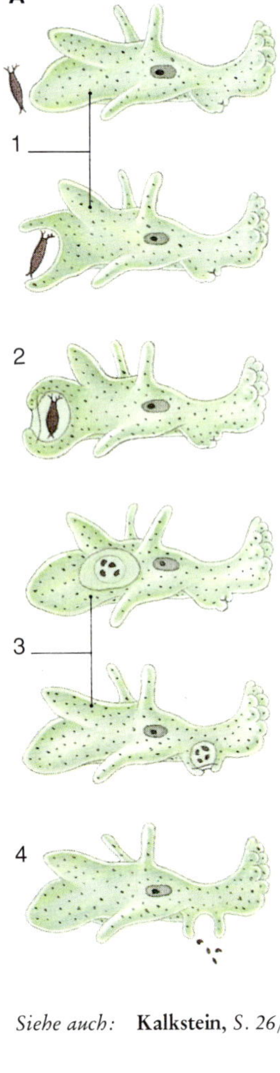

Die genaue Definition der Protozoen ist umstritten. Die Klassifizierung sieht für diese Organismen ein eigenes Reich vor - die Protisten -, da sie sich in mancher Beziehung von Bakterien, Pilzen, Tieren und Pflanzen unterscheiden. Ihre Struktur ist weiter entwickelt als die der Bakterien, da sie deutlich unterscheidbare Organellen, wie Zellkerne und Mitochondrien, besitzen. Der Unterschied zu Pflanzen, Tieren und Pilzen besteht jedoch darin, daß sie Einzeller und nicht Vielzeller sind. Einige von ihnen sind pflanzenähnlich und verfügen über Chloroplasten, womit sie zur Photosynthese fähig sind. Die meisten jedoch ernähren sich durch die Aufnahme organischer Reste oder anderer Mikroorganismen.

Das Reich der Protisten ist keine »natürliche« Gruppierung - einige Protozoen können enger mit Tieren oder Pflanzen verwandt sein als mit anderen Protozoen. Einzellige Organismen, die sonst jedoch schwer zu klassifizieren wären, lassen sich bequem in dieses Schubfach einordnen.

Die vielseitigen Einzeller

Größe und Gestalt der Protozoen weisen eine enorme Vielfalt auf. Amöben, die ständig ihre Form verändern, stellen einen einfachen Protozoentyp dar. Andere besitzen Schalen aus organischem Material, in die Fremdteilchen (Kieselalgenschalen, Sandkörner) oder selbstgebildete Hartteile, meist aus Calciumcarbonat, eingeschlossen sind. Diese Schalen sinken auf den Meeresboden, wenn die Zellen darin sterben, und bilden schließlich einen Teil des Sedimentgesteins.

Einige bewimperte Protozoen verfügen über einen deutlichen »Mund« und »Schlund«, durch die andere Protozoen, Bakterien und Algen in voller Größe geschluckt werden. Saugtierchen hingegen haben lange »Tentakel«, mit denen sie den Inhalt der Zellen, die sie erbeuten, aussaugen.

Den Protozoen fehlen starre, schützende Zellwände, wie sie den Pflanzenzellen eigen sind, wenn auch Euglena und ihre Verwandten eine Schicht dünner, flexibler Eiweißplättchen haben, die unter der Zellmembran des Cytoplasmas eingelassen sind. Obwohl sie deshalb auch kaum außerhalb des Wassers leben können, überstehen viele Protozoen das zeitweilige Austrocknen von Teichen oder Wasserläufen, indem sie sich einkapseln und in einen inaktiven Zustand treten. Protozoen pflanzen sich durch einfache Teilung in zwei oder mehr Zellen fort. Gelegentlich führen sie auch eine geschlechtliche Vermehrung durch, wobei zwei Zellen sich vereinigen, um eine größere Zelle zu bilden, die sich in viele kleinere teilt.

[B] Das Trompetentierchen – eines der größten Protozoen – wird bis zu 2 mm lang; es kann sich mit einem Haftorgan (1) an Steinen oder großen Algen festheften. Durch zahlreiche Wimpern (2) angetrieben, kann es aber auch frei zu schwimmen. Am breiten Ende seines Körpers sind die Wimpern spiralförmig angebracht (3); wenn sie schlagen, verursachen sie einen Strudel, der kleine Teilchen im Wasser zum Mundbeutel (4) hinzieht; dort wird die geeignete Nahrung - Bakterien und kleine Algen - ausgefiltert und in den Schlund (5) geleitet. In Vakuolen (6) wandern die Nahrungspartikel durch den Körper des Protozoons und werden zersetzt. Unverdautes Material wird durch die Zellwände ausgeschieden. Das Trompetentierchen hat einen großen Zellkern (7), der sich aus vielen Knoten zusammensetzt.

B

D

Nutzen und Schaden

Zu den Krankheiten, für die Protozoen beim Menschen verantwortlich sind, gehören Malaria und die Schlafkrankheit (Trypanosomiasis), darüber hinaus verursachen sie viele Krankheiten bei Tieren, besonders bei Vieh, Wild, Fisch und Geflügel.

Protozoen können aber auch von sehr großem Nutzen sein. Wimperntierchen sind ein Teil der mikrobiellen Flora im Pansen wiederkäuender Tiere (z.B. Rinder) und helfen bei der Verdauung der pflanzlichen Cellulose, die das Tier bei seiner Ernährung in enormen Mengen zu sich nimmt, allerdings nicht selbst aufschließen kann. Für den Menschen sind Protozoen in Kläranlagen außerordentlich nützlich, wo sie während der biologischen Klärstufe zur Entfernung von Bakterien beitragen. Außerdem sind sie biochemische Werkzeuge in Labortests für neue pharmazeutische Erzeugnisse.

Siehe auch: **Kalkstein,** *S. 26/27* **Versteinerung und Einschluß,** *S. 28/29* **Pflanzliche Zellen,** *S. 100/101* **Tierische Zellen,** *S. 102/103* **Endoparasiten,** *S. 188/189*

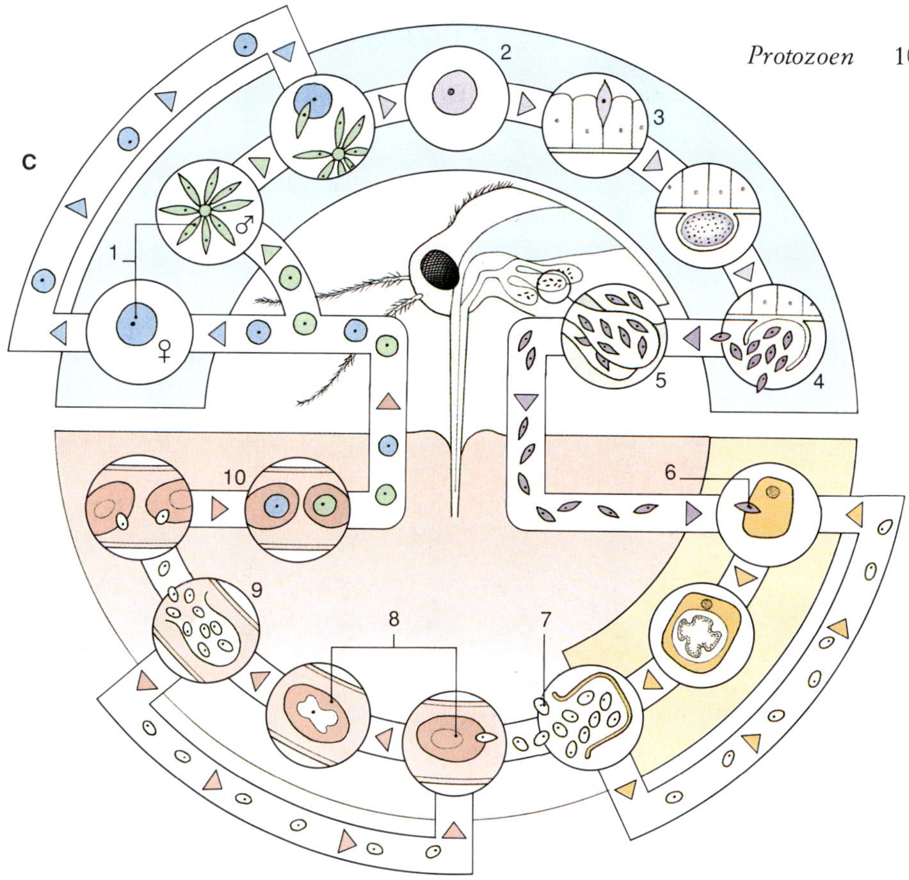

[C] Das Protozoon Plasmodium ist Erreger der Malaria, eine der verbreitetsten Krankheiten. Malaria wird durch weibliche Moskitos der Gattung Anopheles übertragen, die kurz nach der Paarung beginnen, sich von menschlichem Blut zu ernähren. Wenn ein Moskito eine infizierte Person sticht, kann er Geschlechtszellen (1) des Plasmodiums aufnehmen. Sie verschmelzen im Moskito zu einer Zygote (2), die sich in der den Magen umgebenden Schicht einnistet (3). Nach rd. 3 Wochen platzt die Zygote auf und setzt viele neue Plasmodiumzellen frei - die Sporozoiten (4). Diese wandern in die Speicheldrüse des Moskitos (5), von wo sie an das nächste Opfer des Insekts weitergegeben werden. Die Sporozoiten gelangen mit dem Blutstrom des Menschen in seine Leber (6), wo sie sich zu Merozoiten (7) teilen, die wiederum die roten Blutkörperchen infizieren (8). Dort vermehren sich die Merozoiten (9) und greifen noch mehr Blutkörperchen an. Einige Merozoiten bilden schließlich Geschlechtszellen (10). Wenn diese von einer anderen Mücke mit der Nahrung aufgenommen werden, beginnt der Zyklus von vorne. Die Symptome der Malaria sind zuerst Fieberanfälle bei jeder Freisetzung neuer Merozoitengenerationen ins Blut, später Anämie (Blutarmut) und letztendlich Leberversagen.

[D-G] Die Erscheinungsformen der Protozoen variieren in hohem Maße. Difflugia [D] etwa hat eine ähnliche biologische Struktur wie die Amöbe, baut sich jedoch eine »Schale« aus Sandkörnern. Actinophrys [E] hat – wie die Amöbe – Scheinfüßchen. Bei dieser Art sind sie jedoch lang, dünn und stachelähnlich. Ammodiscus [F] lebt in mariner Umwelt. Er erzeugt ein hartes, mineralisches Gehäuse mit vielen Kammern. Cementella [G] baut eine »Schale«, die sich aus den Skeletten anderer Protozoen zusammensetzt. Unzählige Schalen solcher Organismen können den Meeresboden bedecken und sich im Laufe der Zeit zu Kalkstein verdichten.

Champignons und Schimmel

Wie Pilze leben und sich vermehren

Auf den ersten Blick scheint Blauschimmelkäse wenig mit der Dezimierung der europäischen Ulmen-Populationen gemein zu haben. Und doch ist beides das Ergebnis von Pilzaktivität. Ihre Gärung beschert uns Brot, Wein und Bier sowie viele Antibiotika. Auf der anderen Seite aber verursachen pilzliche Infektionen zahlreiche Krankheiten bei Pflanzen, Tieren und Menschen. Pilze spielen eine lebenswichtige Rolle im natürlichen Lebenszyklus. Durch die Zersetzung von Tieren und Pflanzenmaterial setzen sie Nährstoffe frei, welche für eine neue Generation von Pflanzen und Tieren wiederverwertbar werden.

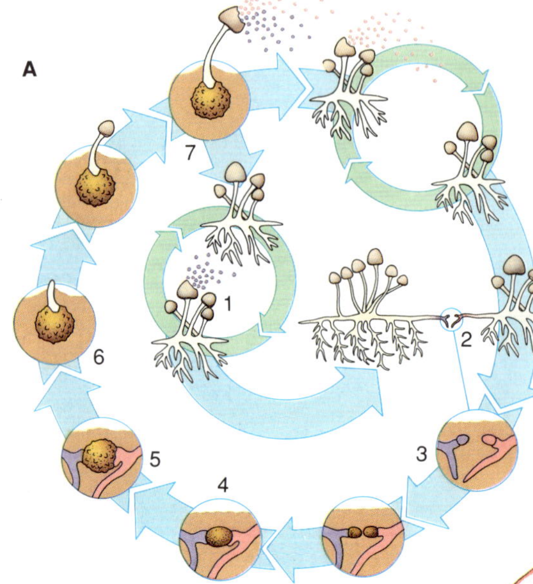

[A] Wie die meisten Zygomyzeten ernährt sich der Schwarze Brotschimmel durch die Verwertung von totem Material. Der Hauptteil des Myzels wächst durch die Nahrungssubstanz, aber einige Hyphen wachsen aufrecht, schwellen an ihren Spitzen an und bilden Sporangien, die Organe für die asexuelle Vermehrung. Zahlreiche Sporen entwickeln sich in diesen Sporenbehältern: Die Sporangienwand platzt auf, und die Sporen werden verbreitet (1). Sie keimen und wachsen zu einem neuen Myzel heran. Zygomyzeten durchlaufen auch einen sexuellen Entwicklungszyklus. Zwei verschiedengeschlechtliche Hyphen wachsen einander entgegen (2). Bei Kontakt schwellen die Spitzen der Hyphen an und werden durch eine Zellwand abgetrennt (3). Die beiden unmittelbar aneinanderliegenden Spitzen verschmelzen (4) und entwickeln eine kräftige Wand (5). Die Zygospore keimt aus (6), durchläuft einen Prozeß genetischer Umordnung (Meiose) und produziert Meiosporen (7).

Pilze wurden lange Zeit zu den Pflanzen gerechnet, inzwischen werden sie jedoch von Biologen als eigenständige Gruppe klassifiziert, weil sie sich in ihrer Struktur, in ihrem Wachstum und ihrer Ernährungsweise von den Pflanzen deutlich unterscheiden. Im Gegensatz zu diesen können Pilze die Sonnenenergie nicht für ihren Stoffwechsel nutzen. Einige Pilze wachsen nur auf einfachen Zukkern, die sie als Kohlenstofflieferanten nutzen. Stickstoff erhalten sie in Form von anorganischen Nitraten oder Ammonium-Verbindungen. Andere Arten geben Enzyme frei, die die komplexen Moleküle verdauen, welche in totem Pflanzen- und Tiermaterial vorhanden sind, und setzen sie in einfache Nährlösungen um, die dann absorbiert werden können. Wieder andere leben parasitisch und beziehen ihre Nahrung von lebenden Pflanzen oder Tieren.

Lebensfäden

Einige Pilze sind einzellig oder bestehen nur aus wenigen Zellen, doch die meisten wachsen als feine Fäden (Hyphen), die sich an den Spitzen strekken und verzweigen und ein Netzwerk oder Myzel bilden. Zwar sind einzelne Hyphen nur unter dem Mikroskop sichtbar, das flauschige Myzel der häufig im Haushalt vorkommenden Schimmelpilze ist jedoch ein gewohnter Anblick. Hyphen von einfachen Pilzen – z.B. Zygomyzeten – sind lange Schläuche von Zellmaterial (Cytoplasma), die viele in einer Zellwand eingeschlossene Zellkerne enthalten. Dagegen sind die Hyphen der höheren Pilze – Basidiomyzeten und Ascomyzeten – durch Querwände in Kompartimente geteilt; sie bilden auch den Fruchtkörper eines Champignons, Fliegenpilzes oder einer Trüffel.

Schimmelverbreitung

Alle Pilze vermehren sich durch Sporen. Eine Spore ist eine einzelne Zelle, häufig umgeben von einer schützenden Hülle, aus der sich ein neuer Organismus entwickeln kann. Einige einfache Pilze produzieren Zoosporen, die wie Spermien aussehen und sich mit einem oder zwei peitschenähnlichen Geißeln vorwärts bewegen. Pilze, die Zoosporen produzieren, leben entweder aquatisch, wie die Wasserschimmel, oder parasitisch in den Zellen von Pflanzen; die parasitisch lebenden Pilze entlassen ihre Zoosporen in das Wasser, das die Oberfläche von Blättern, Stämmen und Wurzeln wie ein Film überzieht. Die wohlbekannten Schimmelpilze produzieren einfache Sporenbehälter (Sporangien), die bei Reife aufplatzen und eine Wolke von winzigen staubähnlichen Sporen freisetzen. Wenn diese auf ein geeignetes Medium treffen, keimen sie aus. Aus jeder Spore entsteht eine Hyphe, die schließlich in ein neues Myzel auswächst.

Die auffälligsten Pilze sind die Basidiomyzeten - diese bilden die kurzlebigen Fruchtkörper, die wir Hutpilze nennen. Der dauerhafte Teil des Pilzes, der über Jahre hinweg bestehen kann, ist das Myzel, das sich häufig mehrere Meter im Boden oder im Holz ausdehnt. Weniger bekannte Basidiomyzeten, wie die Rost- und Brandpilze, verursachen Krankheiten an vielen Getreidearten.

Die Morcheln, Trüffeln und Hefen gehören zu der dritten großen Gruppe der Pilze - den Ascomyzeten. Sie produzieren ihre Sporen innerhalb von Schläuchen (Asci). Treffen zwei Hyphen unterschiedlichen Geschlechts aufeinander, wachsen sie zusammen. Die Zellkerne der Elternhyphen verschmelzen und teilen sich, und es entstehen acht Sporen.

Siehe auch: **Vererbung,** *S. 96/97* **Pflanzliche Zellen,** *S. 100/101* **Tierische Zellen,** *S. 102/103*

Bäcker und Brauer

Wenn ein Faß mit Traubensaft gärt, steigen kohlendioxidhaltige Bläschen an die Oberfläche. Sie werden von Hefen (rechts) produziert, mikroskopisch kleinen, einzelligen Pilzen aus der Gruppe der Ascomyzeten, die die Zucker in dem Saft als Brennstoff für die Atmung benötigen. Im Gegensatz zu den meisten Pilzen atmen Hefen anaerob - sie benötigen also keinen Sauerstoff - und verwerten ihre Nahrung unvollständig. Die »Abfall«-Produkte dieser Form der Atmung sind Kohlendioxid und Alkohol, im Gegensatz zu Kohlendioxid und Wasser, die bei der aeroben Atmung entstehen. Diese Fähigkeit hat die Hefe zu einer der wichtigsten Pilzarten in der Sozialgeschichte des Menschen gemacht. Hefe verwandelt Malzgerste in Bier, und beim Backen veranlaßt sie das Brot aufzugehen und gibt ihm eine lockere Konsistenz.

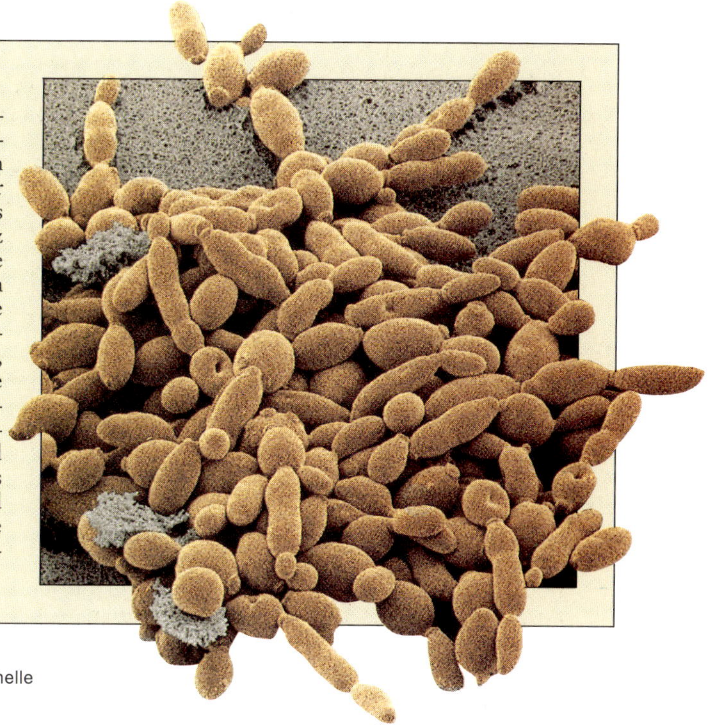

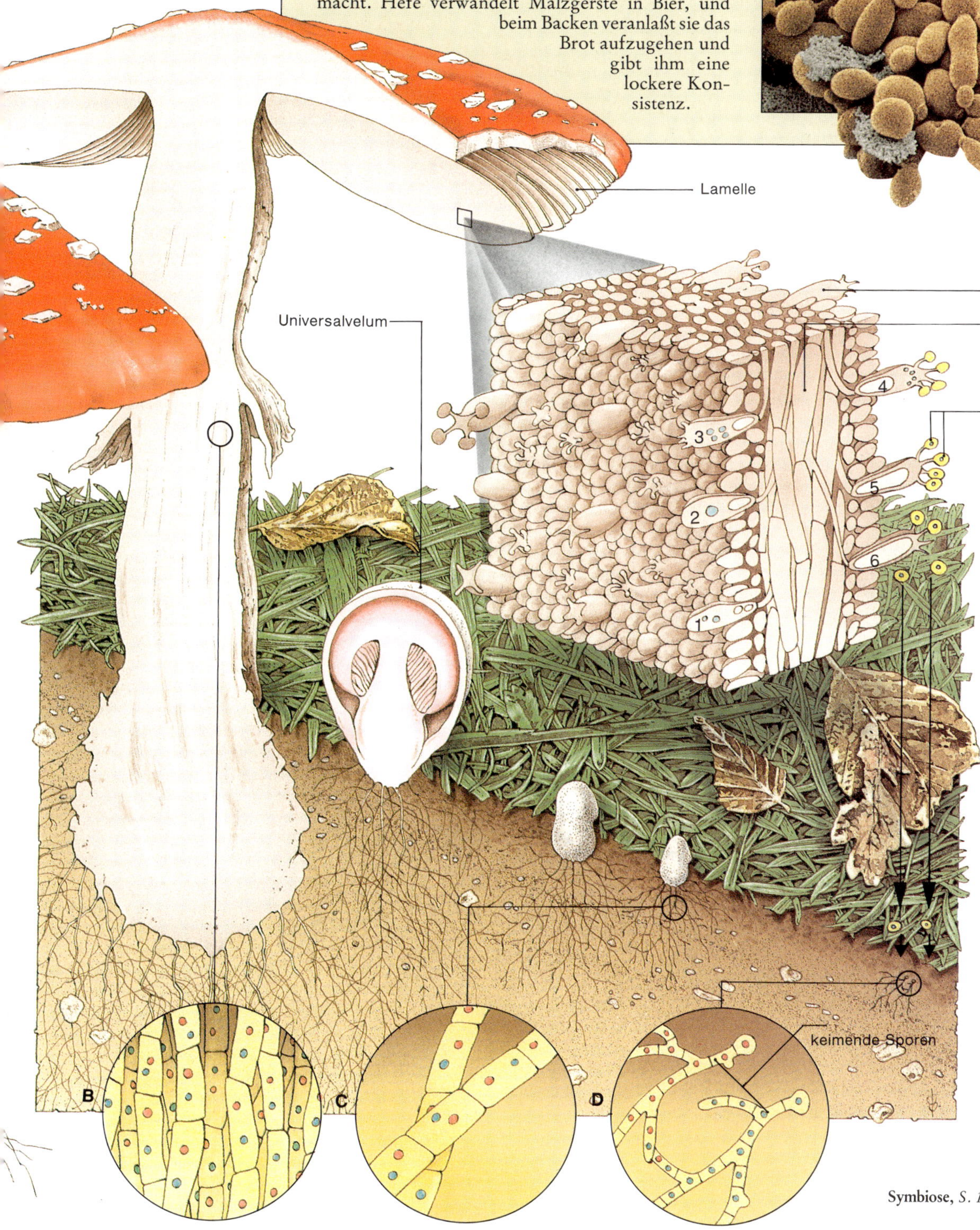

[B-D] Der Fruchtkörper des Fliegenpilzes ist aus einem aus Hyphen [B] bestehenden Stiel (Stipus) aufgebaut, der sich an das in der Erde verborgene Myzel anschließt, sowie einem Hut (Pileus), der die sporentragende Schicht (Hymenium) an den Lamellen schützt. Der Lebenszyklus dieses Hutpilzes beginnt mit der Keimung der Sporen; diese bilden ein Myzel, dessen Kompartimente je einen Zellkern enthalten [D]. Verschiedengeschlechtliche Hyphen verschmelzen, es entwickelt sich ein sekundäres Myzel, in welchem die Kompartimente beide Eltern-Zellkerne enthalten [C]. Der Fruchtkörper wächst aus dem sekundären Myzel aus; er beginnt sein Leben in einem schützenden Universalvelum, das schließlich aufreißt. Im Hymenium verschmelzen in jedem Kompartiment (1) die beiden Kerne und teilen sich meiotisch (2). Die vier entstandenen Zellkerne (3) wandern zum Ende der Basidien (4, 5), wo sie sich zu Sporen entwickeln, die abgeschnürt werden (6).

Symbiose, *S. 192/193* **Zersetzer,** *S. 204/205*

Produzenten im Wasser

Aus dem Leben der Algen

Stellt man einen Krug mit klarem Wasser aus einem Teich auf ein sonniges Fensterbrett, so wird das Wasser sehr bald trübe und grün. Bisweilen kann man feststellen, daß die Grünfärbung regelrecht der Sonnenbewegung folgt. Tausende von einzelligen Algen nutzen das Sonnenlicht, um ihre Nährstoffe mit Hilfe der Photosynthese zu erzeugen. Aber nicht alle Algen sind so klein. Auch sind nicht alle grün. Die grünen Mikroalgen aus dem Teich und die großen Makroalgen der Meere scheinen kaum etwas Gemeinsames zu haben. Und doch gehören beide zum Organisationstyp der Algen.

A

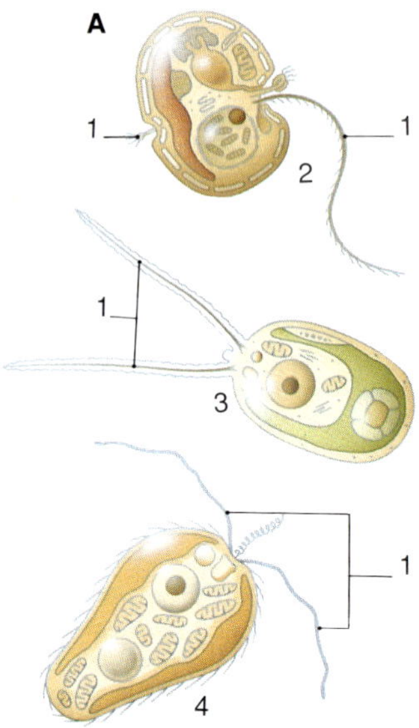

[A] Viele einzellige Algen können sich aus eigener Kraft fortbewegen, um z.B. optimal zum Licht zu stehen. Dazu nutzen sie ihre peitschenförmigen Geißeln (1). Der Dinoflagellat Gonyaulax tamarensis (2) besitzt zwei Geißeln, die rechtwinklig zueinander stehen. Eine ist mehr oder weniger in einer die Zelle umlaufenden äquatorialen Rille verborgen. Mit den Geißeln bewegt sich die Alge vorwärts und gleichzeitig um die eigene Achse. Diese kreiselförmige Fortbewegungsweise ist für alle Dinoflagellaten typisch. Chlamydomonas (3), eine Grünalge, und die Goldalge Prymnesium parvum (4) haben ebenfalls je zwei Geißeln, Euglena besitzt nur eine, während andere Arten wie Platymonas sogar vier haben.

Wie die Landpflanzen sind Algen Produzenten, denn sie können eigenständig ihre organischen Nährstoffe photosynthetisch bilden. Dazu benötigen sie lediglich Licht, Kohlendioxid, Wasser und einige lebenswichtige Mineralstoffe. Sie enthalten alle den grünen Farbstoff Chlorophyll, mit dem sie das Sonnenlicht einfangen können, das die Photosynthese in Gang setzt. Viele Algen enthalten zusätzlich noch andere Farbstoffe, wodurch sie rot, braun oder gelb aussehen.

Riesenalgen

Braune Meeresalgen wie Blasentang oder Riementang zählen zu den größten und anatomisch kompliziertesten Algen. Viele werden mehrere Meter lang, einige sogar länger als hundert Meter. Sie sind wie die Landpflanzen mehrzellig. Ein stengelähnliches Gebilde (Cauloid) besitzt am unteren Ende ein Haftorgan (Rhizoid), mit dem sich die Alge am Geröll des Meeresgrundes festhält. Blattähnliche Strukturen, die Phylloide, sind die Organe, in denen die Photosynthese stattfindet. Doch der innere Aufbau dieser Riesenalgen ist wesentlich einfacher als der der Landpflanzen. Sie brauchen weder Wurzeln, mit deren Hilfe sie das Wasser absorbieren, noch besondere Gewebe wie das Xylem der Landpflanzen, um das Wasser und die Mineralstoffe im Pflanzenkörper zu verteilen.

Algen können alle Stoffe, die sie zum Leben benötigen, direkt über die gesamte Körperoberfläche aufnehmen, so auch das Kohlendioxid für die Photosynthese oder den Sauerstoff für die Atmung. Damit diese Stoffe sowie Mineralien alle Zellen des Pflanzenkörpers erreichen, dürfen die Zellen keine allzu dicken Schichten bilden. Daher haben Algen nur dünne, wenige Zellschichten und flache oder fadenförmige Körperstrukturen.

Nur sehr große Braunalgen wie der Birnentang haben ein spezialisiertes Gewebe, das mit dem Phloem der Landpflanzen vergleichbar ist. Es dient dem Transport von nährstoffreichen Lösungen vom Ort der Photosynthese, dem Phylloid, der nahe der Wasseroberfläche liegt, zu Cauloid und Rhizoid, die sich in den lichtarmen, tieferen Wasserschichten befinden.

Unter den Süßwasseralgen sind wohl die Armleuchteralgen die am kompliziertesten gebauten Algen. Diese Grünalge kann über einen Meter lang werden. Sie sitzt am Grunde von Teichen und bildet wirtelförmige Verzweigungen an einem zarten Stiel. Obwohl sie wie eine normale höhere Pflanze aussieht, werden ihre »Stämme« und »Blätter« von einzelnen gleichartigen, aneinandergereihten Zellen gebildet.

B

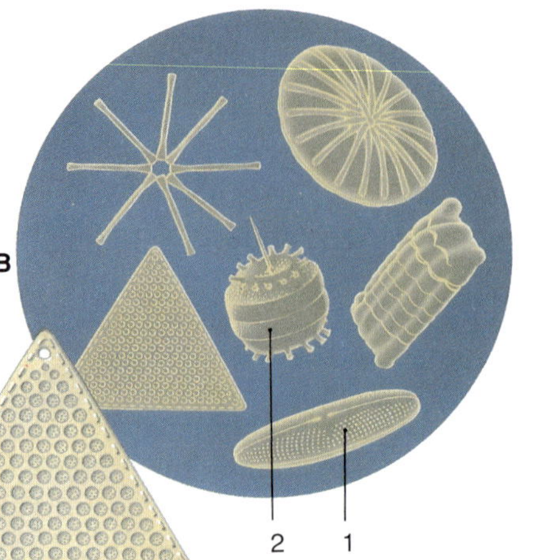

C

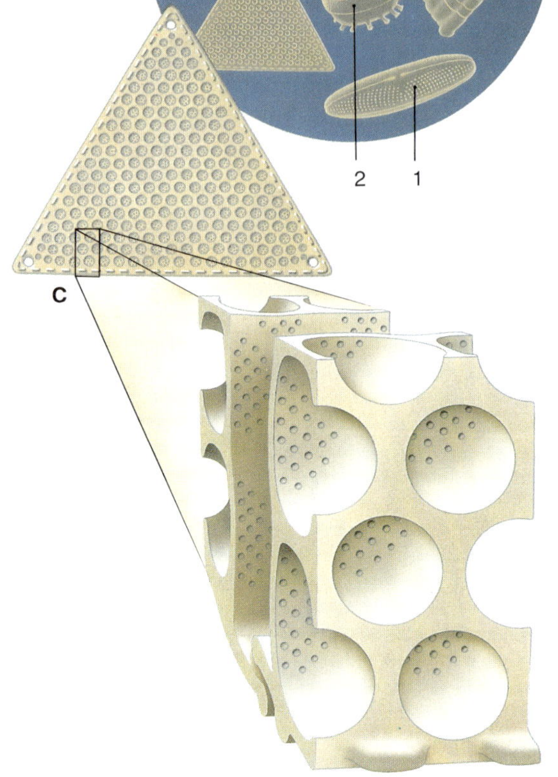

[B] Kieselalgen (Diatomeen) sind meist einzellig wie Navicula digitoradiata (1). Einige bilden auch einfache Kolonien wie Thalassiosira (2). Weitere Süß- oder Salzwasserarten (im Uhrzeigersinn): Triceratium favus, Asterionella formosa, Asteromphalus elegans und Biddulphia biddulphia.

[C] Innerhalb der äußeren Plasmamembran haben die Diatomeen zwei symmetrische Kieselsäureschalen abgelagert. Die Schalen weisen erstaunliche Strukturen auf, wie hier bei Triceratium favus. Durch die feinen Poren findet der Stoffaustausch zwischen Zelle und Außenmedium statt.

Die Wiesen des Meeres

Doch sind es nicht die auffälligen Riesenalgen, sondern die mikroskopisch kleinen Algen des Planktons, die von unschätzbarer Bedeutung für die Nahrungskette sind. Einzellige Algen wie Diatomeen und Dinoflagellaten sowie blaugrüne Cyanobakterien bilden die Hauptmasse des Phytoplanktons, das die Grundlage der Nahrungspyramide ist. Unter bestimmten Bedingungen kann es zu einer Massenvermehrung oder »Algenblüte« einer bestimmten Alge kommen. Als Beispiel dafür seien die berühmt-berüchtigten »Roten Tiden« an der Nordamerikanischen Küste genannt, die von Dinoflagellaten verursacht werden, welche das Meer rot färben. Dabei können zahlreiche Fische und Schalentiere vergiftet werden.

Aus Algen werden verschiedene Stoffe gewonnen, so auch Agar-Agar, eine Art Gelatine, die in bestimmten Lebensmittelzubereitungen und für die Herstellung von Nährmedien zur Aufzucht von Bakterien genutzt wird.

Siehe auch: **Weltmeere,** *S. 44/45* **Küsten,** *S. 56/57* **Bakterien,** *S. 106/107* **Pilze,** *S. 110/111* **Pflanzenarchitektur,** *S. 114/115* **Photosynthese,** *S. 180/181*

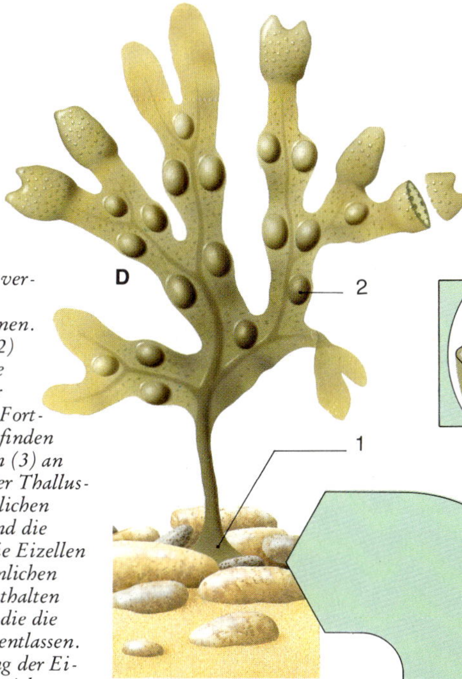

[D] Der Blasentang verankert sich mit dem Rhizoid (1) auf Steinen. Gasgefüllte Blasen (2) sorgen dafür, daß die Phylloide im Wasser aufrecht stehen. Die Fortpflanzungsorgane befinden sich in Konzeptakeln (3) an den oberen Enden der Thalluszweige. In den weiblichen Konzeptakeln (4) sind die Oogonien (5), die die Eizellen (6) bilden. Die männlichen Konzeptakeln (7) enthalten die Antheridien (8), die die Spermatozoiden (9) entlassen. Nach der Befruchtung der Eizelle (10) entwickelt sich aus der Zygote eine neue Pflanze.

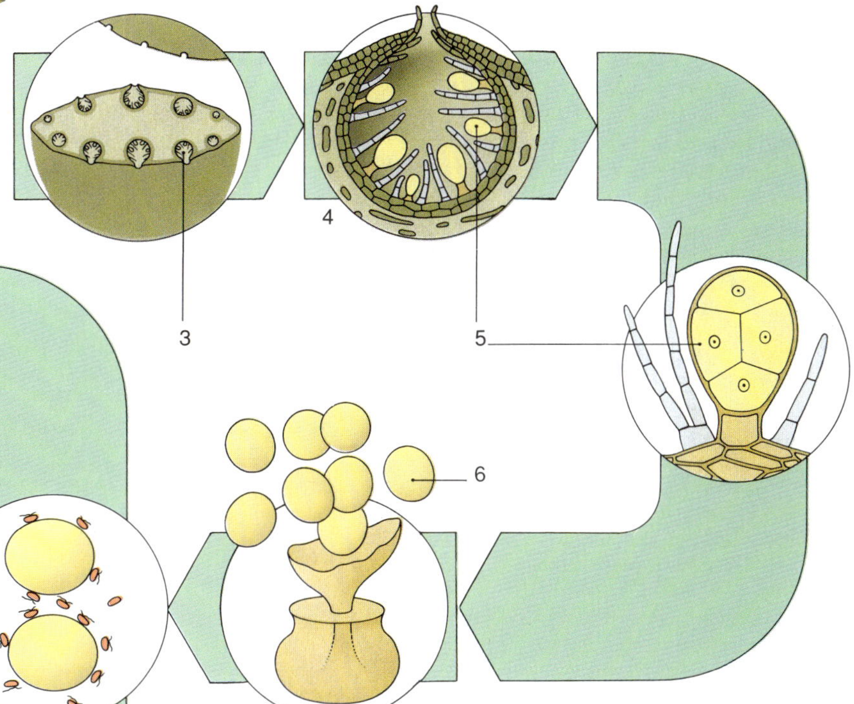

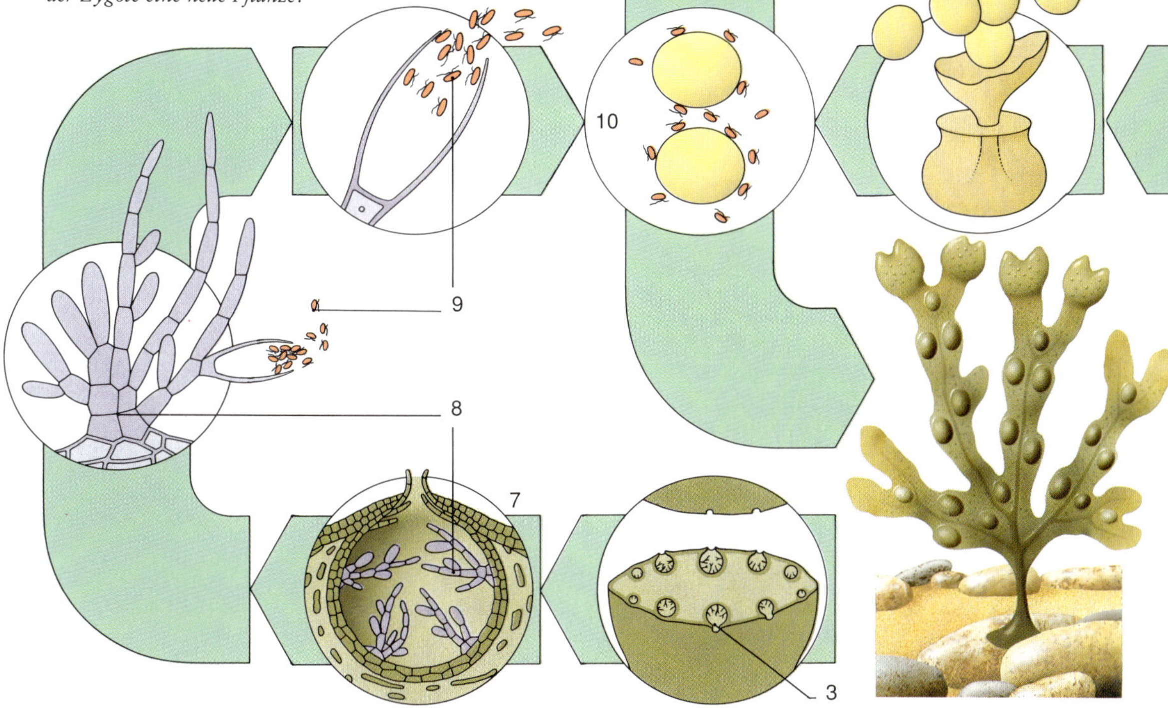

[E-F] Algen müssen Photosynthese betreiben, um leben zu können. Daher findet man sie nur bis zu Tiefen, die das Sonnenlicht erreicht. Der Meersalat [E] kommt in den Küstengewässern, in Felsenbassins oder im seichten offenen Meer bis zu einer Wassertiefe von rund 30 m vor. Braunalgen der Gattung Sargasso [F] treiben ihre Thalli in der berühmten Sargassosee im Atlantik bis an die Wasseroberfläche. Meeresalgen, die zwischen der Hoch- und Niedrigwasserlinie leben, sind fähig, längere Zeiten außerhalb des Wassers meist unbeschadet zu überdauern.

Die Süßwasser-Grünalge Volvox (rechts) bildet Kolonien. Tausende begeißelter Zellen vereinen sich zu einer Hohlkugel. Die Zellen sind durch Plasmabrücken verbunden und in einer Gallerte eingebettet. Bei der ungeschlechtlichen Vermehrung teilen sich einzelne Zellen, so daß ein Napf in die Hohlkugel ragt, der sich später umstülpt. Dabei gelangen die Geißeln auf die Außenseite der neuen Kugel. Diese Tochterkolonien werden nach dem Zerfall des Mutterindividuums frei. Bei der geschlechtlichen Vermehrung werden einzelne Zellen zu Geschlechtszellen umgewandelt. Nach der Befruchtung bildet sich aus einer Zygote eine neue Kolonie.

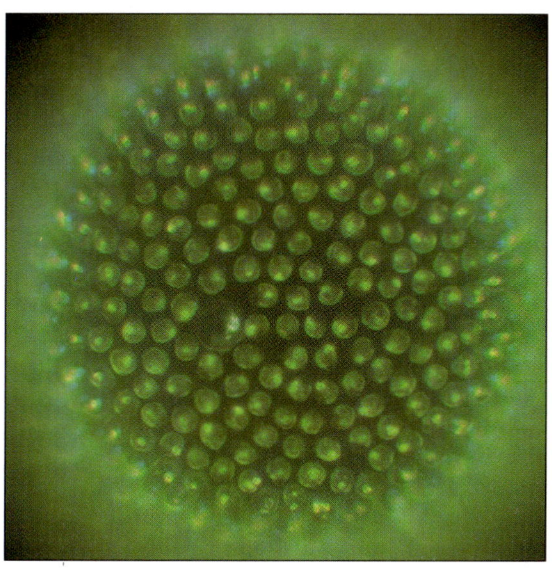

Ökosystem See, *S. 322/323* **Ökosystem Meer,** *S. 326/327*

Vielgestaltige Zellverbände

Wie Pflanzen aufgebaut sind

Von der winzigen Blüte der Zwergwasserlinse, die nur einen Durchmesser von 1/3 mm hat, bis zum gewaltigen Wurzelsystem der Wildfeige, das bis in Tiefen von 120 m vordringt, reicht die Vielfalt der Pflanzenorgane und -strukturen. Das Wurzelwerk der Bäume kann sich weit verzweigen und zieht Wasser und Nährstoffe aus dem Boden. Hoch oben, getragen von Stamm und Ästen, breitet sich das Blätterdach der Baumkronen aus und fängt Sonnenlicht zur Energiegewinnung ein. Da sich Pflanzen nicht fortbewegen können, müssen sie alles Lebensnotwendige aus ihrer direkten Umgebung beziehen.

Jede Pflanzenstruktur ist so gestaltet, daß sie eine oder mehrere ganz bestimmte Aufgaben erfüllen kann: Photosynthese betreiben, Wasser und Mineralien aufnehmen, Nährstoffe speichern oder der Fortpflanzung dienen.

Oberirdisch befinden sich die grünen Anteile der Pflanze wie Stengel und Blätter, mit denen das Sonnenlicht für die Photosynthese eingefangen wird. Anordnung, Größe und Form der Blätter von Grünpflanzen variieren sehr und stellen sicher, daß jedes Blatt ein Maximum an Licht erhält. Die Blattoberfläche (Epidermis) ist mit einer wasser- und luftundurchlässigen Kutikula überzogen. Diese wird von Spaltöffnungen (Stomata) im Blatt durchbrochen, durch die Gase aufgenommen und abgegeben werden können. Auch Wasserdampf verdunstet aus dem Inneren des Blattes durch die Spaltöffnungen. Durch diese Transpiration entsteht eine Saugspannung, die benötigt wird, um Wasser und Mineralien von den Wurzeln aufzusaugen. Um übermäßigem Wasserverlust an einem heißen Sommertag entgegenzuwirken, befinden sich die Stomata meistens nur auf der sonnenabgewandten Seite, also der Blattunterseite. Schließzellen öffnen und schließen die Stomata und kontrollieren so den Wasserverlust.

Der Stengel einer Pflanze trägt die Blätter und hält sie der Sonne geradezu entgegen. Auch die Blüten sitzen am Stengel an exponierter Stelle, um zur Windbestäubung richtig zu stehen oder bei tierbestäubten Pflanzen gerade dort, wo Insekten oder Vögel sie finden können. Bei baumartigen Pflanzen wird die Stabilität des Stammes durch Verholzung erzielt. Die schlanken Stengel krautiger, unverholzter Pflanzen bleiben dagegen nur aufrecht und stabil, weil der Pflanzensaft für den nötigen Druck in den Zellen sorgt.

Wasser und Mineralien

Die Wurzeln versorgen die Pflanze mit Wasser und Mineralstoffen und verankern sie im Boden. Die Wurzelepidermis bildet im Bereich hinter der wachsenden Wurzelspitze Wurzelhaare aus, die die Oberfläche der Wurzel zugunsten der Wasser- und Nährstoffabsorption vergrößern.

Die Gestalt einer Pflanze wird zum einen von ihrem genetischen Erbe bestimmt, zum anderen aber auch von ihrem Standort. Pflanzen, die im Wald wachsen, sind häufig hoch und schlank, weil sie mit anderen Pflanzen um Licht konkurrieren, im offenen Gelände hingegen kann dieselbe Pflanze niedriger und buschiger werden.

Pflanzen, die im kurzen Gras wachsen, bilden grundständige Blattrosetten aus, um das Wachs-

[A-E] Eine typische Zweikeimblättrige Pflanze [A] besteht aus drei Hauptorganen: dem oberirdischen Sproß, den daran wachsenden Blättern und dem unterirdischen Wurzelsystem. An der Spitze des Sprosses befinden sich Blüten- oder Blattknospen. Ein Internodium ist der Bereich des Sprosses zwischen den Blättern. Die Blätter bestehen aus dem Blattstiel, der das Blatt vom Sproß wegspreizt, und der Blattspreite. Ein Blattquerschnitt [B] zeigt die Blattadern mit den Leitbündeln, in denen Wasser und Nährstoffe transportiert werden. Zwischen den Blattadern liegt das Mesophyll. In diesem Gewebe findet die Photosynthese statt. Von den Blättern bis zu den Wurzelspitzen verlaufen Leitbündel [C]. Sie sind im Sproß kreisförmig angeordnet. Im Xylem wird Wasser mit darin gelösten Nährsalzen überwiegend von der Wurzel zu den Blättern transportiert. Im Phloem geschieht der Transport von Zuckern und anderen Produkten der Photosynthese und des Pflanzenstoffwechsels in unterschiedlicher Richtung. Im Sommer z.B. werden Zucker von den Blättern zur Speicherung in die Wurzeln transportiert. Im Frühjahr werden die in den Wurzeln eingelagerten Zucker in die Knospen geleitet, damit die Blätter gebildet werden können. Die Verzweigungen der Wurzel [D] verbessern die Verankerung im Boden. Die Wurzeln wachsen nur an der Spitze [E] in der meristematischen Zone, deren empfindliche Bildungszellen durch die Wurzelhaube geschützt sind. Nur in der folgenden Streckungszone findet Streckungswachstum statt. In der dahinter liegenden Wurzelhaarzone vergrößern Tausende von Wurzelhaaren die Oberfläche der Wurzelspitze und dienen der Wasser- und Nährsalzaufnahme.

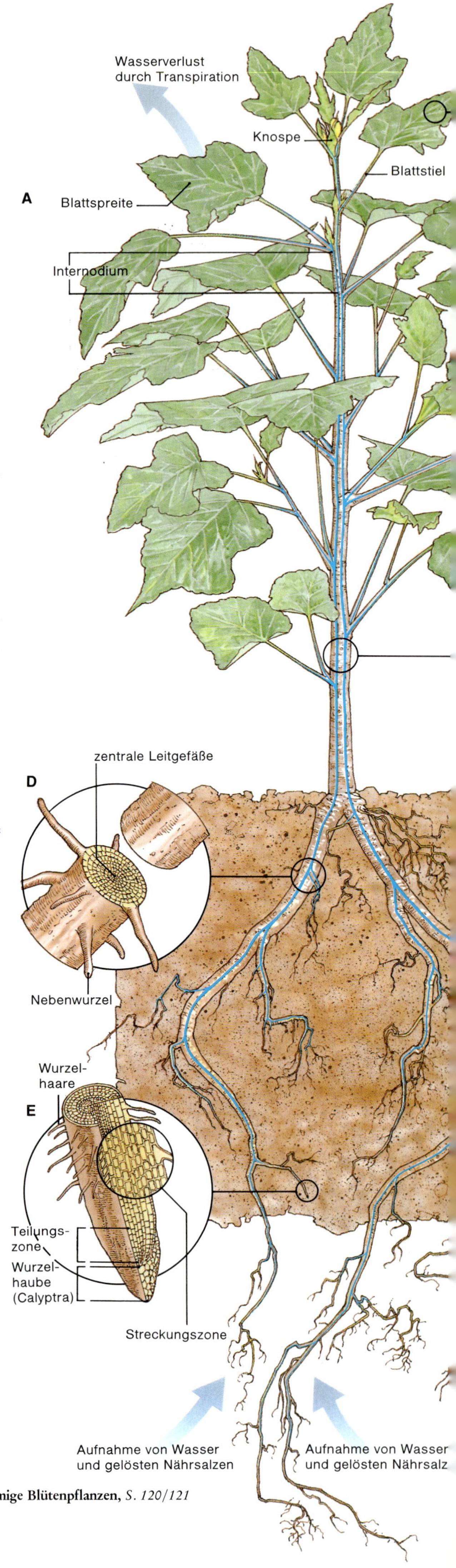

Siehe auch: **Moose und Farne,** *S. 116/117* **Nacktsamige Blütenpflanzen,** *S. 118/119* **Bedecktsamige Blütenpflanzen,** *S. 120/121*

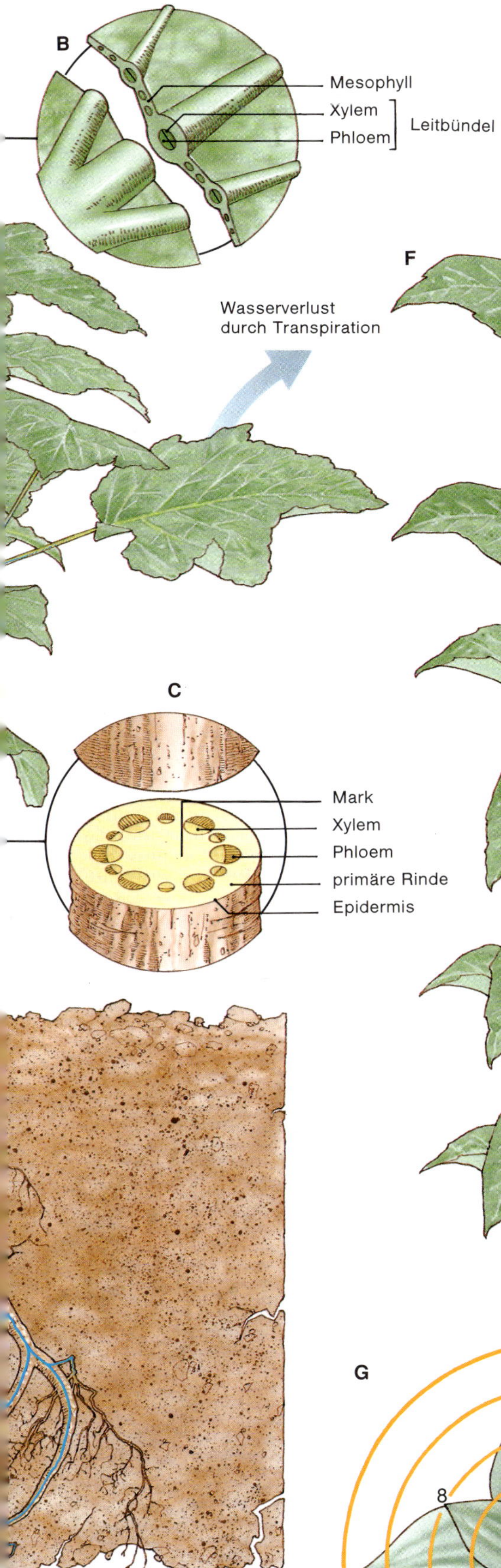

[F] Verschiedene Blattstellungen finden sich nicht an einer Pflanze. Bei der gegenständigen Anordnung (1) liegen sich zwei Blätter gegenüber. Versetzt wachsen sie beim wechselständigen Typ (2). Mehrere Blätter im Kreis angeordnet sind wirtelig (3). Der vierte Grundtypus schließlich ist die spiralige Anordnung (4) der Blätter. Beispiele für diese unterschiedlichen Stellungen sind: Lippenblütler (gegenständig), viele Schmetterlingsblütler (wechselständig), Rötegewächse (wirtelig). Die Blätter der meisten Zweikeimblättrigen sind spiralig angeordnet.

tum des Grases rundherum zu unterdrücken und zu verhindern, daß überdauernde Teile der Pflanze von Tieren abgefressen werden.

Gestalt und Form

Tanne, Eiche und Dattelpalme stellen drei recht unterschiedliche Typen der Pflanzenarchitektur dar. Die Tanne, ein Nadelbaum, hat eine symmetrische, konische Gestalt. Ihre Äste, die regelmäßig und in bestimmten Winkeln am Stamm ansetzen, tragen kurze, starre Zweige. Die Eiche, ein weit ausladender Laubbaum, besitzt Äste, die sich in untergeordnete kleinere Äste und zuletzt in Zweige teilen, die die Blätter und Blüten tragen, was ihre sehr charakteristische Baumsilhouette prägt. Die Dattelpalme unterscheidet sich deutlich von Tanne und Eiche. Ihr Stamm verzeigt sich gar nicht und trägt nur am oberen Ende ein Bündel vielfach geschlitzter Blätter (Palmwedel).

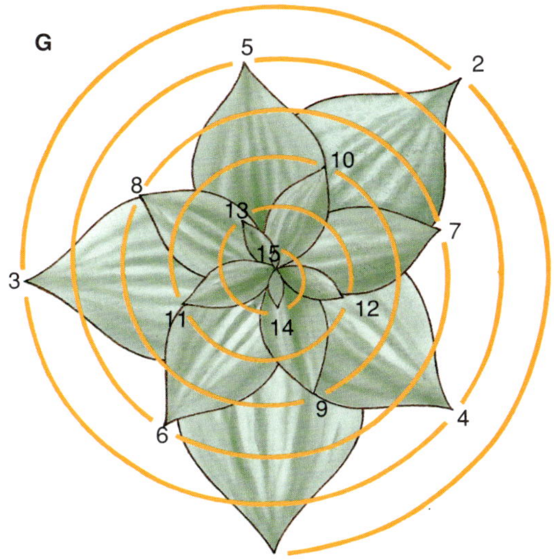

[G] Von oben betrachtet, wachsen die Blätter eines Rosettensprosses in einem spiraligen Muster. Der Winkel zwischen den aufeinander folgenden Blättern gehorcht einer festen mathematischen Regel, der Fibonacci-Regel. So erhält jedes Blatt am Sproß ein Maximum an Licht.

Giganten aus Holz

Mehr als 1000 Tonnen kann ein großer Baum wiegen. Vor allem das Holz seines Stammes und seiner Äste machen ihn so schwer. Das Holz entsteht, wenn im Frühjahr neue Gefäße vornehmlich zum Wassertransport gebildet werden. Die langgestreckten Zellen verholzen, sterben ab und sind zu Röhren geworden. Im Sommer werden dann kleine Gefäße mit dickeren Wänden gebildet, die mehr der Festigkeit dienen. Früh- und Spätholz zusammen ergeben einen Jahresring, dessen Breite von Jahr zu Jahr schwankt und die Umweltbedingungen des Standortes widerspiegelt. In den Tropen, wo es keine ausgeprägten Jahreszeiten gibt, sind Jahresringe kaum erkennbar; das Holz wächst kontinuierlich.

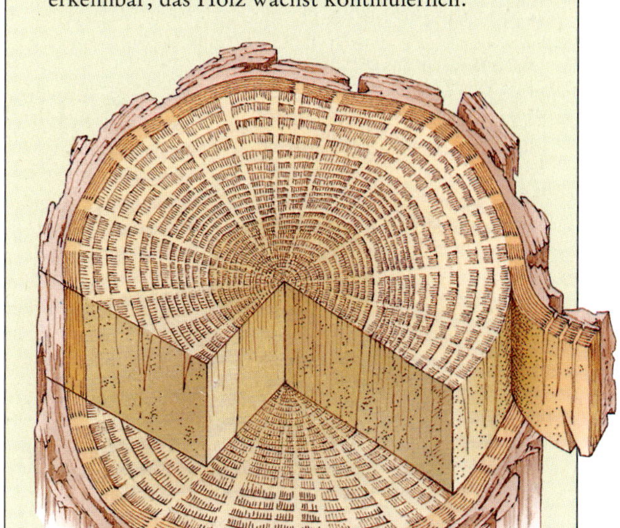

Anpassungen der Pflanzen an Hitze und Dürre, *S. 138/139* **Photosynthese,** *S. 180/181* **Pflanzenernährung,** *S. 184/185*

Sporenkunde

Der Lebenszyklus von Moosen und Farnen

Die heutigen Lebermoose ähneln den ersten Pflanzen, die sich vor 400 Millionen Jahren von wasser- zu landlebenden Pflanzen entwickelten – nicht mehr als ein Überzug von grünen Zellen auf feuchtem Schlamm. Die höchstentwickelten Sporenpflanzen, die Farne, hingegen können bis zu 25 m hoch werden. Alle Sporenpflanzen sind Überlebende der Vorzeit, die die Entwicklungsgeschichte der Landpflanzen ins Gedächtnis rufen. Vor allem die Baumfarne, die hauptsächlich in dichten tropischen Regenwäldern vorkommen, erinnern an die gigantischen Farne und Bärlappe, die einst die Erde beherrschten.

Die bekanntesten Sporenpflanzen sind die Laubmoose und Farne, doch gibt es noch verschiedene andere Sporenpflanzen wie Lebermoose, Bärlappe und Schachtelhalme. Das Wassertransportsystem der Sporenpflanzen von den Wurzeln zu den Blättern ist weniger entwickelt als bei den höheren Pflanzen. Bei den Laub- und Lebermoosen ist es besonders schwach ausgebildet, weshalb ihr Größenwachstum sehr begrenzt ist.

Alle Sporenpflanzen bilden Sporen – mikroskopisch kleine Fortpflanzungszellen, die in einen komplexen Lebenszyklus eingebunden, der durch zwei deutlich unterscheidbare Abschnitte (Generationen) geprägt ist, zu neuen Pflanzen auswachsen können.

Die beiden Entwicklungsstadien der Sporenpflanzen werden Gametophyt (er produziert Gameten, die mit Eiern oder Spermien vergleichbar sind) und Sporophyt (er produziert Sporen) genannt. Der Gametophyt repräsentiert die geschlechtliche Generation der Pflanze; in der Sporophyten-Generation reift die Pflanze und reproduziert sich ungeschlechtlich durch Sporenverbreitung. Die Zellen des Gametophyten haben nur einen Chromosomensatz (sie sind haploid), während die Zellen der Sporophyten jeweils doppelte Chromosomensätze (diploid) aufweisen.

Die Befruchtung findet statt, wenn das Spermium eines Gametophyten in ein Ei eindringt. Die Zellen verschmelzen, so daß das befruchtete Ei zwei Chromosomensätze aufweist. Dieses wächst zum Sporophyten aus. Um eine Eizelle zu erreichen, muß das Spermium einer Sporenpflanze schwimmen - genau wie die Spermien der Tiere -, daher ist die Gametophytengeneration an feuchte Habitate gebunden.

Anpassungen vom Wasser zum Land

Die Geschichte der Pflanzenevolution auf dem Land spiegelt die allmähliche Verlagerung der Dominanz vom feuchteliebenden Gametophyten zum Sporophyten wider. Diese Entwicklung gestattete den Pflanzen ein Wachstum in immer trockeneren Gebieten, die Fähigkeit zur geschlechtlichen Vermehrung behielten sie trotzdem bei. Am Anfang dieser Entwicklungsgeschichte - bei den Laub- und Lebermoosen - ist der Gametophyt noch der dominante Partner. Bei einem Moos beispielsweise ist der Gametophyt die grüne Pflanze, die wir kennen. Der Sporophyt ist das schlanke, braune Sporogon, das zu einer bestimmten Jahreszeit aus der Moospflanze wächst. Es ist im Hinblick auf die Ernährung vollkommen abhängig vom Gametophyten.

[A-B] Die dominante Sporophytengeneration des Frauenfarns [A] hat aufrechte Blätter oder Wedel (1) und Wurzeln (2), die aus Knoten des Wurzelstockes (3) entspringen. Farne können sich vegetativ vermehren, gewöhnlich durch Teilung des Wurzelstockes, oder generativ durch die Bildung der unabhängigen, kurzlebigen Pflanze, des Gametophyten. Der generative Entwickungszyklus [B] beginnt mit der Meiose, bei der Sporen entstehen. Auf der Wedelunterseite sitzen Sori (4), in denen sich Sporangien (5) befinden. Dort entwickeln sich die Sporen. Nach ihrer Freisetzung (6) keimt die Spore zu einem herzförmigen Prothallium, dem Gametophyten (7), aus, der die eier- und spermienbildenden Strukturen - Archegonien (8) und Antheridien (9) - hervorbringt. In Feuchtigkeit schwimmt das Spermium (10) mit Hilfe seiner vielen Geißeln zum Hals des Archegoniums, um das Ei zu befruchten (11). Die entstehende Zygote entwickelt sich zur Farnpflanze (12).

Im nächsten evolutionären Abschnitt, der von den Farnen und Schachtelhalmen repräsentiert wird, sind Sporophyt und Gametophyt getrennt, wobei der Gametophyt klein und kurzlebig ist, während der Sporophyt den dominanten Partner darstellt. Einige Bärlappe sind noch eine Stufe weiter entwickelt: ihre Gametophyten verlassen die Spore nicht mehr. Sie sitzen auf dem Sporophyten, auf dem auch die Befruchtung stattfindet. Aber dazu benötigen sie noch Wasser, weil die Spermien zu den Eiern schwimmen müssen.

Die Entwicklungsgeschichte der Sporenpflanzen ist durch eine wichtige Veränderung geprägt: Während die Moose nur einen einzigen Sporentyp und einen einzigen Gametophytentyp haben, die beide Eier und Spermien produzieren, besitzen die Bärlappe und Schachtelhalme - höhere Sporenpflanzen - männliche und weibliche Sporen. Dies war ein wichtiger Schritt zur Entwicklung der höheren Pflanzen, bei denen die männliche Spore zum Pollenkorn wird.

Der Adlerfarn (oben) wuchert stark. Seine Giftstoffe schrecken viele Weidetiere ab, doch erfolgreicher machen ihn die unterirdischen Wurzelstöcke, aus denen stets neue Wedel treiben. Diese vegetative Vermehrung ist so effektiv, daß der Adlerfarn die generative Vermehrung fast völlig aufgegeben hat.

Siehe auch: **Pflanzliche Zellen,** *S. 100/101* **Pflanzenarchitektur,** *S. 114/115* **Nacktsamige Blütenpflanzen,** *S. 118/119* **Bedecktsamige Blütenpflanzen,** *S. 120/121*

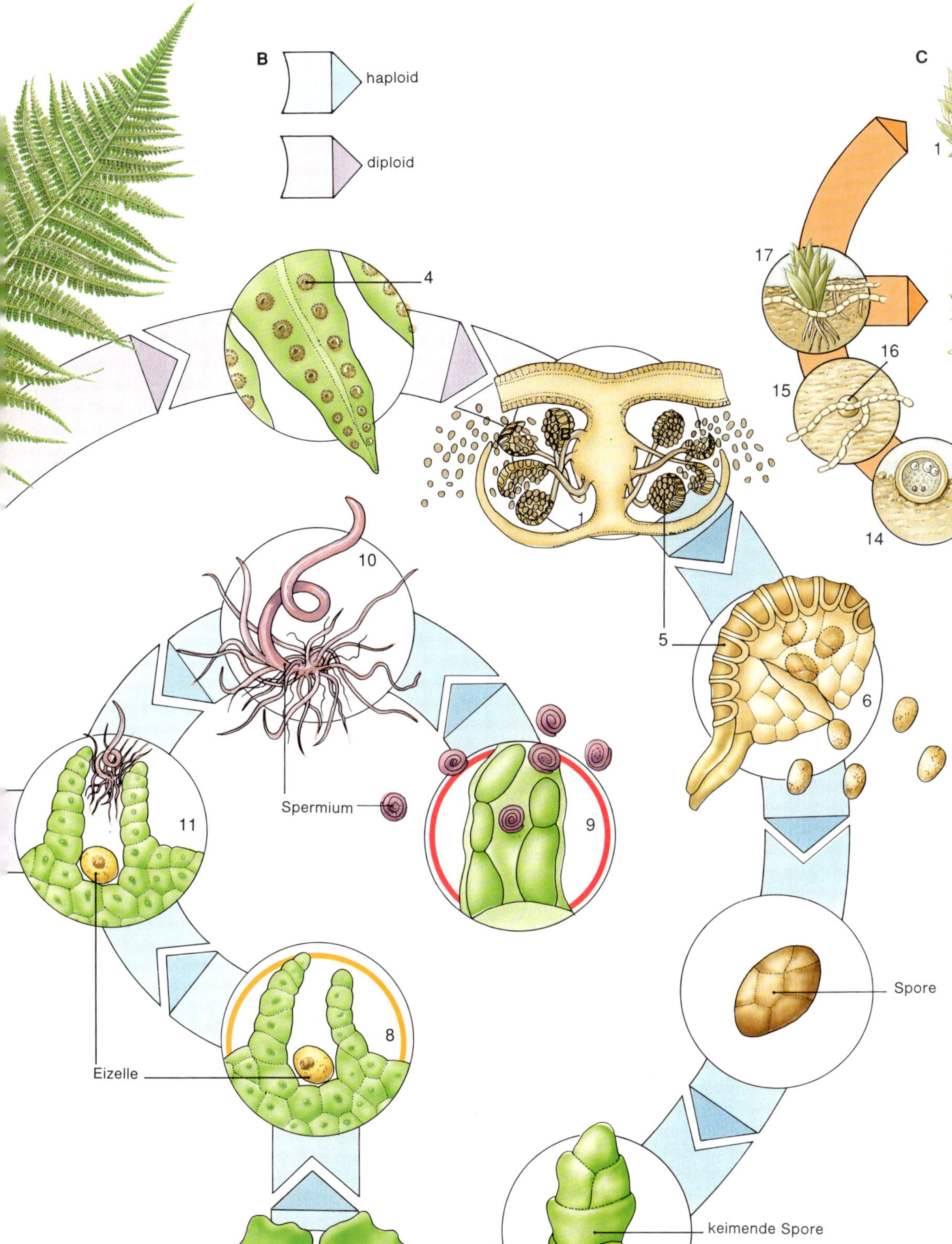

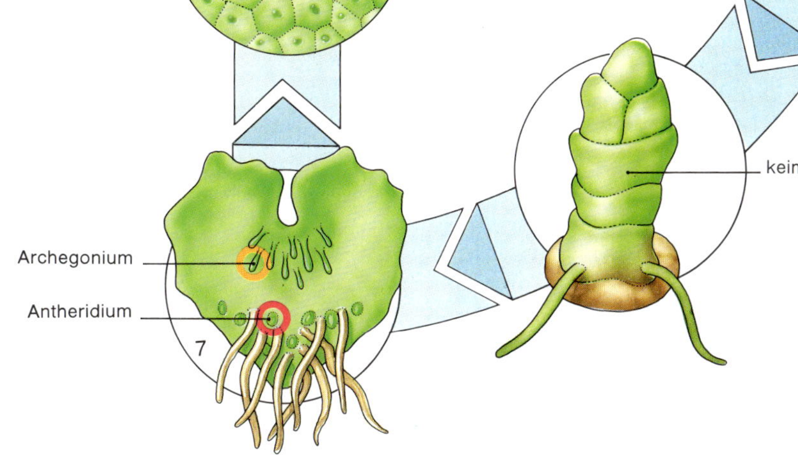

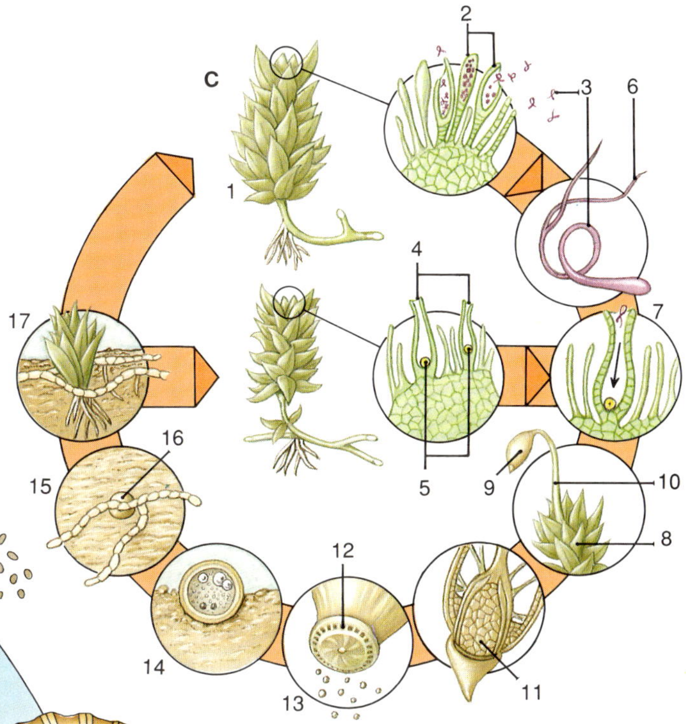

[C] Drehmoose tragen männliche und weibliche Geschlechtsorgane (1). Die Antheridien (2) produzieren männliche Gameten, die Spermien (3). Die Archegonien (4) erzeugen weibliche Gameten, die Eier (5). Moose, die ein feuchtes Klima bevorzugen, haben einen Feuchtigkeitsfilm auf den Blättchen. Durch diesen schwimmen die Spermien mit peitschenähnlichen Schwänzen (6) zu den Archegonien. Sie bahnen sich ihren Weg durch den Hals des Archegoniums, um mit einem Ei (7) zu einer diploiden Zygote zu verschmelzen. Diese entwickelt sich zu einem Embryo, aus dem der Sporophyt wächst, der an der Spitze des weiblichen Gametophyten (8) entsteht. Der Sporophyt besteht aus einer Kapsel (Sporogon, 9) an der Spitze eines Stiels (Setum, 10). In der Kapsel entstehen durch meiotische Teilungen viele Sporen (11). Nach der Reifung werden sie durch die Öffnungen (Opercula, 12) der Kapseln entlassen und vom Wind verbreitet (13). Die Sporen, die auf feuchtem Boden landen, keimen (14) zu einem verzweigten Faden, dem Protonema (15), aus. Aus dessen Knospen (16) entwickelt sich die gametophytische Moospflanze mit männlichen und weiblichen Geschlechtsorganen (17).

Pflanzenvermehrung, *S. 150/151* **Samen und Früchte,** *S. 156/157* **Keimung,** *S. 158/159*

Überall und immer grün

Koniferen – die ältesten Blütenpflanzen

Der Mammutbaum in den Bergen an der amerikanischen Westküste wird so mächtig, daß man durch seinen ausgehöhlten Stamm mit dem Auto hindurchfahren kann. Die größten Exemplare werden bis zu 100 m hoch und wohl 1000 Tonnen schwer, Küsten-Mammutbäume übertreffen dies noch. Mammutbäume gehören botanisch zur Gruppe der Nadelhölzer (Koniferen), unter denen sich nicht nur die größten und mächtigsten Bäume, sondern auch die ältesten finden. Vor etwa 4000 Jahren begann in den White Mountains in Kalifornien ein Borstenkiefer-Keimling zu wachsen. Diese Kiefer ist heute einer der ältesten Bäume der Erde.

Die ausgedehnten Nadelwälder der nördlichen Hemisphäre, die sich über den nordamerikanischen Kontinent und einen Großteil Sibiriens erstrecken, machen ungefähr ein Drittel des Gesamtwaldbestandes der Erde aus. Sie beherbergen die weitaus meisten Koniferenarten der Erde, obwohl einige, wie die südamerikanische Schuppentanne und die Kauri-Fichte aus Australien und Neuseeland, auch auf der südlichen Hemisphäre zu finden sind.

Alle heutigen Koniferen sind entweder Bäume oder Büsche. Sie wie auch andere zapfentragende Nadelbäume, so z.B. die primitiven Palmfarne (Cycadeen), gehören zu den Nacktsamern (Gymnospermen), die früher viel häufiger und weiter verbreitet waren; sie traten einige Millionen Jahre vor den Bedecktsamern (Angiospermen) auf.

Ein besonderer Blattypus

Die Blätter einer Konifere sind im allgemeinen entweder nadelförmig, wie bei Kiefern, Fichten und Lärchen, oder schuppenförmig und eng an die Äste angelegt, wie bei Zypressen und Scheinzypressen. Die Nadeln sind häufig hart und mit einer dicken, wasserabstoßenden Kutikula überzogen, als Anpassung an eher trockene Standorte. Auch die Nadelform bietet Schutz vor Austrocknung. Im Vergleich zu einem dünnen, flächigen Blatt besitzt eine Nadel bei derselben Menge photosynthetisch aktiven Gewebes eine viel kleinere Oberfläche und verringert so den Wasserverlust durch Transpiration. Die Spaltöffnungen, Poren im Blatt bzw. in der Nadel, über die Wasserdampf an die Umgebung abgegeben wird, sind auf der sonnenabgewandten Nadelunterseite sehr zahlreich; ihre Einsenkung in die Blattoberfläche verringert ebenfalls die Transpirationsrate. Deshalb können Koniferen auch auf den flachen, schnell austrocknenden Böden der Berghänge gedeihen, ebenso wie unter den harten Bedingungen der Taiga oder in den rund um das Mittelmeer herrschenden trocken-heißen Klimaten.

Blätter das ganze Jahr hindurch

Koniferen sind mit wenigen Ausnahmen, z.B. Lärche und Sumpfzypresse, immergrün. Nadelbäume werfen ihre Blätter nicht auf einmal ab, sondern verlieren und ersetzen ihre Nadeln kontinuierlich. An neuen Trieben wachsen junge Nadeln, während alte Nadeln nach einigen Jahren abfallen. Weil sie immergrün sind, können sie bereits sehr früh im Frühling mit der Photosynthese beginnen und nutzen so den kurzen nördlichen Frühling und Sommer am effektivsten.

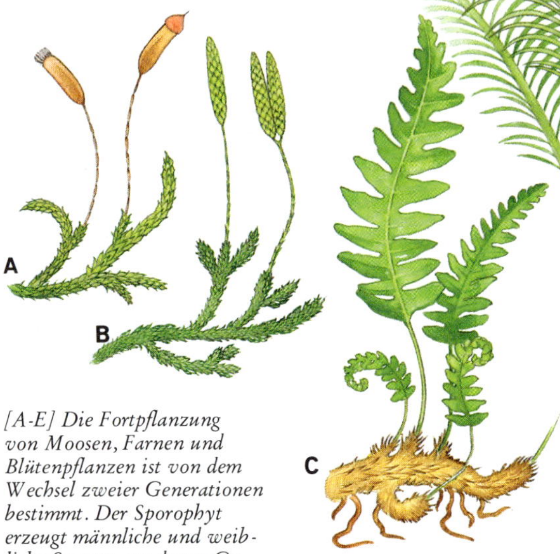

[A-E] Die Fortpflanzung von Moosen, Farnen und Blütenpflanzen ist von dem Wechsel zweier Generationen bestimmt. Der Sporophyt erzeugt männliche und weibliche Sporen, aus denen Gametophyten entstehen. Diese bilden Geschlechtszellen, die nach der Befruchtung wieder einen Sporophyten erzeugen. In der Entwicklung der Landpflanzen hat sich die Gewichtung dieser Generationen stark verändert. Bei den Moosen [A] wächst der Sporophyt unselbständig auf dem Gametophyten. Bei Bärlappen [B] und Farnen [C] ist der Gametophyt auf den Vorkeim (Prothallium) beschränkt, der die Geschlechtszellen erzeugt. Die eigentliche Pflanze wird vom Sporophyten gebildet. Bei den Palmfarnen wachsen die stark reduzierten Gametophyten aus den Sporen direkt in den weiblichen [D] und männlichen [E] Zapfen des Sporophyten.

Der hölzerne Zapfen ist zwar das Wahrzeichen der Koniferen, aber nicht alle besitzen ihn. Beim Wacholder sind die Zapfenschuppen fleischig und zu einer blauschwarzen Beere, die den Samen umschließt, zusammengewachsen.

Dasselbe in Grün

Der einzigartige Gingko-Baum mit seinen fächerförmigen Blättern ist mit den heutigen Nadelhölzern verwandt. Einst weit verbreitet, gibt es heute nur noch eine Art, den Gingko biloba. Ebenso wie die Ur-Konifere ist der Gingko-Baum eine Art »lebendes Fossil«, das 200 Millionen Jahre nahezu unverändert überlebt hat. Der Gingko-Baum trägt seine männlichen und weiblichen Fortpflanzungsstrukturen jeweils auf getrennten Bäumen. Die männlichen Blüten sehen wie kleine Zapfen aus und tragen zahlreiche Staubblätter. Der weibliche Baum trägt keine Zapfen, sondern zunächst gestielte weibliche Blüten, später dann relativ große, gestielte, fleischig umhüllte Samen.

Die erstaunlich kleinen Zapfen des Mammutbaums (oben) werden selten größer als 5 cm. Jeder weibliche Zapfen produziert Tausende von Samen, doch die Keimungsrate ist niedrig.

Siehe auch: **Moose und Farne,** *S. 116/117* **Bedecktsamige Blütenpflanzen,** *S. 120/121* **Pflanzenvermehrung,** *S. 150/151*

[F] Der Fortpflanzungszyklus der amerikanischen Gelbkiefer ist typisch für viele Koniferen. Im Sommer trägt der Baum (Sporophyt) weibliche (1) und männliche (2) Zapfen. Eine Schuppe des weiblichen Zapfens (3) enthält zwei Samenanlagen (4), in denen sich jeweils eine Makrospore (5) zu einem weiblichen Gametophyten (6) entwickelt. In den Schuppen eines männlichen Zapfens (7) sind viele Mikrosporen (8), die sich zu männlichen Gametophyten innerhalb eines geflügelten Pollenkorns (9) entwickeln. Dieser Prozeß dauert ein Jahr. Die Bestäubung (10) erfolgt im folgenden Frühsommer. Die weiblichen Zapfen öffnen sich, so daß die Pollenkörner sie erreichen können. In der Samenanlage werden zwei Eizellen (11) ausgebildet. Die Befruchtung erfolgt im nächsten Frühjahr, wenn nach Reifung des männlichen Gametophyten ein Pollenschlauch zu einer der Eizellen (12) gewachsen ist. Die Kerne der Spermien wandern durch den Pollenschlauch, und der Zapfen schließt sich wieder (13). Im weiblichen Gametophyten entwickelt sich die befruchtete Eizelle zu einem Embryo (14). Um den Embryo herum wird eine geflügelte Samenhülle ausgebildet (15). Im Herbst des 2. Jahres öffnet sich der weibliche Zapfen (16) und entläßt die Samen, die durch den Wind verbreitet werden und nun auskeimen können (17).

Die Magnolie [G] ist eine der ursprünglichsten Bedecktsamigen Blütenpflanzen und zeigt mögliche evolutionäre Beziehungen zwischen Gymnospermen und Angiospermen. Die Karpelle der Magnolienblüte bilden einen eng gewundenen spiraligen »Zapfen«. Nach der Bestäubung reift dieser zu einer Sammelfrucht [H] heran, die die Samen enthält.

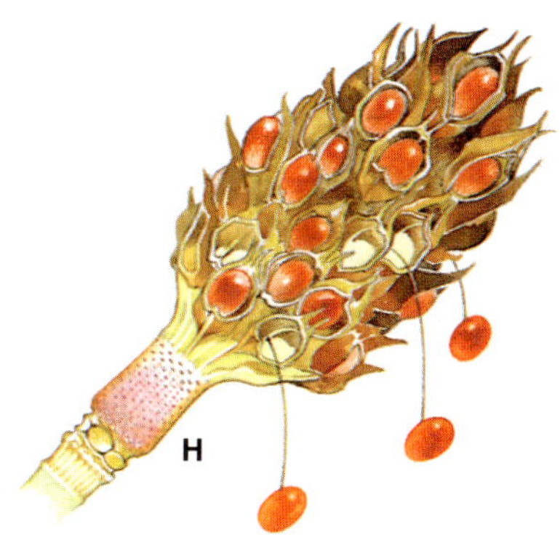

Bestäubung durch Wind und Wasser, *S. 152/153* **Samen und Früchte,** *S. 156/157* **Keimung,** *S. 158/159* **Nadelwald,** *S. 312/313*

Es blüht und duftet

Aufbau und Vielfalt der Blüten

In den Regenwäldern Indonesiens lebt parasitisch eine Pflanze, die die größten Blüten der Welt trägt, die Riesen-Rafflesie. Die rot-gelben Blüten können einen Durchmesser von über 1 m haben. Ihr übler, fauliger Geruch lockt die Uferaas-Fliegen an, die den Pollen von einer Blüte zur nächsten übertragen und so für die Befruchtung sorgen. Die schwimmenden Wasserlinsen haben die allerkleinsten Blüten. Winzig und stiellos, haben sie nur einen Durchmesser von wenigen Millimetern. Sie bestehen lediglich aus einem einzigen Staubfaden, der Pollen entwickelt, und einer Samenanlage, in der der Same heranwächst.

Ob auf Wiesen oder in Wäldern, auf Berggipfeln oder im tropischen Regenwald, die meisten Pflanzen haben eines gemeinsam: Sie alle entwickeln Blüten. Manche sind sehr auffällig, andere so unscheinbar, daß man sie kaum entdeckt. Etwa 235 000 Bedecktsamige Blütenpflanzenarten (Angiospermen, bei denen die Samenanlage im Fruchtknoten eingeschlossen ist) sind bekannt. Sie werden den Nacktsamigen Blütenpflanzen (Gymnospermen, die die Samenanlagen offen auf den Fruchtblättern tragen) gegenübergestellt. Zu den Angiospermen zählen die meisten Wild- und Gartenpflanzen sowie die Süß- und Sauergräser.

Blütenpflanzen entwickelten sich, erdgeschichtlich gesehen, relativ spät. Sie entstanden vor rund 120 Millionen Jahren. Bald nahmen sie eine Vorrangstellung in der Vegetation ein, die sie bis heute innehaben. Ihre Entwicklung ging mit der Evolution der Insekten einher, von denen viele Pflanzen abhängig sind, weil sie sich nur mit ihrer Hilfe fortpflanzen können. Gelegentlich geht die Abhängigkeit so weit, daß beide Arten allein nicht mehr existenzfähig sind (Co-Evolution), wie bei der Yuccapflanze und der Yuccamotte.

Vielfältige Arten

Botaniker teilen die Angiospermen in zwei Hauptgruppen ein: Einkeimblättrige (Monokotyledonen) und Zweikeimblättrige (Dikotyledonen) Pflanzen. Die Einkeimblättrigen Pflanzen haben in der Regel schmale Blätter, die oft an der Stengelbasis entspringen, mit parallelen Blattadern. Ihre Keimlinge besitzen nur ein Keimblatt. Gräser und Palmen, Bananen und Orchideen, Lilien, Osterglocken und Tulpen - sie alle sind Einkeimblättrige Pflanzen.

Die größere Gruppe bilden jedoch die Zweikeimblättrigen Pflanzen. Ihre Blätter haben verschiedenste Formen, und die Blattadern bilden ein Netzwerk. Die Wachstumszonen befinden sich an den Stroßspitzen, wo auch die künftigen Verzweigungstypen festgelegt werden. Der Keimling hat zwei Keimblätter (Kotyledone). Die meisten Blumen und Kräuter, Beeren und Hülsenfrüchte sowie alle breitblättrigen Bäume wie Eiche, Esche und Kastanie sind zweikeimblättrig.

Bäume sind die größten Blütenpflanzen. Durch ihre Größe bieten sie ganzen Tiergemeinschaften Lebensraum: Insekten leben unter ihrer Rinde; Vögel und andere Tiere bauen ihre Nester in den Zweigen oder an den Wurzeln. Aber auch andere Pflanzen können auf großen Bäumen leben: Epiphyten siedeln sich auf den Ästen an; Moose oder Flechten verkleiden Stämme und Äste.

[A-G] All die unterschiedlichen Blüten der Samenpflanzen haben vergleichbare Grundstrukturen, die der Erzeugung und Vereinigung von männlichen (Pollen) und weiblichen (Eizellen) Keimzellen dienen. Kelchblätter (1) umhüllen die oft prächtig gefärbten Kronblätter (2), bis sich die Blüte entfaltet hat. Nach ihnen folgen die Staubblätter. Sie bestehen aus der Anthere (3), die die Pollenkörner enthält und am Ende des Filamentes (4) sitzt. Im Zentrum einer Blüte befinden sich die weiblichen Fruchtblätter (Karpelle). Jedes Blatt enthält im unteren Teil eine Samenanlage (5), die Eizellen erzeugt. Das Fruchtblatt verjüngt sich nach oben hin zum Griffel (6) und endet mit der Narbe (7). Auf ihr keimen nach der Bestäubung die Pollenkörner aus. Bei den ursprünglichen Hahnenfußgewächsen [A] sind alle Blütenteile gut zu unterscheiden. Bei den meisten anderen Bedecktsamern sind jedoch verschiedene Blütenelemente miteinander verwachsen oder umgebildet worden. Bei der Schwertlilie [B] sind auch die Kelchblätter prächtig gefärbt. Männliche und weibliche Elemente sind bei den Orchideen [C] miteinander verschmolzen und bilden das Gynostenium (8). Meist wird die ganze Pollenmasse einer Anthere als Pollinium (9) übertragen. Die »Blüte« der Korbblütler, wie dem Löwenzahn [D], ist aus vielen Einzelblüten zusammengesetzt. Die äußeren unfruchtbaren Blüten locken Insekten an, die die inneren fruchtbaren Blüten bestäuben. Weil Gräser [E] vom Wind bestäubt werden, brauchen sie keine auffälligen Blütenblätter. Die Fortpflanzungsorgane sind von blattähnlichen Spelzen umgeben. Haselnußsträucher [F] haben getrenntgeschlechtliche Blüten: An den langen »Kätzchen« werden die männlichen Blüten gebildet. Die weiblichen sitzen in den Achseln holziger Schuppen. Bei manchen »zweihäusigen« Arten wie der Stechpalme [G] bilden sich männliche bzw. weibliche Blüten sogar auf getrennten Pflanzen.

Die Sprache der Blüten

Blüten tragen die Fortpflanzungsorgane und dienen in den meisten Fällen als Lockmittel für die Bestäuber. Dazu entfalten sie prächtige Farben und senden charakteristische Gerüche aus, die von den Bestäubern erkannt werden. Die leuchtenden Farben werden durch verschiedene Farbstoffe in den Zellen der Blütenblätter, wie Anthocyane, Carotinoide und Xanthophylle, erzeugt. Mindestens so bedeutsam für die Bestäuber sind die Düfte der Blüten: 30 Arten der mittelamerikanischen Orchideengattung Coryanthes werden von ebensovielen verschiedenen Bienen bestäubt. Jede Bienenart sucht sich »ihre« Blüte allein aufgrund des spezifischen Blütenduftes aus. Die Wohlgerüche der meisten Orchideen werden in besonderen Duftdrüsen (Osmophoren), die von den Blütenblättern gebildet werden, ausgeschieden. Weitere Belohnungen für bestäubende Insekten sind der süße Nektar, der in den Nektarien erzeugt wird, sowie der Pollen selbst.

A

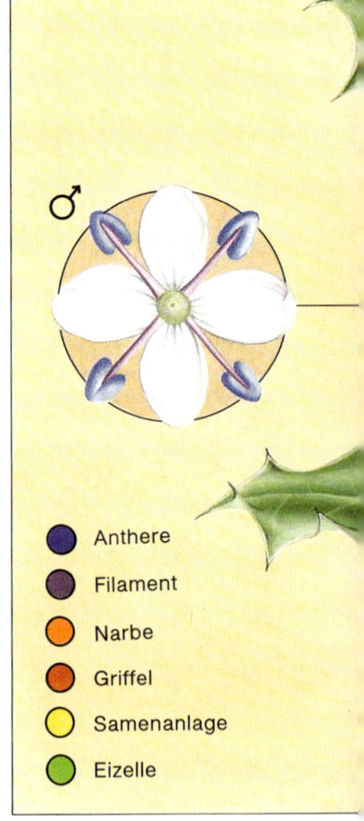

Siehe auch: **Nacktsamige Blütenpflanzen,** *S. 118/119* **Pflanzenvermehrung,** *S. 150/151* **Bestäubung durch Wind und Wasser,** *S. 152/153*

Bei vielen Pflanzen vereinigen sich mehrere Einzelblüten zu einem Blütenstand (Infloreszenz). Blütenstände können gegliedert sein. Bei einer Dolde, wie sie beispielsweise vom Lauch (ganz links) gebildet wird, wachsen die Blütenstiele am Ende einer Hauptachse zu mehreren gleichlangen Seitenachsen aus. Von einer Traube spricht man dann, wenn an einer deutlich erkennbaren Hauptachse gestielte Einzelblüten sitzen, so z.B. beim Fingerhut (Mitte links). Die jüngsten Blüten sitzen am oberen Ende des Blütenstandes. Ährengräser wie der Roggen (links) haben mehrblütige, verzweigte Ährchen. Die Blüten sitzen ungestielt in den Achseln der Deckblätter. Entwickeln sich unterhalb der Endblüte des Hauptsprosses zwei Seitenäste, die ihrerseits mit Blüten abschließen, wie bei der Vogel-Sternmiere (unten), spricht man von einem Dichasium (= in zwei Teile getrennt).

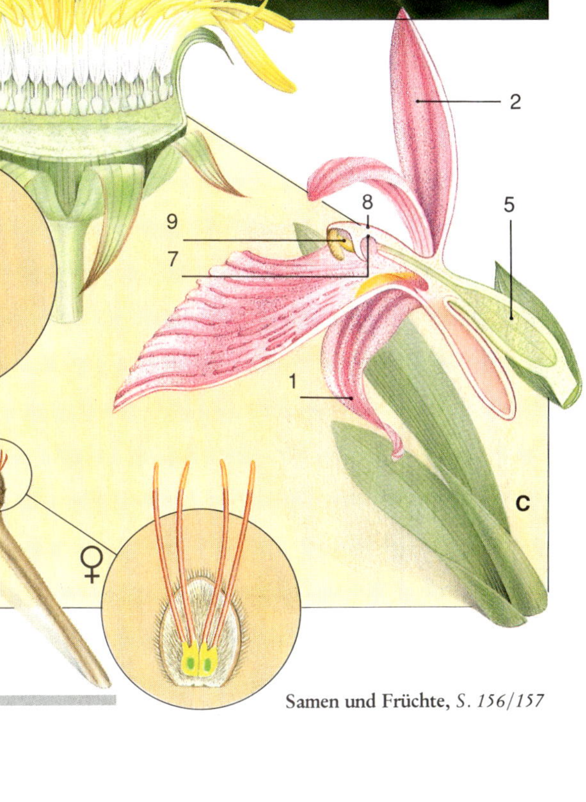

Bestäubung durch Tiere, *S. 154/155*

Samen und Früchte, *S. 156/157*

Tiere ohne Rückgrat

Wie sich Wirbellose anpassen und überleben

Wirbellose treten häufig in riesiger Zahl auf. Als eine der sieben biblischen Plagen kann ein einziger Heuschreckenschwarm in wenigen Tagen in einem Gebiet von 5000 km² 120 000 Tonnen an Vegetation vernichten. Es gibt allein zwischen einer und zwei Millionen bekannte Insektenarten. Sie sind damit die bei weitem artenreichste Gruppe der Wirbellosen. Aufgrund ihrer vielgestaltigen Anpassungen sind Wirbellose überall auf der Erde zu Hause: von arktischen Schneefeldern bis zu Wüstengebirgen, von den kalten Tiefen der Ozeane bis zu heißen, mineralhaltigen Quellen.

Mehr als 90 % aller Tiere zählen zu den Wirbellosen. Lediglich einer der 25 Tierstämme, die Chordaten, umfaßt neben zahlreichen Wirbellosen auch Wirbeltiere. Einige Wirbellose verursachen, aus Sicht des Menschen, außerordentlich große Schäden. Sie bohren Bäume und Möbel an, unterminieren Häuser, zerstören Getreide und andere Nahrungsmittel und übertragen Krankheiten. Andere wiederum sind von unschätzbarem Wert, indem sie Feldfrüchte bestäuben, Schädlinge erbeuten, einen wichtigen Beitrag zur Zersetzung toter Pflanzen und Tiere leisten und auf diese Weise den Nahrungskreislauf erheblich beschleunigen.

Unübersehbare Vielfalt

Wirbellose haben hinsichtlich Form und Größe eine erstaunliche Vielfalt entwickelt. Einige Gruppen, wie Schwertschwänze und Libellen, haben sich über Hunderte von Millionen Jahren kaum verändert, andere wiederum, wie etwa die Taufliegen, sind vorläufige Endstufen zahlreicher evolutionärer Prozesse. Die Mundwerkzeuge der Wirbellosen beispielsweise sind völlig unterschiedlich, ob sie nun beißen, saugen, raspeln oder reißen. Einige können sogar so wenig genießbare Nahrung wie Holz und Stein angehen. Auch die Atmungsmechanismen sind äußerst vielfältig. Sie reichen von der einfachen Sauerstoffaufnahme über die Haut bis zu den Lungen der Spinnen, den Kiemen der wasserlebenden und den Tracheen der landlebenden Insekten.

Die Entwicklung widerstandsfähiger Dauerformen hat einige Arten in die Lage versetzt, selbst extremen Umweltbedingungen standzuhalten. Die Eier der Kiemenfußkrebse können beispielsweise über Jahre im ausgetrockneten Schlamm ruhen. Die Eier entwickeln sich erst dann weiter, wenn der Schlamm wieder überschwemmt wird.

Wirbellose Giganten

Per definitionem sind Wirbellose Tiere ohne Wirbelsäule. Deren Funktion übernimmt der Druck von Körperflüssigkeit oder ein hartes äußeres Skelett. Da ein solches Außenskelett ein erhebliches Gewicht aufweist, entwickelten sich die landlebenden wirbellosen Tiere zu nur begrenzter Körpergröße. Unter denjenigen jedoch, die im Wasser leben, haben sich wahre Riesen herausgebildet. Der größte lebende Wirbellose ist der Riesenkrake, der 25 m Gesamtlänge und ein Gewicht von bis zu 2 Tonnen erreichen kann. Solche Giganten verfügen über Fangarme von nahezu 15 m, und ihre Augen sind mit gut 40 cm Durchmesser die größten Augen, die sich je entwickelt haben.

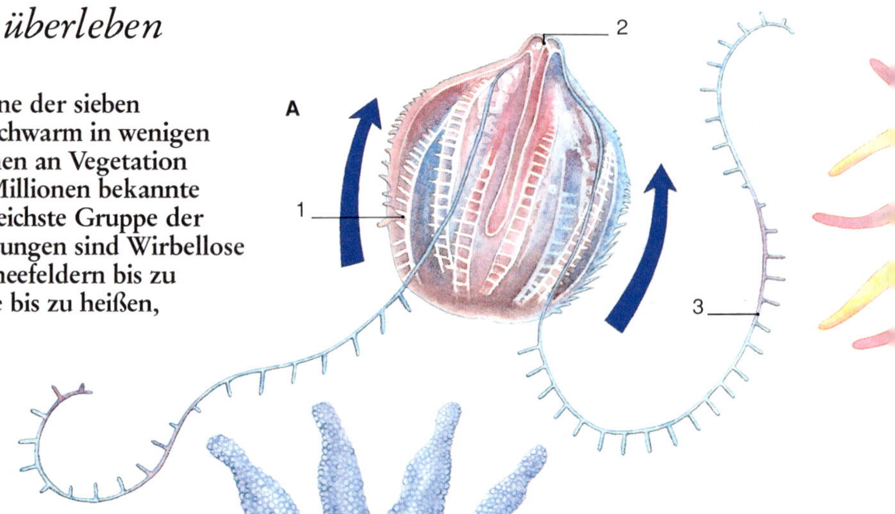

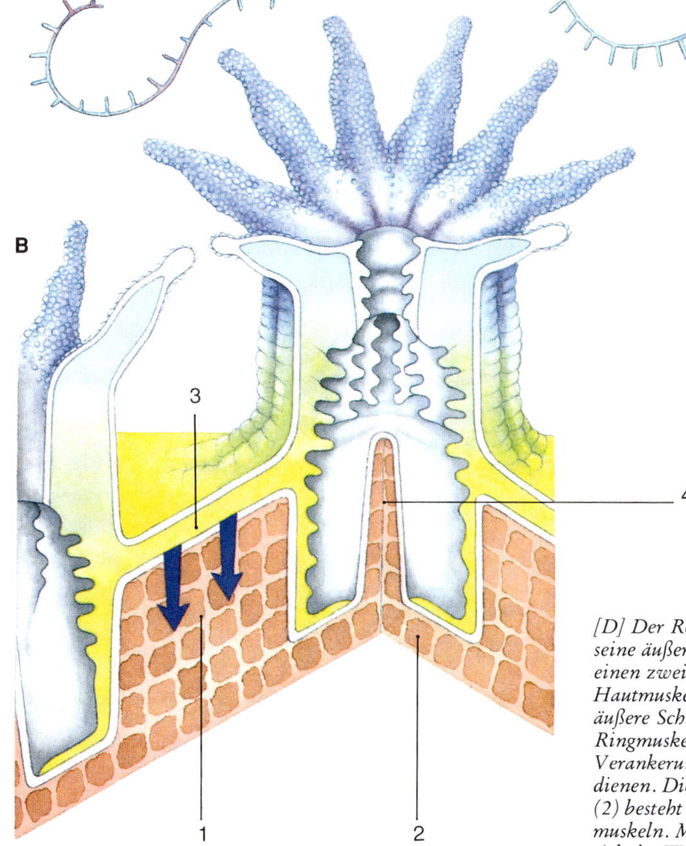

[A] Die kugelige Form der Rippenqualle entsteht durch den Druck von Flüssigkeit, die sich in vom Magen ausgehenden inneren Kanälen befindet. Diese stützen die Wimpernplättchen (1), mit deren Hilfe die Rippenqualle schwimmt. Jede Platte hat mehrere Reihen von Flimmerhaaren (Cilien), die sich bewegen und das Tier vorwärtstreiben. Die Qualle bewegt sich mit dem Maul (2) voran. Die Tentakeln (3) werden über einfache Muskeln kontrolliert.

[B] Korallenpolypen werden von einer kalkhaltigen, ringförmigen Theka (1) gestützt. Sie wird am Rand einer von der Fußscheibe des Polypen nach außen abgesonderten Kalkscheibe (2) angelegt. Das Material entziehen die Tiere dem Meerwasser. Mit ihren Nachbarn in der Kolonie sind sie über Gewebestränge (3) verbunden. Zusätzliche Stabilität verleiht manchmal noch eine senkrechte Säule im Zentrum der Scheibe (4).

[C] Die nahverwandte Seeanemone verfügt nicht über eine starre Struktur, sondern stützt sich selbst dadurch, daß sie um ihre zentrale Magenhöhle (1) Wasser über Schlundrillen (2) einsaugt und über das Zentrum wieder ausstößt. Die Tentakeln (3) können durch Muskeln (4) eingezogen werden.

[D] Der Regenwurm erhält seine äußere Form durch einen zweischichtigen Hautmuskelschlauch. Die äußere Schicht (1) enthält Ringmuskeln, die der Verankerung im Boden dienen. Die innere Schicht (2) besteht aus Längsmuskeln. Mit ihnen kann sich der Wurm zur Fortbewegung der Länge nach strecken und wieder zusammenziehen. In der Körperhöhle befinden sich Darm (3), Blutgefäße (4) und Nervenstränge (5).

[E] Gliederfüßer wie der Hundertfüßer haben ein Außenskelett, das ihren ganzen Körper bedeckt und die Entwicklung gegliederter Extremitäten ermöglicht hat. Die einzelnen Körperteile sind in die harte Cuticula (1) eingeschlossen. Beweglichkeit wird durch sich überlappende Gelenkhäute (2) erzielt. Aufgrund der Härte des äußeren Skeletts sind die Muskeln (3) im Inneren an der Cuticula fest verankert. Muskelgruppen (4) dienen dazu, die einzelnen Glieder zu bewegen.

Siehe auch: Entstehung des Lebens, *S. 90/91* Protozoen, *S. 108/109* Anpassung der Tiere an Hitze und Dürre, *S. 142/143*

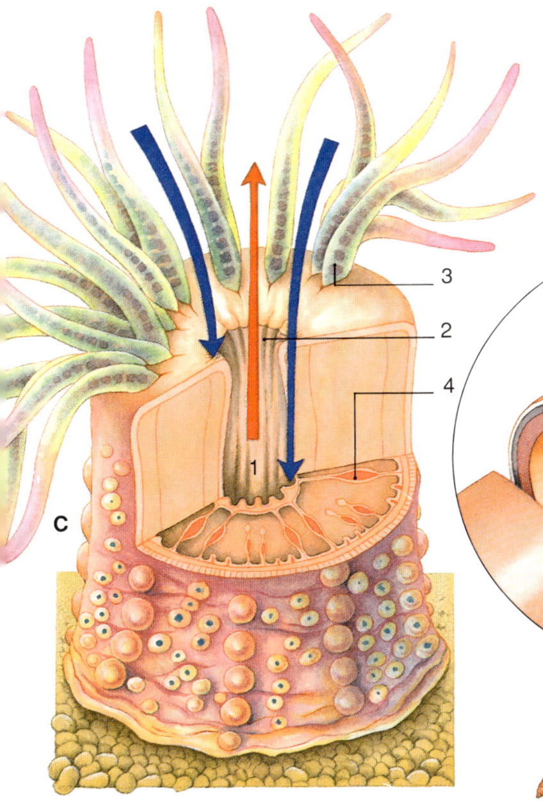

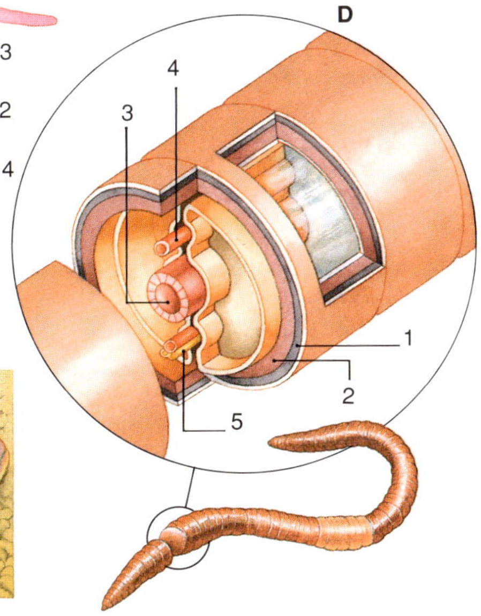

Schützende Hüllen

Die erfolgreichste Gruppe unter den Wirbellosen, die Gliederfüßer, haben als Außenskelett einen schützenden Chitinpanzer, der Austrocknung, Regen und anderen widrigen Umständen widerstehen kann. Die gegliederten Fortsätze erlauben den verschiedenen Arten zu laufen, zu springen, zu schwimmen und zu fliegen, an das andere Geschlecht Signale abzugeben, sich zu paaren und Feinde bzw. Beute zu stechen.

Weichtiere haben Schalen entwickelt, während Röhrenwürmer Höhlen bauen und Einsiedlerkrebse die von anderen verlassenen Schalen bewohnen. Aber auch ein weicher Körper hat, besonders bei Parasiten wie Bandwürmern, seine Vorteile. Die Tiere können von ihren Wirten abgegebene Nahrungspartikel über die eigene Haut aufnehmen. Auch in der Mobilität unterscheiden sich die Wirbellosen. Zweischalige Muscheln etwa verankern sich an Felsen oder Schiffsrümpfen, während Heuschrecken ständig in Bewegung sind.

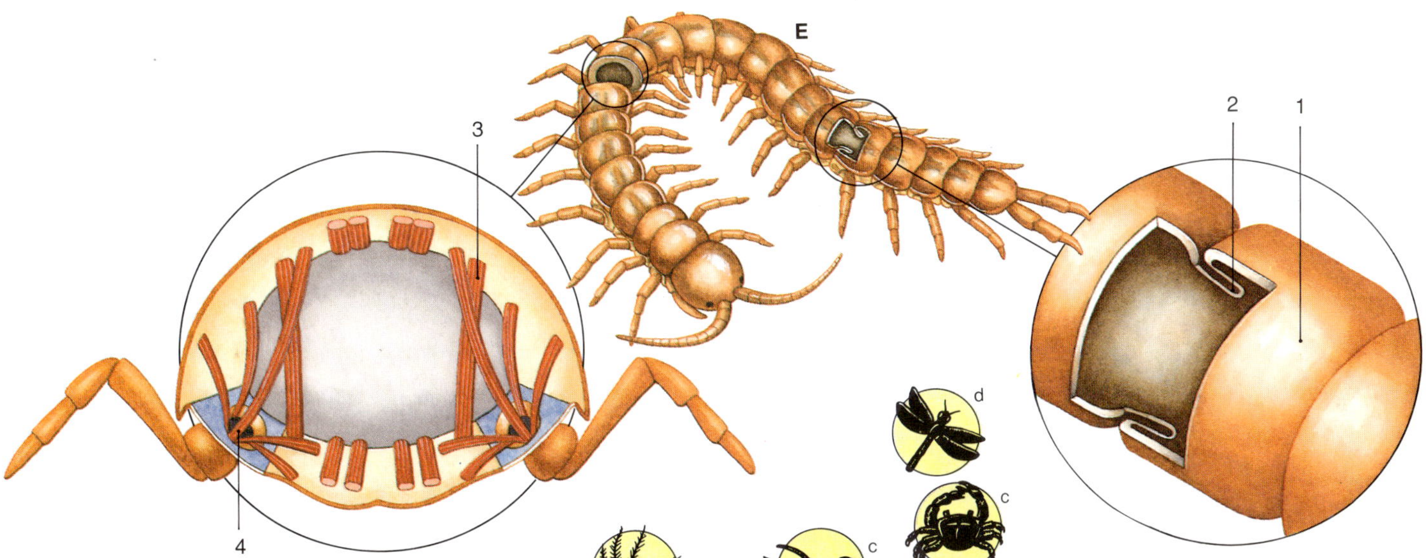

Gliederung der Wirbellosen:
Einzeller (Protozoa)
1 Amöben, Pantoffeltierchen (frei beweglich)
Vielzeller (Metazoa)
2 Schwammtiere (Spongia) (festsitzend)
3 Hohltiere (Coelenterata): (a) Korallen und Seeanemonen (fest) (b) Quallen (frei)
4 Schnurwürmer (Nermetina) (frei)
5 Plattwürmer (Plathelminthes) (frei)
6 Fadenwürmer (Nematoda) (frei)
7 Rädertiere (Rotatoria) (frei)
8 Gliederfüßer (Arthropoda) (frei): (a) Hundertfüßer (Chilopoda) (b) Spinnentiere (Arachnida) (c) Krebstiere (Crustacea) (d) Insekten (Insecta)
9 Weichtiere (Mollusca) (frei): (a) Schnecken (Gastropoda) (b) Muscheln (Bivalvia) (c) Kopffüßer (Cephalopoda)
10 Stachelhäuter (Echinodermata): (a) Seewalzen (Holothuroidea) (frei) (b) Seeigel (Echinoidea) (frei) (c) Seesterne (Asteroidea) (frei) (d) Seelilien und Haarsterne (Crinoidea) (fest)
11 Gliederwürmer (Annelida) (frei)
12 Moostierchen (Bryozoa) (fest)
13 Armfüßer (Brachiopoda) (frei)

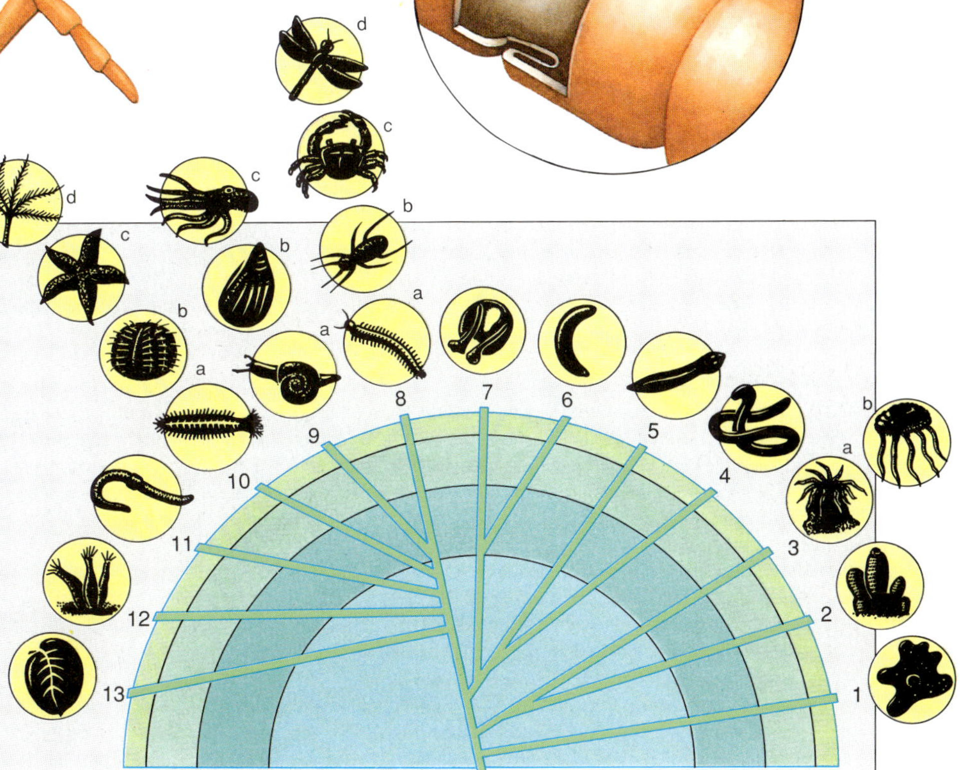

Dem nassen Element angepaßt

Die Entwicklung der Fische

Mehr als 20 000 Fischarten sind im Laufe der Evolution entstanden und haben sich den unterschiedlichsten Lebensräumen angepaßt. Viele Fische leben nahe der Wasseroberfläche, andere dagegen können in Tiefen überleben, in denen der Druck einen Menschen zerquetschen würde. Eisfische sind unter dem Polareis angesiedelt, während der Teufels-Kärpfling sich in heißen Quellen findet und sowohl Salz- als auch Süßwasser verträgt. Der Lungenfisch kann in Trockenzeiten sogar außerhalb des Wassers überleben – vielleicht ein lebendes Entwicklungsglied zwischen Amphibien und Fischen.

Die Entwicklung der Fische verlief nicht geradlinig. Obwohl es einen Fortschritt von den kieferlosen Fischen (vor 460-480 Millionen Jahren) über die ersten mit Kiefern versehenen Fische (vor 380 Millionen Jahren) zu den echten Knochenfischen (seit 175 Millionen Jahren) gibt, zeigte der Entwicklungserfolg der früheren Arten, daß sie nicht im Wettbewerb unterlagen und einfach ausstarben, als neuere Formen auftauchten. Vielmehr entwickelten auch sie sich weiter. Die Strahlenflosser sind die Klasse mit den meisten Arten. Sie haben eine einzelne Rückenflosse, Brustflossen, gesäumt von dünnen radialen Knochen, Schuppen, die das ganze Leben lang wachsen, ein knochiges Skelett und eine Schwimmblase. All diese »modernen« Fische stammen von Vorfahren ab, die sich vor etwa 390 Millionen Jahren entwickelten. Die Haie - die oft als verhältnismäßig primitiv beschrieben werden - entwickelten sich später, in der Zeit vor 190-135 Millionen Jahren.

Enorme Anpassungsfähigkeit

Obwohl die meisten Fische ähnliche Grundstrukturen haben, variieren sie sehr in Größe und Form. Aale und Große Seenadeln können durch Riffspalten ein- und ausgleiten, während Pinzettfische ihr langes Maul zum Sondieren benutzen. Seepferdchen klammern sich mit ihren gerollten Greifschwänzen an Gräsern fest. Rochen, Schollen und Flundern haben flache Formen entwickelt, um auf dem Meeresgrund verborgen liegen zu können. Einige höhlenbewohnende Fische haben keine funktionierenden Augen und Pigmente.

Die Nahrung der Fische variiert beträchtlich, von kleinen pflanzlichen oder tierischen Schwebeteilchen über Algen, die auf Steinen oder Korallen wachsen, bis zu anderen Fischen, Wirbellosen und Meeressäugetieren.

Freie Sicht nach allen Seiten

Fische verfügen über gutes Farbsehen, was ihnen bei der Nahrungssuche entgegenkommt; seitlich angeordnete Augen geben ihnen ein weites Gesichtsfeld. Fische im tiefen, dunklen Wasser haben oft nach oben gerichtete Augen: Sie entdecken ihre Beute als Silhouette gegen das von oben kommende Licht. Noch tiefer unten, wo völlige Dunkelheit herrscht, verkümmern die Augen häufig. Einige an der Wasseroberfläche lebende Fische haben Augen, die sowohl für die Sicht im Wasser als auch an der Luft eingerichtet sind.

Haie und Rochen verlassen sich bei der Beutesuche hauptsächlich auf ihren Geruchssinn. Bei Aalen ist er durch ihren langen Nasensack höchst empfindlich. Vermutlich finden sie ihren Weg durch die Ozeane, indem sie kleinste Veränderungen der chemischen Zusammensetzung verschiedener Wassergebiete wahrnehmen.

Elektrische Fische

Manche Fische benutzen Elektrizität zur Navigation und zum Aufspüren der Beute, indem sie Impulse aussenden, die ein elektrisches Feld erzeugen; der Fisch spürt jede Veränderung, hervorgerufen durch ein Hindernis oder eine Beute, die das Feld stört. Die Elektrizität erzeugenden Organe entwickelten sich vermutlich aus Muskeln oder Nerven und sind in Platten angeordnet, die eine Art Batterie bilden. Andere Fische benutzen die Elektrizität zum Schutz oder um die Beute zu betäuben. Diese Fähigkeit hat sich in verschiedenen Arten ausgebildet, so bei Glattrochen, Zitterrochen und dem Zitteraal, der mit »Batterien«, die fast die Hälfte seines bis zu 2,5 m langen Körpers einnehmen, Impulse bis zu 600 Volt erzeugt.

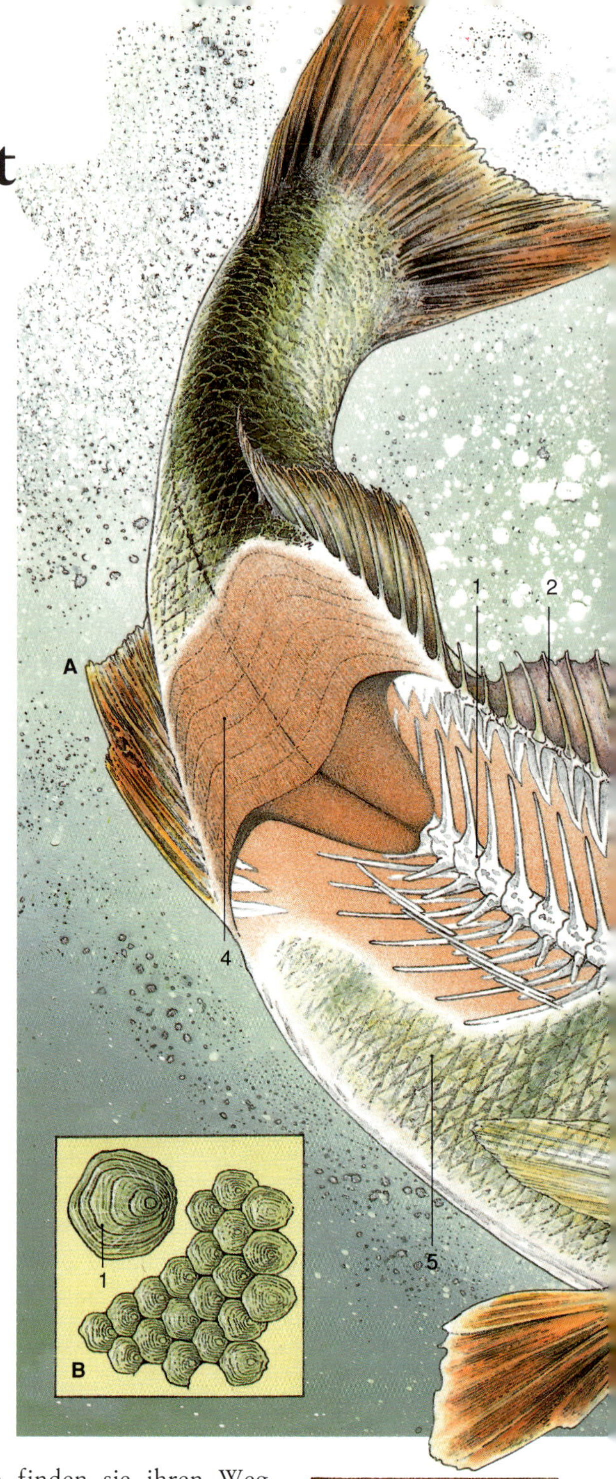

[A] Seebrassen gehören wie die meisten heutigen Fische zur Klasse der Knochenfische. Sie haben ein knochiges Skelett (1) mit Flossen (2), die von knochigen Strahlen (3) verstärkt werden. Flossen und kräftige Muskeln (4) im biegsamen Körper sorgen beim Schwimmen für den Antrieb. Der stromlinienförmige Körper, der an beiden Enden spitz zuläuft, bietet dem Wasser minimalen Widerstand. Die meisten Fische haben Schuppen (5). Kiemen (6), Augen (7) und Nasenöffnungen (8) ermöglichen den Fischen das Atmen, Sehen und Riechen unter Wasser.

[B] Heutige Fische haben dünne, überlappende Rund- oder Kamm-Schuppen. Sie sind in Reihen angeordnet, jede von ihnen mit einer Anzahl von kleinen, ringförmigen Graten (1) – Wachstumsringen, die das Alter eines Fisches anzeigen. Schuppen dienen als Schutz und elastische Hülle. Da sie durchscheinend sind, wird die Pigmentierung der darunterliegenden Haut sichtbar.

[C] Zahn-Schuppen treten bei verhältnismäßig primitiven Fischen mit einem knorpligen Außenskelett wie etwa bei Haien auf. Spiegelartig silbern glänzende Schmelz-Schuppen sind ein anderer Typ, den man bei primitiven Fischen wie dem Hornhecht findet.

Siehe auch: **Fortpflanzung der Fische,** *S. 162/163* **Symbiose,** *S. 192/193* **Schwimmen,** *S. 210/211* **Sechster Sinn,** *S. 282/283* **Ökosystem See,** *S. 322/323*

[F]Fische können bis zu 90% des im Wasser gelösten Sauerstoffs mit ihren Kiemen aufnehmen, mehr als dreimal so viel, wie menschliche Lungen der Luft entziehen können. Das Wasser fließt ins Maul (1), passiert die Kiemenkammern (2) und die Kiemen (3) und tritt durch eine Kiemenklappe (4) wieder aus. Der Durchfluß wird durch das Öffnen und Schließen des Maules geregelt, im Zusammenspiel mit der Kiemenklappe. Die Kiemen bestehen aus knochigen Kiemenbögen (5), an denen fleischige Kiemenblättchen (6) mit vielen Blutkapillaren sitzen, die den Sauerstoff aus dem Wasser absorbieren. Jedes Blättchen hat feine Lamellen (7), um die Oberfläche für den Gasaustausch zu vergrößern. Wasser (8) passiert die Kiemen in der Gegenrichtung des kapillaren Blutstroms (9). Bei diesem Gegenstromprinzip besteht immer ein Gefälle im Sauerstoffgehalt zwischen Wasser und Blut, und es kann ständig Sauerstoff vom Wasser ins Blut übergehen. Die Blutgefäße (10) verteilen den Sauerstoff im Körper.

Putzerfische (unten) führen ein symbiotisches Leben, indem sie die Parasiten anderer Fische fressen. Dabei können sie sogar gefahrlos in geöffnete Mäuler schwimmen.

[D-E] Fischaugen sind daran angepaßt, unter Wasser zu sehen. [D] Anders als die Linse beim Menschen, ist sie beim Fisch eine vollkommene Kugel (1), die die Bildverzerrung reduziert. [E] Die hervorstehenden Augen gewähren eine beachtliche Rundumsicht, aber es gibt kaum eine Überlappung der Gesichtsfelder beider Augen und daher auch kaum dreidimensionales Sehen. Fische haben keine Augenlider, da das Auge nicht vor dem Austrocknen geschützt werden muß. Auch fehlen ihnen Pupillen. Fische in größeren Meerestiefen haben größere Augen, die das wenige Licht besser auffangen können.

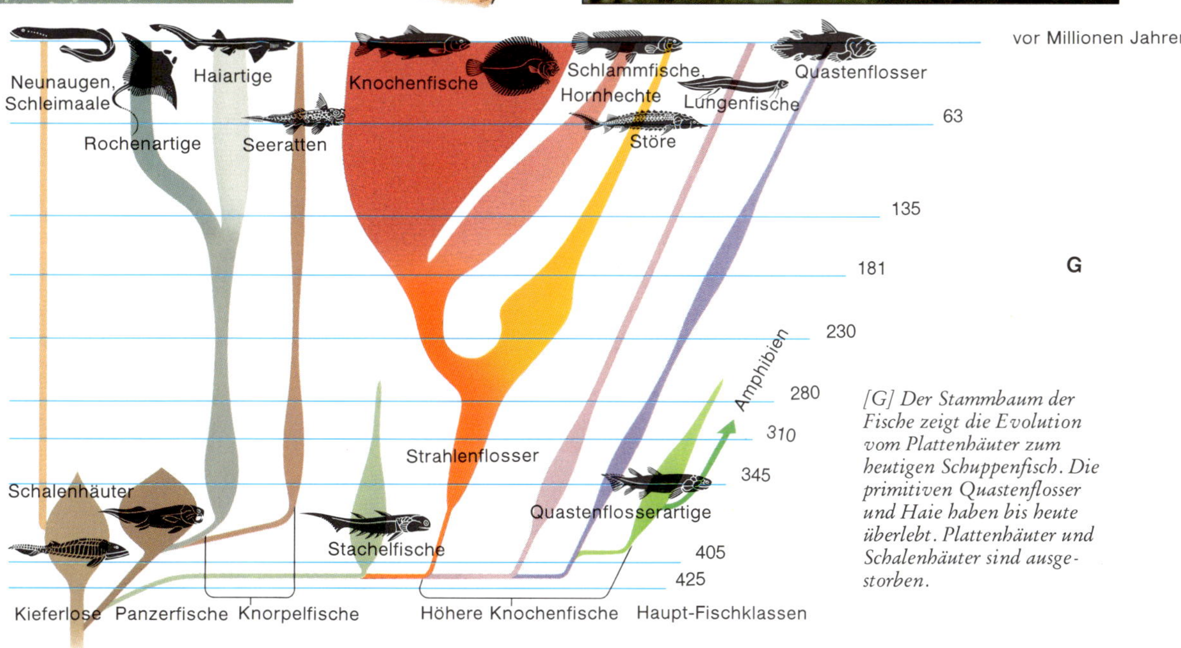

[G] Der Stammbaum der Fische zeigt die Evolution vom Plattenhäuter zum heutigen Schuppenfisch. Die primitiven Quastenflosser und Haie haben bis heute überlebt. Plattenhäuter und Schalenhäuter sind ausgestorben.

Ökosystem Meer, *S. 326/327* **Ökosystem Flußmündung,** *S. 328/329*

Der Hauch des Lebens

Wie Tiere atmen

Sauerstoff ist für fast alle Tiere das lebensnotwendige Gas, das sie brauchen, um Nahrung in Energie umzuwandeln. Dies ist nur möglich, weil die Pflanzen seit Millionen Jahren die Atmosphäre mit Hilfe der Photosynthese mit Sauerstoff anreichern. Obwohl auch die Pflanzen für ihre Atmung Sauerstoff benötigen, überwiegt die Sauerstoffproduktion, so daß Menschen, Tiere, Pilze und Bakterien davon profitieren. Je nach Tierart und Lebensraum haben sich die unterschiedlichsten Atmungsmethoden entwickelt – von der Haut- über die Kiemen- bis zur Lungenatmung vieler höherer Tiere und beim Menschen.

Der Aufnahme von Sauerstoff und der Abgabe verbrauchter Gase - besonders Kohlendioxid - dient bei der großen Mehrheit aller Lebewesen die Respiration, das Atmen. In einer Pflanze oder einem sehr kleinen, primitiven Tier kann der Mechanismus einfach sein: Luft kommt in direkten Kontakt mit den Zellen des Organismus, und Gasmoleküle dringen durch die Zellmembranen, ein Vorgang, den man Diffusion nennt. Dabei diffundiert Sauerstoff in die Zellen, wo er verbraucht wird, Abfallgase in die entgegengesetzte Richtung.

Ein höher entwickeltes Landtier kann nicht durch einfache Diffusion atmen, weil mit zunehmendem Volumen des Tieres immer weniger Zellen Kontakt zu Außenluft haben. Bei Insekten ist dieses Problem gelöst: durch ein komplexes System von verzweigten Leitungen, die die Luft in alle Teile des Körpers bringen. Dies funktioniert gut, allerdings nur über kurze Entfernungen, weshalb sich Insekten auch nie zu größeren Formen entwickelt haben. Bei höheren Temperaturen funktioniert der Gasaustausch besser, daher gibt es in den Tropen auch größere Insekten.

Säugetiere, Vögel, Reptilien und viele andere Lebewesen benutzen ein wesentlich effektiveres System: der Blutstrom dient als Gastransportmittel. Der Sauerstoff wird dabei in den roten Blutkörperchen transportiert. Zusammen mit energiereichem Zucker wird er an alle Organe geliefert - vor allem an die Muskeln -, zur Speicherung oder zum sofortigen Verbrauch. Wenn die Energie des Zuckers durch Oxidation freigesetzt ist, transportiert das Blut das anfallende Kohlendioxid ab.

Das Blut speichert Sauerstoff und entledigt sich des Kohlendioxids, indem es durch einen »Gasaustauscher« fließt. Bei luftatmenden Tieren dient dazu die Lunge: ein luftgefüllter Hohlraum, besetzt mit sehr feinen Blutgefäßen (Kapillaren), die so dünne Wände haben, daß Gas, aber keine Flüssigkeit hindurchströmen kann. Wenn das Blut durch die Kapillaren gepumpt wird, diffundiert Kohlendioxid in die Luft, und Sauerstoff dringt ein. Das mit Sauerstoff angereicherte Blut fließt ab, um den Sauerstoff im Körper zu verteilen.

Lebende Luftpumpen

Manche kleinen Tiere frischen durch Diffusion durch ihre Hautoberfläche den Sauerstoffgehalt in ihren Lungen auf, größere Tiere pumpen die Luft aktiv ein und aus. Ein Frosch hebt die Unterseite seines Maules an, um frische Luft in seine aufblasbaren Lungen zu pressen. Ihre natürliche Elastizität befördert die verbrauchte Luft wieder

A

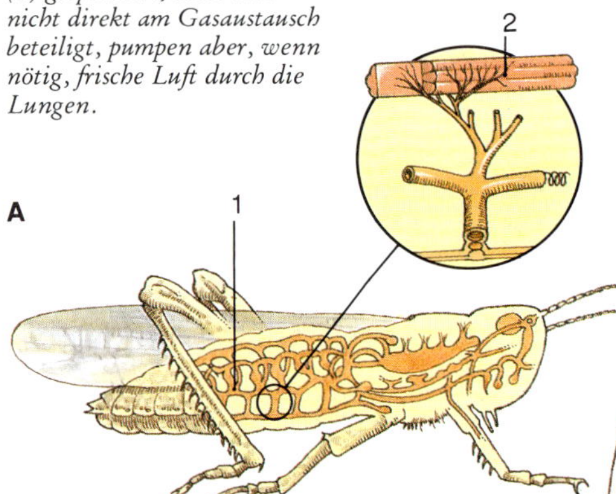

[A] Insekten besitzen ein einfaches, direktes Atemsystem. Sauerstoff und Kohlendioxid diffundieren durch Röhren (Tracheen) (1), die sich in alle Teile des Körpers erstrecken. Die feinen Enden der Tracheen transportieren die Gase zu und von den einzelnen Zellen, selbst wenn sie im Inneren großer Muskeln liegen (2).

B

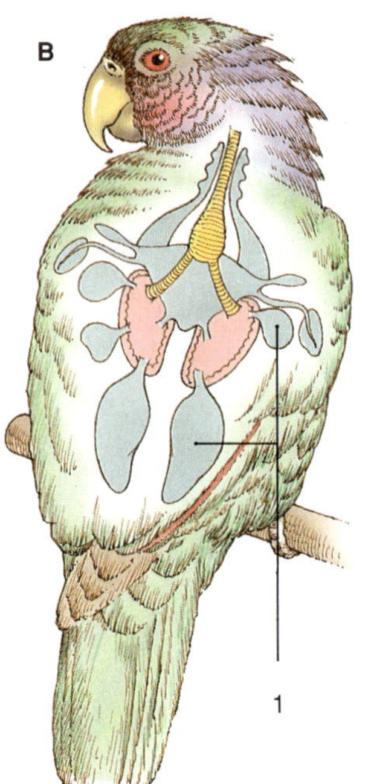

[B] Während des Fluges atmet ein Vogel sehr schnell. Der benötigte Sauerstoff wird in großen Luftsäcken (1) gespeichert; diese sind nicht direkt am Gasaustausch beteiligt, pumpen aber, wenn nötig, frische Luft durch die Lungen.

C

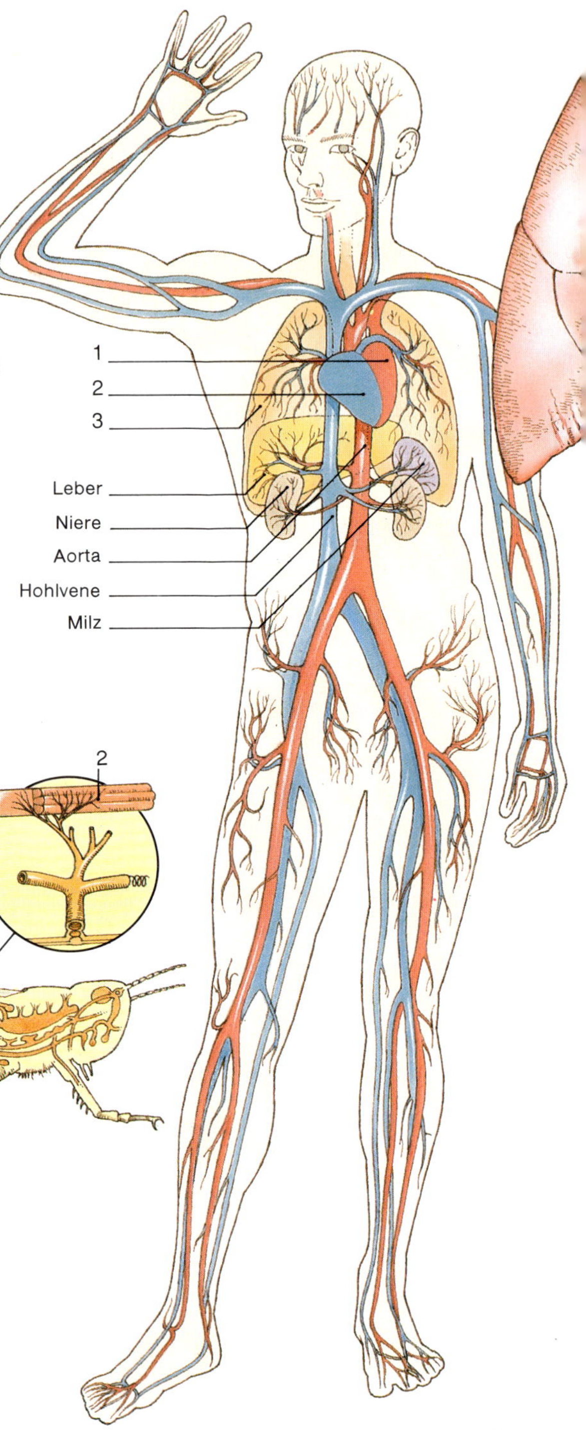

[C] Jede Kontraktion des menschlichen Herzens pumpt Blut in zwei verschiedenen Kreisläufen durch den Körper. Die linke Seite des Herzens (1) pumpt sauerstoffreiches Blut (rot) durch muskulöse Arterien zu den Kapillaren, die Organe und Gewebe versorgen. Sauerstoffarmes Blut (blau) dringt durch ein Netzwerk von Kapillaren und fließt in Venen, die es in die rechte Seite des Herzens (2) zurückbringen, von wo es in die Lungen (3) gepumpt wird, um wieder mit Sauerstoff angereichert zu werden. Arterien können, im Gegensatz zu den feinen Kapillaren, bis zu 2,5 cm dick sein.

Siehe auch: **Treibhauseffekt,** *S. 86/87*

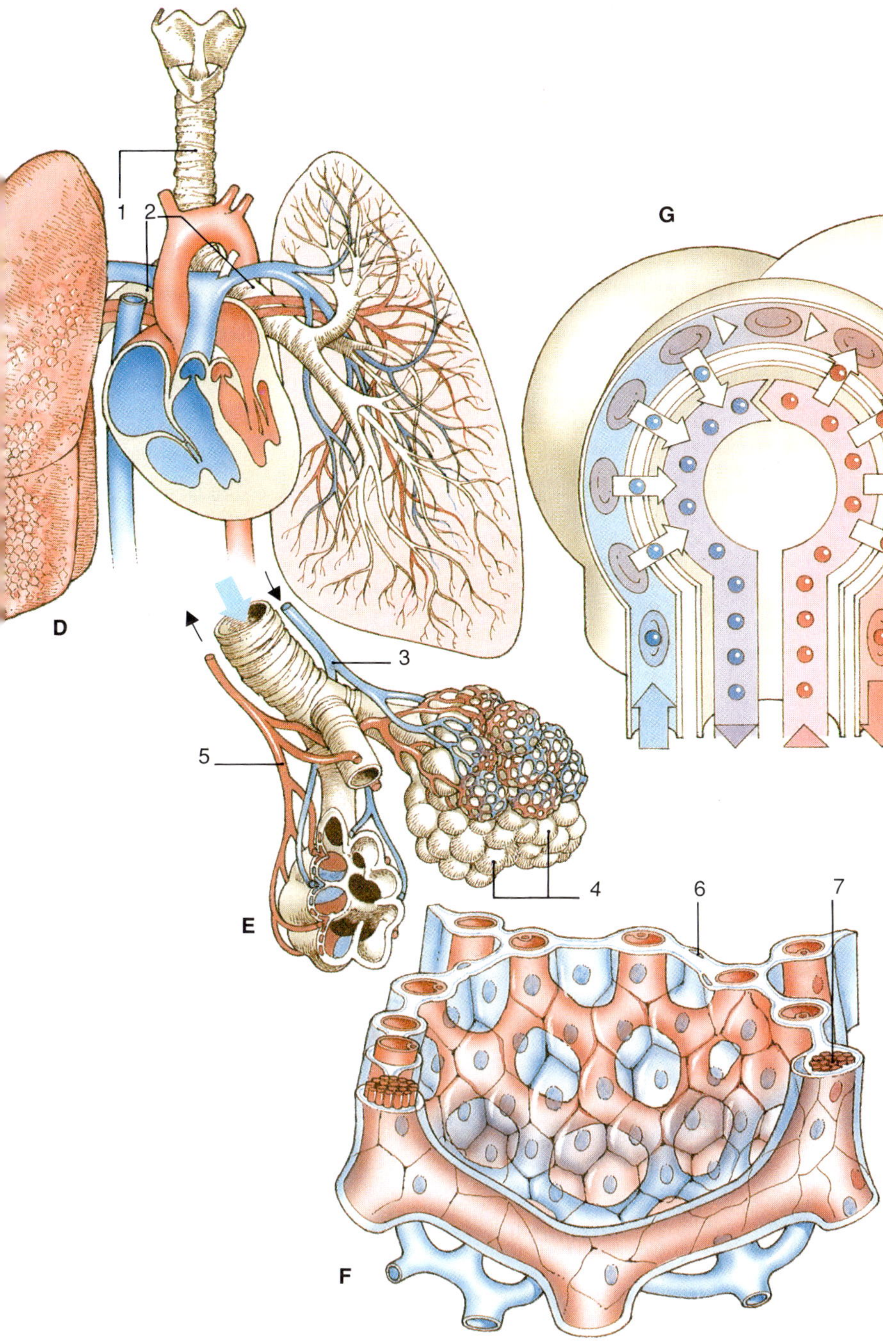

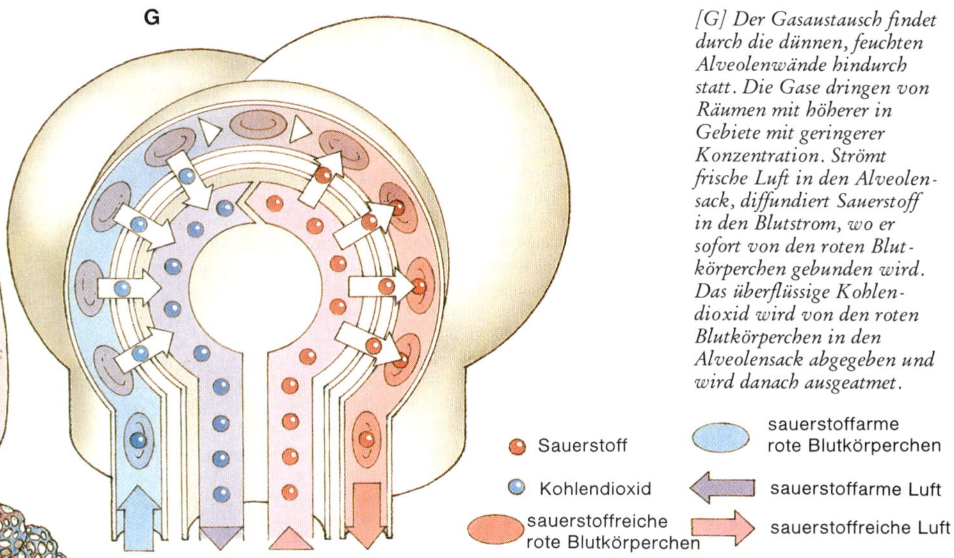

[G] Der Gasaustausch findet durch die dünnen, feuchten Alveolenwände hindurch statt. Die Gase dringen von Räumen mit höherer in Gebiete mit geringerer Konzentration. Strömt frische Luft in den Alveolensack, diffundiert Sauerstoff in den Blutstrom, wo er sofort von den roten Blutkörperchen gebunden wird. Das überflüssige Kohlendioxid wird von den roten Blutkörperchen in den Alveolensack abgegeben und wird danach ausgeatmet.

hinaus. Eine Schildkröte hat in ihrem gepanzerten Körper außerordentlich kräftige Muskeln, die ihre Lungen ausdehnen und zusammenziehen können.

Ein Säugetier vergrößert seinen Brustraum, indem es den Brustkorb ausdehnt und das muskulöse Zwerchfell senkt, das den Hohlraum unter seinen Lungen verschließt. Mit dem Brustraum dehnt sich die Lunge aus und saugt Luft ein. Die Entlastung der Rippen und des Zwerchfells verkleinert den Brustraum, komprimiert die Lungen und preßt die Luft hinaus.

Jedes Tier kann bewußt die Luft anhalten, wenn es tauchen will. Normalerweise jedoch wird das gesamte System automatisch durch Sensoren im Blut und im Gewebe gesteuert, die den Sauerstoffgehalt überwachen und die Informationen an das Gehirn weiterleiten. Wenn sich das Tier anstrengt, verbraucht es den Sauerstoff schneller: Der Gehalt sinkt, und Atem- und Herzfrequenz steigen, um ihn wieder zu steigern, bis das Gleichgewicht erneut erreicht ist.

[D-F] Die Lungen [D] bieten eine große Oberfläche für den Gasaustausch. Luft wird durch die Trachea (1) eingesogen, die sich in zwei Bronchien (2) teilt. Diese verzweigen sich immer weiter und führen zu sackartigen Enden [E]. Hier befinden sich die blasenartigen Alveolen (4), die mit einem Netz von Äderchen umgeben sind. Diese transportieren kohlendioxidreiches Blut (3) heran und mit Sauerstoff angereichertes Blut (5) zurück zum Herzen. Jede Alveole [F] hat Wände von der Stärke einer Zelle (6), die die Kapillaren von der in ihnen enthaltenen Luft trennen. Die Alveolen werden durch Gewebe gestützt (7).

Eine Luftblase unter Wasser

Die meisten Wassertiere sind in der Lage, den benötigten Sauerstoff direkt dem Wasser zu entziehen, manche aber müssen Luft atmen. Sie kehren in bestimmten Abständen an die Wasseroberfläche zurück, um Luft aufzunehmen und tauchen dann wieder ab. Die Wasserspinne jedoch trägt einen eigenen Luftvorrat mit sich, ähnlich wie ein Mensch mit einem Tauchgerät. Auf diese Weise vermeidet sie, durch Auftauchen an die Oberfläche Energie zu verbrauchen und sich dem Zugriff von Raubtieren in der Luft oder im Wasser auszusetzen.

Die Luft wird durch feine Härchen, die eine silbrige Blase um den Körper der Spinne bilden, festgehalten. Die Spinne atmet die Luft einfach in die Blase. Wenn das umgebende Wasser genügend gelösten Sauerstoff enthält, findet es seinen Weg in die Blase. Auf diese Weise läuft die Spinne nie Gefahr, daß ihr die nötige Luft ausgeht. Das Tier baut sogar sein Nest unter Wasser und zieht seine Jungen in einer Luftblase zwischen Wasserpflanzen groß.

Eroberung des Landes, *S. 92/93* **Evolution der Säugetiere**, *S. 136/137* **Photosynthese**, *S. 180/181* **Stoffkreisläufe**, *S. 206/207*

Zwischen Wasser und Land

Wie Amphibien leben

Vor 360 Millionen Jahren waren Amphibien die ersten Lebewesen, die die Meere verließen und sich zu landlebenden Tieren mit Lungenatmung und Fortbewegung auf Beinen entwickelten. Eine Verbindung zum Wasser haben sie sich allerdings bis heute erhalten: Am Anfang ihres Lebens sind sie nach wie vor auf das nasse Element angewiesen, und nur wenige Arten leben in Trockengebieten. Zuerst denkt man bei Amphibien an die kleinen Frösche und Lurche. Aber es gibt auch ausgesprochen große Arten, wie die Riesensalamander, die die stattliche Länge von 1,5 m erreichen können.

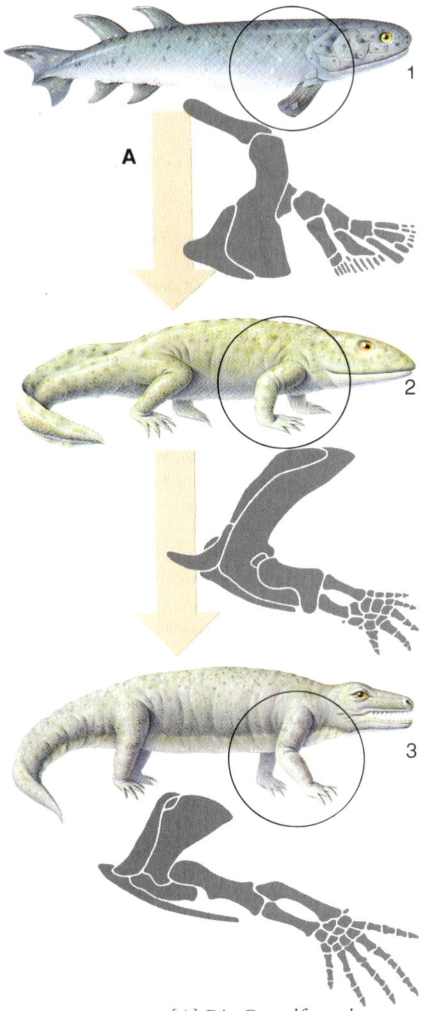

[A] Die Grundform der Extremitäten von Amphibien war bereits in Quastenflosser-Fischen wie dem Eusthenopteron (1) angelegt. Bei der Anpassung an Landbedingungen wurden die Gliedmaßen abwärts und weiter vom Körper weg verlagert. Bei der ersten bekannten Amphibie, der Ichthyostega (2), sind die Gliedmaßen noch kompakt, und der Körper liegt dicht am Boden. Seymouria (3) hatten schon längere Glieder, die größere Bewegungsfreiheit und mehr Abstand vom Boden boten.

Die etwa 4000 Amphibienarten sind in drei Ordnungen unterteilt: Die bein- und schwanzlosen Blindwühlen werden gewöhnlich an den Anfang der Amphibienentwicklung gesetzt. Sie ähneln großen Regenwürmern, zumal sie auch bevorzugt wühlend in der Erde leben. Die größte Ordnung ist die der Froschlurche (Frösche und Kröten), sie umfaßt drei Viertel der Arten. Auch diese haben im ausgewachsenen Zustand keinen Schwanz. Ein weiteres augenfälliges Merkmal ist ihre riesige Mundspalte. Die dritte Ordnung, die Schwanzlurche, zu der Salamander und Lurche gehören, besitzt hingegen zeitlebens einen Schwanz. Im Gegensatz zu Blindwühlen und Froschlurchen kommt bei ihnen bereits die innere Besamung vor. Manche Arten sind sogar lebendgebärend.

Anpassungen der Amphibien

Viele Merkmale der Amphibien spiegeln den Übergang vom Wasser zum Land wider. So haben sie sich etliche Anpassungen an das Leben im Wasser bewahrt, wie z.B. die den Fischen ähnelnde wellenförmige Bewegung der Schwanzlurche und Blindwühlen. Auch Stromlinienform und Schwimmhäute an den Füßen sind solche Überbleibsel. Viele Froschlurche befruchten ihre Eier noch im freien Wasser. Der Blutkreislauf der Amphibien ist nur teilweise in Lungen- und Körperblutkreislauf getrennt, weil ihre Herzkammer noch keine Scheidewand hat. Die Metamorphose von der völlig im Wasser lebenden gliedmaßenlosen Kaulquappe mit Kiemen zu Frosch oder Kröte mit Gliedmaßen und Lunge ist sicherlich der deutlichste Hinweis auf den Ursprung ihrer Entwicklungsgeschichte.

Das Leben an Land wiederum hat viele Anpassungen nötig gemacht, die zu den typischen Merkmalen der Landwirbeltiere zählen, so die Gliedmaßen, die Lunge und die Weiterentwicklung der Sinnesorgane. Es entwickelten sich Augenlider und Drüsen zur Befeuchtung der Augen. Froschlurche haben erstmals richtige Ohren mit äußerem Trommelfell und zwei Mittelohrknochen. Kehlkopf und Stimmbänder wurden zur Kommunikation an Land wichtig. Nasenöffnungen erlauben Atmen und Geruchsempfinden auch bei geschlossenem Maul.

Die vielseitige Haut

Die Haut der Amphibien hat neben dem Schutz des Körpers zwei weitere elementare Funktionen. Einmal wird sie zum Atmen benutzt - bei einigen Amphibien als Ergänzung zu den Lungen, bei anderen als alleinige Form der Atmung. Für einen guten Gasaustausch sorgt ein dichtes Blutgefäßsystem unter der dünnen Haut. Die zweite Funktion ist ebenso wichtig. Amphibien trinken nicht. Sie decken ihren gesamten Flüssigkeitsbedarf über die Haut. Harnstoff im Blut sorgt für ein hypertonisches Milieu, d.h. die Teilchenkonzentration im Körper ist wesentlich höher als außerhalb. Durch die wasserdurchlässige Haut strömt nun Wasser nach innen zum Ort höherer Konzentration. Erdfrösche haben meist zusätzlich noch einen stark durchbluteten Fleck in der Beckenregion, der die Wasseraufnahme aus dem Boden verbessert.

Ihre Kaltblütigkeit macht Amphibien stark von der Außentemperatur abhängig, daher sind sie in gemäßigten und wärmeren Regionen weiter verbreitet als in kalten. Viele Arten überleben große Kälte, indem sie ihren Kreislauf reduzieren. Sogar in der Wüste können einige wenige Arten überleben: Am Tage, wenn die Hitze ihre wasserdurchlässige Haut austrocknen könnte, verkriechen sie sich in schattigen Verstecken.

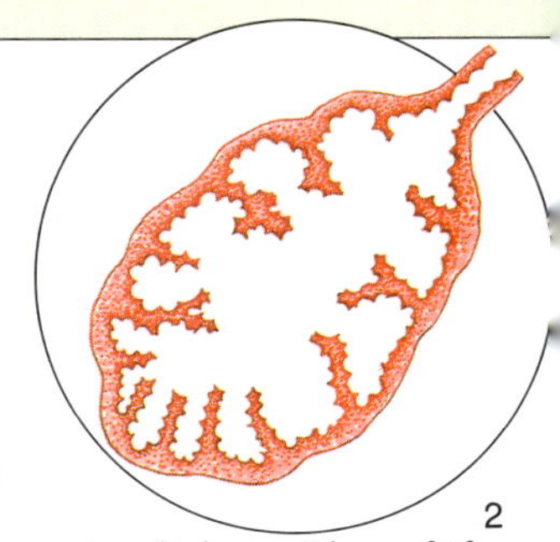

[B] Heutige Amphibien zeigen bemerkenswerte Variationen der Anpassung ihres Atemsystems an die Bedingungen an Land. Nur wenige aquatische Formen haben ihre Kiemen im ausgewachsenen Zustand behalten. Der Grasfrosch (1) verfügt über komplexe Lungen (2) mit Einfaltungen

Siehe auch: Eroberung des Landes, *S. 92/93* Evolution der Fische, *S. 124/125* Atmung der Tiere, *S. 126/127* Fortpflanzung der Amphibien, *S. 164/165*

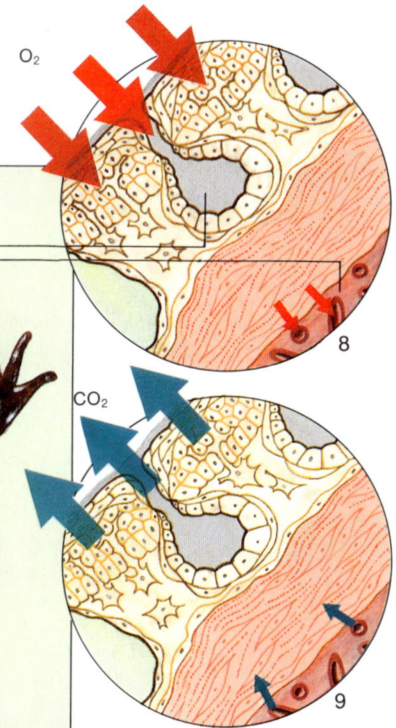

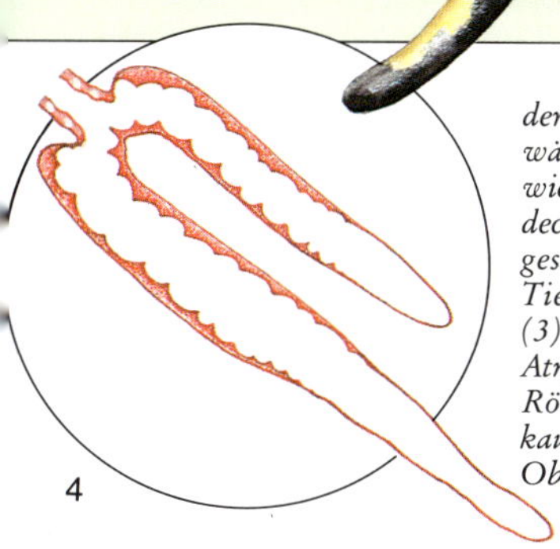

der vaskulären Kammerwände. Bei weiter entwickelten vierfüßigen Tieren decken die Lungen meist den gesamten Sauerstoffbedarf des Tieres. Der Feuersalamander (3) hat noch einfachere Atmungsorgane. Seine Röhrenlungen (4) haben kaum Einfaltungen, die ihre Oberfläche vergrößern. Hier können die Lungen als Hilfsorgane betrachtet werden, weil Sauerstoff auch durch Gasaustausch durch die gesamte Körperfläche bezogen wird. Deshalb braucht der Feuersalamander eine feuchte Umgebung. Der Schwarze Salamander (5) ist ein Waldsalamander aus der Familie der lungenlosen Salamander, die man in Nordamerika findet. Bei ihm geschieht jegliche Atmung durch Oberflächen-Gasaustausch. Dies ist nur möglich, wenn sein Körper durch Schleimdrüsen (6) feucht gehalten wird. Der Austausch erfolgt passiv durch ein Kapillar-Netzwerk unter der Hautoberfläche (7).

Gelöster Sauerstoff tritt ein und wird durch Blutkapillaren absorbiert (8). Kohlendioxid als Abfallprodukt verläßt den Körper durch einen Umkehrungsprozeß (9). Bei vielen Fröschen funktioniert der gesamte Gasaustausch auf diese Weise, während sie inaktiv in kühler und feuchter Umgebung verharren. Auch ihr Maul ist feucht und mit vielen Kapillaren versehen, die Gasaustausch ermöglichen. Oberflächenaustausch ist für andere Wirbeltiere weniger wichtig. Beim Menschen beträgt der Oberflächenaustausch weniger als 1 % der Atemfunktion.

Fehlende Glieder in der Entwicklungskette

Die ersten Amphibien entwickelten sich vor etwa 360 Millionen Jahren aus mit Quastenflossen versehenen Fischen. Diese Fische hatten, wie die Hohlstachler, knochige Verstärkungen in ihren Flossen, die ihnen vermutlich das Kriechen aus dem Wasser ermöglichten, sowie Lungen und Nasenöffnungen, um Luft zu atmen. Die Fossilienfunde von Amphibien sind eher spärlich. Die frühesten Amphibien, die man registriert hat, wie etwa die Ichthyostega, hatten bereits entwickelte Becken- und Schultergürtel, um die neuen Gliedmaßen zu stützen, sowie Rippen, um die inneren Organe zu schützen. Eines der größten dieser Tiere war der Mastodonosaurus mit bis zu 4 m Länge. Bis zur Entwicklung der Dinosaurier beherrschten die Amphibien das Land. Vor ca. 135 Millionen Jahren waren die meisten ausgestorben. Es gibt keine Fossilien als Verbindungsglieder zwischen heutigen Amphibien und den alten Formen und auch keine Belege für die Weiterentwicklung zu Fröschen, Kröten, Molchen, Salamandern und Blindwühlen.

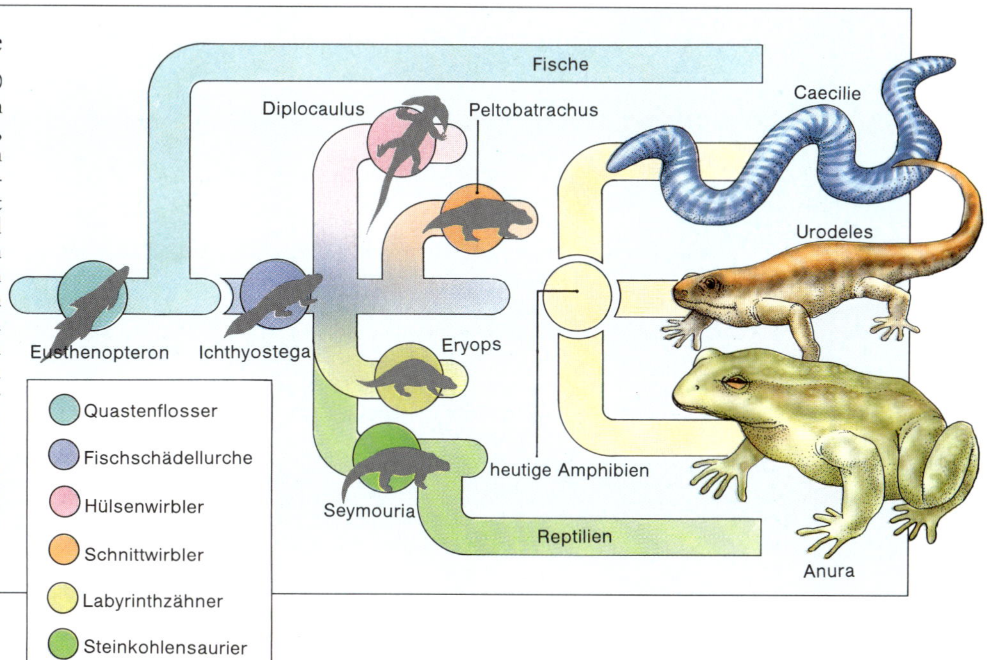

Metamorphose, *S. 166/167*

Wechselwarme Wirbeltiere

Wie Reptilien leben und überlebten

Die heute lebenden Reptilien kann man mit den Überlebenden eines Schiffbruchs vergleichen, der vor 65 Millionen Jahren stattfand. Die meisten damals existierenden Reptilien wurden am Ende der Kreidezeit durch eine Naturkatastrophe vernichtet. Daher existieren heute nur noch etwa 6000 Reptilienarten – meist in geringen Individuenzahlen und klein im Vergleich zu ihren Vorfahren, jedoch von enormer Verschiedenartigkeit. So gehören kleine, wurmähnliche Geschöpfe ohne Augen und Beine ebenso dazu wie räuberisch lebende, über sechs Meter lange Krokodile und große, tonnenschwere Schildkröten.

[B] Obwohl Wärme für Reptilien unabdingbar ist, kann aufgeheizter Wüstensand auch zu heiß für sie sein. So liegt die optimale Sandtemperatur für die südwestafrikanische Sandechse zwischen 30 und 40°C. Tagsüber jedoch wird die Sandoberfläche oft viel heißer und damit tödlich für das Tier. Daher steht der Sandechse nur ein kleiner Teil des Tages für die Nahrungsaufnahme oder Partnersuche zur Verfügung. Morgens muß sie sich beeilen; sie nimmt ein Sonnenbad, indem sie ihren Bauch gegen den Sand preßt und Beine und Schwanz hochhält (1). Dadurch ist ihr

Vor etwa 300 Millionen Jahren begannen Reptilien zahlreicher zu werden als ihre Vorfahren, die Amphibien. Über die Jahrtausende entwickelten sich die Dinosaurier mit ihrer enormen Körpergröße, bis sie schließlich durch eine Katastrophe ausstarben. Außer den Krokodilen und Alligatoren sind die meisten heutigen Reptilien verhältnismäßig klein. Sie werden in vier Ordnungen aufgeteilt: Für die primitivsten hält man aufgrund ihrer ursprünglichen Schädelmerkmale die Ordnung Testudines (Schildkröten), die alle Land- und Wasserschildkröten einschließt. Rezente Vertreter der Ordnung Crocodylia (Panzerechsen) sind die Familien der Echten Krokodile, Alligatoren und Gaviale. Zur Ordnung Squamata (Schuppenkriechtiere) gehören alle Schlangen und Eidechsen. Der einzige rezente Vertreter der vierten Ordnung Rhynchocephalia (Schnabelköpfe) ist die Brückenechse aus Neuseeland.

Gestalt und Lebensweise

Echsen besitzen fünfzehige Gliedmaßen und in der Regel Augenlider, äußere Ohren und kleine Schuppen auf Rücken- und Bauchseite. Meist leben sie von tierischer Nahrung, manche jedoch, wie z.B. einige Leguane, ziehen vegetarische Kost vor. Beim Laufen strecken Echsen ihre Beine zunächst seitwärts aus und dann erst zum Boden hin. Dies führt unweigerlich dazu, daß sie watscheln, und ist vermutlich der Grund dafür, daß die Krokodile zurück ins Wasser gingen, da dieses Medium die Wirkung ihres Eigengewichts sowie des schwerfälligen Gangs verminderte, aber gleichzeitig größeren Körperumfang zuließ.

Schlangen besitzen keine Extremitäten und haben ständig geschlossene, aber durchsichtige Augenlider und dachziegelartig angeordnete Schuppen auf der Haut. Alle Schlangen leben von tierischer Nahrung und verschlingen ihre Beute unzerkleinert. Manche ersticken ihre Beutetiere allerdings zunächst durch Umschlingung, während andere beim Zubeißen Gift spritzen.

Schildkröten besitzen schwere, mit Hornschildern bedeckte äußere Panzer, die sich aus Wirbelplatten, Rippen und Randplatten zusammensetzen. Die Beine der Landschildkröten sind entsprechend gut ausgebildet, um das enorme Gewicht ihres »Käfigs« zu tragen. Die Fortbewegung ist allerdings nur langsam und schwerfällig. Alle Schildkröten können mit Hilfe ihrer Vorderbeine Nahrung ab- oder zerreißen. Landschildkröten leben gewöhnlich vegetarisch, Meeresschildkröten jedoch fressen Fisch und andere Meerestiere.

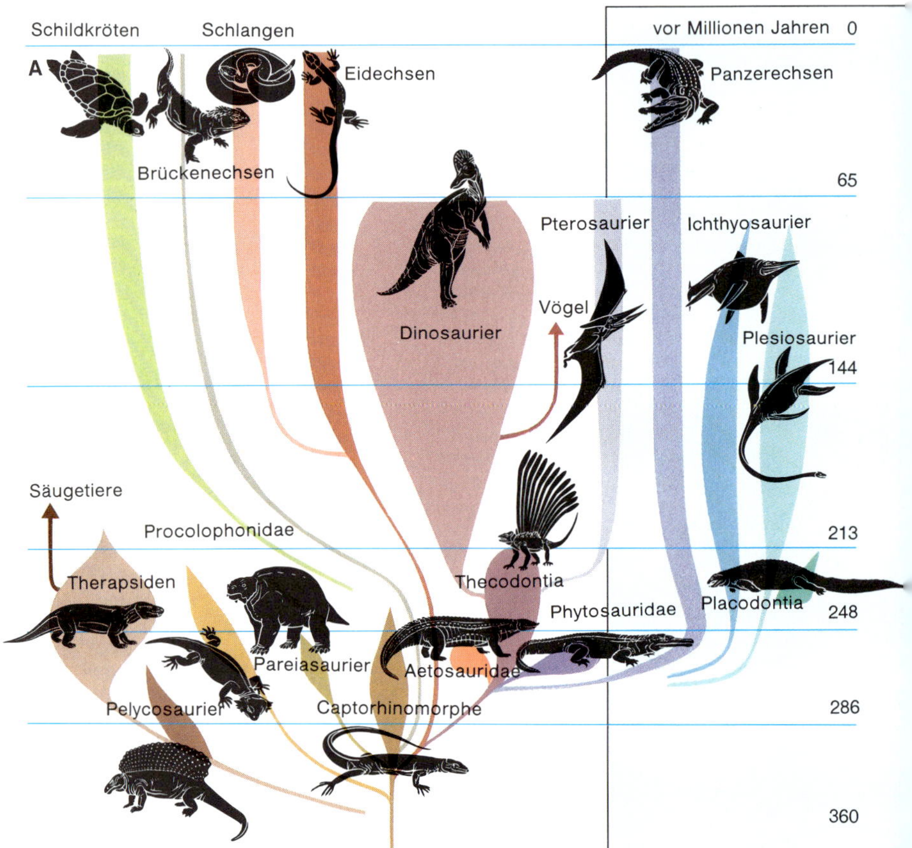

Abhängig von Hitze und Kälte

Die Aktivität der wechselwarmen (poikilothermen) Reptilien hängt in hohem Maße von der Außentemperatur ab, da sie keine Eigenwärme erzeugen können. Ihre Körpertemperatur kann entsprechend stark schwanken, aber jedes Reptil hat eine Vorzugstemperatur, bei der der Stoffwechsel optimal funktioniert. Schlangen z.B. brauchen zur Verdauung viel Wärme; Kälte dagegen lähmt das Tier, hemmt Wahrnehmung und Bewegung und kann sogar zum Tode führen. Durch zahlreiche Verhaltensstrategien versuchen Reptilien, ihrer optimalen Körpertemperatur stets so nahe wie möglich zu kommen: zum Aufwärmen allmorgendliches Sonnenbaden oder bei Überhitzung Abkühlung im Schatten. Daß sie trotz starker Konkurrenz durch die warmblütigen Säugetiere erdgeschichtlich überleben konnten, mag unter anderem daran liegen, daß Reptilien weniger Nahrung benötigen, weil sie ihre Stoffwechselaktivität den Außenbedingungen angleichen.

[A] Der Stammbaum der Reptilien zeigt, daß nur wenige Arten seit der Blütezeit der Reptilien überlebt haben. Krokodile stehen in direkter Verbindung zu den Sauriern. Sie haben auch die höchstentwickelten Herzen und Gehirne. Schildkröten haben sich in Millionen Jahren kaum verändert; ihre Ursprünge sind aber nicht sicher geklärt. Therapsiden, selbst alle ausgestorben, sind ein wichtiger Zweig des Stammbaums, da sie über die Synapsiden zu den Säugetieren führen. Möglicherweise stammen alle Stämme von der frühesten Gruppe der Reptilien ab, den Captorhinomorphen.

Siehe auch: **Eroberung des Landes,** *S. 92/93* **Anpassung der Tiere an Hitze und Dürre,** *S. 142/145* **Fortpflanzung der Reptilien,** *S. 168/169*

Körper bald ausreichend aufgewärmt, und sie kann ihre gewohnte Agilität entfalten. Wenn aber die Temperatur der Sandoberfläche später am Tag heißer als 40°C wird, stelzt die Echse nur noch mit ausgestreckten Beinen darüber (2), um eine Überhitzung ihres Körpers zu vermeiden. Manchmal hält sie dazu auch auf beiden Körperseiten je ein Bein hoch (3). Erreicht die Sandtemperatur mittags schließlich 45°C, wird sie zu hoch für das Tier. Nun sucht die Echse Abkühlung, indem sie sich mit schnellen Bewegungen des Schwanzes tief in den Sand einwühlt (4).

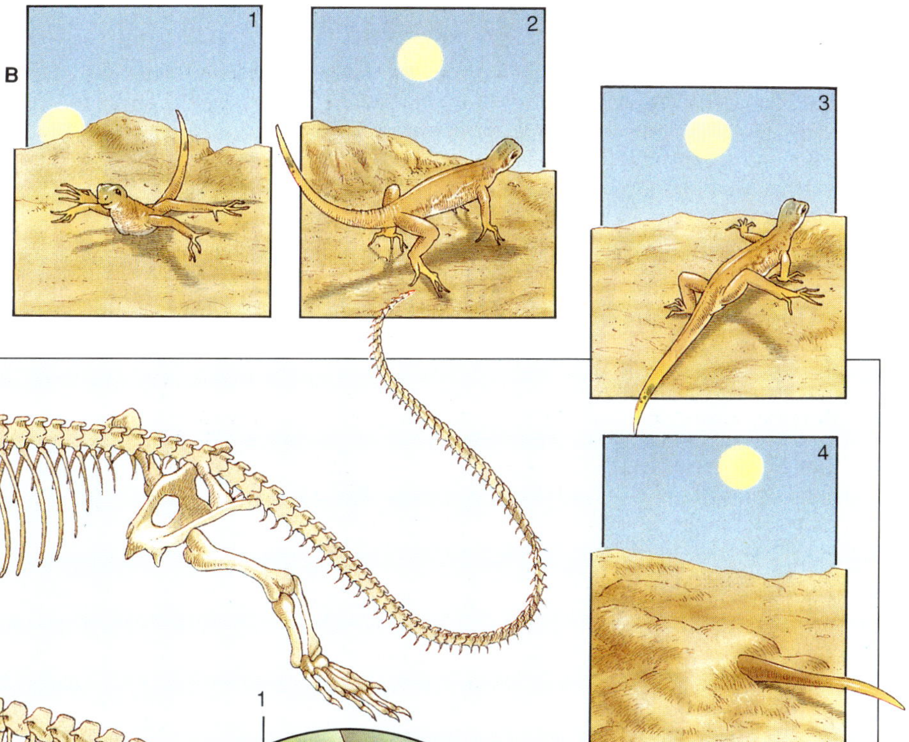

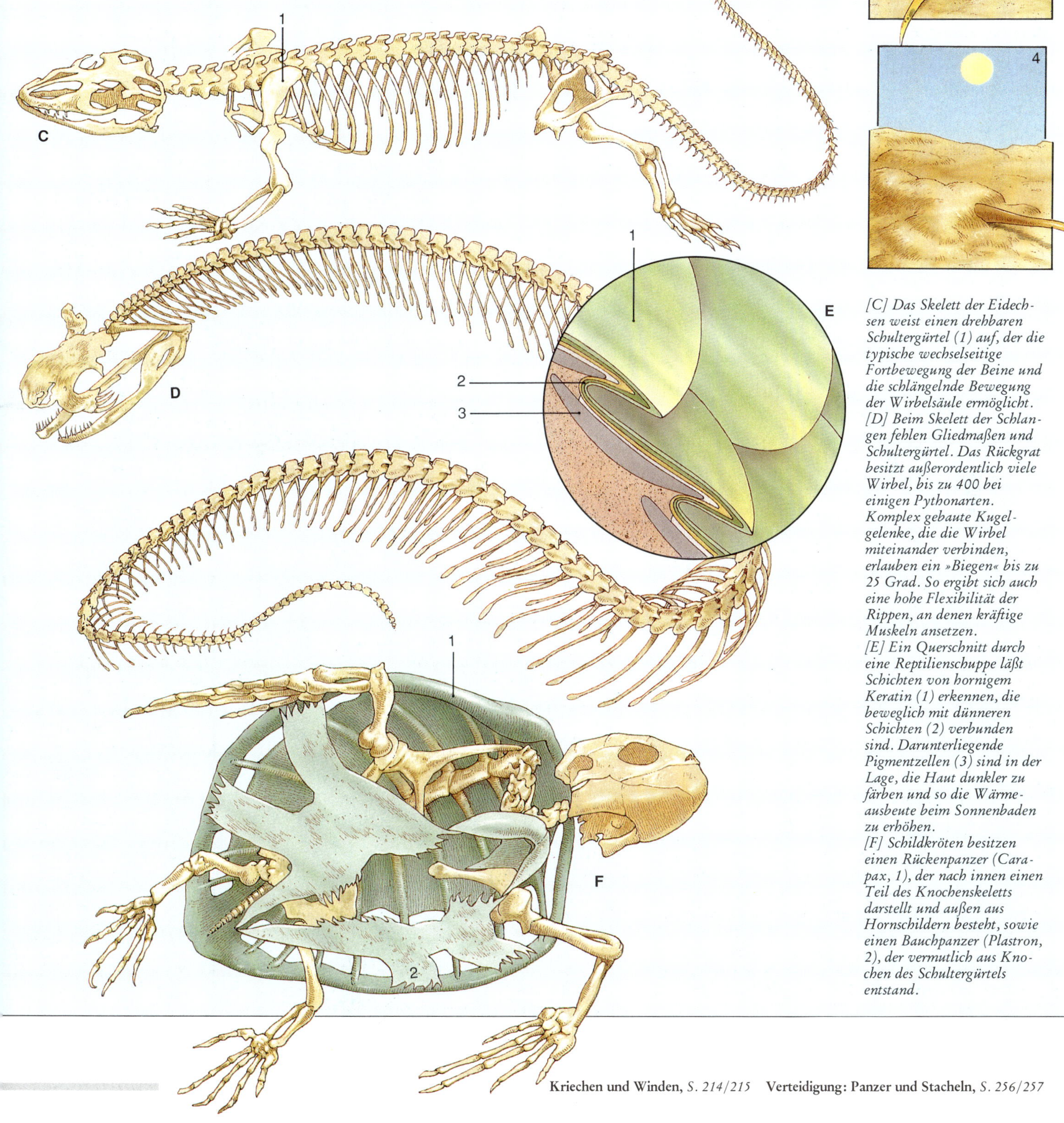

[C] Das Skelett der Eidechsen weist einen drehbaren Schultergürtel (1) auf, der die typische wechselseitige Fortbewegung der Beine und die schlängelnde Bewegung der Wirbelsäule ermöglicht.
[D] Beim Skelett der Schlangen fehlen Gliedmaßen und Schultergürtel. Das Rückgrat besitzt außerordentlich viele Wirbel, bis zu 400 bei einigen Pythonarten. Komplex gebaute Kugelgelenke, die die Wirbel miteinander verbinden, erlauben ein »Biegen« bis zu 25 Grad. So ergibt sich auch eine hohe Flexibilität der Rippen, an denen kräftige Muskeln ansetzen.
[E] Ein Querschnitt durch eine Reptilienschuppe läßt Schichten von hornigem Keratin (1) erkennen, die beweglich mit dünneren Schichten (2) verbunden sind. Darunterliegende Pigmentzellen (3) sind in der Lage, die Haut dunkler zu färben und so die Wärmeausbeute beim Sonnenbaden zu erhöhen.
[F] Schildkröten besitzen einen Rückenpanzer (Carapax, 1), der nach innen einen Teil des Knochenskeletts darstellt und außen aus Hornschildern besteht, sowie einen Bauchpanzer (Plastron, 2), der vermutlich aus Knochen des Schultergürtels entstand.

Kriechen und Winden, *S. 214/215* Verteidigung: Panzer und Stacheln, *S. 256/257*

Eroberer der Lüfte

Was Vögel zu Fliegern macht

Die Hummelelfe (ein Kolibri) ist mit knapp 6 cm Länge, von der die Häfte allein auf Schnabel und Schwanz entfällt, der kleinste Vogel der Welt. Der afrikanische Strauß, ein flugunfähiger Laufvogel, ist mit bis zu 2,7 m Höhe der größte Vogel. Es gibt relativ viele Vögel, die nicht fliegen können, während andere Tausende von Kilometern im Flug zurücklegen oder bei gewagten Sturzflügen Geschwindigkeiten von über 200 Stundenkilometern erreichen. Die etwa 9300 Vogelarten bewohnen so unterschiedliche Lebensräume wie Eisschollen der Antarktis, tropische Regenwälder, Trockenwüsten und sogar die offene See.

Zwar ist die Verwandtschaft der 28 bekannten Vogelordnungen noch nicht vollständig erforscht, doch ist ihnen ein erstaunlich ähnlicher, an das Fliegen angepaßter Körperbau gemein. Sogar die heute flugunfähigen Vögel stammen von einstmals flugfähigen Vorfahren ab und teilen mit diesen immer noch viele Merkmale. Ihr Skelett aus leichten Knochen hat die Form eines starren Kastens mit einem großen Brustbein, dem Sternum. Bei flugfähigen Vögeln trägt es einen mächtigen Kamm, die Carina, als Hauptansatzpunkt der stark entwickelten Flugmuskulatur. Die Flügel selbst sind modifizierte Vorderbeine. Einzigartig ist jedoch das Federkleid. Kein anderes Wirbeltier besitzt diese besondere Körperbedeckung. Die verschiedensten Federn bilden nicht nur die zum Fliegen notwendige Flügeloberfläche (Kontur- und Schwungfedern), sondern dienen auch als Isolierung, wodurch die Vögel eine relativ hohe Körpertemperatur halten können. Mit unzähligen Mustern und Farben dienen Federn auch dem Informationsaustausch der Vögel untereinander, indem sie z.B. eine Signalwirkung bei der Balz haben; sie eignen sich aber auch vorzüglich als Verberge- und Tarntracht.

Verwandschaft mit Reptilien

Vögel weisen mit Reptilien, von denen sie höchstwahrscheinlich abstammen, zahlreiche Gemeinsamkeiten auf. Vor allem die Schuppen an Beinen und Füßen der Vögel sind Reptilienschuppen sehr ähnlich. Sowohl Vögel als auch Reptilien besitzen ein Kugelgelenk zwischen Schädel und Hals und ein relativ einfaches Mittelohr mit nur einem Gehörknöchelchen (Säugetiere haben drei). Die roten Blutkörperchen der Vögel und Reptilien besitzen - im Gegensatz zu Säugetieren - Zellkerne. Und schließlich legen Vögel dotterreiche Eier, in denen sich der Embryo zunächst als Keimscheibe auf dem Dotter liegend entwickelt, wie dies auch bei Reptilien üblich ist.

Fossile Vorfahren

Das fossile Reptil Archaeopteryx lebte vor etwa 150 Millionen Jahren und erinnert in vieler Hinsicht an einen Vogel. Es war mit Federn bedeckt und besaß auch schon ein ausgeprägtes Gabelbein, beides deutliche Hinweise auf seine Flugfähigkeit. Jedoch hatte Archaeopteryx, anders als die heutigen Vögel, Zähne, einen Eidechsenschwanz und drei Krallen an jedem Flügel. Der »Vogel« benutzte diese Krallen vermutlich zum Herumklettern in Bäumen. Wissenschaftler gehen davon aus, daß der Archaeopteryx, wenn auch nur über

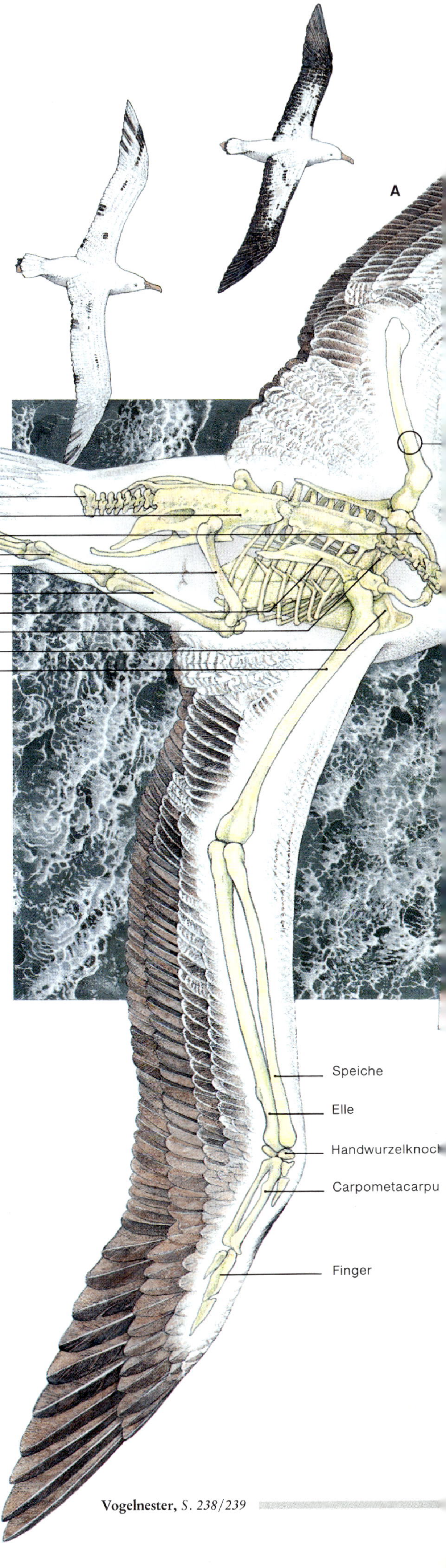

[A-B] Das Skelett des Albatros [A] zeigt die perfekte Anpassung an das Fliegen. Der innere Aufbau der größeren Knochen [B] offenbart eine stabile Leichtbauweise. Die Knochen des Flügelskeletts z.B. sind zwar hohl, besitzen aber verstärkende »Verstrebungen« (Trabekel) (1). Die Flügel sind stark modifizierte Vorderbeine. Die Knochen, die bei den Vögeln Äquivalente unserer Finger sind, sind miteinander zu einem langen, dünnen Gebilde verwachsen, dem Carpometacarpus. Die Handwurzelknochen der Vögel (Carpalia) sind stabil und elastisch gegeneinander verschiebbar. Dies ermöglicht den Vögeln geradezu akrobatische Flugmanöver. Die miteinander verwachsenen Schlüsselbeine, die das Gabelbein bilden, das Schulterblatt und das Rabenschnabelbein stellen sicher, daß die Flügelbasen vom Körper weg gehalten werden können. Das großflächige Brustbein ist eine stabile Ansatzstelle für die stark entwickelte Flugmuskulatur. Mit Ausnahme der Halswirbel sind alle anderen Wirbel miteinander verwachsen, die gesamte Wirbelsäule ist fest mit dem Beckengürtel verbunden. Die Rippen sind sowohl mit den Wirbeln als auch mit dem Schultergürtel und Brustbein verwachsen.

Siehe auch: **Haare und Federn,** *S. 134/135* **Balzflug,** *S. 170/171* **Vogelflug,** *S. 224/225* **Vogelnester,** *S. 238/239*

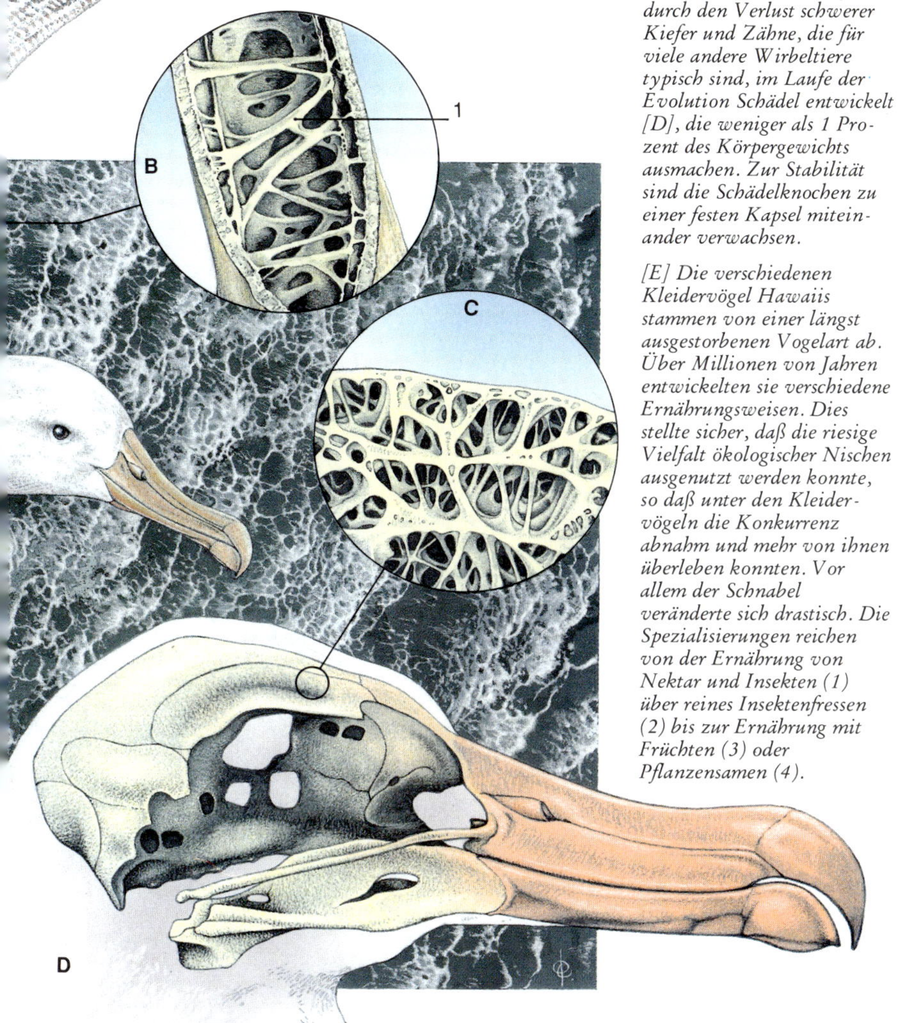

[C-D] Der innere Aufbau der Schädelknochen des Vogels zeigt die für Leichtbauweise charakteristische Wabenstruktur [C]. Zudem haben die heutigen Vögel durch den Verlust schwerer Kiefer und Zähne, die für viele andere Wirbeltiere typisch sind, im Laufe der Evolution Schädel entwickelt [D], die weniger als 1 Prozent des Körpergewichts ausmachen. Zur Stabilität sind die Schädelknochen zu einer festen Kapsel miteinander verwachsen.

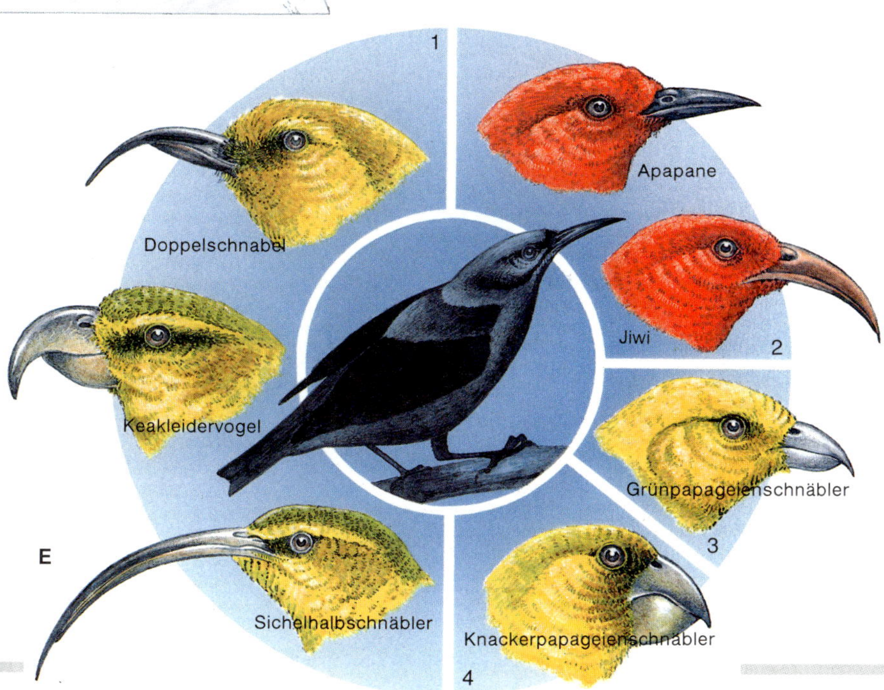

[E] Die verschiedenen Kleidervögel Hawaiis stammen von einer längst ausgestorbenen Vogelart ab. Über Millionen von Jahren entwickelten sie verschiedene Ernährungsweisen. Dies stellte sicher, daß die riesige Vielfalt ökologischer Nischen ausgenutzt werden konnte, so daß unter den Kleidervögeln die Konkurrenz abnahm und mehr von ihnen überleben konnten. Vor allem der Schnabel veränderte sich drastisch. Die Spezialisierungen reichen von der Ernährung von Nektar und Insekten (1) über reines Insektenfressen (2) bis zur Ernährung mit Früchten (3) oder Pflanzensamen (4).

kurze Strecken, fliegen konnte. Er hatte etwa die Größe einer Krähe, aber keinen Schnabel, sondern eine stumpfe, reptilienartige Schnauze.

1990 fand man zwei vogelartige Fossilien in Texas, die man vorläufig Protavis texensis taufte. Sollte sich herausstellen, daß diese Tiere tatsächlich fliegen konnten, muß man die Entstehung der Vögel vermutlich um weitere 75 Millionen Jahre in die späte Trias zurückverlegen, und Archaeopteryx würde damit seine Stellung als ältester bekannter Vogel verlieren.

Fluganpassungen

Auch wenn Vögel, ebenso wie Reptilien, keine Ohrmuscheln haben - was ihrer Stromlinienform zugute kommt -, besitzen sie ein ausgezeichnetes Gehör sowie ein äußerst scharfes Sehvermögen, wodurch sie ihre Beute noch aus großer Höhe ausmachen können.

Im Flug hält ein Vogel aus Gründen der Aerodynamik die Beine so nah wie möglich an den Körper gepreßt; auch die großen Konturfedern verleihen dem Vogelkörper Stromlinienform, was vielen Vögeln außerordentlich hohe Fluggeschwindigkeiten ermöglicht. In der Regel besitzen die schnellsten Flieger wie z. B. der Wanderfalke Lamellen in ihren Nasenöffnungen, um die inneren Organe vor dem hohen Luftdruck, der sich durch die hohe Fluggeschwindigkeit aufbaut, zu schützen.

Neben Lungen haben Vögel Luftsäcke, die sich durch den ganzen Körper ziehen. Diese Luftsäcke unterstützen die Atmung und kühlen den Körper ab, der sich bei anstrengendem Dauerflug sonst leicht überhitzen könnte. Ein Dauerflieger nutzt meist nur ein Viertel seines Atemvolumens für die Versorgung mit Sauerstoff, den Rest braucht er zum Kühlen.

Ein schneller Stoffwechsel

Das Blut eines Vogels besitzt in der Regel die gleiche Hämoglobinkonzentration wie das der Säugetiere, aber Blutdruck und Blutzuckerkonzentration sind bedeutend höher, beides notwendige Voraussetzungen, um den Stoffwechsel »anzuheizen«. Vögel fressen besonders energiereiches, hochwertiges Futter - wie Pflanzensamen, Früchte, Fische und Insekten -, verdauen es sehr schnell und verwerten es besser als Säugetiere.

Bei einem Vogel kann bis zur Hälfte seines Gesamtgewichts nur auf die Flugmuskulatur entfallen. Ein Gleitflieger wie der Albatros hat dagegen viel weniger Muskulatur, aber starke Sehnen und Bänder, die die Flügel ohne große Anstrengung des Vogels in ihrer Position halten und ihm so langandauernde Segelflüge gestatten.

Leichtgewichte

Nicht nur ein leichter Knochenbau soll das Gewicht gering halten. Vögel besitzen auch keine Schweißdrüsen, die die Federn nur befeuchten und damit schwerer machen würden. Weibliche Vögel haben nur ein Ovar, und außerhalb der Brutsaison werden bei beiden Geschlechtern die Geschlechtsorgane zurückgebildet.

Pelzmantel und Federschmuck

Wozu Fell und Federn dienen

Während die mehr als 6 m langen Schwanzfedern des Japanischen Phoenixhahns nur der Zierde dienen, bildete das Federkleid bei den meisten Vögeln die entwicklungsgeschichtliche Grundlage, die ihnen das Fliegen ermöglichte. Auch bei der Tarnung, bei Balz- und Sozialverhalten sowie als Isolation spielen Federn eine Rolle. So unterschiedlich Haare und Federn sind, sie bestehen aus denselben Proteinen (Keratine) und haben viele vergleichbare Aufgaben. Auch Haare ermöglichen eine leistungsfähige Wärmeregulation und haben entscheidend zum Erfolg der Säugetiere beigetragen.

[A-B] Der Flaggenflügel [A] kann trotz seiner beim Balzgefieder bis zu dreifacher Körperlänge verlängerten 2. Handschwingenfeder recht gut fliegen. Der männliche Prachtleierschwanz [B] hat eindrucksvolle Schwanzfedern, mit denen er während des Balzrituals das Weibchen anlockt.

Das Fell der Säuger besteht hauptsächlich aus zwei verschiedenen Haarsorten. Die Unterwolle setzt sich aus feinen, weichen, dicht stehenden Unterhaaren zusammen; sie halten vor allem die Körpertemperatur aufrecht. Dichte, längere und härtere Grannenhaare (Leithaare) ragen über das Unterhaar hinaus; ihre Funktion ist der Schutz des Unterhaars und der Haut, zudem halten sie Regenwasser und Schnee ab. Einige Säugetiere besitzen nur eine der beiden Haarsorten, andere, wie auch Menschen, sind nur sehr spärlich behaart. Wale, Delphine, Seekühe, Elefanten und Nashörner besitzen überhaupt kein Haarkleid.

Haarkleid zur Wärmeregulation

Ein dichter Mantel aus Unterhaar, wie z.B. die Wolle der Schafe, bietet eine außerordentlich effiziente Wärmeregulation, da die Luft in den Tausenden von kleinen Kammern, die zwischen den Haaren entstehen, festgehalten werden kann. Auf diese Weise bleiben die Tiere im Winter warm und erhalten im Sommer die nötige Kühlung. Rentiere beispielsweise verfügen über sehr lange, wasserabweisende Grannenhaare, die über ein dichtes, kälteresistentes Unterfell hinausragen. Vorwiegend im Wasser lebende Tiere besitzen ein besonders wasserabstoßendes Fell. Die Grannenhaare des Robbenpelzes sind abgeflacht, während seine dicht an dicht stehenden isolierenden Unterhaare feine Spitzen aufweisen - beides sind Merkmale ihrer wasserabstoßenden Funktion. Vielen Säugetieren, die in Gegenden mit extremen saisonalen Temperaturschwankungen leben, wächst - durch spezielle Hormone gesteuert - ein langes und dichtes Winterfell.

Schützendes Federkleid

Federn sind genau wie Haare tote Strukturen, die jedoch durch ein System winziger Muskeln miteinander verbunden sind. Diese Muskeln bestimmen die Stellung der einzelnen Feder mit erstaunlicher Genauigkeit, sei es zur Isolierung, zum Imponieren während der Balz oder beim Fliegen. Obwohl eine Feder sprichwörtlich »federleicht« ist, wiegt das gesamte Gefieder eines Vogels zwei- bis dreimal soviel wie sein Skelett. Und doch liefern Federn eine viel leichtere Isolierschicht für den Vogelkörper als Haare. Federn würden mit zunehmendem Alter, vor allem durch die ständige Beanspruchung bei Wind und Wetter, brüchig und porös, fettete der Vogel sie nicht ständig mit wachsartigen Substanzen aus seiner Bürzeldrüse ein. Diese Drüse sitzt an der Basis des Schwanzes. Das Fettöl (es besteht aus Wachsen, Fettsäuren, Fetten und Wasser) hält die Federn elastisch, geschmeidig und imprägniert gleichzeitig, schützt sie aber auch gegen Bakterien, Pilze, Federlinge und Federmilben. Viele Vögel produzieren auch eine dem Talkumpuder ähnliche Substanz aus winzigsten Keratinpartikeln, die von besonderen Puderdaunen abgegeben wird.

Die Mauser der Vögel wird von der Tageslänge sowie von Schilddrüsen- bzw. Geschlechtshormonen gesteuert. Ein Vogel macht im Laufe seines Lebens viele Mausern durch, zunächst von den Kükendaunen zum Jungvogelgefieder, als erwachsener Vogel regelmäßig zum Sommer- bzw. zum Wintergefieder. Unter den einzelnen Arten bestehen bemerkenswerte Unterschiede in bezug auf die Anzahl als auch die zeitliche Abfolge der Mausern. Bei den meisten Vögeln wird durch koordiniertes Ersetzen der Schwungfedern sichergestellt, daß nur kleine und kurzzeitige Lücken in der Flügeloberfläche entstehen und die Flugfähigkeit kaum beeinträchtigt wird.

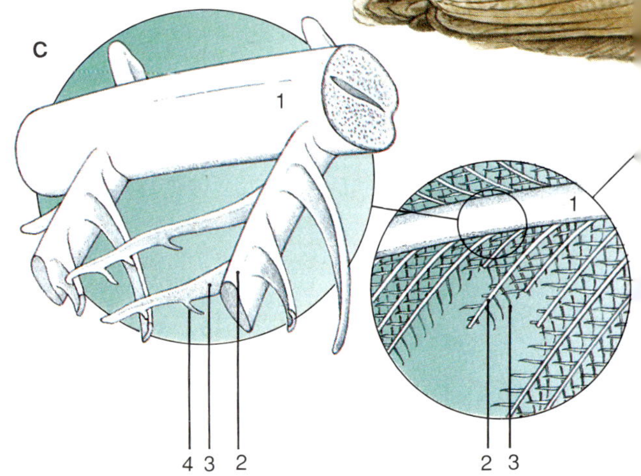

[C-D] Deckfedern [C] haben einen stabilen, leichten Schaft, die Rachis (1), von der Hunderte von Ästchen (2) ausgehen, die alle in einer Ebene liegen und die flache Federfahne bilden. An den Ästchen entspringen die Strahlen (3); die vom Körper des Vogels wegzeigenden haben kleine Haken, sogenannte Hamuli (4), mit denen sie sich in die hakenlosen Bogenstrahlen einhängen. Diese Konstruktion verleiht der Feder Stabilität und Festigkeit. Andere Federtypen [D] sind die Schwungfedern (1) und die Borstenfedern (2), die wie beim Leierschwanz und anderen bodenbewohnenden Vogelarten als Wimpern dienen. Die lockeren Strahlen verleihen den Daunenfedern (3) gute Isolierwirkung. Konturfedern (4) haben durch die ineinandergehakten Strahlen eine Gitterstruktur. Bei flugfähigen Vögeln tragen sie zur Stromlinienform bei; bei bodenbewohnenden Vögeln wirken sie wasserabstoßend. Im unteren Bereich sitzt ein »daunenartiger« Teil zur Isolierung. Fadenfedern (5) sind haarähnliche Federn mit weichen Strahlen an der Spitze. Sie können sensorische Aufgaben erfüllen oder zu Schmuckfedern umgebildet sein. Bei vielen Vögeln besitzen die Konturfedern des Körpers im Gegensatz zu den Flügelfedern eine Halbfeder, die von der Basis des Federschaftes ausgeht (6).

[L] Ein Ausschnitt aus der Haut zeigt die Temperaturregulierung eines Tierkörpers. Wenn das Tier friert, sorgt ein automatischer Reflex dafür, daß sich die Haare (1) durch einen Haarmuskel (2) aufrichten. So fangen sie eine isolierende Luftschicht ein. Haare werden wasserabstoßend durch die Talgdrüsen (3), die eine ölige Substanz absondern. Schweißdrüsen (4-5) regulieren die Körpertemperatur, indem sie Schweiß auf die Haut ausschütten. Die Verdunstung des Schweißes erniedrigt die Körpertemperatur. Eine Fettschicht unter der Haut (6) verhindert den Wärmeverlust.

Siehe auch: Evolution der Säugetiere, *S. 136/137* Anpassung der Tiere an Hitze und Dürre, *S. 142/143* Anpassung der Tiere an Kälte, *S. 144/145*

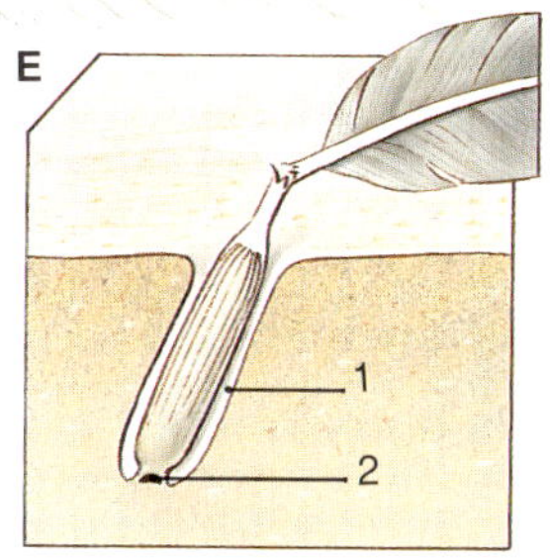

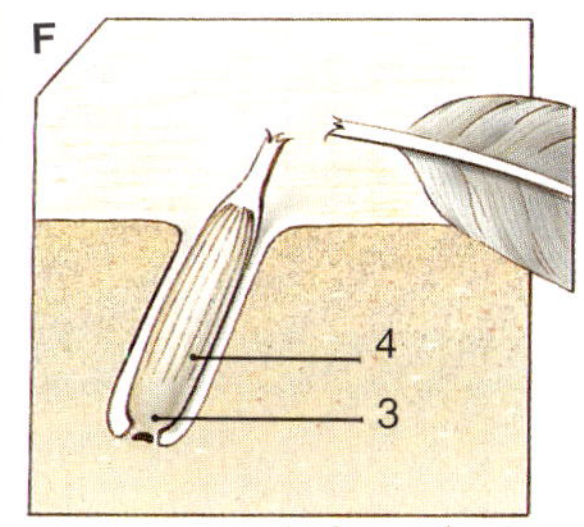

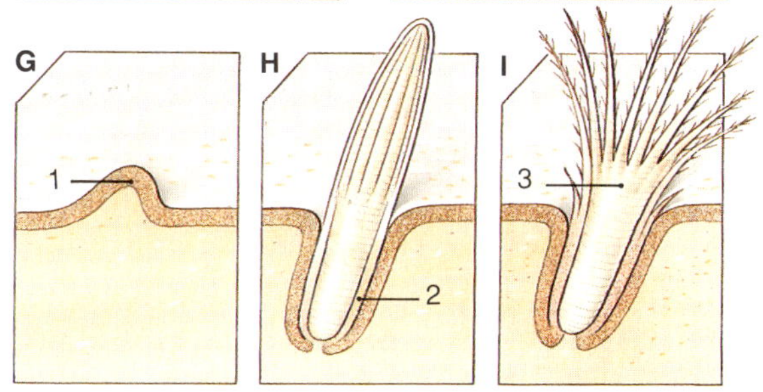

[E-F] Neue Federn wachsen in Hautfollikeln (1). Eine Schicht von Epidermiszellen, die die Papille (2) auskleiden, verdickt sich zu einem Ringwulst (3), der sich wiederum schließlich durch Zellteilungen in einen epidermalen Zylinder, die Federscheide (4), entwickelt.

[G-I] Aus einer Papille (1) entwickelt sich die Daunenfeder. Während sich die Federscheide abgliedert, sinkt die gesamte Federanlage in einen Follikel (2) ein. Die Epidermiszellen differenzieren sich zu einer Röhre, die zur Federspule wird. Die Federscheide reißt und gibt die Daunenfeder frei (3).

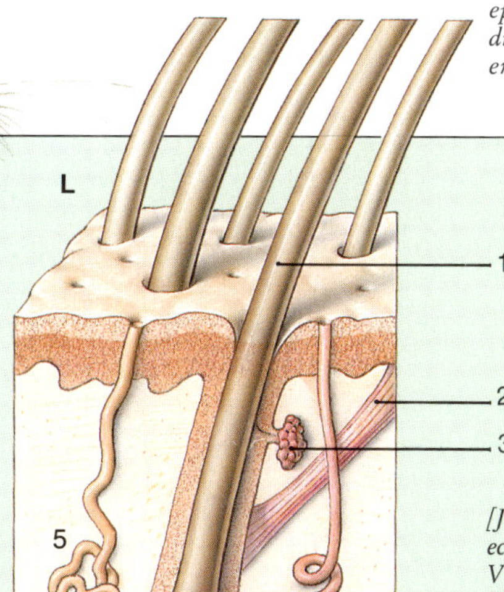

[J-K] Das Haarbüschel eines echten Seehundes [J] im Vergleich zu dem einer Pelzrobbe [K] zeigt die dichte Schicht Unterpelz bei der Pelzrobbe. Die Grannenhaare der echten Seehunde besitzen nur wenige Sekundärhaare. Die der Pelzrobben können bis zu 50 Sekundärhaare haben.

Vogelflug, *S. 224/225*

Von Mäusen, Walen, Menschenaffen

Wie Säugetiere die Lebensräume der Erde eroberten

Säugetiere sind als Land-, Wasser- und Flugsäuger mit 18 Ordnungen und mehr als 4500 Arten weltweit verbreitet. Von einer nur 3 cm großen Fledermausart bis zum 30 m langen Blauwal umfassen sie Tiere unterschiedlichster Gestalt und Lebensweise – Beutel- wie Raubtiere, Nage- und Huftiere, Elefanten, Robben und Delphine. Gemeinsame Merkmale all dieser Tiere sind ihre Warmblütigkeit, das Haarkleid der meisten Arten sowie die Fähigkeit, lebende Junge zu gebären und sie mit Milch aus ihren Brustdrüsen zu ernähren. Zudem zeichnet sie ihre große Anpassungsfähigkeit an verschiedenste Klimate und Lebensformen aus.

Die Jungtiere vieler Säuger erlernen die Fertigkeiten, die sie zum Überleben brauchen, von ihren Eltern und bleiben deshalb recht lange bei ihnen. Dies trifft besonders auf fleischfressende Säugetiere (Carnivora) zu, die meist spezielle Jagdtechniken erwerben müssen. Junge Schimpansen dagegen erlernen den Gebrauch und die Anfertigung von Werkzeugen - sie angeln mit Hilfe von Stöckchen Termiten aus ihren Bauten. Durch Beobachten älterer Gruppenmitglieder beherrschen sie bald selbst die Kunst, das Werkzeug richtig zu formen und geschickt damit umzugehen.

Lebensraum für alle

Um das große Nahrungsangebot auf der Erde effizient zu nutzen, haben Säuger unterschiedlichste Lebensformen entwickelt. So leben tagaktive neben nachtaktiven Tieren im selben Habitat, so daß das Nahrungs- und Raumangebot, um das sie bei gleichem Tagesrhythmus konkurrieren müßten, besser ausgenutzt wird. Das Karibu und die riesigen afrikanischen Antilopen- und Zebraherden nutzen durch ihre weiten Wanderungen saisonale Futterquellen. Wale und Pelzrobben wandern zur Fortpflanzung zu geschützten Buchten. Bis sie wieder in nahrungsreichere Gewässer zurückkehren, leben sie von gespeichertem Fett.

Viele kleine Nagetiere und einige größere Säuger wie der Schwarzbär überstehen den harten und rauhen Winter im Winterschlaf (Hibernation), andere, indem sie sich in unterirdische Baue oder tiefe Höhlen zurückziehen.

Anpassung als Überlebenskunst

Einige Säugetiere leben, obwohl sie landlebende Vorfahren besitzen, heute wieder im Meer. Wale und Delphine sind so gut an das Leben im Wasser angepaßt, daß sie niemals mehr an Land kommen. Bartenwale haben große, aus Barten (Walbein) bestehende Filter entwickelt, mit deren Hilfe sie eine von anderen Tieren wenig genutzte marine Futterquelle verwerten; sie sieben die riesigen Mengen an Krillgarnelen aus dem Wasser, die in fast allen Ozeanen, vor allem aber in der Antarktis in Hülle und Fülle zur Verfügung stehen.

In Lebensräumen, in denen es nur wenige Beutetiere gibt, leben Räuber wie der Eisbär häufig allein. Wo das Futter leichter verfügbar ist, haben sich auf Kooperation beruhende Jagdtechniken entwickelt, und Raubtiere haben sich in Rudeln zusammengeschlossen. Viele pflanzenfressende Säugetiere leben mit celluloseabbauenden Bakterien und Flagellaten in Symbiose, so daß sie sich

[A] Daß das Weibchen die Jungen mit eigener Milch säugt, ist eines der Hauptmerkmale der Säugetiere. Meist wird die Milch aus Zitzen, die auf dem Bauch sitzen, abgegeben. Die Anzahl der Zitzen entspricht in etwa der größtmöglichen Jungenzahl, die die jeweilige Art in der Regel bei einem Wurf hervorbringt. Die Milchproduktion wird von Hormonen angeregt, die gegen Ende der Trächtigkeit ausgeschüttet werden. Wenn die Jungen entwöhnt werden, wird auch die Milchabgabe eingestellt. Milch ist vollwertige Nahrung für die Jungen, reich an Fetten, Eiweißen und Mineralien.

A

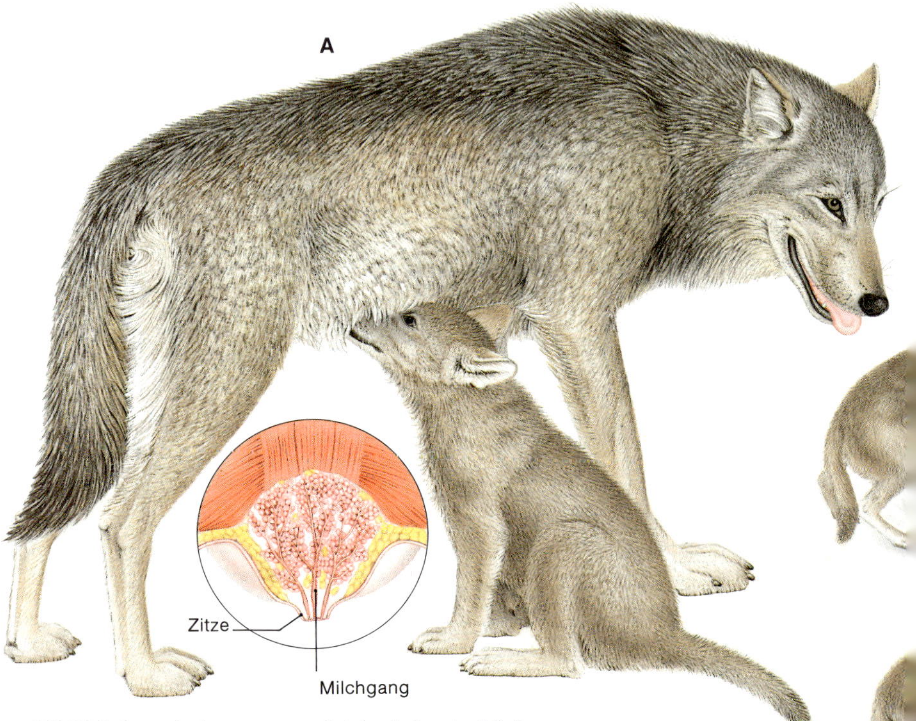

[C] Viele Säugetierjunge, besonders die der Räuber, verbringen eine lange Zeit in der Obhut ihrer Eltern. So erwerben sie Fertigkeiten, die sie als Erwachsene zum Überleben brauchen. Das Spielverhalten ist dabei äußerst wichtig, da es die Koordinationsfähigkeit verbessert sowie die Reaktionsschnelligkeit übt. Das Haarkleid, das einen unentbehrlichen Isoliermantel bildet, ist ein weiteres charakteristisches Merkmal der Säugetiere. Gegenseitige Fellpflege erfüllt eine wichtige soziale Funktion.

[F] Im Säugerherzen sind die rechte und die linke Hälfte durch Septen komplett voneinander getrennt. So kann das Blut unter relativ hohem Druck in den ganzen Körper gepreßt werden. In die linke Herzhälfte gelangt das sauerstoffreiche Blut aus der Lunge über die Lungenvenen (1). Dieses wird in den Körper zur Versorgung der Organe und Gewebe über die Aorta (2) und ihre Verästelungen gepumpt. Sauerstoffarmes Blut kehrt in das Herz über die untere (3) und obere (4) Hohlvene in den rechten Vorhof des Herzens zurück. Von dort aus gelangt es in die rechte Kammer und wird durch die Pulmonalklappe in die Lungenarterie (5) gepreßt, wo es sich erneut mit Sauerstoff anreichert.

F

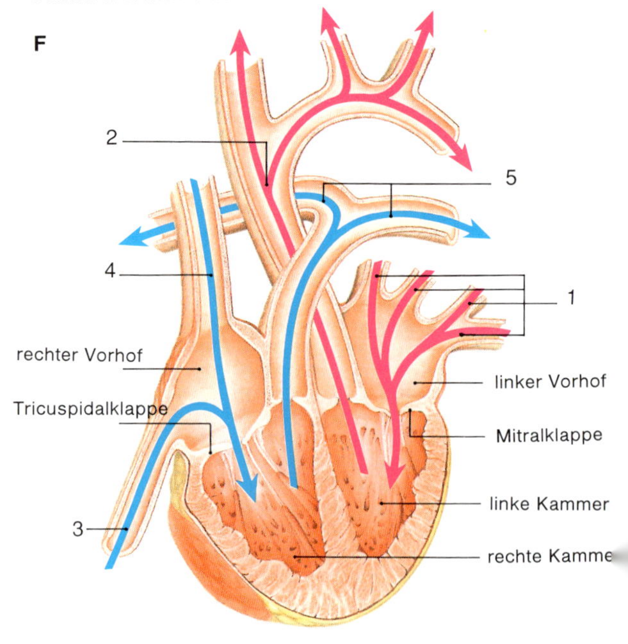

Siehe auch: Evolution der Warmblüter, *S. 94/95* Anpassung der Tiere an Kälte, *S. 144/145* Fortpflanzung der Höheren Säugetiere, *S. 174/175*

von schwer verdaulichen Pflanzen, um die die Konkurrenz gering ist, gut ernähren können. Das Faultier und der Koalabär haben eine schwerfällig wirkende Lebensweise entwickelt, die jedoch nur wenig Energie erfordert und ihnen erlaubt, nährstoffarme Pflanzen zu fressen.

Konvergente Entwicklungen weltweit

Geographische Isolation hat zur Vielfalt der Säugetiere beigetragen - viele recht unterschiedliche Säuger haben dennoch auf verschiedenen Kontinenten ganz ähnliche Anpassungen (Konvergenzen) an vergleichbare Lebensweisen bzw. Lebensräume erworben; Beispiele dafür sind die Ameisenfresser und Gürteltiere Südamerikas, das Erdferkel Afrikas, die Schuppentiere Asiens und die Ameisenigel Australiens und Neuguineas - alle ernähren sich von Ameisen und sind mit spitz zulaufenden Schnauzen, langen, klebrigen Zungen und kräftigen Krallen ausgestattet, um die Nester von Ameisen und Termiten aufzubrechen.

B

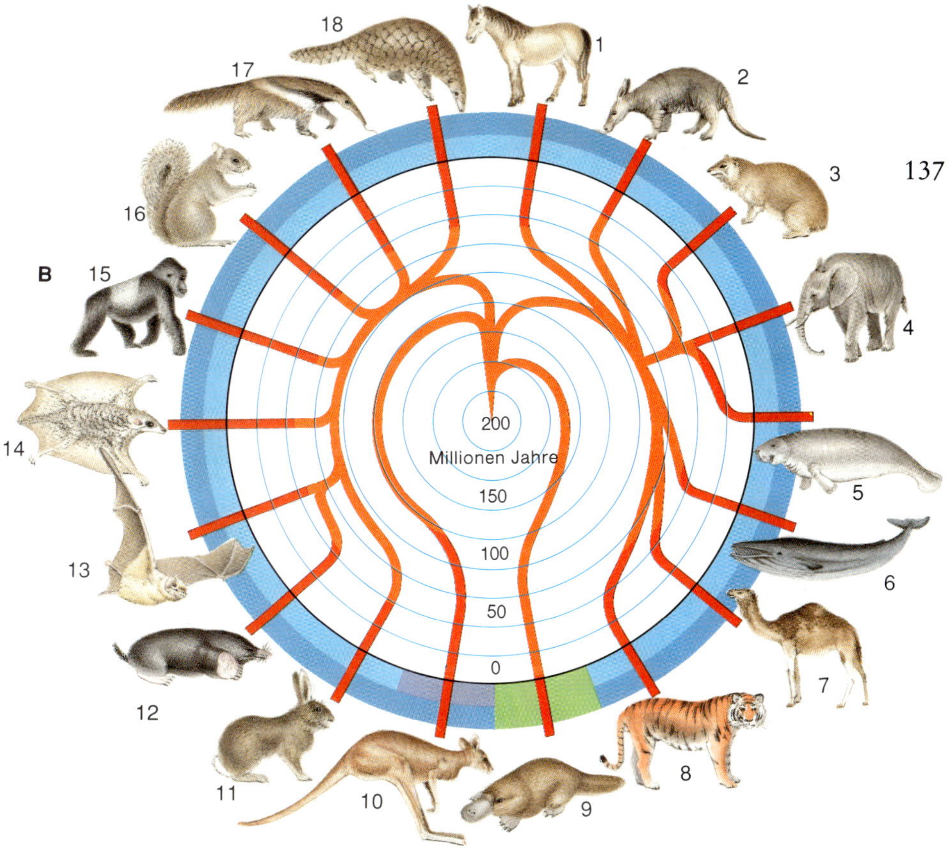

[E] *Das spezialisierte Gebiß ist typisch für Säugetiere. Die größte Variationsbreite tritt bei Fleischfressern auf, so auch beim Hund, der Schneidezähne (Incisivi), Reißzähne (Canini) und scharfkantige Backenzähne (Prämolaren und Molaren) hat. Letztere bilden eine Brechschere zum Zerbeißen von Knochen.*

[B] *Die Erforschung der Stammesgeschichte der Säugetiere ist auf möglichst vollständige fossile Funde angewiesen. Doch bei den meisten Säugerordnungen ist die fossile Überlieferung unvollständig. Vermutlich stammen alle Säuger von »säugerähnlichen Reptilien«, den Synapsida, ab. Millionen von Jahren entwickelten sich die Synapsida weiter, bevor sie sich in zwei Unterklassen - Prototheria (eierlegende Säugetiere, Monotremata) und Theria (lebendgebärende Säugetiere) spalteten. Die Theria spalteten sich ihrerseits in zwei Gruppen, die Eutheria (plazentale Säuger) und die Metatheria (marsupiale Säuger oder Beuteltiere).*

mögliche Abstammung
fossile Funde
Prototheria
Metatheria
Eutheria

1 Perissodactyla (Unpaarhufer)
2 Tubulidentata (Röhrenzähner)
3 Hyracoidea (Schliefer)
4 Proboscidea (Elefanten)
5 Sirenia (Seekühe)
6 Cetacea (Wale)
7 Artiodactyla (Paarhufer)
8 Carnivora (Raubtiere)
9 Monotremata (Kloakentiere)
10 Marsupialia (Beuteltiere)
11 Lagomorpha (Hasenartige)
12 Insectivora (Insektenfresser)
13 Chiroptera (Fledertiere)
14 Dermoptera (Riesengleiter)
15 Primates (Primaten)
16 Rodentia (Nagetiere)
17 Xenarthra (Zahnarme)
18 Pholiota (Schuppentiere)

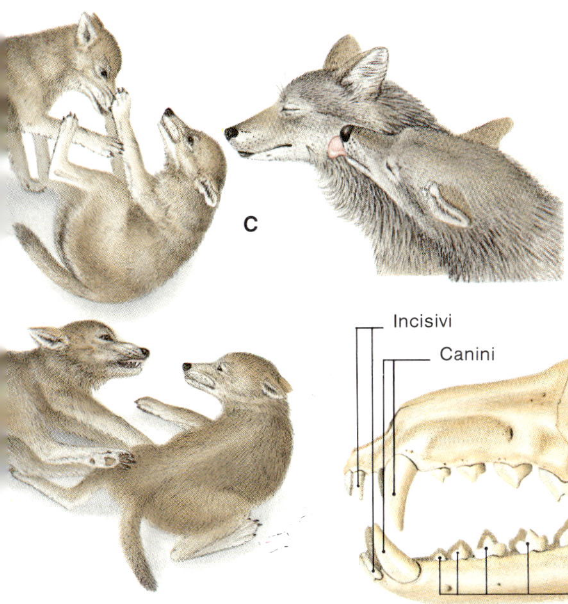

C

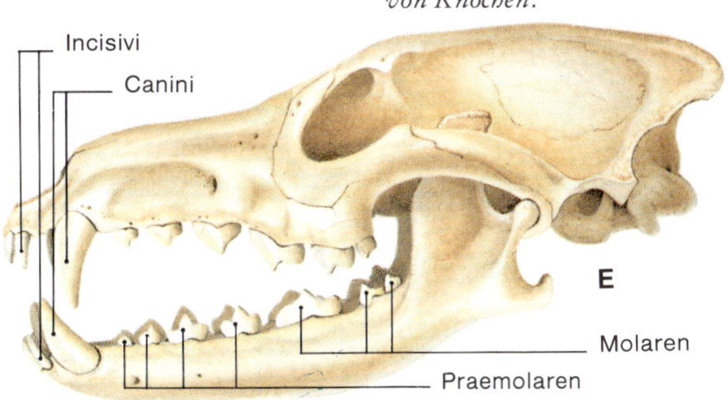

E

[D] *Auch das Skelett der Säugetiere mußte sich an neue Anforderungen anpassen und unterlag dabei vielfältigen Modifikationen. Die Flügel der Fledermaus (1) waren Vorderbeine, während bei den Seehunden (2) die Beine zu paddelartigen Flossen umgestaltet wurden. Wale haben keine funktionsfähigen Beine mehr. Bei den Bartenwalen (3) sind die Kieferknochen gebogen und stark vergrößert, um die riesigen, siebartigen Bartenplatten aufzunehmen. Bei primitiven Säugetieren, wie dem Opossum, sind die Beine recht kurz. Längere Beine entwickelten Arten, die sich durch Schnelligkeit bei der Jagd oder Flucht Vorteile verschafften.*

D

Fortpflanzung der Kloaken- und Beuteltiere, *S. 176/177* Säugetiergesellschaften, *S. 294/295*

Grüne Überlebenskünstler

Wie Pflanzen in Hitze und Dürre bestehen

Bekannt für ihre extremen Klimabedingungen sind die Wüsten. Doch selbst im tropischen Regenwald gibt es Pflanzen, die an Dürre angepaßt sind. Nadelbäume entwickelten eine Methode, den Wasserverlust im Winter zu minimieren, und viele Pflanzen in Küstennähe haben Eigenschaften, die denen der Pflanzen mit Wüstenstandorten ähneln. Im niemals enden wollenden Kampf um das Wasser ändern die Pflanzen in ariden Gebieten ihre Gestalt, ihre Blätter und ihren Stoffwechsel. Bis zu 90% der Pflanzenmasse einiger Wüstenpflanzen liegt in Form eines riesigen wasserspeichernden Wurzelsystems im Boden.

Viele Tiere verstecken sich vor der gleißenden Sonne der heißen Wüste und schützen sich vor Austrocknung, indem sie sich in den Schatten verziehen oder sich im Boden eingraben. Für Pflanzen gibt es jedoch keine solche Zuflucht. Sie sind nicht mobil und müssen dennoch überleben. Einige überbrücken extreme Dürreperioden, indem sie als Samen im Boden ruhen. Wenn der Regen kommt, keimen sie und bedecken die Wüste für kurze Zeit mit ihrer Farbenpracht. Viele Pflanzen in ariden Gebieten bleiben dagegen über der Erdoberfläche und überleben durch eine Reihe unterschiedlichster Anpassungsmechanismen.

Nebel als Lebensquelle

Entlang der Atlantikküste Namibias verläuft die Wüste Namib, eine der trockensten Gegenden der Erde und Heimat einer Pflanze mit einem bemerkenswerten Anpassungsmechanismus. Die Welwitschie hat zwei riesige, streifenförmige Blätter, die an den Enden zerfranst sind, da sie vom Wind über den rauhen Wüstenboden geweht wurden. Die Blätter sind dick, mit einer Wachsschicht überzogen und besitzen die ausgeprägte Fähigkeit, Wasser zu speichern. Der einzige Wasserlieferant in der Namib ist gelegentlicher Tau und Nebel, der vom Atlantik hereinzieht. Es ist ein verbreiteter Irrtum, daß die in Nebel eingehüllte Welwitschie die Feuchtigkeit durch ihre Blätter absorbiert. Vielmehr kondensiert das Wasser an den Blättern, läuft an ihnen herunter, tropft von den Spitzen auf den Boden und wird dann von den Wurzeln aufgenommen.

Überlebenskampf mit allen Tricks

Die Schlüsselstrategie ist, soviel Wasser wie möglich aufzufangen – besonders wenn es regnet – und dieses auch zu halten. Durch ihre weitreichenden Wurzelsysteme können Wüstenpflanzen dem Boden auch den letzten Tropfen Wasser entziehen. Gleichzeitig sind sie in ihrer Fähigkeit, Wasser zu speichern, optimal ausgerüstet. Allerdings müssen alle Pflanzen während der Photosynthese Kohlendioxid aufnehmen und Sauerstoff abgeben, was durch Poren auf ihrer Oberfläche geschieht, die Spaltöffnungen (Stomata). Leider kann durch diese Spaltöffnungen auch Wasser entweichen, und daher mußten Wüstenpflanzen Möglichkeiten entwickeln, den Wasserverlust zu minimieren. Die meisten Pflanzen öffnen ihre Stomata am Tage. Einige Wüstenpflanzen, einschließlich der Kakteen, öffnen sie jedoch nachts, wenn die Wüste wesentlich weniger heiß und trocken ist. Dies ist durch den ihnen eigenen Ablauf der Photosynthese möglich, der es ihnen erlaubt, Kohlendioxid vor der eigentlichen Umsetzung während des Tages aufzunehmen und zunächst in organischer Form zu speichern.

A

Strandhafer [A] schützt seine Wasservorräte aktiv. Seine Spaltöffnungen, durch die Wasser an die Umgebung abgegeben wird, liegen auf der Innenseite der Blätter. Diese rollen sich bei Dürre auf, so daß die Spaltöffnungen geschützt sind und kaum Wasser durchlassen. Strandhafer wächst gewöhnlich auf Küstensanden.

Kakteen haben stark reduzierte Blätter: die Dornen. Zusammen mit den Haaren der Pflanze behindern diese den Luftstrom und helfen, die Wärmestrahlung zu reflektieren, ohne die wasserabgebende Oberfläche zu erweitern. Außerdem verhindern sie, daß grasende Tiere das saftige Fleisch des Kaktus fressen.

Die Kugelform vieler Kakteen vergrößert ihr Volumen bei kleiner Oberfläche. So sind sie ideale »Wasserfässer«. Gewebeschäden, die während der Schrumpfung der Pflanzen bei Wasserverlust entstehen können, werden durch die gefurchte Körperstruktur gering gehalten.

Ein weltweites Problem

Dürre kann selbst in tropischen Regenwäldern auftreten. Pflanzen, die auf Bäumen hoch oben im Blätterdach wachsen, bekommen nur wenig Wasser. Viele zeigen Anpassungsmechanismen gegen Dürre, wie wasserabsorbierende Zellen auf ihrer Oberfläche, durch die sie Regen und Tau direkt in das Blatt aufnehmen können. Dürre beeinträchtigt sogar Nadelwälder. Im Winter verlieren die Bäume bei gefrorenem Untergrund mehr Wasser, als sie aufnehmen können. Die Nadeln der Bäume haben zur Minimierung des Wasserverlusts einen guten Anpassungsmechanismus entwickelt. Ihre Spaltöffnungen liegen in geschützten Vertiefungen. Die äußeren Zellschichten bilden besonders starke Wandverdickungen aus und sterben ab.

Siehe auch: **Pflanzenarchitektur,** *S. 114/115* **Nacktsamige Blütenpflanzen,** *S. 118/119* **Photosynthese,** *S. 180/181* **Pflanzenernährung,** *S. 184/185*

Die Spaltöffnungen der Kakteen sind in Einsenkungen gebettet [B], was zur Verminderung der Transpiration – der Verdunstung des lebenswichtigen Wassers – beiträgt, da die Poren vor der oberflächlichen Luftbewegung geschützt sind und nicht so leicht austrocknen. Kakteen haben eine harte äußere Oberfläche, die oft wachsartig ist, um den Wasserverlust einzuschränken, im Inneren sind sie jedoch fleischig und können viel Feuchtigkeit speichern. Kakteen blühen nur selten und dann kurz: nach den oft sehr heftigen Wüstenregengüssen, die das Ödland vorübergehend in einen Garten verwandeln.

Überleben im Salz

Nicht nur in der Wüste müssen Pflanzen mit extremer Dürre fertig werden. Auch Pflanzen, die in salzigen Regionen wachsen, sind gezwungen, Wasser zu speichern, da ihre salzhaltige Umgebung es ihnen zu einem großen Teil entzieht. Solche Pflanzen bezeichnet man als Halophyten. Viele Anpassungsformen ähneln denen der Wüstenpflanzen, etwa sukkulente Blätter und eine dicke äußere Oberfläche. Die Halophyten können außerdem Salz in ihren Zellen konzentrieren. Das Salz wirkt wasseranziehend und verzögert die Verwelkung. Viele Halophyten haben spezielle Wurzelmembranen, die das Salz vom Inneren der Pflanze fernhalten. Andere wiederum verfügen über noch genialere Strategien. Sie lassen zwar das Eindringen des Salzes zu, lagern es aber in Blättern und Stengeln ab, die sie am Ende der Wachstumsperiode abwerfen, wodurch sie sich des ganzen Salzes auf einmal entledigen. Strandnelken nehmen das Salz auf und scheiden es dann auf ihre Blätter durch spezielle Drüsen aus. Bei Regen löst sich das Salz und wird abgespült.

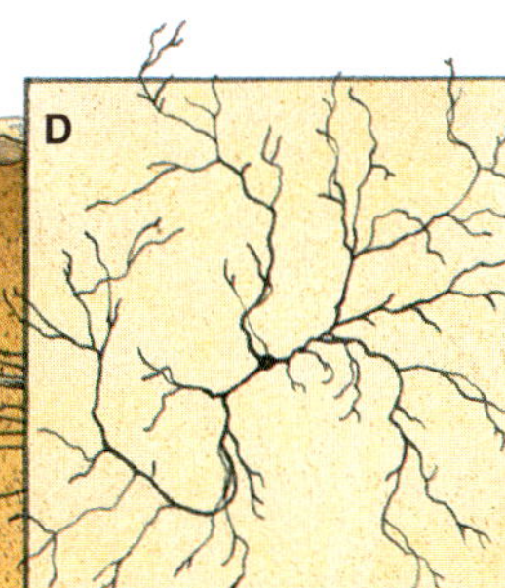

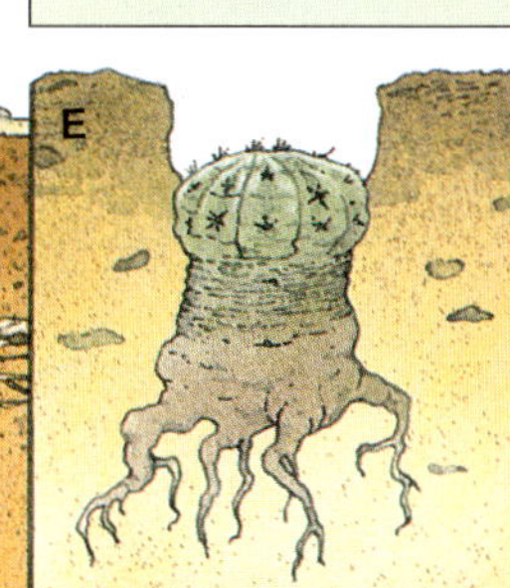

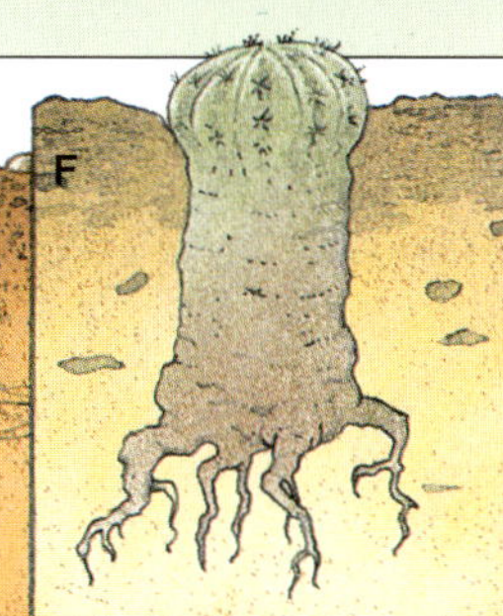

Wurzeln von Trockenpflanzen (Xerophyten) können bei ihrer Suche nach Wasser bis zu einer Tiefe von 6 m in die Erde eindringen. Auch kann das Wurzelsystem eine geschwollene, wasserspeichernde Knolle werden. Die meisten Kakteen haben jedoch ein weitreichendes System feiner Wurzeln mit mikroskopisch kleinen Haaren [C]. Diese können zwar nicht besonders tief in den Untergrund eindringen, breiten sich aber über ein riesiges Gebiet aus [D], so daß der Kaktus, sobald Wasser verfügbar ist, seine Wasservorräte schnell wieder auffüllen kann. Viele Kakteen wie der Echinocereus pulchellus [E] verstecken sich während der Trockenzeit in der Erde. Nur wenn die Umweltbedingungen günstig sind, lugt ihre grüne Spitze aus dem Boden hervor [F]. So verbinden die Trockenpflanzen Dürreresistenz mit Dürremeidung.

Ökosystem Wüste, *S. 300/301* **Schutz der Pflanzen,** *S. 338/339*

Der Kälte gewachsen

Wie Pflanzen frostige Temperaturen überstehen

Zwar können Zwergweiden mehrere Meter lange Äste ausbilden, doch sind diese Sträucher kaum höher als 10 cm. Dieses scheinbar geringe Wachstum ist z.T. durch den Abschliff zu erklären, den windtransportierte Teilchen und Eiskristalle verursachen. Da die Bäume auch unter warmen Bedingungen nur sehr zögerlich wachsen, ist diese Eigenschaft auch genetisch verankert. Verlangsamtes Wachstum verringert das Bedürfnis der Pflanze nach Wasser und Nährstoffen. Zum Schutz gegen starken Wind wachsen diese Pflanzen häufig zwischen Felsen und Geröll, im Winter sind sie von Schnee bedeckt, der gegen die kalte Luft isoliert.

Grünalgen wachsen oft auf Eisoberflächen. Ihr rotes Pigment schützt die Pflanze auf zweierlei Weise. Zum einen wandelt es Licht in Wärme um, zum anderen filtert es die erbschädigende ultraviolette Strahlung heraus. Pflanzen kalter Klimazonen sind oft mit roten Farbstoffen ausgestattet.

Die weite Ausdehnung der nördlichen Tundra, die bemoosten Buckel der antarktischen Küsten und die Farbtupfer auf den steilen Felsen der Hochgebirge beweisen die erstaunliche Fähigkeit der Pflanzen, sich an kälteste Klimaregionen anzupassen. Weit im Norden oder Süden und in großen Höhen herrschen die härtesten klimatischen Bedingungen, denen Pflanzen ausgesetzt sein können. Im Winter, aber auch in wolkenlosen Sommernächten, sind die Temperaturen in Arktis und Antarktis mit unter –30°C extrem niedrig; dazu kommt der scharfe Wind, der die Kältewirkung noch weiter verstärkt.

Der Wind sorgt auch dafür, daß immer wieder trockene Luft an den Pflanzen vorbeistreift. Damit erhöht sich ihre Verdunstungs- und folglich auch die Transpirationsrate. Die häufig auf kargem, felsigem Untergrund wachsenden Pflanzen leiden auf diese Weise unter Trockenheitsstreß. Das wenige Wasser ist zu allem Überfluß die meiste Zeit des Jahres gefroren, und die Niederschläge fallen fast nur als Schnee oder Hagel. In dieser Form können die Pflanzen das Wasser nicht aufnehmen. Der Dauerfrost im Boden schränkt die Wurzelentwicklung ein und damit auch die Fähigkeit, Nährstoffe aus dem Boden aufzunehmen.

Abhärtung gegen die Kälte

Viele arktische Pflanzen überdauern den Winter im Boden durch Wurzeln, Zwiebeln und Knollen, die mit Nährstoffen angefüllt sind. Im Frühling können sie frische Schößlinge ausbilden und mit der Photosynthese beginnen. Andere haben zähe, ledrige, immergrüne Blätter, die durch eine besonders dicke Wachsschicht geschützt sind und so dem Winter standhalten können. Im Frühling müssen diese Pflanzen nicht erst wieder Blätter ausbilden und können die kurze Vegetationszeit voll ausnutzen.

Viele Pflanzen solcher kalten Standorte haben eine Art Frostschutz entwickelt. Nimmt z.B. die Tageslänge im Spätsommer ab, finden Veränderungen in den Zellen statt, die das Risiko von Frostschäden herabsetzen. Das Gefährlichste ist die Eisbildung in den Zellen. Membranen können reißen, so daß der Stoffwechsel unterbrochen wird. Außerdem entzieht das sich bildende Eis der Umgebung das Wasser, so daß benachbarte Zellen vertrocknen können. Um Eisbildung zu verhindern, wird der Zellsaft eingedickt, indem große Moleküle (z.B. Stärke) in viele kleine, wie Alkohole oder Zucker, umgewandelt werden. Eine große Teilchenzahl im Zellsaft setzt den Gefrierpunkt herab.

Siehe auch: **Ökosystem Gebirge,** *S. 302/303* **Ökosystem Arktis (Winter),** *S. 306/307* **Ökosystem Antarktis,** *S. 308/309*

Mit Kompromissen leben

Pflanzen leben immer in dem Konflikt zwischen bloßem Wachstum und der Ausbildung von Blüten und Samen zur Fortpflanzung. Besonders heikel wird dies in sehr kurzen Vegetationsperioden. Bestimmte arktische oder alpine Pflanzen haben überwinternde Blütenknospen, so daß sie die ganze Wachstumssaison zur Fruchtbildung zur Verfügung haben. Andere Pflanzen benötigen dazu mehrere Jahre. Im ersten Jahr bilden sie Blüteninitialen, im zweiten Blütenstaub. Erst im dritten Jahr kommt es zur Blüte, und ein oder zwei Jahre später werden die Samen reif.

Einige Pflanzen können sich nur ungeschlechtlich vermehren, indem sie durch Abtrennung von Wurzelstücken oder durch Teilung der Zwiebel Klone von sich bilden. Die ungeschlechtliche Vermehrung braucht viel weniger Energie als die geschlechtliche.

Pflanzen kalter Klimate wachsen meist dicht am Boden, um sich vor Wind und Kälte zu schützen. Die hier vorkommenden Bäume, Zwergweide (1) und Arktische Weide (2), sind daher nicht größer als die anderen Pflanzen. Die Kätzchen dieser Weiden sind stark behaart. So wird die Luftbewegung vermindert, wodurch ein wärmeres Mikroklima um die Blüten herum erzeugt wird. Darüber hinaus sind die Zellen in den Kätzchen durch einen inneren Frosthärtemechanismus geschützt. Die Blüten einer Zwergweide können ihr Wachstum wieder aufnehmen, selbst wenn sie drei Wochen bei Temperaturen um –10°C ausharren mußten. Viele exponierte Flächen sind mit Flechten (3) und Moosen (4) bedeckt. Flechten trocknen regelrecht aus, um keine Frostschäden davonzutragen. Moose bilden flache, dichte Polster und Rasen, die sich in der dünnen Humusschicht mit ihren Rhizoiden festhalten können. Sie schaffen sich dadurch ihre eigenen Mikroklimate, mit Temperaturen, die einige Grade höher sind als in der Umgebung. Blütenpflanzen, wie die Berg-Nelkenwurz (5), nutzen auch diesen Polstereffekt, um sich warm zu halten. Zusätzlich zu ihrer dichten, kompakten Gestalt haben sie Härchen an Sproß und Früchten, um die Isolierwirkung zu erhöhen. Der Islandmohn (6) richtet sich nach der Sonne aus. Die großen, gelben Blütenblätter dienen als Parabolspiegel. Sie bündeln das Sonnenlicht, um den Stoffwechsel während der Samenbildung zu steigern. Der Moos-Steinbrech (7) hat eine andere trickreiche Überlebensstrategie entwickelt: Nur die Blüte wird dem Wind ausgesetzt, der Rest der Pflanze bleibt windgeschützt in Bodennähe. Das Stengellose Leimkraut (8) breitet sich über die Oberfläche aus und bildet eine dichte, buschige Matte. Die Wurzeln dringen tief in den Untergrund ein, um die Wasserversorgung auch in Frostzeiten sicherzustellen.

Am Rande des Überlebens

Wie Tiere sich an extreme Hitze und Dürre angepaßt haben

Den Teufels-Kärpfling gibt es ausschließlich im »Devil's Hole«, einem kleinen natürlichen Teich in der Wüste Nevadas, der nur 15 m lang und 5 m breit ist. Das seltene Vorkommen des Kärpflings ist dadurch bedingt, daß er eine konstante Temperatur von 34°C benötigt. Diese Fische sind die letzten Vertreter eines größeren Bestandes, der hier ehemals beheimatet war. Selbst dieser Restbestand ist eine Seltenheit, da viele Tiere in der Wüste sterben müssen, wenn die Tümpel austrocknen. Sie hinterlassen nichts als ihre Eier, die später bei wieder günstigen Bedingungen Leben hervorbringen.

Tiere, die unter den Extrembedingungen einer Wüste leben, sind auch einem ständigen Kampf ums Überleben ausgesetzt, den nur die widerstandsfähigsten Arten gewinnen.

Wüstentiere haben nur zwei Möglichkeiten, Hitze und Dürre zu überstehen. Einige vermeiden die heißesten und trockensten Zeitspannen, indem sie nur für kurze Zeit nach dem Regen zur Nahrungsaufnahme und Fortpflanzung aktiv werden. So können Kiemenfußkrebse bis zu 25 Jahre lang als hitzeresistente Eier ruhen, um dann, wenn es regnet, plötzlich in Erscheinung zu treten. Anderen Arten gelingt es, das ganze Jahr über aktiv zu bleiben, indem sie ihren Lebensstil den trokkenen Bedingungen anpassen. Reptilien und Nagetiere sind zwei der erfolgreichsten Vertreter dieser aktiven Wüstenbewohner. Beide nutzen die Mikroklimate im Schatten von Felsbrocken und in Erdlöchern aus. Schon wenige Zentimeter unter der Erdoberfläche sind die Temperaturen niedriger, und die Verdunstung ist geringer.

Die meisten Reptilien können ihren gesamten Wasserbedarf aus der Nahrung decken. Geckos und Eidechsen ernähren sich von den vielen Insekten, Skorpionen und Spinnen, die durch den Wüstenwind von Steinen und Felsbänken gefegt werden. Andere Reptilien hingegen leben von Blättern, Blumen und Früchten, müssen diese Nahrung allerdings, wie die Dornschwanz-Agame der afrikanischen Wüste, durch Grashüpfer und Käfer ergänzen, wenn keine frischen Pflanzen zur Verfügung stehen.

Nagetiere, die niemals trinken

Die Känguruhratte Nordamerikas und ihre Gegenstücke in Asien und Afrika – die Wüstenrennmäuse und Wüstenspringmäuse – leben in Gebieten, in denen die Temperaturen auf 40°C ansteigen können. Vor dieser sengenden Hitze verkriechen sich die Nagetiere tagsüber in ihren Löchern unter dem Sand, wo die Temperatur mehr oder weniger konstant 30°C beträgt. Am aktivsten werden die Tiere kurz vor Sonnenuntergang, wenn sie zur Nahrungssuche ans Tageslicht kommen. Um bei permanenter Dürre überleben zu können, haben diese kleinsten Kreaturen meisterhafte Methoden der Wasserspeicherung entwickelt. Sie schwitzen nie. Ihre Nieren, deren Filterkapazität fünfmal größer ist als beim Menschen, erzeugen sehr konzentrierten Urin. Auf diese Weise verlieren sie nur sehr wenig Wasser. Obwohl Känguruhratten fast trockenen Samen fressen, genügt der Wassergehalt aber, um die zum Überleben nötige Flüssigkeit zu spenden.

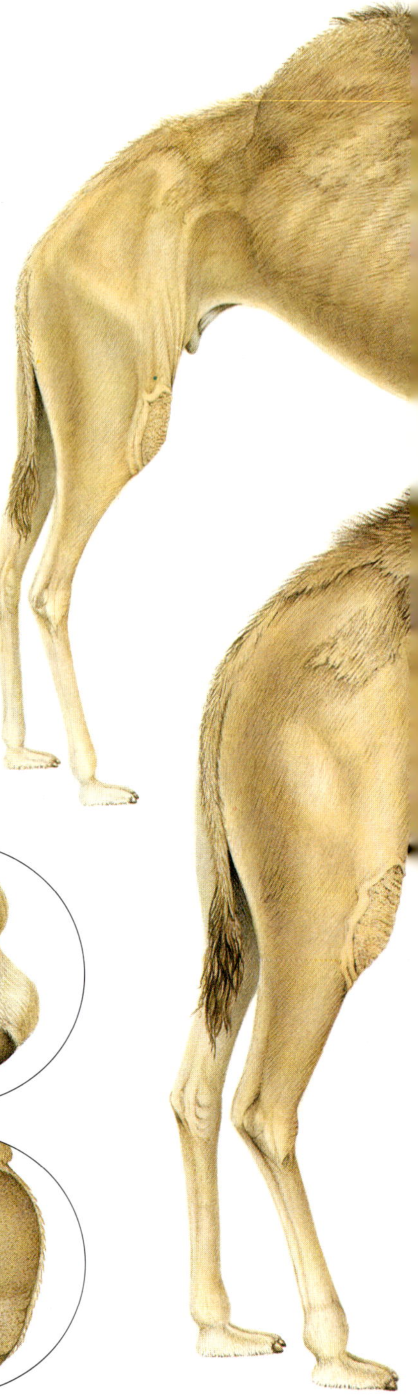

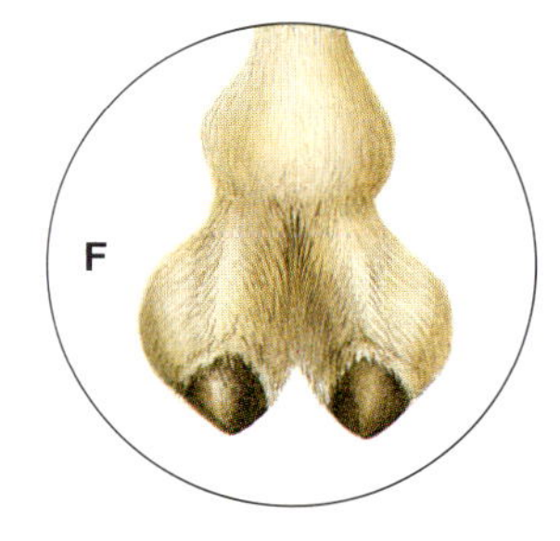

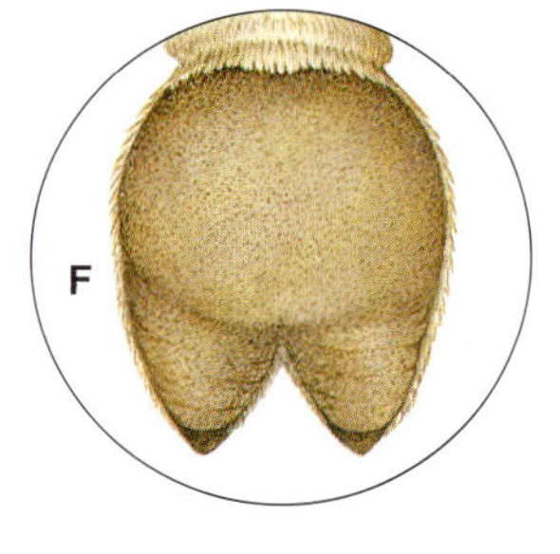

Ein beladenes Dromedar kann acht Tage lang durch die sengende Sonne der Wüste laufen, ohne zu fressen oder zu trinken. Unter widrigen Umständen verläßt sich das Tier auf seine Fettreserven im Höcker. Es kann ein Viertel seines Körpergewichts ohne schädliche Auswirkungen verlieren [A]; wenn ihm allerdings Wasser und Nahrung zur Verfügung stehen, kann es sein volles Gewicht in nur zwei oder drei Tagen wiedererlangen [B]. Es ist in der Lage, 100 Liter Wasser auf einmal zu trinken. Zu den weiteren Anpassungsformen des Dromedars an das Leben in der Wüste gehört sein weiches Fell, das das Tier tagsüber kühl und nachts warm hält. Lange Wimpern [C] schirmen die Augen vor Sandstürmen ab; die Nüstern [D] können willkürlich geöffnet oder geschlossen werden. Harte Kniepolster [E] schützen das Tier, wenn es auf dem heißen Sand niederkniet, und seine Zehen sind durch gepolsterte Zwischenteile verbunden – eine Art Schneeschuh [F], der das Einsinken in den Sand verhindert.

Eine Amphibie in der Wüste

Die zu den Amphibien gehörende nordamerikanische Schaufelfuß-Kröte hat ihre Verhaltensweisen und Gewohnheiten perfekt auf die Wüste abgestimmt. Sie hat schlägerförmige Hinterfüße, mit denen sie ein Erdloch gräbt, das sie erst in der Dämmerung zur Jagd von Spinnen und Insekten verläßt. In den Sommermonaten bleibt sie ohne jegliche Nahrung in ihrem Erdloch und kann dann bis zu 60 % ihres Körpergewichts verlieren. Während der kurzen Regenzeit pflanzt sie sich fort, solange es Pfützen gibt, in die sie ihre Eier legen kann. Als Anpassung an Wüstenbedingungen haben diese Kröten einen bemerkenswert kurzen Fortpflanzungszyklus entwickelt. Die Paarung beginnt mit dem Einsetzen des Regens, in nicht mehr als zwei oder drei Tagen schlüpfen die Kaulquappen aus den befruchteten Eiern und erreichen ihr Reifestadium in weniger als sechs Wochen.

[G] Krötenfrösche der Gattung Scaphiopus leben in den Sandwüsten Nordamerikas und zeigen viele Anpassungsformen an den trockenen Lebensraum. Auf der Suche nach kühleren und feuchteren Bedingungen können sie bis zu 1 m tiefe Erdhöhlen mit ihren Hinterfüßen ausgraben. Ihre Nieren (1) produzieren eine sehr konzentrierte Harnstofflösung, die in einer vergrößerten Blase (2) gelagert wird. Indem sie den Harnstoff in ihre Gewebe abgeben, erhöhen sie die Konzentration ihrer Körperflüssigkeiten. Da Wasser immer zum Ort der höheren Konzentration strömt, nimmt das Tier durch die durchlässige Haut Wasser von außen auf.

Siehe auch: Evolution der Warmblüter, *S. 94/95* Evolution der Amphibien, *S. 128/129* Evolution der Reptilien, *S. 130/131* Evolution der Säugetiere, *S. 136/137*

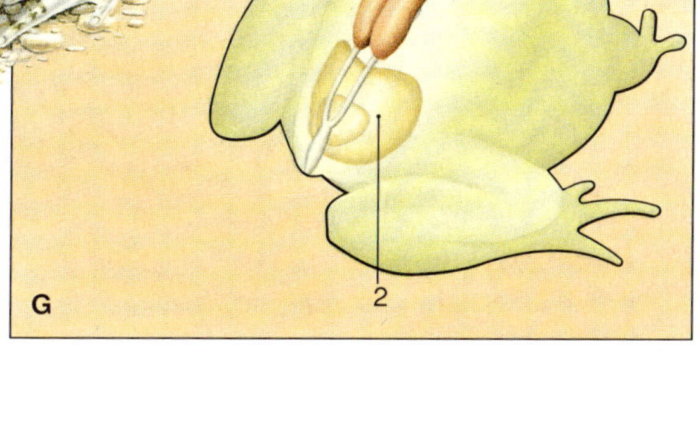

Ohren, die kühlen

Der Großohrfuchs (links) der Wüste Sahara ist das kleinste Mitglied der Familie der Füchse. Obwohl er von der Nasen- bis zur Schwanzspitze nur 60 cm mißt, sind seine Ohren 15 cm lang. Diese riesigen Ohren mit ihrer großen Oberfläche und einem Netz von Adern nahe der Hautoberfläche strahlen Hitze ab und ermöglichen es dem Fuchs, sich kühl zu halten. Darüber hinaus verleihen sie ihm ein empfindliches Hörvermögen, so daß er auch die leisesten Töne, die seine Beute abgibt, wahrnehmen kann. Der Großohrfuchs lebt von Insekten, kleinen Nagetieren und Früchten. Er kann seine Körpertemperatur niedriger halten, indem er nachts auf die Jagd geht und den Tag unter der Erdoberfläche in seiner Erdhöhle verbringt. Wenn große Ohren auch eindeutig hilfreich für die Jagd sind, so sind sie doch wegen ihrer wärmeausstrahlenden Eigenschaften für kalte Klimate ungeeignet. Daher hat der Polarfuchs (rechts) auch relativ kleine Ohren, einen dicken Pelz und eine untersetzte, wärmespeichernde Gestalt.

Gehör, *S. 278/279* Ökosystem Wüste, *S. 300/301*

Schneegestöber und klirrender Frost

Wie Tiere eisiger Kälte trotzen

Die Larven bestimmter Zuckmücken können selbst dann noch überleben, wenn 90% ihrer Körperflüssigkeit zu Eis erstarrt sind. Nur wenige Tiere sind so widerstandsfähig gegen Frost. Die Lebensbedingungen auf Grönland etwa sind so hart, daß nur sieben Landsäugetierarten dort beheimatet sind. In der Antarktis gibt es wegen der Schneemengen, die der Wind über das Land treibt, und der fehlenden Vegetation so gut wie keine Landtiere. Die wenigen Arten jedoch, die in den Polarregionen leben, haben sich in großer Zahl entwickelt und sich erfolgreich an die unwirtlichen Bedingungen angepaßt.

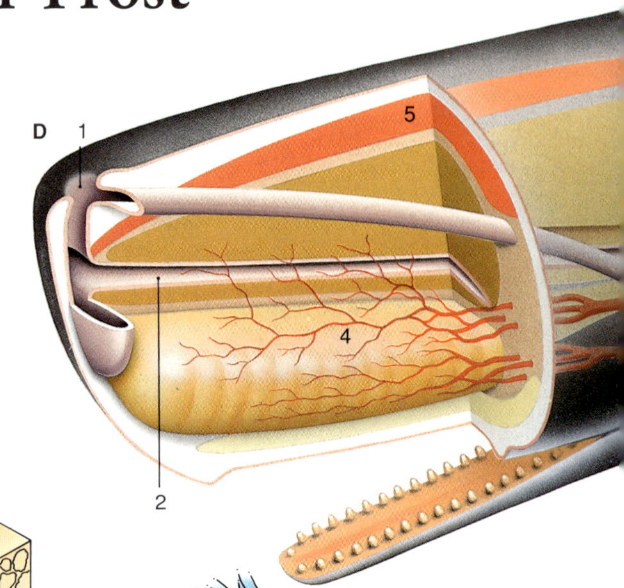

Tiere der Arktis und Antarktis müssen Temperaturen ertragen, die gewöhnlich bei -20 °C liegen und bis unter -60 °C sinken können. Um zu überleben, müssen sie eine bestimmte Körperwärme aufrechterhalten. Der beste Schutz gegen die Kälte ist für die Tiere in diesen Regionen ein dicker »Mantel«, der die Körperwärme bewahrt. Kaiserpinguine haben eine doppelte Schicht langer, dichter Federn und große Fettdepots unter der Haut, die eine hervorragende Isolierung gewährleisten. Die Schnee-Eule hat ebenfalls dicke Federn, die nicht nur ihren Körper bedecken, sondern auch ihre Beine, Füße, Klauen und den Schnabel. Säugetiere wie Eisbären und Polarfüchse tragen einen dicken, warmen Pelz. Er bedeckt auch ihre Füße, wodurch die Pfoten auch auf nassem, schlüpfrigem Eis Halt finden können.

Wärmeschutz-Architektur

Auch die Form eines Tierkörpers bestimmt die Wärmemenge, die er in der kalten Luft verliert. Körperwärme geht in erster Linie durch die äußere Oberfläche des Tieres verloren. Um also den Wärmeverlust zu verringern, muß die Oberfläche möglichst klein sein. Lange Glieder und langgestreckte Körper haben zu große Oberflächen, daher tendieren Vögel der Eisregionen zu kompakten Körpern mit kurzen Beinen, Flossen und Schnäbeln. Auch Säugetiere haben kürzere Beine, Ohren und Schnauzen als ihre Verwandten in wärmeren Klimazonen. Polar-Insekten wie die Boloria-Schmetterlinge sind dunkel und behaart, um soviel Wärme wie möglich aufzunehmen. Durch ihre geringe Größe sind sie auch schneller in der Lage, die zur Fortbewegung nötige Körpertemperatur zu erreichen. Manche Arten haben verkürzte oder überhaupt keine Flügel

Besondere Verhaltensformen

Eisbären und Polarfüchse graben mehrere Meter tiefe Höhlen, um sich vor den Winden zu schützen, die stürmisch über das Eis fegen, ohne von Bäumen oder anderer Vegetation abgeschwächt zu werden. Viele Vögel jedoch sind der eisigen Witterung schutzlos ausgeliefert. Kaiserpinguine drängen sich in großen Gruppen bis zu 5000 Tieren zusammen, um sich gegenseitig warmzuhalten. Nach einer Weile wird es den Vögeln, die am Außenrand der Gruppe dem Wind ausgesetzt sind, zu kalt. Sie bewegen sich ins Zentrum der Gruppe und überlassen anderen Vögeln ihren Platz an der Außenseite. Auf diese Weise nimmt jeder Pinguin einmal den ungemütlichsten Platz ein, aber kein Vogel bleibt zu lange der Kälte ausgesetzt.

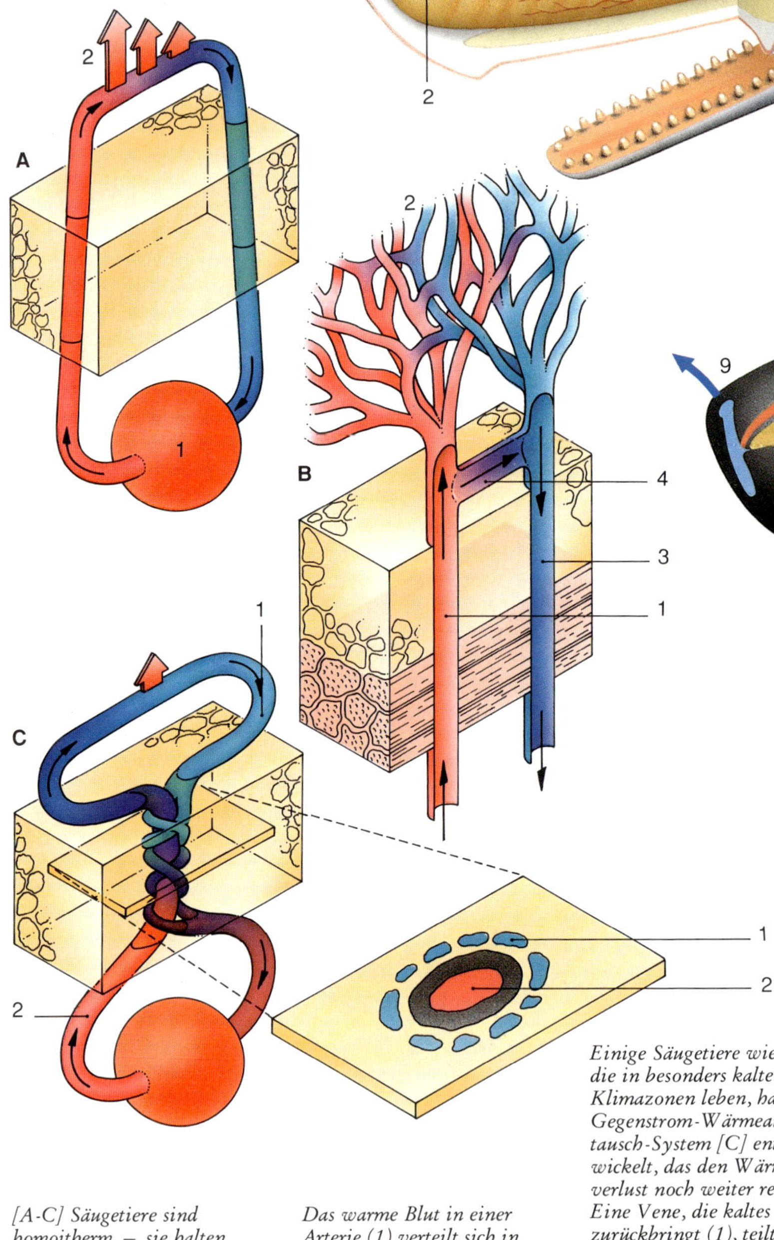

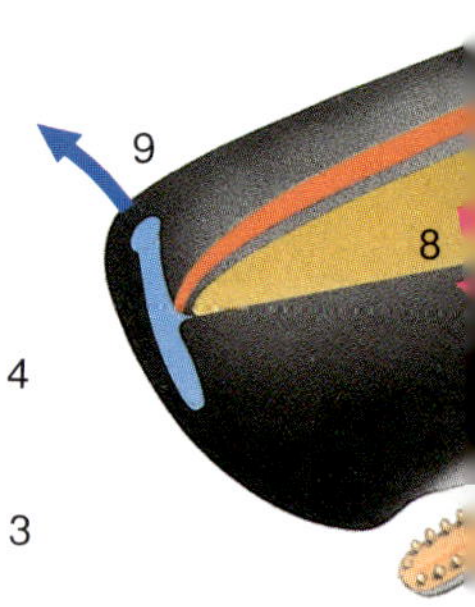

[A-C] Säugetiere sind homoitherm – sie halten eine Körpertemperatur von etwa 37 °C. Die Temperatur wird vor allem durch das Kreislaufsystem reguliert. Ein einfacher Wärmeaustauscher [A] verteilt Wärme aus dem Inneren (1) nach außen (2). Säugetiere haben ein komplexeres System [B].

Das warme Blut in einer Arterie (1) verteilt sich in Kapillaren, wo die Wärme durch die Haut abgegeben wird (2). Gekühltes Blut kehrt durch die Venen zurück (3). Wärmeverlust kann durch Umleitung von warmem Blut durch querlaufende Blutgefäße herabgesetzt werden (4).

Einige Säugetiere wie Wale, die in besonders kalten Klimazonen leben, haben ein Gegenstrom-Wärmeaustausch-System [C] entwickelt, das den Wärmeverlust noch weiter reduziert. Eine Vene, die kaltes Blut zurückbringt (1), teilt sich und umläuft eine Arterie (2). Das arterielle Blut wärmt das venöse Blut auf – vermindert damit den Schock, den größere Organe sonst erleiden würden – und wird seinerseits abgekühlt, so daß es nicht zuviel Wärme an die Oberfläche abgibt.

Siehe auch: Polargebiete, *S. 42/43* Haare und Federn, *S. 134/135* Anpassung der Tiere an Hitze und Dürre, *S. 142/143* Instinkt und Lernen, *S. 286/287*

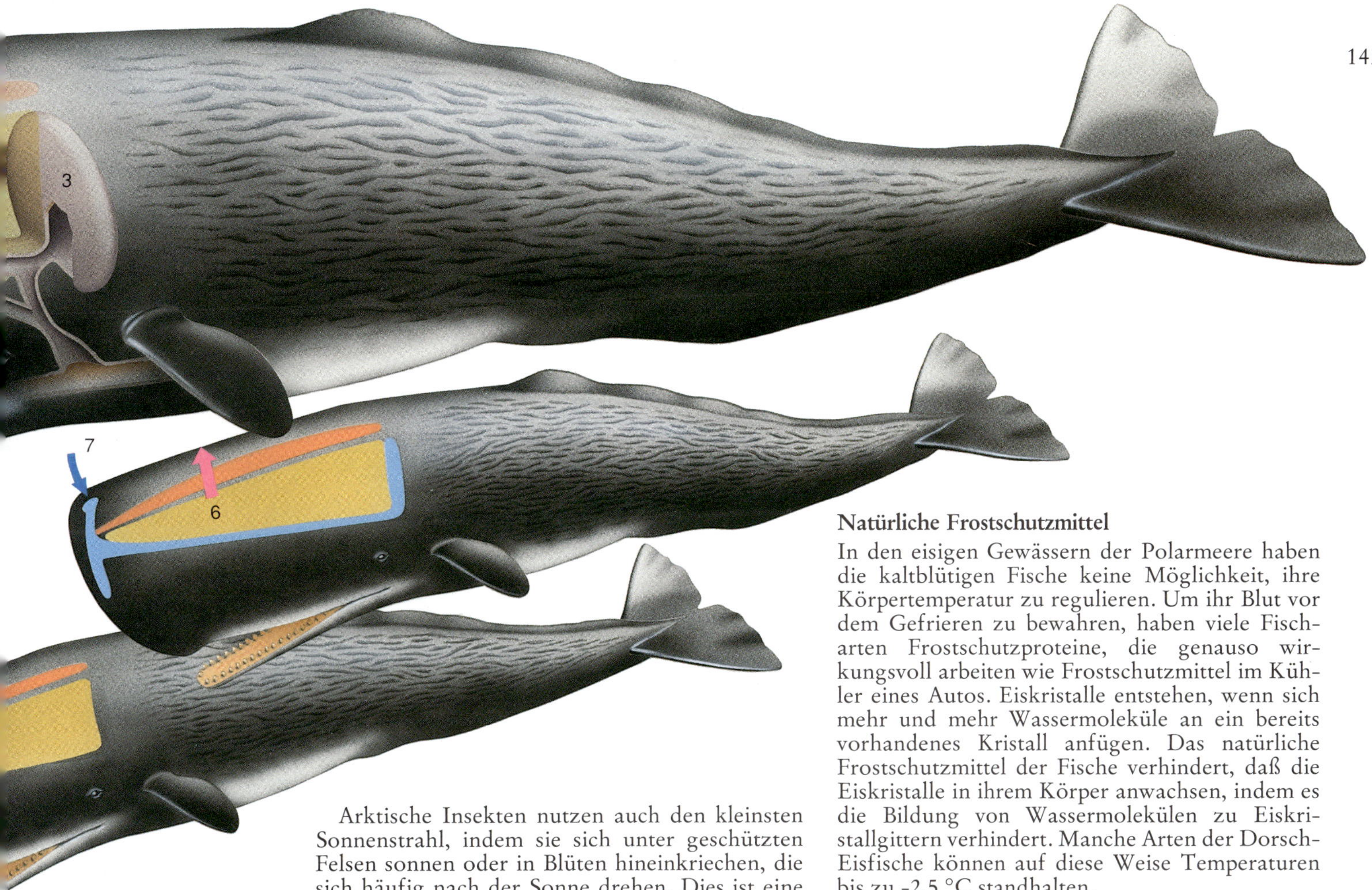

[D] *Speck ist ein so wirkungsvolles Isolierungsmittel, daß die Überhitzung bei heftiger Aktivität zu einem ernsten Problem werden kann. Der Pottwal kann seine Temperatur regulieren, indem er Wärme direkt an das Meerwasser abgibt. Er nimmt Wasser mit dem Blasloch (1) in den rechten Nasengang (2) auf, der im nasofrontalen Sack (3) endet. Der rechte Nasengang verläuft durch den öligen Walrat (4), der reichlich mit warmem Blut versorgt wird. Das Wasser nimmt die Wärme auf, bevor es durch das Blasloch wieder ausgestoßen wird. Ein spezieller Muskel (5) kontrolliert den Wasserstrom. Wenn er sich zusammenzieht, hebt sich der Walrat (6) im Kopf, und die plattgedrückte Röhre des Nasengangs dehnt sich aus und füllt sich mit Wasser (7). Wenn sich der Muskel entspannt, flacht die Röhre wieder ab (8), und das Wasser wird ausgestoßen (9). Der feine Wasserdampfnebel ist weit zu sehen und diente den Walfängern früher als Erkennungszeichen.*

Arktische Insekten nutzen auch den kleinsten Sonnenstrahl, indem sie sich unter geschützten Felsen sonnen oder in Blüten hineinkriechen, die sich häufig nach der Sonne drehen. Dies ist eine für beide Seiten nützliche Gemeinschaft. Wenn sich das Insekt aufwärmt, hilft es bei der Bestäubung der Blüte.

Die sich begattenden Schwärme von geflügelten arktischen Insekten bleiben nahe am Boden und meiden dadurch die kalten Winde. Ihre meist mehrere Jahre umfassenden Lebenszyklen sind länger als die ihrer nur einjährigen Verwandten in gemäßigten Zonen. Sie legen weniger Eier, die besonders widerstandsfähig gegen Kälte sein müssen.

Natürliche Frostschutzmittel

In den eisigen Gewässern der Polarmeere haben die kaltblütigen Fische keine Möglichkeit, ihre Körpertemperatur zu regulieren. Um ihr Blut vor dem Gefrieren zu bewahren, haben viele Fischarten Frostschutzproteine, die genauso wirkungsvoll arbeiten wie Frostschutzmittel im Kühler eines Autos. Eiskristalle entstehen, wenn sich mehr und mehr Wassermoleküle an ein bereits vorhandenes Kristall anfügen. Das natürliche Frostschutzmittel der Fische verhindert, daß die Eiskristalle in ihrem Körper anwachsen, indem es die Bildung von Wassermolekülen zu Eiskristallgittern verhindert. Manche Arten der Dorsch-Eisfische können auf diese Weise Temperaturen bis zu -2,5 °C standhalten.

Auch viele Insekten, die in kalten Klimaten vorkommen, produzieren innere Frostschutzmittel. Bei jungen Weiden-Gallwespen zum Beispiel kann das Frostschutzmittel bis zur Hälfte ihres gesamten Körpergewichts ausmachen. Andere Insektenarten – wie etwa Mückenlarven in Alaska – verfügen nicht über solche inneren Schutzmittel. Die Mückenlarven verlassen sich statt dessen auf einen Stoffwechsel, der völlig einfrieren und mehrere Male wieder auftauen kann, ohne bleibende Schäden zu erleiden.

Erlernte Anpassung

Makaken gehören zu den anpassungsfähigsten, gelehrigsten und aktivsten Primaten. Verschiedene Makaken-Arten findet man in vielen unterschiedlichen Lebensräumen – von Nordamerika bis nach Indien und Malaysia. Die Gebirgsgebiete Japans sind die nördlichsten Regionen, in denen Makaken vorkommen. Sie sind die einzige in Japan beheimatete Affenart. Der japanische Makake hat ein langes zottiges Fell, das ihn im Winter vor eisiger Kälte und hohem Schnee schützt.

Eine Herde von Affen, die den Wald außerhalb ihres heimischen Territoriums erkundete, stieß eines Tages auf heiße, vulkanische Quellen. In kurzer Zeit fanden die Affen heraus, daß die Quellen eine ideale Bademöglichkeit während der kalten Wintermonate wären. Inzwischen haben alle Affen der Region gelernt, bei kaltem Wetter warme Bäder zu nehmen. Durch dieses erlernte Anpassungsverhalten sind sie in der Lage, auch die kältesten Winter in den Bergen unbeschadet zu überstehen.

Ökosystem Arktis (Winter), *S. 306/307* **Ökosystem Antarktis**, *S. 308/309* **Ökosystem Tundra**, *S. 310/311* **Nadelwald**, *S. 312/313*

In großer Höhe und Tiefe

Wie Tiere im Hochgebirge und in der Tiefsee leben

Der Estella-Kolibri der Anden übersteht die enormen Temperaturunterschiede seiner Hochgebirgsheimat, indem er seine Körpertemperatur von tagsüber 39,5° auf in der Nacht 15°C absenkt und dabei in eine Art Starrezustand verfällt. Von Gebirgszonen in über 5000 m Höhe bis hinab in Ozeantiefen von 8300 m haben sich Tiere an außerordentlich schwierige Lebensbedingungen angepaßt. Unterhalb einer Meerestiefe von 1000 m leben Tiefseefische in einer Umgebung ohne Licht, bei Temperaturen nahe dem Gefrierpunkt und unter einem extremen Wasserdruck.

Die Welt der Tiefsee erscheint auf den ersten Blick für Lebewesen ungeeignet. In 3000 m Tiefe ist der Druck 300mal höher als an der Wasseroberfläche. Die Anpassung daran verlangt jedoch keine speziellen Strukturen, da der enorme Außendruck durch den Innendruck ausgeglichen wird. Durch Änderung des Gasdrucks in der Schwimmblase oder deren Rückbildung können manche Fische sogar langsame Wanderungen in vertikaler Richtung unternehmen. Neben dem hohen Druck und den niedrigen Temperaturen sind die Tiere der Tiefsee einer weiteren lebensfeindlichen Bedingung ausgesetzt: einem sehr geringen Nahrungsangebot, primär dadurch bedingt, daß das Licht diese tiefen Meereszonen nicht erreicht. Ohne Licht gibt es kein Pflanzenwachstum. Deshalb ernähren sich Tiefseebewohner von nach unten sinkender Nahrung, oder sie jagen sich gegenseitig. Einige wenige, wie die Borstenmäuler, unternehmen zur Nahrungsaufnahme nächtliche Wanderungen in die oberen Bereiche, aber die meisten bewegen sich, um Energie zu sparen, so wenig wie möglich; viele haben Anpassungsmechanismen entwickelt, so daß sie selbst die kleinsten Nahrungspartikel einfangen können. Arten der Dornrückenaale etwa haben ein zahnloses Maul und einen sehr langen Darm. Sie saugen große Mengen an Schlick vom Boden auf, um die wenigen darin enthaltenen Nährstoffe aufzunehmen.

Niedriger Luftdruck und wenig Sauerstoff

Das Leben in großen Höhen bringt andere Probleme mit sich. Der Luftdruck ist niedrig, und der geringere Sauerstoffgehalt der Luft erschwert das Atmen. Erstaunlicherweise scheinen Vögel, die in der dünnen Höhenluft fliegen, von diesen widrigen Umständen wenig berührt zu sein. Buchfinkenscharen wurden in 1500 m Höhe gesehen und einige andere Vogelarten via Radar in 6000 m Höhe ausgemacht. Kein Lebewesen jedoch kann auf Dauer in Höhen über 7000 m überleben. Zwar ist ausreichend Licht vorhanden, aber die Berggipfel sind starken Winden und niedrigen Temperaturen ausgesetzt, die jede Zelle gefrieren lassen.

Kälte und Strahlen

Bereits in 5500 m Höhe fallen die Nachttemperaturen sehr schnell auf -20°C. Unter solchen Bedingungen können sich Samenpflanzen nicht entwickeln. Andere hervorragend angepaßte Hochgebirgspflanzen wie Moose und Flechten gedeihen hier: Durch ihren niedrigen, oft kissenförmigen Wuchs sind sie in der Lage, Wärme und Feuchtigkeit zu speichern.

Als Warmblüter können Vögel und Säugetiere bis zu einem gewissen Grad der Kälte im Hochgebirge widerstehen. Für wechselwarme Tiere ist das Leben in diesen Höhen besonders schwierig. Der Erdleguan hat sich erstaunlich gut an diesen Lebensraum angepaßt. Er bewohnt Erdlöcher unter Büschen und kann sich selbst bei einer Körpertemperatur von nur 1,5°C fortbewegen. Wird er nur wenige Minuten von der Sonne beschienen, so verfärbt sich sein Körper dunkel und erreicht eine Temperatur von 20°C. Die dunkle Haut absorbiert sehr schnell ein Maximum an Strahlungswärme, so daß der Erdleguan, selbst wenn sich die Lufttemperatur dem Gefrierpunkt nähert, eine Körpertemperatur bis zu 31°C erreicht.

Auch die Strahlungsintensität des von der Sonne entsandten UV-Lichtes steigt mit der Meereshöhe und dem Reflexionsvermögen des Bodens. Sie ist besonders stark, wenn der Boden von Eis bedeckt ist, so daß Organismen stark geschädigt werden oder gar sterben können.

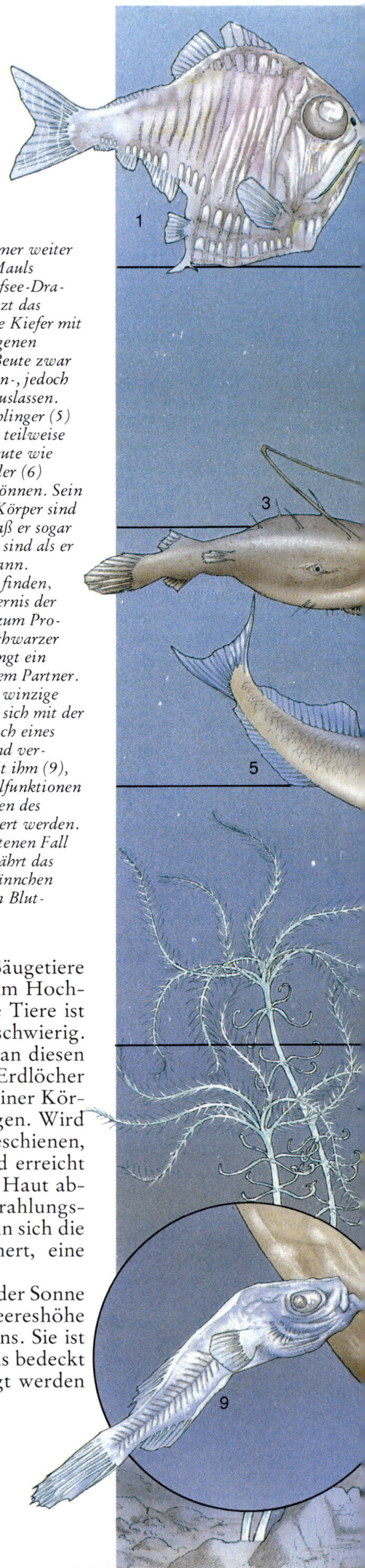

Trotz der ungünstigen Bedingungen in der Tiefsee lebt dort eine erstaunliche Zahl oft bizarr aussehender Tiere. Der Tiefsee-Beilfisch (1) bewohnt den oberen Teil der Tiefseezone zwischen 200 und 500 m, schwimmt aber zur nächtlichen Nahrungsaufnahme bis an die Wasseroberfläche. Im tieferen Wasser, wo Nahrung weniger reichhaltig ist, haben Räuber besonders effektive Strategien des Beutefangs entwickelt. Der Kopf des Pelikanaals (2) ist im Vergleich zum Körper auffallend groß und verfügt über enorme Kiefer. Lasiognathus saccostoma (3), ein Tiefseeangler, kann die Oberkiefer lappenförmig nach außen rollen, so daß die Zähne ebenfalls nach außen gerichtet sind und im rechten Winkel zu denen des Unterkiefers stehen. Ist eine Beute gefaßt, werden die Zähne zu einem festen »Griff« wieder in die Ausgangsstellung zurückgeklappt. Der erste Rückenflossenstrahl des Tiefseeanglers ist zur »Angel mit Leuchtorgan« umgebildet. Beute wird durch das Licht angelockt und immer weiter in die Nähe des Mauls geführt. Beim Tiefsee-Drachenfisch (4) besitzt das Weibchen kräftige Kiefer mit nach hinten gebogenen Zähnen, die die Beute zwar in das Maul herein-, jedoch nicht wieder herauslassen. Der Schwarze Schlinger (5) kann seine Kiefer teilweise ausrenken, um Beute wie etwa Borstenmäuler (6) verschlingen zu können. Sein Magen und sein Körper sind so dehnbar (7), daß er sogar Fische, die größer sind als er selbst, erbeuten kann. Einen Partner zu finden, wird in der Finsternis der Tiefsee ebenfalls zum Problem. Johnsons Schwarzer Angler (8) verbringt ein Leben lang mit dem Partner. Ein oder mehrere winzige Männchen heften sich mit der Schnauze am Bauch eines Weibchens fest und verwachsen dabei mit ihm (9), wobei ihre Sexualfunktionen von den Hormonen des Weibchens gesteuert werden. In diesem sehr seltenen Fall der Parabiose ernährt das Weibchen das Männchen durch den eigenen Blutkreislauf.

Siehe auch: **Anpassung der Tiere an Kälte,** *S. 144/145* **Ökosystem Gebirge,** *S. 302/303* **Ökosystem Meer,** *S. 326/327*

Atmen in dünner Luft

Die dünne Luft in großen Höhen enthält weniger Sauerstoff, und deshalb fühlen sich Mensch wie Tier im Hochgebirge häufig müde und außer Atem. Sauerstoff wird über die roten Blutkörperchen zu Gehirn und Muskeln transportiert. Menschen, die ihr ganzes Leben in großer Höhe verbringen, gleichen den Sauerstoffmangel dadurch aus, daß sie mehr rote Blutkörperchen produzieren.

Auch Tiere wie die in den Anden lebenden Lamas und Vikunjas (1) verfügen über einen hohen Anteil an roten Blutkörperchen. Diese erreichen beim Vikunja 14 Millionen auf einen Kubikmillimeter Blut (2) - der Mensch bringt es nur auf 4,5 bis 5 Millionen (3). Die roten Blutkörperchen des Lamas haben eine durchschnittliche Lebensdauer von 235 Tagen, mehr als doppelt so lang wie die des Menschen. Zudem können das Lama und seine Verwandten Sauerstoff besonders effizient aufnehmen und zählen daher zu den bestangepaßten Tieren des Hochgebirges.

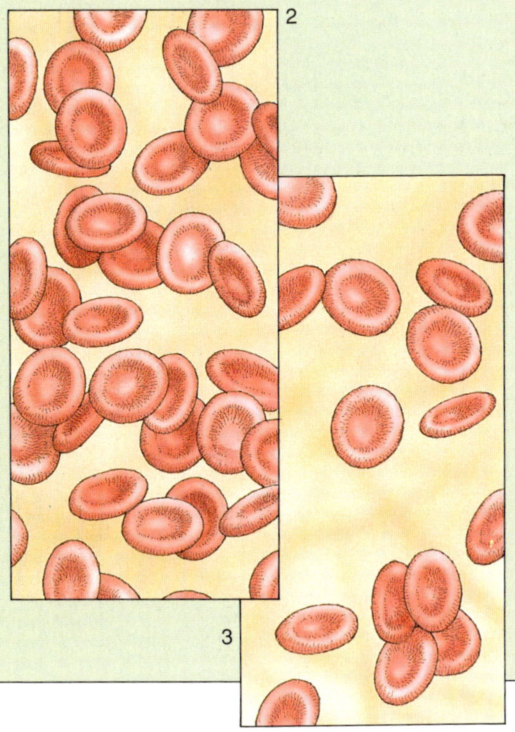

4
Fortpflanzung

Organismen wachsen und funktionieren nicht unbegrenzt, Alterungsprozesse verringern die Überlebenschancen. Rechtzeitig muß daher ein neuer Organismus begründet werden. Bei primitiven Einzellern geschieht dies durch einfache Zweiteilung. Die beiden Hälften wachsen heran, um sich dann wieder zu teilen. Mit zunehmender Größe wird eine arbeitsteilige Organisation des Körpers notwendig, die zur Bildung von spezialisierten Geweben führt, so auch zur Entwicklung von Fortpflanzungszellen, die wiederum andere Fortpflanzungstechniken erfordern. Große Vorteile bringt die sexuelle Fortpflanzung mit sich, denn dabei wird die Erbsubstanz zweier Elternteile auf die Nachkommen übertragen. Die Durchmischung der Erbanlagen schafft eine größere Vielfalt an neuen Kombinationen der Erbanlagen, wobei sich nur die Individuen mit den günstigsten Kombinationen durchsetzen und diese Eigenschaften auch weitergeben.

Sporen, Samen und Ableger

Wie sich Pflanzen vermehren

Eine Milliarde Bärlapp-Sporen würde sehr leicht in eine Handfläche passen. Jede Spore verfügt über die Fähigkeit, Dutzende von Bärlapp-Pflanzen hervorzubringen, doch sind die Überlebenschancen der einzelnen Spore sehr gering. Eine sich entwickelnde Pflanze ist so abhängig davon, einen Standort mit den richtigen Bedingungen von Feuchtigkeit, Temperatur und Sonnenlicht zu finden und gleichzeitig Pflanzenfressern zu entgehen, daß aus der einen Milliarde Sporen in vielen Fällen nur eine vollentwickelte Pflanze entsteht. Die hohe Zahl der Sporen zeigt jedoch, daß diese Verluste einkalkuliert sind.

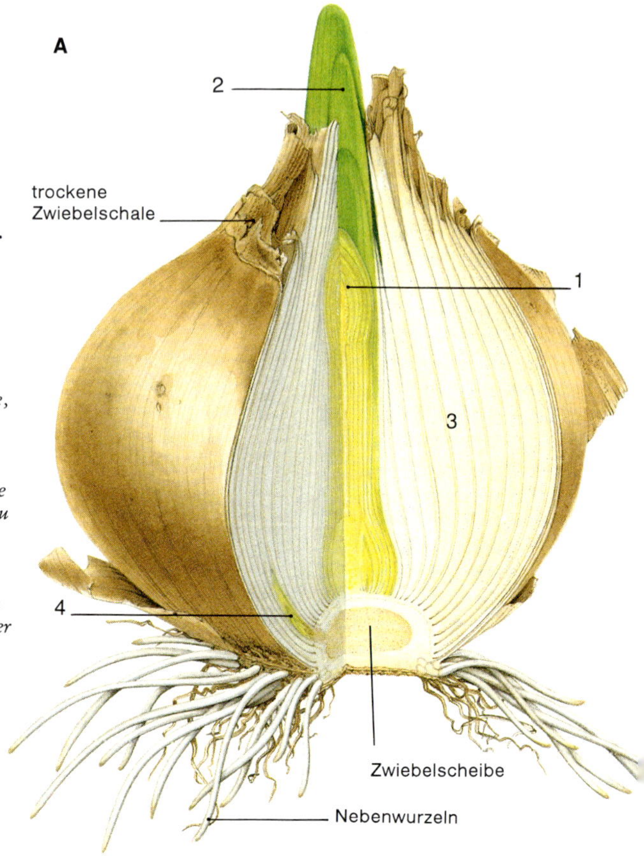

[A] Zwiebeln, etwa von Narzissen oder der Küchenzwiebel, sind unterirdische Speicherorgane, dienen aber auch der vegetativen Fortpflanzung. Im Frühling entwickeln sich die Blütenknospe (1) und die jungen, grünen Blätter (2) zu einer blühenden Pflanze, indem sie Nährstoffe und Wasser nutzen, die in den fleischigen Schuppenblättern (3) gespeichert sind. Nach der Blüte erzeugen die Blätter weiterhin Nährstoffe, die abwärts zu den Blattbasen transportiert werden. Hier entsteht eine Ersatzzwiebel, die die absterbende Ursprungszwiebel ersetzt. Achselknospen (4) können sich zu Tochterzwiebeln entwickeln.

Die meisten Pflanzen beginnen ihr Leben als Same oder Spore. Ungeachtet ihres gleichartigen Schicksals, sind Samen und Sporen völlig unterschiedlich. Der wichtigste Unterschied ist, daß der geschlechtliche Prozeß, der zur Samenproduktion führt, bei der Sporenproduktion fehlt. Männliche Spermienzellen sind bewegungsunfähig und geschützt in Pollenkörnern eingelagert. Sie verschmelzen mit Eizellen, um Samen zu erzeugen. Übertragen werden die Pollenkörner von äußeren Kräften, etwa durch ein Insekt oder den Wind. Dieser entwicklungsgeschichtliche Schritt machte die Pflanzen vom Wasser unabhängig und ermöglichte ihnen die Eroberung fast der gesamten Erde.

Sporen hingegen werden asexuell produziert, von nur einem Elter. Sie sind exakte genetische Kopien der Elternpflanze und können ohne die sexuelle Verschmelzung mit einer anderen Zelle zu einer adulten Pflanze heranwachsen. Jedoch haben sie keine Variationsmöglichkeiten, wie sie die geschlechtliche Fortpflanzung bei der Verschmelzung zweier Chromosomensätze in der Zygote erlaubt. Veränderlichkeit ist für Anpassungsvorgänge unentbehrlich. Wäre beispielsweise die gesamte Nachkommenschaft einer Pflanze identisch, würde eine Krankheit alle Pflanzen eines Standortes töten. Besitzen sie jedoch genetische Variabilität, haben einige möglicherweise Schutzmechanismen gegen diese Krankheit und überleben.

Schnelle vegetative Fortpflanzung

Die ungeschlechtliche Fortpflanzung hat aber auch Vorteile: Sie ist sicherer und weniger aufwendig, da sie nicht auf Bestäuber angewiesen ist. Viele Pflanzen entwickeln neue Tochterpflanzen aus Sproß und Blättern, die von Tieren oder infolge von Stürmen abgebrochen werden. Diese vegetative Fortpflanzungsfähigkeit wird von Gärtnern genutzt, wenn sie Ableger schneiden.

Schützender Nährstoffmantel

Knollen, Zwiebeln oder beblätterte Sprosse können einer Pflanze eine weitere Methode vegetativer Fortpflanzung gestatten. Sie enthalten einen Nährstoffvorrat und bestehen aus einer schlafenden Knospe, die unter günstigen Bedingungen neue Blätter ausbilden kann. Wenn die Brutzwiebel oder der beblätterte Sproß gewachsen ist, beginnt die reproduktive Phase, in der Tochterbrutzwiebeln oder Tochtersprosse mit eigenen Knospen hervorgebracht werden. Durch diese Brutzwiebeln sind der neuen Pflanze gute Entwicklungsmöglichkeiten gewährleistet, denn die Mutterpflanze muß genügend Nährstoffvorräte und Feuchtigkeit bereitstellen, um die Tochterpflanze über die schwierige Anfangsphase zu bringen, bevor die Wurzeln und Blätter ausreichend entwickelt sind. Für einige Pflanzen mit fleischigen Blättern ist dies kein Problem, enthält doch schon ein einzelnes Blatt Wasser- und Nährstoffvorräte. Pflanzen wie etwa die Fetthennen werfen einfach ihre Blätter ab, die sich dann bewurzeln.

Mit dem Nachwuchs verbunden

Eine andere Methode, jungen Pflanzen einen guten Entwicklungsbeginn zu sichern, ist bei Erdbeeren, Grünlilien, dem Kriechenden Hahnenfuß und vielen Gräsern zu beobachten. Sie verfügen über eine Art »Nabelschnur«, um ihre Nachkommen mit Nährstoffen zu versorgen. Bei den Erdbeeren sind es Ausläufer, lange, dünne, horizontal wachsende Sproßabschnitte, die neue Pflanzen in 20 cm und mehr Entfernung von der Elternpflanze hervorbringen.

[B] Die geschlechtliche Fortpflanzung bei Blütenpflanzen beginnt mit der Bildung von Gameten. In den männlichen Staubbeuteln (1) befinden sich die Pollensäcke (2). Sie sind angefüllt mit Pollenmutterzellen (Mikrosporozyten, 3), die von einer Schicht nährstoffliefernder Zellen (Tapetum, 4) umgeben sind. Jede Mikrosporozyte durchläuft zwei meiotische Zellteilungen. Bei der ersten wird eine zweizellige Dyade gebildet (5), bei der zweiten eine Tetrade aus vier Zellen (6), die in vier haploide Mikrosporen (7) zerfällt. Jede Mikrospore teilt sich mitotisch und bildet einen generativen Kern (8) und einen Pollenschlauchkern (9); beide bilden mit einer dicken Wand (10) das reife Pollenkorn (11). Bei der Öffnung des reifen Staubbeutels werden die Pollenkörner (12) freigegeben. Die weiblichen Gameten entstehen in den Ovarien (13). Jedes Ovar enthält eine oder mehrere Samenanlagen (14). Sie sind von zwei schützenden Gewebeschichten, den Integumenten (15), umgeben, die eine kleine Öffnung, die Mikropyle (16), besitzen. Eine Samenanlage besteht zunächst aus einer einzigen Embryosackmutterzelle (Makrosporozyte, 17), die sich meiotisch in vier Embryosackzellen (Megasporen, 18) teilt. Nur eine dieser Megasporen entwickelt später (19) durch mitotische Teilungen zunächst zwei (20), dann vier (21) und endlich acht Zellkerne. Um diese acht Zellkerne bilden sich im reifen Embryosack (22) die Antipoden (23) und die Synergiden (24), welche sich später auflösen, die Endospermmutterzelle (25) mit den zwei Polzellen (26) sowie die Eizelle (27). Keimt

Siehe auch: Vererbung, *S. 96/97* Pflanzliche Zellen, *S. 100/101* Moose und Farne, *S. 116/117* Nacktsamige Blütenpflanzen, *S. 118/119*

B

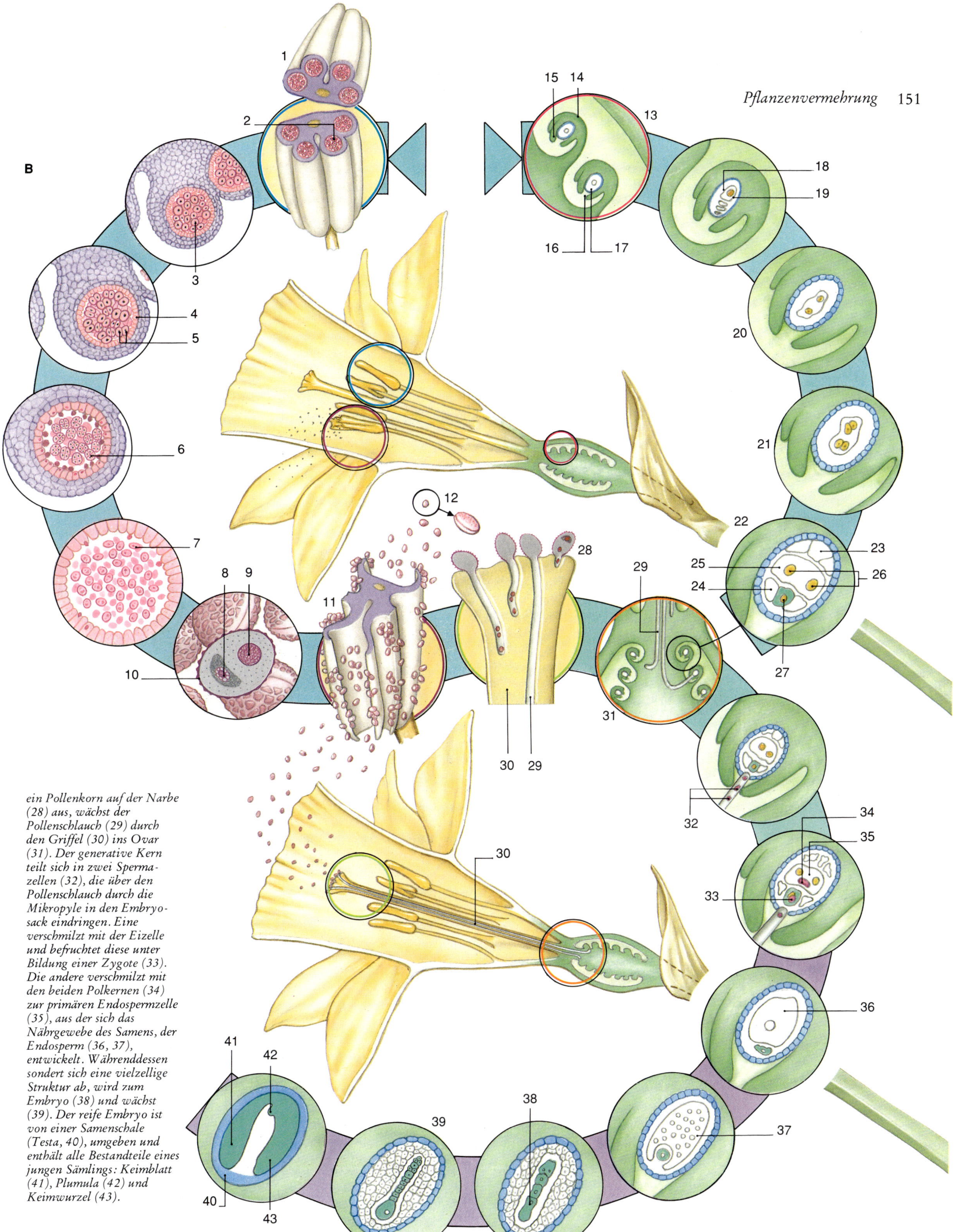

ein Pollenkorn auf der Narbe (28) aus, wächst der Pollenschlauch (29) durch den Griffel (30) ins Ovar (31). Der generative Kern teilt sich in zwei Spermazellen (32), die über den Pollenschlauch durch die Mikropyle in den Embryosack eindringen. Eine verschmilzt mit der Eizelle und befruchtet diese unter Bildung einer Zygote (33). Die andere verschmilzt mit den beiden Polkernen (34) zur primären Endospermzelle (35), aus der sich das Nährgewebe des Samens, der Endosperm (36, 37), entwickelt. Währenddessen sondert sich eine vielzellige Struktur ab, wird zum Embryo (38) und wächst (39). Der reife Embryo ist von einer Samenschale (Testa, 40), umgeben und enthält alle Bestandteile eines jungen Sämlings: Keimblatt (41), Plumula (42) und Keimwurzel (43).

Bedecktsamige Blütenpflanzen, *S. 120/121* **Bestäubung durch Wind und Wasser,** *S. 152/153* **Bestäubung durch Tiere,** *S. 154/155* **Samen und Früchte,** *S. 156/157*

Die Fortpflanzungslotterie

Wie Wind und Wasser bei der Bestäubung helfen

Tausende von Kilometern von ihrem Herkunftsort entfernt entdeckte man Pollen von Eichen und Sauerampfer. Die Pollenkörner der windbestäubten Pflanzen sind mikroskopisch klein und so leicht, daß sie über außerordentlich weite Entfernungen verdriftet werden können. Durch die weitflächige, wenig zielgerichtete Verbreitung des Pollens müssen diese Pflanzen schon sehr häufig sein, damit die zufällige Befruchtung stattfinden kann. In Nordamerika kommt ein Greiskraut vor, das mehr als 1,6 Milliarden Pollenkörner pro Stunde freisetzt und damit der Hauptauslöser von Heuschnupfen in den USA ist.

A

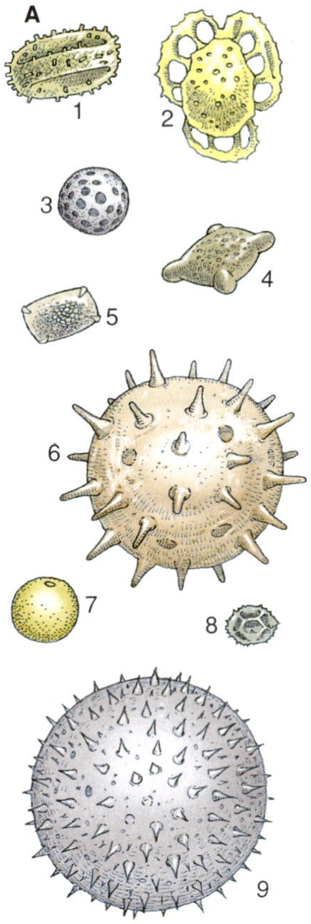

[A] Der Pollen wird in Pollensäcken gebildet, die sich in den Staubbeuteln befinden. In den Pollenkörnern ist das männliche Erbgut sicher gespeichert. Sie kommen in allen Formen und Größen vor, je nach der spezifischen Pflanzenart. Die Abbildung zeigt Pollen von Mistel (1), Venus-Fliegenfalle (2), Spinat (3), Geißblatt (4), Rührmichnichtan (5), Baumwolle (6), Reis (7), Löwenzahn (8) und Rosenmalve (9). Die Pollenkörner mit ihren charakteristischen Hüllen können in Sedimenten Jahrtausende unbeschadet überstehen. So können die Pollenexperten (Palynologen) ermitteln, welche Pflanzen zur Zeit der Sedimentablagerung im Untersuchungsgebiet wuchsen.

Wind- oder Wasserbestäubung sind eine weit unsicherere Angelegenheit als die Bestäubung durch Insekten. Eine Hummel, die auf ihrem Weg eine Blüte nach der anderen besucht, überträgt dabei unwillkürlich Pollen der einen Blüte auf die Narbe (weibliches Blütenorgan) der anderen. Windböen wirbeln hingegen die Pollenkörner durch die Luft, und für jedes Pollenkorn, das sein Ziel erreicht, gehen Millionen andere zugrunde. Die Pflanze allerdings muß bei der Windbestäubung weder Nektar noch farbenprächtige Blüten ausbilden, um Insekten anzulocken.

Bäume als Pollenschleudern

Windbestäubung ist vor allem bei Bäumen weit verbreitet. Einige windbestäubte Bäume produzieren ihren Pollen in »Kätzchen« – hängenden männlichen Blütenständen. Sie sind elastisch, schlenkern im Wind und geben den Pollen leicht ab. Andere windbestäubte Pflanzen haben lange, geschmeidige Staubblätter, die denselben Zweck erfüllen. Die meisten windbestäubten Blüten besitzen eine große aufgefiederte Narbe, um die Chancen, Pollenkörner aufzufangen, zu vergrößern.

Weil windbestäubte Pflanzen soviel Pollen produzieren, befindet sich eine große Anzahl von Pollen in unserer Atemluft. So sind es in der Regel die Pollenkörner der windblütigen und nicht etwa die der duftenden, von Insekten bestäubten Pflanzen, die Heuschnupfen verursachen.

Zwei evolutionäre Wege zur Windbestäubung

Die ersten Blütenpflanzen wurden wahrscheinlich von Insekten bestäubt, während die Windbestäubung ein späteres Stadium der Pflanzenevolution darstellt. Sie ist vermutlich zu Zeiten entstanden, in denen Insekten als Bestäuber zu unzuverlässig oder nicht zur richtigen Jahreszeit zur Stelle waren. Auch in trockenen und kühlen Regionen fehlen die Bestäuber. Die Evolution der Nadelhölzer hingegen verlief völlig anders: Sie waren schon immer windbestäubt. Der Pollen wird in kleinen männlichen Zapfen produziert und durch einen Windstoß zu den größeren weiblichen Zapfen geweht. Die Pollenmenge, die z.B. ein Kiefernwald in den Frühlingsmonaten produziert, kann so groß sein, daß eine dicke gelbe Schicht (»Schwefelregen«) die Oberfläche in der Nähe gelegener Teiche und Seen überzieht.

Wasserbestäubung

Blühende Wasserpflanzen, die von Landpflanzen abstammen, werden häufig von Fluginsekten bestäubt. Um Bestäuber anzulocken, müssen sie ihre

B

Siehe auch: **Pflanzenarchitektur,** *S. 114/115* **Nacktsamige Blütenpflanzen,** *S. 118/119* **Bedecktsamige Blütenpflanzen,** *S. 120/121*

Blüten über die Wasseroberfläche hinausstrecken. Einige Pflanzen jedoch setzen auf die Wasserbestäubung – bei den 50 Seegrasarten geschieht sie sogar unter der Wasseroberfläche. Eine europäische Seegrasart aus der Gattung Zostera kommt an vielen küstennahen Standorten vor. Wie die meisten Seegräser besitzt auch dieses lange, dünne, wurmförmige Fadenpollen, die mit den Gezeiten entweder direkt unter oder auf der Wasseroberfläche hin- und herschwimmen. Die Pflanzen bilden kleine Blütenstände aus, die aus einer über zwei männlichen Blüten sitzenden weiblichen Blüte bestehen. Diese bleiben nahe unter der Wasseroberfläche. Wenn Tausende von Fadenpollen in einer regelrechten Wolke freigesetzt werden, steigen sie langsam zur Oberfläche auf und verfangen sich in den beiden schmalen Stempeln der weiblichen Blüte. Um eine Selbstbefruchtung zu vermeiden, reifen die Stempel der weiblichen Blüte eher als die Staubblätter desselben Blütenstandes, d.h. bevor die Pollenabgabe beginnt.

Wesentliche Eigenschaft des Pollens windbestäubter Pflanzen ist nicht nur, daß die Pollenkörner leicht genug sind, um vom Wind verbreitet zu werden, sondern, daß sie nicht zusammenkleben (unten). Ein trockener, puderartiger Pollen stellt sicher, daß er die bestmögliche Verbreitung findet.

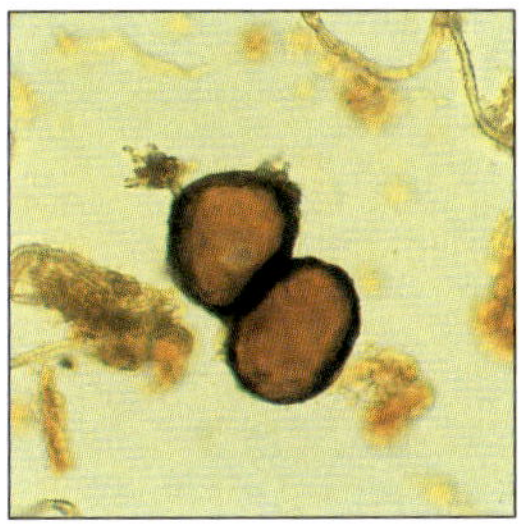

Im Frühling, oft noch bevor die Blätter aus den Knospen treiben, fallen die Kätzchen der windbestäubten Pflanzen besonders auf. An wärmeren und trockenen Tagen wird der Pollen schon bei der leichtesten Luftbewegung in großer Zahl freigegeben und durch den Wind weitergetragen.

Windbestäubte Pflanzen brauchen weder auffällige noch duftende Blüten, um bestäubende Insekten anzulocken. Zu ihnen gehören fast alle Gehölze der gemäßigten Breiten. Kätzchen tragen Birke (unten), Hasel, Walnuß, Weide, Erle, Pappel und Eiche.

[B] Die Wasserschraube kommt in langsam fließendem Süßwasser vor. Es gibt männliche (1) und weibliche (2) Pflanzen. Die Blüte der weiblichen Pflanze (3) wächst auf spiraligen Stengeln zur Wasseroberfläche (4), wo sie sich entfaltet. Währenddessen lösen sich die männlichen Blüten von der Spitze der Blütenscheide (5) ab. Sie bestehen aus zwei Staubblättern und drei Blütenblättern, die sie zum Schwimmen auf dem Wasser befähigen (6). Wenn die männlichen Blüten nahe genug an eine weibliche Blüte herankommen, bewegen sie sich durch die Einbuchtung, die die weibliche Blüte (7) auf der Wasseroberfläche verursacht, schnell auf diese zu. Beim Aufeinandertreffen werden Pollenklümpchen von der männlichen Blüte zur weiblichen Blüte hinüber katapultiert, treffen dort auf die Narbe, und es kommt zur Bestäubung. Danach verkürzt sich der spiralige Stengel, auf dem die weibliche Blüte sitzt, und zieht die bestäubte Blüte unter den Wasserspiegel zurück (8), wo nun die Früchte (9) reifen.

Pflanzenvermehrung, *S. 150/151* **Samen und Früchte,** *S. 156/157* **Keimung,** *S. 158/159*

Ehevermittlung nach Plan

Wie Tiere zur Fortpflanzung der Pflanzen beitragen

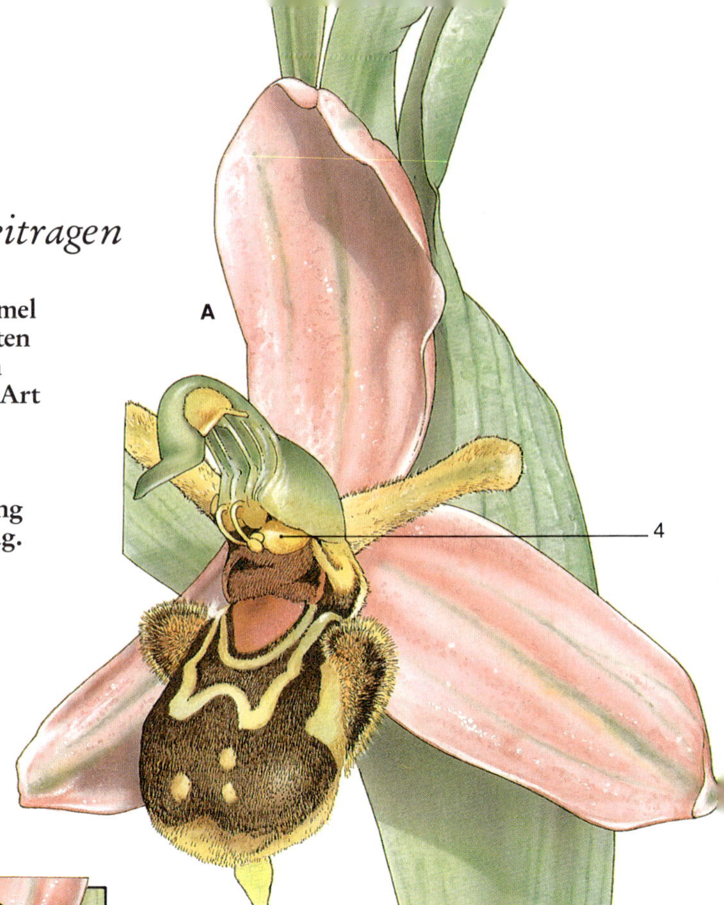

Emsigkeit ist bei Bestäubern eine nützliche Eigenschaft. Eine Hummel kann beim Nektarsammeln während eines einzigen Fluges 240 Blüten aufsuchen, wobei sie jedes Mal ein wenig Pollen aufnimmt wie auch zurückläßt. Von diesen 240 Blüten brauchen nur zwei der gleichen Art anzugehören, um eine Befruchtung zu ermöglichen. Viele Pflanzen verteilen ihre Nektarproduktion über den ganzen Tag, so daß die Nektarsauger nicht zu lange auf einer Blüte verweilen. Bei dieser Rationierung kann die Energie, die in Nektar investiert wird, gering gehalten werden: Ein Apfelbaum produziert nur 28 Gramm pro Tag.

Die ersten Blüten entwickelten sich vermutlich vor etwa 140 Millionen Jahren und ähnelten den heutigen Magnolien. Sie erzeugten Pollen, der von Käfern gefressen wurde, welche dabei einen Teil der Substanz von einer Blüte zur nächsten trugen. Diese verschwenderische und ineffiziente Bestäubungsmethode wurde bald durch die Entwicklung von Nektar verbessert, der für das Tier eine Belohnung in Form von Nahrung darstellte und die Pollenverluste reduzierte. Auch vorher schon mußten jedoch viele Pflanzen zuckerhaltige Flüssigkeiten aus ihrem Saft ausscheiden, da eine zu hohe Konzentration von Zucker den Protein- und Hormontransport beeinträchtigt. Daß die zuckerhaltigen Köder schließlich nahe den Fortpflanzungsorganen angesiedelt waren, war lediglich ein kleiner Schritt in der Evolution.

Es ist noch nicht genau erforscht, wie die meisten Pflanzen Käfer und Ameisen von ihren Blüten abhalten, aber möglicherweise beinhaltet ihr Nektar Stoffe, die diesen Insekten nicht schmecken. In der Evolution der blühenden Pflanzen ist die Entwicklung von Eigenschaften, mit deren Hilfe zwischen Bestäubern unterschieden werden kann, ein immer wiederkehrendes Thema. Gleichzeitig hat sich die Zahl von Bestäubern immer mehr vergrößert. Die Entwicklung von Schmetterlingen und Nachtfaltern ist eng mit der der blühenden Pflanzen verbunden, genauso wie die Evolution der Bienen. Zusammen mit Schwebfliegen, Wespen und Kotfliegen gehören sie zu den wichtigsten Bestäubern unter den Insekten.

[A] Die Bienen-Ragwurz, eine Orchidee, lockt ihre Bestäuber durch ihr Aussehen an. Ihre Blüten imitieren Farbe, Gestalt und Duft weiblicher Bienen der Gattung Eucera. Männliche Bienen lassen sich auf der breiten Lippe (1) der Blüte nieder und versuchen, sich mit ihr zu paaren.

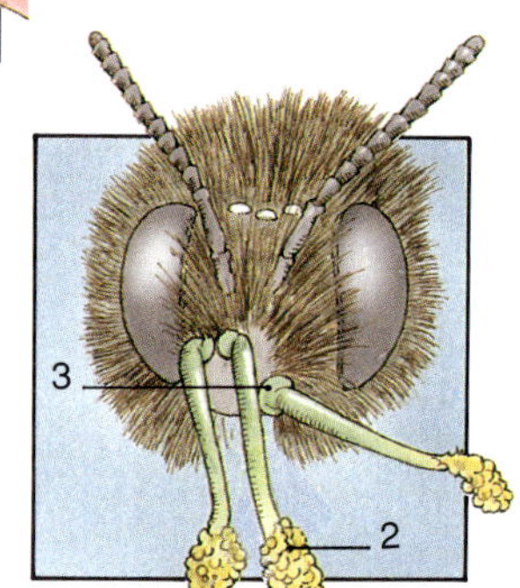

Die Pollinien (2) der Orchidee - ein Gebilde, das Tausende von Pollenkörnern enthält - lösen sich und haften mit den klebrigen Enden der Stiele (3) am Körper der Biene. Die Biene überträgt das gesamte Pollinium auf andere Blüten. Der Fremdbefruchtung folgt die Ausbildung Tausender kleiner Samen. Ist kein geeigneter Bestäuber vorhanden, bestäubt die Bienen-Ragwurz sich selbst: die Pollenkörper neigen sich nach vorne und berühren das Stigma (4), einen der weiblichen Teile der Blüte. Dies geschieht z.B. bei Populationen der Bienen-Ragwurz, wo die bestäubende Biene ausgestorben ist.

Der Bestäuber als Geisel

Ein Aronstab hat Blütenstände, die wie Aas riechen und getrennte männliche und weibliche Blüten enthalten. Schmeißfliegen werden in die weiblichen Blüten gelockt und können durch die Reusenhaare nicht mehr entkommen. In der Falle fressen sie Nektar und befruchten mit ihren mitgebrachten Pollen die weiblichen Blüten. Nach etwa einem Tag verwelken die Reusenhaare, und die männlichen Blüten sind reif und erzeugen Pollen. Die Fliege verläßt nun die Kesselfalle und streift dabei die männlichen Blüten. Die anhaftenden Pollen bringt sie zum nächsten Aronstab.

Vögel und Fledermäuse

In tropischen Gebieten haben sich Vögel und Fledermäuse zu Nektarsaugern und Bestäubern entwickelt. In gemäßigten Breiten war so etwas nicht möglich, da diese Tiere das ganze Jahr über reichliche Nektarvorräte benötigen. Wenn Kolibris auch während des Fressens die Flügel flatternd bewegen können, so müssen die Blüten der Pflanzen, die von anderen Vögeln bestäubt werden, doch stark genug sein, um scharfe Schnäbel und Krallen auszuhalten. Die Protea Australiens und Südafrikas ist mit ihren großen Blüten und steifen, borstenähnlichen Blütenblättern dafür hervorragend geeignet. Die Farben der von Vögeln bestäubten Blüten variieren zwar, die Mehrzahl ist jedoch leuchtend rot oder orange. Diese Farben können Vögel unterscheiden, nicht aber die meisten Insekten. Die von Fledermäusen bestäubten Blüten zeichnen sich durch ihren eher moschusartigen und übelriechenden als süßen Duft aus, der den meisten von Insekten bestäubten Blüten eigen ist. Da nur wenige Vogelarten über einen Geruchssinn verfügen, sind von Vögeln bestäubte Blüten meistens geruchlos. Die von Fledermäusen bestäubten Blüten öffnen sich in der Abenddämmerung oder sogar erst nachts und sitzen oft weit vom Pflanzenkörper entfernt, um die zarten Flügel der Fledermäuse nicht zu verletzen.

Siehe auch: **Pflanzenvermehrung,** *S. 150/151* **Bestäubung durch Wind und Wasser,** *S. 152/153* **Samen und Früchte,** *S. 156/157* **Symbiose,** *S. 192/193*

[B-D] Die Symbiose zwischen Feigenbaum und Feigenwespe gehört zu den bemerkenswertesten Phänomenen in der Natur. Die Feigenscheinfrucht besteht aus winzigen männlichen und weiblichen Blüten, die von einer fleischigen Schicht eingeschlossen sind. Wespen legen ihre Eier in weiblichen Blüten [B], die mit den sich entwickelnden Wespen (1) darin zu Gallenblüten auswachsen. Die männlichen Wespen schlüpfen zuerst (2) und suchen sich sofort junge Weibchen, die noch in ihren Gallenblüten sind. Sie führen ihren Unterleib in die Gallenblüten ein und befruchten die Weibchen (3), dann nagen sie ein Schlupfloch in die zähe Haut der Feige (4) und sterben anschließend, ohne je die Feige verlassen zu haben. Stunden später [C] schlüpfen die befruchteten weiblichen Wespen (5); die männlichen Blüten mit ihren beiden Staubbeuteln (6) streuen gleichzeitig den Pollen aus. Die mit Pollen gesprenkelten Weibchen (7) entkommen durch den Tunnel, den die männlichen Wespen angelegt haben. Weibliche Wespen fliegen zu einer jungen Feige [D], die zwei Arten voll entwickelter weiblicher Blüten enthält sowie verschlossene männliche Blüten (8). Sie zwängen sich durch das Ostiolum (9) - eine kleine Öffnung, die durch zwei überlappende Schuppen geschützt ist. Dann laden sie den Pollen auf die weiblichen Blüten mit langem Griffel (10) und legen ihre Eier (11) in die kurzgriffligen Blüten (12) mit ihrer Legeröhre (13).

Kolibris (oben) haben einen schwirrenden Flügelschlag, der ihnen ermöglicht, den zarten Blüten Nektar zu entziehen und sie gleichzeitig zu bestäuben. Ihr Schnabel ist lang und dünn, und ihre Zunge ist mit einer bürstenähnlichen Zungenspitze versehen, die ihnen beim Herausziehen des nahrhaften Nektars hilft.

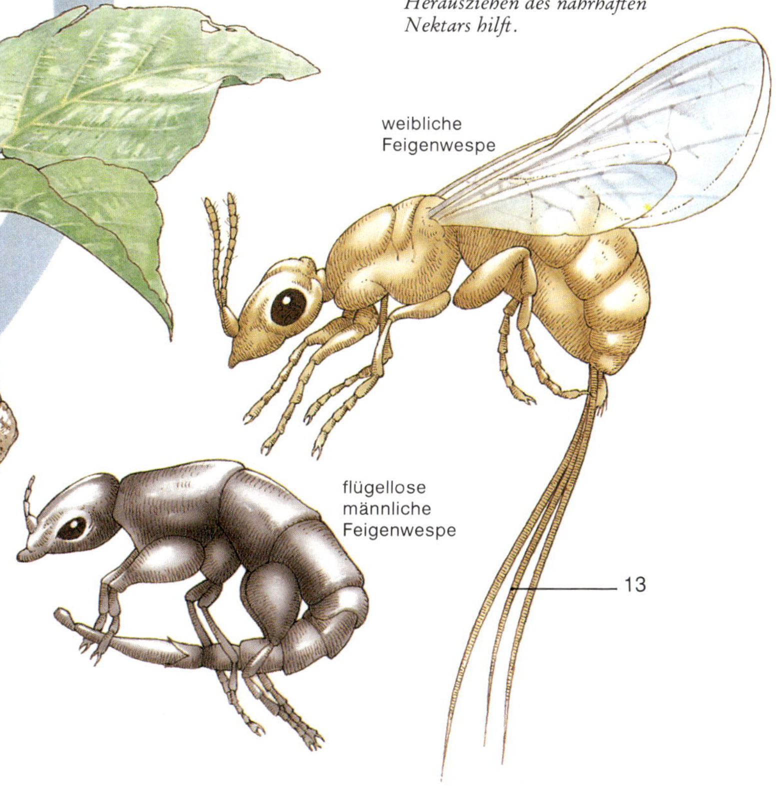

Eroberung neuer Standorte

Techniken der Samenverbreitung

Die riesige Seychellen-Nuß wiegt mehr als 18 kg. Als einsamige Frucht ist sie der größte bekannte Samen. Früchte und Samen sind Organe, die der Verbreitung der Pflanzen dienen. Wenn die Amsel im Sommer Kirschbäume plündert, findet sie nicht nur an den süßen Früchten Gefallen, sondern verbreitet gleichzeitig den vom Fruchtfleisch umschlossenen Samen. Denn jeder Same wird von einem harten, schützenden Mantel oder einem Steinkern umhüllt. Dieser Steinkern passiert unversehrt den Verdauungstrakt der Vögel, wird mit dem Kot andernorts ausgeschieden und kann anschließend auskeimen.

Blütenpflanzen vermehren sich in der Regel durch Samen, die in den weiblichen Fortpflanzungsorganen nach der Befruchtung gebildet werden. Diese Samen sind bei den Bedecktsamigen Pflanzen in einer schützenden Frucht eingeschlossen. Die Nacktsamer hingegen tragen ihre Samen offen auf den Schuppen ihrer Zapfen. Um sicherzustellen, daß möglichst viele Samen keimen können, haben Pflanzen vielfältige Strategien zur Samenverbreitung entwickelt.

Flügel und Fallschirme

Viele Samen werden vom Wind verbreitet. Die kleinen, einsamigen Früchte des Löwenzahns und der Distel tragen ihren eigenen Fallschirm, mit dem sie, z. T. weit entfernt von den Elternpflanzen, landen. Nadelbäume wie Tanne und Kiefer haben leichte Samen, die einen papierartigen Flügel tragen. Zwei einsamige nußartige Teilfrüchte mit häutigen Flügeln werden z.B. vom Ahorn oder von der Platane ausgebildet. Die Flügel bieten dem Wind eine Angriffsfläche, so daß die Früchte sich längere Zeit in der Luft halten können, bevor sie in einem sanften, spiralförmigen Landungsmanöver die Erde erreichen. Orchideen hingegen benötigen keine Flügel. Ihre Samen sind so winzig klein, daß der Wind sie wie eine Staubwolke verteilt. Auch die kleinen Mohnsamen können ihre Kapseln verlassen, wenn der Wind sie hin und her wiegt.

Transozeanische Reisen

Die Samen der Disteln und des Löwenzahns werden meist nur einige Meter weit fortgetrieben. Andere Früchte können auf dem Wasserweg Tausende von Kilometern überbrücken. Meeresströmungen transportieren die schwimmfähigen Kokosnüsse über den Pazifik, bis sie etwa bei einer neu entstandenen Koralleninsel anlanden und diese besiedeln. Der Kokosnußembryo kann diese lange Reise - geschützt durch eine glatte Außenschicht (Exokarp), eine faserige Ummantelung (Mesokarp) und eine harte Schale (Endokarp) - unbeschadet antreten.

Tiere als Transportmittel

Tiere sorgen mit zwei verschiedenen Methoden für die Verbreitung der Pflanzen. Einige Früchte bilden hakenförmige Gebilde aus, die sich am Fell oder Gefieder vorüberstreifender Tiere festklammern und auf diese Weise oft über weite Entfernungen mitgeschleppt werden. Häufiger jedoch wird saftiges, süßes Fruchtfleisch entwickelt - eine Verlockung für Tiere, die an dem krassen Farb-

[A] Samen und Früchte zeigen viele Formen und Größen. Die wohl kleinsten Samen kommen bei den epiphytischen Orchideen vor (1). Eine Million dieser Samen wiegt weniger als ein Gramm. Früchte werden von einer Fruchtwand (Perikarp) eingeschlossen, die oft fleischig und saftig ist, wie bei der Schwarzen Johannisbeere (2) und der Kirsche (3). Erdbeeren (4) haben einen fleischig verdickten Blütenboden. Bei Orangen (5) umschließt das saftige Fruchtfleisch die Samen, so auch beim Paprika (6). Avocados (7) enthalten hingegen nur einen golfballgroßen Samen. Zu den größten Samen zählt die Kokosnuß (8).

[C] Die Nutzung des Windes bei der Samenverbreitung ist wohl die üblichste Strategie. Die Früchte der Platanen haben »Flügel«. Fällt die reife Frucht vom Baum, so werden durch den Luftwiderstand (1) die Samen in eine kreisende Bewegung (2) versetzt. Fast alle Flügelfrüchte, so auch die der Platane, sind so gebaut, daß bei der Kreisbewegung der Schwerpunkt stets verlagert wird. Dadurch fallen die Samen spiralförmig und langsam nach unten. Seitenwinde bekommen mehr Gelegenheit, eine horizontale Kraft auszuüben, die die Samen von der Mutterpflanze weiter entfernt.
[D] Die Frucht des Löwenzahns mit der fallschirmförmigen Haarkrone (1) wird bei der leichtesten Brise von der Mutterpflanze getrennt.
[E] Die Samen des Mohns sind in einer gerippten Kapsel (1), die bei der Samenreife austrocknet. Dabei klappen die Narben (2) nach oben, und darunterliegende Poren (3) werden geöffnet. Während die Kapseln im Winde hin und her schwingen, werden die Samen aus der Kapsel geschleudert.
Sobald die Blüten des Hafers (rechts unten) ihre Samen freigeben, fallen sie zu Boden. Dünne Haare (Grannen) bohren sich in Risse und Spalten des Bodens ein. Die Früchte der Gräser nennt man Karyopse.

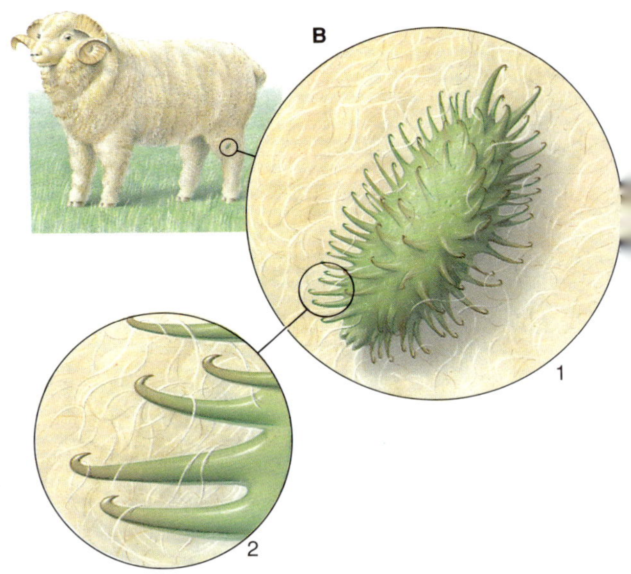

[B] Die Verbreitung der Samen durch Tiere ist nicht zwangsläufig mit dem Verzehr der Samen durch die Tiere gekoppelt, wie bei der Brombeere oder den Erdbeeren. Manche Pflanzen, so auch Xanthium occidentale, in Australien als Noogoora bekannt, haben klettenartige Früchte (1) entwickelt. Ihre feinen Haken (2) heften sich an das Fell oder an die Stirnhaare weidender Tiere, so an Schafe oder Pferde. Die Kletten werden andernorts abgestreift oder fallen von selbst zu Boden. In Europa haben Kletten, Klebkraut, Nelkenwurz und Odermennig vergleichbare Verbreitungstechniken entwickelt.

Siehe auch: Nacktsamige Blütenpflanzen, *S. 118/119* Bedecktsamige Blütenpflanzen, *S. 120/121* Pflanzenvermehrung, *S. 150/151*

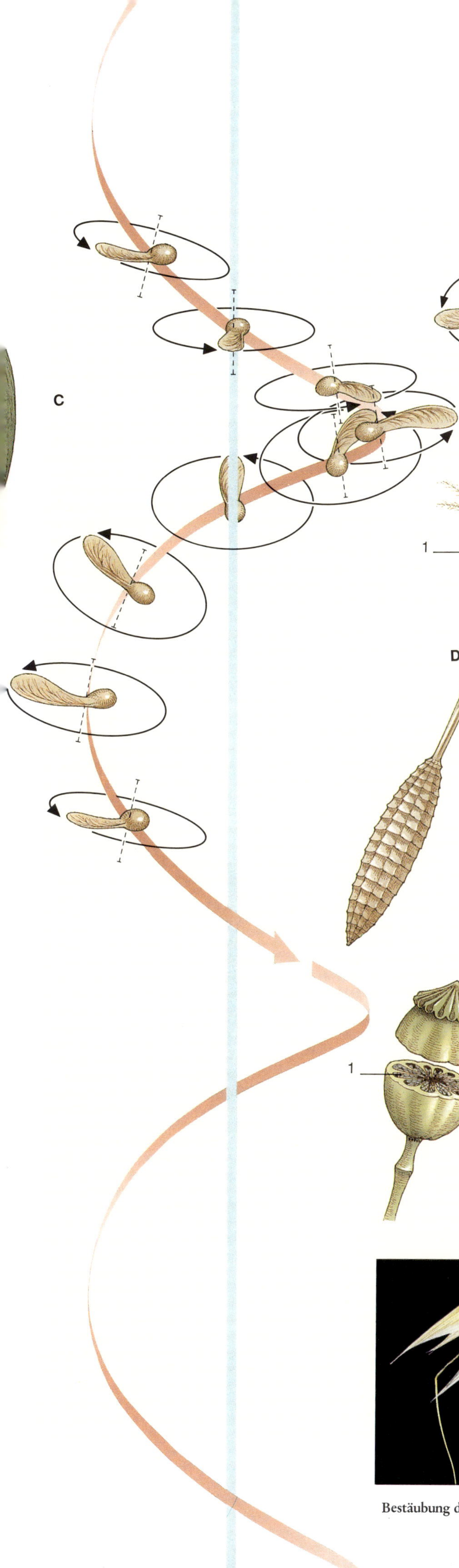

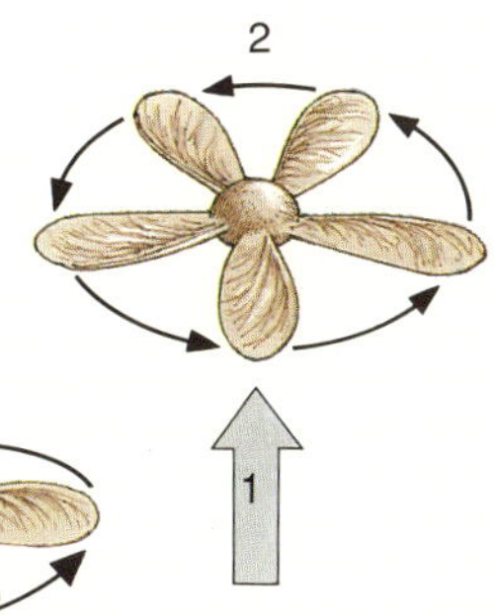

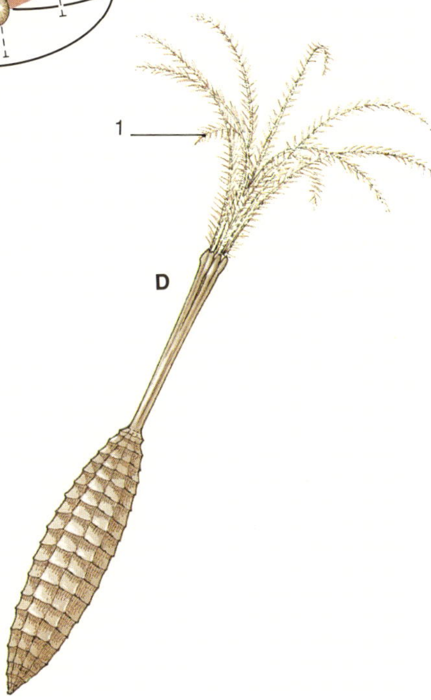

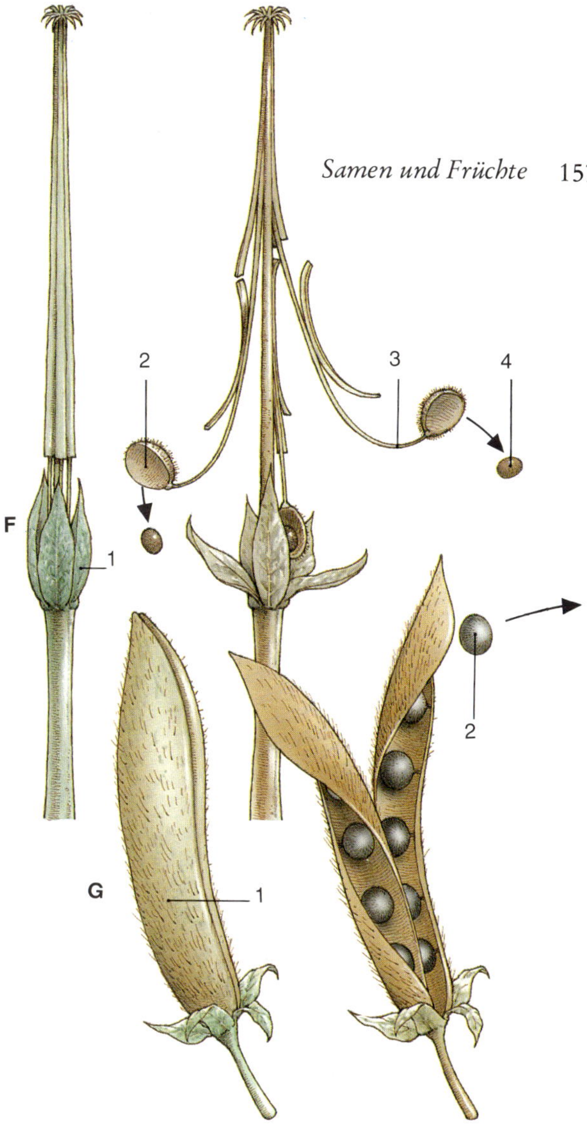

[F-G] Manche Pflanzen haben eigene Verbreitungstechniken entwickelt. In der Mehrzahl beruhen sie auf Kräften, die beim Austrocknen der Früchte entfaltet werden. Beim Storchschnabel [F] können die Kelchblätter (1) nicht verhindern, daß die Samenanlage (2), die am Ende eines gespannten Stiels (3) sitzt, bei Trockenheit aufspringt und die Samen (4) weggeschleudert werden. Bei den Erbsen [G] spalten sich die reifen Hülsen (1) an der Rückennaht des Fruchtblattes und drehen sich nach außen, wobei die innenliegenden Samen (2) weggeschleudert werden.

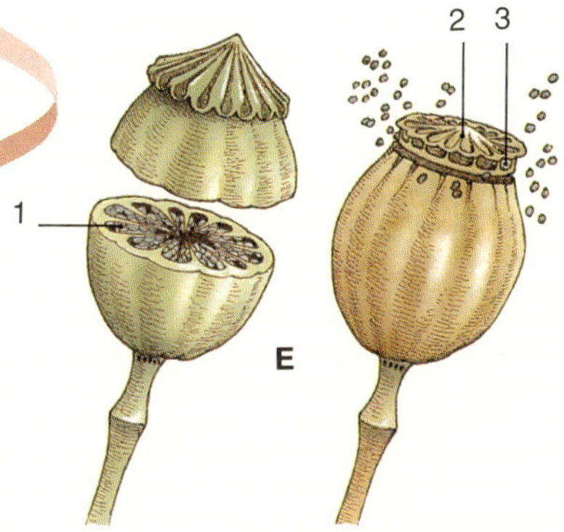

wechsel, meist von unauffälligem Grün zu grellem Hellrot hin, erkennen, wann die Früchte eßbar sind. Dieser Zeitpunkt stimmt auch mit der Samenreife überein.

Eine weitere Methode der Samenverbreitung durch Tiere unterscheidet sich von den beiden erstgenannten. Manche Tiere, so z.B. der in Brasilien heimische Aguti, aber auch das Eichhörnchen, legen einen Vorrat aus zahlreichen Samen an. Manche Vorräte werden dann vergessen, so daß die Samen zur Keimung gelangen.

Samenschleudern

In den kleinen, länglichen Früchten des Springkrauts entsteht ein so großer Druck, daß eine leichte Berührung ausreicht, um sie aufplatzen zu lassen. Dabei werden die Samen einige Meter fortgeschleudert. Bestimmte Ginsterarten erzeugen starke Schleuderkräfte, indem sie Teile der Frucht austrocknen lassen. Die Früchte springen schlagartig auf und »schießen« die Samen fort.

Bestäubung durch Wind und Wasser, *S. 152/153* **Bestäubung durch Tiere**, *S. 154/155* **Keimung**, *S. 158/159*

Wenn sich das Leben wieder regt

Wie Samen keimen und zur Pflanze heranwachsen

Bestimmte Liliengewächse können angeblich in 14 Tagen mehr als 3,5 m wachsen. Die Wurzeln einer südafrikanischen Wildfeige sollen sich bis zu einer Rekordlänge von 120 m entwickelt haben. In gemäßigten Breiten wird Pflanzenwachstum meistens im Frühling eingeleitet, wenn ein feuchter und warmer Boden für günstige Bedingungen sorgt. Die Samen, die den Winter im Ruhezustand überbrücken, beginnen zu keimen. Der Embryo im Samen sendet abbauende Enzyme in das Speichergewebe, um an die ersten wichtigen Nährstoffe zu gelangen. Wuchsstoffe werden gebildet, die das weitere Wachstum des Keimlings steuern.

Pflanzen wachsen, indem sie bestimmte strukturelle Einheiten (Module) immer wieder bilden. Das Modul eines Sprosses besteht aus einem blattfreien Sproßabschnitt, dem Internodium, einem Blatt und einer achselständigen Knospe. Die Module werden nacheinander an der Sproßspitze gebildet; die Bildungszonen befinden sich in den Knospen, von wo aus auch die verschiedensten Verzweigungen gebildet werden können. Das Internodium liegt zwischen zwei Nodien - den Stellen eines Sprosses, an denen ein Blatt sitzt oder von denen eine Verzweigung ausgeht.

Das Wachstum der Pflanzen vollzieht sich in bestimmten Zellteilungszonen: den Meristemen. Meristeme finden sich an der Sproß- und Wurzelspitze. Die Teilung des Wurzelmeristems führt zur Verlängerung der Wurzel, die des Sproßmeristems zur Entwicklung des Sprosses samt Blättern und Blüten. Neben den genannten äußeren, sichtbaren werden auch die inneren Elemente wie Xylem und Phloem gebildet. In vielen Pflanzen findet sich auch ein Meristem innerhalb des Sprosses. Dieses Meristem umgibt den Stamm direkt unterhalb der Borke.

Verlängerung und Ausdehnung

Die in den Meristemen neugebildeten Zellen beginnen sehr bald mit der Aufnahme von Wasser mittels Osmose. Der Druck im Zellinneren steigt und bewirkt eine Volumenzunahme. Innerhalb einer Pflanzenzelle können Drucke von 10 000 - 20 000 Hektopascal aufgebaut werden. Diese Kräfte treiben Wurzel und Sproß des Keimlings durch die mehr oder weniger harte Schale der Samen und durch den Boden. Sogar Fels oder Mauerwerk können durch solchen Druck gesprengt werden. Für das Pflanzenwachstum sind damit zwei Dinge ausschlaggebend: die Bildung neuer Zellen und die Streckung und Dehnung dieser Zellen. Damit die Zellen sich dehnen können, wird das Molekülgeflecht der Zellwand auseinandergezogen und neues Material angelagert.

Die Hormone der Pflanzen

Der Entwicklungsfortgang einer Pflanze wird durch verschiedene Pflanzenhormone gesteuert, die in Abhängigkeit von bestimmten äußeren Reizen, besonders von Licht, Temperatur und Feuchtigkeit, gebildet werden.

Die wichtigsten Pflanzenhormone sind die Auxine, Gibberelline und Cytokinine. Jede dieser Hormongruppen bestimmt die Pflanzenentwicklung in charakteristischer Weise. Auxine, z.B. Indolessigsäure (IES), fördern die Zellstreckung in Sproß und Wurzel. Auxine werden in der Sproßspitze gebildet und sind auch an der Unterdrükkung der Entwicklung der Achselknospen beteiligt. Darüber hinaus fördert IES die Wurzelbildung. Das Hormon wird daher im Pflanzenbau eingesetzt, um die Bewurzelung von Stecklingen zu fördern. Cytokinine regen die Zellteilung an. Das Verhältnis zwischen Auxinen und Cytokininen bestimmt zudem, ob ein Gewebe zur Bildung von Wurzeln oder Sprossen veranlaßt wird. Die vom Keimling im Samen erzeugten Gibberelline sind maßgeblich an den Keimungsprozessen beteiligt. Sie wirken aber auch an der Zellstreckung sowie an der Blatt- und Blütenbildung mit.

Im Gegensatz zur tierischen Zelle ist die Mehrheit der pflanzlichen Zellen ihr ganzes Leben lang in der Lage, jede Art von benötigten Zelltypen zu bilden, bis hin zur vollständigen neuen Pflanze. Wurzeln können z.B. an einem abgeschnittenen Sproß gebildet werden, ganze Pflanzen sich aus einem Blatt entwickeln.

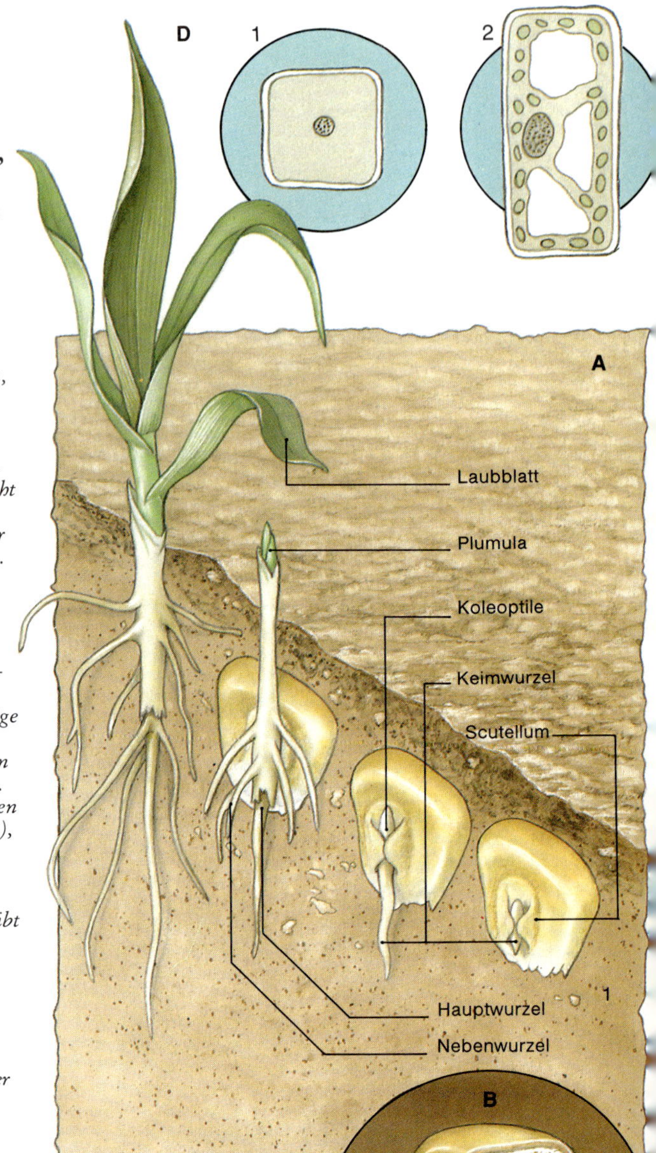

[A] Die Samenkeimung ist der Start ins Leben einer neuen Pflanze. Sie setzt ein, wenn Wasser durch die Samenschale dringt. Nun quillt der Embryo auf, und Stoffwechselprozesse beginnen. In der Folge durchbricht die Wurzelanlage des Embryos (Keimwurzel oder Radikula) die Samenschale. Aus dieser Primärwurzel entwickelt sich später das ganze Wurzelsystem. Nach der Zahl ihrer Keimblätter werden die Bedecktsamigen Pflanzen (Angiospermen) in Einkeimblättrige (Monokotyledonen) und Zweikeimblättrige Pflanzen (Dikotyledonen) eingeteilt. Bei vielen Einkeimblättrigen Pflanzen, wie dem Mais (1), treibt zunächst ein Schaft (Koleoptile) aus, der die Sproßknospe (Plumula) umgibt. Das Keimblatt bleibt beim Samen und dient als Organ der Nährstoffaufnahme (Scutellum). Es sorgt dafür, daß die Jungpflanze mit Nahrung versorgt wird, bis die ersten grünen Blätter mit Hilfe der Photosynthese ihre Nährstoffe selbst herstellen können.

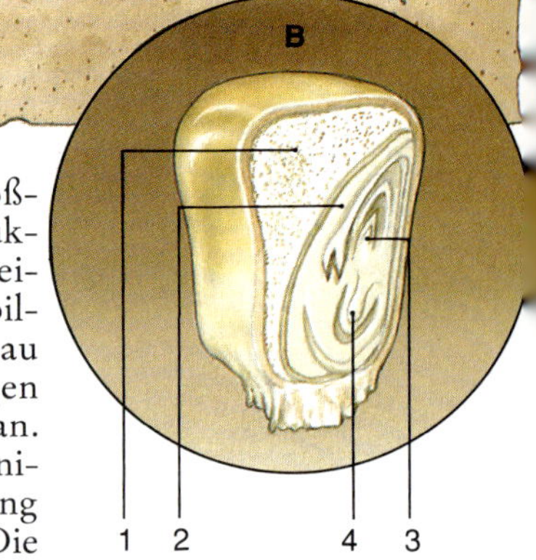

[B] In einem Maiskorn werden die Nährstoffe im Nährgewebe (Endosperm, 1) gespeichert. Wenn der Keimvorgang beginnt, absorbiert das Keimblatt (2) die Nährstoffe aus dem Endosperm und gibt sie an die wachsenden Gewebe um Plumula (3) und Radikula (4) ab.

Siehe auch: Pflanzliche Zellen, *S. 100/101* Pflanzenarchitektur, *S. 114/115* Bedecktsamige Blütenpflanzen, *S. 120/121* Pflanzenvermehrung, *S. 150/151*

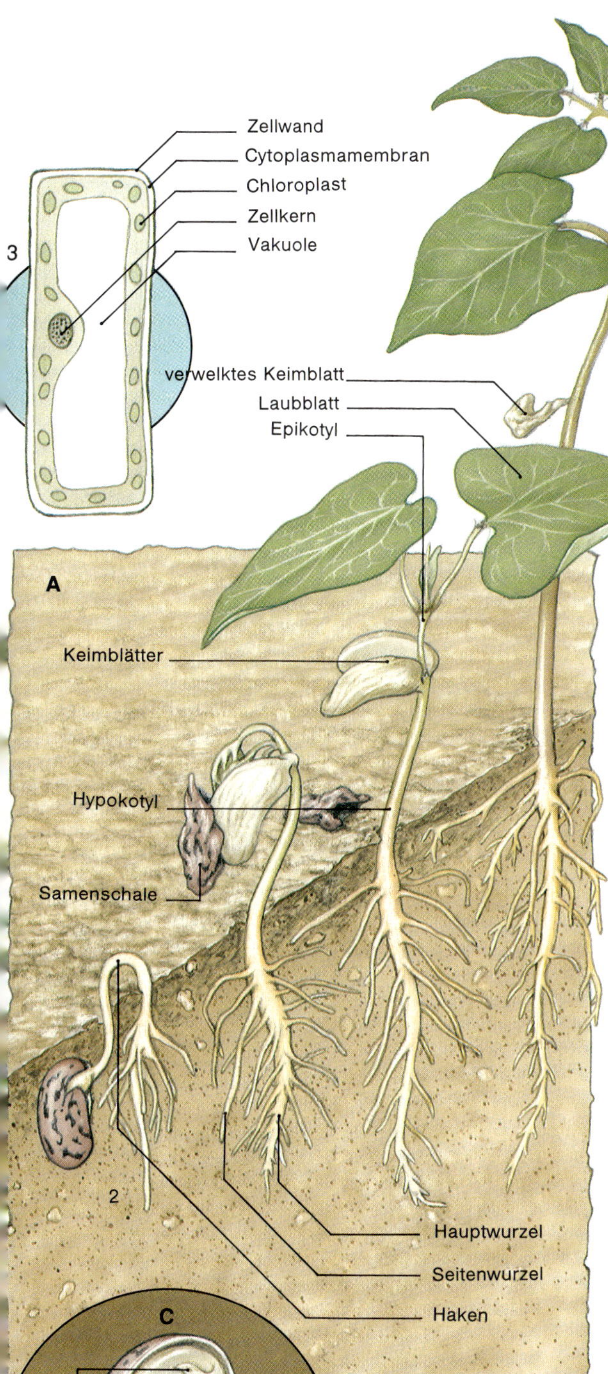

[E] Das oberirdische Wachstum einer Pflanze wird in Form und Struktur durch die Teilungsaktivität des apikalen Bildungsgewebes (1) (Meristem) bestimmt. Aus den seitlichen Blattanlagen (2) werden die Blätter entwickelt. Der Sproßscheitel (3) bildet die Blattanlagen und den Stengel. Dieser Teilungszone folgt die Streckungszone (4), in der die Zellen erheblich an Volumen zunehmen. In der anschließenden Differenzierungszone erhalten die Zellen ihre endgültige Form. Seitenknospen (5) treiben erst aus, wenn eine hormonale Blockade, die von der Sproßspitze ausgeht, aufgehoben wird.

[D] Beim Längenwachstum dehnen sich neugebildete Zellen (1) und bilden unter Wasseraufnahme die Vakuolen (2). Einzelne Vakuolen verschmelzen und bilden eine große zentrale Vakuole (3). Die Zelle vergrößert sich solange, bis sich die Zellwand nicht mehr dehnen kann.

[A] Bei der Keimung der Gartenbohne (2) - einer Zweikeimblättrigen - wird, um die Plumula zu schützen, zunächst ein Abschnitt des Stengels (Hypocotyl) unterhalb der Keimblätter aus dem Boden geschoben. Während des Wachstums zieht der Stengel den Vegetationspunkt, der inzwischen die jungen Primärblätter gebildet hat, aus dem Boden. Bei der Gartenbohne werden auch die Keimblätter über den Boden geschoben (epigäische Keimung). Bleiben sie im Boden, handelt es sich um eine hypogäische Keimung. Dabei wird der Stengelabschnitt oberhalb der Keimblätter, das Epikotyl, zuerst aus dem Boden geschoben.

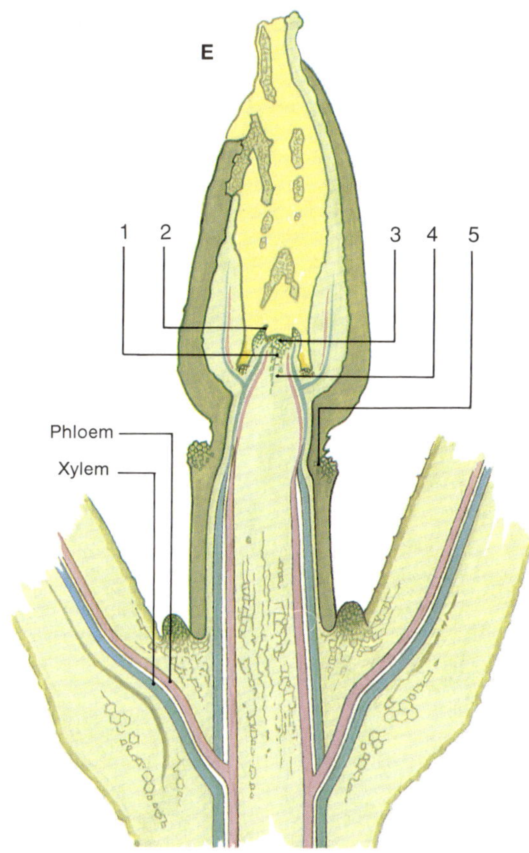

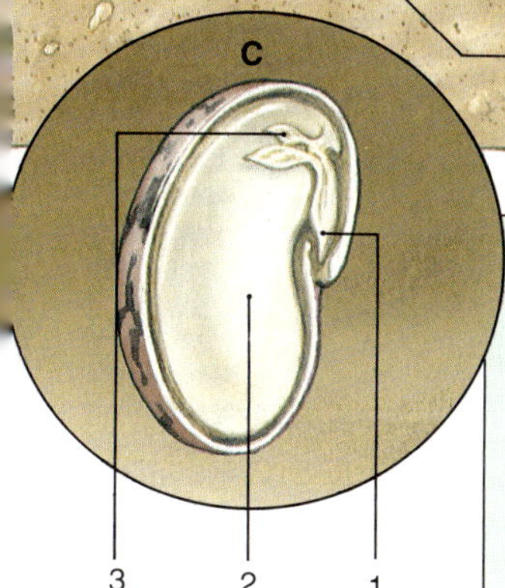

[C] In einer Bohne ist die Keimwurzel (1) so positioniert, daß sie beim Beginn der Keimung die Samenschale (Testa) durchbrechen kann. Die in den Keimblättern (2) gespeicherten Nährstoffe versorgen die Sproßknospe (Plumula, 3), wenn sie wächst.

Kurz- und Langtagspflanzen

Um Blüten zu treiben, muß Bilsenkraut mindestens 12 Stunden lang ununterbrochen dem Tageslicht ausgesetzt sein. Die Blütenbildung ist bei dieser und bei vielen anderen Pflanzen vom Verhältnis Licht/Dunkelheit abhängig. Die Pflanze kann die Zeit messen, die zwischen dem letzten Lichtsignal am Abend und dem ersten am Morgen verstreicht. Manche Pflanzen, z.B. Tabak, benötigen längere Dunkelperioden als das Bilsenkraut. Daher nennt man Tabak auch Kurztagspflanze, während das Bilsenkraut zu den Langtagspflanzen gehört. Die Länge der Dunkelperioden kann von Art zu Art innerhalb einer Familie schwanken. Bestimmte blaugrüne Farbstoffe in Blättern und Stengeln – die Phytochrome – empfangen die Lichtreize und leiten beim Überschreiten der »kritischen Tageslänge« den Blühprozeß ein. Die Tageslänge ist als auslösender Reiz besonders geeignet, da sie sich an einem bestimmten Ort im Jahresgang immer gleich verändert und daher als objektives Zeitmaß dient.

Samen und Früchte, *S. 156/157* Photosynthese, *S. 180/181*

Sonderbare Zwitterwesen

Fortpflanzungsstrategien bei Wirbellosen

Wenn das Weibchen der Gottesanbeterin das Männchen während der Paarung auffrißt, geschieht dies meist aufgrund eines Mißverständnisses zwischen den Partnern. Auch das Männchen der Gartenkreuzspinne ist dieser Gefahr ausgesetzt, deshalb befestigt es einen Seidenfaden am Netz des Weibchens und erzeugt mit den Beinen charakteristische Vibrationen, um dem Weibchen seine Anwesenheit zu signalisieren. Auf ein extra gewobenes Spermanetz gibt die männliche Spinne einen Spermatropfen ab und saugt ihn mit speziellen Pedipalpen aus dem Netz auf, um ihn in der weiblichen Genitalöffnung zu plazieren.

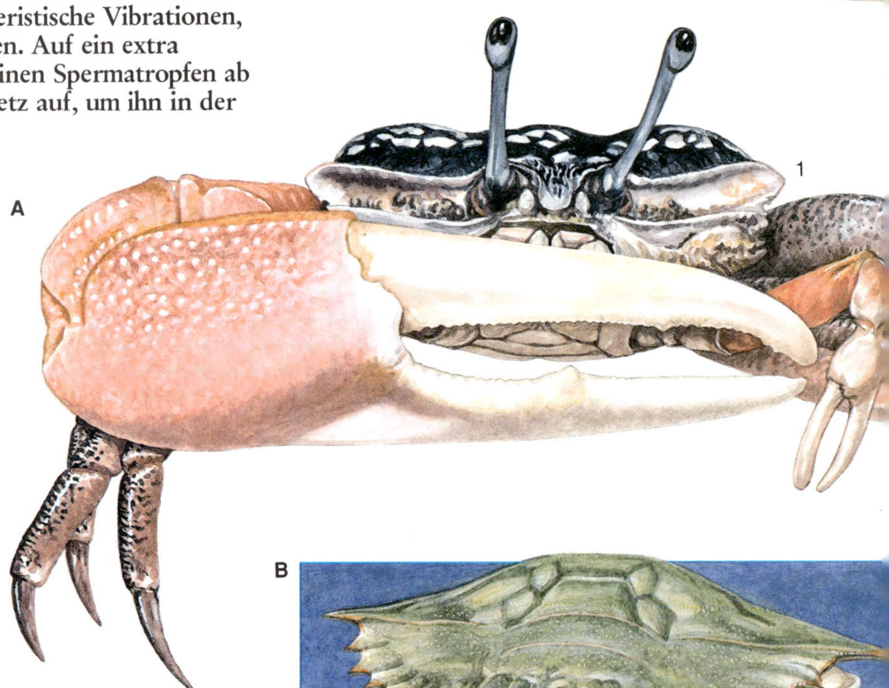

A

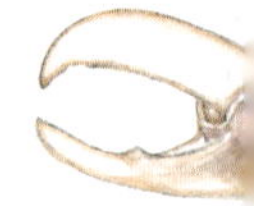

1

Formenvielfalt und Größenunterschiede der wirbellosen Tiere spiegeln sich auch in ihren Fortpflanzungsstrategien wider. Einige können aus einzelnen Teilen ihres Körpers ganze Individuen regenerieren (z.B. Strudelwürmer). Andere bedürfen komplexer Werbung, innerer Befruchtung, mehrerer Larvenstadien und sogar elterlicher Brutfürsorge, um sich erfolgreich fortpflanzen zu können. Viele marin lebende Arten führen Massenfortpflanzungen durch und wandern aus verschiedenen Gebieten zu gemeinsamen Brutplätzen, während andere Tiere weit verstreut leben und Paarungspartner nur mit großer Mühe finden.

Einige Wirbellose haben sich an die knappe Verfügbarkeit von Paarungspartnern angepaßt, indem sie entweder zu Hermaphroditen wurden (d.h., sie besitzen männliche und weibliche Geschlechtsorgane) oder aber in der Lage sind, das Geschlecht situationsbedingt zu wechseln. Viele Mollusken (Weichtiere), aber auch viele Anneliden (Ringelwürmer) sind Hermaphroditen. Auf diese Weise können bei jeder Paarung bei beiden Partnern Eier befruchtet werden. Beide Arten von Geschlechtsorganen zu produzieren, kostet jedoch auch mehr Energie.

Einige weniger hoch entwickelte Wirbellose, wie z.B. der Süßwasserpolyp Hydra, umgehen das Problem der Partnersuche, indem sie sich asexuell durch Knospung vermehren. Um jedoch die zur Evolution und Anpassung an neue Umgebungen benötigte genetische Variabilität zu erhalten, sind diese Organismen meist zusätzlich in der Lage, sich sexuell zu vermehren.

B

[B] Blaukrabben paaren sich, wie alle hartschaligen Krebse, direkt nach der Häutung des Weibchens. Das Männchen bleibt dicht beim Weibchen, um es zu schützen. Die Begattung findet »von Angesicht zu Angesicht« statt, wobei das Weibchen auf dem Rücken liegt.

Partnerfindung, Befruchtung und Aufzucht

Wirbellose Tiere, die sich geschlechtlich fortpflanzen, nutzen eine breite Palette unterschiedlicher Signale und Sinnesleistungen bei der Partnerwerbung. Geisterkrabben trommeln mit ihren Scheren auf dem Boden herum, Leuchtkäfer zeichnen während ihres Fluges artspezifische Lichtmuster in die Luft. Die Weibchen vieler Nachtfalter und Tagschmetterlinge locken mit chemischen Duftstoffen (Pheromonen) Männchen an. Die Werbung muß darüber hinaus sicherstellen, daß der Partner ein Tier derselben Art, aber entgegengesetzten Geschlechtes ist. Die zeitliche Synchronisation der Fortpflanzung ist häufig von Umweltereignissen, bestimmten Startsignalen oder biologischen Uhren abhängig.

Bei Tieren, die eine innere Befruchtung durchführen, injizieren die Männchen ihr Sperma direkt in den Körper des Weibchens, oder die Weibchen müssen eine Spermatophore (Spermienbehälter) durch eine besondere Körperöffnung aufnehmen. Springschwänze setzen ihre Spermatophoren auf dem Boden ab und überlassen die Befruchtung dem Zufall. Die Fortpflanzungsstrategien der meisten Tiergruppen lassen sich auf zwei Hauptstrategien zurückführen - zum einen die Produktion weniger, aber nährstoffreicher Eier, zum Teil in Verbindung mit elterlicher Brutfürsorge, zum anderen die Produktion sehr vieler kleiner, meist aber recht empfindlicher Eier. Soziale Insekten wie Bienen, Wespen und Ameisen verwenden in ihren Kolonien erhebliche Energien auf die Brutfürsorge und legen sogar besondere Brutkammern an, in denen die Jungtiere aufgezogen werden. Es gibt Käferarten, bei denen ein Elternteil zunächst die Eier und danach die Jungtiere bewacht, und bei einigen Krabben- und Hummerarten tragen die Weibchen die Eier und später die Jungtiere mit sich herum. Schlupfwespen legen ihre Eier im Körper anderer Tiere ab, die so als lebende Speisekammer für die Larven dienen.

[C] Das Weibchen der Blaukrabbe legt nach der Befruchtung Eier, die es mit sich herumträgt. Sie werden durch starre Borsten unter ihrem Hinterleib in der richtigen Lage gehalten. Wenn die Eier schlüpfreif sind, werden die Larven entlassen. Die durchsichtige Zoea (1), das erste Larvenstadium, ist etwa 2 mm lang, lebt selbst planktisch gut getarnt im Oberflächenwasser der Ozeane und ernährt sich von anderen Planktontieren. Das folgende Stadium, die Megalopislarve (2), sieht der späteren Krabbe schon ähnlicher und lebt auf dem Meeresboden. Bei einer Größe von 2,5 mm ist das erste Jungtierstadium (3) erreicht.

Siehe auch: Wirbellose - Verbreitung, *S. 122/123* Biolumineszenz, *S. 272/273* Kommunikation: Pheromone, *S. 290/291* Ökosystem Meer, *S. 326/327*

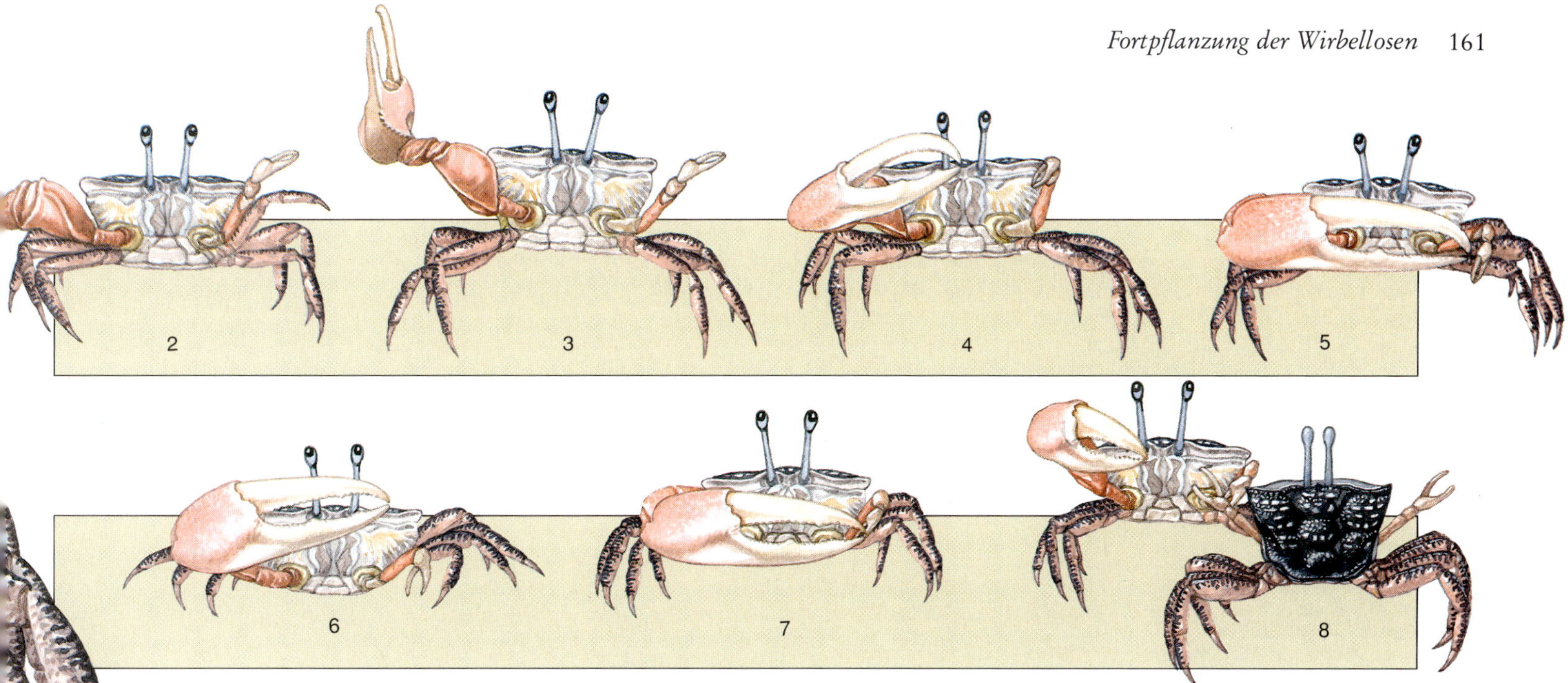

[A] Winkerkrabben erkennen potentielle Paarungspartner optisch. Das Männchen besitzt eine enorm vergrößerte Schere, die nur der Partnerwerbung dient oder im Kampf mit konkurrierenden Männchen eingesetzt wird. Man kann deutlich mehrere Phasen des an einen Tanz erinnernden Winkrituals unterscheiden. Die erste Phase (1-5) wird ausgeführt, bevor ein bestimmtes Weibchen auftaucht, vor allem, wenn viele andere Männchen in der Nähe sind. Die Scherenbewegung beginnt vor dem Gesicht (1), schwingt in die offene Position (2), dreht sich hoch und hinunter und kehrt in die Ausgangsposition (3-5) zurück. Während des Winkens wippt das Krabbenmännchen mit dem gesamten Körper auf und ab. Diese Phase kann eine ganze Weile dauern.
Die 2. Phase beginnt erst, wenn ein Weibchen anwesend ist (6-8, das Weibchen wird nur in 8 dargestellt). Wieder wippt das Männchen mit dem Körper auf und ab, doch die Scherenbewegung ist einfacher und besteht nur aus einer sehr schnellen Auf- und Abbewegung. Das Verhaltensrepertoire der Krabbe umfaßt darüber hinaus auch Gesten noch nicht paarungsbereiter Weibchen.

C

D

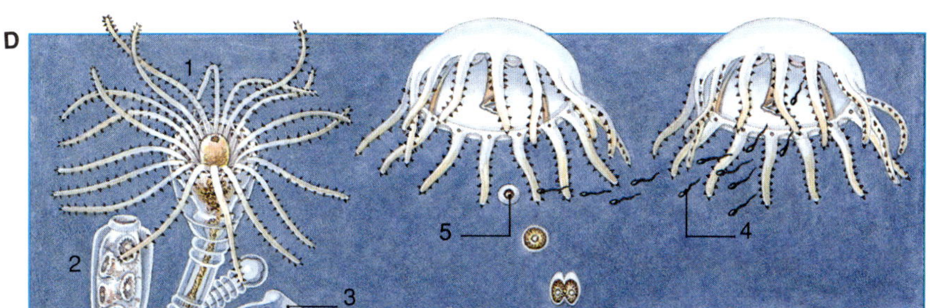

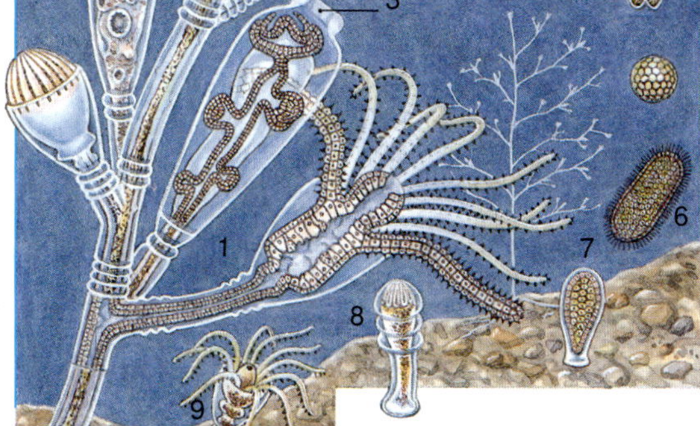

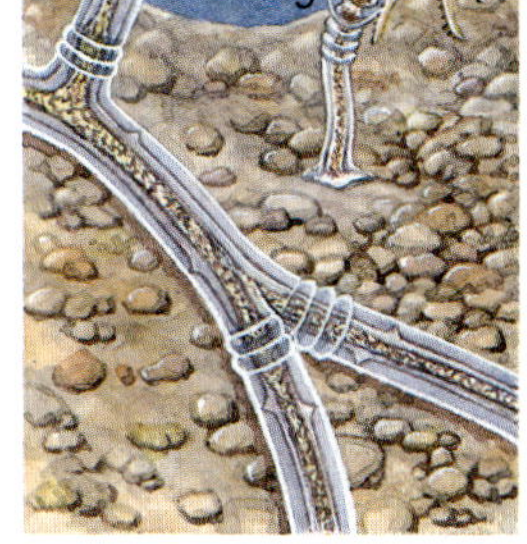

[D] Obelia kann, wie auch andere marine Wirbellose, zwischen sexueller und asexueller Vermehrung abwechseln. Obelia ist eine Kolonie, die aus Subindividuen (Polypen) besteht, welche sich zu Freßpolypen (1) oder auf die Reproduktion spezialisiert haben. Asexuelle Vermehrung bedeutet, daß ein neuer Polyp vom Hauptstamm knospt (2), aber mit diesem verbunden bleibt. Die sexuelle Phase tritt zwischen freischwimmenden quallenartigen Medusen auf, die sich als Medusenknospen (3) von den Reproduktionspolypen abschnüren. Männliche Medusen besitzen Hoden, weibliche Medusen Ovarien, die jeweils unter der Schwimmglocke sitzen. Eine männliche Meduse entläßt Sperma (4), um die Eier der weiblichen Medusen zu befruchten (5). Danach furchen sich die Eier in eine Larve (6), die frei umherschwimmt, bis sie einen geeigneten Untergrund zum Festsitzen (7) findet. Dort wächst sie und bildet eine neue Kolonie (8-9).

Wasserhochzeiten

Wie Fische sich fortpflanzen

Ein imposanter Farbwirbel ist zu sehen, wenn sich die mit prächtigen, schleierartigen Flossen ausgestatteten Männchen der Siamesischen Kampffische im Rivalenkampf beißen und stoßen. Männliche Fische färben sich während der Fortpflanzungszeit oft auffällig bunt, vor allem, um Paarungspartner anzulocken, aber auch, um Konkurrenten zu vertreiben. Sie drehen sich dabei hin und her, um ihren Schmuck gut zu präsentieren. Knurrhähne spreizen dabei ihre leuchtend bunten Brustflossen wie Flügel. Küssende Guramis schubsen sich im Rivalenkampf gegenseitig mit den geöffneten Mäulern.

Siamesische Kampffische (rechts) können Sauerstoff sowohl aus der Luft als auch aus dem Wasser aufnehmen. Die Männchen sind wild und kämpferisch, vor allem gegen arteigene Männchen. Ist ein Weibchen laichbereit, baut das Männchen ein großes Schaumnest an der Wasseroberfläche. Nun greift es das Weibchen regelrecht an. Während dieses klümpchenweise seine Eier abgibt, windet sich das Männchen schlängelnd um das Weibchen und gibt seine Spermien ab; schließlich sammelt es die Eier vom Boden auf und trägt sie vorsichtig ins Schaumnest. Die Jungfische schlüpfen dann innerhalb von zwei Tagen.

Der in Europa weitverbreitete Dreistachelige Stichling (unten) legt ein komplexes Balzverhalten an den Tag. Während der Fortpflanzungssaison färbt sich das Männchen in charakteristischer Weise. Es zeigt leuchtend blaue Augen, eine rote Unterseite und rote Maulkonturen sowie silbrig glänzende Schuppen auf dem Rücken. In einer Höhlung im schlammigen oder sandigen Untergrund errichtet das Stichlingsmännchen ein kuppelartiges Nest aus Pflanzenteilen, die es mit Schleim zusammenfügt. Im fertigen Nest wartet der Stichling auf ein laichbereites Weibchen, das ein durch die Eier stark angeschwollener Bauch kennzeichnet.

Die meisten Fischarten geben ihre Eier und Spermien zur Fortpflanzung einfach ins Wasser ab. Bei dieser äußeren Befruchtung überlassen sie es den Strömungen, beides zusammenzubringen. Fische zeigen meist nur wenig Brutfürsorge, legen aber riesige Mengen kleiner Eier. Der Verlust einer erheblichen Menge an Eiern oder Fischbrut wird von vornherein einkalkuliert. Dennoch haben verschiedene Fischarten in Jahrmillionen Fortpflanzungsstrategien erworben, die dem Verlust wertvoller Brut vorbeugen. Einige Arten wie Haie, Schwertfische und Guppies halten die Eier und später sogar Fischlarven solange im mütterlichen Organismus zurück, bis diese groß genug sind, um allein zurechtzukommen (innere Befruchtung). Andere legen wenige Eier, die aber groß und dotterreich sind. Beim Schlüpfen sind die Jungfische, die sich lange vom Dotter ernähren konnten, schon relativ weit entwickelt.

Recht selten kommt es bei Fischen zu einer Form von Brutfürsorge oder gar zur Brutpflege. Bei diesen wenigen Arten werden die Eier häufig in speziell dafür angelegten Nestern bewacht. Bei nestbauenden Fischarten legt meist das Männchen das Nest an. Es verteidigt sowohl das Nest als auch dessen unmittelbare Umgebung erbittert gegen das Eindringen eines männlichen Artgenossen. Die Hochzeitsfarben, die eigentlich Weibchen anlocken sollen, dienen dann gegenüber männlichen Rivalen als Warnfarben.

Die beste Zeit zur Fortpflanzung

Einige tropische Fischarten laichen relativ häufig und nicht in zeitlich starren Fortpflanzungszyklen. Die meisten Arten - auch in den Tropen - haben aber bestimmte Zeiten, in denen die Männchen ihre Balzfarben ausbilden und die Weibchen langsam beginnen, positiv auf dieses Werbungsverhalten anzusprechen. Durch diese Fortpflanzungszyklen können zur günstigsten Zeit, gerade wenn Futter in ausreichender Menge verfügbar ist, Nachkommen erzeugt werden.

Das Balzverhalten der Stichlinge ist ein klassisches Beispiel für eine Handlungskette, bei der ein Verhalten oder ein Reiz des einen Tieres ein bestimmtes Verhalten des anderen Tieres hervorruft. Schwimmt ein laichbereites Weibchen (2) in sein Revier, löst dieser Anblick beim Männchen einen Zickzack-Tanz (1) aus. Das Weibchen zeigt nun seinen Bauch und schwimmt auf das Männchen zu.

Daraufhin schwimmt das Männchen in Richtung des Nestes (3). Das Weibchen folgt ihm. Das Männchen zeigt dem Weibchen die vorbereitete Nesthöhle (4), indem es seinen Kopf in den Eingang steckt, und präsentiert seine rote Unterseite. Wenn sich das Weibchen jetzt noch ziert, kommt es gelegentlich dazu, daß das Männchen das Weibchen aus Ungeduld in die Seite zwickt (5). Schließlich schwimmt

Siehe auch: Evolution der Fische, *S. 124/125* Fortpflanzung der Amphibien, *S. 164/165* Tierwanderungen als Instinktverhalten, *S. 228/229*

Zahlreiche Fische, beispielsweise Hering, Makrele und Goldbutt, wandern über große Entfernungen zu ihren angestammten Laichplätzen, wo später die Bedingungen für das Heranwachsen der Jungfische besonders günstig sind. Bemerkenswert ist, daß einige Fischarten wie Aale oder Lachse dabei sogar vom Süß- ins Salzwasser und umgekehrt wechseln.

Transsexuelle Fische

Einzigartig unter den Wirbeltieren ist die Eigenschaft einiger Fischarten, ihr Geschlecht zu wechseln bzw. sogar Männchen und Weibchen gleichzeitig sein zu können. Der an der nordamerikanischen Ostküste lebende Schwarze Sägebarsch macht im Alter von 5 Jahren eine Geschlechtsumwandlung vom Weibchen zum Männchen durch. Die Goldbrasse hingegen ist erst Männchen und wird später zum Weibchen. Bei Schwertträgern sind sich die Wissenschaftler nicht einig. Die einen schreiben den beliebten Aquarienfischen einen Geschlechtswechsel zu. Andere Forscher halten die Weibchen, die sich später umwandeln, für noch unentwickelte Männchen. Zahnkarpfen haben sowohl männliche als auch weibliche Geschlechtsorgane, die nacheinander aktiv werden. Gleichzeitig Eier und Samen hervorbringen können Sägebarsche, die damit echte Zwitter sind. Unsicherheit besteht noch beim Gürtelsand-Fisch. Dieser ausschließlich in Gruppen lebende Fisch kann entweder Männchen oder Weibchen oder auch Zwitter sein.

das Weibchen in das Nest hinein (6). Das Männchen beginnt nun mit dem Schnauzentriller. Dabei hämmert es mit raschen Schnauzenschlägen gegen den Schwanzstiel des Weibchens. Dieser Reiz löst die Ablage von bis zu 100 Eiern aus. Wenn das Weibchen das Nest wieder verlassen hat, schwimmt das Männchen hinein und befruchtet die Eier mit seinem Samen (7). In der Folge wird das Weibchen vom Männchen vertrieben, da die Gefahr besteht, daß es die Eier auffrißt. Das Stichlingsmännchen schützt nun das Nest vor Räubern, gerade auch vor anderen Männchen, die in das Revier eindringen, und vor gefräßigen Stichlingsweibchen (8). Mit den Brustflossen fächelt es den Eiern einen konstanten Strom frischen, sauerstoffreichen Wassers zu (Brutfächeln).

Maulbrüter

Um Eier und Junge zu schützen, haben einige Fischarten bizarr anmutende Strategien entwickelt. Viele Cichliden - kleine Buntbarsche aus dem tropischen Amerika, Afrika und Madagaskar - brüten ihre Eier im Maul aus. Nach der Befruchtung werden die Eier ins Wasser abgegeben und vom Weibchen mit dem Maul aufgesammelt. Dort bleiben die Eier, bis die Jungfische schlüpfen. Einige Tage lang flüchten sie noch bei Gefahr ins Maul der Mutter.

Ökosystem Meer, *S. 326/327* **Ökosystem Korallenriff,** *S. 330/331*

Das schönste Quaken gewinnt

Balz und Fortpflanzung bei Amphibien

Wurmschleichen können ihre Genitalöffnungen von innen nach außen stülpen, und der Schwanzfrosch besitzt eine schwanzartig ausgezogene Kloake, um das Sperma direkt in das Weibchen einführen zu können, bevor es in den schnellfließenden Gewässern weggespült wird. Amphibien zeigen eine große Vielfalt an Reproduktionsstrategien, die von einfacher äußerer bis zur inneren Befruchtung reicht, vom Eierlegen bis zur Lebendgeburt. Die Balzrituale der Amphibien erreichen eine vergleichbare Variationsbreite, obwohl einige Arten auch ganz ohne Balz auskommen und sich in einer kurzen, chaotischen Orgie paaren.

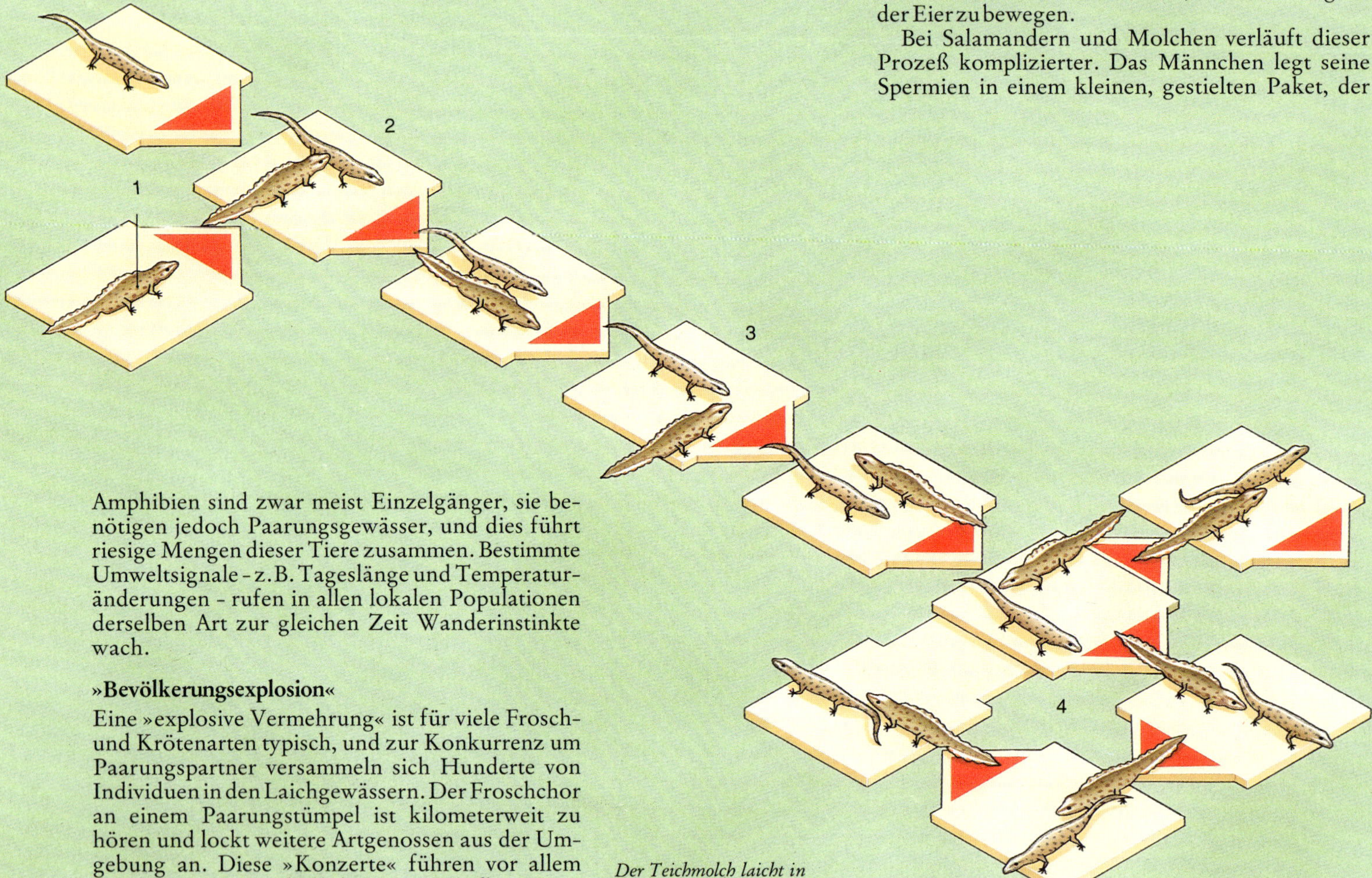

Amphibien sind zwar meist Einzelgänger, sie benötigen jedoch Paarungsgewässer, und dies führt riesige Mengen dieser Tiere zusammen. Bestimmte Umweltsignale - z.B. Tageslänge und Temperaturänderungen - rufen in allen lokalen Populationen derselben Art zur gleichen Zeit Wanderinstinkte wach.

»Bevölkerungsexplosion«

Eine »explosive Vermehrung« ist für viele Frosch- und Krötenarten typisch, und zur Konkurrenz um Paarungspartner versammeln sich Hunderte von Individuen in den Laichgewässern. Der Froschchor an einem Paarungstümpel ist kilometerweit zu hören und lockt weitere Artgenossen aus der Umgebung an. Diese »Konzerte« führen vor allem Arten mit einer relativ kurzen Fortpflanzungsperiode, wie Wasserfrosch und Erdkröte, auf. Sie sind darauf angewiesen, innerhalb weniger Tage einen passenden Paarungspartner zu finden.

Bei den Amphibien muß das Weibchen Geschlecht und Art des potentiellen Partners erkennen. Die Männchen balzen jeden anderen im Tümpel befindlichen Frosch, Salamander und auch jede Kröte an, ungeachtet des Geschlechts oder der Art. Froschweibchen fühlen sich am stärksten von dem Männchen mit dem lautesten und tiefsten Quaken angezogen. Da das Quaken eines Frosches von der Größe seiner Schallblasen und damit von seinem Alter abhängt, sichert sich das Weibchen einen Paarungspartner, der schon mehrere Jahre überlebt hat und daher vermutlich vorteilhafte Merkmale an den Nachwuchs weitergeben wird.

Die Wahl des richtigen Zeitpunktes

Für die Paarung besonders wichtig ist, daß Spermien und Eier zur selben Zeit und am selben Ort abgegeben werden. Bei Fröschen und Kröten, die sich im Wasser paaren, wird dies durch Muskelbewegungen des Körpers erreicht, die den Partner stimulieren. Das Männchen umfaßt das Weibchen fest unter den Vorderbeinen, wobei ihm besondere »Paarungsschwielen« an den Daumen behilflich sind. Es preßt dann seinen Körper gegen den des Weibchens und umklammert es, um es zur Abgabe der Eier zu bewegen.

Bei Salamandern und Molchen verläuft dieser Prozeß komplizierter. Das Männchen legt seine Spermien in einem kleinen, gestielten Paket, der

Der Teichmolch laicht in ruhigen, flachen Gewässern. Während der Fortpflanzungssaison färbt sich das Männchen (1) viel auffälliger als das Weibchen: Ein hoher Rückenkamm wird ausgebildet, dunkle Flecken erscheinen auf seinem Körper, und seine Unterseite einschließlich des Schwanzes färbt sich orange. Der Befruchtung geht ein komplexer, nichtaggressiver Balztanz voraus, mit optischen, taktilen und chemischen Reizen. Zunächst nähert sich das Männchen dem Weibchen und beschnüffelt es (2). Das Weibchen versucht wegzuschwimmen, das Männchen folgt ihm, überholt es und legt sich ihm regelrecht in den Weg, wobei es seinen imposanten Kamm präsentiert (3). In der nächsten Phase der Orien-

Siehe auch: **Eroberung des Landes**, *S. 92/93* **Evolution der Amphibien**, *S. 128/129* **Metamorphose**, *S. 166/167* **Farben im Tierreich**, *S. 260/261*

Spermatophore, an Land auf dem Boden oder am Grunde eines Teiches ab. Mit Hilfe von Duftstoffen aus Drüsen unter seinem Schwanz lockt es paarungswillige Weibchen an. Danach führt es ein tanzähnliches Balzritual auf, um das Weibchen in die richtige Position über der Spermatophore zu manövrieren, so daß es diese in seine Genitalöffnung aufnehmen kann.

Laichen im Trockenen

Obwohl tropische Regenwälder sehr feucht zu sein scheinen, gibt es doch häufig nur sehr wenig stehendes Wasser, in dem Amphibien laichen können. Einige Baumfrösche und Salamander legen ihre Eier in das Wasser kleiner Zisternen, so z.B. die Blatt-Trichter von Bromeliengewächsen. Beutelfrösche und Wabenkröten bewahren ihre befruchteten Eier in Taschen auf dem Rücken des Weibchens auf.

Eine Reihe von Froscharten, zu denen auch einige der in Süd- und Mittelamerika lebenden Pfeilgiftfrösche gehören, legen ihre Eier auf Blättern oder Zweigen ab, wo sie vor der Aufmerksamkeit in Zisternen lauernder Räuber sicher sind. Dabei bewacht ein Elternteil, meist das Männchen, die Eier und hält sie bis zum Schlüpfen mit Wasser aus seiner Blase feucht. Flugfrösche paaren sich in Gruppen auf Ästen, die über Wasser hängen. Mit ihren Füßen schlagen sie Speichel zu Schaum, in den die Eier abgelegt werden. Der Schaum hält sie feucht, bis die kleinen Kaulquappen schlüpfen und vom Ast direkt ins Wasser fallen.

Die Surinam-Kröte (rechts) legt 3 bis 10 Eier, die das Männchen befruchtet und danach in den Rücken des Weibchens drückt. Dessen Rückenhaut schwillt an und hüllt die Eier in Cysten ein. Nach 80 Tagen häutet sich das Weibchen, und die jungen »Minikröten« werden ins Wasser entlassen.

tierung folgt das Männchen dem Weibchen (4). Schließlich stehen sie sich gegenüber, wobei das Männchen seinen Schwanz zurückbiegt und dem Weibchen Duftstoffe (Pheromone) zufächelt (5). Dieser Reiz verursacht eine deutliche Änderung im Verhalten des Weibchens. Es beginnt, sich dem Männchen zu nähern, das nun seinerseits rückwärts wegschwimmt, wobei es die leuchtende Hochzeitsfärbung zeigt. Schließlich dreht sich das Molchmännchen um und bewegt sich vorwärts, das Weibchen folgt ihm (6). Das Männchen stoppt und führt mit seinem Schwanz vibrierende Bewegungen aus (7), woraufhin sich das Weibchen so weit nähert, daß seine Schnauze den Schwanz des Männchens berührt (8). Als Antwort auf dieses Signal setzt der männliche Molch seinen Samenbehälter, die Spermatophore (9), ab. Danach nähert sich das Männchen auf genau eine Körperlänge und dreht sich dann seitwärts. Das Weibchen bewegt sich so weit vorwärts, bis es das Männchen gerade berührt (10), so daß die Kloake über die Spermatophore gelangt. Sie wird in den Körper des Weibchens aufgenommen, wo die Befruchtung stattfindet.

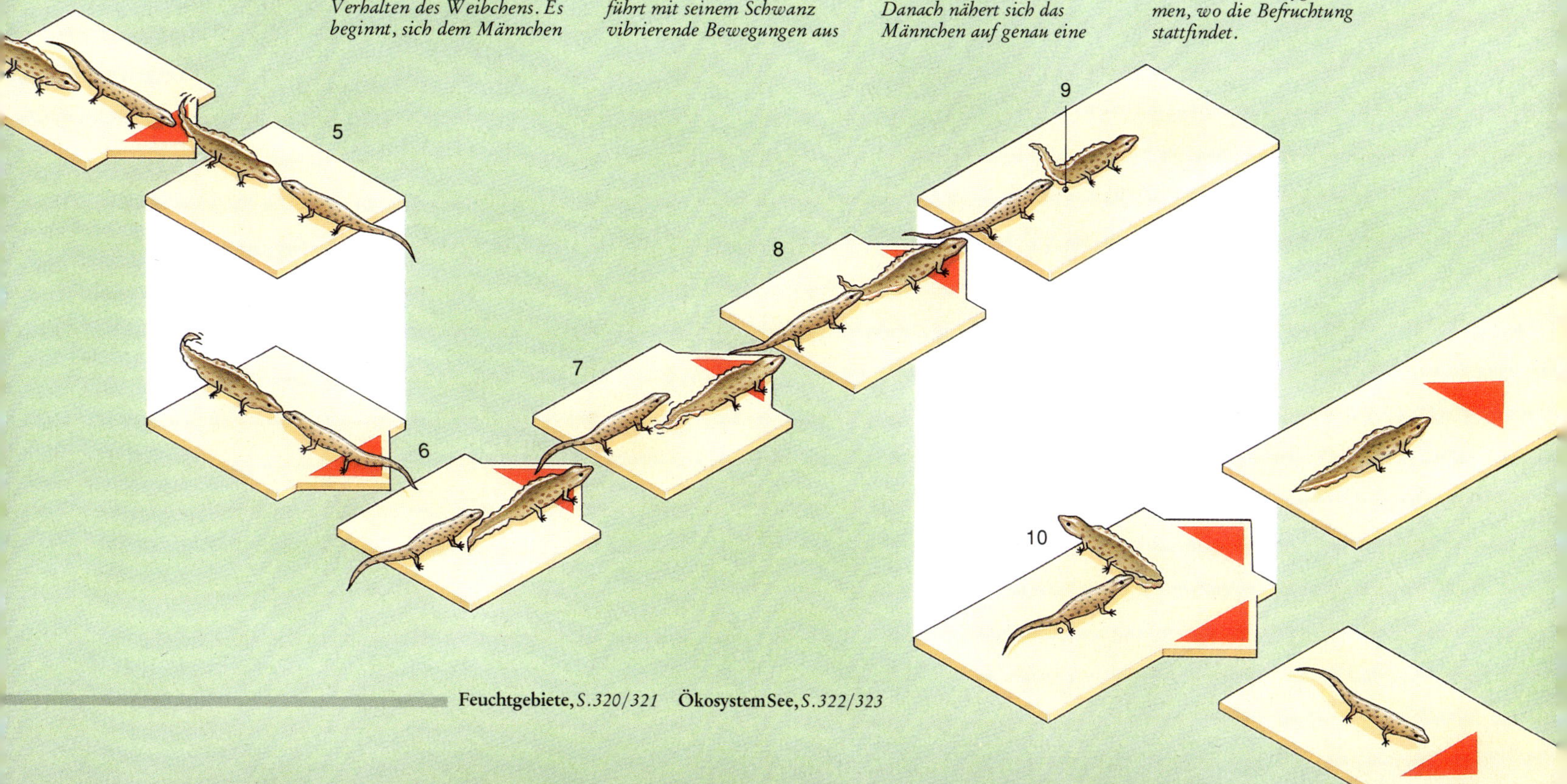

Feuchtgebiete, *S. 320/321* **Ökosystem See**, *S. 322/323*

Von Larven, Puppen und Kaulquappen

Entwicklung durch Metamorphose

Daß Kaulquappe und Frosch oder Raupe und Schmetterling jeweils ein und derselben Art angehören, wäre kaum zu glauben, wenn wir die Umwandlungen nicht direkt beobachten könnten. Metamorphose heißt dieser Vorgang, bei dem Tiere in ihrer Entwicklung von der Larve zum erwachsenen Tier z.T. drastische Veränderungen durchmachen. Bei vielen Tiergruppen zeigt die Metamorphose die einzelnen Stadien der Entwicklungsgeschichte im Schnelldurchlauf. Die Umwandlung eines Eies über die kiemenatmende Kaulquappe zum lungenatmenden Frosch ist sicherlich das anschaulichste Beispiel.

[A] Paaren sich Frösche, so findet die Befruchtung und Eiablage im Wasser statt (1). Innerhalb einer Stunde bläht sich die Gallerte um die Eier zu Froschlaich (2) auf. Das Ei (3) entwickelt sich zum Embryo (4), der 6 Tage nach der Befruchtung als langschwänzige Kaulquappe (5) mit äußeren, gefiederten Kiemen ausschlüpft. Maul und Augen entwickeln sich später. Der Schwanz wird zum Fortbewegungsmittel. Die Hinterbeine sind nach der 8. Woche gut ausgebildet (6). Unterdessen ist die Kaulquappe von einem Pflanzen- zum Fleischfresser geworden. Über ein Kiemen- und Lungenstadium wechselt sie von der Kiemen- zur Lungenatmung. Nach drei Monaten sind die Kiemen völlig verschwunden, und die Vorderbeine sind gut entwickelt (7). Die Metamorphose ist allerdings nicht abgeschlossen, solange das Tier noch einen langen Schwanz besitzt. Dessen Rückbildung findet im letzten Stadium (8) statt.

Bei allen Tieren wird die zeitliche Abstimmung der einzelnen Phasen in der Metamorphose von Hormonen, chemischen Botenstoffen im Körper, gesteuert. Jedoch können darüber hinaus Tageslänge, Temperatur und die Physiologie der Tiere die Feinabstimmung dieser Vorgänge beeinflussen. Diese Abstimmung ist notwendig, um ungünstigen äußeren Faktoren wie Trockenheit oder Kälte Rechnung zu tragen.

Bei Kaulquappen wird das wichtigste Wachstumshormon von der Hypophyse, der Hirnanhangdrüse, produziert. Dieses Hormon allein führt zu einer Hemmung der Metamorphose. Sie beginnt erst, wenn die Schilddrüse die Produktion ihres Hormons, des Thyroxins, steigert. Dieses löst das Wachstum der Beinmuskulatur, die Auflösung der Schwanzgewebe und die Bildung der lichtempfindlichen Pigmente im Auge aus. Bei Insekten wird die Metamorphose durch das Zusammenspiel zweier Hormone gesteuert. Das Hormon Ecdyson leitet das Wachstum ein und bewirkt die Häutung. Drüsen nahe dem Gehirn produzieren das Juvenilhormon, das jedoch die Ausbildung charakteristischer Merkmale von ausgewachsenen Tieren verhindert; erst wenn die Sekretion dieses zweiten Hormons abnimmt, kann die Metamorphose zum Abschluß kommen.

Während der Metamorphose durchlebt ein Insekt mehrere Larvalstadien. Der größte Teil der Umbildungen von der Larve zum ausgewachsenen Tier (Adult) findet im letzten Zwischenstadium, dem Puppenstadium, statt. Bei der letzten Häutung vor der Puppenbildung werden die sich entwickelnden Flügelknospen und Gliedmaßen zum ersten Mal sichtbar. Eine starke Veränderung der Muskulatur ist nötig, um von der larvalen Fortbewegung zum Flatterflug und den kräftigen Beinen des ausgewachsenen Tieres zu wechseln.

Zuflucht und Schutz

All diese Veränderungen dauern gewisse Zeit, während der die Puppe Schutz braucht. Einige Nachtfalterlarven produzieren eine Art Seide und spinnen Schutzkokons um sich herum oder fügen Blätter zu einer Ruhekammer zusammen. Andere verkitten Bodenpartikel mit klebrigen Sekreten, um eine unterirdische Kammer zu formen. Einige Larven behalten die letzte Larvalhaut; diese verhärtet und bildet eine Schutzhülle, die man Puparium nennt.

Nicht alle geflügelten Insekten durchleben drastische Veränderungen. Bei Grashüpfern, Küchenschaben, Libellen und vielen anderen Tiergruppen finden sich allmähliche Übergänge. Nach jeder Häutung ähnelt die Larve mehr dem ausgewachsenen Insekt. Bis zu 40 Stadien können bei diesen hemimetabolen Insekten vorkommen, die jeweils nur geringfügige Formveränderungen vom ersten Larvalstadium bis zum Adulten aufweisen.

Fischmetamorphosen

Schollen und Seezungen scheinen von oben nach unten (rücken-bauchwärts) abgeplattet zu sein, sind es tatsächlich jedoch seitlich. Die Jungfische besitzen normal symmetrische Fischgestalten. Nach einigen Wochen Entwicklungszeit verlagert sich ein Auge auf die andere Kopfseite, und das Maul verzieht sich. Der Fisch lebt von nun an gut getarnt auf dem Meeresgrund, auf einer Körperseite liegend, und entwickelt einen wellenförmigen Schwimmstil.

»Aus der Haut fahren«

Häutung kommt nicht nur während der Metamorphose vor. Da die Kutikula von Gliederfüßern aus totem, nicht mehr dehnbaren Material besteht, wird sie periodisch abgestreift. Eine neue muß gebildet werden, wenn das Tier den nächsten Wachstumsschub erlebt. Landlebende Wirbeltiere bilden Keratin, ein hartes, wasserfestes Protein, in den äußeren Hautgewebezellen. Da durch die Hornhautbildung Zellkomponenten der Hautschichten verändert und z.T. zerstört werden, wird die verhornte Zellschicht von Zeit zu Zeit abgestreift. Deshalb fahren Schlangen und andere Reptilien buchstäblich aus ihrer Haut. Bei Vögeln und Säugetieren lösen sich kleine, verhornte Hautpartikel beinahe fortwährend ab (auch der meiste Staub im Haus ist pulverisierte Haut). Sogar Frösche und Kröten streifen ihre Hautoberfläche ab, die sie dann in der Regel fressen.

Der mexikanische Axolotl ist ein Salamander, der sich in seltenen Fällen vom Kiemen- zum Lungenatmer entwickelt. Er erlangt die Geschlechtsreife, ohne das unreife Kiemenstadium zu überwinden (ganz links). Diese Neotenie ist das Ergebnis von Umweltfaktoren, die die Umwandlung verhindern, z.B. des Fehlens von Jod, das die Schilddrüse braucht, um Thyroxin als Auslöser der Metamorphose zu bilden. Steigt das Jod-Niveau an, entwickelt sich der Axolotl zur Reife (links).

Siehe auch: **Fortpflanzung der Amphibien**, *S. 164/165*

Eierlegende Schuppentiere

Werbe- und Fortpflanzungsverhalten von Reptilien

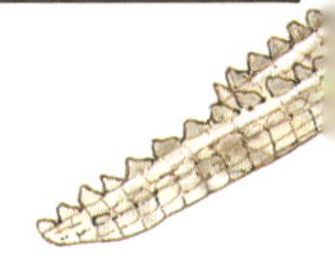

Bei Krokodilen, See- und Landschildkröten ist das Geschlecht ihres Nachwuchses von der Temperatur abhängig, bei der die Eier ausgebrütet werden. Vor 260 Millionen Jahren konnten trockenresistente Eier der frühzeitlichen Reptilien in Lebensräumen bestehen, die für die meisten Amphibien zu trocken waren. Viele heutige Reptilien vergraben oder verstecken ihre hartschaligen Eier und kümmern sich anschließend weder um Eier noch um die Jungen. Es gibt aber auch Ausnahmen: Eine Skinkart der Gattung Eumeces hilft den Jungen beim Abstreifen der Eihäute und beschützt sie dann noch etwa zehn Tage lang.

Viele Reptilien haben für die Zeit vor und während der Paarung komplexe Verhaltensmuster entwickelt. In dieser Zeit treten sekundäre Geschlechtsmerkmale, die Männchen und Weibchen unterscheiden, besonders ausgeprägt hervor. Eidechsenmännchen etwa nehmen eine leuchtende Färbung an und unterstreichen ihr glänzendes Äußeres durch ihre Bewegungen und ihre Haltung. Einige schwingen ihren Kopf hin und her, andere verfügen über ausdehnbare Kehllappen, wieder andere geben Drüsensekrete ab, die das andere Geschlecht anlocken sollen.

Bestimmte Schlangenarten bedienen sich ebenfalls eines Drüsensekrets, um Männchen anzuziehen. In der Regel jedoch sind Schlangen Einzelgänger, und oft kommt es eher zufällig zu einer Paarung, wenn sich Männchen und Weibchen gerade zur richtigen Zeit begegnen. Die Werbung aber ist bei allen Arten kompliziert und ritualisiert. Das Männchen schlängelt sich zum Weibchen hin und reibt sich an ihm. Bei einigen Arten wickeln sich Männchen und Weibchen umeinander, manchmal richten sie sich hoch auf. Bei der Paarung dringt die männliche Schlange mit einem ihrer beiden Hemipenes in die weibliche Kloake ein und befruchtet das Ei.

Langwieriger sind die Vorbereitungen zur Paarung bei den Schildkröten. Männchen der Landschildkröten stürzen sich häufig mit brüllenden Lauten auf die Weibchen und schnappen nach ihren Beinen. Damit werden die Weibchen gezwungen, ihre Gliedmaßen unter den Panzer zu ziehen und sich in Ruhestellung zu begeben. Männchen der Wasserschildkröten strecken ihren Kopf nach dem Weibchen aus. Während sie rückwärts vor dem ihnen folgenden Weibchen schwimmen, streichen sie mit ihren Beinen über Maul und Kinn des Weibchens.

Streicheln und Aneinanderreiben spielt auch bei der Werbung unter Krokodilen und Alligatoren eine wichtige Rolle. Der Paarungsakt selbst erscheint sehr viel gewalttätiger, da beide Partner sich im Wasser umeinander winden und sich hin- und herwerfen - manchmal länger als zehn Minuten -, bis das Männchen auf den Rücken des Weibchens steigt und die Paarung vollzogen wird.

Eier und Junge

Die meisten Eidechsen legen Eier. Einige Arten jedoch - darunter Glattechsen- und Geckoarten - gebären lebende Junge. Das Weibchen dieser Eidechsenarten behält die Eier solange im Körper, bis die Jungen geschlüpft sind, erst dann »gebiert« sie (Ovoviviparie). Die meisten Eidechsen jedoch

[A-E] Das Weibchen des Nilkrokodils gräbt ein etwa 40 cm tiefes Loch, in dem es seine Eier ablegt [A]. Es plaziert dieses Loch in der Nähe von Wasser und Schatten, von wo es das Nest beobachten kann. Da Eier und Junge häufig Beute für Mungos, Hyänen, große Watvögel und Eidechsen sind, legt das Weibchen bis zu 50 Eier [B]. Die mit Laub, Gras und Erde bedeckten Eier werden bis zu 90 Tage bewacht [C], bis hohe Töne aus den Eiern das Weibchen dazu stimulieren, diese auszugraben; mit einem Hornhöcker an der Schnauze, dem Eizahn, brechen die Jungen die Eischalen auf [D]. Die Mutter sammelt die Jungen in ihrem Maul [E] und trägt sie zum Säubern in den Fluß. Die Jungen werden etwa acht Wochen von ihr betreut. Verirrten Nachwuchs erkennt sie an den kläglichen Rufen; bei Gefahr bringt sie die Jungen in ihrem Maul in Sicherheit.

F

[F] Das Ei eines Reptils ist unabhängig, ihm fehlt nichts außer einer externen Wärmequelle, um es zum Bebrüten auf einer konstanten Temperatur von 27-35°C zu halten. Ein oder zwei Tage nach dem Legen absorbiert eine wachsende Zellschicht Nährstoffe aus dem Dotter (1) in Form von Stärken, Zuckern, Fetten und Proteinen. Sobald sich die ersten Spuren des Embryos ausbilden (2), beginnen Blutgefäße (3) die Dotteroberfläche zu überziehen. Haben sie ein ausgedehntes Netz gebildet, nehmen die inneren Organe des Embryos Gestalt an (4). Ist der Embryo halb entwickelt (5), unterscheiden sich die verschiedenen »Lebenserhaltungssysteme« des Eies klar voneinander. Zwischen Schale und Embryo befinden sich drei Membranen. Die innerste bildet den Fruchtwassersack (6), eine mit Flüssigkeit gefüllte, Erschütterungen abfedernde Kammer, die den Embryo umgibt und mit dem Dotter über die Nabelschnur (7) verbunden ist. Dotter- und Fruchtwassersack sind in den Harnsack (Allantois) (8) eingeschlossen, in dem Abfallstoffe gesammelt und vom Embryo ferngehalten werden. Die Allantois sorgt auch für den Gasaustausch. Sie liegt der Zottenhaut (Chorion) an (9), direkt unter der Eischale. Die zahlreichen Blutgefäße des Chorions versorgen den Embryo mit Sauerstoff.

Siehe auch: Evolution der Reptilien, *S. 130/131* Fortpflanzung der Amphibien, *S. 164/165* Fortpflanzung der Kloaken- und Beuteltiere, *S. 176/177*

B

C

D

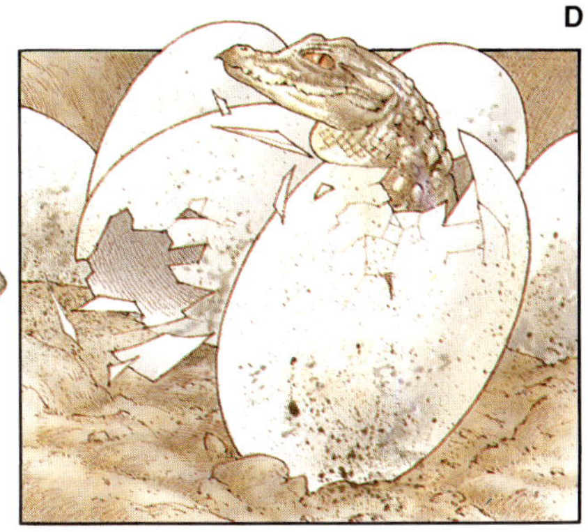

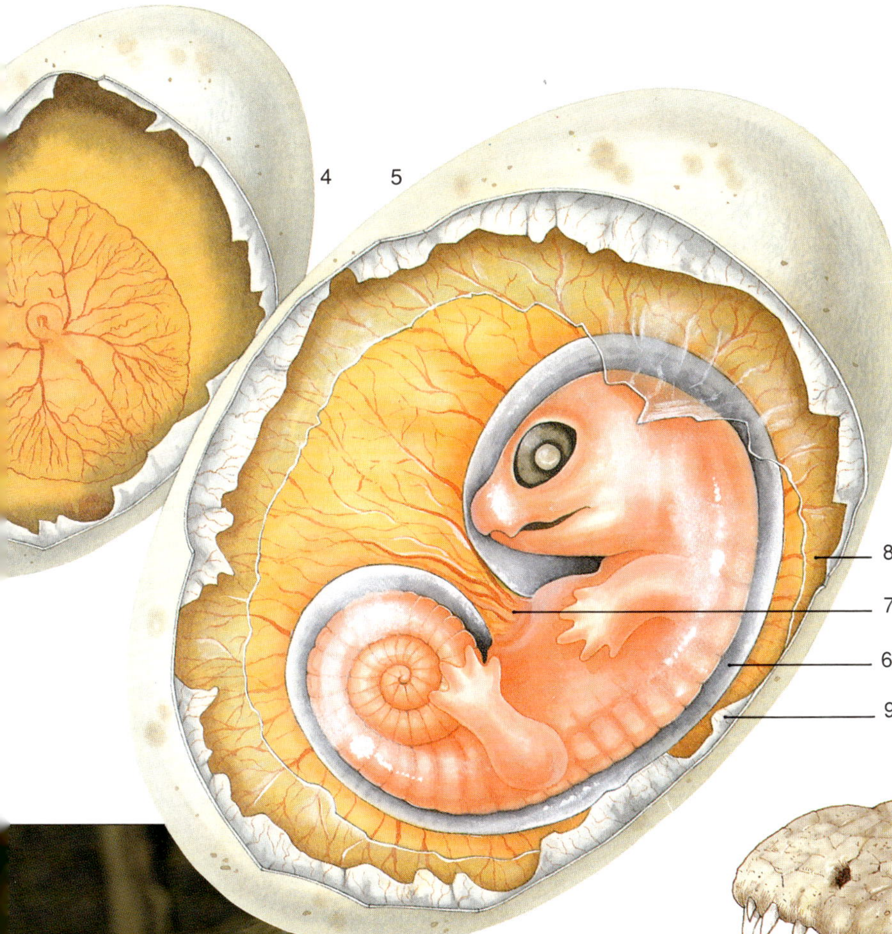

vergraben ihre von einer harten, lederartigen Schale geschützten Eier und lassen sie in der Erde von der Sonne ausbrüten.

Auch die meisten Schlangen legen ihre Eier einfach ab und verlassen sie. Wenige Schlangenarten gebären lebende Junge. Dies kann in ähnlicher Weise wie bei den Eidechsen ablaufen. Eine andere Methode kommt sehr viel seltener vor. Hier werden die Jungen direkt vom Blutkreislauf der Mutter über den Eileiter ernährt, der ähnlich funktioniert wie die Plazenta höher entwickelter Säugetiere (Viviparie). Lebendgeborene, auf welche Art auch immer, sind weniger abhängig von der Umgebungstemperatur. Darüber hinaus zeigen einige Schlangen auch elterliche Fürsorge, indem sie sich beispielsweise um ihre Eier ringeln.

Sowohl Land- als auch Wasserschildkröten graben ihre zahlreichen Eier an sonnigen Plätzen an Land in einem Nest ein, das zugedeckt und verborgen wird. Anschließend zeigen die Mütter keinerlei Interesse mehr für Eier oder Junge.

E

Glattspitznattern paaren sich in großen Gemeinschaften (links). Wie auch Klapperschlangen und zahlreiche andere Schlangenarten überwintern sie in Kolonien, wachen im Frühjahr zur selben Zeit auf und paaren sich dann in Gruppen, viele Männchen mit verschiedenen Weibchen. Mit Hilfe dieser Strategie wird die Fortpflanzung gesichert.

Schutz der Tiere, *S. 340/341*

Vogelhochzeit

Wie Vögel umeinander werben

Die Männchen der ostafrikanischen Spitzschwanz-Paradieswitwen sind durch ihren 40-50 cm langen schwarzen Schwanz von potentiellen Partnern aus über einem Kilometer Entfernung erkennbar. Leuchtendes Gefieder, spezielle Lockrufe und Gesänge sowie akrobatische Flüge gehören zum Standardrepertoire des meist kunstvoll ausgeführten Balz- und Werbeverhaltens der Vögel. Die Balz dient dazu, eine Bindung zwischen den Geschlechtern herzustellen, die für die Arterhaltung wichtige Fortpflanzung sicherzustellen und beide Elternteile auf die gemeinsame Brutfürsorge einzustimmen.

Bei der Paarung der Vögel lassen sich im wesentlichen vier Verhaltensmuster unterscheiden. Die weitaus meisten der etwa 8600 bekannten Arten, etwa 90 %, sind monogam, d.h., sie leben jeweils für eine Brutsaison mit nur einem Partner zusammen, in der übrigen Zeit des Jahres jedoch unabhängig. Am zweithäufigsten kommen ungebundene Geschlechtsbeziehungen vor, also mit verschiedenen Partnern, je nach Gelegenheit. Ein solches Sexualverhalten zeigen jedoch nur etwa 6 % der Vögel, beispielsweise viele Schneehühner und Kolibris. Auch Wasser- und Kampfläufer sowie einige Arten der Fasanen, Leierschwänze, Schnurrvögel und die meisten der Paradiesvögel gehören dazu. Noch seltener kommt Polygynie vor, wobei ein Männchen zwei oder mehr Weibchen begattet, ebenso selten Polyandrie, wobei sich ein Weibchen mit mehr als einem Männchen paart. Polygynes Sexualverhalten zeigen der afrikanische Oryxweber sowie einige Webervögel der offenen Savannen. Sie sind tropischen Regionen angepaßt, leben in großen Gruppen und legen Nesterkolonien an. Polyandrisch hingegen leben z.B. die Wassertreter, Goldschnepfen und Blatthühnchen sowie auch einige Wasserläuferarten.

Balzarenen

Bei einigen Vogelarten kommen bis zu 50 Tiere an bestimmten Plätzen zur ihren Balztänzen zusammen. Solche »Gesellschaftsbalz« zeigen polygame Vögel wie Birkhuhn, Kampfläufer, Leierschwanz sowie einige Paradies- und Laubenvögel, aber auch Schnurrvögel und Kolibris.

Nachdem die Männchen in ihre »Balzarena« eingeflogen sind, stolzieren sie einher und vollführen Luftsprünge, wobei sie ihr Gefieder kunstvoll entfalten und zur Schau stellen. So erregen sie die Aufmerksamkeit der viel unauffälliger gefiederten Weibchen, die der Zeremonie beiwohnen. Einige Vogelarten wie der Kampfläufer führen auch eindrucksvolle Schaukämpfe vor. Dadurch wird die Rangordnung unter den Männchen festgelegt, ohne daß sie sich ernsthaft gegenseitig verletzten. Die erfolgreichsten Männchen paaren sich schließlich mit den Weibchen. Bei den Birkhühnern läuft dies darauf hinaus, daß weniger als 10 % der Hähne 80 % aller Begattungen durchführen, die Birkhennen neigen dazu, sich nur von den dominanten Hähnen treten zu lassen, so daß nur deren Erbgut weitergegeben wird. Daß bei den Vögeln oft nur die Männchen prachtvoll gefiedert sind, verschafft den Weibchen Sicherheit. Ihre Unscheinbarkeit lockt weniger Feinde an und verbessert so den Fortpflanzungserfolg.

Siehe auch: **Fortpflanzung der Vögel**, *S. 172/173*

Hochzeits-Lauben

Die 18 Arten von Laubenvögeln kommen in Regenwaldgebieten und sonstigem Waldland im Nordosten Australiens und in Neuguinea vor. Ihr Werbe- und Balzverhalten geht weit über die Zurschaustellung ihres Gefieders hinaus: Die Männchen errichten »Lauben«, nestähnliche Bauwerke, die ausschließlich Balz und Paarung dienen.

Jede Laubenvogelart baut ihren eigenen Laubentyp. Die einfachere Ausführung ist eine bloße Anordnung von gesammelten Zweigstückchen und Blättern auf einer Waldlichtung, die Luxusausführung besteht aus kunstvoll errichteten mehrwandigen Gebäuden mit geschmückten Alleen und Vorhöfen. Die am unscheinbarsten gefärbten Männchen bauen die prachtvollsten Lauben. Am kompliziertesten ist die zeltartige Dachkonstruktion, die der Rothaubengärtner in einem Ringwall auf moosgepolstertem Untergrund errichtet und mit bunten Blüten verziert.

B

A

[A] Der Haubentaucher zeigt bei seinen Paarungsspielen eine Reihe eindrucksvoller Posen, die an einen Tanz erinnern. Viele davon sind aus alltäglichen Verhaltensweisen entstanden und immer mehr ritualisiert worden, um die Partnerbindung der monogam lebenden Vögel zu festigen. Nach der Paarung ist die Anwesenheit des Männchens lebensnotwendig beim Brüten und Aufziehen der Jungen. Gegen Ende des Winters finden sich 100 oder mehr geschlechtsreife Haubentaucher zur Balz zusammen. Sowohl Männchen als auch Weibchen entwickeln ein leuchtendes Balzkleid mit abstehender Haube und Halskrause. Zunächst beginnt das Paarungsspiel noch etwas unsicher: Beide Partner stellen sich Brust an Brust und schütteln ihren Kopfschmuck hin und her (1). Zwischendurch putzen sie sich (2). Etwas später in der Saison wird der Balztanz bei den schon »verheirateten« Pärchen immer intensiver. Einer der Partner breitet seine Flügel weit aus, während der andere taucht und wieder nach oben schnellt (3). Dann wendet sich eines der Tiere plötzlich ab, läßt seinen Partner scheinbar im Stich und jagt über das Wasser davon (4). Auf dem Höhepunkt der Erregung richten sich beide Partner in »Pinguin-Pose« hoch gegeneinander auf und bieten sich mit ihren Schnäbeln gegenseitig Niststoff an (5).

[F-G] Die farbenprächtigsten Gefieder sind im tropischen Regenwald zu sehen. Das Männchen des Königsparadiesvogels [F] sucht mit attraktiven Schwanzfedern das Weibchen zu begeistern. Der Pfauhahn [G] beeindruckt seinen Harem beim »Radschlagen« mit Schmuckfedern voll farbiger »Augen«.

[B-E] Greifvögel vollführen schwungvolle Paarungsspiele in der Luft – unter Aufbietung all ihrer Flugkünste. Die Kornweihe [B] steigt während ihres Balzflugs mit schräg aufwärts gestellten Flügeln in Wellenlinien auf und ab, während das Männchen dem Weibchen Beute übergibt. Auch der Raubadler [C], eine Unterart des Steppenadlers, zeigt einen stark wellenförmigen Balzflug mit ausgeprägtem Auf und Ab. Der kunstvolle Flug des Kaffernadlers [D] mit seinen vielen eng gezogenen Achterbahnen sieht wie ein ständiges Hin- und Her-Pendeln aus. Pärchen des afrikanischen Schreiseeadlers [E] packen sich mitten im Balzflug an den Krallen und schlagen hoch in der Luft Saltos und Räder.

Artspezifische Unterschiede

Daß Balzverhalten nicht ausschließlich der Partnerwerbung, sondern auch der Erkennung dient, zeigen Laysan- und Schwarzfuß-Albatrosse. Manchmal brüten diese beiden Arten dicht beieinander, und es kommt trotz verschiedener Färbung zu Annäherungsversuchen. Unterschiedliches Balzverhalten verhindert dann aber Mischpaarungen. Zu Beginn strecken die Laysan-Albatrosse ihre Schnäbel senkrecht in die Höhe. Ist das Weibchen größer als das Männchen, wird es vertrieben. Da die Schwarzfuß- größer sind als die Laysan-Albatrosse, wird häufig bereits dadurch weiteres Balzverhalten unterbunden. Ansonsten bleibt auch während der ein- bis zweijährigen »Verlobungszeit« noch genügend Zeit, den Partner aufgrund weiterer Verhaltensunterschiede als richtig oder falsch zu erkennen.

Vom Ei zum Küken

Wie Vögel sich fortpflanzen

Vor Beginn der Paarungszeit setzt bei den Vögeln die Bildung der Geschlechtszellen ein, die mit einer Vergrößerung der während der meisten Zeit des Jahres stark reduzierten Geschlechtsorgane einhergeht. Bei der Begattung, die bei denVögeln eher unbeholfen wirkt, werden die Geschlechtsöffnungen lediglich aneinandergepreßt, was der Mauersegler sogar im Flug bewerkstelligt. Gemeinsames Merkmal der Fortpflanzung aller Vögel ist die Eiablage. Auch bei größeren Gelegen wird im Abstand von mindestens einem Tag nur ein Ei abgelegt. In der schützenden, harten Schale des Eies wachsen die Küken heran.

Vögel besitzen nur eine Ausführungsöffnung, über die Samen bzw. Eier, Kot und Harn ins Freie gelangen. Man nennt sie Kloake. Bei der Begattung werden meistens nur die Kloaken aufeinandergepreßt. Dies geht sehr schnell vonstatten, reicht jedoch in der Regel aus, um den Samen in den Körper des Weibchens zu bringen. Dort schwimmt er innerhalb weniger Tage zum oberen Ende des Eileiters, wo die Befruchtung stattfindet. Bei einigen Vögeln ist die männliche Kloake zu einem vorstreckbaren Penis umgewandelt, wie etwa bei Entenvögeln und Straußen.

Nach der Befruchtung wandern die Eier langsam den Eileiter hinunter und werden ins Nest gelegt, jeweils eins pro Tag. Die harte, kalkhaltige Schale des Eies schützt den Embryo vor dem Eindringen von Mikroorganismen oder wirbellosen Tieren, ermöglicht aber dennoch den Gasaustausch für die Atmung.

Das Brüten

Die meisten Vögel beginnen erst mit dem Brüten, wenn sie alle Eier gelegt haben, so daß alle Küken etwa zur gleichen Zeit schlüpfen. Bei Greifvögeln und Eulen beginnt das Brüten allerdings schon, sobald das erste Ei gelegt ist, so daß die Jungen dann nacheinander schlüpfen. Der zuerst geschlüpfte Nestling nimmt oft eine dominierende Stellung ein und wird von den Eltern bei der Fütterung den Jüngeren, Schwächeren vorgezogen. Wenn ausreichend Beute vorhanden ist, kann mehr als ein Junges überleben, bei knapper Beute müssen die Jüngeren jedoch meistens verhungern oder werden von den Geschwistern getötet.

Bei den meisten brütenden Vögeln fallen an der Bauchseite Federn aus, und es entstehen nackte Hautstellen, sogenannte Brutflecke, mit denen sich die Vögel auf die Eier kuscheln. Da sich an diesen Stellen die Blutgefäße erweitern, ist so eine besonders gute Wärmeübertragung auf die Eier gewährleistet. Pinguine, Pelikane, Kormorane, Tölpel, Entenvögel und Eulen haben keine Brutflecke. Enten rupfen sich selbst Bauchfedern aus, um den direkten Hautkontakt mit den Eiern zu ermöglichen. Pinguine tragen ihre Eier beim Brüten auf den Füßen.

Das Schlüpfen

Um eine erfolgreiche Entwicklung zu gewährleisten, müssen die Eier auf einer Temperatur von ca. 37,5°C gehalten werden. In tropischen und subtropischen Gegenden müssen die Eier vor Überhitzung geschützt werden. Dazu schirmen die Vögel sie mit ihrem Körper ab. Manche Seeschwalben und Möwen befeuchten ihre Eier zur Kühlung auch mit Wasser aus dem Brustgefieder. Brutvögel wenden ihre Eier in regelmäßigen Abständen, um eine gleichmäßige Wärmeverteilung im Gelege zu gewährleisten. Die Brutzeiten bewegen sich zwischen ca. 10 Tagen bei einigen Spechten und ca. 80 Tagen bei Albatrossen, bei vielen Vögeln brüten Männchen und Weibchen abwechselnd.

Die Gelegegröße variiert stark – zwischen einem Ei bei Pinguinen, Sturmtauchern und Kiwis und bis zu 20 Eiern bei Rebhühnern. Beim Schlüpfen sind die Jungen teilweise nackt und hilflos. Augen und Ohren sind bei ihnen meist noch geschlossen. Sie müssen im Nest beschützt und gefüttert werden, was zur Bezeichnung Nesthocker geführt hat. Doch nicht alle Jungen sind Nesthocker. Küken, die zum Zeitpunkt des Schlüpfens schon ihr volles Federkleid haben, laufen können und innerhalb kurzer Zeit nach dem Schlüpfen selbständig Futter picken, sind Nestflüchter.

[A] Ein Entenembryo wächst aus der Keimscheibe auf der Oberfläche des Eigelbs – dem Nahrungsspeicher – heran. Zunächst breitet sich ein Netz kleinster Blutgefäße über das Eigelb aus, und ein einfaches Herz entwickelt sich. Der Embryo beginnt in die Länge zu wachsen und eine Wirbelsäule zu entwickeln (1). Dann bilden sich der Kopf und ein bauchig hervortretendes Auge, und das Herz dreht sich in seine endgültige Position (2). Die Gedärme entwickeln sich, das Gehirn vergrößert sich, und der Embryo fängt an, sich einzurollen (3 – 4). Die Gliedmaßen erscheinen als kleine Knospen, Schwanz und Mundöffnung bilden sich (5). Nach 13 Tagen (6) kann man den Vogel an seinem Schnabel erkennen. Nesthocker wie die Elster schlüpfen kurz nach diesem Stadium. Nestflüchter wie die Wildente (7) entwickeln sich im Ei weiter. Die Federn wachsen, die Gliedmaßen werden stärker, und der Vogel schlüpft mit bereits offenen Augen.

A

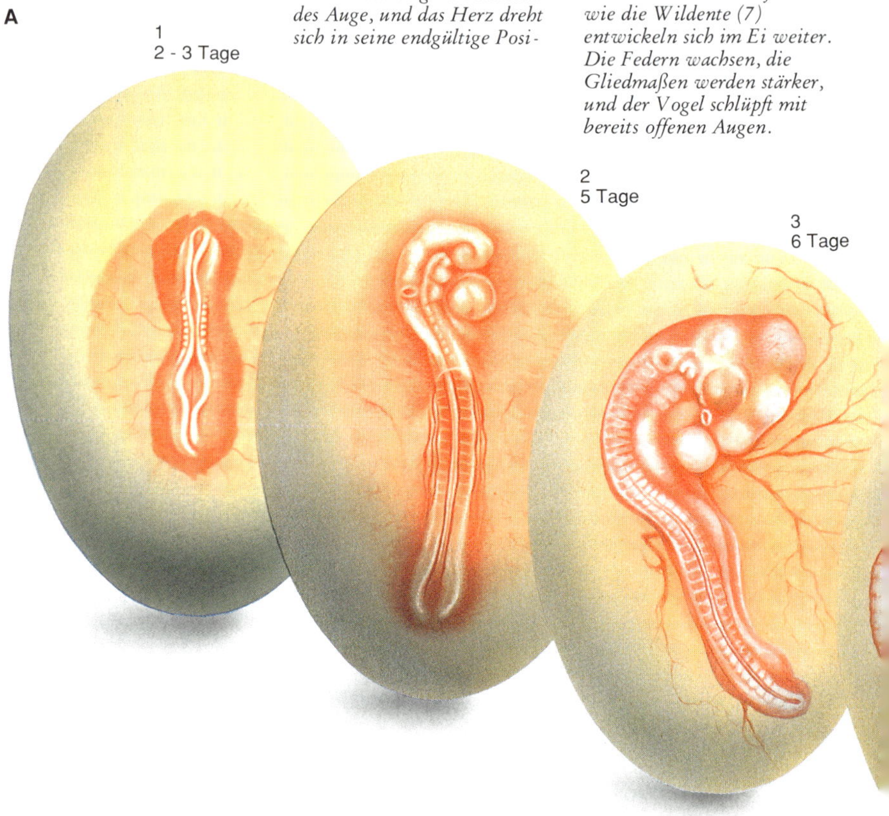

Siehe auch: Evolution derVögel, *S. 132/133* Haare und Federn, *S. 134/135* Balzflug, *S. 170/171* Vogelnester, *S. 238/239*

[B] Die befruchtete Eizelle einer Henne wandert vom Eierstock (1) in den erweiterten Kopf des Eileiters (Infundibulum) (2). Zunächst bewegt sie sich entlang des Hauptteils des Eileiters oder Magnums (3), von dessen Wänden noch Schichten von Eiweiß (Eiklar) hinzugefügt werden. Nach etwa 3 bis 4 Stunden gelangt sie in einen anderen Teil, den Isthmus (4), wo sie von zwei Schalenhäuten umgeben wird. In einem breiteren Teil des Eileiters kurz hinter dem Isthmus – im Uterus (5) oder der Schalendrüse – legt sich die Schale über das Ei. Die Schalenbildung dauert ca. 20 Stunden. Jetzt kann das Ei durch die Kloake (6) mittels Kontraktionen der Vagina gelegt werden.

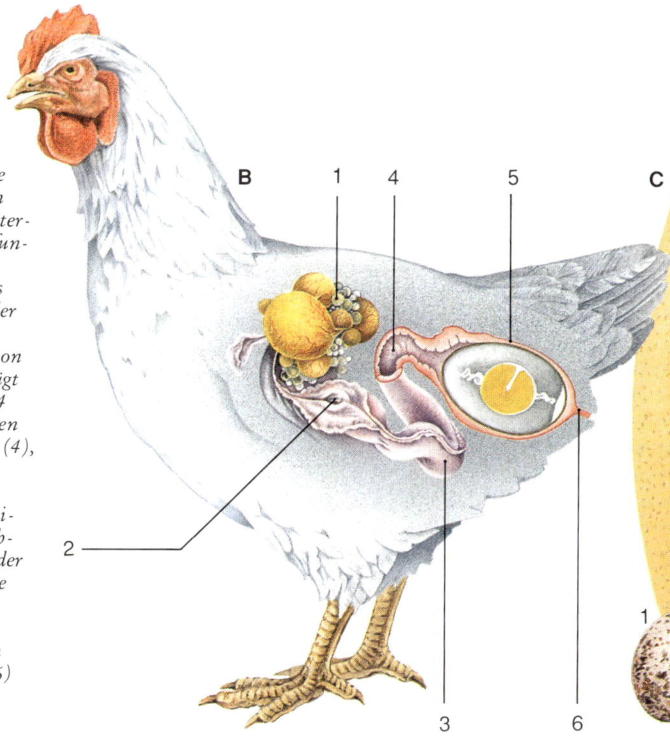

[C] Größe, Form und Farbe der Eier variieren je nach Vogelart stark. Viele sind, wie die des Waldsängers (1), aus Gründen der Tarnung gefleckt. Andere, wie die der Heckenbraunelle (2), sind hell und auffällig. Größere Sperlingsvögel wie die Amsel legen entsprechend größere Eier (3). Eier, die an einem sicheren Ort abgelegt werden, etwa in Löcher, können wie beim Waldkauz (4) auch kugelförmiger sein. Viele Greifvögel, wie der Aasgeier, legen Eier mit dunklen, rötlichbraunen Markierungen (5). Sowohl Emus als auch Strauße legen große Eier mit kräftiger Schale, die bis zu 2 mm dick ist. Das Ei des Emus wechselt innerhalb weniger Tage nach dem Legen die Farbe von einem trüben Grün zu einem schwarzen Schimmer (6). Der Strauß legt die größten Eier aller lebenden Vögel – mit einem Gewicht von 1,5 kg (7).

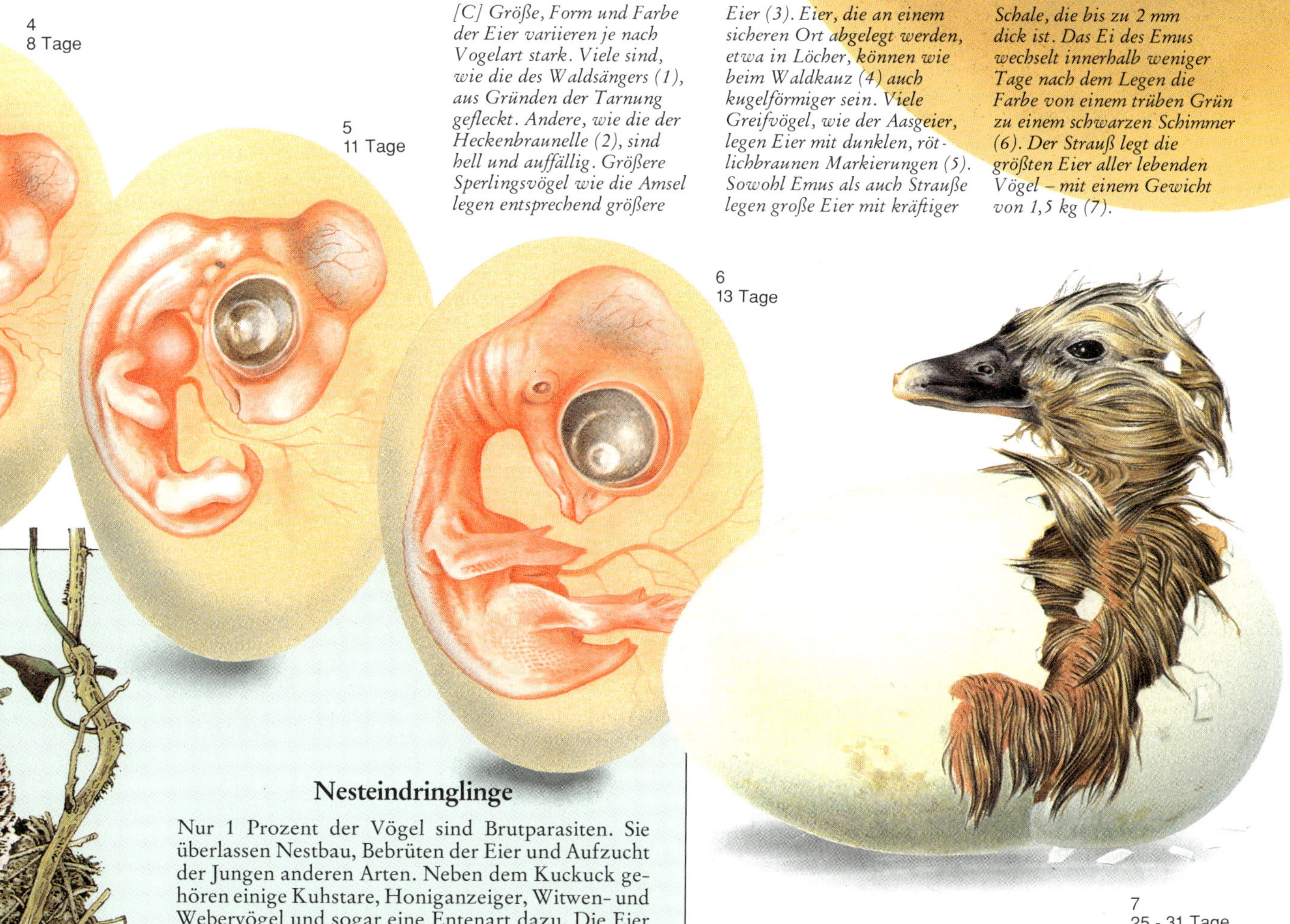

Nesteindringlinge

Nur 1 Prozent der Vögel sind Brutparasiten. Sie überlassen Nestbau, Bebrüten der Eier und Aufzucht der Jungen anderen Arten. Neben dem Kuckuck gehören einige Kuhstare, Honiganzeiger, Witwen- und Webervögel und sogar eine Entenart dazu. Die Eier der Brutparasiten ähneln meist denen ihrer Wirtsvögel. Manchmal bebrüten sie sie schon vor dem Legen in ihrem Körper, so daß die Jungen schnell schlüpfen. Auf diese Weise ist der fremde Nestling den Jungen des Wirtsvogels um einiges voraus und wird daher rasch von diesem angenommen.

Geborgen im Mutterleib

Wie sich Höhere Säugetiere fortpflanzen

Der Fötus eines Blauwals steigert während der letzten beiden Monate im Bauch der Mutter sein Gewicht auf rund zwei Tonnen und legt dabei bis zu 100 kg am Tag zu. Daß sich die Föten der Säugetiere im Uterus der Mutter in absoluter Sicherheit und Geborgenheit entwickeln können, ist sicherlich ein Grund für den Erfolg dieser artenreichen Tiergruppe. Die mächtigen Blauwale bringen immer nur ein Junges zur Welt. Andere Säuger haben in einem Wurf viele Nachkommen - mit dem Ziel, daß wenigstens einige überleben. So kommen bei den spitzmausähnlichen Großen Tanreks Madagaskars bis zu 30 Junge pro Wurf vor.

Höhere Säugetiere entwickelten sich vor rund 90 Millionen Jahren. Sie bilden die jüngste und zahlenmäßig größte der drei Hauptgruppen, die die rund 4000 heutigen Säugetierarten umfassen. Das sich entwickelnde Junge, der Fötus, ist über die Plazenta (Mutterkuchen) mit dem Mutterleib verbunden. Diese verfügt über eine bemerkenswerte Struktur. Die Blutgefäße von Fötus und Mutter sind so eng miteinander verbunden, daß Nahrung und Sauerstoff von der Mutter zum Fötus gelangen und Abfallstoffe und Kohlendioxid den umgekehrten Weg gehen, ohne daß ein Blutaustausch stattgefunden hätte.

Werbungsverhalten

Der erste Schritt zur erfolgreichen Fortpflanzung ist die Partnerfindung. Duftstoffe sind die am häufigsten auftretende Form sexueller Anziehung, Signale für Augen und Ohren werden ebenfalls eingesetzt. Viele Arten versammeln sich während der Brunft in großen Gruppen. Wale, Seehunde und Seelöwen wandern weite Strecken zu bevorzugten Brutplätzen an den Küsten. Der Amerikanische Elch lebt normalerweise in strenger Geschlechtertrennung. Lediglich im Herbst kommen Männchen- und Weibchenrudel zusammen. Dadurch wird eine vielschichtige Population bewahrt, da Tiere unterschiedlicher Abstammung sich vermischen und paaren.

Häufig ist die Phase des Werbens die notwendige Voraussetzung dafür, daß ein Tier überhaupt paarungsbereit wird. Viele männliche Antilopen legen ein ausgeklügeltes Werbungsverhalten an den Tag: Sie umkreisen die Weibchen, streicheln sie mit ihren Vordergliedmaßen und reiben sich an ihnen. Andere Säuger wiederum, die sich einen Harem halten, wie etwa See-Elefanten, befruchten ihre Weibchen mit Gewalt. Arten, die in großen Gruppen leben, neigen zu häufigen Partnerwechseln. Um die Harems, die sich die Männchen halten, wird nicht selten heftig gekämpft. Es kommt auch vor, daß sich lediglich die dominierenden und größten Männchen erfolgreich paaren.

Andere Arten behalten zeitweise oder auf Dauer denselben Partner. Dies trifft vor allem auf Fleischfresser wie Schakale zu. Hier wird die Jagdkunst beider Eltern benötigt, um genügend Nahrung für die Jungen zu beschaffen.

Fortpflanzungszyklen

Der Zeitpunkt der Fortpflanzung kann über Leben oder Tod des Nachwuchses entscheiden. Bei Pflanzenfressern werden die Jungen vornehmlich im Frühling geboren, wenn die Vegetation in der ersten Blüte steht. Die Fortpflanzungszyklen der Fleischfresser hingegen richten sich in der Regel nach denen ihrer Beute. Bei warmen Temperaturen wachsen die Jungen schneller, da sie weniger Energie verlieren und die Mutter mehr Milch produzieren kann. In den feuchten Tropen, deren reichhaltige Nahrungsquellen das ganze Jahr über zur Verfügung stehen, gibt es keine deutlichen Zyklen bei der Fortpflanzung.

Die meisten weiblichen Säuger sind nur zu einer bestimmten Zeit des Jahres oder in regelmäßigen Intervallen empfängnisbereit. Die Männchen durchlaufen häufig ähnliche Schwankungen in ihrer sexuellen Bereitschaft. Diese Fortpflanzungszyklen werden von einer inneren Uhr gesteuert. In diesen Phasen werden Hormone abgegeben, die die Geschlechtsorgane wachsen lassen und den Paarungstrieb unterstützen. Sexuelle Aktivität kann aber auch durch Signale der Umwelt, wie die länger werdenden Tage im Frühjahr, ausgelöst werden.

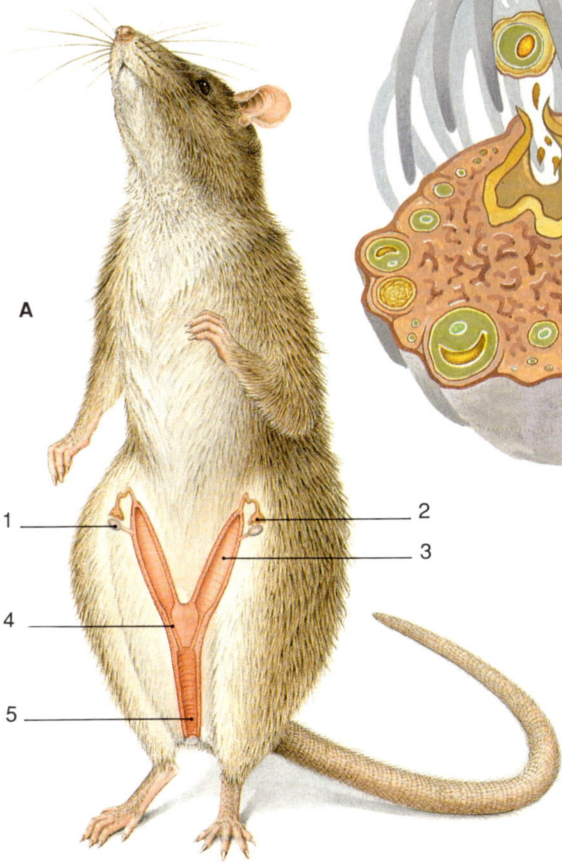

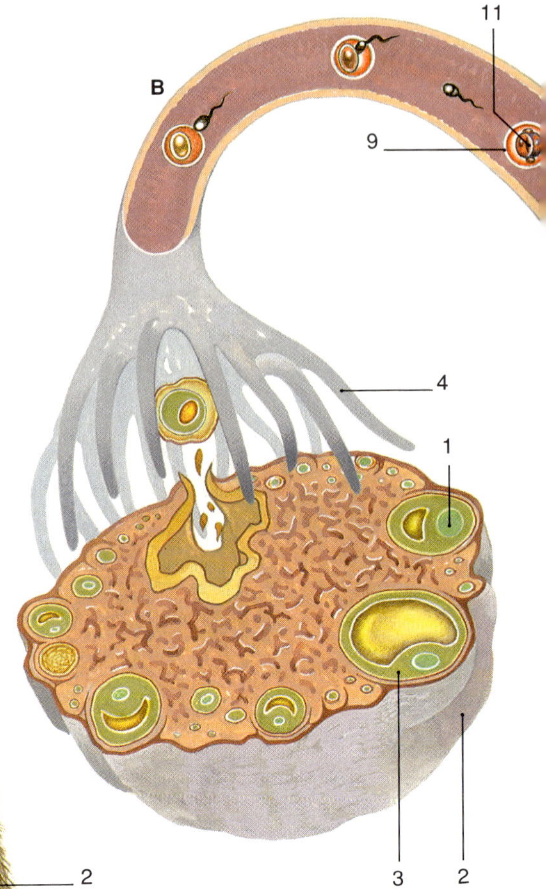

[A] Bei der Ratte sind das Größenverhältnis und die Lage der weiblichen Fortpflanzungsorgane mit Eierstock (1), Eileiter (2), Uterushorn (3), Gebärmutterhals (4) und Vagina (5) im Verhältnis zum Gesamtkörper dargestellt. Die Lage der weiblichen Fortpflanzungsorgane ist bei allen Plazentatieren im Prinzip dieselbe.

[B] Bei der Ovulation entwickelt sich ein Ei (1) im Eierstock (2) zu einem Follikel (3). Dieser besteht aus dem Ei, einer flüssigkeitsgefüllten Höhle und Epithelzellen. Der reife Follikel platzt, und das Ei wird von einer trichterförmigen Öffnung des Eileiters (4) aufgefangen. Während des Eisprungs wird vom Follikel das Hormon Östrogen produziert. Es sorgt dafür, daß sich die Auskleidung der Gebärmutter verdickt und sich das Netz aus Blutgefäßen erweitert. Bei der Paarung werden Millionen Spermien (5) vom männlichen Penis abgegeben. Mit Hilfe ihrer langen Geißeln (6) und durch Mitochondrien (7) gut mit Energie versorgt,

Siehe auch: Evolution der Warmblüter, *S. 94/95* Tierische Zellen, *S. 102/103* Evolution der Säugetiere, *S. 136/137*

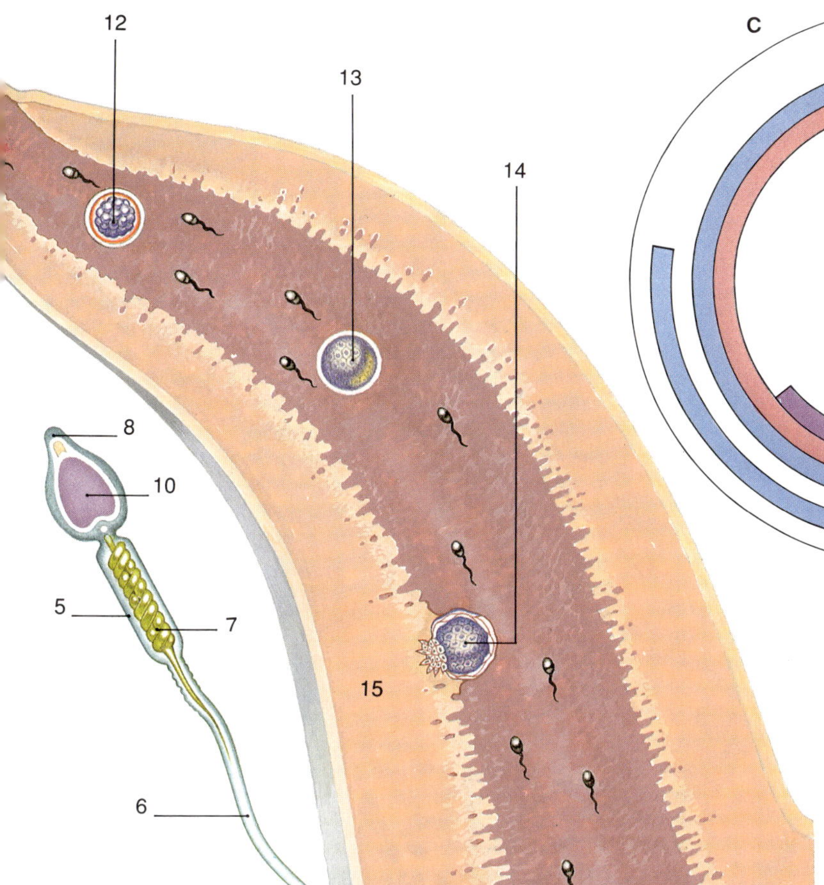

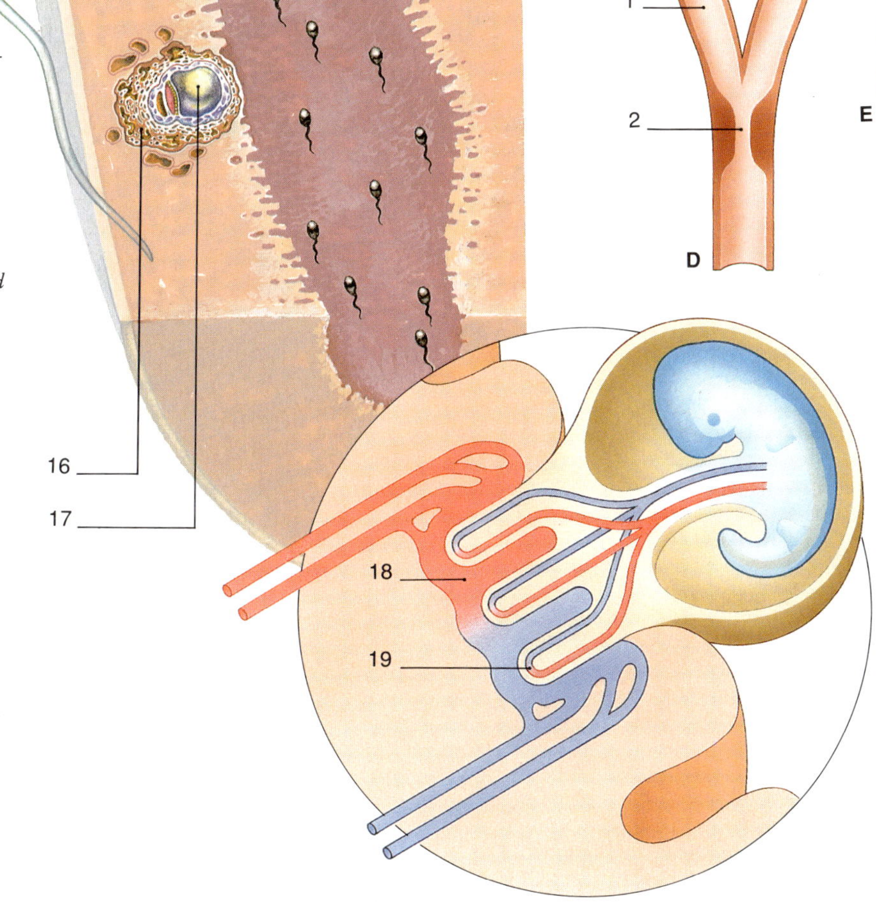

schwimmen die Spermien zum Uterus. Bei der Befruchtung durchdringt das Spermium die Eihülle mit Hilfe eines Enzyms, das von der Spermiumspitze, dem Akrosom (8), ausgeschieden wird. Dies löst zugleich die Bildung einer Befruchtungsmembran (9) aus, die den Zutritt weiterer Spermien verhindert. Sperma- (10) und Eikern verschmelzen miteinander und bringen so das Erbgut beider Elternteile zusammen. Das befruchtete Ei wird nach zahlreichen Teilungen (11-13) zum Embryo (14), der zur Gebärmutter wandert und dort mit Hilfe von Enzymen die Schleimhaut (15) teilweise auflöst, um sich dort einzunisten (16). Zwischen Embryo (17) und Muttertier entwickelt sich die Plazenta (18), die für die Ernährung des Embryos zuständig ist. Millionen kleinster Zotten (19), in welche Blutgefäße hineinragen, sorgen für einen innigen Kontakt zwischen Mutter und Embryo. Hier findet der Austausch von Sauerstoff und Nährstoffen, aber auch von Abfallstoffen wie Kohlendioxid statt.

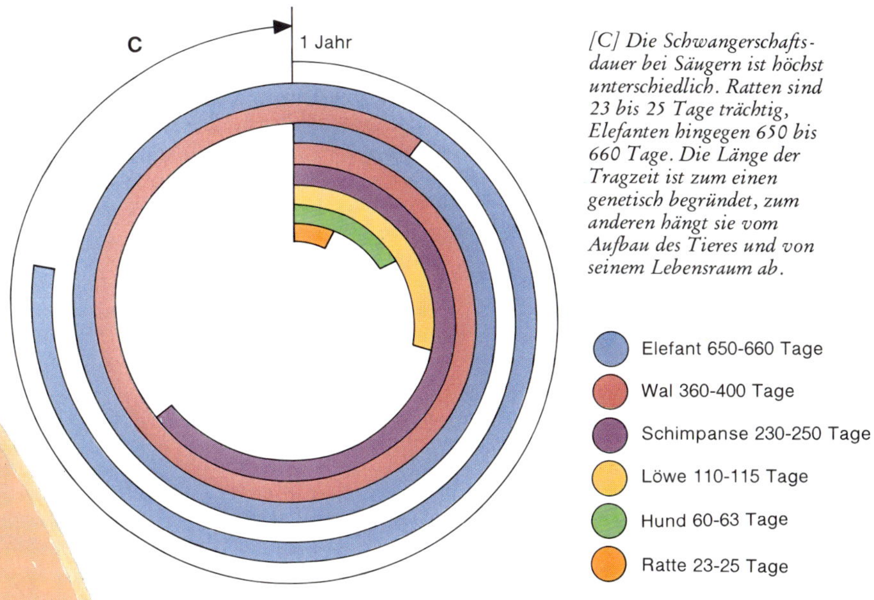

[C] Die Schwangerschaftsdauer bei Säugern ist höchst unterschiedlich. Ratten sind 23 bis 25 Tage trächtig, Elefanten hingegen 650 bis 660 Tage. Die Länge der Tragzeit ist zum einen genetisch begründet, zum anderen hängt sie vom Aufbau des Tieres und von seinem Lebensraum ab.

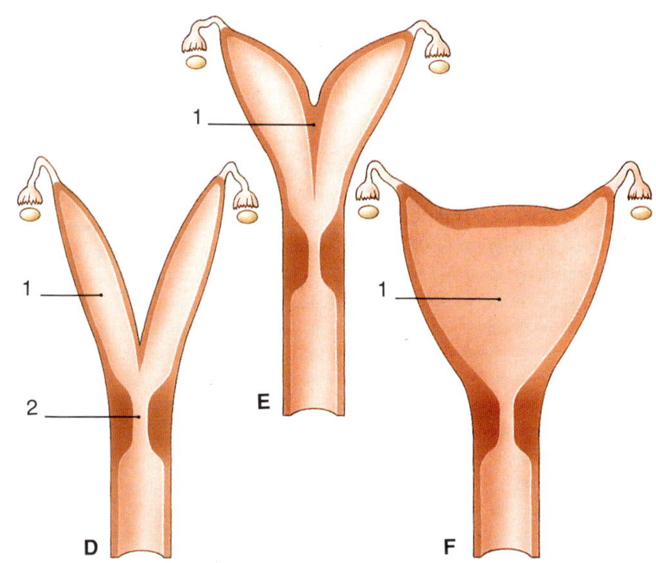

[D-F] Bei den Höheren Säugetieren kommen vier grundlegende Uterustypen vor. Während der Uterus der Ratte [A] zwei Hälse hat, die zu zwei getrennten Uterushörnern führen (Uterus duplex), besitzen Schweine und Insektenfresser einen Uterus bicornis [D], der zwei Uterushörner (1), jedoch nur einen Gebärmutterhals (2) hat. Bei Hunden, Katzen und Kühen findet sich der Uterus bipartitus [E]. Er verfügt über eine zweigeteilte, durch eine Scheidewand (1) getrennte Gebärmutter. Primaten, also auch der Mensch, besitzen einen Uterus simplex [F]. Dieser Typ ist ungeteilt und besonders ausgeprägt.

Fortpflanzung der Kloaken- und Beuteltiere, *S. 176/177* **Säugetiergesellschaften,** *S. 294/295*

Urtümliche Säugetiere

Wie sich Kloaken- und Beuteltiere fortpflanzen

Eines der seltsamsten Lebewesen der Erde ist das Schnabeltier. Es hat den Körper eines Otters, aber Schnabel und Füße gleichen denen einer Ente. Darüber hinaus sind seine Hoden im Unterleib eingeschlossen - ein für Reptilien typisches Merkmal. Das Weibchen gebiert keine lebenden Jungen, sondern legt Eier. Das Schnabeltier gehört zu den wenigen überlebenden Mitgliedern der Kloakentiere, der eierlegenden Säugetiere. Die andere Gruppe der primitiven Säuger bilden die Beuteltiere. Sie bringen zwar lebende Junge zur Welt, deren vollständige embryonale Entwicklung findet aber erst in der Bauchtasche statt.

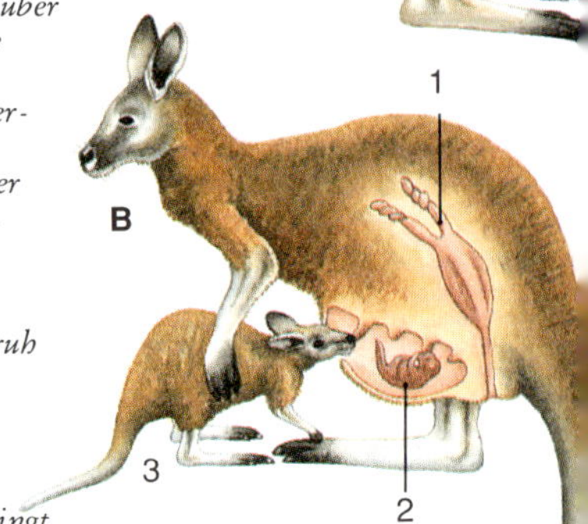

Kloaken- und Beuteltiere werden zu den primitivsten heute lebenden Säugetieren gerechnet. Dies heißt jedoch nicht, daß sie Relikte einer Tiergruppe sind, aus der sich einst auch entwickeltere Säugetiere gebildet hätten. Reptilien haben eine ganze Reihe unterschiedlicher Säugetierlinien hervorgebracht, die jedoch nicht alle überlebt haben. Kloakentiere kommen nur in Australasien vor, die meisten Beuteltiere ebenfalls, da während ihrer 130 Millionen Jahre währenden Entwicklungsgeschichte dort nie eine Konkurrenz zu Plazentasäugern bestand.

Fortpflanzung bei Schnabeltieren

Die Kloakentiere umfassen die fünf Arten der Ameisenigel sowie das Schnabeltier. Dieses lebt überwiegend im Wasser entlang den Flußufern, wo es unter Wasser nach Wirbellosen jagt. Etwa einen Monat nach der Paarung legt das Weibchen zwei Eier in ein Nest, das sich am Ende eines speziellen Bruttunnels im Uferbereich befindet, gut versteckt vor Räubern. Nach der Eiablage legt sich das Weibchen auf den Rücken und bildet mit seinem eingerollten Schwanz eine Art Trichter unterhalb des Bauches, in den die Eier rollen. Diese sind klebrig und bleiben sowohl aneinander als auch im Fell hängen. Das Weibchen »ringelt« sich dann zum Ausbrüten vollständig um die Eier. Bis zum Schlüpfen vergehen häufig 14 Tage, in denen das Weibchen ohne Nahrungsaufnahme in seinem Erdloch bleibt. Die jungen Schnabeltiere - beim Schlüpfen kaum größer als 1,5 cm - verfügen über ein für Säugetiere einzigartiges, bei Vögeln und Reptilien jedoch häufig auftretendes Merkmal: einen Eizahn, mit dem die Eischale aufgebrochen wird und der sich später zurückbildet. Einige Tage nach dem Schlüpfen sickert Milch aus dem Bauch der Mutter. Schnabeltiere haben keine normalen Zitzen - die Kanäle der Milchdrüsen öffnen sich in zwei langgestreckten Falten, aus denen die Jungen die Milch lecken. Ihre Vordergliedmaßen sind relativ lang, so daß sie sich im Fell festklammern können.

Elterliche Bauchtaschen

Kloakentiere legen Eier mit einem lederartigen Überzug, die denen von Reptilien ähneln. Beuteltiere hingegen bringen extrem kleine, nur sehr schwach entwickelte Junge zur Welt. Diese Tierordnung ist nach ihrem Beutel an der Körperunterseite benannt, der je nach Art zwischen 4 und 30 Zitzen enthält und den Jungen vor allem in den ersten Lebenstagen Schutz bietet. Nicht alle Bauchtaschen der Beuteltiere umschließen die Jungen völlig. Bei einigen primitiven Opossumarten baumeln die Jungen an den Zitzen oder klammern sich an das Bauchfell der Mutter. Wombats, Beuteldachse sowie Beutelmullen verfügen über große Bauchtaschen, die am hinteren Ende geöffnet sind. Die Beutel der Känguruhs sind hingegen am vorderen Ende geöffnet, so daß die Jungen nicht herausfallen können.

Während der Tragezeit wird der Embryo innerhalb der Gebärmutter aus dem Dottersack mit sogenannter Gebärmuttermilch ernährt, die über Drüsen im Bauchwandbereich abgegeben wird. Der Dottersack funktioniert wie eine primitive Plazenta; Ernährungs- und Ausscheidungsstoffe sowie Atmungsgase werden zwischen mütterlichem und embryonalem Blutkreislauf ausgetauscht. Dies kann jedoch nur in begrenztem Umfang stattfinden, da kein enger Kontakt zwischen den Blutbahnen besteht wie bei den Plazentasäugern. Lediglich Beuteldachs und -marder verfügen über eine besser entwickelte Plazenta.

[A] Rote Riesenkänguruhs leben gesellig. Die männlichen Tiere wechseln häufig ihren Partner, das jeweils dominante Tier paart sich mit den Weibchen und zeugt die meisten Jungen. Oft kommt es daher zu ritualisierten Rivalenkämpfen, denen ein steifbeiniges gegenseitiges Umrunden vorausgeht, bei dem sich die Gegner taxieren (1). Vor Beginn des eigentlichen Kampfes stehen sich die Männchen gegenüber und kratzen sich (2). Die Gegner »umarmen« sich schließlich mit den Vordergliedmaßen in einer Art Fesselgriff (3), wobei jeder versucht, den anderen zu stoßen und zu treten (4).

[B] Der Fortpflanzungszyklus der Känguruhs erlaubt die gleichzeitige Entwicklung von zwei oder drei Jungen in unterschiedlichen Stadien: ein befruchtetes Ei in der Diapause (ein Zustand stagnierender embryonaler Entwicklung, der jedoch später als »normale« Schwangerschaft fortgeführt wird) befindet sich in der Gebärmutter (1), ein saugendes Junges im Beutel (2) und ein weiteres außerhalb des Beutels (3).

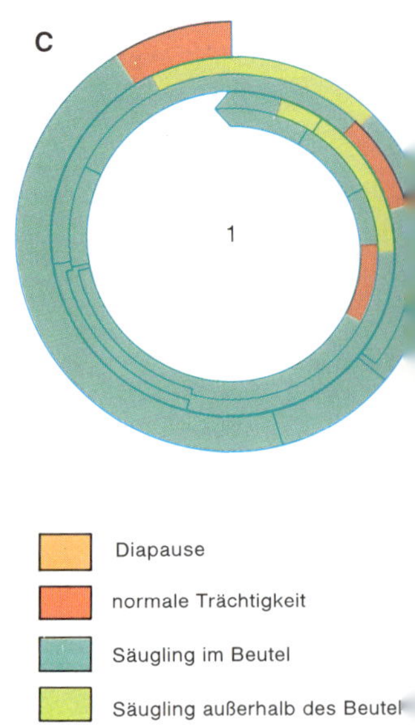

[C] Die Fortpflanzung bei Känguruhs verläuft artspezifisch; die Diagramme zeigen die Fortpflanzungszyklen dreier Arten. Von außen nach innen verdeutlicht jede Spirale einen Zwei-Jahres-Brutzyklus.

Das Graue Riesenkänguruh (1) vermehrt sich nur zu bestimmten Jahreszeiten und hat keine Diapause; nach 30 Tagen wird das Junge geboren und verbringt die folgenden 320 Tage im Beutel. Zu dieser Zeit beginnt eine neue Phase der Trächtigkeit, die endet, wenn das erste Junge den Beutel verläßt und das folgende Junge »nachrücken« kann. Der Tammar (2) pflanzt sich ebenfalls zu bestimmten Jahreszeiten fort, hat aber auch eine Diapause, nach der eine »normale« 27tägige Tragzeit beginnt. Ein Neugeborenes verbleibt die ersten 250 Tage in der Bauchtasche, und ein befruchteter Keimling befindet sich in der Diapause, bis das erste Junge den Beutel verläßt.
Das Rote Riesenkänguruh (3) hat ebenfalls eine Diapause, ist bei der Fortpflanzung jedoch nicht an bestimmte Jahreszeiten gebunden. Sein Junges bleibt 235 Tage im Beutel und verläßt ihn genau zu dem Zeitpunkt, wenn das nächste Junge geboren wird. Während einer kurzen Zeitspanne ist diese Art mit einem Jungen trächtig, während sich ein zweites im und ein drittes außerhalb des Beutels befindet.

Siehe auch: **Evolution der Reptilien,** *S. 130/131* **Evolution der Säugetiere,** *S. 136/137* **Fortpflanzung der Reptilien,** *S. 168/169*

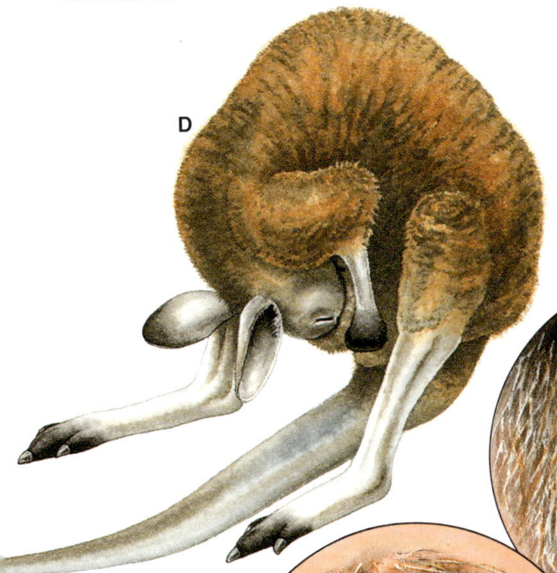

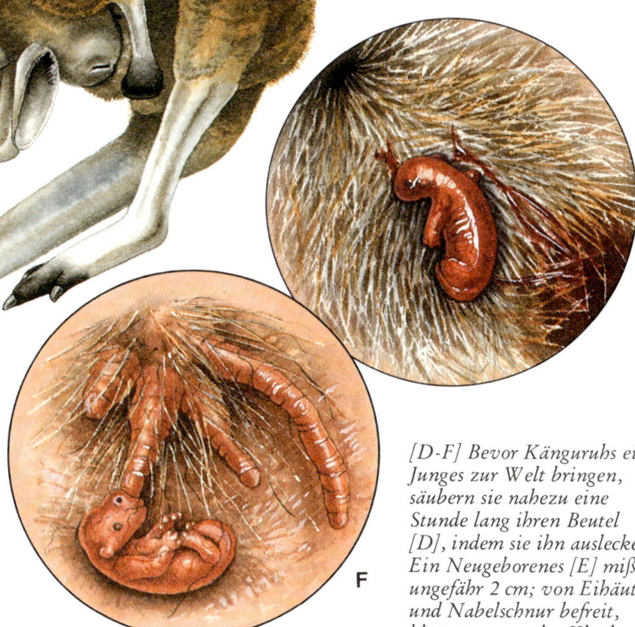

[D-F] Bevor Känguruhs ein Junges zur Welt bringen, säubern sie nahezu eine Stunde lang ihren Beutel [D], indem sie ihn auslecken. Ein Neugeborenes [E] mißt ungefähr 2 cm; von Eihäuten und Nabelschnur befreit, klettert es von der Kloake in den Beutel der Mutter - eine 15 cm lange, drei Minuten dauernde Reise. Im Innern des Beutels [F] saugt es an einer Zitze, die anschwillt, so daß das Junge nicht abgleiten kann.

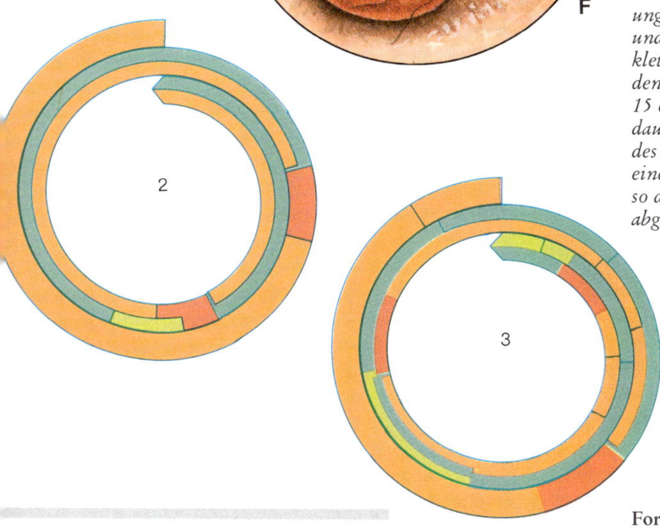

Ein eierlegendes Säugetier

Die niedrige Entwicklungsstufe des Ameisenigels zeigt sich an seiner Fortpflanzungsmethode. Obwohl den Säugetieren zugerechnet, legt er über seine Kloake (1) weichschalige Eier (2), die denen der Reptilien ähneln. Diese werden zu einer besonderen Brutrille (3) transportiert. Das gerade geschlüpfte Junge ist nicht größer als 1,25 cm. Die Brustdrüsen des Ameisenigels bilden keine Zitzen, sondern sind nach innen gerichtet. Deshalb lecken die Jungen Milch, die aus den Drüsen in das Fell der Mutter abgesondert wird.

Fortpflanzung der Höheren Säugetiere, *S. 174/175*

5
Stoffwechsel und Ernährung

Ein Organismus, der wächst, sich fortbewegt oder sich fortpflanzt, verbraucht Energie. Selbst eine Pflanze, die ihre Energie aus dem Sonnenlicht bezieht, muß diese zum Ort des Verbrauchs transportieren. Dies geschieht durch die Bildung energiereicher Moleküle, die in komplexen Reaktionsketten aufgebaut oder wieder in Energie umgesetzt werden.
Alle Organismen stehen dabei vor dem gleichen Problem: Sie müssen an eine Energiequelle herankommen und die Energie in Form von Nahrung oder, wie bei Pflanzen, als Sonnenlicht aufnehmen und für Transport und Verbrauch verarbeiten. Abhängig von ihrer eigenen Gestalt und Größe, von den Umweltbedingungen und ihrer Nahrungsquelle haben die Lebewesen eine breite Palette unterschiedlicher Ernährungsmethoden entwickelt: von holzzersetzenden Pilzen über sonnenlichtnutzende oder fleischfressende Pflanzen bis hin zu flüssigkeitsaugenden Insekten oder filtrierenden Säugetieren.

Nahrung aus Sonnenlicht

Das Funktionsprinzip der Photosynthese

Alles Leben auf der Erde ist von der Sonnenenergie abhängig. Grüne Pflanzen, Algen und einige Bakterien können die Sonnenenergie mit Hilfe der Photosynthese in chemische Energie umwandeln, die in Form von Zucker gespeichert wird. Jahr für Jahr werden über 150 Milliarden Tonnen Zucker photosynthetisch erzeugt. Die heutige Atmosphäre verdankt ihre Zusammensetzung der Photosynthese. Denn ein wichtiges Nebenprodukt dieses Prozesses ist Sauerstoff, der in die Atmosphäre gelangt. So stieg in den letzten 2 Milliarden Jahren die Sauerstoffkonzentration der Atmosphäre um das 50fache.

Die pflanzliche Photosynthese findet in besonderen Zellorganellen, den Chloroplasten, statt. Chloroplasten enthalten Chlorophyll als zur Photosynthese notwendiges grünes Pigment, das die Sonnenenergie einfängt und absorbiert. Gebildet werden dabei in einer komplizierten biochemischen Reaktionsfolge einfache Kohlenstoffverbindungen und Zucker. Die Kohlenstoffatome zum Aufbau dieser organischen Verbindungen werden aus dem Kohlendioxid in der Luft gewonnen. Gleichzeitig wird Wasser bei der sogenannten Photolyse in seine Bestandteile Wasserstoff und Sauerstoff zersetzt. Während Wasserstoff zur Reduktion des Kohlenstoffs benötigt wird, kann Sauerstoff als Abfallprodukt entweichen.

Die Pflanze benötigt Zucker als Brennstoff für die Atmung. Durch die Atmung wird chemische Energie erzeugt, mit deren Hilfe die für das Überleben und das Wachstum notwendigen biochemischen Reaktionen ablaufen können. Darüber hinaus entsteht Kohlendioxid als Abfallprodukt, das dann wieder bei der Photosynthese verwendet werden kann. Die bei der Photosynthese gebildeten einfachen organischen Verbindungen dienen auch als Ausgangsstoffe für die Synthese aller anderen Zellbausteine wie Proteine, Nucleinsäuren, Polysaccharide und Lipide. Die Pflanzen speichern Nährstoffe im allgemeinen in Form von Rohrzucker und Stärke.

Minimierung des Energieverlustes

Innerhalb einer Nahrungspyramide geht beim Übergang von einer Stufe zur nächsten (von der Pflanze zum Pflanzenfresser, von dort zum Fleischfresser usw.) jedesmal Energie verloren. Wäre es nicht möglich, durch die Photosynthese den schier unerschöpflichen Energievorrat der Sonne zu nutzen, wäre das Leben auf der Erde schnell zu Ende. Die einzigen Überlebenden wären eine kleine Gruppe von Bakterien, die imstande sind, die chemische Energie zu nutzen, die in einfachen anorganischen Stoffen enthalten ist.

Dabei ist die Photosynthese kein sehr effektiver Weg, die Sonnenenergie in Nährstoffe zu verwandeln. Nur 1-3 % des Lichtes, das auf ein Blatt auftrifft, wird absorbiert, und auch davon wird nur ein Teil in Nahrungsenergie umgewandelt.

Einige Wüstenpflanzen etwa, die besonders intensivem Licht, hohen Temperaturen und niedriger Luftfeuchtigkeit ausgesetzt sind, halten ihre Spaltöffnungen tagsüber geschlossen, um einen Wasserverlust zu verhindern, und können daher auch nur sehr viel weniger Kohlendioxid aufnehmen. Viele tropische Pflanzen und Wüstenpflanzen haben trickreiche Strategien entwickelt, um dennoch ausreichend Photosynthese betreiben zu können. Die Photosyntheserate einiger tropischer Nutzpflanzen wie Mais, Zuckerrohr und Mohrenhirse kann netto 2 bis 3mal höher sein als die von Weizen und Reis.

Der Wirkungsgrad der Photosynthese wird auch durch eine Besonderheit im Stoffwechsel vieler Pflanzen beeinflußt: Eine gewisse Menge von photosynthetisch gebundenem Kohlenstoff wird fast sofort durch die Lichtatmung in Kohlendioxid zurückverwandelt - und zwar besonders dann, wenn die Kohlendioxidkonzentration niedrig ist. Dieser verschwenderische Prozeß ähnelt der normalen Atmung insofern, als er Sauerstoff verbraucht und Kohlendioxid erzeugt. Im Gegensatz zur Atmung findet er aber nur bei Licht und in anderen Strukturen, den Peroxisomen, statt. Ein Nutzen der Lichtatmung liegt vermutlich im Schutz vor der Photooxidation, bei der Sauerstoff unter Lichteinwirkung den Photosyntheseapparat schädigen kann.

[A] Kohlendioxid (CO_2) und Wasser sind die anorganischen Rohstoffe der Photosynthese. Das Kohlendioxid diffundiert durch die Spaltöffnungen (Stomata, 1) im Blatt und durch die Zwischenzellräume (2) des Mesophylls. Das Wasser wird von den Wurzeln aufgenommen und über verholzte Leitgefäße (Xylem, 3) herangeführt. Die Produkte der Photosynthese - einfache wasserlösliche Zucker - gelangen in die Siebröhren (Phloem, 4) und werden von dort aus im gesamten Pflanzenkörper verteilt.

[B] Die Photosynthese findet in besonderen Zellstrukturen, den Chloroplasten, statt. Die Chloroplasten sind von einer Doppelmembran (1) umgeben, die eine Flüssigkeit, das Stroma (2) einschließt. Ein weiteres Membransystem innerhalb der Chloroplasten besteht aus miteinander vernetzten, flachen, sackförmigen Strukturen, den sogenannten Thylakoiden (3). Aufeinandergeschichtet bilden sie ein Grana genanntes Gebilde. Die Chloroplasten enthalten photosynthetisch aktive Pigmente, deren wichtigstes das Chlorophyll ist. Es absorbiert, das Licht hauptsächlich im blauen, violetten und roten Bereich des Spektrums. Grünes Licht wird nicht absorbiert, sondern reflektiert. Deshalb erscheinen die Blätter grün. Photosynthese schließt komplexe Folgen chemischer Reaktionen ein. Man teilt diese in lichtabhängige Reaktionen, die sich in den Thylakoiden abspielen, und in lichtunabhängige Reaktionen ein, die im Stroma stattfinden.

Siehe auch: **Atmosphäre,** *S. 64/65* **Entstehung des Lebens,** *S. 90/91* **Pflanzliche Zellen,** *S. 100/101* **Tierische Zellen,** *S. 102/103*

A

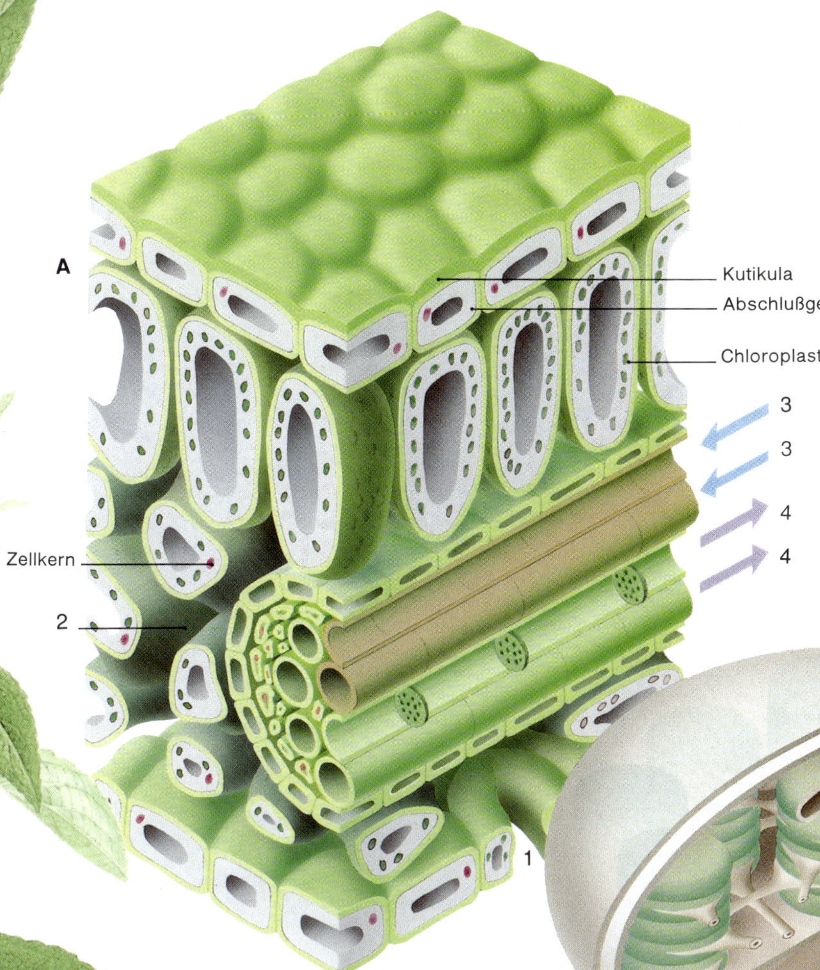

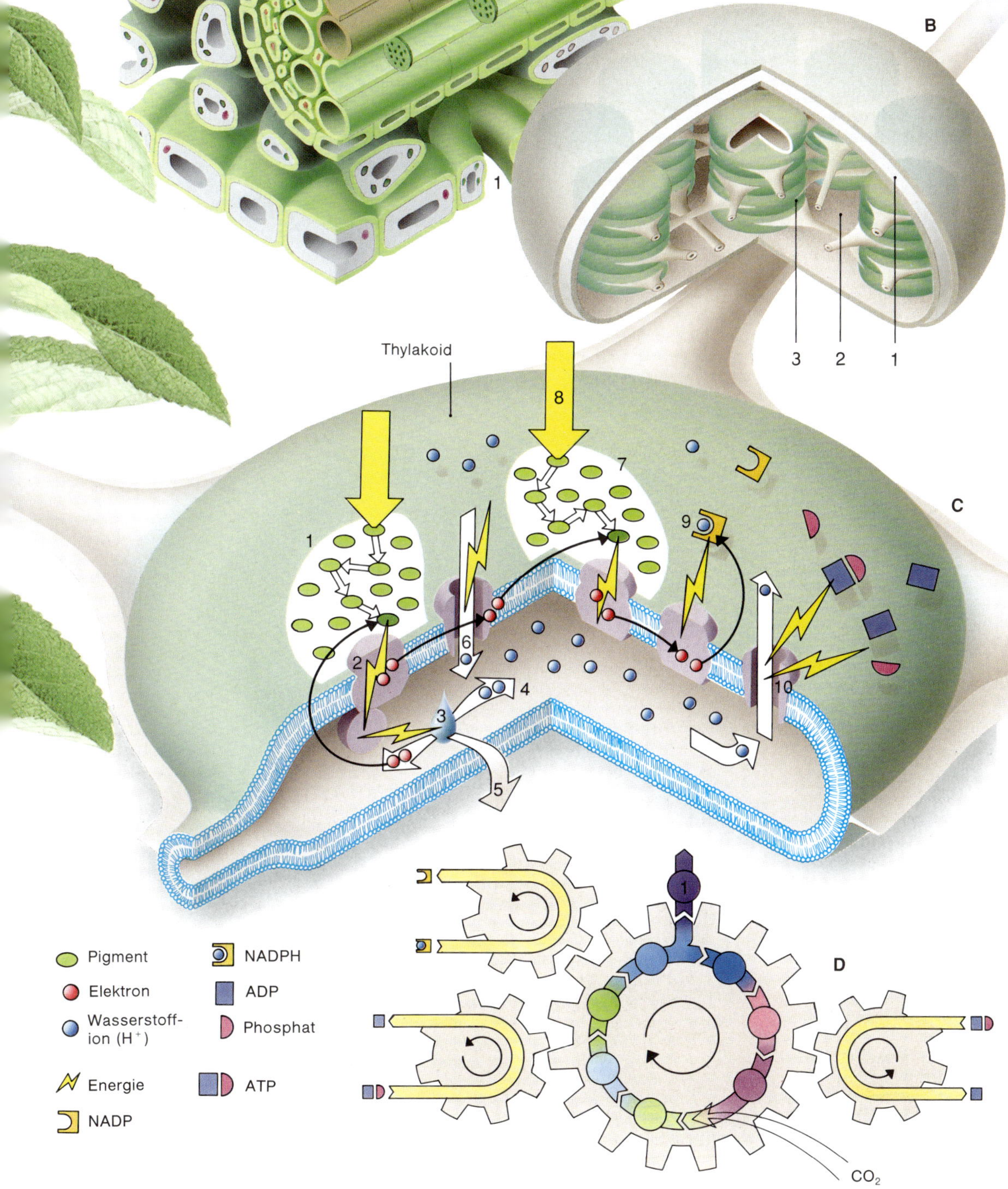

[C] In den lichtabhängigen Reaktionen der Photosynthese fängt das Chlorophyll Sonnenenergie ein und verwandelt sie zuerst in elektrische, dann in chemische Energie, die zeitweise in den Verbindungen ATP und NADPH gespeichert wird. Diese Verbindungen werden später für die lichtunabhängige Zuckersynthese aus Kohlendioxid benötigt. Die Ausrüstung, die für lichtabhängige Reaktionen erforderlich ist, befindet sich auf der Thylakoidmembran. Lichteinfangende Pigmente, vor allem Chlorophyll, sind auf der Membran des Thylakoidsacks in Photosystemen (1) angeordnet. Wenn das Licht ein Pigmentmolekül trifft, wird eines seiner Elektronen auf ein höheres Energieniveau gehoben und durch das Photosystem zu einem Elektronenakzeptor in der Membran weitergeleitet (2). Das entstandene Elektronendefizit im Photosystem wird durch die Spaltung von Wasser (Photolyse, 3) wieder ausgeglichen. Gebildet werden Wasserstoffionen (Protonen bzw. H^+, 4) und Sauerstoff (O_2, 5). Das energiereiche Elektron wird zu einem weiteren Elektronenakzeptor innerhalb der Thylakoidmembran geleitet. Dabei wird ein Teil seiner Energie dazu verwendet, weitere H^+-Ionen in den Thylakoidsack (6) zu »pumpen«. Das Elektron gelangt in ein zweites Photosystem (7), das ebenfalls Licht absorbiert (8) und dabei das Elektron wieder auf ein höheres Energieniveau hebt. Nun wird es durch andere Elektronenakzeptoren geleitet. Dabei gibt es einen Teil seiner Energie ab, um die Synthese von NADPH aus NADP und Protonen (H^+) zu ermöglichen (9). Durch diese Vorgänge wird die Wasserstoffionenkonzentration innerhalb der Thylakoidsäcke auf das Tausendfache von der des Stromas erhöht. Dadurch entsteht eine hohe Konzentrationsdifferenz. Beim Streben nach einem Konzentrationsausgleich wird ein Enzym, die ATP-Synthetase (10), aktiviert, die die Bildung von ATP aus ADP und Phosphat katalysiert.

[D] Die energiereichen Verbindungen ATP und NADPH werden dazu benutzt, die Bildung von Zucker in den lichtunabhängigen Reaktionen im Stroma anzukurbeln. Bis aus Kohlendioxid (CO_2) Zucker (1) als Endprodukt der Photosynthese vorliegt, müssen zahlreiche Reaktionen ablaufen, die alle Energie verbrauchen.

Bakterien, *S. 106/107* **Algen**, *S. 112/113* **Stoffkreisläufe**, *S. 206/207*

Kämpferische Pflanzen

Wie sich Pflanzen behaupten und verteidigen

Blattläuse, die sich auf wilde Kartoffelpflanzen verirren, werden schnell durch die klebrigen Sekrete der Blatthaare festgehalten und bewegungsunfähig gemacht – sie verhungern schließlich. Die scheinbar wehrlosen Pflanzen haben ein Arsenal von Verteidigungswaffen entwickelt, um sich vor hungrigen Pflanzenfressern (Herbivoren) zu schützen. Dornen und Stacheln, wie sie Kakteen und Rosen haben, halten Herbivoren ab, während viele andere Pflanzen übelschmeckende oder giftige Substanzen produzieren. Tiere sind jedoch nicht die einzige Gefahr, Pflanzen bekommen auch Konkurrenz von anderen Pflanzen.

Alle Pflanzen müssen um die lebensnotwendigen Ressourcen Licht, Wasser und Bodenmineralien konkurrieren, nicht allein mit Individuen ihrer eigenen Art, sondern auch mit denen anderer Pflanzenarten. Zwei nebeneinander wachsende Pflanzenarten mit gleichen Ansprüchen konkurrieren dermaßen, daß schließlich eine Art die andere nahezu völlig verdrängt. Ökologen nennen diese Regel das »Konkurrenz-Ausschlußprinzip«, nach dem zwei Pflanzenarten (oder andere Organismen) nicht uneingeschränkt dasselbe Habitat besiedeln können. Tatsächlich sind natürliche Standorte in der Regel äußerst vielschichtig. Ihre zahlreichen Mikrohabitate, oder Nischen, bieten Raum für viele verschiedene Arten.

Zusammenleben oder Verdrängen

Konkurrenz um Licht und verfügbares Wasser bestimmt die meisten Pflanzengemeinschaften. Auf einer kleinen Wiesenfläche z.B. nutzen verschiedene Arten feuchtere oder trockenere Stellen oder wachsen bevorzugt im Schatten eines Steins oder auf einer sonnigen Böschung. Unterschiedliche Wuchshöhen und Blattstellungen erlauben verschiedenen Pflanzen, das verfügbare Licht bestmöglich auszunutzen.

Durch den Konkurrenzkampf mit anderen Pflanzen eines Habitats sind die Individuen einer bestimmten Art selten so groß oder so zahlreich vertreten, wie wenn sie allein wüchsen. Auf verhältnismäßig unfruchtbaren Böden wachsen meist mehrere verschiedene Arten zusammen, während auf reicheren Böden oft eine Art dominiert. Eine blumenreiche Niederung oder ein alpiner Rasen kann sich daher nur auf recht mageren Böden entwickeln, auf denen das Wachstum von dominanten Gräsern oder wuchernden Kräutern wie etwa den Ampfern von den Bodenbedingungen und grasenden Tieren unterdrückt wird. Solche Standorte bestehen aus einem Mosaik verstreuter Individuen verschiedener Arten. In gleicher Weise wie um Licht oder Nährstoffe konkurriert wird, produzieren manche Pflanzen chemische Stoffe, die Samen anderer Arten daran hindern, sich neben ihnen anzusiedeln.

Die chemische Abwehr

Pflanzen können eine große Vielfalt chemischer Substanzen erzeugen, die keine bestimmte Funktion in ihren lebensnotwendigen Stoffwechselprozessen besitzen. Sie sind häufig übelschmeckend oder giftig für Tiere, schädigen jedoch die Pflanze nicht. Diese Produkte des Sekundärstoffwechsels - etwa die Senföle, die von Brassicaceen

[A] In den gemäßigten Breiten haben viele Kräuter gutentwickelte Abwehrmechanismen gegen große Herbivoren. Abgesehen vom Schutz vor dem Gefressenwerden behindern die Abwehrmechanismen auch die Bewegung der Tiere. Die Gemeine Brennessel (1) besitzt Brennhaare, die wie eine Spritze wirken und eine Reizlösung in die Haut jeden Tieres, das zu nahe kommt, injizieren. Jedes Brennhaar besteht aus einer einzelnen Zelle mit glasartigen, silikathaltigen Zellwänden, die die Reizlösung einschließen.

B

C

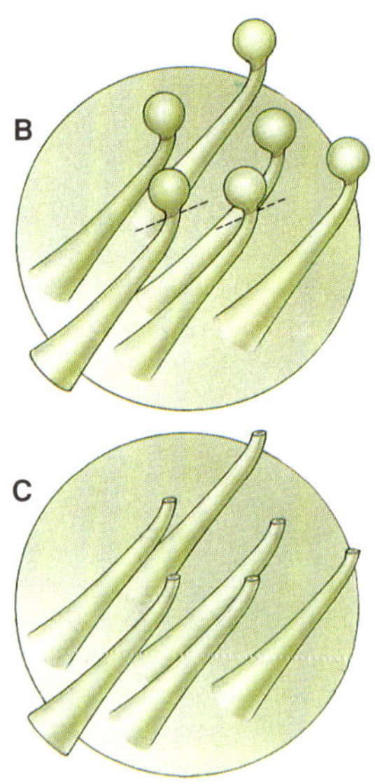

[B-C] Das Brennhaar der Nesseln besitzt eine kugelige Spitze, die an einer vorgegebenen Bruchkante (gepunktet) abbricht [B]. Schon beim geringsten Druck entsteht eine hohle, nadelscharfe Spitze [C]. Die Reizlösung enthält Acetylcholin, Essigsäure und Histamine.

Siehe auch: **Pflanzliche Zellen,** *S. 100/101* **Pflanzenarchitektur,** *S. 114/115*

[A] Viele Pflanzen nutzen keine chemischen Substanzen und verlassen sich statt dessen auf rein physikalische Abwehrmechanismen. Die unteren Blätter der Stechpalme (2) besitzen harte Dornen, gebildet aus den Blatträndern. Die Distel (3) hat spitze Dornen an Blättern und Stengel. Die ungeöffneten Blütenstände werden während der Entwicklung durch dornige Deckblätter (Brakteen) geschützt. Brombeeren (4) und Rosen (5) besitzen gebogene Stacheln am Sproß. Die Schutzfunktion ist jedoch nur sekundär, die Hauptaufgabe der Stacheln besteht darin, den Pflanzen das Klettern zu ermöglichen. Stacheln entstehen als Auswüchse aus der äußeren Zellschicht. Im Gegensatz zu den Dornen brechen sie bei Krafteinwirkung leicht ab.

Tödliche Blätter

Sorghum, auch Mohrenhirse genannt, wird in vielen tropischen und subtropischen Ländern wegen seiner Getreidekörner angebaut. Es gehört zu den etwa 1000 Pflanzenarten, die eine Reihe von Verbindungen auf Cyanid-Basis herstellen, um Insekten abzuwehren. Sorghum speichert die Vorstufe des Giftes, das Durrhin, in der Epidermiszellschicht (1) seiner Blätter. Dieses cyanogene Glykosid ist eine Verbindung aus Zuckern mit Cyanidkomplexen und in dieser Form harmlos. Wenn jedoch die Blattspreite durch einen Herbivoren verletzt wird, werden zwei spezielle Enzyme, die im Mesophyll (2) des Blattes vorkommen, freigesetzt und zersetzen das cyanogene Glykosid schließlich in freies Cyanid bzw. Blausäure. Wird sie aufgenommen, blockiert sie die Atmung des Tieres mit meist tödlichen Folgen. Eine bei uns heimische Pflanze, der Kriechende Klee, schützt sich auch durch Blausäure, die bei Verletzung der Pflanze entsteht.

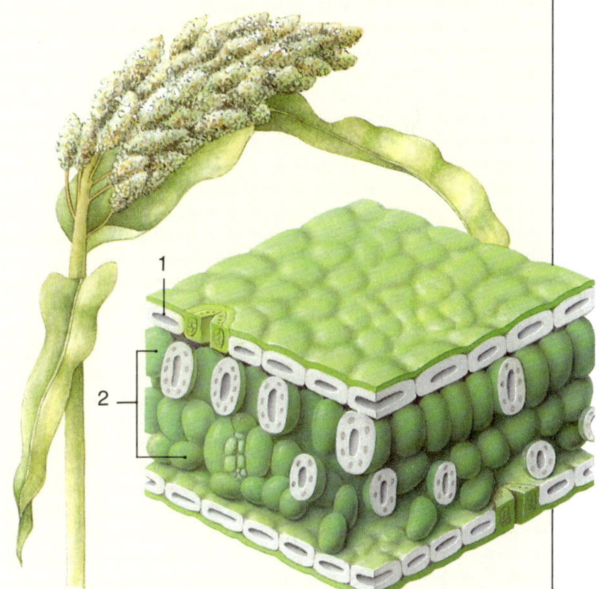

(z.B. Kohlpflanzen) produziert werden, die giftigen Atropine der Nachtschattengewächse und das Digitalin der Fingerhüte - haben sich vermutlich zur chemischen Abwehr von Insekten entwickelt.

Die Senföle in Brassicaceen verleihen diesen Pflanzen ihren charakteristischen Duft und den bitteren Geschmack. Obwohl dadurch viele Insekten abgehalten werden, haben sich einige, wie etwa der Kohlweißling und seine Verwandten, so stark angepaßt, daß sie auf Brassicaceen als Futterpflanzen für ihre Raupen angewiesen sind.

Pflanzen sind darüber hinaus durch den Befall pilzlicher Schädlinge bedroht und produzieren deshalb chemische Abwehrstoffe. Phytoalexine sind Stoffe, die von Pflanzen gegen Pilzbefall hergestellt werden. Im Gegensatz zu der ständig präsenten chemischen und mechanischen Abwehr werden Phytoalexine, wie beispielsweise das Sesquiterpenoid Rishitin, das gegen Kartoffelmehltau produziert wird, nur dann gebildet, wenn sie gebraucht werden.

Anpassung der Pflanzen an Hitze und Dürre, *S. 138/139*

Pflanzen auf Insektenjagd

Warum manche Pflanzen Fleischfresser sind

Das hellgrüne Fettkraut sieht auf den ersten Blick recht harmlos aus, und doch bedeuten seine glitzernden Blätter für ein unachtsames Insekt den Tod. Das Fettkraut ist eines der Fleischfresser im Pflanzenreich. Die tödliche Schnappfalle der Venusfliegenfalle kann in Sekundenbruchteilen Insekten fangen, um sie mit Hilfe eines ganzen Enzymcocktails langsam zu verdauen. Andere fleischfressende Pflanzen, wie die Nepenthespflanzen auf Borneo und Malaysia, sind so groß, daß sich in ihren Kannenblättern mitunter Vögel oder sogar kleine Säugetiere fangen. Unfähig zu entkommen, werden sie von der Pflanze verdaut.

Alle Pflanzen benötigen eine Reihe von Grundnährstoffen, z.B. Kohlenstoff, Stickstoff, Sauerstoff, Phosphate, Kalium und andere Mineralstoffe sowie verschiedene Spurenelemente. Sie sind lebenswichtig für die Pflanzen und ermöglichen ihnen den Aufbau neuer Pflanzensubstanz. Sauerstoff nehmen sie aus der Atmosphäre auf, Kohlenstoff erhalten sie in Form von Kohlendioxid aus der Luft. Nährstoffe wie Stickstoff, Kalium und Phosphate hingegen ziehen die meisten Pflanzen aus dem Boden. Doch einige Pflanzen wachsen an Standorten, die sowohl arm an Nitraten (der Hauptstickstoffquelle für Pflanzen) als auch an anderen Mineralien sind. An diesen moorigen und sumpfigen Standorten ist der wassergetränkte Boden meist so sauer, daß Bodenbakterien, die sonst den Stickstoff aus Ammonium und Nitriten in von Pflanzen bevorzugte Nitrate umwandeln, dort kaum oder gar nicht vorkommen. Die Pflanzen gleichen diesen Stickstoffmangel aus, indem sie zu Fleischfressern wurden. Ihren Stickstoffbedarf decken sie durch Verdauen der Proteine aus dem Körper von Insekten und anderen kleinen Tieren, die sie mit Hilfe einer ganzen Palette z.T. bizarr gestalteter Fallen fangen. Viele fleischfressende Pflanzen können aber zumindest zeitweise auch auf Insektenfang verzichten, wenn der Boden ihnen genügend Nährstoffe liefert.

Tödliche Fallen

Insektenfressende Pflanzen haben außerordentlich vielschichtige Strategien entwickelt, um ihre Beute zu fangen. Die Blätter des Sonnentaus sind mit klebrigen Tentakeln bedeckt. Ein Insekt, das auf einem solchen Blatt landet, sitzt in der Falle. Die Blätter krümmen sich nach innen und drücken das gefangene Insekt zur Blattmitte. Äußerst wirksame Verdauungsenzyme in einer Flüssigkeit, die aus Drüsenköpfchen an der Spitze der Tentakeln abgegeben wird, verflüssigen den Körperinhalt des Insekts sehr schnell, und das Blatt absorbiert die lebensnotwendigen Substanzen.

Kannenpflanzen besitzen zu bauchigen Kannen umgewandelte Schlauchblätter, in denen sich Insekten verfangen. Bei einigen Arten dient der verwesende Körper gefangener Insekten den gegen die Verdauungsenzyme der Pflanzen resistenten Larven bestimmter Fliegen als Futter. Einige Vogelarten machen sich dies zunutze: Sie sind darauf spezialisiert, die Seiten der Kannen aufzuschlitzen, um an die Fliegenmaden zu gelangen.

Die Größe der Kannen variiert von Art zu Art erheblich. Die größten Kannenpflanzen sind die tropischen Nepenthesarten aus den Regenwäldern Malaysias und Borneos. Bei starken Regenfällen füllen sich die Kannen mit Wasser, die manchmal so groß sind, daß Vögel und sogar kleine Säugetiere darin ertrinken.

Am anderen Ende der Größenskala findet sich der in Europa vorkommende Wasserschlauch. Wasserschlauchgewächse schwimmen auf oder dicht unter der Wasseroberfläche, wo nur wenig Stickstoff verfügbar ist. Die stark geschlitzten Blätter des Wasserschlauches tragen kleine, halbdurchsichtige und mit Luft gefüllte blasenförmige Fallen. Jede Blase besitzt einen von einer Klappe verschlossenen »Mund«, der an seinem freien Ende mehrere starre Borsten trägt. Wenn ein kleines Tier wie ein Wasserfloh oder eine Moskitolarve gegen die hebelartig wirkenden Borsten stößt, springt die Klappe auf, und das Opfer wird zusammen mit dem einströmenden Wasser in die Blase des Wasserschlauchs geschwemmt. Die Klappe springt sofort in ihre Ausgangsposition zurück, und das Tier sitzt in der Falle.

[A] Die hohlen, kannenförmigen Fallenblätter der Nepenthespflanzen hängen am Ende des langen Schlauchblattes. Jede Kanne trägt einen unbeweglichen Schirm, der die starken tropischen Regenfälle abhalten soll (1). Insekten werden durch die buntgefärbten Kannen und einen süßen, zuckrigen Nektar, den Drüsen am oberen Rand der Kanne produzieren (2), angelockt. Doch die Oberfläche des Kannenrandes ist glatt, und die meisten Insekten, die die Pflanze besuchen, verlieren den Halt und fallen in die Kanne. Da die innere Oberfläche mit kurzen, stacheligen, nach unten gerichteten Haaren besetzt ist, können sie kaum entkommen. Die Insekten ermüden schnell in ihrem Kampf und ertrinken in der mit einer wäßrigen Lösung voller Verdauungsenzyme gefüllten Kanne. Diese Enzyme werden von Drüsen am Kannenboden (3) abgesondert. Die Insekten werden langsam aufgelöst und verdaut. Bald bleibt nur noch das unverdauliche Chitinskelett übrig.

[B] Die Blätter des Europäischen Fettkrautes funktionieren wie Fliegenfänger. Ein klebriger Schleim wird von gestielten Drüsen abgegeben (1). Wenn Insekten auf einem Blatt landen, ziehen sie beim Versuch, zu flüchten, den Schleim in lange Fäden, die antrocknen und sie festhalten (2). Die Befreiungsversuche des Insekts bewirken, daß das Blatt sich zusammenrollt (3). Es bildet einen »temporären Magen«, in den aus ungestielten Drüsen Verdauungsenzyme abgegeben werden. An der Spitze der Drüsen (4) speichern große Vakuolen (5) sowie die Zellwände sekretorisch aktiver Zellen die Enzyme (6). Der Beutefang löst einen Wasserschwall aus, der aus dem Gefäßsystem des Blattes (7) stammt, die Drüse durchspült und die Verdauungsenzyme über die Blattoberfläche (8) verteilt. Das Insekt liegt so in einer Pfütze aus Enzymen. Der verflüssigte Körperinhalt des Insekts wird absorbiert (9) und in der Pflanze verteilt (10).

Siehe auch: **Pflanzenarchitektur,** *S. 114/115* **Photosynthese,** *S. 180/181* **Abwehrmechanismen der Pflanzen,** *S.182/183* **Pflanzenernährung,** *S. 184/185*

[C] Die Venusfliegenfalle kommt in den Sumpfgebieten im Osten der Vereinigten Staaten vor. Ameisen, Spinnen und Fliegen bilden ihre bevorzugte Beute, sie kann aber auch andere kleine Tiere wie Gehäuseschnecken und Nacktschnecken fangen. Die Blattspreiten der Venusfliegenfalle haben sich in zwei nierenförmige Hälften (1) umgebildet, die an der Blattmittelrippe (2) als Drehachse sitzen. Die Spreiteninnenseiten sind mit Drüsen bedeckt, die einen Insekten anlockenden Zuckernektar abgeben (3). Auf der Innenseite jeder Fangblatthälfte (4) stehen drei feine Fühlhaare (5). Wenn diese Haare in schneller Folge von einem Insekt berührt werden, verursacht dies an den Membranen der sogenannten motorischen Zellen (6), die in der Mittelrippenregion sitzen, eine Änderung der Durchlässigkeit für Wasser. Diese Zellen bauen ihren Innendruck sehr schnell ab und erschlaffen, so daß der Druck der äußeren Epidermiszellen die beiden Blatthälften zusammenschnappen läßt (7). Innerhalb von Sekundenbruchteilen hat sich die Falle genügend weit geschlossen, um die Flucht größerer Insekten zu verhindern (8). Durch das Zappeln der Beute schließt sich die Falle ganz. Die Körpersubstanzen des Insekts werden durch Säuren und Enzyme abgebaut und schließlich absorbiert. Wenn zuletzt alle verwertbaren Bestandteile des Insektenkörpers verdaut sind, was Tage oder auch Wochen dauern kann, öffnen sich die Fangblätter erneut und scheiden die harten, unverdaulichen Reste aus.

Parasitäre Pflanzen, *S. 186/187* Stoffkreisläufe, *S. 206/207* Pflanzen der Regenwälder, *S. 318/319*

Auf Kosten anderer

Wie Schmarotzer einen Wirt finden

Etwa 1 % aller Blütenpflanzen – rund 3000 Arten – hat eine eigentümliche Lebensweise entwickelt. Diese Arten leben als Schmarotzer oder Parasiten auf Kosten von anderen Pflanzen. Vermutlich finden sie ihren Wirt, indem sie charakteristische Signalstoffe wahrnehmen. Sie zapfen den Wirtskörper an, um sich mit den nötigen Nährstoffen zu versorgen. Ihre ungewöhnliche Lebensweise hat sonderbare Pflanzen hervorgebracht, so z.B. die Riesenblüten der Rafflesia arnoldii. Hohen wirtschaftlichen Schaden richten parasitäre Pflanzen an, wenn sie Nutzpflanzen befallen.

Der Erfolg von Parasiten, ob Pflanze oder Tier, ist in hohem Maße von der Strategie abhängig, einen geeigneten Wirt zu finden. Ein tierischer Parasit erkennt den potentiellen Wirt, indem er seine Sinne einsetzt. Er kann den Wirt in der Regel auch selbst ansteuern. Dagegen können parasitäre Pflanzen ihr Schicksal kaum selbst bestimmen. Ihre Samen müssen direkt auf den Wirt fallen oder zumindest in seiner Nähe zur Keimung gelangen. Trotz dieser Schwierigkeiten sind parasitäre Blütenpflanzen in fast allen Ökosystemen zu finden.

Auch ohne Chlorophyll als Pflanze erfolgreich

Parasitäre Pflanzen entziehen ihrem Wirt alles, was sie zum Leben benötigen – aus dem Xylem Wasser und Mineralstoffe, aus dem Phloem energiereiche Zucker, die der Wirt durch seine photosynthetische Aktivität gebildet hat. Den Zugang zu diesen Wirtsquellen verschaffen sie sich, indem sie eigene Verbindungsrohre ausbilden. Daher brauchen die sogenannten Voll- oder Holoparasiten selbst keine Photosynthese mehr zu betreiben. Sie haben diese Fähigkeit im Laufe ihrer Entwicklung verloren, so fehlen ihnen die dazu benötigten grünen Farbstoffe (Chlorophylle) bzw. die entsprechenden Assimilationseinrichtungen z.T. völlig. Die Sommerwurz enthält keine Chlorophylle mehr. Ihre Blätter sind zu gelblichen Schuppen verkümmert. Andere Parasiten, z. B. die auf Bäumen wachsende Mistel, können nur noch in gewissem Umfang selbst Photosynthese betreiben. Man nennt diese Parasiten auch Halbschmarotzer oder Hemiparasiten.

Den Wirt anzapfen

Einige parasitäre Pflanzen, z. B. der Teufelszwirn, heften sich erfolgreich an höchst verschiedenartige Wirte. Andere sind sehr wählerisch. Um einen passenden Wirt zu finden, verstreuen manche Schmarotzer Hunderttausende von kleinen Samen, die mit dem Wind über große Entfernungen fortgetragen werden.

Ist der Same einer Schmarotzerpflanze bei einem geeigneten Wirt angelangt, dann keimt er, und der junge Keimling heftet sich an die Wirtspflanze. Bei einigen Arten wurde nachgewiesen, daß die Keimung und das Wachstum durch spezifische Stoffe angeregt werden, die für die Wirtspflanze charakteristisch sind. Solche wirtsspezifischen Signalstoffe zeigen der Schmarotzerpflanze auch an, daß sie ihr Ziel erreicht hat. Der Zapfvorgang wird durch die Ausbildung der sogenannten Haustorien eingeleitet. An den Kontaktstellen mit dem Wirt beginnt das Gewebe des

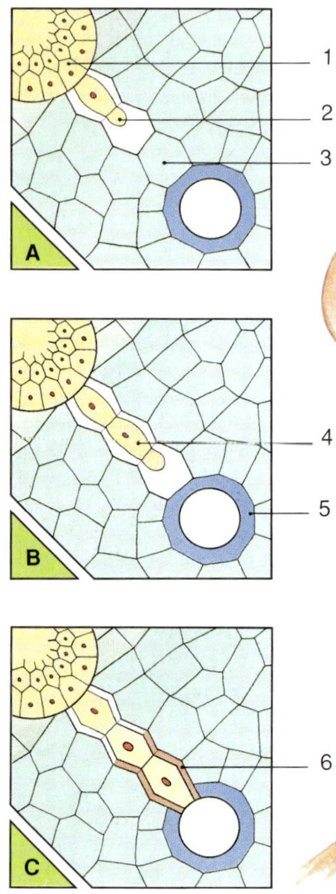

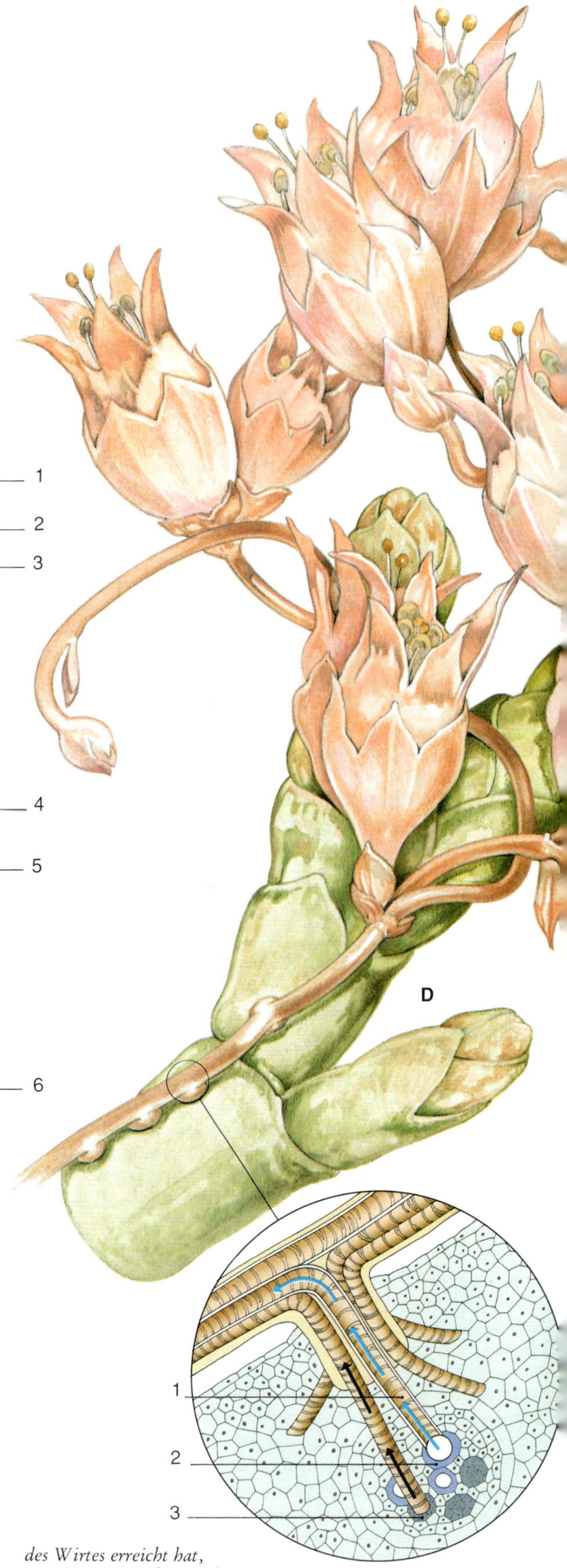

[A-C] Parasitäre Pflanzen zapfen die Gefäße ihrer Wirte mit Hilfe von Saugorganen, den Haustorien, an. Junge Schmarotzerpflanzen entwickeln nach kurzer Zeit aus dem dem Wirt anliegenden Rindengewebe knotenartige Wucherungen (1), aus denen bei günstigen Bedingungen die Haustorien entstehen. Diese suchen den Anschluß an das Leitgewebe des Wirtes, indem sie sich zwischen die Zellen des Wirtsgewebes (3) schieben. Die Spitzenzellen (2) teilen sich und bilden feine Stränge (4), die immer tiefer in das Grundgewebe einwachsen. Dabei setzen sie Enzyme frei, die die Zellwände auflösen. Sobald der Zellstrang das Xylem (5) des Wirtes erreicht hat, setzt eine Veränderung der Zellen ein: Die Zellwände werden verstärkt und verholzen (6, braun gekennzeichnet), Zwischenwände werden aufgelöst. Damit wird ein stabiles Wasser-Leitgefäß zwischen Wirt und Parasit hergestellt. Andere Zellfäden bauen entsprechende Verbindungen zum Phloem des Wirtes auf, um an die zuckerhaltigen Leitbahnen zu gelangen.

Siehe auch: **Algen,** *S. 112/113* **Pflanzenarchitektur,** *S. 114/115* **Bedecktsamige Blütenpflanzen,** *S. 120/121* **Samen und Früchte,** *S. 156/157*

[D] Der Teufelszwirn - wie auch andere parasitäre Pflanzen - besitzt kein Chlorophyll. Er nimmt sich die notwendigen Nährstoffe, indem er eine andere Pflanze anzapft. Weil er selbst keine Photosynthese betreibt, sind seine Blätter zu Schuppen reduziert. Die Samen des Teufelszwirns keimen und bilden vorübergehend eine kleine selbständige Pflanze. Sobald der rosafarbige Sproß mit einer anderen Pflanze in Kontakt kommt - hier z. B. mit Queller -, wird die Wurzel zurückgebildet. Der Sproß windet sich eng um den Wirt und bildet Haustorien (1) aus, die dem Xylem (2) und Phloem (3) des Wirtes die notwendigen Nährstoffe entziehen.

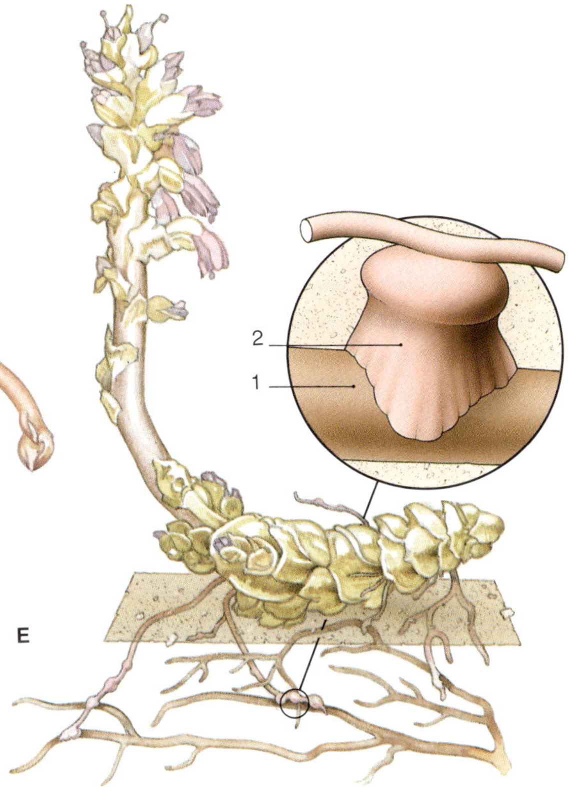

[E] Die Schuppenwurz setzt sich an den Wurzeln von Blütenpflanzen fest (1). Die Haustorien entspringen einem polsterartigen Gebilde (2), das die Wirtswurzel umklammert. Die Haustorien haben eine hohe Eindringfähigkeit entwickelt. Sogar elektrische Leitungen sollen angegriffen worden sein.

Das größte Problem für parasitäre Pflanzen besteht darin, einen neuen Wirt zu finden. Arten der Gattung Striga (unten) bilden über 100 000 Samen aus und verbreiten sie mit dem Wind. Misteln haben Früchte entwickelt, die die Samen über eine Entfernung von 15 m wegschleudern können.

Die Riesen-Rafflesie (links) wächst in den Urwäldern von Borneo und Sumatra. Diese Parasiten haben fast alle typischen Organe einer Blütenpflanze, z. B. Wurzeln und Stengel, verloren. Sie leben als Geflecht in den Wurzeln von Vitis-Arten. Rafflesia bildet Riesenblüten mit einem Durchmesser von über 1,5 m aus. Diese verströmen einen aasähnlichen Geruch, der die Bestäuber, die Uferaas-Fliegen, anlockt. Nach der Bestäubung bilden sich klebrige Beeren, die von früchtefressenden Nagetieren verzehrt werden. Diese sorgen dann auch dafür, daß die Samen verbreitet werden.

Schmarotzers verstärkt zu wachsen und dringt in den Wirt ein, es wird eine direkte Verbindung mit dem Gefäßsystem des Wirtes hergestellt. Gleichzeitig verbindet sich das Haustorium so eng mit dem Wirtsgewebe, daß der Kontakt nicht mehr gelöst werden kann.

Je nach Art des Parasiten werden die Wirte an unterschiedlicher Stelle angezapft. Orobanche-Arten, auch Würger genannt, zapfen den Wirt an seinen Wurzeln an. Dazu verwenden sie ihre eigenen Wurzeln. Andere Parasiten haben unterirdische Sprosse, die Haustorien ausbilden, welche die Wirtswurzel befallen. Verschiedentlich senden solche Arten Blütentriebe an die Oberfläche, während der Rest des Körpers unter der Bodenoberfläche bleibt. Der Teufelszwirn ist in der Lage, sich selbständig am Untergrund zu entwickeln, solange er keinen geeigneten Wirt findet. Wird ein Kontakt mit einem Wirt hergestellt, so wird dieser umschlungen, und Haustorien werden ausgebildet. Das Wirtserkennungssystem des Teufelszwirns scheint nicht sehr stark ausgeprägt zu sein. Es wurden Exemplare gefunden, die sich selbst parasitierten.

Kulturpflanzenschädlinge

In tropischen Regionen richten Schmarotzerpflanzen erhebliche Schäden an. In Afrika können Rachenblütler der Gattung Striga den Ertrag von Mohrenhirse und Mais bis zu über 90 % mindern. Misteln schädigen australische Eukalyptus-Plantagen so stark, daß nur 50 % der Ernte übrigbleiben. In den Vereinigten Staaten schließlich richtet der Teufelszwirn, der auf Klee, Nesseln und Weiden parasitiert, große Schäden an. Die Bekämpfung der schmarotzenden Kulturschädlinge ist äußerst schwierig. Die mechanische Entfernung ist wegen der innigen Verbindung zwischen Parasit und Wirt meist nicht möglich. In manchen Fällen ist eine chemische Bekämpfung mit Herbiziden erfolgreich, sofern die zu schützenden Feldfrüchte eine solche Behandlung vertragen.

Photosynthese, *S. 180/181* **Pflanzenernährung**, *S. 184/185* **Pflanzen der Regenwälder**, *S. 318/319* **Schutz der Pflanzen**, *S. 338/339*

Ungebetene Gäste

Wie Parasiten in ihrem Wirt leben

Die Raupe, in die die Schlupfwespe ihre Eier legt, wird unweigerlich zu einer lebenden Speisekammer für die Wespenmaden. Parasiten töten ihren Wirt zwar nur selten, ihr Schmarotzertum hat jedoch z.T. starke Auswirkungen: Eine männliche Krabbe, in der ein Rankenfußkrebs parasitiert, kann z.B. nach mehreren Häutungen unter dem Einfluß des Eindringlings ihr Geschlecht ändern. Tatsächlich übersteigt die Zahl der Parasiten die der potentiellen Wirte, so daß die meisten Tiere oft mehr als einen ungebetenen Gast unterhalten. Selbst Parasiten sind gegen den Parasitismus nicht immun – es gibt Protozoen, die auf Flöhen leben.

In einem anderen Tier oder einer anderen Pflanze zu leben, ist der größte Luxus überhaupt – für alle Bedürfnisse des Parasiten wird hervorragend gesorgt. Der Wirt stellt Futter, Schutz und eine stabile Umwelt zur Verfügung, so daß der Parasit im Körper des Wirts schwelgen und sich vermehren kann – jedenfalls solange der Wirt am Leben bleibt. Dem Parasiten liegt eindeutig nichts daran, den Tod des Wirts zu verursachen; daher ist eine gut abgestimmte parasitische Beziehung so ausgewogen, daß der Parasit den Wirt über lange Zeit nicht schädigt und bei diesem erst spät Krankheiten und Störungen hervorruft.

Egal, ob der Parasit die Ursache ist oder nicht, schließlich muß der Wirt sterben. Damit die Parasitenart überleben kann, muß bis dahin die Übertragung auf einen anderen Wirt stattgefunden haben. Diese Übertragung kann bedeuten, daß der Parasit in einem Abschnitt seines Lebenszyklus eine andere Form annimmt – vielleicht freilebend in der Umwelt oder sogar in einer anderen Wirtstier- oder Wirtspflanzenart.

Die Fortpflanzungsfähigkeit der Parasiten ist oftmals enorm, weshalb sie sich trotz der großen Schwierigkeiten, die ihnen beim Auffinden einer neuen Wirtsart entgegengesetzt werden, behaupten können. Besonders parasitierende Würmer produzieren riesige Mengen von Eiern. Der Spulwurm des Menschen, der einen Teil seines Lebenszyklus im Menschen verbringt, kann z.B. täglich 200 000 Eier abgeben.

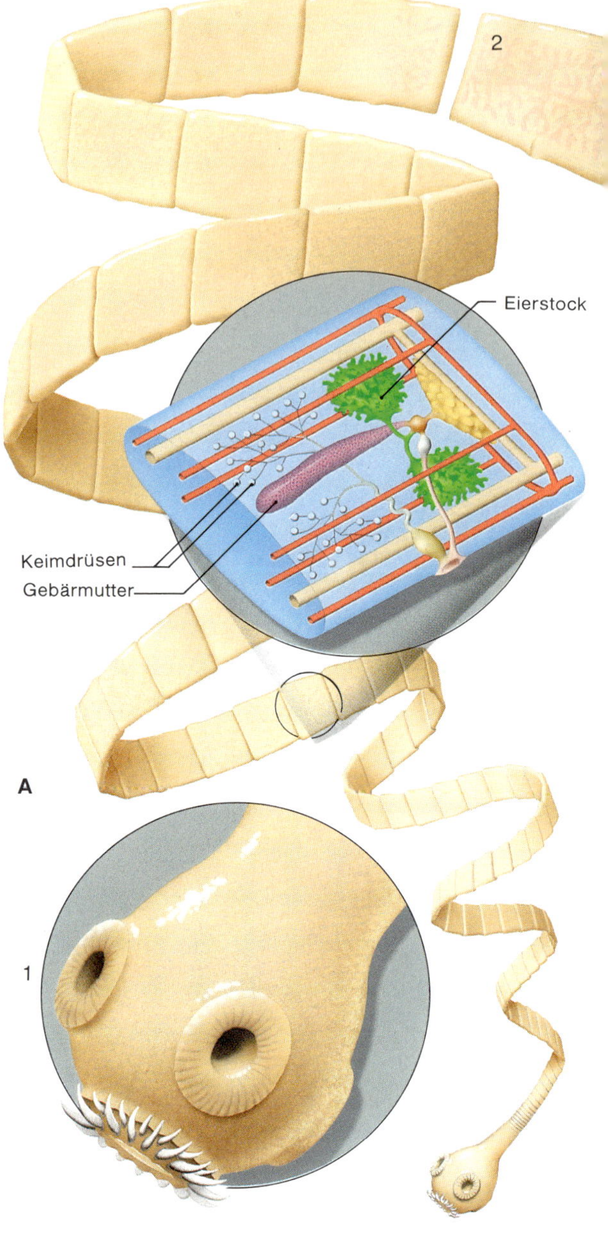

[A] Ein ausgewachsener Bandwurm in einem menschlichen Darm hat einen »Kopf« oder Scolex (1), mit dem er an der Darmwand durch Haken und Saugenden befestigt ist, und einen »Schwanz« aus Hunderten identisch abgeflachter Segmente oder Proglottide (2). Ein Bandwurm nimmt die Nahrung durch seine Körperoberfläche auf. Reife Segmente mit den Eiern des Bandwurms brechen vom »Schwanz« ab (3, 4) und werden in die Fäkalien abgesondert. Wenn die infizierten Fäkalien von einem Schwein gefressen werden, gelangen die Eier in dessen Darm, und die schützende Eierschale wird von Darmenzymen aufgebrochen (5). Das Ei durchdringt die Darmwand (6), gelangt in die Blutbahn und wird zum Muskel getragen, in dem es sich festsetzt und zu einer Bandwurmlarve entwickelt (7). Rohes Schweinefleisch kann Larven enthalten, die der Mensch aufnimmt (8). Im Darm wandern die Larven an die Darmwand, und der Zyklus wiederholt sich (9).

Mikroparasiten

Mikroorganismen, die frei in der Umwelt leben, meistens in einem inaktiven Dauerzustand – wie Viren und Bakterien –, können in ein Wirtstier durch Nase, Mund oder Hautrisse und in eine Wirtspflanze durch ihr Saftsystem eindringen. Mikroorganismen, die freilebend nur für kurze Zeit überleben können, müssen von einem Wirt direkt an einen anderen weitergegeben werden. Die Übertragung kann durch direkten körperlichen Kontakt geschehen oder durch Mittler wie blutsaugende Insekten, die den Parasiten bei ihrer Nahrungsaufnahme weitergeben, oft aber selbst nicht von ihm beeinträchtigt werden. Solch ein Parasit verbringt also einen Teil seines Lebenszyklus in den Blutbahnen oder Zellen eines Säugers, den anderen Teil in dem Mittler oder Überträger.

Dieser zweiphasige Lebenszyklus, bei dem der Parasit einen Primär- und einen Sekundärwirt hat, die verschiedenen Arten angehören, tritt bei größeren Parasiten häufig auf, oft bei Würmern ver-

Harte, runde, marmorne Wucherungen, oft als »Galläpfel« bekannt, sind die Reaktion eines Baumes auf eine Infektion durch ein parasitisches Insekt – die kleine Gallwespe (rechts). Das Weibchen legt seine Eier in das Gewebe kleiner Zweige. Wenn die Maden schlüpfen, schwillt das Gewebe um sie herum an und bildet eine Wucherung. Jeder »Apfel« enthält eine einzelne Made, die schließlich aus der Wucherung schlüpft und ein kleines Loch zurückläßt. Andere Arten von Gallwespen verursachen schwammartige Wucherungen auf Zweigen, runde »Kirschwucherungen« oder sternförmige »Eichäpfel« auf der Unterseite von Eichenblättern.

Siehe auch: **Viren**, *S. 104/105* **Bakterien**, *S. 106/107* **Protozoen**, *S. 108/109* **Ektoparasiten**, *S. 190/191* **Symbiose**, *S. 192/193*

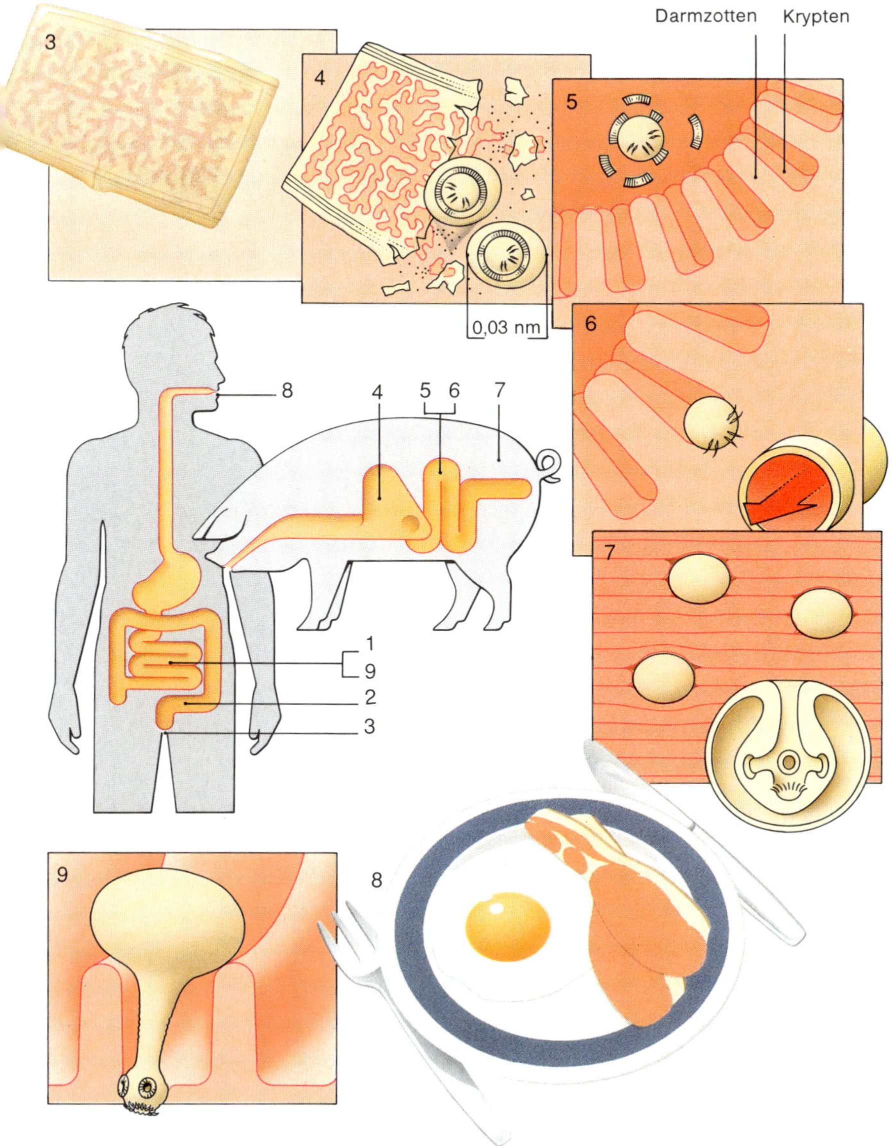

schiedenster Größe und Gattung. Typische Beispiele hierfür liefern die Bandwürmer. Die geschlechtsreifen Würmer kommen meist im Verdauungstrakt von Wirbeltieren vor, während Larven in Gliederfüßern, Egeln oder Schnecken verweilen.

Parasiten und Wirte

Giardiasis – eine Krankheit, die häufig in der Dritten Welt auftritt, wo teilweise mit menschlichen Fäkalien gedüngt wird – kann von einem Menschen auf den anderen übertragen werden, wenn infizierte Fäkalien über die Nahrung aufgenommen werden. Andere Parasiten, etwa der Wurm, der Bilharziose verursacht, leben während eines Teiles ihres Lebenszyklus im Wasser und dringen in den Körper eines schwimmenden Tieres (oder Menschen) ein. Durch Grabbewegungen und mit Hilfe von Sekreten, die die Haut auflösen, gelangen sie in die Blutbahn. Dort legen sie Eier ab, die zu den Darmwänden wandern, sie durchdringen und dann mit den Fäkalien verteilt werden.

Parasiten – insbesondere Würmer – führen oft zur physischen Blockade der Eingeweide oder anderer Körperhohlräume, was Krankheit und möglicherweise den Tod zur Folge hat. Die Elefantiasis gehört zu diesen Krankheiten: Fadenwürmer verstopfen die Gefäße des Lymphsystems. Nur sehr wenige Impfstoffe sind gegen Parasiten wirksam, und keiner schützt den Menschen dauerhaft. Auch ist bereits die korrekte Diagnose parasitärer Erkrankungen schwierig.

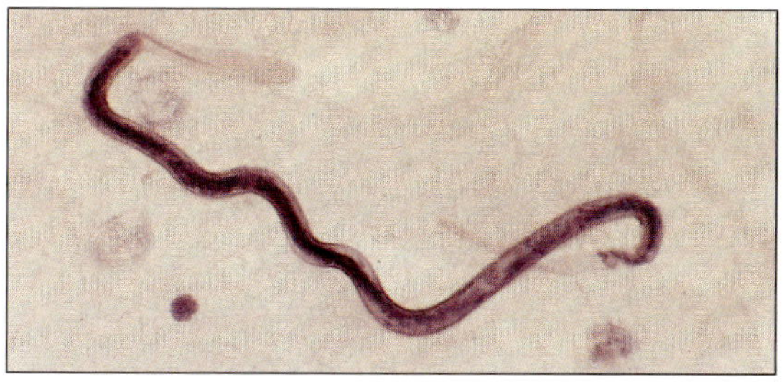

Ein ausgewachsener Fadenwurm (oben) kann ca. 8 cm lang sein – bei nur 0,3 mm Durchmesser. Er verursacht Elefantiasis, eine besonders unangenehme tropische Krankheit. Die Beine und andere Körperteile des Betroffenen schwellen um das Vielfache ihrer normalen Größe an. Die mit Elefantiasis infizierten Beine einer Person können im Umfang 75 cm dick sein, und das Gewebe der Hodensäcke kann zu einer Masse anschwellen, die 24 kg wiegt. Diese Krankheit wird durch Moskitos von Mensch zu Mensch übertragen. Die Würmer gelangen in die feinen Kanäle des Lymphsystems, das den gesamten Körper durchzieht. Sie blokkieren diese Kanäle und verursachen das Anschwellen des sie umgebenden Gewebes.

Die Ausrottung der Malaria

Malaria ist eine der vielen Krankheiten, deren Ursache Mikroparasiten (Protozoen) sind, die durch blutsaugende Insekten in den menschlichen Wirt injiziert werden. Die Vorbeugung findet hauptsächlich durch Kontrolle der Überträger statt: der Anopheles-Mücken. Durch eine neuartige Methode wird der Moskito bereits als Larve (rechts) zerstört, so daß er nie das ausgewachsene Stadium erreicht. Die Larven halten sich an der Oberfläche stehender Gewässer fest und versorgen sich dort mit Sauerstoff aus der Luft. Wenn man Leichtöl oder Treibstoff auf das Wasser sprüht, verringert sich seine Oberflächenspannung. Die Larve sinkt und ertrinkt schließlich. Diese Methode verringert die Malariaerkrankungen, nachdem der Einsatz von Insektiziden zur Mückenbekämpfung eingeschränkt wurde. Andere Bekämpfungsmethoden sind die Zerstörung der Wohngewässer, biologische Verfahren mit Hilfe von Bakterien und insektenfressenden Fischen.

Erwerb flüssiger Nahrung, *S. 194/195*

Hartnäckige Schmarotzer

Wie Parasiten auf ihrem Wirt leben

Im Mittelalter starben die Menschen, die sich mit Krätzmilben infiziert hatten, einen qualvollen Tod. Diese winzigen Spinnentiere, kaum größer als ein Punkt, bohren Gänge in die Haut, in denen sie sich vermehren, wodurch es zu Beulenbildungen kommt. Sobald die Milben geschlechtsreif sind, kriechen sie aus den eigroßen Beulen aus. Heute kann man Krätzmilbeninfektionen mit speziellen Salben relativ leicht behandeln. Ektoparasiten – Parasiten, die auf oder in der Haut leben – ernähren sich von Stoffen, die sie auf oder unter der Haut ihres Wirtes finden.

[A] Manche Ektoparasiten leben auf oder dicht bei Menschen. Die Filzlaus (1) bevorzugt Körperregionen mit lichtem Bewuchs an groben Haaren, einer ihrer Lieblingsorte ist daher die Schamregion. Die Krätzmilbe (2) ist mit bloßem Auge kaum erkennbar. Sie verursacht die früher lebensgefährliche Krätze. Die Kleiderlaus (3) ist einer der gefährlichsten Parasiten, sie überträgt Bakterien, die Fleckfieber, Rückfallfieber oder Pest verursachen. Die Bettwanze (4) ist auf der ganzen Welt verbreitet. Tagsüber ist sie inaktiv, nachts dagegen saugt sie beim Menschen Blut.

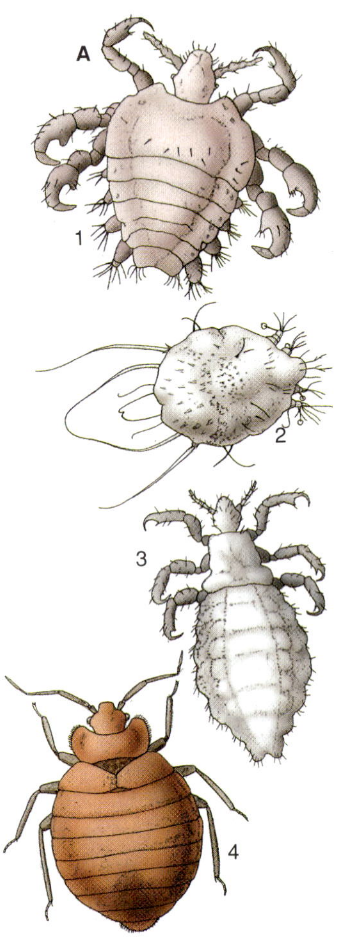

Ektoparasiten sind meist weniger schädlich als die im Körperinneren lebenden Endoparasiten. Dennoch können durch Blutsauger wie Zecken und andere Milben Krankheitserreger verbreitet werden. Viren werden über den Speichel dieser Parasiten übertragen und können für die Auslösung verschiedener Fleckfieberarten und sogar des Buschfleckfiebers, das in Asien sehr verbreitet ist, verantwortlich sein. Parasiten sind häufig wirtsspezifisch - d.h., daß in der Regel eine Parasitenart auf ihrer ganz bestimmten Wirtsart lebt. Normalerweise parasitiert ein Katzenfloh nur auf einer Katze und der Menschenfloh nur auf Menschen.

Den »Wohnsitz« beziehen

Eines der größten Probleme für einen Ektoparasiten ist es, sich auf der Oberfläche seines Wirtes festzuheften. Zwar setzen sich nicht alle Parasiten ihr ganzes Leben lang fest, aber auch die sich meist frei bewegenden oder pflanzensaftsaugenden Fluginsekten müssen sich zumindest während ihres »Saugangriffs« auf der Haut oder dem Pflanzenstengel befestigen. Andere Parasiten verbringen dagegen ihr gesamtes Leben fest an ihren Wirt geklammert.

Die haarige Oberfläche eines Säugerwirtes ist für Ektoparasiten, die mehr oder weniger Dauerbewohner sind, besonders günstig. Haare und Pelz können Zecken, Flöhe, Läuse und andere Parasiten beherbergen. Haarsträhnen bieten den Klauen einer Milbe Verankerungspunkte. Die Schuppenhaut der Reptilien scheint eher ungünstig für Ektoparasiten zu sein, dennoch haben viele parasitische Spinnentiere sich auf ein Leben in dieser »unwirtlichen« Umgebung spezialisiert. So zwängen sich Zecken und andere Milben zwischen die Schuppen von Schlangen und Eidechsen.

Ein Wirt für einen Wirt

Parasitische Insekten können ihrerseits anderen Parasiten als Wirt dienen. Wiesenameisen sind Wirte für kleine Milben der Gattung Antennophorus, einen Parasiten, der sich unterhalb der Kauladen der Ameise mit 6 spezialisierten, hakenförmigen Beinen festheftet. Seine beiden restlichen Beine sind erheblich länger und werden dazu benutzt, die Antennen der Ameise zu betrommeln. Solche Berührungen sind für die Ameise ein natürliches Signal, einen Tropfen Futter hervorzuwürgen, den die Milbe aufsaugen kann.

Für einen Ektoparasiten gestaltet sich der Wechsel auf ein neues Wirtsindividuum verhältnismäßig einfach. Die günstigste Gelegenheit ergibt sich immer dann, wenn zwei Wirtsindividuen in sehr engen körperlichen Kontakt miteinander treten. Ektoparasiten, die überall reichlich vorkommen, können für einige Zeit ihren Wirt verlassen und ihn später wieder besteigen, wie dies bei Flöhen häufig der Fall ist.

Parasitenbekämpfung

Nur weil Ektoparasiten leichter zu entdecken sind als Endoparasiten, lassen sie sich nicht einfacher bekämpfen. Das Sprühen mit Pestiziden ist deshalb auch nur von geringem Wert und kann die Umwelt erheblich schädigen. Aufgrund des ungeheuren Reproduktionspotentials z.B. von parasitischen Insekten entstehen häufig neue genetische Linien, die bereits von Anfang an gegen bestimmte Pestizide resistent sind.

Das Besprühen von parasitischen Pilzen allerdings, die auf der Oberfläche von Pflanzen und Tieren wachsen, mit Fungiziden oder die Verhinderung des Festsetzens solcher Pilze kann häufig außerordentlich effektiv sein.

Blutegel als Diener der Medizin

Vor der Ära der modernen Medizin war eine der am häufigsten verordneten Behandlungsmethoden der Aderlaß. Er wurde mit Hilfe von medizinischen Blutegeln (Hirudo medicinalis) durchgeführt. Die Wirksamkeit dieser Behandlungsmethode konnte niemals zweifelsfrei bewiesen werden. Dennoch war der Aderlaß einst so alltäglich, daß der Arzt, der den parasitischen Egel ansetzte, bald selbst nur noch »der Blutegel« genannt wurde. Heute ist dieses Tier aufgrund der übermäßigen Sammelaktivitäten in früheren Zeiten relativ selten geworden, doch wird der medizinische Blutegel z.T. immer noch angewandt, um Hämatome zu heilen - Blutgerinnsel, die eine harte Schwellung verursachen können. Das Antigerinnungsmittel Hirudin im Speichel des Egels baut den Blutpfropfen ab, so daß das Blut wieder fließen kann. Der Egel setzt sich mit Hilfe seines Saugnapfes beinahe schmerzlos an dem Wirt fest und saugt Blut, meist ohne daß der Wirt es bewußt wahrnimmt. Hat er sich vollgesogen, läßt der Egel los und fällt ab.

Siehe auch: Wirbellose - Verbreitung, *S. 122/123* Fortpflanzung der Wirbellosen, *S. 160/161* Endoparasiten, *S. 188/189* Symbiose, *S. 192/193*

[B] Die dreiwirtige Zecke gehört zur Familie der Schildzecken. Das Weibchen legt etwa 3000 Eier (1). Nach wenigen Wochen schlüpft eine winzige sechsbeinige Larve (2). Sie heftet sich an das Bein eines Wirtstieres, wo sie 4-5 Tage Blut saugt (3). Hat sie genug gefressen, läßt sie sich auf den Boden fallen und geht aus einer Häutung als achtbeinige Nymphe (4) hervor. Die Nymphe wartet im Unterholz ab, bis sie sich an ihrem 2. Wirt festheften kann (5). Auch auf diesem saugt sie einige Tage lang Blut, bevor sie sich erneut fallen läßt und sich in der folgenden Häutung zur adulten Zecke (6) entwickelt. Diese wartet auf dem Boden (7) auf ihren 3. Wirt (8). Zecken müssen sich, um Eier legen zu können, einmal vollständig vollsaugen. Danach lassen sie sich von ihrem Wirt auf den Boden fallen und legen dort Eier ab. Bei der Wahl der Wirte sind einige Arten wirtsspezifisch, andere nehmen ein breites Spektrum von Wirten an.

Der Katzenfloh (links) besitzt spezialisierte Hinterbeine, die ihm ermöglichen, von seinem Wirtstier abzuspringen und wieder aufzusteigen. Er kann, gemessen an seiner Größe, über ungeheure Distanzen springen. Die abgerundete Form seines Kopfes sowie die seitlich zusammengedrückte Körpergestalt erlauben dem Floh, sich leicht durch das Fell seines Wirtes zu bewegen. Borsten und Haare an Körper und Beinen bewahren ihn davor, aus dem Fell des Wirtes herauszufallen. Katzenflöhe sind in der Regel wirtsspezifisch, dennoch kommt es vor, daß sie Menschen befallen.

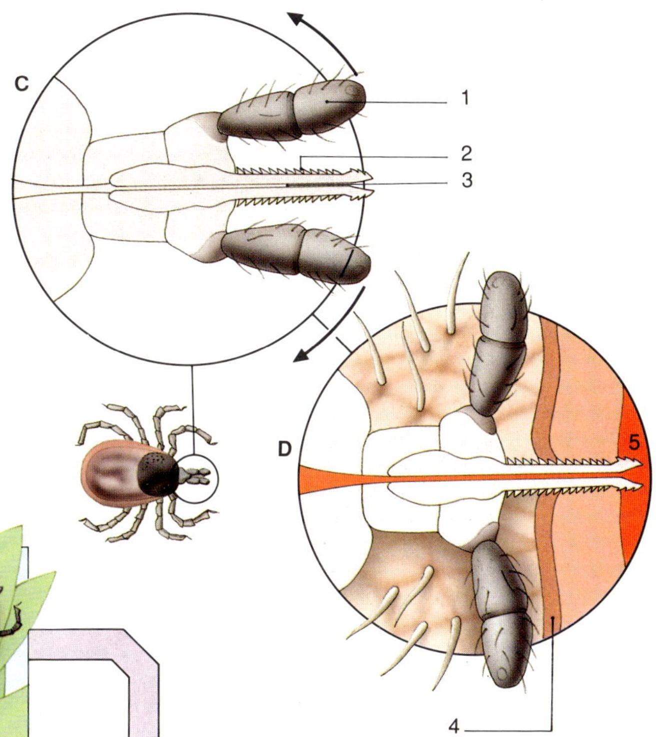

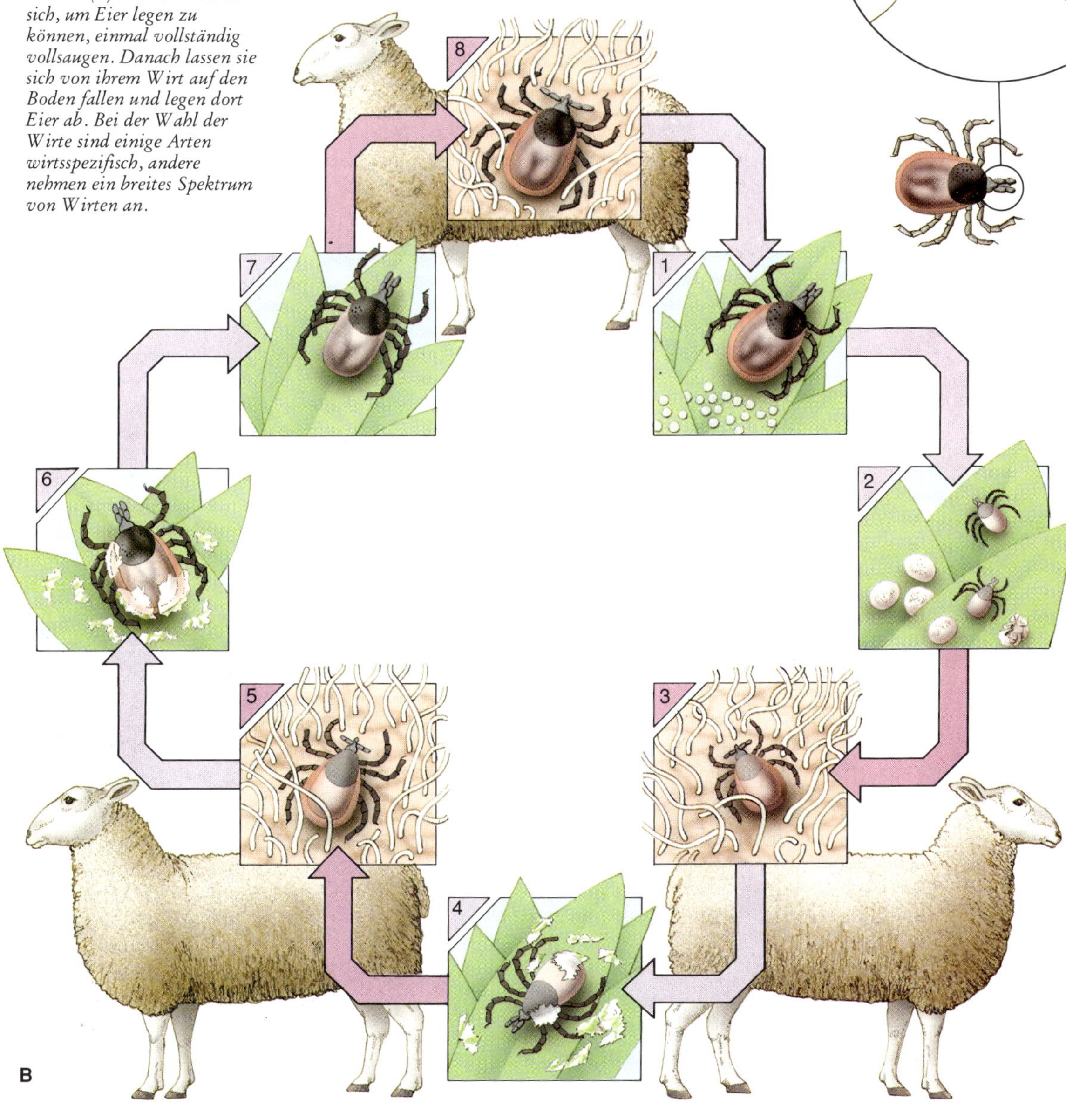

[C-D] Kopf und Mundwerkzeuge einer Zecke sind kräftig entwickelt. Wenn die Zecke auf der Haut nach einem geeigneten Ort zum Blutsaugen sucht [C], werden die Pedipalpen (1) wie eine Führungsschiene für das Hypostom (3), das aus den beiden Cheliceren (2) besteht, eingesetzt. Dies ermöglicht der Zecke, leichter durch das Fell ihres Wirtes zu klettern. Will sie fressen [D], kratzt die Zecke die Haut (4) des Wirtes mit feinen Borsten am Hypostom auf. Wenn die Wunde die richtige Größe hat, führt die Zecke das gesamte Hypostom ein, wobei die Pedipalpen zur Seite geklappt werden. Das Blut (5) wird aus dem Wirt über das Hypostom in den Körper der Zecke gepumpt, deren Hinterleib während des Blutsaugens enorm anschwillt.

Erwerb flüssiger Nahrung, *S. 194/195* **Ameisenbau,** *S. 236/237*

Ungleiche Verbündete

Abhängigkeiten zu gegenseitigem Nutzen

In den Eingeweiden der Australischen Termiten leben Tausende winzig kleiner Myxotricha-Protozoen. Sie sind für die Termiten von lebenswichtiger Bedeutung, weil sie das von ihnen gefressene, pulverisierte Holz abbauen, im Gegenzug werden sie mit allen nötigen Nährstoffen versorgt. Die Protozoen selbst beherbergen drei Arten von Bakterien, denen sie ihr Futter liefern: Zwei Arten sitzen auf der äußeren Membran und helfen den Protozoen, sich fortzubewegen. Im Inneren wirkt eine Bakterienart an der Verdauung mit. Diese Beziehungen - Symbiose genannt - sind für alle Beteiligten von Nutzen.

[A] Argentinische Ameisen profitieren vom Nektar der Ameisenpflanze. Dieser wird in Nektarien (1) gebildet, die sich am Grund der Blüte (2) entwickeln. Die Pflanze nutzt lebenswichtige Mineralien aus dem Kot der Ameisen und anderen von ihnen abgegebenen Stoffen (3), die über die warzigen inneren Kammern (4) absorbiert werden.

Neben den klassischen Räuber-Beute-Beziehungen gibt es auch Verbindungen, bei denen ein Organismus indirekt Nutzen aus einem anderen zieht. Dies ist beispielsweise bei den freilebenden Bodenpilzen der Fall, die Pflanzen unbeabsichtigt Nährstoffe liefern, indem sie für ihren eigenen Erhalt totes organisches Material abbauen. Dabei setzen sie u.a. für sie selbst unverwertbare Mineralien frei, die von Pflanzen jedoch benötigt und aufgenommen werden.

Bei den meisten Lebewesen bestehen solche Beziehungen zu einer ganzen Reihe anderer Arten. Manchmal jedoch entwickelt sich zwischen zwei Arten eine besonders enge und spezialisierte Beziehung, die zu starker gegenseitiger Abhängigkeit führt. Wenn sich diese Beziehung weiterentwickelt und es sogar zu einer körperlichen Verbindung kommt - eine Art lebt vielleicht in oder auf einer anderen -, ordnen Biologen diese besonderen Verhältnisse einer Gruppe von Beziehungen zu, die unter dem Begriff der Körperkontaktgemeinschaften zusammengefaßt werden.

Lebensgemeinschaften

Es gibt ein ganzes Spektrum verschiedener Körperkontaktgemeinschaften, angefangen mit jenen, bei denen beide Partner profitieren (Symbiose oder Mutualismus), über solche, bei denen einer durch den anderen miternährt wird (was man als Kommensalismus oder »mit am Tisch sitzen« bezeichnet), bis zu echtem Parasitismus. Dabei benutzt der eine Organismus den anderen regelrecht als Futterquelle und fügt ihm auf diese Weise in den meisten Fällen erheblichen Schaden zu. Es gibt jedoch auch Beziehungen, bei denen nicht der Gewinn von Nahrung der wichtigste Aspekt ist, sondern der Schutz oder auch der Transport. Manchmal bedeutet dies nur passive Unterstützung (im wahrsten Sinne des Wortes), z.B. bei Kletterpflanzen wie Efeu oder Clematis, die sich an einem Baum hinaufranken, oder bei einem Pseudoskorpion, der sich ein Transportmittel verschafft, indem er sich eine Weile an den Beinen eines Fluginsektes festheftet.

Es ist unmöglich, eine scharfe Trennungslinie zwischen den einzelnen Beziehungsformen zu ziehen. Beziehungen, die über eine ganze Zeit von gegenseitigem Nutzen waren, können unter bestimmten Bedingungen in echten Parasitismus umschlagen. Organismen, die normalerweise Kommensalen sind - wie z.B. Bakterien und Pilze im menschlichen Darm -, können, wenn das Immunsystem des Menschen geschwächt ist, parasitisch werden und Erkrankungen auslösen.

Formen des Mutualismus

Die Beziehungen zwischen zwei Partnern zu wechselseitigem Nutzen sind besonders interessant. Der Grad der Unabhängigkeit der Partner symbiontischer Beziehungen reicht vom Putzerfisch, der frei im Ozean umherschwimmt und die Zähne von Haien und anderen großen Fischen von Futterresten reinigt, bis zu einzelligen Zooxanthellen, die ihr ganzes Leben in den Geweben von Korallenpolypen und im Mantelsaum der Riesenmuschel Tridacna zubringen. Dies wird als obligate Symbiose bezeichnet. Ein Partner kann also vom anderen vollständig abhängig sein, und genauso gibt es symbiontische Beziehungen, bei denen jeder, wenn er dazu gezwungen ist, gänzlich ohne den anderen Partner zurechtkommt.

Diese im Laufe der Evolution entstandenen Beziehungen stellen ein labiles Gleichgewicht zwischen den Arten dar, das sich durch Änderung des Milieus jederzeit in die eine oder andere Richtung verschieben kann.

Madenhacker (oben) ernähren sich von den Zecken und Insekten, die sie finden, wenn sie verschiedene afrikanische Großsäuger wie Büffel und Flußpferde an ihren Ruheplätzen nach Hautparasiten absuchen. Dies wird häufig als »Pflege-Symbiose« bezeichnet.

Siehe auch: **Pilze,** *S. 110/111* **Algen,** *S. 112/113* **Parasitäre Pflanzen,** *S. 186/187* **Endoparasiten,** *S. 188/189* **Ektoparasiten,** *S. 190/191* **Ameisenbau,** *S. 236/237*

[A] Die meisten Pflanzen, die Ameisen beherbergen, profitieren von deren aggressiver Abwehr von Blattfressern. Die Ameisenpflanzen der Gattung Myrmecodia hingegen wachsen als Epiphyten auf anderen Pflanzen und sind deshalb auf die zusätzliche Mineralstoffversorgung durch die Ameisen angewiesen. Während des Wachstums der Pflanzen verdicken sich ihre Stengel, in denen sich Höhlungen bilden, die von den Argentinischen Ameisen der Gattung Iridomyrmex besiedelt werden (5). Die Kammern haben untereinander keine Verbindung, aber jeweils separate Ausgänge (6). Schon bald siedelt eine Ameisenkolonie in der Pflanze.

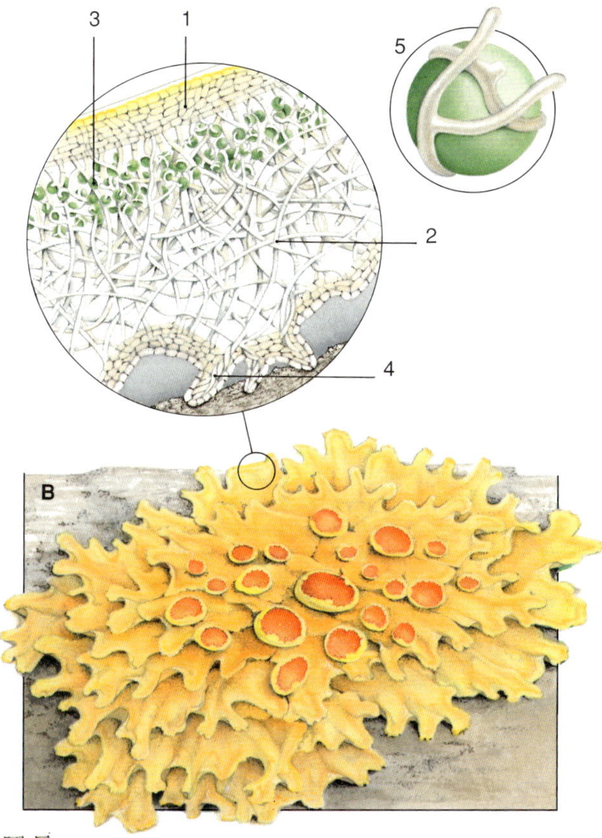

[B] Die Wandflechte findet man auf Felsen. Flechten sind das Produkt einer innigen symbiontischen Beziehung zwischen Pilz und Alge. Die Algen versorgen die Pilze mit energiereichen Zuckern und Sauerstoff, während die Pilze der Alge Wasser und Mineralien liefern. Ein Schnitt durch die Flechte zeigt die obere Rindenschicht (1) aus einer dichten Matte aus Pilzhyphen (2). Direkt darunter sind die Algenzellen in eine lose Schicht eingebettet (3). Die allein aus Hyphen bestehende Markschicht schließt mit der unteren Rindenschicht ab, die mit Haftfasern (4) der Unterlage aufsitzt. Soredien (5), mit Hyphen umsponnene Algen, dienen der vegetativen Vermehrung.

Folge mir, ich führe dich

Der mit den Spechten verwandte, starengroße Honiganzeiger ist über das südliche Asien und Afrika verbreitet. Seinen Namen verdankt er der Fähigkeit, die Aufmerksamkeit des Honigdachses auf sich zu ziehen und diesen zu einem Bienenstock, den er entdeckt hat, zu führen. Der Honigdachs bricht dann mit seinen kräftigen Vorderpfoten das Nest auf und frißt den Honig. Im Gegenzug gelangt der Honiganzeiger nun an die Bienenmaden und die aus Wachs gefertigten Waben. Seine Fähigkeit, Bienenwachs zu verdauen, ist unter den Wirbeltieren einzigartig und wird durch spezielle Bakterien im Darm des Vogels ermöglicht, die die dazu notwendigen Enzyme bereitstellen. Der Vogel lenkt die Aufmerksamkeit des Honigdachses zunächst durch lautes Gezwitscher und Auffächern seiner Schwanzfedern auf sich. Da dieses Verhalten auf einer Instinkthandlung beruht, akzeptiert der Honiganzeiger den Menschen als »Ersatz-Honigdachs« und wird von diesem gern für seine Dienste belohnt.

Nahrhafter Cocktail

Wie sich Tiere von Flüssigkeiten ernähren

Wenn der »blutsaugende« Vampir seine Beute beißt, bleibt dies zunächst meist unbemerkt, da er mit seinem Biß einen betäubenden Speichel abgibt, der das Blut seines Opfers am Gerinnen hindert. Viele sich von Flüssigkeit ernährende Tiere haben jedoch eine andere Methode entwickelt: Sie injizieren in ihre Nahrung verdauungsfördernde Enzyme und saugen sie erst dann auf, wenn sie bereits aufgeschlossen ist. Zahlreiche Tiere leben ausschließlich von Nektar, Saft, der Tränenflüssigkeit anderer Tiere oder sogar Blut. An diese Lebensweise haben sie hochspezialisierte Anpassungen entwickelt.

Nektar ist eine energiereiche Nahrungsquelle mit einem sehr hohen Anteil an Kohlenhydraten. Die Blüten, die Nektar produzieren, sind verhältnismäßig selten, stehen meist sehr weit auseinander und sind für zahlreiche Nektarfresser viel zu zerbrechlich, als daß sie auf ihnen landen könnten. An diese Situation haben sich - neben vielen anderen Tieren - Kolibris, einige Fledermäuse und Motten angepaßt. Sie sind in der Lage, im Vergleich zu ihrer Größe relativ große Entfernungen fliegend zu überwinden, und haben darüber hinaus die Fähigkeit entwickelt, vor den Blüten zu schweben und den Nektar im Flug aufzusaugen. Schmetterlinge und Motten nehmen nur als erwachsene Tiere Nektar auf - also in dem Stadium ihres Lebenszyklus, in dem sie Energie zum Fliegen benötigen. Im tropischen Regenwald finden Nektarfresser, die nicht auf bestimmte Blüten spezialisiert sind, in der Regel das ganze Jahr über Nahrung. In gemäßigten Breiten sind Pflanzenwachstum und Blütezeit jahreszeitlich bedingt, und Schmetterlinge und Motten haben einen daran angepaßten Lebenszyklus.

Der Zucker (Kohlenhydrate) des Nektars bildet keine ausgewogene Nahrung, ebensowenig wie Pflanzensaft, der zu 80 % aus Wasser besteht. Einige sehr kleine sich von Flüssigkeit ernährende Insekten wie etwa Mottenschildläuse und Blasenfüße umgehen dieses Problem, indem sie nacheinander einzelne Zellen anbohren und den nahrhaften Inhalt aussaugen. Andere wiederum verfügen in ihrem Körper über winzige Organismen, die die fehlenden Nährstoffe erzeugen.

Der Gemeine Vampir (oben) ernährt sich hauptsächlich durch Blut von Vieh wie Schweinen, Rindern und Eseln. Mit seinen rasiermesserscharfen Schneidezähnen fügt er den Tieren kleine Wunden zu, während die Antikoagulantien seines Speichels das Blut der Opfer frei fließen lassen. Von Vampiren wird irrtümlich behauptet, sie saugten das Blut ihrer Opfer. In Wirklichkeit lecken sie die Wunden mit ihren Zungen aus. Vampire jagen ihre Beute in der Nacht und setzen dabei ihren relativ gut entwickelten Seh- und Geruchssinn ein.

Nach Blut dürsten

Moskitos, Blutegeln und anderen blutsaugenden Parasiten ist eine Schwierigkeit gemein: das Gerinnen ihrer Nahrung während der Aufnahme. Deshalb leiten sie zunächst in den Blutkreislauf ihrer Opfer ein Antikoagulantium ein, das die Blutgerinnung verhindert. Darüber hinaus verfügen viele Blutsauger über außerordentlich scharfe Mundwerkzeuge, mit denen sie die Haut durchbohren und für eine gewisse Zeit unbemerkt ihre Nahrung aufnehmen.

Verdauung einmal anders

Zu den Tieren, die Verdauungsenzyme auf ihre Nahrung träufeln, um sie in lösliche Bestandteile aufzuschließen, gehören auch viele Fliegenarten. Vor allem die Stubenfliege verdaut Fleisch auf diese Art. Einige Spinnen injizieren ihrer betäubten Beute Enzyme und warten, bis sich die Körpersubstanzen verflüssigen.

Diese Art der Nahrungsaufnahme bietet einige Vorteile. Das Tier bedarf keines großen Verdauungsapparates, in dem die Nahrung aufgeschlossen werden muß. Unverdaute Nahrungsvorräte trägt es nicht mit sich herum. Es ist deshalb leichter und verbraucht während des Flugs weniger Energie. Der Hauptnachteil liegt aber darin, daß das Tier mit der Nahrungsaufnahme solange warten muß, bis die Enzyme ihre Arbeit geleistet haben.

Tränennahrung

In den Tropen haben sich zahlreiche Mottenfamilien darauf spezialisiert, die Tränenflüssigkeit grasender Säugetiere wie Vieh oder Wild aufzusaugen. Einige verursachen den Tränenfluß sogar, indem sie mit ihren Stechrüsseln über die Augen der Opfer reiben, andere sind weniger aggressiv. Viele dieser Motten ernähren sich vor allem während der Trockenzeit von Tränenflüssigkeit - vermutlich gewinnen sie auf diese Weise das dringend benötigte Salz wie auch bestimmte Proteine.

[A] Die Kaisergoldfliege verfügt über hochentwickelte Mundwerkzeuge. Hat sie Nahrung gefunden, gibt die Fliege Verdauungsenzyme aus ihren Speicheldrüsen (1) über das Speichelrohr (2) und den Saugrüssel (3) ab. Der Speichel wird durch Gleitrinnen (4) in den Lamellen (5) am Ende des Rüssels über die Nahrung gespritzt. Die Gleitrinnen bewahren ihre Form durch Chitinringe (6). Ist die Nahrung von den Enzymen aufgeschlossen, saugt die Kaisergoldfliege die Flüssigkeit (7) über die Gleitrinnen auf. Diese wandert dann über einen Kanal (8) in den Mitteldarm (9), wo die Verdauung abgeschlossen wird.

Siehe auch: **Endoparasiten,** *S. 188/189* **Ektoparasiten,** *S. 190/191* **Symbiose,** *S. 192/193* **Ameisenbau,** *S. 236/237* **Gifttiere,** *S. 248/249* **Echoortung,** *S. 276/277*

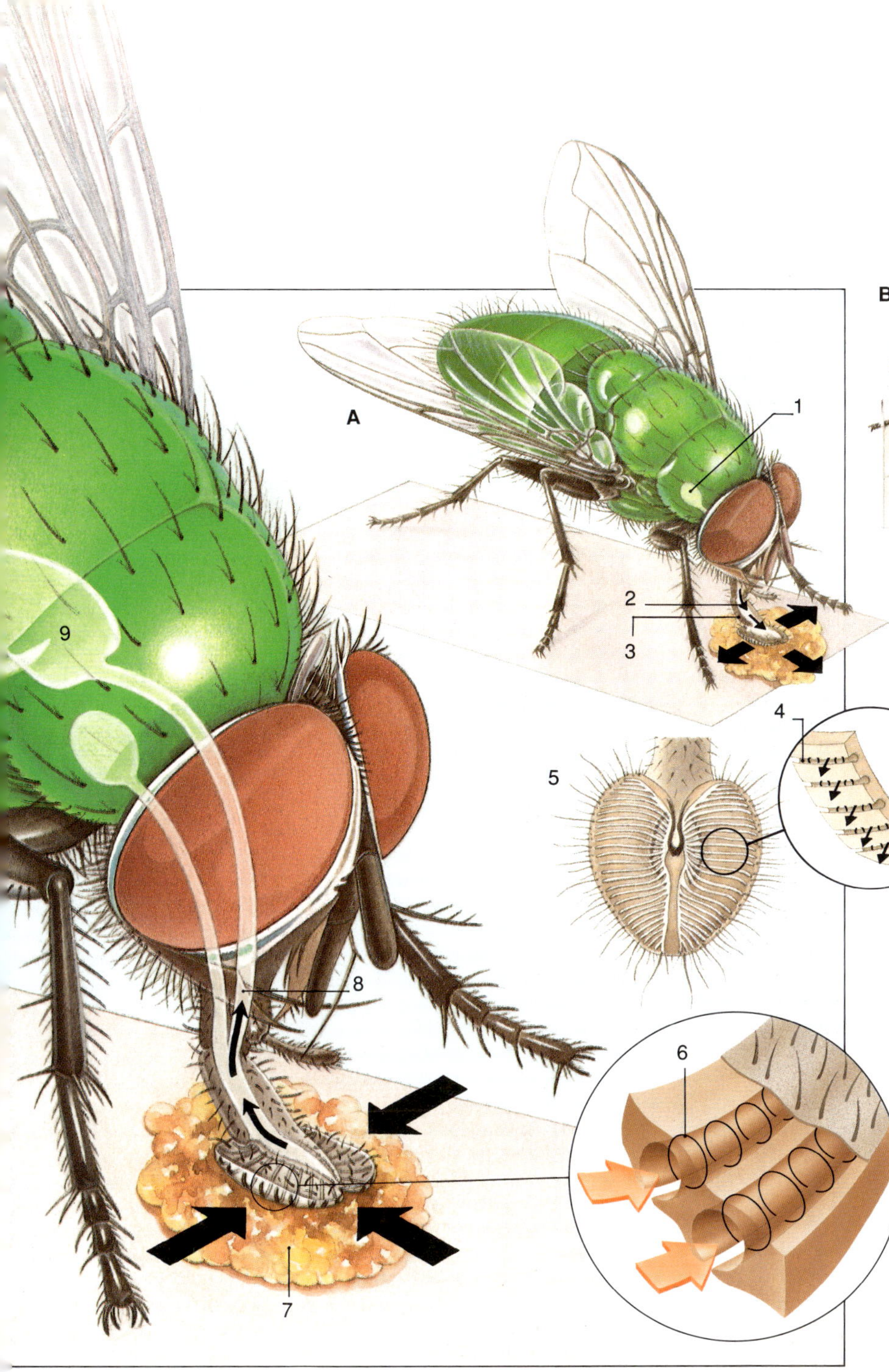

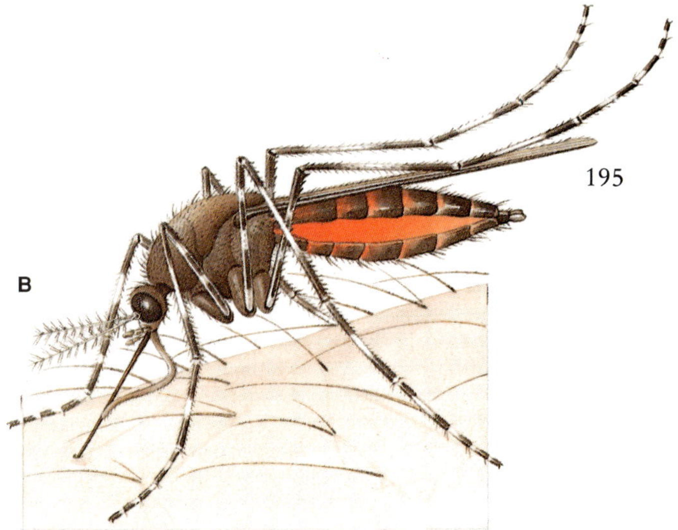

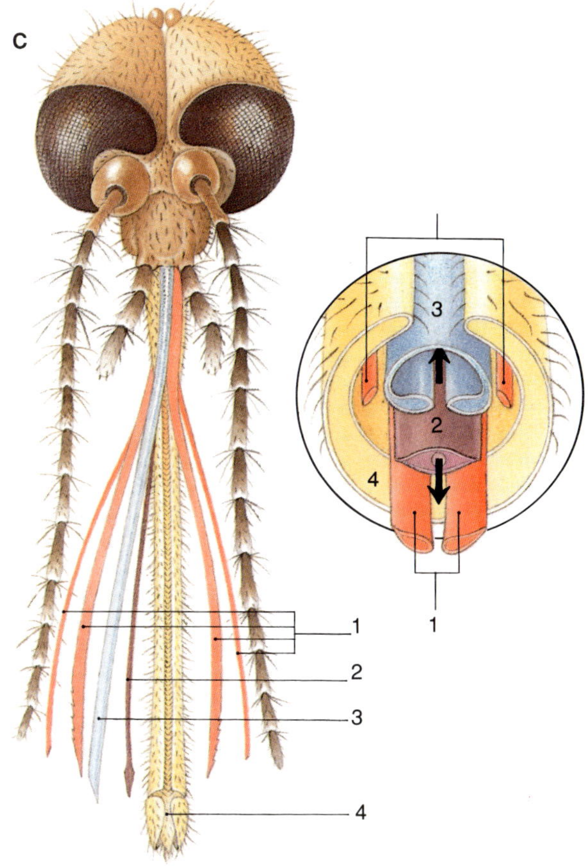

[B-C] Der Körper eines Moskitos [B] schwillt beim Fressen derartig an, daß sich die Haut ausdehnt und extrem dünn wird. Das aufgesaugte Blut des Opfers wird dann sichtbar. Die Mundwerkzeuge [C] sind perfekt daran angepaßt, Haut zu durchbohren. Sie bestehen aus vier Stiletten (1), der Hypopharynx (2), einer röhrenförmigen Konstruktion, durch die das Antikoagulantium, das die Blutgerinnung des Opfers verhindern soll, gepumpt wird, und dem Labrum (3), einem weiteren »Röhrenorgan«, mit dem das Blut gesaugt wird. Alle diese Bestandteile werden vom Labium geschützt (4), das die Stilette in die Haut einführt.

Sirupspender

Ameisen sind hervorragend an die Aufnahme flüssiger Nahrung angepaßt, da sie gewöhnlich untereinander Flüssigkeit und halb verdaute Nahrung über ihre Mundwerkzeuge austauschen. Viele unterschiedliche Ameisenarten leben in Symbiose mit saftsaugenden Käfern und Blattläusen. Da Pflanzensaft zwar reich an Kohlenhydraten, jedoch verhältnismäßig arm an Proteinen ist, müssen die Saftsauger große Mengen mitsamt dem Zucker aufnehmen, um die notwendige Proteinmenge zu erhalten. Überschüssiger Zucker wird dann in Form von Siruptropfen wieder ausgeschieden. Die Ameisen versorgen Käfer und Blattläuse mit genügend Nahrung und können ihre »Herden« dazu veranlassen, Sirup auszuscheiden, indem sie sie mit ihren Fühlern reizen. Zahlreiche Ameisenarten halten »Wache« über große Ansammlungen von Käfern und Blattläusen, während diese Nahrung zu sich nehmen. Manche Ameisenarten bauen ihren Sirupspendern sogar aus Erde überdachte »Ställe«.

Wahlmenü vom Feinsten

Wie Tiere sich durch Filtrieren ernähren

Mehr als 4 Tonnen Nahrung kann das größte Säugetier aller Zeiten, der Blauwal, an einem Tag zu sich nehmen. Diese riesige Menge wird von dem kleinen, krabbenähnlichen Krill und anderen winzigen Organismen gestellt, die durch das gewaltige Maul des Wales gefiltert werden. Filtration ist eine sehr effektive Ernährungsmethode, die technisch auf verschiedenste Weise bewältigt wird. Die Zunge des Flamingos schießt wie ein Kolben 17 mal pro Sekunde herein und heraus, um Wasser durch ein Sieb in seinem Schnabel zu pressen. Austern filtern bis zu 37 Liter Wasser pro Stunde durch ihre festsitzenden Filterapparate.

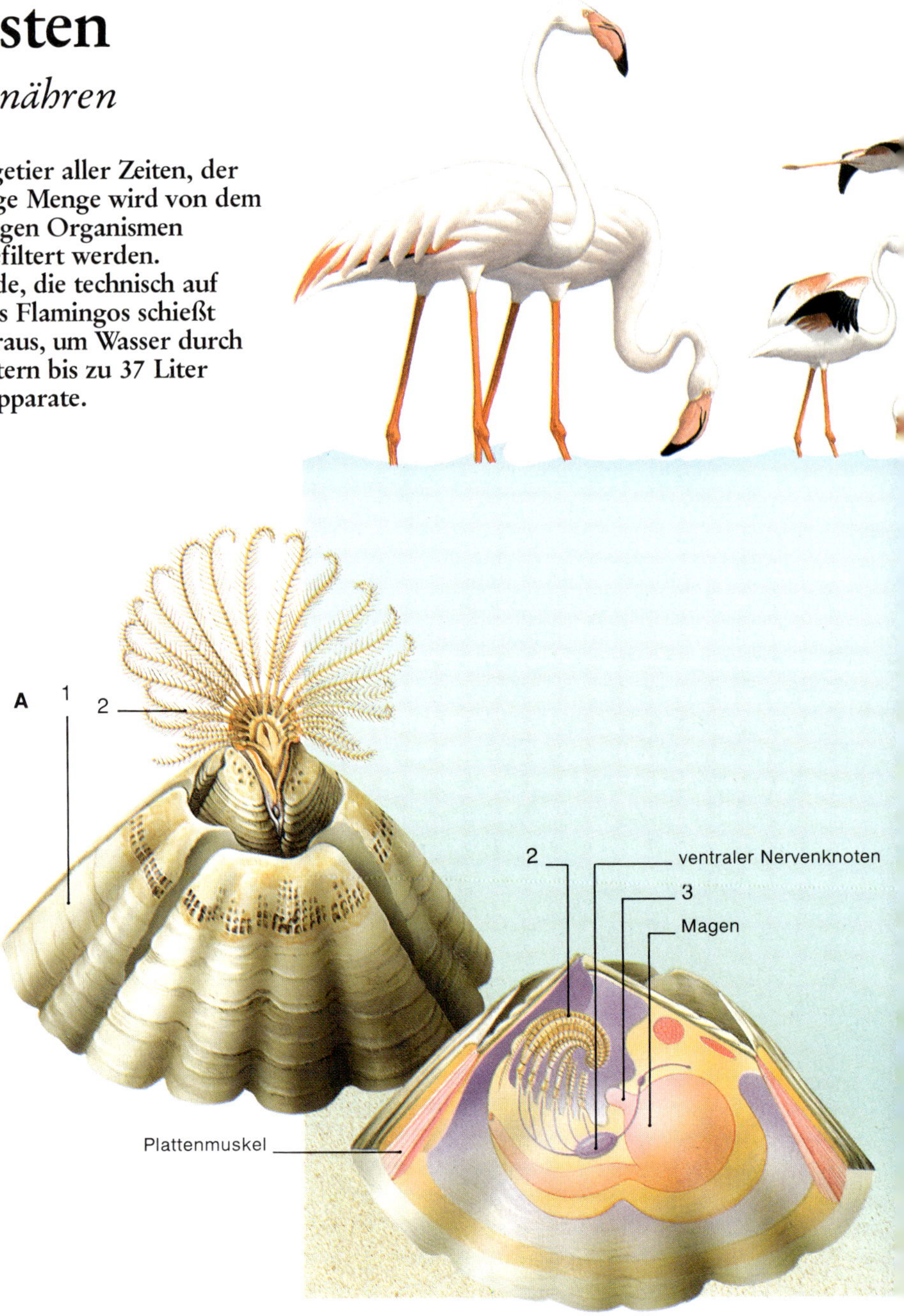

Grundsätzlich müssen alle Filtrierer große Mengen Wasser, das hohe Konzentrationen an Nahrungspartikeln enthält, durch ihr Filtersystem treiben. Deshalb müssen alle Tiere, die sich so ernähren, auch am oder im Wasser leben.

Filtrierer wie Wale, Heringe und viele andere Fischarten schwimmen mit geöffnetem Maul vorwärts, d.h. sie nehmen während der Fortbewegung Nahrung auf. Dies ist die von Wirbeltieren am häufigsten angewendete Filtermethode. Mehr als 20 Fischarten ernähren sich ausschließlich auf diese Weise, so der Riesenhai, der Teufelsrochen, zwei Arten von Süßwasserfischen und verschiedene Sardinen, Sardellen und Makrelen. Andere ebenfalls mobile Filtrierer, wie Vögel und zahlreiche Wirbellose, wechseln beim Filtrieren ihren Standort nicht. Sie haben Vorrichtungen entwickelt, mit denen sie selbst Wasserströmungen erzeugen, so daß sie nicht auf vorherrschende Strömungen angewiesen sind.

Schnäbel als Siebe

Die relativ wenigen Arten von filtrierenden Vögeln haben im Laufe der Evolution kammähnliche Siebvorrichtungen in Form von feinen Hornplatten (Lamellen) an den Rändern ihrer Schnäbel entwickelt. Gründelenten wie Löffel- und Stockenten ernähren sich durch Sieben des nahrungsreichen Wassers oder Schlamms. Der Vogel zieht mit seiner Zunge, die als saugender Stempel wirkt, Wasser in seinen Schnabel und drückt es dann durch die Lamellen wieder hinaus.

Massenfiltration

Die meisten Filtrierer sind Wirbellose. Viele von ihnen sind festsitzende (sessile) Organismen, die das Wasser durch ihre festen Filtersysteme hindurchschleusen.

Die komplexesten Wirbellosen-Filtersysteme sind die der Muscheln, ganz besonders der Austern. Ihr Filterapparat besteht aus modifizierten Kiemen, die sowohl für die Atmung als auch für die Nahrungsaufnahme benutzt werden. Diese Kiemen sind so groß, daß sie den gesamten Körper der Muschel ausfüllen.

Große Nahrungspartikel werden mit dem Wasser aussortiert und ausgestoßen, wenn die Auster ihre Schale zuschnappen läßt. Kleinere Partikel werden von einer Flimmerrinne gefangen, durch den Darm transportiert und um ein rotierendes kristallines Gebilde gewickelt, Kristallstiel genannt, das ausschließlich strudelnde Mollusken aufweisen. Es ist das einzige rotierende Organ, das je in einem Tier entdeckt wurde. Während die Nahrung um den Kristallstiel rotiert, wird sie von Magenenzymen zersetzt.

Manche Tiere produzieren einen Filter nur zur einmaligen Benutzung, ähnlich wie ein Staubsaugerbeutel, der nach Gebrauch nicht wiederverwendet wird. Der höhlenbewohnende Pergamentwurm zum Beispiel sondert ein Schleimnetz ab, mit dem er kleine Planktonnahrung aus dem Wasser zieht. Die winzigen Poren dieses Netzes verstopfen rasch, so daß der Wurm regelmäßig das Netz zusammenrollt, es auffrißt und anschließend ein neues produziert.

Neben der gewaltigen Menge an sessilen wirbellosen Filtrierern gibt es Schwärme von treibenden planktischen Tieren, die ihre Nahrung aus den höheren Wasserschichten filtern. Dazu gehören sowohl planktische Larven von Tieren, die im Erwachsenenstadium sessil im Flußbett leben - Würmer, Mollusken, Krebse, Seesterne -, als auch ausgewachsene Wirbellose, besonders Krebse, die spezialisierte Filtrierer sind.

[A] Seepocken liegen auf dem Rücken, geschützt durch ein starkes Gehäuse aus Kalkplatten (1). Bei Ebbe schützen sie sich vor Austrocknung indem sie die Rankenfüße einziehen und die oberen beweglichen Platten schließen. Bei Flut und wenn die Seepocke bereit zur Nahrungsaufnahme ist, öffnen sich die Platten, und das Tier stößt die Rankenfüße ins Wasser. Jeder Fuß ist an der Basis in zwei separate Äste oder Cirren (2) geteilt, die mit dicht angeordneten kleinen Borsten (Seten) versehen sind, welche die Nahrung aus dem Wasser filtern. Die Beine werden zusammengerollt und mit den Nahrungspartikeln zur Mundöffnung (3) geführt.

Siehe auch: **Wirbellose – Verbreitung,** *S. 122/123* **Ökosystem Antarktis,** *S. 308/309* **Ökosystem See,** *S. 322/323* **Ökosystem Meer,** *S. 326/327*

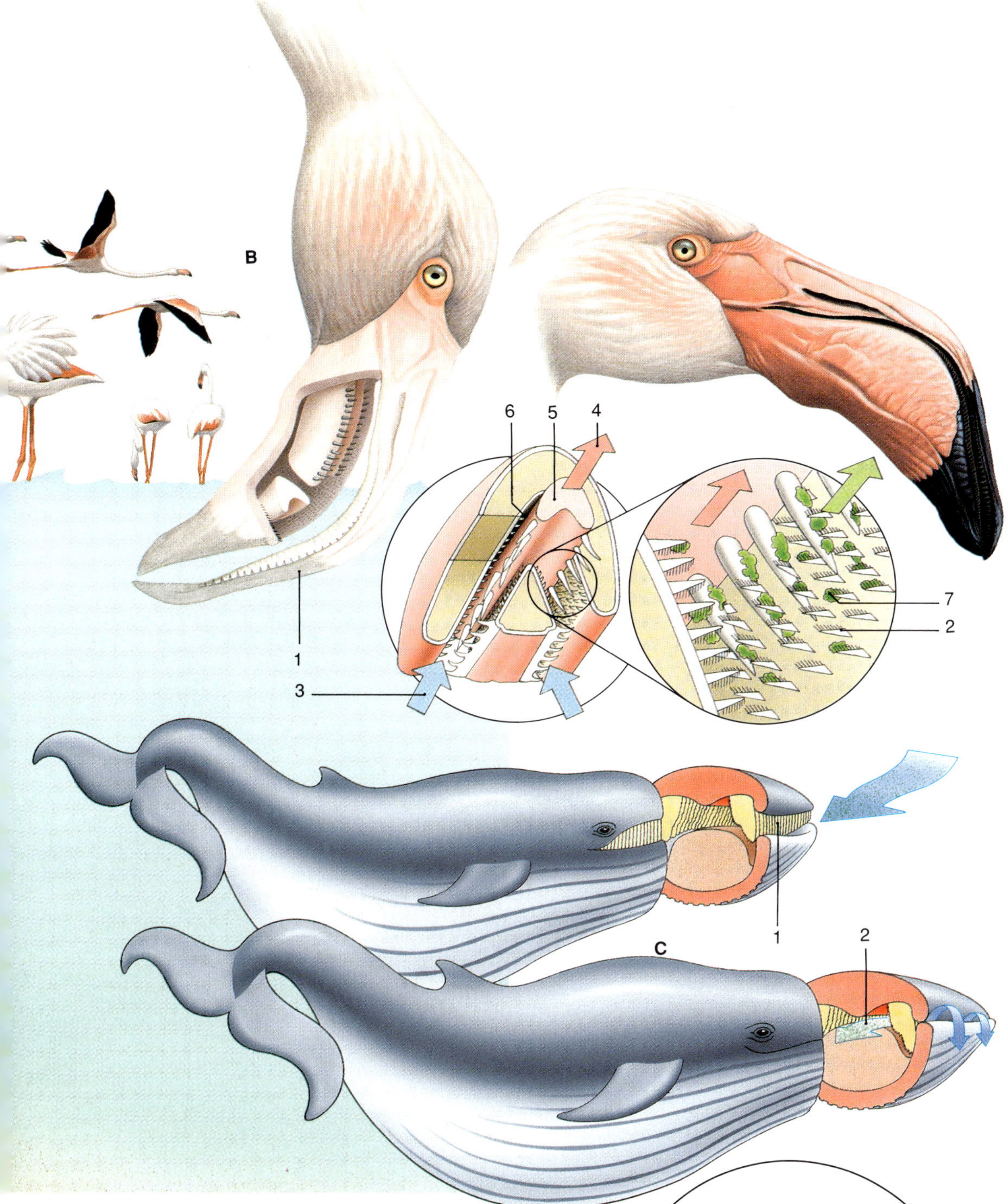

[B] Ein Flamingo frißt, indem er seinen langen Hals nach unten krümmt und den gebogenen Schnabel ins Wasser oder in den Schlamm hält. Das Vorderende des Schnabels liegt dabei fast horizontal (1). Reihen von Lamellen (2) dienen als Sieb. Die Zunge wird in den Schlund zurückgezogen (4), so daß durch den Unterdruck Wasser einströmt (3). Bei fast geschlossenem Schnabel preßt die nach vorne gleitende Zunge das Wasser durch die Lamellen nach draußen. Die große fleischige Zunge (5) ist schmal und zylindrisch und liegt in einer knöchernen Rinne im Unterkiefer oder in der Kinnbacke des Schnabels (6). Lange Haken auf der Zunge schicken Nahrungspartikel (7) von den Lamellen in den Schlund (grüner Pfeil).

[C] Bartenwale haben keine Zähne wie Schwertwale oder Delphine. Statt dessen besitzen sie Hunderte von Bartenplatten (1) aus Fischbein (Keratin), die vom oberen Kiefer herabhängen. Die Bartenplatten sind am Ansatzpunkt nur etwa 0,5 cm breit und laufen spitz zu. An der Innenseite tragen sie haarartige Fransen. Die Fransen der angrenzenden Äste überlappen einander und bilden so einen effektiven Filter. Um Nahrung aufzunehmen, drückt der Wal Wasser durch das Geflecht und zwischen die Bartenplatten, dann leckt er die aufgefangene Nahrung (2) mit seiner großen Zunge auf.

Mehr als bloße Filtration

Früher wurde angenommen, das Filtrieren sei ein passiver Siebprozeß, es sind dabei aber noch andere Mechanismen beteiligt. Anhaltspunkt dafür ist, daß viele Filtrierer, wie der gewaltige Walhai, Partikel aufnehmen können, die eigentlich so klein sind, daß sie durch die »Siebe« hindurchtreten müßten.

Drei Mechanismen scheinen beim Auffangen solcher Partikel wirksam zu sein: das Anhaften der Nahrungsteilchen an einer klebrigen, schleimigen Oberfläche (1); das Einzwängen der Zwischenräume, wobei die Partikel in der Filterstruktur gefangen werden (2); und die Schwere-Abscheidung, bei der die dichten Partikel sinken und schließlich auf dem Filter landen (3). Viele Filtrierer benutzen Filter mit Poren von verschiedener Größe, wodurch sie in die Lage versetzt werden, die Partikel in verschiedene Kategorien zu sortieren. Die Zahl und die Anordnung der Kiemenkämme variiert z.B. bei Heringsarten, die im gleichen Gewässer leben. Dadurch wird Nahrungskonkurrenz vermieden.

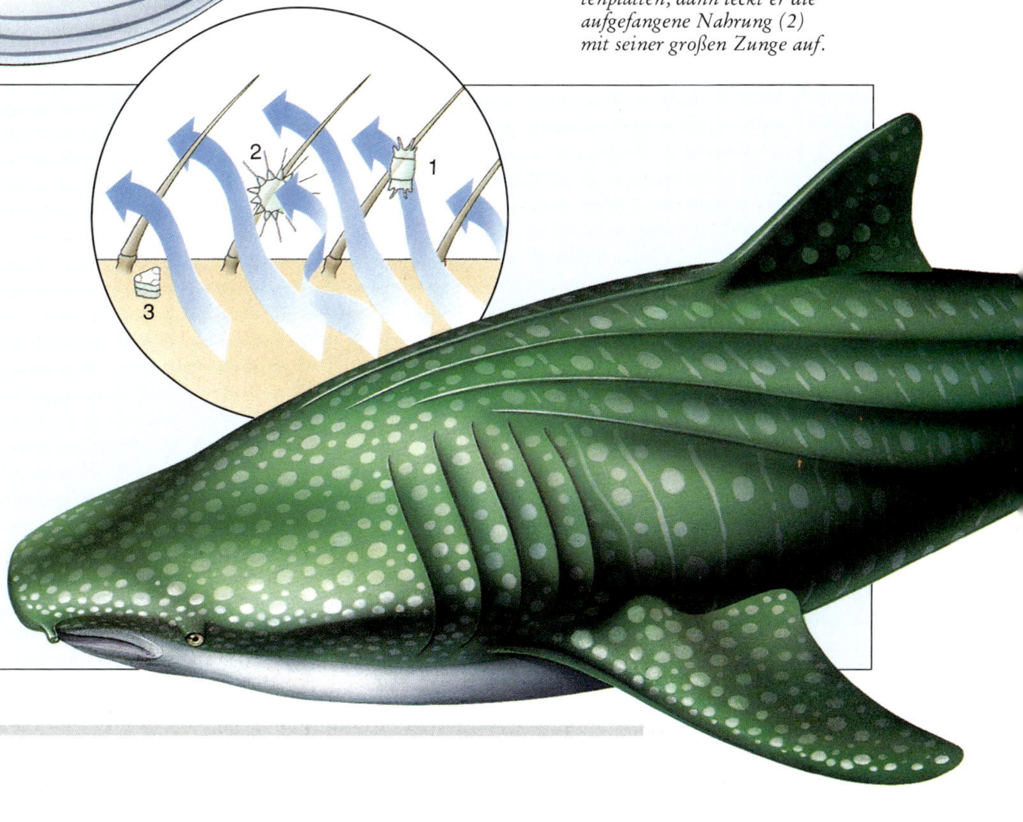

Die kleinen Vegetarier

Wie Wirbellose sich von Pflanzen ernähren

Um möglichst viele Nährstoffe aus Blättern und anderen Pflanzenformen zu gewinnen, kann eine einzige, nur wenige Millimeter große Termite in ihrem Verdauungstrakt bis zu zehn verschiedene Arten von Mikroorganismen beherbergen. Diese schließen die Pflanzencellulose in verschiedene Substanzen auf, die von der Termite absorbiert werden können. Kernkäfer infizieren Holz mit einem speziellen Pilz, dem Ambrosiapilz, der die Cellulose für seinen Stoffwechsel nutzt. Der sich bildende Pilzrasen dient vor allem den Larven der Kernkäfer als Nahrung.

Pflanzenfressende Tiere (Herbivoren) bilden ein wichtiges Glied der Nahrungskette. Als Konsumenten I. Ordnung verwerten sie Pflanzenstoffe und bilden ihrerseits die Nahrungsgrundlage für die Konsumenten II. Ordnung, die Fleischfresser (Carnivoren). Trotz ihrer geringen Größe zählen die Wirbellosen zu den zahlreichsten und durchsetzungsfähigsten Herbivoren. Unzählige Bäume und Büsche werden von Raupen entlaubt, ganze Ernten von Heuschrecken vernichtet und Gemüsebeete von Nacktschnecken geplündert.

Pflanzenzellen enthalten Cellulose, eine Substanz, die von den wenigsten Tieren verdaut werden kann, sowie zahlreiche zähe Fasern. Deshalb verfügen viele Pflanzenfresser über kräftige Mundwerkzeuge. Schnecken und Nacktschnecken bilden hier eine Ausnahme, da sie ihre eigenen celluloseverdauenden Enzyme bilden. Einige wenige Insekten sind eine spezielle Verbindung (Symbiose) mit celluloseverdauenden Mikroorganismen eingegangen, die sie in ihrem Verdauungstrakt beherbergen. Ähnlich leben einige Termiten- und Holzbohrerarten in Symbiose mit Protozoen und Bakterien.

Ernähren sich manche wirbellose Herbivoren von einer ganzen Palette unterschiedlicher Pflanzen und Pflanzenteile, ist der Speiseplan anderer sehr beschränkt, entweder ausschließlich auf Saft, Früchte, Pollen oder Nektar oder auf die Blätter einer einzigen Pflanzenart. Einige wenige hochspezialisierte Pflanzenfresser leben von Holz.

Die Larven vieler Insekten sind einzig für die Nahrungsaufnahme konstruiert. So verfügen z.B. Raupen über eine sehr einfache Körperform, so daß die Häutung nicht von komplizierten »Anhängseln« behindert wird. Wenig Energie wird für die Produktion komplexer Strukturen verwendet, viel hingegen für das Wachstum. Besonders die Sinne der Raupen sind auf ein Minimum beschränkt, und die meisten Arten verlassen sich auf Tarnung oder auf eine Kombination aus Warnfarben und giftigen Verteidigungswaffen.

Das Aufspüren der Nahrung

Wirbellose verfügen über ein ausgedehntes System an Sinnesorganen, um Nahrung aufzuspüren. Für viele Insekten sind visuelle Signale besonders wichtig. Bienen erkennen Blüten an ihrer Farbe, und auch Blattläuse werden von bestimmten Farben angezogen. Wie groß die Bedeutung solcher Schlüsselsignale für Bienen ist, zeigt sich daran, daß von ihnen bestäubte Blüten häufig durch auffallende Linienmuster gezeichnet sind, die die Insekten direkt zum Nektar führen.

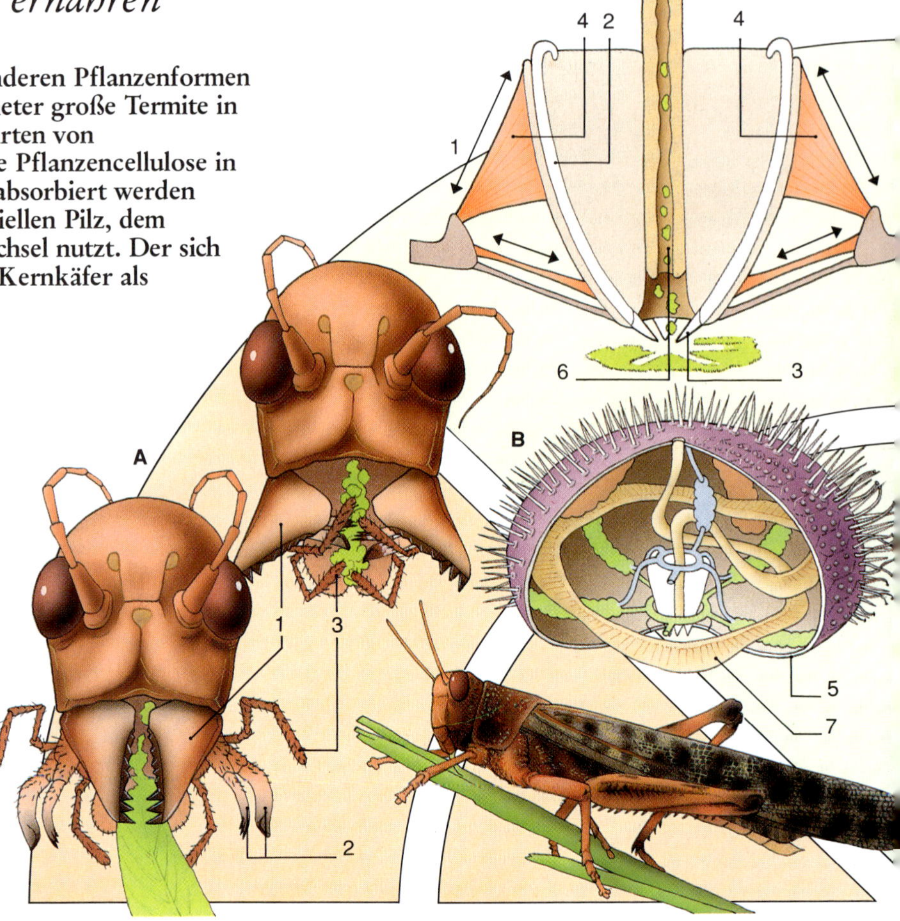

[A] Wie auch andere Insekten verfügt die Heuschrecke über äußere Mundwerkzeuge. Pflanzen werden von starken Oberkiefern (Mandibeln, 1) zerkaut. Die Mandibeln werden dabei zur Seite und wieder zusammen bewegt und zerschneiden so das Pflanzenmaterial. Die Nahrung wird anschließend von einem Paar Unterkiefer (Maxillen, 2) ins Maul befördert. Ein mehrgliedriger Taster (Palpus, 3) dient dazu, die Qualität der Nahrung zu prüfen. Heuschreckenschwärme (unten) sind wohl die schlimmste Insektenplage. Schwärme von mehr als einer Milliarde Einzeltiere und hundert Kilometern Länge können viele Quadratkilometer große Regionen in kurzer Zeit kahl fressen. Für die Bevölkerung dieser Gebiete hat dies katastrophale Auswirkungen, besonders wenn Kulturpflanzen befallen werden.

Siehe auch: **Bakterien,** *S. 106/107* **Protozoen,** *S. 108/109* **Pilze,** *S. 110/111* **Wirbellose - Verbreitung,** *S. 122/123* **Symbiose,** *S. 192/193*

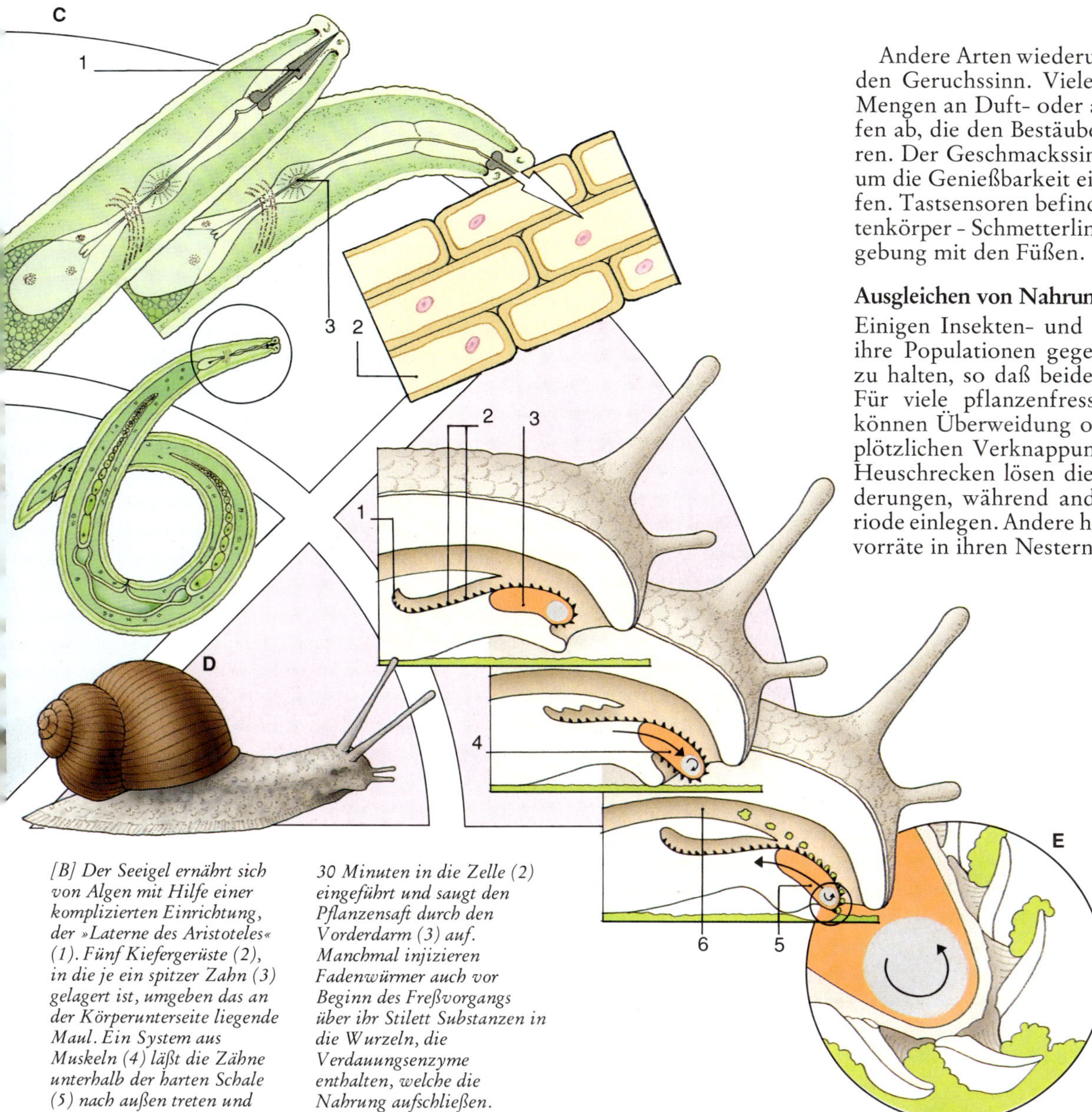

Andere Arten wiederum verlassen sich mehr auf den Geruchssinn. Viele Pflanzen geben geringe Mengen an Duft- oder anderen chemischen Stoffen ab, die den Bestäuber direkt zur Pflanze führen. Der Geschmackssinn wird häufig eingesetzt, um die Genießbarkeit einer Nahrung zu überprüfen. Tastsensoren befinden sich überall am Insektenkörper - Schmetterlinge etwa ertasten ihre Umgebung mit den Füßen.

Ausgleichen von Nahrungsknappheit

Einigen Insekten- und Pflanzenarten gelingt es, ihre Populationen gegenseitig im Gleichgewicht zu halten, so daß beide Arten gedeihen können. Für viele pflanzenfressende Wirbellose jedoch können Überweidung oder Trockenheit zu einer plötzlichen Verknappung ihrer Nahrung führen. Heuschrecken lösen dieses Problem durch Wanderungen, während andere Arten eine Schlafperiode einlegen. Andere hingegen legen Nahrungsvorräte in ihren Nestern an.

[D-E] Die Gartenschnecke [D] raspelt mit Hilfe ihrer Radula (1) Pflanzenteile ab. Diese besteht aus einem Band flexiblen Gewebes, das mit Reihen harter Zähne (2) besetzt ist. Beim Fressen wird die Radula mit ihrem knorpeligen Stützapparat (Odontophor, 3) aus der Mundöffnung herausgeschoben (4). Indem das Band wieder zurückgezogen wird (5), raspelt es das Pflanzenmaterial ab und transportiert es zum Vorderdarm (6). Die Vergrößerung der Radula [E] zeigt, daß die Zähne wie Baggerschaufeln eingesetzt werden. Die vorderen Zähne der Radula werden ständig abgewetzt und durch neue, von hinten nachwachsende ersetzt.

[B] Der Seeigel ernährt sich von Algen mit Hilfe einer komplizierten Einrichtung, der »Laterne des Aristoteles« (1). Fünf Kiefergerüste (2), in die je ein spitzer Zahn (3) gelagert ist, umgeben das an der Körperunterseite liegende Maul. Ein System aus Muskeln (4) läßt die Zähne unterhalb der harten Schale (5) nach außen treten und ermöglicht eingeschränkte Kaubewegungen. Der Biß des Seeigels ist stark genug, auch den zähesten Seetang zu fassen. Im Wasser schwebende Nahrungspartikel werden in den Schlund (6) gezogen, und das überschüssige Wasser wird wieder abgelassen, so daß sich die Nahrung im Darm (7) konzentriert.

[C] Einige Arten erdlebender Fadenwürmer sind mit einem speerartigen »Stilett« (1) ausgerüstet, mit dem sie sich von den Pflanzenwurzeln ernähren, wobei sie besonders den Bereich hinter der Wurzelspitze attackieren. Der Fadenwurm durchsticht mit seinem Stilett die Zellwand, dieses bleibt bis zu 30 Minuten in die Zelle (2) eingeführt und saugt den Pflanzensaft durch den Vorderdarm (3) auf. Manchmal injizieren Fadenwürmer auch vor Beginn des Freßvorgangs über ihr Stilett Substanzen in die Wurzeln, die Verdauungsenzyme enthalten, welche die Nahrung aufschließen.

Vorratskammern

In Gegenden mit heißen, trockenen Sommern oder mit kalten Wintern kann die Nahrungsversorgung für kleine Herbivoren zu bestimmten Zeiten empfindlich nachlassen. Deshalb haben einige Insekten die Fähigkeit entwickelt, in ihren Nestern Vorräte anzulegen. Getreideameisen, die Trockenzonen bewohnen, transportieren Grasteile, Samen und anderes Pflanzenmaterial zu ihren unterirdischen Nestern und lagern die Nahrung dort in speziellen Vorratskammern. Es gibt auch große »Trockenräume«, in denen die Vorräte zwischengelagert werden.

Eine ungewöhnliche Form der Vorratshaltung sind die »lebenden Speisekammern« einiger Wüstenameisen. Eine besondere Arbeiterinnenkaste (»Honigtöpfe«) verbleibt im Nest und wird von anderen Arbeiterinnen eifrig mit Honig gefüttert. Dabei schwillt ihr Hinterleib bis auf das Achtfache an. In der Trockenzeit hängen diese Tiere dann unter der Decke und werden von den anderen Mitgliedern des Ameisenvolkes »angezapft«.

Auch kleinere Tiere machen Beute

Wirbellose als Räuber

Nicht etwa Wildhunde und Raubkatzen sind die aggressivsten und gefräßigsten Vertreter der fleischfressenden (carnivoren) Tiere. Setzt man Raublust und Größe des Räubers in Beziehung zueinander, so werden diese Tiere von flinken Krebstieren, Muscheln, Gehäuse- und Nacktschnecken sowie Spinnen und Insekten oft bei weitem übertroffen. Libellen sind an warmen Sommertagen dicht über der Wasseroberfläche eines Teiches auf der Jagd. Diese graziösen Insekten besitzen zwei Flügelpaare, mit denen sie auf der Suche nach kleineren Beuteinsekten Fluggeschwindigkeiten von bis zu 30 km/h erreichen können.

[A] Die weibliche Wegwespe frißt selbst Nektar, versorgt aber ihre Larve mit einer Art »lebender Speisekammer«. Bevor sie ihre Eier legt, gräbt die Wespe (1) ein Loch und wartet z.B. auf eine Falltürspinne (2). Reaktionsschnell bringt sie ihren betäubenden Stich an, um die giftige, größere Beute zu überwältigen. Mit einem weiteren Stich ins Nervensystem (3) wird das Opfer gelähmt. Danach schleppt sie die Spinne in das Loch (4) und legt ein Ei in ihrem Körper ab, der nun Futter und Heim für die Wespenlarve sein wird. Nachdem die Wespe das Loch versiegelt hat, überläßt sie das Ei sich selbst und sucht nach neuen Opfern.

Die Meeresnacktschnecke lauert in Felstümpeln auf Hydroiden und andere Nesseltierpolypen, gegen deren mit Nesselkapseln bewehrte Tentakel die Schnecke so gut wie immun ist. Gehäusetragende Verwandte der Meeresnacktschnecken, die Wellhornschnecken, können mit ihren feilenartigen Radulazähnen ein rundes Loch in die Schalen anderer Schnecken oder Muscheln raspeln, um an das Muschelfleisch im Inneren zu gelangen. Andere Wellhornschneckenarten hebeln mit ihrer eigenen Schale die Schale der Austern auf und fressen das Austernfleisch. Tintenschnecken wie Kalmare und Kraken – die wie die Schnecken zu den Mollusken (Weichtieren) gehören – sind wesentlich flinkere Jäger. Der Gemeine Tintenfisch, aber auch Kraken greifen Garnelen und Krabben, Kalmare dagegen jagen kleine Fische.

Viele Seesterne fressen Muscheln, indem sie deren Schalenhälften mit Hilfe der Saugfüßchen auf ihren Armen festhalten. Der Seestern zieht so lange an den Schalenhälften, bis die Schließmuskeln der Muschel erschlaffen und sich ihre Schalenklappen öffnen.

Vielbeinige Jäger

Auch die landlebenden wirbellosen Jäger sind raublustig und gefräßig, so sind z.B. Hundertfüßer carnivor. Die Riesenskolopender Südamerikas, die bis zu 26 cm lang werden, können sogar Mäuse überwältigen, die sie zuvor mit ihren Giftklauen lähmen. Trotz ihrer Größe sind diese Tiere jedoch langsamer als die in Häusern anzutreffenden Hundertfüßer, die mit einer Geschwindigkeit von 50 cm/s auf Insektenjagd gehen.

Ein klebriges Ende

Viele Spinnen fangen ihre Beute mit Hilfe seidener Netze, in die sie ihre Beute verstricken. Doch auch andere Tiere können Netze spinnen. Die im Süßwasser lebende Larve der Köcherfliege Hydropsyche spannt ihr Netz in schnellfließenden Gewässern auf und befestigt es auf jeder Seite an Steinen. Überraschenderweise gibt es viele Spinnen, die kein Netz haben. Die großen, haarigen Vogelspinnen überfallen zwar auch Vogelnester, ernähren sich in der Regel jedoch von Insekten. Die außerordentlich scharfsichtige und unglaublich flinke Wolfsspinne hetzt ihre Beute regelrecht zu Tode. Die Springspinnen jedoch besitzen zweifellos die schärfsten Augen unter den Spinnen. Sie stürzen sich mit einem Satz auf ihre Beute. Die europäische Gerandete Jagdspinne lebt in der Nähe von Flüssen und Teichen und taucht sogar ihren Beutefischen hinterher.

[B] Die Mosaikjungfer, eine Libelle, verbringt den größten Teil ihres Lebens als Nymphe (1) im Wasser. Farbwechsel und die Tarnung durch »Erstarren« helfen ihr bei der Jagd. Ihre Waffen sind ausfahrbare Kiefer, die unter dem Thorax zusammengefaltet die Mundöffnung verdecken (2). Die Larve kann diese Fangmaske in einer vierzigstel Sekunde vorschnellen lassen (3). Das Erwachsenenstadium ist erreicht, wenn das geflügelte Insekt der Larvenhaut entschlüpft (4). Scharfes Sehvermögen und Schnelligkeit machen auch das ausgewachsene Tier (5) zum geschickten Jäger. In einem mit Hilfe der Beine gebildeten »Fangkorb« (6) kann es die Beute halten und zur Mundöffnung führen.

[C] Insektenaugen sehen nur helle oder dunkle sechseckige Zellen. Jede Sehzelle ist über einen Nerv mit dem Gehirn verbunden. Während das menschliche Auge schlagende Flügel als schwirrende Bewegung sieht (1), nimmt ein Insekt jeden Flügelschlag als verändertes Sehzellmuster wahr (2, 3).

Ein klebriger Tod erwartet die Opfer der Speispinnen. Diese recht kleinen Spinnenarten spinnen keine Netze, sondern sie pirschen sich an kleine Fliegen heran, warten den richtigen Augenblick ab und spucken einen gezielten Strahl eines giftigen Klebstoffes auf die Fliege, der diese am Boden festheftet.

Ausrüstung von Spezialisten

Lange, scharfe Mundwerkzeuge, gutes Reaktionsvermögen, Beweglichkeit und häufig aggressives Verhalten sind für viele Raubinsekten charakteristisch. Zu den aktivsten zählen die Schwarzkäfer. Sie sind meist schwarz oder dunkelbraun gefärbt und verbergen sich tagsüber unter Steinen. Nachts kommen sie hervor, um zu jagen. Sie haben sehr scharfe Mandibeln, mit denen sie vorbeikommende Insekten greifen; eine schneckenfressende Art besitzt einen eigenartigen verlängerten Kopf, mit dem der Käfer bis ins Innere des Schneckenhauses vordringen kann.

Siehe auch: Wirbellose - Verbreitung, *S. 122/123* Fortpflanzung der Wirbellosen, *S. 160/161* Gifttiere, *S. 248/249* Spinnennetze, *S. 250/251*

Fallensteller, *S. 252/253*

Chemische Waffen der Insekten, *S. 266/267*

Vegetarische Speisekarte

Die Strategien der Pflanzenfresser

Das größte Landsäugetier, der Elefant, lebt ausschließlich von pflanzlicher Nahrung. Einige hundert Kilogramm muß er am Tag davon konsumieren, da er nur die Hälfte dessen, was er schluckt, auch verdauen kann. Trotz der großen Vielfalt der Pflanzenteile, die als Nahrung zur Verfügung stehen (Blätter, Zweige, Blüten, Früchte, Rinde und Wurzeln), ist eine Ernährungsweise, die nur auf Pflanzen beruht, arm an Eiweiß und anderen Nährstoffen. Pflanzenfresser müssen daher große Mengen an Nahrung aufnehmen und sie lange im Körper halten, um ihr die lebensnotwendigen Stoffe zu entziehen.

Pflanzen sind kein ideales Nahrungsmittel. Oftmals enthalten sie toxische Substanzen, die Pflanzenfresser abschrecken, und harte, hölzerne Fasern, die, bevor die Verdauung einsetzen kann, gründlich gekaut werden müssen. Außerdem bestehen die Zellwände der Pflanzen aus langkettiger Cellulose – potentiell eine gute Zuckerquelle –, die aber durch die den Säugetieren eigenen Enzyme nicht aufgebrochen werden kann.

Das Gebiß der Pflanzenfresser ist hervorragend dazu geeignet, Pflanzenmasse zu zermahlen. Um die Abnutzung wettzumachen, hört das Wachstum der Zähne niemals auf. Beim Kauen wird das Futter mit Enzymen aus dem Speichel vermischt, die mit dem Verdauungsprozeß beginnen und die Nahrung vor dem Schlucken weich machen. Die Nahrung wandert dann langsam durch den langen, geräumigen Verdauungstrakt, wodurch die Menge der Nährstoffe, die ihr entzogen werden können, maximiert wird. Der Verdauungsapparat der Pflanzenfresser verfügt oft über spezialisierte Abschnitte, die Bakterien und Protozoen enthalten, welche cellulosespaltende Enzyme produzieren können. Diese Mikroorganismen brechen die Cellulose in lösbare Stoffe auf, die vom Darm aufgenommen werden können. Die Mikroorganismen werden letztlich durch ihr Wirtssäugetier verdaut und sind so eine weitere Nährstoffquelle. Bei Kaninchen sitzen die Mikroorganismen in einem vergrößerten Blinddarm, während sie beim Flußpferd, Nashorn, Elefanten und Pferd Blinddarm und Dickdarm besiedeln.

Wiederkäuende Säugetiere können ihre Nahrung, sobald sie teilweise verdaut wurde, in kleinen Mengen wieder heraufwürgen, um sie noch einmal zu kauen (wiederkäuen), wieder hinunterzuschlucken und in besonderen Verdauungskammern weiterzuverdauen. So können die Tiere in kurzer Zeit viel Nahrung aufnehmen und sich zur Verdauung an einen geschützten Ort, außer Sichtweite der Raubtiere, zurückziehen. Zu den Wiederkäuern gehören Rindvieh, Schafe, Ziegen, Antilopen, Giraffen, Reh- und Rotwild, Flußpferde, Kamele, Lamas, Faultiere und Känguruhs.

Die Suche nach Futter

Die meisten Wirbeltiere finden ihr Futter über den Sehsinn, seltener über den Geruchssinn. Blüten und Früchte fallen oft durch ihre Farben auf, die außerdem anzeigen, ob eine Frucht reif ist. Der Geruch kann einem Pflanzenfresser verraten, ob eine Pflanze toxische Stoffe enthält.

Viele pflanzenfressende Wirbeltiere leben in großen Gruppen zusammen. Große Vogelscharen haben eine bessere Chance, Futter zu finden, als der einzelne Vogel. Huftiere treten zu Verteidigungszwecken in großer Zahl auf – ein angreifendes Raubtier ist verwirrt und weiß nicht, welches Beutetier es angreifen soll. Die Begegnung mit Raubtieren kann auch vermieden werden, indem man sich bei Tageslicht im Verborgenen hält und sich nur in der Morgen- und Abenddämmerung zum Fressen herauswagt, was eine Verhaltensweise vieler Hirsche und Antilopen ist.

Verteidigung des Futters

Wenn das Nahrungsangebot knapp ist, verteidigen einige Arten ihre Territorien. Das Territorialverhalten ist während der Fortpflanzungsperiode besonders ausgeprägt, wenn für die wachsenden Familien eine größere Menge an Nahrung benötigt wird. Antilope und Zebra etwa haben dagegen eine nomadische Lebensweise entwickelt und unternehmen lange Wanderungen in Gebiete, in denen Regenfälle frisches Gras wachsen ließen.

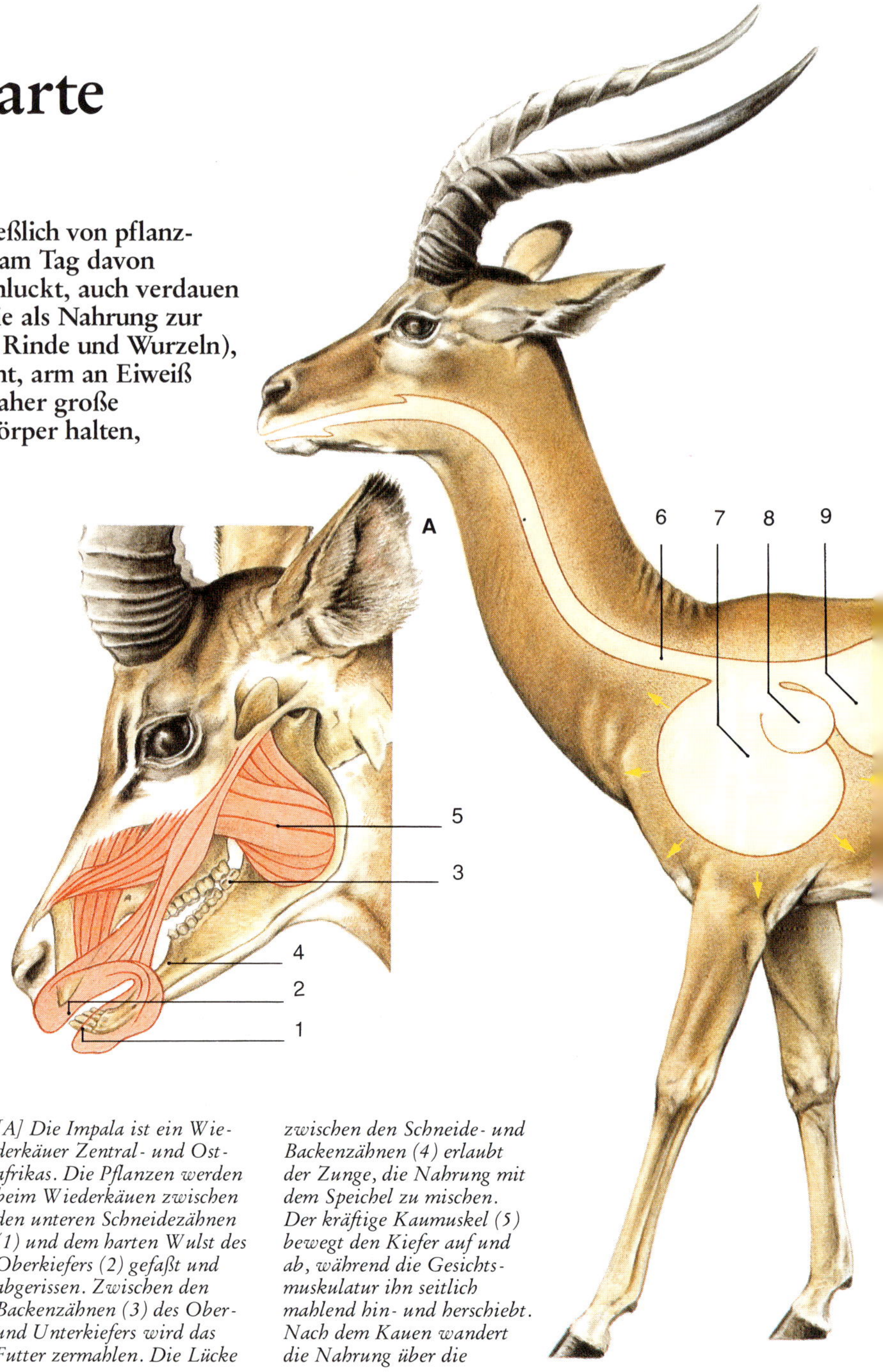

[A] Die Impala ist ein Wiederkäuer Zentral- und Ostafrikas. Die Pflanzen werden beim Wiederkäuen zwischen den unteren Schneidezähnen (1) und dem harten Wulst des Oberkiefers (2) gefaßt und abgerissen. Zwischen den Backenzähnen (3) des Ober- und Unterkiefers wird das Futter zermahlen. Die Lücke zwischen den Schneide- und Backenzähnen (4) erlaubt der Zunge, die Nahrung mit dem Speichel zu mischen. Der kräftige Kaumuskel (5) bewegt den Kiefer auf und ab, während die Gesichtsmuskulatur ihn seitlich mahlend hin- und herschiebt. Nach dem Kauen wandert die Nahrung über die Speiseröhre (6) zum Pansen (7). Enzyme, die von Bakterien und Ciliaten im Pansen erzeugt werden, zerlegen das Futter teilweise, woraufhin es wieder ins Maul zurückwandert und erneut gekaut wird. Danach wird es wieder hinuntergeschluckt, und die Gärung im Pansen und im Netzmagen (8) fortgesetzt. Die Resorption von Wasser und anderen Nahrungsbestandteilen erfolgt im Blättermagen (9). Die verbleibenden Nahrungspartikel wandern durch den »echten Magen« oder Labmagen (10), den Dünndarm (11) und den Blinddarm (12), wo die »normale« Verdauung und Resorption stattfindet.

Siehe auch: **Bakterien,** *S. 106/107* **Protozoen,** *S. 108/109* **Symbiose,** *S. 192/193* **Tierwanderungen als Instinktverhalten,** *S. 228/229*

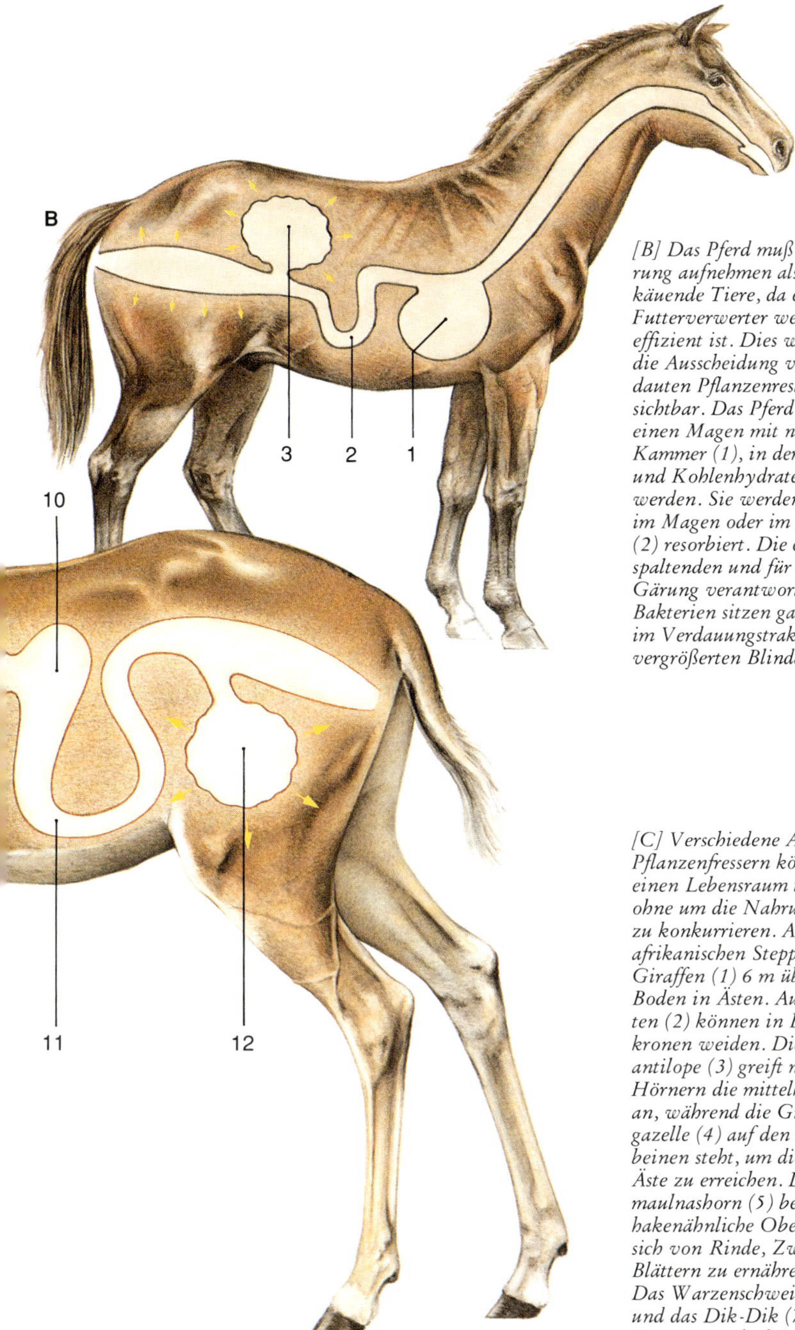

[B] Das Pferd muß mehr Nahrung aufnehmen als wiederkäuende Tiere, da es als Futterverwerter weniger effizient ist. Dies wird durch die Ausscheidung von unverdauten Pflanzenresten häufig sichtbar. Das Pferd besitzt einen Magen mit nur einer Kammer (1), in dem Eiweiß und Kohlenhydrate zerlegt werden. Sie werden entweder im Magen oder im Dünndarm (2) resorbiert. Die cellulosespaltenden und für die Gärung verantwortlichen Bakterien sitzen ganz unten im Verdauungstrakt im vergrößerten Blinddarm (3).

Trägheit als Prinzip

Einige Pflanzenfresser – wie Faultiere und Koalas – überleben bei einer besonders kargen Ernährung von zähen Blättern durch eine außergewöhnlich energiesparende Lebensweise. Koalas, die sich ausschließlich von zähen Eukalyptusblättern ernähren, schlafen 18 Stunden am Tag. Auch Faultiere ruhen viel und bewegen sich wenig. Tatsächlich ist ihre Muskulatur nur halb so stark ausgebildet wie bei den meisten Säugetieren, und es kann eine ganze Woche dauern, bis ihre Nahrung durch das Verdauungssystem gewandert ist. Ein dicker Pelz verringert den Wärme- bzw. den Energieverlust.

*[C] Verschiedene Arten von Pflanzenfressern können sich einen Lebensraum teilen, ohne um die Nahrungsquellen zu konkurrieren. Auf den afrikanischen Steppen weiden Giraffen (1) 6 m über dem Boden in Ästen. Auch Elefanten (2) können in Baumkronen weiden. Die Elenantilope (3) greift mit ihren Hörnern die mittelhohen Äste an, während die Giraffengazelle (4) auf den Hinterbeinen steht, um die hohen Äste zu erreichen. Das Spitzmaulnashorn (5) benutzt eine hakenähnliche Oberlippe, um sich von Rinde, Zweigen und Blättern zu ernähren.
Das Warzenschwein (6) und das Dik-Dik (7) fressen Knospen und Blüten und graben auch Wurzeln und Knollen aus. Auch die Nahrungsquellen des Graslands sind aufgeteilt: Wandernde Zebras (8) fressen das hohe harte Gras, Weißschwanzgnus (9) ernähren sich von der laubreichen Mittelschicht, was den kleinen Gazellen (10) ermöglicht, die zarten, jungen Triebe zu erreichen.*

Recycling in der Natur

Abbau und Wiederaufbereitung organischen Materials

Mehr als 90% der abgestorbenen Pflanzen auf der Erde werden von einer Vielzahl von Zersetzern abgebaut. Asseln, Bakterien, Insekten, Milben, Würmer und Pilze entsorgen den natürlichen Abfall, indem sie ihn allmählich zersetzen und auf diese Weise die Nährstoffe aus der toten Materie wieder den lebenden Organismen nutzbar machen. Die Destruenten bilden die unterste Stufe der Nahrungspyramide, die über die Pflanzen als Stoffproduzenten bis zu den höheren Tieren als Konsumenten reicht. Die Energie, die diesen Kreislauf ständig in Gang hält, liefert die Sonne.

[A] Der Kadaver einer Waldmaus zieht durch Verwesungsgeruch weibliche Fliegen an. Sie legen ihre Eier meist an feuchten, geschützten Körperstellen wie Maul, Anus oder in Wunden ab. Die Maden schlüpfen nach 24 Stunden und sondern Enzyme ab, die das Gewebe verflüssigen.

A

B

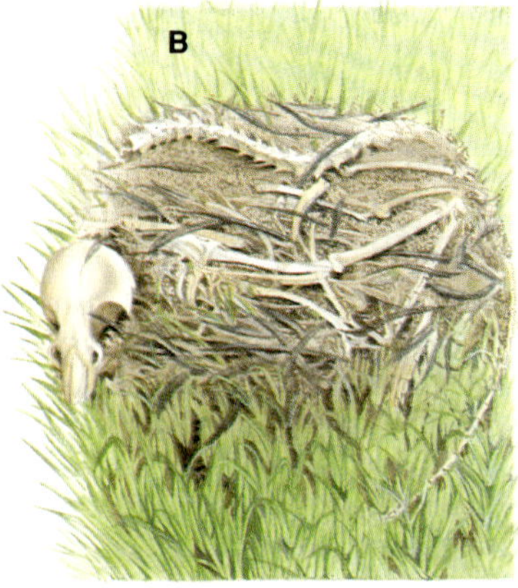

[B] Die durch die Nährstoff-»Suppe« im Körperinnern der Maus ernährten Maden reifen schnell heran. Zwei Wochen nach dem Schlüpfen kriechen sie in den Boden, um sich zu verpuppen; schon einige Tage später schlüpfen die ausgewachsenen Fliegen. Nur das Skelett der Maus bleibt übrig. Es wird langsam von Bakterien abgebaut.

Am Abbau toter Pflanzen und Tiere sind mehrere chemische und physikalische Prozesse beteiligt. Tierkadaver werden zunächst von Aasfressern wie Hyänen, Geiern, Aaskäfern und Ameisen zerkleinert. Unvollständig verdaute Stoffe werden als Dung abgegeben, der wiederum von Bakterien, Mistkäfern und Pilzen aufbereitet wird. Umgefallene Bäume werden von Holzbohrkäfern und ihren Larven befallen.

Die bei weitem bedeutendsten und zahlreichsten »Zersetzer« sind zugleich auch die kleinsten: Bakterien und Pilze. Sie ernähren sich, indem sie das organische Material durch Abgabe von Verdauungsenzymen vorverdauen und dann die verflüssigten Nahrungsbestandteile direkt durch ihre Oberfläche aufnehmen. Diese Organismen bilden die letzte Stufe im Abbauprozeß und geben ihrerseits einfache anorganische Verbindungen an den Boden zurück, wo sie Pflanzen wieder als Nährstoff dienen. Organische Substanz besteht vornehmlich aus Kohlenstoff, Sauerstoff, Stickstoff und Wasserstoff: Der Abbau dieser Stoffe setzt Energie frei. Übrig bleiben Wasser und Kohlendioxid, das wieder »Rohstoff« für die Photosynthese der Pflanzen ist. In ähnlicher Weise geben Bakterien Stickstoff in Form löslicher Nitrate an den Boden ab, die wieder von den Pflanzenwurzeln aufgenommen werden.

Auch verschiedene Käfer, Fliegenmaden und andere Insektenlarven, Ameisen, Termiten, Nackt- und Gehäuseschnecken, Regenwürmer sowie Asseln, Tausendfüßer und Milben beteiligen sich an den Abbauprozessen. Zu den größeren Tieren, die den Boden durchmischen und ihn dabei gleichzeitig mit ihren Exkrementen anreichern, zählen Dachse, Kaninchen, Mäuse, Maulwürfe und in Südamerika auch die Gürteltiere.

Fast-Food in den Regenwäldern

In jedem Ökosystem sind die verfügbaren Ressourcen begrenzt. Die Produktivität des Systems hängt daher überwiegend davon ab, wie effizient Nährstoffe wiedergewonnen werden können. Viele tropische Regenwälder – die sicherlich die produktivsten Ökosysteme der Erde sind – wachsen auf vergleichsweise nährstoffarmen Böden. Die Fülle an Lebewesen in diesen Wäldern beruht auf den in warmem und feuchtem Klima beschleunigt ablaufenden Zersetzungsprozessen, die die Rückführung von Nährstoffen in den Boden unterstützen. In wasserdurchtränkten und damit sauerstoffarmen Böden gehen organische Abbauprozesse viel langsamer vor sich. Dies liegt unter anderem daran, daß einige Bakterien und Pilze Sauerstoff benötigen und daher in gut durchlüfteten Böden besser leben können.

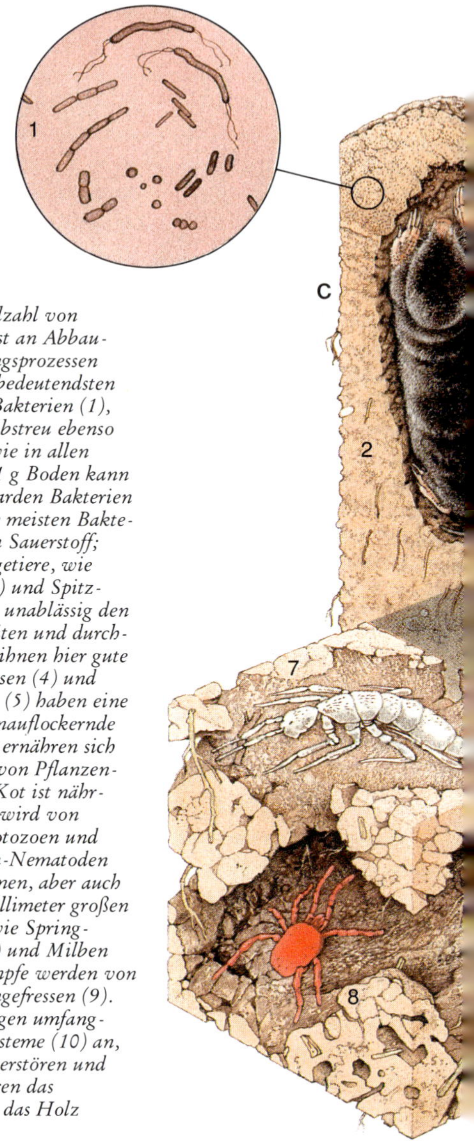

[C] Eine Vielzahl von Organismen ist an Abbau- und Zersetzungsprozessen beteiligt. Am bedeutendsten sind hier die Bakterien (1), die in der Laubstreu ebenso vorkommen wie in allen Bodentiefen: 1 g Boden kann bis zu 4 Milliarden Bakterien enthalten. Die meisten Bakterien benötigen Sauerstoff; grabende Säugetiere, wie Maulwürfe (2) und Spitzmäuse (3), die unablässig den Boden bearbeiten und durchlüften, leisten ihnen hier gute Dienste. Ameisen (4) und Regenwürmer (5) haben eine ähnliche bodenauflockernde Funktion und ernähren sich zudem direkt von Pflanzenmaterial: Ihr Kot ist nährstoffreich und wird von Bakterien, Protozoen und kleinen Boden-Nematoden (6) aufgenommen, aber auch von einige Millimeter großen Wirbellosen wie Springschwänzen (7) und Milben (8). Baumstümpfe werden von Holzkäfern angefressen (9). Die Larven legen umfangreiche Gangsysteme (10) an, die das Holz zerstören und damit Pilzsporen das Eindringen in das Holz erleichtern.

Abbauprozesse im Meer

Im Meer leben viele aasfressende Fische, Krebstiere (z.B. Krabben, Garnelen) und andere Wirbellose. Kleine Stücke organischen Materials, die diese Tiere beim Fressen fallenlassen, schweben im Wasser und werden von unzähligen Filtrierern gefressen. Dazu gehören Seeanemonen, Entenmuscheln, Haarsterne, Weich- und Fächerkorallen und eine Vielzahl von Planktontieren. Andere organische Stoffe, die den Meeresboden erreichen, dienen bodenbewohnenden Würmern, Seegurken sowie marinen Schnecken als Nahrung. Wenn ein Kadaver auf den Boden der Tiefsee sinkt, machen sich Aasfresser wie Krabben, Würmer und Schleimaale darüber her. Diese Tiere finden ihr Futter selbst in der Dunkelheit der Tiefsee durch ihren empfindlichen Geruchs- und Tastsinn.

Siehe auch: Böden, *S. 30/31* Kohle, Öl und Gas, *S.34/35* Bakterien, *S. 106/107* Protozoen, *S. 108/109* Pilze, *S. 110/111*

[C] Ein Netzwerk feinverzweigter Pilzfäden, die Verdauungssäfte abgeben, durchzieht schließlich den ganzen Baumstumpf. Unter günstigen Bedingungen bilden einige große Fruchtkörper aus: konsolenförmige Schmetterlingsporlinge (11) und hutförmige Holztrichterlinge (12). Die Streu besteht aus teilweise zersetzten Blättern, Baumrinde, Zweigen, Tierleichen und Kot. Sie ernährt eine reiche Wirbellosenfauna, die aus Nacktschnecken (13), Gehäuseschnecken (14), Tausendfüßern (15), Fliegen (16) und ihren Larven (17), Käfern (18) sowie Asseln (19) besteht. Räuber wie Spinnen (20) und Hundertfüßer (21) profitieren vom reichen Nahrungsangebot.

Das Mistkäfer-Projekt

Mistkäfer erweisen sich als außerordentlich effiziente Recycler: Sie vergraben Kotbrocken im Boden. Gleichzeitig wird dabei der Boden aufgelockert, wodurch die Zersetzung des Dungs durch Bodenbakterien erleichtert wird. In Nordaustralien haben sich die dort vorkommenden Mistkäfer angewöhnt, die trockenen, grobfaserigen Kotkrümel der Känguruhs zu fressen. Doch seit dem ausgehenden 18. Jahrhundert wurden riesige Rinderherden ins Land gebracht. Entsprechend fielen täglich ungeheure Mengen an Dung an. Ähnlich unvermeidlich war es, daß der Dung sich ansammelte, weil die einheimischen Mistkäfer weder mit der Menge noch mit der Konsistenz des Dungs zurechtkamen. Um der drohenden Krise entgegenzuwirken, wurden afrikanische Mistkäfer importiert. Da sie keine einheimischen Konkurrenten hatten, vermehrten sich die importierten Mistkäfer sehr schnell - und so war das Problem bald zufriedenstellend gelöst.

Photosynthese, *S. 180/181* **Pflanzenernährung,** *S. 184/185* **Pflanzenfressende Wirbellose,** *S. 198/199* **Stoffkreisläufe,** *S. 206/207*

Die Kreisläufe des Lebens

Wie Elemente in der Umwelt wiederaufbereitet werden

Knöllchenbakterien der Gattung Rhizobium wandeln jährlich etwa zweihundert Milliarden Tonnen des molekularen Stickstoffs aus der Atmosphäre zu Ammoniak um. Viele Pflanzen sind von diesem Ammoniak abhängig, da sie Stickstoff in anderer Form nicht aufnehmen können. Stickstoff ist aber nur eines der lebensnotwendigen chemischen Elemente, die durch den Körper aller Organismen strömen; andere Elemente sind Kohlenstoff, Sauerstoff, Phosphor und Schwefel. Sie werden in der Umwelt ständig wiederaufbereitet – beim Fressen, Atmen, Wachsen und schließlich bei der Zersetzung nach dem Tod.

[A] Das gasförmige Kohlendioxid (CO_2) wird bei der Photosynthese durch grüne Pflanzen gebunden. Die gebildeten energiereichen Stoffe (Einfachzucker) können wiederum genutzt werden, um andere energiereiche Moleküle wie Stärke und Cellulose zu erzeugen, oder abgebaut werden, um Energie für die Lebensprozesse zu erhalten. Pflanzen sind die einzigen Lebewesen, die selbst ihre energiereichen Stoffe aufbauen können. Alle anderen Lebewesen verbrauchen diese Stoffe, die sie bei der Atmung abbauen. Dabei gewinnen sie die benötigte Energie und setzen das CO_2 als Endprodukt des Abbaus frei, das wieder in die Atmosphäre gelangt.

Alle Lebewesen bestehen aus Molekülen, im wesentlichen aus Kohlenstoffverbindungen. Die Kohlenstoffatome kommen ursprünglich aus dem Kohlendioxid der Atmosphäre und dringen durch die Photosynthese der grünen Pflanzen, Algen und einiger Bakterien in die lebenden Strukturen ein. Diese »Primärproduzenten« sind der Anfang eines Kreislaufs aus Aufnahme (Bindung), Umwandlung und Zerfall, wobei Kohlenstoffatome in komplexen organischen Verbindungen mit dem Nettoaufwand an Energie zusammengeschlossen werden und dann von diesen Verbindungen unter Freisetzung von Energie wieder gelöst werden.

Auch geologische Prozesse beeinflussen das Kohlenstoffgleichgewicht auf der Erde: Der in Form von fossilen Brennstoffen (Kohle, Erdöl, Erdgas) gebundene oder als Kalkstein in den Meeren abgelagerte Kohlenstoff wird vorübergehend dem biologischen Kohlenstoffkreislauf entzogen. Außerdem werden bei einem Vulkanausbruch große Mengen Kohlendioxid freigesetzt.

Die Kohlendioxidmenge in der Atmosphäre ist, verglichen mit den Hauptbestandteilen Stickstoff und Sauerstoff, sehr gering (0,03 Vol.-%). Sie steigt allerdings an, da der Mensch Kohlenstoff, der in fossilen Brennstoffen und langlebigen Wäldern lagert, mehr und mehr erschließt.

A

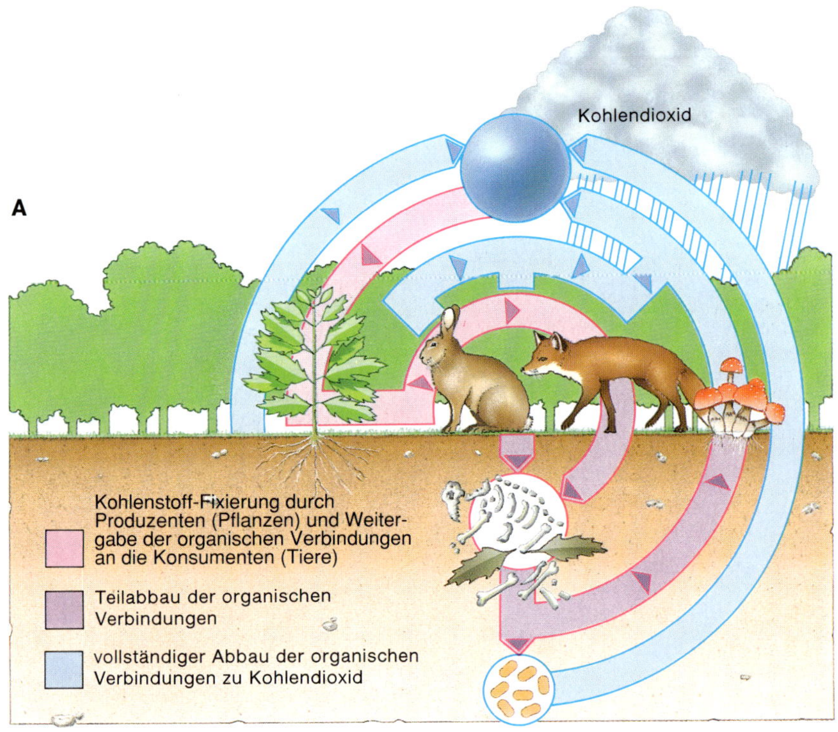

Die Fixierung von Stickstoff

Lebende Organismen brauchen Stickstoff, um Proteine und Nucleinsäuren aufzubauen. Stickstoff ist zu 78 Vol.-% in der Atmosphäre enthalten (Sauerstoff zu 21 %, der Rest besteht aus Kohlendioxid, Wasserstoff und inaktiven Edelgasen sowie aus Verunreinigungen). Die Mehrzahl der Organismen kann den gasförmigen Stickstoff nicht nutzen, sondern muß ihn als wasserlösliches Ammoniak oder in Stickstoffoxiden gebunden aufnehmen. Bakterien, von denen einige frei im Boden, die meisten aber in Symbiose mit höheren Pflanzen leben, können den Stickstoff aus der Luft binden. Man nennt diesen Vorgang Stickstoff-Fixierung. Die wichtigste Symbiose ist die zwischen dem Bakterium Rhizobium und den Wurzeln von Schmetterlingsblütlern. Nachdem die Bakterien in die Pflanze durch ein Wurzelhaar eingedrungen sind, vermehren sie sich und bilden eine knollenartige Schwellung. Die Bakterien beziehen ihre Energie zur Stickstoff-Fixierung aus den photosynthetischen Produkten der Schmetterlingsblütler und wandeln dabei den Stickstoff in Ammoniak um. Die Schmetterlingsblütler wiederum nutzen einen Teil des gebundenen Stickstoffes zum Aufbau von Proteinen und Nucleinsäuren. Das Versickern von Ammoniak im Boden, Tod und Zerfall der Schmetterlingsblütler machen den Stickstoff auch für andere Organismen verfügbar.

Sauerstoff als Lebensspender

Alle Tiere und Pflanzen sowie viele Mikroorganismen benötigen die dritte Komponente der Atmosphäre - den Sauerstoff -, um Energie durch den Abbau von Nahrung zu gewinnen. Dazu werden die Nährstoffe während der Atmung oxidiert. Alle Organismen, die Sauerstoff brauhen, können den Sauerstoff der Atmosphäre direkt nutzen. Grüne Pflanzen und Cyanobakterien sind außerdem in der Lage, Sauerstoff als Abfallprodukt der Photosynthese wieder in die Atmosphäre abzugeben. In Verbindung mit Kohlenstoff, Wasserstoff und Stickstoff ist Sauerstoff fast überall vertreten.

[B] Der atmosphärische Stickstoff wird durch Rhizobium-Bakterien, die in Knötchen auf den Wurzeln der Schmetterlingsblütler leben, als Ammonium gebunden. Ammonium und andere Stickstoffverbindungen, die z.B. bei der Einwirkung von Blitzen auf den atmosphärischen Stickstoff entstehen, reichern sich im Boden an. Diese Verbindungen werden auch an den Boden abgegeben, wenn Zersetzer die organischen Überreste zerlegen. Andere Bakterien, die frei im Boden leben, wandeln Ammonium in Nitrite und Nitrate um, die von grünen Pflanzen aufgenommen werden können. Andere Bodenbakterien bilden wieder Stickstoff aus Nitraten.

Siehe auch: **Böden,** *S. 30/31* **Mineralbildung,** *S. 32/33* **Atmosphäre,** *S. 64/65* **Bakterien,** *S. 106/107* **Photosynthese,** *S. 180/181* **Zersetzer,** *S. 204/205*

[B] Die durch Gesteinsverwitterung gebildeten Urböden der Erde waren stickstoffarm. Den Böden wurde Stickstoff zugeführt, als Blitze in der turbulenten jungen Atmosphäre zur Bildung von wasserlöslichem Ammoniak und anderen Stickstoffoxiden führten. Diese regneten auf den Planeten nieder und reicherten die Böden mit Stickstoffverbindungen an. Später, als sich das Leben entwickelte, ging der Stickstoff komplexere Verbindungen ein. So kam es, daß das Element in einer Reihe biologischer und chemischer Prozesse ständig wiederaufbereitet wurde und wird. Diese Prozesse werden im Stickstoffkreislauf beschrieben.

Der natürliche Kreislauf des Schwefels

Schwefel (S) ist in der belebten Natur Bestandteil einiger Proteine. Er dringt in das Eiweiß der Pflanzen (und damit auch der Tiere) ein, wenn sie ihn als Sulfat (SO_4^{2-}) aufnehmen. In Form von Sulfiden (S^{2-}) wird er durch bakterielle Tätigkeit bei der Zersetzung von Pflanzen- und Tierresten wieder abgegeben. Durch eine Gruppe von Boden- und Wasserbakterien (1) werden Sulfide zu freiem Schwefel oxidiert, um dann durch eine andere Gruppe (2) weiter zu Sulfaten oxidiert zu werden.

Der Schwefelkreislauf kann allein durch Bakterien umgekehrt werden, da es eine Gruppe von Bakterien gibt, die Sulfate zu Sulfiden reduzieren kann. In Schwefelquellen treten voneinander abhängige Bakterien auf, die gegenseitig ihre schwefelhaltigen Abfallprodukte nutzen. Der Kreislauf des Schwefels scheint unter bestimmten Bedingungen an bestimmten Orten beim Schwefel aufgehört zu haben, was zur Ausbildung von Schwefelseen in warmen und trockenen Gebieten führte.

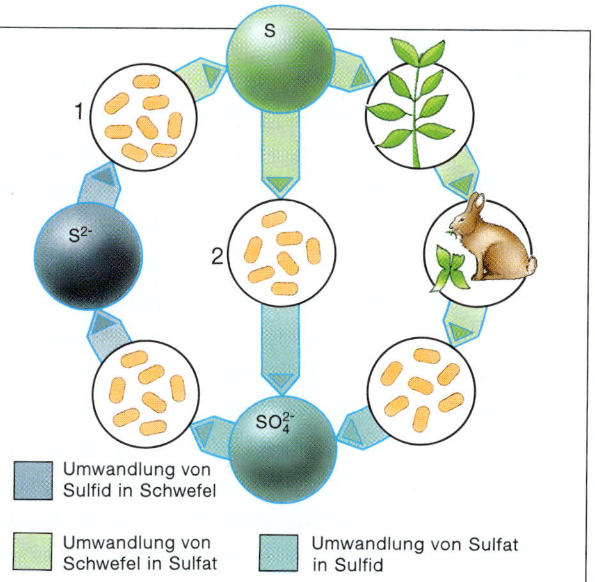

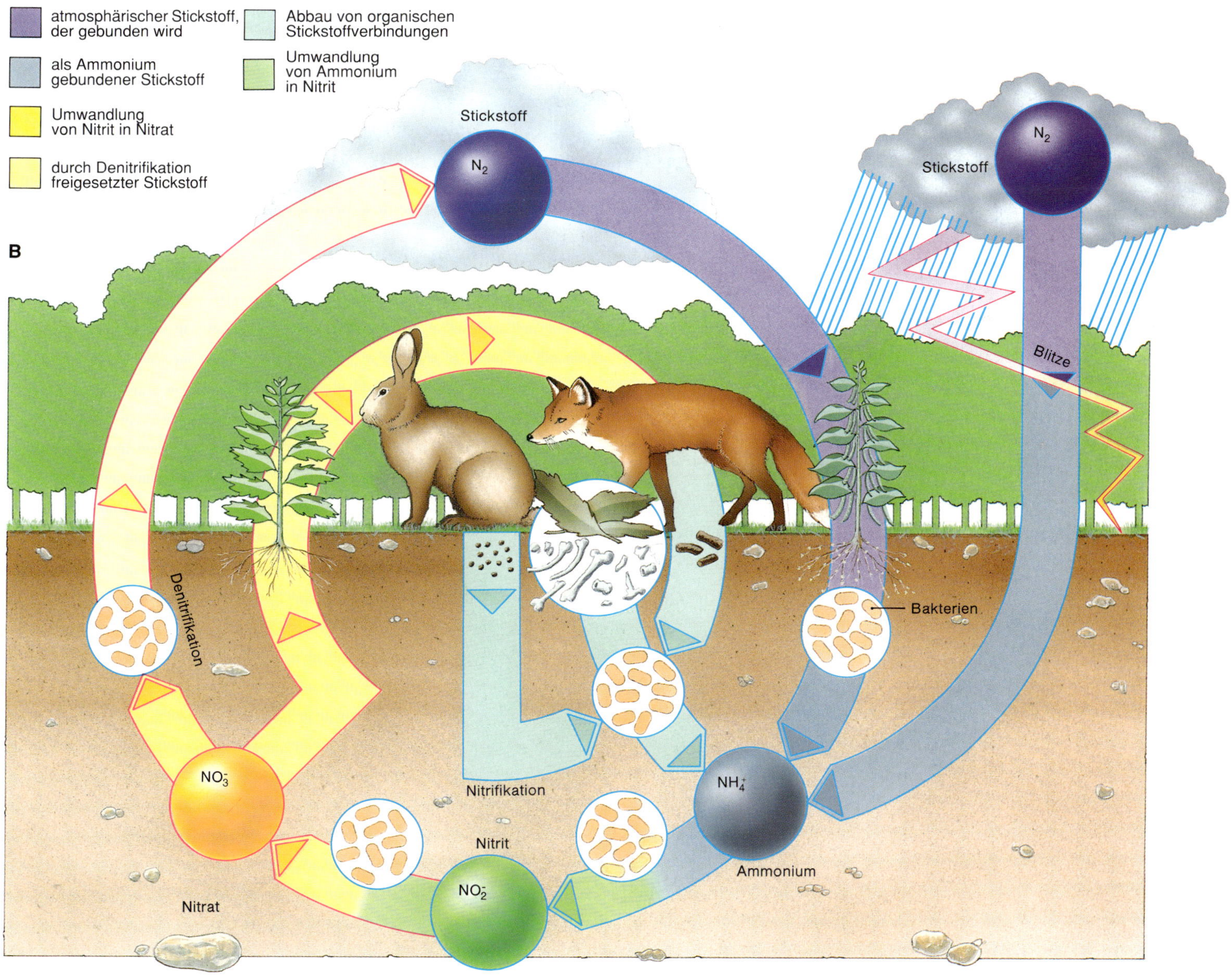

Symbiose, *S. 192/193*

6
Fortbewegung und Nestbau

Ob Jagd oder Flucht, Balztanz oder Vogelzug – Bewegung verschafft Tieren die Möglichkeit, ihren Standort rasch zu ändern, um sich zu ernähren, fortzupflanzen oder sich vor Feinden zu schützen. Dies geschieht auf unterschiedliche Weise. Im Wasser zu schwimmen, erfordert andere Bewegungsabläufe als in den Bäumen zu klettern. Fliegen verlangt andere körperliche Anpassungen als das Laufen oder Springen. Auf den langen Wanderungen vieler Tiere zu ihren Brutplätzen oder Winterquartieren ist darüber hinaus ein ausgeprägtes Orientierungsvermögen wichtig.
Eher standorttreu sind Tiere, wenn es um die Aufzucht der Jungen geht. Eier müssen bebrütet, hilflose Jungtiere geschützt werden. Dazu bauen Tiere kunstvolle Nester und ausgedehnte Höhlen, die sie entweder nur während der Fortpflanzungsperiode bewohnen oder aber als ständigen Wohnsitz auch außerhalb der Brutzeit nutzen.

Durch Strömungen und stille Wasser

Wie Tiere schwimmen

Daß sogar Faultiere und Igel sehr gute Schwimmer sind, zeigt die weite Verbreitung des Schwimmvermögens im Tierreich. Unter dem Mikroskop enthüllt ein einziger Wassertropfen Myriaden verschiedenster schwimmender Mikroorganismen. Allen Schwimmern, vom einzelligen Flagellat bis zum riesigen Wal, ist ein Grundprinzip gemein: Sie erzeugen den Vorwärtstrieb, indem sie sich regelrecht am Wasser abstoßen. Einige schwimmen durch Körperschlängeln, d.h., sie führen Schwimmbewegungen mit dem ganzen Körper aus; andere besitzen Körperanhänge wie Beine, Flossen oder peitschenartige Geißeln.

Um die bremsende Reibung mit dem Wasser zu verringern, haben die meisten Tiere, die überwiegend oder sogar dauernd schwimmen, einen stromlinienförmigen Körper. Diese torpedoähnliche Gestalt setzt dem Wasser den geringsten Widerstand entgegen. Vor allem Fische besitzen eine solche Körpergestalt - je näher ihr Körper der Idealform kommt - etwa beim Thunfisch -, desto schneller schwimmt eine Fischart.

Stromlinienform

Meeressäuger, die von ehemals vierbeinigen Landtieren abstammen, besitzen Flossen, die sie während des Schwimmens ganz eng an den Körper anlegen können und die nur kurz zur Erzeugung des Vorwärtsschubes abgespreizt werden. Wale und Delphine haben ihre Hinterbeine, bis auf heute äußerlich nicht mehr sichtbare Rudimente, verloren. Andere Tiere, die auch die Hinterbeine zum Schwimmen einsetzen, erreichen die Stromlinienform dadurch, daß sie ihre Beine flach an den Körper pressen. Selbst wenn die Beine für den nächsten Schwimmzug nach vorn gebracht werden, bleiben sie nach dem Abstoß gewöhnlich eng am Körper oder werden, der Stromlinienform folgend, lang nach hinten ausgestreckt. Die meisten Fische sind von einer Schleimschicht umhüllt, so daß das Wasser beinahe ohne Reibungsverlust an ihrem Körper entlangströmen kann und eine verhältnismäßig glatte Strömung ohne Wirbelbildung entsteht.

Wellen und Schläge

Fische besitzen zwei Hauptantriebe: Körperschlängeln (Undulieren) und Rudern mit ihren Flossen. Die wellenartig undulierende Bewegung ihres Körpers ermöglicht den meisten Fischen schnelles Schwimmen, während das Rudern mit den Flossen vorwiegend für langsame, präzise Bewegungen eingesetzt wird. In diesem Fall schlagen die Flossen einfach nur vor- und zurück gegen das Wasser. Auch die Schwanzflosse wird vornehmlich in dieser Weise eingesetzt, sie kann aber auch durch Veränderung ihrer seitlichen Auslenkung als Ruder dienen. Manche Fische besitzen eine sehr hohe und großflächige Rückenflosse; sie führt wellenförmige Bewegungen aus und erzeugt, ähnlich wie die Schlängelbewegungen des gesamten Körpers, den Vortrieb. Fische mit einem sehr starren Körperbau wie Kofferfische und Seenadeln erzeugen den Vortrieb hauptsächlich mit ihren paarigen Brustflossen, mit denen sie rudern, was zu eher ruckartigen Bewegungen führt.

Manche Fische haben so kräftige Schwanzflos-

[A] Der Wasserkäfer schwimmt durch Ruder- bewegungen seiner Hinter- beine. Der Schwimmstoß (1-4) wird von einer Rückhol- bewegung (5-8) gefolgt, bei der sich der Käfer durch die Massenträgheit fortbewegt. Im Gegensatz zu einem menschlichen Ruderer kann der Wasserkäfer seine als »Riemen« dienenden Beine beim Rückholschlag nicht aus dem Wasser nehmen. So spreizen sich beim Vorwärts- schlag haarartige Borsten an den Hinterbeinen nach außen und vergrößern das »Ruderblatt«. Während der Rückholbewegung legen sie sich flach an und haben einen geringen Wasserwiderstand.

[B] Ein Frosch schwimmt durch kraftvolle Stöße seiner muskulösen Hinterbeine. Die Vorderbeine werden nur zum Steuern eingesetzt. Zu Beginn des Schwimmstoßes zieht er die Hinterbeine zum Körper heran (1) und streckt sie danach weit ausholend nach hinten (2). Die Zehen spreizen sich (3), die Schwimmhäute werden aufgespannt und bieten eine große Oberfläche. Schließlich werden die Beine nach hinten gestreckt (4) und treiben so den Frosch vorwärts. Beim Heranziehen der Beine an den Körper falten sich die Schwimmhäute, um den Wasserwiderstand gering zu halten (5-6).

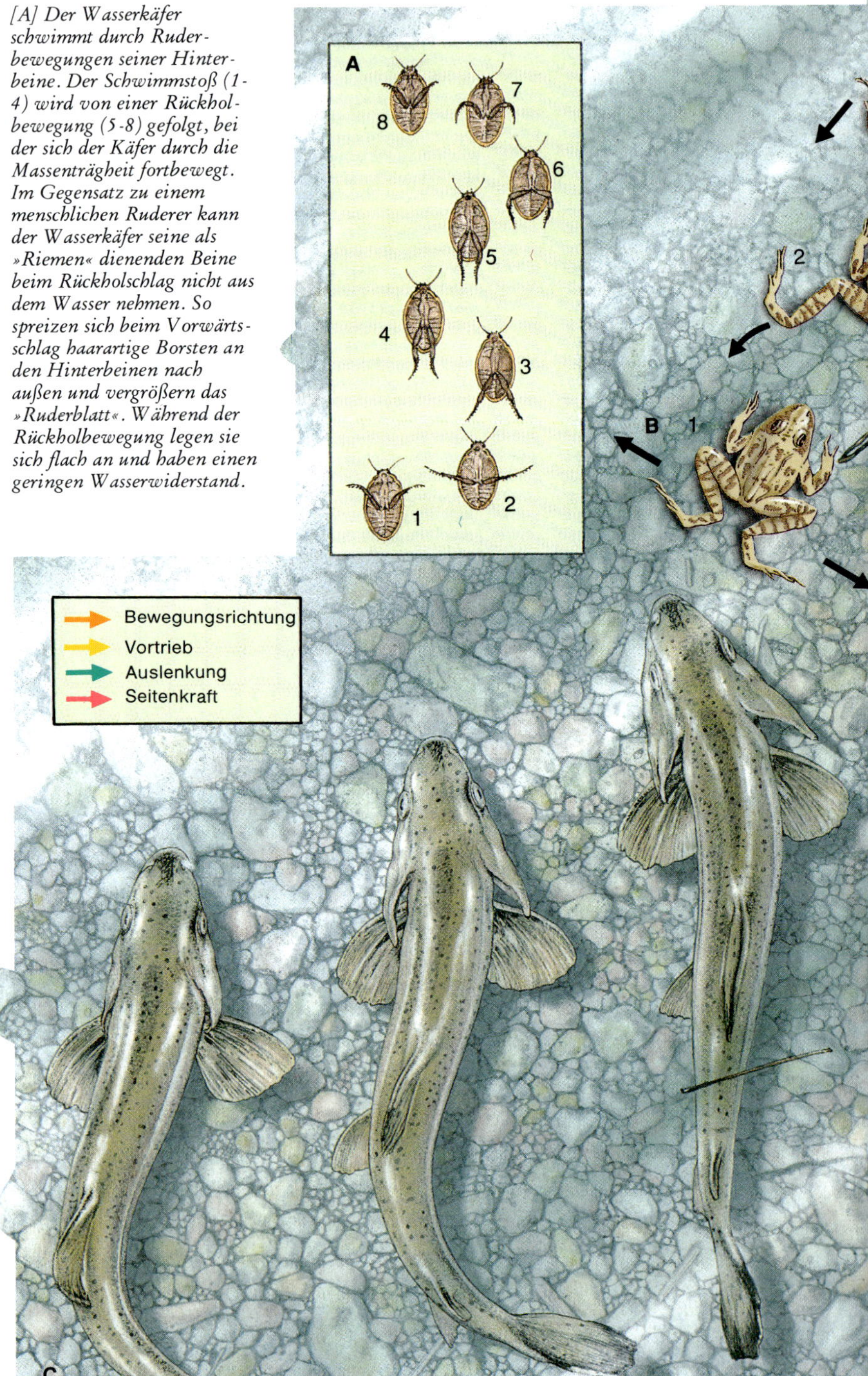

Siehe auch: **Evolution der Fische,** *S. 124/125* **Evolution der Amphibien,** *S. 128/129* **Anpassung der Tiere an Höhen und Tiefen,** *S. 146/147*

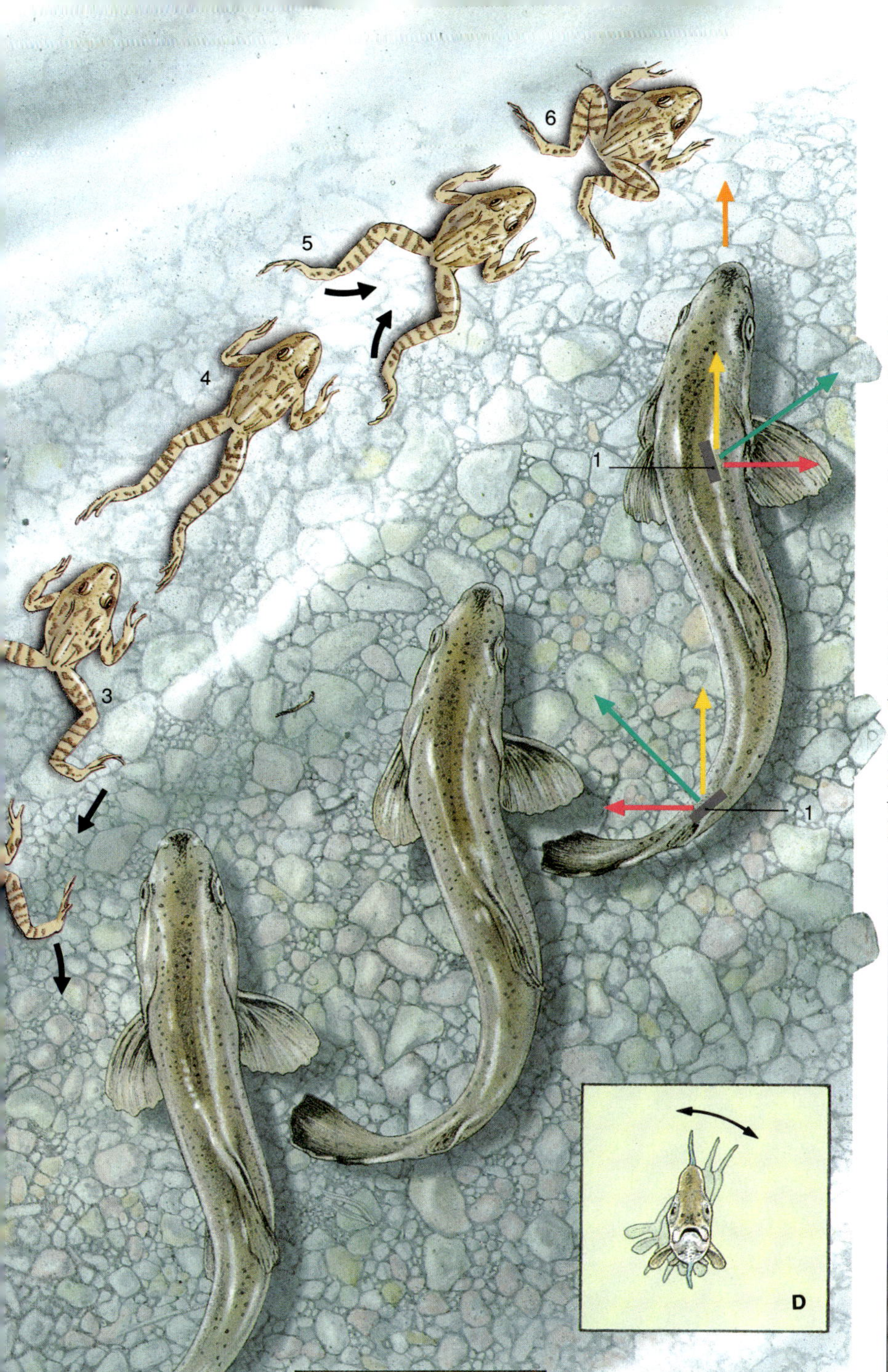

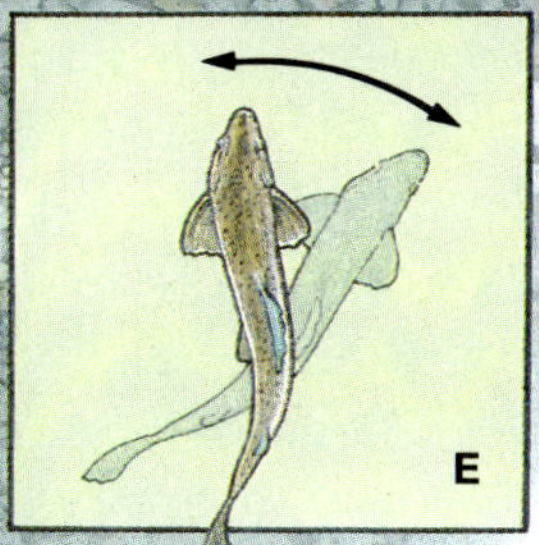

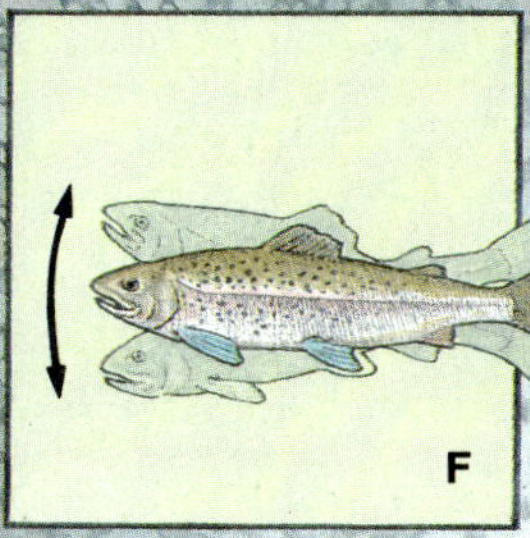

[C] Die meisten Fische schwimmen, indem sich nacheinander Muskeln entlang ihres Körpers zum Schwanz hin fortschreitend zusammenziehen bzw. erschlaffen. Bei dieser Kontraktionswelle kommt es zu einer seitlichen Auslenkung kleinerer Muskelsegmente (Antriebselemente, 1), die sich am Wasser abstoßen und es dadurch in der unmittelbaren Umgebung des Fischkörpers beschleunigen. Ein Teil dieser Kraft treibt den Fisch vorwärts.

[D] Afterflossen dienen dazu, seitlichen Kippbewegungen entgegenzusteuern.

[E] Die undulierende Rückenflosse verhindert die seitliche Ablenkung des Kopfes, wenn der Schwanz hin und her schlägt.

[F] Die Körperverlagerung in der Senkrechten wird durch die Brustflossen, die wie Höhenruder eingesetzt werden können, und vor allem durch die Schwimmblase reguliert.

sen, daß diese in der Lage sind, den Fisch vollständig aus dem Wasser zu heben. Fliegende Fische können z.B. auf der Flucht vor Feinden in die Luft schnellen und außergewöhnlich lange Strecken dicht über der Wasseroberfläche durch die Luft gleiten. Lachse überwinden hohe Wasserfälle in dem Bemühen, ihre Laichgewässer weiter stromaufwärts zu erreichen.

Mit Volldampf in die Tiefe

Bestimmte Rochenarten mit ihren stark abgeflachten Körpern und vor allem die Meeressäuger mit ihrer z.T. mächtigen Schwanzflosse (Fluke) führen im Wasser mit Flossen oder Körper überwiegend senkrechte Bewegungen durch. Sie haben dadurch gegenüber den meisten Fischen, die sich waagerecht fortbewegen, einen Vorteil: Sie können sich sehr schnell auf und ab bewegen und damit manchem Feind entkommen. Die meisten Fische hingegen können sich zwar seitlich gut bewegen, Auf- oder Abstieg dauert jedoch in der Regel sehr viel länger.

Wasser hat keine Balken

Da auch im Wasser die Gesetze der Schwerkraft gelten, müssen Fische sie ausgleichen. Hat ein Körper eine höhere Dichte als das Medium, das er verdrängt, ist die Schwerkraft größer als der Auftrieb. Für Fische heißt das, daß sie ihre Dichte mittels Fettgewebe oder Schwimmblase verringern müssen, um nicht zum Grund hinabzusinken. Eine flache Körperform, wie sie der Manta-Rochen (unten) aufweist, vergrößert zudem die Reibung beim Absinken: Der Fisch »fällt« langsamer nach unten. Dies erleichtert das Verweilen in einer bestimmten Wassertiefe sehr. Die Larven vieler Meerestiere besitzen lange Körperanhänge (z.B. bizarre Stacheln), die der Oberflächenvergrößerung dienen. Tintenfische verfügen über einen schwammartig aufgebauten gasgefüllten Kalkschulp (Sepia), und viele Fische haben Schwimmblasen, die mit einem luftähnlichen Gas gefüllt sind und deren Füllungsgrad willkürlich geregelt werden kann, wodurch der Aufenthalt in bestimmten Wassertiefen aktiv reguliert wird.

Rückstoßprinzip, *S. 212/213* **Ökosystem Meer**, *S. 326/327*

Meeresjets

Wie Meerestiere sich durch Strahlantrieb fortbewegen

Der »fliegende« Kalmar kann sich blitzartig aus dem Wasser katapultieren, so daß er sogar schon auf Schiffsdecks gelandet ist. Dies gelingt ihm, indem er mit aller Kraft Seewasser in eine Richtung ausstößt und damit einen Schub in der entgegengesetzten Richtung bewirkt – ein Strahlantrieb. Größere Tintenfische können auf diese Weise Geschwindigkeiten bis zu 30 km/h erreichen. Hauptsächlich wird der Strahlantrieb von wirbellosen Meerestieren wie Quallen, Kraken und Tintenfischen angewandt. Sogar Muscheln können sich über kurze Entfernungen mit einer Geschwindigkeit von 30 cm/s vorwärtsschnellen.

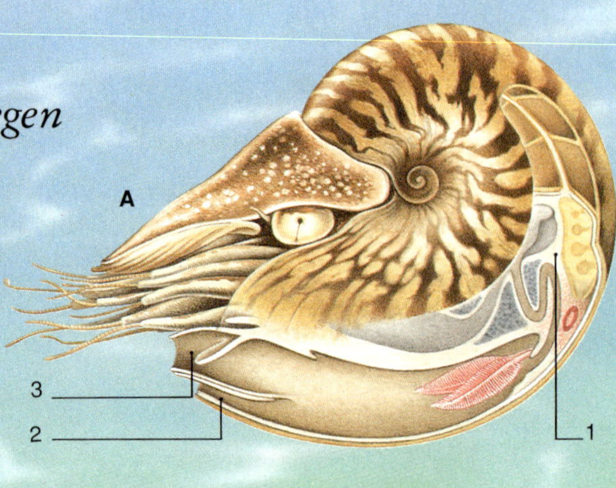

Kalmare sind die schnellsten Meerestiere mit Strahlantrieb. Ihre langgestreckte Körperform ist die ideale Stromlinienform für den geringsten Reibungswiderstand. Tintenfische und Kalmare benutzen eine Kombination kraftvoller Muskeln, die im Gegenspiel arbeiten, um den Schub zu erzeugen - sie pressen Wasser aus dem Körper des Tieres und stellen danach die ursprüngliche Körperform wieder her. Während der Kalmar aber schwimmen muß - sonst würde er sinken -, hat der Tintenfisch eine schwammartige innere Schale aus Sepiakalk, die seinen Auftrieb verbessert. Die in Kammern aufgeteilte Sepia enthält an ihrem vorderen Ende Gas und am anderen Ende Flüssigkeit.

[A] Das Perlboot ist in rund 30 Kammern aufgeteilt. Sein Körper nimmt nur die erste und größte Kammer (1) seiner Schale ein. Alle anderen Kammern sind unabhängige, mit Gas gefüllte Auftriebtanks. Das Perlboot kann trotzdem schlecht schwimmen. Wasser dringt von allen Seiten in die Hülle (2). Es wird mit Hilfe der Trichtermuskeln und durch Ausdehnen des Körpers in der Schale durch den Trichter (3) ausgestoßen. Anders als seine Verwandten - die Kalmare, Kraken und Tintenfische - kann das Perlboot seine Hülle nicht zusammenziehen, da sie mit der Schale verbunden ist.

Beschleunigung durch Wasserpumpen

Um eine hohe Beschleunigung zu erreichen, muß der Kalmar große Mengen Wasser herauspumpen. Dies ist sehr wirkungsvoll, wenn er einem Raubtier entflieht oder wenn er schnell Beute machen will, es ist jedoch auch sehr energieaufwendig. Beim normalen Schwimmen beträgt der erzeugte Druck durch das Zusammenpressen des Körpers nur ein Zehntel dessen, was er für die höchste Beschleunigung aufwendet. Der Kalmar leitet das Wasser durch einen Trichter am Kopfende aus seinem Körper heraus und schwimmt dadurch rückwärts. Der Trichter kann aber auch gedreht werden, um vorwärts zu schwimmen.

Strahlantrieb dient jedoch auch anderen Zwekken. Tintenfische richten einen Wasserstrahl auf den sandigen Meeresboden, um kleine, wirbellose Beutetiere freizuspülen. Kleinere Tintenfische und Kalmare nutzen den Wasserstrahl, um sich rückwärts in den Meeresboden einzugraben.

Strahlantrieb bei Quallen

Obwohl man meinen könnte, die Qualle sei in idealer Weise für den Strahlantrieb geeignet, ist ihr schwacher Körper nicht in der Lage, kraftvolle Pumpbewegungen zu erzeugen. Durch Zusammenziehen der runden Glocke stößt sie Wasser schräg nach unten und erzeugt sowohl einen rückwärts wie abwärts gerichteten Schub. Auf diese Weise erhält die Qualle Auftrieb und wird vorwärts bewegt. Zwischen den äußeren und inneren Schichten ihrer Körperwand befindet sich eine Schicht aus gallertartigem Material, die Mesoglea. Wenn die Muskeln nach dem Herauspumpen des Wassers erschlaffen, stellt der Flüssigkeitsdruck in der Mesoglea die ursprüngliche Form der Qualle wieder her, und sie kann Wasser für den nächsten Strahl einsaugen. Die glatte Form der Glocke verringert dabei den Widerstand.

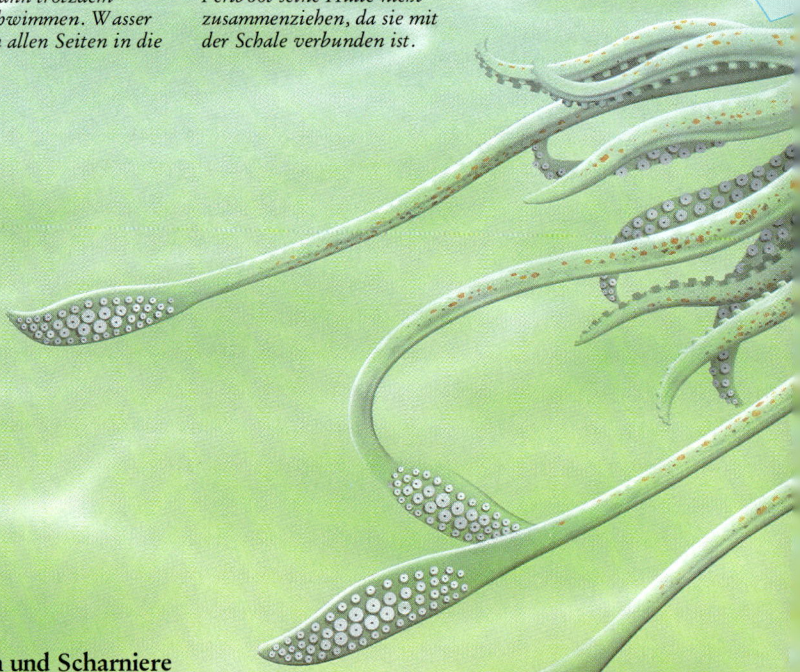

Klappen und Scharniere

Viele zweischalige Muscheln nutzen ebenfalls den Strahlantrieb, vor allem, um Räubern zu entfliehen. Kammuscheln haben außerordentlich kräftige Scharniermuskeln und schnappen ihre Muschelschalen zu, um Wasser auszustoßen. Spalten in der Hülle richten die Strahlen an den hinteren Teil der Muschel, so daß es aussieht, als ob sie ins Wasser bisse. Die obere Klappe der Schale, die den äußeren Rand der Muschel bildet, überlappt die untere, so daß das Wasser sowohl nach unten als auch nach hinten gepreßt wird und damit die vertikale Position der Muschel im Wasser erhält. Die Klappen kehren durch die gummiartige Verbindung des Gelenks in ihre ursprüngliche Position zurück. Möglicherweise haben sich diese Schwimmbewegungen im Laufe der Zeit aus gelegentlichen Kontraktionen zur Reinigung der Schalen entwickelt, die die Muschel vornimmt, um unverdaute Nahrung und andere Stoffe aus dem Hülleninneren entfernen zu können.

[B] Der Kalmar hat eine sehr muskulöse Schalenhöhle (1), die seine Kiemen (2) völlig umschließt. Um einen Wasserstrahl zu erzeugen, vergrößern die Muskeln in der Schale die Höhlung, und Wasser wird durch eine Spalte an der Vorderseite des Körpers (3) eingesogen. Das Eindringen des Wassers in den Trichter (4) wird durch ein Einwegventil verhindert. Die überlappenden Kanten der Spalte (5) verhindern ein Ausströmen und sorgen dafür, daß das Wasser durch den Trichter mit größtem Schub ausgestoßen wird. Der Schub hängt auch davon ab, daß sich die ganze Hülle gleichzeitig zusammenzieht. Um dies zu koordinieren, hat der Kalmar besonders dicke und lange Nerven-

Siehe auch: Wirbellose - Verbreitung, *S. 122/123* Anpassung der Tiere an Höhen und Tiefen, *S. 146/147* Schwimmen, *S. 210/211*

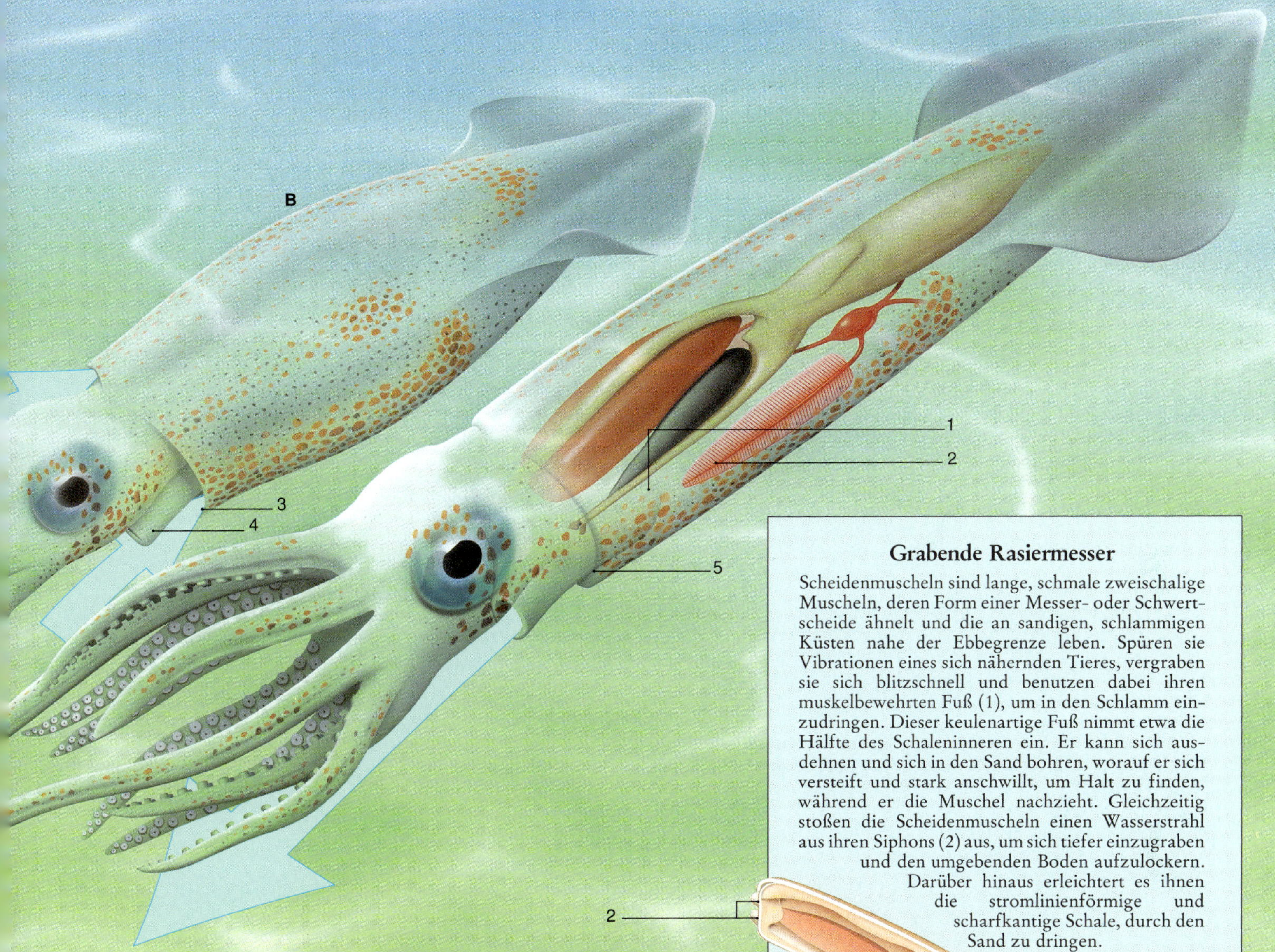

Grabende Rasiermesser

Scheidenmuscheln sind lange, schmale zweischalige Muscheln, deren Form einer Messer- oder Schwertscheide ähnelt und die an sandigen, schlammigen Küsten nahe der Ebbegrenze leben. Spüren sie Vibrationen eines sich nähernden Tieres, vergraben sie sich blitzschnell und benutzen dabei ihren muskelbewehrten Fuß (1), um in den Schlamm einzudringen. Dieser keulenartige Fuß nimmt etwa die Hälfte des Schaleninneren ein. Er kann sich ausdehnen und sich in den Sand bohren, worauf er sich versteift und stark anschwillt, um Halt zu finden, während er die Muschel nachzieht. Gleichzeitig stoßen die Scheidenmuscheln einen Wasserstrahl aus ihren Siphons (2) aus, um sich tiefer einzugraben und den umgebenden Boden aufzulockern. Darüber hinaus erleichtert es ihnen die stromlinienförmige und scharfkantige Schale, durch den Sand zu dringen.

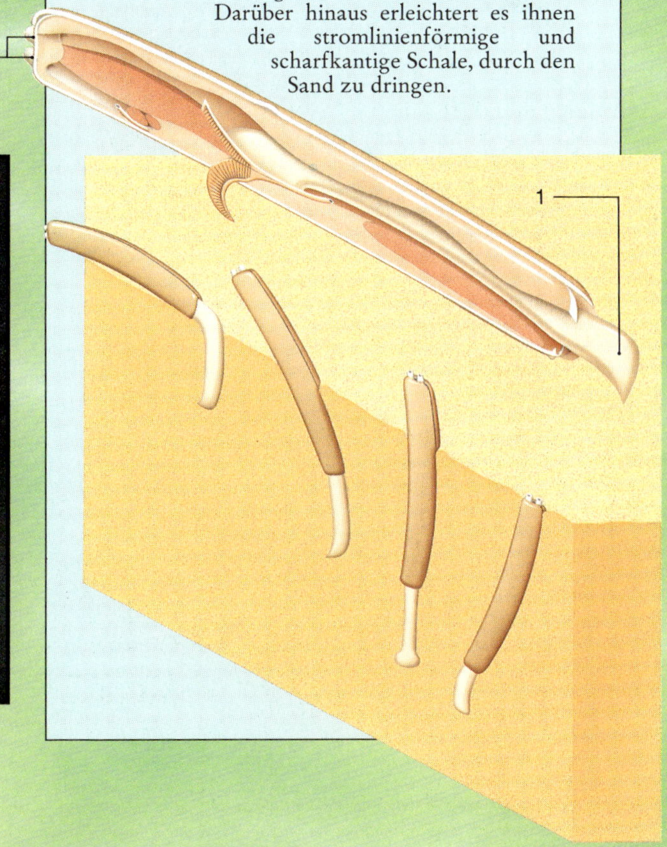

zellen (Riesenaxone), die das Hirn mit den entfernteren Regionen verbinden. Denn je dicker der Nerv, desto schneller transportiert er Hirnsignale. Wirbeltiernerven können dünner sein, da ihre spezielle »Verkleidung« die Signale beschleunigt. Leichtere Bewegungen der Hüllenmuskeln lassen das Wasser über die Kiemen zirkulieren, damit der Kalmar atmen kann.

Kalmare, Tintenfische und Kraken haben eine weitere Verwendung für den Strahlantrieb. Sie stoßen damit Wolken von Tinte aus (rechts), die sie in ihren Tintensäcken speichern, um Verfolger zu verwirren.

Ökosystem Meer, *S. 326/327*

Schnecken, Schleichen, Schlangen

Wie Tiere auch ohne Beine vorwärtskommen

Eine erregte Schwarze Mamba ist in der Lage, ihren Störenfried mit einer Geschwindigkeit von 10 Kilometern in der Stunde zu verfolgen, wobei ihr Kopf und der vordere Teil ihres Körpers den Boden nicht berühren. Im Gegensatz zur Schwarzen Mamba legen viele Wirbellose und Larven eine gemächlichere Gangart an den Tag – sie bewegen sich buchstäblich im Schneckentempo voran. Die erstaunliche Fähigkeit, sich ohne Gliedmaßen, auch an Land, bewegen zu können, besitzen zahlreiche Tierarten - von der mikroskopisch kleinen Amöbe bis zu großen Säugetieren wie dem Walroß.

Das Kriechen unterliegt dem gleichen Prinzip wie jede andere Art der Fortbewegung an Land – es erfolgt ein rückwärtiger Abstoß gegen den Untergrund, wodurch das Tier einen Antrieb nach vorn erhält. Der Körper verfügt oft über spezielle Fortsätze, um auf der Bodenoberfläche eine gute Haftung zu haben. So besitzt beispielsweise der Regenwurm steife Borsten, die durch spezielle Muskeln aufgerichtet werden können. Die Schlange nutzt die durch ihre Schuppen erzeugte Reibung, und die Schnecke verfügt über einen klebrigen Schleim auf ihren »Fußsohlen«, was ein ununterbrochenes Stemmschieben erlaubt.

Ausdehnen und Zusammenziehen

Ein weicher, röhrenförmiger Körper, der von zwei Muskelschichten umgeben ist, ist ein typisches Merkmal der Ringelwürmer. Die Ringe entsprechen einzelnen Körpersegmenten, wobei jedes Segment deutlich vom anderen getrennt ist. Der Körper des Wurms ist mit Flüssigkeit gefüllt, die ein sogenanntes hydrostatisches Skelett bildet. Dieses wirkt den Muskelbewegungen entgegen. Wenn der Wurm seine Muskeln zusammenzieht kommt es zu einer Kompression der Körperflüssigkeit, und die Körpersegmente verändern ihre Form. Auf diese Weise kann der Wurm die Länge verschiedener Körperteile verändern. Durch das abwechselnde Ausdehnen und Zusammenziehen seiner Körpersegmente kann er kriechen und Gänge durch die Erde graben, seine Borsten dienen dabei als Anker.

Obwohl Seesterne Beine zu haben scheinen, bewegen sie sich durch einen ähnlichen Mechanismus wie Würmer. Sie haben Hunderte kleiner Füßchen, von denen jedes wie eine Röhre mit Flüssigkeit gefüllt ist. Durch Muskelkontraktionen werden die Röhrenfüßchen hydraulisch ausgestreckt und zurückgezogen und haften mit winzigen Saugenden an jeder Oberfläche.

Schlängeln und Winden

Schlangen und Schleichen können nicht, wie der Regenwurm, durch Zusammenziehen der Rumpfmuskulatur ihre gesamte Körperlänge entscheidend verändern. Sie erreichen jedoch den gleichen Effekt, indem sie ihren Körper winden und auf diese Weise den Abstand zwischen Kopf und Schwanz effektiv verringern. Bei der wohl bekanntesten Bewegungsform – der schlängelnden Bewegung – drückt die Schlange mit ihren Körperwindungen gegen Steine, Wurzeln, Pflanzenstengel, Bodenwellen oder -vertiefungen und stemmt sich dabei seitlich oder rückwärtig ab. Je langgestreckter ihre Windungen sind, um so größer wird die Körperoberfläche, die Kontakt zur Umgebung hat, und um so schneller ist die Vorwärtsbewegung der Schlange. Dieser Prozeß wird durch spezielle Muskeln verstärkt, die für die Aufrichtung der Schuppen zuständig sind und dadurch die Reibung an dem Objekt, gegen das die Windung gedrückt wird, erheblich vergrößern.

Gleiten

An Land lebende Schnecken haben einen »Muskelfuß«, an dem Wellen von Muskelkontraktionen entlanglaufen, die nacheinander verschiedene Teile des Fußes gegen den Untergrund drücken. Durch einen klebrigen Schleim findet der Fuß auf dem Untergrund einen besseren Halt. Plattwürmer und Teich-Napfschnecken rudern förmlich auf der Oberfläche ihres eigenen Schleims, wobei Wellen kleiner peitschender Haare, die den Schleim nach hinten stoßen, einen Antrieb nach vorne bewirken.

[A] Viele Schlangen in Wüstengebieten bewegen sich durch »Seitenwinden« (1). Die Schlange hebt den Kopf und eine Windung ihres Vorderkörpers knapp über den Boden und legt sie dann seitlich auf, sie überspannt so eine »unbegangene« Stelle. Bevor die Windung ihre neue Lage einnimmt, beginnt die Schlange eine weitere Windung zu legen. Dabei liegen nur zwei Körperregionen auf. Eine abgewandelte schlängelnde Bewegung (2) ist die Ziehharmonika-Bewegung (3), die oft in engen Tunneln oder Erdlöchern angewandt wird. Die Windungen der Schlange werden gegen die Tunnelseiten gepreßt, während der übrige Körper ausgestreckt wird. Große, schwere Boas, Ottern und Pythons verwenden »Raupenbewegungen« (4). Der Körper bleibt gerade, während Bauchschuppen aufgestellt, nach vorne abgewinkelt und dann nach hinten gegen den Untergrund gepreßt werden, wodurch die Schlange sich nach vorne hebelt.

[C] Der Körper des Regenwurms ist von zwei Muskelschichten umgeben – außen der Ringmuskulatur (1), innen der Längsmuskulatur (2). Borsten (3) können aufgerichtet werden, um die vorrübergehend stationären Segmente im Boden zu verankern. Bei einem Regenwurm in Ruhestellung sind die Borsten ausgestreckt und die Längs- und Ringmuskeln entspannt. Der sich ausstreckende Teil des Wurms hat die Borsten eingezogen, die Ringmuskeln angespannt und die Längsmuskeln entspannt. Der sich zusammenziehende Teil des Wurms bleibt stationär und richtet die Borsten auf, die Längsmuskeln sind angespannt und die Ringmuskeln entspannt.

Siehe auch: Eroberung des Landes, *S. 92/93* Protozoen, *S. 108/109* Wirbellose – Verbreitung, *S. 122/123* Evolution der Reptilien, *S. 130/131*

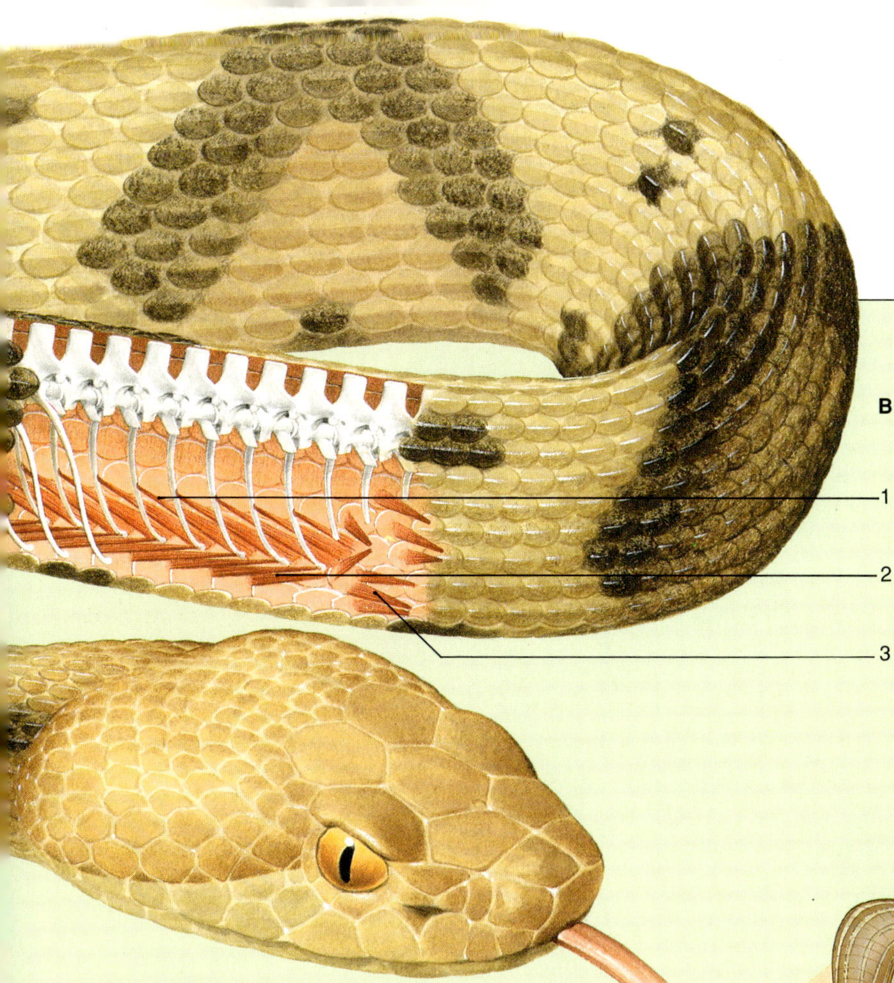

[B] Die Beweglichkeit einer Schlange wird durch viele Muskeln ermöglicht, die sich kreuz und quer durch ihren Körper ziehen. Sie verbinden Wirbel, Rippen sowie Rippen und Wirbel miteinander. Durch die Hautmuskulatur können die Rippen die Schuppen vorwärts (1) und rückwärts (2) ziehen und so die Fortbewegung unterstützen. Zahlreiche Muskeln verbinden einzelne Schuppen miteinander (3).

[D] Blutegel und Spannerlarven verwenden die einfachste Form des Kriechens. Sie nutzen Haftpunkte vorn und hinten am Körper, verbunden mit abwechselnder Ausdehnung und Kontraktion. Zuerst suchen sie mit dem Hinterteil Halt, strecken den übrigen Körper aus, halten sich dann mit dem Vorderteil fest und ziehen das Hinterteil nach vorne. Der Blutegel (unten) nutzt seine vorderen und hinteren Saugorgane.

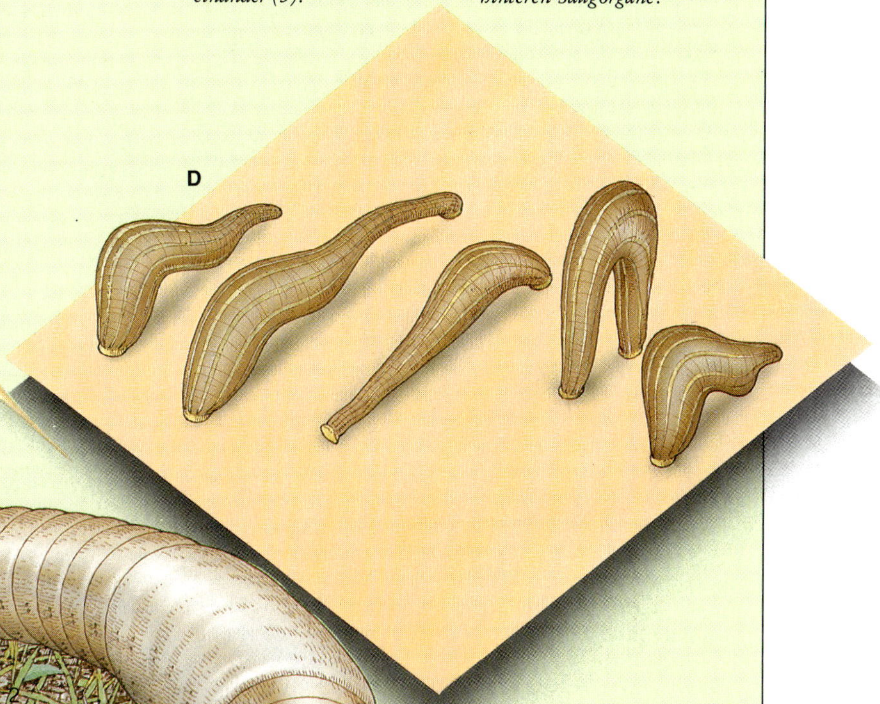

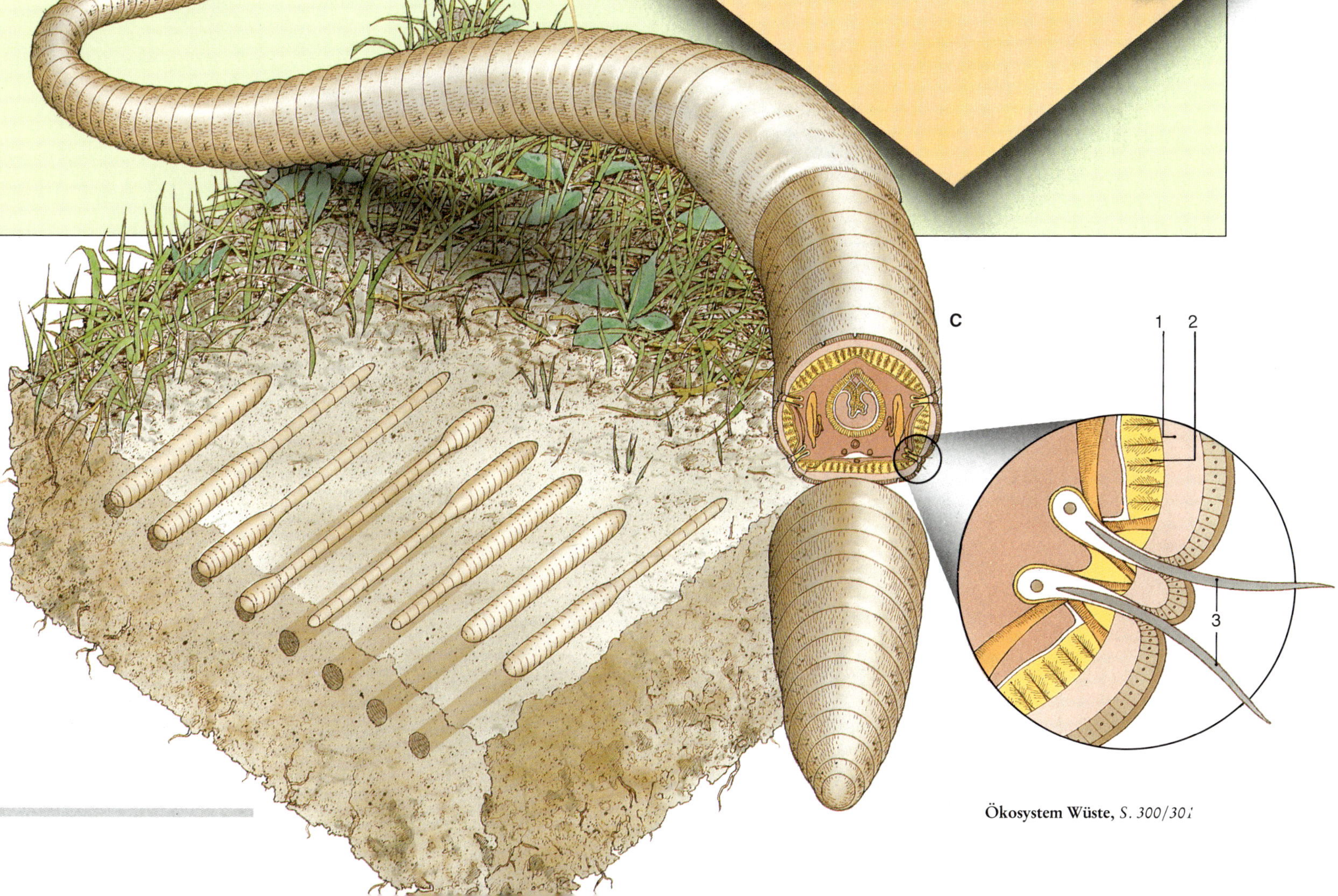

Ökosystem Wüste, *S. 300/301*

Klammeraffen und Kletterkünstler

Wie Tiere beim Klettern die Schwerkraft überwinden

Der Versuch, einen Gecko von einer Glasscheibe zu lösen, kann mit Glasbruch enden. Manchmal findet man sogar tote Geckos noch immer an einem Zweig oder Ast hängend vor, so fest ist ihr Griff. Krabben würden wir auf den ersten Blick nicht unbedingt zu den Klettertieren zählen. Auf einigen pazifischen Inseln kommen sogenannte Kokoskrabben wie der Palmendieb Birgus latro vor. Diese Tiere tragen scharfe, klauenartige Ausbildungen an den Schreitbeinen, die es ihnen erleichtern, Bäume zu erklettern, um sich vor Räubern in Sicherheit zu bringen oder die schattenspendenden Baumkronen aufzusuchen.

Eine ganze Reihe unterschiedlicher Tiergruppen hat unabhängig voneinander die Fähigkeit erworben, auf Bäume zu klettern. Gibbons schwingen sich mit ihren langen Armen von Ast zu Ast und kommen so gut wie nie auf den Boden. Am wichtigsten ist bei ihren waghalsigen Kletterpartien, nicht Halt oder Balance zu verlieren. Zusätzlich bereitet ihr oft schwerer Körper Probleme. Um die Auswirkungen der Schwerkraft gering zu halten, versuchen die Tiere, ihren Schwerpunkt möglichst dicht an den Stamm oder nach unten zu verlagern. Dies erleichtern verhältnismäßig kurze Beine oder auch eine gebückte Haltung, wie sie Buschbabies und Lemuren zeigen, die relativ lange Hinterbeine besitzen und deshalb ihren Körper beim Herumspringen in den Baumkronen so dicht wie möglich an die Äste drücken müssen. Auch die abgeflachten Körper der Baumfrösche dienen der Verlagerung ihres Schwerpunktes nach unten.

Greifschwänze als Kletterhilfe

Die meisten Klettertiere haben besonders gut ausgebildete Hände und Finger. Viele Affen, darunter auch die Menschenaffen, besitzen einen Daumen, der den restlichen Fingern und Zehen gegenüber angeordnet ist. Von den Menschenaffen haben wir Menschen unsere große Geschicklichkeit und die manuellen Fertigkeiten. Viele Tiere wie Pangoline, Opossums, Baumstachler und Neuweltaffen haben Greifschwänze entwickelt, die ihnen beim Festhalten auf den Bäumen als fünfte Extremität dienen. Bestimmte Bereiche der Greifschwänze, besonders die greifende Endpartie, ist in der Regel unbehaart und mit Hautleisten versehen. Mit der nackten Spitze seines Greifschwanzes kann ein Klammeraffe außerordentlich fest zugreifen; dennoch ist sie gleichzeitig empfindlich genug, um etwa eine winzige Erdnuß gezielt zu erfassen. Klammeraffen und ihre nahen Verwandten, die Spinnenaffen, können sogar nur an ihren Schwänzen hängend Futter mit den Händen von sonst für sie unerreichbaren, dünnen Ästen pflücken. Auch Chamäleons besitzen Greifschwänze (oder eher Wickelschwänze), die sie zur Stabilisierung des Gleichgewichtes fest um den Ast wickeln, auf dem sie herumklettern.

Kletternde Reptilien

Obwohl ihnen Arme und Beine fehlen, können sogar Schlangen auf Bäume klettern. Die schindelartig übereinanderliegenden Bauchschienen (vergrößerte Schuppen) können schräggestellt und wieder angelegt werden, was im ersten Falle Widerhalt an der Baumborke ermöglicht und im zweiten Fall eine Weiterbewegung. Viele Baumschlangen haben kräftige, zum Greifen geeignete Schwänze. Die im tropischen Südamerika beheimatete Baumboa führt mit Hilfe ihres Schwanzes das sogenannte Ziehharmonika-Kriechen aus. Sie windet ihren Schwanz um einen Ast, reckt ihren Kopf hoch, schiebt den vorderen Teil des Körpers hinterher, winkelt Kopf und Hals ab und hakt sich so an einem höhergelegenen Ast fest. Dann löst sie den festen Griff ihres Schwanzes und zieht den nun freihängenden Körper bis auf die Höhe von Kopf und Hals nach. So kann sie selbst glattes Bambusrohr hinaufklettern. Viele Schlangen können mit ihrem Körper den Raum zwischen zwei Ästen überbrücken und bewegen sich durch die Baumkronen, indem sie sich abwechselnd mit Greifschwanz und Hals an den Ästen verankern. Der Baumschnüffler, auch Peitschenschlange genannt, eine in den Regenwäldern Malayas beheimatete Schlange, hat diese Technik zur Perfektion entwickelt.

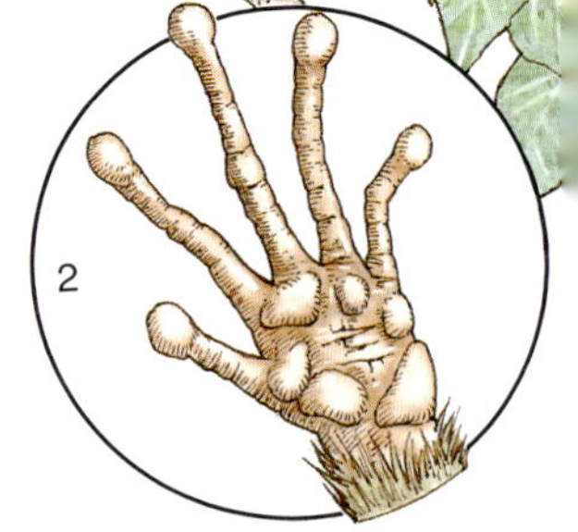

[A] Der Indri ist auch ohne Schwanz ein erstklassiger Akrobat. Seine Pfoten sind mit 4 kurzen Zehen und einem stark verlängerten Zeh (1) als Greiftaster ausgebildet, die ihm große Trittsicherheit verleihen. [B] Der Sundakoboldmaki besitzt verlängerte Finger, die in Haftpolstern (2)

Siehe auch: Evolution der Amphibien, *S. 128/129* Evolution der Reptilien, *S. 130/131* Kriechen und Winden, *S. 214/215* Springen, *S. 218/219*

enden; auch der Maki hat daumenartige erste Zehen an den Füßen zum exzellenten Greifen und Festhalten.
[C] Die meisten Laub- und Baumfrösche leben hoch über dem Boden. Runde, mit Hautleisten versehene Polster an ihren Fingerspitzen (3) sind mit Drüsen versehen, die eine Substanz absondern, mit deren Hilfe sich die Frösche an glitschigen Blättern festheften können.
[D] Chamäleons besitzen eine Art Fuß (4) aus zwei entgegengesetzten Zehen, mit denen sie jeden Zweig fest ergreifen können. Diese »Zehen« sind aus miteinander verwachsenen ehemaligen »Einzelzehen« entstanden.
[E] Kletternde Vögel wie der Blondschopfspecht haben starke Krallen (5), mit denen sie sich in der Baumrinde festhaken. Viele Spechte sind in der Lage, den 4. Zeh zur Seite zu spreizen (6) oder alle Zehen nach vorn zu richten, um festen Halt zu gewinnen. Ihr kräftiger Schwanz ermöglicht den Spechten, hüpfend den Baum heraufzuklettern. Federn mit verstärktem Schaft dienen dabei als Stütze. Der Specht kann seinen Schwanz nach unten drücken und ihn so als Gegengewicht einsetzen (7), wenn er mit seinem Schnabel das Holz bearbeitet.
[F] Der Tokee, ein Gecko, hat einander überlappende Lamellen unter seinen Zehen (8, 9). Jede Lamelle besteht aus bis zu 150 000 haarartigen Borsten (10), von denen jede wiederum aus bis zu 2000 Mikrofilamenten besteht, die in tellerförmigen Plättchen enden (11). Durch Veränderung der Durchblutung werden die Plättchen in winzigste Unebenheiten gedrückt, die selbst auf der glattesten Oberfläche vorhanden sind, und erzeugen so etwa 100 Millionen Kontaktpunkte zwischen Fuß und Oberfläche.

Gleitflieger, *S. 222/223* Trickreiche Überlebensstrategien, *S. 258/259*

Zwischen Laufen und Fliegen

Fortbewegung durch Hüpfen und Springen

Lachse können auf ihrem Weg flußaufwärts bis zu drei Meter hohe Wasserfälle überspringen. Für andere Tiere wie Affen, Frösche oder Flöhe sind Hüpfen und Springen sogar die Hauptfortbewegungsarten. In den dichten Regenwäldern können große Entfernungen am besten durch Schwingen oder Springen von Ast zu Ast überwunden werden. Und in der offenen Wüste erlaubt Springen eine schnelle Flucht vor Raubtieren. Manche Tiere, wie etwa Känguruhs, sind so sehr auf hüpfende Fortbewegung eingestellt, daß sie ihre Hinterbeine nicht unabhängig voneinander bewegen können.

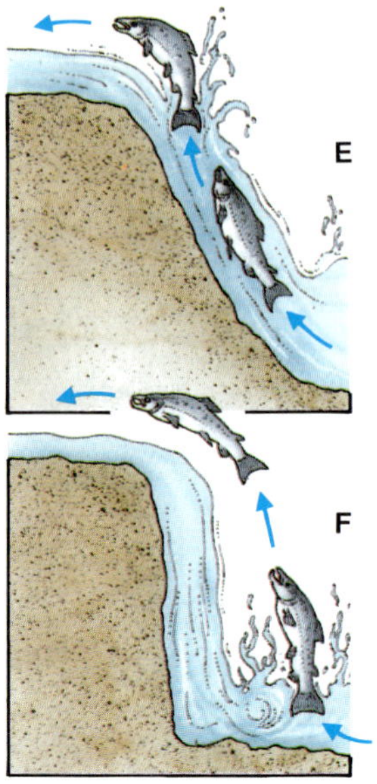

[E-F] Lachse unternehmen lange Wanderungen vom Meer zu ihren Laichgründen in Flüssen, wobei sie oft Wasserfälle überspringen müssen. Es überrascht nicht, daß der Lachs eher den leichteren Weg sucht, indem er den Wasserfall unterschwimmt [E]. Im Wasser braucht der Lachs wegen des Auftriebes weniger Energie, um die Schwerkraft zu überwinden. Die Sprünge gelingen aus tiefem Wasser heraus [F]. Durch den längeren Beschleunigungsweg können sie eine höhere Geschwindigkeit erreichen. Ein starker Schwanzschlag an der Wasseroberfläche verleiht ihnen zusätzlichen Schub.

Die meisten Hüpf- und Springtiere haben relativ lange, schlanke Beine. Kurz vor dem Absprung sind alle Beingelenke eng unter dem Körper zusammengepreßt, um die größtmögliche Schnellkraft zu erreichen. Die Höhe eines Sprunges wird durch die Geschwindigkeit bestimmt, mit der das Tier vom Boden abhebt (Absprunggeschwindigkeit) und vom Absprungwinkel. Sie hängt nicht von Größe und Gewicht des Tieres ab: Um einen Meter hoch in die Luft zu springen, wäre die Absprunggeschwindigkeit für einen Frosch oder einen Floh die gleiche wie für den Menschen.

Anpassungen an das Springen

Trotzdem können manche Tiere höher springen als andere. Ein Buschbaby, ein afrikanischer Halbaffe, kann aus dem Stand einen senkrechten Sprung von 2,25 m Höhe machen – mehr als dreimal so hoch wie ein Top-Athlet. Diese beachtliche Leistung bedeutet nicht, daß das Buschbaby leistungsfähigere Hinterbeinmuskeln hat. Es hat einfach mehr Muskeln – etwa doppelt so viele im Verhältnis zu seinem Körpergewicht, wie im Bein eines Menschen angelegt sind.

Springer brauchen darüber hinaus ein starkes Knochengerüst, das als Befestigungsgrundlage für die kraftvollen Beinmuskeln dient und die Erschütterung beim Landen auffängt. Frösche haben einen starken Beckengürtel, der fest mit einer versteiften Wirbelsäule verbunden ist. Der rückwärtige Teil des Beckens ist verlängert und streckt sich weit vorwärts, während die Schwanzwirbel zum sogenannten Urostyl zusammengewachsen sind. Die Wirbelsäule ist sehr kurz, sie besteht nur aus wenigen Wirbeln, die miteinander verstrebt sind, um seitlichem Verbiegen entgegenzuwirken. Diese Knochenkonstruktion ermöglicht es dem Frosch, sich hoch in die Luft zu schleudern. Der Schultergürtel ist biegsam, und die vorderen Gliedmaßen sind kurz und stark genug, um den starken Aufprall bei der Landung abzufangen.

Lebende Katapulte

Flöhe sind erstaunlich gute Springer. Sie sind in der Lage, senkrechte Sprünge bis zu 20 cm auszuführen. Solche Sprünge entsprechen dem 150fachen ihrer eigenen Körperlänge und sind mit einem menschlichen Sprung aus dem Stand von 250 m vergleichbar. Ein Floh kann eine Geschwindigkeit von über einem Meter pro Sekunde in weniger als einer zweitausendstel Sekunde erreichen. Diese erstaunliche Leistung ist u.a. auf die geringe Größe und Masse des Flohs zurückzuführen. Um die erforderliche Absprunggeschwindigkeit zu erreichen, braucht er weniger Kraft als ein großes Tier.

Muskeln können sich nicht derartig schnell zusammenziehen, deshalb benutzt der Floh ein eingebautes Katapult. Es speichert Energie in Resilin, einem Eiweißstoff, der eine dem Gummi vergleichbare Elastizität besitzt. Dieser ist im unteren Teil der Hinterbeine des Flohs gelagert, und die Muskeln, die sich mit normaler Geschwindigkeit bewegen, komprimieren das Resilin. Wenn ein Auslösemechanismus in Gang gesetzt wird, schnappt es zurück und schnellt den Floh aufwärts. Bei der Landung erfährt der Floh eine so heftige Abbremsung wie ein Mensch, der mit einem Auto bei einer Geschwindigkeit von mehreren hundert Stundenkilometern gegen eine Hauswand prallt. Der Floh kann diesen enormen Aufprall nur überleben, weil er so leicht ist und ein festes äußeres Skelett besitzt, das die inneren Organe schützt.

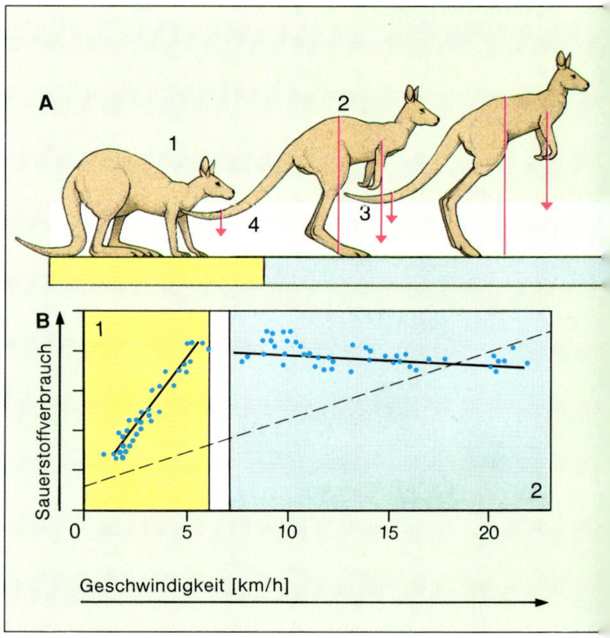

[A] Wenn Känguruhs schnell vorankommen wollen, springen sie. Bei geringer Geschwindigkeit sind sie unbeholfen, stützen sich auf die Vorderbeine und benutzen den Schwanz als fünftes Bein, während die Hinterbeine langsam nach vorn schwingen (1). Diese unbeholfene Gangart stammt daher, daß sich durch das Springen die Vorderbeine zurückentwickelt haben. Hüpfen bei hoher Geschwindigkeit ist sehr effizient, das Tier balanciert dabei um eine Drehachse (2). Die Balance besteht zwischen dem Oberkörper, der das Tier nach vorne zieht (3), und dem Schwanz, der durch sein Gewicht eine Gegenkraft (4) ausübt.

[B] Die Messung des Sauerstoffverbrauches im Verhältnis zur Geschwindigkeit zeigt die Ineffektivität der Bewegung »auf fünf Beinen« (1) im Vergleich zum Hüpfen (2). Die gestrichelte Linie zeigt zum Vergleich den Sauerstoffverbrauch für ein 18 kg schweres, sich laufend fortbewegendes vierbeiniges Tier.

[C-D] Gespeicherte elastische Energie stärkt die Sprungkraft des Känguruhs [C]. Die Sehne des Gastrocnemius-Muskels (1) paßt in die Ferse (2), und die Sehne des Plantaris-Muskels (3) spannt sich darüber und vereinigt sich mit den Zehen (4); beide üben starke Kräfte auf den Knöchel aus. Die Graphik [D] zeichnet die Längenveränderung des Systems eines hüpfenden Wallabys gegen die im System gespeicherten Kräfte auf. Wenn der Fuß nach einem Sprung landet, ist das System völlig entspannt (1). Zwischen (1) und (2) streckt sich das System, und das Knöchelgelenk klappt sich zusammen. Hier erreicht das System seine höchste Energie (3).

Siehe auch: Schwimmen, *S. 210/211* Rückstoßprinzip, *S. 212/213* Kriechen und Winden, *S. 214/215* Klettern und Klammern, *S. 216/217* Laufen, *S. 220/221*

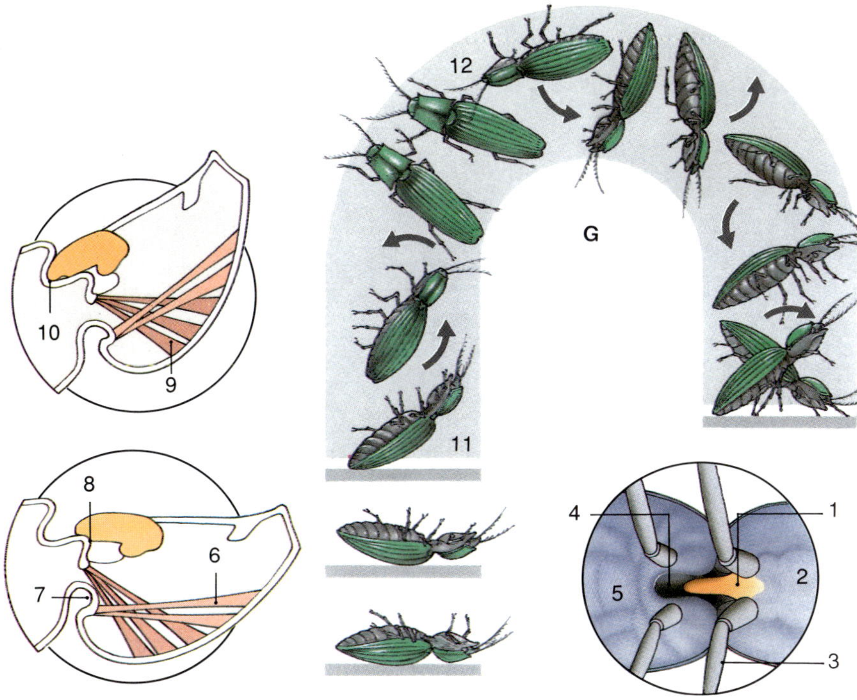

[G] Schnellkäfer nutzen die Eigenschaften des Resilin, um mit noch größerer Kraft zu springen als Springflöhe. Der Käfer hat ein hochelastisches Gelenk zwischen Rumpf und Hinterleib. Es ist mittels eines kleinen »Dorns« (1) mit dem Thorax (2) dicht hinter den Vorderbeinen (3) verbunden. Der Dorn ruht in einer grubenartigen Vertiefung (4) des Abdomens (5). Wird der Käfer aufgeschreckt, fällt er auf den Rücken und stellt sich tot. Will er sich wieder aufrichten, benutzt er spezielle Muskeln (6), um den Rücken über das elastische Gelenk (7) zu biegen. Damit wird der Dorn aus der Einbuchtung herausgezogen – gegen den Rand der Einbuchtung (8). Wenn die Muskeln den Rücken wieder strecken, ensteht Spannung, weil der Dorn durch den Rand gestoppt wird. Sobald die Kraft des dornbewegenden Muskels (9) die Reibungskraft übertrifft, schlägt der Dorn mit einem lauten Klicken in die gepanzerte Grube (10). Der Körper klappt in die andere Richtung, und die freigesetzte Energie katapultiert den Käfer bis zu 30 cm in die Luft (11). Im Fluge dreht sich der Käfer mehrere Male (12); landet er auf dem Rücken, wird der Vorgang wiederholt.

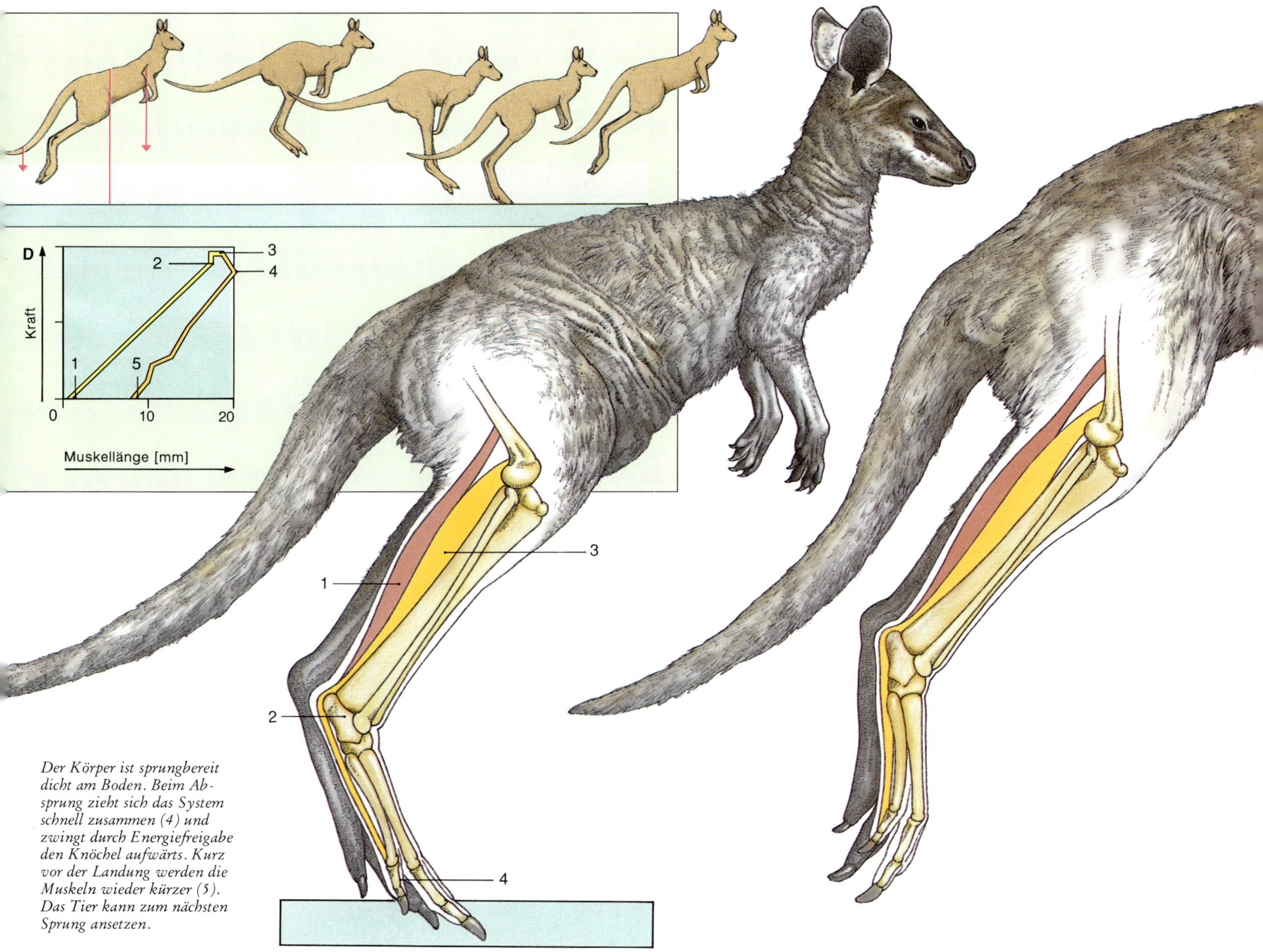

Der Körper ist sprungbereit dicht am Boden. Beim Absprung zieht sich das System schnell zusammen (4) und zwingt durch Energiefreigabe den Knöchel aufwärts. Kurz vor der Landung werden die Muskeln wieder kürzer (5). Das Tier kann zum nächsten Sprung ansetzen.

Laufen, Sprinten, Rennen, Rasen

Wie landlebende Tiere sich am Boden fortbewegen

Das größte Raubtier, das jemals auf der Welt gelebt hat, Tyrannosaurus rex, erreichte beim Laufen vermutlich eine Höchstgeschwindigkeit von 55 km/h. Dabei mußte allein seine mächtige Oberschenkelmuskulatur die 7 Tonnen Körpermasse tragen, da er auf zwei Beinen lief. Laufen ist die schnellste Fortbewegungsmethode, die landlebende Tiere am Boden entwickelt haben. Die Lauffähigkeit ermöglichte es den Tieren, neue Gebiete zu besiedeln, Beute zu jagen und Verfolgern zu entkommen. Bei den Menschenaffen führte der Übergang vom Vierfüßegang zum aufrechten Gang zur Entwicklung des Menschen.

Mit dem Vorgang des Laufens und Rennens ist die Umwandlung chemischer Energie in mechanische Energie und Bewegung verbunden. Daran sind zwei unterschiedliche Komponenten beteiligt: Das Laufen entspricht dem Pendelprinzip und erfordert nur geringe Energie. Das Rennen hingegen ist eine eher hüpfende Bewegung, die zwar mehr Energie verbraucht, auf der anderen Seite aber weniger Reibung mit dem Boden erzeugt, also Energie spart, da ein oder sogar mehrere Füße die meiste Zeit keinen Bodenkontakt haben.

Das Schwingen der Beine während des Laufens ist mit dem Ausschlag eines Pendels vergleichbar. Schwingt das Bein nach unten, verliert es mit der Höhe auch potentielle Energie, gewinnt jedoch kinetische Energie durch erhöhte Geschwindigkeit hinzu; der genau entgegengesetzte Vorgang läuft ab, wenn sich das Bein wieder nach oben richtet. Der Körper eines Tieres gewinnt oder verliert ebenso an Höhe wie das Pendelgewicht bei seinen Ausschlägen. Auch der Körper eines Menschen bewegt sich beim Laufen auf und ab.

Dem Rennen liegt ein anderes Prinzip zugrunde: das Speichern elastischer Energie in den Sehnen, vor allem in den Fersen (Achillessehne) der Wirbeltiere. Elastische Knorpelstücke übernehmen bei springenden Gliederfüßern wie den Grashüpfern diese Funktion. Landet die Ferse auf dem Boden, zieht sich die Sehne zusammen, und ihr Energiepotential wächst. Stößt sich der Fuß wieder ab, findet eine Umwandlung in mechanische Bewegungsenergie statt. Damit ist der notwendige Schub erzeugt, um den Körper fortzubewegen.

Die Entwicklung des Laufens

Laufen und Rennen basieren auf einem System aus Hebeln, die Bestandteil des Skeletts und in einer Reihe von Gelenken drehbar gelagert sind. Diese Hebel werden von Muskeln bewegt. Für das Laufen war daher die Entwicklung von paarigen, entgegengesetzt wirkenden Muskeln erforderlich. Diese Muskeln befinden sich bei Wirbeltieren außerhalb des Skeletts, während sie bei Gliederfüßern im Inneren liegen.

Im ersten Stadium der Entwicklung einer Fortbewegung auf Beinen wurden feste Stützen entwickelt, um den Körper vom Boden zu heben. Die frühesten landlebenden Wirbeltiere entstanden aus Fischen, die über fleischige, muskulöse Flossen mit knochigen Stützen verfügten, aus denen die Amphibien-Gliedmaßen hervorgingen. Das Laufen bei Reptilien und Amphibien ist wenig effektiv, da die Beine seitlich am Körper angebracht sind (wie die Flossen, aus denen sie entstanden) und die Tiere deshalb Schwierigkeiten haben, den Körper vom Boden zu heben. Die Art und Weise, wie sich die Beine dieser Tiere beim Laufen bewegen, erinnert an die Wellenbewegungen ihrer schwimmenden Vorfahren.

Die Positionierung der Beine unter dem Körper war für die Säugetiere die entscheidende Entwicklung. Elastischere Sehnen verbunden mit größerer Flexibilität der Wirbelsäule und der Fähigkeit, auf Zehenspitzen zu gehen, also die Entwicklung des Hufes, ermöglichten den Säugern eine schnellere Art der Fortbewegung. Bei den Gliederfüßern brachte eine Verlängerung der Beine höhere Geschwindigkeit mit sich, wie etwa bei den Spinnen. Tausend- und Hundertfüßer jedoch besitzen eine große Zahl kurzer Beine. Sie gewinnen damit nicht an Schnelligkeit, aber erheblich an Kraft. Bewegungswellen laufen durch die Beinreihen und ermöglichen den Tieren, sich ihren Weg durch lose Erde oder vermodernde Blätter zu bahnen.

[A] Beim Knie eines Insekts sind zwei Teile des röhrenförmigen Außenskeletts (1) drehbar in einem Gelenk (2) gelagert, das eine Membran umgibt, die sich ausdehnt oder zusammenzieht (3). Sehnen (4), die mit den Beugemuskeln (5) verbunden sind, beugen das Gelenk, Streckmuskeln (6) dehnen es.

A

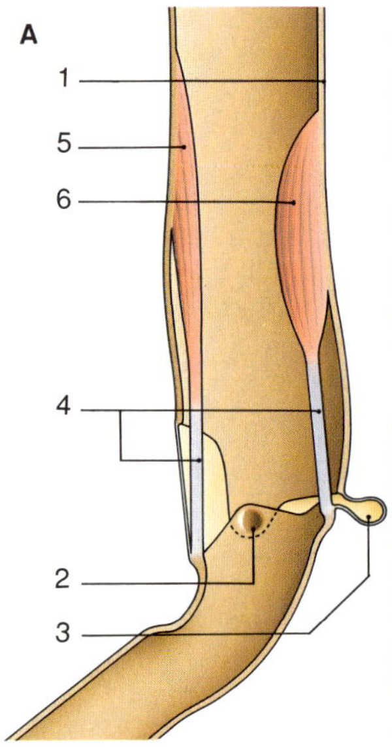

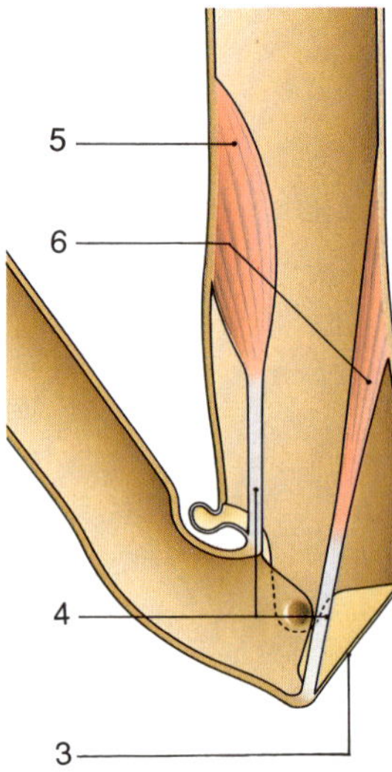

Laufen auf zwei Beinen

Einige Tieraffen wie der in Madagaskar lebende Sifaka (unten) und gelegentlich auch Menschenaffen wie Gorillas und Schimpansen können über eine kurze Entfernung auf zwei Beinen laufen. Menschen bedienen sich ausschließlich dieser Fortbewegungsart, die hoch effizient ist und nicht vier kraftvolle Beine erfordert. Unter den Vögeln gibt es ebenfalls einige Arten, wie den Strauß, die mit hoher Geschwindigkeit auf zwei besonders starken und langen Beinen laufen können.

Die Entwicklung dieser Fortbewegungsmethode erforderte grundlegende Änderungen in der Ausrichtung von Schulter- und Hüftgürtel. Der Hüftgürtel mußte kräftiger werden, da er nun einen Großteil des Körpergewichts zu tragen hatte. Die unteren Wirbel der Wirbelsäule verwuchsen miteinander und erlangten damit größere Steifigkeit und höhere Belastbarkeit. Dies wiederum wappnete sie gegen die ständigen Erschütterungen, wenn die Beine auf den Boden trafen.

Siehe auch: Evolution der Säugetiere, *S. 136/137* Kriechen und Winden, *S. 214/215* Klettern und Klammern, *S. 216/217* Jagdverhalten: Einzeljäger, *S. 244/245*

B
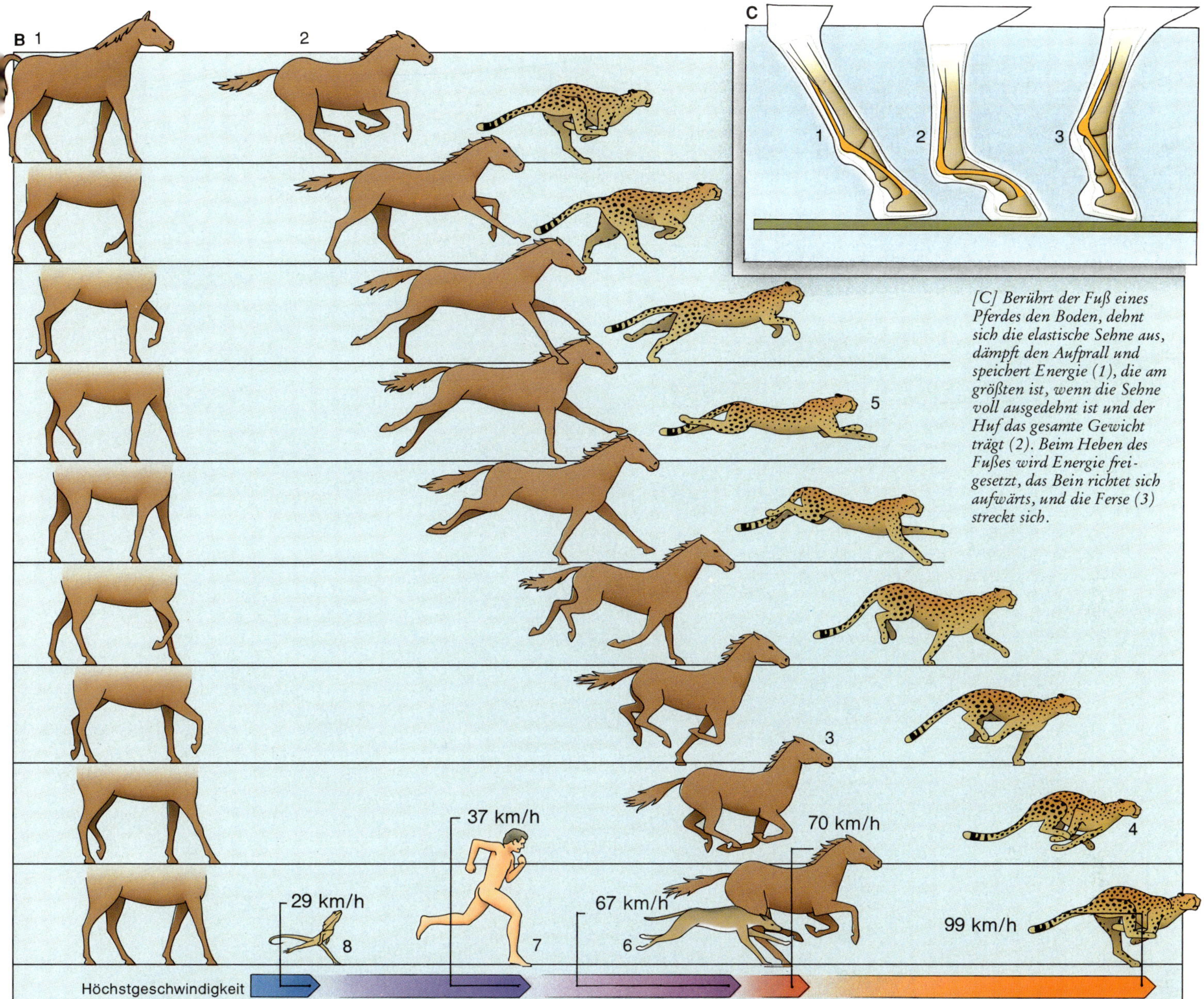

[C] Berührt der Fuß eines Pferdes den Boden, dehnt sich die elastische Sehne aus, dämpft den Aufprall und speichert Energie (1), die am größten ist, wenn die Sehne voll ausgedehnt ist und der Huf das gesamte Gewicht trägt (2). Beim Heben des Fußes wird Energie freigesetzt, das Bein richtet sich aufwärts, und die Ferse (3) streckt sich.

[B] Fortbewegung auf vier Beinen läuft je nach Geschwindigkeit unterschiedlich ab. Ein Pferd schreitet mit regelmäßigen, zeitlich genau aufeinander abgestimmten Beinbewegungen (1). Mindestens zwei, meist drei Beine berühren den Boden. Bei hoher Geschwindigkeit (2) wird das Pferd nie von mehr als zwei Beinen getragen, in einem Stadium bleibt es ganz ohne Bodenkontakt (3). Dies trifft auch für den Geparden zu (4), er verfügt noch über eine zusätzliche Phase ohne Bodenkontakt (5); beim Windhund (6) ist der Ablauf ähnlich. Hochleistungssportler (7) oder die Sechsstreifen-Rennechse (8) können es mit dem Geparden nicht aufnehmen.

[D-E] Das schnellste Säugetier, der Gepard [D], erreicht seine Schnelligkeit durch ein extrem flexibles Skelett; er kann seine Wirbelsäule nach oben und unten biegen. Schulterblätter und Hüftgelenke gestatten eine maximale Drehung (1). So wird der Schritt des Geparden weiter, seine Beinbewegungen werden schneller. Das Pferd [E], das ein starreres Skelett hat, befindet sich während eines Galoppschritts rund 1/4 dieser Zeit in der Luft, ein Gepard doppelt so lange. Das Pferd ist damit zwar langsamer, aber ausdauernder. Maximale Geschwindigkeit kann ein Gepard lediglich über rund 15 Sekunden halten.

D
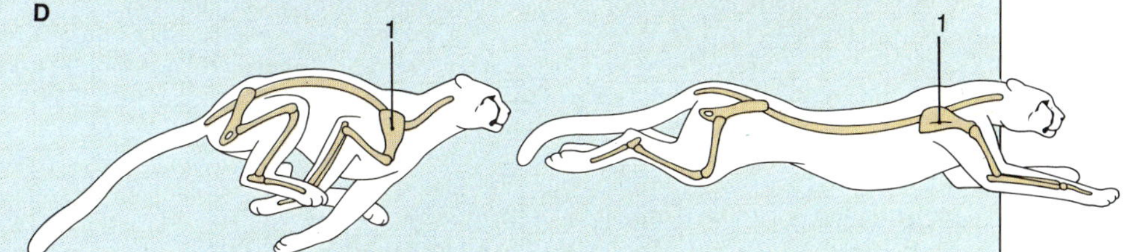

E

Nur Fliegen ist schöner

Wie Tiere gleiten oder segeln

Einige Arten Fliegender Fische können fast 90 m weit in 1,5–6 m Höhe gleiten, nachdem sie im Wasser eine Geschwindigkeit von etwa 50 km/h erreicht haben. Auch manche Eidechsenarten, Frösche, Schlangen, Eichhörnchen, Gleitflieger und Beuteltiere haben die Fähigkeit entwickelt, auf ausgebreiteten Hautlappen oder mit Hilfe von Membranen zwischen ihren Gliedmaßen zu gleiten. In jeder dieser Gruppen hat sich die Fähigkeit zum Gleiten unabhängig entwickelt. Die Hauptvorteile dieser Art von Fortbewegung liegen in der großen Energieersparnis und der Möglichkeit zu schneller Flucht.

Um das eigene Gewicht in der Luft zu halten und gleiten zu können, muß ein Tier mit seinem Körper eine möglichst große Fläche bilden. Jede Fläche - wie etwa ein Flügel - erzeugt Auftrieb, wenn sie in schrägem Winkel in einen Luftstrom gerät. Der Flügel teilt den Luftstrom und läßt wirbelnde Luftbewegungen um den Flügel entstehen. Der Wirbel beschleunigt die Luft über dem Flügel und verringert die Geschwindigkeit des Luftstroms unterhalb. Weil schnellströmende Luft einen Unterdruck erzeugt, ist der Endeffekt ein Aufwärtsschub von unterhalb des Flügels. Die Gleitfläche kommt zustande, indem die Tiere Flügel, Flossen oder Hautmembranen ausbreiten.

Gleitende Tiere mußten darüber hinaus eine Muskelkontrolle ihrer Gleitflächen entwickeln. Diese müssen beim Abheben und Landen leicht beweglich sein und während des Fluges schnelle Bewegungen und geschicktes Manövrieren ermöglichen, aber auch im gleichmäßigen Gleitflug starr ausgestreckt gehalten werden können. Parallel mußten sich besonders gut ausgebildete Sinnessysteme entwickeln, vor allem ein scharfes Sehvermögen, damit gleitende Tiere Geschwindigkeit und Entfernungen während des Fluges genau berechnen können.

Fliegende Flußfische

Zwei Gruppen von Süßwasserfischen haben Gleit- und z.T. sogar Flugfähigkeiten entwickelt. Der in westafrikanischen Flüssen lebende Schmetterlingsfisch gleitet über kurze Entfernungen, wenn er Insekten fangen will. Seine Methode ähnelt sehr der der Fliegenden Fische aus dem Meer - er erreicht unter Wasser eine hohe Geschwindigkeit, um sich in die Luft zu schnellen und seine Beute zu jagen. Der südamerikanische Süßwasser-Beilfisch fängt Insekten auf ähnliche Weise, er hat jedoch einen echten angetriebenen Flug entwickelt. Seine kräftigen Brustmuskeln bewegen große Brustflossen, die soviel Auftrieb entwickeln, daß er bis zu 5 m über das Wasser fliegen kann.

Flugdrachen

Die etwa 20 Arten der Flugdrachen, die in den Waldgebieten Südindiens und Südostasiens vorkommen, sind 25 cm lange Echsen, die besonders ausgebildete Gleithäute entwickelt haben, welche von 5-7 verlängerten Rippen gestützt werden.

Fliegende Geckos verfügen über Hautlappen am Hals, einen flachen Körper und einen abgeplatteten Schwanz sowie über Gewebe zwischen den Zehen ihrer Füße, wodurch sie hervorragend gleiten können.

[A] Das Flughörnchen kann durch Positionsverlagerungen seiner Gliedmaßen Form und Neigungswinkel seiner Flughaut genauestens verändern und damit einen sehr kontrollierten Flug erreichen und schnelle Manöver ausführen. Der lange, buschige Schwanz wird als Ruder benutzt, um dem Flughörnchen Halt zu geben. Wie andere Gleittiere hat das Flughörnchen lange, scharfe Krallen, mit denen es sich am »Zielbaum« festklammert. Wenn es sich dem Landungspunkt nähert, ändert das Flughörnchen den Kurs durch Anheben des Schwanzes. Dies führt zu einem Aufrichten des Körpers, wodurch das Tier abgebremst wird, bevor es landet.

A

[B] Einige Baumfroscharten aus Süd- und Mittelamerika, Südostasien und Australasien haben eine eingeschränkte Form des Fliegens entwickelt. Die Tiere haben große Hautlappen zwischen den langgestreckten Zehen. Sie springen mit ausgestreckten Hinterbeinen von den Bäumen, dann heben sie sie bei ausgestreckten Füßen hoch an ihren Körper, um die Flughaut auszuspannen, sobald sie ein gleichmäßiges Gleiten erreicht haben. Manche von ihnen können ihren Körper so verflachen, daß das ganze Tier den Auftrieb verstärkt.

B

[C] Flugdrachen ernähren sich von Ameisen in den mittleren Schichten der Wälder, wo es nur wenige waagerechte Äste gibt. Sie scheinen Schwierigkeiten beim Fressen zu haben, wenn sie einen Baum hinunterklettern. Durch ihre Gleitfähigkeit gehen die Flugdrachen diesem Problem aus dem Weg. Wenn sie fressend einen Baum hinaufgeklettert sind, stürzen sie sich wieder herab und wiederholen den Vorgang.

C

Siehe auch: **Evolution der Fische,** *S. 124/125* **Evolution der Reptilien,** *S. 130/131* **Evolution der Vögel,** *S. 132/133* **Vogelflug,** *S. 224/225* **Insektenflug,** *S. 226/227*

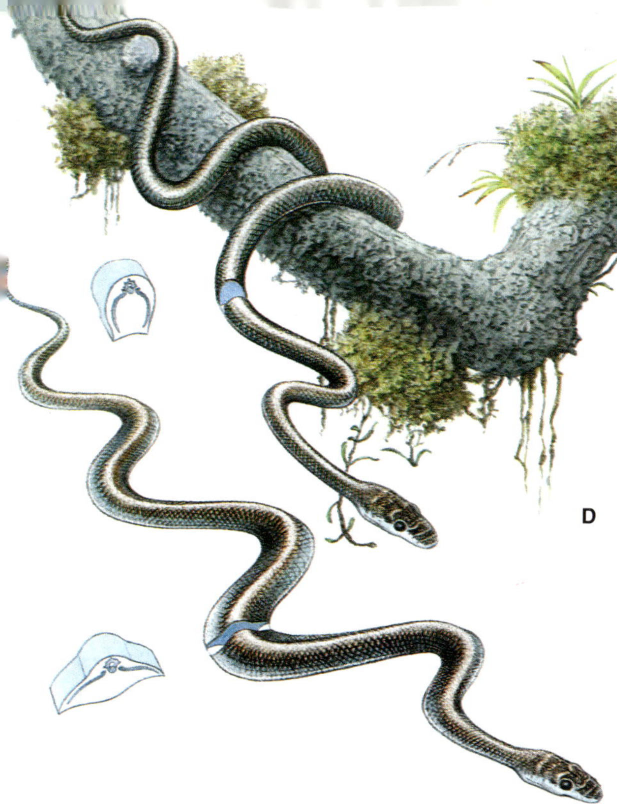

D

[D] Die beiden Arten fliegender Schlangen der Gattung Chrysopelea gehören zu den bemerkenswertesten gleitenden Reptilien. Sie haben lange, schlanke Körper und geriffelte Giftzähne und sind an ihre Umgebung gut angepaßt. Sie schlängeln sich schnell durch die Äste, um ihre agile Beute, die Geckos, zu fangen. Vermutlich haben sie ihre Gleitfähigkeit als Hilfsmittel bei der Jagd entwickelt. Beim Gleiten schnellt sich die Schlange von einem Ast in die Luft, wo sie eine Reihe von schnellen, S-förmigen Bewegungen macht. Sie flacht dabei ihren Körper ab, um soviel Auftrieb wie möglich zu erreichen.

Flugsaurier

Pterosaurier waren die ersten fliegenden Wirbeltiere. Sie entwickelten sich vor etwa 220 Millionen Jahren - rund 70 Millionen Jahre vor dem Auftauchen des ersten wirklichen Vogels, des Archaeopteryx. Bis sie vor etwa 70 Millionen Jahren ausstarben, hatten sich zahlreiche, völlig unterschiedliche Typen herausgebildet. Fossilienfunde hat es wegen ihrer zerbrechlichen luftgefüllten Knochen zwar selten gegeben, doch wurden einige wenige Überreste, außer in der Antarktis, in den verschiedensten Regionen der Erde gefunden - meist in Form von Meeresablagerungen. Pterosaurier hatten hautartige Flügel, die an den großen, langgestreckten vierten Fingern der Vordergliedmaßen und an den Schenkeln angewachsen waren (Modell unten). Manche Arten besaßen Flügel mit einer Spannweite von 15 m. Viele der kleineren Pterosaurier verfügten über Flugfähigkeiten durch Flügelschlagen, die größeren waren vermutlich Gleiter. Wahrscheinlich hatten sie schon - vor Säugern und Vögeln - eine gleichbleibende Körpertemperatur.

Gleitend von Baum zu Baum

Gleitflug gibt es bei bestimmten Nagetieren (den fliegenden Eichhörnchen von Eurasien, Nord- und Mittelamerika und den nicht mit ihnen verwandten afrikanischen schuppenschwänzigen Flughörnchen), bei den Beuteltieren und Beutelratten in Australien und Neuguinea und bei den Gleitfliegern (einer Ordnung, zu der nur eine Familie mit zwei Arten in Malaysia und auf den Philippinen gehört). All diese unterschiedlichen Arten sind nachtaktive Tiere, die sich geschickt zwischen den oberen Zweigen selbst der höchsten Bäume bewegen. Sie gleiten mit Hilfe von flachen, breiten, fellbedeckten Flughäuten (Patagium), die sich an beiden Seiten ihres Körpers befinden.

Wenn sie auf Bäumen herumklettern, verbergen sie ihre Flughaut, um sich nicht zu verhaken oder von kleinen Ästen verletzt zu werden. Zum Gleiten werden die Gliedmaßen gestreckt und ausgebreitet, und die Flughaut wird zu einem straff gespannten Gewebe gedehnt.

[E] Fliegende Fische können bis zu 10 Sekunden lang fliegen, indem sie ihre großen, langgestreckten Brustflossen spreizen. Im Wasser hingegen sind die Flossen eng an den Körper gepreßt, um den Widerstand zu verringern. Wenn Fliegende Fische von einem ausdauernden Raubtier verfolgt werden, unternehmen sie auch mehrere - z.T. bis zu 10 m hohe - Gleitflüge hintereinander. Indem sie mit ihren Schwänzen jedesmal ausschlagen, wenn sie das Wasser wieder berühren, erreichen sie genügend Geschwindigkeit für einen weiteren Gleitflug.

E

Über den Wipfeln

Wie Vögel und Fledermäuse fliegen

Ein Wanderfalke, der auf ein Beutetier hinabstößt, erreicht bei seinem gefährlichen Sturzflug Geschwindigkeiten von 300 km/h. Der mehr als 10 kg schwere Andenkondor, einer der größten Vögel der Erde, kann nahezu mühelos Hunderte von Kilometern im Flug zurücklegen. Zwar sind dies Höchstleistungen, doch sind die Grundvoraussetzungen dafür bei jedem flugfähigen Vogel vorhanden. Für über 8500 Arten ist die Beherrschung der Luft der Schlüssel zum Überleben. Auch Säugetiere haben diese Fähigkeit erlangt - mehr als 950 Fledermausarten nutzen das Fliegen als Fortbewegungsmethode.

Fliegend können Vögel sowohl ihren Feinden entkommen als auch Naturkatastrophen wie Überschwemmungen oder Waldbränden. Sie bauen ihre Nester in den Wipfeln der Bäume und wandern mit dem Wechsel der Jahreszeiten zwischen den Kontinenten. Zwei Probleme muß ein Vogel lösen, um fliegen zu können: Er muß die Wirkung der Schwerkraft auf seinen Körper ausgleichen, um sich in die Luft zu erheben und sich dort zu halten, und er muß den Widerstand überwinden, den sein Körper der Luft entgegensetzt, um sich voranzutreiben.

Um die Schwerkraft zu überwinden, muß der Vogel Auftrieb erzeugen. Dabei schlägt er mit den Flügeln abwärts. Doch hätte es wenig Sinn, mit starren Flügeln auf und ab zu schlagen, da der Aufschlag den Vogel sofort wieder nach unten drücken würde. Das Geheimnis des Vogelflugs liegt in der besonderen Bewegung und Konstruktion der Flügel. Beim Abschlag bilden die Federn eine geschlossene Fläche und sind gespreizt, so daß der Flügel die größtmögliche Oberfläche erhält und der Luft den stärksten Widerstand entgegensetzt. Beim Aufschlag biegt sich der Flügel nach hinten, und die Handschwingen trennen sich, um der Luft den geringsten Widerstand zu bieten.

Aerodynamische Flügel

Vogelflügel bestehen aus Federn, die an umgewandelten Vordergliedmaßen befestigt sind. So entsteht eine große Oberfläche aus festem und dennoch biegsamem Material. Die Knochen der »Hand« sind verlängert und miteinander verschmolzen, um den langen Handschwingen eine kräftige Stütze zu bieten. Betrachtet man einen Flügel im Profil, so erkennt man, daß er wie eine Tragfläche geformt ist: Seine Oberfläche ist gewölbt. Trifft nun ein Luftstrom von vorn auf ein solches Profil, wird er oben und unten am Flügel vorbeigelenkt. Dabei muß die über die gewölbte Oberseite strömende Luft einen längeren Weg zurücklegen als die an der Flügelunterseite. Dies bewirkt, daß die oberen Luftmassen schneller strömen, wodurch der Druck über dem Flügel abnimmt. Auf diese Weise erhält der Vogel Auftrieb.

Der Vogel steuert, indem er den Anstellwinkel eines oder beider Flügel verändert, die Flügel verdreht und den Schwanz spreizt und dreht wie ein Steuerruder. Um die Geschwindigkeit vor einer Landung zu verlangsamen, dreht er seine Flügel so, daß sie nahezu vor und zurück schlagen. In dieser Stellung hat der Vogel sehr wenig Auftrieb und wenig Vortrieb. Zusätzlich senkt er seinen Schwanz und spreizt ihn als Bremse.

A

[A-C]Die Schleiereule [A] ist ein geschickter und sehr leiser Flieger. Wie bei allen Vögeln verlaufen die Hauptflugmuskeln an der Basis und unter den Flügeln. Diese Position stellt sicher, daß der Schwerpunkt des Vogels unter der Ebene der Flügel liegt, was für aerodynamische Stabilität sorgt. An jedem Flügel sitzt ein Paar Flugmuskeln, das jeweils aus einem kräftigen Senker (Pectoralis, 1) und einem kleineren Hebemuskel (Supracoracoideus, 2) besteht. Beide Muskelpaare sind am Brustbein (Sternum, 3) befestigt. Während des Aufschlages [B] ist der Pectoralis entspannt, während der Supracoracoideus, der mit Brustbein, Rabenschnabelbein (4) und Oberarmknochen (5) verbunden ist, angespannt ist. Dieses Flaschenzugsystem hebt den Oberarmknochen auch dann, wenn der ausführende Muskel darunter gelegen ist, so daß die Hebelwirkung nur gering ist. Der Abschlag [C], der den Vogel von der Erde hochhebt und ihn durch die Luft bewegt, braucht erheblich mehr Muskelkraft. Deshalb ist der dafür zuständige Muskel, der Pectoralis, auch viel größer und kräftiger als der Supracoracoideus. Durchschnittlich 15 % des Gesamtkörpergewichts machen diese Brustmuskeln aus. Der Pectoralis ist direkt unter dem Oberarmknochen gelegen und kann so viel effizienter den Abschlag ausführen als den Aufschlag. Beim Abschlag ist der Pectoralis angespannt und der Supracoracoideus entspannt. Das Gabelbein (Clavicel, 6) unterstützt das Rabenschnabelbein und hilft dabei, den Flügel vom Körper wegzustrecken.

Das Abheben vom Boden ist schwieriger, besonders für große, schwere Vögel. Kleine Vögel können einfach von einem Zweig springen und kräftig mit den Flügeln schlagen, größere Vögel wie Schwäne dagegen benötigen einen längeren Anlauf, wobei sie mit den Flügeln schlagen. Der dabei entstehende Luftstrom unter ihren Flügeln hilft ihnen, vom Boden wegzukommen.

Gleitflüge

Wenn ein Vogel auf einen aufsteigenden Luftstrom trifft, kann er sich in der Luft halten, ohne mit den Flügeln zu schlagen, solange die Luft schneller aufsteigt, als der Vogel sinkt. Diese Art des Gleitflugs nennt man Aufwindsegeln. Aufsteigende Luftströme entstehen dort, wo der Wind einen Berg oder eine Klippe umrunden muß, oder da, wo erwärmte Luft vom Boden aufsteigt und Thermik erzeugt. Greifvögel erreichen große Höhen, indem sie kreisend im Thermikschlauch gleiten und dabei in die Höhe getragen werden.

Siehe auch: **Winde,** *S. 72/73* **Evolution der Vögel,** *S. 132/133* **Haare und Federn,** *S. 134/135* **Balzflug,** *S. 170/171* **Gleitflieger,** *S. 222/223*

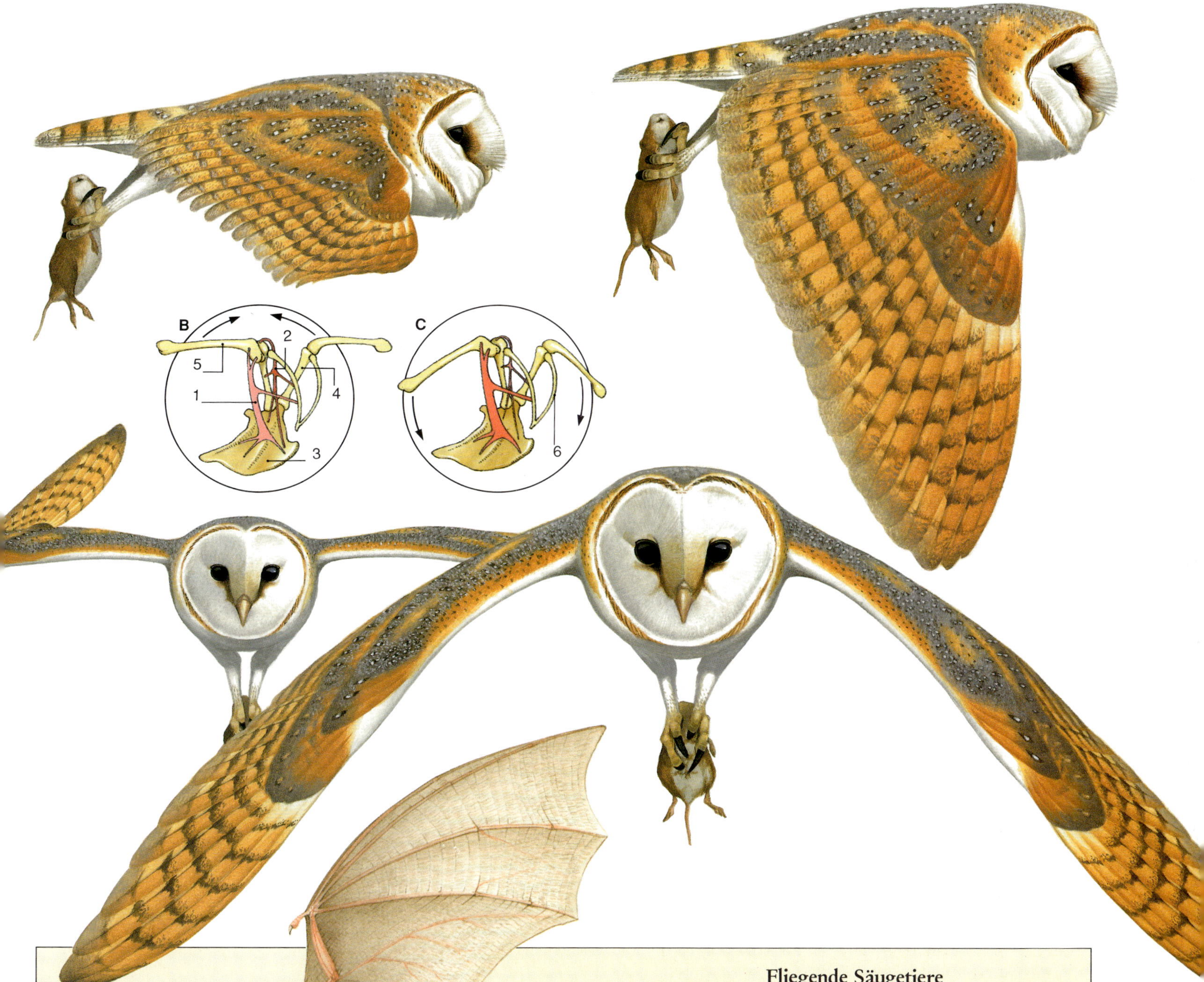

Die Mausohr-Fledermaus ist die größte Art in Europa. Obwohl sie ein Langsamflieger ist, ermöglicht ihr die große Flügelspannweite von mehr als 35 cm, Entfernungen von etwa 200 km zwischen Sommer- zum Winterquartier zurückzulegen.

Fliegende Säugetiere

Fledermäuse, die einzigen Säugetiere, die fliegen können, entwickelten sich wesentlich später als die Vögel. Da sie Säugetiere sind, fehlt ihren Knochen die gewichtsverringernde Wabenstruktur, wie sie bei Vogelknochen anzutreffen ist. Statt Federn haben sie Haut und Fell. Ihre Flügel sind stark verlängerte »schwimmhäutige« Arme und Hände mit einer dünnen Hautschicht, die zwischen den langen Fingerknochen gespannt ist. Lange, schmale Flügel sind charakteristisch für besonders schnelle, elegante Flieger. Am Daumen haben Fledermäuse eine kleine Kralle, mit der sie sowohl greifen als sich auch festklammern können.

Der Hauptunterschied bei der Flugtechnik besteht darin, daß Vögel zwei Paar Flugmuskeln benutzen, während Fledermäuse vier große und mehrere kleine Flugmuskelpaare besitzen. Auch gleicht der Flug der Fledermäuse eher einem Kunstflug, wenn sie in engen Kurven und atemberaubenden Richtungswechseln Insekten jagen.

Insektenflug, *S. 226/227*

Ultraleicht-Flieger

Flugtechniken der Insekten

Während des Fluges schlagen einige Schwebfliegen und Zuckmücken mit ihren Flügeln mehr als 1000mal in der Sekunde. Die meisten Insekten erreichen eine Frequenz von 500 Schlägen in der Sekunde. Dies erfordert ein Ausdehnen und Zusammenziehen der Muskeln alle 0,002 Sekunden. Das Flugvermögen verschafft Insekten eine Reihe von Vorteilen. Fliegen ist 1000mal schneller, als auf dünnen Beinchen herumzukriechen, und schier unüberwindbare Hindernisse wie Gras, Felsen oder Büsche werden leicht bezwungen. Unter den Wirbellosen haben lediglich die Insekten wirkliche Flugfähigkeiten entwickelt.

Viele Fragen über die sich so stark voneinander unterscheidenden Flügelformen der Insekten sind bislang unbeantwortet geblieben. Bei Vögeln und Fledermäusen entwickelten sich die Flügel aus den Vordergliedmaßen. Sie waren ursprünglich Beine, doch wurden in Millionen von Jahren laufende Bewegungen allmählich von fliegenden abgelöst. Insektenflügel hingegen entwickelten sich aus harten Hautlappen, Ausstülpungen des äußeren Skeletts, die die Beingelenke schützen sollten, dann aber als Unterstützung für das Gleiten eingesetzt wurden. Mit zunehmender Größe bildete sich in diesen Hautlappen ein Netz aus Blutbahnen sowie eine membranartige äußere Hülle heraus, die immer leichter und flexibler wurde.

Flatternde Flügel

Viele Insekten bewegen sich im Flatterflug fort. Bevor insektenfressende Vögel und Fledermäuse auftraten, war das Gleiten für die Insekten-Vorfahren, die sich im Karbon vor rund 300 Millionen Jahren entwickelt hatten, anscheinend ausreichend. Ein gleitendes Insekt wäre heute zu stark seinen Feinden ausgeliefert. Damit ein flatternder Flug wirklich funktioniert, müssen die Flügel ihre Oberfläche zwischen Auf- und Abschlag verändern. Durch den Abschlag schnellt das Insekt nach oben, hat der Flügel aber beim Aufschlag die exakt gleiche Form, wird der Effekt aufgehoben.

Flügel mit Scharnieren

Die einfachste Lösung wäre ein Flügel, der sich beim Aufschlag automatisch zusammenklappt. Dieses Phänomen tritt bei einer Reihe großflügeliger, langsam fliegender Insekten wie Stein- und Skorpionsfliegen sowie Grillen auf. Ihre Vorderflügel sind in zwei Abschnitte gegliedert, einen größeren vorderen und einen kleineren hinteren Bereich (Clavus), die durch die Clavalfurche verbunden sind. Diese verhält sich wie ein einseitig ausgerichtetes Scharnier. Der Clavus bewegt sich beim Abschlag ebenso wie der vordere Teil des Flügels, beim Aufschlag jedoch klappt er bei Druckeinwirkung von oben um und verkleinert so die Flügelfläche. Besonders für den Schwebflug geeignete Insekten verfügen über schmale, aerodynamisch gebaute Flügel, die sie kippen können, um beim Aufschlag die Luft gewissermaßen zu »durchschneiden«. Der »Hauptholm« des Flügels kann nicht gebeugt werden, aerodynamische Kräfte drehen ihn jedoch. Bei der Drehung wurden einige nach hinten verlaufende Adern gekrümmt. Durch die Krümmung nimmt der Flügel die Form einer Flugzeugtragfläche an.

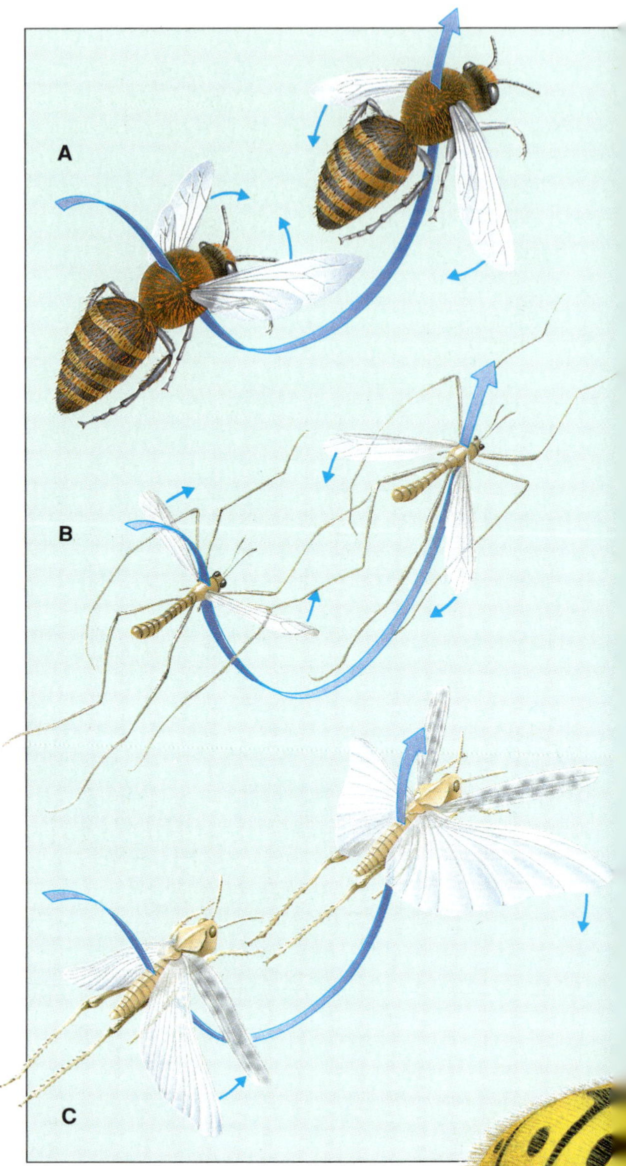

[A-D] Insekten haben verschiedene Methoden entwickelt, um ihre Flügeloberfläche beim Aufschlag zu verkleinern. Die höher entwickelten Flieger können ihre Flügel derart kippen, daß sie wie ein Messer die Luft durchschneiden [A]. Andere Insekten krümmen oder wölben ihre Flügel [B], womit nicht nur die Fläche verkleinert, sondern auch ein guter Auftrieb erreicht wird. Insekten mit großen, gazeartigen Hinterflügeln spreizen diese häufig beim Abschlag, drehen sie aber beim Aufschlag nach hinten, um den Flügel zu entspannen [C]. Wie die Speichen eines Schirms sind die Adern dieser Flügel für die ausgedehnte Membran etwas zu kurz. Ist der Flügel entspannt, legt er sich in Falten. Ist er aber ausgebreitet, biegt die Membran die Adern nach unten. Dadurch erhält der Flügel Spannung. Bei einigen Arten mit vier Flügeln überlappen sich Vorder- und Hinterflügel beim Aufschlag, um beim Abschlag wieder auseinandergefächert zu werden [D].

Antrieb durch Muskelkraft

Flügel bewegen sich nur so schnell, wie es die Muskeln zulassen, und diese können die Flügel nur mit der Geschwindigkeit antreiben, die ihnen vom Gehirn vorgegeben wird. Das Problem bei der Entwicklung schneller schlagender Flügel lag in der Frequenz, mit der die Nerven Instruktionen an die Muskeln aussenden. Dieser Frequenz sind natürliche Grenzen gesetzt. Einige Insekten haben daher spezielle Muskeln entwickelt, die nicht mehr direkt mit den Flügeln, sondern mit der Rückenseite der Brustsegmente verbunden sind (indirekte Flugmuskeln). Die Nerven müssen so nur für jede 40. Muskelkontraktion ein Signal aussenden, um die Vibration der Brustsegmente aufrechtzuerhalten, die die Flügel schwingen läßt. Diese Art von Flugmuskel ist bei höher entwickelten Insekten wie Fliegen, Käfern, Wespen und Bienen verbreitet. Ursprüngliche Insekten wie Libellen können mit ihrer direkten Muskulatur höchstens 20-30 Flügelschläge pro Sekunde ausführen.

Siehe auch: **Wirbellose - Verbreitung,** *S. 122/123* **Vogelflug,** *S. 224/225* **Bienen- und Wespennester,** *S. 232/233*

[E] Einige Insekten bekommen durch große, flexible Flügel, die sie zusammen- und von der Spitze her auseinanderklappen, Auftrieb. Die Luft verfängt sich in den Flügeln, und die Strömung gibt dem Insekt einen Schub nach oben.

[F] Primitive Flieger wie Libellen besitzen eine direkte Flugmuskulatur. Nervensignale aus dem Gehirn veranlassen paarig angeordnete Muskeln, sich abwechselnd zusammenzuziehen und zu entspannen, was eine vom Insekt direkt kontrollierte Auf- bzw. Abwärtsbewegung der Flügel bewirkt. Die Flugmuskeln der Libellen können in Schwingung versetzt werden, um das Tier zu wärmen, was vor dem Abflug häufig notwendig ist. Kleinere Libellen sind in der Lage, sich mit einer Körpertemperatur von 12°C in die Luft zu erheben, größere Arten benötigen jedoch bis zu 20°C. Um sich abzukühlen, gleiten Libellen häufig.

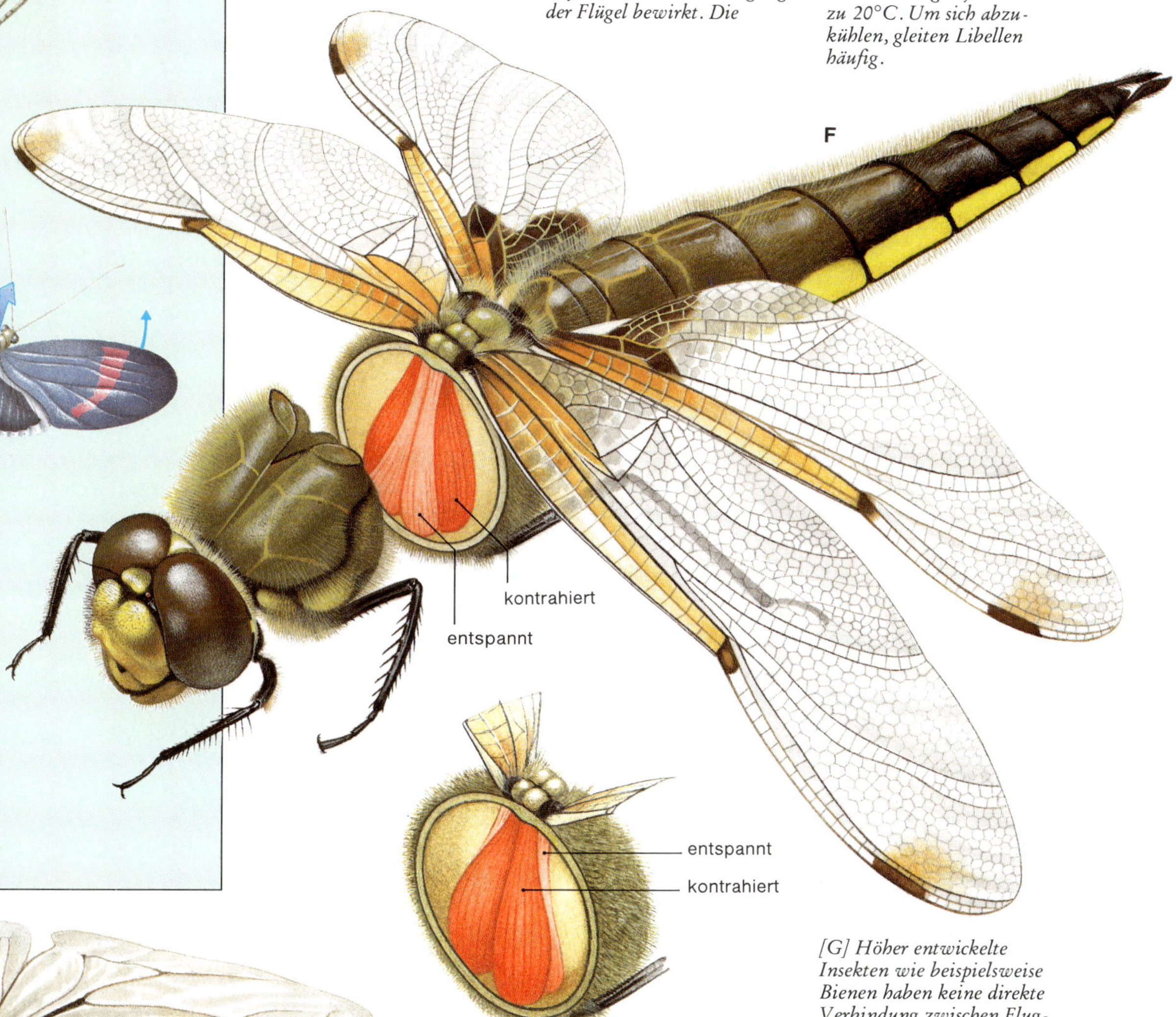

[G] Höher entwickelte Insekten wie beispielsweise Bienen haben keine direkte Verbindung zwischen Flugmuskeln und Flügeln, die Flugmuskeln befinden sich an den Brustsegmenten. Bauchmuskeln (1) verbinden den Rücken mit dem Unterleib, und Längsmuskeln (2) verlaufen horizontal entlang den Brustsegmenten. Eine Kontraktion der Längsmuskeln bewirkt eine Aufwölbung der Rückenplatte, die Flügel klappen zum Abschlag nach unten. Werden hingegen die Muskeln zwischen Brust und Rücken angespannt, flacht der Rücken ab, so daß die Flügel nach oben klappen und einen Aufschlag ausführen.

Vorgezeichnete Wege

Warum manche Tiere lange Wanderungen machen

Zwischen Alaska und Hawaii gibt es nichts als Wasser. Ohne jede Möglichkeit, eine Rast einzulegen, fliegt der Kleine Goldregenpfeifer diese 3500 km lange Strecke in nur 36 Stunden. Meist wird er von Rückenwind unterstützt. Wird er aber vom Seitenwind abgetrieben, kann sich die Entfernung zum Ziel fast verdoppeln. Diese enormen Strapazen nimmt der Vogel auf sich, um von seinem Brutgebiet im Norden zum Überwintern in den warmen Süden zu fliegen, wo er ausreichend Nahrung vorfindet. Ausgelöst werden die instinktiven Wanderungen meist durch äußere Faktoren wie Temperatur oder Tageslänge.

Vor allem im Herbst kommt es für Vögel, die in der Arktis oder nördlich der gemäßigten Zonen leben, zu Futtermangel. Gerade zu dieser Zeit jedoch brauchen sie für ihren Stoffwechsel mehr Energie, weil die Temperaturen sinken. Den Vögeln bleibt also kaum etwas anderes übrig, als den Winter über in den Süden in wärmere Regionen zu ziehen, um im folgenden Frühjahr zum Brüten nach Norden zurückzukehren. Trotz der Risiken dieser Wanderungen (Stürme, Hunger, Räuber u. a.) überwiegen doch die Vorteile und verschaffen den Zugvögeln, die die Reise unbeschadet überstehen, für das folgende Jahr eine bessere Chance, erfolgreich Junge aufzuziehen.

Es leuchtet ein, warum Vögel im Winter nach Süden ziehen; doch welchen Vorteil bringt es, wenn sie einmal im warmen, futterreichen Süden sind, in den Norden zurückzukehren und dort im wettermäßig unsicheren Frühling zu brüten? Dafür gibt es zwei Hauptgründe. Zum einen steigt in den gemäßigten Breiten und den nördlichen Regionen das Nahrungsangebot, vor allem an Insekten, während des Frühlings und Frühsommers stark an. So können die Vögel mehr Junge aufziehen, als sie es in den klimatisch relativ einheitlichen Tropen könnten. Zum anderen ist in den Tropen jede verfügbare Nische mit standorttreuen Tieren bevölkert. Die Konkurrenz um Futter und Nistplätze ist dort größer, und Nesträuber, die Eier und Junge erbeuten, sind viel zahlreicher.

Die Suche nach Wärme und Futter

Obwohl die am weitesten wandernden Tiere unter den Zugvögeln zu finden sind, wandern auch andere Tiergruppen. Alle suchen günstige Bedingungen zur Futterversorgung und Fortpflanzung. Grauwale z. B., die in den kalten polaren Gewässern Futter in Hülle und Fülle finden, ziehen zur Fortpflanzung in die warmen tropischen und subtropischen Meere, weil den Jungtieren der Speck fehlt, der sie vor dem kalten Wasser schützen

[A] Zusammen mit seinem nahen Verwandten, dem Amerikanischen Aal, laicht der Europäische Flußaal in der Sargasso-See weit entfernt von seinem »normalen« Lebensraum. Geschlüpfte Aallarven treiben langsam mit den Strömungen zurück nach Norden, um dort in den Flüssen auszuwachsen. Während die Wanderzeit des Amerikanischen Aals etwa 1 Jahr dauert, braucht der Europäische Aal 3 Jahre. Direkt nach dem Schlüpfen sind die Larven (1) 7 mm lang; mit der Zeit erreichen sie eine Länge von etwa 50 mm (2-4). Nun vollziehen die Aallarven nahe der Küste die Metamorphose zum durchsichtigen, 65 mm langen Glasaal (5). Wenn sie die Flußmündungen erreichen, schwimmen die Glasaale mit der Flut die Flüsse hinauf. Dort werden beide Aalarten, abhängig von Geschlecht und Umweltbedingungen, nach 6 bis 15 Jahren geschlechtsreif (6), wenn sie schon über 1 m lang sind. Nun beginnt die lange Wanderung in ihre Laichgebiete, zurück zur Sargasso-See (gelbe Pfeile), wo sie nach der Paarung sterben. Die farbigen Flächen in der Karte stimmen mit den Farben des jeweils dargestellten Larvenstadiums überein und dokumentieren die vom Aal in jedem Entwicklungsstadium zurückgelegten Distanzen.

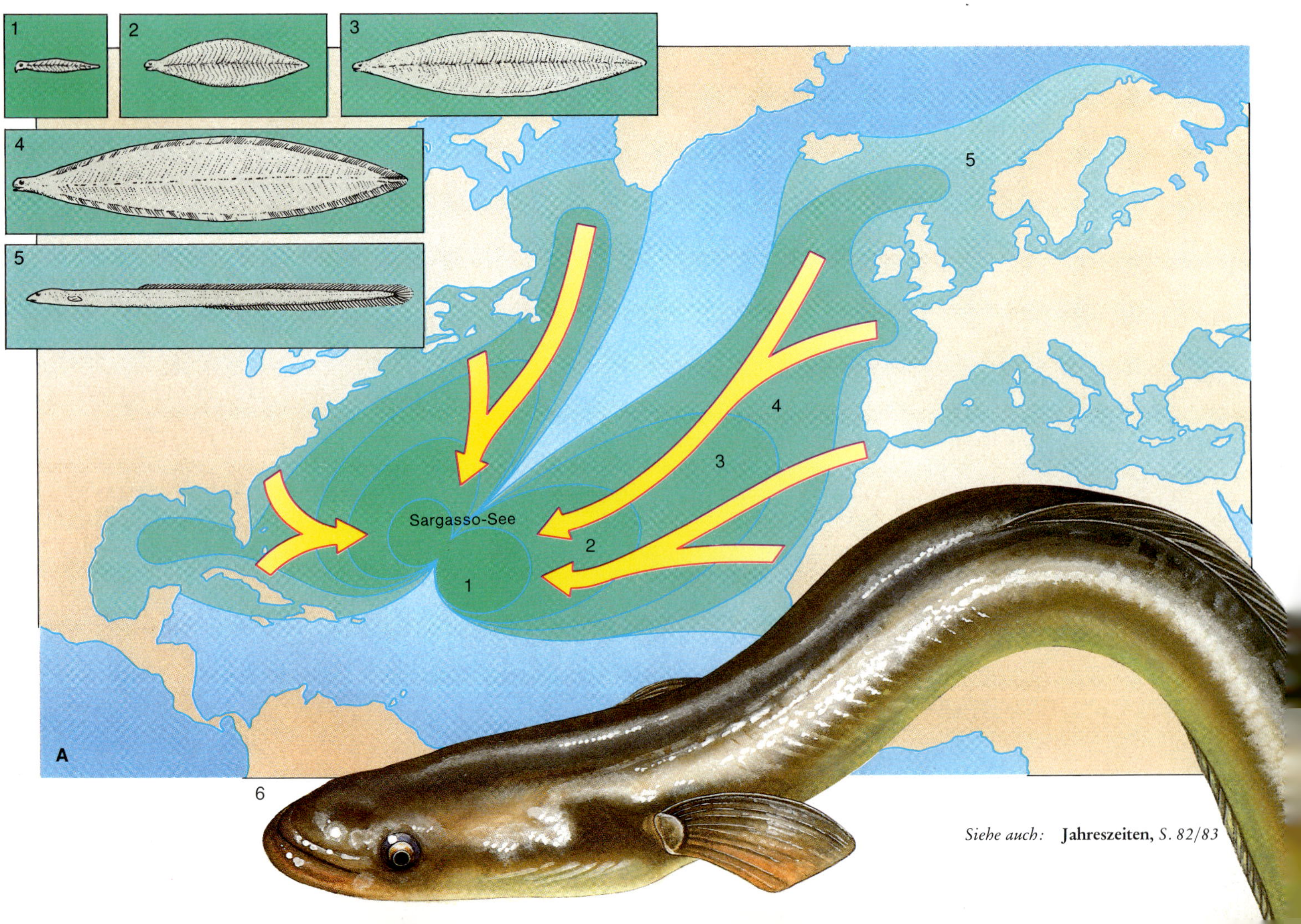

Siehe auch: **Jahreszeiten,** *S. 82/83*

B

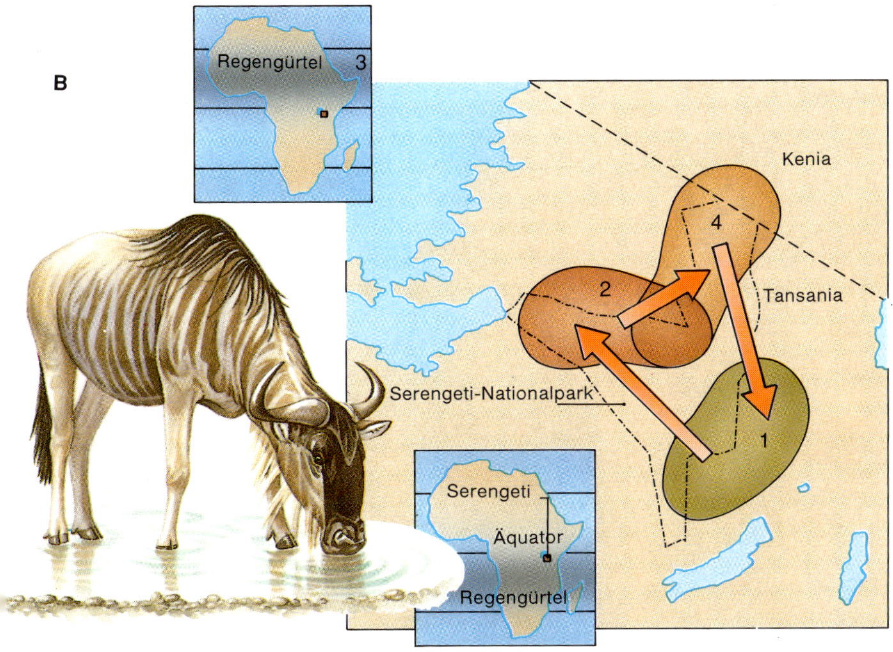

[B] Die Wanderung der Streifengnus richtet sich nach der jahreszeitlichen Verlagerung des äquatorialen Regengürtels. Sie ernähren sich von Gras, dessen Wachstum von den Regenfällen abhängt. Von November bis April halten sie sich im Süden der Serengeti-Steppe (1) auf, wo es ausreichend regnet. Hier pflanzen sie sich fort. Bis Anfang Mai ziehen die Gnus in den westlichen Teil (2). Obwohl die Regengebiete nach Norden weiterziehen (3), gibt es hier mehr Gras als in den anderen Steppengebieten. August und September verbringen die Tiere im Nordteil der Serengeti (4), wo es auch in der Trockenperiode feuchter ist als in anderen Regionen.

Wandernde Jäger

Der Eleonorenfalke ist ein Greifvogel, der auf den Inseln und in den südlichen Küstengebieten des Mittelmeers brütet. Anders als bei seinen europäischen Verwandten liegt der Brutzyklus des Eleonorenfalken so, daß seine Jungen im Spätsommer bis Herbst (1) schlüpfen. Im Winter wandern die Jungvögel nach Süden bis Madagaskar (2), um in den riesigen Schwärmen kleiner Zugvögel jagen zu können, die auf den Zugrouten zu ihren afrikanischen Winterquartieren das Mittelmeer überqueren (3).

könnte. Die Elterntiere specken in dieser Zeit wegen des geringeren Nahrungsangebotes stark ab. Der Rückzug in die Polargewässer tut deshalb not. Auch viele Fische machen zwischen Fortpflanzungs- und Futterplätzen weite Wanderungen. Meeresschildkröten legen enorme Entfernungen zurück, um zu ihren Bruststränden auf abgelegenen Küstenstreifen zu gelangen, wo es nur wenige Räuber gibt. Frösche und Kröten kehren jedes Frühjahr in dieselben Tümpel und Flüsse zurück, um abzulaichen.

Instinkt und Erfahrung

Vor allem bei Fernwanderern spielen vererbte Instinkte eine wichtige Rolle. In einem großangelegten Experiment wurde dies untersucht: Gewöhnlich ziehen die im Sommer am Ostrand der Ostsee heimischen Stare im Herbst über die Niederlande nach Großbritannien oder Nordfrankreich. Dabei fliegen »grüne« Jung- und erfahrene Altvögel zusammen. Nun wurden 11 000 Vögel eingefangen und mit dem Flugzeug in die Schweiz gebracht. Dort wurden Jung- und Altvögel getrennt freigelassen. Während sich die erfahrenen Altvögel neu orientierten und ihre angestammten Winterquartiere ansteuerten, flogen die unerfahrenen Jungvögel parallel zur alten Zugrichtung und landeten dabei in Spanien. Den Staren ist zwar angeboren, sich auf einer bestimmten Flugroute zu orientieren, aber erst die Erfahrung befähigt sie zur Orientierung abseits der üblichen Route.

C

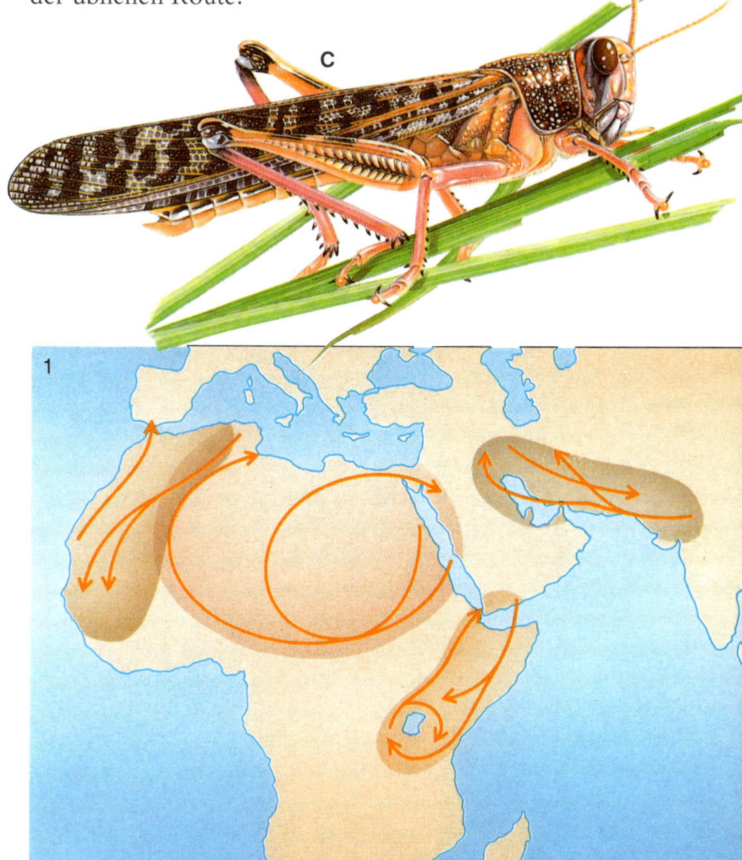

[C] Wüstenheuschrecken fliegen in riesigen Schwärmen, innerhalb derer sie kleine Gruppen bilden. Werden sie an den Rand getrieben, fliegen sie immer wieder ins Zentrum des Schwarms zurück. 3200 km können die Heuschrecken pro Jahr zurücklegen. Dabei vernichten sie die Vegetation im Bereich ihrer Flugrouten und fressen soviel, wie 1,5 Millionen Menschen zu ihrer Ernährung bräuchten. Die Karte (1) zeigt die in Nordafrika vorherrschenden Windrichtungen, welche den Schwarm zu neuen Futterquellen tragen. Heuschreckenschwärme werden gelegentlich aufs Meer geweht, wo die Insekten dann ertrinken.

Tierwanderungen als Lernverhalten, *S. 230/231* **Biologische Uhr,** *S. 270/271* **Instinkt und Lernen,** *S. 286/287*

Pfadfinder

Wie Tiere sich auf ihren Wanderungen orientieren

In einem berühmt gewordenen Experiment holte man einen Schwarzschnabel-Sturmtaucher aus seiner Nisthöhle auf Skokholm vor der Küste von Wales und ließ ihn 5000 km entfernt in Boston wieder frei. Nach 12 Tagen war er zurück im heimischen Nest, sogar einen Tag eher als der Brief, der seine Freilassung bestätigte. Man weiß bis heute noch nicht, wie Tiere so lange und gefährliche Reisen unbeschadet überstehen und exakt ihre Ziele erreichen. Manche orientieren sich mit Hilfe sichtbarer Fixpunkte auf dem Festland, andere mit speziellen geräusch- oder magnetfeldempfindlichen Sensoren.

Einige Tiere nutzen einen »magnetischen Sinn« bei ihren Wanderungen. Die Ringelgans kann anscheinend jeweils den Winkel berechnen, in dem sich ihr Körper zu erdmagnetischen Feldlinien befindet, die sie durchfliegt. Hohe Sonnenfleckenaktivität erschwert die Navigation von Vögeln, weil dann magnetische Stürme über die Erde gehen. Auch Wale werden durch Magnetfeldstörungen in ihrer Orientierung beeinträchtigt. Das lange Zeit unerklärliche massenhafte Stranden von Walen scheint nur dort aufzutreten, wo natürliche Magnetfelder durch geologische Bewegungen gestört werden. Anscheinend sind Wale in der Lage, feinste Unterschiede von Magnetfeldstärken zu registrieren. So können sie Tausende von Kilometern durch den dunklen Ozean entlang unsichtbarer unterseeischer »Magnetstraßen« wandern.

Orientierung über den Geruchssinn

Zahlreiche Säugetiere orientieren sich vor allem über kurze Entfernungen mit Hilfe des Geruchssinns. Er hilft auch Salamandern und anderen Amphibien, ihre Laichgewässer aufzufinden, und läßt Meeresschildkröten über Tausende von Kilometern hinweg die Strände ansteuern, wo sie ihre Eier ablegen. Lachse durchkreuzen den Ozean, um in genau dem Fluß zu laichen, wo sie selbst ausgeschlüpft sind. Den größten Teil ihrer Reise orientieren sie sich mit Hilfe des Sonnenstandes, durch Meeresströmungen und anhand ihres

[A] Brieftauben können von ihnen unbekannten Orten viele hundert Kilometer weit nach Hause zurückfinden. Sichtbare Fixpunkte auf dem Festland haben kaum Bedeutung für die Vögel. Entscheidend ist vielmehr der Sonnenstand, den sie mit Hilfe innerer Uhren genau berechnen können. Werden im Labor künstlich Dauer und Abfolge von Helligkeit und Dunkelheit (Tag- und Nachtrhythmus) verändert, lassen sich die inneren Uhren der Tauben manipulieren. Eine Brieftaube mit unbeeinflußter innerer Uhr startet in die richtige Richtung relativ zur Sonne (1). (Die roten Pfeile geben jeweils die richtige Abflugrichtung an, während die schwarzen Pfeile den Streubereich der tatsächlich gewählten Flugrichtungen wiedergeben.) Tauben, die um 12 Uhr mittags freigelassen werden, deren innere Uhr man aber künstlich um 6 Stunden »vorgestellt« hat, nehmen die Sonne schon in ihrer 18-Uhr-Position (2) wahr, also viel zu weit westlich. Daher werden sie getäuscht und starten in zu weit östliche Richtungen (3), weil sie den 18-Uhr-Winkel zur Sonne einhalten. Ist die Sonne hinter Wolken verdeckt (4), ist die Flugorientierung der Brieftauben kaum beeinträchtigt, auch nicht bei Vögeln mit künstlich veränderten inneren Uhren (5). Die Tiere sind in der Lage, mit einem zusätzlichen Navigationssystem das Magnetfeld der Erde zu nutzen. Um dies nachzuweisen, befestigt man am Hals von Versuchstauben kleine Magneten, die das natürliche Magnetfeld in der Umgebung des Tieres stören. Bei Bewölkung fliegen solche Tiere dann zufallsmäßig in alle möglichen Richtungen ab (6). Versuchstauben mit nichtmagnetischen Messingstäbchen am Hals zeigen dagegen keine Orientierungsstörungen. An unbewölkten Sonnentagen jedoch richten sich Tauben, deren innere Uhr nicht verändert wurde, trotz eines störenden Magneten am Hals nach dem Stand der Sonne aus und starten in die richtige Richtung (7).

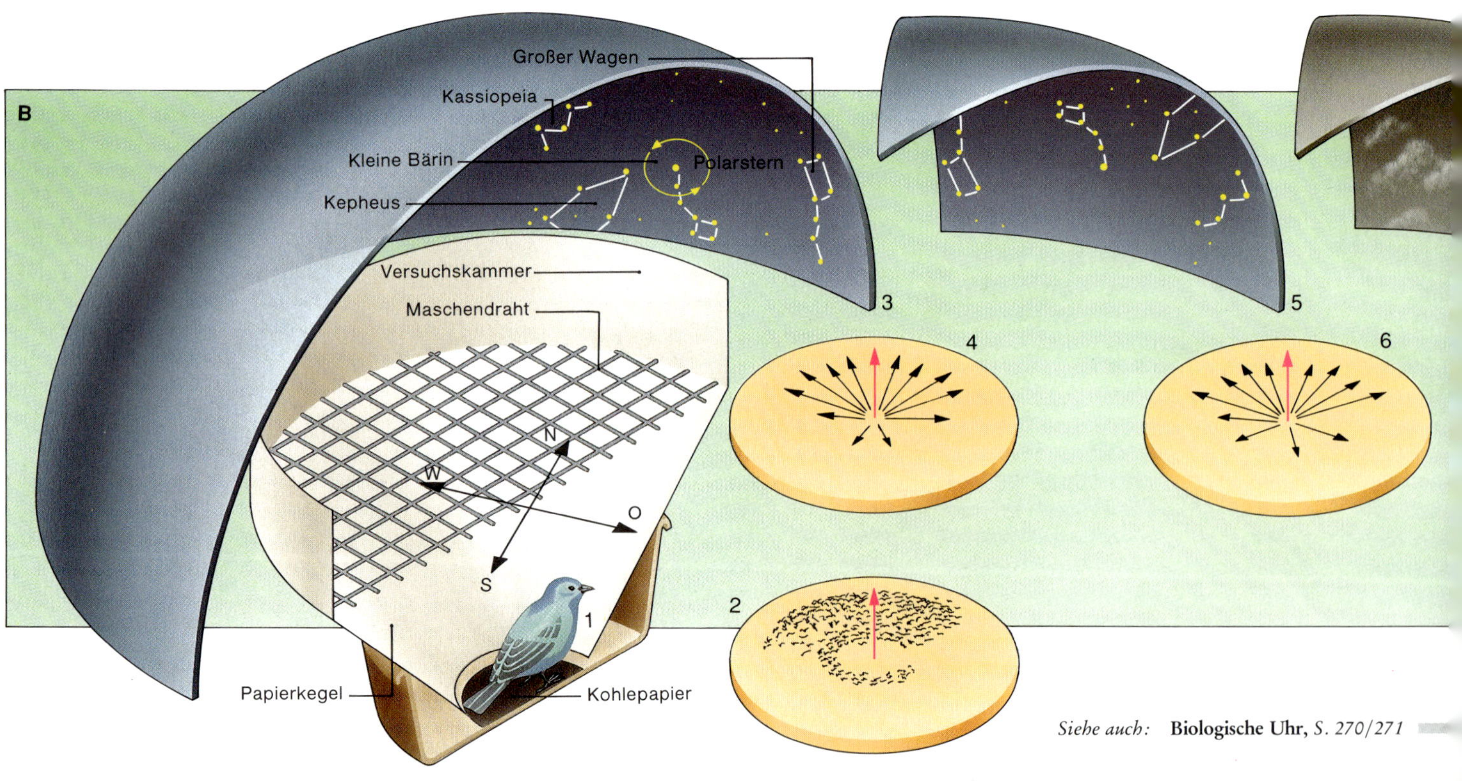

Siehe auch: **Biologische Uhr**, *S. 270/271*

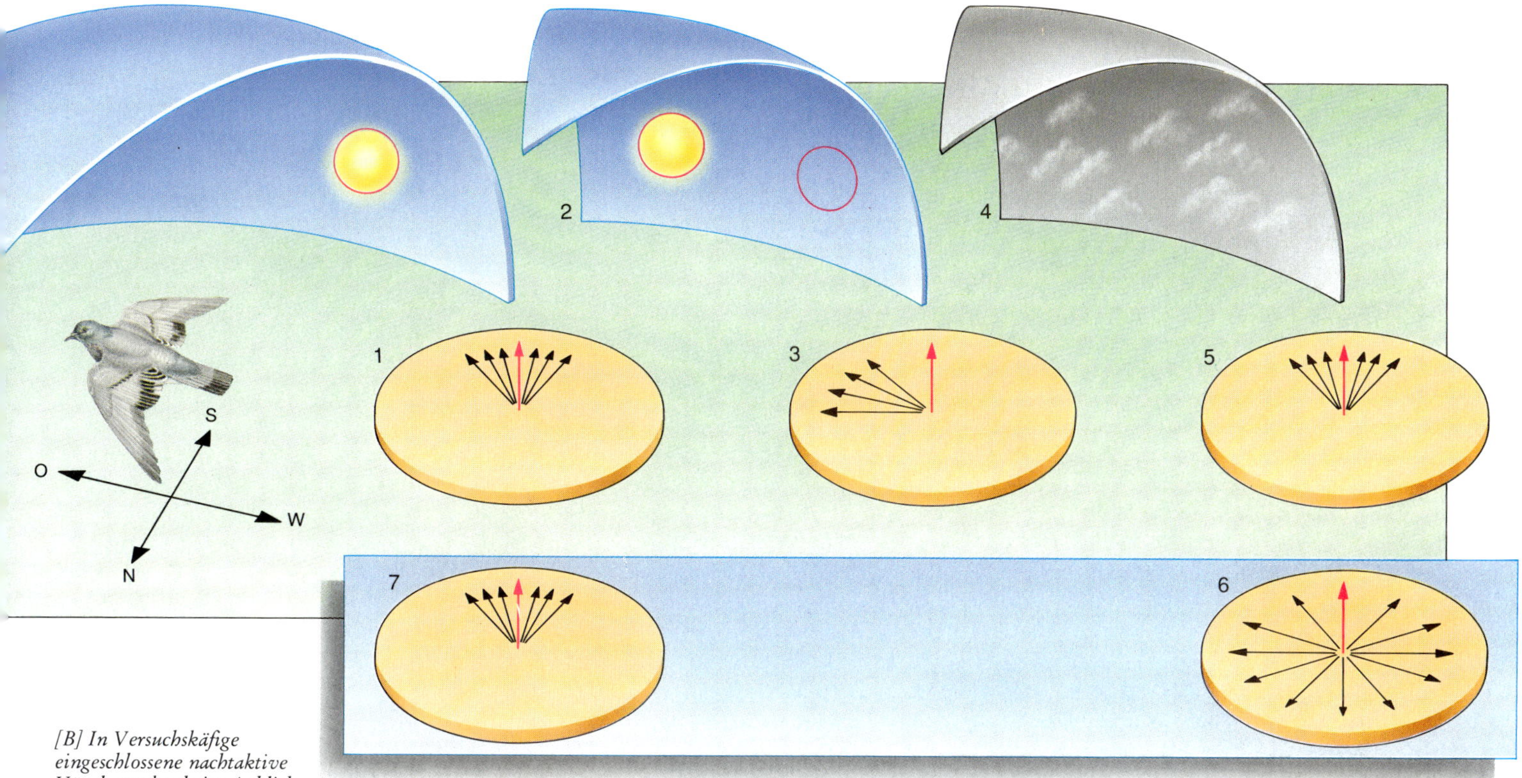

[B] In Versuchskäfige eingeschlossene nachtaktive Vögel wurden beim Anblick des Sternenhimmels sehr unruhig und machten ständig Anstalten, abzufliegen, im Frühjahr in Richtung Norden und im Herbst in Richtung Süden. Experimente mit Indigofinken (1) sollten zeigen, ob sie bei ihrer Orientierung mit Hilfe der Sterne eine ähnliche innere Uhr verwenden wie tagaktive Zugvögel. Man konfrontierte die Finken in Versuchskammern mit einem künstlich projizierten Sternenhimmel, ähnlich wie in einem Planetarium. Bei ihren Abflugversuchen hinterließen sie Fußspuren (2) auf ausgelegtem Kohlepapier. So konnte man die bevorzugte Abflugrichtung herausfinden. Durch Variation der Sternbilder am Kunsthimmel veränderte man gezielt die Tageszeiten und damit die vermutete innere Uhr der Tiere. Der einzige sich nicht am Himmel bewegende Stern, der Polarstern, war ein konstanter Orientierungspunkt. Entsprach die Projektion der Sternbilder der Realität (3), flogen die Finken in die richtige Richtung nordwärts (4) ab (Bedeutung der Pfeile siehe [A]). Wurden um 12 Stunden versetzte Sternbilder projiziert (5), flogen die Vögel ebenfalls in die korrekte Richtung ab (6). Dies zeigte, daß sie sich direkt am Polarstern orientieren und die künstliche Zeitversetzung nicht durch eine innere Uhr kompensiert wird. Wurde aber durch diffuses Licht ein bewölkter Kunsthimmel (7) simuliert, flogen die Versuchsvögel zufallsmäßig in alle Himmelsrichtungen ab (8). Weitere Experimente ergaben, daß Indigofinken die Bewegung der Sterne, die dem Polarstern am nächsten stehen, genau berechnen können. Fehlt er am Kunsthimmel, ist ihre Orientierung nicht beeinträchtigt.

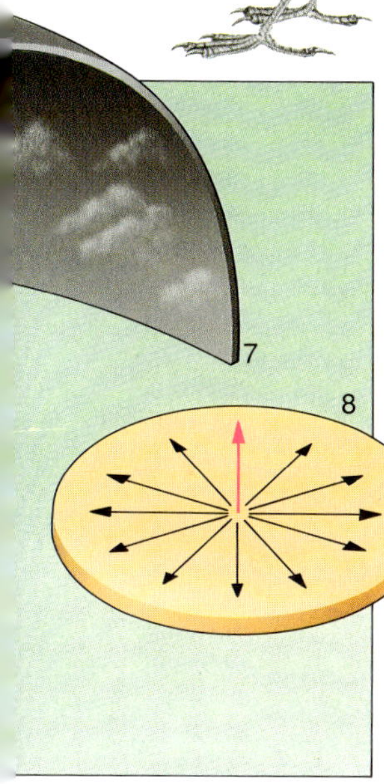

magnetischen Sinnes. Gelangen sie schließlich in die Nähe von Süßwasser, können sie sich exakt an die Riechstoffe des Flußwassers »erinnern«, in dem sie selbst zur Welt kamen.

Navigation durch Infraschall

Die meisten Vögel haben einen nur gering ausgeprägten Geruchssinn. Einige jedoch, wie Sturmtaucher und die viel kleineren Sturmschwalben, nutzen die Geruchsorientierung, um zurück zu ihren Nesthöhlen auf der anderen Seite des Ozeans zu finden. Darüber hinaus weiß man heute im Gegensatz zur lange gültigen Lehrmeinung, daß manche Vögel sogar im Infraschallbereich hören. Ihr Gehör kann also sehr niedrige Tonfrequenzen bis zu 0,1 Hertz wahrnehmen und ist somit empfindlicher als das des Menschen (16 bis 20 000 Hertz). Natürliche Infraschallquellen, die Vögel zur Orientierung nutzen können, sind beispielsweise Meereswellen, Jetstreams oder Windströmungen über Gebirgspässen.

Lichtmessungen als Orientierungshilfe

Das Licht, das von der Sonne ausgeht, hat ganz unterschiedliche Schwingungsebenen. Ein Teil des Sonnenlichts wird beim Durchdringen der Erdatmosphäre polarisiert, schwingt also nur noch in einer Ebene. Dieses Phänomen nutzen einige Tiere zur Orientierung bei ihren Wanderungen. Mit Hilfe des Polarisierungsgrades des Lichts können sie den genauen Stand der Sonne berechnen, selbst wenn diese hinter Wolken, Bergen oder dem Horizont versteckt ist. Experimente haben gezeigt, daß Tauben Veränderungen der Polarisationsebene des Lichts »messen« können.

Auch von Bienen ist seit langem bekannt, daß sie sich auf diese Weise orientieren. Kleine Zellgruppen im Auge der Bienen entschlüsseln das Polarisationsmuster selbst dann, wenn die Biene nur einen winzigen Ausschnitt wolkenfreien Himmels sieht. Sie kann es mit einer im Gehirn gespeicherten »Gesamtkarte« aller Lichtdaten vergleichen und so die Position der Sonne genau ermitteln.

Tierwanderungen als Instinktverhalten, *S. 228/229* **Geschmacks- und Geruchssinn**, *S. 280/281* **Sechster Sinn**, *S. 282/283* **Instinkt und Lernen**, *S. 286/287*

Nach Maß gearbeitet

Wie Bienen und Wespen ihre Nester bauen

Bienennester können bis zu 80 000 einzelne Bienen enthalten. Der Aufbau dieser hochentwickelten Sozialverbände wird durch die unterschiedlichen Kasten ihrer Bewohner widergespiegelt – der Königin, den Arbeiterinnen und den Drohnen –, von denen jede nicht nur ihre eigenen Aufgaben hat, sondern auch eine ganz spezifische Größe und Gestalt. Es gibt allerdings auch Bienen- und Wespenarten, deren Nester weitaus weniger Individuen beherbergen – manchmal nicht mehr als zwanzig Tiere. Daneben existieren auch völlige Einsiedler. Auch für diese Arten ist jedoch der Bau ihres Nestes von äußerster Wichtigkeit.

A

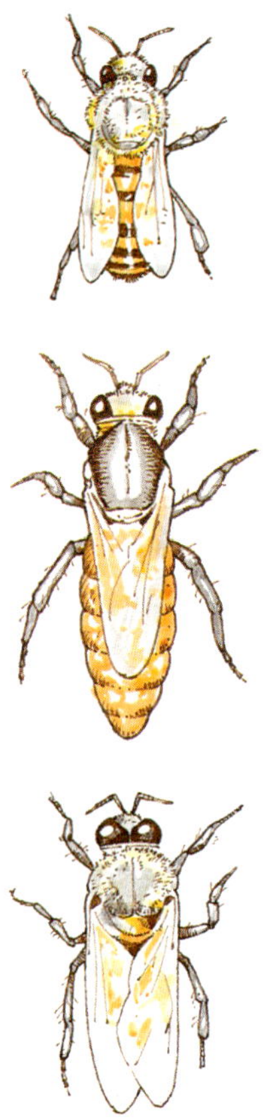

Die Zelle ist ein charakteristisches Merkmal der Nester aller Wespen- und Bienenarten - egal, ob sie Einsiedler sind oder als Volk leben. In diesem Gebilde entwickelt sich die einzelne Made vom Ei bis zur Puppe. Lediglich bei Arten mit starkem Sozialgefüge wie etwa bei der Honigbiene hängen die Zellen als Honigwaben zusammen. Diese Waben sind komplexe Gebilde aus Wachs, in denen bestimmte Bereiche der Aufzucht der Jungen gewidmet sind, andere allein der Lagerung des Honigs und des Pollens dienen. Die Zellen werden, leicht geneigt, mit der Öffnung nach oben zeigend angelegt, um den zähflüssigen Honig halten zu können. Sie sind gewöhnlich in einer vertikalen Wabe angeordnet. Jede Zelle hat eine charakteristische sechseckige Form. Dies ist keine zufällige Struktur, vielmehr verleiht sie der Wabe, die mit einem Minimum an Baumaterial und dem kleinstmöglichen Energieaufwand hergestellt wird, die höchstmögliche Festigkeit. Bei einer Wabenwandstärke von nur 0,1 mm vermögen 40 g Wachs auf diese Weise insgesamt ca. 2 kg Honig zu halten.

In Wachs bauen

Das Wachs wird von bestimmten Drüsen auf der Hinterleibsunterseite der Bienen abgegeben. Die Biene knetet das Wachs zwischen ihren Vorderbeinen und der Mundpartie und mischt es mit Speichel, bis es formbar genug ist, um damit arbeiten zu können. Neben dem Wachs benutzen Bienen auch ein spezielles harzhaltiges Klebemittel – Propolis –, um Lücken und Risse im Bienenstock zu schließen. Propolis wird mit dem Kiefer von den klebrigen Knospen bestimmter Bäume abgekratzt und mit den Pollenkörbchen zum Stock transportiert.

Unterirdische Nester bauen

Viele Bienen- und Wespenarten bauen ihre Nester unter der Erdoberfläche in ausgehöhlten Kammern oder in verlassenen Erdlöchern von Mäusen oder Wühlmäusen. Die als Volk lebende Faltenwespe baut erstaunlich widerstandsfähige papierartige Stöcke. Von Zweigen oder Pfählen abgekratztes Holz wird zur Bildung von »Pellets« - kugelförmigen Gebilden – mit Speichel vermischt, die dann zu einer papierähnlichen Masse trocknen, miteinander verbunden und zu Schichten sechseckiger Zellen geformt werden. Da die einjährigen Wespen in ihren Zellen keine Vorräte anlegen (die Maden werden mit Beuteinsekten gefüttert), liegen die Waben in den meisten Fällen horizontal, wobei die Öffnung jeder Zelle nach unten zeigt.

B

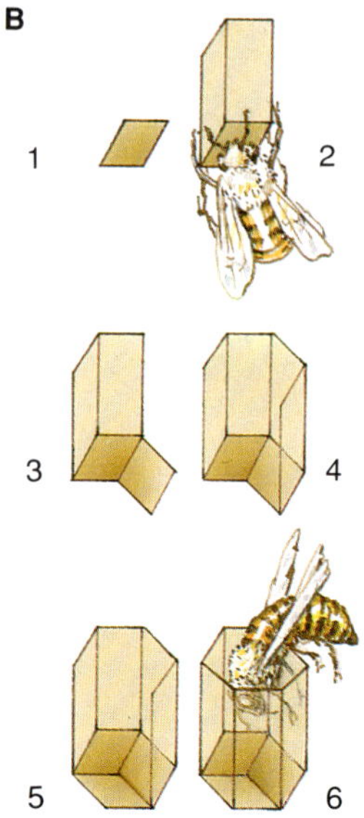

D

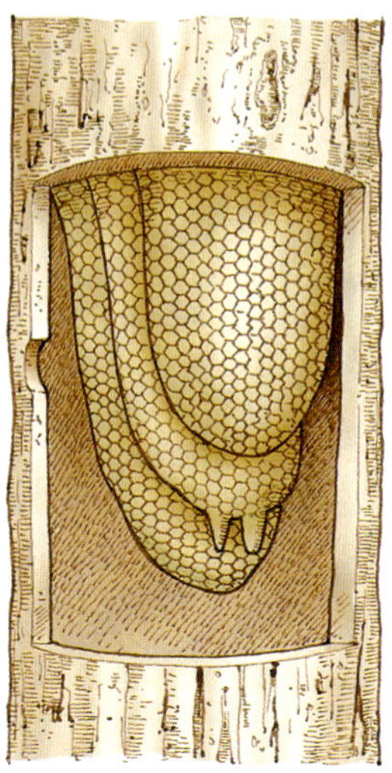

C

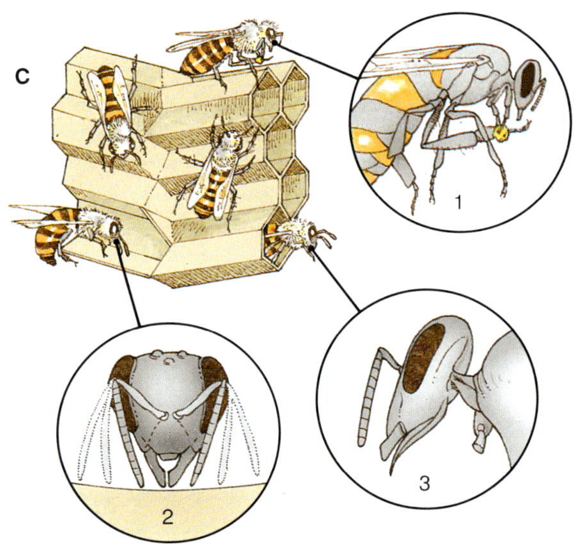

[A] Honigbienenvölker sind in drei Kasten organisiert. Am kleinsten und zahlreichsten sind die Arbeiterinnen (1). Diese sterilen Weibchen übernehmen in festgelegten Lebensabschnitten Brutpflege, Bau, Wartung und Verteidigung des Nests sowie das Sammeln von Nektar und Pollen. Die Königin (2) ist die Mutter aller Arbeiterinnen und Drohnen. Ihr großer Hinterleib verweist auf ihre Hauptaufgabe: das Eierlegen. Ein Pheromon, das sie abgibt, unterdrückt die Geschlechtsreife der Arbeiterinnen. Die Drohnen (3), die aus unbefruchteten Eiern entstehen, sind an ihren großen Facettenaugen erkennbar. Ihre Aufgabe ist die Befruchtung einer Königin.

[B] Jede Zelle entsteht durch die Zusammenarbeit vieler Individuen und wird vom Fundament nach oben gebaut. Zunächst wird ein rhombusförmiger Teil des Fundaments geschaffen (1), dann zwei nebeneinanderliegende Zellwände (2). Ein zweiter Rhombus mit Zellwänden wird am Fundament angebaut (3-4). Ein dritter rhombischer Teil und zwei Wände vervollständigen das Sechseck (5-6). [C] Die Waben der Honigbienen sind vertikal aufgehängt, die verschiedenen Zellen sind jeweils durch eine Wand getrennt. Arbeiterinnen (1) kneten das Wachs, wobei sie es zu Wänden formen, deren Stärke um nicht mehr als 0,002 mm variiert. Bienen erreichen diese Genauigkeit, indem sie die Wand mit ihren Fühlern »stechen« und ihre Biegsamkeit somit als Maß für die Stärke benutzen (2). Der Kopf der Biene dient dabei als »Pendellot«, wodurch sie oben und unten unterscheiden kann (3). Sinneshaare auf der Rückseite des Halses zeigen die Bewegung des Kopfes an.

Bienen und Wespen zeigen vielfältige Nestbautechniken. Töpferwespen (Foto rechts) formen Tontöpfe, in die sie ihre Eier legen. Die Maurerbiene stellt mit Hilfe von Speichel, Sand und Staub Pellets her und baut mit ihnen ihre getarnten Töpfe und Honiglager. Jeder Topf enthält einen

Siehe auch: **Wirbellose - Verbreitung,** *S. 122/123* **Bestäubung durch Tiere,** *S. 154/155* **Fortpflanzung der Wirbellosen,** *S. 160/161*

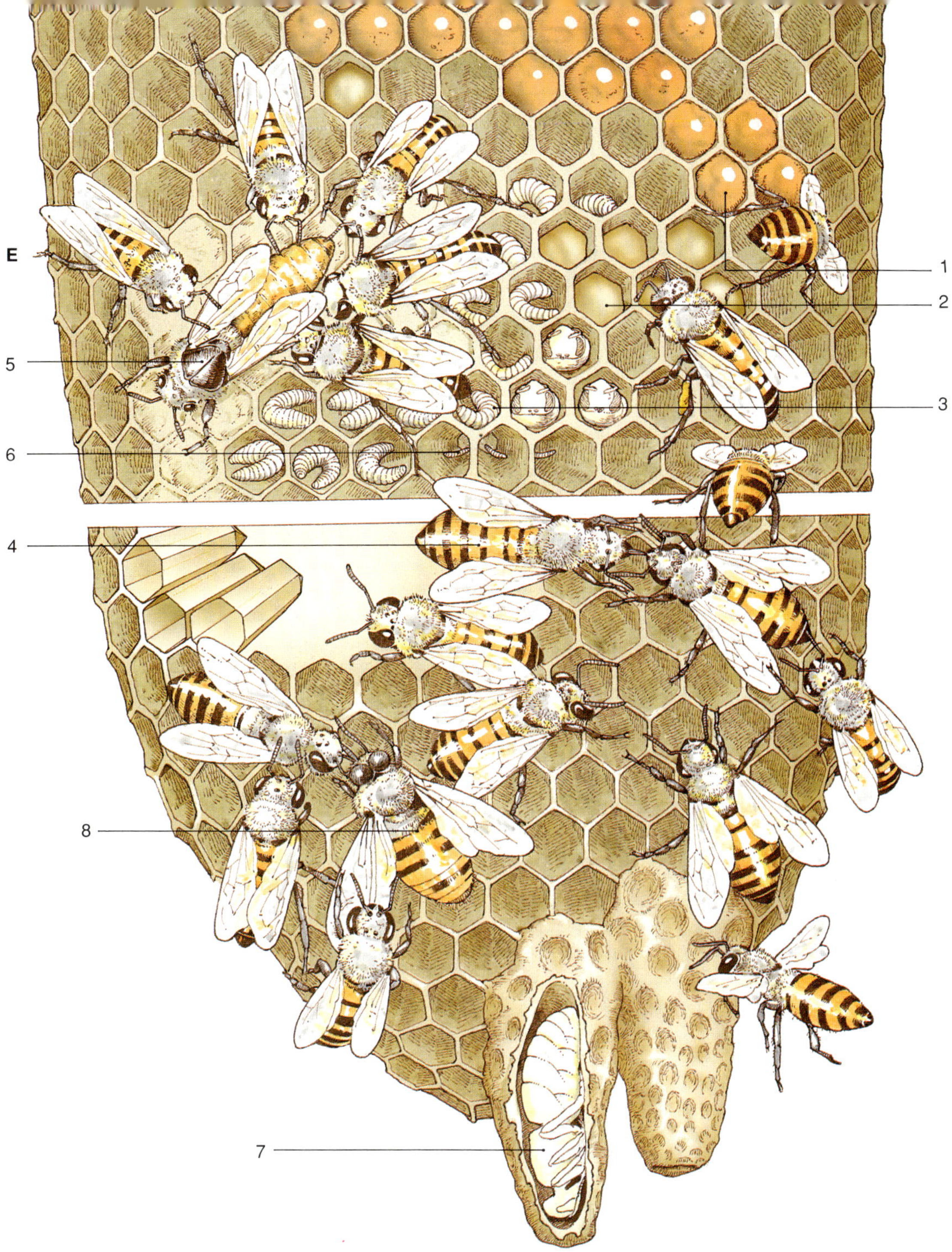

[D-E] Das Nest der Honigbiene besteht aus einer Reihe von Wachswaben, die an geschützter Stelle hängen, zum Beispiel in einem alten Baum. Zellen am Rande der Wabe enthalten den Honig (1), andere die Pollenreserven (2). Die Arbeiterinnen betreiben bei sich entwickelnden Larven (3) in unverschlossenen Zellen Brutfürsorge. Junge Arbeiterinnen füttern sie mit einem speziellen Futtersaft aus umgewandelten Speicheldrüsen und später auch mit Honig und Pollen aus den Lagerzellen. Die Larven der Königinnen werden ausschließlich mit Futtersaft ernährt (»Königinnenfutter«), die Wahl der Nahrung entscheidet über die spätere Kaste. Beim Austritt aus den Zellen werden die Arbeiterinnen von ihren älteren Schwestern mit Nektar gefüttert (4). Die freigewordenen Zellen werden geputzt und später wiederverwendet. Die Königin (5) – hier auf verschlossenen Zellen sitzend, von denen jede eine Arbeiterpuppe enthält – wird 3 – 4 Jahre alt. Eier (6) werden von ihr im Zentrum der Wabe abgelegt. Wenn neue Königinnen gebraucht werden, bauen die Arbeiterinnen extra große Zellen (»Weiselzellen«) am Rande der Wabe (7). Drohnen (8) leisten keine »Hausarbeit« und werden in Zeiten von Nahrungsknappheit gewöhnlich aus dem Stock vertrieben. Am Ende des Sommers werden sie von den Arbeiterinnen getötet (Drohnenschlacht).

Vorrat an »Bienenbrot« – eine Mischung aus Nektar und Pollen –, worauf ein einzelnes Ei abgelegt wird. Bergarbeiterbienen graben sich in hartem Lehmboden ein und höhlen unterirdische Zellen aus, deren Wände sie dann mit einem hart werdenden Sekret imprägnieren. Blattschneiderbienen benutzen enge Risse oder alte Bohrlöcher von Käfern im Holz, um dort ihre Nester anzulegen. Sie schneiden ovale Stücke aus Blättern aus, rollen sie auf, um ihre Zellen daraus zu formen, und verschließen diese mit sorgfältig ausgeschnittenen kreisförmigen Blattstücken. Das Nestloch selbst wird schließlich mit dicht übereinandergeschichteten Blättern verstopft.

Einsame Jäger

Obwohl die staatenbildenden Arten, allein durch die Vielzahl der Mitglieder eines Staates, weitaus stärker auffallen, sind die meisten Bienen und Wespen tatsächlich Einsiedler. Bei diesen Arten wird der Nestbau allein von der Mutter durchgeführt. Aber auch solitäre Bienen legen in ihren Kammern, die aus Erde oder Wachs sein können, beachtliche Vorräte von Pollen und Nektar an. Grausamere Methoden der Vorratsbeschaffung wenden die als Räuber bekannten Grabwespen an. Sie stürzen auf Raupen oder andere Insekten nieder, umklammern sie mit den Beinen und injizieren ihnen in die Bauchseite ein lähmendes Gift. Dann kneten sie ihre Opfer durch und zerren sie zu ihren unterirdischen Nestern, wo sie als »lebende Speisekammer« dienen, in der ein Ei abgelegt wird. Sorgfältig verschließt die Wespe dann den Eingang zu ihrer Höhle mit einem Stein oder verteilt sogar andere Steine um den Eingang herum, um ihn zu tarnen.

Insektenflug, *S. 226/227* **Termitenbau,** *S. 234/235* **Ameisenbau,** *S. 236/237* **Chemische Waffen der Insekten,** *S. 266/267*

Tunnel, Türme und Kamine

Termitenbauten und ihre Bewohner

In den Tropen können bis zu 10 000 Termiten pro m² leben. Sie spielen dort eine wichtige Rolle bei der Zersetzung von Pflanzenrückständen, da sie mit Hilfe von Protozoen in ihrem Darm Holzfasern aufschließen können. Termiten gehören zu den staatenbildenden Insekten. Ihre Nester variieren je nach Termitenart stark: Es gibt kleine Staaten, die nur Fraßgänge in vermoderndem Holz bewohnen, aber auch große Kolonien, die im Vergleich zu ihrer Körpergröße Riesenbauten errichten. Setzt man dieses Größenverhältnis in Beziehung zum Menschen, so wäre das menschliche Bauwerk über einen Kilometer hoch.

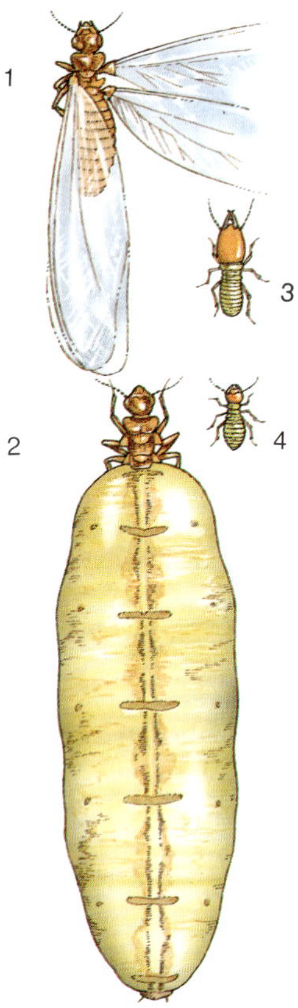

Fast alle Termitenarten bilden verschiedene Kasten aus. Dies sind die zeitweise geflügelten Geschlechts- oder Schwarmtiere (Männchen und Weibchen) (1), die neue Staaten gründen; die Termitenkönigin (2) mit dem stark vergrößerten Hinterleib, in dem sie Tausende von Eiern trägt; die Soldatentermiten (3), die den Staat verteidigen, und die Arbeiter (4), die Nahrung suchen, die Königin versorgen und als Baumeister dienen.

Die meisten der 2000 Termitenarten verwenden Erdklümpchen, Holzspäne oder Kotkrümel als Baumaterial. Mit Speichel oder breiigem Kot vermischt, wird es regelrecht einzementiert. Aus letzterem entsteht der sogenannte Karton. Dieser trocknet zu einer harten, tonartigen Substanz. Höhe und Umfang eines Termitenbaus spielen bei der Wärmeregulierung im Nest eine Rolle. Um sich vor Räubern, aber auch vor Austrocknung zu schützen, legen Termiten häufig überdachte Laufwege zwischen Nest und Nahrungsquelle an.

Die Sozialordnung

Anders als bei Bienenvölkern und Ameisenstaaten leben in Termitenkolonien etwa gleichviele Männchen wie Weibchen, die meisten sind jedoch nicht fortpflanzungsfähig. Wie andere soziale Insekten setzen sich auch Termitenvölker aus verschiedenen Kasten zusammen, die jeweils ihre eigene Aufgabe haben. Jeder Staat hat in der Regel nur ein Königspaar. Obwohl größer als die anderen Termiten, bleibt der König viel kleiner als die Königin, deren Hinterleib (Abdomen) mit Beginn der lebenslangen Eiablage stark anschwillt.

In den meisten Termitenstaaten sind nur Arbeiter und Soldaten unfruchtbar. Geschlechtstiere, junge Nymphen und Soldaten lassen sich von älteren Arbeitern mit hervorgewürgter Nahrung und Analsekreten füttern.

Die Differenzierung in die einzelnen Kasten wird durch Hormone gesteuert. Besondere Hormone – die Pheromone – unterdrücken die Umwandlung unreifer Arbeiter in fortpflanzungsfähige Tiere. Pheromone werden vom Königspaar, aber auch von den Soldaten produziert. Sterben in einem Staat König oder Königin, so entwickeln sich bestimmte Nymphen, sozusagen »sekundäre Geschlechtstiere«, die sich durch reduzierte Komplexaugen und Flügelknospen auszeichnen, zu Ersatzgeschlechtstieren.

Termiten halten das zahlenmäßige Gleichgewicht zwischen den verschiedenen Kastenmitgliedern in einer Kolonie sorgfältig aufrecht. Dies geschieht auf zweierlei Weise: Entweder entwickelt sich eine undeterminierte Nymphe in ein Mitglied der gewünschten Kaste, oder kannibalische Arbeiter gehen ans Werk.

Wechselnde Lebensaufgaben

Sowohl die Kastenzugehörigkeit als auch das Alter der einzelnen Termiten bestimmen die Arbeitsteilung in einem Staat. Junge Arbeiter versorgen die Larven, bauen und reparieren das Nest, füttern und pflegen das Königspaar sowie andere Mitglie-

[A] Termitenbauten beherrschen die afrikanische Savanne. Ihre Bewohner bevorzugen totes Pflanzenmaterial als Nahrung, das von Pilzen bereits teilweise aufgeschlossen wurde. Da Pilze eine sehr hohe Luftfeuchtigkeit benötigen, wären sie in der trockenen Savanne nur sehr begrenzt verfügbar. Deshalb legen Macrotermes-Termiten Pilzkammern in den Waben aus Karton an (1). Die Pilze bauen den verbauten Kot ab und gedeihen im feuchten Klima des Nestes gut. Einige Termitenarten graben tiefe Gänge bis zum Grundwasserspiegel (2), so daß das Nest für die Pilze immer feucht genug ist.

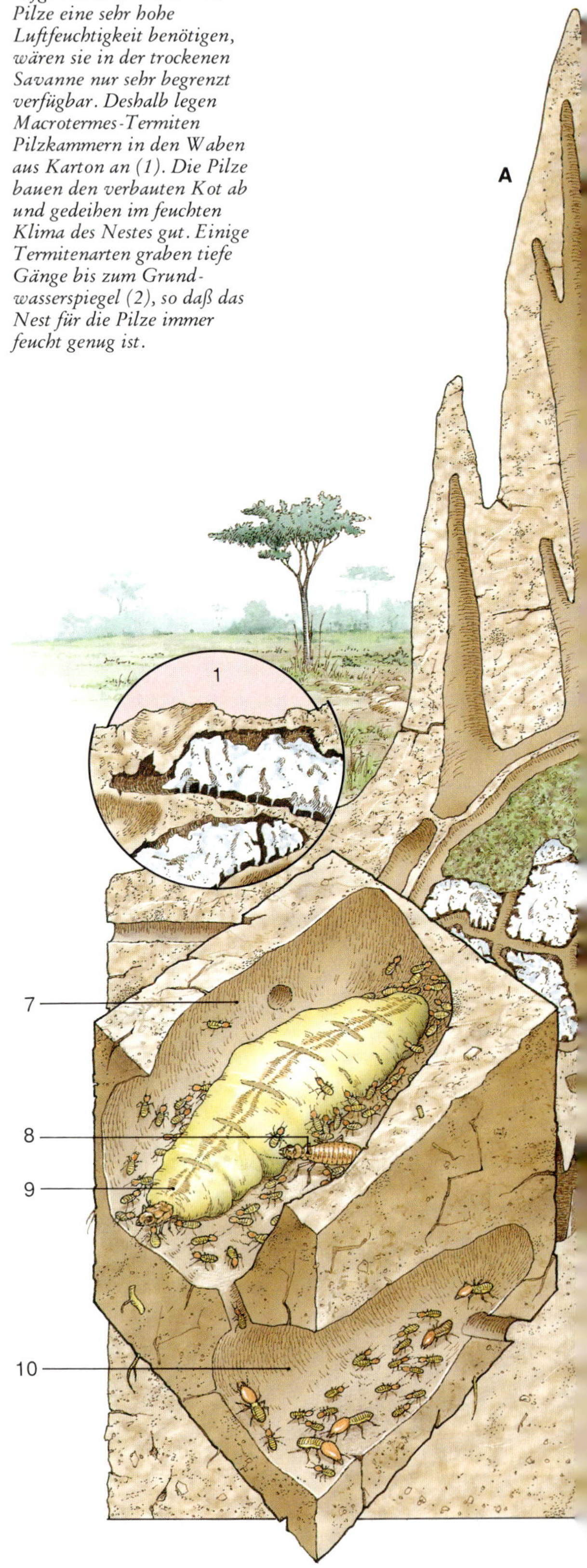

Siehe auch: Wirbellose – Verbreitung, *S. 122/123* Symbiose, *S. 192/193* Zersetzer, *S. 204/205* Bienen- und Wespennester, *S. 232/233* Ameisenbau, *S. 236/237*

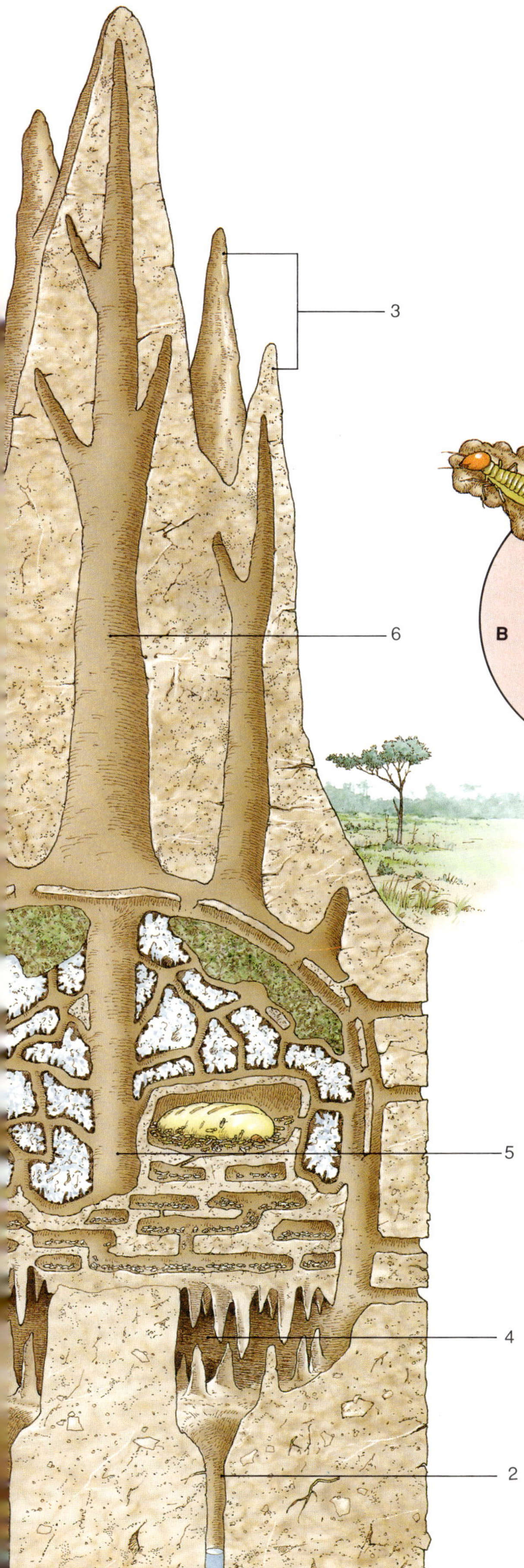

[B] Termiten sind geschickte Baumeister. Die Art Macrotermes natalensis kann kunstvolle Bauelemente wie Bögen errichten. Speichel oder Exkremente dienen als Bindemittel für die zahlreichen Erdklümpchen. Die Termiten »wissen« instinktiv, wann sie mit der Rundung des Bogens beginnen müssen.

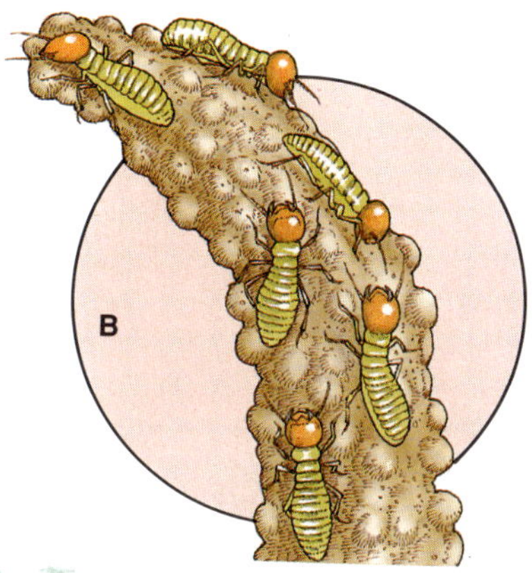

Eine Termitenkolonie von mehr als 2 Millionen Tieren erstickte bald, wenn nicht der Luftvorrat im Bau regelmäßig erneuert würde. Die Nester von Macrotermes-Termiten sind mit einer ausgeklügelten »Klimaanlage« ausgerüstet. Aus einem Luftspeicher unter dem Nest (4) strömt frische, feuchte Luft nach oben. Der Abbau von Kot, der in den Wänden der Pilzkammern verbaut ist, durch die Pilze erzeugt Wärme. Die erwärmte Luft steigt über eine zentralgelegene Luftkammer (5) nach oben und gelangt in die Kamine (6). Diese enden in den Türmchen (3). Hier erfolgt der Austausch zwischen verbrauchter Luft von innen und kühler frischer Luft von außen. Die kühle Frischluft sinkt nun in den Speicherkeller zurück und wird dort angefeuchtet. Die Königskammer (7) liegt im Zentrum des Nestes, wo König (8) und Königin (9) am sichersten sind. Die Arbeiter versorgen nicht nur das Königspaar, sondern transportieren auch die Eier in Brutkammern (10). Dort werden sie von Arbeitern gereinigt, um sie vor Verpilzung zu schützen.

der des Staates, während die älteren und größeren Arbeiter nach Nahrung suchen. So ist sichergestellt, daß ein Arbeiter bereits den Hauptanteil seiner Lebensarbeit geleistet hat, bevor er den Gefahren außerhalb des Nestes ausgesetzt ist.

Pilze und Pagoden

Größe und Form von Termitenbauten variieren stark. Einige ragen wie Kamine vom Boden auf, andere wiederum hängen von Ästen hoher Baumkronen herab. Es gibt südamerikanische Waldtermitenarten, die ihre Nester regelrecht an Bäume kleben und bis zu 40 in Schichten angeordnete, wasserableitende Schutzdächer aus Erdklümpchen darüber bauen, um die heftigen tropischen Regenschauer abzuhalten. Andere Waldtermitenarten errichten große Nesthügel mit pagodenähnlichen Dächern. Die Cubitermes-Arten sind für ihre pilzförmigen Nester bekannt, die häufig auch aus mehreren übereinandergestapelten »Pilzhüten« bestehen.

Staatengründer

Neue Staaten werden in der Regel von frisch geschlüpften, geflügelten Geschlechtstieren, den Schwarmtieren, gegründet. Durch einen Duftstoff, den es aus einer Drüse auf seiner Unterseite (Sternaldrüse) abgibt, lockt das Weibchen ein Männchen an. Das Schwärmen erfolgt bei bestimmten Witterungsbedingungen oder zu bestimmten Jahreszeiten – in den Tropen meist zu Anfang der Regenzeit. Alle geflügelten Geschlechtstiere einer Art, auch die der Nachbarstaaten, schwärmen zur selben Zeit und ermöglichen auf diese Weise Kreuzungen zwischen Individuen aus unterschiedlichen Nestern. Anders als Bienen paaren sich Termiten meist nicht im Flug. Der Schwärmflug dient nur der Verbreitung der geflügelten Geschlechtstiere. Nach der Landung werfen die Termiten ihre Flügel ab und bilden Paare. Danach gräbt das Termitenpaar eine kleine Hochzeitskammer und schließt sich darin ein, bevor die Paarung erfolgt und damit schließlich ein neuer Staat gegründet wird.

Kommunikation: Pheromone, *S. 290/291* **Tiere der Regenwälder,** *S. 316/317*

Perfekt organisierte Gesellschaft

Wie Ameisen beim Nestbau zusammenarbeiten

Ameisen gehören zu den emsigsten und weitestverbreiteten Tieren der Erde. Im Laufe der Evolution haben sie sich an viele verschiedene Ökosysteme anpassen können, von der Wüste bis zum Regenwald. Ameisen leben in unterschiedlich großen Kolonien und arbeiten beim Bau ihrer Nester, in denen sie Eier und Larven sorgfältig aufziehen, eng zusammen. Einige unterirdische Nester sind extrem groß und komplex, so zum Beispiel das der nordamerikanischen Blattschneiderameise, das bis zu einer Tiefe von 6 m in den Boden gegraben ist und einen Durchmesser von 15 m aufweisen kann.

Die Größe von Ameisenstaaten schwankt zwischen etwa einem Dutzend und über einer Million Einzelwesen. Es handelt sich um hochgradig strukturierte Gesellschaften, in denen die Rolle des Einzeltiers durch die Kaste, in die es hineingeboren wurde, diktiert wird. Die Gemeinschaft wird durch eine oder mehrere Königinnen angeführt – fruchtbare Weibchen, deren alleinige Aufgabe im Eierlegen besteht. Die meisten Eier entwickeln sich zu Arbeiterinnen, unfruchtbaren Weibchen verschiedener Größe und mit jeweils unterschiedlichen Aufgaben. So haben z.B. Soldatenameisen große Köpfe mit kräftigen Kiefern zur Verteidigung der Kolonie.

Die Aufgaben, die von den Arbeiterinnen übernommen werden, hängen von deren Alter ab. Junge, kleine Arbeiterinnen sind im Gefolge der Königin und kümmern sich um die Eier und die kleinsten Larven. Die Arbeiterinnen mittleren Alters sorgen für die größeren Larven und Puppen, während die ältesten Arbeiterinnen die Eingänge des Nests bewachen und Nahrung suchen.

Die Errichtung eines neuen Heims

Zu bestimmten Zeiten des Jahres werden männliche Ameisen und neue Königinnen erzeugt. Die geflügelten, ausgewachsenen Tiere versammeln sich im Nest, das sie bei günstigen äußeren Bedingungen als Schwarm verlassen. Alle Kolonien einer Art in einem bestimmten Gebiet schwärmen bei gleichen Bedingungen – warmes, feuchtes Wetter – zur selben Zeit aus. Wenige Tage nach der Paarung sterben die Männchen, und die Königin fliegt allein weiter, um einen geeigneten Nistplatz zu finden. Sie wirft ihre Flügel ab, schließt sich in einer Erdhöhle oder in einem vermodernden Baum ein und verbringt zum Eierlegen und zur Brutpflege einige Monate in diesem Unterschlupf. Die ersten Arbeiterinnen, die schlüpfen, übernehmen die Pflege von Brut und Königin und beginnen mit dem Nestbau.

Bauarbeiter, Landwirte und Gärtner

Manche Ameisen benutzen ihre Kiefer als kleine Spaten, um Erde auszuheben und diese um den Eingang herum aufzuhäufen, wodurch sie vulkanähnliche Strukturen schaffen. Andere Arten tragen die lose Erde vom Nest fort, so daß die Eingänge fast unsichtbar bleiben. Wiederum andere bauen auffällige Hügel über dem Erdboden.

Der Aufbau eines Ameisennestes spiegelt die Ernährungsweise seiner Bewohner wider. Ernteameisen leben in Gebieten mit jahreszeitlich bedingter Dürreanfälligkeit. Sie sichern ihre Nah-

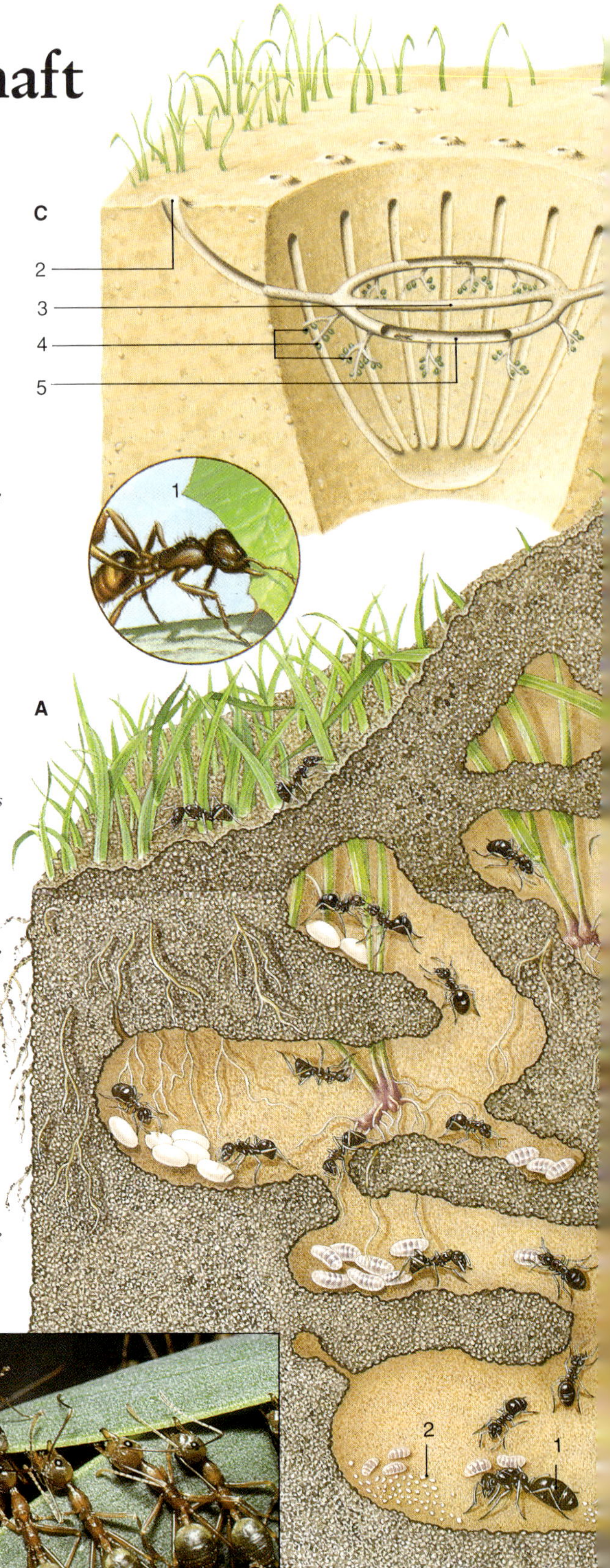

[A] Die europäische Schwarze Wiesenameise kann an verschiedenen Plätzen nisten – in verrottenden Baumstümpfen, unter Steinen oder in weichem Boden. Der Hauptnesttyp reicht tief in den Untergrund hinein – der ausgegrabene Boden wird zu einem auffälligen Erdhügel aufgetürmt. Unterirdische Kammern sind durch Gänge verbunden, die zu den Eingangsöffnungen an der Oberfläche führen. Im Zentrum des Nests sitzt die Königin (1). Sie wird von den Arbeiterinnen mit hervorgewürgter Nahrung gefüttert und gepflegt, um ihren Körper von Parasiten und Pilzen freizuhalten. Die Eier (2), die nur von der Königin gelegt werden, sowie später auch die Larven (3) und Puppen (4) werden von den Arbeiterinnen (5) sortiert und in verschiedenen Kammern gepflegt. Der Hügel über dem Nest übernimmt die Temperaturregulierung: Wenn die Sonne eine Seite des Hügels erwärmt, werden die Eier und Larven in die Nähe der warmen Oberfläche getragen – bei kaltem Wetter wird die Brut ins Nestinnere transportiert.

Die in Asien beheimateten Weberameisen (links) bauen ihre Nester aus Blattwerk auf Bäumen. Arbeiterinnen klappen ein Blatt um und pressen es mit ihren Kiefern und Füßen zusammen. Kleine Arbeiterinnen nehmen dann eine Larve auf und verkleben das Blatt mit ihrem Seidenfaden.

Siehe auch: **Metamorphose,** *S. 166/167* **Ektoparasiten,** *S. 190/191* **Symbiose,** *S. 192/193* **Zersetzer,** *S. 204/205* **Tierwanderungen als Instinktverhalten,** *S. 228/229*

rungsmittelvorräte durch den Bau großer unterirdischer Kammern, in denen Samen getrocknet und gelagert werden. Andere Ameisenarten »bewirtschaften« Blattläuse: durch ständiges Streicheln mit ihren Fühlern veranlassen die Ameisen die Läuse, eine zuckerhaltige Flüssigkeit auszuscheiden. Treiberameisen sind meist auf Wanderschaft. In riesigen Trupps ziehen sie über Land und fallen alle Kleintiere an, die ihnen in die Quere kommen. Sogar Hühner und Pferde wurden schon regelrecht skelettiert.

In den meisten Ökosystemen spielen Ameisen bei der Wiederaufbereitung von Nährstoffen eine wichtige Rolle, da sie sich von kleinen Tieren – besonders Wirbellosen – und Pflanzen ernähren und somit zu deren Zersetzung beitragen. Darüber hinaus »pflügen« sie beim Bau ihrer ausgedehnten unterirdischen Nester den Boden und bringen tiefere Schichten an die Oberfläche, wodurch sie die Nährstoffe für die Pflanzen zugänglich machen.

[B] Nicht alle Ameisennester sind unterirdisch. In tropischen Regionen, wo Schutz vor rauhen Wetterbedingungen unnötig ist, bauen einige Ameisen ihre Nester auf Baumzweigen. Diese Nester der Holzameise bestehen aus »Pappe« – einer papierähnlichen Substanz aus Boden- und Holzpartikeln, die durch eine hochkonzentrierte Zuckerlösung verklebt werden.

[C] Blattschneiderameisen ernähren sich von Pilzen, die sie in unterirdischen Pilzkulturkammern züchten. Aus grünen Blättern werden Teile herausgeschnitten und zum Nest getragen (1), wo sie zerkaut werden, um Nährboden für die Pilze zu schaffen. Die Eingänge zum Nest (2) führen zu einem zylinderförmigen Kanal (3), der einen Zugang zu den einzelnen Pilzkamern (4) erlaubt. Beim Wachsen setzen die Pilze Wärme frei und verbrauchen Sauerstoff. Ein strahlenförmiges zweites Gangsystem (5) gewährleistet eine ausreichende Belüftung.

[D] Das Kastensystem ist ein Charakteristikum der meisten Ameisenstaaten, so auch der Blattschneiderameise. Hier die Königin (1), eine Soldatenameise (2) und eine Arbeiterin (3).

Hausgäste

Ameisennester ziehen zahlreiche ungebetene Gäste an. Zu den häufigsten Eindringlingen gehören Staubläuse, die Nahrungsreste wegräumen und den Honigtau der von den Ameisen gehüteten Blattläuse stehlen. Einige Käferarten liegen in den weniger häufig genutzten Gängen des Nests auf der Lauer und stürzen sich auf Ameisen, die verkrüppelt oder allein sind. Andere Eindringlinge ahmen Erscheinung und Geruch ihrer Ameisen-Gastgeber nach und schleichen sich auf diese Weise in das Nest ein, wo sie als Mitglieder der Kolonie akzeptiert werden. Die Raupen einiger Bläulinge dringen in Ameisennester ein und setzen, wie Blattläuse, ein zuckerhaltiges Sekret frei, das die Ameisen mögen. Die Ameisen wiederum tolerieren den Verzehr einiger ihrer Eier und Larven durch die Raupen. Sobald die Raupen sich zu Schmetterlingen verwandelt haben, müssen sie das feindliche Ameisennest eiligst verlassen, obwohl ein dichter Schuppenmantel die Schmetterlingsflügel vor den Ameisenangriffen schützt.

Handwerker der Lüfte

Wie Vögel ihre Nester bauen

Ein Storchenpaar kehrt jedes Jahr zu seinem großen, unordentlich wirkenden Nest zurück. Storchennester befanden sich früher häufig auf Schornsteinen, heute werden sie auch auf speziell vorbereiteten Plattformen gebaut. Dabei sind die einzelnen Schichten aus Ästen und Zweigen so geräumig angelegt, daß in den unteren Stockwerken noch Feldsperlinge nisten können. Obwohl es sehr unregelmäßig erscheint, ist das Storchennest doch mit großer Sorgfalt gebaut. Während einige Vögel wahre Wunder architektonischer Kunstfertigkeit produzieren, nisten andere in einem einfachen Loch im Boden.

[A] Ein Schwalbennest, hoch unter dem Dachgesims, wird von Weibchen und Männchen gemeinsam gebaut. Es hält die Küken trocken und warm und schützt vor den Nachstellungen anderer räuberischer Vögel.

[B] Felsenschwalben-Nester wurden ursprünglich immer an Klippen oder Felsen befestigt. Heute jedoch bauen viele dieser Vögel ihre Nester dicht an dicht in Gebäuden wie etwa Scheunen. Die Nester sind aus sich überlappenden Lehmplatten gefertigt, die in getrocknetem Zustand eine sehr haltbare und schützende Struktur haben.

Tauben errichten lose Plattformnester aus Zweigen, gerade ausreichend, um das Gelege zu tragen. Drosseln und andere Singvögel bauen sogenannte Napfnester aus Zweigen, Gras, Haar und Lehm in Ast- oder Buschgabeln, die teilweise von den umliegenden Zweigen gestützt werden. Wesentlich komplizierter konstruiert sind die tiefen kegelförmigen Nester einiger im Schilf nistender Grasmückenarten. Diese Nester sind um parallel gewachsene Schilfhalme gewebt. Sie machen jede Bewegung des Schilfs mit und bleiben auch bei kräftigem Wind unversehrt. Mauersegler und Mehlschwalben plazieren ihre Nester gut geschützt vor Räubern an Felsüberhängen oder an senkrechten Gebäudewänden.

Die Großfußhühner Australiens, wie Busch- und Thermometerhuhn, bauen große aufgeschichtete Laubhaufen, in die sie ihre Eier legen. Diese werden dann durch die beim Verfaulungsprozeß des Laubes entstehende Wärme bebrütet.

Bei tropischen Vögeln sind hängende Nester relativ häufig. Vermutlich wurden sie als Schutz gegen baumkletternde Räuber wie Schlangen und Echsen entwickelt. Einige der imposantesten hängenden Nestformen finden sich bei den Stirnvögeln Mittel- und Südamerikas. Der Krähenstirnvogel beispielsweise brütet in Kolonien, in denen an einem Baum bis zu 100 Nester baumeln. Jedes Nest hat die Form einer einen Meter langen Flasche aus Pflanzenfasern, die fest mit den Zweigen des Baums verwoben sind. Das wohl komplexeste Nest baut der in großen Gemeinschaften lebende südafrikanische Webervogel. Solche Kolonien können aus gut 300 Vögeln bestehen, deren Nest in der Regel in einer Baumkrone hängt. Unter dem gewölbten Dach hat jedes Webervogelpärchen seine Nesthöhle mit eigenem Eingang. Ein Verwandter der Webervögel, der Textorweber, brütet ebenfalls in Kolonien, hier aber verfügt jedes Vogelpaar über sein eigenes, abgetrenntes Nest.

Tunnel, Löcher, schwimmende Nester

Viele Vögel nisten in Baumlöchern, und einige, wie etwa Spechte und Bartvögel, hacken sich ihre eigenen Nesttunnel in die Stämme. Uferschwalben und Eisvögel graben lange Tunnel in die Erde oder in Dünen. Äußerst seltsame Nistgewohnheiten haben Hornvögel, die den Eingang ihres Nistloches verschließen und nur eine winzige Öffnung lassen, durch die das Männchen das Weibchen während der gesamten Brutperiode mit Nahrung versorgt. Das Weibchen bleibt in seinem »Gefängnis«, bis die Küken bereits halb ausgewachsen sind. Die kleinsten Nester - Napfnester von lediglich vier bis fünf

[C] Das Nest des Teichrohrsängers ist um trockene Schilfhalme herumgebaut, die es über den nassen Boden erheben. Die erste Konstruktionsstufe – das Verbinden der einzelnen Halme – verlangt den Vögeln akrobatische Geschicklichkeit ab. Die »Schlaufen«, die das Nest mit dem Schilf verbinden, sind für Hahn und Henne der Ankerpunkt für den Bau des eigentlichen Nestes.

[D] Das Nest des Gartenrotschwanzes ist mit den Federn anderer Vögel isoliert und wird größtenteils vom Weibchen allein gebaut; es verwendet dazu u. a. Blätter, Moos und Haare. Meist befinden sich die Nester in Baumlöchern, Mauerspalten, Nistkästen oder ehemaligen Schwalbennestern.

[E] Ein Singdrosselnest ist so robust, daß es auch Monate, nachdem die Vögel es verlassen haben, noch dem schlechtesten Wetter standhält. Das Nest aus Gras und Zweigen ist an der Innenseite mit einer Mischung aus Lehm, Exkrementen und Speichel »gepflastert« und bildet für die Jungen eine sichere Behausung.

[F] Das Nest des Webervogels wird vom Männchen allein gebaut. Es benutzt dabei keine Klebematerialien, sondern verschlingt und verknotet Blattstreifen, so daß eine Hängekonstruktion entsteht. Der Vogel beginnt mit einem an einer Astgabel befestigten Ring (1) und baut dann das Dach (2) und den Eingang an. Akzeptiert das Weibchen das fertige Nest (3), legt es den Boden mit Grasspitzen oder Federn aus, so daß eine dichte, weiche Nistkammer entsteht. Der Begriff »Weben« ist etwas irreführend: Da die verwendeten grünen Blätter selten mehr als dreimal so lang wie der Vogel sind, herrschen Knotenformen vor. Die ersten Nester junger Männ-

Siehe auch: Evolution der Vögel, *S. 132/133* Fortpflanzung der Vögel, *S. 172/173* Biberbau, *S. 240/241* Instinkt und Lernen, *S. 286/287*

Eßbare Nester

Die zu den Seglervögeln gehörende, in Höhlen lebende Salangane Malaysias und Indonesiens verzichtet auf den Lehm und die kleinen Zweige, mit dem ihre Verwandten, die Mauersegler und Schwalben, ihre Nester bauen. Statt dessen konstruiert sie ein kleines Napfnest fast ausschließlich aus ihrem eigenen Speichel. Viele Salanganen müssen jedoch zwischen Februar und Mai bis zu dreimal diese Konstruktion erneuern, da die ersten Nester von einheimischen Dorfbewohnern, die sich nicht ohne Risiko in die dunklen und schlüpfrigen Höhlen wagen, entfernt - d.h. gestohlen - werden. Salanganen-Nester gelten nämlich im Fernen Osten, vor allem in Hongkong, als Delikatesse und werden dorthin verkauft. Sie sind entweder schwarz oder weiß - je nachdem, welche der beiden Salanganen-Arten sie gebaut hat - und können roh oder gekocht in der sogenannten Schwalbennestersuppe verzehrt werden. Die weiße Variante ist die nahrhaftere und deshalb auch die teurere.

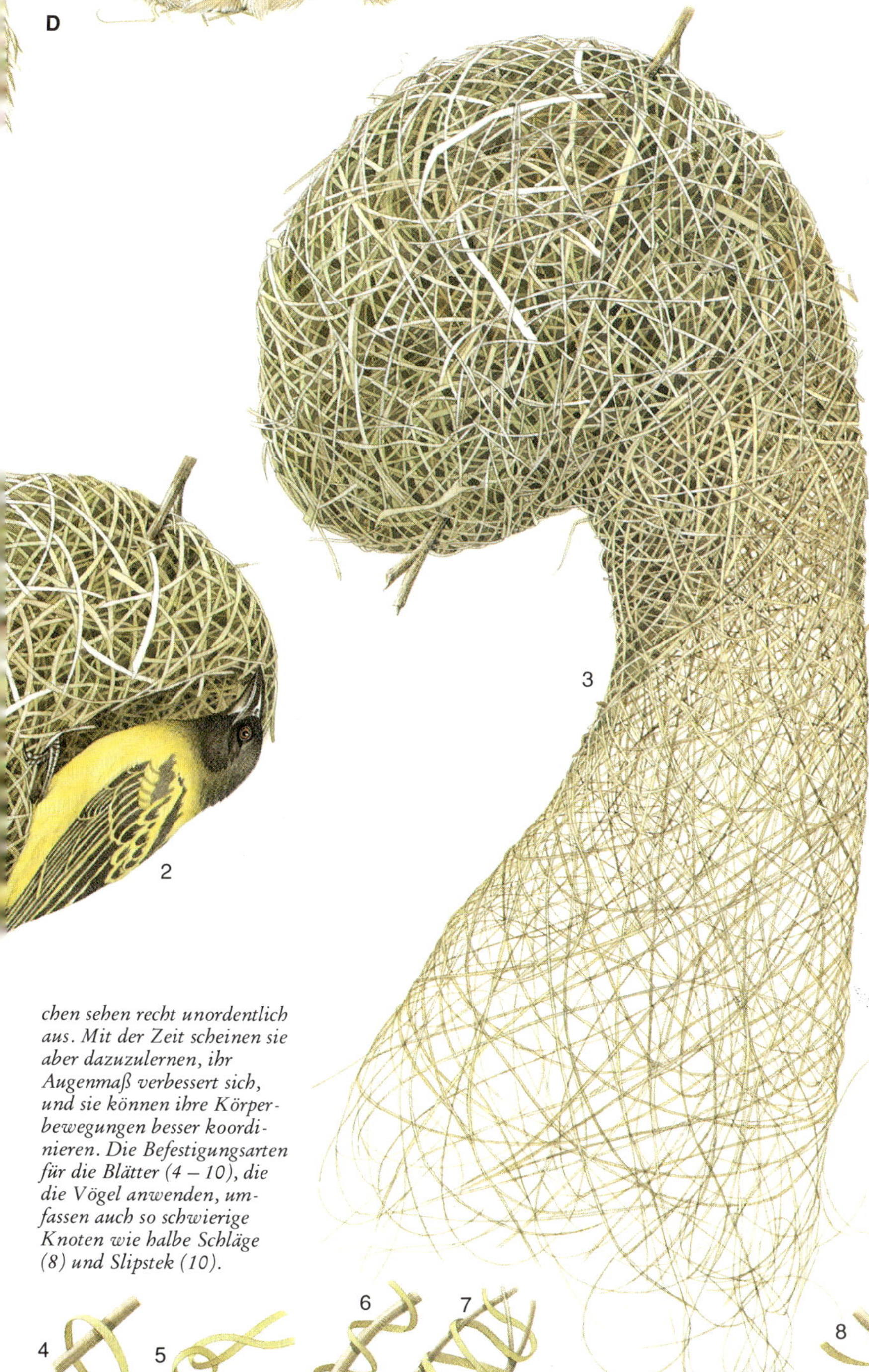

Zentimeter Durchmesser aus Pflanzenfasern und Flechten - bauen die Zwergkolibris und die Hummelkolibris.

Lappentaucher halten Räuber, die es auf ihr Gelege abgesehen haben, dadurch fern, daß sie schwimmende Nester bauen. Wird die Henne aufgeschreckt, bedeckt sie die Eier mit einem Pflanzengeflecht, bevor sie sich an einen sicheren Ort zurückzieht. Schwimmende Nester haben darüber hinaus den Vorteil, sich mit dem Wasserspiegel zu heben und zu senken.

Einige Vögel sparen sich gänzlich die Mühe, mit aller Sorgfalt ein Nest zu bauen. In Felsen nistende Lummen beispielsweise legen ihre Eier direkt auf Felsvorsprüngen oder in Spalten an einem Steilhang an der Meeresküste ab. Viele Watvögel kratzen eine kleine Mulde in den Kies und verlassen sich dabei weitgehend auf die Tarnmuster ihrer Eier. Die tropische Feenschwalbe verkeilt das einzige Ei, das sie legt, lediglich in einer Astgabel und brütet es dort aus.

chen sehen recht unordentlich aus. Mit der Zeit scheinen sie aber dazuzulernen, ihr Augenmaß verbessert sich, und sie können ihre Körperbewegungen besser koordinieren. Die Befestigungsarten für die Blätter (4 – 10), die die Vögel anwenden, umfassen auch so schwierige Knoten wie halbe Schläge (8) und Slipstek (10).

Tierische Holzfäller

Wie Biber ihre Burgen bauen

Biber gehören zu den besten Architekten in der Natur. Komplexe Festungen, lange Dämme und verzweigte Kanalnetze stellen ihre technische Schaffenskraft unter Beweis. Ein Biber fällt einen Baum von 12 cm Durchmesser in einer halben Stunde, und eine Familie vermag während eines einzigen Winters einige Hundert Bäume abzuholzen. Biber strukturieren ihre Umwelt schnell nach ihren Bedürfnissen um, zerstören dabei ganze Pflanzen- und Tiergemeinschaften, schaffen aber auch Lebensmöglichkeiten für viele andere Tier- und Pflanzenarten – sie greifen sogar in die Geschichte des Menschen ein.

Biber haben durch Abholzung der Wälder den Naturraum des Nordens in den letzten fünf Millionen Jahren umgewandelt. Die Auswirkungen auf die Umwelt sind jedoch heute zweifellos geringer als früher. Noch vor 10000 Jahren gab es neben den heutigen Arten riesige Biber, die über 2 m lang waren und bis zu 320 kg wogen. Die beiden heute noch vorkommenden Arten sind durch zu starke Bejagung und die Zerstörung ihres Lebensraums bedroht. Die europäischen Biber verschwanden bis zum Ende des 19. Jahrhunderts aus den größten Teilen Europas und existieren heute nur noch als isolierte einheimische Bestände. Den nordamerikanischen Biber findet man noch in weiten Teilen Nordamerikas, wenngleich er auch nach starker Bejagung an den meisten Orten erneut eingeführt werden mußte. Mit einem Gewicht von 30 kg und einer Länge von 1,2 m sind Biber die zweitgrößten Nagetiere der Erde. Nur das Südamerikanische Wasserschwein ist noch größer. Biber unterscheiden sich jedoch von anderen Nagetieren weniger durch ihre Größe, als vielmehr durch ihr wohl organisiertes Sozialsystem – es ist zusammen mit ihren besonderen Anpassungsfähigkeiten zum Bäumefällen, Schwimmen und Tauchen ihr Schlüssel zum Erfolg. Sie leben und arbeiten in kleinen Familiengruppen, die gewöhnlich aus jeweils einem ausgewachsenen Männchen und Weibchen bestehen, den Jungen des laufenden Jahres, den Jungen aus dem letzten Jahr und möglicherweise einem oder mehreren Einzeltieren ohne Nachwuchs.

Ein wohlbehütetes Zuhause

Eine Biberfamilie investiert beträchtliche Zeit und Mühe in den Bau und die Instandhaltung ihrer Unterkunft, ihres Damms oder Kanals. Durch diese Meisterwerke des Ingenieurbaus verändert die Familie ihren Lebensraum radikal und verbessert auf diese Weise ihre Überlebenschancen. Ihre Wohnung bietet hervorragenden Schutz gegen räuberische Feinde, während durch den Damm große Gebiete um die Wohnung herum überflutet werden. Die Reichweite des Bibers vergrößert sich dadurch, und der Transport schweren Baumaterials wird möglich. Zusätzlich gewährleistet der Damm, daß der Wasserstand um die Wohnung herum hoch genug ist, um alle Eingänge ständig unter Wasser zu halten. Um die Biberfestung entsteht ein schützender Wassergraben, den man nur tauchend überwinden kann. Für die Biber ist die Offenhaltung der Unterwasserzugänge zur Wohnung auch während des Winters, wenn der See gefroren ist, äußerst wichtig.

[A] Das Gebiß des Bibers ist gut an die individuelle Lebensweise des Tieres angepaßt. Wie alle anderen Nagetiere, einschließlich der Eichhörnchen, mit denen sie eng verwandt sind, haben die Biber riesige Schneidezähne, die genauso schnell wieder nachwachsen, wie sie abgenutzt werden. Diese Zähne sind so scharf wie Rasierklingen und stecken in kräftigen Kieferknochen. Ein Biber kann mit der Zunge den hinteren Teil seiner Kehle blockieren und die Lippen hinter den Schneidezähnen schließen, so daß er beim Nagen von Holz nicht die Sägespäne schlucken muß. Der gleiche Mechanismus ermöglicht es den Tieren, im offenen Maul Zweige unter Wasser zu tragen, ohne zu ertrinken.

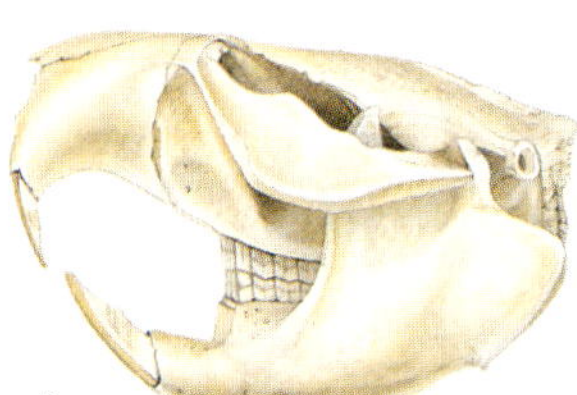

A

Das Gesicht des Waldes wird verändert

Die Aktivitäten der Biber können zu weitreichenden Schäden führen. Abgesehen von den Bäumen, die als Baumaterial gefällt werden, ertränken die durch Biberdämme hervorgerufenen Überschwemmungen viele Baumwurzeln und setzen landwirtschaftliche Nutzfläche und Straßen unter Wasser. Diese Zerstörung wird jedoch durch eine große Zahl nützlicher Auswirkungen ausgeglichen. Die Überschwemmungen schaffen neue Lebensräume für Wasservögel, Elche und natürlich Fische. Mit der Ablagerung von Schlamm in den Stauseen können sich im Laufe der Jahre zahlreiche Wasserpflanzen vermehren. Nach fortschreitender Verlandung besiedeln Gräser und andere außerhalb des Wassers wachsende Pflanzen das Gebiet, so entsteht eine »Biberwiese«. Große Teile der besten landwirtschaftlichen Nutzfläche im nördlichen und mittleren Teil der Vereinigten Staaten von Amerika verdanken ihre Existenz den Aktivitäten der Biber.

[B] Biber beginnen mit ihrem Burgenbau, indem sie in den Seeboden oder in die Böschung eines Sees einen Tunnel graben. Zweige, Stöcke und Steine werden über dem Tunneleingang aufgetürmt und mit Schlamm verstärkt: Das Ergebnis ist ein kuppelförmiges Bauwerk (1). Die Biber höhlen einen Wohnraum aus (2), der etwa 20 cm über der Oberfläche des Wassers liegt. Von dort gehen mehrere Tunnel aus, deren jenseitige Eingänge unter Wasser liegen (3). Falls kein Bauplatz zur Verfügung steht, trennen die Tiere einen Streifen flachen Wassers durch einen Damm (4) ab und schaffen so ihren eigenen See. Entweder wird ein Baum gefällt und mit senkrecht eingerammten Hölzern und Steinen in der Böschung verankert, oder es werden Pfähle als Grundstruktur des Dammes im Flußbett gesetzt. Mit den Vorderpfoten (5), die nicht mit Schwimmhäuten versehen sind, füllen die Biber die Lücken im Damm u. a. mit Steinen aus und tragen zum Schluß eine Schlammschicht auf. Ihre Hinterpfoten (6) sind, als Anpassung an das Schwimmen, mit Schwimmhäuten versehen. Der markante, mit Schuppen besetzte Schwanz (7) hat mehrere Aufgaben: er erzeugt Warnsignale, hilft dem Tier das Gleichgewicht zu halten und dient der Wärmeabgabe.

Siehe auch: Seen: Bildung und Entwicklung, *S. 60/61* Evolution der Säugetiere, *S. 136/137* Feuchtgebiete, *S. 320/321* Ökosystem See, *S. 322/323*

B
1
2
3
7
6

Einsame Jäger

Einzelgängerische Wirbeltiere auf Beutefang

Der riesige Pottwal ist das größte Meeresraubtier. Im Durchschnitt erreicht das Männchen eine Länge von mindestens 15 Metern und wiegt mehr als 30 Tonnen. Pottwale können sehr schnell schwimmen, jagen allein und suchen in den Tiefen des Ozeans nach Beute, die so groß sein kann wie ein Riesenkrake. Man fand einen Wal, der sich in einem Tiefseekabel verfangen hatte, in 1240 m Tiefe. Ein anderer Wal wurde beobachtet, als er zwei Stunden lang in Gewässern tauchte, die 3400 m tief sind. Man vermutet, daß Pottwale ihre Beute mit Hilfe des Echolots in dieser lichtlosen Meerestiefe aufspüren.

Jagende Tiere gibt es in allen Größen – das gleiche gilt für ihre Beute. Der Jaguar pirscht sich im Wald an Tapire, Wasserschweine, Hirsche und Affen heran und sucht seine großen Opfer sorgfältig aus. Andere wiederum wählen kleinere Beutetiere. Der Fischadler schwebt 30 m über Seen und Flüssen dahin, bevor er sich mit absoluter Zielgenauigkeit herabstürzt, um einen Lachs zu greifen. Andere Vögel sind weniger wählerisch. Der Ziegenmelker agiert eher wie ein fliegender Staubsauger. Er fliegt mit offenem Schnabel durch die Dämmerung und sammelt auf diese Weise große Mengen winziger Insekten ein. Manche Tiere benutzen Geschwindigkeit und Kraft, um ihre Beute zu fangen, andere wiederum müssen sich auf Geduld verlassen oder trick und listenreiche Strategien anwenden.

Geschärfte Sinne

Unabhängig von ihrer Jagdmethode müssen alle Raubtiere zunächst einmal über feine Sinne verfügen, um ihre Beute auszumachen. Die Augen des Adlers und der Eule können Bewegungen von Mäusen und Wühlmäusen auch viele Meter unter ihnen wahrnehmen. Ein guter Geruchssinn ist besonders für Nachträuber von großem Wert. Nachts jagende Katzen haben einen außerordentlich scharfen Geruchssinn, genauso wie Maulwürfe, die in völliger Finsternis unter der Erde nach Würmern graben. Die auffallenden Grübchen der Grubenotter ermöglichen diesen Schlangen, infrarote Strahlung wahrzunehmen und daher Warmblüter nachts zu jagen. Die Kiwis sind Vögel mit einem erstaunlich gut ausgebildeten Geruchssinn. Sie haben an ihrer Schnabelspitze Nasenlöcher, wodurch sie Würmer und Maden im Boden wittern und aufspüren können. Ein genaues Hörvermögen ist der lebenswichtigste Sinn des Löffelhundes. Mit Hilfe seiner riesigen Ohren findet er Termiten, andere Insekten und kleine Nagetiere, von denen er sich ernährt. Wie viele andere Raubtiere kann auch er seine Ohren drehen, um auch das kleinste Geräusch wahrzunehmen, und durch den Vergleich der von beiden Ohren empfangenen Signale lokalisiert er die genaue Richtung des Tons. Die empfindlichsten Sinne hat wohl der in Ostafrika beheimatete Honigdachs, der das Geräusch kleinster Mistkäferlarven in ihren Kokonen unter der Erde hören kann.

Spannende Jagd

Einige Raubtiere hetzen ihre Opfer. Um ihre Beute zu fangen, müssen sie schneller und länger laufen, schwimmen oder fliegen als diese. Die schnellsten Fische sind die Jäger im offenen Ozean. Thunfische schwimmen 70 Kilometer pro Stunde, und der schnellste Hai schafft bis zu 50 Kilometer in der Stunde. Auf dem Lande soll der Gepard der schnellste Läufer der Tiere sein, aber auch andere große Katzen wie Leopard und Tiger können auf kurzen Strecken 70 Kilometer in der Stunde bewältigen. Der Tiger ist darüber hinaus in der Lage, über 5 Meter hoch zu springen, um seine Beute von den Bäumen zu holen.

Da Fleisch nahrhafter ist als Pflanzen, verwenden jagende Tiere gewöhnlich weniger Zeit auf die Nahrungsbeschaffung als Pflanzenfresser. Große Katzen, Krokodile und Füchse beobachtet man zwischen den Mahlzeiten oft beim Dösen und Faulenzen. Das Beutetier von Leoparden ist häufig als Ration für eine Mahlzeit zu groß; eine tote Antilope kann vom Leoparden bis hinauf in die Zweige eines Baumes gezogen werden, wo sie vor anderen Raubtieren sicher ist und einige Tage lang Nahrung bietet.

[A] Die Krallen von Greifvögeln sind außerordentlich scharf und stark, damit sie ihre Beute gleich beim ersten Versuch wirksam packen können. Ein zweiter Angriffssturzflug ist häufig nicht möglich, weil das Beutetier bereits entkommen konnte.

[B] Große Katzen wie der Ozelot haben einziehbare Krallen. Auf diese Weise verwandelt sich eine wirksame Jagdwaffe in eine zum Laufen gepolsterte Pfote. Das Zurückziehen (1) und Ausfahren der Krallen (2) geschieht durch Muskeln in der Pfote, die die äußeren Zehenknochen steuern.

[C] Die Königsschlange tötet ihre Beute, indem sie blitzartig vorschnellt und die Beute mit ihren scharfen, nach hinten gerichteten Zähnen faßt und so deren Flucht fast unmöglich macht. Dann umwindet die Schlange das hilflose Opfer und drückt es. Die Beute kann nicht mehr atmen und erstickt schließlich. Aufgrund der elastischen Scharniergelenke ihrer Kiefer kann die Boa auch große Beute verschlingen. Eine Mahlzeit von der Größe eines Ozelots reicht für die Boa einige Wochen lang.

Siehe auch: **Evolution der Warmblüter,** *S. 94/95* **Haare und Federn,** *S. 134/135* **Vogelflug,** *S. 224/225* **Jagdverhalten: Gemeinschaftsjäger,** *S. 246/247*

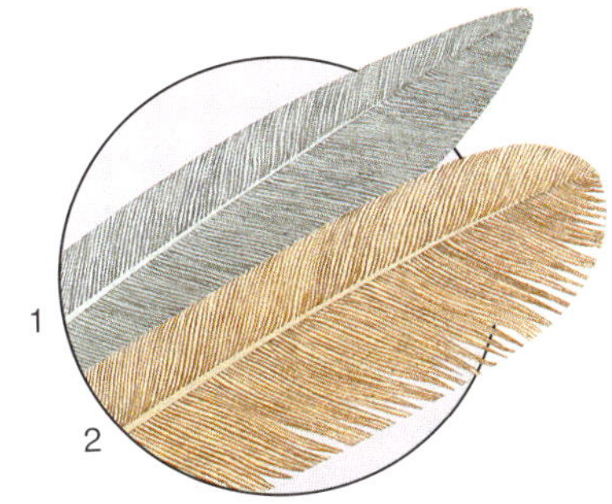

[A] Die Federn eines Adlers (1) sind wesentlich schmaler und spitzer als die der Eule (2). Die größeren und runderen Federn der Eule haben eine größere Oberfläche und ermöglichen ihr ein leichteres Gleiten ohne lärmerzeugende Flügelschläge. Die ausgefransten Ränder entschärfen den darüberführenden Luftstrom und unterstützen damit die Geräuschreduzierung. Diese Anpassungsformen zum Zwecke eines geräuschlosen Fliegens entwickelten sich, damit die Eule auch noch ein fast unhörbares hochfrequentes Piepsen der Beutetiere wahrnehmen kann.

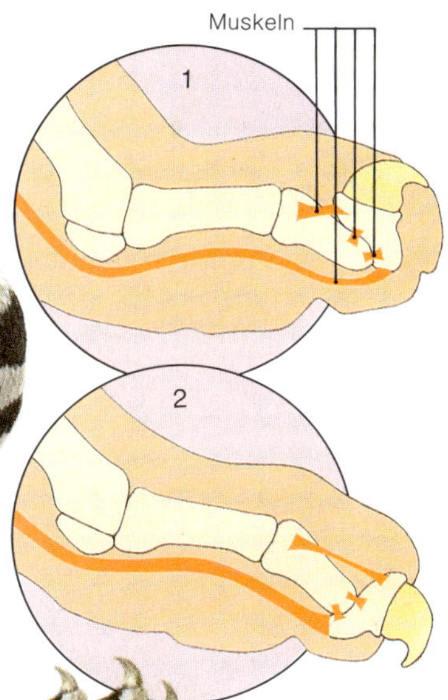

Zähne wie Rasierklingen

Haie gehören zu den furchterregendsten Räubern in der Natur. Sie haben einen außerordentlich feinen Geruchssinn, die meisten Arten sind äußerst schnelle Schwimmer, und alle verfügen über rasierklingenscharfe Zähne. Sobald ein Hai ein mögliches Opfer lokalisiert hat, erfaßt er die Beute mit seinem breiten, geschwungenen Maul. Starke Muskeln verursachen einen kräftigen, beißenden Griff, wenn die Zähne sich schließen. Die Beute im Maul, windet der Hai Kopf und Körper ein paarmal hin und her und unterstützt so Kiefer und Zähne dabei, die Nahrung in Stücke zu reißen.

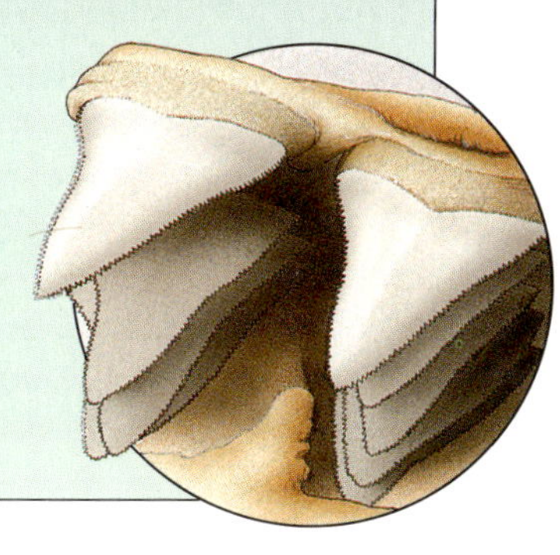

Die äußerst scharfen, nach hinten gebogenen Zähne des Hais sitzen in parallelen Reihen auf dem Kieferrand. Da die Zähne nicht fest vom Kiefer eingeschlossen sind, kann der Hai beim Beutefang leicht Zähne verlieren. Sie werden jedoch ständig durch neue nachwachsende Zähne ersetzt.

Sehen, *S. 274/275* **Gehör**, *S. 278/279* **Geschmacks- und Geruchssinn**, *S. 280/281*

Gemeinsam sind sie stark

Gruppenjagd bei Tieren

Schimpansen mit blutverschmierten Gesichtern, die ein gerade getötetes Tier verschlingen, sind zunächst einmal schwer vorstellbar. Tatsächlich stellen diese Menschenaffen jedoch außerordentlich gut organisierte Jagdtrupps auf. Kleine Gruppen erfahrener Männchen verfolgen rote Colobus-Affen durch die Baumkronen der Wälder Westafrikas. Ein oder zwei Schimpansen treiben einen Colobus-Affen auf die Jagdkumpane zu und isolieren ihn von seiner Gruppe. Weitere Schimpansen schneiden ihm die Fluchtwege ab, während eines der stärksten Männchen den Colobus-Affen angreift und ihn schließlich tötet.

Einzeljäger müssen nicht nur listiger, sondern auch schneller und kräftiger als ihre Beute sein. Jäger hingegen, die in Gruppen zusammenarbeiten, können Jagdstrategien entwickeln, die es ihnen ermöglichen, Tiere anzugreifen, welche erheblich größer sind als sie selbst.

Manche Tiere – so die Heerameisen im südamerikanischen Regenwald oder die Löwenrudel der afrikanischen Steppen – bilden dauerhafte Sozialverbände aus, was die gemeinschaftliche Jagd begünstigt. Die Wölfe der arktischen Tundren jagen kleine Tiere wie Fische oder Vögel während des Sommers allein, bilden im Herbst und Winter, wenn Beute knapper ist, jedoch Jagdrudel. Ein Wolfsrudel kann sogar Karibus (Rentierverwandte) und Elche erbeuten. Durch Zusammenarbeit vermag ein Löwenrudel einen Büffel umzuwerfen und zu töten, der dreimal so schwer ist wie ein einzelner Löwe. In den Flüssen und Seen Südamerikas werden so große Tiere wie Wasserschweine, die bis zu 40 kg schwer werden, Opfer von Piranhaschwärmen, obwohl jeder einzelne Fisch nur etwa 30 cm lang ist.

In den meisten Gruppen jagen nur die kräftigsten und gesündesten Tiere. Häufig werden Jungtiere und schwächere Gruppenmitglieder an einem sicheren Ort zurückgelassen; kehren die Jäger jedoch mit der Beute zurück, wird sie an alle verteilt. Dies kann bedeuten, daß ein Tier weniger Futter erhält, als wenn es allein jagen würde. Dennoch bietet die Gemeinschaftsjagd, gerade wenn nur große Beutetiere verfügbar sind, allen Gruppenmitgliedern eine gute Überlebenschance.

Regeln des Gemeinschaftslebens

Die Mitglieder eines Jagdrudels sind meist nahe miteinander verwandt. Ein Wolfsrudel z. B. besteht gewöhnlich aus jeweils einem erwachsenen Männchen und Weibchen, aus bis zu fünf Welpen und Halbwüchsigen, zwei oder drei Jährlingen sowie aus Tanten und Onkeln ohne eigenes Revier. Der Gruppenzusammenhalt wird hier durch eine komplexe Hierarchie und streng festgelegte Verhaltensmuster gewährleistet.

Auch Hyänen jagen in streng durchorganisierten Gruppen. Sie verständigen sich untereinander mit Hilfe der verschiedensten Laute und Verhaltensrituale. Zur Bestätigung bzw. Verstärkung der Bindungen zwischen den einzelnen Gruppenmitgliedern knurren, jaulen und heulen Hyänen zusammen oder brechen gemeinsam in eine Art keckerndes Lachen aus. Vor der Jagd beschnüffeln die Tiere sich gegenseitig sorgfältig an Schnauzen- und Nackenpartie, danach stehen die Hyänen in Kopf-zu-Schwanz-Position zueinander, wobei sie jeweils die Analregion des anderen beschnüffeln und belecken. Erst nach Beendigung dieser Rituale bricht die Gruppe gemeinsam zur Jagd auf.

Techniken der Rudeljagd

Die Jagdtechniken unterscheiden sich bei den veschiedenen Tierarten erheblich. Die in Schwärmen jagenden Piranhas legen in südamerikanischen Flüssen auf der Suche nach geeigneten Futterfischen gemeinsam weite Strecken zurück. Ein einzelner »Kundschafter«-Piranha schwimmt voraus, sucht ein Opfer aus und verletzt es. Das ins Wasser gelangende Blut lockt andere Piranhas an, die über das verwundete Tier herfallen, wobei jeder einzelne versucht, mit seinen scharfen Zähnen ein kleines Stück der Beute zu erhaschen.

Langbeinige Wildhunde, aber auch Wölfe, besitzen genügend Energie und Ausdauer, um eine Jagd über mehrere Kilometer durchzustehen und dabei ihr Opfer bis zur Erschöpfung zu hetzen.

Ein Wolf für den Schäfer

Obwohl der Schäferhund von klein auf dazu abgerichtet wird, den Befehlen des Schäfers zu gehorchen, zeigt er noch immer viele Verhaltensweisen seiner Wolfsvorfahren. Indem er abwechselnd von der rechten zur linken Flanke einer Schafherde läuft, hält er die Schafe zusammen. Ein Wolf versucht mit demselben Verhalten, ein Opfer vom Rest der Herde zu isolieren. Jedes Schaf, das aus der Herde ausschert, wird vom Schäferhund mit größter Präzision zur Gruppe zurückgetrieben. Dieses außerordentlich disziplinierte Verhalten läßt sich mit der Disziplin vergleichen, die die Mitglieder eines Wolfsrudels durch die streng hierarchische Gruppenorganisation lernen.

Siehe auch: **Jagdverhalten: Einzeljäger**, *S. 244/245* **Instinkt und Lernen**, *S. 286/287* **Säugetiergesellschaften**, *S. 294/295* **Ökosystem Tundra**, *S. 310/311*

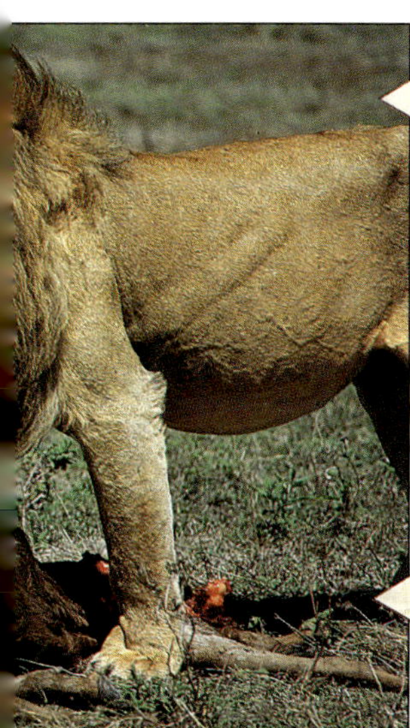

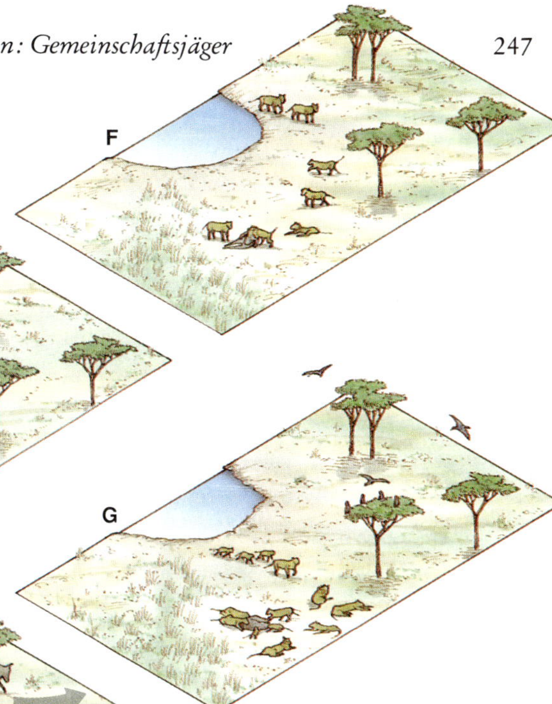

[A-G] Löwen sind die einzigen Katzen, die in Rudeln jagen. Die Vorteile dieser Jagdtechnik liegen vor allem darin, daß sie große Tiere wie Gnus und Zebras erbeuten können. Außerdem werden auf diese Weise weniger Beutetiere erlegt und nicht so kräftige Tiere mit Nahrung versorgt. Die Jagd läuft in der Regel nach einem Standardmuster ab [A]. Während die restliche Familiengruppe in der Steppe rastet, hält eine Löwin meist von einem erhöhten Punkt (1) Ausschau nach einer Gnu- oder Zebraherde. Die jungen und kräftigen Löwinnen des Rudels stellen sich in einer Reihe auf und nähern sich langsam der Herde [B], während die männlichen Löwen den Rest des Rudels vor Angreifern schützen. Die Löwinnen treiben dann die Herde [C und Foto oben] einer weiteren Löwin (2) zu, die eine gut getarnte, gegen den Wind liegende Position eingenommen hat, so daß die Herde sie nicht sehen oder wittern kann. Diese einzelne Löwin trennt ein meist schwaches, krankes Tier [D] vom Rest der Herde und greift es an [E und Foto Mitte]. Sie wirft das Beutetier zu Boden und tötet es durch einen Biß. Die Verteilung des Futters folgt einer strengen Sozialordnung. Der Löwe (manchmal gibt es in einer Familiengruppe auch mehrere männliche Tiere) frißt zuerst [F und Foto unten], gefolgt von den Löwinnen und den Jungtieren [G].

Nadelwald, *S. 312/313*

In den Fängen des Todes

Wie Gifttiere ihre Waffen einsetzen

Die Pfeilgiftfrösche Zentral- und Südamerikas besitzen Hautdrüsen, die ein absolut tödliches Gift produzieren - ein hunderttausendstel Gramm davon kann einen Menschen töten. Das hält die indianischen Ureinwohner aber keineswegs davon ab, dieses Gift zum Erlegen von Wild einzusetzen. Die Giftmenge, die nur ein einziger Goldbaumsteiger liefert, reicht aus, um damit 40 Pfeilspitzen zu präparieren; dennoch ist das so getötete Wild eßbar. Viele Tiere besitzen Gifte, mit deren Hilfe sie sich entweder verteidigen oder aber Beute machen. Dazu gehören Schlangen, Skorpione, Spinnen, verschiedene Insekten und auch Fische.

Tiere setzen ihr Gift zum Töten oder zur Lähmung einer Beute ein, oder sie nutzen es zur Abschreckung eines Feindes. Viele Tiere haben spezielle, äußerst wirksame Waffen entwickelt, mit denen sie das Gift dem Opfer regelrecht injizieren. Vipern und Kobras haben Giftzähne, Rochen spezielle Flossenstrahlen, Wespen besitzen Stacheln, Schmetterlingsraupen Brennhaare, Spinnen Klauen an den Cheliceren. In den meisten Fällen muß das Gift direkt in die Blutbahn eines Opfers gelangen, um seine Wirkung zu entfalten. So ist z.B. das Gift einer Klapperschlange relativ harmlos, wenn es nur auf die Haut gelangt. Wird es verzehrt, ist die millionenfache Dosis der bei einem Biß injizierten Giftmenge erforderlich, um beim Menschen den Tod herbeizuführen.

Kugelfische sowie verschiedene Raupen besitzen Gifte, die eher als Abschreckung für potentielle Räuber dienen, denn sie wirken erst nach dem Verzehr der Tiere. Die Feinde lernen, diese Tiere zu meiden.

Die gefährlichsten Giftschlangen

Kobras gehören zu den Schlangenarten mit der größten Giftmenge. Eine einzige Kobra kann bis zu 350 mg Gift speichern. Obwohl das eine eher kleine Menge zu sein scheint, gehen Wissenschaftler davon aus, daß nur 1 g Trockengift dieser Schlange genügt, um mehr als 160 000 Mäuse oder zum Vergleich 165 Menschen zu töten. Die asiatische Königskobra, die sich überwiegend von anderen Schlangen ernährt, ist mit 6 m die längste Giftschlange der Welt. Obwohl ihre Giftzähne nur etwa 1,5 cm lang sind, kann diese Schlangenart genug Gift abgeben, um einen Elefanten zu töten. Menschen kommen durch die Königskobra aber nur selten zu Tode, da sie nicht sehr aggressiv ist.

Die für den Menschen größte Bedrohung durch Giftschlangen geht von der Sandrasselotter aus. Da dieses Tier verhältnismäßig häufig ist und zudem weitverbreitet vorkommt, vor allem in West-Afrika, dem Mittleren Osten, Indien und Sri Lanka, stellt es eine besondere Gefahr dar. Die Schlange bevorzugt dichtbesiedelte Gegenden, ist aggressiv, wachsam, außerordentlich flink, gut getarnt und besitzt zudem ein ungewöhnlich wirksames Gift, das ausreicht, um acht Menschen zu töten.

Giftige Eidechsen und Spinnen

Das Gila-Monster, eine Krustenechse, die im Südwesten der USA vorkommt, und ihre nahe Verwandte, die mexikanische Skorpions-Krustenechse, sind die einzigen giftigen Vertreter der Eidechsen. Sie nutzen ihr Gift eher zum Beutemachen als zur Verteidigung. Krustenechsen können auch nicht wie Schlangen ihr Gift injizieren, sondern müssen es regelrecht in ein Beutetier hineinkauen.

Zu den giftigsten Spinnen der Erde gehören neben drei australischen Trichterspinnen auch einige Arten der Schwarzen Witwe, deren Verbreitungsgebiet in Südeuropa, Afrika, Asien, Australien, Neuseeland und weiten Teilen Amerikas sehr groß ist. Sie machen fast ausschließlich Jagd auf Insekten, denen sie zunächst Gift injizieren, um danach ihre Beute auszusaugen. Die Neurotoxine der Schwarzen Witwe können bis zu fünfzehnmal stärker sein als das Gift der Klapperschlange: Menschen leiden nach einem Biß von dieser Spinne meist unter Übelkeit, Erbrechen und Lähmungen, sterben aber selten daran, weil nur wenig Gift beim Biß übertragen wird.

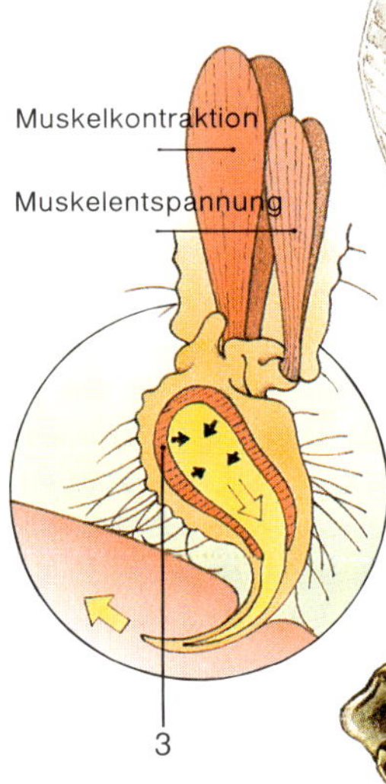

Durch Kontraktion bzw. Entspannung von Muskeln (1) wird der Stachel eines Skorpions in das Gewebe des Opfers getrieben. Das in der Giftdrüse (2) gespeicherte Gift wird durch spezielle Muskeln in der Giftdrüsenwand (3) über den Giftkanal in die Wunde gepreßt.

[A] Von den ungefähr 600 bekannten Skorpionarten besitzen nur wenige ein für den Menschen gefährliches Gift; Skorpione aus der Familie der Buthidae gehören dazu. Die meisten Skorpione sind nachtaktiv und jagen vor allem Insekten, obwohl einige größere Arten mit bis zu 19 cm Länge auch kleine Nager und Eidechsen erbeuten. Fast alle Skorpione halten die Beute mit den Pedipalpen fest und töten sie durch einen gezielten Stich.

Siehe auch: **Verteidigung: Klauen und Hörner,** *S. 254/255* **Trickreiche Überlebensstrategien,** *S. 258/259* **Chemische Waffen der Insekten,** *S. 266/267*

Speikobras (oben) können einem Angreifer über eine Distanz von bis zu 2,5 m zwei Giftstrahlen mit großer Zielgenauigkeit in die Augen spritzen. Das Gift verursacht nicht nur lähmenden Schmerz, sondern kann zu Sehstörungen und Erblindung führen.

[B-D] Giftschlangen lassen sich nach Stellung und Art ihrer Giftzähne in drei Gruppen einteilen: opisthoglyphe Arten wie die zu den Trugnattern zählende afrikanische Boomslang [B], die ihre kurzen, mit einer Giftrinne versehenen Giftzähne im hinteren Kieferbereich tragen; proteroglyphe Arten wie die Kobras [C], die lange, feststehende Giftzähne mit einem Giftkanal besitzen, und solenoglyphe Arten wie die Klapperschlange [D] mit dem wohl spezialisiertesten Giftapparat. Ihre langen Giftzähne sind in einer Falte verborgen. Will das Tier angreifen, werden die Zähne durch Bewegung der Kieferknochen nach vorne geklappt, so daß sie bis vor die Mundöffnung ragen.

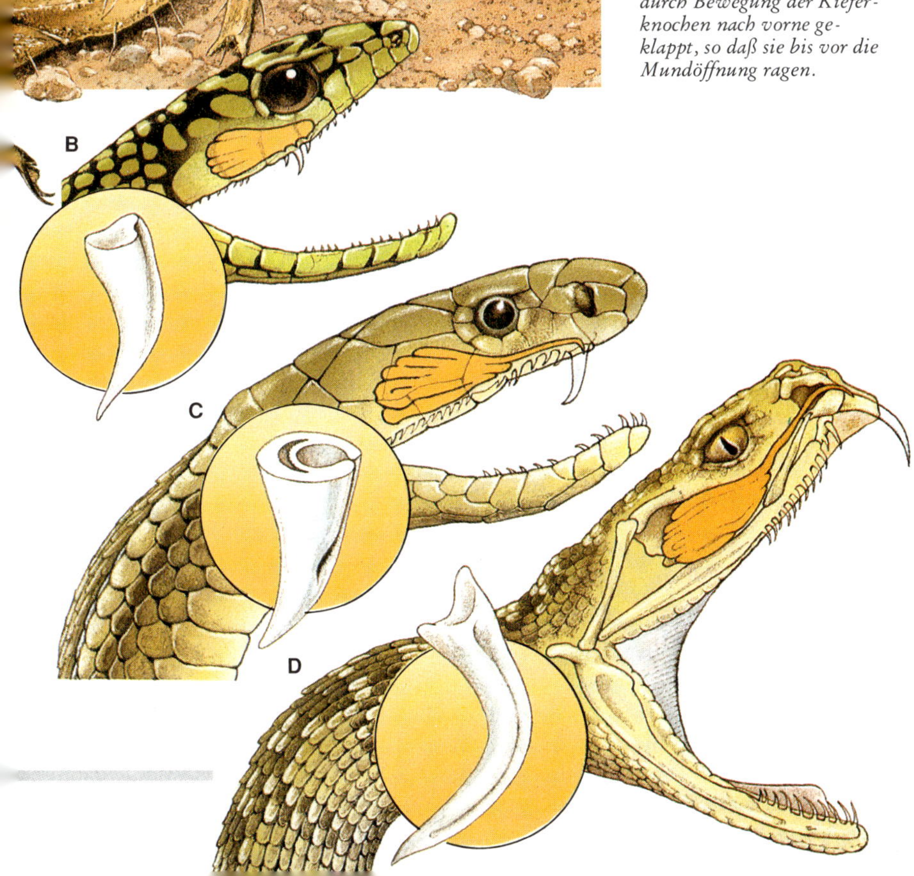

Tödlicher Cocktail

Tiergifte können zwei Haupttypen von Giften zugeordnet werden: den Neurotoxinen, die hauptsächlich auf das Zentralnervensystem des Opfers wirken und schließlich Herz- und Atemstillstand herbeiführen, dabei aber nur wenige Gewebeschäden verursachen, sowie den Hämotoxinen, die das Gewebe eines Opfers irreversibel schädigen. Jedes Tiergift ist eine Mischung aus Komponenten beider Typen, wirkt jedoch überwiegend neurotoxisch oder hämotoxisch. Hämotoxine enthalten außer Säuren, die lediglich das Gewebe zerstören, noch andere Bestandteile, die eine verhältnismäßig subtile Wirkung haben: Hämolysine zerstören die roten Blutkörperchen; Cytolysine vernichten weiße Blutkörperchen und andere Abwehrzellen im Blut; Koagulationshemmer verzögern die Blutgerinnung, die hingegen von Thrombinen gefördert wird; Bakterizide verhindern das Eindringen von Bakterien in die Bißwunden; Verdauungsfermente bereiten die Beute zum Fressen vor; schließlich sind noch Enzyme wie die Hyaluronidase beteiligt, die für eine schnelle Verteilung des Giftes im Körper eines Beutetieres sorgen, sowie darüber hinaus die Phospholipase, die Zellmembranen abbaut, und Proteasen, die das Gewebe des Opfers verflüssigen.

Kobras	(Afrika, Asien, Indien)
Gift:	Wirkung vornehmlich neurotoxisch, enthält auch Koagulationshemmer und Hämolysine
Symptome:	Lähmungen, später Lungenversagen
Vipern	(Eurasien, Afrika)
Gift:	Wirkung vornehmlich neurotoxisch, enthält auch Enzyme
Symptome:	stechender/brennender Schmerz, Gewebeschädigung, Herzversagen, Blutvergiftung
Braunspinnen	(Eurasien/Amerika)
Gift:	Wirkung vornehmlich hämotoxisch, enthält auch Hämolysine, Cytolysine und Hyaluronidase
Symptome:	stechender/brennender Schmerz, innere Blutungen, Blasenbildung, Geschwüre, Fieber, Erbrechen, mitunter auch Krämpfe und Herzanfälle
Große Kurzschwanzspitzmaus	(Nord-Amerika)
Gift:	Wirkung vornehmlich neurotoxisch, enthält auch gewebeschädigende Enzyme
Symptome:	lokale Schmerzen, Unwohlsein, Rötung der Haut rund um die Bißwunde
Pufferfisch	(Indischer und Pazifischer Ozean)
Gift:	Wirkung vornehmlich neurotoxisch
Symptome:	nur giftig bei Verzehr; Kribbeln in Lippen und Zunge, erhöhter Speichelfluß, Lähmung der Muskulatur, geistige Verwirrungszustände, Krämpfe, Tod
Europäischer Feuersalamander	(Europa)
Gift:	Wirkung vornehmlich neurotoxisch, enthält Alkaloide
Symptome:	beim Menschen unbekannt; bei Tieren: Herzrhythmusstörungen, Krämpfe, Lähmungserscheinungen, Tod

Architekten in Seide

Wie Spinnen ihre Netze bauen

Die Seide der Spinnen übertrifft in ihrer Elastizität sogar Nylonfäden – ein Seidenfaden würde erst bei einer Länge von 80 Kilometern durch sein Eigengewicht reißen. Mit der Seide, die durch Drüsen abgesondert wird, können Spinnen eine Vielfalt an Netzen bauen, von hauchdünnen Hängematten bis zu zerbrechlichen Spiralen, klebrigen Decken und dickwandigen Trichtern. Außerdem nutzen sie die Seide, um ihre Beute einzuwickeln und ihre Eier einzuspinnen, ja selbst bei der Paarung, wenn das Spinnenmännchen sein Sperma auf ein Minigespinst ablegt, um es mit seinen komplizierten Begattungsorganen aufnehmen zu können.

A

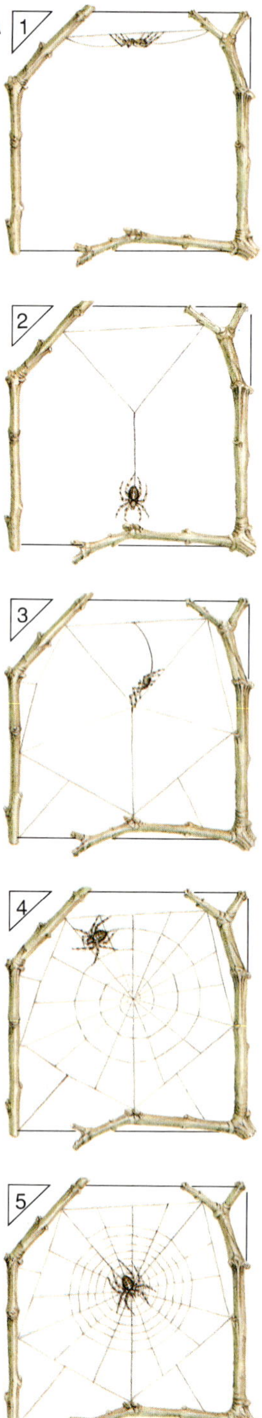

Im Körper der Spinnen ist die Seide noch eine Flüssigkeit, die das Protein Fibroin enthält. Beim Austritt aus dem Körper verändert das Fibroin durch die auftretende Spannung seine Struktur. Aus der Flüssigkeit entsteht der Seidenfaden. Spinnen verfügen über verschiedene Drüsen, um Seide für unterschiedliche Zwecke herzustellen - als Sicherheitsfäden, die durch seidene Haftpunkte an den Untergrund angeklebt werden, als Grundgerüst für den Netzbau, als Beutefangspiralen und als Hülle für die Beute oder als Kokon für die Eier. Die Seide, die zum Bau von Kokons oder Sicherheitsfäden benutzt wird, ist trocken, während Fäden zum Beutefang oft klebrig sind.

Technische Kunstwerke

Die Vielfalt der Netze reicht vom scheinbar chaotischen Fadengewirr bis zu dichten Decken, Röhren und außerordentlich komplizierten Radnetzen wie denen der Kreuzspinnen. Netze, die über dem Boden gesponnen werden, benötigen eine Art Gerüst, einen Rahmen aus Fäden, der an Steinen, Pflanzen oder anderen festen Gegenständen verankert wird. Dieser Rahmen kann im Verhältnis zur Spinne erstaunlich groß sein.

Die Spinne sucht sich einen erhöhten Punkt und läßt einen Seidenfaden austreten und durch die Luft segeln, bis er Halt findet und haftet. Weitere Fäden können von dieser Grundlinie aus gesponnen werden. Innerhalb des Rahmens wird dann ein dichtes Fadennetzwerk gespannt. Beim Radnetz hat es die Form einer Spirale. Wenn die Spinne

[A] Phasen des Netzbaus: Die Spinne läßt einen Seidenfaden vom Wind waagerecht treiben, bis er an einem Hindernis festklebt. Diese horizontale Verstrebung wird verstärkt. Ein zweiter, schlafferer Faden wird gezogen und hängt unter dieser Brücke (1). Auf halber Höhe des zweiten Fadens läßt sich die Spinne an einem vertikalen Faden herunter, bis sie auf einen festen Gegenstand stößt (2). Sie zieht die Seide stramm und verankert sie, wodurch eine y-förmige Figur entsteht, deren Zentrum später die Nabe des Netzes bildet. Die Spinne webt die Rahmenfäden und die Radialfäden, die sich im Mittelpunkt treffen (3). Nachdem die restlichen Radien gezogen sind, wird eine Hilfsspirale aus trockener Seide von innen nach außen gewebt (4). Sie hält das Netz zusammen, während die Spinne die klebrige Spirale einzieht. Die in engen Windungen verlaufende Spirale wird außen begonnen. Der klebrige Faden wird an den Radialfäden befestigt. Die Spinne frißt die Hilfsspirale allmählich auf, deren Zentrum als Plattform für die Spinne erhalten bleibt (5). In der Regel bauen die Spinnen ihre Netze in der Nacht, um nicht die Aufmerksamkeit der tagsüber jagenden Vögel auf sich zu lenken. Radnetzspinnen müssen jede Nacht ein neues Netz spinnen. Das alte Netz wird zuvor gefressen, um den Verlust an Eiweiß zu minimieren.

Die netzwerfende Spinne

Die meisten Netze sind passive Fallen, doch sind manche Spinnen auch aktive Jäger. Die netzwerfende Spinne der Gattung Dinopis erinnert in ihrem Beutefangverhalten an altrömische Zirkusspiele, bei denen ein Kämpfer seinen Gegner mit einem Netz bewegungsunfähig machte. Sie webt in der Nacht ein kleines Netz aus Seidenfäden, die mittels einer Haarreihe an den Hinterbeinen zu Tausenden von Schlingen aufgeplustert werden (1). Die Spinne hängt mit dem Kopf nach unten über dem Boden und hält das Netz an vier Fäden in den beiden vorderen Beinpaaren. So lauert sie auf ihre Beute (2). Dabei nimmt sie die fliegenden Insekten sowohl mit ihren großen Augen wahr als auch durch die Luftschwingungen, die die Opfer verursachen. Sobald ein Insekt unter ihr vorbeifliegt, öffnet sie das Netz und stülpt es über die Beute (3). Mit den Beinen spinnt sie die Beute immer mehr ein und setzt dann ihren lähmenden Biß an. Mehrere Versuche können nötig sein, bis sie einen Fang macht.

Siehe auch: Vererbung, *S. 96/97* Fortpflanzung der Wirbellosen, *S. 160/161* Jagdverhalten: Einzeljäger, *S. 244/245* Jagdverhalten: Gemeinschaftsjäger, *S. 246/247*

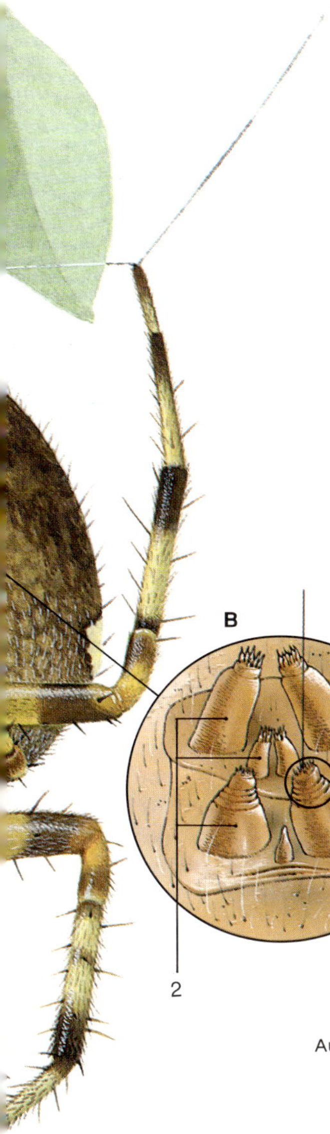

[B] Spinnenseide wird in besonderen Drüsen im Hinterleib der Spinnen produziert. Jede Drüse (1) ist durch einen engen Gang mit einer Spinnwarze (2) verbunden, die sich über winzige Erhebungen, die Spinnspulen (3), nach außen öffnet. Die meisten Spinnen haben am Hinterleibsende drei Paar Spinnwarzen, die während des Spinnvorgangs durch Muskeln (4) beweglich sind. Die Seide wird nicht durch Muskelbewegungen aus den Spinnwarzen gedrückt, sondern mit den Klauen der Hinterbeine oder durch Befestigung an einem feststehenden Gegenstand herausgezogen.

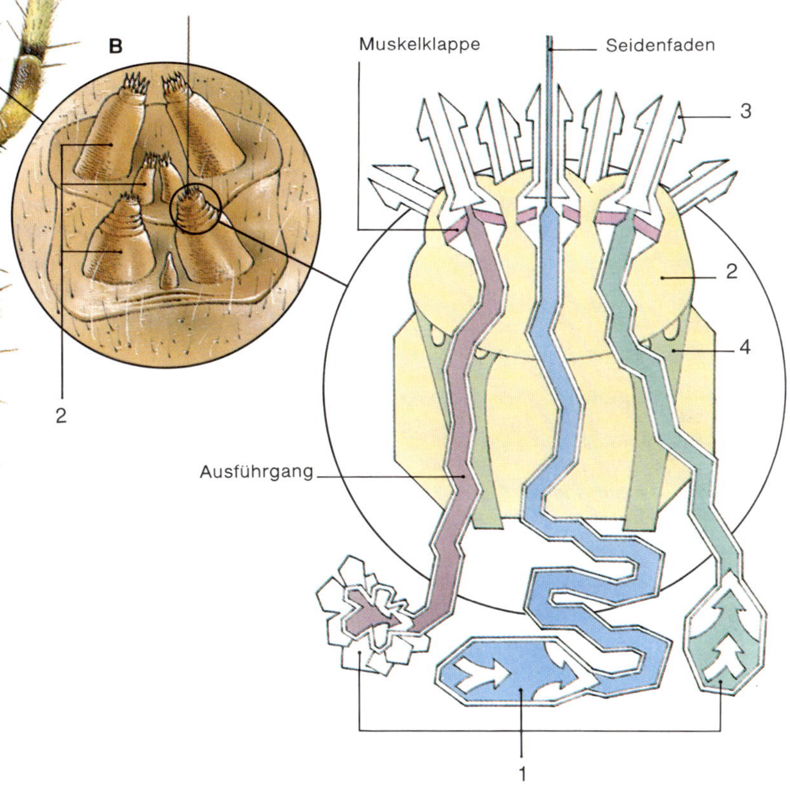

Hat sich ein Opfer in den klebrigen Fäden des Netzes verfangen (oben), legt die erfolgreiche Jägerin ihrem Opfer eine seidene Zwangsjacke an und injiziert ihrer Beute ein lähmendes Gift. Die gelähmte Beute kann nun ausgewickelt und sofort verspeist oder als Vorrat für einen späteren Zeitpunkt aufgehoben werden. Spinnen bewegen sich meist an der Unterseite des Netzes an Klauen hängend fort, um den Kontakt ihres Körpers mit den klebrigen Fäden zu vermeiden.

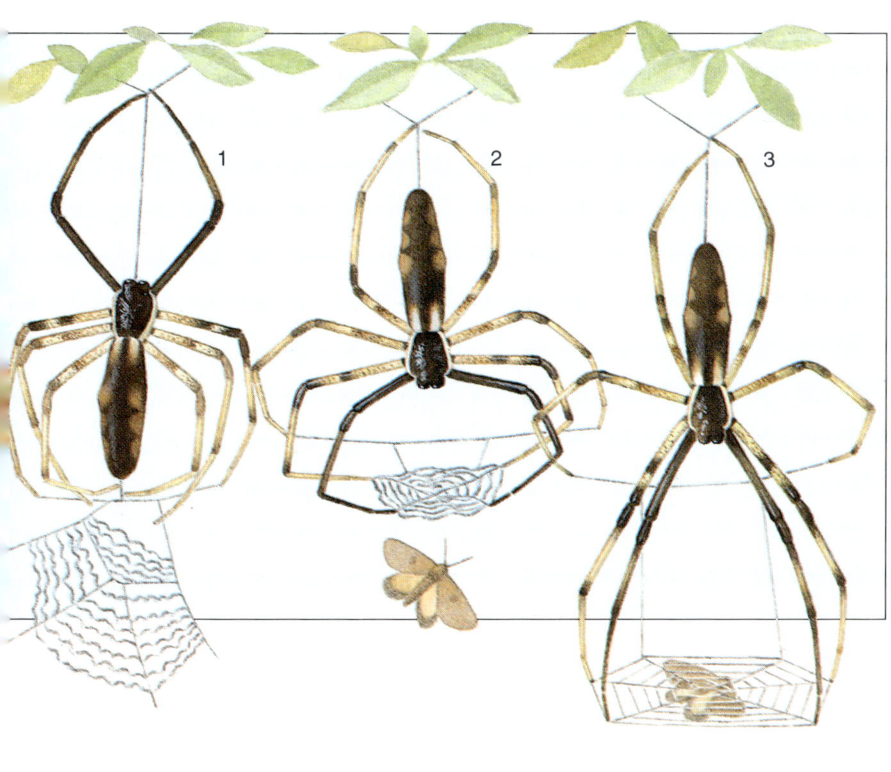

einen Teil des Fadens produziert hat, zieht sie kurz und kräftig daran, so daß der Klebstoff auf dem Faden Tröpfchen bildet; ein sehr wirkungsvolles Mittel zum Beutefang. Kurz vor der Mitte des Netzes hört die klebrige Spirale auf. Es schließt sich die trockene Spirale an, die als Plattform für die Spinne dient. Die Lücken zwischen der klebrigen Spirale und der Nabe ermöglichen es der Spinne, von der Oberseite des Netzes auf die Unterseite zu gelangen. Nachts liegt die Spinne gewöhnlich in der Mitte ihres Netzes in Wartestellung, tagsüber zieht sie sich meist in ihren seidenen Unterschlupf in der Nähe zurück.

Hüterin des Netzes

Experimente haben gezeigt, daß die Konstruktion des Netzes erblich festgelegt ist und durch Berührungsreize gesteuert wird. Eben erst geschlüpfte Spinnen können schon beim ersten Versuch perfekte Radnetze fertigen.

Obwohl an dem klebrigen Faden des Radnetzes Insekten hängenbleiben, kann die Spinne selbst sich ohne Schwierigkeiten auf ihrem Netz bewegen. Sie läuft nur auf den trockenen Fäden und benutzt spezielle Borsten, um die feinen Seidenfäden zu ergreifen. Ein öliger Überzug an ihren Füßen verhindert, daß sie haften bleibt, falls sie doch einmal mit dem Klebstoff in Berührung kommt. Gewöhnlich bewegen sich Spinnen auf der Unterseite ihres Netzes an den Klauen hängend fort, um zu verhindern, daß ihr Körper die klebrigen Fadenspiralen berührt.

Fallensteller, *S. 252/253*

Strategien der Räuber

Wie Tiere ihre Beute fangen

Ein kleiner Fisch berührt nichtsahnend die Tentakel einer Portugiesischen Galeere. Sofort entladen die Nesselzellen ihren giftigen Nesselfaden. Der Fisch wird gelähmt, ist völlig hilflos. Langsam ziehen die Tentakel ihn in das Maul der Qualle. So hat ein faszinierender Meeresräuber es nicht einmal nötig, Energie auf die Verfolgung seiner Beute zu verschwenden. Unter den ansitzenden Räubern gibt es Arten, die eine so geschickte Tarnung an den Tag legen, daß sie in der Tierwelt ihresgleichen suchen. Sie haben darüber hinaus beim Ergreifen oder Anlocken der Beute eine Reihe außergewöhnlich raffinierter Strategien entwickelt.

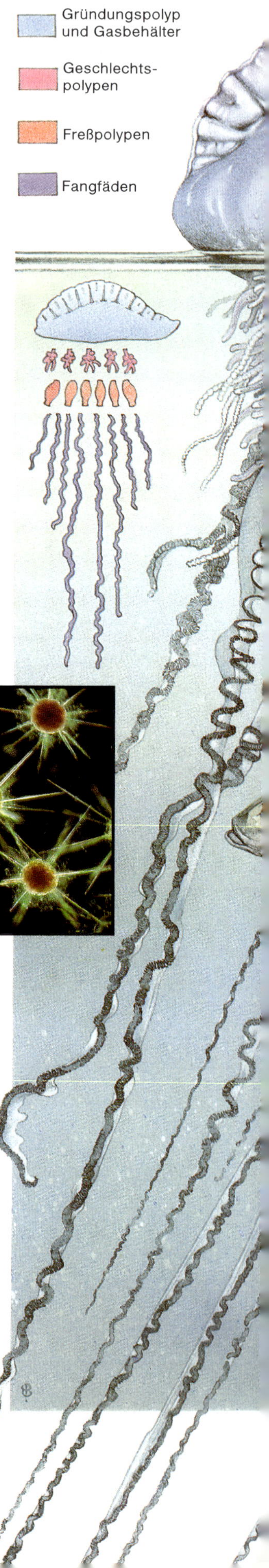

Die Portugiesische Galeere oder Seeblase findet man in warmen atlantischen Gewässern. Die Staatsqualle besteht aus vielen hundert Einzelpolypen, die sich aus einer einzigen Larve entwickeln. Die Individuen der Kolonie sind nicht alle gleich, sondern auf die Ausführung der jeweiligen Funktionen spezialisiert.

Wenn ein im Hinterhalt liegender Räuber sich nicht verraten will, muß er in der Lage sein, die Beute schnell zu ergreifen. Chamäleons, Frösche und Kröten haben lange, klebrige Zungen, die sie blitzartig ausstrecken können, um ein vorbeikommendes Insekt zu fangen. Fangschrecken (Gottesanbeterinnen) entfalten schnell ihre langen »betenden« Vorderbeine, mit denen sie ihre Beute in die Zange nehmen, und Libellenlarven schnellen eine »Fangmaske« – den verlängerten Teil der Mundgliedmaßen – hervor. Die Krake, die unauffällig in einer Spalte oder unter einem Vorsprung lauert, kann rasch ihre mit Saugnäpfen besetzten Tentakel ausfahren, um die Beute zu ergreifen.

Bei derartigen Blitzaktionen muß der Räuber über gutes, möglichst stereoskopisches Sehvermögen verfügen. Frösche und Kröten haben große, wulstartig vorstehende Augen.

Viele Tiere, die ihre Beute aus dem Hinterhalt fangen, verstecken sich gerne in Erdhöhlen oder bedecken sich mit Sand. Die Sandlaufkäferlarven warten am Eingang zu ihren Erdlöchern. Sandkrabben liegen sandbedeckt am Strand; nur ihre Stielaugen lugen hervor. Der Ameisenlöwe – die Larve der Hafte – gräbt eine kleine Grube in den Sand und wartet darauf, daß ein kleines Tier hineinfällt, das er ergreifen kann. Manchmal wird er ungeduldig und bombardiert seine Beute mit Sand, um sie an der Flucht zu hindern. Tintenfische und Rochen schaufeln, um sich zu tarnen, Sand über ihren Rücken, wenn sie auf dem Meeresboden lauern. Krokodile und Alligatoren dagegen verlassen die Ufersande und verstecken sich knapp unter der Wasseroberfläche, wobei nur die Nasenlöcher und Augen sichtbar sind.

Die Beute ködern

Anstatt einfach dazusitzen und zu warten, ist eine für den Beutefang effektivere Methode das Anlocken der in Reichweite befindlichen Beute mit einem Köder. Das bekannteste Beispiel dafür ist der Atlantische Seeteufel, der einen langen, steifen, fadenähnlichen Köder hat, oft mit einer fleischigen Spitze versehen, den er genau vor seinem Maul hin- und herwedelt. Sobald ein kleiner Fisch durch den bewegten Köder angelockt wird, öffnet der Atlantische Seeteufel sein riesiges Maul, und der Fisch wird mit dem einströmenden Wasser eingesaugt. In der Tiefsee, wo die Sicht stark eingeschränkt ist, benutzen andere Seeteufelarten Leuchtreize als Lockmittel.

Die in den Vereinigten Staaten von Amerika beheimatete Geierschildkröte, eine der größten

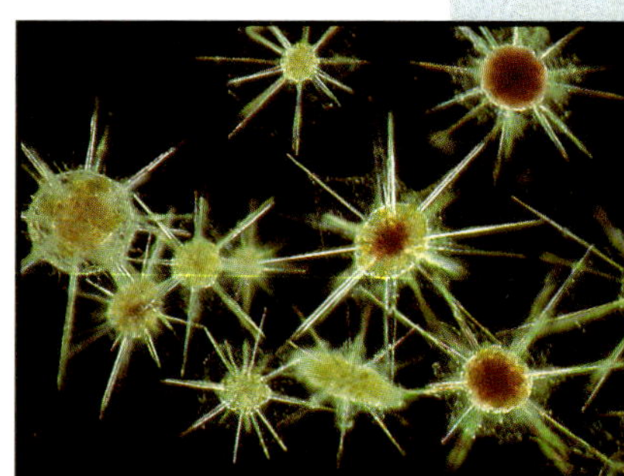

Eine asiatische Art der Fangheuschrecken (Mantis, oben) tarnt sich als Blüte, um Beutefliegen anzulocken. Strahlentierchen (rechts) sind einzellige Meerestiere, die im Oberflächenwasser treiben. Auf ihren Kapseln tragen sie Stacheln, die mit einem klebrigen Schleim versehen sind, welcher Nahrungspartikel, einschließlich kleiner Krebstiere, auffängt und zum Maul des Tieres trägt.

Süßwasserschildkröten, hat auf der Oberseite ihrer Zunge einen rosafarbenen, zweizipfligen, wurmähnlichen Köder. Mit aufgesperrtem Maul lauert sie unter Wasser und bewegt den Köder hin und her, um Fische anzulocken.

Bei ihrem Gang auf der Wasseroberfläche lockt die Listspinne kleinste Fische und Kaulquappen an, die sie dann erbeutet.

Der Säbelzähnige Schleimfisch – ein kleiner, an Korallenriffen vorkommender Fisch – ist ein bemerkenswerter Imitator und benutzt die Tarnung als eine Art Köder. Er hat die gleichen auffälligen blauen und schwarzen Streifen wie der Putzer-Lippfisch, der sich durch die Entfernung von Parasiten von der Haut und den Kiemen größerer Fische ernährt. Der Schleimfisch imitiert den Tanz des Lippfisches und lockt dadurch Fische an, die gereinigt werden wollen. Anstatt ihnen jedoch diesen wohltätigen Dienst zu erweisen, greift der Schleimfisch zu und beißt seinen »Kunden« ein Stück Fleisch heraus.

Siehe auch: **Evolution der Fische,** *S. 124/125* **Ektoparasiten,** *S. 190/191* **Räuberische Wirbellose,** *S. 200/201*

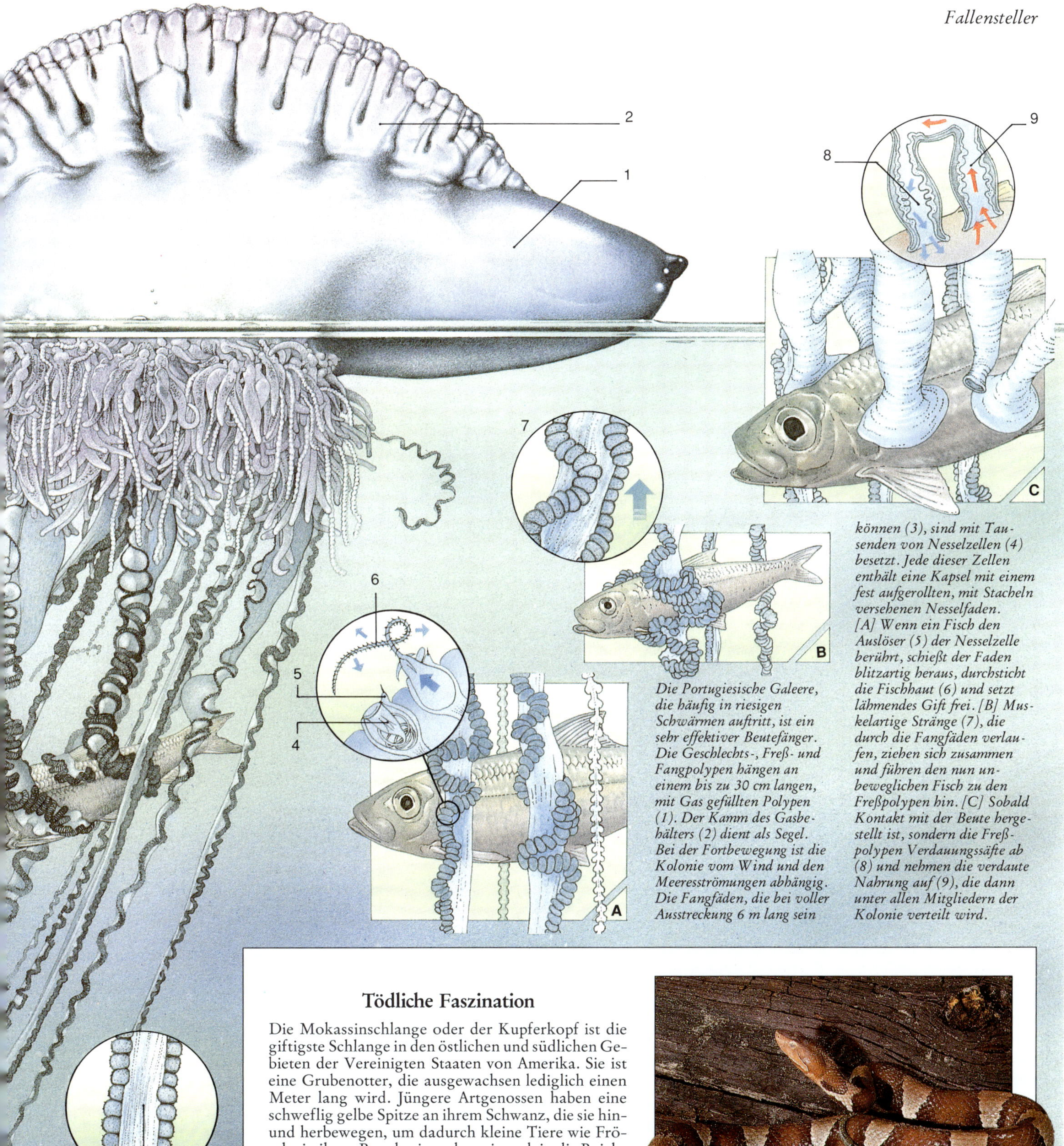

Die Portugiesische Galeere, die häufig in riesigen Schwärmen auftritt, ist ein sehr effektiver Beutefänger. Die Geschlechts-, Freß- und Fangpolypen hängen an einem bis zu 30 cm langen, mit Gas gefüllten Polypen (1). Der Kamm des Gasbehälters (2) dient als Segel. Bei der Fortbewegung ist die Kolonie vom Wind und den Meeresströmungen abhängig. Die Fangfäden, die bei voller Ausstreckung 6 m lang sein können (3), sind mit Tausenden von Nesselzellen (4) besetzt. Jede dieser Zellen enthält eine Kapsel mit einem fest aufgerollten, mit Stacheln versehenen Nesselfaden. [A] Wenn ein Fisch den Auslöser (5) der Nesselzelle berührt, schießt der Faden blitzartig heraus, durchsticht die Fischhaut (6) und setzt lähmendes Gift frei. [B] Muskelartige Stränge (7), die durch die Fangfäden verlaufen, ziehen sich zusammen und führen den nun unbeweglichen Fisch zu den Freßpolypen hin. [C] Sobald Kontakt mit der Beute hergestellt ist, sondern die Freßpolypen Verdauungssäfte ab (8) und nehmen die verdaute Nahrung auf (9), die dann unter allen Mitgliedern der Kolonie verteilt wird.

Tödliche Faszination

Die Mokassinschlange oder der Kupferkopf ist die giftigste Schlange in den östlichen und südlichen Gebieten der Vereinigten Staaten von Amerika. Sie ist eine Grubenotter, die ausgewachsen lediglich einen Meter lang wird. Jüngere Artgenossen haben eine schweflig gelbe Spitze an ihrem Schwanz, die sie hin- und herbewegen, um dadurch kleine Tiere wie Frösche in ihren Bannkreis und somit auch in die Reichweite ihrer rasch und unversehens zuschlagenden Giftzähne zu locken. Die Benutzung eines solchen Köders spart, verglichen mit dem notwendigen Aufwand während einer Verfolgung, ein hohes Maß an Energie, weshalb auch verhältnismäßig wenig Nahrung verbraucht wird. Ein weiterer Vorteil dieser Jagdmethode ist, daß kleinere Räuber, die ihre Beute nicht verfolgen müssen, vor größeren Räubern verborgen bleiben und damit stärker geschützt sind.

Farben im Tierreich, *S. 260/261* **Tarnung,** *S. 262/263* **Mimikry,** *S. 264/265* **Biolumineszenz,** *S. 272/273* **Ökosystem Meer,** *S. 326/327* **Ökosystem Korallenriff,** *S. 330/331*

Scheinkampf und Notwehr

Die Verteidigungswaffen der Tiere

Die flugunfähigen Kasuare Australiens und Neuguineas können sehr gefährliche Vögel sein, wenn sie in die Enge getrieben werden. Sie haben schon viele Menschen mit den langen, geraden Sporen, die von ihren umgewandelten inneren Zehen gebildet werden, getötet. Viele Tiere können bei einem Angriff den Spieß umdrehen und mittels Hörnern, Geweihen, Zähnen, Beinen oder Krallen zurückschlagen. In der Regel dienten diese Waffen zunächst nicht dazu, einen Angreifer zu verjagen, sondern wurden bei innerartlichen Kämpfen eingesetzt – sogenannten Kommentkämpfen, die meist unblutig ausgehen.

Ursprünglich entwickelten sich kleine Hörner und Geweihe vermutlich zur Sicherung von Rangordnungen. Im nächsten evolutionären Stadium wurden die Hörner länger und dienten zum einen dazu, einen Rivalen wegzustoßen, zum anderen als defensives Schild, um seinen Angriff abzuwehren. Rivalisierende männliche Dickhornschafe und Bisons benutzen ihre Hörner als Ramme in Kopf-an-Kopf-Kämpfen. Bei manchen Wildschafarten steht die Größe der Hörner in Beziehung zur jeweiligen sozialen Stellung. Andere Hörner wurden weiter modifiziert, um Rivalen während Ring- und Stoßturnieren festzuhalten. In einigen Fällen werden die Hörner ausschließlich für ritualisierte Kommentkämpfe benutzt, bei denen der Gegner meist keine Verletzungen erleidet. Die eigene Art soll schließlich nicht gefährdet werden. Gegen Angreifer einer fremden Art werden andere Verteidigungsstrategien benutzt. Die Giraffe hat z.B. kleine stumpfe Hörner, die nur für innerartliche Auseinandersetzungen zwischen den Männchen gebraucht werden; gegen artfremde Angreifer wehrt sie sich mit ihren Vorder- und Hinterbeinen.

Rentiere und Karibus sind die einzigen Hirsche, bei denen sowohl die männlichen als auch die weiblichen Tiere Geweihe tragen. Dies ist wahrscheinlich darauf zurückzuführen, daß die Weibchen durch die Geweihe in der Lage sind, im Winter mit den Männchen um Futter konkurrieren zu können, wenn dieses durch Schneewehen bedeckt ist.

[A] Die Kampfstellungen der Schweine werden von der Verletzlichkeit ihrer Körperteile bestimmt. Wildschweine (1) kämpfen Schulter an Schulter, jedes Tier stößt mit seinen Hauern (verlängerte Zähne) auf die Körperseite des anderen los. Die verletzlichen Hinterteile werden vom Angreifer weggedreht; die Schultern sind durch dicke Haut geschützt. Warzenschweine (2) kämpfen Kopf gegen Kopf; das Stirnbein ist verdickt, um das Gehirn vor den wuchtigen Schlägen zu schützen. Es gibt zwei Typen von gutentwickelten Hauern. Die oberen Hauer können zwar bis zu 40 cm lang werden, sind aber die weniger effektiven Waffen. Beim Kampf wird die wesentlich stärkere Wirkung durch die scharfen unteren Hauer erzielt. Die auffälligen Gesichtswarzen, die dem Tier seinen Namen geben, schützen die verletzlichen Augen vor den eingekrümmten Hauern.

Siehe auch: Pflanzenfressende Wirbeltiere, *S. 202/203* Jagdverhalten: Einzeljäger, *S. 244/245* Jagdverhalten: Gemeinschaftsjäger, *S. 246/247* Gifttiere, *S. 248/249*

Werden Moschusochsen von Wölfen angegriffen, bilden sie zur Verteidigung einen Kreis in »Igelstellung«, wobei die Köpfe und Hörner einschüchternd nach außen gerichtet sind (links). Die gebogenen Hörnerspitzen schrecken sehr gut ab; das zottige Fell schützt vor Bissen.

[B] Die Hörner der Tiere sind aus Knochen und Keratin aufgebaut. Das Horn eines Rhinozeros (1) wird vollständig aus Keratin gebildet. Die Hörner der Yaks (2) sind Auswüchse des Stirnbeins, welche von einer Keratinhülle umgeben sind. Der Gabelbock (3) hat Knochenhörner mit Keratin, das sich jedes Jahr neu bildet. Geweihe von Rentieren (4) und von anderen Hirschen, bestehen aus Knochen. Sie werden jedes Jahr abgeworfen und wachsen wieder. Ziegenhörner, so wie die des Steinbocks (5), haben einen knöchernen Kern mit einer dicken, gefurchten Keratinschicht.

Vor Zähnen wird gewarnt!

Die Stoßzähne der Elefanten sind die zweiten, stark verlängerten oberen Schneidezähne ohne Schmelzbezug, die dauernd wachsen. Sie haben zahlreiche Funktionen, u.a. das Wegschieben von Ästen, das Abschälen von Baumrinde und das Graben nach Wurzeln; darüber hinaus dienen sie zur Abwehr von Angreifern und zu - meist harmlosen - Kämpfen zwischen rivalisierenden Artgenossen.

Hingegen sind die langen Stoßzähne der Walrösser verlängerte obere Eckzähne. Obgleich sie zahlreiche andere Aufgaben haben, so z.B. als Hebel beim Erklettern von Eisschollen zu dienen, sind sie in erster Linie entwickelt worden, um den jeweiligen sozialen Status eines Individuums in der Walroß-Gesellschaft erkennen zu lassen. Das Walroß mit den längsten Stoßzähnen ist in der Regel das dominanteste Tier. Die Stoßzähne werden aber ebenfalls dazu benutzt, sich gegen Angreifer, z.B. Eisbären, zu verteidigen.

Vögel, die zurückschlagen

Einige Vögel haben Waffen, die Rivalen oder Angreifer schwer verletzen oder in die Flucht schlagen. Männliche Fasane und Truthähne besitzen Sporen auf der Rückseite ihrer Beine: Sie sind innen knöchern und mit einer scharf zugespitzten Hornscheide umgeben. Je nach Art können bis zu 4 Sporen vorhanden sein.

Auch die langen, dolchähnlichen Schnäbel mancher Vögel, etwa von Tölpeln und Reihern, die in erster Linie dem Fischfang dienen, können furchterregende Waffen gegen Angreifer sein.

Einige Vögel benutzen ihre Flügel für Attacken gegen einen Angreifer: Höckerschwäne beispielsweise schützen ihr Gelege oder ihre Jungen auf diese Weise. Ihr schweres »Handgelenk« kann mit seinem knöchernen Auswuchs eine wirksame Waffe sein, fähig, auch Menschen schwer zu verletzen. Die Angriffe auf Menschen werden aber überbewertet, Berichte über ernsthafte Verletzungen gibt es kaum.

Verteidigung: Panzer und Stacheln, *S. 256/257* Trickreiche Überlebensstrategien, *S. 258/259*

Stacheln, Schilder und Scharniere

Wie Tiere zur Verteidigung ausgerüstet sind

Mit seinen bedrohlich aufgerichteten Stacheln ist ein Stachelschwein hervorragend dazu ausgerüstet, selbst gefährliche Raubtiere wie Leoparden abzuschrecken. Die Stacheln des Stichlings machen diesen so gut wie ungenießbar. Der Panzer einer Schildkröte dient als Heim und Rüstung zugleich. So verfügen zahlreiche Tiere über außerordentlich wirksame Mittel, um den Angriffen eines Räubers zu entgehen. Für schnellere Tiere reichen dabei häufig Stacheln und Widerhaken aus, langsamere wie Schildkröten und Schuppentiere hingegen verlassen sich auf einen dicken und schweren Panzer.

[A] Die Stacheln des Igels sind eigentlich zu hohlen Röhren modifizierte Haare. Sie sind am Ende spitz und an der Basis mit einer Verdickung (1) in der Haut verankert. Die Stacheln können aufgerichtet, gedreht oder von einem Paar gegensätzlich ausgerichteter Muskeln (2) flach angelegt werden. Wird der Igel angegriffen, stellen sich die Stacheln hoch. Gleichzeitig zieht sich ein starkes Muskelband (3) an den Flanken des Tieres zusammen, so daß sich der Igel zu einem Ball zusammenrollt und von Räubern kaum mehr gepackt werden kann.

Viele verschiedene Gruppen von Wirbellosen schützen und verteidigen sich mit Hilfe der unterschiedlichsten »Rüstungen«. Eine der effektivsten Verteidigungskonstruktionen sind die Schalen der Weichtiere. Sie schützen sowohl vor Angriffen von Räubern als auch vor sonstigen Verletzungen und haben für land- oder uferlebende Arten darüber hinaus den Vorteil, das Verdunsten der lebenswichtigen Körperflüssigkeit zu verhindern. Am Ufer lebende Spezies verfügen häufig über sehr dicke Schalen, um dem Aufprall der Wellen widerstehen zu können.

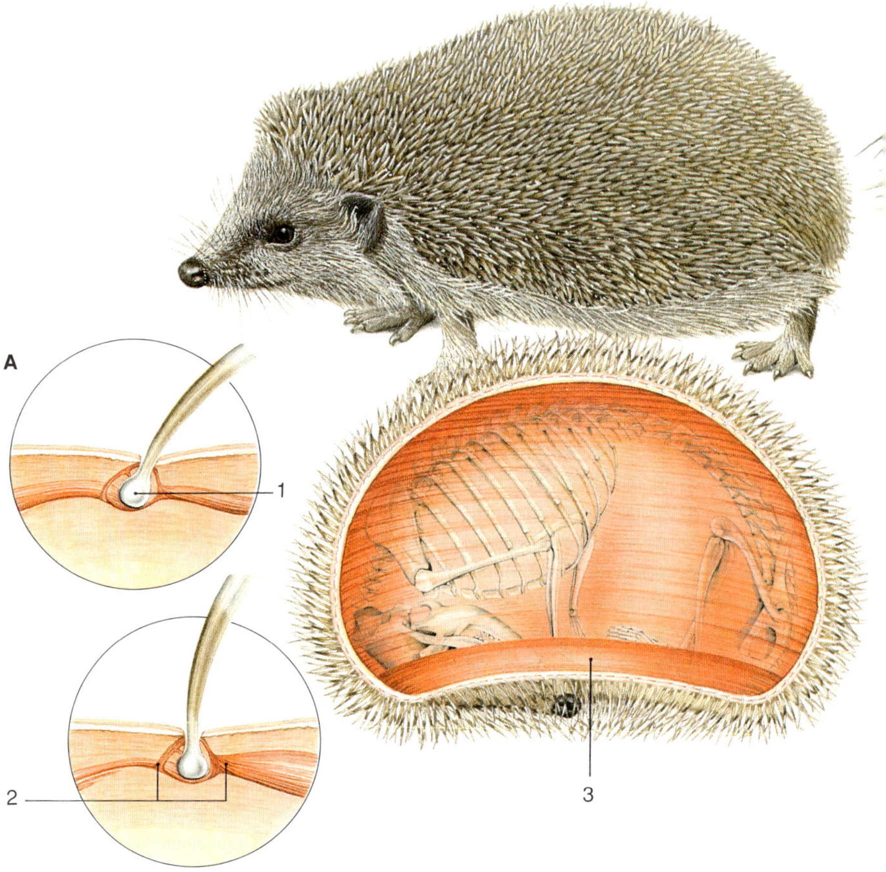

Verteidigungsstrategien der Gliederfüßer

Gliederfüßer (Arthropoden) wie Insekten, Krabben und Spinnen schützen sich durch eine steife äußere Hülle, die Cuticula, die aus zahlreichen Schichten besteht. Die innerste dieser Schichten bildet das Chitin, ein celluloseähnliches Polysaccharid. Das faserartige Chitingerüst wird durch verschiedene andere Materialien gestärkt.

Bei Insekten entsteht die steife, wasserundurchlässige Schicht, der Panzer, dadurch, daß das Chitin mit einem Eiweiß zusammen vorkommt. Bei Krabben und anderen Krustentieren hingegen wird das Chitin von einer kalkartigen Substanz gestützt, wodurch sich ein starkes, aber auch schweres und relativ unbewegliches Außenskelett herausbildet.

Wie bei Gürteltier und Igel gehört auch bei den Kugelasseln und Tausendfüßlern das Zusammenrollen zur Verteidigungsstrategie. Dadurch werden die lebenswichtigen inneren Organe geschützt und der Flüssigkeitsverlust auf ein Minimum reduziert. Zusammengerollt haben diese Tiere einen größeren Umfang, der es kleineren Räubern schwer macht, sie zu verschlingen. Zudem sind sie auf der Außenseite häufig zu glatt und schlüpfrig, um von ihren Feinden gepackt zu werden.

Die Waffen der Fische und Reptilien

Bei Knurrhähnen, Panzerwelsen und Kofferfischen können Schuppen zu größeren Platten zusammenwachsen, die Kante an Kante zusammengefügt sind und einen starken Panzer bilden. Das Maul ragt vorne heraus, der Schwanz hinten, die Flossen an Rücken, Bauch und den Seiten.

Der Stichling kann bei Gefahr seine Stacheln mit Hilfe eines Sperrgelenks fest aufstellen. Da er immer in gerader Linie vor einem Räuber davonschwimmt, ist dieser gezwungen, zuerst den Schwanz zu fassen, so daß die Stacheln in sein Maul eindringen und es dem Fisch verleiden, weiter nach seiner Beute zu schnappen.

Geborgte Festung

Der Einsiedlerkrebs bedient sich der leeren Schale einer Wellhorn- oder einer anderen Meerschnecke, um sich mit einem wohlbewehrten Haus zu umgeben. Dieses wechselt er nur, wenn es ihm zu klein geworden ist. Sein spiralförmiger Unterleib ist an die Form des Schneckengehäuses angepaßt, und seine beiden hinteren Beinpaare sind darauf spezialisiert, die Gehäuse zu greifen.

Ist der Krebs für sein Gehäuse zu groß geworden, wagt er einen Wechsel nicht eher, als bis er ein geeignetes größeres gefunden hat. Er untersucht sein neues Heim sehr genau: Paßt es nicht, ist es zu schwer, schränkt es seine Bewegungsfreiheit ein, dann kehrt der Einsiedlerkrebs zu seiner alten Behausung zurück.

Einsiedlerkrebse benutzen immer leere Schneckengehäuse, niemals töten oder vertreiben sie deren ursprüngliche Bewohner, liefern sich aber mit Artgenossen um den Besitz eines Gehäuses heftige Kämpfe.

Siehe auch: Gifttiere, *S. 248/249* Verteidigung: Klauen und Hörner, *S. 254/255* Trickreiche Überlebensstrategien, *S. 258/259* Tarnung, *S. 262/263*

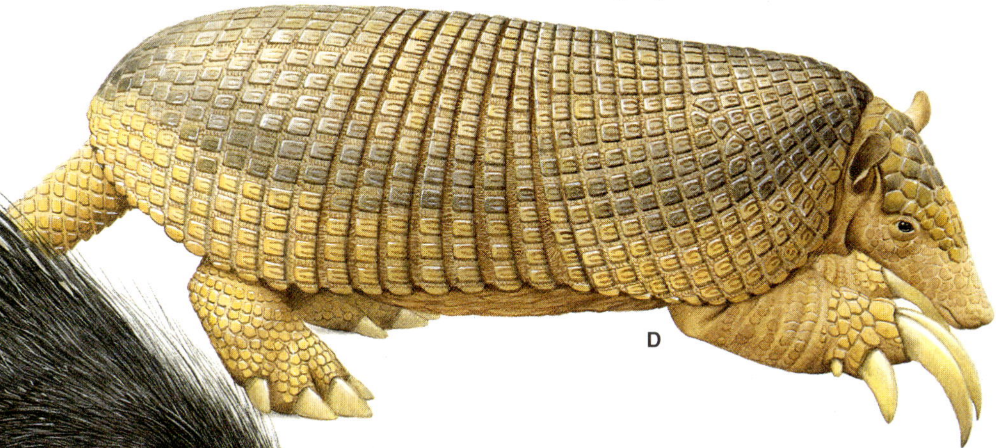

D

C

B

[D] Das Riesengürteltier Südamerikas gehört zu den recht ursprünglichen Nebengelenktieren, deren Blütezeit im Tertiär lag. Einzelne Exemplare können eine Länge von 1,5 m und ein Gewicht von 60 kg erreichen. Der Schutzschild besteht aus dicken Hornplatten, die unter der Haut noch von Knochen verstärkt werden. Breite Panzer bedecken Schultern und Becken, und eine Reihe halber Ringe schützt den Rücken und verleiht dem Tier Flexibilität. Trotz seines Panzers ist das Riesengürteltier überraschend beweglich. Es kann sich bei Bedrohung sogar teilweise zusammenrollen und damit manchen Angreifer abschrecken, häufiger jedoch ergreift es die Flucht. Sein Verwandter, das Kugelgürteltier, hingegen rollt sich ganz zu einem festen Ball zusammen und bietet einem Räuber keinerlei Angriffsfläche.

[C] Das Indische Stachelschwein ernährt sich von Wurzeln und Knollen. Die Rückseite seines Körpers ist von einem Kranz scharfer, zylindrischer Stacheln umgeben. Wird das Tier angegriffen, zeigt es zunächst verschiedene Warnsignale: Es grunzt, stampft mit den Hinterbeinen, stellt die Schwanzstacheln steil auf und rasselt damit. Läßt der Verfolger nicht ab, läuft das Stachelschwein rückwärts auf ihn zu, so daß die Stacheln in die Haut des Feindes eindringen und abbrechen. Häufig entstehen dadurch schwere, manchmal sogar tödliche Wunden.

[B] Der Panzer der Gopherschildkröte schützt das Tier vor Hitze wie auch vor seinen Feinden. Die Knochenplatten sind zu Rückenschild, der den oberen Teil des Körpers bedeckt, und Bauchschild, der den weichen unteren Teil schützt, zusammengewachsen.

Der Panzer der Schildkröte besteht aus unflexiblen Knochenplatten, die miteinander und mit den Wirbeln verbunden sind, überzogen mit Schuppen oder Hornplättchen. Einige Spezies verfügen über einen mit Scharnieren ausgestatteten Bauchschild. Damit können sie die Kopf- und Schwanzöffnung des Panzers schließen und die empfindlichen Weichteile ihres Körpers wirksam vor Angreifern schützen.

Säugetiere mit Rüstung

Bei den Schuppen der Schuppentiere handelt es sich nicht um modifizierte Haare, sondern um nach hinten gerichtete Erhebungen der Lederhaut. Sie sind übereinandergelagert wie Dachziegel, werden regelmäßig abgestoßen und wachsen nach. Diese Schuppen bedecken den ganzen Körper mit Ausnahme des Bauches und der Innenseiten der Beine. Wird das Schuppentier angegriffen, rollt es sich zu einer Kugel zusammen und ist damit vor fast allen Feinden sicher.

Flüchten, Verstecken oder Bluffen

Wie wehrlose Tiere ihre Verfolger überlisten

Die Verfolger bestimmter Seegurkenarten erleben ihr blaues Wunder, wenn sie ihre Beute angreifen wollen. Die Seegurken verteidigen sich, indem sie ihren Angreifern ihre später nachwachsenden Eingeweide entgegenschleudern. Abschreckungstaktiken und Ablenkungsmanöver anderer Tiere entfalten zwar selten eine solche Dramatik, doch spielen sie bei vielen Arten eine wichtige Rolle für die Selbstverteidigung. Abschreckungstrachten beruhen meist auf Warnfarben, die im ganzen Tierreich erkannt werden, vor allem Rot-, Orange- und Gelbtöne, die vor der Gefährlichkeit oder Giftigkeit ihres Trägers warnen sollen.

Tiere, die weder Verteidigungswaffen noch Warntrachten besitzen, laufen meist weg oder suchen sich zu verstecken. Selbst ein langer (aber doch zeitlich begrenzter) Lauf kostet ein Tier weniger Energie als die Entwicklung und Unterhaltung das Überleben sichernder Waffen. Antilopen und Gazellen z.B. sind vorzüglich an ihre weiten Steppenwanderungen angepaßt. Für eine spontane, effektive und damit meist lebensrettende Beschleunigung ihres Laufvermögens reichen schon lange, mit kräftiger Laufmuskulatur versehene Beine aus.

Zwar warnt in der Regel schon die Flucht eines Tieres seine Artgenossen, doch geben einige Tiere darüber hinaus regelrechte Warnsignale. Geisterkrabben und Känguruhratten beispielsweise betrommeln den Boden vor ihren unterirdischen Bauen. Vögel stoßen meist schrille Warnschreie aus, einige Arten verfügen sogar über unterschiedliche Rufe, je nachdem, ob die Bedrohung von einem Räuber aus der Luft oder von einem Landraubtier ausgeht.

Dem Räuber entkommen

Schnellfüßige Tiere wie Gazellen können aus dem Stand lossprinten, sobald ein Räuber sichtbar wird. Andere Tiere erstarren in der Bewegung und hoffen, daß Tarnfärbung und Bewegungslosigkeit sie retten. Merken diese Tiere aber, daß ihre Taktik keinen Erfolg hat, können sie plötzlich mit hoher Geschwindigkeit davoneilen. Die südamerikanischen Nandus, relativ große, flugunfähige Vögel, laufen hin und her, schlüpfen hinter einen Busch, machen unvermittelt auf ihrer eigenen Fährte kehrt und springen sogar manchmal in einem Satz über ihren Verfolger, um in entgegengesetzter Richtung zu verschwinden. Dann ducken sie sich schnell ins hohe Gras und vertrauen auf ihre vorzügliche Tarnung.

Frösche oder auch das in Südamerika beheimatete Wasserschwein springen zum Schutz einfach ins Wasser, denn dorthin folgen die meisten Landraubtiere ihrer Beute nicht.

Schrecktrachten

Drei Haupttypen von Schrecktrachten können unterschieden werden. Manche Tiere zeigen ihrem Verfolger unvermittelt große, aber falsche Augen - so der Pfau seine Pfauenaugen. Diese sollen dem Räuber vortäuschen, ein viel größeres Tier aufgestört zu haben, als es tatsächlich der Fall ist. Auch das unerwartete Präsentieren der Warnfarben Rot, Orange und Gelb auf Unterflügeln, Hälsen oder anderen Körperteilen ist eine äußerst erfolgreiche Abschreckungsstrategie. Die dritte

Die australische Kragenechse [A] zischt angsteinflößend, wenn sie sich bedroht fühlt, und stellt ihren schwarz-roten Fächerkragen auf. Diese Warnfarben schrecken einen Räuber meist ab. Viele Schmetterlinge, so das Tagpfauenauge [B], zeigen ihre Augenflecke, um Räubern ein großes Tier vorzutäuschen. Die Hakennatter [C] stellt sich tot, wenn sie bedroht wird. Sie rollt sich auf den Rücken und läßt ihr Maul offenstehen, dem ein Geruch verwesenden Fleisches entströmt. Der Räuber ist von dem scheinbar toten Tier abgeschreckt. Der Fünfstreifenskink [D] kann auf der Flucht einen Teil seines Schwanzes abwerfen, der sich noch eine ganze Weile hin- und herwindet und damit den Verfolger von seiner Beute ablenkt. Die Rotbauchunke [E] wirft sich bei Gefahr auf den Rücken, präsentiert ihren schwarz-rot gemusterten Bauch und zeigt damit, daß sie giftig ist. Ein Igelfisch [F] kann zur Abschreckung seinen Körper aufpumpen und so die Stacheln in seiner Haut weit nach allen Seiten abspreizen.

B

D

F

Siehe auch: Evolution der Säugetiere, *S. 136/137*

A

G

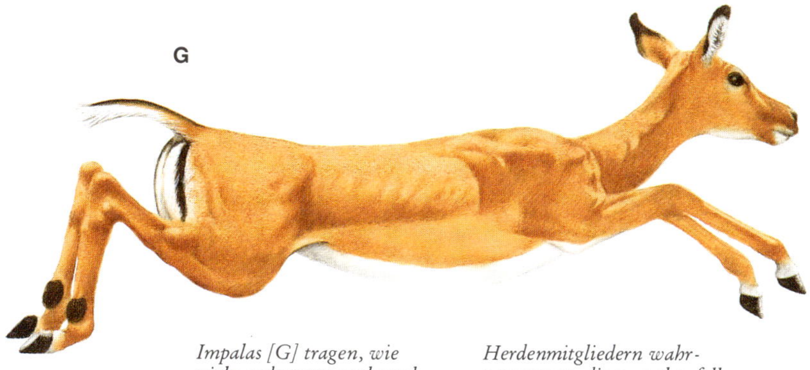

Impalas [G] tragen, wie viele andere steppenbewohnende Antilopen und Gazellen, auffällige schwarze Markierungen an ihren Fersen. Wenn ein Mitglied der Herde Gefahr wittert und flüchtet, blitzen die Fersenmarkierungen im Lauf auf. Diese Farbsignale werden von in der Nähe grasenden Herdenmitgliedern wahrgenommen, die nun ebenfalls gewarnt sind und flüchten. Bei anderen Tierarten übernehmen andere Körperteile diese Funktion, so z.B. bei Kaninchen die weiß gefärbte Unterseite des Schwanzes, die bei schneller Flucht für Artgenossen weithin sichtbar aufblinkt.

C

Variante besteht in einer plötzlichen Größenzunahme. Manchmal handelt es sich dabei nur um einen Bluff, wie im Falle der großen Ohreulen, die größer erscheinen, weil sie sich aufplustern und die Flügel ausbreiten. Ebenfalls mehr Schein als Sein ist die Größenzunahme bei einigen Kröten, die mit Hilfe von Luft ihr Volumen vergrößern und sich zusätzlich strecken.

Ausgeklügelte Verstecke

Kleine Tiere müssen sich darauf verlassen, in ein Versteck wie etwa ein Erdloch schlüpfen zu können, um einem Feind zu entgehen. Kaninchen, Mäuse und andere Kleinsäuger errichten häufig eine Vielzahl von Gängen und Gangsystemen mit mehreren Ein- und Ausgängen, durch die sie blitzschnell entkommen können.

Strandkrabben bauen einen Wall aus Sand oder Schlamm um den Eingang ihrer Wohnröhre. Der Wall dient ihnen dabei als Sichtschutz, hinter dem nur die Stielaugen der Krabbe hervorschauen.

E

Täuschungsmanöver

Einige Tiere wenden Verteidigungsstrategien an, bei denen das Beutetier die Aufmerksamkeit des Räubers bewußt auf sich lenkt. Diese Strategien werden hauptsächlich von Elterntieren zum Schutz ihrer Jungen eingesetzt. Erwachsene Regenpfeifer z.B. gehören zu den Vogelarten, die regelrechte Täuschungsmanöver durchführen. Sie geben vor, verletzt zu sein, indem sie einen scheinbar gebrochenen Flügel über den Boden schleifen, um so einen Räuber von ihren Eiern oder bereits geschlüpften Jungen wegzulocken. Das Manöver ist von einem klagenden Schmerzlaut begleitet. Bevor er mit seiner Vorstellung beginnt, hüpft der Vogel ein kleines Stück vom eigentlichen Nestplatz weg. Selbst wenn der Räuber ihn nicht über eine längere Strecke verfolgt, hat er zumindest das Nest aus den Augen verloren und findet es vermutlich auch nicht wieder. Wenn der Elternvogel sicher ist, daß der Räuber sich weit genug vom Nest entfernt hat, fliegt er auf und bringt sich selbst in Sicherheit.

Jagdverhalten: Einzeljäger, *S. 244/245* **Jagdverhalten: Gemeinschaftsjäger,** *S. 246/247* **Gifttiere,** *S. 248/249* **Tarnung,** *S. 262/263* **Mimikry,** *S. 264/265*

Farbenspektrum der Natur

Wie und warum Farben entstehen

Kalmare, Tintenfische und Kraken sind in der Lage, sich durch wechselnde Farbspiele ihrer Haut zu verständigen. Sogar über ihre Stimmungen verraten diese Farben etwas. Ein männlicher Krake etwa wird leuchtend rot, wenn er ein Weibchen sieht oder wenn er verärgert ist. Farben dienen Blütenpflanzen dazu, Bestäuber anzulocken; Tiere nutzen sie, um Partner anzuziehen. Farben können Rivalen abschrecken, die Existenz eines tödlichen Giftes anzeigen oder als Tarnung dienen. Sie sind aber auch zur Regulation der Körpertemperatur durch Absorption oder Reflexion der Sonnenwärme nützlich.

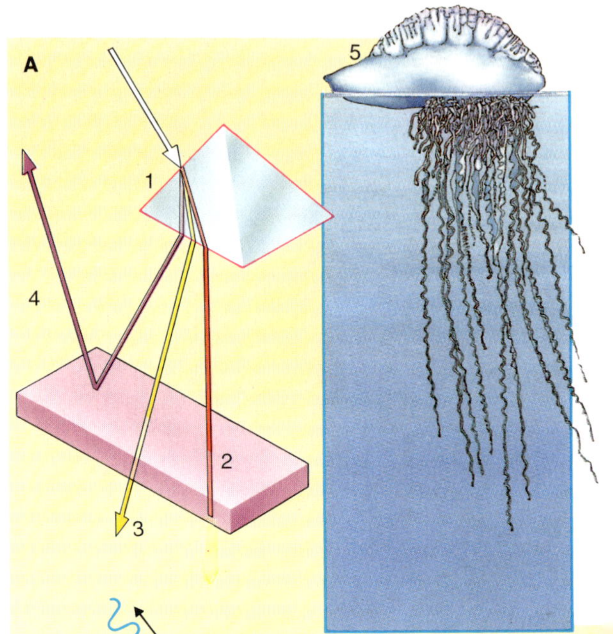

[A] Weißes Licht besteht aus dem gesamten Farbenspektrum (1). Pigmente absorbieren daraus bestimmte Wellenlängen (2), während andere durchgelassen (3) oder reflektiert (4) werden. Die Portugiesische Galeere (5) ist eines der wenigen Lebewesen, die ein bläuliches Pigment enthält.

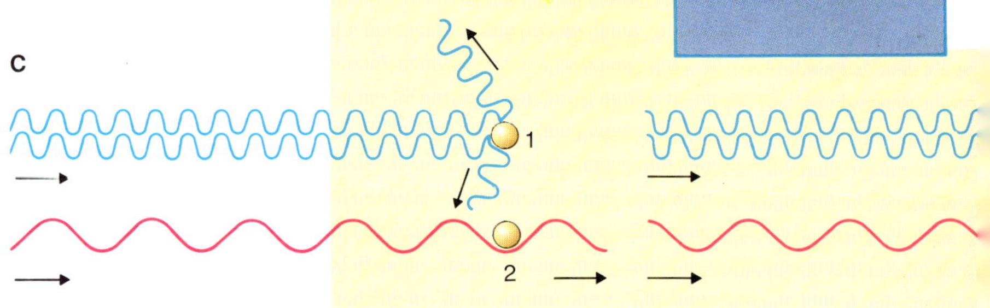

Licht besteht aus Energieimpulsen, die sich wie Wellen verhalten. Farbe wird gesehen, wenn die Wirkung verschiedener Wellenlängen des Lichtes auf bestimmte empfindliche Zellen im Auge durch das Gehirn ausgewertet wird. Verschiedene Wellenlängen - die Entfernung zwischen aufeinanderfolgenden Wellenbergen - bedingen verschiedene Farben. Das sichtbare Licht ist jedoch nur ein Teil des weit größeren elektromagnetischen Spektrums. Die kürzeren Wellenlängen ergeben blaues Licht, bis hin zum für Menschen unsichtbaren Ultraviolett. Die längeren Wellenlängen erzeugen rotes Licht, welches dann in Infrarot-Strahlung (Wärme) übergeht.

Wie Farben entstehen

Viele Farben entstehen, weil besondere Strukturen in den äußeren Umhüllungen von Pflanzen und Tieren das Licht in spezieller Weise streuen, absorbieren oder reflektieren. Diese Farbgebung wird auch als Strukturfarbe bezeichnet. Andere Farben entwickeln sich auf chemischer Grundlage, abhängig von Substanzen, die dicht unter der transparenten Oberfläche von Pflanzen und Tieren liegen. Öle und Fette reflektieren dabei bestimmte Wellenlängen, in der Regel Rot, Orange und Gelb. Die langen Moleküle dieser Stoffe enthalten locker gebundene Elektronen, die Licht bestimmter Wellenlänge absorbieren und diese Energie in anderer Form, z.B. als Wärme, wieder abstrahlen. Dem reflektierten Restlicht fehlt nun eine Farbe, so daß es die Komplementärfarbe bildet. Auf diesem Prinzip beruhen die meisten natürlichen und künstlichen Farbstoffe. Guanin beispielsweise, das in Fischschuppen eingelagert ist, erzeugt eine spiegelähnliche Reflexion. Das Rot des Hahnenkamms wird ebenso durch Reflexion roten Lichts durch die Blutkörperchen erzeugt wie der »rote Kopf«, den der Mensch gelegentlich aus Scham oder ähnlichen Gefühlen zeigt.

Farbwechsel

Bei Laubbäumen und Sträuchern in gemäßigten Breiten ändert sich im Herbst die Farbe der Blätter, weil das Blattgrün (Chlorophyll) abgebaut wird, um die Abbauprodukte teilweise als Reservestoffe einzulagern. Dabei enstehen leuchtend gelbe und rote Pigmente. Auch einige Tiere ändern ihre Farbe, entweder in jahreszeitlichen Zyklen oder, wie die Tintenfische und Kalmare, unvermittelt, willentlich und vor allem sekundenschnell. Bei diesen Arten sind die Pigmente mit Muskelfibrillen verbunden und werden durch Nervensignale in den Zellen bewegt, ausgedehnt oder zusammengezogen. Die veränderte Position oder Größe dieser Pigmentflecken führt zu einer Änderung des Musters oder einem Wechsel in der Intensität der Farbe. Weil der Farbwechsel bei Pflanzen durch die Synthese oder den Zerfall der Pigmente zustande kommt, geht er viel langsamer vor sich als der Farbwechsel bei Tieren. Bestimmte Blütenpflanzen, die Nektar nur für einen Tag produzieren, werden blasser, sobald der Tag zu Ende geht. Haben sie keinen Nektar mehr, ersparen sie durch den Farbwechsel den Bestäubern einen nutzlosen Besuch und erhöhen so die Chancen, daß noch nicht bestäubte Blüten besucht werden.

Schmücken mit fremden Farben

Nicht alle Lebewesen erzeugen ihre eigenen Farben. Der leuchtend gefärbte Mantel der Riesen-Venusmuschel beispielsweise verdankt seine Farbe symbiontischen Algen, die sich in den Geweben angesiedelt haben. Auch einige Korallen beherbergen farbige symbiontische Algen. Das Faultier dagegen trägt seine Mitbewohner auf der Außenseite. Die Algen, die in seinem Fell leben, dienen ihm als Tarnung. Bei feuchtem Wetter werden sie grün und tarnen damit das Faultier in dem grünen Blattwerk. Bei trockenem Wetter trocknen die Algen aus, wie auch die Baumrinde, an die sich das Faultier anschmiegt. Gelegentlich hängt die Färbung eines Tieres von seiner Ernährung ab: So stammt etwa die Rosafärbung verschiedener Flamingoarten von den Pigmenten der Krebstiere, die sie fressen.

[E] Die Flügel des Morphofalters besitzen blättrig geschichtete Schuppen mit einem durchsichtigen Überzug (1). Das Licht wird an jeder der Grenzschichten zwischen diesen Schuppen reflektiert. Je nachdem, in welcher Schicht das Licht reflektiert wird - ob weiter oben oder unten -, legt es einen längeren oder kürzeren Weg zurück. Entspricht die Wegdifferenz zweier Lichtstrahlen einer bestimmten Wellenlänge, wird die entsprechende Farbe durch Überlagerung (Wellenberg auf Wellenberg) verstärkt (2). In anderen Fällen können sich Wellenlängen gegenseitig abschwächen oder sogar auslöschen, wenn die Wellenberge der einen Welle mit den Wellentälern der anderen übereinstimmen. Dann verschwindet diese Farbe. Diese Interferenz erscheinung erzeugt einen irisierenden Schimmer. Je nach Stellung des Flügels in Bezug zum einfallenden Licht sowie zum Betrachter, wechselt der zu beobachtende Farbeindruck erheblich (3).

Siehe auch: **Algen,** *S. 112/113* **Bestäubung durch Tiere,** *S. 154/155* **Tarnung,** *S. 262/263* **Mimikry,** *S. 264/265* **Biolumineszenz,** *S. 272/273* **Sehen,** *S. 274/275*

[B-D] Die wenigsten bläulichen Tiere haben blaue Pigmente. Vielmehr verfügen sie über »Strukturfarben«, die durch die selektive Streuung von Wellenlängen zustande kommen [C]. Teilchen, Luftblasen oder Flüssigkeitströpfchen, die selbst keine Pigmente enthalten, können Licht, dessen Wellenlängen dem eigenen Durchmesser nahekommen, streuen (1). Licht größerer Wellenlänge kommt dagegen an den Teilchen ungehindert vorbei (2). Wenn daher weißes Licht auf einen Körper fällt, der Luftblasen mit einem Durchmesser von etwa 0,5 millionstel Meter enthält - etwa die Wellenlänge blauen Lichtes -, werden die Komponenten mit dieser Wellenlänge gestreut (3) und geben dem Körper eine blaue Farbe. Umgekehrt erscheint sein Schatten rötlich.
Der Hyazinth-Ara [B] hat Konturfedern, dessen Fahnen [D] eine durchscheinende Epidermis (1) besitzen, die Markbläschenzellen (2) umschließt. Deren Lufteinschlüsse streuen blaues Licht. Die Zellen besitzen einen durch das dunkle Pigment Melanin (3) gebildeten Hintergrund, wodurch die Farbintensität gesteigert wird. Polarbärhaare sind weiß, weil Lufteinschlüsse in den Haaren aufgrund ihrer Größe das gesamte Lichtspektrum gleich streuen und somit »weiß« erzeugen.

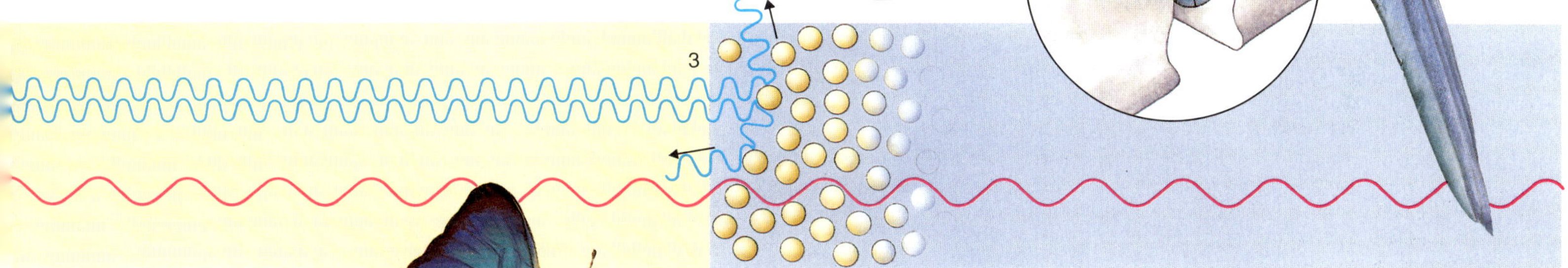

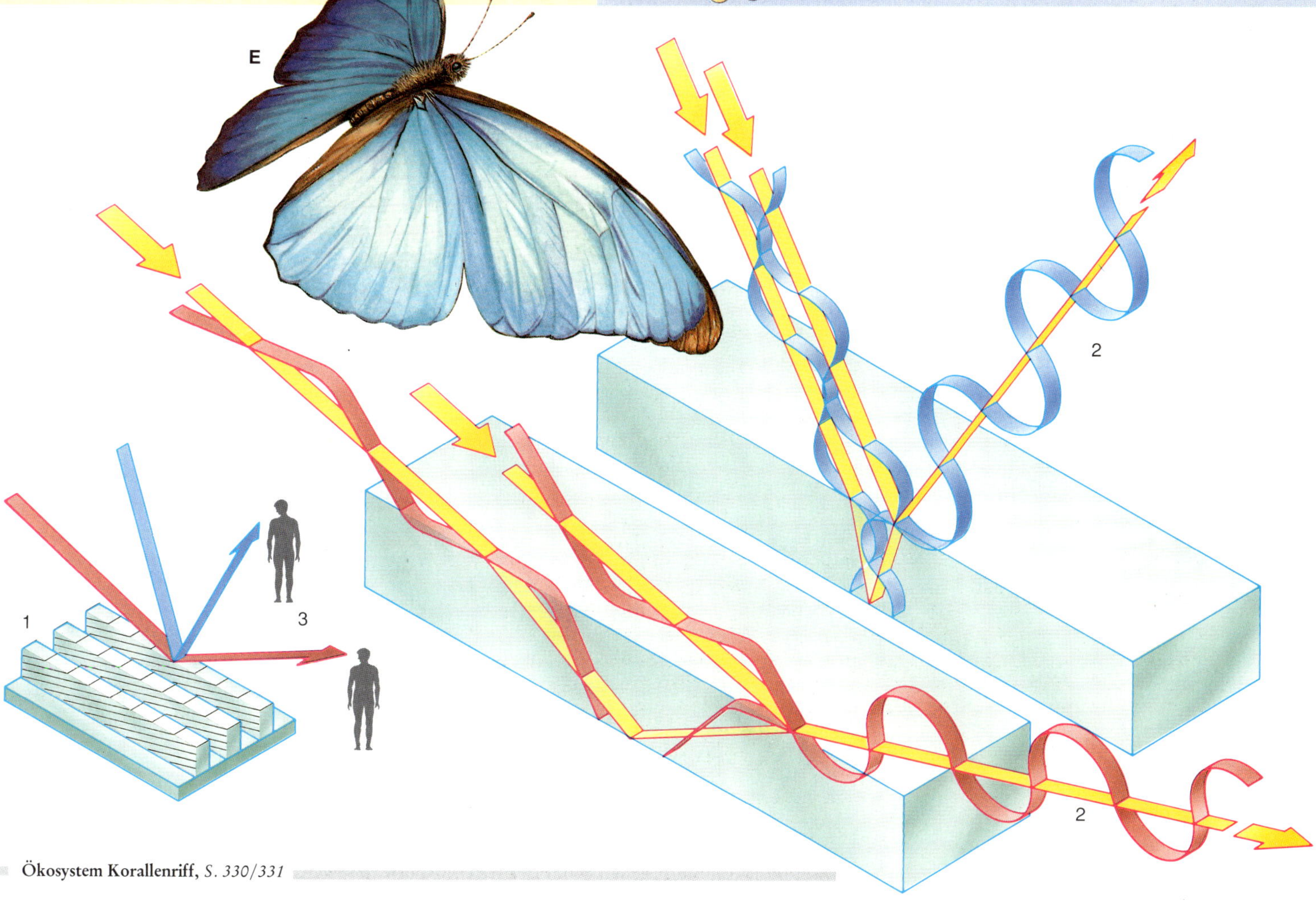

Ökosystem Korallenriff, *S. 330/331*

Meister der Maskierung

Wie Tiere durch Tarnungsstrategien überleben

Tarnung ist beim Militär ein wesentlicher Bestandteil moderner Kriegsführung. Doch bereits seit Millionen von Jahren nutzen Tiere eine weit eindrucksvollere Palette von Täuschungsmanövern und Tarnfarben in ihrem Kampf ums Überleben. Diese Taktik wenden sowohl Räuber – um sich einer Beute ungesehen nähern zu können – als auch Beute – um unentdeckt zu bleiben – sehr erfolgreich an. Einige Tiere ändern ihre Farben jahreszeitenabhängig; andere wiederum, wie die Tintenfische, können dramatische Farbumschläge in weniger als einer Sekunde aktiv herbeiführen.

[A] Chamäleons können ihre Farbe in weniger als zwei Minuten wechseln – nicht nur zur Tarnung, sondern auch, um ihre Körpertemperatur zu regulieren, um Rivalen abzuschrecken und bei der Partnerwerbung. Die Steuerung der Pigmentverlagerung erfolgt über das Nervensystem.

Die geschickteste Methode für ein Tier, das voll im Blickfeld ist, aber dennoch unentdeckt bleiben will, ist, nach etwas anderem auszusehen. Natürlich sollte das imitierte Objekt nicht seinerseits Anlaß zu Alarm oder Angriff geben. Zahlreiche Organismen tarnen sich, indem sie Gestalt und Farben von Blättern, Zweigen, Vogelkot oder anderen unbelebten Objekten nachahmen. Dabei gibt es vier Hauptstrategien.

Tarnkleider

Die erste Strategie zeigen Tiere, die die Umgebungsfarbe ihres Habitats exakt annehmen können – so ein leuchtend grüner Laubfrosch vor dem Hintergrund der Blätter eines Regenwaldbaumes. Genausowenig heben sich Schneehase oder Hermelin in ihrem weißen Winterfell von ihrer schneebedeckten Umgebung ab.

Eine zweite Strategie ist die Somatolyse. Die Tiere weisen Muster und Färbungen auf, die ihre Körperkonturen vor einem ähnlichen Hintergrund optisch auflösen. Die Streifung eines Tigers, der hinter einer Beute im hohen Gras herschleicht, ist dafür ein eindrucksvolles Beispiel. Die Eier von Seeschwalbe und Regenpfeifer, die auf den nackten Boden gelegt werden, haben eine so wirkungsvolle somatolytische Tarnung, daß sie zwischen Kieseln und Erdklümpchen nicht auffallen.

Eine dritte Art der Tarnung ist bei Tieren zu beobachten, die zur Milderung der Licht-Schatten-Wirkung eine Schattierung tragen, bei der die Oberseite des Körpers dunkler gefärbt ist als die Unterseite. Kopfunter lebende Tiere, wie Faultiere oder einige Welsarten, besitzen eine Gegenschattierung. Diese auch zur Somatolyse zählende Tarnung ist von einigen Tiefseefischen und Crustaceen zu höchster Vollendung gebracht worden. Die Tiere sind an der Seite silbrig gefärbt, so daß sie das Sonnenlicht reflektieren und ihre Körperumrisse dadurch kaum auszumachen sind. Einen ähnlichen Effekt haben Leuchtorgane auf der Unterseite des Körpers.

Die vierte Tarnstrategie wird oft auch mit anderen Techniken kombiniert. Das Tier erscheint nicht mehr als greifbarer, kompakter Körper, indem seitlicher Schattenwurf möglichst vermieden wird – etwa durch Pressen des Körpers in Bodenvertiefungen.

Zweifellos bringt das Zusammenspiel von genetischer Mutation und natürlicher Selektion die Tarnkleider hervor. Wenn eine Spontanmutation eine Änderung des Erscheinungsbildes bewirkt, die einem Tier nützt, indem es nicht zu Beute wird oder aber selbst mehr Beute machen kann, so sind die Überlebenschancen dieses Tieres höher als die seiner Artgenossen. Das so genetisch festgelegte Merkmal für eine bessere Tarnung vererbt das Tier an seine Nachkommen, die nun ihrerseits Überlebensvorteile haben.

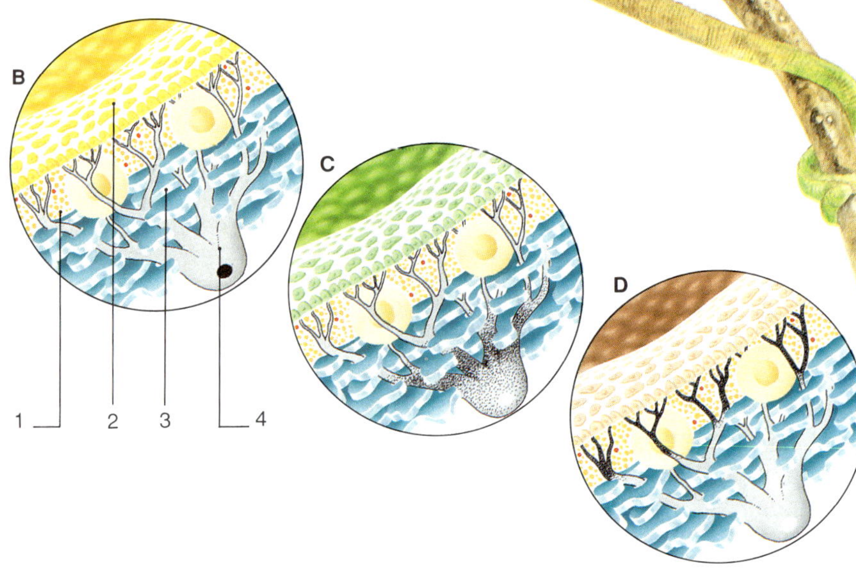

[B-D] Die Haut des Chamäleons enthält eine Schicht gelber, öliger Tröpfchen, die zwischen gelben Zellen (1) angeordnet sind, die direkt unter der Epidermis (2) sitzen. Darunter befindet sich eine Schicht Guanophoren (3), die zunächst farblos erscheinen. Die Haut hat dann die Farbe des Lichtes, das von den gelben Öltröpfchen reflektiert wird [B]. Vor dunklem Hintergrund, d. h. wenn die Melanophoren (4) ihr dunkles Pigment verbreiten [C], reflektieren Guanophoren blaues Licht. Aus der Mischung von blauem und gelbem reflektierten Licht wirkt die Haut grün. Sie wird dunkler, wenn das Pigment die Ausläufer der Melanophoren in der gelben Schicht erreicht [D].

Plötzliche Verwandlung

Tintenfische können mit weniger als einer Sekunde ihre Farbe schneller wechseln als Chamäleons. Dies ermöglichen ihnen komplexe Strukturen (Chromatophor-Organe), die elastische, pigmentgefüllte Zellen (Chromatophoren) enthalten, die von Muskelfasern umgeben sind. Sobald diese sich zusammenziehen, verformt sich die Zelle zu einer flachen Scheibe, so daß das Pigment sich ausdehnt und damit deutlicher sichtbar wird. Die häufig unterschiedlich gefärbten Pigmentzellen in den Chromatophor-Organen können sich unabhängig voneinander ausdehnen oder zusammenziehen. So entstehen vielfältige Farbmuster.

Siehe auch: Jagdverhalten: Einzeljäger, *S. 244/245* Verteidigung: Klauen und Hörner, *S. 254/255* Verteidigung: Panzer und Stacheln, *S. 256/257*

E

F

G

H

Die meisten Tiere setzen auf eine der vier grundlegenden Tarnstrategien. Eine Kombination verschiedener Techniken bewirkt eine noch weniger durchschaubare Maskierung, egal, ob es sich um die Beute oder den Räuber handelt.
[E] Das Okapi kombiniert somatolytisch wirkende Streifen auf Rumpf und Beinen mit dem typischen dunklen Rücken und einem helleren Bauch, was es einem Räuber erheblich erschwert, das Tier anhand seiner Körperumrisse auszumachen.
[F] Obwohl der Eisbär mit seinem weißen Pelz perfekt an seine arktische Umgebung angepaßt ist, drückt er seinen Körper zudem noch fest gegen den Untergrund, um jeglichen Schattenwurf zu vermeiden, wenn er sich an ahnungslose Seehunde anschleicht.
[G] Auch der Leopard schmiegt sich eng an einen Ast, wenn er unbemerkt bleiben will. Er weist eine ähnlich gefleckte Fellzeichnung wie der südamerikanische Jaguar auf. Beide Tiere täuschen mit ihrem gefleckten Fell die Schatten vor, die herabhängende Blätter auf ihren Körper werfen.
[H] Heringe lösen ihre Körperumrisse durch unzählige Lichtreflexionen auf. Zudem schwimmen sie in großen Schwärmen, so daß Angreifer durch das plötzliche Aufscheinen von Hunderten silbrig glänzender Fischkörper verunsichert werden.

Do-it-yourself-Tarnung

Viele Spinnenkrabben tarnen sich aktiv, indem sie Stücke marinen »Abfalls« an ihrem Körper befestigen. Einer der bekanntesten Vertreter dieser Form von Selbstdekoration ist Oregonia gracilis, eine Krabbe, die an der Nordwestküste der Vereinigten Staaten von Amerika vorkommt. Sie benutzt ihre vorderen Scherenbeine wie Pinzetten und hebt kleine Algenstücke, Teile der kalkigen Wohnröhre von Röhrenwürmern, Holzspäne sowie alles andere zweckmäßige Material auf. Mit ihren Mundwerkzeugen bearbeitet die Krabbe die einzelnen Teile, um deren Oberfläche aufzurauhen, und befestigt sie dann an kleinen, mit Widerhaken versehenen Borsten (sogenannten Setae) am Körper.

Die genaue Anordnung der Setae ist artspezifisch und dient als Bestimmungsmerkmal; bei Oregonia sitzen sie auf der Rückenschale, den Schreitbeinen und in einem Wulst oberhalb der Augen. Am Tage verharren die Krabben unbeweglich, wobei sie ihren Körper fest in den Meeresboden drücken.

Trickreiche Überlebensstrategien, *S. 258/259* Farben im Tierreich, *S. 260/261* Mimikry, *S. 264/265* Sehen, *S. 274/275*

Nachahmung und Täuschung

Warn- und Tarntrachten bei Tieren und Pflanzen

Eine in Australien beheimatete Stabschrecke ist ihr ganzes Leben lang als Tarnungskünstler erfolgreich. In der Jugend sieht sie Ameisen täuschend ähnlich. Manche Jungtiere, die zu groß für diesen Trick sind, rollen ihren Hinterleib auf den Rücken hoch und täuschen so kleine Skorpione vor. Die ausgewachsenen Tiere schließlich lassen sich leicht mit einem Haufen trockener, zusammengerollter Blätter verwechseln. Überall in der Natur findet man Mimikry, Täuschung durch Nachahmung: So gibt es »Vogelkottröpfchen«, die davonlaufen, »wandelnde Blätter«, »Seetang«, der wegschwimmt, und »fliegende Baumstümpfe«.

Viele Tiere entkommen Feinden durch zur Schau gestellte Ähnlichkeit mit leblosen Objekten. Die Annahme so einer Tarntracht nennt man Mimese. Aber nicht allein die äußere Erscheinung gibt den Ausschlag, sondern bestimmte Verhaltensweisen machen den Betrug erst perfekt. Tagschläfer sind borkefarbene Vögel, die senkrecht aufgerichtet am Ende abgebrochener Äste sitzen, so daß sie wie die Verlängerung des Astes aussehen. Der im Amazonas vorkommende Blattfisch hat einen stark abgeflachten Körper und läßt sich bei Gefahr langsam und regungslos wie ein totes Blatt zum Grund sinken.

Von Mimikry spricht man, wenn von der angenommenen Tracht ein falsches Signal ausgeht, so etwa von der afrikanischen Teufelsblume, eine Fangschrecke, die in ihren Jugendstadien prächtig gefärbt ist und, wenn sie auf Pflanzen sitzt, Blüten täuschend ähnlich sieht. Mit Hilfe dieser Aufmachung fängt sie nektarsuchende Insekten.

Falscher Alarm

Statt sich zu tarnen, benutzen manche Tiere irreführende Signale, um Freßfeinden ganz andere, viel gefährlichere Tiere vorzugaukeln, auf die die Räuber einen Angriff nicht wagen würden. Die weitestverbreitete Art von Mimikry, bei der eine nichtgiftige Art eine giftige vortäuscht, bezeichnet man als Batessche Mimikry. Dadurch sind die Tiere in der Lage, Feinde zu bedrohen und sie erfolgreich abzuwehren, ohne jedoch selbst Abwehrgifte produzieren zu müssen. Diese Art von Mimikry funktioniert allerdings nur, wenn das imitierte Tier, das Vorbild, häufiger vorkommt als der Nachahmer. Nur wenn das feindliche Tier, der Signalempfänger, stets schlechte Erfahrungen beim Beutegreifen macht, wird er aufhören, bestimmte Arten zu attackieren. Gifttiere tragen gewöhnlich auffällige Farben und Zeichnungen, die bei fast allen Tieren als Warnsignale gelten.

Raffinierte Schmetterlinge

Die Batessche Mimikry ist unter Schmetterlingen sehr verbreitet. Einige Arten machen sich dadurch giftig oder ungenießbar, daß sie Giftstoffe aus Pflanzen in sich aufnehmen, von denen sie sich als Raupen ernähren. Einige Schmetterlinge in Südamerika und Afrika sind mäßig giftig und besitzen sehr ähnliche Warnzeichnungen, obwohl sie zu ganz verschiedenen Arten zählen. Bei dieser Müllerschen Mimikry profitieren Schmetterlinge davon, daß der Freßfeind nur ein einziges abschreckendes Warnsignal lernen muß, um alle Arten in Ruhe zu lassen, die es aussenden.

[A] Viele südamerikanische Korallenschlangen besitzen schwarz-gelb-rote Warnzeichnungen. Manche von ihnen sind ungiftig, andere wie Micrurus lemniscatus (1) haben tödlich wirkendes Gift, während die Mondnatter (2) nur mäßig giftig ist. Frißt ein Tier die mäßig giftige Schlange, bleibt ein unangenehmer Geschmack zurück, der es vor weiteren Angriffen auf diese Schlangen zurückhält. Die ungiftige Schlangenart ist durch ihre äußerliche Ähnlichkeit mit der giftigen geschützt. Aber auch die tödlich giftigen Arten profitieren, abgesehen davon, daß ihre Angreifer meist nicht überleben. Nach der Mertensschen Mimikry-Hypothese jedenfalls sind sowohl die harmlosen als auch die stark giftigen Korallenschlangen Nachahmer der schwach giftigen Arten. Auch die ungiftigen Dreiecksnattern (3) benutzen diese Art von Mimikry: Sie tragen die gleiche Warntracht wie Korallenschlangen, obwohl sie nicht mit ihnen verwandt sind.

Wie Pflanzen täuschen

Mimikry gibt es nicht nur bei Tieren. Einige Pflanzen täuschen Tiere vor, um Bestäuber anzulocken. Die Blüten von Aasblumen mit ihren gesprenkelten roten Oberflächen und dem stinkenden Geruch locken Fliegen an, die ihre Eier auf der vermeintlichen Nahrung ablegen.

Auch zu Abwehrzwecken gehen Pflanzen mit Täuschungsstrategien vor. Die buntgefärbten Schmetterlingsarten der Gattung Heliconia, die in den Regenwäldern Südamerikas beheimatet sind, legen ihre Eier auf der Passionsblume ab, so daß sich ihre Raupen später von den Blättern dieser Kletterpflanze ernähren können. Um möglichst vielen ihrer Nachkommen Futter zu sichern, bringt das Heliconia-Weibchen seine Eier immer nur zu solchen Pflanzenteilen, auf denen es nicht schon vorher Eier abgelegt hat. Dieses Verhalten nutzt die Passionsblume für ein wirksames Täuschungs- und Ablenkungsmanöver aus, indem sie »Scheineier« auf ihren Blättern produziert.

[C] Viele, ganz verschiedene Insekten ahmen die durch ihren Giftstachel wehrhaften Wespen oder Bienen nach. Die Schlüsselsignale in der Warntracht der Wespe (1) sind Größe, schwarz-gelbe Körperzeichnung, durchsichtige Flügel und schmale Taille. Nachahmer sind z.B. die hinsichtlich Warnfärbung und transparenter Flügel sehr ähnlichen Syntomiden (2), die sogar das Flugverhalten von Wespen imitieren. Die Wespentracht des Widderbocks (3) wirkt aus der Entfernung am überzeugendsten. Die Schwebfliege (4) erweckt mit ihrem schwarzen Thorax den falschen Eindruck, daß ihr Hinterleib in einer schmalen Taille endet.

Siehe auch: **Bestäubung durch Tiere,** *S. 154/155* **Gifttiere,** *S. 248/249* **Trickreiche Überlebensstrategien,** *S. 258/259* **Farben im Tierreich,** *S. 260/261*

B

[B] Die zur Familie der Gespenstschrecken gehörenden Stabschrecken tarnen sich durch Phytomimese, d.h., sie können wie ungenießbare Pflanzenteile aussehen, etwa wie ein vertrockneter Ast. Sie haben spindeldürre Beine, die man in Ruhestellung kaum entdecken kann. Ihr Kopf ist klein, der Körper wie ein Zweig gemasert. Sogar Knoten von Pflanzenhalmen werden nachgeahmt. Stabschrecken können viele Stunden regungslos verharren, so daß man sie erst erkennt, wenn sie sich bewegen. Doch selbst die langsamen Beinbewegungen werden bei Gefahr sofort »eingefroren«.

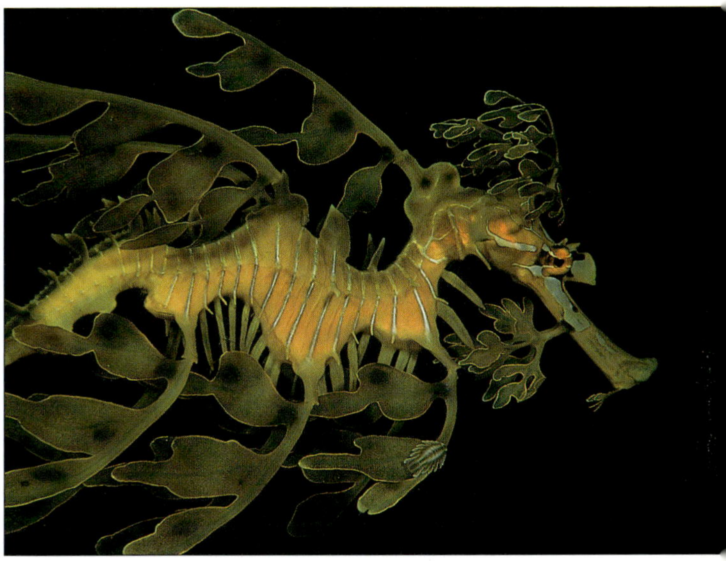

Der Große Fetzenfisch (rechts) ist mit dem Seepferdchen verwandt und lebt vor der Südküste Australiens. Mit seinem abgeflachten Körper mit lappenartigen Fortsätzen sieht er wie schwimmender Seetang aus. Seine transparenten Flossen sind kaum erkennbar.

C

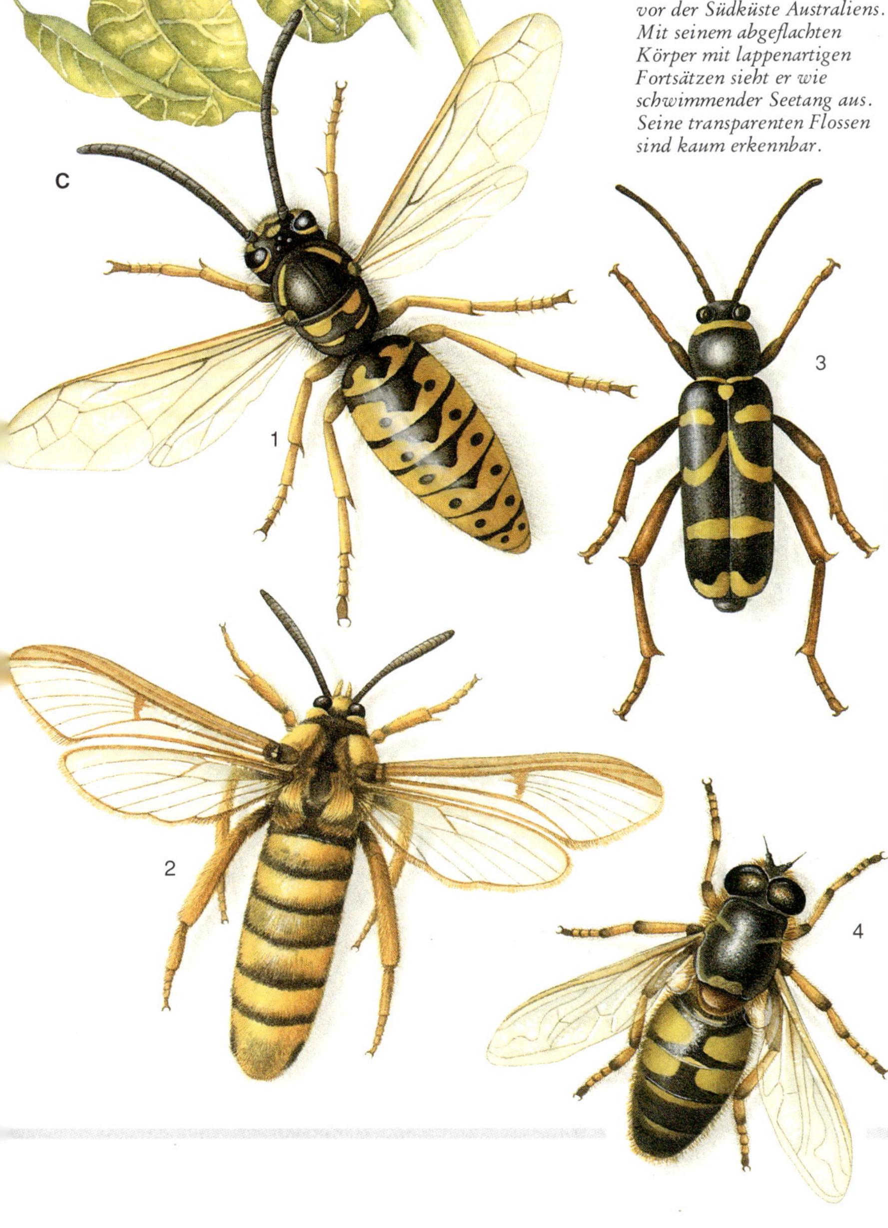

Lebende Steine (oben) sind südafrikanische Wüstenpflanzen mit dicken Wachsschichten auf den Blättern, die den Wasserverlust durch Transpiration auf ein Minimum herabsetzen. Wie andere trockenresistente Pflanzen sind sie in der Lage, in ihren sukkulenten Blättern große Wassermengen zu speichern. Diese Anpassung an den Wassermangel macht sie jedoch auch für durstige Wüstentiere sehr attraktiv. Diesen entgehen sie jedoch, weil sie kaum über den Wüstenboden hinausragen und in Gestalt und Färbung den Steinen der Umgebung zum Verwechseln ähnlich sehen (Mimese).

Tarnung, *S. 262/263*

Chemische Kriegsführung

Die Verwendung von Abwehrstoffen im Tierreich

Eine Dusche kochend heißer, ätzender Flüssigkeit, lähmende Giftspritzer, nach Fäulnis riechende oder narkotisierende Sekrete – all dies gehört zum chemischen Waffenarsenal der Tiere. Kraken und Kalmare sondern Tinte oder Leuchtflüssigkeiten ins Wasser ab, um einen Freßfeind zu verwirren, während sie selbst blitzartig flüchten. Andere Tierarten erzeugen äußerst wirksame Gifte, die bei einem Räuber, der so töricht ist, sie anzugreifen, große Schmerzen oder den Tod verursachen. Chemische Verteidigung geht oft mit einer auffälligen Färbung oder mit Abschreckverhalten einher.

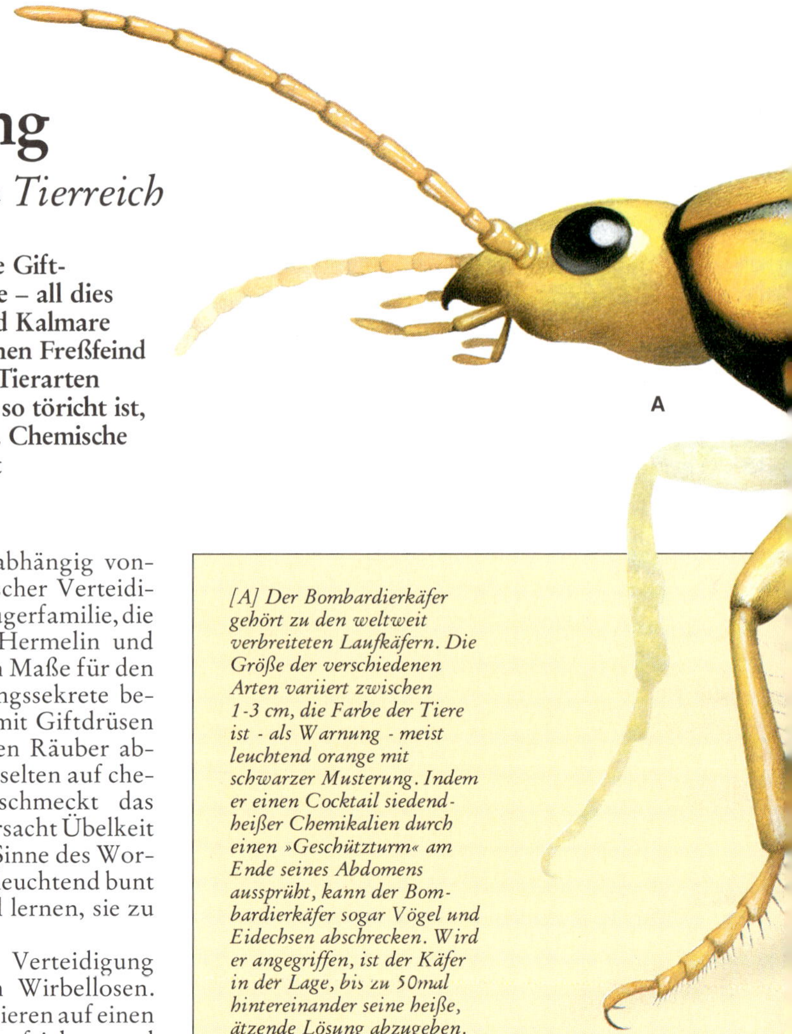

A

Bei Bedrohung steht der Schwarzkäfer (ganz oben) praktisch Kopf. Läßt sich ein Feind durch diese Vorstellung nicht beeindrucken, besprüht ihn der Käfer mit einem übelriechenden Reizmittel. Die Laubheuschrecke (oben) sondert Flüssigkeitströpfchen aus ihren Beingelenken ab.

Zahlreiche Tiergruppen haben unabhängig voneinander eine ganze Palette chemischer Verteidigungsstrategien entwickelt. Eine Säugerfamilie, die Mustelidae, zu der auch Wiesel, Hermelin und Stinktier gehören, ist in besonderem Maße für den Einsatz übelriechender Verteidigungssekrete bekannt. Die Haut vieler Kröten ist mit Giftdrüsen besetzt, deren Absonderungen jeden Räuber abschrecken. Vögel verlassen sich nur selten auf chemische Abwehrstoffe, dennoch schmeckt das Fleisch vieler Vögel faulig oder verursacht Übelkeit und Erbrechen. Diese im wahrsten Sinne des Wortes ungenießbaren Arten sind meist leuchtend bunt gefärbt, so daß Räuber sehr schnell lernen, sie zu meiden.

Die ausgeklügeltste chemische Verteidigung findet sich ohne Zweifel bei den Wirbellosen. Geißelskorpione beispielsweise reagieren auf einen Angriff, indem sie ihren Hinterleib aufrichten und ihrem Feind aus Analdrüsen einen feinen Nebel entgegensprühen, der aus einer stark ätzenden Flüssigkeit besteht.

Einige Käfer reagieren auf den Angriff eines Feindes durch sogenanntes »Reflexbluten«, meist aus den Beingelenken. Das Blut der Weichkäfer enthält Cantharidin - einen äußerst wirksamen Stoff, der Ameisen und andere Räuber abschreckt.

Wehrhafte Schmetterlinge

Die Raupen des Schwalbenschwanzes und der Apollo-Falter besitzen direkt hinter dem Kopf leuchtend rot oder orange gefärbte zweizipflige Verteidigungswaffen (Osmetrien). Diese sind normalerweise von einer Tasche verdeckt, können jedoch augenblicklich entblößt werden, wenn das Tier aufgestört wird. Die beeindruckende Präsentation dieser Waffen allein kann schon ausreichen, einen Räuber abzuschrecken. Wird der Angriff schließlich durchgeführt, geben die ausgefahrenen »Hörnchen« ein stark riechendes Sekret aus Fettsäuren ab, das die Raupe ihrem Feind zur Abwehr entgegenspritzt. Es gibt Hinweise darauf, daß Schwalbenschwänze zusammenarbeiten, um die Effektivität ihrer chemischen Verteidigung noch zu erhöhen. Wird ein Individuum am Rande einer Gruppe angegriffen, fahren alle anderen Schwalbenschwänze ihre Osmetrien aus. Diese »konzertierte Aktion« erzeugt einen regelrechten chemischen »Nebel« rund um die Gruppe.

Für die chemische Verteidigung muß ein Tier in die Produktion von Giften oder Stechapparaten Energie investieren. Einige Schmetterlingsarten sparen diese Energie ein, indem sie zur Verteidigung geeignete Chemikalien aus Futterpflanzen aufnehmen. Die Raupen des Monarchfalters fressen beispielsweise Wolfsmilchgewächse, die giftige chemische Verbindungen, sogenannte Cardenolide, enthalten. Diese Giftstoffe reichern sich im Körper der Raupen an und schützen sie - später auch die geschlüpften Schmetterlinge - vor Raubfeinden.

[A] Der Bombardierkäfer gehört zu den weltweit verbreiteten Laufkäfern. Die Größe der verschiedenen Arten variiert zwischen 1-3 cm, die Farbe der Tiere ist - als Warnung - meist leuchtend orange mit schwarzer Musterung. Indem er einen Cocktail siedendheißer Chemikalien durch einen »Geschützturm« am Ende seines Abdomens aussprüht, kann der Bombardierkäfer sogar Vögel und Eidechsen abschrecken. Wird er angegriffen, ist der Käfer in der Lage, bis zu 50mal hintereinander seine heiße, ätzende Lösung abzugeben. Seine Zielsicherheit ist dabei erstaunlich. Durch leichtes Schwenken der Spitze seines Abdomens kann er den Sprühregen zur Seite, vor- oder rückwärts lenken. Jede Entladung wird von einem lauten Knall und dem gleichzeitigen Ausstoß einer ätzenden Dampfwolke begleitet, was zur Ablenkung oder sogar zur zeitweiligen Erblindung des Räubers führt.

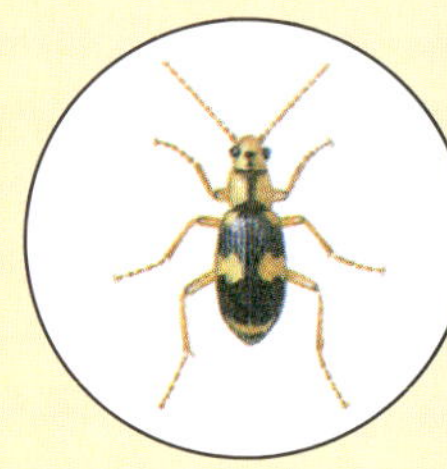

Natürliche Klebstoffe

Die wurmförmigen Stummelfüßer, die im feuchtwarmen Klima der Tropen leben, geben aus Drüsen am Ende ihrer Kopfanhänge eine geruchlose Flüssigkeit ab. Diese Substanz verfestigt sich sehr schnell zu einer gummiartigen Masse; Räuber verstricken sich in den zähen Klebstoffäden und werden bewegungsunfähig.

Blattläuse sondern flüssige Wachströpfchen aus hakenförmigen Gebilden an ihrem Abdomen ab. Das Wachs erhärtet beim Kontakt mit dem Angreifer augenblicklich und nimmt ihm die Bewegungsfreiheit.

Siehe auch: **Gifttiere,** *S. 248/249* **Trickreiche Überlebensstrategien,** *S. 258/259* **Mimikry,** *S. 264/265*

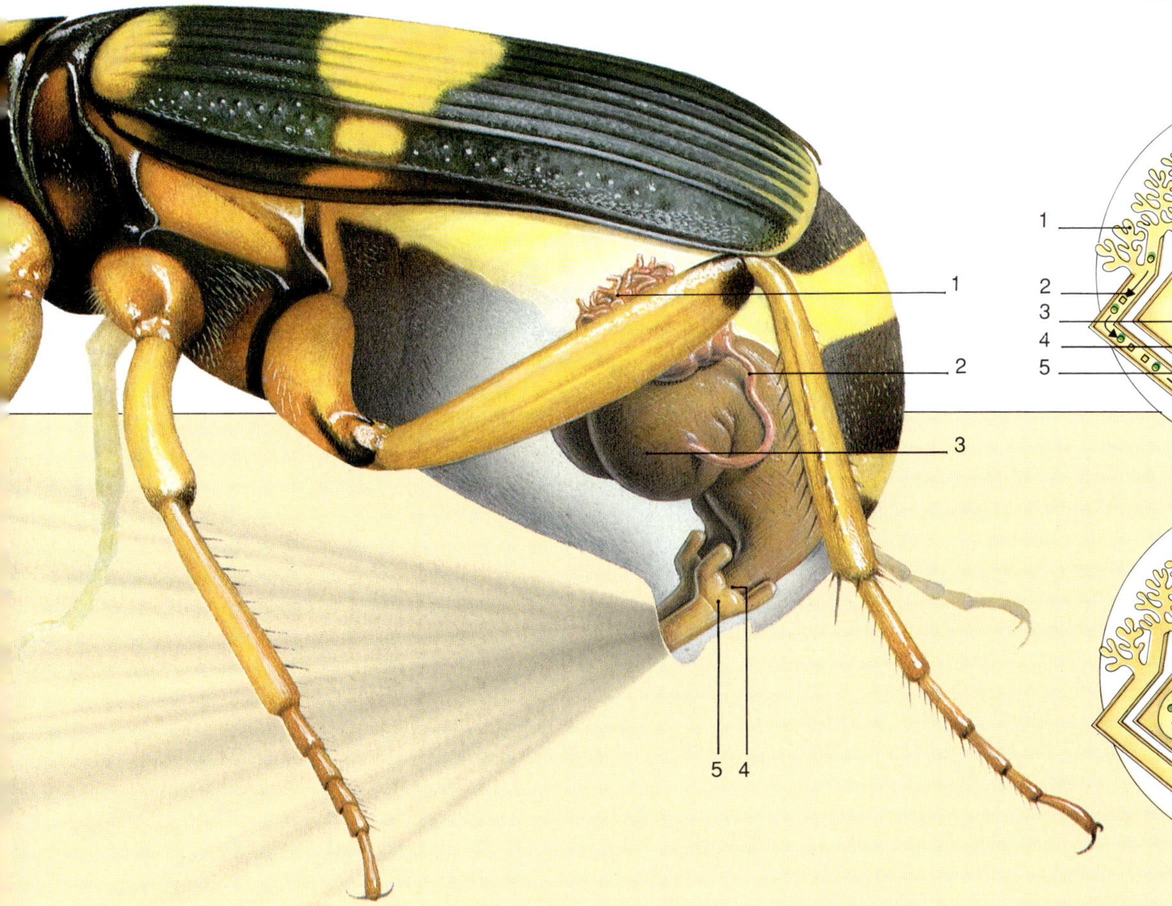

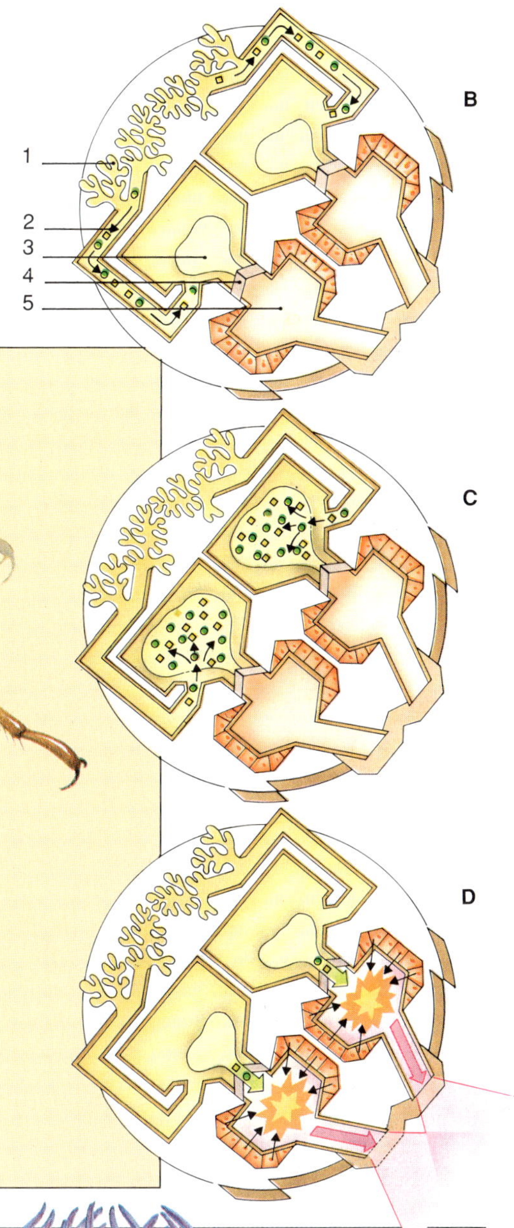

[A-B] Zwei Pygidialdrüsen im Abdomen des Bombardierkäfers produzieren die ätzenden Chemikalien und erzeugen die Entladungsexplosion. Jede Drüse besteht aus zahlreichen sekretorisch aktiven Zellen (1), die um den Ausführgang (2) angeordnet sind, der in einer Sammelblase (3) mündet.

Als Ventil wirkende Muskeln (4) verbinden die Sammelblase mit einer hitzeresistenten Explosionskammer (5).
[C] Die Drüsenzellen produzieren Hydrochinon und Wasserstoffperoxid, die in der Blase gespeichert werden. Jede Blase enthält Chemikalien für etwa 50 Entladungen.

[D] Wird der Käfer angegriffen, öffnet sich das Ventil, und die Chemikalien gelangen in die Explosionskammer. Dort werden bestimmte Enzyme produziert, die eine hitzeerzeugende Reaktion einleiten. Der Druck steigt und treibt die ätzende Flüssigkeit durch eine Öffnung neben dem Anus des Käfers nach außen.

Waffenraubende Schnecken

Fadenschnecken gehören zu den bestgeschützten marinen Organismen. Das Geheimnis dieser Meeresnacktschnecke verbirgt sich hinter ihren Rükkenanhängen (1), die in zwei Reihen ihren Körper entlanglaufen. Viele dieser Anhänge enthalten Nesselzellen (2), die auf alles, was sie berührt, ihre mit Haken besetzten und an der Spitze mit Gift versehenen Nesselfäden abschießen.

Die Nesselzellen produziert die Fadenschnecke nicht etwa selbst, sondern stiehlt sie ihrer bevorzugten Beute, der Seeanemone. Frißt die Schnecke eine Seeanemone, kann sie die Nesselkapseln aus ihren Tentakeln nicht verdauen; sie nimmt die Kapseln zwar auf, diese werden dann aber durch den gesamten Körper der Nacktschnecke bis in die Spitzen ihrer Rückenanhänge in die dort befindlichen Nesselzellentaschen transportiert. So erhält die Fadenschnecke ihre »Verteidigungswaffen« kostenlos, und sie spart Energie. Die auffallende Färbung soll potentiellen Freßfeinden als Warnung dienen.

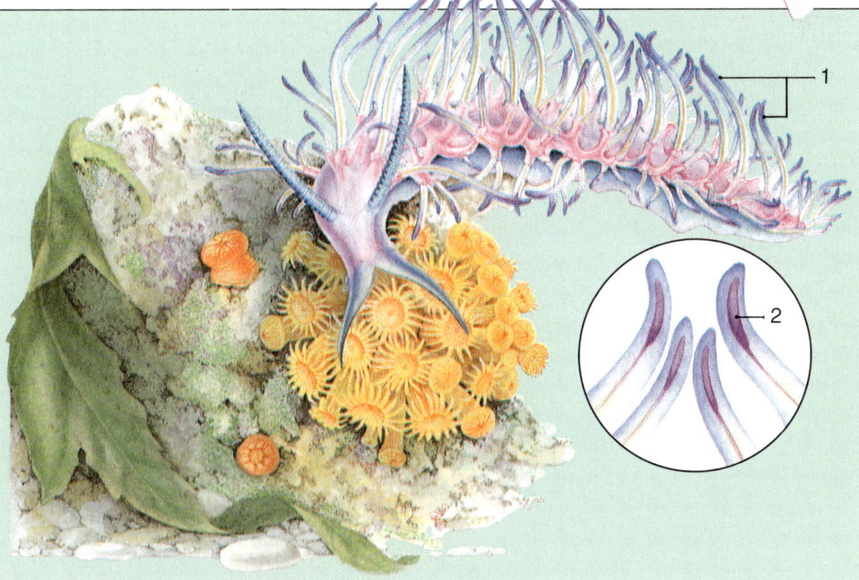

8
Sinne und Kommunikation

Jedes Lebewesen befindet sich in einer Umwelt. Ob sie aus Wasser besteht oder aus Luft, ob sie heiß oder kalt, feucht oder trocken ist, das Lebewesen muß ihre Bedingungen erkennen, um in ihr bestehen zu können. Dazu sind Sinne notwendig, die die unterschiedlichen Reize aufnehmen und verarbeiten. Je genauer ein Organismus seine Umwelt wahrnimmt und damit auch auf Veränderungen reagieren kann, desto eher ist er in der Lage, möglichen Gefahren aus dem Weg zu gehen. Seine Lebenserwartung steigt und damit der Erfolg seiner Art. Aber nicht nur die unbelebte Umwelt muß ein Lebewesen erkennen können. Um sich fortzupflanzen, ist es meist nötig, einen Partner zu finden. Partnerwerbung wie auch viele weitere Verhaltensweisen im Kontakt mit anderen Tieren, etwa die Gruppenjagd, verlangen Methoden der innerartlichen, aber auch der zwischenartlichen Verständigung. Dazu dienen Laute, Gerüche, Farben, Rituale…

Perfektes Timing

Wie Tiere nach biologischen Uhren leben

Siedelt man Schafe aus Australien nach Nordamerika um, pflanzen sie sich erst sechs Monate später fort als in ihrer Heimat. Sind sie in der südlichen Hemisphäre aufgewachsen, bekommen sie ihre Jungen im Oktober, wenn dort Frühjahr ist. Wenn sie jedoch über den Äquator hinaus umgesiedelt werden, ändert sich ihr Fortpflanzungsverhalten, und sie bekommen im Mai Nachwuchs. Man weiß noch nicht genau, wie und warum sich dieser Fortpflanzungsrhythmus verschiebt, doch besitzen alle Arten von Organismen, von der kleinsten Alge bis zum größten Wal, biologische Uhren, die ihr Leben steuern.

Biologische Uhren sind so alt wie das Leben selbst Schon immer mußten sich Organismen unter ständig wechselnden Umweltbedingungen behaupten. Die Erdrotation bedingt eine Tag-/Nachtrhythmik mit wechselnden Licht- und Temperaturverhältnissen. Darüber hinaus verursacht die Drehung der Erde um die Sonne den Wechsel der Jahreszeiten. Und schließlich wirkt sich der Mond auf Ebbe und Flut aus. So überrascht es nicht, daß sowohl Einzeller als auch vielzellige Pflanzen und Tiere ihre inneren Uhren haben, die zahlreiche biochemische Reaktionen steuern.

Tagesrhythmen und Jahreszeiten

Viele Vorgänge in der Natur sind durch Tagesrhythmen geprägt. Manche Pflanzen öffnen ihre Blüten morgens und schließen sie abends wieder. Zahlreiche Tiere sind entweder tag- oder nachtaktiv. Eine Beschränkung ihrer Aktivität nur auf bestimmte Zeiten des Tages vermindert Konkurrenz untereinander und gewährleistet ein konfliktfreies Zusammenleben verschiedener Arten in demselben Lebensraum. Dank innerer Uhren kommen unterirdisch lebende Tiere genau zur richtigen Zeit aus ihrem Bau.

Der Wechsel der Jahreszeiten führt häufig zu Problemen: Kalte oder trockene Perioden verursachen Nahrungsknappheit und Wassermangel. Tiere wie auch Pflanzen müssen sich rechtzeitig gegen solche Umwelteinflüsse schützen können, um ihr Überleben zu sichern.

Die Jahreszeiten spielen auch für die Fortpflanzung eine wichtige Rolle: Nur wenn förderliche Umweltbedingungen bevorstehen, bekommen Tiere Nachwuchs und produzieren Pflanzen ihren Samen. So paaren sich höhere Tiere häufig schon im Herbst, so daß die Jungen im nächsten Frühjahr geboren werden können. Andere führen lange Wanderungen durch, damit ihre Jungen in Gegenden mit reichem Nahrungsangebot und günstigem Klima zur Welt kommen.

Mond und Gezeiten

In kaum einem anderen Lebensraum der Erde finden so gravierende Umweltveränderungen statt wie an Meeresküsten. Bei Ebbe sind strandbewohnende Tiere der Sonneneinstrahlung und den Angriffen von Vögeln oder anderen Raubtieren ausgesetzt. Bei Flut hingegen werden sie von den Wellen hin- und hergetrieben und von Salzwasser überspült. Für viele Tiere ist es lebensnotwendig, rechtzeitig vor steigenden und fallenden Wasserständen gewarnt zu sein, um sich eingraben oder in Felsspalten verkriechen zu können.

[A-B] Bei vielen Insekten befindet sich die übergeordnete Uhr im Gehirn. Von dort werden zahlreiche Abläufe der Metamorphose durch Hormonausschüttung beeinflußt. Hyalophora cecropia [A] schlüpft normalerweise in den Vormittags- und Antheraea pernyi [B] in den Nachmittagsstunden (1). Entfernt man bestimmte Gehirnabschnitte während der Verpuppungszeit, schlüpfen die Falter zu ganz unterschiedlichen Tageszeiten (2). Bei einer Reimplantation des Gehirns ins Abdomen der Puppe stellt sich die artspezifische Schlüpfzeit wieder ein (3). Tauscht man die Gehirnteile gegeneinander aus, übernehmen sie die Schlüpfzeit der anderen Art (4).

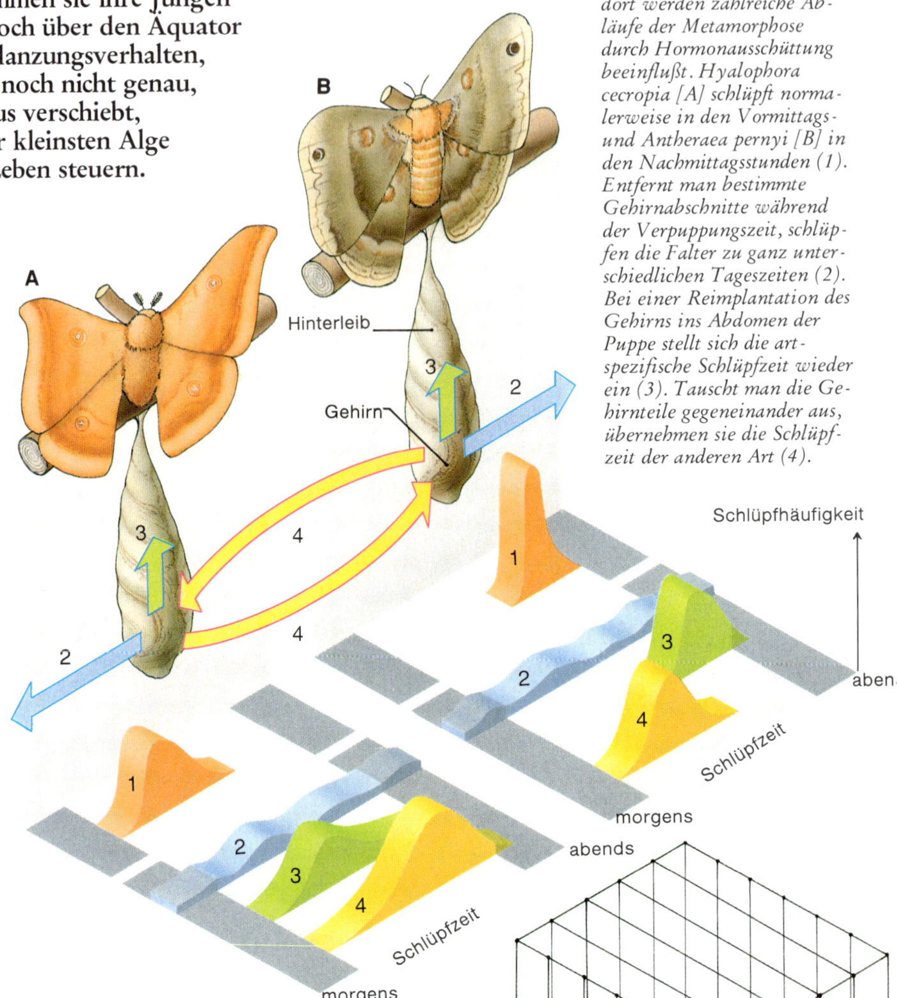

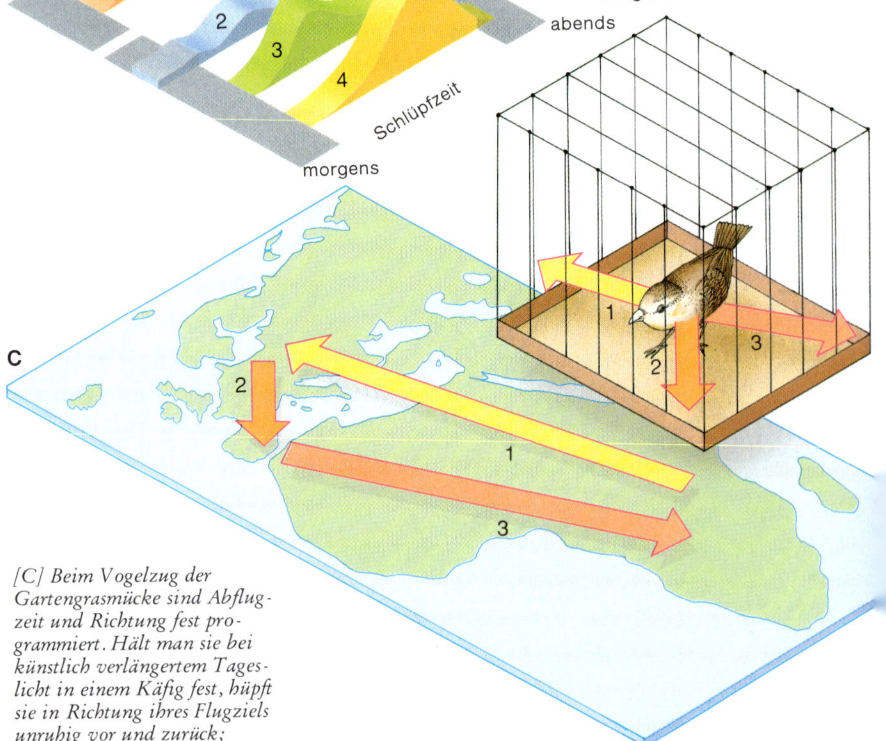

[C] Beim Vogelzug der Gartengrasmücke sind Abflugzeit und Richtung fest programmiert. Hält man sie bei künstlich verlängertem Tageslicht in einem Käfig fest, hüpft sie in Richtung ihres Flugziels unruhig vor und zurück; im Frühjahr nach Norden (1), im Spätsommer nach Südwesten (2) und im Herbst nach Südosten (3).

Siehe auch: **Ebbe und Flut,** *S. 48/49* **Fortpflanzung der Wirbellosen,** *S. 160/161*

[D] Auch der Mensch lebt nach einem »circadianen«, d.h. 24-Stunden-Rhythmus: Tagsüber ist er normalerweise wach, und nachts schläft er. Das Schlafverhalten ändert sich, wenn jemand in einem Versuchsraum isoliert vom Tag/Nacht-Wechsel der Außenwelt lebt. Die Periodendauer der Wach- und Schlafphasen verschiebt sich dann allmählich zu einem 25-Stunden-Zyklus hin. Trotz vereinzelter extrem langer Wachphasen bleibt aber das grundlegende Verhaltensmuster monatelang gleich. Das spricht für die Steuerung durch eine innere Uhr, die durch den natürlichen Tag/Nacht-Rhythmus einem 24-Stunden-Tag angepaßt ist. Bei Großstadtbewohnern kann er außerdem mit anderen Signalen des üblichen Tagesablaufs in Verbindung stehen. Durch eine Flugreise von einem zum anderen Ende der Erde wird die Tagesrhythmik durcheinandergebracht. Außerdem werden die einzelnen circadianen Uhren, die verschiedene Körperfunktionen steuern, ganz unterschiedlich umgestimmt, so daß die Gesamtsynchronisation des Stoffwechsels leidet. Oft paßt sich der Organismus erst nach Tagen an den neuen Außenzyklus an. Dies alles ist typisch für biologische Uhren: Die grundlegende angeborene Zeitperiodik ist in der Lage, sich Veränderungen aufgrund bestimmter Signalgeber in der Umwelt anzupassen.

Viele Meerestiere nutzen den Gezeitenwechsel auch für die Fortpflanzung. Einige Tiefseefische laichen nur in bestimmten Phasen der Flut. Sie reagieren dabei eher auf gezeitenbedingte Änderungen von Temperatur, Druck und Salzgehalt als auf das Licht des Mondes. Der Grunion, ein kleiner, silbrig glänzender Fisch, kommt im Frühjahr in Schwärmen an kalifornische Strände und laicht nur nachts bei Springfluten ab.

Noch immer ein Geheimnis

Die biologischen Uhren sind eine große Herausforderung für die Wissenschaft. Obwohl man seit Hunderten von Jahren von ihnen weiß, versteht man bis heute nicht genau, wie sie funktionieren oder wo sie im Körper sitzen. Gewisse Stoffwechselfunktionen werden von zellulären Uhren gesteuert. In vielen höheren Organismen gibt es jedoch darüber hinaus noch eine übergeordnete Uhr im Gehirn, die über Hormone und Nerven die Gesamtkontrolle ausübt.

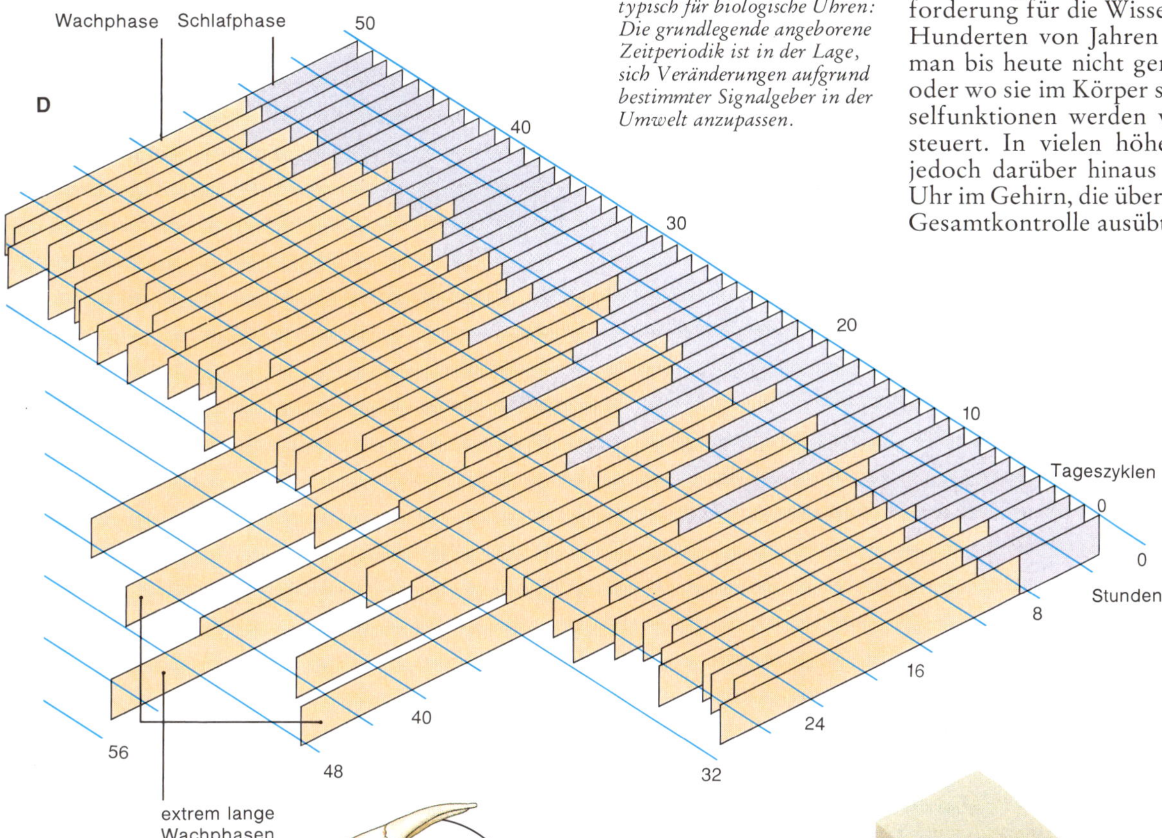

[G] Europäische Strandkrabben regulieren ihre tägliche Aktivität mit Hilfe einer »Gezeiten-Uhr«. Zur Nahrungsaufnahme verlassen sie ihre Verstecke bei aufkommender Flut, geht sie zurück, verkriechen sie sich wieder und entziehen sich damit den Angriffen des Reiherläufers und anderen Vögeln. Andere Krabben nutzen einen doppelten Zeitgeber: Sie verlassen ihre Höhle nur bei Niedrigwasser und gleichzeitiger Dunkelheit, damit Räuber sie nicht so leicht erkennen können. Da die Gezeiten auch vom Mondphasenzyklus bestimmt werden, besitzen viele dieser Tiere noch ein weiteres Zeitmeßsystem: eine »Lunar-Uhr«, die sich an der unterschiedlichen Intensität des Mondlichtes orientiert.

[E] Winker-Krabben haben eine seltene Tagesrhythmik: Zur Nahrungsaufnahme kommen sie nur bei Ebbe hervor. Damit setzen sie sich Feinden ungeschützt aus, doch können sie nur bei Niedrigwasser ihre Balz durchführen.

[F] Der grüne Strudelwurm Convoluta hat sowohl eine Gezeiten-Uhr als auch eine circadiane Uhr. Er bezieht Kohlenhydrate von Grünalgen, die symbiontisch in seinem Körpergewebe leben. Da diese zur Photosynthese Licht benötigen, kommt der Wurm nur tagsüber und bei Ebbe an die Wattoberfläche, sonst bleibt er im Sand vergraben.

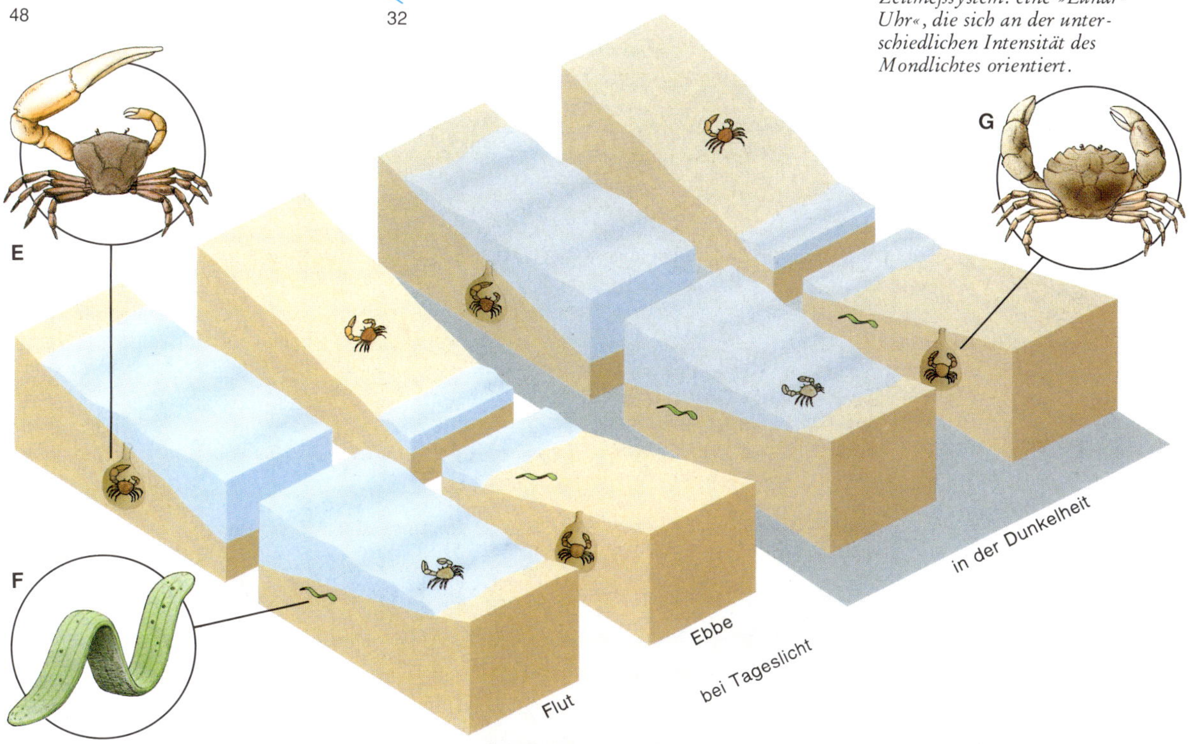

Lebendes Licht im Dunkeln

Wie und warum leuchten Tiere?

Der Laternenfisch strahlt das hellste Licht aller Organismen aus - noch aus 30 m Entfernung ist es zu erkennen. Es ist nur schwer vorstellbar, daß ein Organismus, ohne dabei Wärme zu erzeugen, ein so weitreichendes Licht hervorbringen kann, doch einige Tierarten, darunter Fische, Garnelen, Kalmare, Hundertfüßer und Käfer, aber auch einige Pilze und Bakterien, sind dazu durchaus in der Lage. Dieses Licht, die sogenannte Biolumineszenz, kann als gleichmäßiger Lichtschein, aber auch als Serie einzelner Lichtblitze auftreten - einige Tierarten können ihr Licht sogar willkürlich an- oder ausschalten.

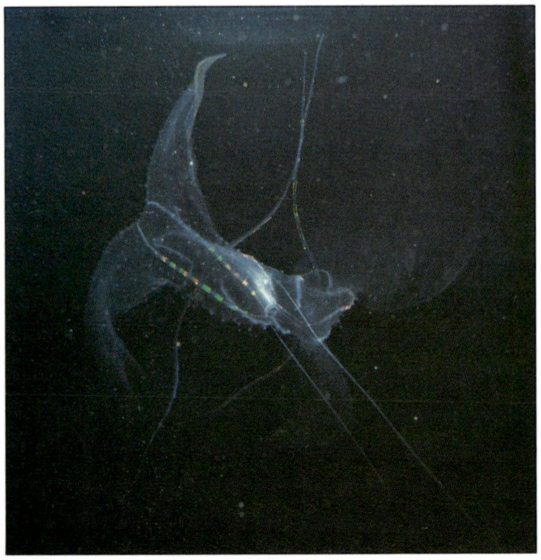

A

[A] Rippenquallen der Gattung Beroe sind durch einzellige Algen in ihren Körpergeweben zartgelb gefärbt. Chemische Reaktionen jedoch, die in den Häuten ihrer acht Gastraltaschen ablaufen, erzeugen biolumineszente Punkte, die durch die transparente Epidermis der Tiere strahlen, wenn sie gestört werden; zudem locken sie auf diese Weise vermutlich auch Beute an. Anders als tentakeltragende Arten, die sich von Plankton ernähren, fressen die Rippenquallen der Gattung Beroe andere Rippenquallen, indem sie sie in ihre großen Mundöffnungen einsaugen.

B

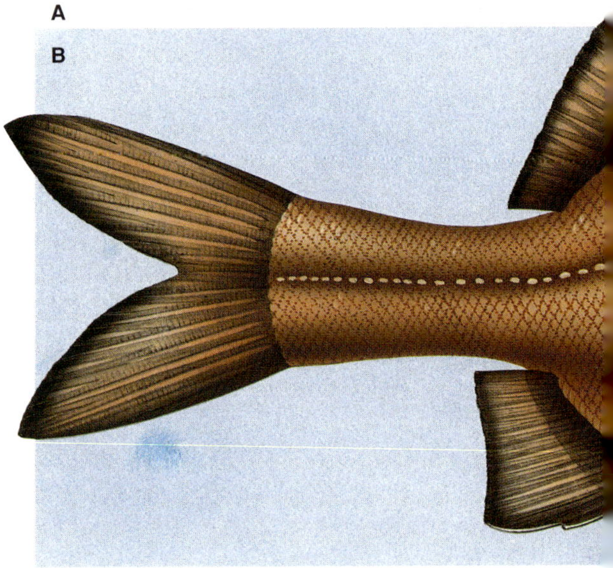

[B] Der Laternenfisch Photoblepharon palpebratus ist ungefähr 9-15 cm lang. Er lebt in dunklen Höhlungen der Korallenriffe des Roten Meeres und des Indischen Ozeans. In dunklen Nächten schwimmen diese Fische in großer Zahl an die Wasseroberfläche. Die bohnenförmigen Leuchtorgane unter den Augen sollen vermutlich Beutetiere anlocken. Indem sich der Laternenfisch nachts auf Nahrungssuche begibt - um sich zu schützen, meist in großen Schwärmen -, geht er den zahlreichen Raubfischen aus dem Weg, die tagsüber im Oberflächenwasser lauern.

[B] Die Leuchtorgane des Laternenfisches befinden sich direkt unter dem Auge. Das Licht erzeugen Leuchtbakterien in speziellen Drüsenschläuchen. Ein Milliliter Flüssigkeit enthält bis zu 10 Milliarden Leuchtbakterien. Sehr feine Blutkapillaren liefern den Bakterien die nötigen Nährstoffe. Zwischen Fisch und Bakterien besteht ein besonderes symbiontisches Verhältnis, eine sogenannte

Das als Biolumineszenz ausgestrahlte Licht wird durch chemische Reaktionen in lebenden Zellen und Geweben erzeugt. Bei einem dieser Prozesse wird das Protein Luziferin durch den Biokatalysator Luziferase abgebaut, die während des Abbaus freiwerdende Energie wird in Form von Licht abgegeben. Eine andere Reaktion ohne Katalysator findet man bei einigen Quallen, Garnelen und marinen Würmern (z. B. Polychaeten) vor; hier sendet ein selbstleuchtendes Protein Licht aus, wenn es mit Calcium- oder Eisenionen oder mit Sauerstoff in Berührung kommt.

Da bei diesen Reaktionen meist Sauerstoff verbraucht wird, liegt die Vermutung nahe, daß sich die Fähigkeit zur Lumineszenz ursprünglich entwickelt hat, um Sauerstoff aus den Zellen zu entfernen. Dies wäre z. B. für einfache Organismen wichtig gewesen, die sich in einer nahezu sauerstofflosen Atmosphäre entwickelten und für die Sauerstoff nicht nur ein unverwertbares, sondern sogar ein giftiges Gas war. Als jedoch die Photosynthese der Pflanzen die Atmosphäre mit Sauerstoff anzureichern begann, mußten jene einfachen Organismen ihren Stoffwechsel an die neuen Lebensbedingungen anpassen.

Die Quelle des Lichtes

Zu den Organismen, bei denen die lichterzeugende chemische Reaktion in Geweben und Zellen abläuft, gehören Bakterien, Tintenfische, Tiefseefische, einige marine Würmer und sogar verschiedene marine Einzeller – Dinoflagellaten, die im Falle einer Störung Lichtblitze aussenden: Sie verursachen das sogenannte Meeresleuchten in tropischen und subtropischen, aber auch in unseren Breiten. Bei höherentwickelten Leuchtorganismen ist die Biolumineszenz auf besondere Leuchtorgane beschränkt, in denen das Licht durch eine Linse und einen Reflektor gebündelt und beim Passieren verschiedener Pigmente gefärbt wird. Bei einigen dieser Tiere erfolgt die Steuerung der Lichtemission durch Nervenimpulse.

Einige Fische und Garnelen nutzen das Licht von Bakterien, die sich in besonderen Körperfalten oder Hauttaschen dieser Tiere befinden. »Phosphoreszierende« Tiere speichern das Licht äußerer Quellen als energiereiche Elektronen in ihrem Körper und strahlen es später wieder aus.

Liebeslichter

Viele Tiere entfalten Lichtmuster, um bei Nacht oder in der Dunkelheit der Tiefsee Paarungspartner anzulocken. Bei vielen Tiefseefischen sowie bei Kalmaren bilden die Leuchtorgane spezifische Muster entlang des Körpers. Da diese sich sogar bei sehr nahe verwandten Arten unterscheiden, erleichtern sie vermutlich während der Werbung die Partnererkennung. Die Weibchen einiger Tiefsee-Anglerfische ködern mit Lichtblitzen Männchen, aber auch verschiedene Beutetiere.

Die flügellosen Weibchen der Leuchtkäfer (»Glühwürmchen«) senden von der Spitze ihres Abdomens ein ununterbrochenes Leuchtsignal aus. Ein paarungsbereites Weibchen erklettert einen Grashalm und streckt sein Abdomen nach oben, um die darauf befindlichen Leuchtflecke zu präsentieren. Die geflügelten Männchen finden ihr Ziel mit Hilfe dieser Lichtpunkte. Jede Käferart zeigt ihr individuelles, verschiedenfarbiges Leuchtmuster. Ein Vertreter der Lampyridae besitzt auf jedem Körpersegment drei Leuchtpunkte, die grünes Licht ausstrahlen und im Flug drei lange Lichtstreifen bilden. Im englischen Sprachraum werden diese Käfer daher auch »night train« (Nachtzug) genannt.

Siehe auch: Anpassung der Tiere an Höhen und Tiefen, *S. 146/147* Symbiose, *S. 192/193* Sehen, *S. 274/275* Nervensystem, *S. 284/285*

Leuchtkäfer

Leuchtkäfer locken ihre Paarungspartner durch Lichtblitze an. Anders als beim »Glühwürmchen« leuchten bei einigen anderen Leuchtkäferarten beide Geschlechter. Die Männchen fliegen nahe über dem Boden und betreiben wahre Luftakrobatik, wobei sie mit rhythmischen Lichtblitzen arttypische Signale erzeugen. Die Arterkennung ist jedoch weitaus komplizierter. Das Weibchen, das nur einem Männchen derselben Art antwortet, muß mit seinen Lichtpulsen in einem genau festgelegten Zeitintervall auf die Lichtblitze des Männchens antworten, bevor dieses zur näheren Kontaktaufnahme landet. In Nordamerika wird das Signal eines weiblichen Leuchtkäfers der Gattung Photinus von den Weibchen einer größeren Art (Photuris) imitiert. Wenn ein Photinus-Männchen seine leuchtende Flugvorführung gibt, antwortet das Photuris-Weibchen mit dem richtigen Signal; fliegt das Photinis-Männchen dann jedoch zu dem Photuris-Weibchen, um sich zu paaren, wird es von diesem ergriffen und gefressen.

Die Leuchtkäfer der Gattung Photinus erkennen sich untereinander an spezifischen Lichtmustern: P. brimleyi (1), P. collustrans (2), P. ignitus (3) und P. granulatus (4). Die Leuchtorgane befinden sich an der Unterseite der Käfer. Sie sind in charakteristischen Mustern angeordnet.

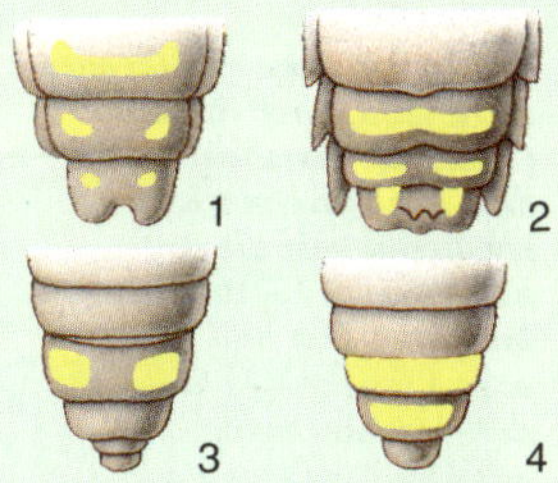

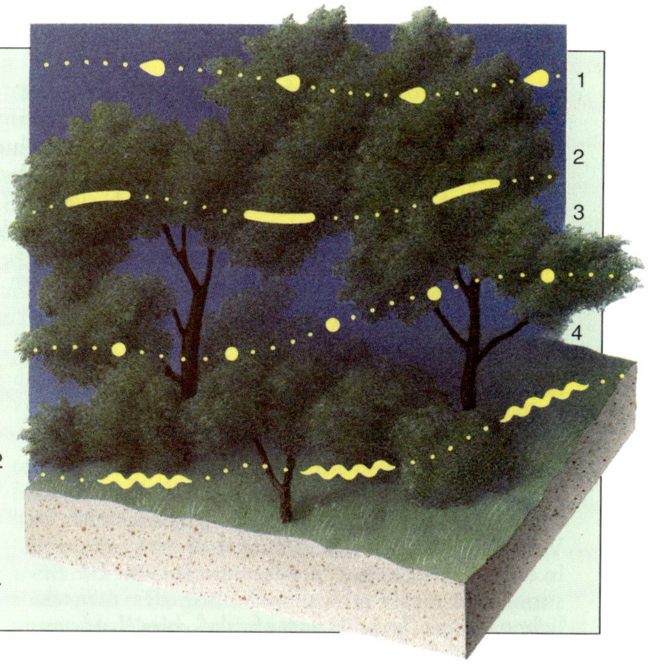

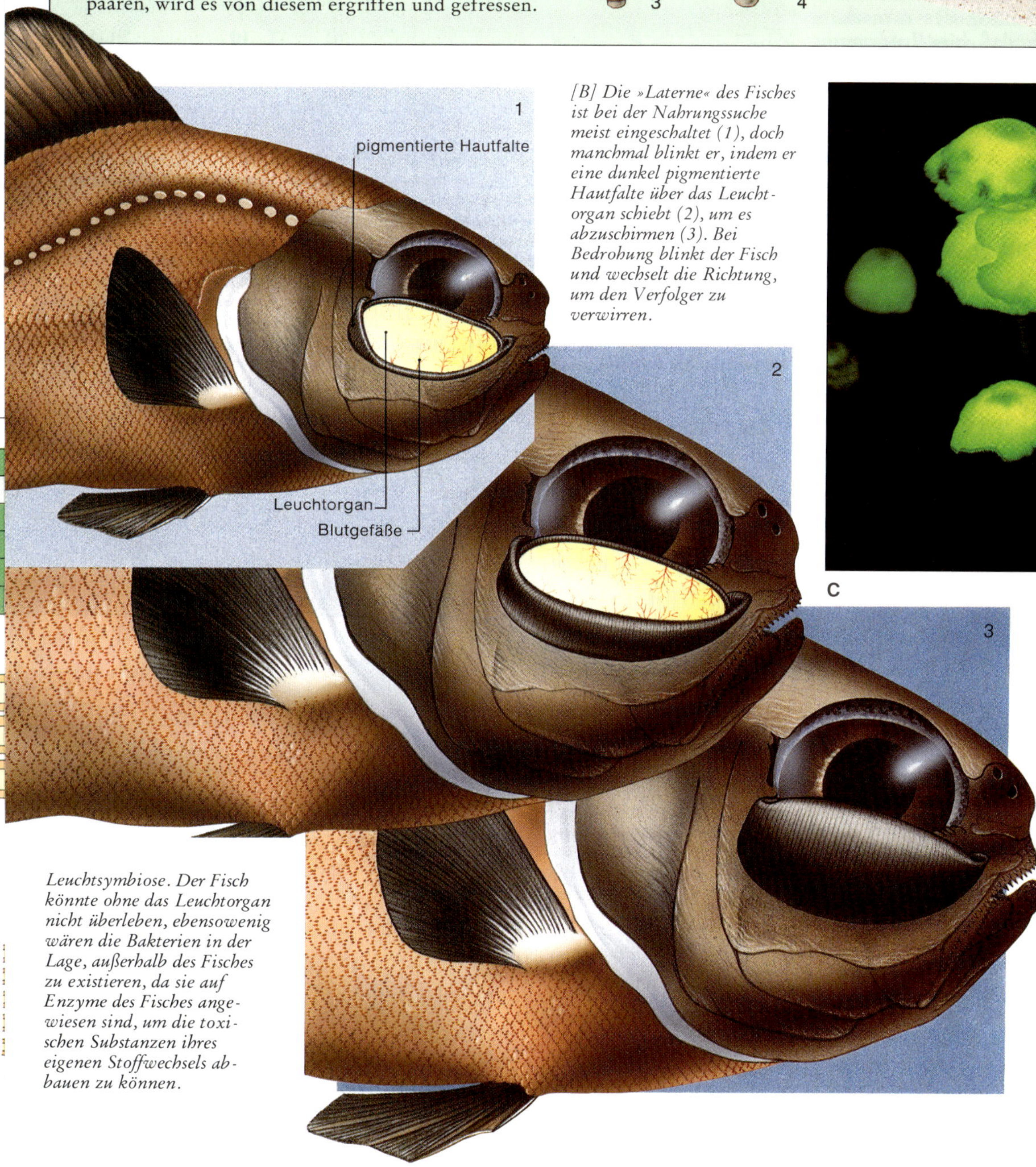

[B] Die »Laterne« des Fisches ist bei der Nahrungssuche meist eingeschaltet (1), doch manchmal blinkt er, indem er eine dunkel pigmentierte Hautfalte über das Leuchtorgan schiebt (2), um es abzuschirmen (3). Bei Bedrohung blinkt der Fisch und wechselt die Richtung, um den Verfolger zu verwirren.

Leuchtsymbiose. Der Fisch könnte ohne das Leuchtorgan nicht überleben, ebensowenig wären die Bakterien in der Lage, außerhalb des Fisches zu existieren, da sie auf Enzyme des Fisches angewiesen sind, um die toxischen Substanzen ihres eigenen Stoffwechsels abbauen zu können.

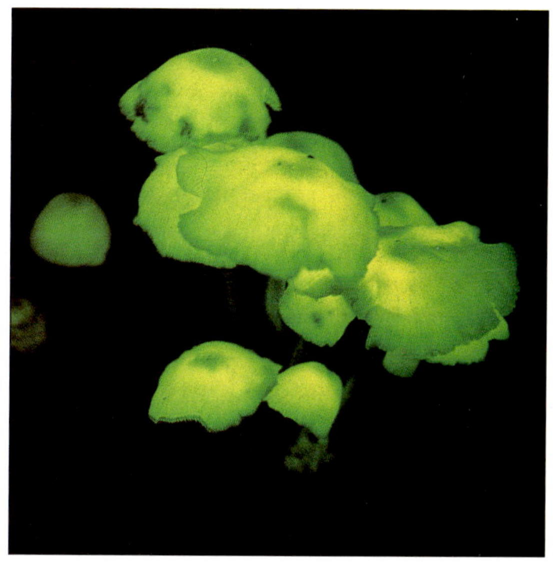

C

[C] Leuchtpilze wachsen auf absterbenden Bäumen und sind in tropischen Wäldern, aber auch in den Wäldern gemäßigter Klimazonen anzutreffen. Ihre Leuchtfähigkeit ist vermutlich ein Überbleibsel aus jenen Zeiten, als die Pilze aus der Atmosphäre aufgenommenen Sauerstoff noch binden mußten. Möglicherweise locken die Pilze auch mit Hilfe ihres Leuchtvermögens nachts Insekten an, die für die Verbreitung der Sporen wichtig sind. Bei einigen Eingeborenenstämmen benutzen die jungen Mädchen leuchtende Pilze zur Körperbemalung - in der Hoffnung, auf diese Weise einen Partner zu gewinnen.

Kommunikation: Optische Signale, *S. 292/293*

Spuren im Wind

Wie Tiere riechen und schmecken

Der europäische Flußaal besitzt zweifellos den am höchsten entwickelten »Geruchssinn« aller Wirbeltiere. Er kann den dreitrillionsten Teil einer im Wasser gelösten Substanz aufspüren. Diese Fähigkeit ermöglicht dem wandernden Aal, Tausende von Kilometern quer durch den Ozean den Weg zu seinem Geburtsort in der Sargassosee zu finden. Andere Fische können die Geruchsstoffe eines Räubers wahrnehmen, lange bevor dieser ihnen gefährlich nahe kommen kann. Auch einige Säuger verfügen über einen beachtlichen Geruchssinn – der Eisbär z.B. nimmt einen toten Seehund schon aus einer Entfernung von 20 km wahr.

Zwischen Geschmacks- und Geruchssinn läßt sich nicht immer scharf trennen. Bei Landtieren nimmt der Geruchssinn vor allem Spuren von Duftstoffen in der Luft wahr, während der Geschmackssinn dazu dient, in Wasser gelöste Substanzen zu prüfen. Da aber die Riechzellen die in der Luft vorhandenen Geruchsmoleküle erst analysieren, nachdem sie sich in einem dünnen Flüssigkeitsfilm auf den olfaktorischen (Geruchs-) Organen gelöst haben, ist eine Unterscheidung eher willkürlich. Ist man erkältet, kann man häufig nicht richtig schmecken. Die Nase ist dann blockiert, so daß Duftmoleküle vom Mund aus nicht die Riechzellen im hinteren Teil der Nasenhöhle erreichen; unser Geschmack ist also eine Kombination aus Geschmacks- und Geruchseindruck.

Bei Fischen, die keine Luft atmen, ist die Unterscheidung noch schwieriger. Der Geruchssinn wird dazu benutzt, Duftmoleküle auf eine bestimmte Entfernung und in geringer Konzentration wahrzunehmen, während der Geschmackssinn über Art und Qualität von höher konzentrierten Substanzen in der unmittelbaren Umgebung informiert.

Das Geheimnis des Geruchssinns

Menschen haben einen relativ schwachen Geruchssinn. Dennoch können wir an die 10 000 verschiedene chemische Verbindungen anhand ihres Geruches unterscheiden. Die menschliche Nase enthält aber nicht etwa 10 000 verschiedene Riechzellen; man vermutet eher, daß es nur 7 Hauptgruppen von Gerüchen gibt: Kampher, Moschus, Blüten, Pfefferminz, Ether, stechend-beißende Gerüche und Aasgeruch. In jeder Gruppe sind sich die Chemikalien, die den jeweiligen Geruchseindruck erzeugen, auf molekularer Ebene in Größe und Struktur recht ähnlich. Es gibt deshalb wohl mindestens 7 verschiedene Typen von Riechzellen, jeder hat einen auf eine dieser chemischen Substanzklassen passenden Chemorezeptor (Empfänger). Chemische Verbindungen, die gut auf einen Rezeptor passen, erzeugen einen stärkeren Reiz als solche, die nur eine lose Bindung mit dem Rezeptor eingehen. Außerdem können sogenannte intermediäre Verbindungen gleichzeitig mehrere Rezeptortypen reizen. Dies schafft eine Art »Geruchscode«, den das Gehirn anhand des Reizungsgrades aller beteiligten Rezeptoren entschlüsselt.

Empfindliche Nasen

Die Schärfe der Sinneseindrücke hängt zum großen Teil von Anzahl und Dichte der beteiligten Sensorzellen ab. Einige männliche Nachtfalter tragen über 150 000 Chemorezeptoren auf ihren Antennen, von denen viele nur auf das weibliche Pheromon reagieren. Das Riechepithel der menschlichen Nase bedeckt eine Fläche von ungefähr 14 cm², das eines Hundes, der eine viel größere und differenziertere Wahrnehmung von Gerüchen besitzt, kann dagegen 150 cm² bedecken.

Geschmack funktioniert auf ganz ähnliche Weise. Bei den Säugetieren besitzen die Pflanzenfresser die meisten Geschmacksknospen auf der Zunge. Insektenfressende Fledermäuse haben etwa 800, Menschen 9000, Schweine 15 000, Kaninchen 17 000 und Kühe 30 000 Geschmacksknospen. Der Geschmackssinn der Vögel ist relativ schwach entwickelt, Sehvermögen und Gehör sind besser ausgebildet, dennoch können etwa Sturmvögel und Gänsegeier Aas schon aus einigen Kilometern Entfernung wahrnehmen. Schnepfenstrauße spüren mit ihrem Geruchssinn Futter im Boden auf. Reptilien verlassen sich mehr auf ihren Geruchs- als auf ihren Geschmackssinn, während es bei Amphibien eher umgekehrt ist.

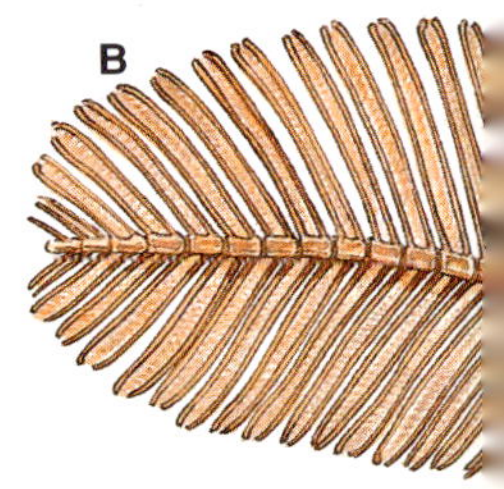

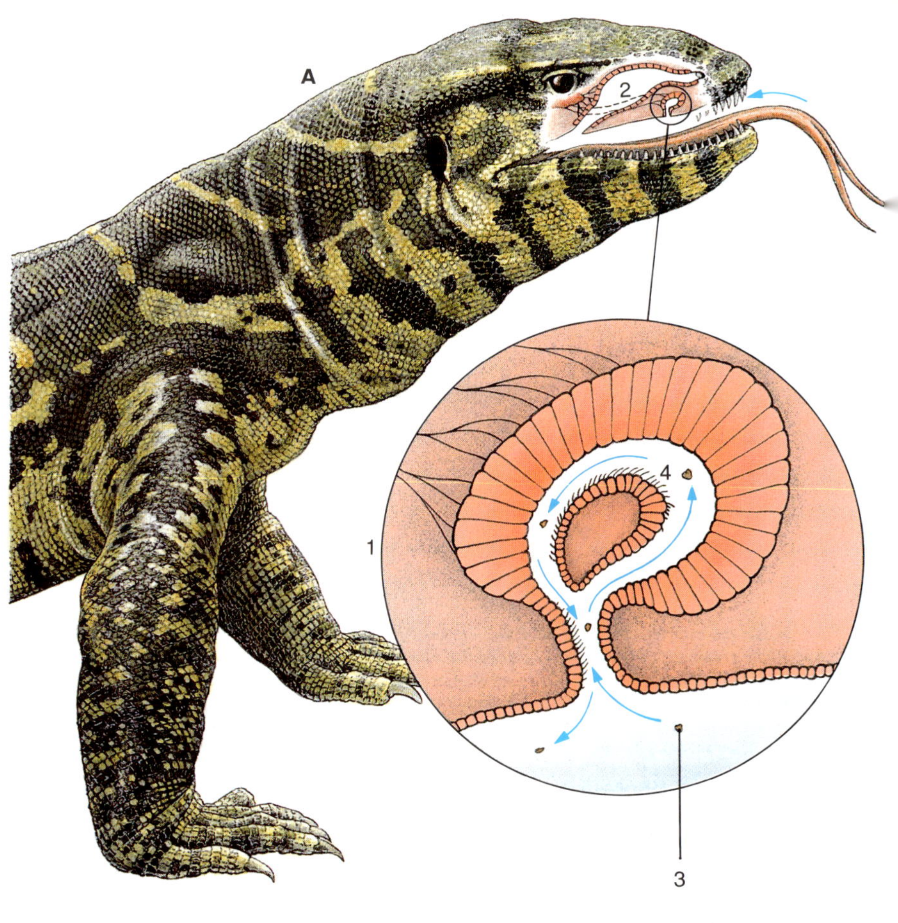

[A] Der Waran hat wie viele Eidechsen-, Amphibien- und Schlangenarten ein hochspezialisiertes Geruchsorgan, das Jacobsonsche Organ (1) - eine paarige Höhlung oberhalb des Gaumendaches. Die Höhlungen werden von Sinneszellen ausgekleidet, die direkt mit dem Gehirn in Verbindung stehen (primäre Sinneszellen). Sie sind vollständig von den Chemorezeptoren in der Nasenhöhle (2) abgeschirmt. Mit der Zunge werden Reizmoleküle aufgenommen und an die Öffnung des Organs gebracht. Im Jacobsonschen Organ umstreichen die Moleküle (3) die Flimmerhärchen (4) der Sinneszellen.

Siehe auch: Tierische Zellen, *S. 102/103* Tierwanderungen als Instinktverhalten, *S. 228/229* Sehen, *S. 274/275* Gehör, *S. 278/279* Sechster Sinn, *S. 282/283*

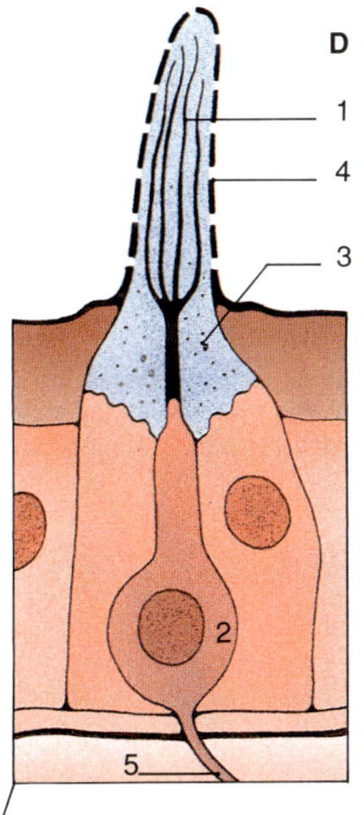

[B-D] Viele Insekten, so der afrikanische Mondspinner [B], besitzen Chemorezeptoren auf den Antennen, während sich bei Wirbeltieren, wie dem Deutschen Schäferhund [C], Riechepithelien in der Nasenhöhle befinden. In beiden Fällen wird die Rezeptoroberfläche [D] von einem Dendriten (1) der Rezeptorzelle (2) gebildet. Der Dendrit schwimmt in einer wäßrigen Lösung (3), die den Rezeptorkontakt vermittelt. Bei den Insekten sitzt jeder Rezeptor in einer von Poren durchbrochenen chitinhaltigen Tasche (4). Bei Wirbeltieren sind die Riechorgane mit einer Schleimhaut überzogen. Informationen gelangen über das Axon (5) zum Gehirn.

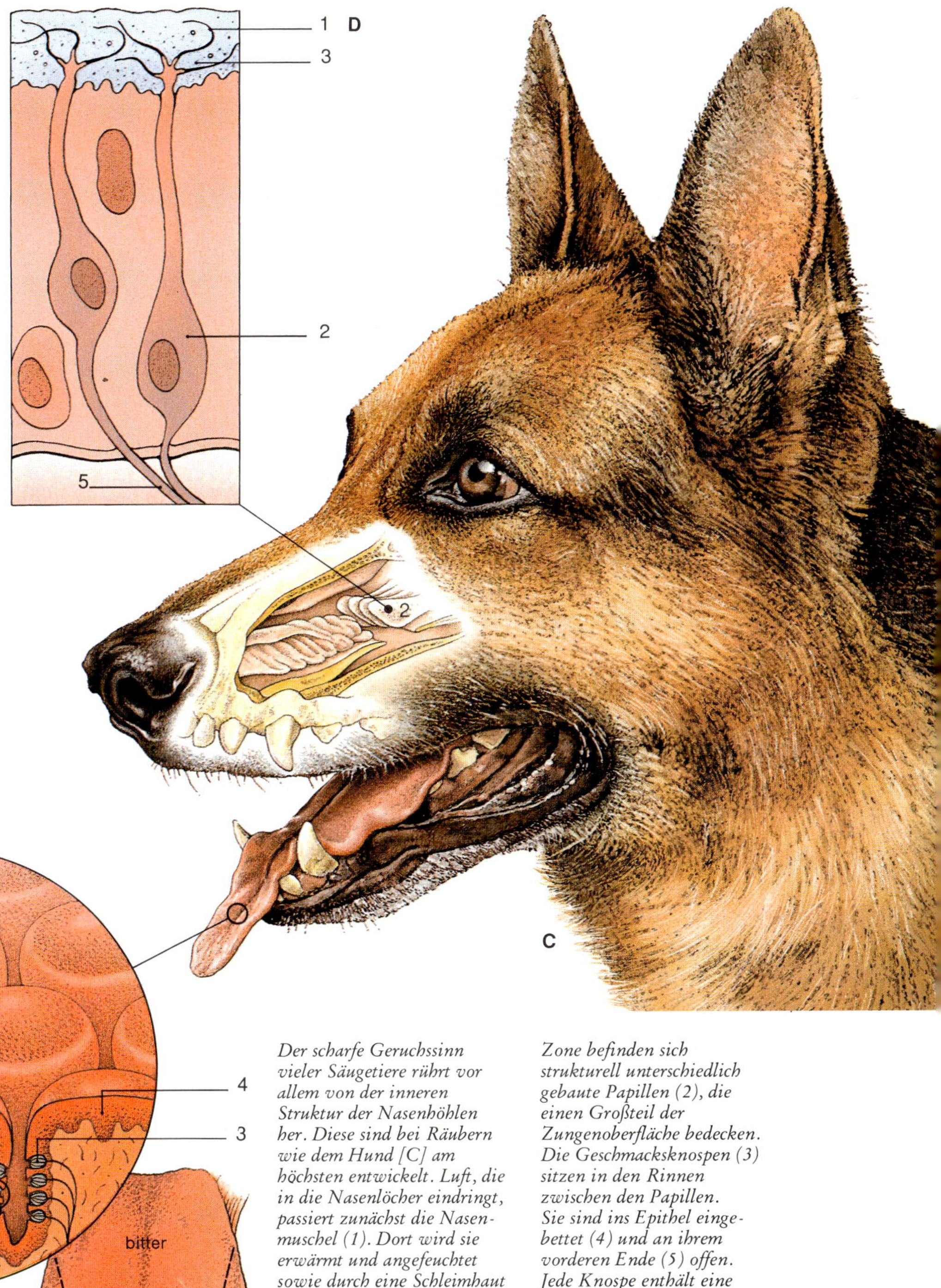

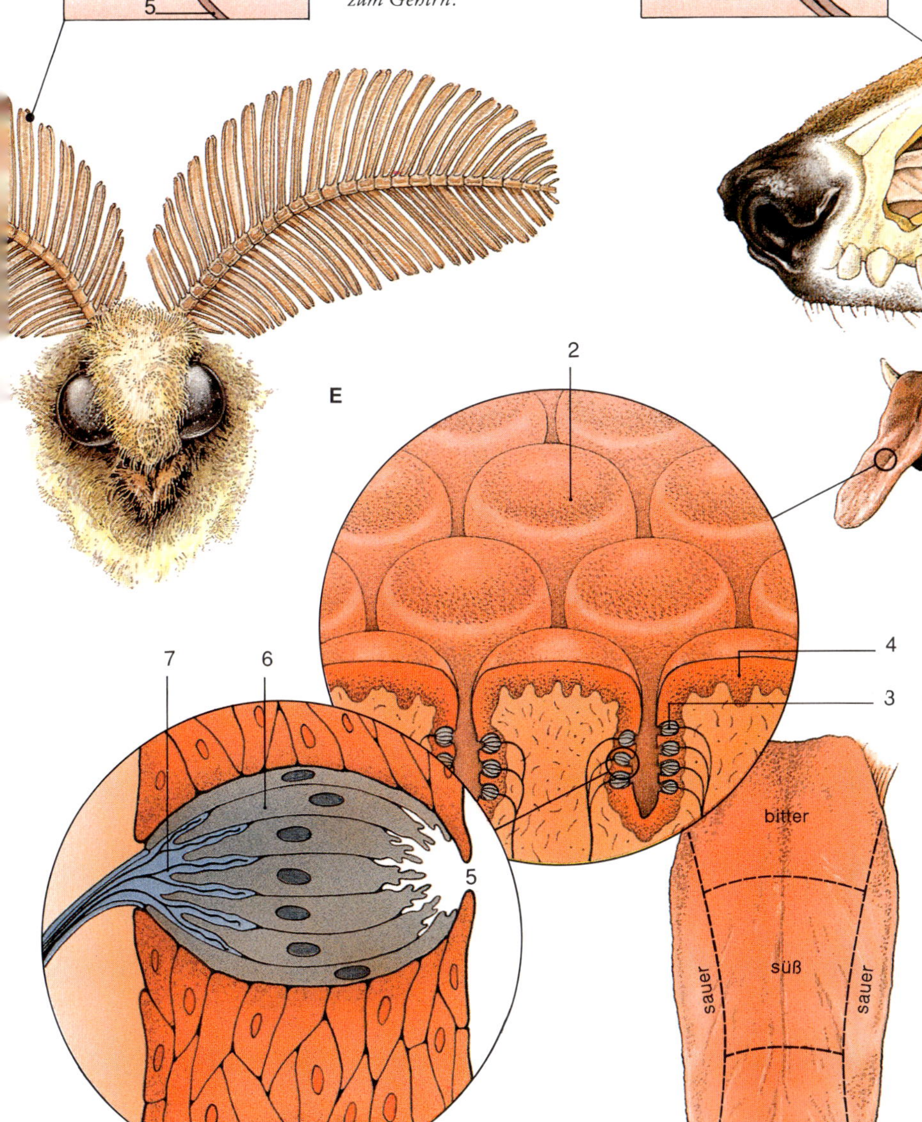

Der scharfe Geruchssinn vieler Säugetiere rührt vor allem von der inneren Struktur der Nasenhöhlen her. Diese sind bei Räubern wie dem Hund [C] am höchsten entwickelt. Luft, die in die Nasenlöcher eindringt, passiert zunächst die Nasenmuschel (1). Dort wird sie erwärmt und angefeuchtet sowie durch eine Schleimhaut gefiltert und fließt dann über die Riechzellen im olfaktorischen Epithel (2).
Die Geschmacksknospen bei Säugetieren sind auf der Zungenoberfläche [E] in vier Zonen aufgeteilt, die auf verschiedene Geschmacksereignisse reagieren. Die menschliche Zunge (1) registriert sauer an den Rändern, süß in der Mitte, bitter am Zungengrund und salzig an der Spitze. In jeder Zone befinden sich strukturell unterschiedlich gebaute Papillen (2), die einen Großteil der Zungenoberfläche bedecken. Die Geschmacksknospen (3) sitzen in den Rinnen zwischen den Papillen. Sie sind ins Epithel eingebettet (4) und an ihrem vorderen Ende (5) offen. Jede Knospe enthält eine Anzahl spezieller Rezeptorzellen (6). Wie beim Geruchssinn wird auch hier der Kontakt zwischen Reizmolekül und Rezeptor durch eine wäßrige Lösung vermittelt. Im Gegensatz zu den Riechzellen, die direkt mit dem Gehirn in Verbindung stehen, wird der Kontakt zwischen Geschmackszellen und Gehirn über eigene Nervenzellen (7) vermittelt.

Nervensystem, *S. 284/285* **Kommunikation: Pheromone**, *S. 290/291*

Rätselhafte Wahrnehmungen

Außergewöhnliche sensorische Fähigkeiten im Tierreich

Im trüben Wasser eines Flusses herrscht oft schlechte Sicht. Der Süßwasserkrabbe müßte dies entgegenkommen - ihre Feinde können sie nicht sehen. Und doch wird sie plötzlich von einem Schnabeltier geschnappt. Das Schnabeltier »sieht« die Krabbe so klar wie ein helles Licht, dank winziger Poren um seinen »Schnabel« herum, die elektrische Felder spüren, welche durch Muskelbewegungen entstehen. Haie haben ähnliche Sinnesorgane. Wenn zwei so enfernt verwandte Tiere die gleiche sensorische Fähigkeit haben, dann könnten auch andere Wassertiere sie besitzen - bis jetzt ist dies jedoch noch nicht erwiesen.

[A-C] Der Blauhai [A] hat, wie alle Haie, zwei verschiedene sensorische Systeme, um seine Beute aufzuspüren: die Lorenzinischen Ampullen und das Seitenlinienorgan. Das Seitenlinienorgan [B] registriert entfernte Schwingungen geringer Frequenz. Das laterale System besteht aus Hautöffnungen (1), die Meerwasser durch Röhren (2) in den Lateralkanal (3) einlassen. Dieser enthält Büschel von Sensorhaaren (4), welche die empfangenen Signale durch den Laterallinien-Nerv (5) an das Gehirn weiterleiten. Jedes Büschel ist in eine gelatineartige Kapsel, die

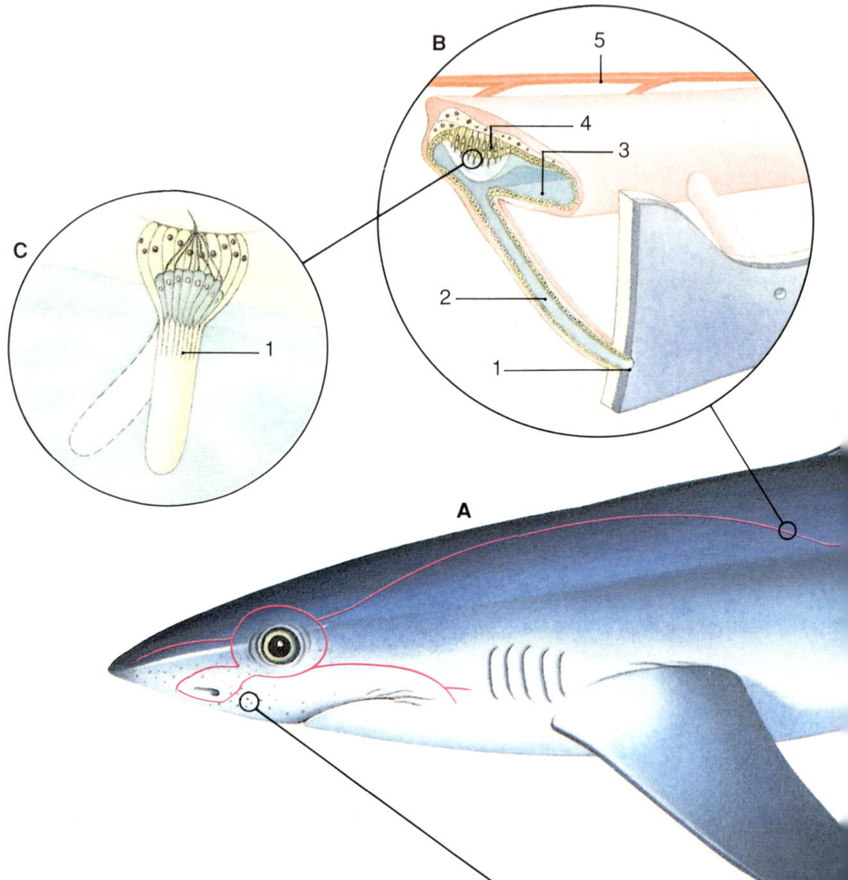

Elektrische Sinnesorgane sind immer noch weitgehend unerforscht. Untersuchungen von sensorischen Fähigkeiten, die Elektrizität, Magnetismus, Luft- und Wasserbewegungen oder Infra-Rot (Wärme) umfassen, sind noch verhältnismäßig neu. Die Forschungen konzentrierten sich, in Anlehnung an die Hauptwahrnehmungsfähigkeiten des Menschen, zunächst nur auf das Sehen und Hören. Erst allmählich haben Biologen festgestellt, wie unterschiedlich die Sinne anderer Lebewesen sein können.

Elektrische Echos

Ein elektrisches Sinnesorgan kann einem Raubtier, das im Meer, in Flüssen oder Seen jagt, nützlich sein, denn Wasser leitet elektrische Ströme sehr gut. Einige Fische haben so ein Organ. Der afrikanische Elefantenfisch benutzt elektrische Felder als eine Art Echolot. Er erzeugt elektrische Impulse durch spezielle Schwanzmuskeln und baut so ein elektrisches Feld auf. Poren an seinem Kopf »lesen« die Elektrizität und spüren alle Störungen im Feld auf, die etwa von einem Felsen oder dem Flußufer herrühren. Dies ermöglicht dem Fisch, sich auch in trübem, schlammigem Wasser zurechtzufinden. Zudem kann er auf diese Weise seine Beute aufspüren. Der Zitteraal, der elektrische Organe von solcher Leistungfähigkeit besitzt, daß er damit Beutetiere betäuben kann, erzeugt auch schwächere Signale zur Orientierung.

Berührungstaktiken

Wie die meisten Fische haben der Elefantenfisch und der Zitteraal noch ein weiteres wichtiges Sinnesorgan, das an der Längsseite ihres Körpers entlangläuft. Es ist das Seitenlinienorgan, das Wasserbewegungen und Vibrationen von geringer Frequenz wahrnimmt, wodurch es bei der Jagd hilft und die eigene Sicherheit verstärkt.

Dieses Organ ist nur ein Aspekt eines komplexen und vielfältigen Sinnessystems - des Tastsinns, den auch Menschen besitzen. Wir können uns allerdings nicht die detaillierten Sinnesempfindungen vorstellen, die eine Maus auf nächtlicher Nahrungssuche durch ihre Barthaare erlebt oder ein Wels durch seine fleischigen, aus dem Mund herabhängenden Barben. Bei einem fliegenden Vogel übertragen barthaarähnliche Federn Informationen über Luftströmungen an das Gehirn, das diese Informationen zur Steuerung der Flugbewegungen nutzt. Bestimmte Körperteile von Insekten - meist ihre Beine und Fühlerenden - sind mit sensorischen Haaren bedeckt, die denselben Zweck erfüllen.

Magnetische Sinne

Manche Tiere - wie auch der Mensch - können die Magnetfelder der Erde spüren. Von diesen sensorischen Fähigkeiten machen besonders jene Tiere Gebrauch, die über große Entfernungen wandern. Die Vermutung, daß Tiere während ihrer Wanderungen magnetische Sinne nutzen, tauchte zum ersten Mal im Zusammenhang mit Untersuchungen über Zugvögel auf. Die These wurde bestätigt, als Scharen von Vögeln in einem Gebiet Schwedens beobachtet wurden, das so reichhaltige Eisenvorkommen hatte, daß sie das Magnetfeld der Erde beeinflußten. Vogelscharen, die auf einem geraden Kurs nach Südwesten flogen, verloren, als sie dieses Gebiet überflogen, für einige Minuten ihre Orientierung, bevor sie den richtigen Kurs wieder aufnahmen.

Honigbienen benutzen beim Bau ihres Stockes ebenfalls einen magnetischen Sinn, neue Waben werden in der gleichen Richtung angelegt wie die zuvor gebaute Wabe.

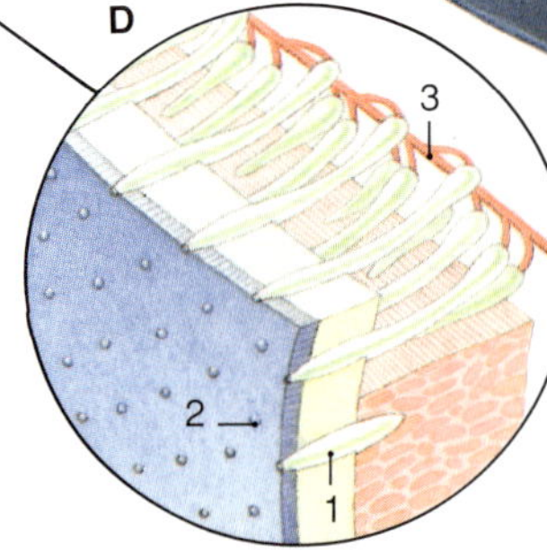

[D] Die Lorenzinischen Ampullen sind elektrische Rezeptoren (1), die sich durch Poren am Unterkiefer des Hais nach außen öffnen (2). Am anderen Ende sind die Ampullen mit Nerven (3) verbunden, die Spannungsdifferenzen von bis zu 10^{-8} Volt pro cm an das Gehirn weiterleiten.

Siehe auch: Erdmagnetismus, *S. 14/15* Tierwanderungen als Instinktverhalten, *S. 228/229* Bienen- und Wespennester, *S. 232/233*

Cupula [C], eingeschlossen. Vibrationen in der Umgebung werden durch die Röhren auf die Cupula übertragen und verursachen eine Erregung durch die Reizaufnahme der in ihr befindlichen Haare (1). Diese können sowohl die Stärke als auch die Richtung des Signals feststellen.

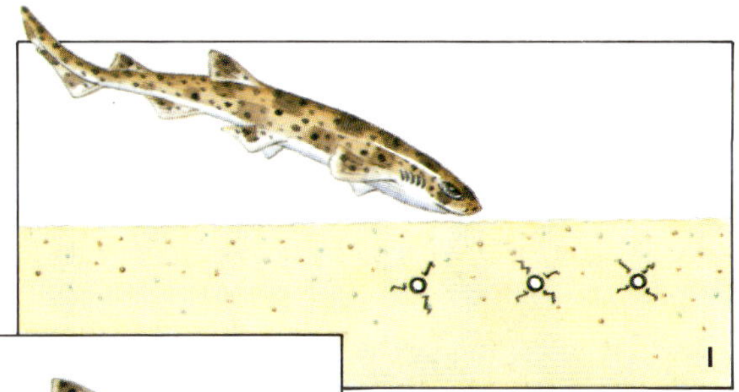

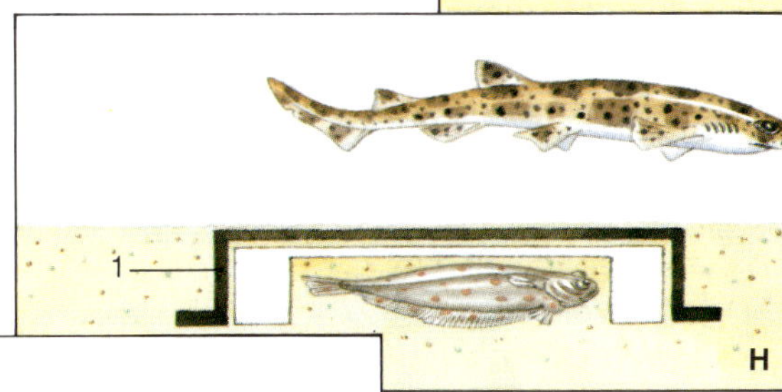

[F] Haie - hier ein gefleckter Hundshai - spüren einen Plattfisch auf dem Meeresboden selbst dann auf, wenn er von Sand bedeckt und für das menschliche Auge nicht sichtbar ist. Der Fisch wird von elektrischen Feldern verraten, die durch die kleinste Muskelbewegung entstehen. Diese registriert der Hai mit seinen Lorenzinischen Ampullen. Experimente zeigen, daß Haie Voltstärken, die der Leistung einer 1,5-Volt-Batterie entsprechen, an Unterwasserelektroden, die etliche Kilometer voneinander entfernt sind, feststellen können.
[G] Für ein Experiment befand sich ein Fisch in einem mit Seetanggelee gefüllten Behälter (1). Der Hai bemerkte den Fisch, obwohl Gerüche, Geräusche und Wasserbewegungen unterdrückt waren, durch die elektrischen Wellen, die der Behälter durchließ.
[H] Im nächsten Stadium des Experiments wurde der Seetangbehälter mit einem nichtleitenden Material umgeben (1), der Hai ignorierte den Fisch.
[I] Als letzten Beweis vergruben die Forscher Elektroden (1) und bauten ein schwaches elektrisches Feld auf. Der Hai schwamm zu den Elektroden wie zu einem Fisch. Durch Änderung der Spannung konnte die Sensitivität des Hais gemessen werden.

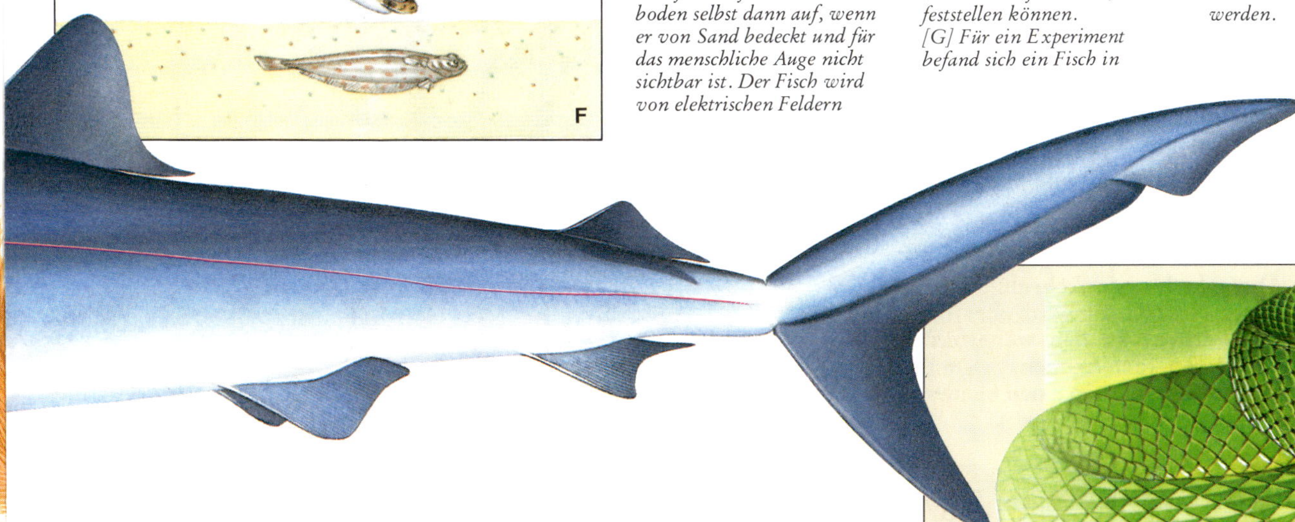

E

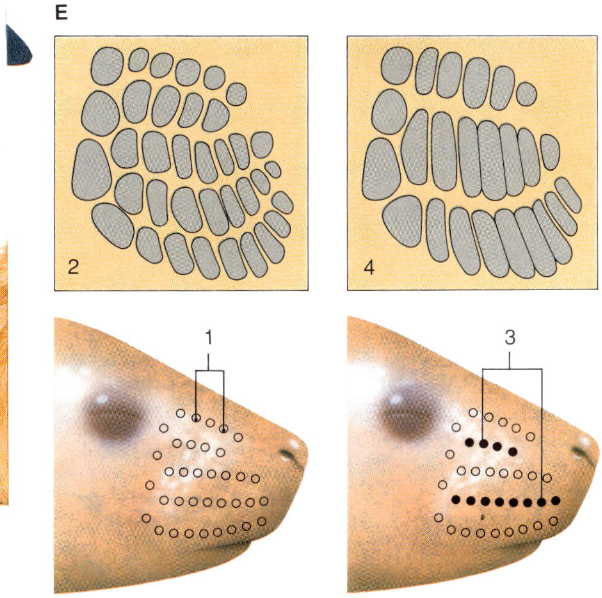

[E] Die Schnauze einer jungen Maus ist mit empfindlichen Sensor- oder Barthaaren ausgestattet (1). Jedes Haar ist mit einem Neuronenbündel verbunden. Wird ein Barthaar berührt, werden die Nervenzellen erregt, und die Erregung wird an das Gehirn weitergeleitet. Die Neuronenbündel haben spezifische Lokalisationen im Hirn (2). Das Entfernen von einzelnen Barthaaren (schwarze Punkte, 3), läßt die zugehörigen Neuronen verkümmern, bis schließlich auch die Lokalisationen im Hirn verschwunden sind (4). Die freien sensorischen Kapazitäten werden dann auf andere Haare aufgeteilt, deren Empfindlichkeit wird erhöht.

Wärmesensoren

Viele Schlangen ernähren sich von kleinen, nachtaktiven Säugetieren und müssen ihre Beute im Halbdunkel finden. Dies gelingt ihnen mit Hilfe von wärmeempfindlichen Sinnesorganen, die sich in Einbuchtungen im Oberkiefer befinden. Wissenschaftler, die Elektroden ins Hirn von Schlangen einpflanzten, entdeckten, daß diese Sensoren ihre Informationen an denselben Bereich des Hirns abgeben wie die Augen. Demzufolge müßte die Schlange ein thermisches (infrarotes) Bild ihres Beutetiers empfangen, das das optische Bild überlagert. In der Dämmerung oder bei Mondlicht kann sie die sensorischen Fähigkeiten in beiden Bereichen und damit beide Bilder kombinieren.

Wenn eine Schlange ihr Maul öffnet, um zum Todesstoß anzusetzen, sind die Wärmesensoren nicht mehr auf die Beute gerichtet. Neuere Forschungen haben ergeben, daß die Schlange zusätzliche Wärmesensoren im Maul hat, die sich auf das Ziel richten, wenn sie zustößt.

Das Denkvermögen

Koordinationsleistungen und Intelligenz

Wir ziehen unsere Finger schneller, als wir denken können, von einer offenen Flamme zurück. Die Tatsache, daß man handeln kann, ohne vorher zu denken, ist auf eine Reflexbewegung zurückzuführen, die nichts mit den analytischen Prozessen des Gehirns zu tun hat. Alle Tiere führen Reflexbewegungen aus, und für viele von ihnen sind sie ein Hauptbestandteil des täglichen Lebens. Viele Tiere stützen ihre Lernprozesse jedoch auf Erfahrungen und können sogar lernen, Urteile zu fällen. Der Mensch hat auf Grund seines Reflexionsvermögens noch umfangreichere Fähigkeiten entwickelt – er weiß, daß er weiß.

Eine der herausragendsten Eigenschaften des Tieres ist die Fähigkeit, sich absichtsvoll und zielgerichtet zu bewegen. Es mag sich ruckartig fortbewegen, gleiten, schwimmen, gehen oder sogar fliegen – wenn es nicht schwer verletzt ist, sind seine Bewegungen niemals ziellos. Sie werden durch das Nervensystem koordiniert.

Beim Tausendfüßer muß eine Vielzahl von Beinen zusammenarbeiten: Die Nervenimpulse, die gegeben werden, sind als Wellenbewegung sichtbar, die die wie ein Fransensaum anmutenden Beinreihen entlangläuft.

Aber wohin bewegt sich das Tier? Möglicherweise findet die Fortbewegung zur Nahrung oder zu einem Partner hin statt oder auch fort von einer Gefahr – in jedem Fall ist die Bewegung Folge eines sensorischen Reizes. Die Sinnesorgane des Tieres erhalten Informationen über seine Umgebung, die über Sinnesnerven zum Gehirn gelangen, welches entsprechende Befehle an die Muskeln gibt. Einige Reize umgehen den Schritt der Informationsinterpretation, um einen sofortigen Reflex als Antwort auszulösen. Dies ist eine wichtige Überlebenshilfe und erlaubt den Tieren, sich umgehend von einem schmerzhaften Reizobjekt zurückzuziehen. Reflexe treten auch an weniger offensichtlicher Stelle auf. Die aufrechte Körperhaltung ist zum Beispiel auf einen Reflex zurückzuführen, der durch von den Gleichgewichtsorganen ausgesandte Signale ausgelöst wird.

Instinkt und Lernen

Nicht allein auf Reflexe ist ein bestimmtes Verhalten von Möwennestlingen zurückzuführen. Wenn eine brütende Silbermöwe zum Nest zurückkehrt, picken die Jungen automatisch an ihrem Schnabel, um Futter zu erbetteln. Eine Attrappe des Elterntieres mit der richtigen Farbgebung (gelber Schnabel mit orangem Fleck an der Spitze) würde das gleiche Verhalten auslösen.

Dieser Mechanismus funktioniert ähnlich wie der das Gehirn umgebende Gleichgewichtsreflex; er ist aber durch Erfahrung verfeinert worden. Versuchsergebnisse lassen vermuten, daß der Nestling zwar von Natur aus einen Pickreflex hat, dessen Benutzung allerdings erst erlernen muß. Erst nachdem er einige Tage nach allem möglichen gepickt hat, registriert er nach Versuch und Irrtum den Nutzen des Pickens an dem Fleck auf dem Schnabel des Elternteils.

Um von derartigen Erfahrungen profitieren zu können, muß das Tier ein gutes Gedächtnis haben. Dies ist eine der Hauptfunktionen des Zentralnervensystems. Selbst relativ primitive Tiere wie Insekten sind in der Lage, sich an Details, wie den Weg zu einer Nahrungsquelle, zu erinnern. Das Gedächtnis der weiter entwickelten Tiere ermöglicht es diesen, aus ihren eigenen Erfahrungen zu lernen und, was ebenso wichtig ist, aus den Erfahrungen anderer.

Ein junger Schimpanse würde, auf sich allein gestellt, alle möglichen Dinge fressen; er entdeckt und lernt erst nach und nach, was eßbar ist und was nicht. Er ist jedoch nicht allein: Er lebt in einer großen Familiengruppe, und die ausgewachsenen Tiere in dieser Gruppe wissen bereits, was eßbar ist und wo man diese Nahrung findet. Durch Nachahmung der erwachsenen Tiere kann der junge Schimpanse auf das langwierige Verfahren des Lernens durch Versuch und Irrtum verzichten. Er kann komplexe Fähigkeiten erlernen, die über Jahrhunderte entwickelt und verfeinert und über Generationen weitergegeben wurden.

A

[A] Schimpansen zeigen bei der Handhabung von Werkzeugen außerordentlich große Intelligenz. Sie benutzen Stöcke, um Termiten zu »angeln«: Ein geeigneter Zweig wird ausgesucht, an einem Ende mit Speichel befeuchtet und in den Termitenhaufen gesteckt. Nach einer Weile ziehen sie den Stock heraus und fressen die daran haftenden Termiten. Wahrscheinlich lernen die jungen Schimpansen dieses komplexe Verhaltensmuster durch Beobachtung ihrer Eltern: Wenn sie zwischen zwei und drei Jahre alt sind, gehen sie bereits spielerisch mit Stöcken um; bis zu ihrem vierten Lebensjahr beherrschen sie die wirkungsvolle Anwendung dieses Werkzeugs.

Siehe auch: **Anpassung der Tiere an Kälte,** *S. 144/145* **Sehen,** *S. 274/275* **Gehör,** *S. 278/279* **Kommunikation: Akustische Signale,** *S. 288/289*

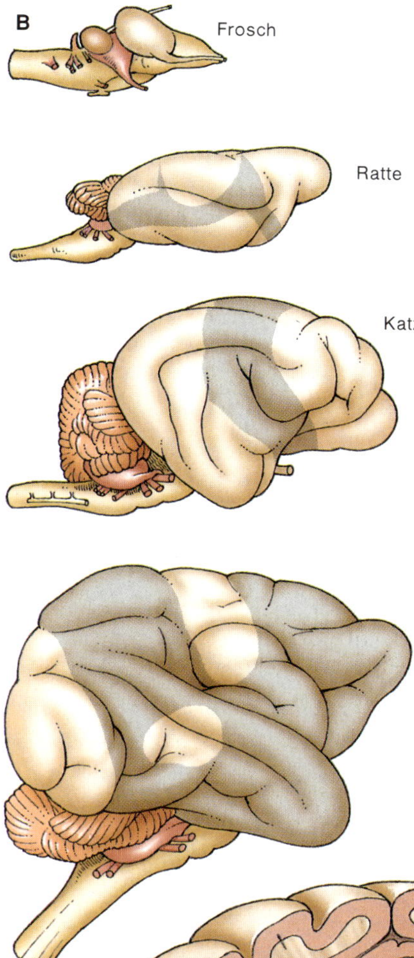

[B] Das Gehirn der Wirbeltiere hat drei Hauptregionen - das Vorderhirn, das Mittelhirn und das Hinterhirn. Bei niederen Tieren wie Fischen und Amphibien unterliegt jedem dieser Teile eine bestimmte Sinnesfunktion - dem Vorderhirn der Geruchssinn, dem Mittelhirn die Sehkraft und dem Hinterhirn das Gleichgewicht und das Hörvermögen. Bei den höher entwickelten Tieren jedoch haben sich Teile des Gehirns vergrößert, oder ihre Funktion wurde den sich ändernden Bedürfnissen des Organismus angepaßt. Besonders ein Teil des Vorderhirns - das Großhirn (Cerebrum) (1) - hat sich zu einer komplexen, tief gefurchten Struktur entwickelt. Seine äußere Schicht - die Großhirnrinde (Cortex) (2) - enthält Bereiche, die Bewegungen und sensorische Informationen koordinieren, und weiterhin große Bezirke (rot gekennzeichnet), in denen Denken und Urteilsbildung stattfinden. Sie beherbergen den sogenannten »bewußten« Verstand. Unbewußte Tätigkeiten wie Atmen und Herzfrequenz werden vom Stammhirn kontrolliert.

Die erste Prägung

Hühner, Enten und Gänse sowie eine Zahl weiterer Vögel, Fische und Säugetiere weisen eine Besonderheit in der Evolution auf, die den Jungen eine bessere Überlebenschance gibt. Bei der Geburt und auch noch einige Stunden danach (bis zu 30 Stunden) richtet das junge Tier seine gesamte Aufmerksamkeit auf das erste große Objekt, das diese durch Bewegung oder bloße Nähe erregt, und folgt ihm von da an. In der Natur ist solch ein erstes Objekt im allgemeinen ein Elternteil. Junge Tiere können aber auch – wie Experimente mit Graugänsen von dem österreichischen Verhaltensforscher Konrad Lorenz zeigten – auf andere Tiere, auf einen Menschen oder sogar auf leblose Gegenstände geprägt werden.

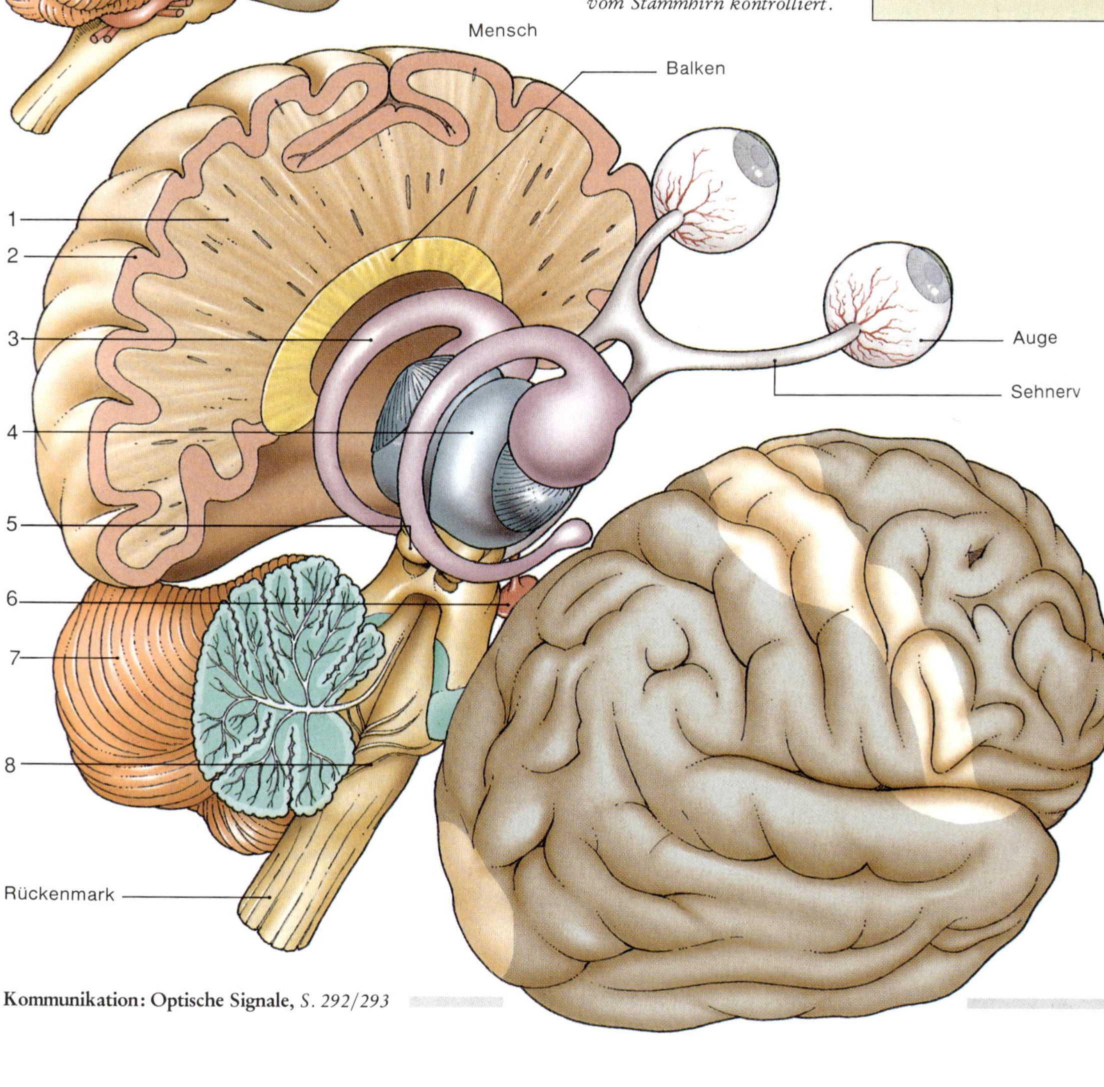

Die meisten Gehirnfunktionen hängen vom Zusammenspiel von Neuronen in verschiedenen Bereichen des Gehirns ab. Bestimmte Bezirke scheinen jedoch enger mit speziellen Aktivitäten verknüpft zu sein. Im Vorderhirn sind das Großhirn (1) und die darüberliegende Großhirnrinde (2) Koordinierungszentren; sie enthalten das Gedächtnis. Das limbische System (3) ist wichtig für die Kontrolle willkürlicher Muskeln und der Tätigkeiten der inneren Organe. Der Thalamus (4) koordiniert Sinneseindrücke und motorische Signale und gibt sie zum Großhirn weiter; der Hypothalamus (5) und der Hirnanhang regulieren das Hormonsystem. Sinneseindrücke wie Sehen, Tasten und Hören werden durch das Mittelhirndach (Tectum) (6) koordiniert. Im Hinterhirn kontrolliert das Kleinhirn (Cerebellum) (7) Muskelaktivitäten, die für Bewegungen der Gliedmaßen und für die Körperhaltung benötigt werden. Das Mark (8) enthält Reflexzentren für die Atmung sowie die Regulierung von Herzschlag und Verdauung.

Warnsignal und Minnegesang

Wie Tiere mit Tönen kommunizieren

Das Brummen eines Bartenwals in der Tiefsee kann über 80 Kilometer weit von einem anderen Wal gehört werden. Wasserströmungen mit unterschiedlichen Temperaturen und Salzgehalten schaffen »Schallwellenleiter«, die Töne ohne große Energieverluste über weite Entfernungen transportieren. Tonsignale von Vögeln reichen von denen eines Storches, der laut mit seinem Schnabel klappert, bis zu Meistersängern mit einem Repertoire von einigen tausend Liedern. Wie Menschen haben viele Vögel regionale Dialekte, die von den Eltern an die Jungen weitergegeben werden.

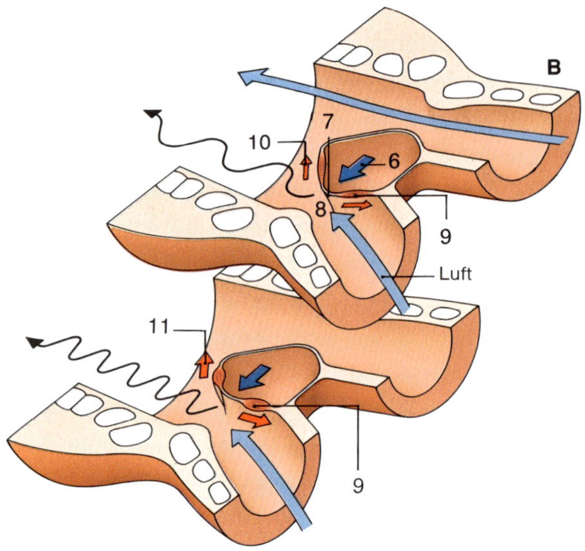

Männchen der europäischen Fettspinne sind, ebenso wie der Bartenwal, Spezialisten in der Nutzung spezieller Strukturen ihrer Umgebung zur Übermittlung einer Schallnachricht. Während sie auf einem Blatt sitzen, bewegen sie ihren Hinterleib sehr schnell auf und ab, so daß das Blatt vibriert wie die Haut auf einer Trommel. Der summende Ton des Blattes ist ein Paarungsruf für die weiblichen Spinnen dieser Art. Männliche Maulwurfsgrillen heben zum gleichen Zweck Höhlen aus: Sie graben zwei schalltrichterähnliche Öffnungen, die als Megaphon dienen, um den Hochzeitsruf der Grille zu verstärken. Messungen des Schalls ergaben einen Meter über dem »Megaphon« Lautstärken von 92 Dezibel so laut wie der Verkehr auf einer Hauptstraßenkreuzung.

Nicht jede Tierkommunikation ist für das menschliche Ohr wahrnehmbar. Kleine Tiere - zum Beispiel Spitzmäuse und Wühlmäuse - kommunizieren in der Regel in Hochfrequenzbereichen jenseits unseres Hörvermögens. Solche Frequenzen sind auch für ihre Jäger, wie etwa Eulen, nicht mehr wahrnehmbar, obwohl diese ein ausgezeichnetes Hörvermögen besitzen - wie auch viele andere Vögel. Eine verlangsamt abgespielte Aufzeichnung des Rufes eines amerikanischen Ziegenmelkers enthüllte, daß der Ruf einen Ton enthält, den der Mensch normalerweise nicht hören kann. Eine zweite Aufzeichnung einer Spottdrossel, die den Ruf des Ziegenmelkers imitiert, weist, mit der langsameren Geschwindigkeit abgespielt, ebenfalls diesen zusätzlichen Ton auf; Vögel können offensichtlich mehr Töne pro Sekunde unterscheiden als Menschen.

Signale aussenden

Schall wird gewöhnlich durch die Schwingung von Luft- oder Wassermolekülen übermittelt. Doch dies sind nicht die einzigen Vibrationsformen, die Informationen übertragen. Der Boden übermittelt ebenfalls Vibrationen. Sandgräber, die eher allein leben als in Kolonien, schlagen ihren Kopf auf das Dach ihrer Höhle, um ihre Anwesenheit den anderen Sandgräbern kundzutun und so eine Konfrontation in der Höhle zu vermeiden. Einen anderen Rhythmus schlagen sie in der Fortpflanzungszeit an, wenn sie, um einen Partner zu finden, in einer für ihre Art charakteristischen Weise hämmernde Signale aussenden.

Viele Insekten haben feinste Vibrationsdetektoren in ihren Beinen. An den Beinen einer Küchenschabe befinden sich derartig sensible Schallsensoren, daß sie den Tritt einer anderen Kü-

[A] Das Atmungssystem eines Vogels ist sehr komplex: Seine relativ kleinen Lungen (1) sind mit muskellosen Luftsäcken (2) verbunden, die durch die Brustmuskulatur gefüllt bzw. geleert werden. Um zu singen, schließt der Vogel zunächst eine Klappe in einer der beiden Bronchien (3) zwischen den Lungen und dem Syrinx (4) (Kehlkopf), was ihm ermöglicht, Luft in die Säcke zu pressen. Der Luftdruck im Interclavicularsack (5), der den Syrinx umgibt (in [B] vergrößert), drückt (6) die innere Paukenhaut (7) in den Bronchialgang (8), um ihn zu schließen. Dann ziehen sich Muskeln im Syrinx (9) zusammen, wirken dem Luftdruck im Luftsack entgegen und ziehen die Membran zurück, um den Bronchialgang wieder zu öffnen. Luft strömt über die gespannte Membran und bringt sie beim Gesang zum Schwingen. Wenn die Spannung sich erhöht, steigt auch die Tonhöhe des Gesanges an, ebenso wie der Ton eines Trommelfelles höher wird, wenn dessen Spannung steigt. Bei Singvögeln arbeitet jedes Paar von Syrinx-Muskeln unabhängig; dies erlaubt das Singen von unterschiedlichen Tönen. Schwach gespannte Muskeln (10) produzieren einen tieferen Ton als stark gespannte (11). Wenn die Membran zu gespannt ist, wird die Vibration gestoppt und die Luft geräuschlos durchgelassen.

[C] Grashüpfer haben Probleme, im hohen Gras Geschlechtspartner zu finden, sie suchen sie daher mit Hilfe von Tonsignalen. Viele andere Tiere, die nachtaktiv sind oder in undurchdringlicher Vegetation leben, nutzen Töne zur Kommunikation.

[D] Grashüpfer machen ihre kratzenden Hochzeitsrufe durch Stridulationen, also durch das Reiben von Haken (1) an der Innenseite des Hinterbeines gegen harte Rippen der Vorderflügel. Die Stridulationshaken variieren in der Menge von 80 bis 450 pro Bein. Jede Art hat ihren eigenen »Ruf«, welcher zum Teil durch die Anordnung der Haken festgelegt ist.

Siehe auch: Atmung der Tiere, *S. 126/127* Echoortung, *S 276/277* Gehör, *S. 278/279* Sechster Sinn, *S. 282/283* Kommunikation: Pheromone, *S. 290/291*

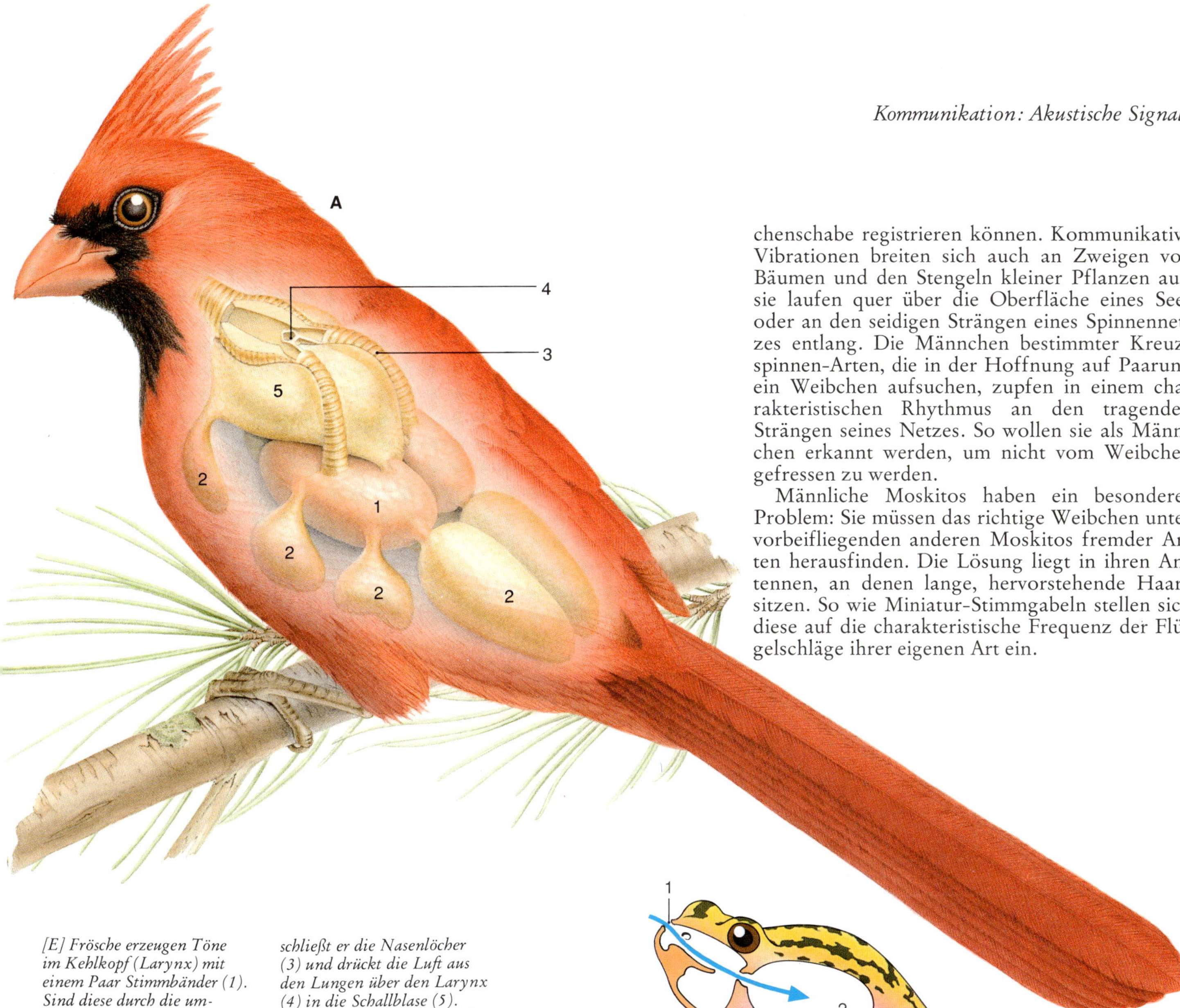

chenschabe registrieren können. Kommunikative Vibrationen breiten sich auch an Zweigen von Bäumen und den Stengeln kleiner Pflanzen aus, sie laufen quer über die Oberfläche eines Sees oder an den seidigen Strängen eines Spinnennetzes entlang. Die Männchen bestimmter Kreuzspinnen-Arten, die in der Hoffnung auf Paarung ein Weibchen aufsuchen, zupfen in einem charakteristischen Rhythmus an den tragenden Strängen seines Netzes. So wollen sie als Männchen erkannt werden, um nicht vom Weibchen gefressen zu werden.

Männliche Moskitos haben ein besonderes Problem: Sie müssen das richtige Weibchen unter vorbeifliegenden anderen Moskitos fremder Arten herausfinden. Die Lösung liegt in ihren Antennen, an denen lange, hervorstehende Haare sitzen. So wie Miniatur-Stimmgabeln stellen sich diese auf die charakteristische Frequenz der Flügelschläge ihrer eigenen Art ein.

[E] Frösche erzeugen Töne im Kehlkopf (Larynx) mit einem Paar Stimmbänder (1). Sind diese durch die umgebenden Muskeln (2) und Knorpel (3) angespannt, vibrieren sie, wenn Luft über sie streicht. [F] Für den Hochzeitsruf öffnet ein Frosch seine Nasenlöcher (1), um zu inhalieren und seine Lungen zu füllen (2). Dann schließt er die Nasenlöcher (3) und drückt die Luft aus den Lungen über den Larynx (4) in die Schallblase (5). Zum Quaken wird die Luft dann zwischen Lungen und Schallblase hin- und hergeleitet. [G] Schallblasen verstärken den Ton hundertfach und können einzeln (1) oder paarweise (2) vorhanden sein.

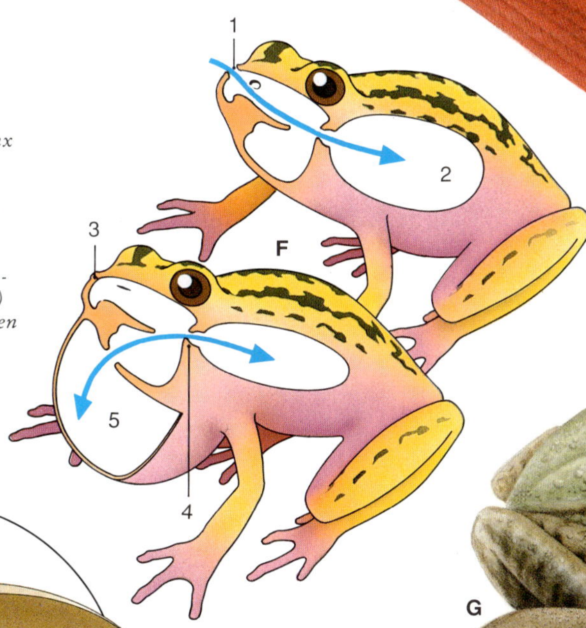

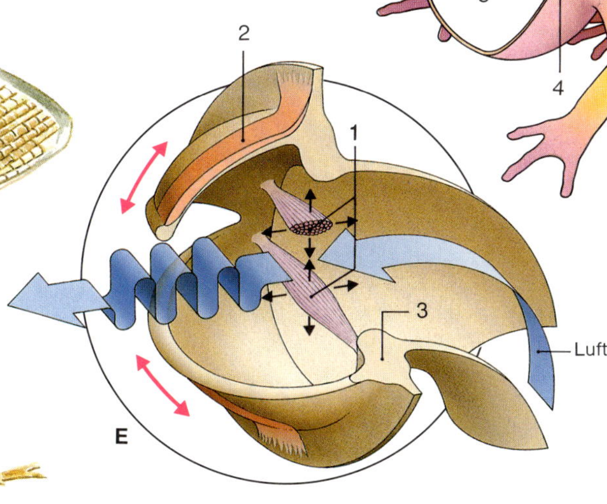

Kommunikation: Optische Signale, *S. 292/293*

Chemische Kommunikation

Wie Gerüche zur Verständigung genutzt werden

Kamele schlagen beim Urinieren ihre Schwänze hin und her, um sich mit den Düften des Urins zu bespritzen. Das Breitmaulnashorn stampft in seinen Exkrementen herum und verbreitet mit jedem Schritt seinen eigenen Geruch. Für Säuger ist der persönliche Duft ein Ausdruck der Behaglichkeit, eine Wegmarkierung, um nach Hause zu finden, oder ein Hilfsmittel, um Gebietsansprüche zu stellen und die Gruppenzugehörigkeit zu dokumentieren. Was noch viel wichtiger ist – der Duft ist ein wesentliches und sehr spezifisches Element bei Partnerfindung und Fortpflanzung.

Jeder, der eine Katze hält, wird unwillkürlich ein Partner ihrer chemischen Konversation. Katzen reiben sich an den Beinen der Menschen, um eine Spur ihres persönlichen »Parfums« zu hinterlassen, das in Duftdrüsen auf der Backe erzeugt wird. Wenn sie gestreichelt worden sind, lecken sie ihr Fell meistens emsig ab, um Duftspuren des Streichelnden aufzunehmen. Beide Verhaltensweisen dienen dazu, einen gemeinsamen Duft als Gruppenidentität zu nutzen.

In der Natur sieht man solche Verhaltensweisen nur bei Angehörigen der gleichen Art. Europäische Dachse versehen Mitglieder ihrer Gruppe mit »Moschusduft«, indem sie sie mit dem scharf riechenden Sekret aus einer Drüse neben dem After einreiben. Dieser Geruch dient als gemeinsames Gruppenmerkmal. Neue Gruppenmitglieder können es durch ihren Eigengeruch leicht verändern.

Der Gruppengeruch ermöglicht es den Dachsen, ihre eigenen Stammesgenossen von fremden zu unterscheiden. Wenn ein fremder Dachs sich innerhalb des Territoriums der Gruppe Nahrung sucht, werden seine Futterstellen schnell bemerkt und, offensichtlich als Warnung, von den das Terrain beanspruchenden Bewohnern mit Düften markiert. Hamster, die die Geruchsmarke eines Eindringlings in ihrem Territorium finden, knirschen mit den Zähnen und zeigen damit Aggression. Die weitverbreitete Ansicht, daß Geruchsmarkierungen nur mit Territorialverhalten in Zusammenhang zu bringen seien, stellt jedoch eine zu starke Verallgemeinerung dar. Einige Duftflecken sind eindeutig zur Markierung von Pfaden gedacht. Solche markierten Wanderwege der Dachse können einen Acker überqueren und so stark riechen, daß sie auch das Umpflügen überstehen. Galago-Affen urinieren auf ihre Hände, bevor sie sich auf Nahrungssuche begeben, und können ihren Weg durch die geruchsintensiven Pfotenabdrücke nach Hause zurückverfolgen.

Während der Paarungszeit spielt der Duft eine wesentlich wichtigere Rolle. Zu dieser Zeit hinterlassen ranghohe männliche Tiere gewöhnlich zahlreichere Duftmarkierungen, die Bestandteile enthalten, welche sich auf das Verhalten der Weibchen und untergeordneter Männchen auswirken. Bei Ratten können Substanzen im Urin der Männchen die Pubertät bei jungen Weibchen beschleunigen oder die Trächtigkeit bei Weibchen, die sich mit einem anderen Männchen gepaart haben, hemmen. Bei hoher Population kann der Urin ausgewachsener Weibchen die geschlechtliche Entwicklung der jungen Weibchen verzögern. Hormonelle Substanzen, die derartig nach außen wirken, werden

A

[A] Geruchsstoffe spielen bei der Partnerwerbung der Insekten eine außerordentlich wichtige Rolle. Das Männchen von Danaus gilippus (2) umwirbt das Weibchen (3), indem es Düfte in einer Drüse am Unterleib produziert, die von zwei einziehbaren »Haarstiften« (1) an der Spitze des Hinterleibs versprüht werden. Das Männchen umfliegt das Weibchen und berührt es von Zeit zu Zeit, wobei der Kopf und die Fühler des Weibchens mehrfach intensiv mit seinem Geruchsstoff benetzt werden. Die Pheromone, die das Männchen freisetzt, veranlassen das Weibchen, sich auf dem Boden niederzulassen und dort bis zur erfolgreichen Paarung zu verharren.

B

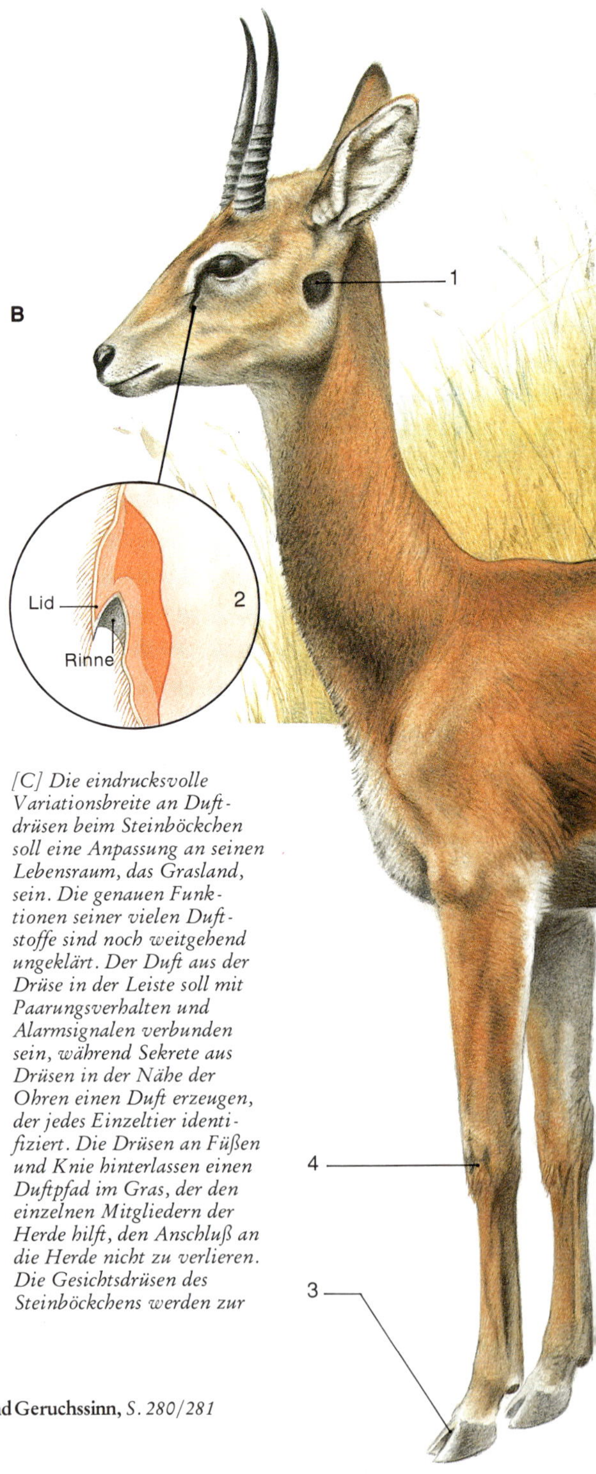

[B] Von allen Säugetieren ist das Steinböckchen, eine Antilopenart, die in Zentralafrika beheimatet ist, mit den wohl erstaunlichsten Duftdrüsen ausgestattet. Dieses Tier verfügt über nicht weniger als sechs Duftdrüsen: Eine davon ist als schwarzer Fleck sichtbar (1) und sitzt unter den Ohren. Eine weitere liegt vorn an jedem Auge und sieht aus wie eine Rinne, die von einem fleischigen Lid bedeckt wird (2). Andere Duftdrüsen findet man an den Füßen (3), den Knien (4) und zwischen den Afterklauen an den Hinterbeinen (5); die männlichen Tiere haben darüber hinaus büschelige, sackähnliche Drüsen (6) nahe den Hodensäcken.

[C] Die eindrucksvolle Variationsbreite an Duftdrüsen beim Steinböckchen soll eine Anpassung an seinen Lebensraum, das Grasland, sein. Die genauen Funktionen seiner vielen Duftstoffe sind noch weitgehend ungeklärt. Der Duft aus der Drüse in der Leiste soll mit Paarungsverhalten und Alarmsignalen verbunden sein, während Sekrete aus Drüsen in der Nähe der Ohren einen Duft erzeugen, der jedes Einzeltier identifiziert. Die Drüsen an Füßen und Knie hinterlassen einen Duftpfad im Gras, der den einzelnen Mitgliedern der Herde hilft, den Anschluß an die Herde nicht zu verlieren. Die Gesichtsdrüsen des Steinböckchens werden zur

Siehe auch: **Abwehrmechanismus der Pflanzen**, *S. 182/183* **Ameisenbau**, *S. 236/237* **Geschmacks- und Geruchssinn**, *S. 280/281*

[D] Die Kongoni-Kuhantilope benutzt Sekrete aus ihren Gesichtsdrüsen, um sich selbst zu markieren: Sie reibt den Kopf an ihren Vorderpartien und erzeugt auf ihrem Fell einen auffälligen dunklen Fleck. Dann scheuert sie sich an Rivalen, Gefährten und leblosen Objekten, um auch diese individuell zu kennzeichnen.

Pheromone genannt. Solche, die langfristige Veränderungen hervorrufen, etwa die geschlechtliche Entwicklung beeinflussen, nennt man Primer (priming)-Pheromone. Andere, die lediglich einen Partner anlocken oder die Nachbarn vor Gefahr warnen, heißen Signal-Pheromone.

Erstaunlicherweise erzeugen einige Pflanzen Alarm-Pheromone, wenn sie von Insekten angegriffen werden. Bäume scheinen auf solche Signale von anderen zu reagieren, indem sie in ihre Blätter mehr Gerbsäure einlagern – bittere chemische Stoffe, die den Verdauungsprozeß beeinträchtigen und daher pflanzenfressende Insekten abschrekken. Maispflanzen produzieren ein Alarm-Pheromon als Reaktion auf Angriffe von Blattläusen, dieses wiederum wird von parasitierenden Wespen, die ihre Eier in den Blattläusen ablegen, registriert. So erhalten die Wespen durch die Maispflanze Informationen über die Blattläuse.

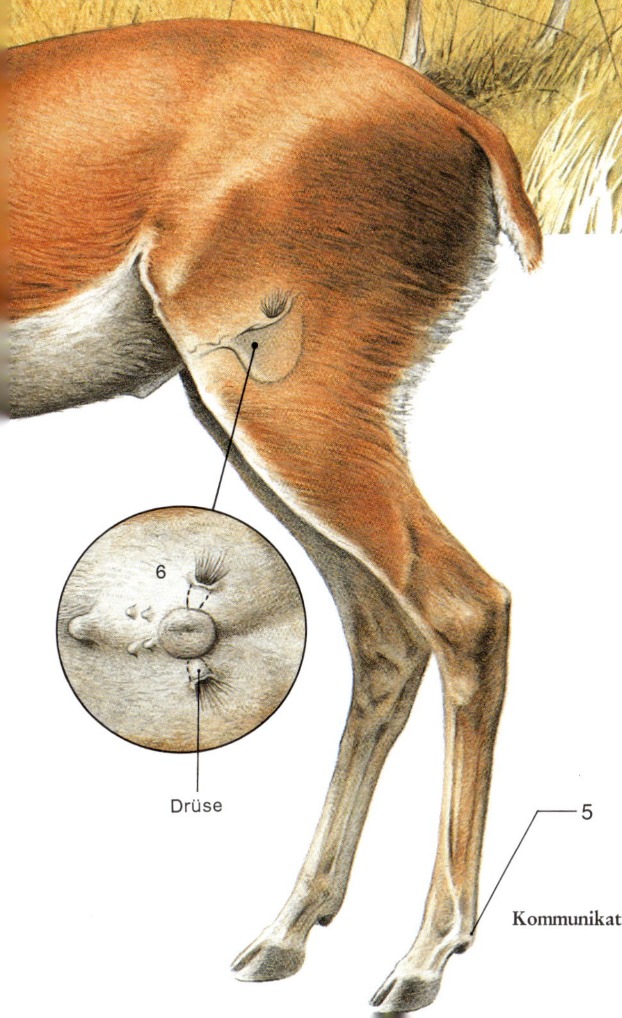

Abgrenzung seines Territoriums benutzt. Das männliche Tier beißt zunächst einen Grashalm in Kopfhöhe ab (1), drückt dann seine Duftdrüse über den gestutzten Halm (2) und bedeckt ihn mit einer klebrigen, schwarzen Masse (3). Diese individuelle Markierung erneuert das Steinböckchen periodisch an denselben Halmen, um den kräftigen Duft zu erhalten (4). Solche Markierungen sind entlang der Territorialgrenzen des Männchens am häufigsten. Sie werden aber auch beliebig innerhalb seines Bezirks verteilt und treten in Angstsituationen, bei Aggressionsverhalten und zur Paarungszeit in verstärktem Maße auf.

Panikmache als Kriegslist

Die meisten in Gesellschaften lebenden Insekten produzieren Signal-Pheromone, wenn ihre Kolonie bedroht ist und angegriffen wird. Die unter solchen Umständen von Soldatenameisen ausgestoßenen Alarm-Pheromone locken eine große Zahl weiterer Soldatenameisen an diesen Ort und verleiten sie zu angriffslustigem Verhalten. Ameisenarten, die andere Ameisen versklaven, setzen Alarm-Pheromone für ihre eigenen Zwecke ein. Die Pheromone werden in Drüsen (1) gebildet, die bei den Sklaven (2) wesentlich kleiner als bei den Sklavenhalterameisen (3) sind. Beim Angriff versprühen sie riesige Mengen von Alarm-Pheromonen auf den Ameisenstaat. Das löst bei den Verteidigern der angegriffenen Ameisen ein kopfloses und unkoordiniertes Verhalten aus. In offensichtlicher Panik laufen sie schließlich auseinander und hinterlassen eine schutzlose Kolonie. So ist es ein Leichtes, die Puppen zu rauben, die ausgewachsen als Sklaven gehalten werden.

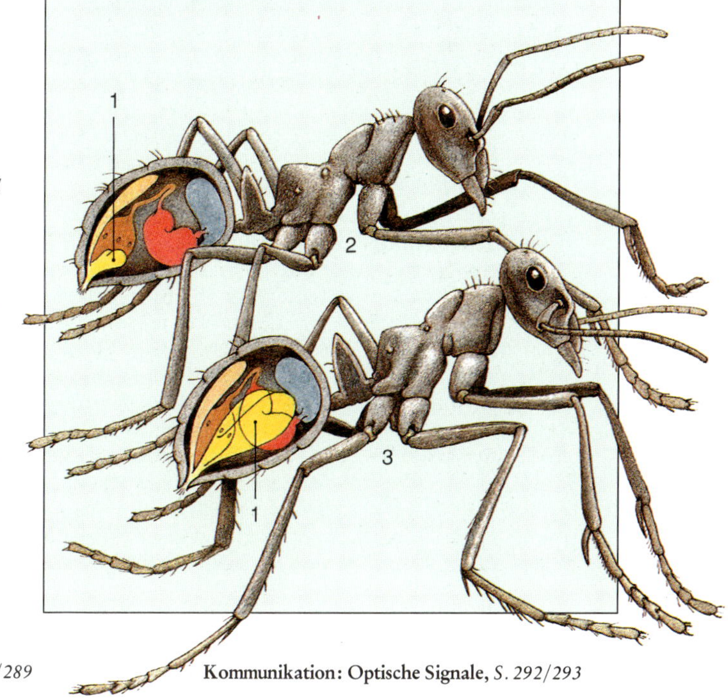

Kommunikation: Akustische Signale, *S. 288/289*

Kommunikation: Optische Signale, *S. 292/293*

Leuchtende Signale

Visuelle Kommunikation bei Tieren

Ist ein weiblicher Schimpanse zur Paarung bereit, entwickelt er eine helle rosafarbene Schwellung im Genitalbereich, die so auffällig ist, daß sie von einem interessierten Männchen auch aus großer Entfernung wahrgenommen werden kann. Viele Tiere bedienen sich visueller Signale, deren Bedeutung häufig nur über lange und sorgfältige Studien erfaßt werden kann. Die Funktionen solcher Signale sind vielfältig: Sie zeigen Paarungsbereitschaft an, dienen der Verteidigung und als Warnung, halten die Rangfolge im Rudel aufrecht oder gelten wie bei den Bienen als Hinweis auf eine Nahrungsquelle.

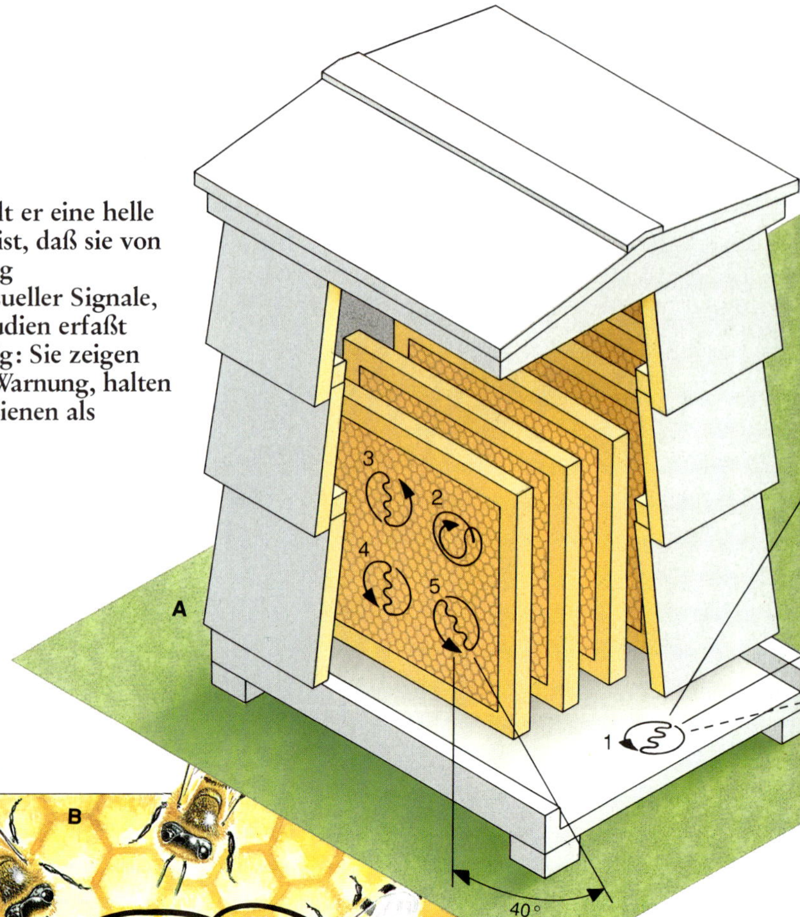

Eines der spektakulärsten Schauspiele, die die Natur bietet, findet in den Mangrove-Sümpfen Malaysias statt. Dort versammeln sich zur Paarung auf offenen Wasserflächen Leuchtkäfer, deren Schwärme sich oft über mehr als 100 m erstrekken - mit einem Leuchtkäfer auf nahezu jedem Blatt eines jeden Baumes. In perfekter Synchronisation geben sie rund neunzigmal in der Minute Blitze ab. Selbst Leuchtkäfer an den Randzonen eines solchen Schwarms agieren simultan mit den anderen. Es sind die Weibchen, die die Blitze abgeben, um auf diese Weise ein Männchen zu finden. Eine solche Massendemonstration hat Vorteile: Auch weiter entfernte Männchen werden angezogen, potentielle Räuber hingegen werden durch die blendenden Lichtpulse abgeschreckt.

Optische Telegrafen

Nicht nur Leuchtkäfer sind in der Lage, Blitze abzugeben. In der dunklen Tiefsee leben Tintenfischarten, deren Arme von aneinandergereihten Lichtorganen erleuchtet werden und Lichterketten auf einem Jahrmarkt ähneln. Aber nur bei Tageslicht ist visuelle Kommunikation wirklich informativ und vielschichtig. Unter den Wirbellosen verfügen Tintenfische, Kalmare und Kraken über die komplexesten Systeme, da ihr Sehvermögen am besten ausgebildet und ihr Auge so hoch entwickelt ist wie das von Vögeln und Säugetieren. Die meisten dieser Weichtiere können darüber hinaus bewußt ihre Farbe ändern. Sind die Tiere ärgerlich, erschreckt oder sexuell angeregt, rufen sie auf ihrem Körper ein wechselndes Spiel leuchtender Farben hervor, meist in Streifenform. Ein Krake kann diese Farbwechsel noch durch bizarre Veränderungen seiner elastischen Haut ergänzen, die plötzlich mit kleinen Beulen übersät ist oder große, fingerartige Ausbuchtungen hervorbringt.

Vielschichtige Kommunikation

Unter niederen Wirbellosen ist visuelle Kommunikation von geringer Bedeutung, da bei ihnen die Augen nur wenig ausgebildet sind und lediglich Licht und Schatten unterscheiden können. Aufgrund ihres starren äußeren Skeletts verwenden Insekten, Spinnen und Krustentiere nur selten optische Signale. Zu schnellen Farbwechseln sind sie durch ihren undurchsichtigen Chitinpanzer meist nicht in der Lage. Schmetterlinge allerdings setzen ihre farbenprächtigen Flügel gezielt bei der Werbung ein. Die männliche Winkerkrabbe verfügt über eine stark vergrößerte Schere, die offensichtlich für Weibchen einen unwiderstehlichen Charme hat. Viele Insekten, vor allem Nachtfalter,

[B-C] Honigbienen auf Nahrungssuche geben die Lage von Nektar- und Pollenquellen durch eine Abfolge von Tänzen weiter. Nektar und Pollen versorgen die Bienen mit Kohlenhydraten und Proteinen - lebenswichtige Stoffe für den Erhalt des Bienenvolkes. Der Rundtanz [B] kennzeichnet Nahrung, die sich innerhalb eines 80 m-Radius befindet. Länge und Schnelligkeit des Tanzes geben darüber Auskunft, wie reichhaltig die Quelle ist. Der Schwänzeltanz [C] besteht aus einer Achterfigur, auf deren gerader Strecke die Biene den Hinterleib hin und her schwenkt, und zeigt entferntere Nahrungsvorkommen. Die Richtung des Schwänzellaufs weist auf die Lage der Nahrung hin, während die Entfernung durch die Häufigkeit der Schwänzelbewegungen angezeigt wird. Zur Übermittlung dieser Informationen müssen die Bienen den genauen Stand der Sonne kennen, ein Gefühl für Zeit und Windgeschwindigkeit haben sowie geographische Markierungen und zum Teil auch magnetische Sensoren nutzen.

Siehe auch: **Fortpflanzung der Fische,** *S. 162/163* **Balzflug,** *S. 170/171*

[D-E] An der Spitze der Rangordnung eines Wolfsrudels steht der Alpha-Rüde. Sein Status hängt von seiner Stärke ab, die durch ein System visueller Signale von Gesichtsausdruck und Körperhaltung untermauert wird. Der dominierende Wolf [D] hat eine offensive Drohhaltung angenommen. Der gebogene Rücken, die aufgerichteten Haare und das Zähneblecken drücken starke Aggression aus. Der andere Wolf [E] zeigt durch unterwürfiges Zusammenkauern und seine zwischen die Hinterläufe geklemmte Rute, daß er die Überlegenheit des Alphawolfes anerkennt.

[A] Bienentänze werden meist im Stock aufgeführt und über Tast- und Geruchssinn gedeutet. Die Information jedoch ist rein visuell, basierend auf dem Stand der Sonne. Dies wird deutlich, wenn der Schwänzeltanz horizontal am Einflugloch (1) aufgeführt wird. Der Schwänzellauf deutet auf eine Nektarquelle 40 Grad links vom Scheitelpunkt der Sonne hin. Beim Rundtanz (2) spielt die Richtung der Nahrungsquelle keine Rolle, ein Schwänzellauf senkrecht nach unten (3) zeigt, daß sich das Futter entgegengesetzt der Sonne befindet. Ein Lauf nach oben (4) weist in Sonnenrichtung. Der Tanz (5) ist eine vertikale Wiedergabe von (1).

Gottesanbeterinnen und Grashüpfer, führen beim Herannahen von Räubern mit ihren Flügeln abschreckende Drohgebärden aus.

Höher entwickelte Tiere

Unter Vögeln häufig vorkommende Verhaltensweisen sind das Aufplustern der Federn, das Auffächern des Schwanzes oder das Aufrichten eines besonders ausgebildeten Federschopfes am Kopf. Solche Gebärden werden dazu benutzt, einen Partner anzulocken, Rivalen abzuschrecken oder Räuber zu vertreiben.

Bedrohte Säugetiere können ihr Haarkleid aufrichten und damit größer erscheinen. Männliche Mützenrobben verfügen über eine aufblasbare Membran in ihren Nüstern, um Rivalen einzuschüchtern und sexuell empfänglichen Weibchen zu imponieren. Elefanten inszenieren zur Abschreckung gefährlicher Eindringlinge oft einen Scheinangriff, indem sie laut trompeten und mit ihren Ohren schlagen.

Der männliche Dreistachlige Stichling (oben) nimmt bei der Verteidigung seines Nestes oder Territoriums eine drohende, den Kopf nach unten gerichtete Haltung ein. Diese Pose ist ein eindeutiges visuelles Signal, indem zur selben Zeit der rote Bauch und der schillernde blaue Kopf gezeigt werden. Das Verhalten erfolgt instinktiv und wird durch den Anblick eines anderen männlichen Stichlings ausgelöst. Ein klassisches Experiment der Verhaltensforschung hat dies bewiesen: Im Labor wurde die Drohhaltung bereits durch ein entsprechend angemaltes Stückchen Holz oder sogar durch die Reflektion des Fisches in einem Spiegel ausgelöst.

Blühende Wegweiser

Um ihren Bestäubern zum Nektar zu verhelfen, verfügen manche Blüten über Wegweiser. Manchmal sind diese auch für den Menschen sichtbar, so das kontrastierende Blau und Gelb des Vergißmeinnicht. Häufig jedoch handelt es sich um ultraviolette Muster, die nur von Insekten wahrgenommen werden. Amerikanische Silberwurz (1) und Bergwohlverleih (2) erscheinen dem menschlichen Auge gelb, Insekten erkennen Adern, die zu einem dunklen Zentrum führen, in dem sich der Nektar befindet.

Farben im Tierreich, *S. 260/261* **Biolumineszenz,** *S. 272/273* **Sehen,** *S. 274/275*

Gruppendynamik und Wettbewerb

Die Gemeinschaftsstruktur bei Säugetieren

Männliche See-Elefanten können fünfmal soviel wiegen wie ihre weiblichen Artgenossen und sind, wenn es um die Paarung geht, derartig aggressiv und zielstrebig, daß sie viele Jungtiere und manchmal sogar die Weibchen zu Tode quetschen. Aggressivität und Kraft sind auch bei anderen Arten wichtig für das Durchsetzungsvermögen der Männchen und ihre Stellung in der Rangordnung innerhalb einer Gruppe. Ist diese einmal festgelegt, so bietet die meist friedliche Koexistenz in der Gruppe gute Überlebenschancen für alle Gruppenglieder. Im Zusammenleben entwickelt sich ein geordnetes, komplexes Sozialsystem.

Nicht alle Säugetiere sind Sozialwesen. Die Orang-Utans der Regenwälder Sumatras und Borneos leben größtenteils einsiedlerisch. Zwischen den Erwachsenen findet, von der Paarung und Territorialkämpfen abgesehen, nur sehr wenig Interaktion statt. Die Jungen verlassen die Muttertiere, sobald sie geschlechtsreif geworden sind, und halten auch keinen weiteren Kontakt. Elche und Eisbären pflegen die gleiche Lebensweise, die allerdings bei großen Säugetieren die Ausnahme ist. Im allgemeinen haben Säugetiere im Laufe ihrer Entwicklung an Größe und Intelligenz gewonnen und immer ausgeklügeltere Sozialsysteme entwickelt.

Der gruppenbindende Faktor

Der Hauptfaktor, der das Sozialsystem der Säugetiere zusammenhält, ist die Milch. Durch diese Flüssignahrung, die alle jungen Säugetiere von ihrer Geburt an ernährt, wird eine Bindung zwischen Muttertier und Jungem geschaffen, die noch lange nach dem Absetzen der Milch andauert. Ein Rollentausch zwischen Männchen und Weibchen, wie bei manchen Vogelarten, ist bei Säugetieren nicht möglich. Der Bereich, in dem die elterlichen Pflichten geteilt werden, ist wesentlich stärker eingeschränkt. Aus diesem Grunde kommen monogame Paare (Tiere, die während ihres ganzen Lebens nur einen Partner haben) - bei Vögeln relativ häufig anzutreffen - bei Säugetieren eher selten vor. Unter der Prämisse, daß das oberste Ziel des Männchens darin besteht, seine Gene an möglichst viele Jungtiere weiterzugeben, ist es verständlich, daß es seine Energien lieber auf Paarungsversuche mit anderen Weibchen verwendet als auf die Brutpflege eines Jungen.

Konkurrenzkampf der Männchen

Die Weibchen stehen aufgrund ihrer langen Trächtigkeit und der anschließenden Milchproduktion für die Paarung über längere Zeit nicht zur Verfügung. Es ist unvermeidlich, daß bei nur begrenzter Anzahl an paarungsbereiten Weibchen ein Konkurrenzkampf der männlichen Tiere entsteht. Stirbt ein dominantes Männchen, tötet sein Nachfolger in manchen Gruppen die Jungen seines Vorgängers, um seine eigenen Gene weiterzutragen. Gute Beispiele für das Wettbewerbssystem bieten der Uganda-Wasserbock und der Hammerkopf, die ihre traditionellen Paarungsplätze oder »Leks« für ritualisierte Kämpfe nutzen. Das dominanteste Männchen sichert sich den besten Platz im »Lek« und kann sich schließlich mit den gesündesten Weibchen paaren.

Erdmännchen (oben) leben in erweiterten Familiengruppen mit engen Beziehungen zueinander. Häufig stehen sie auf ihren Hinterläufen Wache und halten nach einer sich nähernden Gefahr Ausschau. So sind sie immer darauf vorbereitet, die anderen Mitglieder der Gruppe zu warnen.

Schimpansen haben eine komplexe Sozialstruktur. Eine Schimpansen-Gemeinschaft umfaßt zwischen 20 und 120 Einzeltiere und besteht aus Untergruppen, den sogenannten »Horden«, mit jeweils drei bis sechs Einzeltieren. Die Horden müssen nicht auf Familiengruppen basieren, sondern können sich auch entweder nur aus Weibchen oder Männchen, jungen oder ausgewachsenen Tieren, aber auch aus einer Kombination verschiedener Geschlechts- und Altersgruppen zusammensetzen. Oftmals wechseln Einzeltiere von einer in eine andere Horde.

Häufiger trifft man Säugetiere in losen Verbänden, die aus einem Muttertier, dessen Töchtern und wenigen, eher untergeordneten Männchen bestehen. In diesen durch die Mutterlinie geprägten Gruppen werden die Männchen entweder, wie bei den Löwen, vertrieben, sobald sie geschlechtsreif sind, oder aber in untergeordneten Positionen toleriert, wie bei den Schimpansen. Meist sichert sich das dominante Männchen alle Paarungen. Die Rangordnungshierarchien werden durch gelegentliche Kämpfe oder durch Zurschaustellen aggressiven Verhaltens aufgestellt. Bei Mäusen, Elefanten, Füchsen und Delphinen werden ähnliche Formen des Zusammenlebens beobachtet.

Nach Ansicht mancher Wissenschaftler sind hormonale Faktoren bei der Aufrechterhaltung der Hierarchie im Spiel. Dominante Männchen und Weibchen unterdrücken durch ihr aggressives Verhalten die geschlechtliche Entwicklung der ihnen untergeordneten Tiere.

Die Beziehung zwischen einer Mutter und ihrem Sprößling ist sehr eng und von langer Dauer. Dabei ist die Körperpflege [H] eine der wichtigsten sozialen Interaktionen. Große männliche Schimpansen schützen die Gemeinschaft, indem sie an den Reviergrenzen fremde Männchen wegjagen [I].

Siehe auch: **Kommunikation: Akustische Signale**, *S. 288/289* **Kommunikation: Optische Signale**, *S. 292/293* **Evolution der Säugetiere**, *S. 136/137*

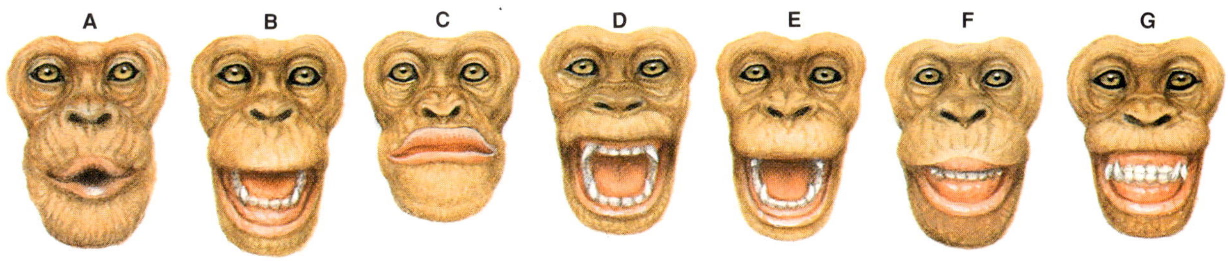

[A-G] Die Gebärdensprache des Gesichts spiegelt die Stimmung des Schimpansen wider. Bei Kontaktrufen kann er zwischen zwei »Rufgesichtern« wählen [A und B]. Die Ruflaute nennt man »Keuchschreie«. Sie werden bei verschiedenen Gelegenheiten ausgestoßen, etwa, um anderen Gruppenmitgliedern eine Nahrungsquelle zu zeigen oder beim Zusammentreffen zweier Gruppen. Das »Imponiergesicht« [C] enthüllt ein aggressiver Schimpanse beim Attackieren eines anderen. Der untergeordnete Schimpanse kann mit einem offenen Vollgrinsen [D] antworten. Darin drückt sich als Unterwerfung unter den ranghöheren Affen in den meisten Fällen Angst oder große Aufregung aus. Das »Spielgesicht« [E] wird besonders von jungen Affen während des Spiels gezeigt, bei dem verschiedene Fertigkeiten erlernt werden, etwa das »Termitenfischen« mit einem Stock. Das Schmollen [F] wird gewöhnlich von einem wimmernden Laut begleitet und drückt Unzufriedenheit oder das Bedürfnis junger Schimpansen nach Fütterung und Pflege aus. Geschlossenes Vollgrinsen [G] deutet wie das offene Vollgrinsen auf Unterwürfigkeit hin. Oft nähert sich ein Schimpanse niederen Ranges einem höhergestellten mit diesem Gesichtsausdruck, um dem dominanten Tier seinen Respekt zu zeigen.

Nacktmulle

Die Nacktmulle Ostafrikas sind einzigartig unter den Säugetieren, denn ihre Sozialstruktur ist mit der der Bienen, Wespen, Ameisen und Termiten eng verwandt. In den großen isolierten Kolonien lebt nur ein sich fortpflanzendes Weibchen, das tatsächlich nicht mit viel mehr beschäftigt ist, als Jungtiere auf die Welt zu bringen. Der größte Teil der schweren Arbeiten - das Ausheben von Tunneln, die Verteidigung, die Nahrungssuche und das Füttern der Jungen - wird von einer Kaste kleiner Tiere, den »regelmäßigen Arbeitern«, verrichtet. Eine weitere Kaste, die sogenannten »unregelmäßigen Arbeiter«, sitzt den größten Teil ihres Lebens mit der Königin und ihren Jungen in der Nestkammer und sorgt dafür, daß sie warm bleibt. Wenn die Königin stirbt, übernimmt eine der unregelmäßigen Arbeiterinnen ihre Rolle, die regelmäßigen Arbeiterinnen haben jedoch niemals die Gelegenheit, sich fortzupflanzen.

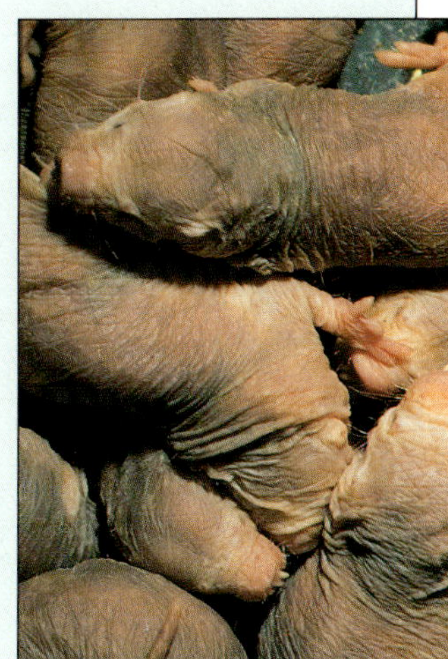

Instinkt und Lernen, *S. 286/287*

9
Ökosysteme

Tiere und Pflanzen bilden Lebensgemeinschaften, die zusammen mit den Umweltfaktoren Boden und Klima komplizierte Ökosysteme ausmachen. Der Versuch, diese Systeme zu beschreiben, wird oft im Ansatz steckenbleiben. Zu vielschichtig und verflochten sind die Beziehungen der Lebewesen untereinander. Möglich sind grobe Beschreibungen der Eigenarten großflächiger Lebensräume und ihrer Bewohner. Nicht selten wird schon dabei deutlich, wie sensibel die meisten Ökosysteme sind. Eingriffe des Menschen haben oft genug schwerwiegende Folgen. Meist reicht es schon, wenn ein Umweltfaktor verändert wird oder wenn einige wenige Arten aussterben, um das Ökosystem nachhaltig zu schädigen oder gar zu zerstören.
Der Mensch gefährdet durch seine Ausbeutung der Natur, durch die Vergiftung des Bodens und der Atmosphäre zahlreiche Ökosysteme und damit seine eigene Lebensgrundlage.

Weites Grasland

Wie Tiere in Prärie und Savanne leben

Zu den Grasländern zählen nicht nur die weiten Prärien Nordamerikas oder die Savannen Afrikas, sondern auch die vom Menschen angelegten Wiesen und Weiden Europas. Wildes Grasland bietet zahlreichen Tieren einen vielschichtigen Lebensraum. Prärien und Savannen erstrecken sich über Tausende von Kilometern über den ganzen Erdball und grenzen häufig an unwirtliche Zonen, wie Wüsten. Neben Gräsern wachsen dort auch andere krautige Pflanzen. Grasende Tiere und ihre Verfolger ziehen über das Grasland hinweg, während der Boden unter ihren Füßen von den Gängen der Wühltiere durchzogen ist.

Grasländer entstanden vor ca. 25 Millionen Jahren, als das Weltklima sich veränderte. Ausgedehnte Grasflächen entwickelten sich auf den Ebenen und welligen Hochländern der tropischen und gemäßigten Breiten überall dort, wo nicht genügend Niederschlag vorhanden oder der Boden zu nährstoffarm war, um einen lückenlosen Baumbewuchs zu ermöglichen. In Europa, wo aufgrund von Klima und geographischer Beschaffenheit der Wald die natürliche Bodenbedeckung bildet, wurde fast das gesamte Grasland von Menschenhand geschaffen und dem Wald zu landwirtschaftlicher Nutzung abgerungen. Lediglich der Raum oberhalb der Baumgrenze in Gebirgen wie den Alpen zählt zu den wenigen natürlichen Standorten von Grasland in Europa.

Die großen auf natürliche Weise entstandenen Grasländer der Erde, besonders die afrikanischen Savannen, beheimaten viele der größeren landlebenden Säugetierarten, sowohl Pflanzenfresser als auch ihre Räuber. Bei den grasenden Tieren herrschen die schnellen gehuften Säugetiere vor – die Familien der Hirsche, Antilopen, Rinder und Pferde –, die zum Schutz vor Raubtieren häufig in großen Herden zusammenleben. Für die Fleischfresser bilden diese Herden eine äußerst attraktive Beute. Löwen, Geparden, Leoparden, Hyänen und Afrikanische Wildhunde machen in Afrika Jagd auf gehufte Tiere, während Kojoten in Nordamerika Präriehunde und zahlreiche andere kleinere Beutetiere jagen.

Bedrohter Lebensraum

In Prärie und Savanne sind Gräser und andere krautige Pflanzen die wichtigste Nahrungsquelle. Das Grasland kann zahlreiche große Tierarten ernähren, weil Gras, im Gegensatz zu vielen anderen krautigen Pflanzen, von unten aus wächst und auch dann gedeiht, wenn die Spitzen abgefressen werden. Die Ruheknospen, aus denen heraus die ganze Pflanze wächst, sitzen nahe am Erdboden oder sogar im Boden.

Nur ein kleiner Teil des auf der Erde vorkommenden Graslandes ist vom Menschen unberührt geblieben. Über Tausende von Jahren ließen nomadische Hirten ihre Rinder, Schafe und Ziegen auf den Savannen Asiens und Afrikas weiden, in weiten Gebieten der früher riesigen nordamerikanischen Prärie wird heute Weizen angebaut. Einige Großtierarten, wie der nordamerikanische Bison, wurden fast bis zur völligen Ausrottung bejagt. In Afrika drohen Überweidung und verheerende Dürren große Gebiete trockenen Graslands am Rande der Sahara zu zerstören.

Die afrikanische Savanne beheimatet viele Tiere. Die Grasebenen bieten den Pflanzenfressern eine üppige Vegetation. In feuchteren Regionen wachsen sogar Bäume, wie der Affenbrotbaum (1), die Schirmakazie (2), der Kandelaber-Baum (3) und der Pfeifendorn (4), Habitat des Webervogels (5). Ein Großteil der Beute, die dem Löwen (6) zugeschrieben wird, der auf Pflanzenfresser wie das Weißschwanzgnu (7), das Zebra (8) und den Defassa-Wasserbock (9) Jagd macht, geht tatsächlich auf das Konto der Hyänen (10) – die Löwen sind dabei häufig nur die Aasfresser. Der Leopard (11) liegt oft in Bäumen und überwacht die Wasserstellen. Er kann sein Opfer in den Baum hinaufziehen, außer Reichweite der Aasfresser, wie dem Marabu (12). Die vielen Pflanzenfresser, einschließlich des Elefanten (13), des Kafferbüffels (14), der Giraffe (15) und der Schwarzfersenantilope (16), können alle in der Savanne überleben, weil sie sich von unterschiedlicher Vegetation ernähren und der Wettbewerb um die Nahrung reduziert wird. Auf Großtieren findet der kleine Madenhacker (17) Zecken und andere Parasiten. Auch die Zebramanguste (18) hat ihre eigene ökologische Nische und ernährt sich von kleineren Tieren, wie der gestreiften Mybuye (19). Mistkäfer (20) sammeln Dung ein, auf den sie ihre Eier legen.

Siehe auch: **Pflanzenfressende Wirbeltiere,** *S. 202/203* **Jagdverhalten: Gemeinschaftsjäger,** *S. 246/247* **Säugetiergesellschaften,** *S. 294/295*

11
3
15
4
13
8
6
16
14
18
20

Trocken, heiß und doch voll Leben

Wie Pflanzen und Tiere in der Wüste überleben

In vielen Wüsten erreichen die Temperaturen tagsüber bis zu 55°C, sinken jedoch in der Nacht unter den Gefrierpunkt. Fauna und Flora müssen mit diesen extremen Temperaturschwankungen fertigwerden – und mit der Trockenheit, denn in manchen Jahren fällt überhaupt kein Regen. Für die Tiere und Pflanzen der Wüste sind das Aufspüren und das Speichern des lebenswichtigen Wassers eine ständige Herausforderung. Obwohl Wüsten gemeinhin als verödete Gebiete angesehen werden, findet sich dort eine erstaunliche Vielfalt an hervorragend angepaßten Lebewesen und Lebensformen.

Für Wüstenpflanzen gibt es kein Entrinnen vor Hitze und Trockenheit. Bei den spärlichen Niederschlägen können sie nur überleben, wenn sie Feuchtigkeit speichern und dem ausgedörrten Boden soviel Wasser wie möglich entziehen. Kakteen sind die typischen Pflanzen der amerikanischen Wüsten; sie sind langlebig, haben eine ganze Palette von Anpassungsformen entwickelt und geben zahlreichen Wüstentieren Nahrung. Andere Pflanzen überleben bis zum nächsten Regen als Samen, um dann plötzlich und unerwartet zu keimen, zu wachsen und zu blühen.

Einige Wüstentiere verbringen zumindest den heißesten Teil des Tages unter der Erde verborgen und kommen zur Nahrungsaufnahme nur während der kühleren Stunden an die Oberfläche. Unter der Erde ist es um einige Grad kühler, und die Tiere halten durch ihren Atem die Luft im Bau verhältnismäßig feucht. Während sich kleine Tiere einen Wasserverlust zur eigenen Kühlung kaum leisten können, setzen größere diese Technik gezielt ein: Das Rote Riesenkänguruh Australiens hechelt und schwitzt, um sich wenigstens zeitweise Kühlung zu verschaffen.

Wüstentiere haben eine ganze Reihe von Anpassungsformen entwickelt, um mit Hitze und Trockenheit fertigzuwerden. Der Fennek zum Beispiel, wie auch viele andere Wüstenbewohner, produziert sehr konzentrierten Urin, um möglichst wenig Wasser zu verschwenden. Ein weiteres typisches Merkmal, das dieser Wüstenfuchs mit anderen Tieren trocken-heißer Regionen teilt, sind seine großen Ohren, die dem Aufspüren der Beute und als Ventilator dienen.

Viele Pflanzenfresser nehmen Feuchtigkeit über die Nahrung auf, wie auch einige Fleischfresser, etwa Grashüpfermäuse, die sich von Wirbellosen ernähren. Die in Wüstengebieten lebenden Raubtiere reichen vom sehr kleinen Ameisenlöwen bis zum Puma. In den amerikanischen Wüsten stehen die Luchse, die Pflanzenfresser wie Maultierhirsche und Kalifornische Eselhasen erbeuten, am Ende der Nahrungskette.

Zur Hauptbedrohung für die Pflanzen und Tiere der Wüste sind die Aktivitäten des Menschen geworden: So wurde z.B. der arabische Spießbock beinahe bis zur Ausrottung gejagt. Glücklicherweise waren einige Tiere in Gefangenschaft gehalten worden, so daß man sie in ihrem angestammten Lebensraum wieder aussetzen konnte, wo sie sich stark vermehrten. Auch Kakteen und andere Wüstenpflanzen wie die »Lebenden Steine« Mexikos wurden lange erbarmungslos geplündert, weil sie bei Sammlern sehr gefragt sind.

Nur hochspezialisierte Pflanzen und Tiere können in der sengenden Hitze und der extremen Trockenheit der Wüste überleben.
Für Wüstenpflanzen wie den Kandelaber-Kaktus (1) und die stachelige Opuntie (2) Nordamerikas ist das Speichern des Wassers außerordentlich wichtig.
Die dicken Stämme des Kandelaber-Kaktus sind häufig Behausung des Elfenkauzes (3). Er benutzt die von Gilaspechten (4) in den Stamm gehackten Löcher als Nest. Die meisten Wüstentiere verbringen den Tag inaktiv in ihren kühlen Bauen oder unter Steinen, so z.B. das Mittelamerikanische Katzenfrettchen (5) und die Wüsten-Känguruhratte (6).
Der Ameisenlöwe (7) lauert in seiner Sandfalle auf Insekten. Mit dem Sonnenuntergang werden die Wüstentiere aktiv: Der giftige Skorpion (8) hält nach Insekten Ausschau, ebenso Reptilien wie die Stacheleidechse (9).
Die giftige Gila-Krustenechse (10) und die Klapperschlange (11) jagen kleine Säugetiere.
Die Kaninchenеule (12) sucht nach Eidechsen und die Falken-Nachtschwalbe (13) nach Insekten.
Zu den Säugetieren der Wüste zählen der langohrige Kalifornische Eselhase (14), der Großohr-Kitfuchs (15), der Streifenskunk (16), der Kojote (17) sowie der scheue Maultierhirsch (18).
Wüsten bewohnende Vögel wie der bodenlebende Erdkuckuck (19) und der Anna-Kolibri (20) sind vorwiegend tagsüber aktiv.

Siehe auch: Wüsten, *S. 54/55* Anpassung der Pflanzen an Hitze und Dürre, *S. 138/139* Anpassung der Tiere an Hitze und Dürre, *S. 142/143*

Ökosystem Steppe, *S. 298/299*

In felsiger Höhe

Wie Tiere und Pflanzen im Gebirge überleben

Auf manchen Berghöhen werden die Schneefelder gelegentlich rot. Die Farbe dieses »Blutschnees« rührt von einzelligen Pflanzen her. Mikroskopisch klein und normalerweise unsichtbar, können sie sich im Sommer so stark vermehren, daß sie den Schnee färben. Diese Farbe ist ein Schutzmechanismus gegen die im Gebirge besonders intensive Sonneneinstrahlung. Die roten Pigmente filtern die gefährlichen Wellenlängen aus dem Licht heraus, die sonst das Chlorophyll in den Algenzellen schädigen und damit die Photosynthese verhindern würden. Kälte und Wind stellen in diesen Höhen weitere Gefahren dar.

Blutalgen sind die einzigen Pflanzen, die in Gebieten oberhalb der Schneegrenze wachsen, sie sind jedoch nicht die einzige Nahrungsquelle für die dort lebenden Tiere. Berge wirken wie Bollwerke gegen sich bewegende Luftmassen: Diese werden abgeleitet oder steigen plötzlich auf, was starke, stürmische Winde verursacht. Die von den unteren Hängen emporwehenden Winde tragen Pollen, kleine Samen, fliegende Insekten und andere Nährstoffpartikel in die Schneefelder der oberen Regionen. Dies ist die Nahrung für eine Vielzahl von Springschwänzen, die so an das Leben im Gebirge angepaßt sind, daß sie gefroren in einem Gletscher bis zu drei Jahren überleben können. Die Springschwänze wiederum sind Beute vieler Arten von Milben, Käfern und Fliegen.

Den Bergen angepaßt

Im Hochgebirge ist die Artenvielfalt aufgrund der klimatischen Bedingungen eingeschränkt. Weiter unten jedoch wachsen Flechten und Moose auf den Felsen und blühende Pflanzen zwischen den Geröllhalden. Solche Pflanzen sind hochspezialisiert: viele haben Sukkulentenblätter zur besseren Wasserspeicherung entwickelt, denn Regenfälle sind selten und fließen schnell ab. Zwei Pflanzenanpassungen sind weit verbreitet: eine trogartige Blütenform, die die warme Tagesluft auch nachts speichert, und eine Rosette, in der die Blätter dicht an den Boden gepreßt sind, so daß die Spaltöffnungen vor der Sonne und austrocknenden Winden geschützt sind. Zum Schutz gegen das intensive Sonnenlicht ist die Oberfläche der Blätter zudem verdickt. Einige Pflanzen, wie das alpine Schneeglöckchen, können selbst Wärme erzeugen und im Frühjahr die Schneeschicht über ihnen schmelzen.

Das Nahrungsnetz im Gebirge

Von den Pflanzensamen ernähren sich Mäuse und Wühlmäuse, während Insekten wie Grashüpfer und Blasenfüße die Pflanzen selbst fressen; die Insekten wiederum werden von Schneeammern und Braunellen verzehrt. Alle Insekten im Gebirge bleiben dicht über dem Boden, um nicht weggeweht zu werden. Viele suchen Schutz in den trogförmigen Pflanzen, und manche Arten haben die Flugfertigkeit ganz verloren. In Europa nehmen Schmetterlinge und Motten Nektar aus den blühenden Pflanzen auf, in Afrika saugen auch Nektarvögel die Blüten aus, in Amerika Kolibris. Um diese nur vergleichsweise selten vorkommenden Bestäuber anzulocken, stellen sich die Bergblumen besonders augenfällig zur Schau, indem sie im Frühling eine leuchtende Farbenpracht entfalten.

Siehe auch: **Gebirgsbildung**, *S. 18/19*

Tierwanderungen

Viele Tiere passen sich an die im Gebirge herrschenden Verhältnisse hervorragend an, indem sie durch die unterschiedlichen Vegetationszonen hinauf- und hinabwandern. Die meisten Tiere ernähren sich im Sommer hoch oben und wandern im Winter tiefer hinab, um der eisigen Kälte zu entgehen. Die zentralasiatischen Schneehühner etwa ziehen mit der Schneegrenze und ernähren sich von Zwiebeln und Krokusknollen. Sie folgen wilden Ziegen und warten darauf, daß diese die Knollen bei ihrer eigenen Nahrungssuche ausgraben.

Nicht alle Tiere wandern. Bestimmte Arten, die das ganze Jahr auf den Bergen bleiben, wie der Schneehase, wechseln ihre Farbe mit den Jahreszeiten; als Tarnung tragen im Winter sie ein weißes Fell, das sich im Sommer braun färbt. Diese Tarnung ist nötig, um nicht die Aufmerksamkeit von Greifvögeln auf sich zu ziehen, die die starken Winde bei ihrem Beuteflug ausnutzen.

[A – F] Verschiedene Vegetationsstufen sind charakteristisch für Gebirge. Sie werden vor allem durch die mit zunehmender Höhe sinkende Temperatur und die Niederschlagsmenge bestimmt. Die dem Wind zugekehrte Seite eines Berges erhält durch den »Steigungsregen« wesentlich mehr Niederschlag als die im Windschatten liegende. Ein afrikanischer Berg in Äquatornähe (rechts) hat sechs typische Vegetationsstufen: Um den Gipfel [A] ist es für jegliches Wachstum zu kalt, während in der afroalpinen Region [B] bereits Pflanzen wie Riesen-Lobelie (1) und Greiskraut (2) wachsen. Darunter liegt das subalpine Moorland [C], wo größere Pflanzen wie Baumheiden (1) Wurzeln schlagen können. Der Bambusgürtel [D] beginnt bei etwa 3 300 m, die untere Zone weicht allmählich dem Bergwald [E]. Unterhalb des Berggürtels beginnt die Savanne [F] mit Schirmakazien (1), rotem Hafer (2) und Bermudagräsern (3).

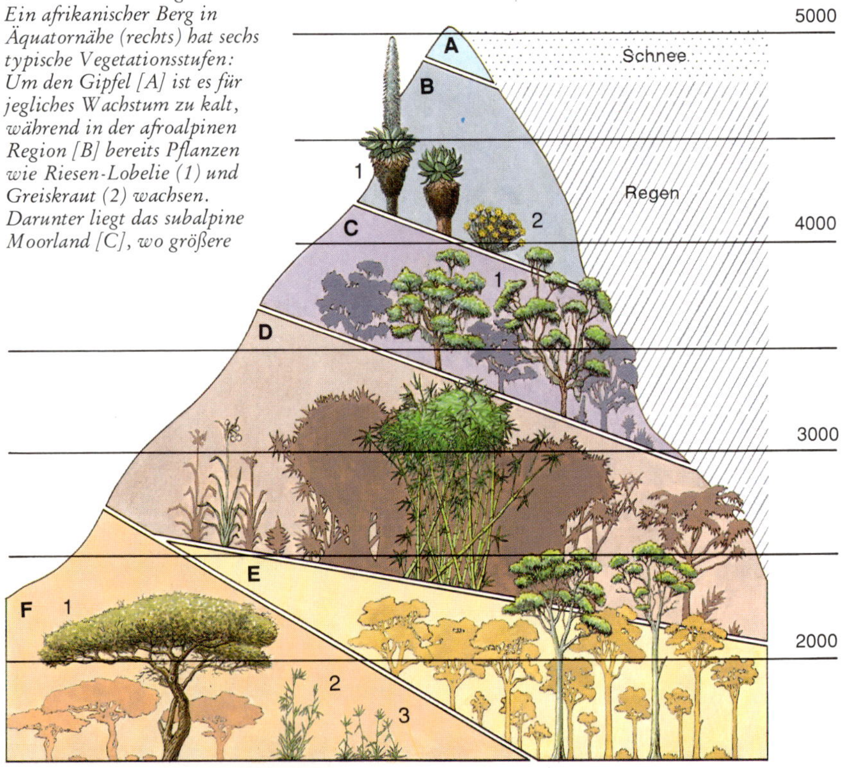

[G – I] Das Vorkommen der verschiedenen Tierarten ist an die durch die Höhe bestimmten Vegetationszonen gebunden, so auch in den Rocky Mountains (rechts). Über der Baumgrenze [G], wo flachwachsende Pflanzen gedeihen, gibt es im Winter nur wenige Tiere. Während der wärmeren Monate dagegen suchen sich Dickhornschafe (1) und die trittsicheren Schneeziegen (2) ihre Nahrung in der spärlichen Vegetation. Zu den kleineren Säugetieren zählen der Altai-Pfeifhase (3) und das Eisgraue Murmeltier (4). Vögel, wie der vom Aussterben bedrohte kahlköpfige Steinadler (5), der Schneehühner (6) jagt, und der Insekten fressende Wasserpieper (7) sind zeitweilig ebenfalls zu finden. In den mittleren Gebirgsregionen [H] findet sich eine vielfältigere Tierwelt. Raubtiere wie Wolf (1), Puma (2) und Amerikanischer Marder (3) gehen auf die Jagd, während der Schwarzbär (4) Beeren sucht und der Elch (5) an Bäumen nagt. Auch Vögel kommen hier in wesentlich größerer Zahl vor, etwa der Kiefernhäher (6), der Fichtenkreuzschnabel (7) und der Dreizehenspecht (8). Die üppigere Vegetation in der Mischwaldzone [I] bietet reiche Nahrung für die Tierwelt, so für den Weißwedelhirsch (1), den Präriehasen (2), den Rotfuchs (3), das Kalifornische Ziesel (4), den Baumstachler (5) und das Hermelin (6). Zu den zahlreichen Vogelarten im Mischwaldgebiet gehören der Schwarzkopfhäher (7), die Einsiedlerdrossel (8) und das Blauhuhn (9).

Anpassung der Pflanzen an Kälte und Wind, *S. 140/141*   Anpassung der Tiere an Kälte, *S. 144/145*

Unterirdische Wohnwelt

Wie Tiere in Höhlen leben

In vielen scheinbar verlassenen Höhlen herrscht tatsächlich reges Leben. Kakerlaken von der Größe eines Frosches machen in tropischen Höhlen fingerdicken Tausendfüßern die Nahrung streitig. Höhlen gleichen in ihrer Entwicklungsgeschichte Inseln, die von der Außenwelt längst vergessene Tiere beherbergen. Einige von ihnen sind so spezialisiert, daß sie noch nicht einmal von einer Höhle zur anderen wandern. Bestimmte höhlenlebende Räuber stammen direkt von Arten ab, die schon gegen Ende der letzten Eiszeit aufgrund der globalen Erwärmung zu Höhlenbewohnern wurden.

Höhlen sind unfruchtbare Lebensräume, da ohne Licht kein Pflanzenwachstum möglich ist. Ohne Pflanzen und Algen aber gibt es keine Nahrung, und Höhlen wären ohne jedes Leben, würden ihre Bewohner nicht durch Nahrung von außen versorgt.

Tote Blätter, die Pilze und einige Insektenarten ernähren, werden vom Wind in die Höhle geweht, andere nahrhafte Abfallstoffe gelangen mit durch Spalten einsickerndem Wasser ins Innere. Doch dies sind dürftige Nährstoffe. Das Ökosystem einer Höhle hängt zum großen Teil von Tieren ab, die sich ihre Nahrung außerhalb der Höhle suchen, zum Schlafen aber Schutz in diesem abgeschirmten Bereich finden.

Reiche Ausbeute

Die Exkremente der Tiere, die in Höhlen übernachten, vor allem die der Fledermäuse, bilden eine Nahrungsquelle, die eine ganze Gemeinschaft hochspezialisierter Höhlenbewohner erhält. Die Exkremente sind in großen Anhäufungen unter den Schlafplätzen aufgetürmt und wirken im Schein einer Lampe sehr lebendig – es wimmelt darin von Käfern, Tausendfüßern, Springschwänzen und, in tropischen Gebieten, von Kakerlaken.

In den Tropen sorgen auch höhlennistende Vögel für Exkremente. In verschiedenen Gebieten Südamerikas zieht der Fettschwalm seine Jungen in Nestern auf, die auf schmalen Vorsprüngen in Höhlen gebaut sind. Die Vögel ernähren sich fast ausschließlich von Früchten – für die Jungen eine wenig nahrhafte Kost, da es ihnen an Proteinen fehlt. Deshalb wächst die Brut nur langsam heran, und die Nistperiode dauert länger als bei anderen Vogelarten – ein Problem, das der Fettschwalm dadurch gelöst hat, daß er in geschützten Höhlen nistet. Um in der Dunkelheit den Weg zu finden, hat er ein Echolotsystem entwickelt, das auf Zungen-Klickgeräuschen beruht.

Unterirdische Jäger

Räuber sind für das Ökosystem der Höhle von großer Bedeutung. Schlangen schlängeln sich in tropische Höhlen, um Fledermäuse oder nistende Vögel zu erbeuten. Andere Räuber sind sogar auf Höhlen spezialisiert und kommen niemals ans Tageslicht. Dazu zählen vor allem Spinnen. Einige tropische Riesenarten lauern jungen Fledermäusen auf. Darüber hinaus gehören zu den Räubern Höhlensalamander und Blindfische, deren Tast- und Geruchssinn, verbunden mit einem verblüffenden Gespür für Vibrationen, sie unbeirrbar zu ihrer Beute führt.

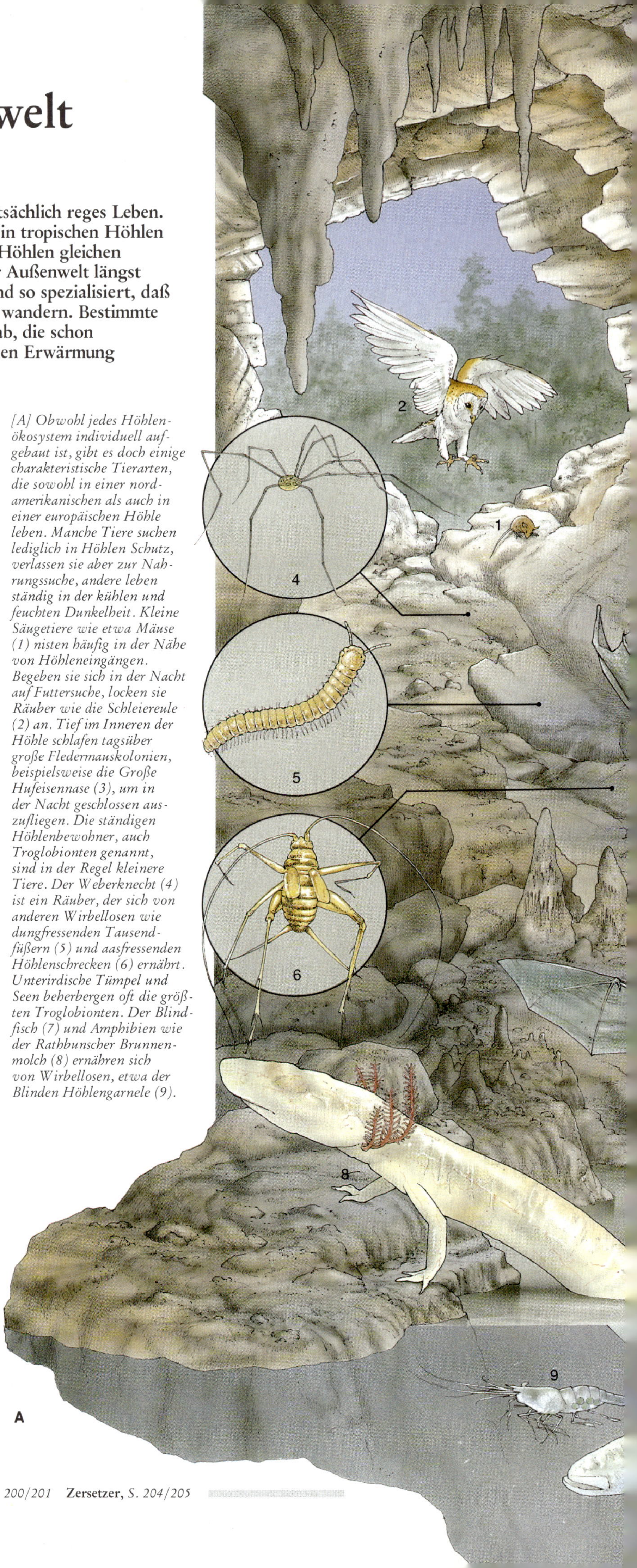

[A] Obwohl jedes Höhlenökosystem individuell aufgebaut ist, gibt es doch einige charakteristische Tierarten, die sowohl in einer nordamerikanischen als auch in einer europäischen Höhle leben. Manche Tiere suchen lediglich in Höhlen Schutz, verlassen sie aber zur Nahrungssuche, andere leben ständig in der kühlen und feuchten Dunkelheit. Kleine Säugetiere wie etwa Mäuse (1) nisten häufig in der Nähe von Höhleneingängen. Begeben sie sich in der Nacht auf Futtersuche, locken sie Räuber wie die Schleiereule (2) an. Tief im Inneren der Höhle schlafen tagsüber große Fledermauskolonien, beispielsweise die Große Hufeisennase (3), um in der Nacht geschlossen auszufliegen. Die ständigen Höhlenbewohner, auch Troglobionten genannt, sind in der Regel kleinere Tiere. Der Weberknecht (4) ist ein Räuber, der sich von anderen Wirbellosen wie dungfressenden Tausendfüßern (5) und aasfressenden Höhlenschrecken (6) ernährt. Unterirdische Tümpel und Seen beherbergen oft die größten Troglobionten. Der Blindfisch (7) und Amphibien wie der Rathbunscher Brunnenmolch (8) ernähren sich von Wirbellosen, etwa der Blinden Höhlengarnele (9).

A

Siehe auch: Höhlenbildung, *S. 36/37* Räuberische Wirbellose, *S. 200/201* Zersetzer, *S. 204/205*

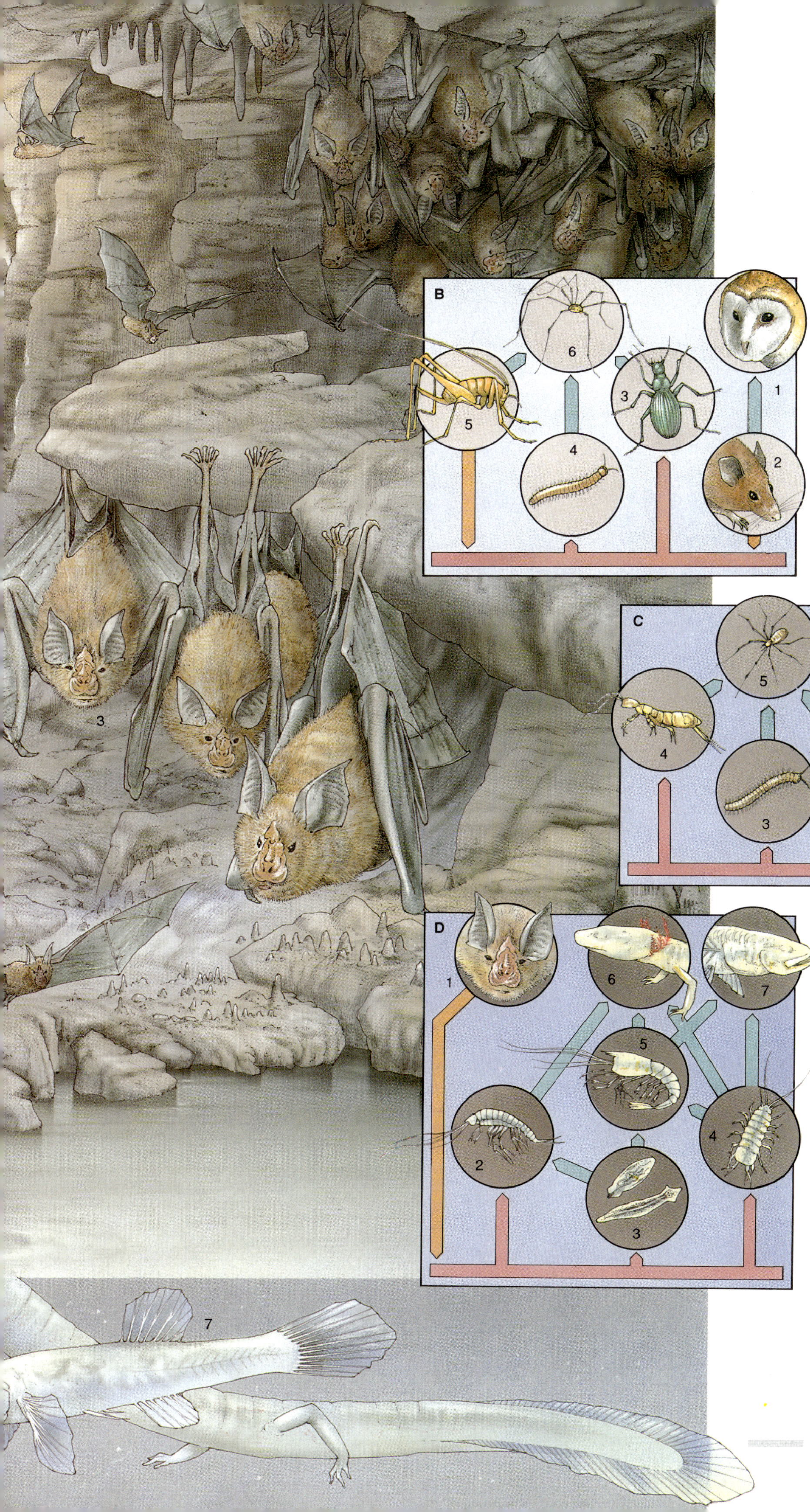

Exkrement-Eintrag

organische Abfallstoffe (Exkremente u.a.)

Beutetiere

[B – D] Das Nahrungsnetz in Höhlen ist äußerst zerbrechlich und gründet sich auf ein nur sehr dürftiges Nährstoffangebot.
[B] In der Nähe des Eingangs lauert die Eule (1) auf Mäuse (2). Die Exkremente dieser beiden Tierarten fressen der Höhlenaaskäfer (3) und der Tausendfüßer (4), während sich die Höhlenschrecke (5) von Vogel- und Säugetieraas ernährt. Der Weberknecht (6) ist der größte Räuber.

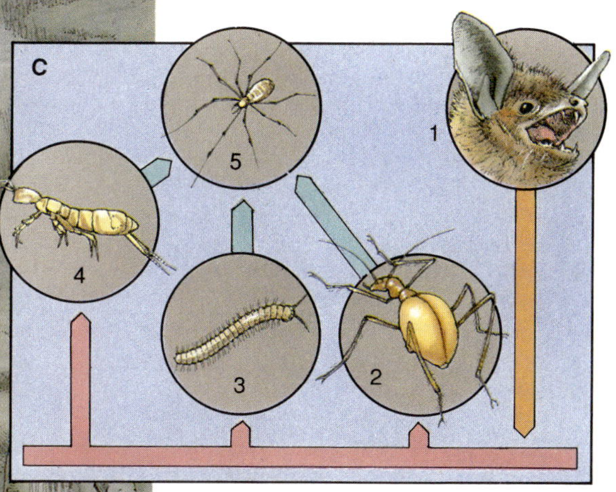

[C] Im Inneren der Höhle wird Guano – Exkremente der Großen Braunen Fledermaus (1) – von Höhlenkäfer (2), Tausendfüßer (3) und Springschwanz (4) verzehrt. Diese Wirbellosen wiederum werden von räuberischen höhlenlebenden Spinnen (5) gejagt.
[D] In unterirdischen Seen ist das Nahrungsnetz sehr viel komplexer. Exkremente der Hufeisennase (1) bilden die Lebensgrundlage.
Sie nähren Bakterien, die wiederum von Höhlengarnelen (2), Plattwürmern (3) und Höhlenasseln (4) gefressen werden. Plattwurm und Assel ihrerseits sind Nahrung für die Blinde Höhlengarnele (5). Zu den Haupträubern dieses Bereichs zählen der Höhlensalamander (6) und der Blindfisch (7).

Echoortung, *S. 276/277*

Die Eiswüste lebt

Wie die Pflanzen- und Tierwelt den arktischen Winter übersteht

Während des arktischen Winters dreht sich alles allein ums Überleben. Die eisige Kälte und härteste Lebensbedingungen stellen für Pflanzen und Tiere des Nordpolargebietes eine extreme Herausforderung dar. Viele Vögel und einige andere Tiere verlassen die Arktis während der Wintermonate. Wiederum andere Tiere und viele Pflanzen nutzen die Isolierungswirkung des Schnees und überwintern unter seiner schützenden Decke. Über die widrigen Bedingungen der Natur hinaus hat die Zivilisation des 20. Jahrhunderts noch eine neue Bedrohung geschaffen: den Menschen.

In der Arktis ist die Luft sehr trocken und äußerst kalt. Demzufolge schneit es auch weniger oft und weniger stark, als häufig vermutet wird. Die meisten Pflanzen aber brauchen den Schnee, da er sie vor der ärgsten Kälte schützt – bis zu 25°C wärmer ist es unter der Schneedecke. Andere Pflanzen drücken sich eng an den Boden, um möglichst wenig den eisigen Winden ausgesetzt zu sein. Ihre kissenähnliche Form schützt sie vor Abschliff durch Schnee, ihre kleinen Blätter sind außerordentlich robust, und zahlreiche Härchen vermindern den Wasserverlust.

Am Boden gefrorener Teiche, zwischen Pflanzen oder im Erdreich vergraben, überleben Insekten den Winter in einem Stadium der Unbeweglichkeit und Trägheit, meistens als Eier oder Larven. Der Grizzlybär ist das einzige arktische Säugetier, das Winterschlaf hält. Für die anderen, kleineren Säuger ist das Risiko zu groß, zu erfrieren. Der Eisfuchs schützt sich so gut gegen Kälte, daß er eine Stunde lang an exponierter Stelle im Schnee schlafen kann, ohne Schaden zu nehmen. Im Winter wird für die Füchse das Aasfressen genauso wichtig wie die aktive Jagd. Sie folgen den Spuren der Eisbären über das Packeis hinweg, immer in der Hoffnung, auf Kadaverreste von Seehunden, die den Bären zum Opfer gefallen sind, zu treffen. Außerdem fressen sie Wühlmäuse und Lemminge, die sie aus dem Schnee ausgraben.

Die Bedrohung durch den Menschen

Viele arktische Säuger, einschließlich des Hermelins und des Eisfuchses, wechseln im Winter ihr Haarkleid und werden weiß. Dies ist eine raffinierte Überlebensstrategie, da die weißen Haare hohl sind und den Tieren damit helfen, die Körperwärme zu halten, gleichzeitig aber auch als Tarnung dienen. Auf der anderen Seite hat ein weißer Pelz jedoch schon immer große Faszination auf Jäger ausgeübt.

Der Mensch stellt darüber hinaus noch eine weitere Bedrohung für die Tiere und Pflanzen des Hohen Nordens dar. Die Ausbeutung von Öl und mineralischen Bodenschätzen ist eine ernsthafte Gefahr für das dortige Ökosystem. Noch schwerer einzuschätzen sind die Folgen für die arktische Tier- und Pflanzenwelt, die sich durch den Eintrag von toxischen Stoffen ergeben. Sogar Rückstände von Pflanzenschutzmitteln konnten in der Arktis, fernab von jeglicher Zivilisation, nachgewiesen werden. Diese Rückstände machen einmal mehr deutlich, wie nachhaltig die Umweltverschmutzung Ökosysteme auch weitab vom Ursprungsort des Ausstoßes angreifen kann.

Siehe auch: Polargebiete, *S. 42/43* Anpassung der Pflanzen an Kälte und Wind, *S. 140/141*

Die Pflanzen und Tiere der Arktis zeigen eine Reihe von Anpassungsmechanismen an die Extrembedingungen des Polarwinters. Durch ihren Zwergwuchs sind die meisten Pflanzenarten völlig vom schützenden Schnee bedeckt, auch werden durch Schneetreiben verursachte Schäden gering gehalten. Insekten halten Winterschlaf und haben ihrem Körper Wasser entzogen, um Schäden durch Gefrieren und darauffolgendes Auftauen zu vermeiden. Die meisten arktischen Säugetiere und Vögel müssen ihre Körpertemperatur während des ganzen Winters zwischen 37° und 39 °C halten. Größere Raubtiere wie der Wolf (1), der Eisfuchs (2) und das Hermelin (3) – ein Wiesel – legen sich eine isolierende Fettschicht zu und entwickeln ein dickes weißes Fell. Das größte arktische Raubtier, der Eisbär (4), kann auf der Suche nach seinem wichtigsten Beutetier, der Sattelrobbe (5), einen Weg von über 20 km zurücklegen. Das in Herden lebende Walroß (6) hat eine zähe Haut und eine dicke Fettschicht, was ihm hilft, sich sowohl gegen die Kälte als auch gegen die Stoßzähne anderer Walrosse zu schützen. Kleinere Säugetiere wie der Berglemming (7) und der Schneehase (8) können es sich nicht leisten, Energie in den Aufbau eines Winterfells und eines isolierenden Fettgewebes zu investieren: Sie schützen sich vor der Kälte in Schneehöhlen. Überwinternde Vögel wie das Schneehuhn (9) legen sich ein dichteres Federkleid zu, um die Kälte abzuwehren. Während der nächtlichen Ruhephase können sie sich darüber hinaus in den Schnee eingraben. Papageientaucher (10) können bis zu 2 m tiefe Nester ausheben. Graugänse (11) und Schneegänse (12) fliehen vor dem arktischen Winter nach Südeuropa.

Haare und Federn, *S. 134/135* Anpassung der Tiere an Kälte, *S. 144/145* Ökosystem Antarktis, *S. 308/309*

Im Land der Pinguine

Wie Tiere und Pflanzen sich in antarktischer Kälte behaupten

Der antarktische Kontinent ist der kälteste Ort der Erde. Er ist so groß wie China und Indien zusammen, aber nur zwei bis drei Prozent seiner Oberfläche sind eisfrei. Das Leben im Ökosystem Antarktis beschränkt sich fast ausschließlich auf die Randzonen des Kontinents und vor allem auf das Meer. Plankton wächst reichlich vor der Küste und nährt eines der reichsten marinen Systeme der Erde. Die Reichtümer der Antarktis sind jedoch nicht verborgen geblieben. Das Meer wird seines Fischreichtums beraubt, und Bodenschätze werden ausgebeutet – eine Bedrohung für die letzte große Wildnis.

Im kalten Herzen der Antarktis existiert kaum Leben. An den wenigen Stellen, an denen blanker Fels das Eis durchbricht, können höchstens ein paar Flechten und Moose Halt finden. Nur am Rande des Kontinents, wo Seevögel nisten und Seehunde die Küste bevölkern, bietet die Antarktis vielen Lebewesen Schutz und Nahrung. Nur wenige können sich jedoch von Pflanzen ernähren.

Die antarktischen Gewässer sind kalt und werden durch nährstofftragende Strömungen und Auftriebswasser angereichert. Hier gedeiht Plankton. Diese kleinsten Pflanzen und Tiere bilden die Grundlage für die Nahrungskette. Unter dem tierischen Plankton und den Krabbenlarven, die das pflanzliche Plankton fressen, lebt ein Tier, das im Meer besonders zahlreich vertreten ist: der Krill. Als Mitglied der Familie der Garnelen ist der Krill das Grundnahrungsmittel von Fischen, Seevögeln und marinen Säugern.

Antarktische Tiere werden auf verschiedene Art und Weise mit der Kälte fertig. Viele sind gut isoliert. Unter dem dichten Federkleid sitzt bei Pinguinen eine dicke Speckschicht. Auch Seehunde haben Fettpolster. Bestimmte Dorsch-Eisfische haben Glykoproteide als Frostschutzmittel im Blut, das die Eisbildung hemmt.

Die bedrohte Wildnis

Mit ihrer reichhaltigen marinen Tier- und Pflanzenwelt und ihrem verlassenen Inneren ist die Antarktis die letzte große Wildnis der Erde; sie ist aber bereits bedroht. Zwar ist die Abschlachtung von Seehunden und Walen durch menschliche Räuber seit dem letzten Jahrhundert verringert worden, die Ausbeutung des Südpolarmeeres hält jedoch an. Riesige Fangflotten ziehen ihr Schleppnetz durch die antarktischen Gewässer, um Fische, Krill und Kalmar zu fangen. Die Überfischung gefährdet das antarktische Ökosystem ernstlich, da sie der Tierwelt die Nahrung entzieht. Darüber hinaus wird die antarktische Tier- und Pflanzenwelt durch das Loch in der Ozonschicht über der Antarktis gefährlicher ultravioletter Sonnenstrahlung ausgesetzt.

Unter seiner eisigen Oberfläche soll der siebte Kontinent über viele Bodenschätze verfügen. Minen, Ölbrunnen, Pipelines und in jüngster Zeit auch der Tourismus können zu einer Bedrohung der Umwelt führen. Um sicherzustellen, daß diese Bedrohung nicht zur katastrophalen Wirklichkeit wird, haben einige Länder den Antarktisvertrag unterzeichnet. Dieser Vertrag soll den Schutz und die Erhaltung der Umwelt und des Lebensraums Antarktis auch in Zukunft gewährleisten.

In der Antarktis leben 5 verschiedene Pinguinarten, deren Jungtiere am braunen Gefieder zu erkennen sind. Der Kaiserpinguin (1) ist der größte aller Pinguine. Im Herbst legt das Weibchen ein einzelnes Ei, das vom Männchen ausgebrütet wird. Wenn das Junge schlüpft, kehrt das Weibchen zurück, um das Junge vor Räubern, wie etwa der Antarktischen Raubmöwe (2), zu schützen. Königspinguine (3) haben einen sehr langen Fortpflanzungszyklus: Sie können alle drei Jahre höchstens zwei Junge aufziehen. Der Adélipinguin (4) ist die in der Antarktis häufigste Art. Das Weibchen legt im Frühsommer zwei Eier, und die Jungtiere brauchen nur 4 Monate, um unabhängig zu werden. Der Zügelpinguin (5) erhielt seinen Namen aufgrund seiner Gesichtszeichnung. Zügelpinguine übernehmen oft die Nester der Adélipinguine, um ihre Jungen großzuziehen. Die Eselspinguine (6) gründen wie alle anderen Arten antarktischer Pinguine »Kinderkrippen«, um ihre Jungtiere vor Räubern zu schützen, während die Eltern auf Nahrungssuche sind. Der Antarktische Seebär (7) ernährt sich vor allem von den Krillschwärmen. Schwertwale (8), auch Mörderwale genannt, sind angriffslustige Räuber, die oft gemeinsam jagen. Sie ernähren sich von Fisch, Kalmar, Seehunden, Seevögeln und sogar von anderen Walen. Der Wanderalbatros (9) ist der größte Vogel unter den Albatrosarten. Er ist in der Antarktis beheimatet, wo er nur alle zwei Jahre brütet. Diese Vögel entwickeln sich spät und pflanzen sich erst im Alter von 12 bis 14 Jahren fort. Im Gegensatz zum Albatros ist die Küstenseeschwalbe (10) ein Zugvogel. Um dem arktischen Winter zu entgehen, fliegt sie vom Nordpol bis in die Antarktis.

Siehe auch: **Polargebiete,** *S. 42/43* **Weltmeere,** *S. 44/45* **Ozonschicht,** *S. 68/69* **Haare und Federn,** *S. 134/135* **Anpassung der Tiere an Kälte,** *S. 144/145*

Tierwanderungen als Instinktverhalten, *S. 228/229* Ökosystem Arktis (Winter) *S. 306/307* Ökosystem Meer, *S. 326/327*

Land der Mittsommernacht

Pflanzen und Tiere im kurzen Sommer der Tundra

Drei Viertel des Jahres ist die Tundra ein kalter, unwirtlicher Landstrich. Während des 50tägigen Sommers erfreut sie sich allerdings eines lauwarmen 24stündigen Sonnenscheins. Dann taut der Permafrostboden in seinen oberen Schichten auf, und für kurze Zeit entfaltet sich ein üppiges Pflanzenwachstum. Die Vegetation wird von zahlreichen Tieren genutzt, um sich und ihren Nachwuchs zu versorgen, aber auch, um Wintervorräte anzulegen. Zum Winter hin, wenn die Nahrung abnimmt, ziehen Karibus und Zugvögel wieder nach Süden, während z.B. Lemminge das ganze Jahr über in der Tundra bleiben.

Wenn sich im hohen Norden der Winter nur zögernd zurückzieht, enthüllt der schmelzende Schnee eine weite, wellige Landschaft – die Tundra. Dieser unwirtliche Lebensraum liegt nördlich des Polarkreises, er verläuft entlang des arktischen Meeres und zieht sich quer über Alaska, Kanada, Grönland, Nordskandinavien und Sibirien. Tiere und Pflanzen an Land und in den Küstengewässern bereiten sich darauf vor, während der kurzen Sommersaison in einem atemberaubenden Tempo zu wachsen, sich zu entwickeln und vor allem, sich fortzupflanzen.

Die Vegetation der Tundra ist über weite Strecken spärlich und niedrig. Sie wächst selten über einen Meter. Bäume gibt es nicht. Holzgewächse wie die Arktische Weide halten sich dicht am Boden, wo die Temperaturen höher und die abschleifenden Winde nicht so stark sind.

Einige Tiere leben das ganze Jahr über in der Tundra, vor allem Feld- und Spitzmäuse, Lemminge und Eisfüchse. In regelmäßigen Abständen, wenn die äußeren Bedingungen günstig sind, wächst der Bestand der Berglemminge explosionsartig an. Die hohe Populationsdichte führt bald zu Nahrungsknappheit, Sozialstreß und Seuchengefahr. Während zahlreiche Tiere sterben, begibt sich ein Teil der Lemminge nun auf die legendären Wanderungen. Auf ihrem Weg machen die Tiere auch vor Flüssen und dem Meer nicht Halt. Allerdings ertrinken bei diesen Überquerungen sehr viele Tiere, was früher fälschlicherweise für Massenselbstmord gehalten wurde.

Neben Zugvögeln kommen im Sommer auch Säugetiere in die Tundra. Große Karibuherden, bis zu 100 000 Tiere stark, wandern nach Norden, um hier zu kalben. Schmetterlinge, Hummeln, Schwebfliegen und Stechmücken bevölkern die Luft. Wenn die Stechmücken bei geringer Luftbewegung in großen Schwärmen auftreten, werden sie zur Plage für die Säugetiere der Tundra.

In küstennahen Bereichen schmilzt in den wärmeren Monaten das Eis. Im offenen Wasser findet sich in dieser Zeit ein überreiches Planktonvorkommen, das Wale, zahlreiche Fische und andere marine Lebewesen wie Tintenfische ernährt. Diese sind wiederum Beute für andere, in der Nahrungskette höher stehende Tiere.

Im Sommer geht es den Räubern der Tundra besonders gut. Der Eisbär jagt Fische und Seehunde in den kälteren Uferzonen. Greifvögel erbeuten kleinere Vögel und Säugetiere, und der Eisfuchs füttert seine Jungen mit Lemmingen, Vögeln und Nagern.

Wenn der Schnee schmilzt, erwachen die Pflanzen zum Leben und blühen auf. Jetzt setzen Steinbrech (1), Arktischer Mohn (2) und Silberwurz (3) im vergangenen Sommer angesammelte Speicherstoffe ein, um mit verschwenderischer Blütenpracht die Landschaft zu verzaubern. Die Sonne erwärmt den Boden nur bis zu einem Meter Tiefe, darunter herrscht Permafrost. Schmelzwasser kann nicht abfließen; in den vielen Pfützen und Tümpeln können sich die Moskitos (4) hervorragend vermehren. Zugvögel wie das Moor-Schneehuhn (5), der Goldregenpfeifer (6) und Schwärme von Watvögeln strömen herbei, um sich von der kurzlebigen grünen Vegetation und den zahlreichen Insekten zu ernähren. Viele Vögel paaren sich sofort, für Balzrituale ist die Zeit zu kostbar. Im Herbst sammelt die Polarrötelmaus (7) ihre Wintervorräte. Die Moschusochsen (8) legen Fettreserven an; zudem sind sie wie auch die Karibus (9) gegen die Kälte durch ihr dichtes Fell geschützt und dadurch, daß sie sich in Horden dicht zusammendrängen. Die Moschusochsen schützen sich und ihre Jungen vor Wölfen (10), indem sie einen engen Kreis bilden und ihre Köpfe mit den wehrhaften Hörnern senken. Der weißschwänzige Seeadler (11) hat es auf kleine Säugetiere abgesehen.

Die Waldgebiete des Nordens

Wie Tiere und Pflanzen in den Wäldern der gemäßigten Breiten leben

Boreale Wälder – große, dunkle Nadelholzbestände – ziehen sich in einem 12 000 Kilometer langen Gürtel von Nordsibirien über Osteuropa, Skandinavien und Kanada bis nach Alaska. Es handelt sich um vergleichsweise junge Ökosysteme, die sich erst nach dem Ende der Eiszeit vor ca. 10 000 Jahren entwickelt haben. Wenn sie auch nicht so vielschichtig sind wie ältere Ökosysteme in weniger anspruchsvollen Klimazonen, so verfügen sie doch über ein breites Spektrum von Tieren und Pflanzen, die sich außergewöhnlich gut an die langen und harten Winter und die kurzen Sommer angepaßt haben.

Das dunkle, scharfe Profil der Nadelhölzer (Koniferen) beherrscht den borealen Wald. Arten wie Kiefer, Tanne und Fichte sind den Herausforderungen dieser Umwelt in höchstem Maße gewachsen: Durch die Form ihrer Zweige können die schweren Schneemassen abgeschüttelt werden. Auch sind ihre schlanken Stämme sehr flexibel gegenüber starken Winden. Die Bäume verfügen oftmals über ein flaches, aber weitreichendes Wurzelsystem, wodurch sie sich aus dem oberen Bereich des Bodens mit Wasser versorgen. Tiefergehende Wurzeln könnten den darunterliegenden Dauerfrostboden nicht durchdringen.

Die Böden unter dem Kronendach der Koniferen sind nährstoffarm und oft von einer dicken Nadelschicht bedeckt. Bei solchen wenig fruchtbaren Standortbedingungen wird das Wachstum der Nadelbäume durch Pilze unterstützt, die die Nadeln zerlegen und die Bäume mit Nährstoffen versorgen. Als Gegenleistung beziehen diese Mykorrhiza-Pilze von den Bäumen Kohlenhydrate. Laubbäume wie Birken und Espen treten zwar auch in borealen Wäldern auf, sind jedoch seltener als Nadelbäume, die früher im Jahr mit dem Wachstum beginnen und dadurch den Laubbäumen Licht und Nährstoffe nehmen. Wo genügend Licht bis zum Boden vordringt, können Pflanzen wie Heidelbeeren und Sumpfmoos wachsen.

Die Nadelhölzer sind in der Nahrungskette dieser Klimazonen von fundamentaler Bedeutung. Insektenlarven von Nachtfalter, Blatt- und Holzwespe fressen Nadeln oder greifen das Holz selbst an. Der Große Auerhahn frißt im Winter, wenn Nahrung knapp ist, Nadeln. Für den Kreuzschnabel und das Rote Nordamerikanische Eichhörnchen sind die Samen der Koniferen wichtig. Karibus und Rentiere, die aus der Tundra nach Süden wandern, um den Winter im Schutz des Waldes zu verbringen, müssen den Schnee unter den Bäumen wegkratzen, um Flechten und Pflanzen zu finden. Kleine Nagetiere wie Wühlmäuse ernähren sich von Rinde, Knospen, Pilzen, Samen und Beeren. Im Frühjahr und Sommer treten Insekten in großer Zahl auf und locken zahlreiche Zugvögel an, die in diesem Lebensraum brüten. Die weitverbreiteten Wühlmäuse und weitere kleine Säuger sind Beutetiere für den Rotfuchs und den großen Waldkauz. Jäger sind der Amerikanische Vielfraß, der Wolf und der Braunbär.

Obwohl der Mensch schon große Gebiete der borealen Wälder in Ackerland umgewandelt hat, gehören sie zu den am wenigsten gestörten Lebensräumen der Erde. Heute sind viele boreale Wälder Naturschutzgebiete oder Nationalparks.

Der Aufbau des borealen Nadelwaldes ist im Vergleich zu anderen Wäldern relativ einfach. Das Kronendach der immergrünen Koniferen schirmt stark gegen Lichteinfall ab, und am Boden sammelt sich eine dicke Nadelschicht an. Die chemische Zusammensetzung der Nadeln, die niedrigen Temperaturen und die Nässe des schlecht durchlüfteten Waldbodens behindern die Arbeit der bodenanreichernden Zersetzer. Tiefe Schatten und geringe Bodenfruchtbarkeit haben zur Folge, daß die Vegetation sich hier auf vereinzelte Stellen mit Moosen, Flechten oder Gräsern beschränkt.
Während der harten Winter fällt die Temperatur stark ab, und die Nahrung wird knapp. Einige Tiere wie der Braunbär (1) halten dann Winterschlaf, andere wie der Hühnerhabicht (2) können nach Süden ziehen. Zurückbleibende Weidetiere wie der Elch (3) und das Bison (4) und Fleischfresser wie der Luchs (5) und der Amerikanische Vielfraß (6) sowie der große Waldkauz (7) sind durch einen dicken Pelz oder ein dichtes Federkleid geschützt. Der Tannenhäher (8) und der Fichtenkreuzschnabel (9) haben die kräftigen Schnäbel entwickelt, die sie brauchen, um die Samen der Koniferen aus den schützenden Schuppen zu ziehen. Der Auerhahn (10) überlebt den Winter mit einer einseitigen Kost aus Koniferennadeln, während das Goldhähnchen (11) Maden und Insekten, die unter der Rinde vergraben sind, herauspickt.
Vögel sind dem borealen Nadelwald besser angepaßt als Säugetiere, da sie sich das knappe Futter in einem großen Gebiet suchen können.
Pflanzen und Tiere der borealen Nadelwälder nutzen die kurze Wachstumsperiode im Sommer voll aus. Die immergrünen Nadeln können, sobald Licht und Temperatur zunehmen, mit der Photosynthese beginnen. Schnell treten Insektenschwärme auf, um diese neue Nahrungsquelle zu nutzen. Diese werden wiederum von der Schlupfwespe (12) befallen. Moskitos und kleine Mücken steigen von Teich- und Sumpfoberflächen auf, und der holzbohrende Borkenkäfer (13) greift tote oder lebende Bäume an.

Siehe auch: **Böden,** *S. 30/31* **Eiszeiten,** *S. 38/39* **Pflanzenarchitektur,** *S. 114/115* **Keimung,** *S. 158/159* **Symbiose,** *S. 192/193* **Zersetzer,** *S. 204/205*

Jagdverhalten: Einzeljäger, *S. 244/245* Ökosystem Gebirge, *S. 302/303* Schutz der Pflanzen, *S. 338/339* Schutz der Tiere, *S. 340/341*

Laubwald im Wandel des Jahres

Wechselnde Tier- und Pflanzenwelt

Vor allem der Rhythmus der Jahreszeiten prägt die Laubwälder und ihre Bewohner. Tiere und Pflanzen müssen sich den wechselnden Bedingungen anpassen: Sie müssen den Winter gut überstehen, um Frühling und Sommer bestmöglich nutzen zu können. Sommergrüne Laubwälder bilden die Bodenbedeckung weiter Teile der gemäßigten Zonen Europas und Nordamerikas, kommen jedoch auch in begrenzten Gebieten der gemäßigten Zonen auf der südlichen Hemisphäre vor. Die wasserspeichernden Böden sind für den Ackerbau hervorragend geeignet, so daß die Laubwälder häufig der Säge zum Opfer fielen.

Im tiefen Winter erscheint der Laubwald recht unbelebt. Doch selbst in dieser Zeit sind einige seiner Bewohner aktiv. Spitzmäuse jagen nach wirbellosen Tieren wie Asseln und Regenwürmern. Auch die Vögel, die im Winter nicht in den Süden ziehen, wie der Eichelhäher, sind mit der Futtersuche beschäftigt. Eichelhäher ernähren sich von den Eicheln, die sie während des Herbstes gesammelt und an bestimmten Stellen gelagert haben. Der Haarspecht hingegen stellt seinen Speiseplan vollständig um; in den wärmeren Monaten des Jahres frißt er Insekten und andere Wirbellose, im Winter ernährt er sich von Pflanzensamen.

Viele Vogel- sowie einige Fledermausarten entfliehen dem Winter, indem sie sich nach der Fortpflanzungssaison auf den Weg in wärmere Gegenden machen. Säugetiere wie die Schlafmaus und der Streifenskunk harren im winterlichen Wald aus, reduzieren aber ihre Aktivitäten oder fallen in Winterschlaf.

Ein Feuerwerk der Farben

Gegen Ende des Winters werden die Tage länger, die Temperaturen steigen, und der Schnee schmilzt. Die Wälder werden wieder grün. Als erste erscheinen die Frühblüher, die ihre Blätter und Blüten treiben, noch bevor sich das neue Blätterdach schließt und ihnen das Sonnenlicht nimmt. Auch Ahorn, Eiche, Esche, Rotbuche und in Amerika die Hickorynuß treiben ihre Knospen.

Im Frühling kehren Zugvögel wie die Singvögel zurück, um Nester zu bauen und ihre Brut großzuziehen. Die nun in Hülle und Fülle vorhandenen Insekten liefern den Vögeln eiweißreiche Kost für ihre Jungen. Auf den Lichtungen fressen Hirsche die jungen Pflanzentriebe ab. Jagdspinnen fangen kleine Insekten und andere Wirbellose. Greifvögel jagen nach kleineren Vögeln. Weitere sehr aktive Räuber sind Rotluchse und Eulen.

Mit Beginn des Spätsommers haben die Zugvögel ihre Jungen aufgezogen und bereiten sich langsam auf den großen Zug in den Süden vor. Auch die Bäume rüsten sich für die winterliche Dormanz, indem die Blätter nicht mehr mit Nährstoffen versorgt werden. Sie verfärben sich braun, rot und golden und werden schließlich abgeworfen; die Eichelhäher beginnen erneut, Eicheln zu sammeln und zu lagern. So schließt sich der Kreis mit der Einkehr des Winters.

Im Frühling erwacht der Igel (1) aus dem Winterschlaf und sucht wie die Amsel (2) zwischen Waldhyazinthen (3), Primeln (4), Buschwindröschen (5) und dem Gefleckten Aronstab (6) nach Insekten. Der Waldboden bietet der Waldschnepfe (7) gute Tarnung. Im Frühsommer bewachen die Rehe (8) ihre Kitze, während der Große Schillerfalter (9) Blüten wie z.B. das Geißblatt (10) besucht. Der Sperber (11) ist den ganzen Sommer über sehr aktiv und jagt kleine

Siehe auch: **Jahreszeiten,** *S. 82/83* **Pilze,** *S. 110/111* **Tierwanderungen als Instinktverhalten,** *S. 228/229* **Biologische Uhr,** *S. 270/271* **Nadelwald,** *S. 312/313*

Vögel wie Zilpzalps (12), Laubsänger (13) und Blaumeisen (14). Der Grünspecht (15) sucht Baumrinden nach Insekten ab. Aus den Eichengallen (16) schlüpfen die Gallwespen. Wenn die Tage kürzer und feuchter werden, bilden Fliegenpilz (17), Violetter Rötelritterling (18), Parasol (19), Stockschwämmchen (20), Goldgelbe Koralle (21) und Falscher Lackporling (22) ihre Fruchtkörper aus. Zwischen den Pilzen suchen Waldmäuse (23) nach Insekten. Der Dachs (24) paart sich zwar im Oktober, doch eine verzögerte Einnistung des befruchteten Eies erlaubt es ihm, seine Jungen erst im nächsten Frühjahr aufzuziehen.

Wenn der Winter kommt, spüren die Eichelhäher (25) die im Herbst angelegten Futterspeicher wieder auf; Kohlmeisen (26) suchen nach Beeren. Der nachtaktive Waldkauz (27) jagt in lautlosem Flug kleine Säugetiere. Auf dem Waldboden sammelt das Graue Eichhörnchen (28) fleißig Nüsse, während die Schlafmaus (29) in ihrem Bau überwintert. Die Wühlmaus (30) bringt sich und ihre Vorräte unter dem Schnee in Sicherheit.
Wie der Waldkauz ist auch der Rotfuchs (31) ein nachtaktiver Jäger, der in der Dämmerung seinen Bau verläßt, um kleine Säugetiere zu erbeuten.

Ein Dach für tausend Arten

Tiere der tropischen Regenwälder

Regenwälder wimmeln nur so von Leben. Vom modrigen Holzstrunk auf dem Waldboden bis hinauf in die höchsten Zweige der Baumkronen ist jede nur erdenkliche Nische bewohnt. Eine Waldfläche von nur 1 000 Hektar Ausdehnung kann bis zu 400 verschiedene Vogelarten, 125 Säugerarten, 150 Reptilien- und Amphibienarten, 150 Tagschmetterlings- und Nachtfalterarten sowie kleinere Tiere ohne Zahl beherbergen. Hoch oben in den Wipfeln, wo die Bäume ihre Äste, Blätter und Blüten der Sonne entgegenstrecken, zeigt sich das Leben in größter Fülle und buntester Vielfalt – zahlreiche Tiere berühren den Boden sogar nie.

Der Waldboden bietet den Tieren reiche Nahrung. Spießhirsche grasen auf den Lichtungen, Fasane scharren nach Schößlingen, Samen und heruntergefallenen Früchten; Ameisenfresser fangen Termiten mit ihrer klebrigen Zunge. Kleinere Tiere, wie Käfer, Regenwürmer, Ameisen und Termiten, ernähren sich von Laub, totem Holz und Tierkadavern. Zusammen mit Pilzen und Bakterien bauen sie das tote organische Material ab und machen es für Pflanzen wieder verfügbar. Der Nährstoffkreislauf ist geschlossen.

In den Regenwäldern geht es recht laut und unruhig zu. Weil die Sicht durch dichtes Blättergewirr versperrt ist, verständigen sich die Tiere durch Kontakt- und Alarmrufe.

Das lebendigste Gewimmel herrscht in den Wipfeln des Regenwaldes. Selbst die auf anderen Pflanzen wachsenden Epiphyten (z.B. Bromeliengewächse, viele Orchideen) beherbergen eigene »Mini-Ökosysteme« in den Wasseransammlungen ihrer Blatt-Trichter (»Zisternen«): Baumfrosch-Kaulquappen und aquatisch lebende Insektenlarven entwickeln sich in dem hier aufgefangenen Wasser; Schlangen lauern dort auf ihre Beute; kleine Tiere, die in den »Zisternen« ertrinken, versorgen wiederum die Pflanze mit Nährstoffen.

In den Wipfeln leben auch die meisten Pflanzenfresser, z.B. Raupen von Tag- und Nachtfaltern, die ihrerseits Beute von Fröschen und Vögeln werden. Größere vegetarisch lebende Tiere wie Brüllaffen haben ihr Verdauungssystem an diese Kost angepaßt. Ihr langer Darm ermöglicht es ihnen, aus dem nährstoffarmen Laub genügend verwertbare Stoffe zu gewinnen.

Baumbewohnende Tiere sind gut an ihr luftiges Domizil angepaßt. Papageien klettern in den Zweigen herum und sind dafür mit kräftigen Krallen und Schnäbeln ausgerüstet. Fledermäuse flattern zwischen den Ästen umher, während Faultiere kopfunter an ihren Klauen von den Ästen herabhängen. Den Spinnenaffen dienen ihre Greifschwänze als zusätzliche Arme, mit denen sie sich von Ast zu Ast hangeln.

Am Ende der komplexen Nahrungskette des Regenwaldes sind die großen Raubkatzen anzusiedeln. Im südamerikanischen Regenwald stellen Jaguare Affen und Vögeln in den unteren Zweigen der Bäume nach, im afrikanischen Dschungel der Leopard, während der Tiger im asiatischen Regenwald Hirsche und Wildrinder jagt. Über den Wipfeln des Regenwaldes kreisen scharfäugige Waldadler, wilde Jäger der Lüfte wie die Harpyie – jederzeit bereit, auf ihre nichtsahnende Beute herabzustoßen.

[A] Bromeliengewächse können bis zu 10 Liter Wasser in ihren Blatt-Trichtern speichern und bieten so zahlreichen kleinen Tieren eine Oase. Die Kaulquappen der Pfeilgiftfrösche vollenden hier ihre Metamorphose zum Jungfrosch.

[B] Die raffinierte Tarnung der Buckelzikaden macht es schwer, sie von echten Dornen zu unterscheiden; aus der Nähe betrachtet, schrecken ihre bunten Farben Räuber ab.

[C] Das bodenbewohnende Aguti ist ein Samenfresser. Es schält die Samen einer bestimmten Palme, vergräbt sie als Vorrat und sorgt auf diese Weise für die Verbreitung des Baumes.

[D] Zu den faszinierendsten Schmetterlingsarten gehören die Morpho-Falter.

[E] Die im Regenwald vorkommenden großen Spinnen (z.B. Wolfsspinnen) fressen Insekten oder kleine Wirbeltiere. Eine auf der Lauer liegende Spinne injiziert ihrer Beute – hier einem Frosch – ihr tödliches Gift, das den Körperinhalt verflüssigt, bevor sie ihn aussaugt.

A

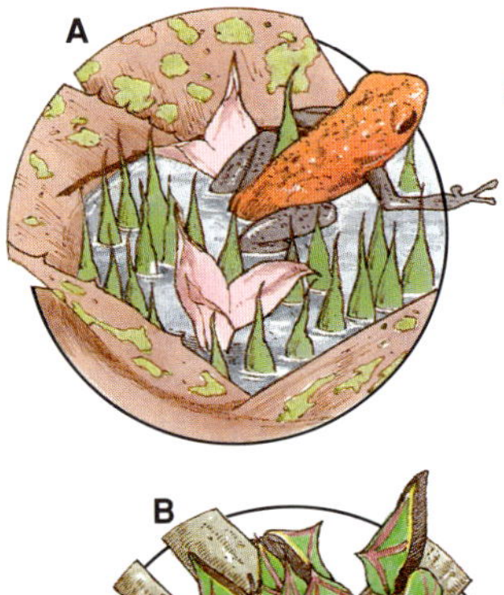

B

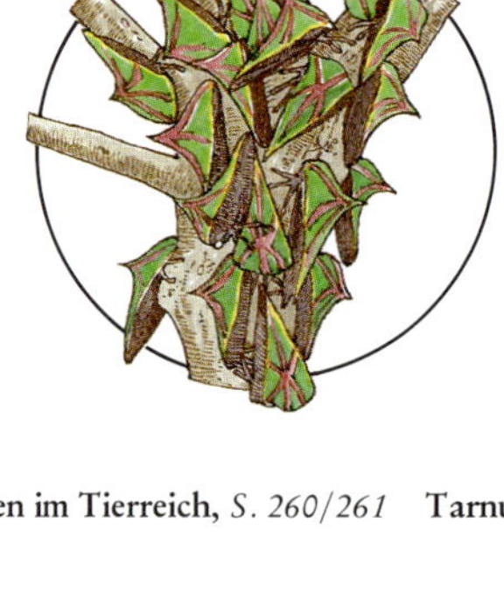

Siehe auch: **Zersetzer,** *S. 204/205* **Stoffkreisläufe,** *S. 206/207* **Farben im Tierreich,** *S. 260/261* **Tarnung,** *S. 262/263*

F

[F] In den feucht-warmen Dschungelgebieten Mittel- und Südamerikas leben vor allem in den Bäumen ungezählte Tiere. Affen ernähren sich vorwiegend von den reichlich vorhandenen Früchten und Nüssen des Waldes. Spinnenaffen (1) und Totenkopfäffchen (2) eilen, unterstützt durch ihre Greifschwänze, geschickt balancierend durch die unteren Etagen der Baumkronen. Die der Territoriumsabgrenzung dienenden »Brüllgesänge« der Brüllaffen (3) sind kilometerweit zu hören, doch die lärmendsten Tiere sind die kreischenden Papageien, wie der Grünflügelara (4), der Blaugelbe Ara (5) und die Blaustirnamazone (6). Diese farbenprächtigen Vögel besitzen kräftige Schnäbel, mit denen sie Samen- und Nußschalen aufbrechen. Der lange Schnabel des Regenbogentukans (7) ist hervorragend dazu geeignet, Früchte abzureißen. Der Purpurhonigsauger (8) und der Rubinkehlkolibri (9) haben lange, gebogene Schnäbel, um tief in die Blüten eindringen und bis an den Nektar reichen zu können. Die Ithomiiden (10) und Heliconiden (11) sind nektarsaugende Schmetterlinge. Rotkopf-Sägeracke (12) und Rotschwanz-Jakamar (13), außerordentlich geschickte Insektenjäger, bevorzugen Blattschneiderameisen (14), mögen aber auch Spinnen gern. Die Harpyie (15), ein eindrucksvoller Greifvogel, jagt mit Vorliebe baumbewohnende Säugetiere, die sie direkt mit ihren Krallen aus den Baumkronen greift. Dies können z.B. Nasenbären (16), Opossums (17) oder Tamanduas (18) sein, die sich von Insekten und Früchten ernähren, sowie Zweizehenfaultiere (19), die fast ihr gesamtes Leben kopfunter an Ästen hängen. Andere Räuber sind der Jaguar (20), der sowohl auf dem Waldboden als auch in den unteren Ästen jagt, aber auch verschiedene Schlangen, wie die stumpfschnauzige Baumschlange (21), die an eine Liane erinnert. Die leuchtende Färbung der Greifschwanz-Lanzenotter (22) lockt Laubfrösche (23), Leguane (24) und andere Amphibien bzw. Reptilien in den Tod.

D

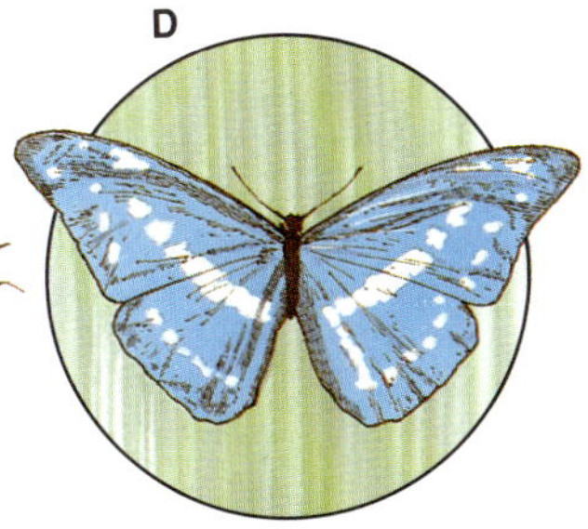

E

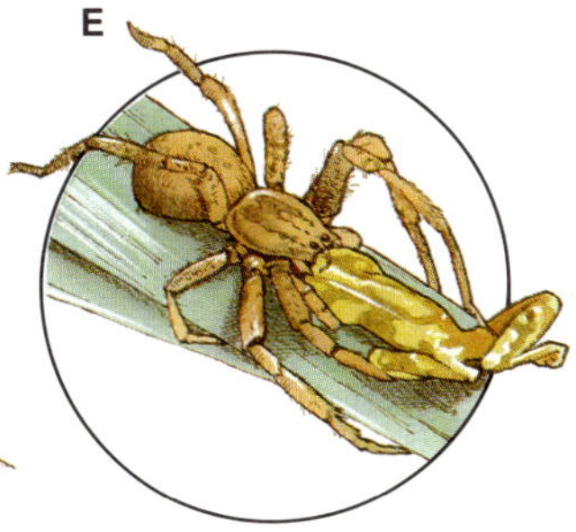

Kommunikation: Akustische Signale, *S. 288/289* **Kommunikation: Optische Signale**, *S. 292/293* **Pflanzen der Regenwälder**, *S. 318/319*

Die grüne Hölle

Tropischer Regenwald – ein vielschichtiges Ökosystem

In einem Hektar Regenwald können allein schon 200 Baumarten vorkommen – im Vergleich zu den höchstens 25, die auf gleicher Fläche in den artenreichsten Wäldern gemäßigter Zonen wachsen, eine enorme Vielfalt. Die Kronen der Regenwaldbäume bilden ein riesiges Dach in etwa 30 m Höhe, in dessen Gewirr von Zweigen, Blättern, Früchten und Blüten die meisten Tiere des Regenwaldes leben. Noch über das Kronendach hinaus ragen einige Überhälter, die bis zu 60 m hoch werden können. Darunter wachsen Sträucher und Lianen und auf dem stark beschatteten Boden oft nur noch Algen und Pilze.

Einige Regenwälder sind vermutlich bereits 60 Millionen Jahre alt. Während dieser Zeit entwickelten sie sich zu den artenreichsten Lebensräumen der Erde – sie beherbergen annähernd die Hälfte aller Tier- und Pflanzenarten.

Das Kronendach gleicht, aus der Luft besehen, einem schillernden grünen Teppich, gesprenkelt mit den Farben von Blüten und Vögeln und immer wieder unterbrochen durch Überhälter. Zahlreiche Epiphyten sowie Lianen, Flechten und Moose finden in den Baumkronen Lebensraum. In der Krone eines einzigen Baumes können bis zu 30 andere Pflanzenarten angesiedelt sein.

Unter dem schattenwerfenden Kronendach ist der Unterwuchs spärlich. Um zum Licht zu gelangen, ranken sich einige Pflanzenarten an den Stämmen der Bäume nach oben. Andere haben als parasitäre Pflanzen sich dem Leben ohne Sonnenlicht angepaßt. Wenn ein Baumriese fällt, beginnt sofort der Kampf der jüngeren Bäume um den Platz an der Sonne.

Der Regenwald erhält eine vielfältige Tierwelt. Die Bäume bieten Schutz und Schlafplätze sowie reiche Nahrung in Form von Früchten, Blüten und Blättern. Am Wasser- und Nährstoff-Kreislauf hat die üppige Pflanzendecke großen Anteil.

Effektives Recycling

Die dünnen Schichten des Waldbodens sind von Pilzhyphen durchzogen, die dazu beitragen, abgestorbene Tier- und Pflanzenreste abzubauen und zu mineralisieren. So stehen den Pflanzenwurzeln schnell wieder Nährstoffe zur Verfügung. In nur einem Kubikzentimeter Waldboden finden sich Pilzhyphen von mehreren Metern Länge sowie zahllose Bakterien. Die Zersetzungsprozesse am Boden laufen so schnell ab, daß Fallaub nur kurze Zeit liegen bleibt und Humusauflagen nicht entstehen. Auf diesem flachgründigen Boden bilden viele Bäume an der Stammbasis Stützwurzeln aus, um besseren Halt zu haben.

Jeder Baum stirbt früher oder später an Altersschwäche. In den letzten Jahrzehnten jedoch ist der Regenwald einer ungleich größeren Bedrohung ausgesetzt: der Zerstörung durch den Menschen. Die Abholzung gefährdet nicht nur ein einzelnes vielschichtiges Ökosystem, sondern hat weitreichende Auswirkungen auf die gesamte Umwelt. Kleinräumig kann Kahlschlag zu Überflutungen führen. Global gesehen, trägt insbesondere die Brandrodung in hohem Maße zum Anstieg des Kohlendioxidgehalts der Atmosphäre bei. Dies verstärkt den Treibhauseffekt und die Erwärmung des Weltklimas.

[A-D] Durch das dichte Blattwerk tropischer Regenwälder [A] dringt nur wenig Licht. In den Baumkronen finden sich zahlreiche Pflanzenarten, wie z.B. die Würgfeige [B]. Keimt ein Same dieser Pflanze in einer Astgabel aus, wachsen die ersten Wurzeln schnell nach unten und verankern sich im Boden. Dann verdicken und verzweigen sie sich, bis der ganze Stamm des Wirtsbaumes von einem dichten Wurzelnetzwerk ummantelt ist. Oft wird der Baum dadurch »erwürgt« und stirbt ab. So bleibt nur der Wurzelmantel der Würgfeige als Gehäuse übrig. Epiphyten sind Pflanzen, die auf Ästen wachsen, wo sie sich mit ihren Wurzeln festheften. Ihre Nährstoffe beziehen sie aus verrottenden Blättern ihres Wirtsbaums. Manche Epiphyten, wie die Ameisenpflanze [C], bieten Insekten Unterschlupf, die ihrerseits Nährstoffe heranschaffen. Pilze [D] ernähren sich von abgestorbenen Pflanzen und Tieren am Boden oder auch vom Holz lebender Pflanzen.

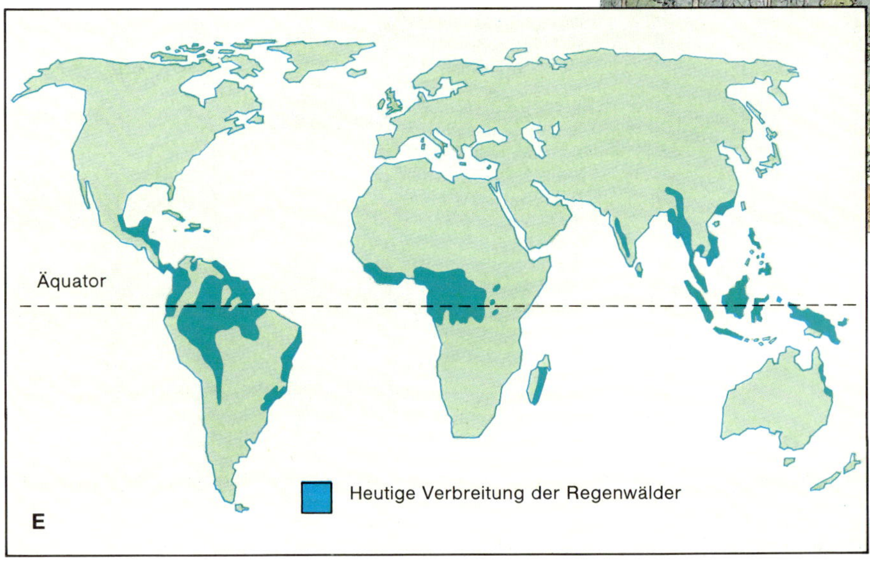

Siehe auch: **Böden,** *S. 30/31* **Treibhauseffekt,** *S. 86/87* **Pflanzenernährung,** *S. 184/185* **Parasitäre Pflanzen,** *S. 186/187*

[E] *Regenwälder werden heute in alarmierendem Ausmaß zerstört. Hält die Abholzung an, können nach Expertenschätzungen die Regenwälder in 50 Jahren vollständig verschwunden sein. Der Verlust dieser unersetzlichen Ökosysteme hätte weitreichende negative Folgen auf Weltklima, Artenvielfalt und natürliche Ressourcen.*

[A] *Die typische Schichtung der Regenwälder ist im Vordergrund der Grafik zu sehen. Sie beginnt mit den höchsten Bäumen, den Überhältern, die noch über das Kronendach hinausragen. Das meist geschlossene Dach macht den produktivsten Teil des Regenwaldes aus. In diesem Bereich finden sich auch die meisten Blüten und Früchte, von denen sich ein Großteil der hier lebenden Tiere ernährt. Weil kaum Licht durch das Kronendach dringt, ist die Vegetation darunter nur spärlich ausgebildet. In etwas lichtreicheren Zonen bilden Jungbäume, Sträucher und Lianen eine Strauchschicht aus. Am Boden ist die Luft stets feucht und kühl. Hier leben nur noch schattenangepaßte Pflanzen.*

[F] *Die Wurzeln der Bäume dringen selten tiefer als 45 cm in den Boden ein, da sich im Regenwald nur eine dünne nährstoffreiche Schicht bildet und das Regenwasser schnell versickert. Um nicht umzufallen, haben viele Bäume kräftige Stützwurzeln, die bis zu 5 m am Stamm hochwachsen.*

[G] *Im intakten Regenwald wird der Niederschlag von Vegetation und Boden aufgenommen, zum Teil verdunstet er wieder.*
[H] *Ist der Wald abgeholzt, fließt das Wasser direkt ab (1). Am Ufer wird der Boden weggeschwemmt (2), der übrige Boden versteppt (3).*

Symbiose, *S. 192/193* **Zersetzer**, *S. 204/205* **Stoffkreisläufe**, *S. 206/207* **Tiere der Regenwälder**, *S. 316/317*

Biotop See

Lebensräume in einem Binnengewässer

Seen sind nicht einfach mit Wasser gefüllte Vertiefungen. Sie sind komplexe und sehr empfindliche Ökosysteme, deren Gleichgewicht sich mit Jahreszeiten, Klimaschwankungen und wechselndem Wasserstand ändert. Schadstoffeinleitungen und Nährstoffe im Überschuß können das sensible ökologische Gleichgewicht eines Sees zerstören. Besonders Düngemittel treiben den Nährstoffgehalt im See künstlich in die Höhe (Eutrophierung). Das daraus resultierende vermehrte Pflanzenwachstum führt letztlich zu akutem Sauerstoffmangel und damit zum Tod vieler Lebensformen.

Ein See besteht aus drei Hauptzonen - dem Pelagial (tiefes, offenes Wasser im Zentrum des Sees), dem Litoral (der flache Uferbereich) und dem Benthal (der eigentliche Seeboden), und jeder dieser Bereiche beherbergt eine charakteristische Tier- und Pflanzenwelt. Die Nahrungskette beginnt mit den photosynthesetreibenden Algen, die im ruhigen Wasser des Pelagials gedeihen. Dort dienen sie einem Teil des Zooplanktons als Futter. Räuberische Planktonorganismen und kleine Fische ernähren sich von Zooplankton. Größere Tiere wie Fische oder Vögel bilden das nächste Glied in der Nahrungskette. Alle Glieder sind voneinander abhängig: So steht etwa die Wachstumsrate junger Flußbarsche in Beziehung zur Sonnenscheindauer bzw. zum Vorkommen der Futteralge dieser Fische. Für Vögel hält der See Fische und Insekten bereit und bietet ihnen nachts Schutz vor landlebenden Räubern, z.B. Mardern.

Am Grunde des Sees und an den Ufern

Die Tiere des Benthals leben auf oder in der Schlammschicht, die den Seeboden bedeckt. Sie ernähren sich meist von herabsinkenden organischen Partikeln. Zu den benthisch lebenden Tieren gehören Würmer, Larven verschiedener Tiere und manche Mollusken (z.B. Schnecken und Muscheln). Die Larven der Phantom-Mücken leben tagsüber am Grunde des Sees und steigen nur in der Dunkelheit zum Fressen an die Oberfläche.

Große Pflanzen (Makrophyten) wachsen vor allem im Litoral. Riedgräser schützen vor Wind und Wellen und lagern Sedimente an, den Lebensraum der Schlammfauna. Schleime, die von Algen und anderen Mikroorganismen ausgeschieden werden, bleiben an Wasserpflanzen hängen und bilden die Hauptnahrungsquelle der Schlammschnecken. Die Wasserpflanzen selbst bieten vielen Tieren Schutz.

Auf der Wasseroberfläche eines Sees huschen Insekten wie der Wasserläufer umher, die die Oberflächenspannung des Wassers ausnutzen und deshalb nicht einsinken. Einige luftatmende Insekten speichern Luft, um tauchen zu können. In den Tiefenbereichen des Sees entziehen Insektenlarven und Nymphen dem Wasser Sauerstoff.

Ein im Litoral vorkommender Fisch ist das Rotauge. Seine Freßabfälle dienen verschiedenen wirbellosen Tieren als Nahrung. Der gut getarnte Hecht überfällt seine Beute aus dem Hinterhalt; in seinem ersten Lebensjahr ernährt er sich von Insektenlarven. Mit zunehmendem Alter sind auch Kaulquappen, Jungfische, Fische, ja sogar Vögel und Schermäuse seine Beutetiere.

Phytoplankton (1) wird von Planktontieren wie dem Wasserfloh (Daphnia, 2) gefressen, die räuberischem Zooplankton, so dem Hüpferling (Cyclops, 3), als Futter dienen. Elritzen (4) schützen sich durch Schwarmbildung. Flußbarsche (5) laichen im flacheren Wasser des Litorals ab und winden ihre in Schleim eingebetteten Eier (6) in Schnüren um die Stengel der Wasserpflanzen. Karpfen (7) suchen mit ihren Barteln (8) auf dem Seegrund nach Köcherfliegenlarven (9), die zu ihrem Schutz aus Pflanzenteilen einen »Köcher« bauen. Mückenlarven (10) und Schlamm-Röhrenwürmer (Tubifex, 11) sind die Beute vieler Enten und Fische. Wasserpflanzen wie das Gemeine Hornblatt (12) und die Kanadische Wasserpest (13) können auch bei minimalem Licht noch Photosynthese betreiben. Der Schleim auf ihrer Oberfläche dient Schlammschnecken (14) als Nahrung. Der Gelbrandkäfer (15) greift auch Würmer und Kaulquappen (16) an. Libellen (17) fressen vor allem kleinere Insekten; sie leben unter Wasser als räuberische Nymphen (Libellenlarven), bis sie das letzte Häutungsstadium (18) erreicht haben. Fischfressende Vögel wie die großen Haubentaucher (19) und Reiherenten (20) tauchen nach Beute, Stockenten (21) gründeln nach Freßbarem. Der Fischadler (22) stößt aus der Luft auf Fische herab. Die Teichsimse (23) wächst nahe am Wasser und ist an der langsamen Verlandung eines Sees beteiligt. Die langen Stengel der Weißen Seerose (24) transportieren Sauerstoff bis zu ihren im Boden verankerten Wurzeln. Die Wurzeln von Schwimmpflanzen wie der Krebsschere (25) entnehmen die benötigten Nährstoffe direkt aus dem Wasser. Die Wasserspitzmaus (26) taucht nach Wasserkäfern.

Siehe auch: **Seen: Bildung und Entwicklung**, *S. 60/61* **Algen**, *S. 112/113* **Feuchtgebiete**, *S. 320/321*

23
17
22
20
19
24
3
2
1
25
26
5
4
13
7
14
12
15
11
10
9
8

Zwischen Ebbe und Flut

Lebensbedingungen am Küstensaum

In der Gezeitenzone, dem Küstenbereich zwischen Niedrig- und Hochwasser, findet man hochspezialisierte Tiere und Pflanzen. Sie haben sich nicht nur an recht variable Untergrundstrukturen wie Geröll, Sand oder Schlick anzupassen, sondern auch an ein ständiges Zu- und Abfließen des Meerwassers. An steinigen Küsten, wo bei Ebbe Wasser in Gezeitentümpeln und unter Felsen zurückbleibt, wird die Vielfalt der Küstenbewohner deutlich sichtbar. An flachen Sandküsten suchen die meisten Tiere Schutz vor Austrocknung, indem sie sich im Sand vergraben und nur bei günstigen Bedingungen wieder hervorkommen.

Im Gegensatz zu Landökosystemen wechselt in der Küstenzone die Oberflächenstruktur oft extrem und unverhofft. Dicht beieinander finden sich flache, sandige Zonen, schroffe Kliffe und trübe Schlicke. Pflanzen und Tiere müssen sich an diese unterschiedlichen Oberflächenstrukturen anpassen. Dabei entsteht eine sogenannte Zonierung, die durch die unterschiedliche Anpassungsfähigkeit der Lebewesen an die verschiedenen Standortbedingungen zustande kommt. Periodischer Wasserentzug, starke Temperaturschwankungen und Wasserturbulenzen sind von großer Bedeutung.

Besonders an felsigen Küsten findet man unwirtliche Zonen und geschützte Bereiche dicht beieinander. Unwirtlich ist besonders die Brandungszone, denn dort werden durch die Wellen starke Kräfte freigesetzt, die direkt oder indirekt durch die Verlagerung von Stein-, Sand- und Schlickmassen auf die Organismen einwirken, indem sie sie vom Untergrund losreißen, vergraben und zerquetschen. Diese Zone kann nur von Algen und Tieren besiedelt werden, die dem Einfluß von Wind und Wellen trotzen können. Dagegen bietet die Zone, die nur vom Spritzwasser der Wellen erreicht wird, typischen Landbewohnern, wie Insekten und Flechten, einen Lebensraum. Vor Wind und Wellen stärker geschützte Zonen erlauben auch größeren marinen Pflanzen und Tieren eine Ansiedlung. Besonders an Felsen bilden sich zahlreiche kleine Lebensräume, in denen hochspezialisierte Organismen leben.

Leben im Verborgenen

Viele Tiere vergraben sich bei Niedrigwasser im Sand und im Schlick der Gezeitenzone. In den meisten Fällen handelt es sich dabei um Filtrierer, die sich von den bei Hochwasser mitgeführten Nahrungspartikeln ernähren. Sandstrände zeigen oft charakteristische Bereiche, in denen sich Würmer, Krebse und Weichtiere wie Muscheln und verschiedene Schneckenarten bevorzugt aufhalten. Im lebensfeindlichen Schlick finden sich hingegen nur wenige Tierarten.

Geröllfreier Sand und Schlick bieten festsitzenden Algen keine Anheftungsmöglichkeiten. Daher kommen hier meist nur freischwebende Algen und Algenmatten vor. In geschützten und stets überfluteten Bereichen können sich auch höhere Pflanzen wie Seegras (Zostera) und Marschgras (Spartina) ansiedeln, die ein weit verzweigtes Wurzelsystem entwickelt haben. Hier finden auch Enten und Stelzvögel ein reichhaltiges Nahrungsangebot.

Die Zonierung der Küsten ist in gemäßigten Regionen, wo das Wettergeschehen von einer bevorzugten Richtung ausgeht, besonders ausgeprägt. Exponierte Küsten sind der ganzen Kraft des Windes, der Wellen und der Strömungen ausgesetzt und bieten daher nur ein rauhes Lebensumfeld, verglichen mit den Küsten, die sich im Windschatten befinden. Auch lokale Unterschiede zwischen Ebbe und Flut wirken sich auf die Verteilung der Organismen aus. Bereiche, in denen der Tidenhub nur gering ist, zeigen kaum eine Zonierung. Die Zonierung spiegeln auch die vertikalen Bewegungen des Wassers. Steile Kliffe zeigen z.B. oft nur eine reine vertikale Zonierung.

[A] Gezeitentümpel bieten vielen Organismen einen Lebensraum. Die Gemeine Napfschnecke (1), die Schildkrötenschnecke (2) und die Strandschnecke (3) siedeln sich auf den Felsen an, die den Tümpel umgeben. Die Miesmuschel (4), der Taschenkrebs (5) und der Schotentang (6) bevorzugen den Tümpelsaum. Der Gemeine Seestern (7) und der Seestichling (8) sind aktive Jäger. Zwischen dem Meersalat (9) versteckt sich die Sägegarnele (10). Der Seeschmetterling (11) jagt am Grund. Der Bernhardskrebs (12) trägt auf seiner Behausung die Pferdeaktinie (13) herum, während der Brotkrumenschwamm (14) und die Wachsrose (15) an ihren Standort gebunden sind.

[B] Eine geschützte felsige Küste zeigt eine unklare Zonierung mit vielfältigen Überlappungen. Nur in der obersten Region sind die Zonierungen klar unterscheidbar. In der Spritzwasserzone finden sich an den Felswänden die Wandflechte (1) und die Warzenflechte (2). Im oberen Bereich der Gezeitenzone siedeln sich die Sternseepocke (3) und die Braunalge Pelvetia (5) an. Den mittleren Bereich bevorzugen der Kleine Blasentang (4), der Knotentang (6) und der Blasentang (7). Zwischen diesen Algen leben die Gemeine Napfschnecke (8), die Stumpfe Strandschnecke (9), die Gemeine Seepocke (11), die Pferdeaktinie (12) und die Gemeine Strand-

Siehe auch: Ebbe und Flut, *S. 48/49* Küsten, *S. 56/57*

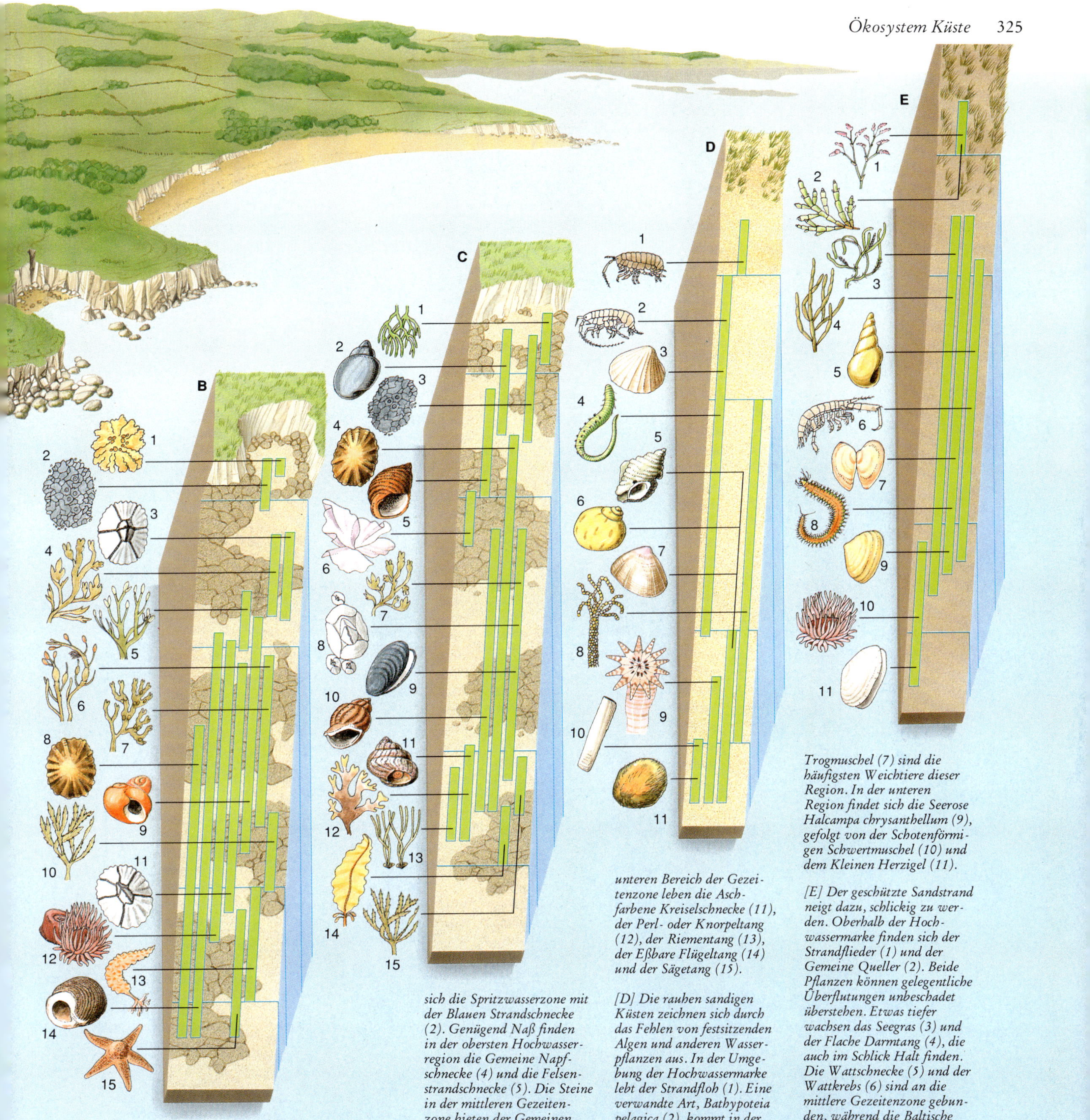

schnecke (14). Der Sägetang (10) wächst in der tieferen Küstenzone; der Zuckertang (13) und der Gemeine Seestern (15) siedeln im Bereich der Niedrigwassermarke.

[C] Die ungeschützte Felsküste verdankt ihre ausgeprägtere Zonierung den rauheren Bedingungen. Die Strauchflechte Ramalina (1) und die Warzenflechte (3) teilen sich die Spritzwasserzone mit der Blauen Strandschnecke (2). Genügend Naß finden in der obersten Hochwasserregion die Gemeine Napfschnecke (4) und die Felsenstrandschnecke (5). Die Steine in der mittleren Gezeitenzone bieten der Gemeinen Porphyra (6) Verankerungsmöglichkeiten. Etwas tiefer findet sich der Kleine Blasentang (7) zusammen mit der Austral-Seepocke (8), der Miesmuschel (9) und der Wellhornschnecke (10). Im unteren Bereich der Gezeitenzone leben die Aschfarbene Kreiselschnecke (11), der Perl- oder Knorpeltang (12), der Riementang (13), der Eßbare Flügeltang (14) und der Sägetang (15).

[D] Die rauhen sandigen Küsten zeichnen sich durch das Fehlen von festsitzenden Algen und anderen Wasserpflanzen aus. In der Umgebung der Hochwassermarke lebt der Strandfloh (1). Eine verwandte Art, Bathypoteia pelagica (2), kommt in der mittleren Gezeitenzone vor – wie die Herzmuschel (3), der Pierwurm (4) und der Sandröhrenwurm (8). Der Austernbohrer Ocenebra (5), die Glänzende Mondschnecke (6) und die Bunte Trogmuschel (7) sind die häufigsten Weichtiere dieser Region. In der unteren Region findet sich die Seerose Halcampa chrysanthellum (9), gefolgt von der Schotenförmigen Schwertmuschel (10) und dem Kleinen Herzigel (11).

[E] Der geschützte Sandstrand neigt dazu, schlickig zu werden. Oberhalb der Hochwassermarke finden sich der Strandflieder (1) und der Gemeine Queller (2). Beide Pflanzen können gelegentliche Überflutungen unbeschadet überstehen. Etwas tiefer wachsen das Seegras (3) und der Flache Darmtang (4), die auch im Schlick Halt finden. Die Wattschnecke (5) und der Wattkrebs (6) sind an die mittlere Gezeitenzone gebunden, während die Baltische Tellmuschel (7), die Wattwürmer (8) und die Einfache Teppichmuschel (9) ein größeres Gebiet besiedeln. Die Pferdeaktinie (10) und die Klaffmuschel (11) kommen nur in den tieferen Zonen vor.

Algen, *S. 112/113* **Filtrierer**, *S. 196/197* **Ökosystem Meer**, *S. 326/327* **Ökosystem Flußmündung**, *S.328/329* **Ökosystem Korallenriff**, *S. 330/331*

Reiche Unterwasserwelt

Der Lebenskreislauf im Ozean

Es ist das Schicksal von nahezu 90 Prozent aller im Ozean frei beweglichen Organismen, Beute für andere zu sein. Dies gilt für die am Meeresboden lebenden benthischen Tiere genauso wie für die in oberen Regionen gegen die Strömung anschwimmenden Nekton-Tiere. Planktonorganismen treiben nahe der Wasseroberfläche, ohne sich selbst bewegen zu können. Das Plankton umfaßt zahlreiche Pflanzen- wie auch Tierformen und bildet die außerordentlich breite Basis einer Nahrungspyramide, in die alle Bewohner des Meeres eingegliedert sind.

Im Meer gibt es keine Wälder, abgesehen von den sogenannten Birnentang-Wäldern vor der kalifornischen Küste. Birnentang und andere Tange sind makroskopisch sichtbare Formen pflanzlichen Lebens in den weiten Ozeanen, und sie begrenzen sich auf sehr schmale Küstenstreifen. Aus der Luft betrachtet sieht dieser Seetangwald wie eine an den Ozeanrändern eingezeichnete dünne Linie aus. Woher kommt aber die Nahrung für die großen Fischschwärme, die Schildkröten, Seehunde, Delphine und Wale im offenen Meer?

Die »Wälder des Meeres« sind mikroskopisch klein und für das unbewaffnete menschliche Auge kaum sichtbar. Den Wald bilden meist einzellige pflanzliche Organismen, die man unter dem Begriff Phytoplankton zusammenfaßt. Zu Millionen leben sie im Wasser. Mit Hilfe der Sonnenernergie sind diese Algen in der Lage – über den Prozeß der Photosynthese –, aus Kohlendioxid Zuckermoleküle selbst herzustellen. Sie benötigen sie, um die energieverbrauchenden Lebensprozesse zu speisen. Dieser »unsichtbare Wald« ist daher nicht auf organische Nährstoffe angewiesen, weshalb man ihn als »Produzent« bezeichnet. Er bildet die Nahrungsgrundlage für das Zooplankton, kleine tierische Lebewesen, die in enger Gemeinschaft mit dem Phytoplankton leben.

Weil das Wasser Sonnenlicht schluckt, ist unterhalb von 100 m der Lichteinfall zu schwach, um Photosynthese zu ermöglichen. Daher ist in dieser Region kaum noch Phytoplankton zu finden. In Küstenregionen, wo das Wasser durch aufgewühlte Ablagerungen trübe wird, herrscht zuweilen schon nach wenigen Metern Wassertiefe Dunkelheit.

Trübe Gewässer

Dennoch läßt auch trübes Wasser das Phytoplankton gedeihen. In allen Ozeanen beschränkt ein Mangel an anorganischen Nährstoffen das Wachstum der Algen, denn die Schwerkraft arbeitet gegen sie. In einem Wald fallen Blätter gewöhnlich in die Nähe der Baumwurzeln. Während der Zersetzung werden dann die anorganischen Nährstoffe freigesetzt und von den Wurzeln absorbiert. Im Meer hat die Schwerkraft den gegenteiligen Effekt: Verendete Tiere und Algen sowie Exkremente werden, oft über Tausende von Metern, auf den Meeresboden verlagert. Auf dem Weg dorthin ernähren sich Aasfresser wie Pelikanaale und Tiefseeangler von diesen Abfallstoffen, auf dem Meeresboden streiten sich Grenadierfische und Schleimaale um die Reste. Bakterien zersetzen die letzten Überbleibsel. Die dabei freigesetzten Nährstoffe jedoch – Nitrate, Silicate und Phosphate – verbleiben auf dem Grund des Meeres, weit entfernt von den Stellen, wo sie am dringendsten gebraucht werden.

Die Produktivität der einzelnen Ozeane ist sehr unterschiedlich, abhängig von den jeweiligen klimatischen Bedingungen und Strömungen. So wühlen beispielsweise entlang der Festlandsockel Wellen, starke Stürme und Strömungen von Zeit zu Zeit den Meeresboden auf und bringen Ablagerungen und Nährstoffe an die Oberfläche. Dadurch entsteht zwar trübes, jedoch sehr fruchtbares Wasser. Die reichsten Fischgründe befinden sich daher auch in der Nähe der Festlandsockel. Nationale Fangzonen wie etwa die um Island und Großbritannien sind deshalb auch heftig umkämpft und international umstritten. Auf dem offenen Ozean liegen die Verhältnisse anders. Die Nährstoffe sind auf dem Meeresboden, etliche Kilometer unterhalb der Wasseroberfläche, für die meisten Meeresbewohner nicht zugänglich.

[A] In bis zu 200 m Wassertiefe finden sich die meisten Meeresbewohner. Fast alle ernähren sich von Plankton. Phytoplankton (1) gedeiht dort, wo Wasser genügend anorganische Nährstoffe enthält und wo ausreichend Sonnenlicht vorhanden ist. Flußmündungen (2) schwemmen zusätzliche Nahrungspartikel heran. In der Regel ist aber der Nährstoffkreislauf im Meer selbst für das Überleben ausschlaggebend. Abgestorbene Tiere und Pflanzen sinken in tiefere Wasserschichten und werden zersetzt. Die dabei gebildeten Mineralstoffe wären für die Algen verloren, wenn nicht ein Wasseraustausch stattfände: In kalten Gebieten sinkt das kalte Wasser der Oberfläche auf den Grund, während warmes nach oben steigt und dabei die Mineralstoffe transportiert. In anderen Regionen treiben ablandige Winde das Oberflächenwasser weg, wodurch das Wasser von unten nach oben bewegt wird (6). Meeresströmungen, die sich an unterseeischen Erhebungen (3) brechen, können auch Nährstoffe verlagern. Diese vertikalen Wasserbewegungen werden als aufsteigende Strömungen (4) bezeichnet. Die Küstengewässer über den Festlandsockeln (5) bieten jedoch die meisten Nährstoffe.

[B] Die Nahrungskette zeigt die Bedeutung des Planktons als die grundlegende Nahrungsquelle für alle Meerestiere. Das Phytoplankton (7) zählt zu den Erzeugern (Produzenten). Es bildet die Grundnahrung für das Zooplankton wie Filtrierer (8), Krill (9), andere Mikroalgenfresser (10) und Jungfische (11). Zooplankter sind die Verbraucher (Konsumenten) I. Ordnung. Sie sind ihrerseits Beute für andere Meerestiere wie Dorschfische (12), Blauwale (13) und Pfeilwürmer (14). Diese Tierarten stehen für die Konsumenten II. Ordnung. Viele von ihnen werden dann von größeren Fischen wie dem Antarktischen Eisfisch (15) und dem Kalmar (16), den Konsumenten III. Ordnung, gejagt. Die Nahrungskette des Ozeans erstreckt sich bis zu effizient jagenden Meerestieren wie dem Seeleoparden (17).

[C] In den Küstenregionen ist die Nahrungskette ähnlich geartet. Basis ist wiederum das Phytoplankton (18), das von wirbellosen Filtrierern (19) aufgenommen wird. Zu den weiteren Verbrauchern gehören auch wirbellose Fleischfresser wie der Seestern (20) sowie verschiedene Raubfische (21).

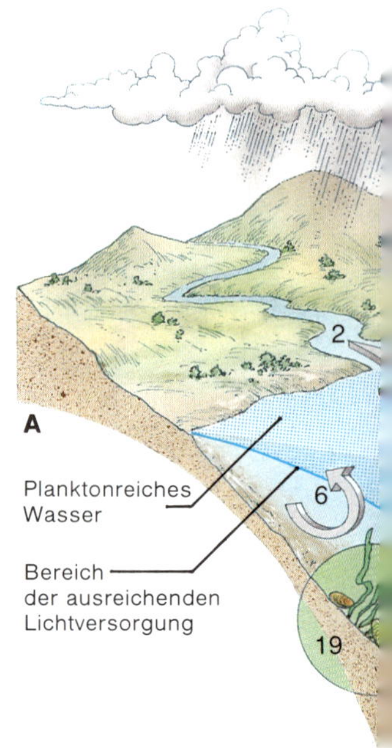

Produzenten
Konsumenten I. Ordnung
Konsumenten II. Ordnung
Konsumenten III. Ordnung

Verteilung des Phytoplanktons, gemessen in mg Kohlenstoff je Quadratmeter und Tag

>500
250 – 500
150 – 250
<150

Siehe auch: Weltmeere, *S. 44/45* Meeresströmungen, *S. 46/47* Meeresboden, *S. 50/51* Algen, *S. 112/113* Anpassung der Tiere an Höhen und Tiefen, *S. 146/147*

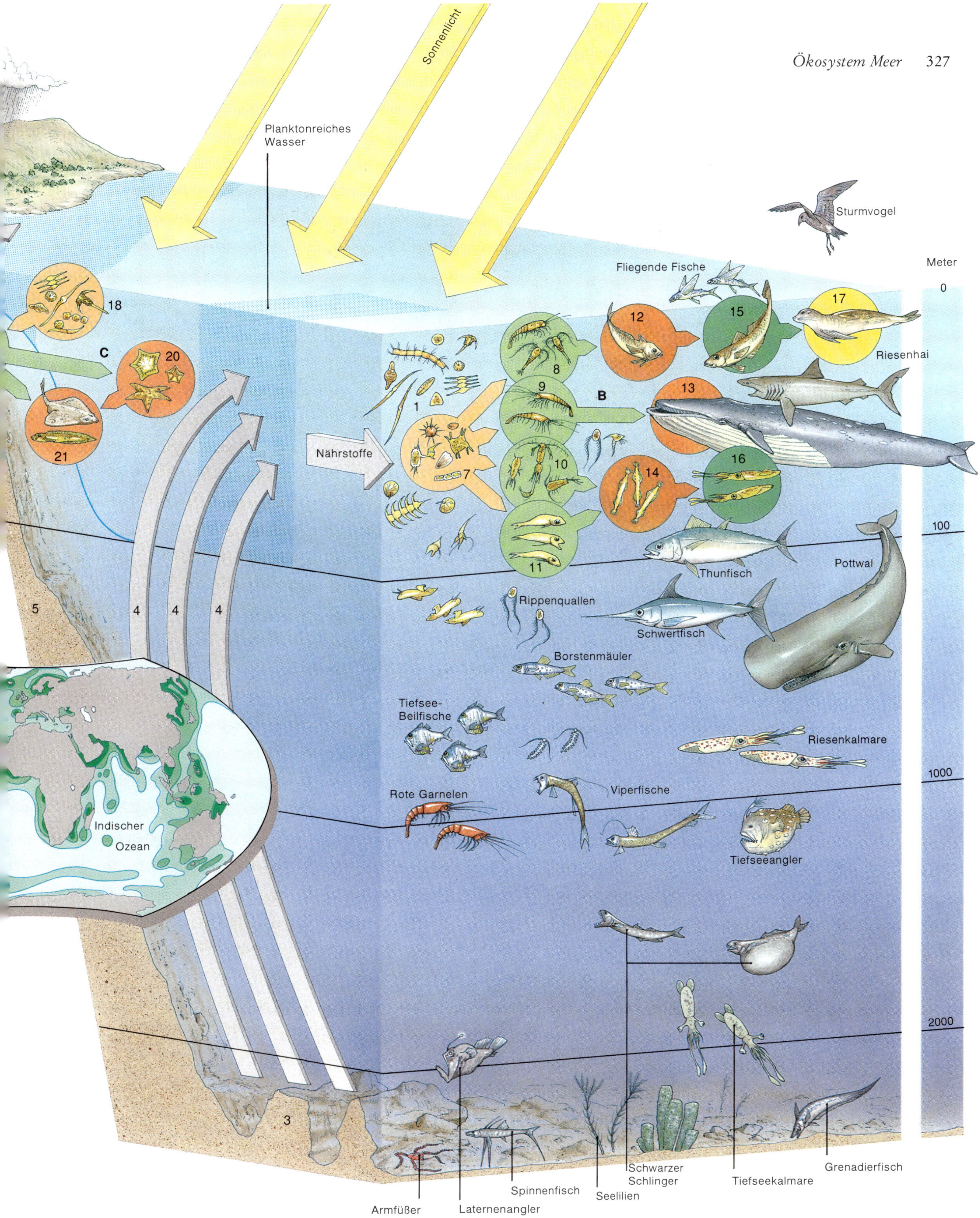

Photosynthese, *S. 180/181* **Filtrierer,** *S. 196/197* **Zersetzer,** *S. 204/205* **Ökosystem Flußmündung,** *S. 328/329* **Ökosystem Korallenriff,** *S. 330/331*

An der Schwelle zur See

Das Leben zwischen Fluß und Meer

Ein Ästuar ist der Mündungsbereich eines Flusses ins Meer, wo Ebbe und Flut sowie die Vermischung von Fluß- und Meerwasser starke Schwankungen im Salzgehalt des Wassers verursachen. Tiere und Pflanzen müssen mit diesen wechselnden Verhältnissen zurechtkommen. Auch die starken Strömungen und die Verlagerungen der Schlamm- und Schlickbänke erfordern besondere Anpassungen. Die Zahl der Arten ist in diesem Lebensraum vergleichsweise niedrig, die einzelnen Arten erreichen allerdings sehr hohe Individuenzahlen. So können auf einem Quadratmeter etwa 35 000 Individuen einer kleinen Wattschnecke leben.

Die Salze sind als Teilchen (Ionen) im Wasser gelöst. Zwischen Bereichen unterschiedlicher Ionenkonzentration findet ein Ausgleich statt, indem das Wasser zum Ort höherer Konzentration strömt. Die Organismen sind meist auf ein bestimmtes Ionenverhältnis in ihrem Körper zwischen Innen- und Außenmedium (Wasser) eingestellt. Spezielle Anpassungen halten dieses Verhältnis konstant. Ändert sich der Salzgehalt des Wassers, müssen die betroffenen Organismen – meist unter hohem Energieaufwand – ihren Salz- bzw. Wasserhaushalt regulieren, um im Extremfall nicht zu »platzen« oder zu »vertrocknen«.

Fische besitzen daher eine für Wasser wenig durchlässige Körperoberfläche. Meerwasser-Knochenfische, die ursprünglich aus dem Süßwasser eingewandert sind, haben eine geringere Ionenkonzentration im Blut als das Meerwasser. Sie müssen daher den Wasserverlust über die Kiemen verhindern und dem Eindringen von Salzen begegnen. So trinken sie Meerwasser und scheiden die dabei aufgenommenen Ionen aktiv über die Kiemen wieder aus. Einige Fischarten haben die erstaunliche Fähigkeit, solche Ionentransportprozesse umzukehren, wenn sie vom Süßwasser ins Meer und zurück wandern. Aale verlassen ihren Hauptlebensraum, den Fluß, um im Meer zu laichen, während Lachse das Meer verlassen, um zum Laichen die Flüsse hinaufzusteigen.

Die Tier- und Pflanzenwelt

Braunalgen siedeln im Ästuar dort, wo für sie brauchbares Substrat zur Verfügung steht. Dabei bildet sich eine Zonierung aus, die die unterschiedliche Toleranz einzelner Arten gegenüber den Umweltbedingungen widerspiegelt. Grünalgen wachsen oft in großen, verfilzten, watteartigen Massen, unter denen sich Sediment fängt und anlagert. Seegras kann auf den Schlickflächen in sehr dichten Beständen vorkommen, doch anders als Grünalgen besitzen diese Pflanzen ein sich weit verzweigendes Wurzelsystem, mit dem sie sich im Boden verankern können und das wesentlich zur Stabilisierung der Schlickbänke beiträgt.

Auch manche Tiere haben sich auf ein Leben im Ästuar spezialisiert. Unter den Mollusken sind es bestimmte Muscheln, die man in riesigen Beständen auf den tiefergelegenen Schlickbänken findet. Der Meeresringelwurm und der Wattwurm, zwei im Boden grabende Tiere, sind an die dort auftretenden Umweltschwankungen angepaßt und kommen in Dichten von über 1 000 Individuen pro Quadratmeter vor. Krebstiere sind den rauhen Bedingungen weniger gewachsen.

Vor allem der Salzgehalt des Wassers (Salinität) bestimmt die Verteilung der Lebewesen im Ästuar. Die Salzgehalte an einem Standort schwanken jahreszeitlich wie auch im Laufe eines Tages erheblich. Aber auch der Standort selbst ist für die Ansiedlung von Pflanzen und Tieren von großer Bedeutung. Stromaufwärts, und damit weg vom Einfluß der Gezeiten [A], kommen Süßwasser tolerierende Arten wie Seegras (1) und Darmtang (2) bzw. echte Süßwasserarten wie der Bachflohkrebs (3) vor. Zum Ästuar hin [B] erscheinen dann Pflanzen, die Wasser mit niedrigem Salzgehalt vertragen: Sägetang (4), Knotentang (5), Blasentang (6) und Schotentang (7). Zu den hier lebenden Tieren gehören die Rauhe Strandschnecke (8), die Gemeine Strandkrabbe (9), Wattwürmer (10), Miesmuscheln (11), Seepocken (12), Aale (13), Meeräschen (14) und die Baltische Tellmuschel (15). Im Brackwasser [C] finden sich Halsband-Mondschnecken (16), Herzmuscheln (17), Dreikantröhrenwürmer (18) und Strandschnecken (19). Weitere im Brackwasser lebende Tier- und Pflanzenarten sind die Flunder (20), der Schlickkrebs (21), der Küstenhüpfer (22), die Stumpfe Strandschnecke (23)

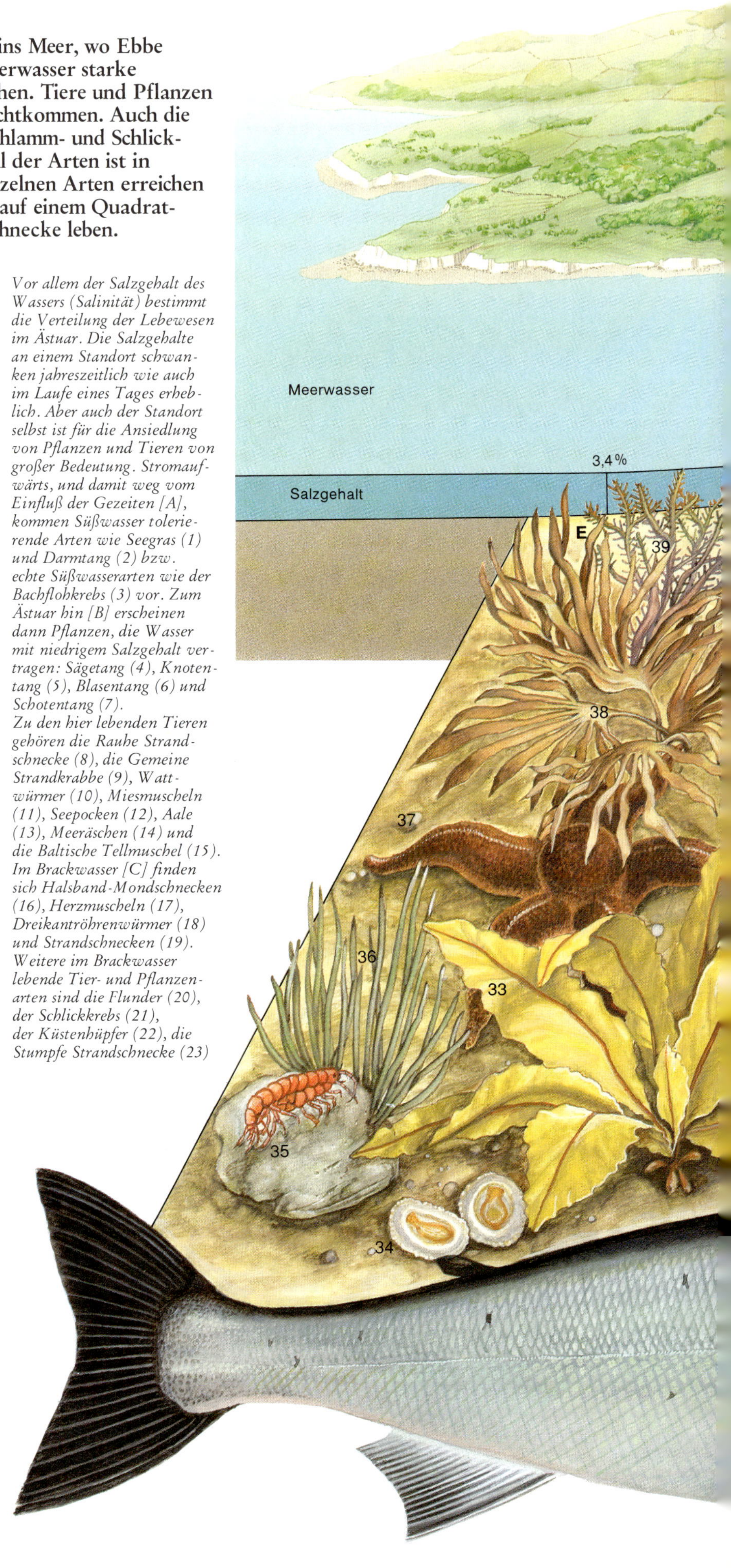

Siehe auch: Ebbe und Flut, *S. 48/49* Meeresboden, *S. 50/51*

sowie Meereicheln (Seepokken) (24), Fingertang (25) und Sägetang (26). In Bereichen mit höherer Salinität [D] kommen Spinnenkrabben (27), Eßbare Rotalgen (28), Napfschnecken (29), Purpurkreiselschnecken (30), Pferdeaktinien (31) und Knorpeltang (32) vor.

An der Mündung des Ästuars [E], wo das Meerwasser überwiegt, finden sich Arten, die nur wenig Süßwasser tolerieren können, z.B. Eßbarer Flügeltang (33), Rauhe Napfschnecke (34), Flohkrebs (35), Riementang (36), Gemeiner Seestern (37), Sackwurzeltang (38) und die Kalkrotalge Corallina officinalis, auch Mooskoralle genannt (39). Der Lachs (40) paßt sich auf seinem Weg an die sich verändernden Salzgehalte an.

Flüsse, *S. 58/59* **Tierwanderungen als Instinktverhalten,** *S. 228/229* **Ökosystem Meer,** *S. 326/327*

Leuchtender Meeresdschungel

Korallenriffe – Ökosysteme voller Leben

Schätzungsweise ein Drittel aller Fischarten der Welt kommt in Korallenriffen vor – und wohl noch eine halbe Million anderer Tierarten. Entwicklungsgeschichtlich sind Korallenriffe, ebenso wie Regenwälder, sehr alte Ökosysteme – es gibt sie vermutlich schon seit 500 Millionen Jahren. Das Gewirr eines Riffes mit seinen Spalten und Ritzen bietet den Rifftieren unzählige Versteckmöglichkeiten und reiche Futterquellen. Korallenfische, die millionenfach im Riff umherschwimmen, gehören wohl zu den auffallendsten Wirbeltieren – sie zaubern leuchtende Farbtupfer ins Wasser.

Die Korallen, aus denen ein Riff besteht, sind einfach organisierte, meist in riesigen Kolonien lebende Polypen – kleine, zarte Tiere, den Seeanemonen ähnlich. Sie fangen mit ihren Tentakeln im Wasser schwebendes Zooplankton, von dem sie sich ernähren. Jeder Polyp in der Kolonie sondert Kalkstein ab; wenn ein Polyp abstirbt, wachsen auf seinen Überresten neue, und so wächst das Riff stetig weiter. In den Geweben der Korallenpolypen leben Zooxanthellen (einzellige, zur Photosynthese befähigte Organismen). Die genaue Beziehung zwischen Zooxanthellen (von denen auf einen Quadratmillimeter 1 500 kommen können) und Korallenpolypen ist noch unklar, doch scheinen die Zooxanthellen vom Schutz durch die Polypen zu profitieren und ihrerseits Stoffwechsel- und Abfallprodukte der Polypen wie Kohlendioxid und Phosphate für ihr eigenes Wachstum zu verwenden. Photosyntheseprodukte wie Sauerstoff sowie einige organische Verbindungen, die die Zooxanthellen aufbauen, nutzen wiederum die Korallenpolypen. Diese höchst produktive Symbiose ist das Herz des Ökosystems Riff.

Plankton lebt im klaren, lichtdurchfluteten Wasser des Riffs besonders gut. Kieselalgen und Dinoflagellaten bilden das Futter für herbivores Zooplankton, wie beispielsweise Salpen, die ihrerseits von carnivorem Zooplankton, z.B. Ruderfußkrebsen, gefressen werden.

Nächtliche Pendler

Im Korallenriff steigen viele Zooplanktonarten nachts auf, fressen in der Nähe der Wasseroberfläche und sinken tagsüber wieder hinab, um sich vor tagaktiven Räubern im Riff zu verbergen. Auch viele Korallen fressen nachts, weil dann der reichste Planktonvorrat für sie verfügbar ist.

Der Unterwasserdschungel bietet auch einer Fülle größerer Tiere einen vielgestaltigen Lebensraum, etwa Seegurken, verschiedenen Schneckenarten, Krebsen, Fischen und Seeigeln.

Riffe sind äußerst sensible Ökosysteme, die durch Überfischung, Dynamitfischen, den Abbau von Korallen als Baumaterial, Schlamm- und Schlickanlagerung durch Bodenerosion und Wasserverschmutzung gefährdet sind. Glücklicherweise stehen einige Riffe, wie das australische »Great Barrier Reef«, heute unter Schutz und werden sachgerecht gepflegt. Ein natürlicher Feind des Korallenriffs ist der Dornkronen-Seestern, der sich außerordentlich stark vermehrt, weil sein natürlicher Feind, eine Fechterschnecke, weitgehend ausgerottet wurde. Dieser Seestern kann bis zu 5 m² Korallen pro Jahr fressen.

[A] Die Riff-Front ist der am schnellsten wachsende Teil des Korallenriffs; sie fällt steil zum Meeresboden hin ab. Großflächige Korallen (1) wie die Elchhornkoralle wachsen in breiter Schirm- bzw. Becherform, um das Licht bestmöglich auszunutzen; Ammenhaie (2) legen ihre Eier in geschützte Spalten und Ritzen des Korallenriffs. Das Wachstum des Riffkamms wird durch Trockenperioden und Niedrigwasser beeinträchtigt. Hinter dem Riffkamm liegt das geschützte Riffplateau, Lebensraum für zahlreiche schnellwachsende Hirschhornkorallen (3). Sie erheben sich auf der Suche nach Sonnenlicht über Nahrungskonkurrenten wie die Hirnkoralle (4). Abgebrochene Arme wachsen nach und vergrößern so die Kolonie. Die abgestorbenen Bereiche der Korallenstöcke bieten kleineren Fischen wie Schmetterlingsfischen (5) und verschiedenen Wirbellosen Unterschlupf. Papageifische (6) beißen kleine Stückchen von den lebenden Korallen ab. Die leuchtenden Farben des Papageifisches dienen der Arterkennung, Tarnung, Revierabgrenzung und der Abschreckung von Feinden, wie bei den meisten anderen Korallenfischen auch. Wie die Papageifische können auch die Plankton fressenden Feenbarsche (7) je nach Bedarf ihr Geschlecht wechseln. Eines der giftigsten Tiere überhaupt, die olivbraune Seeschlange (8), jagt vor allem diese Fische. Putzerfische (9) befreien andere Fische von Parasiten, darunter oft sogar Raubfische, die für die Dauer der Pflege ihre Feindschaft mit den Putzerfischen vergessen. Riesenmuscheln (10) filtern ihr Futter aus dem Seewasser, leben aber auch von Photosyntheseprodukten der symbiontischen Zooxanthellen. Die Rindenkorallen (11) sind elastischer als andere Korallen und können deshalb nahe den Turbulenzen der Wasseroberfläche leben. Die Bestäubung des Seegrases (12) findet unter Wasser statt; Seegraswiesen bieten vielen Organismen Schutz und dienen einigen als Futterquelle. Röhren- (13) und Becherschwämme (14) bilden kaminartige Strukturen aus, die dazu dienen, Wasser in ihre Gastralräume einzusaugen. Der große Kehlsack des männlichen Fregattvogels (15) färbt sich während der Balzzeit knallrot. Der Fregattvogel, der selbst Fischfresser ist, zwingt mitunter andere Vögel, z.B. den Blaufuß-Tölpel (16), ihre Beute fallen zu lassen, um sie ihnen wegzuschnappen.

[B] Korallenriffe wachsen bei Wassertemperaturen über 20°C. Auch außerhalb der Tropen findet man sie in warmen Strömungen. In Gewässern voller Schwebstoffe gedeihen sie nicht, da die zarten Organismen durch Sinkstoffe verschüttet würden. Die optimale Wachstumstiefe von Korallen beschränkt sich auf wenige Meter unterhalb der Wasseroberfläche, wo Sauerstoff und Sonne reichlich vorhanden sind. Unterhalb einer Tiefe von 70 m kommen sie nur sehr selten vor. Bei idealen Bedingungen wachsen Riffe bis zu 25 mm im Jahr.

A

Riff-Front

Siehe auch: **Weltmeere,** *S. 44/45* **Algen,** *S. 112/113* **Symbiose,** *S. 192/193* **Farben im Tierreich,** *S. 260/261* **Ökosystem Meer,** *S. 326/327*

B
Korallenriffe
15
Riffplateau
Riffkamm
10
4
6
7
5
13
12
3
8
11
1

Vergraben und Vergessen?

Belastung der Böden durch Müll und Strahlen

Die Reaktorkatastrophe 1986 in Tschernobyl setzte eine riesige Wolke radioaktiver Stoffe frei, die drei Tage nach dem Unfall Deutschland erreichte.
Der zerstörte Reaktorblock wurde damals überdeckt mit 5000 Tonnen Blei, Lehm und Sand sowie meterdickem Beton.
Auch die regelmäßig anfallenden radioaktiven Abfälle sind ein großes Problem bei der Nutzung von Atomenergie. In Deutschland brachte Ende März 2001 erneut ein Castor-Transport hochradioaktiven Müll zum Zwischenlager Gorleben.
Bis zur Entsorgung in einem Endlager soll der Atommüll hier zwischengelagert werden. Aber ein Endlager ist noch nicht bestimmt.

Die Entsorgung hochradioaktiver Abfälle ist weltweit ein Problem. So gibt es weder in den USA noch in Japan ein Atomendlager. Selbst Frankreich, das 80 Prozent seines Stroms in Atomkraftwerken gewinnt, hat bisher kein Endlager für hochradioaktiven Atommüll.
In Deutschland ist das Bundesamt für Strahlenschutz zuständig für die Erkundung von nuklearen Endlagern. Von 1979 bis 2000 wurde untersucht, ob sich der Salzstock Gorleben als Endlager für radioaktive, vor allem für hochradioaktive Abfälle eignet. Die Erkundungsarbeiten sind seit Oktober 2000 gestopt. Das Problem, wo in Deutschland hochradioaktive Abfälle endgelagert werden sollen, ist noch immer ungelöst.

Versiegelte Lagerstätten

Nicht nur radioaktiver Müll muß entsorgt werden. In den industrialisierten Staaten werden alljährlich Abfälle aller Art in großen Mengen produziert. Teilweise lagern sie dauerhaft in Deponien. Diese Anlagen werden mit einer undurchlässigen Boden- und Seitenabdichtung aus Ton und verschweißten Kunststoffbahnen versehen, um Auswaschungen aus dem Deponiekörper in den Untergrund zu verhindern. Oft wird die Deponie auch wasserdicht abgedeckt, damit kein Regenwasser mehr in den Deponiekörper eindringen kann. Sind die Deponien nicht genügend abgesichert, kann Regenwasser toxische Substanzen aus dem Deponiekörper auswaschen, diese in tiefere Bodenschichten verlagern und schlimmstenfalls das Grundwasser vergiften.
Die organischen Stoffe in der Deponie werden von Bakterien mehr oder weniger stark abgebaut. Dabei entstehen Gase wie Kohlendioxid und Methan. Diese Gase gelangen in die Atmosphäre und verstärken nicht nur den Treibhauseffekt, sondern können darüber hinaus hochexplosive Gemische bilden. In modernen Deponien wird das energiereiche Methangas aufgefangen und für Heizzwecke genutzt. Für die Methangaserzeugung eignen sich in besonderem Maße die energiereichen organischen Abfälle, die unter anaeroben Bedingungen, d. h. in Abwesenheit von Sauerstoff, von bestimmten Bakterien abgebaut werden.
Moderne Recycling-Verfahren und Mülltrennung haben in Deutschland zur Abfallentlastung geführt. In den letzten Jahren wurden nur wenige Mülldeponien neu gebaut und manche wurden geschlossen.

Bodenbelastung durch Klärschlamm

Auch bei der Reinigung von Abwässern werden große Mengen an Rückständen produziert. Deutsche Kläranlagen erzeugen jährlich rund 60 Millionen Tonnen Abfall. Rund die Hälfte des anfallenden Klärschlamms wird auf Äckern und Feldern verteilt, um beispielsweise unfruchtbar gewordene Böden wieder nutzbar zu machen oder landwirtschaftliche Flächen zu düngen. Aber neben Pflanzennährstoffen wie Stickstoff und Phosphor kann Klärschlamm auch eine Vielzahl schädlicher Substanzen enthalten.
Vor allem Klärschlamm aus städtischen und industriellen Abwässern ist oft belastet mit giftigen Schwermetallen und organischen Schadstoffen. Durch die Vorgabe von Grenzwerten für bestimmte Substanzen schränkt die Klärschlammverordnung aus dem Jahr 1992 zwar die landwirtschaftliche Verwertung von Klärschlamm ein, aber die Verordnung berücksichtigt nur einige der möglichen Schadstoffe. Deshalb bleibt das Risiko, daß mit dem Klärschlamm kritische Stoffe unkontrolliert auf die Böden gelangen.

[A] Viele Elemente sind von Natur aus instabil. Bei ihrem Zerfall senden sie radioaktive Strahlung aus. Ein instabiles Atom kann folgende Strahlungen abgeben: α (Alpha)-Strahlung, die aus positiv geladenen Helium-Kernen (1) (zwei Protonen und zwei Neutronen) besteht, β (Beta)-Strahlung, die aus negativ geladenen Elektronen (2) besteht, und schließlich γ (Gamma)-Strahlung (3) die, wie die Röntgenstrahlen (4), eine energiereiche elektromagnetische Welle ist. Bei der Ausstrahlung eines β-Teilchens wird im Kern ein Neutron in ein positives Proton umgewandelt (5). Auch die Abstrahlung eines α-Teilchens geht mit einer Kernumwandlung einher (6). Die Strahlungsarten unterscheiden sich in ihrer Fähigkeit, Materie zu durchdringen. α-Teilchen werden z.B. von einer Hand gestoppt. β-Teilchen sind mit einer rund 1 mm dünnen Aluminiumschicht abschirmbar, während bei Röntgenstrahlen eine zentimeterdicke Bleiplatte und bei γ-Teilchen eine meterdicke Betonwand notwendig ist.

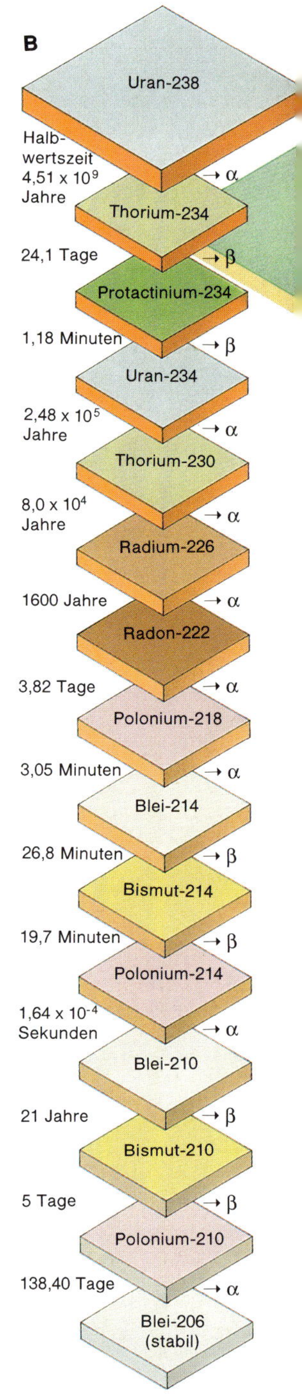

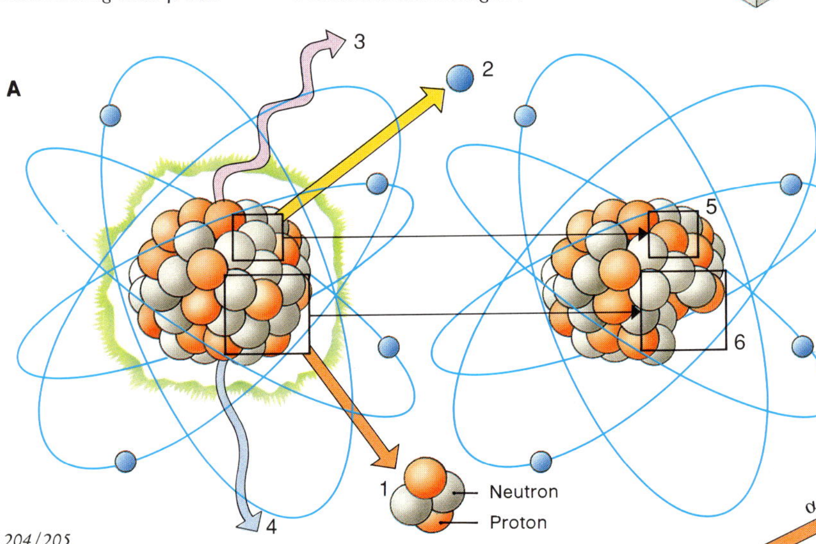

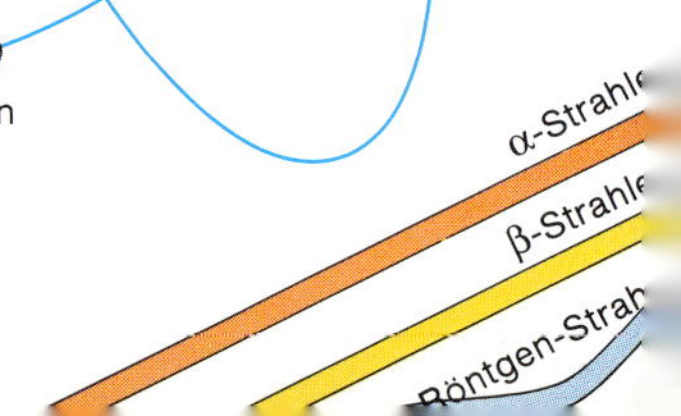

Siehe auch: **Böden,** *S. 30/31* **Bakterien,** *S. 106/107* **Zersetzer,** *S.204/205*

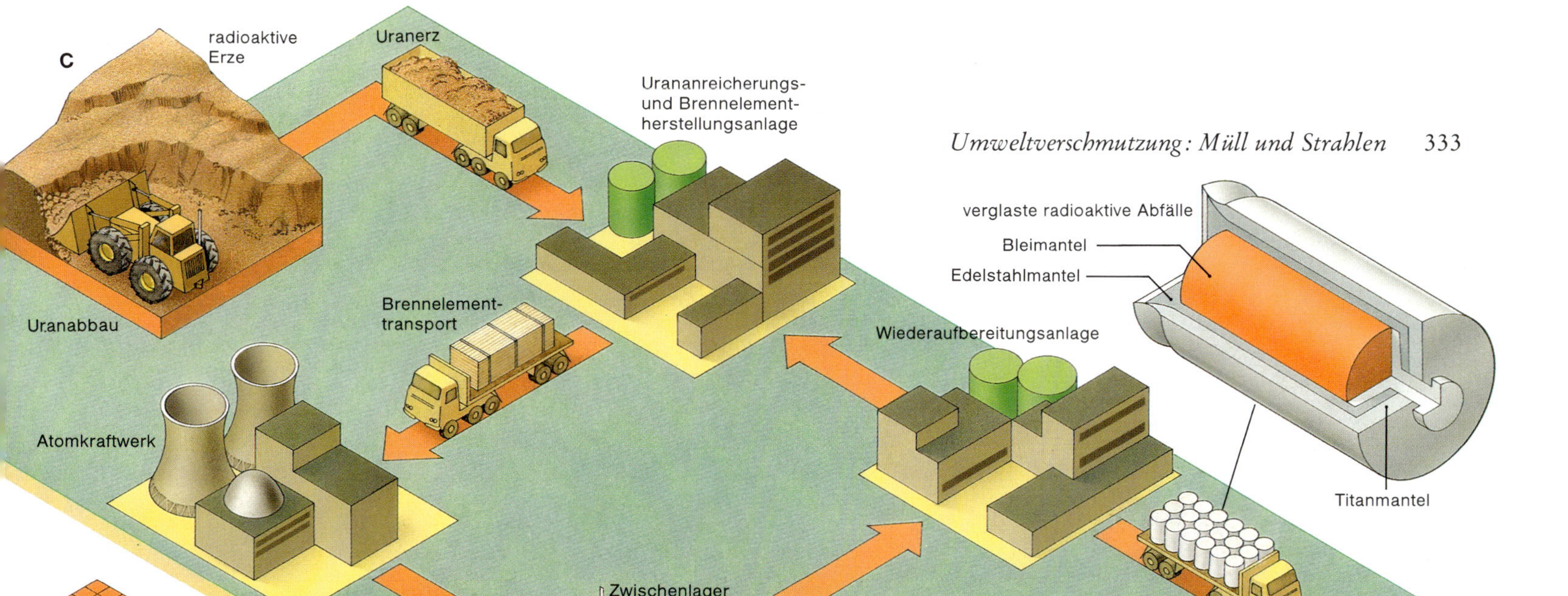
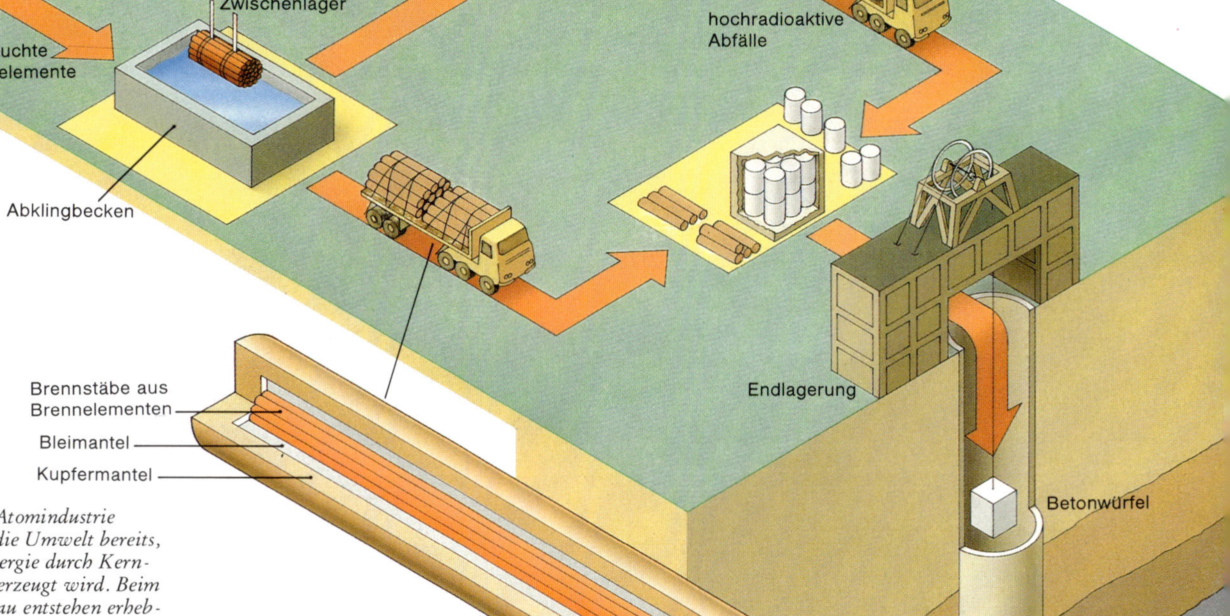
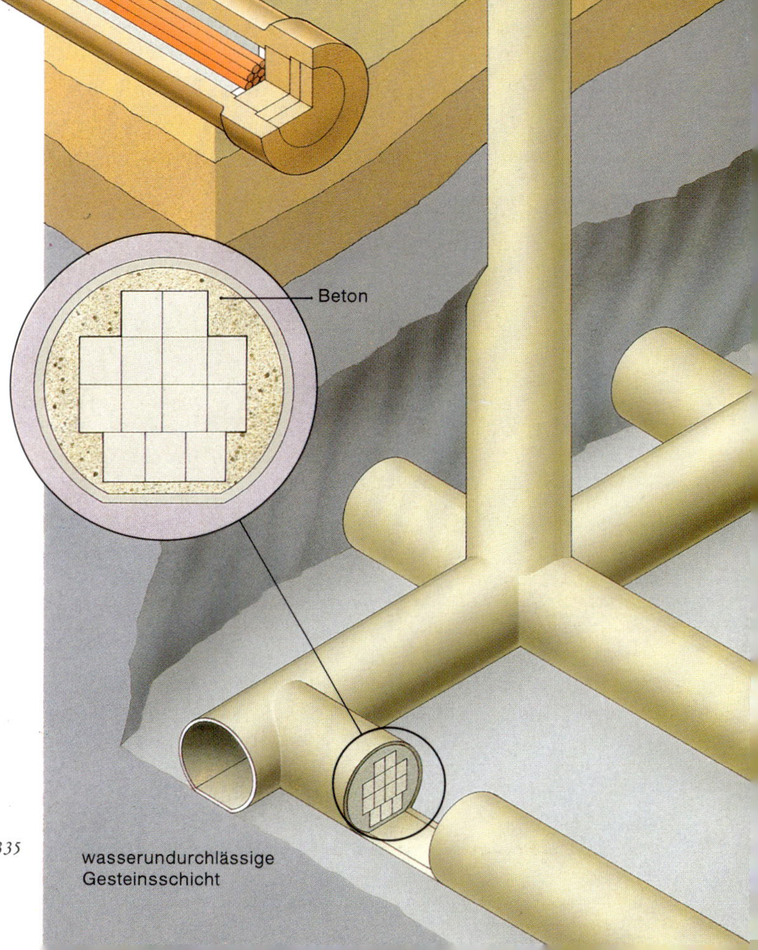

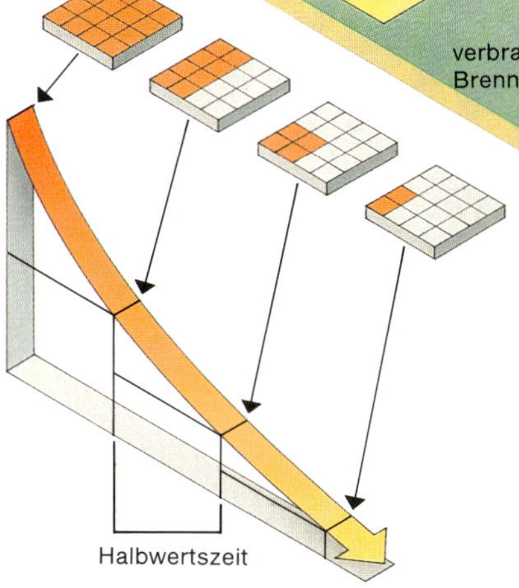

[B] Die Halbwertszeit gibt die Zeitspanne an, nach der die Hälfte der Atomkerne eines Elements zerfallen ist. Als Zerfallsprodukt eines radioaktiven Elements kann ein neues radioaktives Element gebildet werden, das wiederum seine eigene Halbwertszeit hat. Im Diagramm wird die Uran-Radium-Zerfallsreihe gezeigt. Ausgehend vom Radionuklid Uran-238 werden verschiedene Tochternuklide gebildet. Am Ende dieser Reihe steht das stabile und nicht mehr radioaktive Element Blei-206. Bei der sicheren Entsorgung von radioaktiven Abfällen müssen dementsprechend die Halbwertszeit des radioaktiven Ausgangselements und die Halbwertszeiten der Tochternuklide berücksichtigt werden.

[C] Die Atomindustrie schädigt die Umwelt bereits, bevor Energie durch Kernspaltung erzeugt wird. Beim Uranabbau entstehen erhebliche Mengen an radioaktiven Erzabfällen. Millionen Tonnen Schutt liegen frei auf der Erdoberfläche und werden vom Regen ausgewaschen. Kleinere Partikel werden vom Wind verweht. Bei der Energiegewinnung entstehen große Mengen hochradioaktiver Abfälle, die nach Zwischenlagerung in Abklingbecken entweder der direkten Endlagerung zugeführt werden oder zur Wiederaufbereitung gelangen, um aus ihnen erneut nutzbares radioaktives Material, wie Plutonium, zu gewinnen.

Jeder Verarbeitungsschritt erzeugt eigene radioaktive Abfälle. Eines der größten Probleme der Atomindustrie ist die sachgerechte Endlagerung. Die Abfälle werden zunächst in Behältern hermetisch eingeschlossen. Ein schwedisches Konzept sieht zwei Typen von Behältern vor: einen für die Abfälle aus der Wiederaufbereitung und einen für die abgebrannten Kernbrennstäbe. Die Abfälle werden so versiegelt, daß eine Auslaugung verhindert wird. Besonders die hochradioaktiven Materialien werden in Glaskörper eingeschmolzen. Einige Gefäße werden zusätzlich in Beton oder Harz eingegossen, bevor sie in Stahlbehältern unterirdisch verbracht werden. Als Endlagerstätten müssen langfristig stabile und wasserundurchlässige geologische Schichten dienen. Zuweilen werden auch die Gänge der Endlagerstätten mit Beton versiegelt.

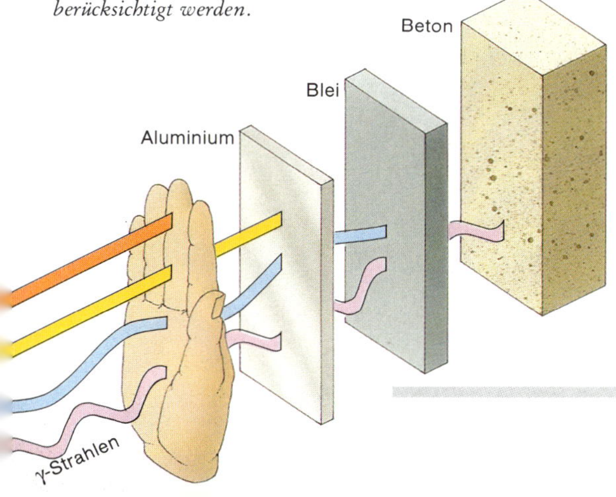

Wasserverschmutzung, *S. 334/335*

Gefährdetes Naß

Wie Schadstoffe in die Gewässer gelangen

Im Januar 2000 ereignete sich im rumänischen Baia Mare eine Umweltkatastrophe, die mehrere Flüsse vergiftete. Nach einem Dammbruch in einer Goldmine strömten über 100 000 Kubikmeter Giftbrühe aus Cyanid-Lauge und Schwermetallen in die Flüsse Somes, Theiß und Donau. Es folgte ein Massensterben von Fischen, und auch Vögel und Fischotter verendeten. Außerdem wurde in den betroffenen Regionen Trinkwasseralarm gegeben. Verantwortlich war das Unternehmen, das die Mine betrieb. Im Umgang mit der zum Goldauswaschen benutzten Cyanid-Lauge wurden Sicherheitsstandards mißachtet.

Zahlreiche Aktivitäten des Menschen führen zur Verunreinigung der Gewässer und zur Schädigung der Umwelt. Viele Schadstoffe gelangen über die Luft in die Gewässer. Einige langlebige Pflanzenschutzmittel werden, nachdem sie auf die Felder versprüht wurden, vom Regenwasser in die Flüsse transportiert (1). Auswaschung von großen Ackerbauflächen (2) führt zur Bodenverarmung und verschlammt die Flüsse. Eine andere Quelle der Gewässerverunreinigung sind die Millionen Tonnen Salz, die jeden Winter zum Auftauen der vereisten Straßen gestreut werden. Sie gelangen ebenfalls in die Gewässer und

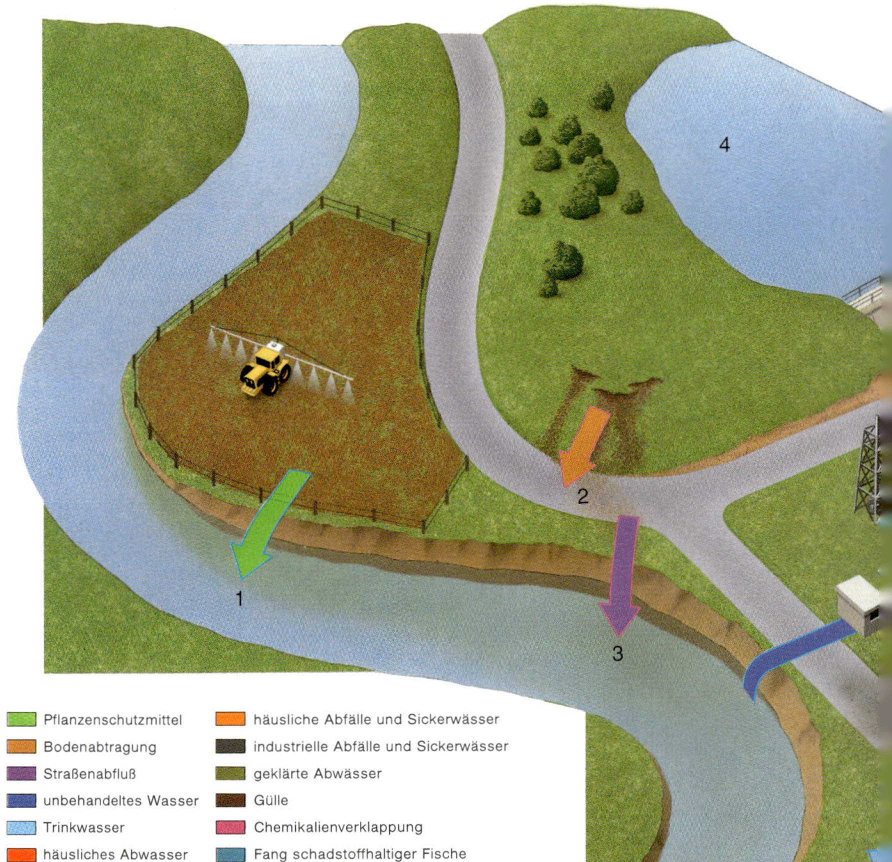

Cyanid, das Salz der Blausäure, ist schon in kleinen Mengen toxisch. Gelangt es in den Körper von Tieren oder Menschen, kann es zu innerer Erstikkung führen. Auch Schwermetalle wie Quecksilber, Cadmium und Blei sind giftig. Besonders problematisch sind diese drei, weil sie in der Nahrungskette angereichert werden können. Eine weitere Bedrohung für Gewässer sind Ölverunreinigungen. Daß sie nicht nur durch Unfälle entstehen, zeigt ein Beispiel der „ökologischen Kriegsführung“: Während des Golfkriegs wurde Öl gezielt in den Persischen Golf geleitet.

Gefährliche Verteilung

Nicht alle Schadstoffe haben das gleiche Schicksal, wenn sie ins Wasser gelangen. Schwermetalle heften sich an mitgeführte feinkörnige Partikel an. Verlangsamt sich die Fließgeschwindigkeit, sinken diese Partikel zu Boden. Damit reichern sich auch die Schadstoffe im Sediment an. Die im Sediment lebenden Organismen, etwa Muscheln und Krebse, nehmen sie mit der Nahrung auf.

Zweifelhaften Ruhm erlangten die chlorierten Kohlenwasserstoffe, zu denen auch das Insektizid DDT zählt. DDT, das zur Malariabekämpfung eingesetzt wurde, ist wasserunlöslich und zudem schwer abbaubar. Gelangt dieser Stoff ins Oberflächenwasser, so lagert er sich vorzugsweise im Fettgewebe kleinerer Wasserbewohner ab, die anderen Tieren als Nahrung dienen. Die Schadstoffe reichern sich von einem Nahrungskettenglied zum nächsten immer stärker an, bis die Giftmenge am Ende tödliche Folgen haben kann.

Auch polychlorierte Biphene (PCBs) sind umweltbelastende Schadstoffe. Sie eignen sich z. B. als Kühl- und Isolierflüssigkeiten in Transformatoren. PCBs verhalten sich ähnlich wie DDT, sind aber noch schwerer abbaubar. Beides darf in Deutschland nicht mehr verwendet werden.

Die Belastung des Trinkwassers

Ein anhaltender Fall von Wasserverunreinigung in größerem Umfang ist die Nitratbelastung der Oberflächengewässer und der Grundwasservorkommen, die zur Gewinnung von Trinkwasser dienen. Dafür gibt es drei Gründe: der verstärkte Einsatz von Düngemitteln, die Einleitung von nitrathaltigen Abwässern in Flüsse und Seen und die intensive Viehzucht, bei der große Mengen stickstoffhaltiger Gülle anfallen.

Auf den Feldern ist Nitrat ungefährlich. Doch nimmt der Mensch es verstärkt über das Trinkwasser auf, können bestimmte Bakterien in Mund und Rachen es in Nitrit verwandeln, das sich wiederum im Magen-Darm-Trakt mit Aminen zu krebserregenden Nitrosaminen verbindet. Nitrite können aber auch mit den roten Blutkörperchen eine starke Bindung eingehen, so daß diese nicht mehr in der Lage sind, den Sauerstofftransport durchzuführen. Besonders gefährdet sind Säuglinge und Kleinkinder.

Zuviel Nitrat im Wasser führt zu verstärktem Algenwuchs. Sterben die Algen ab, so wird in großen Mengen Sauerstoff für ihren biologischen Abbau benötigt. Der entstehende Sauerstoffmangel im Gewässer bedeutet wiederum für andere Wasserbewohner den sicheren Tod. Diese Eutrophierung ist in vielen ländlichen Gebieten mit intensiver Landwirtschaft zu beobachten. Es ist einfach, Industrie und Landwirtschaft für die starke Wasserverschmutzung zu verurteilen. Letztlich sind wir jedoch alle, weil eine intensive Nachfrage nach bestimmten Produkten besteht, für die Belastung unserer Gewässer in hohem Maße mitverantwortlich.

Siehe auch: **Weltmeere,** *S. 44/45* **Algen,** *S. 112/113* **Zersetzer,** *S. 204/205* **Ökosystem See,** *S. 322/323*

gefährden die darin lebenden Pflanzen und Tiere (3). Der hohe Wasserbedarf zwingt zum Bau von immer mehr Wasserreservoiren (4), oft auf Kosten von wertvollem Ackerland. In den Haushalten werden die verschiedensten Chemikalien zur Reinigung verwendet (5). Diese können nicht immer wirkungsvoll in den Kläranlagen (6) abgebaut werden. Einige Haushaltschemikalien, z.B. Desinfektionsmittel, können sogar die biologische Stufe einer Kläranlage schädigen. Manchmal werden häusliche Abwässer ungeklärt in das Oberflächenwasser geleitet (7). Die aus Mülldeponien (8) entweichenden Sickerwässer können toxische Stoffe enthalten.

Industrielle Abwässer sind ebenfalls stark belastet. Sie werden in Kläranlagen oder in besondere Rieselfelder (9) geleitet. Manche Fabriken leiten heute noch ihre Abwässer ungeklärt in Flüsse (10) oder Meere. Klärschlamm (11), im Übermaß auf die Ackerflächen aufgebracht, führt zur Überdüngung der Gewässer. Folge einer intensiven Tierhaltung (12) ist ein hoher Gülleausstoß, der letztlich in die Gewässer gelangt. Eine Methode, sich schädlicher Chemikalien zu entledigen, ist die Verklappung auf See (13). Manche Schadstoffe gelangen über die Nahrungskette zum Menschen zurück, z.B. über die Fische, die er verzehrt (14).

Ölpest

Je nachdem, ob leichtes Öl in einer warmen oder schweres Öl in einer kalten Region (z.B. Alaska) in die Umwelt gelangt, sind die Schädigungen unterschiedlich groß. Wie schnell sich das Öl ausbreitet, hängt davon ab, wie schnell die flüchtigen Anteile verdunsten bzw. die zähflüssigen auf der Wasseroberfläche aufgebrochen werden. Ein Teil der leichteren Ölfraktion löst sich im Wasser und gefährdet die Wasserorganismen. Der Rest vermischt sich mit dem Wasser und bildet eine Emulsion. Das Öl kann verklumpen und an den Strand gespült werden oder sich an kleinere Partikel heften und mit ihnen zum Meeresgrund sinken. Öl vergiftet Tiere oder verklebt sie, vor allem das Gefieder von Seevögeln. Ölverseuchungen werden durch Abscheidung (rechts), Abbrennen, Ausbaggern u.a. bekämpft. Chemische Verfahren, die Öl durch Dispersionsmittel zum Absinken bringen, sind umstritten, da sie besonders in flachen Küstengewässern die Organismen des Meeresbodens vergiften können.

Bedrohte Pflanzenwelt

Schutzmaßnahmen für gefährdete Pflanzen

Tropische Wälder werden schneller abgeholzt, als sie sich erneuern können, und weltweit sterben immer mehr Pflanzen aus. Insgesamt 34 000 höhere Pflanzenarten gelten als bedroht. In den tropischen Regionen sind aber noch längst nicht alle Arten bekannt. Viele könnten also aussterben, noch bevor sie wissenschaftlich näher untersucht sind. Das Überleben der Arten ist durch Kahlschlag von Wäldern, Trockenlegung von Feuchtgebieten, Ausbreitung der Städte und Umweltverschmutzung gefährdet. Tropische Edelhölzer, Orchideen und Kakteen werden sogar direkt für Verkauf oder Züchtung ausgebeutet.

Bisher wurden die CITES-Richtlinien kaum wirksam durchgesetzt. Obwohl der Handel mit Orchideen und Kakteen kontrolliert wird, werden von Sammlern hochgeschätzte Arten wie der seltene Knowlton-Kaktus (rechts) an ihren letzten Standorten gesammelt, geschmuggelt und verkauft.

Bisherige Maßnahmen, den Artenrückgang zu stoppen, hatten nur begrenzten Erfolg. Der erste Schritt auf nationaler Ebene besteht darin, alle schützenswerten Pflanzenarten zu dokumentieren. Die meisten Länder gemäßigter Klimazonen haben »Rote Listen« der gefährdeten Pflanzenarten zusammengestellt. Für die Länder der Tropen gibt es Vergleichbares noch nicht, denn sie sind vielerorts noch nicht einmal näher erforscht. Die Ureinwohner der tropischen Regenwälder nutzen zahlreiche Pflanzen für ihre Ernährung oder andere Grundbedürfnisse. Vergleichbar mit einer »Genbank«, enthalten Regenwälder ein enormes Potential von medizinisch nutzbaren Pflanzen, von Früchten, Kautschuk, Fasern, Harzen, Ölen und anderen Pflanzeninhaltsstoffen. Es gilt den Fortbestand dieser wertvollen biologischen Ressourcen zu sichern, bevor sie unwiederbringlich verloren sind.

Rote Listen

Fast alle Staaten Europas haben inzwischen Gesetze zum Schutz gefährdeter Pflanzenarten geschaffen. Zudem gibt es das Washingtoner Artenschutzabkommen (CITES) mit bisher rund 150 beigetretenen Nationen. Das Abkommen regelt den Handel mit gefährdeten Pflanzen oder Tieren: Über 4000 Tier- und 40 000 Pflanzenarten sowie deren Produkte dürfen nicht oder nur mit Genehmigung im- oder exportiert werden.

Schutz der natürlichen Lebensräume

Das Überleben bedrohter Pflanzenarten versucht man durch künstliche Vermehrung in Gewächshäusern oder botanischen Gärten zu sichern. In Genbanken werden darüber hinaus zahllose Samenproben gelagert. Mit diesen Maßnahmen sollen bedrohte Pflanzen erhalten und möglicherweise an natürlichen Standorten wiedereingebürgert werden. Der beste Naturschutz ist aber zweifellos der Schutz von Arten in ihrer natürlichen Umgebung. Dort können sich Pflanzenarten ungestört und im Zusammenleben mit anderen Arten weiterentwickeln. Dies erfordert allerdings, daß möglichst das ganze Ökosystem unter Schutz gestellt wird. Weltweit gibt es heute über 12 400 Schutzgebiete, die größer sind als 10 Quadratkilometer, und viele weitere, die kleiner sind. Oft existiert die Ausweisung von Schutzgebieten aber nur auf dem Papier, und sie werden weiter illegal ausgebeutet oder gar gerodet.

Im Fokus des Naturschutzes steht zunehmend der Erhalt der Artenvielfalt, auch Biodiversität genannt. Besonders hoch ist diese in den tropischen Regenwäldern. Rund die Hälfte aller heutigen Pflanzen- und Tierarten kommen hier vor, darunter etwa 50000 verschiedene Baumarten. Fachleute haben auf der Welt 25 sogenannte „Hotspots" aufgelistet, d. h. Gebiete, in denen besondere Vielfalt an Pflanzen- und Tierarten herrscht. Dazu gehören u. a. die Küstenwälder Ostafrikas und Brasiliens sowie Madagaskar. Die Hotspot-Regionen gilt es besonders zu schützen.

Schützenswert sind bestimmte Gebiete auch, weil Arten dort endemisch sind, d. h. sonst nirgends auf der Erde vorkommen. Auf Madagaskar etwa sind 80 % der Pflanzenarten endemisch. Endemiten sind typisch für Inseln, meist besonders angepaßt und stark bedroht, weil ihr Lebensraum oft klein ist. Gefährlich werden für sie z. B. eingeführte Pflanzen oder Tiere, die sie schnell verdrängen können. Menschen bringen fremde Arten nicht immer absichtlich auf Inseln. Manche gelangen ungewollt dorthin – als blinde Passagiere.

Zusammenstellung besonders bedrohter Arten:

(0) wissenschaftlicher Artname
(▲) volkstümlicher Artname (falls vorhanden)
(◆) Vorkommen
(●) Kurzbeschreibung
(■) Lebensraum/natürlicher Standort
(✖) Bedrohung

(1) Serruria roxburghii
(▲) -
(◆) Südafrika, nordwestlich von Wellington
(●) zierliches Kraut
(■) trockene Stellen in tiefem, weißem Sandboden
(✖) Ausbreitung von Farmland; zurückgedrängt auf zwei kleine isolierte Stellen

(2) Zamia floridana
(▲) -, Palmfarne
(◆) USA, Florida und Georgia
(●) farnähnliche Pflanze mit federartigen Blättern
(■) in trockenen Sandböden, Kiefernwäldern des Tieflandes und Küstendünen
(✖) Ausbreitung von Touristenzentren überall in Florida und Georgia

(3) Passiflora herbertiana (Unterart insulaehowei)
(▲) Passionsblume
(◆) Lord-Howe-Insel
(●) Kletterpflanze
(■) Tiefland-Regenwald
(✖) derzeit nur noch zwei durch starke Beweidung und durch Bebauung gefährdete Standorte bekannt

(4) Artemisia granatensis
(▲) -, Korbblütler
(◆) Spanien, Sierra Nevada
(●) ausdauernde Polsterpflanze
(■) saure Schiefergesteine oberhalb 3200 m Höhe
(✖) anhaltendes Absammeln; Blätter und Stiele waren früher eine beliebte Zutat in Getränken

(5) Swallenia alexandrae
(▲) Eureka-Dünengras
(◆) USA, California
(●) steifes, ausdauerndes Gras mit hoch aufgerichteten Blütenständen
(■) in Sanddünen und Buschwerk von Wüstengebieten
(✖) Cross-Fahrzeuge

(6) Caryota no
(▲) Fischschwanz-Palme
(◆) Indonesien und Malaysia, Vorkommen meist als Einzelbaum
(●) die größte Art der Gattung
(■) Tropenwald des Tieflandes
(✖) Zerstörung des Lebensraumes; eßbare Spitzen werden als Gemüse verwendet; aus dem Mark wird Sago-Stärke gewonnen

(7) Phoenix theophrastii
(▲) Kretische Dattelpalme
(◆) Kreta und südwestliche Türkei
(●) eine mehrstämmige, bis zu 10 m hohe Palme
(■) gewöhnlich auf sandigen Böden in Küstennähe
(✖) Zelten unter den Bäumen oder Autos, die in die Palmenhaine hineinfahren; beides verhindert die natürliche Verjüngung

(8) Lodoicea maldivica
(▲) Seychellennußpalme
(◆) Seychellen
(●) größte Baumfrucht des Pflanzenreiches: schwarze, 10-18 kg schwere Nüsse
(■) in Küstennähe und Hügellandschaften bis zu 300 m Höhe
(✖) massive Nutzung der Nüsse für den Tourismus

(9) Erica chrysocodon
(▲) -, Heidekrautgewächs
(◆) Südafrika, Fransch-Hoek-Berge
(●) kleiner, aufrechter, bis zu 45 cm hoher Strauch
(■) Sümpfe
(✖) letztes Vorkommen in feuergefährdetem Gebiet; illegales Sammeln und Straßenerweiterung

(10) Wahlenbergia linifolia
(▲) -, Glockenblumengewächs
(◆) St. Helena, Südatlantik
(●) niedriger Strauch
(■) an windexponierten Steilhängen der zentralen

Siehe auch: **Nacktsamige Blütenpflanzen**, *S. 118/119* **Bedecktsamige Blütenpflanzen**, *S. 120/121* **Pflanzen der Regenwälder**, *S. 318/319*

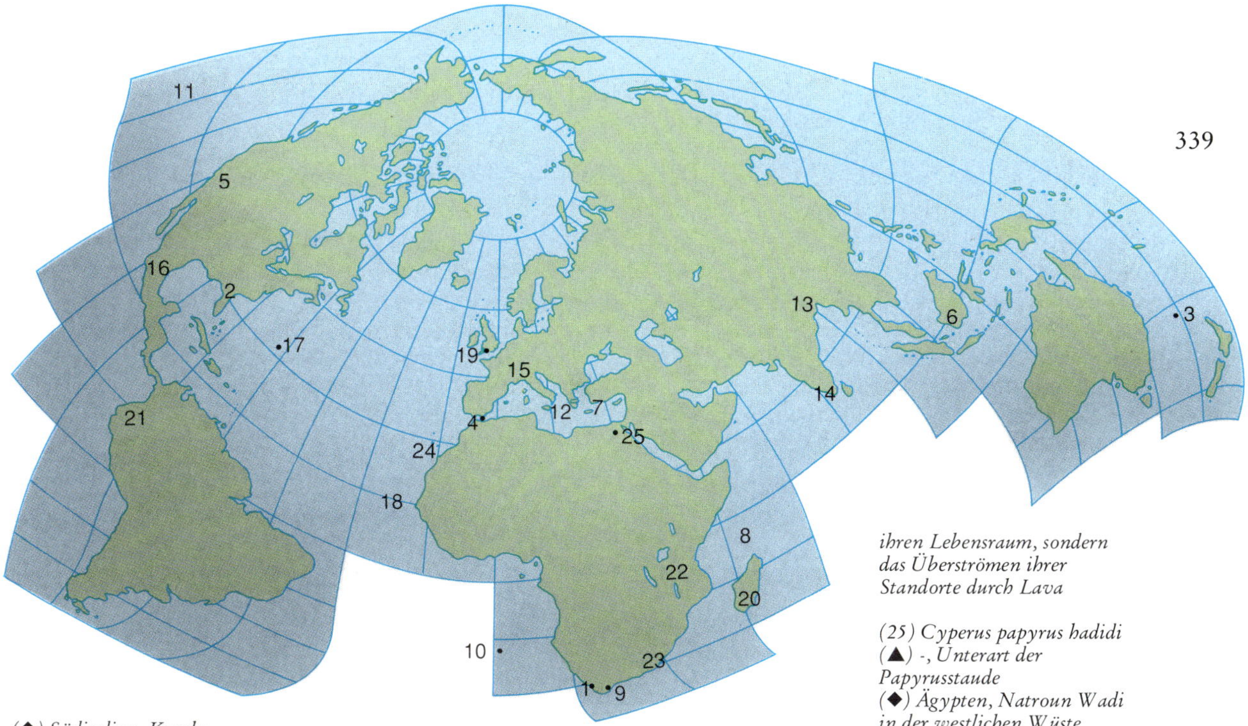

Gebirgskette der Insel
(✖) wird schnell überwuchert von Flachs und anderen hochwachsenden Pflanzen; Beweidung durch eingeführte Ziegen

(11) Hibiscadelphus giffardianus
(▲) -
(◆) Hawaii
(●) bis zu 7 m hoher Baum
(■) ursprünglich angesiedelt auf schwer zugänglichen Außenrändern erkalteter Lava-Ströme
(✖) Der einzige noch vom natürlichen Standort her bekannte Baum starb 1930. Bis 1968 waren wieder 10 gesunde Bäume, aus botanischen Gärten wiedereingebürgert, herangewachsen. In den letzten Jahren kam zur Bedrohung durch Lava die Zerstörung des natürlichen Lebensraumes durch Viehbeweidung. Dadurch wurde außerdem der Bestäuber des Baumes, ein seltener endemischer Vogel, erheblich zurückgedrängt

(12) Narcissus viridiflorus
(▲) Grüne Narzisse
(◆) Mittelmeerraum
(●) ausdauernd, krautig
(■) Küstenzonen und Inseln
(✖) Zwiebeln der Pflanze wurden kommerziell genutzt, sind jedoch inzwischen vom Markt verschwunden; außerdem Zerstörung des natürlichen Lebensraumes

(13) Vanda coerulea
(▲) Blaue Vanda
(◆) Indien, Burma, Thailand
(●) eine Orchidee mit auffälligen, hell kobaltblauen Blüten
(■) feuchte immergrüne Wälder
(✖) massive Nutzung für den Export, auch die Eichen, auf denen die Orchidee epiphytisch wächst, dienen zunehmend der Holz- und Holzkohle-Gewinnung

(14) Paphiopedilum druryi
(▲) -, Orchidee
(◆) Südindien, Kerala
(●) Gattung Venusschuh
(■) in der Krautschicht auf lichten Waldböden, lebt halbparasitisch mit Euphorbia-Arten
(✖) inzwischen vermutlich ausgerottet durch Feuer und exzessives Sammeln

(15) Dianthus gratianopolitanus
(▲) Pfingstnelke
(◆) Frankreich, Schweiz und England
(●) krautige Pflanze mit rosaroten Blüten
(■) steile Felshänge
(✖) annähernd ausgerottet durch exzessives Sammeln

(16) Ariocarpus trigonus
(▲) Wollfruchtkaktus
(◆) Mexico
(●) Aussehen wie ein lebender Stein
(■) Wüste
(✖) bedroht durch Sammler; sehr langsamwüchsig

(17) Juniperus bermudiana
(▲) Bermuda-Wacholder
(◆) Bermuda
(●) immergrüner, bis zu 20 m hoher Baum
(■) an Berghängen und Sumpfrändern
(✖) Fast 90% dieser Bäume gingen zwischen 1944 und 1950 infolge einer Massenvermehrung auf die Insel verschleppter Schadinsekten zugrunde

(18) Dracaena draco
(▲) Drachenbaum
(◆) Kanarische Inseln, Kapverden und Madeira
(●) bis zu 20 m hoher Baum mit schirmförmiger Krone, mit einem kräftigen silbriggrauen Scheinstamm
(■) Steilhänge aus Vulkangestein vom Meer bis zu 500 m aufwärts
(✖) an seinen natürlichen Standorten auf kleine verstreute Bestände zurückgedrängt; fällt man den Baum, fließt dunkelrotes, als »Drachenblut« bezeichnetes Gummiharz heraus, dem man medizinische und magische Eigenschaften zuschreibt

(19) Rhynchosinapis wrightii
(▲) »Lundy«-Gemüse
(◆) Lundy Island, vor der Küste von North Devon in England
(●) ausdauernde krautige Pflanze mit einer Grundblattrosette federartiger Blätter
(■) zurückgedrängt auf einen nur noch 500 m langen Steilküstenstreifen im Südosten der Insel
(✖) beweidet durch Schafe, Ziegen und Rotwild; weiterhin bedroht durch Farne und eine eingeführte Rhododendron-Art

(20) Catharanthus coriaceus
(▲) -
(◆) Madagaskar, nur noch an wenigen Standorten
(●) kleiner, bis zu 40 cm hoher, aufrechter Strauch
(■) felsige Stellen in niedrigen Laubwäldern
(✖) Die Wälder sind stark durch die häufigen Buschfeuer bedroht.

(21) Persea theobromifolia
(▲) »Caoba«, Avocato
(◆) Ecuador
(●) 30-40 m hoher Baum, grau-grüne Rispenblüten
(■) nur in feuchten Wäldern des Tieflandes, Baum der Kronenschicht
(✖) Der natürliche Lebensraum des Baumes wurde fast vollständig in Bananen- und Ölpalmenplantagen umgewandelt. Die gesamte Restpopulation besteht nur noch aus 12 sich fortpflanzenden Individuen.

(22) Saintpaulia ionantha
(▲) Usambara-Veilchen
(◆) isolierte Hügel in Ostafrika
(●) kleine krautige Pflanze mit farbenprächtigen Blüten und behaarten Blättern
(■) senkrechte Felsspalten am Fuß von Klippen
(✖) Die schattenbedürftige Pflanze kann nur im Schutz der Bäume überleben. Durch zunehmende Nutzung der Bäume als Brennholz wurde sie der heißen afrikanischen Sonne ausgesetzt.

(23) Aloe polyphylla
(▲) Aloe
(◆) Südafrika, Lesotho
(●) eine große Rosette dreieckiger Blätter, korallenfarbene Blüten
(■) im Versickerungsbereich westexponierter Hänge
(✖) Der Glaube an die Heilkraft der Blätter veranlaßte ortsansässige Farmer, die Pflanzen abzuschlagen und sie ins Trinkwasser ihres Geflügels zu legen.

(24) Centaurea junoniana
(▲) Flockenblume
(◆) Kanarische Inseln, nur noch ein Standort an der Südspitze von La Palma
(●) ausdauernde, 30-100 cm hohe Pflanze mit zahlreichen verholzenden Stämmchen
(■) dem Meer zugewandte Felsspalten
(✖) Nicht der Mensch bedroht die Pflanze oder ihren Lebensraum, sondern das Überströmen ihrer Standorte durch Lava

(25) Cyperus papyrus hadidi
(▲) -, Unterart der Papyrusstaude
(◆) Ägypten, Natroun Wadi in der westlichen Wüste
(●) hochwachsendes ausdauerndes Sauergras
(■) zwischen Riedgräsern in Süßwassersümpfen in der Umgebung von Sodaseen, nur noch an wenigen verstreuten Standorten, wo Grundwasser an die Oberfläche tritt
(✖) Schwund des Lebensraumes durch veränderte Be- und Entwässerung

Das violettblühende Immergrün (unten) wird zur Leukämiebehandlung bei Kindern verwendet.

Auch zahlreiche andere Pflanzen, die inzwischen vor der Ausrottung stehen, könnten sich - vielleicht zu spät - als unentbehrlich für medizinische Zwecke erweisen. So enthält die Moreton-Bay-Kastanie des australischen Regenwalds eine Substanz, die im Kampf gegen AIDS nützlich sein könnte.

Für die Wildnis gezüchtet

Der Versuch, Tiere vor dem Aussterben zu bewahren

Niemand weiß, wieviele Tierarten es auf der Erde gibt – trotz jahrhundertelanger Forschungen. Schätzungen gehen von rund 30 Millionen Arten aus, von denen lediglich rund eine Million den Wissenschaftlern bekannt sind. Bis zum 19. Jahrhundert starb etwa eine Tierart pro Jahr aus. In den letzten 100 Jahren ist diese Rate drastisch gestiegen, auf mehrere Arten pro Tag. Zwar ist die Jagd auf bedrohte Tierarten heute durch Gesetze sehr stark beschränkt, doch werden immer mehr natürliche Lebensräume und Rückzugsgebiete der Tiere von Menschen zerstört.

A

Besonders durch die wachsende Weltbevölkerung, die immer mehr Fläche zum Leben und für Landwirtschaft braucht, geht Wildnis zunehmend zurück. Die Bewahrung von einzelnen Arten und ihrer Lebensräume vor Zerstörung ist das Hauptziel des Artenschutzes. Zwei Methoden werden hauptsächlich angewandt. Zum einen wird der Artenerhalt im angestammten Lebensraum gefördert. Dabei werden bestimmte Gebiete zu Naturreservaten erklärt und zum Schutz von Flora und Fauna besonders gehegt. Dazu gehören auch die Wiedereinführung regional ausgestorbener Tiere und Pflanzen und die Wiederherstellung ganzer Habitate mit ihrer großen Anzahl unterschiedlicher Arten und ökologischer Interaktionen. Bei der zweiten Methode der Arterhaltung werden Tiere zur Weiterzucht in Gefangenschaft gehalten.

Überleben im Zoo

Zoologische Gärten dienten ursprünglich lediglich der Unterhaltung ihrer Besucher. Wenig Beachtung wurde dem Wohl der Tiere oder den Möglichkeiten der Nachzucht geschenkt. Heute werden Zoos oft wissenschaftlich geführt und sind Refugien für seltene, vom Aussterben bedrohte Tiere. Sie werden gezielt weitergezüchtet, und die Nachkommen späterer Generationen können unter günstigen Umständen wieder ausgewildert werden.
Der Kalifornische Kondor ist ein Beispiel dafür, daß solche Projekte erfolgreich sein können. Im natürlichen Lebensraum war der Bestand auf sehr wenige Tiere geschrumpft. Naturschützer fingen sie ein, und 1987 lebten nur noch 29 Tiere im Zoo. Hier wurden sie gezüchtet, und bereits an die 50 Kondore konnten in Kalifornien wieder ausgewildert werden.
Rund 100 Tiere werden noch in Zoos gehalten, und die Zucht geht weiter, um noch mehr Kondore in natürliche Lebensräume zurückzubringen.

Zuchtprobleme

Viele Tiere scheinen aber in Gefangenschaft keinen Nachwuchs zu zeugen. Am bekanntesten ist wohl das Beispiel des Großen Pandas. Weibliche Pandabären sind nur an drei Tagen im Jahr empfängnisbereit und bei der Wahl des Männchens äußerst heikel. Zudem ist die Trächtigkeit nur schwer festzustellen. Viele Versuche wurden unternommen, diese Probleme zu lösen, etwa mit

Die Karettschildkröte [A] der tropischen Meere ist aus zwei Gründen bedroht: zum einen gelten ihre Eier und ihr Fleisch als Delikatesse, zum anderen läßt sich aus ihrem hornartigen Panzer Schildpatt herstellen, das besonders in Asien bereits seit der Antike Höchstpreise erzielt. Gegner eines totalen Fangverbots berufen sich denn auch häufig auf die traditionellen »Rechte« regionaler Gruppen, die mit Fang und Handel ihren Lebensunterhalt bestreiten. Diesen Einwänden könnte mit dem Aufbau von Karettschildkröten-Farmen begegnet werden. Die Bedürfnisse des Handels könnten von diesen Zuchttieren befriedigt und die wilden Populationen geschützt werden.
Gemäß dem derzeit geltenden Washingtoner Artenschutzabkommen von 1973 ist eine solche Lösung jedoch nicht möglich, da sich der Grundstock für eine Zucht aus Wildtieren rekrutieren würde.

3

Erfolgreicher Artenschutz setzt eine genaue Kenntnis der Fortpflanzungsstrategien der einzelnen Arten voraus. Für Meeresschildkröten wie die Suppenschildkröte [B] ist die Plazierung des Nestes besonders wichtig. Ein Nest im unteren Uferbereich (1) bedeutet für die Jungen die größte Chance, das schützende Meer zu erreichen. Starke Wellen können jedoch die Eier freilegen und sie dem Sonnenlicht oder Räubern aussetzen. Ein Nest im mittleren Uferbereich (2) bringt in dieser Hinsicht größere Sicherheit, aber der Weg zum Meer ist länger. Der obere Uferbereich (3) ist zwar der sicherste, aber auch der vom Wasser am weitesten entfernte. Auf dem langen Weg zum Ufer ist die Wahrscheinlichkeit, daß die jungen Schildkröten Opfer eines Räubers werden, relativ groß. Forschungen haben darüber hinaus ergeben, daß das Geschlecht der Jungen von der Temperatur im Nest abhängig ist, die wiederum auf der Sonneneinstrahlung beruht.

Siehe auch: Vererbung, *S. 96/97* Fortpflanzung der Höheren Säugetiere, *S. 174/175*

Die herausragende Stellung des Afrikanischen Elefanten (links) als größtes Landtier hat ihn zum Mittelpunkt intensiver Diskussionen gemacht. Als Art ist er zweifellos bedroht. In einigen Teilen des Kontinents jedoch, wie in Simbabwe, steigt die Population stark. Einige Länder sehen in einem totalen Verbot des Elfenbeinhandels die einzige Möglichkeit, die Elefanten in ihrer jetzigen Populationsstärke zu erhalten, andere wiederum glauben, daß Elfenbein von Tieren aus einer prosperierenden Population ein legitimer Beitrag zum Nationaleinkommen sein kann.

künstlicher Befruchtung. Aber in nur 25 % aller Fälle sind solche Bemühungen bislang erfolgreich, und lediglich eines von vier Jungen überlebt.

Künstliche Zeugung

Die künstliche Zeugung von Tieren ist äußerst schwierig. Von besonderer Bedeutung sind genaue Kenntnisse der hormonellen Voraussetzungen, die selbst unter nah verwandten Arten sehr unterschiedlich sein können. Deshalb können Verfahren, die etwa bei der einen Großkatzenart funktionieren, bei der anderen versagen.

Auch Embryoverpflanzungen, sogar zwischen unterschiedlichen Arten, sind vorgenommen worden. Zum Beispiel diente eine häufig vorkommende Antilope als Ersatzmutter für eine sehr viel seltenere Art. Eines der größten Probleme der Zucht in Gefangenschaft ist die Aufrechterhaltung eines umfangreichen Genbestandes, um Inzucht zu vermeiden. Zu diesem Zweck führen die Zoos Zuchtbücher und lassen eine Zucht erst nach sorgfältiger Prüfung zu. Andere Tiere wie z.B. Löwen bekommen in Gefangenschaft relativ problemlos ihre Nachkommen.

Bedrohte Inselwelt

Artenschutz begann mit dem Erhalt von Tieren, die den Menschen besonders ansprachen. Heute jedoch gehen die Bemühungen verstärkt dahin, ganze Habitate zu schützen und mit ihnen einen weitgefächerten Bestand an Lebensformen in einem ausgewogenen System. Mindestens ein Viertel aller auf der Erde lebenden Arten sind durch den Verlust ihres Lebensraums bedroht. Inselbewohner sind besonders gefährdet. Seefahrer und Siedler brachten in der Vergangenheit Nutztiere auf die Inseln, zusammen mit einigen weniger willkommenen »Passagieren«. Schweine und Rotwild, Ratten, Katzen, Wiesel und Frettchen hatten für den Bestand einheimischer Populationen verheerende Auswirkungen, weil sie ihnen die Nahrung streitig machten oder aber die heimischen Tiere erbeuteten.

Rechtsschutz für Tiere

Internationale Abkommen setzen sich für Tiere und Natur ein. Das Washingtoner Artenschutzabkommen (CITES) mit rund 150 beigetretenen Nationen etwa regelt den internationalen Handel mit gefährdeten Tier- und Pflanzenarten sowie ihren Produkten. Die Konvention über biologische Vielfalt (CBD) aus dem Jahre 1992 ist ein weiteres Beispiel: Über 170 Staaten regeln darin den Schutz der biologischen Vielfalt und die Nutzung der Natur.

Ein warmes Nest im exponierten unteren Uferbereich produziert Weibchen, eines im teilweise schattigen Mittelbereich bringt Männchen und Weibchen hervor und ein kühles Nest am oberen Ufer nur Männchen. Suppenschildkröten haben die Fertigkeit entwickelt, ihre Nester so zu plazieren, daß sie das für die jeweilige Population optimale Verhältnis von Männchen und Weibchen hervorbringen. Diese Erkenntnisse stellen eine vor allem in den 70er Jahren angewandte Methode der Arterhaltung in Frage: Bei der »Operation Suppenschildkröte« wurden in der Karibik rund 100 000 Eier aus den Nestern entfernt und in Brutkästen bebrütet. Dies führt man ohne Berücksichtigung des Geschlechts durch. Da Suppenschildkröten erst nach 50 Jahren geschlechtsreif sind, werden die Wissenschaftler noch viele Jahre warten müssen, ehe sie die Ergebnisse der „Operation Suppenschildkröte“ beurteilen können.

Schutz der Pflanzen, *S. 338/339*

Glossar

Ablagerungsgestein, siehe Sedimentgestein.
Absatzgestein, siehe Sedimentgestein.
Acetylcholin, Substanz, die als Neurotransmitter an den Kontaktstellen der Nervenzellen (Synapsen) an der Reizübertragung mitwirkt.
aerob, vom Sauerstoff abhängig (Bakterien, chemische Reaktion u.a.). Gegensatz: anaerob.
Albedo, prozentualer Anteil des einfallenden Sonnenlichts, der von der Erde reflektiert und in das Weltall zurückgestrahlt wird.
Alveole, Lungen-Alveole, dünnwandige, sphärische Kammer in den Lungen, in der der Gasaustausch stattfindet.
Aminosäure, Molekül, das eine Carboxyl- (-COOH) und eine Aminogruppe ($-NH_2$) enthält, Grundbaustein der Proteine.
anaerob, ohne Sauerstoff ablaufend oder lebensfähig. Gegensatz: aerob.
Angiospermen, Gruppe der Blütenpflanzen, die ihre Samen immer in einem von Fruchtblättern gebildeten Gehäuse (Fruchtknoten) ausbilden und reifen lassen. Zu dieser Gruppe gehören die Ein- und die Zweikeimblättrigen Pflanzen. Synonym: Bedecktsamer.
Anthere, Teil des männlichen Blütenorgans oder Staubblattes, in dem der Pollen gebildet wird; Synonym: Staubbeutel
Antheridium, bei einigen Algen und bei allen Moosen und Farnen vorkommendes männliches Organ, in dem Fortpflanzungszellen (Spermatozoide) gebildet werden.
Anthrazit, Steinkohle mit dem höchsten Kohlenstoffanteil (über 90 %).
Archegonium, weibliches Organ bei Moosen und Farnen, in dem stets nur eine Eizelle gebildet wird.
Arterie, Gefäß, das das Blut vom Herz wegtransportiert.
Atmung, 1. Austausch von gasförmigen Stoffen zwischen einem Organismus und seiner Umwelt. 2. der Abbau von organischen Nährstoffen in den Mitochondrien der Zelle, um Energie für die Lebensprozesse zu gewinnen; geschieht in Anwesenheit (aerobe Atmung) oder in Abwesenheit (anaerobe Atmung oder Gärung) von Sauerstoff; Endprodukte der aeroben Atmung sind Kohlenstoffdioxid und Wasser, der anaeroben Atmung etwa Milchsäure oder Ethanol.
ATP, Abkürzung für Adenosintriphosphat, chemische Verbindung, die die erforderliche Energie für viele Stoffwechselreaktionen der Zellen liefert.
Außenskelett, siehe Exoskelett.
autonom, durch innere Ursachen bedingt, z.B. Atmung und Herzschlag, die Aktivität der glatten Muskulatur und der Drüsen, die vom Willen unabhängig vollzogen werden.
autotroph, Eigenschaft von Organismen, zur Synthese wichtiger organischer Stoffe (Nährstoffe u.a.) aus einfachen anorganischen Molekülen befähigt zu sein. Gegensatz: heterotroph.
Axon, langer, zumeist wenig verzweigter Fortsatz einer Nervenzelle, der Erregungen vom Zellkörper wegleitet.
Bakteriophage, Virus, das Bakterien befällt.
Base, kurz für ein stickstoffhaltiges Molekül der Nucleinsäuren (DNS oder RNS), das zusammen mit einem Zuckermolekül und Phosphorsäure ein Nucleotid bildet.
Bedecktsamer, siehe Angiospermen.
benthisch, zur Bodenregion der Gewässer gehörend; alle tierischen und pflanzlichen Bewohner des Ufers und des Grundes von Gewässern (See, Meer) betreffend.
Bildungsgewebe, siehe Meristem.
Biolumineszenz, chemischer Prozeß, der bei Pflanzen und Tieren Eigenleuchterscheinungen hervorruft.
Biomasse, die Menge aller lebenden Organismen in einer bestimmten Flächen- oder Raumeinheit, meist als Trockenmasse angegeben.
Biosphäre, gesamter, von Lebewesen bewohnter Teil der Erde.
Blaualgen, siehe Cyanobakterien.
Blütenstand, siehe Infloreszenz.
Bogengang, Struktur des Innenohrs bei Wirbeltieren; meist drei in verschiedenen Ebenen des Raumes senkrecht aufeinander stehende Kanäle, die eine wichtige Aufgabe beim Gleichgewichtssinn haben.
Cerebrum, siehe Gehirn.
Chitin, wasserunlösliche, hornartige Substanz, die die äußere Schutzhülle vieler Wirbelloser bildet, besonders bei den Gliederfüßlern; kommt auch bei Pilzen vor.
Chlorophylle, grüne Pflanzenfarbstoffe, die die Lichtenergie für den Prozeß der Photosynthese absorbieren.
Chloroplast, Struktur in der pflanzlichen Zelle (Organelle), in der die Photosynthese stattfindet; enthält Chlorophylle und andere photosynthetisch wirksame Pflanzenfarbstoffe.
Chordata, Tiere, die auf der Rückseite ihres Körpers ein Nervenrohr (Rückenmark) und einen Stützstab (Chorda dorsalis) im Laufe ihrer Keimesentwicklung ausbilden; zu den Chordata gehören Manteltiere, Schädellose und Wirbeltiere.
Chromatin, zwischen den Zellteilungen mit bestimmten Farbstoffen anfärbbare Kernsubstanz; besteht aus DNS und Proteinen.
Chromosom, längliches Gebilde im Zellkern, das die Gene enthält; besteht aus DNS und Proteinen.
Coriolis-Effekt, scheinbare Kraft, die einen Körper von seiner Bewegungsbahn ablenkt, der sich in einem rotierenden Bewegungssystem bewegt. Körper, die sich auf der Erde bewegen, zeigen einen Coriolis-Effekt durch die Erdrotation (»Die Erde dreht sich darunter weg«).
Cornea, schützende, durchsichtige Hornhaut an der Vorderseite des Augapfels.
Cortex, siehe Rinde.
Cyanobakterien, photosynthetisch aktive, kernlose Mikroorganismen. Synonym: Blaualgen.
Cytoplasma, Bereich der Zelle außerhalb des Zellkerns, in dem die Organellen eingebettet sind.
Dendrit, kurzer, stark verästelter Fortsatz der Nervenzelle, der Erregungen zum Zellkörper hin leitet.
Desoxyribonucleinsäure, siehe DNS.
Diatomee, siehe Kieselalge.
Dikotyledonen, siehe Zweikeimblättrige Pflanzen.
Dinoflagellat, einzellige Alge mit einem Cellulosepanzer und zwei senkrecht zueinander angeordneten Geißeln: eine nach hinten ragende Längsgeißel und eine in einer den Körper umschlingenden Rinne verlaufende Quergeißel.
DNS, Abkürzung für Desoxyribonucleinsäure, Grundbaustein der Gene; ein Molekül aus aneinandergereihten verschiedenen Nucleotiden; die definierte Reihenfolge der Nucleotide ist die Verschlüsselung der genetischen Information.
diploid, mit zwei Chromosomensätzen ausgestattete Zelle oder Organismus.
Dipol, 1. elektrischer Dipol, zwei gleich große Ladungen entgegengesetzten, voneinander getrennten Vorzeichens. 2. Molekül, mit voneinander getrennter positiver und negativer Ladung.
Einkeimblättrige Pflanzen, Klasse der Bedecktsamigen Pflanzen, deren Keimling nur ein Keimblatt (Kotyledon) besitzt. Synonym: Monokotyledonen.
Ektoparasit, Parasit, der sich an der Oberfläche seines Wirtes ansiedelt. Siehe auch: Endoparasit.
Endocytose, Einverleiben von Stoffen, die sich außerhalb der Zelle befinden, in das Zellinnere, indem Vesikel aus der Zellmembran abgeschnürt werden. Gegensatz: Exocytose.
endokrine Drüse, eine Drüse, die die von ihr gebildeten Stoffe (Hormone) direkt in den Blutstrom abgibt.
Endoparasit, Parasit, der im Inneren des Wirtskörpers lebt. Siehe auch: Ektoparasit.
endoplasmatisches Retikulum, im Cytoplasma fast aller Zellen vorkommendes Netzwerk aus Membranen mit (rauher Typ) oder ohne (glatter Typ) Ribosomen; an der Eiweißsynthese (rauher Typ), am Stofftransport und an der Erregungsleitung beteiligt.

Endosperm, Nährgewebe in pflanzlichen Samen, oft mit Speicherfunktion; versorgt den Embryo bei der Keimung mit Nährstoffen.
Enzyme, biologische Katalysatoren (Proteine), durch deren Mitwirkung der gesamte Stoffwechsel im Organismus ermöglicht wird; jede einzelne Zelle besitzt, entsprechend ihrer Funktion, eine charakteristische Enzymausstattung.
Epidermis, die äußere Zellschicht, die den Körper von Pflanzen und Tieren nach außen hin abschließt.
Erdkern, die innerste Schale des Erdkörpers, von rd. 2900 km Tiefe bis zum Erdmittelpunkt.
Erdkruste, der obere Teil im Schalenaufbau des Erdkörpers bis zur Mohorovičić-Diskontinuität.
Erdmantel, Schale des Erdkörpers zwischen der Mohorovičic- und der Gutenberg-Diskontinuität (von rd. 30 bis 2900 km Tiefe).
Erstarrungsgesteine, siehe magmatische Gesteine.
Eruptivgesteine, siehe magmatische Gesteine.
Eukaryont, Organismus, dessen Zellen einen Zellkern besitzen, der von einer Zellkernmembran umschlossen ist. Gegensatz: Prokaryont.
Eutrophierung, Anreicherung eines Gewässers mit Nährstoffen; führt zu massivem Pflanzen-(Algen-)wuchs, die nach ihrem Tod eine starke bakterielle Abbauleistung fordern. Da die Abbauleistung mit einem hohen Sauerstoffverbrauch einhergeht, kommt es im Gewässer zu Sauerstoffmangel, der letztlich zum Tod aller sauerstoffabhängigen Lebewesen des Gewässers führt.
Exocytose, das Absondern von in Vesikeln eingeschlossenen Stoffen durch die Zellmembran in das Außenmedium. Gegensatz: Endocytose.
Exoskelett, stützende und schützende Struktur aus Chitin auf der Körperoberfläche aller Gliederfüßer. Synonym: Außenskelett.
FCKW, siehe Fluorchlorkohlenwasserstoffe.
Flagellum, siehe Geißel.
Fluorchlorkohlenwasserstoffe (FCKW), als Treibgas, Kühlflüssigkeit und Schäumer verwendete chlor- und fluorhaltige Chemikalien, die die Ozonschicht zerstören.
Fruchtblatt, weibliches Organ der Blüte, das an bestimmten Stellen die Samenanlagen bildet. Bei den Bedecktsamern sind mehrere Fruchtblätter zu einem Fruchtknoten verwachsen, der zusammen mit dem Griffel und der Narbe als Stempel bezeichnet wird. Synonym: Karpell.
Gameten, weibliche (Eizellen) oder männliche (Samenzellen), der geschlechtlichen Fortpflanzung dienende, haploide Zellen, die beim Verschmelzen die Zygote bilden.
Gametophyt, haploides oder gametenproduzierendes Stadium beim Generationswechsel der Pflanzen. Die verschmelzenden Gameten bilden den Sporophyt.
Ganglienzelle, siehe Neuron.
Ganglion, Gruppe von Nervenzellen, die sich für gewöhnlich außerhalb des zentralen Nervensystems befindet.
Gefäßbündel, zu Bündeln zusammengefaßte Gewebe der Pflanzen, die dem Stofftransport und der Wasserleitung dienen. Synonym: Leitbündel.
Gehirn, Zentrale des Nervensystems; bei Wirbeltieren vom Hirnschädel geschützt; das vordere Großhirn und das nachgelagerte Kleinhirn bestehen aus zwei Hälften; an die Großhirnrinde sind Fähigkeiten wie Hör- und Lernvermögen, Gedächtnis und Bewußtsein gebunden. Synonym: Cerebrum.
Geißel, eine der Fortbewegung dienende, aus der Zelloberfläche herausragende, fadenförmige Struktur vieler Bakterien, Geißelalgen und Geißeltierchen sowie einiger Entwicklungsstadien höherer Organismen (Schwärmer, Gameten). Synonym: Flagellum.
Gene, Erbinformationseinheiten, die - verschlüsselt durch eine bestimmte Reihenfolge der Nucleotiden - in der DNS auf den Chromosomen zu finden sind.
Golgi-Apparat, Membransystem der Eukaryontenzellen, in denen Proteine, die im endoplasmatischem Retikulum sythetisiert wurden, verändert und sortiert werden.
Griffel, Teil der weiblichen Blütenorgane; siehe Fruchtblatt.
Gutenberg-Diskontinuität, Grenzfläche zwischen Erdmantel und Erdkern, in der die Materie sprunghafte, unstetige physikalische Eigenschaften hat.
Guyot, Tiefseeberg vulkanischen Ursprungs, der infolge der Meereserosion ein Gipfelplateau aufweist, das bis zu 2000 m unter der Meeresoberfläche liegen kann.
Gymnospermen, Gruppe holziger Pflanzen, deren Samenanlagen offen auf den Fruchtblättern gebildet werden; die weiblichen Blüten oder Blütenstände sind wie bei Kiefer oder Tanne meist zu verholzten Zapfen, zwischen deren Schuppen sich die Samen befinden, verwandelt. Synonym: Nacktsamer.
Hämotoxin, blutschädigender Stoff.
haploid, mit nur einem Chromosomensatz ausgestattete Pflanzen.
Haustorium, Saugorgan parasitisch lebender Pflanzen; dringt in das Gewebe der Wirtspflanze ein, um an die Nährstoffe zu gelangen.
Hermaphrodit, Individuum, das zugleich männliche und weibliche Geschlechtsorgane ausbildet. Synonym: Zwitter.
heterotroph, Eigenschaft von Organismen, auf organisches Material als Nahrung angewiesen zu sein. Gegensatz: autotroph.
Hibernisation, Hibernation, siehe Winterschlaf.
Holzstoff, siehe Lignin.
homoiotherm, mit gleichbleibender Körpertemperatur; alle Warmblüter halten ihre Körpertemperatur konstant, indem ihr Stoffwechsel Wärmeenergie freisetzt. Gegensatz: poikilotherm.
Hyphe, einzelner Zellfaden, der das Gewebe der Pilze bildet.
Hypothalamus, von den Seitenwänden des Zwischenhirns gebildeter Anteil des Gehirns, in dem sich die höchsten Zentren des vegetativen Nervensystems befinden, z.B. zur Regulation der Körpertemperatur und des Wasserhaushalts.
Infloreszenz, mehrere Blüten, die sich zu einem Blütenstand vereinigen. Synonym: Blütenstand.
Infrarot, Teil des für Menschen unsichtbaren Lichtspektrums mit Wellenlängen, die größer sind als die für das rote Licht (über 780 nm = 78×10^{-8} m).
Ion, elektrisch geladenes Molekül.
Jacobsonsches Organ, Sinnesorgan, das der Wahrnehmung von Geruchsstoffen durch die Mundhöhle dient; bei Echsen und Schlangen ist dieses Organ vollständig von der Nasenhöhle getrennt.
Kambium, eine im Sproßquerschnitt als Ring sichtbare Schicht teilungsfähiger, undifferenzierter Zellen, die für das Dickenwachstum der Holzpflanzen sorgen.
Kapillare, dünnwandige, fein verzweigte Blutgefäße in den Bereichen zwischen Arterien und Venen; sie ermöglichen den Gas- und Stoffaustausch zwischen Blut und Gewebe.
Karpell, siehe Fruchtblatt.
Katalysator, Stoff, der eine chemische Reaktion auslöst oder beschleunigt, ohne daß er selbst dabei bleibend verändert wird.
Keimwurzel, siehe Radikula.
Kelch, äußere, meist grün gefärbte Blütenblätter. Synonym: Sepalen.
Keratin, zu den Skleroproteinen gehörende Eiweißstoffe, die die Haut und Hautgebilde (Nägel, Haare, Federn, Klauen, Hufe, Hörner, Schuppen) verstärken.
Kern, 1. siehe Zellkern. 2. Atomkern.
Kernteilung, siehe Mitose.
Kieselalge, einzellige Alge mit einem Kieselsäurepanzer aus zwei Schalen, die wie bei einer Schachtel ineinandergreifen. Synonym: Diatomee.
Kloake, Körperöffnung bei Wirbeltieren, in die die Ausführungsgänge für

Harn, Kot und Geschlechtszellen münden; ausgebildet von den Knorpelfischen bis zu den Vögeln und den Kloakentieren.
Kohlenhydrate, chemische Verbindungen aus Kohlenstoff, Wasserstoff und Sauerstoff im Verhältnis 1:2:1, z.B. Zucker und Stärke.
Koleoptile, Scheide, die die Sproßspitze bei der Keimung von Gräsern schützend umhüllt.
Konvektionsströmung, Bewegung von Teilchen von einem Ort hoher Dichte (niedriger Temperatur) zu einem Ort niedriger Dichte (hoher Temperatur).
Konzeptakel, krugförmige Einsenkung am Thallusrand von Braunalgen, die die Fortpflanzungsorgane enthält.
Korolle, siehe Krone.
Krone, oft auffällig gefärbte innere Blütenblätter. Synonym: Kronblätter, Korolle, Petale.
Leitbündel, siehe Gefäßbündel.
Lignin, organischer Pflanzenstoff, der neben Cellulose den Hauptbestandteil des Holzes ausmacht; erhöht die Festigkeit des Holzes. Synonym: Holzstoff.
Lipide, Oberbegriff für Fette und Fettähnliche Stoffe; nicht wasserlöslich; wichtige Bausteine der Zellmembranen.
Lithosphäre, 80-200 km dicke, oberste Gesteinsschale der Erde.
Litoral, Lebensraum in Gewässern, der die Uferzone umfaßt; im Meer gliedert es sich in Spritzwasser- (Supralitoral), Gezeiten- (Eulitoral) und Schelfzone (Sublitoral).
Löß, poröses, tonhaltiges, ungeschichtetes Lockersediment aus feinen Partikeln, die aus Moränen und Flußablagerungen entstammen und durch den Wind transportiert und schließlich andernorts abgelagert wurden.
Lysosom, in vielen Zellen vorkommende Struktur, die von einer einfachen Zellmembran umgeben ist; enthält eiweiß- und fettspaltende Enzyme.
Mäander, Flußschlinge, in welche der Fluß teilweise entgegen seiner Hauptfließrichtung fließt.
magmatische Gesteine, aus schmelzflüssigem Magma durch Erstarrung beim Abkühlen entstandene Gesteine. Synonym: Eruptivgesteine, Erstarrungsgesteine, Magmatite.
Mandibel, 1. erstes Paar von Mundwerkzeugen bei Krebsen und Insekten. 2. Hauptknochen des Unterkiefers bei Wirbeltieren.
Meiose, zwei aufeinanderfolgende Kern- und Zellteilungen, die - ausgehend von einer Zelle mit doppeltem Chromosomensatz - zur Ausbildung von Zellen mit einem einfachen (haploiden) Chromosomensatz führen, wie es bei der Erzeugung von weiblichen und männlichen Gameten der Fall ist. Synonym: Reifeteilung, Reduktionsteilung.
Meristem, ein pflanzliches Gewebe, in dem undifferenzierte Zellen sich teilen. Synonym: Bildungsgewebe.
Mesosphäre, Teil der Atmosphäre oberhalb der Stratosphäre (zwischen 50 und 80 km über der Erdoberfläche), in der die Temperatur wieder abnimmt und infolge des fehlenden Wasserdampfes fast keine Wolkenbildung stattfindet.
Metalimnion, siehe Sprungschicht.
metamorphe Gesteine, durch Umwandlung (Umkristallisation, Stoffaustausch, Druck) von magmatischen und Sedimentgesteinen entstandene Gesteine.
Mikroklima, die Umweltbedingungen in kleinen, abgegrenzten Bereichen bzw. im Umfeld eines Objektes, wobei das Objekt die Umweltbedingungen beeinflußt.
Mikrotubuli, zylinderförmige, langgestreckte Strukturen aus Proteinen im Cytoplasma, die an Bewegungs- und Transportvorgängen der Zelle beteiligt sind.
Mitochondrien, runde oder ovale Zellstrukturen, die von einer Membran umgeben sind und deren Hauptaufgabe in der Bildung einer energiereichen Verbindung (ATP) bei der Atmung liegt.
Mitose, Teilung des Zellkerns, die die genetische Information qualitativ und quantitativ unverändert an die Tochterzellen weitergibt. Synonym: Kernteilung.
Mohorovičić-Diskontinuität, Übergangsschicht zwischen Erdkruste und Erdmantel, an der aufgrund der Materialunterschiede die Erdbebenwellen sprunghaft ihre Geschwindigkeit verändern; unter den Kontinenten 30-40 km tief, unter den Ozeanen 5-10 km. Synonym: Moho-Diskontinuität.
Monokotyledonen, siehe Einkeimblättrige Pflanzen.
Moräne, von Gletschern mitgeführter (Wandermoräne) oder nach Abschmelzen des Eises abgelagerter (Stapelmoräne) Gesteinsschutt.
Mutterkuchen, siehe Plazenta.
Mycel, Pilzgeflecht aus der Vernetzung der fadenförmigen Hyphen.
Nacktsamer, siehe Gymnospermen.
Narbe, Teil des Fruchtblattes, das der Aufnahme und Keimung des Pollens dient und durch den Griffel abgehoben sein kann.
Nekton, selbstbewegliche Organismen, die das freie Wasser (Pelagial) besiedeln.
Nervenzelle, siehe Neuron.
Neotenie, die Erlangung der Geschlechtsreife in larvalem oder jugendlichem Stadium; unter den Schwanzlurchen öfters zu beobachten.
Neuron, besondere Zelle des Nervensystems mit verschiedenartigen Fortsätzen (Dendrit und Axon), die die Reize leitet. Synonym: Nervenzelle, Ganglienzelle.
Neurotoxin, Nervengift.
Neurotransmitter, von einer Nervenzelle gebildeter Stoff, der als Botenstoff bei der Reizübertragung von einer Nervenzelle zur nächsten dient.
Neuston, Lebensgemeinschaft an der Grenzfläche Wasser/Luft.
Nucleotid, Baustein der DNS und RNS; besteht aus einer stickstoffhaltigen Base, einem Zucker (Desoxyribose bei der DNS bzw. Ribose bei der RNS) und Phosphorsäure.
Nukleus, siehe Zellkern.
Ökosystem, systemhafte Verknüpfung aller Organismen eines bestimmten Lebensraumes (Biozönose) untereinander und mit deren unbelebtem Umfeld (Biotop).
Ommatidium, Einzelauge im Komplexauge der Gliederfüßer.
Oogonium, Bildungsstätte der Eizelle bei einigen Pilzen und Algen.
Organellen, Strukturen innerhalb einer Zelle, die Verteilung unterschiedlicher Funktionen auf bestimmte Zellbereiche ermöglichen.
Orogenese, Gebirgsbildung durch Faltung und Bruchbildung der Erdkruste.
Osmose, Hindurchwandern eines Lösungsmittels durch eine poröse Trennwand, die Lösungen verschiedener Konzentration voneinander trennt und nicht für den gelösten Stoff durchlässig ist. Infolge von Diffusion bewegt sich das Lösungsmittel vom Ort geringerer zum Ort höherer Konzentration.
Ovar, 1. bei Pflanzen das Fruchtblatt, das Samenanlagen ausbildet. 2. bei Tieren die Eierstöcke, die Eier bilden.
Pelagial, Zone des freien Wassers im Meer und in den Binnengewässern, die vom Plankton, Nekton, Neuston und Pleuston bewohnt wird.
pelagisch, das Pelagial betreffend.
Petalen, siehe Krone.
Pheromone, hormonähnliche Substanzen, die von Lebewesen ausgeschieden werden, um spezifische Reaktionen bei anderen Individuen der gleichen Art auszulösen, z.B. die Sexuallockstoffe.
Phloem, Gefäßsystem der Pflanzen, das den zuckerhaltigen Saft leitet.
Photosynthese, die Synthese von Kohlenhydraten aus Kohlenstoffdioxid und Wasser mit Hilfe der Sonnenenergie; wird von grünen Pflanzen und einigen Bakterien vollzogen.
Phytoplankton, siehe Plankton.
Pistill, siehe Stempel.
Plankton, schwebende Organismen, Bewohner des freien Wassers, die keine oder nur eine geringe Eigenbewegung zeigen. Tierisches Plankton ist Zooplankton, pflanzliches Phytoplankton.
Plazenta, 1. Ansatzstelle der Samenan-

lage am Fruchtblatt. 2. Organ zur Ernährung des Embryos in der Gebärmutter. Synonym: Mutterkuchen.
Plastid, ein Zellkörperchen (Organell) der Pflanzenzellen, das von einer Membran umschlossen wird, z.B. Chloroplasten.
Pleuston, Lebensgemeinschaft auf der Oberfläche eines Gewässers.
Plumula, im Embryo deutlich ausgebildete Sproßknospe, die den Vegetationspunkt schützt.
poikilotherm, die Körpertemperatur anpassend; Eigenschaft der Kaltblüter. Gegensatz: homoiotherm.
Pollen, mikroskopisch kleine Körner der Samenpflanzen, die die männlichen Keimzellen enthalten.
Pollensack, Teil der männlichen Blütenorgane; siehe Staubblatt.
Pollinium, bei Orchideen und Schwalbenwurzgewächsen pollenhaltiges Gebilde (die Hälfte eines Staubbeutels), das bei der Befruchtung als Ganzes übertragen wird.
Prokaryont, Organismus, dessen genetisches Material nicht in einem von einer Kernmembran umgebenen Kern eingeschlossen ist. Gegensatz: Eukaryont.
Puppe, Ruhestadium während der Metamorphose einiger Insekten zwischen Larve und voll entwickeltem Tier.
Reduktionsteilung, siehe Meiose.
Radikula, erste embryonale Wurzel einer Pflanze. Synonym: Keimwurzel.
Reifeteilung, siehe Meiose.
Ribosom, Organell der Zellen aus Proteinen und RNS, das eine wichtige Rolle bei der Proteinsynthese spielt.
Richter-Skala, dimensionslose Größe zur Feststellung der freigesetzten mechanischen Energie bei Erdbeben; wird aus den Ausschlägen im Seismogramm berechnet.
Rinde, 1. die äußere Schicht von Organen, z.B. Nierenrinde, Hirnrinde. 2. Gewebe in Sproß und Wurzel der Pflanzen, das sich zwischen der äußeren Epidermis und dem zentralen Gefäßzylinder befindet. Synonym: Cortex.
RNS, Abkürzung für Ribonucleinsäure, ein aus aneinandergereihten Nucleotiden aufgebautes Molekül, das als Boten(m)-RNS, Ribosomen(r)-RNS oder transfer(t)-RNS verschiedene Formen und Funktionen bei der in den Zellen stattfindenden Proteinbiosynthese hat; bei einigen Viren (RNS-Viren) ist die RNS die Trägerin der verschlüsselten genetischen Information.
Rossby-Wellen, wellenförmige Anordnung der Strömung um die Hochkeile und Tiefdrucktröge in den Höhenwetterkarten.
Seitenlinienorgan, empfindliches Sinnesorgan der Fische, das geringe Druckschwankungen registriert.
Schichtgestein, siehe Sedimentgestein.
Schwärmspore, siehe Zoospore.
Sedimentgestein, durch Ablagerung von Resten organischen Ursprungs, Verwitterungsprodukten und Ausscheidungen gebildetes Gesteinsmaterial. Synonym: Ablagerungsgestein, Absatzgestein, Schichtgestein.
Sepalen, siehe Kelch.
Spaltöffnung, siehe Stomata.
Sporangium, Struktur bei vielen Algen und Pilzen, in welcher die vegetativen Fortpflanzungszellen, die Sporen, gebildet werden.
Spore, ungeschlechtliche Fortpflanzungszelle vieler Algen, Pilze, Moose und Farnpflanzen, die in Sporangien gebildet werden.
Sporophyt, im Generationswechsel der Pflanzen die diploide Pflanze, die zur Vermehrung auf ungeschlechtlichem Wege nach einer Meiose haploide Sporen ausbildet, aus denen sich der Gametophyt entwickelt.
Sprungschicht, Zone zwischen dem oberflächennahen warmen Wasser und dem tieferen kalten Wasser in Seen oder Meeren. Synonym: Thermokline, Metalimnion.
Stamina, siehe Staubblatt.
Staubbeutel, siehe Anthere.
Staubblatt, männliches Geschlechtsorgan der Blüte; trägt die Pollensäcke, in denen der Pollen gebildet wird; bei den Bedecktsamern besteht es aus einem langgestreckten Teil (Staubfaden oder Filament) und dem Staubbeutel (Anthere), der wiederum aus zwei Theken mit je zwei Pollensäcken zusammengesetzt ist. Synonym: Stamina.
Stempel, Fruchtknoten, Griffel und Narbe bei der Blüte der Bedecktsamer. Synonym: Pistill.
Stomata, porenartige Öffnung in der Blattoberfläche, durch die der Gasaustausch stattfindet. Synonym: Spaltöffnung.
Stratosphäre, Teil der Atmosphäre (bis 50 km über der Erdoberfläche); absorbiert Wärme und besonders in der Ozonschicht die UV-Strahlen.
Subduktion, Abtauchen eines Teils der Erdkruste unter einen anderen. Subduktionszonen sind wichtige Krustenbildungsstätten.
Symbiose, Vergesellschaftung von zwei oder mehr Lebewesen, die voneinander abhängig sind.
Synapse, Kontaktstelle zwischen zwei Nervenzellen, die der Nervenimpuls mit Hilfe von Neurotransmittern überbrükken muß.
Talg, an Neutralfetten reichhaltiges Ausscheidungsprodukt der Talgdrüsen, das die Oberhaut und Haare schützt und geschmeidig macht.
Tektonik, Lehre vom Bau und den Bewegungsvorgängen der Erdkruste.
Thermokline, siehe Sprungschicht.
Thermosphäre, Teil der Atmosphäre (zwischen 80 und 400 km über der Erdoberfläche), in der die Temperatur stetig mit der Höhe bis rd. 1600°C zunimmt.
Thylakoide, in sich geschlossene Doppelmembranen, aus denen sich das Lamellensystem der Chloroplasten aufbaut.
Transpiration, bei Pflanzen Abgabe von gasförmigem Wasser an die Atmosphäre durch die oberirdischen Organe (Blätter).
Troposphäre, unterste Schicht der Atmosphäre (von 0 bis 9 km über der Erdoberfläche an den Polen und bis 17 km am Äquator), in der das Wettergeschehen stattfindet.
Tsunami, durch Seebeben oder Vulkanausbrüche ausgelöste Meereswelle.
Uterus, Gebärmutter.
UV-Strahlen, energiereiche, elektromagnetische Wellen jenseits des violetten Lichtes (Wellenlänge 300-400 nm $=3\text{-}4 \times 10^{-7}$ m); regt viele Stoffe zur chemischen Reaktion an.
Vakuole, flüssigkeitsgefüllter, von einer Membran umgebener Raum in der Zelle.
Vesikel, von einfacher Membran umgebenes Bläschen.
Wadi, Trockental oder -fluß in Steppen und Wüsten; führt nur gelegentlich während der Regenzeit Wasser.
Wiederkäuer, pflanzenfressende Säugetiere, die zunächst wenig zerkaute Nahrung verschlingen, um sie portionsweise aus dem Pansenvorhof wieder in die Mundhöhle zurücktreten zu lassen, wo die vorverdauten cellulosehaltigen Stoffe dann gründlich gekaut werden.
Winterschlaf, Zustand der Lethargie während der nahrungsarmen Winterzeit bei einigen Säugetieren, der hormonell gesteuert wird. Synonym: Hibernisation, Hibernation.
Xylem, Gefäßsystem der Pflanzen, das Wasser mit den gelösten Mineralstoffen transportiert.
Zellkern, von einer Membran (Kernmembran) umschlossener Bereich in eukaryontischen Zellen, der die genetische Information in Form von DNS enthält. Synonym: Nucleus.
Zooplankton, siehe Plankton.
Zoospore, begeißelte, aktiv bewegliche Sporen vieler Wasserpilze und Algen. Synonym: Schwärmspore.
Zweikeimblättrige Pflanzen, Klasse der Bedecktsamigen Pflanzen, deren Keimling zwei Keimblätter (Kotyledonen) besitzt. Synonym: Dikotyledonen.
Zwitter, siehe Hermaphrodit.
Zygote, die befruchtete Eizelle.

Register

Kursive Ziffern verweisen auf Abbildungen, **halbfette** auf ausführliche Abhandlungen.

A

B

C

D

E

F

G

H

Quellenverzeichnis

Abbildungsnachweis

S.14	oben	Jack Finch
S.14	unten	David C. Fritis
S.21		Dieter and Mary Plage/Bruce Coleman
S.22-23		GSF Picture Library
S.25	oben	Alfred Pasieka/SPL
	links	Patricia Tye
	rechts	Geoscience Features
S.27	links	Alain le Garsmeur/Impact
	rechts	Dr. Jeremy Burgess
S.28		By courtesy of Trustees of the British Museum
S.31	oben	Bob Gibbons/Ardea
	unten	G.A. Maclean/OSF
S.36		Sinclair Stammers
S.37	oben	Haroldo Palo/nhpa
	unten	John Mason/Ardea
S.39		Alfred Pasieha/Bruce Coleman
S.41		Prof. Dr. Franz-Dieter Miotke
S.43	oben	John Lythgoe/Planet Earth
	unten	Joel Bennett/Survival Anglia
S.49		Ronald Toms/OSF
S.54		Alan Hutchison Library
S.57		Messerschmidt/ZEFA
S.58		Don Hadden/Ardea
S.60		Michael Fogden/OSF
S.67		Sinclair Stammers
S.71		MSA/SPL
S.73		Pillitz/Network
S.76		Claude Nuridsany & Marie Perennou/SPL
S.78		H. Binz/FLPA
S.80		A Weiner/Liaison/Gamma/ Frank/Spooner
S.82-83		Colorific
S.85		SPL
S.93		Ken Lucas/Planet Earth
S.104		Dr. Lee Simon/SPL
S.105	unten	
	links	Tektoff/CNRI/SPL
	unten	
	rechts	Omikron/SPL
	Mitte	NIBSC/SPL
S.111		David Scharf/SPL
S.116		Hans Reinhard/Bruce Coleman
S.118		Sid Roberts/Ardea
S.121	links	Laurie Campbell/NHPA
	rechts	Alfred Pasieka/Bruce Coleman
	Mitte	Wanscheidt/Bruce Coleman
S.125		Planet Earth
S.139		John Mason/Ardea
S.140		C. Carvalho/FLPA
S.145		Orion/Bruce Coleman
S.153	Mitte	Bruce Iverson/SPL
	unten	Dr. Jeremy Burgess/SPL
S.155		MPL Fogden/Bruce Coleman
S.157		Holt Studios
S.159		Premaphotos
S.163	oben	Jane Burton/Bruce Coleman
	unten	Jane Burton/Bruce Coleman
S.165		Ken Lucas/Planet Earth Pictures
S.168-169		Gerald Cubitt/Bruce Coleman
S.170		Bruce Thomson/NHPA
S.185		Nuridsany & Perenous/SPL
S.187	links	Bruce Coleman
	rechts	Premaphotos
S.188		Premaphotos
S.189	oben	ABiophoto Associates
	unten	JAL Cooke/OSF
S.190	links	C.B. & D.W.Frith/Bruce Coleman
	rechts	David Scarf/SPL
S.192		Clem Haagner/Ardea
S.194		Adrian Warren/Ardea
S.195		K.G.Vock/Okapia/OSF
S.198		David Shale/Survival Anglia
S.199		ANT/NHPA
S.211		Herwarth Voigtmann/Planet Earth
S.213		Norbert Wu
S.220		Konrad Wolke/Bruce Coleman
S.223		Martin Dohrn/SPL
S.233		David Thompson/OSF
S.235		Premaphotos
S.236-237		Premaphotos
S.239		Ivan Polunin/NHPA
S.246	links	Sally Anne Thompson/Animal Photography
	oben	Christian Gazimek/Okapia/OSF
	Mitte	Clem Haagner/Ardea
	unten	Eichhorn/Zingel/FLPA
S.251		Jane Burton/Bruce Coleman
S.252	oben	Mantis Wildlife Films/OSF
	unten	Peter Parks/OSF
S.253		Robert J. Erwin/NHPA
S.255		Erwin & Peggy Bauer/Bruce Coleman
S.259		P.Permy/FLPA
S.263	oben	
	links	L.P.Morris/Ardea
	oben	
	rechts	Bryn Campbell/Biofotos
	links	Dieter Mary Plage/Survival Anglia
	rechts	Peter Scones/Planet Earth
S.265		OSF
S.266		Premaphotos
S.272		Michael Fogden/OSF
S.273		Planet Earth Pictures
S.287		NHPA
S.293		David Thompson/OSF
S.294		David Curl/OSF
S.295		David Macdonald/OSF
S.335		John E. Swedberg/Ardea
S.336		J.B.O'Rourke/ZEFA
S.338-339		Stephen Kraseman/NHPA
S.341		Eichhorn/Zinger/FLPA

Graphik-Designer und Agenturen

Eric T. Budge
Stefan Chabluk
Joanne Cowne
John Davies
Bill Donohoe
Sandra Doyle
Roy Flooks
John Francis
Mick Gillah
Greensmith Assoc.
Ron Haywood
Kevin Jones Assoc.
Frank Kennard
Pavel Kostel
Ian Lewington
Richard Lewington
Richard Lewis
Ken Lilley
Ruth Lindsey
Sue McCormick
Malcolm McGregor
Colin Rose
Peter Sarsons
Les Smith
Malcolm Smythe
Ed Stuart
Bernard Thornton Assoc.
Peter Visscher